U0768531

思想文化 经典丛书

十九世纪欧洲思想史·第一编

上

〔英〕木尔兹 著
伍光建 译

中央编译出版社
CCTP
Central Compilation & Translation Press

出版説明

中國近代史上，各種學術流派思潮錯落，紛呈并起，不僅成就了一批博曉古今、學貫中西的著名學者，還產生了一批具有深遠影響的學術著作。這些豐富的思想文化成果，極大推動了中西文化交流和本土文化繁榮興盛。為進一步推動對近代中國學術研究成果的傳承與保護，助力當代學術研究，特推出『思想文化經典叢書』。

『思想文化經典叢書』精選近代中國出版的文學、史學、哲學等方面的學術佳作，力求呈現著作之全貌，但受限于當時印制技術和書籍保存技術，能夠保存完整無損的作品寥寥無幾。為便于讀者閱讀，提升閱讀體驗，我們采用技術修復等手段盡可能恢復原書原貌，以降低字跡模糊、原書殘缺等對閱讀效果的影響。

出版前，我們進行了大量的資料收集整理工作，并廣泛征求學界意見，由于時間倉促，難免有不妥之處，敬請讀者批評指正。

二〇二一年九月

第一册原序

此書之規畫已詳見於介紹文中。此序只略言個人之事而已。

今先言作者之用意，因有此用意而有三十餘年之研究。此作卽研究之結果

此書以哲學爲目的。所謂哲學者，卽多數學派及各學派所共用之意義，卽謂思想合一也。自予入手研究哲學時，卽深信此是哲學事業，卽覺得必要親自深知各科學之嘗試合一（有能成有不能成）之聯綴闡理。此項研究似是必不可少者。予又以爲第一要緊是先有一圖以指示今代各路之思想，如此入手，則能得較爲完備合一之根據。此第一册卽是研究之結果；與測量所得之地圖相同，亦不過得其近是而已。此書亦只言其大略，若湊近諦視之，則難免無改正及補足之必要。

予初時只欲作三册，以湊合於介紹文之三章之分類。友人之有以先覩爲快

者，以爲介紹文及前數卷卽能使讀者明白，又以短册較爲便利。予於是決計先製成上半部以討論科學思想，分爲兩册。

今先告讀者，此第一册之末後兩卷是研究天學觀及原子觀，第二册是討論力學觀，物理觀生物觀，統計觀，身心觀，此上半部之末卷則賅括討論第十九世紀算學思想之發展。（此後略敍得某君某君之助則不譯——譯者註。）

予所最借重者則是庫耳齊烏斯君（Ernst Curtius）。不幸當予第一册將告成時，此君已化去。幸而其最親愛之人倘存（指一女人——譯者註，）具有大力，能使其多數之後起少年朋友保存其崇尚道德之炎炎之火，不爲日趨於物質進化之世界所滅。

一八九六年十一月木爾茲序

譯者序

此作名爲十九世紀歐洲思想史，其時期雖限於第十九世紀，而探源溯流，則往往從古埃及古希臘時代以至於第十九世紀之末年；其地域雖包括歐洲，惟只討論德法英三國之思想，而偶然說及美國及歐洲他國。至於思想兩字，包羅極廣，殊難立一界限。作者在介紹文中已聲明不爲思想兩字立界說；在介紹文中第三章，且聲明科學哲學皆不能包括思想兩字所包括之意義矣。然而從其上半部科學思想中分爲天學觀，原子觀等，亦可以約略窺見其所謂思想兩字之範圍矣。作者又於書中屢屢揭明科學史與思想史之分別。既稱爲思想史，則範圍較大，自不能不繁徵博引以發思想潮流之交灌。乍讀則見其頭緒棼然，其實無不絲絲入扣，誠一代之鴻篇鉅製也。譯者以數十年涉獵科學之閱歷，一見此作而知其價值，故不遑計及其淺中弱殖之能否窺見原作之博大深微而譯其科學思想部。以數月之力而譯成作者費三十餘年研究多數專門科學思想之作，亦未嘗不竊笑其未免果於自信也。然而已竭吾之識力以將事矣，亦如作者原序所云短處自有寸心知，惟望讀者有以匡其不逮耳！

民國十五年小雪日新會伍光建序

十九世紀歐洲思想史目錄

原序

譯者序

上冊

介紹文

第一章……………………………………一

（一）內幕之思想世界　（二）思想是惟一原理　（三）自然界之歷史如何可以明白
（四）無智識則不能明白　（五）野蠻部族之歷史　（六）思想入歷史有兩途　（七）
思想兩個字界說不能成立　（八）內外關係不立界說　（九）思想有多數意義　（十）
現代思想　（十一）當代歷史之可能及其價值有何程度　（十二）所謂歷史家之客觀
（十二）當代歷史所紀載之事實及思想之價值　（十四）內界思想　（十五）內隱之思
想是奇才異能之作料　（十六）當代思想歷史較爲可靠　（十七）最近的已過時代

十九世紀歐洲思想史　第一編　上册　二

（十八）從父傳子之語言文字之改變卽是思想改變之證據　（十九）通俗之語言文字不合於新思想之用及造新字之必要　（二十）本書宗旨是追尋已往百年間思想之生活　（二十一）不是政治科學等歷史　（二十二）所書所注意者是轉移吾人內界生活之潛力　（二十三）以製此圖畫所必需之親知目見之知識閱歷爲本書討論之界限　（二十四）美國之思想潛力不過略爲提及　（二十五）本書只能討論德法英三國　（二十六）此時期之效果是思想一體　（二十七）福爾特爾　（二十八）斯密亞當　（二十九）哥爾利治及威至威士將德國思想灌入英國　（三十）得斯搭厄爾夫人以德國思想灌入法國　（三十一）巴黎爲科學中心點　（三十二）英國算學家巴貝治赫瑟爾裴各克輸入大陸算學於英國　（三十三）利比喜化驗室　（三十四）英國表彰法國人孔德哲學於法國　（三十五）坎斯塔布爾畫師在法國之潛力　（三十六）科學變爲各國所共有　（三十七）思想史可以從語言文字學尋曙光　（三十八）意思之遷地　（三十九）歌德　（四十）德國語言文字之特性　（四十一）字意之生長　（四十二）有新思想則有新字　（四十三）得波那爾學說及米勒瑪克斯語言文字學　（四十四）德國法國如何解說思想二字　（四十五）歷史哲學發起於大陸思想家　（四十六）德文法文無相當字眼　（四十七）思想兩字之

意義並非英文所獨有　（四十八）喀萊爾是首先以特別意義用思想兩字
第二章……………………………………………………………………一一六
（一）知識進步之兩大因子　（二）本書之目的　（三）第十九世紀儲積知識之功是無可與比　（四）第十九世紀之功（甲）在知識方法（乙）在知識之合　（五）求眞不是知識止境不過是學者之態度　（六）研究科學之術始由伽利略牛頓等實行由培根孔德穆勒等定範圍　（七）學術之分散不是外面如此其實則不然　（八）科學與詩歌之似若分離　（九）科學與人生之密切關係　（十）人世實用問題歸併爲一　（十一）第十九世紀對於人生之意想有何功用　（十二）人生利益合一之更深的意想　（十三）此種合而爲一所用之名詞不同　（十四）思想之界說　（十五）自一七五〇年至一八五〇年是統習百科時期　（十六）失去合一思想　（十七）德國廢除百科演講　（十八）百科全書不副期望　（十九）本世紀之初年以法國爲科學領袖　（二十）德國反對以玄學教科學　（二十一）教科書之改良　（二十二）科學之闡理漸入於哲學途徑　（二十三）研究思想之生活以德國爲領袖　（二十四）由玄學方法變爲歷史方法之理由　（二十五）斯賓塞爾爲英國之著哲學全部之鼻祖　（二十六）陸宰全部哲學之界說　（二十七）陸宰

與赫德之關係　（二十八）陸宰與洪保德所著之大世界之關係　（二十九）陸宰之小世界　（三十）人類心境生活是何物　（三十一）向來衆人皆以爲然之方法過時則不適用而爲衆所拋棄　（三十二）後一世紀不能盡襲前世紀所創造者以其廢棄不用者甚多

第二章……五五

（一）遵擇路徑之必要　（二）歷史分期以當時之大事或大舉動得名　（三）本世紀並無此類中樞舉動　（四）或問思想史是否即是哲學史　（五）歌德著作包有一世紀間之最深奥思想　（六）哲學是追維既往　（七）何時思想可以當哲學解釋　（八）討論本世紀之思想分作兩問題　（九）理想　（十）哲學界說　（十一）本書之分門　（十二）科學哲學皆不能盡包思想兩字之意　（十三）思想沉埋於當代之藝文與美術中（十四）歌德及威至威士振起文風　（十五）無規則之思想　（十六）以宗教思想爲總括　（十七）科學求眞確求實在是客觀的　（十八）此外尙有切己思想與主觀思想在　（十九）此種思想絕不能得人之同意一致　（二十）哲學居於科學宗教之間　（二十一）思想可分三層卽科學哲學個人思想是也　（二十二）哲學是科學宗教之居間調停者（二十三）三方面之思想原難以分析　（二十四）本世紀之前一期爲法國科學思想發達時期・（二

十五）第十九世紀之初期英國哲學之情狀（二十六）歌德之鉅製浮士德爲此世紀思想之代表（二十七）此時期人心擾亂時期並非寧靜時期（二十八）不安寧之故生於前世紀之革命（二十九）第十九世紀思想非革命（三十）第十九世紀思想有主張根本改革者有主張復古者（三十一）朋斯威至威士哥爾利治諸家之思想受擺倫派之驚擾（三十二）第十八世紀著作之破壞精神（三十三）革命理想不能實行（三十四）本書不是討論創造及實行於民生之政治歷治（三十五）研究建設思想不研究破壞思想（三十六）達爾文斯賓塞陸宰等之建設思想（三十七）眞正根本反對派（三十八）虛構派之反動（三九）先討論科學界之進步（四十）黑智爾思想自然發達之學說

第一編　科學思想

第一章　法國之科學精神……八七

（一）本世紀是科學世紀（二）德法兩國所謂科學其意義與英國微有不同（三）科學與人生之關係（四）培根先見及此（五）培根哲學之缺點（六）牛頓出而改正（七）法國哲學家繼行培根牛頓之思想（八）培根牛頓之比較（九）拉普拉斯之

十九世紀歐洲思想史　第一編　上册　六

功　（十）法國之科學院　（十一）大陸所用之算學方法　（十二）近代之分析術　（十三）古代之組合術　（十四）法國科學潛移文學之力　（十五）英德兩國無此潛力　（十六）巴黎之科學學校　（十七）革命政府提倡教育　（十八）康多塞　（十九）拉卡拿爾　（二十）師範學校與藝術學校　（二十一）蒙日之新幾何　（二十二）化學　（二十三）新算學科學　（二十四）結晶學　（二十五）決分學說　（二十六）拉普拉斯撇開個人問題而收成功　（二十七）生命科學以個體爲中心點　（二十八）屈費兒動物學之確切研究　（二十九）屈費兒之爲學　（三十）學院制以屈費兒爲最偉大之代表　（三十一）革命時代與第一帝制時代科學之命運　（三十二）播傳科學知識使普及民間以法國之功爲最大　（三十三）科學通行於文學界與通行於全國之不同　（三十四）科學通行於文學界之危險　（三十五）革命時代實行科學普及　（三十六）拿破崙對於科學之潛力　（三十七）拿破崙特重算學　（三十八）拿破崙不以當時發揮哲學之法爲然　（三十九）拿破崙採用統計學之法甚多　（四十）拿破崙所享之科學榮名得自他人

第二章　德國之科學精神……一五五

十九世紀歐洲思想史　第一編　上冊　八

下册

跋　瞻前顧後

十九世紀歐洲思想史第一編上冊

介紹文

一

一、內幕之思想世界

歷史在我輩眼前發現於外之事變，幕後藏有極內意想、欲望、性情、氣力。所有之事變，都是因爲內幕的意想、欲望、等纔發生出來，或是相因而發生出來。可見世上之事變是在幕外，思想是藏在幕內。當吾人所見之世事，見得並不是毫不相關之時，看見世事是都有聯屬，原是有用意有計畫之時，我輩纔追想前因，或預料後果，我輩纔能按着今世之見解，謂所有事變無不皆有歷史。換轉言之，我輩要將內幕的用意欲望氣力、貫串起來，排出次序，纔能看清全局，記載下來，成爲歷史。凡是

二、思想是唯一原理

可以使事變記載下來，能供我們的研究，凡是發生事變深藏在內幕者，都要揭露

出來，全稱爲思想以思想而論，無論是行事的機括，抑或當作後來研究的借徑，皆能將分立不相連貫之事體貫串聯合起來，將凝滯不移之事體變成活動。若是抛棄思想世界卽無事變，成爲一個單調混沌之死生界。

三、自然界之歷史如何可以明白

作者此言似乎說得過分。凡是偏好研究自然界之大作用，不樂於考究人心內裏之小世界之動作者，皆有如是見解。作者略爲解說，卽能知並非反對有此偏好者。讀者可以駁我，謂除人事是獨立者之外，此外地球有地球歷史，行星世界有行星世界歷史。又據近今理想，天演之理不獨可施行於動物界，且能施行於非動物界。宇宙之內，無論何處，並無所謂停止，亦並無所謂同樣永無變易者；惟是變化與不停止，不一定能成其爲歷史。假使世上惟有運動，惟有變化，無界限之動，無界限之變，則與單調混沌之絕對停止相同。假使變化出來者，不比當初大，不比當初好，如是變化，豈不是與一味死變死動相同耶？惟是說到比當初大，比當初好，卽有比較意思。吾人所謂好，所謂大，卻並不在外物上，亦不在事變上，原是我輩心內先

四、無知識則不能明白

定一個標準，好作比較，或者如機器式無心思之變，能變至無底止，或能變出種種不同形式。假使如是變化，是從簡單變作繁複，或是變作種種不同形式，能使有心思者明白；假使如是變化，與人類有相干，與世人得失有關係，如是纔能成爲歷史。一個鐘擺，往左往右擺，擺之不已，行星繞太陽而轉，轉之不已，物質之原子永遠在一路上往來擺動，除用算式節制，此項擺動，可以使我輩心中想像其行動之外，別無與我輩更有何種關係。假使不是我輩將如是行動湊合，可以求得新鮮與不能預料之效果，又可以求得極佳妙極有用之事物，又可以使好用心思者，視爲極有價値，除此之外，如是種種行動，實在是與人無干。

世界上無生命之頑物之變化，只要有思想家考究過，而爲之記載，又明白其中道理，領略其價値，既是饒有趣味；况且人類是有思想之生物，以有思想者，研究有思想者，自然是加倍有趣味。假使人類之舉動已過一年，又是一年，已過一世，又是一世，毫無變化，不過是一種死社會：如是歷史，亦是毫無趣味。

五、野蠻部族之歷史

非洲野蠻部族何

嘗無歷史，不過此項歷史，我輩只要曉得某日的情形，或是某年的情形，或是一年的情形，則得充足資料，其餘皆是一樣毫無變化。卽以中國而論，社會之組織是極其繁複，而民生卻是凝滯不變，幾千年來之歷史，不過抵得近代歐洲數日之歷史。

六、思想入歷史有兩造

歷史家對於思想，有兩個極有趣味問題。我輩對於自然世界與人的世界，皆要設問此種變化，在思想界內有何效果。我輩靜觀世變者，心中有何得失，有何進步，是否令我輩多添知識，令我輩增添意想資料，曾否合我輩之眼光，見得較爲深遠，令我輩的眼界較爲放大，推廣我輩情感。簡言之，曾否令我輩多得利益，曾否擴充我們心裏的世界。

七、思想兩個字界說不能成立

作者前文已經用過多數名詞，以爲此時不便立界說，亦不必立界說。有多數讀者，此時要問作者，要思想兩個字界說，或要詰問自然界及生命及思想，此三者有何關係。〔原註〕作者不肯爲思想兩字立界說，與米勒教授(Prof. Max Müller)所著之思想科學（見一八八七年倫敦版，第一頁）相反。米勒之言曰，「思想卽是運思或思維，思維不過是聯綴。他人原可以將思想名詞，當作種別解釋，惟是一經採用，要清晰明白建立一個界說」云云。作者原，知歷史家應立界說，惟是作者則力持作此全書之結果，即是界說，即是讀者全書讀畢後，所得之印象。歷史不止是一種層層分析之科學。仍要將多數事實採集佈置，寫出活潑潑的一幅有生氣之圖畫，太過謹嚴之界說，與畫幅內太清楚太冷峭之線相同，往往反害畫幅之精神。讀者讀此書，若以爲非立界說不可，不然則不能自成各種抽象學說。若然則惟有留待讀者自立其界說。此時若先立界說，不過招人辯駁，徒亂人意，徒費唇舌。

八、內外關係不立界說

未經立界說之思想名詞，原有大概普通意義，讀者當能明白。作者開篇所說，身外有事變世界，身內自有身內常變之世界，一外一內，皆有相關，皆互相牽掣。若問外界內界，孰先孰後，孰爲最要；若問內界之闡理（即有界限之思想）、感覺、造意、情感是否並重，此時暫不答覆。

九、思想有多數意義

前此已經說過有生命世界有思想世界，此時只要先留意於我所用之思想名詞，不獨指有界限清楚明白有次序之思想，且包括欲望、情感、感覺、造意，以上數者，不獨在內界有多數動作，其對於外界亦然。

一〇、現代思想

作者只憑如是意義，作此本思想史，並非是普通思想史，是一代之思想史。所討論者，是現代與最近相接。現代之思想，即作者與讀者現在之時期，耳目所親接

介紹文 一

五

之時期；因爲在此時期，我輩之見聞最廣，本人曉得本人之事最詳明，最宜於自傳。故此作者，以爲當代之人最宜作當代之歷史。

二、當代歷史之可能及其價值有何程度

有人不以當代人作當代外界歷史爲然者，因爲當代人，不過作一種記載，往往失之於偏，又不完備，又未免紛亂。紀當代之事，原要搜輯多數事實，以便採擇剪裁，尤要不失於偏，不失於眼光太窄，不存成見，不至盲從。雖說當代紀載，有不公不備等等缺點，然而能供後來作史者之極有價值之史料，任其剪裁去取，修成信史。惟是後來所修者，不過有暫時價值，當代之紀載則不然。後來所修者，雖然經過多數去取，經過多數鎔鑄，極有美術價值，然而未免是後代眼光，不是當日眼光。過千百年後，反遠不如當代之詳細淺近，或有時未免互相矛盾之紀載。歌德（Goethe）之言曰：『歷史必要常常修改，並不是只爲後人揭露多數新事實，因爲眼光不同，因爲世界有進步，我輩所觀之點不同，裁判古時之事，另用一番新手眼。』〔一〕〔原註此是引新出版德國歌德學會著作「顏色理論史料」。〕

一二、所謂歷史家之客觀

當代歷史家，用特別方法，搜求事實，對於政治、社會、及詞章進步，另具眼光。數百年後，讀其歷史，自覺得較有意味，並不見得注意於其照事直書之翔實。當時歷史家自以為是客觀紀載，自鳴得意，然而後人總見得以為此項歷史家，不知不覺暗存多數成見，在所不免。若以當代人具當代眼光，紀載當代之事，自然可以免得此種弊病，外界之事變，與內界之思想，既是同的，是可以互相補助。故此修昔的底斯（Thucydides）塔西佗（Tacitus）馬基雅弗利（Machiavelli）諸大歷史家，識者皆稱為盡善至美之歷史家模範。近代政治家之記載或自傳，有其不可磨滅之價值，非窮鄉僻壤不聞世事之學者，極費事以打成一片之歷史可比也。

一三、當代歷史所記之事實及思想之價值

當代所紀之事實，雖亦有缺點，然而亦有特別價值。紀載當代思想之歷史，自然尤其有價值，況且所紀者，不止於有界限之思想。

一四、內界思想

因為此內界思想，只有發生過如是思想之人所能知。世界上不知有若干人，存有一種思想，永不能滿意實行，或是達不出來。亦有多數試行而遭失敗，而並不為人所知。又有多數人有多數欲望，

介紹文 一 七

一五、內隱之思想是奇才異能之作料

或只存於心中或流露於外。又有有大志者，或爲飢寒所迫，心中多數思想，欲實行而行不通。科學家不知費盡若干時候，要解決自然界之疑難問題。以上種種思想，成爲一國一時一代之思想，埋沒者自居其大多數，其揭露於外，成爲當代之藝文、科學、詩歌、美術、製造者，實在不過是極少數。然而所有如是埋沒之思想，雖不揭露於外，仍是一樣要緊，如同積薪，堆積既多，一燃必發生火。所有堆積多數埋沒之思想，一旦遇有天生奇才異能，即能解放被囚之思想。哲學家謂有機體生物，生出之種子極多，死亡者何止以千萬計；人類亦然，知識道德之遭埋沒者不可勝計。然而吾人則深信有多數之通力合作，乃能使少數人收其效果，必定合作，方能到美滿的地步。如同賽跑者，同跑者有多數人，奪標者不過是一個。世上有多數人，用盡一生精力，爲社會造福，或要設法消除大市鎮之惡習困苦，爲被壓制之種族謀解脫，或反對戰爭，反對武力。又有著作家，消耗畢生精力，以成一書，刊行之後，無人要讀。以上諸人何爲而出此，豈不以爲彼輩雖自信本人，雖然不能收效，難保將來無收效之人，又相信如是作爲，聊盡自己一分通力合作之意思。希望將來有達目的之一日耶？【原註】『於吾人生活過程中，試一觀吾昔嘗有志而未遂者，今賴有他人任之，則快慰之感起，而知全人類合一。乃有眞正之人，可言』，個人惟能感及全體，始有幸福耳。見歌德「眞理與詩意」第九册。但是埋沒之思想，後世何人爲之作歷史耶？

一六、當代思想歷史較爲可靠

後世歷史家，又如何能覺得在何要點，是古人最費時費力者耶？後人之眼光，又如何能見到晦暗之極，將要大放光明之所在耶？我輩生於當世之人，從前四圍皆是阻礙黑暗，此時正可以求一線光明。我輩在軍隊中，不是領隊；正在戰場中，並非戰後始出現者。我輩自認爲可以將當代種種希望，種種埋沒之思想、及德行、事功，作一較好之歷史。【原註】托克維爾(A. de Tocqueville)有言曰，『吾人距事實較近，每不易洞燭其詳盡。乍聞斯言似覺不倫。一經考量，方知乃至理名言也。蓋欲知其詳盡，須於斷簡殘編中求之，始能得知當時人所未知者。然亦有後人所不能盡知，而當時人知之較詳者，如一代之思想潮流及普通情緒等是也。至於當代偉人志士之言行，自亦知之最審矣。』

一七、最近的已過時代

我輩是生長在第十九世紀後半期之人，向前追記應到何時爲止，我輩可以劃定界限，當作見聞親切時代，此是一個很有意思問題。吾人之父祖輩是親見或與聞當代放奴，改革政制，反對糧食條例，各種大舉動之人。父祖輩是親見用汽機煤氣之工業革命，也曾與聞當日本國與外國之改良教育，亦曾經過日耳曼反抗拿破崙之激烈舉動，受過歌德盛年時代之潛力所轉移，亦受過司各脫(Scott)小說所迷，曾與異想天開派文學家唱同調，亦受過擺倫爵士(Lord Byron)之詩歌如同電氣過人之震動。法國第三次革命大演說家，父祖輩是親耳聽過。當時有數百萬人，心裏雖然極不以拿破崙爲然，而又不能不爲其所迷，如是情形，父祖輩皆可以告吾人。當時如是之迷人情景，惟有當時筆記者，或是耳聞目見現在生存者，可以領略。所有之記載，不過有限幾種，可以使後人領略。亦有多數不過暫時存在，後來卽遭埋沒。吾人聽父祖輩說當時事體，不獨能見當日之種種憂慮情形，現於顏色，不獨從其眼中所返射及眼光所流露者，窺見當日激烈情形，當時之想像及一切歡喜哀樂，且能將一種較爲易達較爲有生機之事物，直接承繼過來。但是吾人不能按照老輩所說者，傳與我輩之後人，因爲一經吾人之手，卽有多數改變，與

一八、從父傳子之語言文字之改變卽是思想改變之證據

從前不盡相同。所謂吾人承繼前人之傳授，卽指父祖輩所教之語言文字。父祖輩從前所受之語言文字，已有改變而不自知。此項已受改變之語言文字，卽是當代之精神思想。老輩以此種語言文字，從吾人孩提時，卽以教我輩，模範吾人之心，使吾人用作達意之器具。吾人既學父祖輩句語及其所用之令人特別注意之字眼，卽能知分別何者爲重要，何者爲應特別注意，何者爲不重要，何者爲不必注意，對於何事應用心，立如何目的，應抱定者是何主義，應用何種方法以達目的。其中有大多數原是較老一輩所遺傳者，不過一到父祖輩之手，卽有多少改變，其分別較爲精細，情感想像之深淺層次亦較多。父祖輩重新模範備用。吾人所承受如是較爲精細之模範，卽是承受上代之精神，使我輩得一種先入爲主之思想，使吾人難於領略及吸收新鮮與意料不到之見解、好尚、情感。有大多數人不能改變少年時代所得之品性及思想，亦有多人專賴學外國語言文字，亦有居住外國者，始能易於吸收新思想。世人極少有極新之思想，主張打破通俗範圍，另造新字，以達出隨

一九、通俗之語言文字不

生隨滅之新意想，達出當代分不清界限之精神者。惟是新思想一經達出，此種新名詞卽能流行極速。吾人若從一世之前考究語言文字上之新名詞，與新出之文派，必易於窺其見解之發展及進步。

合於新思想之用及造新字之必要

故此作者同讀者，皆能記得十九世紀中葉情形，且多數爲受過包含上代意思的教育之人，則能說曉得第十九世紀一大部份時代之人，亦曉得此時代所最關切者是何事，是受過何種意思而發生者。【原註】關於歷史之分爲若干世紀，可參看雷文 (Du Bois-Reymond)「演講集」第一冊第五百十九頁（一八八六年，來比錫 Leipzig 版），及羅倫徹教授 (Prof. O. Lorenz) 關於此事更詳細之討論，見其所著「史學」第二百七十九頁以下（一八八六年柏林版）。羅氏曾引證第一史家之語（見希羅多德 Herodotus「文集」第二冊第一百四十二頁）。『大凡生於一八四〇年之人生，可云明曉第十九世紀後半期五十年之事，其最爲親切，且能從其父祖及先曉得前半期五十年之事。由是言之，其人直接與間接之智識，幾可展延及於一世紀也。』羅倫徹有一正確之語曰：『以個人而論，父子實爲生活經驗中之一鍊節。』此言也，不特於事實爲然，卽於意念思想亦無不然。

本書宗旨是追尋已往百年間思想之生活

二〇、作者著此幾本書之用意，就是將此一百年間之思想，保留不使失墜。第十九世紀是一特別時代，此時百年將盡，此一時期之思想生命，猶如一盞明燈行將熄滅。作者要燃之使其再放光明，搜輯材料，寫出一幅有聯綴成片段之圖畫可以使後人曉得當日世人如何爲並世之知識精神所轉移，是如何觀世論人。

二一、不是政治科學等歷史

此歷史不是寫外界之政治變遷，亦不是寫工業之進步。政治變遷，後人比及見其事之人所知者更爲淸楚，工業之進步，不久將完全忘記。先前之進步，不過爲將來更大進步之預備。作者所寫者又不是知識、科學、詞章、美術歷史。凡此皆是內界思想之效果，包括在思想之內，證明內界思想之結果。

二二、此書所注意者是轉移吾人內界生活之潛力

我輩所最注意者，是顯明之政治社會一切舉動之目的，若是不明顯之舉動，我輩則要注意潛移默運之能力，要研究是用何種方法，推廣世人知識，如何運用科學，著爲文章，批評文章，是用何種主義作根據，詩歌、美術、宗教之舉動，是有何目的。總而言之，是要研究此一世紀內之思想，對於當代之歷史有何種關係，外界之事，既受思想之潛力，有何發達，有何進步，所得者是何種利益。

二三、以製此圖畫所必需

要作一部思想史，不能不憑親知目見之知識閱歷；若是不用一番心思以寫

之親知目見之知識閱歷爲本書討論之界限

二四、美國思想之潛力不過略爲提及

二五、本書只能討論法德英三國

出來，不過是一串名詞，一串批評之話語而已，不能掣出有生氣之一幅圖畫。然而一定要親知確見，範圍自然是不能不縮小，故此作者，第一層先要以歐洲作一個界限。若是在前一世紀，原可以不必立此範圍，因爲是自然而然，不必立此範圍。美國之特別文化，是自成其爲一種極要緊世界，作者則並無親知目見之知識，旣乏預備，又無資格，可以討論美國人對於歐洲情形作何感想。作者又不能憑空設想。此新世界不獨人多物博，知識精神，日見增進。或者有人，單獨作美國之思想史，特別注意於新舊兩世界不同之要點。美國之新文化，作者所知不甚淸楚，不能妄贊一詞。作者深知外界之人事，包藏內界之思想，就如一個果子，外邊是一層皮，內裏則包藏果仁。作者無從窺見其內界，只可就耳目所最接近之歐洲思想着手。歐洲思想，受新世界之潛力所轉移者，卻不在少數，卽在歐洲一方面而言，亦只能挑選法德英三國之著作，作爲中心點。意大利、挪威、俄羅斯、等三國之潛力，環繞此中心點，有時且能深入其內；但因語言文字隔膜，又素少注意，不能採入本書不過偶然涉及，不能深透，辜負在所不免。

二六、此時期內之效果是思想一體

本書之大題目，卽是十九世紀之大部份歐洲之思想，卽是法德英三國之思想。作者雖自己劃定國界及時代界限，但是材料是極豐富，又極複雜，極紛亂，雖然如是頭緒紛繁，作者是極其注意，不離唯一之目的。思想一體，是此時期內之結果。一百年前或五十年前，絕不能談到歐洲思想，因爲十七十八兩世紀各國各用其本國語言，不獨思想是有國界，卽著作亦是有國界。思想是自然要分界，一直到十八世紀之末，十九世紀之初，各國彼此往來，將外國新思想帶回本國。例如一七二六年，福爾特耳（Voltaire）遊歷英國，【原註】關於此問題最完全之徵引，見雷文一八六八年一月三十日在柏林學會演說。後刊載於其「演講集」第一冊（一八八六年來比錫版）。纔知得有牛頓（Newton）有陸克（Locke）此兩家之哲學。此時尚未爲法國人所知，更不能爲法國人所領略。一七六五年，斯密亞當（Adam Smith）遊歷法國，知揆內（Quesnay）財學與當時所謂天產富源之經濟家之見解，斯密亞當之大著作名原富，卽是用此兩層作起點。十八世紀之

二七、福爾特爾

二八、斯密亞當

末一季有偉爾納（Werner）者，擴充一七六六年創立夫賴堡（Freiburg）礦學院，起首不過是一個偏省學校，後來變作全歐科學大放光明之中心點。全球各國學生，輻輳於此，讀書聽講。

二九、哥爾利治及威至威士將德國思想灌入英國

十八世紀之末，威至威士（Wordsworth）及哥爾利治（Coleridge）遊歷德國，則將康德（Kant）謝林（Schelling）兩家之新哲學灌入英國。

三〇、得斯搭厄爾夫人以德國思想灌入法國

英國法國大革命逋臣，歸自德國，將德國新文學，帶回法國。當時得斯搭厄爾（De Staël）夫人，知德國發生新思想，於是勉學德文，【原註】參觀布勒涅哈西（Blennerhassett）夫人所著之「得斯搭厄爾夫人傳」，德文本，第二册第四百六十一等頁。又是書第四百六十五頁，有很可注意之一段，係摘錄得斯搭厄爾夫人於一八〇二年十月致熱龍多男爵（Baron de Gérando）之書札。其言曰，『彼輩所表現之人類精神，實今日德國所需要，此余與君所同信者也。』與空斯通（Benjamin Constant）同遊德國。一八〇三年及一八〇七年，共遊兩次，此兩次遊歷之結果，是著成一部遊德國記。當哥爾利治、得斯搭厄爾夫人，吸受歌德、席勒爾（Schiller）之新思想之時，正是歐洲大陸之科學學者，趨向巴黎之時，如是者有數十年。

三一、巴黎爲科學中心點

只有巴黎是科學之中心點，只有到巴黎可以學新法，巴黎成爲科學思想之中心

點者有五十年。【原註】參看卜侖士(Bruhns)所著「洪保德傳」(Life of A. V. Humboldt)，拉塞爾(Lassell)英譯本，第一冊第二百三十二頁。內云：『時人對於巴黎學術之盛，每有狂妄之批評而作譏諷語者，如曰，「吾人學業貴乎精不貴乎博，」然而巴黎在十八世紀之末年，確爲嚴整科學之最高學府。一七九八年一月二十六日，拉隆德氏(Lalande)曾致封薩克(Von Zach)書曰：「愛學算學之人，日見其多，雖軍人亦極愛算學。試觀末後數次大戰，即能曉得。拿破侖頗有算學頭腦。雖說學算者，不能人人皆能似拉普拉斯(Laplace)蘭格倫日(Lagrange)之享大名，亦不能盼望作到大英雄如拿破侖，然而算學頗有潛移心思之力量。學過算學者，往往比未學過者能多所成就。本國之算學學校極好，頗能達到傳佈算學智識之主要目的。」』又參看「洪保德傳」第一冊第三百四十二頁，述及一八○四年一段。又第二冊第九十二頁，關於一八二○至一八三○年間之一段。『洪保德視巴黎爲眞正之科學中心』（見第七十頁及其餘多段）。又參看斯蒂芬斯(Steffens)所著「我之生活狀況」一書，第十冊第二百三十三頁，及歌德告厄刻曼(Eckermann)論一八二七年德國與巴黎衝突事。

三三、英國算學家巴貝治赫瑟爾裴各克輪入大陸算學新術於英國

英國自培根(Bacon)牛頓以來，學者皆自闢門徑。一八二○年間，牛頓雖已享大名，英國哲學家始知牛頓之法，未臻完善。大陸算學家已有改良之術。英國劍橋(Cambridge)大學之赫瑟爾(Herschel)、巴貝治(Babbage)、裴各克(Peacock)三名家，介紹大陸算學新術於英國，譯行拉克啦(Lacroix)著作，由是算學大興。五十年後，四方學者，輻輳於德國之基森(Giessen)學校，學習化學新

三三、利比喜化驗室

法。先是博學家皆自設化驗室以備研究，至是利比喜(Liebig)乃設學者公共化驗室。【原註】參觀「法拉第(Faraday)演講集」。

三四、英人表彰法國人孔德哲學於法國

一八三〇年與一八四〇年之間，法國學者孔德(Comte)刊行其所著哲學，而國人無知者。英國哲學家穆勒約翰(J. S. Mill)與其同志之著作，則頗有發明，成爲新思想之中心點，其後復輸入於法國，此事殆與坎斯塔布爾(Constable)相類。

三五、坎斯塔布爾畫師在法國之潛力

英人坎斯塔布爾善畫山水，而本國人不甚注意。一八二四年，以其畫陳列於巴黎，大爲法國人所讚賞，頗能轉移法國畫家思想，於是畫風爲之一變。【原註】參觀阿姆斯特郎(Armstrong)之議論，見一八八七年四月之「十九世紀雜誌」；又參看邁爾(Julius Meyer)所著「近代法國繪畫史」，一八六七年來比錫版第七卷第二章。又洛焓堡(Rosenberg)所著之「近代美術史」（見第一冊第六，十三頁）。洛氏以爲坎斯塔布爾之轉移法國風氣，論者未免言過其實。謂有羽厄特(Huet)者，其所作之畫較早，約在一八二二年。在此兩人之先，復有逢寧吞(Bonington)爲法國畫派。又參看一八五八年德獵克洛亞(Delacroix)致西薇士德(Sylvester)書云：『坎斯塔布爾誠英國之名畫家哉。自彼革新而後，將昔日畫家之窠白，掃除殆盡。吾抄幸得其畫幅，獲益實非淺鮮，洵屬難能可貴，是以熱利珂(Géricault)見而驚服不置也。』（錄自法國「大百科全書」米香爾(Emile Michel)所撰「坎斯塔布爾條」）。

三六、科學變爲各國所共有

此是從前情形。後來各國往來極密，從無類如此等事發生。一到本世紀時期，科學變爲各國所共有，並非如從前一國所私有。此時彼此常相往來，又有旬報雜誌灌輸，各種科學會討論報告，將所有最先之發明，最詳細之新得，報告天下。各國之特性雖然存在，亦不過由於文字及通俗語言達意有深淺不同。至於能以辭達之有界限思想則各國所同。思想類似日未出時，大地純是一片黑暗，既而破曉，既而日出，既而日當正午，大放光明，無處不照。按大端而論，至本世紀，始可以用歐洲思想四個字；從前則不能，只能說法國思想，德國思想，英國思想。在第十九世紀間，各國雖仍有各國特別之思想，此時暫置不論。先論作者所謂普通之歐洲思想。所討論者，卽是此種思想如何發達以至於今日之程度，各國所貢獻於思想界者是何種思想，現在結算，計有幾何，及本世紀期內，思想是如何變化。或問此事如何檢點數目，如何結算，作者卽答原有一極顯明方法，在可以計數。作者雖不專用此法，亦不常用此法，然而此法似亦讀者所應注意。

三七、思想史可以從語言文字學尋曙光

三八、意思之遷地

作者前文已說過思想之變遷，往往見於語言、文字、及文章風尚之改變。學者若詳細研究本世紀期內三國語言、文字、及其文章風尚之改變，即可以曉得多數之新意思是如何發生，何時發生，如何以漸通行，如何能立定脚步，立有界說，變作特別名詞；不獨可以追究歐洲普通思想之發生，並可以追尋每個新意思發源於甲國，流入於乙國。如是詳細研究，並可以曉得一個新思想當初用如何句語達意，如何發生於某國僻遠之一隅。〔原註〕此種討論文字變遷沿革之書，作者所見過者，在英文有圖克(Tooke)所著書一種，曰「拍里戲筆」(Diversions of Purley)。大主教特棱赤(Trench)所著兩種，一曰「文字研究」，一曰「古今英語」。其專論哲學名詞者，有德文倭鏗(Eucken)所著之「哲學名詞史」，一八七九年來比錫版。此外有格黎牧(Grimm)、杜特雷(Littré)，及墨累(Murray)等三數家大字典，亦可供參考，不過字典對於字意深淺，廣狹，區別，並未特別注意。其中格黎牧所著之字典，係專論三百年來德國語言，文字之沿革，始於路得(Luther)，終於歌德（參看格黎牧著小書 Kleinere Schriften 第一册第五百零八頁），而於作者所討論之時期，則不及也。此外宜於注意者，是法國哲學家狄德羅(Diderot)首先將近代思想學術，集成一百科全書，甚為完備。書成在一百五十年前，其論語言文字，與今日之作者稍同。參看狄氏字典中之「百科全書」一條，內狄氏自謂，字典不過積集編書之名詞，而由百科全書供其資料者也。又參看第六百三十九頁，中云：「若綜計已往之傑出偉才，於歷世紀中，各國均所僅見，而莫不精邃文字，乃亦天賦之特性。至於從事著作，不僅翻閱書籍，卽謂滿其旨趣。往往深自研究，精益求精，得之於心，闡之於口，方爲盡其天職。又注意當時情況，及潮流環境，而對於各種文字之淵源，均加以符誌，務令其熨貼而後已。此乃想像之熱忱，及考慮之周詳，有以使文字增益其新穎之詞也。蓋心機精確，論辯嚴正，足以改良造句之法。發言便捷，則文字雅馴，聽覺靈敏，則韻調和順也。』

三九、歌德

無論誰何，若試將甲國文字，譯成乙國文字，無論所譯是散文，抑或詠懷、言理、寫景、詩歌，一定先要研究一字一句內裏所藏深意，始曉得兩國文字有其相同之點，亦有其特異之點，所達之意，亦復不同。德國之文體與用字，以歌德所創者爲最善以一人而轉移全國風氣，在法國、英國，殆無其人，卽在德國，亦非他人所能及，其理甚顯。然而法國之小說大家，德國之玄學大家、與近代英國之新思想大詩人，頗爲各國之文字增多單詞新句。英國之喀萊爾(Carlyle)，往往借用或輸入德國字於英國文字，其勢力甚大。亞諾爾特(Matthew Arnold)好用新字，與喀萊爾略同，以德國之歌德、海湼(Heine)，法國之聖柏甫(Sainte-Beuve)及內省學派爲模範。

四〇、德國語言文字之特性

惜乎德國之語言文字，未見增多。德國吸用外國文字，不用改變字面，因此頗將其本國原有之淺顯

四一、字意之生長

秀雅詩意破壞，殊令文風受其影響。大約文字之增多，往往由於用科學名詞於普通文章。久已通行之字，往往得特別意思，或改變其原來意思。例如意義不甚明晰之 Development，【譯者註】即是由單簡變繁複，由隱變顯，由未成熟變作成熟之謂。發展二字可，以略達其意。今日改用 Evolution。【譯者註】譯作天演。其實即由單簡變作複繁云云之意。Differentiation【譯者註】常用不過是分散分別之意。近來用於哲學，則另有極有界限之意義，在算學則作微分解。Positive【譯者註】陽也。實在也。不獨在邏輯有其特別意義，此外尚有兩種特別意義，並非原字所有。Energy【譯者註】氣力也。能力也。自有其普通字義，亦有希臘大哲學家亞理斯多德(Aristotle)所用之特解，近來則用以代力學之力字(Force)，以爲較有界限，較爲妥協。其始是英國先用，其後各國沿用。又如 Correlation【譯者註】交互關係也。Conservation【譯者註】保全總數，不生不滅，不增不減。以上二字皆物理學專門名詞。皆用作特別專門名詞。又如 Fittest【譯者註】最優。最合宜。Struggle for existence，【譯者註】競爭生存。此一字一句之意義與五十年前，大不相同。

四二、有新思想則有新字

近來又有 Exact（確切）Science（科學）兩字，與從前字義，亦大不相同。新近所發明之知識，有界限學說與個人知覺學說。又有 Unconscious（不知，）Unknowable【譯者註】不能知，與內典不可思議略同。Agnostic【譯者註】即非信非不信也。等字，內含極繁複之意義。學者試研究此三國所用之通常字句，如何用作科學專門字句，必饒有意味，此即是研究思想變遷之方法。

四三、得波那爾學說及米勒瑪克斯語言文字學

欲研究此項變遷者，固不必根據於某種文化、思想、文字、相關係之偏向學說。本世紀有得波那爾（De Bonald）之極端論，【原註】得氏為一七五四年至一八四〇年間人。參看其所著「原始法制」一書，一八〇二年巴黎版。以為語言文字，是由於神授，持論未免過偏。新近米勒則較有科學觀念，以哲學歸納於語言文字學內。參看其所著「思想科學」一書，一八八七年倫敦版，其中第二百九十二頁及第五百五十頁，尤為可觀。此則與或謂天文學不過是解析算學一問題相同。從一方面觀之，我等未嘗不以此兩說為然。文字原始，及思想原始，是兩個複雜問題，姑置不論。若就我輩之生於今日文化知識發達時代者觀之，則見未有意思清楚知覺明顯思想之先，已先有字。我輩用本國語言文字，以漸而深入於極繁複、亂雜、曲折、玄妙、

四四、德國法國如何解說思想二字

抽象、之思想世界原是極奇異之事，亦有近於神授。但是作者已先說過，並非從三國語言文字之變遷研究歐洲思想之發達，如此大舉，非有字學知識，如格黎牧、利特雷、墨累、諸公不能。作者雖無此項資格，卻其中有一特點，不能不討論。作者所指，是思想兩字用作名詞。作者與讀者對於此思想名詞相連之意義，在法文德文，是用何字，我輩應如何繙譯。我等所討論之題目，原不是英國所獨有者，亦是法國德國所同有者。每國之文字，一定亦有此思想字。作者以為法文之 Pensée 與英文之 Thought（思想）字義最為相近。在德文中，卻極難得意義最相近之一字。作者有時欲用 Geist，有時欲用 Weltanschauung。在德文中，此兩文常用作一代之內界生活。後來決計用 Denken（內界），因為此字與動作及生活作相對反襯。Geist 之反襯字是物質，至於 Weltanschauung 則極能達意而苦不能譯。此字則專指思想之效果，而非專指思想。若從字義論到本題，英文此字意義較為明顯，而討論此問題之書亦極多。題目更大之歷史哲學，大抵發起於大陸思想家，如

四五、歷史哲學發起於大陸思想家

四六、德文法文無相當字眼

四七、思想兩字之意義並非英文所獨有

赫得(Herder)、黑智爾(Hegel)、孔德、基佐（Guizot），如福耳特耳所著之路易第十四世百年記是描畫一代歷史之好模範。而作者則以為大抵喀萊爾、巴克爾(Buckle)、德雷柏(Draper)、勒啓(Lecky)、士梯芬(Stephen)諸公著作，能將思想兩字深印吾人心中。其最要者是帕替孫(Pattison)所製論說。【原註】參看此君所著之「論說與批評」，及「一六八八年至一七五〇年英國宗教思想趨向」。又士梯芬有論及此書處，見其所著「英國十八世紀思想史」序。然後知此思想兩字，最能包括一國或一時期之內界之生活動作，故此作者先用此英國字眼，以為讀者必能明白此字眼之意思。讀者以為法國字德國字皆不合用者，可以從我所用之英國字眼 Thought（思想）之後，求其界說。法文著作，無論包括時代長短，似無思想史。德文中同等著作甚多，不過所用者不是思想兩字，是 Weltanschauung（思想之效果），有時推廣其字義，則變作進化史，有時又縮小範圍，變作文學史。似乎可以證明德文並無與英文相當之字眼，然而作者仍以為思想兩字名詞之意義，是各國所應共有者，並非獨從英國之進步發生，大抵是十九世紀所發生。因為在此時期，推翻一切知識阻礙物，各國互相往來，交換意識，然後能發生。在英國人中，喀萊爾自最先鑽研知識作用，如何變為今日之歐洲，將思想當作一種有知識有精神之機體，操縱一切外界事變，將一種特別意義，加於思想兩字之上（作者卽採用此意義用此名詞），以便後人作為研究之題目。此大題目，原可以設立種種不同界限，可以從各方面着想，但是人人皆知此名詞之力量，並無其他名詞可比。別國文字，無此能包括之字眼。此名詞不獨指出思想之運用，且指出思想之效果，有分有總。此名詞又並無有先入之理想或學說，卽派別相反對之思想家，可以公共通用，若遇必要時，亦可以另立特別意義。

四八、喀萊爾是首先以特別意義用思想兩字

二

一、知識進步之兩大因子

人類之知識進步，有兩大因子。此兩大因子之功用，乍見似乎相反，其實缺一不可。此一因子行之未久，必得彼一因子相助，不然則不能有進步。此二因子為何，卽所謂博之約之是也。因人有好奇之心，又有日用所需，及日常閱歷，自然而然，知識日見其增多，儲積亦日見其富。知識既多，若無提綱絜領能力，雖多亦無益；積儲知識，自然是要緊，能運用知識則尤其要緊。譬如測量一段地方，地面越大，越要有居高臨下之點，始可以一覽無遺，得以測量前後左右各地之遠近高下。居高之點，自然是人之所欲得，然而居高所望見者，往往令人錯誤。登高望遠，誠然是能見各物，能見曲折；但是居高雖能望遠，所望見者，卻並未經測量在先，往往又要越界測度踏勘，將界外不甚淸楚之物，收入圈內，往往用類似之閱歷，或憑空杜撰，將界外形勢，包括在所曾經測量之地段界內。卽使下山走入平地，詳細測量，然而登高所見之遠勢，先入爲主，不能擺脫淨盡。

反約之法，能將知識變成意想。歷史上頗有可以引證進步之程站者，歷數百年所儲蓄之無次序無佈置之無聊知識，忽然繼以短期之發明，或忽然之新揭露，或創造新器之希望，不知有多少費時費力之事功及新知識，往往爲架空中樓閣所阻止，徒勞心血，往往阻撓進步。有時忽然發露未經測量之地方，現出新奇光景。有時忽然似是達到高頂，能將所有人類知識，約之使成爲獨一之真理。有時全憑意想，造成一種幻境，忽然一旦大失所望，昨日所造之空中樓閣，化爲烏有，惟有灰心喪志而已。

二、本書之目的

第十九世紀之思想，是否有上文所說的種種現象，卽是本書所研究的問題，此時特先說明。

三、第十九世紀儲積知識之功是無可與比

第十九世紀之對於知識，其博約之功，是極其費力，極其顯著，儲積知識之功，實是無可與比者。至於約之之功，比上古希臘伯里克理斯時代（Periclean age），中古意大利中興時代，第十六七世紀法國英國之大揭露大發明，一切都不如。

四、第十九世紀之功（甲）在知識方法（乙）在知識之合

惟是第十九世紀之功，在乎研究出擴充知識之方，用特別文字寫明，又有一種特別意思，以爲有合一之可能。有一時期（相去並不遠），真之一字，似乎不能指示求學者以求知識之正軌，且指示學者以求真爲求學之止境。常人之意，以爲

五、求真不是知識止境

求真（唯一求真）是求學者不易之格言，假使真而可求，合一之理，卽在於所求

不過是學者之態度

之真。科學家與哲學家至此應該明白，求真雖是爲求學者應有之態度，而不足以指示知識之路，與知識之止境。何物謂之眞，仍然是未能解決之問題，以何物爲眞之標準，至今仍未能定。假使力行家求學家，心中完全失去求眞之意思，原是極可憂可懼之事，然而眞者原屬最可寶貴德行內之事，與爲善、篤敬、美質、詩歌、同等。既爲之立界限或解說，則對於美德之知識不能從此發生，亦不能有所增加。【譯者註】作者之意以爲既不知眞爲何物，則無從下手求其所謂眞，更不能增加眞之知識。篤敬美好既與眞爲同類之美德，既不能知眞爲何物，亦不能知篤敬美好爲何物，亦無從行其篤敬，求其美好。人自知識初起時，受父母教訓，心中始有所謂種種美德。及長大成人時，所學所行之美德，並不能因按邏輯道理能分別清楚之後，而有所增加，或得有更爲深透之意義，能顯然知所分別之後，並不與美德之精華有何關係，反往往破壞其信仰之心。

六、研究科學之術始由伽利略牛頓等實行由培根孔

與其虛騖而求其不可得之眞，近代科學則易以求知識之細密法術。欲知科學法術，不能一讀便曉，要在實行。此種科學方法，載在伽利略、牛頓、諸大科學家之

德穆勒等定範圍

七、學術之分散不過是外面如此其實則不然

著作中，伽利略諸公曾經實行而收效者。後來哲學家如培根、孔德、穆勒、諸家，從以上所云之大科學家著作中搜求其所謂真理（而不無舛錯，不無誤會）。此種科學方法，即作者多費心力所討論者。求學之方法，並不能因所求之目的，所求之效果而先定。科學家事前並不能知其所用之方法，所行之途徑，引入何種境界，其最要者爲途徑清楚而已。近代科學家只指示途徑，而不指示目的，全以數目測算爲根基。科學之進步，倚賴引用算學，乍視似與算學無干之事，亦用算學，同時亦倚賴擴充算學之法術與算學之用意。英文與德法文，有確切與實在（或積極）兩字，即指此術之體用。此種立有界限之科學方法，原可受多少更改。途徑雖極其明顯，而能引入無限之歧路。凡非科學界中人，難免不以爲科學學者遵守此種方法，即是抛去所謂由博之約合散謂爲一之高貴見解。在吾人觀之，既然抛棄，又焉能統理知識。若從古老見解而論，此事原在所不免。所謂合一、秩序、和諧、完全、勻稱、真實、美好、種種美德，科學家對之無直接之用，正如古時迷信某數目與吉凶災祥有相干，同爲不合於用。我輩雖然仍爲以上所云之美德所迷惑，欲拋棄之而有所不能。然吾人不能不承認詩意、哲學、宗教之見解，與此時科學之見解，背道分馳，愈離愈遠，既不能爲科學之嚮導，又不能爲科學之助。然則如此改變，是否詩歌與科學，兩有所失？專指科學而論，則可云因此改變而更臻完備，更得實在進步，另外還得極重要之利益，非古代中代求學家之所知也。

八、科學與詩歌之似若分離

九、科學與人生之密切關係

所謂利益，卽科學與人生日用之密切關係。算學精神能駕馭商業、工業，逐漸侵入醫學、法學、行政各界。因爲以上種種事業，皆直接與數目、計量、輕重、道里之遠近、時候之長短，皆有其相關之處。又要用統計學、均計學（又稱折中學）、以求平均不偏之數。故此科學問題，日見其多，科學進一步，卽能增加我輩以測算人生事變中可測算者之方法。人事有新發明，卽科學新加一問題。第十九世紀科學與人生有極密之關係。因此之故，科學方法不至於過細分析，原以人生日用問題有特別性質，與科學家之試驗不同，可以特別分出一部分或單獨一件事，供其試驗。人

一〇、人生實用問題歸併爲一

生之事，是要合環境與外境統算利益。【原註】陸宰（Lotze）所著之「小世界」(Microcosmus) 第九卷云：「科學討論抽象事，懸空獨立之事。人生實用，亦是此事對於實在世界之關係，一切事爲其他事物所圍繞。按此界說，立此分別，其價值即在與其他事物及一切事物有關係」一語。

二、第十九世紀對於人生之意想有何功用

倘若第十九世紀於科學與人生，既立定確切或實在（即積極）的方法，爲科學與人生同增利益，試問對於自古以來人生所尊崇之意想，如所謂美德中之真理、美好、智慧，古人以爲聯合及和解科學與人生之主義者，科學有何功用耶？試問古人以哲學、美術、宗教、保全美德，以免知識與實用分離，並希望衆人對於人生各種利益之支持，及互相維繫，與夫通力合作，不失其崇信者，將歸於何所耶？

三、人生利益合一之更深的意想

若不是作者認爲十九世紀費盡心力及光陰，乃是演出深透的人生各種利益可以合一的思想，則值不得費時費事寫此部書。作者要追尋本世紀通力合作之高等事業，又相信所有本世紀所費心思，原爲湊合起來使能發生我輩種族原有之意想而加以維持，並不是只趨一方向，或用一個專門名詞，即可以培養此項可寶貴之物。原是個人與羣衆，不分國界，通力合作，始能使意想發現而發達。

一三、此種合而爲一所用之名詞不同

對於人類內界生活之合一或一致，各派哲學所用之名詞不同，例如黑智爾用 Geist【譯者註】譯作神，又作意想。孔德用人道主義，陸宰用小世界，【譯者註即內界。】斯賓塞(Spencer)用社會生機，以上各家所用名詞，俱從特別方面說。德國之最有名者，是意想派，法國有實學派（即積極派），英國有天演派（兼指物界心界而言），觀其表面，似乎是有分散之趨向。凡此各派，要皆注重於人生利益之一致。又法國之大革命，及科學之分別門類，其結果亦若是，其實並非分離。本書宗旨，即是要詳細發表合一或一致之事。

一四、思想之界說

作者至此，並未採用何種學說。作者以爲此思想名詞應用甚廣，所有近代各家各派之志向，在乎會同奮力求達目的，毋論其所得效果之中有何真理，有何價值，作者所用之思想一詞，一切皆包括在內。

一五、自一七五〇年至一八五〇年是統習百科時期

第十九世紀原已預備材料，以便後人作思想史，請簡括先言之。自十九世紀中葉而後的一百年間，始能算是脫離統習百科時代。【原註】『今之百科全書』一名，在昔習聞之。】

介紹文 二 三十三

見革斯湼(Gessner)語。此是新科學未發生以前之方法，有培根爲其始祖。近代有來布尼茲(Leibniz)者，於學無所不窺，有無學不深入之知識。然此兩大家並未能實行其意，直至第十八世紀之中葉，法國之狄德羅、達蘭貝爾(D'Alembert)始能實行。其先培根所著之新法已爲之先導，其用意在乎將所有一切科學，自從脫離宗教阻礙之後所得之新知識，統包於一部新工具書之內。【原註】狄德羅對於「百科全書」之評論見於一七五〇年，其百科全書之第一冊見於一七五一年，其中有達蘭貝爾所撰之著名序文，及狄氏之評論。此書之完全名稱，爲「百科全書，或論述科學，美術，工藝，供學術界人參考之大辭典，附有狄德羅及達蘭貝爾之序文」。此大製作之宗旨及目的，皆以培根議論爲根據，皆見於介紹文，及第五冊（一七五五年）「百科全書」條下。此條是狄德羅所特製，計有二十八頁之多。參觀狄德羅隱名所著之「解釋自然之思想」(Pensées sur l'interprétation de la Nature)一七五四年版。關於此「百科全書」的歷史批評，及其影響之詳細論述，見格黎牧，達蘭貝爾，福耳特耳，得亞皮內夫人(Madame D'Epinay)，摩勒累方丈(Abbé Morellet)等多人之書札，及筆記。以上諸家之意見，有一簡明的敘述，所有重要事實，亦完全載明，見羅生克蘭(Rosenkranz)所著之「狄德羅傳略及其事蹟」一書，書共二冊，一八六六年來比錫版，又見摩黎(Morley)所著之「狄德羅」一書。有一事很可注意者，思想有引發生趣，和合一致的能力之意想，爲吾人所熱知者，在狄德羅亦頗知之，其言曰：『若將人類或其優秀分子，驅除盡絕，則奮發卓越之萬物景象，勢必成一慘淡無聲之大劇場，

一六、失去合一思想

且全世界亦將岑寂無聞，而變爲荒涼凄漠之狀態，至若天然現象，亦將以默然無色矣。：：是以吾人應具之需要工作，即尋覓人類主要技能，而有將分析之也。」——見「百科全書」條，第六百四十一頁。

對於宣布所有知識遍播於人間之目的，原已達到；而對於將所有知識聯合爲一，卻逐漸離題太遠。狄德羅、達蘭貝爾、厄士(Ersch)、葛魯貝爾(Gruber)諸公所編之大百科全書序文，與夫哥爾利治所製之首部百科全書之序，皆曾說及科學合一。然而對於合乎邏輯主意之分科，與夫科學之沿革，並未能達到合一之宗旨。

【原註】厄士，葛魯貝爾諸公所製之「科學文藝百科全書」，創始於一八一八年至一八七五年，成書一百五十一冊，全書未能告竣。倡議著此書者爲哈勒(Halle)圖書館學專家厄士教授，一時在一八一三年。助之者有胡斐蘭(Hufeland)，葛魯貝爾，邁厄(Meier)，布洛克豪斯(Brockhaus)，又十九世紀之德國學問名家，亦頗有擔任撰述者。諸家之編輯與用意，各有不同。培根之所謂一統，不過只是表面，求其一律，只求完備，不然，亦只求實用及有進步之哲學。狄德羅諸公之「百科全書」，亦無以異於是。哥爾利治深染德國派學說見解，高出培根之上，以爲當從柏拉圖，沙士比亞求之，其所用一部書內之法術名詞，包涵甚廣。此公原是意想家，與培根不同，意想則最爲培根所輕視。大陸之意想家，當以康德爲鼻祖，以爲科學方法不足以完成知識境界，使其圓轉無缺，惟非有特別科學方法研究，雖眞實之百科統習觀念，亦難成事。康德曾說過：「只有哲學能使內界生活滿意，因爲只有哲學，能使科學圓轉無缺，惟有哲學能使科學有秩序，有聯貫。科學無哲學，如同人之缺少

一目。凡是算學史學等各種專門名家，都是缺少一目之人，以為哲學是多餘之事。』惟是康德以為哲學並非擴充知識之具，只是研究知識界限之具。哲學並不能求真，不過只能免誤。及此問題一入斐希特(Fichte)謝林，黑智爾，諸大哲學之手，卻不為哲學劃此界限。以為從一個最高的主義，可以用演繹法（「譯者註」可作外引術，或引伸術，亦可作由隱推顯術）而得知識。此諸大家又極重視哲學，以為有包羅萬有之能。不獨著書發為議論，且因此而改革全國學校之舊章。厄士諸家之編百科全書，原本此意。此項改革，卻與德國全國之科學界甚有利益，惜乎未竟全功。

欲求學術進步，使各科分任其勞，各人致各人之力，則絕不能如循環在圓軌上走，無論以何處為起點，走過一周之後，仍到原處；只能如沿螺旋線而行，越行離起點越遠。我等試看厄士諸公之百科全書，羅列成堆而未能竟其成功。「原註」當日發起編輯「百科全書」諸君，似未窺見此項編輯之兩大要點。一，即使不能完備，亦必須竟其成功。二，必須限定時期，務必成書。因為思想知識時常改革，不得不如此。如是兩要點，狄德羅卻最留意。參觀原書六三六頁至六四四頁百科全書條下。

今日所刊行之有用書籍及通俗之製作，每屏除一切哲學序引及各種懸談，從前則不然，以為必須哲學序引可以保存統一。「原註」從前所謂哲學序引，在近日穆勒之「邏輯」，與詹姆士之「科學原理」等書皆有之。舊時之「大英百科全書」，原有懸談。今日則有休厄爾(Whewell)之「科學史」與「歸納（「譯者註」亦可作為內引術，或作由顯推隱術）科學之哲理」。此兩書頗能將科學之發生，培植，發達，與夫各科之互相為用，研究頗詳。至於巴威皇家學會所輯之「德國學術史」，此時已有二十二冊。其中戰術條下居三冊，算學只居有一小冊。當初所立範圍太小，以為科學是一國一族之事，幸而分任編輯諸公，並不限於德國科學，德國以外各國之研究，亦兼收並採。凡一國有特別之科學報告，其用意自是不同，價值亦異。若按培根見解，結集各種學術為一大部書，雖然意在擴充與運用學術，而其所得效果則適相反，引入分裂之途，並不能統一知識與思想。

一七、德國廢除百科演講

德國大學校深信此理，所有百科講演，一律廢除。【原註】對於特別一種科學研究，其源流分派，務求完備者，仍用百科名詞，如『法律，醫學，語言學，哲學，神學之百科辭典。』在本世紀之初年，康德、斐希特、士來厄馬赫(Schleiermacher)之學派盛行。此種百科講演，最為通行。學校入一新紀元，以為如是則可以得完備無所不包羅之統一學識。【原註】關於此事，有一八〇九年創立柏林大學之載籍，頗饒意味。此是威廉・封洪保德(Wilhelm von H mboldt)所創，而他入為之預備者。參看西利(Seeley)所撰之「斯泰因(Stein)傳」。創立此大學始基之時，正普魯士最窮困之時。此時正在戰敗之後，廣徵重軍餉，地價跌落，百物騰貴，國幣跌價。國中上自王公，下至平民，皆不得不勉強節省。乃獨能毫不愛惜，議定每年撥二萬二千五百金鎊，創設大學，與美術科學院，可謂有英雄氣概，與在戰場之建立奇功相等。其眼光之遠大，不亞於斯泰因諸君。以我輩此時眼光，看斐希特之對於當時教育，頗有意味。當時極重包羅萬有學說，此對於哲學所處地位之問題，是最易於解決。及宗教家謝林之學派興，此項問題，則頗難於解決之。謝林時討論此問題，謝氏原是一八○七年發起改革慕尼克(Munich)學說者之一人。其著作中曾謂「假使不容哲學與實在事物相接，假使哲學受強迫，不能不高飛於無限無量玄妙之境，離開天然界，及美術，歷史，生命，所排之筵宴，所備之旨酒嘉殽，不得沾脣，不飲不食而行，則今之研究哲學者，將何自得其助力耶？誠不如步趨他國之拋棄哲學，盡力於天然界與實學矣。」此時正是哲學末後一次，布滿其力量於各種科學。「原註」德國大學中提倡包羅萬有知識者，以葛魯貝爾諸公爲其首。在葛氏「百科全書」第二册內，葛魯貝爾著有介紹文，其中有此項研究之歷史與界說，謂與哲學同時加入各大學課程。其初，原在宗教，法律，醫學，各科之下，其後列爲正課，反在宗教各科之上。且謂大學有包羅萬有之課程，然後能增進眞正人道主義。又提及該世紀之初，文學，科學，美術皆經過一大危機，其時研究算學，物理，歷史，哲學，語言，文字學之原理，頗相矛盾，見「緒言」第一册第七頁。其時德國因爲政治關係，國人一致勇於犧牲，務必達其目的，而以大學之教授學生爲最。「原註」記載當時情形最詳者，有「拍忒斯(Perthes)言行錄」，史蒂芬斯(Steffens)之「自傳」。當時大政治家，如斯泰因，大詩人大思想家，如歌德，皆不與聞其事。斯泰因對於此時意想派之活動，另具見解。（見西利所撰「斯泰因傳」）。傳曰，「我國此時之哲學，文學，與彼無干。」按此意又見於斯泰因與史蒂芬斯之談論。歌德之見解，則見於答拍忒斯爲投稿拍所辦之「德意志博物館」雜誌事一書。該誌乃德國科學家聯合情誼之機關，在政治上亦頗有強盛之勢力。見拍氏言行錄第一册第一六七頁。此種精神，既能發生國人之通力合作，共趨一致，自然能統

一八、百科全書不副期望

一思想。各家哲學派。由是發達，惜乎言過其實，未能滿學者期望。當時以爲包羅萬有之學，並非空泛，如從前科學之膚淺可比，以爲能包藏知識，有生命之精神，傳於學者。此種思想（隨後研究），後來歸於消滅。至本世紀之後半期學者並不希望將知識之精華，鍊成一個算式。亦如製一部大辭典，明知按字母次序，分條登列各種學識之不能統一思想。此種大部編輯，不過便用而已。宣傳學識，此爲最便，人所樂有。其按哲學見解，分爲各科，不過是形式上之事，亦只能用於極小部分之研究。

【原註】吾人苟一考以上三國百科智識之發達與傳佈，頗有興味。近世「百科全書」之創，始自美國，與近代其他學術思想同。考其用意，不過便用。法國躍起，而以哲學精神，欲爲推廣致用而不能。至德國更多所研究發明，而所謂統一之深達美意，更行不通。至本世紀以來，「百科全書」最發達之國，最不提倡，包羅萬有之科學，此時以德國爲最盛，每種科學，每章皆有特別編輯記載，搜輯世界各國之各科學發明，爲門分類，列以便學者。至於英國，有皇家學會之科學目錄，美國亦有此項編輯，搜羅用英語各國之各種發明，有如普爾(Poole)之「報章雜誌文目錄」是也。若無此項編輯，則作者亦不能成此書。

包羅萬有之學科，及各科皆襲哲學形式之時期已過；然而對於知識必欲化散碎爲完整，取學術之精華，薈萃爲一，如鏡之聚散光於一焦點。以思想及進步爲有機體，相貫串不斷，有可以統一之道者，此種意想，則仍有加無已。學者皆知內界思想爲有生命，又各人不同，思路尤有無限之不同，斷非一部無形式之大字典，與無生機之簡括算學公式所能滿學者之意。今日之提倡個人思想，務期思想有生機有變化，與提倡科學之方法、秩序、統系，並重。是故近今五十年，注重互換知識，及紀載各科學之發達。

一九、本世紀之初年以法國爲科學領袖

所謂互換知識，有三種方法。本世紀之初，法國爲科學領袖，首先發起刊行各科學如何發展之旬報。德國繼起，英國隨之。【原註】最早之科學雜誌，名「博學月刊」，於一六六五年刊行於巴黎。一七七一年，有洛齊耳(Rozier)之「物理學觀察報」繼起，一七七八年易名爲「物理月刊」，一七九四至一七九五年停刊，其後又刊行，至一八二三年止。因爲化學理解不同，有起而反對者，於是有一七八九年拍托雷(Berthollet)刊行之「化學年報」。一七八八年有所謂「語原學會會報」。一七九五年「藝術大學月刊」爲最有勢力之藝術報。同時他國並無此項報章，惟有英國之「林尼阿學會(Linnaean Society)報告」於一七九一年林行。一七九七年有「尼科爾孫月報」(Nicholson's Journal)，又有「倫敦，愛丁堡(Edinburgh)，都伯林(Dublin)，哲學科學雜誌」。此誌，原爲替洛赤(Tiloch)氏所辦之

「哲學雜誌」。至算學，則有「劍橋算學報」，刊行於一八三九年。其時以法國之科學報爲最發達。德國於一七七八年刊行「化學年報」，一八〇三年刊行「德國化學報」，一七九〇年有「物理學月報」，一七九九年有「物理學年報」，一八〇〇年有「每月通信」，一八二六年有「純粹及應用算學雜誌」。此外尚有多種極重要之報，姑不備列。英國之「皇家學會報告」，其中雖刊載英國之要緊科學發明，然而不能視爲本國算學家，物理學家之著作林，不能視爲與法國之巴黎學院紀載相同。一七八八年刊行「愛丁堡皇家學會報告」。一七九九年刊行「都伯林皇家學會報告」。一七八九年刊行「曼徹斯特哲學學會報告」。國中最有名之科學著述家，往往登其著作於各地報章，或另刊小本單行，可見其時並無搜集刊行之中心點。

英國有不列顛（卽英國）科學改進社。一八三一年開第一次會議。十年前，德國已有此舉爲首，提倡者是奧硜(Oken)。【原註】洪保德於一八二八年，頗出大力，造成柏林科學會，爲國中最要緊之學會，稱爲「哲學家之入犯」。又謂德國人有大度，國人雖因政見，宗教而分黨派，對於知識進步，則能同趨一致。奧文教授謂不列顚學會，以奧硜所發起之學會爲模範（參觀「大英百科全書」奧硜條下）。德國之所提倡，其最有功於學者，爲其科學進步之各種報告中，毋論何種科學，皆不分國界，皆搜羅無遺，門分類列，一一而評論之。【原註】最初數期之報告，是討論當時科學所處之地位，乃拿破崙大帝請得隆布耳(Delambre)，屈費克(Cuvier)兩大學者所製，成書於一八〇八年，書名「一七八九年後文藝科學進步論」。一八六七年，巴黎大賽會時，拿破崙第三仿行之，規模較大，當共和時代，亦繼續奉行。至若搜集及總括之功，尤以德國爲最大。惟最初之布告，則創行於一八二一年柏濟力阿斯（Berzelius）報告於瑞典都城斯德哥爾摩（Stockholm）學院之件。當時稱爲是一八二〇年以前化學進步報告之最完備者（參看哥布「化學史」第一册第四〇三頁）。此種報告，德國按期譯行國中，後繼續刊載於利比喜之「化學年報」（一八四七年）。自一八四五年起，柏林物理學會繼續發行年報，定名爲「物理進步錄」至一八六八年，始有「算學進步錄」，一八七九年始有「動物學年報」，一八七三年初有「植物學年報」。」其在英國，則有著名學者，奉學會委託，特製報告或演講，解說各科學當時所處地位；將以前之各種進步，作一結束，發明最要之科學主義，並將所有未解決之問題，留待後起者以致其心力。

二〇、德國反對以玄學教科學

本世紀之前半期，德國哲學家如謝林、黑智爾，大倡哲學用意過偏，致學者反對以玄學講解科學。其時法國英國注重試驗，德國極力步趨，廣設試驗室、測量室，又遣人四出發露新物。又以科學之所得，推用於工藝，搜集極詳細之知識。「原註此時正搜集化學知識。一八一七年，有格梅齡（Gmelin）所著之「化學參考書」，一八四八年英國卡汾狄士學會譯行之。一八三七年又刊行一種。不久又有利比喜所刊行之「化學年報」。一八二三年刊行「化學及製藥年報」。一八二三年又有利比喜，及味勒，坡根多夫（Poggendorf）之「純粹及應用化學辭書」。」當此時期，暫不以簡鍊統一智識爲然。初不料發生特別效果，所有科學消息，

二、教科書之改良

完全埋藏於旬報、雜誌、及學會之報告中。學生所用之教科書，皆爲科學界第二等人物所著，或用英法人所著而譯成德文者，類多陳舊學說。

（原註）程度稍高之算學物理教科書，或用法國書，或仿法國書而作。例如幾何原本及實寫（又稱投影）幾何，則用勒戎德耳(Legendre)，蒙日(Monge)諸作。程度較高者，則用拉克啦所著，若法郎古氏所著之算學大成，則英國德國皆用其書。力學則以怕松(Poisson)，格蘭倫日(Lagrange)，及度阿麥爾(Duhamel)所著爲標準。試驗物理學則用俾奧(Biot)及浦耶(Pouiellet)所著。化學則用勒諾(Regnault)之作。其非採用法國者，則有柏濟力阿斯與格累謨(Graham)之化學，及歐拉(Euler)之算學。運至一八六〇年，德國幾乎無有說理或演算之物理學教科書。如德國「果樹園丁」(Baumgartner)一書，其第二冊不過鈔襲成書，殊爲可鄙。至貝爾(Baer)所著之光學，始可稱爲要緊著作。德國之另闢途徑研究家，原不乏人，不過其發明幾何之諸大名家，德國並無宗奉者。其後譯行散夢(Salmon)之作，然後與起新精神。其時特理力學家，及老納伊曼(Neumann)研究高等物理學算理，陶鑄一代之算學家，物理學家。因有此二子著作，而後知有高斯(Gauss)，雅各俾(Jacobi)之新研究，於是德國始有獨立之算學思想派。至於英國，則所受法國之科學濬力有限，時至今日，仍用歐幾里得(Euclid)幾何原本，而不用勒戎德耳新法。

至本世紀之中葉，始作科學研究，其出類拔萃者不過數人，往往又不爲世所知，最後三十年間，風氣乃大變。因爲交通利便，科學不能爲一國所獨有，於是毅然改革教科書，務用新法。國中之第一等名家，始屈尊降格，著教科書。高等學科之教科書，乃有大進步。【原註】此語只適用於英德兩國。法國各大學有講師，將所有物理學算學大名家，給集其所研究之效果，成為大部之書，相為貫串。拉美(Lamé)，科厙(Cauchy)，逢退利(Poncelet)諸名家之著作，大有功於學者。英國著作之最有改良大力者，當推湯姆孫(Thomson)，退特(Tait)兩人共著之「自然界哲學講義」（一八六三至一八六七年）。其在德國則有克希荷夫(Kirchhoff)「力學講義」（刊行於一八一七年）。

三、科學之闡理漸入於哲學途徑

如是者行之五十年，試驗研究之材料，愈聚愈多，不能不審察科學理解之根本主義，於是在科學界內發生哲學精神。【原註】作者指赫爾姆霍斯，里曼(Riemann)，高斯諸大名家之著作而言。在純粹科學界中，赫爾姆霍斯最注意於幾何學，力學之玄學根柢，極注意。於百年前刊行之康德最初所持之理解。一七九七年，康德嘗對人言，『我之著作，先期百年。一百年後，始有知我者。彼時始知我之意，領略我之著作』。赫爾姆霍斯之外，其有功於學者，則為雷文(Reymond)及弟保羅(Paul)。參看雷文之「演義集」，及其弟所著「科學智識論」。各種抽象科學（算學尤甚）之進步，全在尋出單簡法術，更能句括，又能巧妙，又賴乎尋出統一主義，與包舉氣象。【原註】有某算學名家，嘗云：『自從歐格倫日以來，科學的算學家，以能有包舉氣象，總括方法，謹嚴巧妙之證明為目的。其有合於包舉法者，或不能淺顯，不合於用，而往往過於玄奧。其所謂理法，無所用之。其能嚴密者，又過為單簡，寫之易而讀之難。近代則好巧妙，一若非此不足徵信於人。雖各有缺憾，而其進步之處，甚為重要，蓋惟其能謹守範圍，故尚不走入窄路，或汗漫無歸。參看韓克爾(Hankel)所著「近數百年來算學發達史」，一八六九年杜平

•版

以上所云，不過一番新氣象，表示進步與變遷，內界之理想與思路之革新，此後當詳細研究，即是本書之目的。此時要讀者留意者，不過如看鐘錶然，內裏之機件雖繁雜，而外面不過兩三時針而已。此後將請讀者打開鐘表之外面，詳細研究內裏之機件，何處發動，如何傳動。其最爲好奇最喜研究內界思想之祕奥者，即是德國。

二三、研究思想之生活以德國爲領袖

德國研究近代科學與思想之沿革、發達而製爲歷史者，亦以德國之著作爲最富。在此時期專研究此項歷史者，一時皆注重玄學。前一世紀英國則從邏輯方面轉入歷史方面，有休謨大衛(David Hume)爲代表。起初研究陸克、柏克立(Berkeley)二子之玄學，從而研究倫理、政治、經濟各問題，最後則研究歷史。〔原註〕作者頗知此種概論，易於令人誤會。只好請讀者參看史梯芬所著「英國十八世紀思想史」，其書之序文爲尤要。此中曾討論休謨之地位，第二册末一章有言曰，「從一特別方面着想，休謨確爲後人先覺，仍在今代扯平計算之解見之先。但是此時之改變，並非發展休謨之見解，實是對於此公之見解革命。英國之哲學，宗教，見解歷史，實是漸漸退化歷史，至於革命時代爲止」。其第四百四十四頁，又云，「此世紀之後半期顯然是歷史時代。因爲文化進步，紀載易於保全，社會之組織較能持久不變，見識不限於一隅，而自然發生歷史討論之趨向。卽此足以引起休謨，吉本(Gibbon)由抽象研究，而入於歷史的研究。由此亦可以知考古之風尚云云』。但是一觀十八世紀之英國藝文志，卽知理論之風衰而實學繼興。

二四、由玄學方法變爲歷史方法之理由

當休謨之晚年，以歷史政治之著作爲多，亦如該世紀之初年，風氣羣趨於玄學與宗教。在前一世紀，德國亦由玄學之研究法，變爲歷史之研究法，與英國略同；但是德國之舉動大入人心更深，轉移一國之功業亦較鉅，不能以一人而代表當時。

二五、斯賓塞爲英國之著哲學全部者之鼻祖

當德國風尚歷史，幾乎驅逐哲學而據其位。英國則反是，初有哲學全部之大著作出世，卽斯賓塞所撰者是也。此專指以統一知識爲目的而言。【原註】參觀留埃斯氏(G. H. Lewes)所著之「心及生命問題」。其第一版第一册八十四頁有言曰，「英國有二百年無哲學，此爲吾國學術大缺點。吾國不乏科學著作，與夫詩歌詞章，卽不能超絕他國，亦可與他國比肩。其氣力雄厚之哲學家，如霍布斯(Hobbes)，陸克，柏克立，休謨，吾國原有其人。無如諸公所撰者，只有論說，而無大氣包舉之哲學全部。其討論全題，有融通主義之原世，原人，原羣，之大著作，不得而見也。學者個人研究之功業，日見分散，而無融會貫通陶鑄鍊冶打成一片之人，有之，則自斯賓塞始』。留埃斯所撰之「哲學史」(第三版第二册第六百五十三頁)有言曰，「英國之思想家多矣，惟斯賓塞組織一部打成一片之哲學』。羅伯特生(Croom Robertson)則反對此說，以爲霍布斯創之在先，嘗曰，「霍布斯所撰，非力學的哲學家可比

二六、陸宰全部哲學之界說

，歸化所有知識，使個人與人羣同歸於科學說理之下』（見「大英百科全書」第九版第十二册第三十九頁。）。讀者此後最應注意之點，卽是其統一此全部哲學之原理是歷史法，新名詞寫爲天演者是也。此項融通組織之法，與德國大哲學家陸宰之法適相反。天演派哲學，以歷史爲統一，陸宰則以爲統一要有生機存在。凡物皆有此，不得只以時間及處間（譯者註：亦稱空間。）相接近爲連環。陸宰於是作爲設問，問人心如何能表示此項有生機之統一，屬於思想之何項意想，而能總攬此有生機之統一耶？若既有此意想，應如何以文字達出耶？

斯賓塞之全部哲學，與陸宰之小世界（卽原人論），皆以統一思想爲目的，保存人之相信以爲萬物之存在，事變之發現，必有可以令人明白之一種貫串。其尤要者，爲保存相信對於世界、對於生命之宗教觀念，與科學觀念，必有其可以相通而並行不悖之貫通在。從斯賓塞一方面觀之，以爲此深藏於內之統一，非人所能知，（原註：略如內典所謂不可思議。）置於不論不議之列，從而研究推廣事變之如何聯貫萬物如何發達在陸宰一方面，以爲在哲學中此一全部分，不過是解決此眞實問題之引子或介紹。陸宰以爲天演不過是外觀中當有物，天演不過是一種機器方法，由此造成有高等價值之物。陸宰亦以爲萬事萬物，無不有天演之機械，然而必須尋出其物之本體，乃可以觀其究竟，觀其目的；不可以徒觀機械之手續，徒舉機械之方法、及其功能與其效果，而不求其目的及止境。〔原註〕陸宰最初發揮其哲學方法與目的載在其駁小斐希特之書中。此書亦載其對於德國惟心派哲學與赫爾巴特(Herbart)之態度，且不認己爲附和赫爾巴特派者。顯見此時陸宰主義並未立實地步。（見陸宰「辯書」第五二等頁。）既知以機器達目的，我輩則可以測算事變。惟是若欲明白事變，〔原註〕測算事變與明白事變，有個分別，陸宰頗注重之。參看陸宰「哲學系統」及愛爾特曼「哲學史」。仍須再增知識，以求知目的之價值，及測算所得之效果之價值。譬如一鐘錶，研究其中機件，如何動作，然後可以指示正確時候，此是一事。登記鐘錶所打之鐘點，注意於其所量度之時間，以便吾人作事，又是一事。孩子好奇其所研究窺探者，是鐘內之機器及其動作，至於留意時間之人，非領略人生之目的，與重要職責者不能。

二七、陸宰與赫得之關係

陸宰著原人論（即小世界），時常論及趨向相同之兩種著作。此兩著作雖取徑不同，而皆欲包羅貫串散漫無屬之事變，欲居高臨下，可以將世界之事實，一覽而知。第一派屬於前世紀，與歷史相關，求人事發展之貫串。赫得所著之人道歷史，以人道二字，當作社會發達及歷史發達之貫串。自從來布尼茲以來，德國之藝文，皆爲此意所節制。【原註】亥特納(Hettner)所著之「十八世紀文學史」末二冊中，載有此種意想之歷史（刊於一八七三年）。來布尼茲之意想，傳於赫得。赫得將來布尼茲，盧梭(Rousseau)，及第十八世紀英國著作家，與古代著作。及各國歌謠，採其精華，雜以己見，造成一思想之中心。亥特納云（見前書末卷第七頁）：「赫德採取盧梭自然界主義，以用於詩。新派詩人，遂以赫得爲先導。大詩人如勒新(Lessing)，仍不免爲道學派所牽制，至赫得而擺脫淨盡。赫得又研究人類之培植道德性情，爲何發生，爲何發達，建立。語言，文字，宗教，歷史，各項新科學，其所指示之途徑，仍爲後人所遵由」。又云：「赫得與勒新，康得，歌德，席勒爾，諸大家，不同。赫得不過發起意思，而不求其究竟。因此之故，其所著作，至今已是過時，然而不失其爲最重要，最有潛力之精神界之英雄。其所著作，印入於人心者甚深。又歌德，席勒爾之鴻篇鉅製，所謂虛構派之著作，謝林，黑智爾之哲學，皆以赫得爲先導」。革飛努斯(Gervinus)之「德意志詩學史」第四冊，有一章專論赫得，而以亥謨所著之「赫得傳」（一八八〇年，及一八八五年刊於柏林，凡二冊）爲最要。此公在未經刊布之赫得函牘，日記，筆記，顛事研究。因知赫得所著之「人道歷史」，其意發生於一七六九年。此時日記有云：「從古以來，各種俗人之心思之能力及進步，應作一歷史，冥冥中似有鬼神迫我著此歷史。我將以此為畢生之業，努力努力，撰此歷史」。一七七四年，赫得年三十歲，先刊行一書，名「又一人類建設之歷史哲學」。其後十年，刊行其最大著作「人道歷史」。赫得死於一八〇三年。歌德撰「浮士特」，意在發明人之智識，罪惡，及贖罪，論個人，並非論某種人類。此作與赫得之「人道史」先後，不久刊行，惟歌德之大著作，至一八三〇年，始竟其功。

二八、陸宰與洪保德所著之大世界之關係

其時又有亞歷山大封洪保德之大著作。洪保德於新學無所不窺，又有機會研究自然界，未嘗一刻不以合一為念。

「原註」洪保德之「大世界」（「譯者註」原名為世界，或宇宙，因陸宰稱其所作為小世界，故稱為大世界」以別之），刊行於一八四五年。此作與赫得之「人道史」，歌德之「浮士德」，皆歷久而後成書。歌德之「浮士德」，專發表個人，赫得之「人道史」，所論者人類，洪保德之「大世界」，所論者世界或宇宙。洪保德之「大世界」序有言曰，「此書之模糊不清影象，存於予心中者五十年矣」。哥德之「浮士德」卷首題名有言曰，「久存撰此書之意。」此意往往去而復來云」。洪保德未刊行「大世界」之先，著「自然觀」（一八〇八年），已微露其意，亦多少為斐斯忒·喬治(Georg Forster)，（一七五四至一七九四間人）所著之「庫克第二次環遊地球錄」所激動。加涅特(R. Garnett)有言曰，「庫克以為自然界是一有生命之全體，其遊記是實寫自然變象之作之第一榜樣」云云（見「大英百科全書」）。洪保德自以為得有此書之助，亦偶然提及達爾文之遊歷記。

洪保德暮年融會詩詞、科學，以最高文筆，處居高臨下之勢，撰此大著作，如展開圖畫，令讀者觀覽自然界

之絕大景象。

二九、陸宰之小世界

人居此世界中，在千變萬化之宇宙中，此世界，此宇宙，與有生命之人，有作用之人，有何相干耶？小世界在大世界中居於何等地位耶？陸宰則想及此問題。其言曰：『世界之大畫圖，吾人不必再爲實寫，因已有楷式在前矣。此世界圖畫，愈深入於人心，愈令人發問。試問人有久不磨滅之性情，造出常時變化之歷史，其在此大世界中，爲何物耶？』〔原註〕陸宰生於一八一七年，死於一八八一年，其最早之重要著作是「玄學」，一八四一年出版。於是搜輯他人之所得與自己之所得，以爲對答此問題之材料，自認爲接續赫得未竟之業。赫德之人道史，與洪保德之大世界，皆爲科學史學大受哲學詩詞潛力時代之著作。今代之科學史學，推研雖甚詳盡，若欲按哲學家及詩家之意，融會貫通，以求合一，多數讀者則仍以爲尙非其時。亦有以爲絕做不到之事。外界之事變，千頭萬緒，如入迷樓，以爲絕不能尋出途徑，可求得合一之道。然而讀者仍可以一面抱持統一能力之存在，一面先委置於不能知之列，如斯賓塞之主張。〔原註〕斯賓塞所謂『不能知』之哲學，載在「第一主義」之序文中。此書之第一部分，先印行於一八六〇年，全刊在一八六七年。惟雷文則作能知界之界說，與斯賓塞相反（參觀一八八六年及一八八七年柏林刊行之雷文「演講集」），爲科學知識立界限。其初次演講，刊於一八七二年，其議論震動一時，各國多譯之。一八八〇年，又在柏林學院講演一次。若稱斯賓塞之大作爲不能知界之哲學，則雷文所著，可稱爲能知界之界限哲學，而此兩家之見解，皆與陸宰之哲學相反。

斯賓塞諸子既然研究如此絕大之題目，而歸結到一極謙抑之見解。作者此時姑且不必置議，將於後文在極小範圍內，用一新法，嘗試研究所謂欲真知世界事變，惟有研究事變互相牽制之情狀，研究其統合之效果之理，是否如此。外界內界之生活，極爲廣大；若欲從中求一個惟一而不能分之物，只有一本多枝之人類思想，可以當之。若在草味時代，求思想之發源，或思想之止境，確有所不能。至於今世則不同。著作日見其多，思想之知識深過古人遠甚；天文家之觀天象，其所眼見所研究者，不過極小之一方，而能知極遠之諸曜軌道。【原註】例如一八〇一年元旦夜，皮阿齊(Piazzi)，巴勒摩(Palermo)所發見之栖里茲(Ceres)行星，然其後忽又失此行星之所在。是年復爲大算家高斯用特別新算法，再算得其所在。一八〇二年元旦夜，奧爾柏斯(Olbers)用高斯之曆本，又得此行星之所在。既發現此行星之後，而德國尚未聞知。其時黑智爾刊行其所著「行星軌道。哲學」，此幾澤發現新行星之說，以爲是絕不能作到之事。比較剖解學，能以零碎片骨之類，重整全機體之骨骼，如同拾得鏈子之零件連環，可以知全鏈之格局。作者要用類似之方法。用於作者親自用心研究之心思作用之小部分上，研究此歐洲之思想之小部分，或可以當作真形之近似草稿，由此可以漸漸窺見人類思想生活之較真情狀。

此項思想生活，不在於搜輯本世紀之知識，不在藏書樓博物院所儲藏之科學研究所得之效果，不在各學院學校，不在教育與社會之改良，尤其不在政治經濟之各種建設：以上皆是外界之物，可以臨摹，可以攝影，與自然界之萬物相同。人

三〇、人類之心境生活是何物

類之心境生活，在乎心裏之感想，種種外物，皆是內界感想所造。因有此感想。然後人能於造化所造之物外，自創人造之物；有此感覺，人於是能改變地球面上景象，而以人之意想加於萬物。因此常創新法，運用新法。此種方法，又屢次改變。人類又能想出主義，及實行此種主義。往往此項主義，只得一半真理，或完全並非真理。有時又預猜效果，預定目的，其後又終歸於拋棄。又常想出新理解，不久又廢棄不用。

總而言之，建築若干間架基礎，從此以建設社會、美術、科學：凡此皆是人類動作效果之明證。及建築既成，所有間架乃拆卸淨盡，如此間架，即是心境之生活。一切文字之記載，一切社會學術之外觀，原有人心生活深藏乎其中。欲窺見此中深意，須從築架時留意。又須視察當時所用之種種方法，又須從極小極微之起點，觀其最後之成功。尤宜研究建築師所畫之初稿，夫然後能窺見其中深意。我輩個人須研究個人所親知親覺，然後能窺見心境之作用，及人類之心境生活。此書隨後將要發明，毋論科學抑或哲學，毋論在何時期，都無不先從暫設或假設爲發起之點。從此按照一定方法，向前研究。又人類有幾種習慣之思想，大多相同，有幾種見解是衆人皆以爲然者。

三一、向來衆人皆以爲然之方法過時則不適用而爲衆所拋棄

惟是經過一兩代，從前衆皆以爲然者，今日則有人發爲疑問；從前衆人所用之方法，今日則遭人批評。於是介紹新思想，從前之所謂自然便用之普通見解，一切棄去，採用新興者，或改變舊有者。人事變遷，社會科學知識之全部建築及美術，

三二、後一世紀不能盡襲前世紀所創造者以其棄廢不用者甚多

皆不合用，不能不隨同新興主義而改造。

從前之創造，能留用於後世者正少。本世紀之末年，所保留承受於本世紀之初年者，不過幾條詩歌而已，其餘皆歸入後人資以作史之材料庫。以前之創造，不過當作前世之記載，只能拋棄一旁，不足以作後人進步之向導。再過數百年，後人之視此項創造，不過如今人之視遠東之大建築與沙漠之大石人，或埃及之金字塔。人類好奇，或者追問當日是採用如何巧法，建造此偉大工程，耗廢多少人力，令人受多少艱苦，以及當日籌劃建築之人，是何意想而已。

三

一、選擇路徑之必要

美術家之創物，能使人一瞥而見全局，使觀者心內有此全局之印象，隨後詳細諦觀，然後始見各小部分是如何支柱全局，從各層各處之微細曲折，然後窺見綴合連貫之心思。然而全部之印象猶存，卽是明白各細小部分之鎖鑰。文學、歷史、

科學，則不能令人一望而見其全，令人心中得全局印象。作者今請讀者耐煩相隨，行一小徑，以達於山頂；雖云殊途同歸，然不善擇徑，有時則多費曲折，有時則誤入歧途。即使幸而得達，讀者已力盡筋疲。不然則發生另種感覺，雖全局在前，亦不能以無成見之觀念用心尋繹全局。自作者觀之，全局即分部之總數。自美術家觀之，分部不過是合一全局之小分。作者對於本世紀之思想，雖自定極狹範圍，而相似之爲難，已不在少。思想世界之範圍，原是極其廣大，作者不得不擇一起點，開闢一路，以達於中心地位，以覽全局。

二、歷史分期以當時之大事或大舉動得名

歷史有廣大及中樞之舉動，得以別於其他時期。凡此舉動，吸收當時一切之心力，以達當時一種目的，以發表當時一種見解，或强逼當時心力，用於反對此種目的見解。例如猶太之數百年歷史，基督教之初興，教主權力達於極點時代，改教時代，大革命時代是也。研究此種時代之思想，不難得其最要之意想所在。當代之才力，無不捲入漩渦，欲知漩渦之中心點，自屬不難。例如改教時期，（譯者註：改天主教爲耶穌）

教也。

學者可以論及改教時期之政治及此期之宗教、哲學、文學、美術。在此教門之中，不難將所有當時贊成派及反對派之思想包括在內。

三、本世紀並無此類中樞舉動

本世紀並無如此大舉動，如此大漩渦；即使有能綴合人心之事在，亦深藏而不能驟睹。作者所欲解決之問題，並不顯露於外，不能直達，不能明定界說，只能會意。本時期羣衆心力所趨向，殊不顯露，非如改教時代，革命時代，不問可知。不然，絕不能有無意識哲學，亦不能有不能知之哲學，又絕不能在本世紀之末年，發起人類值不值得活在世上之設問。

又歷史中往往有頗長時期，人心趨向，大抵一致，心思大約相同，遍布一種習慣思想與單簡法則，行用者不外乎三數種主義：例如法國大革命之前若干年，與第十八世紀之大部分。此一世紀之特性，殊不難知：名爲哲學時期，啓明時期，福耳特耳時期。【原註】最初從國際觀點研究藝文者，爲微爾芒(Villemain)。一八二〇年，曾對法國文字家後起之秀，演講十八世紀藝文，以法國爲中心點，解明所受外國之潛力，尤其注重英國，亦講及法國文學之潛力之及於外國者。其時德國已發起一種精神，而爲時尚淺，未能講及。隨後德國有士羅塞(Schlosser)者，步趨英國吉本之態度，講說前世紀之政治文學互相關係之作用。著有「十八世紀史」，起草於一八二四年，初刊於一八二六年，告成於一八四八年。此是士羅塞之最大著作，風行一時。士羅塞曾在巴黎二年，頗有得於微爾芒學說。革飛努斯亦研究政治文學相關之歷史。此公與豪則(Häusser)皆稱爲士羅塞入室弟子。繼微爾芒與士羅塞而起者，有亥特納，著有「十八世紀文學史」，當視當時之知識界舉動爲啓發文明之大戰爭。其著作之後數篇，並論及當時反對啓發文明與求理之舉動。求理派，或唯理派，發起於英國，其在法國，則有盧梭及革命初起時之意想家爲代表。盧梭一出，卽續以大革命。法國所受英國文字之潛力，從此消滅。微爾芒之著作，未及討論德國之新精神。亥特納之著作，對於啓明舉動，只限於德國一隅，皆有缺點。其時英國之文學美術，並得有新生命，德國歷史家始終從未論及，殊爲可惜也。至於本世紀則不能有特別之稱謂。

四、或問思想史是否卽是哲學史

有人以爲思想史等於哲學史；且以爲一代之各派哲學，各派理想，卽所以抽象的表示當代意想所由之路。【原註】參觀黑智爾關於哲學史之演講。是以第十九世紀思想史，卽解作第十九世紀哲學史。本世紀內，哲學著作原不少，家數亦不少，但數目雖多，分門雖繁，——從極端唯心派之斐希特(Fichte)以至極端唯物派之畢希勒(Büchner)【原註】此派之大著作，有佛格特(Vogt)之「生理學函牘」，出版於一八四五至一八四七年，及倖雷斯珂(Moleschott)之「生命之循環」，出版於一八五二年，又畢希勒之「能方與物質」，出版，於一八五五年。——然而並不能包括思想全界。本世紀之初四十年，在英國可謂絕無哲學。但此時期內卻發生全新之文學與美術之新思想，特並無何種哲學家派爲之發表。法國當復辟時代，亦無所謂哲學；然而有大放光明之文學，其三十年間所發表之科學大放光明，照耀全歐。

五、哥德著作包有一世紀間之最深奧思想

哥德著作包孕近代最深奧之思想，而哲學歷史論及者幾希。本世紀內，法國所產生者，以孔德之哲學爲最新最大，而法國並不爲其潛力所改移。其潛移之力，遠不及前世紀之福耳特耳與孟德斯鳩（Montesquieu）。黑智爾專從諸派哲學，研究人心之作用，曾謂哲學爲進化最後之碩果，並謂一種哲學已成家數之時，該時代之特別思想已消滅矣。【原註】黑智爾發明此意，見於一八一六年至一八三〇年間演講集之介紹文中。其書第十三冊第六十六頁有云：『草昧時代，渾渾噩噩，無所用心。在相爭極大時期，又無暇用心。草昧時代既過，則不必用盡心力，於求衣求食。及有通行之倫理，以維繫社會，然後可以用心，然後有哲學。一有哲學，其效果必至於反對攻擊當時所通行之倫理宗教，而入衰落時期。再進一程，始復收攏其思想。人羣至於不必以全力顧衣食時期，社會已分有階級，國脈就衰。外界事實，不合於內界欲望，宗教形式，與其他各事，不能令人滿意，人皆有厭世思想，道德墮落，於是始有哲學思想。靈魂，深藏於思想世界之內，反對外界，而創一意想世界，以哲學補救思想之害，外界衰落，而後哲學興。哲學之抽象發現，以慘淡顏色，給畫慘淡之物，而人之朝氣已亡。事實既不能滿人欲望，則惟有以意想世界，聊用自慰而已。』

六、哲學是追維既往

可見哲學原是追維既往，哲學有總結、有審察，而不預計將來。如此議案或命題之是否正確，不能令人無疑，將於下文再詳論之。此時讀者須記得思想並不是哲學，故此第十九世紀思想史並非是第十九世紀哲學史。有時哲學當作思想用，休厄爾（Whewell）所製之歸納〔譯者註顯推隱也。〕由科學之哲理，即是此意，亦即求科學進步，及科學推解中，或有意、或無意，運用思想之方法是也。照此類推，亦可用於美術、貿易、政治、政術、宗教、文學。如此用法，是以哲學為實用界、知識界特別運思及闡理之方法；

七、何時思想可以當哲學解釋

然而此非通用之哲學名詞之意。哲學名詞所指者，不獨表明方法，或表明意想及感想之理，且指明有界限之理想或學說，解說一大區域或一小區域之事變。如是則哲學誠為一世紀內思想之一部分，為最有意味最耐人尋思之一部分；然而最易於改變，最能發生異議。至於深藏之思想、及闡理，則為一代知識、美術、日用各種事業之基礎。

八、討論本世紀之思想分作兩問題

由此觀之，本世紀之思想史，可分作兩個問題，分別討論。一、以思想爲求達一目的之一種方法，實行與理想，通包在內。是爲用於求知識、或求實用之一種闡理。惟是一切闡理，皆發起於一種假設，稱爲前提，或稱爲主義（或原理），或稱爲公理；由此用一種方法，推展進行。從此又分兩層；一層是說明主義或原理，一層是說明方法、學說、闡理、及實用。闡理以原理爲根據，以方法爲嚮導。但思想並不限於增長知識，亦不限於推行知識於實用。倘若立此界限，則只成爲破碎殘缺之思想，往往不免自相矛盾。凡詳細研究一小部分學術之人，或專求實用之人，有不能不推廣深入過於本人事業之圍範者。日常所用之方法，有時或行不通，則不能不反求審問其半生所用之方法、與主義或原理，是否合用。有時因爲一種方法行之有效，欲施用於其他事物，未嘗試用此有效之方法者。或有欲將其常行有效之法，變爲一種運用思想之普通法則者。又有一人偶然注意於兩三種絕不相同之事業，思統一或融會其所用不同之方法者。又有一人入於某時期間，厭倦其所執之業，以爲用武之地太小，欲改執他種較大事業者。世上原有年力未衰，因知識薄弱，而不求聞達者。亦有甘心於安常處順之人，或以爲高貴事業已有奇材異能操縱一切，絕非我輩所能明了，所能指導而不過問者。然而仍有大多數趾高氣揚之人，無時無刻，不求高飛遠舉，力求眞實智識；或賦性不能安逸，必欲推求研究世界與生命之最深根基，與夫最深之目的者。此類之種種行爲及推求，毋論其用意所在若何，

九、理想

原有一名詞，卽所謂理想是也。此名詞之意，並包括妄爲與冒險之意。【譯者註】證券投機事業亦用此名詞。此種行爲及推求，各國皆有，亦不限於世代。有時運用正理，有時只憑幻想或臆度，有時用散文，有時用詩詞，有時用記號，有時用有界限有淸楚意義之名詞，而以用人所難明之寓言神話等類爲多。收輯渺茫分散之異說，爲之設立條理，

一〇、哲學界說

組織結合，使之完全成爲兼容之一體：是卽哲學之起點。是故理想而有淸楚之方法規則，其目的在乎融會貫通、成爲有統系之合一者，卽是哲學。科學與哲學，可以

並稱爲有方法規則之思想；然而必須有更高之哲學思想，務求完全，務求一貫者；然後能成其爲有統系也。【原註】案此說，哲學之性質及其目的，頗與陸宰之哲學界說相同。陸宰有言曰（見其「論理學原理」第八十八節，一八八三年來比錫版）：「人羣平常之學殖，及各科學，藏有若干臆揣之說，其由來無可追尋，因爲歷久逐漸比較各種閱歷得來，又因其初時因閱歷而生知識，從此得各種名詞，習慣既久，不復研究此項名詞是否有眞實理由，眞實意義，可以通用，即使通用，以何程度爲止。因此之故，平常日用，與其各種科學常用之因字及果字，質字及力字，用法及目的，自由及必要，物字及心字，每每對相提並用，往往生出無限紛糾，自相矛盾，因其始並不能先定界限，致有此弊。今將哲學之工作，詳細列下。哲學工作，在乎將已培植之思想之歧趨，融會貫通爲一；在乎追尋每一趨向，以達於此派之所謂公理，而得其究竟；在乎聯綴各方趨向，去其矛盾，成爲一種有包括之世界觀；其最要者，尤在乎將平常日用，與其科學之所謂主義，特別詳盡加以審察，以明其所謂主義眞確可行，至於如何程度」云云。

二、本書之分門

如是乃到本書之第二部分。在第一部分，作者不過以思想爲欲達一種目的之利器；第二部分，則以思想爲目的，研究思想本身，求知思想之由來，思想之法律，思想之真確程度，試驗思想之能力，以求得真確完備一貫爲目的。此一大部分之思想，作者俱包在哲學內。故此第一部分，討論本世紀科學；第二部分，討論本世紀

一二、科學哲學皆不能盡包思想兩字之意

一三、思想沉埋於當代之文藝與美術中

哲學。

原夫科學之初興，先發生於將歷來積儲之不實不盡，無甚規則秩序之知識，化爲真確而有秩序有實用之知識，哲學亦然，亦生於欲化所有理想使有秩序，使有界限之目的與用意。然而毋論科學一門，或哲學一門，或合科學與哲學皆不能包盡思想兩字之意；既非科學、又非哲學、所能充塞思想世界。科學、哲學、皆可以謂之有規則之思想；然而猶有無規則無界限之思想在。無規則無界限之思想，皆埋沉於普通文學、與詩詞、小說、美術中，發露於平日之美術、倫理、宗教之生活中。凡此皆科學知識之返照，與哲學之放光。然而返照往往先發見於正光全光之前，不獨是放光後之暮色，且爲日出以前之破曉，是乃思想之破曉與黃昏。此種昏曉，包孕將來之思想，與未發達之美術、哲學科學之起點，爲當時所不知，爲當時所未夢見；且包圍內界最深最密之心田，此爲思想所由生之地，往往發生新生命與神感。原一

註一 此原是來布尼茲一派意想，見其所著『新文章』之導言中，其他著作亦多述及。參看來氏「哲學文集」第五册第四十五頁「新文章」一篇，有

云：『有一種知覺力，組成五官能力之感覺，及影像者，似甚輕微，而其效力之大，竟出乎意料之外，蓋自其表面觀之，則甚爲單，簡明了，若由內部觀之，則複雜萬狀，緣藉吾人所感受環境接觸時，得以籠罩一切，而由此種知覺力，卽知現時爲未來時之基礎，而已往之時，亦可相輔而行，，苟以天演之理推之，則世界各物，雖至微至細，亦能知其結果如何也：：。亦卽由無形之知覺力，而能解釋靈魂與肉身及諸凡原質之混合，并知其具有彼此互相輔助之一種潛默勢力，可見天演進行之神妙，有出人意表者也』。來氏此意頗重要，斐西耶(Fischer)之著作，嘗論及此，且研究來布尼茲以後，對於德國哲學及文學發達之影響。

一四、歌德及威至威士振起文風

若不將此沉埋於當代藝文與美術中之無規則無統系之思想相提並論，則十九世紀之思想史不能完備，不能滿意。本世紀之藝文美術，有生機，有創造，兼有衆長。除雅典(Athens)之伯里克理斯(Pericles)時代，意大利藝術中興時代，英國伊利薩伯(Elizabeth)女主時代，殆無能相比者。今試單論美術中之一端如音樂，識者每謂第十九世紀中，創造與成篇之多，遠軼前代。以詩詞論，德國之歌德，英國之威至威士，意境高超，振起文風。法國英國之小說，爲文學開新境界。同時英國之大畫家所繪之山水，別出意境，爲前此所未有。凡此皆非從科學哲學產生，亦非出自任何學派，皆表示此時之新想像，尚未完全發達成爲思想。此種想像之作用，雖未爲科學哲學所吸收，而不能不謂之新想像，不能不歸入於思想世界之內。如此想像，今人雖不得其正解，然而將來或有能以科學哲學理由達出之時期。

一五、無規則之思想

發現於詩文繪畫之種種無界限不能透發之思想，如一片散光，此時尚未得其聚光點之所在。作者以爲討論第十九世紀之思想，不能拋棄不問。

今欲尋一名詞，稱呼以上所云種種無規則、散碎不成片段之思想，頗見其難。此時不過從消極方面措詞，稱爲無規則之思想；或永遠如是，終不能成爲有規則，亦在不可知之列。然而確成爲思想世界中之一部分，與人類有極親切之大關係，與吾人之極高貴志願相關切。

一六、以宗教思想爲總括

以科學而論，其趨勢歸於算學，變爲試驗室之功課，手工室機器廠之事業；哲學則不離課堂、講演室氣味，分門別類，連綴貫通抽象之談，與設爲範圍之界說，殊令學者厭倦。但我輩晏居冥想，默察其最切己者，則爲極深遠之宗教。此又非測量與計算、略說與抽象之談所能盡。作者用宗教兩字，是用其最初本義；舉凡各種藝文之思想，不能以科學哲學方法駕馭者，總括歸入宗教思想之內。

一七、科學在求眞確求實在是客觀的

近代藝文，有通行名詞，或者可以發明作者將本書分類之意。

科學是求準確、求實在而爲客觀的，正與其他之不確準、空泛、主觀的相反對。科學所表示之結果或意想，全是有界限、是直接、是普通，至其他之藝文思想，大都只能以無界限字句、符號字句、間接字句表示之。科學以清楚簡括之知識爲基礎，其他思想界則以意見、心信（亦可稱聞信）爲基礎。讀者宜留意以上所用之字眼，是指科學所用之方法，或科學所討論之事物而言。又惟科學有謹嚴不能駁倒之方法。其他思想界，或借用科學方法，或用未能普通承認之法，或拒絕用科學方法；至於所討論之事物，原可再爲分門。科學所討論者，爲大多數人所共有者，幾乎人人皆可得而討論；其所觀察，其所用闡理，可以覆按，可以屢次試驗，屢次證明；科學所得效果，大部分可視作定論，而爲人所共許；凡不能試驗證明，或不欲試驗證

一八、此外尚有切己之思想與主觀思想在

一九、此種思想絕不能得人之同意一致

明之人可以視爲確切，作爲基礎。然而除此之外，心中之思想世界，尚有切己的、個人的、主觀的事物在。此種思想，完全脫離科學，且與科學相反。在此思想界之大部分，非如科學一人能辦數人之事。此種思想，絕不能有證據，同意一致，不能望諸衆人，只能望諸極少數人。此種思想世界之教義學說，不能人人承認，如科學然，但是人人必要照式用心，然後能承認。其故由於此種思想，只屬於個人，只屬於本身，而科學思想則不然，屬於普通，而不屬於個人。譬如以思想界爲一直線，則科學與宗教，各居其一極端：居彼極端之科學，是無不一致信用者；居此一極端之宗教，則極少能一致者。〔原註〕或有疑科學一致之說者，以爲算學之學說，常有發起辨難者，如平行線之學說，微分之義意，計力之正確，方法之類。此種辯難，皆指實用算學而言，其演理之算學則無之。若加以修改，或另立謹嚴界說，則辯難息矣。 在科學中，幾乎有完全之思想統一；在宗教中，則向無統一，不知統一爲何物。若用通俗譯言發表此種分別，可云：彼一極端是知識，是確切；此一極端是盲信，是心信（亦稱聞信）。然而兩極端之間，饒有餘地。居於兩極端之間者，是半純半雜知識之中，灌入盲信，確切之

二〇、哲學居於科學宗教之間

中，雜以心信。此兩極端間之廣大餘地，其中之變遷起落，多而且速，卽哲學之所有地。此學研究確切與心信之基礎，知識與盲信之由來，及兩者之如何相關。假使人之思想完全爲算學思想，只有數目、測度、計算；假使人之思想完全爲宗教思想只有切身之事，與本人之心信，則無所用於緜延不絕之通融調停，而何爲確切，何爲心信之兩大問題，無從發生。然而一旦以確切之算學見解，或其方法，施於實用，或一旦實行各人所私有之信仰，則此兩項不同之思想，立刻相切觸，其有相衝突者，更無論矣。相切觸之事既生，則不能不立一種學說以整齊之，其或相衝突者，則有以調停之。實用科學有進步，人事有變遷，則此種整齊調停之學說，亦隨之而變，隨之而發達。作者於此，可以先言其大概。哲學應注意於用各種嚴謹之科學方法而施於實用者，或以此方法，使個人一己之盲信，施於普通問題。如是原不必成立完全有統系之哲學；不過向來從事於一種專門特別之學說或思想者，往往欲融會貫通其他諸學說思想，成爲完全之一部。是以其始不過爲審察預備之學，爲求達一種目的之器具而終歸於融會貫通，成立包羅萬有之全部哲學。

二、思想可分三層即科學哲學個人思想是也

毋論從任何方向進行思想問題，應分三層討論。一、科學思想，二、哲學思想，三、個人思想。毋論缺其一層，則思想史無價值。有以爲科學即是哲學者，有以宗教思想、個人思想，爲不能獨立者。以爲此種思想，由其他思想發生。此種學說，雖不無潛力，而大抵皆不能成立。〔原注〕黑智爾派與孔德學派，即犯此病。黑智爾謂「哲學與宗教，美術，比較，哲學所居之地位較高。參看黑智爾所著「哲學史」（載「黑氏文集」第十五冊第六八四頁）。「哲學之最高目的，在乎調停意想與事實。哲學與美術宗教相比，哲學尤爲能表明上帝之作用」。若謂黑智爾以哲學吸收宗教，未免言之太過，然而其意以爲原理派與神祕派盛行，恐眞宗教之心信爲所埋沒，故藉哲學以救之。其結果則使德國科學家之並留意於宗教者，變爲純粹之玄學家，不求實用。孔德之學說，分人類之思想爲三級，初級爲宗教思想，第二級爲玄學，第三級爲科學（所謂積極或實在）。若云孔德意在破壞眞宗教，亦未免言之過甚。

及至最後之要緊關鍵時期，殊不能指出究竟是何思想世界，得其勝利。科學仍然是賜人以知識與眞理，宗教仍然是個人心信所有之地。故此更宜得有科學宗教之居間調停者，欲求得一種對於爲人之學說，既不盡是純粹科學，又不盡是純屬個人，此所以哲學爲必要之學。本

三、哲學是科學宗教之居間調停者

世紀曾經見過科學思想之大發達，與宗教之中興，其哲學之學說，與部別之繁富，亦爲前代所未有。

三、三方面之思想原難以分析

作者又須重說，欲研究一種繁複問題，必須分別討論，是爲大不幸之事。然而又不能不獨注重於一方面，不能不擇一起點。作者研究今世紀之思想，不得不分割其不能分割者，又不能不擇一最顯著之方面爲起點。其實本書之計畫，並非特別注重於一方面。作者以爲思想之各方面並重，原可以任擇一面爲起點，先從一點起，隨後入於其他兩點。從本世紀思想各方面之發現先後觀之，原是互相牽掣，其實不容分析。惟是擇一方面最顯著之時期而討論之，原屬不難。例如從德國地點觀之，本世紀初三十年間之哲學思想，最爲活動，接續繼起之宗派，爲數甚多，然其潛力及於當世之藝文、科學、人生，甚大，四方輻湊之來此聽大玄學家演講者，爲數異常之多，只有古時之雅典學校，與中世紀時之阿比拉（Abélard）講演室，可以相比。若從此起點，追溯其發起及盛極而衰之情節，原可以爲第十九世紀思想

二四、本世紀之前一期爲法國科學思想發達時期

史之介紹，隨而轉向法國。若討論享大名之科學家，在此時期，幾乎所有之科學基礎，皆立於法國。大多以謹嚴之算學方法，資其研究，以通俗文字發揮科學問題，措詞造句，又極其秀雅。此種著作，深入人心，於是文章美術，從而發生一獨立家派，卽自然派是也。以此時之算學精神、與自然派之精神之發達，與哲學相比，哲學之發達，極其式微。其唯心派只仍從事於古代之笛卡兒(Descartes)、柏拉圖(Plato)、亞理斯多德，或研究黑智爾、與其他德國之各種玄學。以哲學與德國比，以科學與法國比，在第十九世紀之初期，英國則極不發達。英國之科學，英國之哲學，咸於第十八世紀，潛力深遠於歐洲之思想界。至於本世紀之初期，並無大家宗派，可以代表科學哲學者。科學之大發明家，是個人之事，勢成孤立，無附和者。法國之科學則有組織之機關，又有保護。英國則無之。

二五、第十九世紀初年英國哲學之情狀

科學向不能灌入流俗之耳；至於玄學，自受休謨打擊之後，一蹶不復振。其時之理想，專從事於社會問題、與經濟問題。而其時之詩詞，則始露萌芽。此時惟個人之思想，頗露新鮮朝氣，一一流露於詩詞間。大詩人

塞理(Shelley)、威至威士、發洩新思想之清詞佳句。至騰尼孫(Tennyson)、勃勞寧(Browning)而益臻純粹幽遠。作者以爲開本世紀英國思想之最新創格，非歐洲大陸同此時期之思想，與英國前一世紀之思想可比。

二六、歌德之鉅製浮士德爲此世紀思想之代表

作者今以本世紀初年、最偉大之思想家歌德所撰之鉅製浮士德，爲研究審察之中心點，並以此爲起點。單提此作，作者以爲能包羅十九世紀之疑團與志向。讀者若讀此鴻篇，而能悟會，當能見此作之引人入於哲學之迷樓，有時入於令人起興之自然界科學，有時又入於個人生活之極幽深之境，或入於宗教之盲信，及其祕奧不能知之罪惡與贖罪諸說。

二七、此時期是人心擾亂時期並非寧靜時期

但無論以何處爲起點，毋論登於如何易達之高處，以求將目前境界收歸一覽，皆有一深印於心之一種景象。居高臨下，一覽眼前景象，即知其並非寧靜之地，並非安居樂業，按步就班，以求發達；並非成熟收穫，亦非播種或收成時代；既無通功易事之舉，亦無同力合作，更無整齊僱工之規定。遍地似乎是受天災之後，或受

二八、不安寧之故生於前世紀之革命

二九、第十九世紀思想非革命

三〇、第十九世紀思想有主張根本改革者有主張復古者

過大地震或大風雨之後情狀所見者則有修補陷缺者，有新築基礎者；有爭得新地者，有佔據他人所有者；卽安分勞力之人，亦應募助鬬，亦有爲鄰居所驚擾而不得安其生者，亦有不知不覺而侵他人所有者，亦有不知不覺而陷害他人之基礎者。十九世紀思想之光景，都不離乎此。若追問此種不安寧深懷隱憂之由來，則須回顧在先之第十八世紀。第十八世紀之革命大風潮，衝過全歐，搖動一切政治社會之根本，自然波及世人之意想及思想。故此稱第十八世紀爲革命世紀。作者則並不以爲第十九世紀爲革命世紀，因爲最初之破壞，與最透徹有力之破壞，原是上一世紀之事。一到本世紀之初期，已入建設時代，有欲建立新根基者，有欲仍舊貫、不離舊思想與舊生活者，則務以新說勝人，復行故道。第十九世紀之思想，有主張根本改革者，有主張復古者。所謂根本改革者，欲從根本上起，在新地上築新根基，以爲建設之本。所謂復古者，堅執其所謂有歷史之建設，與其心信，見得其中皆存真理，亦有價値，以爲當今之世，尤以保存此類建設與心信爲至要。此時破壞

三一、朋斯威至威士哥爾利治諸家之思想受擺倫派之驚擾

舉動，仍在進行；在新建設或重建設之中，革命精神，仍復進行。本世紀初年，朋斯(Burns)、威至威士、哥爾利治諸大詩家以强健活潑之新生機，灌入英國詩詞界；中漸見發達矣，忽爲擺倫派之革命精神所擾。此類新思想，原發起於康德之哲學、與唯心派，隨後退化，流入膚淺之物質派，與絕望之尊疑派。但是此種破壞之潛力，雖不無幾許意味，而未能成爲獨樹一幟之新思想。

三二、第十八世紀著作之破壞精神

如有欲研究將社會秩序根本推翻，或破壞堅持勿失之心信之各種議論，應求於第十八世紀之佳作。本世紀之無政府，大都取材於此，而作者之志卻不在是。本世紀已有大著作家，先我而爲之。作者亦不欲討論各政府與政治家採何方法，以對付國人之正當要求。例如北美獨立之宣言書，與法國革命國人張大其詞之宣言，法國大革命時國民黨首領之意想，其得實行於第十九世紀者無幾。在歐洲之大多數各國，其致力於統一民族，爲一國立堅固之國本，與政治獨立者，往往阻滯國內之改良。至於建設何種社會

三三、革命理想不能實行

組織，然後能使平等自由，並行不悖，諸理想家亦未能盡趨一致。當日革命理想，原

是多數哲學思想中之一派，自然令人留意。惟是實行與理想，中間相離太遠。當日所謂實行之政治，不過是戰爭與外交。對於社會之改革，一方面仍有保守舊法，而不甘或略爲修改者；一方面有要求合法之自由者，兩方不得不通融遷就，造成一種四不像之局面。

能造到一種通融遷就四不像之局面，不知已費多少氣力，多少脣舌。作者以爲此不在本書研究之列。科學、哲學，原應在課堂試驗室內研究，宗教之信仰，原應爲個人深藏心裏之感覺，皆不逾越範圍出而解決人生問題。作者故不能不立一界限，不列入本書研究之列。作者何嘗不知思想與實行之間，原有一種甌脫之地。其中精神之降伏物質，其中思想之變爲有用，其中意想之化爲實現，其中頗有力爭之事，有以爲毅力緩進而得最後勝利之事，原是歷史中最要之問題，尤以本世紀爲最要。然而一研究及此，則不能不限於歐洲中最爲重要之三國。以今代之新發明新創造而論，以理想之政治，所謂民權、自由平等同胞、種種理想而論，以宗教信仰之深切於民生，或以實行基督教初興時代之規律而論，歐洲各國有能追及美洲者乎？歐洲建國日久，改革之事，所用之精力，一大半消耗於拋棄遷移陳腐，與其他各種阻礙，或推翻牢不可破之成見，或打倒各種不良之惡習，此種惡習，堆積日久，有幾乎絕不能打倒之勢。若討論歐洲之思想潛力，轉移步步荊棘之環境之力，不過揭穿此項思想之潛力微乎其微，揭穿歐洲老社會之頑固力爲非常之大而已。本世紀之創造家，及政治實行家，或製造法律家之作用，非本書所研究。至於實行之政治問題，有與科學息息相通者，或由社會問題而發生特別學說者，則不能不一顧心內思想世界之外矣。

三四、本書不是討論創造及實行於民生之政治歷史

卽以在內之思想界而論，亦並非安寧不受擾亂而發達。異說爭鳴，及攻擊或推翻自古以來所留傳之主義，此風尤以本世紀爲最盛。作者不欲對於此事，多所討論。作者本意，以思想爲建造者而非破壞者，以思想世界爲積極的，不是物質之反對，亦不是物質之影子。思想之發達，雖不能不求奮興劑於外，若無外界之改正，

三五、研究建設思想不研究破壞思想

亦不能多有進步。然作者以爲個人之思想，或羣衆之思想，仍包藏獨立之實在來源，一與外界及思想相接，然後能發現，能保存，能發達。本世紀內發現、保存、發達至於若何程度，是則本書所欲解決之問題也。既以此爲目的，作者將研究發明本世紀所發生之新鮮有建造力之思想，同時亦兼顧其研究之方。所謂有建設力之思想，例如能力之不滅、及其消散之意想，又如均計學說，統計學說，決疑（亦稱或然）學說，達爾文及斯賓塞之科學天演及哲學天演，陸宰之個人及本人學說，及其特別見解所稱之『價值』世界。此數子之學說，各成其爲中心點，環繞各中心點者，

三六、達爾文等之建設思想

則有反對派。所謂反對者，有所謂根本破壞之反對，亦有保守舊說之反對。作者對於反對派所最歡迎者，則爲根本反對派之能深透打入吾人之見解主義之基礎，將所有意思之根本全盤發露於外；或根本反對派之能指示新法，可以試驗吾人

三七、眞正根本反對派

所謹守之公論是否確切，是否不相矛盾。此外有一種根本反對派，或改革派，不過只是拔去根本，只有破壞，而無建設，無確切眞實之基礎，只以爲人類之思想觀念，

終不免於夢幻，以爲最不可恃。此種根本反對，作者以爲無意識，不應在討論之列。至如反對之保守派，其趨勢不過阻礙進行，喜黑暗而不喜光明，以頑固不動爲能，作者亦以爲無意識，亦不在討論之列。然而亦有當別論者，反對派之中亦有特饒深意，頗能有益於人心者，自然不可以一概抹煞，例如虛構派是也。此派有愛古之思想，以人類之嬰孩時代爲最可愛，能達美術之意，好研究中古時代，有淸雅之歷史好尙。作者之所欲研究者，吾人既深信凡有生機者，必能生長繁殖，而生機之活潑，莫過於思想：思想則人類之意想曾有所增加乎；人類果有何獲得可供記載乎？

三八、虛構派之反動

康德爲審察思想派。所謂虛構派者，以司各脫（Walter Scott）與德國之虛構家爲中心點。此兩派並發現於本世紀之初年，而作者本書則不先討論及此，

三九、先討論科學

過此時期不久，卽有確切研究派發現，本世紀之進步，尤以此後一派之力爲多。各種科學、文學、美術與人生日用之改變，及大創造、大衝突，俱由此確切研究派發生。科學不獨潛移思想，且能推行於外界，使外界改其舊觀。作者今先討論科學

學界之進步

界之動作，亦合乎衆人心理所應研究之各問題。例如本世紀科學如何播傳，如何發起，憑何潛力而起，科學所發明者是何主義，所用者是何方法，如何改變，如何發達，達何目的：凡此皆本書所欲答覆之問題。如此選擇，又不至於偏向某派學說，至於諸家學說，則詳細於後。學說之紛歧，發生於前百年，此是科學進步所不能免，亦由於教育界之反對及偏重古學。作者此時不過略爲說及。對於孔德之求實（或積極）學說所發明之人類知識進步階級，作者亦不必自定其所立之地位。爲好奇起見，爲輿論所趨起見，亦使作者討論當代思想世界內之科學一方面。當此書進行之際，則有各種趨向及舉動同時發表。觀人事之互相維係，可以發露及解明

四〇、黑智爾思想自然發達之學說

黑智爾著名之思想自然發達之學說。

【原註】本世紀初年之思想之派別紛紜，今爲便於讀者起見，列一愼重選定之年表，分列當時之舉動，與刊行著作時期，要皆爲思想史中能獨樹一幟，或開創紀元之偉著。茲擇其特別緊要之科學著作錄下——

一七九六年　拉普拉斯(Laplace)所著之「宇宙系統論」(Exposition du Système

du Monde)。

一七九九年（成二冊）——一八二五年　拉普拉斯「天算」(Mécanique céleste)。

一七九九年　勒戎得耳「數目學說」(Théorie des Nombres)。

一八〇一年　高斯（亦稱哥士）「數學論」(Disquisitiones Arithmeticæ)。

一八〇一年　皮阿齊及

一八〇二年　奧爾柏斯發露第一顆小行星（名栖里茲），係用高斯新算法而求得者，其新法見下書續編。

一八〇九年　高斯所刊行「天象行動學說」(Theo ie motus corporum cœlestium)。

一七九八年　屈費兒「自然界歷史」(Tableau élémentaire d'Histoire naturelle)。

一八〇〇——五年　屈費兒「比較解剖學」(Leçons d'Anatomie comparée)。

一八〇九年　拉馬克(Lamarck)「動物哲學」(Philosophie zoologique)。

一七九九年　弗打(Volta)創造第一架積雪器，於

一八〇〇年　通知班克斯爵士(Sir Joseph Banks)。

本世紀初年，給呂薩克(Gay-Lussac)（亦稱格祿沙）之重要化學說帖發表，於

一八〇一年　德斐(Humphry Davy)刊布其最初之電氣化學之新發明。

一八〇二年——三年　柏濟力阿斯列布其所求得之新發明。

一八〇三年　柏托雷(Berthollet)「化學靜力學論」(Essai de Statique Chimique)。

一八一〇年　道爾頓(Dalton)「化學哲學新書」(New System of Chemical Philosophy)。

一八〇一年　托馬斯(Thomas Young)告其相信光波學說於皇家學院，隨於一八〇二，三，及四年　再加證明，又於一八〇二年　及其後數年，在皇家學院演講發明光波學說。

一八〇八年　馬呂斯(Malus)布告因反射而得極光之發見。

一八〇二年　克拉德泥(Chladni)「聲學」(Akustik)。

拉謨福德(Count Rumford)伯爵始以動力解說熱氣，其著作發現於前世紀之末年。

一七九九年　德斐著光學熱學等重要論說。

一八〇〇年　比沙(Bichat)「生理學研究」(Recherches physiologiques)。

一八〇一年　比沙「解剖學」(Anatomie générale)。

一七九九至一八〇四年　亞歷山大封洪保德遊歷美洲，以其所瞻測建立物理，地理學，及氣候學之基礎。

關於哲學思想之進行有下列諸作。

一七九三——一八〇六年　爲德國大發展及擴充審察康德意想之時期。詳見

一七九三年　席勒爾著「美學教育學書札」(Briefe über ästhetische Erziehung)。

一七九六年　席勒爾著「抒情詩論」(Über naive und sentimentalische Dichtung)。

一七九七年　斐希特著「科學學說」(Wissenschaftslehre)。

一七九七年　謝林「自然哲學」(Naturphilosophie)。

一八〇三年　謝林「超越意想」(Transcendentaler Idealismus)。

一七九九年　士來厄馬赫「宗教演講」(Reden über die Religion)。

一八〇〇年　士來厄馬赫「自述錄」(Monologen)。

一七九九年　赫得「評論學」(Metakritik)。

一七九九年　雅科俾「致斐希特公函」(Offener Brief an Fichte)。

一八〇六年　黑智爾「精神現象學」(Phänomenologie des Geistes)。

其在法國——

一八〇四年　特雷西(Tracy)「意像論」(Idéologie)，可作當時風行之哲學代表。

介紹文　三

一八〇三年 俾藍(Biran)初著「習慣論」(Mémoire sur l'Habitude)，爲反對前項學說之始。

其在英國——

一七九三至一八二七年 斯條亞(Stewart)撰「人心哲理論」(Elements of the Human Mind)。

一八〇三年 斯條亞又撰「黎德傳」(Life and Writings of Thomas Reid)。以上兩書，可代表蘇格蘭學派。

一九〇四年 布拉文(Brown)「因果論」(Inquiry into the Relation of Cause and Effect)爲後來聯想學之始。其時邊沁(Bentham)之潛力，關係全歐，不能以時代爲限。邊沁享有高年（一七四八至一八三二年），與德國之歌德同時（一七四九至一八三二年）。歌德所撰之「浮士德」，自一七九〇年至一八三二年，陸續分期刊行。

一七九四年 佩因(Paine)「理論時代」(Age of Reason)。

一七九八年 馬爾薩斯(Malthus)「生齒繁殖論」(Principles of Population)。

書評文發起新紀元，推行其勢力於

一八〇二年「愛丁堡評論報」(Edinburgh Review)，及

一八〇八年「評論季報」(Quarterly Review)，其在德國，則有

一七九四年 席勒爾之「聽聞報」(Horen)，刊行較早。

一七九七年 席勒爾與歌德之「諷詩」(Xenien)，載是年出版之「詩集」(Musenalmanach)。

一七九八年 希勒格(Schlegel)之「文壇」(Athenæum)。

一八〇二年 希勒格之柏林演講。

德國之虛構派小說，起於一七九八年。其時希勒格評論歌德所撰之「威廉·米士忒」(Wilhelm-Meister)小說，以爲能新闢途徑，始用虛構派名詞。在英國則有司各脫，騷狄(Southey)，哥爾利治之詩歌，可以代表，隨後流傳於法國。十九世紀之詩詞新意境，則有一七九八年之「抒情短曲」及「浮士德」，及歌德席勒爾之鉅製爲發源地。

第一編 科學思想

第一章 法國之科學精神

一、本世紀是科學世紀

比較以前時代，科學精神實公認爲本世紀思想界最顯著之特色。有人亦以爲科學乃此紀之主要特點。然則第十八世紀既可稱爲哲學世紀，第十六世紀可稱爲革教世紀，第十五世紀爲藝術中興世紀，則第十九世紀宜可稱爲科學世紀。是以研究此一世紀之思想，宜從科學起。

科學兩字不必立界說。【原註】英文所用科學兩字之意義，頗有改變。讀者宜候墨累博士之大學字典告成，然後能知此名詞之歷史。此名詞得有「有界限」之意義，約在一八三一年英國科學改進社成立之時。其他兩大學會，如皇家學會，皇家學院，並不用此名稱，而函牘中，卻有用此名詞者。此兩學會在正式公牘上，用哲學兩字，此是向例。今之所謂科學，第十七世紀常稱爲「自然知識」。培根譯古文「科學」兩字，或作「知識」，或作「學術」，或作「科學」。法國在十七世紀中葉，已用此名詞。一六六六年初立科學院時。已用此名詞，與今日之意義相同。據作者所知，法國並不稱科學家爲哲學家，科學與哲學意義，並不相同。唯是法國之所謂科學，用其廣義，則包括倫理學，社會學，政治學等。用其狹意，則僅專指確切科學，與自然科學。亦如英國之用哲學名稱，加以其他名詞，稱爲自然哲學，試驗哲學，倫理哲學，心理哲學。法國所謂科學，首列算學。英國之所謂新哲學，最後列試驗與觀察。德文之Wissenschaft（學術）字義，比science（科學）爲廣，照譯拉丁意義，則指有統系，有方法，以貫串之知識。法國所謂科學，德國稱爲確切學術，包括算學與自然科學，與英文所謂科學同。德國之學術兩字，在德國學問界，頗有關係，詳見後文。近來新與之科學家名稱scientist，與德文之Naturforscher略同。法國有Savant（專門名家），而英文無相當之字，惟德文則有Gelehrter與之相當。英文只能以scholar（學者）對譯。德法文此兩字，應以英文之科學家與學者兩詞包括之。凡欲研究科學名詞，及其他名稱之用法，宜參考培根之英文著作，威爾德(Weld)之「皇家學會歷史」（一八四八年版，第一冊），準茲(Jonos)之「皇家學院」（一八七一年），奧科克(Aucoc)之「法國研究院」（一八八九年刊於巴黎，共二冊），摩里(Alfred Maury)「昔日之學校」（第一冊，一八六四年巴黎版），及討論英國學院基本問題之書札，詳見托德罕(Todhunter)所撰「休厄爾文集」（共二冊，一八七六年倫敦版）。培根派所稱之哲學，今已失其意義，一由法國科學之潛力，二由於玄學。玄學興於蘇格蘭，由哥爾利治從德國輸入，復用其原意，稱爲哲學。

近代有各等科學學校，科學考試，科學學位，此皆前百年所無者，近來人人皆知，已成通俗常談。但在法國，科學名詞之意義，微有不通，若譯作德文，則爲 Wissenschaft（學術），要稍改字義，然後能與

二、德法兩國所謂科學

其意義與英國微有不同

英文之science（科學）相吻合。字義既殊，思想亦異。英國近代之所謂科學，從前原稱爲自然哲學，或直稱哲學。及德法意想潛力入於英國，始用科學名詞以代之。近百年內，研究科學，然後知有極繁複之變化，與深藏而不易揭露之勢力，以造成及節制人世諸事。故本世紀期內之學殖，以科學爲最發達。第十六、十七、十八諸世紀，何嘗無新發明、新揭露之事。然而並非以科學之道得之；計其所得，大抵皆由於機巧，而不由於學問；雖能潛移提倡科學，然而不過是偶然無意揭露，或應日用之需，並非由於研究而有心得。【原註】如此等事不一而足。如火藥，及刻書，並發明在前。此後所發明之紡織，機梭等等者，非受過科學教育之人。又如鍊銅，鑄生鐵，亦然。瓦特(Watt)以受過教育之知識，而創汽機。皇家學會之設，原爲培植有用之學。皇家學院之立，則更然。試從學術會社觀之，及觀於凡有極高深於科學之奇才，往往絕少兼有製器之才者，則不如劃分兩途，求學仍專於求學，製器仍歸於製器。外國之大思想家，頗堅持此意。英國則不然，之好混合爲一，反阻科學之進步。近百年來，研究化學電學，然後批導層層繁複之組織，解放其深藏之隱力，破壞物與物之聯合，以人力而節制整理從前

三、科學與人生之關係

所夢想不到之絕大頑力，以供人用。前代之各種大創造，皆起自工藝商業最有進

步之國。新近五十年來之化學、電學、熱學之大創造，皆出自試驗室。從前專爲求實用，後來因創造而發生實用，發生新工藝、新商業。今世紀之科學與知識之進步，比人生之進步爲尤速。〔原註〕今試舉數事，例如厄斯忒德(Oersted)安培(Ampère)發明電磁原理（一八一九至一八二〇年），而引出電報。長路電報始由高斯與韋柏(Weber)創製（參看「韋柏傳」，一八九三年版第二十六頁）。一八二八年味勒(Wöhler)以人工而創造有機物，從此試造者日見其多，欲以人工而造藥物。柏琴(Perkin)受教於何夫曼(Hofmann)，創造安尼林顏料（參看德國化學會報告書第十七號第三三九一頁）。勒布朗克(Leblane)用食鹽製炭酸鈉，巴黎學社曾奉拿破崙命，結予獎金（參看利比喜「論化學函牘」一八四三年第一版，第二十二，三十一，等頁）。從此英國與德法兩國製造硫酸之工業大與。一八四〇年，卽硫磺工業發達前之五十年，利比喜早已預言可以從化學工業之廢棄物，提取硫磺，及其影響於西西里地方之磺礦。其從化驗室起點而推廣及於工業之最大者，無過製造肥料。自一八四〇年利比喜刊行其著作，專論「應用於農工與生理之化學」（參看何夫曼之「法拉第演講集」「利比喜」篇第十五等頁），未幾而製造肥料之業大與。一八三二年，利比喜發明哥羅方及告魯利二迷藥，並詳論其用。其後十五年，辛普孫(Simpson)始用作迷藥，二十年後，李布來克(Liebreich)始發明告魯利對於人身之效果。在未發明以炭酸鈉煉鋼之先，柏爾(Bell)爵士曾計算鐵礦所含可作肥料之燐質。其時因爲鐵礦有燐質，不宜於鍊高等鋼鐵。先有朱爾(Joule)計算有若干力，可以生若干熱，然後能有製造汽機之大革命。

四、培根先見及此

後來學殖之發達，培根早見及此，實由於有先見之明，並非有科學理想而能見及此也。培根雖有先見之明，而不知欲求科學之發達，必須經過幾許科學心力，費幾許光陰，製器以資研究，又不知必須打破無限迷信，改正前人無限錯誤，然後始可與言科學。牛頓及大陸之大算學家，不知費若干心力，若干光陰，然後能製器研究。貝爾及福耳特耳不如打破若干迷信，然後有後來之發達。培根不知，以爲可以一蹴而幾，如是奢望，必終歸於失望而後已。後人有尊崇培根，稱爲新思想之先導，新進化之前驅者，亦太過矣。

〔原註〕對於培根，後人頗有爭辨，蓋因一八六二年，利比喜所著之「培根及其研究自然之方法」而起。英人馬可梨(Macaulay)嘗撰培根論，言其過實，利比喜著論以駁之。平心而論，培根與後來之福耳特耳相似，原是論說家，博學家，並非能研究專門學術之人，是深於閱歷世故之哲學家（德人稱之爲「一世界指導者」），而非大思想家。雖有先見之明，而對於當代之發明，極多誤會。算學爲發明科學之最大助力，而培根不知。以天才而論，以有創解而論，培根則遠不及笛卡兒。巴斯噶(Pascal)與笛卡兒，頗貢新知於科學，助其進步，遠非培根所及。惟此兩君，不能擺脫玄學習慣，此則大算學家多所不免。以近代學殖而論，欲推廣科學之功效，最宜以通俗文字，發明科學之新見解，新意想，務使俗人皆知。是以培根，福耳特耳之流，既有科學知識，又能以好手筆暢達其意，最宜於宣佈科學新意，此則大有造於世，固不必以其著作爲研究知識之淵藪也。利比喜未撰培根論之前，在一八五七年有厄爾力斯(Ellis)者，爲培根全集作介紹文，對於培根之哲

第一章　法國之科學精神

學，與對於科學之關係，頗能持不偏不倚之正論。因為對於培根問題之議論頗多，作者只能提出厄爾力斯之作，以為議論之最持平者。

五、培根哲學之缺點

第十九世紀頗承繼培根之哲學精神；然而不能以科學之大有所得，歸功於其哲學之精神。培根既非恬淡之人，又不能耐煩，其心思又不能確切，其意則欲推行其所學以盡歸實用，從潛修之靜室而闖入爭名奪利之世界。從培根之個人所親歷，與其所撰諸作觀之，彼何嘗不知新學殖之頗有危險，如速於求實用是也。在能耐煩而又聰敏之研究家，雖將科學拔出於玄學家、宗教家之理想之外，而同時又有墮入於求速效求實用之危險。〔原註〕其與培根同時，或為培根先進之科學名家如泰古（Tycho）（一五四六年至一六〇一年），刻卜勒（Kepler）（一五七一年至一六三〇年），伽利略（一五六四年至一六四二年），吉爾柏特（Gilbert）（一五四〇年至一六〇三年），哈里奧特（Harriot）（一五六〇年至一六二一年），納披爾（Napier）（一五五〇年至一六一七年），哈維（Harvey）（一五七八年至一六五六年）等之研究之功，具見於尼科爾（Nichol）所著之「培根傳及其哲學」（一八八九年刊於愛丁堡）第二冊第八十六及第二百五十四頁。同冊之第一百九十六頁，總論培根在科學界應處之地位。第一百九十六頁，論及培根之所不知。第二百三十三頁（即末頁），論英國與外國待遇培根之著作。其較乏意味。而較為完備者，則有厄斯勒（Heussler）所著之「培根及其歷史上之地位」一書（一八八九年刊行於北勒斯勞（Breslau），引證極多，宜參觀其第一百六十一頁論培模之預料。

其時之思想新受光明，初得自由，正如草木之始初萌芽，幾爲速求實用之故，將遭拔苗助長之險。當時之眼界，誠然已有擴充，其所測算之地方，誠然比前寬闊，而無意深入，安於淺嘗輒止。培根哲學之精神，要有以改正之。歷時甚久，不得不緩於求實用，思想家與求學家，不得不退藏幽隱，以立新學之堅固根基。牛頓一出，乃有久遠之改正，而享名不及培根之速；然而享受大名之基礎，則較爲堅固，雖屢有動搖之者，而終不能動搖，其功業可以永傳不朽矣。

六、牛頓出而改正

新科學思想之初基，立於英國。培根預知新哲學將來之大變更，牛頓不憚煩難，首先建立初步之單簡規則，又爲首先運用此規則而收奇功者。牛頓所撰之算理（Principia 本名自然哲學之算學原理），洵可與亞里斯多德、歐幾里得之大作並駕齊驅，爲研究科學之模範，遠非培根所撰之不全不備繁冗難讀之新利器論（Novum Organum）所可比肩。

其真能領略牛頓之偉大，與略爲實行培根之規畫者，學者不能不推崇到第

七、法國哲學家繼行培根牛頓之思想

十八世紀後半期之法國哲學家。培根之計畫，注重於多人合力共作，以求知識，及研究學術之進步。此項計畫獨爲舊時法國學院所實力奉行，遠非倫敦之皇家學院可比。培根欲連綴各項知識成爲一書，實爲貝爾之大編輯之先導，尤爲後來百科全書之先導。牛頓所撰之原理，其中發明之問題甚多，曾由克雷洛（Clairault）摩珀屠伊（Maupertuis）兩君首先分題討論。福耳特耳則以通俗文將牛頓之宇宙觀之大意，撰爲一書，以流行於法國。〔原註〕作者自信福耳特耳爲「牛頓學派」名詞之創造者。牛頓爲人謙退，而富有科學家精神，絕不肯以此名詞自稱爲一學派，作者頗疑福耳特耳是否從牛頓之「自然哲學」中，採取作料，製爲與牛頓用意絕不相同之一種普通哲學。福耳特耳即以自製之書，作爲攻擊及推翻迷信與種種謬誤之利器。至於發明牛頓大著之價值，與闡明此書之奧旨，則有拉普拉斯之天算。此爲總包括的發明牛頓意旨之第一書。拉普拉斯又撰宇宙統系論，大陸一代大思想家，咸奉此書爲福音。

八、培根牛頓之比較

今設爲譬喻，培根如履勘一片新發現之新地者，〔原註〕詩人考力（Cowley），即是曾贈詩於皇家學會，此意。詩曰：『偉哉培根，嚶起一時。起衰振敝，爲吾輩師。遍歷荒漠，履勘新地。高山遠矚，覺人覺已。』厄爾力斯之言曰：『有以培根比前知，者，在高山望見極樂之境，而讓後人得之。此誠善於譬喻，而爲此喻者，或不盡能領會此喻之妙。前知者所登之高山，誠然能居高臨下，無物不見，；然而所謂極樂之境，原有界限，不久將爲選民所有。此與培根之意思同，然而培根之目的並不能達。培根之所以享大名者，並不由於其所發明之方法，亦不由於其所發明之科學性質，與科學之所以進步，其所以享大名者，實由於其哲學之精神，而不由於其哲學之方法』（培根文集卷一第六三頁）。爲之規畫如何開墾，而取其寶貨。然而寶貨深藏地中，首先墾荒者，不過略爲指點其所在。牛頓繼之，組合墾荒者之初功，而爲大氣包舉之測勘。首開深洞，以達於聚寶之地，發露所有礦苗，使後起者從事挖採。然而尚有種種阻難，首須推倒，且須通力合作，部署勞工，乃能發展牛頓之計畫，運寶藏於地上。及拉普拉斯起，在第十八世紀末年，搜集部署法國英國之大算學家、與天算家之著作，然後製成絕大之一幅宇宙圖。因有種種環境，使巴黎爲採輯材料、與發展如此大著作之中心點，今得而論之。

九、拉普拉斯之功

當牛頓深居構思，無人相助，〔原註〕據云有諾武德(Norwood)者，於一六三五年，求得近是之一緯度里數，而牛頓不知，仍用前之緯度一度作英里六十里之數，因而誤算月軌。候至有皮伽耳(Picard)所測度之數，（大約在一六六九年求得，一六七二年在法國公佈，一六七五年發表於英國「哲學會報」），始採用此數。於是決定月球之所以不改變其軌道者，全由於吸力。然而牛頓之存此意想，已在一六六五年（參觀部盧斯脫 Brewster「牛頓傳」第一冊，第二百九十等頁。又托德罕式所著「吸力學說史」第一冊，第三十八等頁）。然而此說不見信於後世。至於虎克(Hooke)，赫列(Halley)之發見「反比例及二重比例」，則參觀「牛頓傳」，第一冊第二百九十一頁。當牛頓撰「算理」時，常與夫蘭斯提(Flamsteed)通信。其時夫蘭斯提當欽天監，其後十年，兩人合作之事中止，亦見「牛頓傳」第一冊，第三百十二頁，第二冊，第一百六十四等頁。牛頓得自赫列之助力最多。先是皇家學會議決，刻牛頓所著之「算理」，其後翻悔，不見刊行。赫列慨然解囊刊行之（見「牛頓傳」第一冊，第三百〇五頁）。然而「皇家學會歷史」，則云「幸而有皇家學會在，牛頓得以其科學著作，報告於該會。不然，其所撰之「算理」，亦終歸於埋沒而已。夫蘭斯提曾與牛頓發生意見，殊為可惜。因是牛頓所研究之行星及太陰學說，不能觀成。然而夫蘭斯提提倡天文之功，亦不可埋沒。英王查理第二(Charles II)建築觀象台，以測算行星，以便航海之用。派夫蘭斯提為欽天監，年俸一百鎊。築台之工程既極其草率，其後五十年間，政府並未撥款製造儀器。常時所用之儀器，有夫蘭斯提所自製者，有借自他人者。其時測英王又驗令。每月教小學生兩人。夫蘭斯提為學生所騷擾，不能專心致志於測算，殊以為苦。測算既甚勞苦，而薪俸又薄（其辛苦過於打麥），使他人為之，必拋棄而不顧矣（參觀「皇家學會歷史」第一冊第二百五十六頁）。

• 耗一人之心血，而成近代絕大之著作，〔原註〕赫列有言曰：『此絕大之著作中，包羅極多極有價值之哲學真理未，皆其一人所發見。以一人之聰明毅力，而成此絕大事業，謂爲向來所未有，並非過當』（參觀「哲學會報」第十六冊，刊於一六八七年）。

法國大臣科爾伯特(Colbert)獨具遠見，深知科學之大用，與世界尤有重要關係，遂奏明設立學院，使科學家得以通力合作，研究科學。【原註】『凡博士例有俸給，概由國家供應。此外另有一種經常之特別費，以備諸博士研究學術，及置備儀器之用。』（參看摩里著「昔日之學校」，第一冊，第十三頁。）私款設立之機關，難得科學家之合作。英國學會未發起之前，合作之科學院是絕無而僅有。惟有一特殊之例外（見斯特督味Struve「浦爾瓜瓦天文臺記」第五頁）。內云：『在格林維基(Greenwich)天文臺史中，有一極堪注意之點，頗具社會稱道之價值者，卽自該天文臺創設以來，迄於今日，其中各天文家，莫不齊心協力，同一軌道進行工作是也。』法國之學院一成立時，卽最注意於組織與合作。摩里「昔日之學校」第十五頁中有云，『人人皆能通力合作』。又云：『一六六七年佩洛(Perrault)建議之物理學工作計畫，係包括博物學全部分也』。倫敦之皇家學會，不過奉有勅准，

一〇、法國之科學院

經費則出自入會費與會員及私人之捐助。巴黎之科學院，設立已久，自一六七一年起，支領國帑，創辦全國與屬地之測量。因測地而測算一擺一秒鐘之擺長，與隨緯度而變之地心吸力。又研究海亘史(Huygens)所發見之吸力變異，討論地球真形，直接量祕魯及拉伯蘭(Lapland)兩處經線之弧長。又因此而使克雷洛撰

成其大著作。〔原註〕參觀托德罕所著「吸力學說及地球形狀學說史」，第一冊。又參看克雷洛之大著作，刊於一七四三年，書名「地球形體學說，及水之靜力學」。專恃有以上測算所得之數目及結果，然後能切實證明牛頓之算理。牛頓在本國，則絕未得過如法國學院之組織與合作之助。其時來布尼茲與牛頓齊名。自培根以來，惟來布尼茲能深知必有組織，必有合作，然後科學乃有進步。〔原註〕來布尼茲對於此事之議論，詳見其全集第七冊，一八七五年刊於巴黎。來布尼茲之宏議，惟柏林實行之，以一七〇〇至一七〇一年，設玄學院，來布尼茲猶及見之。來布尼茲曾獻議於諸國帝王，如大彼得(Peter the Great)，奧帝等。於是俄都之學院，建立於一七二四年，在來布尼茲死後八年。維也納(Vienna)之學院建立於一八四六年，來比錫學院，亦以其年建立。來布尼茲對於學院之組織，及所應作之事業，具有極大規模。歷史，哲學，科學，俱在研究之列，爲各等學校之樞紐。而最能實行其規畫者，則爲柏林學院。參看格黎牧所著『學校，大學，學院論』（見其「小書」第一冊第二一一頁）。來氏不惜時日，不惜勞苦，奔走於歐洲，陳請建設學院於柏林、聖彼得堡(St. Petersburg)、德勒斯登(Dresden)、維也納。其時倫敦、巴黎皆已設立。來布尼茲早已心焉嚮往；惟對於倫敦皇家學會之初年，頗不滿意，以爲欠精神，乏實力。

二、大陸所用之算學方法

此外尚有另外一派之獨立科學思想，以法國爲中心點。因有此派之發達，然後能助牛頓派之學者。先是英法之大算學家有所謂微分法。法國學者薈萃諸法而貫通之，芟其繁難，創造較爲簡便之法，設簡便合用之記號，及易於佈算之算法。【譯音註】即微分學，積分學。牛頓曾自創新法，以便演算，名其法曰流數法。牛頓雖已創立此新法，而公佈則在來布尼茲新法宣佈之後。【原註】來布尼茲之創立此新法，遠起於一六七五年。以新法告於叩林斯(Collins)，則在一六七七年，而刊行則在一六八四年。其所以此時公佈者，則以拆恩豪增(Tsch rnhausen)氏之著作，有涉及此新法者。牛頓之創新法在一六六五年，在來布尼茲十年之先，自來布尼茲刊行其新法於一六八四年，大陸算學家，立刻施用此微分學。其尚注重新法者，即柏努利詹姆士(James Bernoulli)（一六五四年至一七〇五年間人），柏努利約翰(John Bernoulli)（一六六七至一七四八年間人）及勞批他侯爵(l'Hopital)。一六九六年，第一次刊行此新出之微分學者，亦侯爵也。牛頓並未刊佈其所用之新法，然而觀其所著之「算理」之計算，則用此法無疑。至於牛頓何以不刊佈其新法之問題，及來布尼茲之自創新法，其採用牛頓至何程度之問題，至今皆未能解決。討論此兩問題，自有專書，如一七一五年皇家學會所刊之「商業書札」，熱刺(Gerhardt)之「微分學之發見」（一八四八年）。又斯洛曼(Sloman)所著之「微分法發見中之來布尼茲之請求」（一八五七年來比錫版），頗不直來布尼茲。然而曾經研究此問題者，可不以斯洛曼之說爲然。至於大陸所用之符號，簡便適用，勝於牛頓所用者。在本世書初年，頌然得學者同意。同時英國算學書亦襲用此種符號，惟都柏林之哈密爾敦（Hamilton）算學派，特爲重視牛頓所用之符號。卽如退特（Tait）斯提爾（Steele）同著之「微點力學」，湯姆孫，退特兩人同著之「自然界哲學」，仍用牛頓符號（參觀一八六六年九月「北英評論報」）。然而推廣行用微分術，則以來布尼茲爲首功，大陸算學家繼之（參觀「牛頓傳」第二册，第五百十一等頁）。此書附載，蒙摩特（Montmort）一七一八年十二月十八日，致泰羅（Taylor）書。學者若重視思想之進行，與意想之或通或塞，而不喜討論個人之競爭者，宜讀此書。

牛頓之法，雖不早爲衆所知，雖得其同志與尊仰其學派者改良盡善，推行甚廣，變爲大陸所公認之算學術語，而改良盡善之功，則以巴黎學院之學士爲最大。在第十八世紀間，此新術一至大算學家蘭格倫日之手，則用以解決牛頓所撰算理中之各問題。

一二、近代之分析術

作者由此而進論尤爲重要之科學思想之第三要素。此爲大陸所特有，而以法國算學之功爲尤著。來布尼茲雖爲德國人，而所習者，則爲法國派，故併入法國。此新要素爲何？卽爲純粹算學建一獨立基礎，與研究數量之抽象之相關道理，撇開幾何或力學問題，及應用力學。此卽今代之分析精神，爲第十七世紀法國之代數名家所新創。此諸大名家以爲幾何、力學、天算，不過分析術中之一個問題，不必分別各問題以爲分別之討論。其意在創一抽象算學，發揮盡善，則以上所列之分立問題，若用抽象算學研究之，皆可以迎刃而解。古人所用算術，正與此分析術相反。分析術之視一種問題，不過作爲一種特別小問題，應有較高上較爲渾括之較大問題在。若能先解決大問題，則小問題已解決在內。古時算術則不然，每遇一問題，則只研究解決此問題，而不研究包孕此小問題之大問題。無論其爲幾何，其爲力學，無不如是解決；注意於分立問題之特性，而不求其較爲渾括者。舊派之視微分術、與普通算學，不過是利器。其用只在於解決物理學問題，此項古法，向來稱爲

一三、古代之組合術

組合法。以今代而論，英國仍樂用此組合法，自培根以來，好詳細測驗，以實行推隱至顯之歸納法，行之最有成效。【原註】參觀韓克爾(Hankel)氏講演集「近數百年來算學發達史」（一八六九年杜平根版，再版於一八八四年）。其對於來布尼茲時代有言曰：「英國以爲算學之能事，在乎以幾何解決各種問題，比於大陸之算學家，尤爲守舊。當代之精神，全察於問題之有幾何形式者，凡新法所得之結果，仍用幾何式，再爲講解。及歐幾與始從分析之微分術，凡解去各種幾何式之束縛，其功甚偉，從此分析術始得成爲獨立不倚之科學。分析術之入門，即有所謂函數，以指宗兩個變化數量之互相關係。函數之抽象學說，即是高級分析術，從附

屬意想，與特別意想，逐漸引生。函數之意想，發起於歐拉，以函數爲全部分析術之基礎，而算學之新時代以興」（見前書第十二等頁）。此是用不同之法術，解決相同問題。作者將於下文詳加討論。今代之大算學家，以爲兩術並行不悖，科學之大進步，尤視乎兩法之互用。來布尼茲早見及此。其致海亘史書，極言幾何法之不可廢，亦殊不宜棄舊而惟新是用。（原註一致海亘史書，在一六七九年九月十六日。其原文錄要如下：『余之斤斤不慊於代數學者，以其不具最簡捷之方法，及最高尚之幾何建築故也。……我以爲尚需另一幾何，或線的解析，可以直接解釋面積，猶代數之解釋數量也。而我之設想，以爲終可設法創造形字，以表示機器之形狀與尺寸，猶代數之表示數目與大小也。』（見熱刺編來布尼茲「算書」第二册，第十九頁）。來氏又致（約在一六九〇年）波登豪增(Bodenhausen)書有云：『余意在尋常幾何問題中，舊法仍有優勝於代數解析法之處云云』（參看前書第二册第三五九及第三六二頁）。然而拉普拉斯以牛頓之主義，而窺見宇宙之全局，大著功效，未嘗不由於前人之分析術之功，且由於拉普拉斯之善用其術，以解決種種問題。

既有確切算術，有學會之組織，有政府之資助，以振作科學之精神矣，尤宜有輿論之注意與勉勵，以爲之助。毋論如何玄妙之抽象算理，必須能施行於日用，然

一四、法國科學潛移文學之力

後能關動局外人，或引人反動，然後有進步。關於此事，以第十八世紀後半期之法國進步爲最速。觀今代科學思想之深入於當代之藝文，因是而知他國之藝文，無能與法國比。第十八世紀之末年，教授科學之法，亦無能與巴黎比。至於教課法，及將科學作爲通俗之文章，以播傳於國人，法國久已首屈一指。【原註一】作者應言法國在第十八世紀時代，以科學爲最時髦之學問，似不應言其爲通俗之學。其實因巴黎之學校而變爲通俗。先由諸文學家及好學家留心於科學然後民衆變爲通俗。其結果則爲法國此時文學，極能達科學之意。其在他國，皆用古奧文字，以達其新思想。例如牛頓之「算理」高斯之「數學論」皆然。及闌格倫日著「力學分析術」一出，以條暢合乎今代之文筆，爲後學立規模。今日之科學能通俗，由於施於實用。因施於實用，故英德兩國，皆能有科學通俗。惟有法國則未受實用影響之先，其文學已變通俗。其潛力則發生於各學院。參看摩里之「昔日之學校」第一册第一七八等頁。拆斯忒飛貴族(Lord Chesterfield)之尺牘曾言，今人之留意於科學，以其中有金也。又關於文學與近代科學實用性之比較，可參看摩里前書第一六一頁。由是學院之進行、與其討論辨駁，始爲衆人所注意。其中大名家所發明之問題，乃見於講義與教科書中。本世紀德國之科學，雖由洪保德之著作而得名，本世紀英國之科學，雖由達爾文而得名；若爲第十八世紀之英德兩國作藝文志，則殊可以不必提及科學偉大人物如英國之牛頓，如德國之來布尼茲，其潛力並不能達於國中之普通羣衆。法國則不然，稱爲法國之高雅藝文作志，則絕不能不說及福耳特耳、蒲豐 (Buffon)、達蘭貝耳、康多塞 (Condorcet) 諸家著作。此諸公之著作，爲科學及普通藝文間之連環。「原註」『凡哲學家於各種科學均應一一涉獵，方克勝任愉快，此事當另設專條論之。福耳特耳曾致函沙特留夫人 (Mone Du Châtelet) 云，「在此四十年間，法國之哲學思想，可稱進步甚速。昔霸羅 (Boileau) 雖曾譏誚女界，設使霸氏而在今日，若遇女界之醉心摩拍居伊 (Maupertuis)，累奥睦耳 (Réaumur)，梅朗 (Mairan)，都非 (Du Fay)，克雷洛 (Clairault) 諸大博學家之學識者，當亦靡然從風，欽佩不置矣。蓋此諸巨子以爲科學學理繁難，令人易生厭棄之心，其惟一目的，在使科學理斐然成章，粲然可觀，令讀者心領神會，增高與趣，不厭不倦也。余敢斷言處此時代，既成詩學家，則亦當爲哲學家。而女界亦何莫不然。」福氏之所以如是云者，緣其志在肩任幾何，詩學，史學等諸學理耳。至於牛頓之物理學，則請沙特雷夫人擔荷解釋之任』（參看摩里著「昔日之學校」第一册第一五六頁）。

一五、英德兩國無此潛力

讀第十八世紀之英德兩國藝文，並不見有當代之科學大辯論。試讀福耳特耳之著作，則有當代最深奧問題之討論。牛頓派與笛卡兒派哲學之大問題，卽是辨論如何可以得力之確切數量。「原註」參看摩里著作第一册第一五七等頁。又雷文著『科學家福耳特耳傳』，見「演講集」第一册第一頁。

蒲豐之於自然界科學，

厥功雖偉，然而其潛力之大，則尤在乎其善屬文，能使普通人皆喜讀其所著之書，【原註】『若無蒲豐之名論，則動物一學，勢將永爲少數人之私學。而一班漠不關心萬物景象之流，其不明動物學爲何物，日復一日也。乃知舊式教育反令人完全不知世界開闢之物爲何事，誠屬遺憾。自蒲豐對於科學灌輸以美麗之文字後，於是世人好奇之心特發，一七六〇年波梅耳(Valmont de Boma e)始能在巴黎開授第一次自然史。而受業者踴躍異常，且日盛一日也』（參看摩里書第一册第二八三頁）。後七年，洪保德在柏林亦有同等之勢力，參看上述之雷文「演講集」第一册第五百一十頁。瓜狄阿(Guardia)之「醫學史」（一八八四年巴黎出版）有述及蒲豐一節如下：『封特涅爾(Fontenelle)能使科學極有興趣，令人不厭。蒲豐則將科學與哲學，文學相聯合，並實行介紹科學於社會上，也』（見其書第三八四頁）。吾人試讀「哈密爾敦爵士傳」（格累甫茲 R. P. Graves 著，第二册第一九六頁），知巴克闌(Buckland)博士在布里斯它爾(Bristol)大學會開會時（在一八三六年）之演說，有『顯然爲英國第一次將地質學說，宣傳於公衆，蓋在科學界以外之人，鮮有明瞭科學家所作之事者。』觀此，則英國與德，法兩國之情形，相反何如哉。

一六、巴黎之科學學校

巴黎之學校，其提倡傳播科學之力，尤大於福耳特耳及蒲豐之著作。學士輩皆先在此類學校練習，又往往當多年教授者。【原註】法國之大革命，頗有提倡島等科學之力，然而未革命之先，巴黎已有多數學校。其最要者，爲法王法蘭西斯第一(Francis I)於一五三〇年所創建之法國大學。第十八世紀中葉，始推廣科學，當教席者時有名人。此外尚有其他學校。例如採礦學校，創於一七八三年。橋梁道路學校，創於一七七五年。獸醫學校，創於一七六六年。其科學學院及醫道之外科學院，皆設於一七三一年。十八世紀解剖學與外科醫學之發達，以此學院爲最有功。其中頗有名手，常與全歐洲之解剖學家通消息。又各省皆有巴黎學院代表。其獨立之科學學院，居多附屬於巴黎學院。未得認可之憑照以前，此多數在外之學院，已成爲獨立之學會，其餘在外之未附入者尚多。觀其各學會成立之時期，可見法國之文學科學組織會社，在各國之先。德國耶穌教派之大學校，組織不同，將於下文再爲討論。學院之制，行於法國最早，培植科學之功甚大。法國之科學，以巴黎爲中心點。而各省之學院，部耶耳(Bouillier)頗重視之，著有「各省學院論」（一八七九年巴黎版），且各院常有有名之著作家，來自各省者。如孟德斯鳩，喀西尼(Cassini)，波緒(Bossut)，克雷洛，羅伯斯庇爾(Robespierre)，丹敦(Danton)馬拉(Marat)，拿破崙是也。部耶耳有言曰：『吾人似應最堪注意，而最常稱揚者，厥爲圖畫免費學校，及物理，化學，博物，解剖，古史，等免費學校。此種學程，均由各大學院講授。其在各省，則如第戎(Dijon)，盧昂(Rouen)，波爾多(Bordeaux)，土魯斯(Toulouse)，曼皮列(Montpellie)各城所建，是也。而大學教授，都係委員，不支薪俸。：：省立各學院在盛大獎勵之下，人才輩出，車載斗量，不可勝數，豈不盛歟。而此優秀諸學子中，能有幾人不爲偉大人物耶？』（參看部氏著「各省學院論」第八十一等頁）。又參看「大百科全書」大學，學院，專門學校諸條。

一七、革命政府提倡教育

當大革命時代，前後革命政府，方求治安之不暇，猶能致力於全國教育。當時之教育歷史家有言曰：（原註）參看希浦著「法國革命時代公衆教育論」第一集序文。『國會集議時，一面用其全力以推翻凡可以爲共和之阻礙者。因求共和，故一味專横殘暴，無所不用其極。一面則從容鎭靜，討論審察教育問題，及發展科學之方法。當時教育之施設極多，亦有爲革命風潮所推翻者。而其最要之建設仍在，可以爲法國光寵而證明法國識見之高超。』〔原註〕據希浦氏之言，在一七九三年，革命議會方以其全力創立各等學校，乃同時又於是年八月八日公議停辦各省及巴黎之學院。在今日觀之，此事似乎矛盾。部耶耳論此事曰〔參看「各省學院論」第九十五頁〕：『法國革命時代，推倒革命議會及公安委員會後，各學院旋卽恢復原狀。蓋議會在交卸之前一日，始悟學院不可一日無，乃下令組織研究院也。但此會乃革命第四年第三月第三日所改組之議會，非一七九三年之議會所可媲美也。』夫建設國立學院以促進科學文藝之說，倡者甚早〔參看一七九一年「塔力藍報告」第一〇二頁〕。然而政府方在提倡國家教育，注重高深的研究，何以又停辦各學院與各大學？解之者曰：此政府之所以使教育趨於普及，學術成爲公物，非貴族可得而私，而視之爲華貴侈張之具也。試觀一七九二年杜科(Ducos)之言曰：「夫欲改革已頹之風化，非施以嚴厲敏捷之訓育，不足以奏效。惟以何種爲適當之教育法，則須事先審定。同胞乎，須知尋常教育，不足以使強弱貧富熔爲一爐。在未容納於同一軌道，未熔化於同一道德以前，則法律雖極平等，究屬無效。若是則吾民主之國，勢必永久淪爲階級社會矣，卽平民與閥閱是也』〔見希浦前書第二集第二十一頁〕。因學院與大學中人皆紳士之羽翼，故不得不停辦之。然平民教育之興，必須自上而下，欲使民衆受教育，必先培植平民教師而後可。參看希浦書第一册第四〇八頁。塔力藍

(Talleyrand)及康多塞(Condorcet)二氏皆云，十八世紀之停辦學院大學，正所以爲統一公衆教育制度之地步，但二氏對於學院與大學，亦未嘗不有讚美其工作之完善也。參看康多塞祖護學院之語（見希浦前書第一冊第二七二頁）。又參看洛末，吉爾柏特論『法國大學』語（見前書第一冊第三○八頁）。洛末對於此矛盾之變遷，發表其議論如下：『特殊勢力之團體一日存在，即一日阻害我民黨主義之發展，攻擊我平等自由之思想，並妨礙我藝術之進步。但其組織雖不善，而其原旨亦有未可厚非者。吾人儘可酌量採擇，容納於組織之新教育中也』（見前書第三○九頁）。

一八、康多塞

當時國會討論教育問題，最注意者爲科學。當時對於教育及其他問題主建設者，大抵皆福耳特耳派與科學派；其主破壞者，皆盧梭派。其時提倡科學者，以康多塞之議論爲最切實，最有遠見，其送呈國會之公共教育報告書有言曰：〔原註〕此書送呈在一七九二年四月二十及二十一日。參看希浦書第一集第一八五至二八八頁。其書於一七九三年奉議會命刊行於巴黎。『今所以注重算學與理化諸學之故，厥有數端。一人之不好深思，不甚好求知識者，即使其能對於淺近之科學，淺嘗即止，亦能發達其智慧，教其如何運思，如何分析意想。此〔原註〕見前書第二○三頁。因自然界之各種科學意思較爲單簡，達之之法亦較爲盡善，此種科學，可以破除成見，可以展拓心胸。補救之力比哲學爲大。〔原註〕見前書第二○四頁。此時各種報告，皆首列確切科學。例如洛末，吉爾柏特等論教授法之言曰：『以數學，物理，道德，政治，農學，力學，文學，美術等諸科學，組成研究院之學程，俾得循序研究，而高尚知識盡在於此矣』（見第一冊第三二二頁）。『大學預科乃具相當學識者之學校，以其備有各種科學及藝術文學也。』此等學程之完全實現，尚在百年後，卽行之於十九世紀科學專門學校中者也。此時之所以偏重科學者，專爲實用起見。從前以算學爲能使人運思，今日則偏重機器一方面，與初時用意不同，往往破壞科學及確切之精神。

凡提倡此議者，皆知科學將來之必有大進步，實用之處必多，必能爲藝術開一新紀元。又歐洲此時俱偏重科學，有加無已，世人自不能不順世界潮流。文學有界限，瞻察之學，計算之學，則無界限。才力有限之人，一攻文學，往往傲然自大，否則妒忌他人之能；至於科學則不然。文學之競爭，是人與人之見解爭，科學之競爭，是人與物爭。人與物爭；可操勝算，既勝一寸，可以預卜再勝一尺。』【原註】參看希浦前書第二五八頁。其二六一頁有云，『吾人應將哲學物理學納入道德學中』（引康多塞語）。

一九、拉卡拿爾

一七九四年十二月十六日，拉卡拿爾（Lakanal）之學校報告有言曰：『算學使人習慣確切，國人應學算學，應得較深之算學知識。若無算學，則天文航海無

二〇、師範學校與藝術學校

導師，建築與造船無法則，造礮築壘無基礎。』【原註】參看希浦書第一冊第四三二頁。第十八世紀之後半期，法國之教授科學，逐漸發達。其先獨注意於文學，及蒲豐，福耳特耳時代，加以哲學思想，與博愛思想。百科家與康多塞則，注意於教育。至革命時代國會之討論，逐漸趨重於教授及指導實用，及國經濟，其結果則爲趨重實用及經濟。其後爲外患所逼，不能不側重防守攻取，『專注重於可以有益於水戰陸戰之科學及藝術。』【原註】引拉卡拿爾語。見希浦書第一冊第四四七頁。革命初年，彌拉波(Mirabeau)、塔力藍(Talleyrand)、康多塞諸大教育家之高尙博愛主義，並不能盡行。初等教育幾乎無有，惟有兩科學學校。其所造就之人才，與其所辦之事，非歐洲同等學校所能比。即高等師範學校及中央土木專門學校（一名藝術學校）是也。【原註】二校之外應加博物院。屈費兒氏曾稱之爲至宏且美之科學館（見其所著「史讀」第二編第四十四頁）。中央土木專門學校，提議於一七九四年三月十一日，籌辦在共和四年（至是始改名爲藝術學校）。開始講課在同年某月（見希浦書第二冊第一三九，一七四，一七五頁）。師範學校之設，定議於一七九四年十月三十日，（見前書第二冊第一七九頁）。開始講課在共和三年某月。分課如下：關格倫日，拉普拉斯任算學；阿羽伊(Haüy)任物理學；蒙日任實寫（投影）幾何；多逢通(Daubenton)任博物史；柏托雷任化學；圖英(Thouin)任農學；巴希(Buiche)，芒對勒(Mentelle)任地理；服爾內(Volney)任歷史；柏那當得聖佩耳(Bermardin de St. Pierre)任道德學（見前書第二冊第一八一〇頁）。該校最老之學生爲一遊歷家玻根維爾(Bougainville)。藝術學校經費爲一萬二千鎊，其始收學生四百人。其後添設博物院。撥費八千鎊，每教授二百鎊。其始只培種藥草，其後並研究動植物。此後學校中逐年增設動物學，植物學，礦物學等科。提波多(Thibaudeau)嘗曰，『此種學程每年可設供五百課之講授，以完成博物學各派別之宏大美滿之學程，有益於商業及藝術，洵非淺鮮。蓋此中大半爲法國所無，甚至全歐倘付缺如者，間亦有之』。其後又有經度局之設。蘭格倫日，拉普拉斯任算學。拉隆德，喀西尼爲天文師。經度局兼管觀象臺。此外尙有陸軍學校，醫學校之設。又有東方言學校之設。創辦諸子，以算學、物理學爲各科根底。【原註】參看希浦著作第一冊第四五〇頁。師範學校開課第一時期，雖不過四月，【原註】該校停閉於一七九五年。丹敦(Danton)說明停課理由，謂該學校直接教授各種科學，此與原議不符。原議注重者，爲教授方法，而其時及格之學生甚少，亦爲停課之一理由。至一八〇八年又開課。

二、蒙日之新幾何

而此時實建立蒙日新發明之實寫幾何基礎。由演講時之速記本而傳於世界。【原註】參觀布里松(Brisson)之「實寫幾何」，一八四七年巴黎出版。布氏謂新式學校必須具三要點——一爲國立，一爲實用，一爲教育。茲錄其一節於下：『法國實業素來依仗外國。今爲補救此項損失起見，當先注重了解眞實合用之教育。……而後天空現象，亦須使家喻戶曉也。……實寫幾何者，乃能求得其眞切確實之法也。以其關於已知未知問之多數比喩，均藉此而了解。並恆實用於眞確之事物，故急應歸入國家教育計畫之中。』蒙日以科學方法整理木匠石匠等所用之舊法，而庫西耳(Courcier)翟復以幾何學攻治之。見孟圖喀拉(Montucla)「算學史」第三冊第十五頁。此是一種新科學之起點。

後經逢退利、斯泰涅諸家發展，遂成爲投影幾何。〔原註〕蒙日亦自始即授課於藝術學校。參看沙爾(Chasles)所著「幾何學進步報告」第二頁，一八七〇年巴黎版。沙氏嘗曰，『哲學與深奧之教育，非常便利於科學之進步，由此判明其爲組織研究院之基礎，並爲預備進入實業學校之學生所應認眞研究者也。』沙氏對於該校之研究缺少科學精神，一若頗有深慨也者。參看前書第三七九頁。

二三、化學

最先時期，則以算學之分析術及圖繪術，施用於物理學及藝術。至第十八世紀之末年，巴黎各學校所注重者則爲化學。有人稱化學爲法國科學，不爲無因。〔原註〕符次(Wurtz)所著「化學原理史」第一頁（一八六八年巴黎出版）有云，「化學乃法國發明之科學，爲拉瓦節(Lavoisier)所手定。」參看杜馬(Dumas)「哲理化學教科書」第三七頁（一八三七年巴黎出版）。巴克爾(Buckle)所著之「文化史」第二冊第三百六十六頁（一八六六年倫敦出版）有言曰，『化學之能成立爲科學，是法國之功。此凡人之能知科學之意義者所公認。其初化學散漫無歸，無渾括之主義。及拉瓦節出，然後有總括之意義，始能成其爲科學。』哥布(Kopp)頗以此意爲然（見其所著「新時代之化學發達論」一八七三年版第八十九等頁）。其推崇拉瓦節爲近代化學鼻祖者甚力（見第一四五頁）。來比喜云云，亦同此意。然非謂化學無他國人之發明，特一經拉瓦節研究，關於化學之變化，始有確切而又合於科學精神之測算。有拉瓦節與其門徒，然後能建立今日化學知識與研究方法之基礎。〔原註〕他國人之發明化學者，例如一七五四年布拉克(Black)之發見炭酸，一七六七年卡汾狄士(Cavendish)發見氫氣，一七七一年至一七七四年間普利斯特利(Priestley)之發見氯氣，及氯氣之化合物。屈費兒稱普利斯特利爲化學鼻祖之一。『乃爲其子孫者，反不願自認其父祖』(「史讀」第一冊第二〇八頁)。屈費兒又以灌輸算學精神於化學，爲化學之大革命(見「自然科學進步史」一八一〇年巴黎版第九〇頁)。其言曰，『新學理之最要原素，由於深刻研究，有所心得而產生，……此即算學思想加入科學及試驗，而予以正確無誤之精神者也。……歐人初見拉瓦節「化學初步」一書，莫不歎賞其體裁之新穎完備也』。或謂由拉普拉斯、蒙日、諸家，聯合算學知識、與實驗知識，然後始有人深知拉瓦節之意想。「原註」哥布著「新時代之化學發達論」第二〇二頁有云，『吾人試就最先與拉瓦節合作之諸名家，如拉普拉斯，蒙日輩，莫不努力於算學或算理物理之學。拉瓦節之意想，在化學家中，孤立無援者爲時甚久。』屈費兒氏亦主此說(見「自然科學進步史」第九十一頁)。其言曰，『幾何名家之互相切磋，爲我法國新化學家所讚許。」屈氏又以化學之第二次大進步，歸功於相同之純粹算學之輸入(見一八二六年四月二十三日「四校博士會議評閱化學報告」)。其時化學專家，如柏托雷、該屯(Guyton)諸君，並不甚以爲然。藝術學校初時課程，頗與算學各分門相近。柏托雷所撰之書，稱爲化學靜力學論，可見其有算學之精神矣。

二三、新算學科學

其時又發起兩種新科學，採用算學甚廣；用確切之量度，與確切之算理，而發現極有意義之事實。此兩種科學可以稱爲完全是法國所造者。其一是結晶學，其二是決分學（亦稱決疑學）。結晶學創自阿羽伊，決分學之大部分，創自拉普拉斯，長留不朽之名於科學歷史中。阿羽伊發明之結晶，有一定之整齊幾何立體形，如方體、稜錐體之類，大有功於礦學家。未發明之先，礦學家終日在黑暗世界中思索，如植物學、動物學大家林尼阿、畢謝(Jussieu)之法，以分門類而不可得。自有結晶學，然後礦物有分門別類之可能。在阿羽伊之先，或以礦學之學說附於地質學（如著名之偉爾納派），或附於化學（如柏格曼一派）。〔原註〕參觀屈費兒之「自然科學進步史」第一六三頁，論各派化學家之工作。又參看屈氏「史讀」第三冊第一四三等頁所載之「阿羽伊讀」。幾何結晶學似是發起於林尼阿。蒲豐與林尼阿不合，則以爲非是。休厄爾亦是結晶學專家，以爲阿羽伊等亦不應完全抹殺羅美(Romé)之功。案羅美並非大學出身，頗爲人所輕視，惟阿羽伊等稍稍直之。近著作家科柏爾(Kobell)，泥科爾(Nicol)則均表揚其功。「大百科全書」中關於羅美之工作，有一撮要之語，「彼能以儀器測量礦物結晶之角度，「此種角度頗有永久之價值。」關於阿羽伊之工作，則歸納於二定律之中。「（一）對稱定律，凡相似結晶體之面積有大小，而其形狀則不定變。（二）變化定律，凡相似之面，面積大小相比，適等於其相當各邊之比。」（見「大百科全書」第十三冊第三九七頁）。

二四、結晶學

阿羽伊從結

晶之形體入手，灌輸瑞典與德國之礦學於法國。由是以礦學爲獨立科學，爲計算科學與實寫科學之連環。礦學雖爲科學中之最不複雜者，而不易於作有理路之分門別類。最早研究礦學之人，以礦砂之外貌、及其同處，爲之分類。至十八世紀之中葉，始試以地質學、植物學之分類，施於礦學，欲如動物植物學之以種族爲分別。而不知種族之分，內含生機，此則非礦物之所有。在有機體界各機體之功能，同用於保全一有機體之生命。而礦物則不盡然。【原註】詳見屈費兒所著「史讀」第三册第一百五十五頁「阿羽伊讀」。

阿羽伊以結晶之整齊形體爲礦物學之基礎，能使鑛學變爲有確切、有規則，如天文學然。簡言之，阿羽伊之於先導者偉爾納 (Werner) 及羅美，如牛頓之於刻卜勒與哥白尼 (Copernicus)。【原註】偉爾納之性格，描繪精到者，莫過於屈費兒之「偉爾納讀」（見「史讀」第二册第三〇三等頁）。讀曰，『科學中最堪注意之處，大多爲偉爾納所手創。……各處所設之研究院，多以偉氏之名名之。』（例如哲麥孫 Jameson 氏所創設之愛丁堡偉爾納學會，一八〇八年至一八五九年。）『倘該研究院等俱能揄揚偉氏之才能卓絕，奉爲闡發新知識之主人翁，而偉氏亦著作豐富，遍徵名人，廣爲宣傳，則其成績之優越，世人之欽仰，權利之偉大，復何疑乎。乃計不出此，僻居於薩克思 (Saxe) 之小城中，既無權力，又無連絡，蟄伏無聞，窮居無聊。甚之，其信徒已藉之而擁有巨大資產，而偉氏反不能置喙其間。蓋其胆力微弱，而著作亦僅不完備之意見書寥寥數頁已耳。……嗣後不數年間，薩克思夫『賴堡學校造就礦師人才數人，而中古時代首創之少數大學，亦差足改觀矣。』哥白尼之事蹟，可參看屈費兒「史讀」第二冊第一六三頁。

二五、決分學說

自然界之運動事變，毋論其爲極大或爲極小，如天文學及力學，其中含有單簡之數目關係，而又整齊劃一。生命界之事變則不然，有無窮之繁雜紛亂。科學由此分趨兩路，卽以百年前而論，算學界有牛頓之算理，有拉普拉斯之宇宙論，動物學中則有林尼阿、蒲豐、屈費兒、等之著作，簡帙極多。然而此種著作，仍不過生命界之一小部分。【原註】屈費爾曾有當時所已知之動物種類數目。案拉舍佩德(Lacépède)之所知者，以魚類而論，已有一千二三百種。至屈費爾一八二六年所著「史讀」一書，則有五千種。一七七八年林尼阿所計算之植物，有八千種。一八二四年，屈費爾所計，則在五萬種以上（參看「史讀」第三冊第四六九頁，屈氏曾估計各類動物中已知者之數目）。作者前已指明，法國所提倡之化學鑛學，居於學問界歐脫之地。以確切法駕馭其複雜問題，推行算學方法於自然界之動物界，此則自成爲一路。然而尙有一路，與人事尤關，而又不入於自然界。自以算學方法，灌入於動物學界之時，又有另製方法，以馭駕人生與社會事變之複雜，即統計學、及同類有相關切之折中法（或均計法）、決分法是也。「原註」決分學之起點，與微分學不同，無所謂聚訟。十七世紀中葉，有一大賭博家，以賭博問題，請教於大學算家斐馬(Fermat)與巴斯噶(Pascal)，有函牘往來，討論其事。兩君之答復相同，而大賭博家不信。且借此以揶揄科學及數學之不可信。此賭博問題，原爲極小題目，不能與天文相比。然因天文學而創造微分術，其時亦因此賭博小問題，而驚動大算學家海亘史，得抹甫耳(De Moivre)，柏努利兄弟，達蘭貝爾，康多塞諸人。如此大名家中，有時亦不免錯誤而不自知。其時如達蘭貝爾則輕視此學，而康多塞又未免於過爲重視。因此之故，而此學遂得進步。及至拉普拉斯手中，以爲是不過常識，而以數目達之，於是大加研究，使至於盡善盡美，幾可與歐幾里得之「幾何原本」，及亞理斯多德之「邏輯」比肩。自一八一二年巴黎刊行拉普拉斯之「決分學說」，後起之秀，頗有盡力於討論該書之各種問題，或改造其解決各問題之理證者。拉普拉斯此作，在算學世界中，與高斯之「數學論」（一八〇一年刊行），同享大名。今代學者對於此學之價值，則見解不同。其在英國，穆勒．約翰（見其所著「邏輯」第五版第二册第六十二頁）與澤豐茲(Jevons)不同。澤豐茲之「科學原理」第一册有言曰，「決分學法，施用於人事，雖不免爲人所輕視，而將來必成爲極可寶貴極有用之算學。人事可以據此，爲嚮導。吾人作一事，決一事，不能離乎此學。其運用得當與否，又另爲一問題』。（見第一版第二四八頁）。算學大家馬克斯維耳(Maxwell)，持議亦與此同（見坎柏爾(Campbell)等所撰「馬克斯維爾傳」第一百四十三頁），以爲決分學爲實行家算學。英國之算學大家托德罕武，狄摩剛(De Morgan)，頗有發明，使人易知。見狄摩剛所著論，刊行於「巿箱本叢書」中，又見於其所著論，刊於「首都百科全書」中。托德孚忒之發明，見於其所著「決分學說史」中（一八六五年倫敦劍橋出版）。因其後生命保險公司，與計算壽命統計法大與，決分學之用，日見推廣。又天文理化之計差術與，始用有所謂極小平方術。高斯於一七九五年首先用之，（見高斯全書第二册第二百四十二頁，一八〇六年勒戎得耳刊行，極小平方術之證明，見於一八一二年拉普拉斯所撰之學說）。至於今代，此術之用處極廣。一至馬克斯維耳手中，決分學又別饒意味，更見重要。此君對於決分學分爲歷史術與統計術兩門。第一門以之研究事變，第二門用於氣點衡動學說（見「馬克斯維耳傳」第四三八及五六二等頁）。作者將在另一章中，事論決分學說。

其發明牛頓原理，使得成爲宇宙學說，且解決所有關係此學說之極繁複紛亂各題目者，亦卽研究發明決分學，成一全書之第一人。人事千變萬化，莫可測度；然人事之發生，或有生於最後之因由，或生於完滿之因由，或由於天，或由於人之自由主意，或由於人之錯誤，或由於人之善心，或由於人之惡意。總而言之，個人心界之動作，若脫離以上所云各種有可以指明之理由，而用以卜人事之變遷，則捨決分學之外，無以爲卜而定行止。近代有以人類與人事，爲無心界之思想，亦無心界之自由主意，而作爲無生命之單位者，以此卜人事，比賭博之籌碼，與選舉之投票，尤爲整齊劃一。大算學家高舉遠蹠，大踏一步，超過人心之作用，撇開不論；只以人類作爲單位，作爲籌碼；用算法研究，以求其效果。〔原註〕高等算學發生時代，亦即統計學初生時代。算術愈細密，則所用之途亦愈廣。來布尼茲之友有昆靈(Conring)者，於一六六〇年，始演講今世之所謂統計學。一六六六年，英國之格朗特(Graunt)始爲壽命統計，一六八三年，藝術學會發起人之一配第(Petty)爵士，刊行「政治數學」(〔譯者註〕如中國從前之邦計)五篇。自有決分學與，算學家力爲提倡此類統計學，搜輯材料以爲根基。亦有算學家欲用以爲壽命統計，及染疫而死之統計。當法國大革命時代，大算學家始得預聞國政。雖能頗爲推廣統計學之用，然而統計學之大興，則自比國之刻特雷(Quételet)(一七九六年至一八七四年間人)始，作者將於後文論之。此法一行，頗得效果。整齊治理社會之規劃，多生於此，則是拉普拉斯著作之功。此著作刊行之時代，即法國大革命時代。是時以人事爲絕無秩序規則。前人之習慣，一概拋棄不問，演成生人以來所未經見之推翻社會基礎之大革命。〔原註〕坎托(Cantor)之著作「關於或然性之歷史備考」有言曰：「將近革命時期之思想，全是根本推翻社會及家庭之思想，而不能不用一利器，將所有進化之各種不同之因子，部署序列，使人一覽而知。當時之惟一思想，以爲決分學即此利器，爲學校之最要課目。蓋時人以爲決分學，是常識之算術。只要有此學問，則一切希望，畏懼，情感，不能影響人心之抉擇，可一切掃除淨盡，從此社會之成見及迷信，亦可一切脫離云云。」

法國大革命所產生之任性孩子拿破崙，批評天文與決分學之語，頗令人尋味。拿破崙頗招請當時大科學家入政界，助理政事。拉普拉斯亦其中之一。拿破崙以此君無辦事之才，其思想過於纖細，不能實行。不料一百年後，拉普拉斯之微分學，其施用於政事之功，比拿破崙之思想尤為重要。拉普拉斯與大多數之科學家見解不同：最重視以通俗文字發揮科學，使學者易知，故其所著之書，最易令人通曉。笛卡兒之大作，得封特湼爾（Fontenelle）而後通行。牛頓之著作，賴福耳特耳而後行，使學者得以研究明白。拉普拉斯則自己為之，不用封特湼爾與福耳特耳。赫瑟爾爵士云：『科學大作中，以拉普拉斯之決分學說，及宇宙論，為得最多數之讀者，又使讀者能領會。作者亦謂假使全歐之藝文，全數毀滅，只留拉普拉斯之兩大著作，尚能令最後生之人，窺見當代知識之偉大，超過一切古代留傳之學術。拉普拉斯未刊行其決分學說之前，除算學家與深悉商業場中之各種保險事業者之外，大多數皆不知決分學為何物；偶有知之者，亦不過視為一種奇怪投機思想，仍不免以爲此項投機思想爲有害於人。其後蔑視此學術之意見漸消。欲知此學之理論者，日見其多，以爲其中研究之問題，衆人原皆以爲無確切之法可用者，今竟變爲有法可以計算，而與人生又有極大之關係。從前所蔑視不顧者，今則研究之人極多。其始不過以爲此術僅屬研究生死及嫁娶之統計。其後法庭之裁判，公共選舉之效果，刑法止辟之潛力，藥材之比較功用，同病異治之得失，物理學各分部之測算之錯誤達何程度，物理學、社會學、倫理學之發明理由與夫邏輯之理據之憑證，有何確切之基礎，無不可以包舉之，而以此學之無情有理分析算法研究之。雖不能引人入於揭露真理之途，而能發露誤人害人之假理，禁之使不得行。』

二六、拉普拉斯撇開個人問題而收成功

自然界與歷史之繁複變象，原有兩途可以研究之。其一、即以力學研究普通之動律與無情之頑物。其二、即統計學研究極多數單位之數理，以人爲無生命之物，只論全數而不論個人。拉普拉斯對於宇宙，對於人事，撇開個人問題，而試以科學及理想可以推算至於若何程度。〔原註〕參觀「馬克斯維爾傳」第四百三十八頁，馬氏之『科學與自由主意相關論』

」。其言曰，『為便於討論起見，知識可分為兩門，一為力學派，一為統計學派。以統計學方法研究社會問題者，以拉普拉斯為最合於科學規則，以巴究爾為最善解說，使人易知。以一種相同之特別性質之人，合為一門，卽在相同之特別性質類下注明。此門之人數，此是統計學家之生料。一從此製成熟料，以為社會學之學說。此外有研究人事之學者，則取徑不同。此派學者從個人入手，訪其人之歷史，分析其人之用意。研究家從此推測此個人將來之舉動，而與此個人之實現行動相比較。此卽施於研究人事之動力學。以動力學方法，推測個人事，雖不能至盡美盡善程度，然而實為盡美盡善之法則，絕無可疑者，其中缺點，則由於人力有限，並非由於方法之不正。若以統計學方法而論，則明知吾人不能遍取世界個人之詳情以為研究。雖個人之用意不同，但舉大多數人而論，其用意之理由，則有大多數相同者。在理由既有大多數相同，其效果亦有大多數相同。若以此法行於舉國之人，則必得一種折中效果。有此折中效果，卽可以推測通國之一種折中人（可稱中庸人）之性質』云云。此法極有效果，此時尚未能充分推用，將來仍望可得夢想不到之效果。當日拿破崙嘗問拉普拉斯云：『子所製之數大册天文，何以並無上帝二字？』拉普拉斯對曰：『我之學說，用不着牽及上帝。』其意所重之點，務將其意想發明清楚化其法為單簡，使人免生懷疑，故有此答也。

二七、生命科學以個體為

法國之科學未嘗不研究及於個體生命之世界。此項法國科學之代表為屈

中心點

費爾，其人與拉普拉斯同時。

﹁原註﹂當時法國之確切科學，出類拔萃，非他國所可及。由是而漸灌輸於他國。作者獨以拉普拉斯屈賽兒爲兩大代表，其理由無庸詳說。作者因以爲此兩巨子之科學精神最完備，最純粹。因爲當日法國未嘗無他潛力運行，易於使人沾染，致科學方法受其侵犯。其最易於侵入者，有兩思想。一爲急於求實用之思想，一爲哲學思想，往往相合爲一。而科學之進步，乃大受其害。當時合實用與哲學爲一者，無過於醫學。醫學目的，專在有新法以療人生之痛楚。科學一有新發明，醫家自然是急於以所得之發明，施於治病。故在第十七第十八兩世紀，則牽合化學於醫學︵在一六一四至一六七二年間︶，又牽合物理學於醫學︵一六○八年一六七又九年間︶，又牽合於力學︵一六五二至一七一三年間︶，其時又有所謂精神家，生機獨立家出而反對。一八八一年哈則爾所刊行之﹁醫學史﹂，與一八八四年瓜狄阿刊行之﹁醫藥史﹂，其所記載者，大抵皆反對行用未成熟之科學學說。其最爲危險者，爲醫學採用玄學之學說。例如蘇格蘭之卡楞(Cullen)與布拉文之醫派，及德國之自然哲學派。醫學之所以牽入哲學之理由，屈賽兒曾謂少年人之急於牽入者，以其在頭緒紛煩之中，有一線可以貫串也。此外尚有一理由，則醫學自有其玄學之一方面，亦有物理學之一方面，有仁術一方面，亦有科學一方面。同時讀者又須留意，當日之法國，不獨有出類拔萃之科學家，如拉普拉斯與屈賽兒。同時尚有大思想家，以哲學之精神，灌輸於醫道之學說及其實用，且用以改良醫院，照料瘋狂病人，及教導啞聾之法，當日之大唯心家如康多塞等，皆與醫學有極密切之關係。此類之法國思想，其潛力頗行於歐洲，然遠不如純粹之科學，算學，動物學之力量之大。喀巴尼思(Cabanis)及比沙(Bichat)鞏，皆屬於歐洲思想之另一派。此作者所以故分確切或純粹科學派，以別於上派之思想。從歷史上觀之，作者之特爲如此分別，固亦自有其說。蓋在法國之科學院，醫學所居之地位，殊不足觀。自從一八〇三年至一八三二年，停辦政治倫理學院時，哲學並不列於學科。頗享時名之比沙，並非學院之學士。屆賚兒當時曾解明所以不列醫學之理由。參看屈氏「史讚」第三冊第三三九等頁。又參看摩里「昔日之學校」第三〇四頁中語：「科學院中之工作，如物理，化學，自然各科學，在十八世紀末葉最爲發達。至於醫學，則不特不遑顧問，且日見其退化。僅社會上內外各科醫生，對於醫學略有供獻耳。……由咯巴尼思之醫學評斷，而知其由專門性質，逐漸趨向於空泛之理想中，則對於堅久之主義及眞實之考證，當然不能有充分的供獻，而於新思想家，自尤不能令其滿意。是以醫學一途，尚未能爲科學院所重視也。」當時分科之界限極嚴，「闕於個人之道德智力之評論，非科學院所宜過問，」（見「學院筆記」第十冊第一一〇頁），如是顯分畛域，對於醫學有無利益，原是極重要之一問題。一七九五年十月二十五日，發給文憑，應得者共學生六十人，而內外醫科學生得者不過六人。至一八〇三年一月二十三日，亦僅於六十三人佔得六人。然與此作反觀者，有倫敦之皇家學會，醫學獨享尊榮者，爲時甚久，因此往往拒絕新會友入會（見衛爾德所著之「皇家學會史」第一冊第四章，及第二冊第一百五十三頁）。從一六六五年至一八四八年，報告書共五千三百三十六通，醫學股之報告最多。醫學，生理學，解剖學之報告，共計一千零二十通。巴貝治極不以醫學校爲然，謂其常以無價值之作，登於皇家學會之報告。醫學校在該會又太佔勢力，常常發生妒忌（見其所著「英國科學退步說」第一百八十八頁，一八三〇年出版），及英國學會出，醫科並不列會。

林尼阿初研究動物學，先爲之分門別類，訂定名詞。蒲豐以清詞麗句，寫其所作。舉謝以瑞典之植物學，灌輸於法國，植花木於御苑，佈置整然，以示模範。盧梭之妙文出，而人多嗜植物學，風氣爲之一變。王親貴胄公卿士庶，多以培養花木爲消遣。屈費兒嘗怪其他部之自然界學問，何以絕少人注意，乃發爲感慨曰：『研究動物，殊多爲難，非真好者不能。先使動物受多少虐待，然後能見動物之力量；非用刀解剖，不能窺見其深藏之力；須日在死動物堆裏，然後能知之。動物之性情，亦與人類無以大異。强者好欺凌弱者好卑屈。費大力以博頃刻之歡樂，久受痛苦，終歸於死。其惡不減於人類，其痛苦亦不減於人類。至於植物則不爲痛苦所困。吾人只見其華美，而不見其憂愁，並不令人追想人類之情感憂慮與諸不如意之事。植物世界中，只有戀愛而無妒忌；有美麗，而無炫燿；有强力，而無橫暴；有死亡，而無痛楚；與人類絕不相同。』〔原註〕見「史讚」第十一册第九十一頁。

二八、屈費兒動物學之確切研究

屈費兒以比較解剖學爲基礎，以確切方法，研究動物。〔原註〕屈費兒嘗於「動物世界」一書之介紹文中，自言以三十年研究解剖學。其最初結果，見於一七九五年。至一八〇〇年，刊行「比較解剖學」。氏嘗使解剖學與動物學同時進行。又嘗以自然界科學，與其他科學相比。謂力學幾乎全變爲算學，化學仍爲試驗學。自然界科學，將長久爲瞻察科學。又謂幾何研究爲邏輯推測學。自然界科學，爲研究方法之學。其學以一個動物一生之事變爲主要問題。此種生活，如一漩渦舉凡一切機括及手續，及無機界之各種要素，無不捲入此漩渦中。既入之後，又爲所抛棄。此千變萬化所保存者，並非物質，而爲形式。此主要問題，既已定爲界限，所有一切研究，皆以此爲中心點，所有分門別類亦然。〔原註〕「血輪週轉，猶漩渦之有遲速繁簡，而其方向，恆趨於一。并常吸引其同類血球，惟異類血球則此出彼入，周流不息。以故具有血輪體之形式，較物質爲尤重要也』。〔見「動物世界」第十三等頁〕。「血輪自外至內，源源而入，自內至外，排洩而出。各部均如漩渦之旋轉不已，此乃自然現象之主要準則也。此種繁複及永久運行之理由，在普通科學中，果屬難解，而於博物學中之最簡部份，則已明晰詳言之矣』〔見「自然科學進步史」，第一五〇等頁〕。「在具有血輪體之中，每部份有其明晰之配合。所有血球，無一停滯者，莫不循環出入。血輪乃一貫續不斷之漩渦，雖複雜異常，而趨向恆一。其吸引之血球，均係同類，惟異類血球之本體則不然。……所以此種之形式，較其物質爲重要也』〔見前書第二百頁〕。

屈費兒又言曰：『分別動植物門類，不在物質，而在形式。以物質而論，譬如有兩人、或兩橡樹、或兩株紅木，其體中所有複雜要素，成分相同。此項要素，在形式中有無限之變化，流通不息。今日所有之要素，過若干年後，則無絲毫存在。惟是要素雖變遷不已，而形式常存。所保存者惟形式，所繁殖者亦此形式。不知其所以然而然，以形式傳於後裔，一代一代以至於無窮。當其變化流行時，不知吸收幾許不同之物；然而此幾許不同之物，又皆不過暫而不留。』〔原註〕參看「史讀」第三冊第一五六頁。

屈費兒之研究動植物界，其視線全集中於此形式之統一，及此種漩渦之生活，與此種組織之全局。〔原註〕『血輪之普通問題之解剖，於吾人常注意之動物，則久已解決。滋養料所經行之機官，亦已盡知。：：此等機官，何以在人類則異常複雜，在下等動物，遞至於海綿形動物為止。則視其程度而逐漸單簡，此亦足堪注意之一點也。在比較解剖教科書中，屈氏之研究所得，始將各動物構造之複簡明晰判別其等次』〔見屈氏「自然科學進步史」第二〇二頁〕。最後以神經系為分門別類之標準，因此部最能顯出各種類之特異點。〔原註〕作者目的，並非詳述屈費兒之見解，亦非述其研究所得之效果。然不論屈氏所創之定律與理論若何，動植物學之在屈氏手中，實始終為觀察之科學，屈氏之得最後分類法，乃逐漸求得者〔約在一八一二年〕。其初曾迭用生殖器官〔一七九五年〕，營養器官，及血液循環，為分類之標準。最後乃採用神經系，然亦假用他人者。屈氏在一八〇八年之科學報告中，曾自述其工作如下：『屈費兒研究脊骨動物生理學時，於其呼吸量中，得其運行量之理由，及其性質。氏乃考驗無脊骨動物之循環，呼吸，感覺，等各機官所感受之變化，并其變化之結果。其時已將共有眞實關係而排列之新分類法，減省多矣」（見「自然科學進步史」第三一一等頁）。又參看卡魯司「動物學史」一八七二年版第六〇二頁，「史讚」第三集一八六二年巴黎版版第一二二等頁，「大百科全書」「屈費兒」條。又參看「動物世界」之介紹文中提倡依動物之組織分類，先考察其骨骼構造及內外部之結構。此處屈氏謂以前從未有人，試依動物之構造為分類者（見前書介紹文第六頁）。氏於是發明「各性質隸屬之定律，：：審定動物內外各形之符合，即係動物之全部分」（第十四頁）。屈氏頗反對從前之人為分類，如「生物可以列成一線」之說（第二十頁）。「有機能之物質即其全部為互有關係各部分之集合，以發生一種共同之結果。而每一部分有所變化，則其他各部分，亦莫不有連帶關係也」（見「史讚」第二冊第二七九頁）。與其此時詳細研究其所著之動植物學，及比較解剖學，及古代生物學（此學原為屈費兒所創），不如先研究其自然界科學之大意，如何立定界限。大凡進化之第一步，是創造有規則之文字；科學之第一步，是創立名詞。林尼亞不憚煩難，首先為之。屈費兒有言曰，「必先有好知識，然後有好名詞。」（原註）科學之初階，與科學之進步，尤賴有好名詞。屈費兒常以此為言，嘗曰，「聖經中曾表示造物主（上帝）將其著作頒示於創世主（亞當），命其制定萬物名詞。：：此種名詞，務須切合適當，不得任意架造，蓋欲萬物名詞，精確切當，而易於解釋，均令其集合於辭彙也」（見「史讚」第三冊第四冊五〇及四五二頁）。夫名詞之重要，無過於化學。「法國化學研究社所定之名詞彙典一書，誠普通科學教育之良導師也。……是書對於各種原質之名稱，務求簡單。新名詞之性類及原質比例，使人一望而知科學成續之概況。且物類名稱法，各有法則，便於記憶。摩浮(Guyton de Morveau)在一七八一年已首先發起此法，迄一七八七年，盧氏與其同仁乃完全實行之也』（見「自然科學進步史」第八十八等頁）。又參看「史讀」第三冊第一九四，四八二，四九六等頁。屈氏又曰（見「史讀」第三冊第三〇二頁），「世人對於各種方法，及正確詞彙，雖有諸多反對之表示，而蒲豐則悉聽之而已。』屈氏論皮涅爾(Pinel)之言，曰，「皮氏曾以林尼阿所用於植物學之名詞，而沿用於各種疾病詳解中』（見前書第三冊第三八六頁）。

動植物之多以百萬計，物之分體亦以百萬計，逐一而研究之，逐一而名之，猶爲未足。因所謂一體，原有秩序，有互相關係，學者亦須研究以得之。一體依秩序而各效其功能，功用既畢，則不得復見。其後又復出現，其構造與前者相同，比例亦同，亦有其能力機括，以保存此比例，以保存此永遠存在之漩渦全體。不獨一物自成其爲一有體機，宇宙亦不過成其爲一有機體，不過有百萬倍之繁複而已。解剖家所研究者爲一特別物，自然界科學家所研究者爲一普通動物。其所研究者，爲包舉萬有特別動物合而爲一之動物。』（原註）見屈費兒「史讀」第三冊第四五三頁。

既注重於詳細之研究細微之瞻察，又注重於萬界之一貫與科學之統一，此屈費兒之所以爲一國一代之科學巨子，爲真能發明令代科學精神之人。牛頓、拉普拉斯所揭明之公式，雖有較能久存之價值，爲永久有用之科學利器，能追尋數條自然界機械之途徑；然而世界固有機械，亦有所謂生命，其能注意於生命者，尤能趨近於自然界之奧妙，然後能知分部之價值，與人力之價值。【原註】『深湛之視力與識力，乃能令人入於高深思想，或有所發明之境界。是以博物學若不與生理學及普通哲學同時並進，而社會上又未得接受其同樣之貢獻，則勢必寸步難行矣』（見『史讀』第三册第四七四頁）。若從此一方面觀之，則第十九世界中偉大人物，無有能超越屈費兒者。洪保德之科學眼光，誠爲偉大，且又能大氣包舉，然猶不及屈費兒。屈費兒爲法國科學院之久任祕書，尤能以其地位而發展其才學所有科學之真法，科學之用，與科學之氣象，其從前之錯誤，今日之勝利，將來之無窮發達，與夫其所不能越之界限，俱得屈費兒而發明。

二九、屈費兒之爲學

屈費兒學於德國，與席勒爾、丹涅刻（Danneker）同校。【原註】屈費兒曾自傳其少年時事，與少年之所學。見夫盧龍(Flourens)「史讀」第一冊第一六七至一九三頁。屈費兒生於一七六九年，先人奉耶穌教。其所產生之地，彼時原屬隸於符騰堡(Württemberg)。查理公爵(一七三七至一七九三年間)在其都城，建立有陸軍學院，收學生四百人，俱免教養費。至校章極嚴，教員人皆明達之士，富有新時代精神。此院之設，原以反對耶穌教勢力。此教之勢力早已滿布國境，力行通俗強逼教育。此章歷史，頗值得一讀。其時之爭端，爲一方提倡遍俗教育，一方提倡高等教育，一方主張低級學校，受耶穌教紀律，一方主張高級學校，用陸軍紀律，一方尙共和精神，一方尙貴族精神，其在大學，則一方主持自由選定學科，一方則主持國定學科，一方之人物爲公爵等，一方之人物爲其餘各階級，兩方爭持者甚久。詳見拍忒斯「法國君主時代之德國政治及其人物」一書，一八六二年版，第五〇一至五四八頁。此項爭競，不限於此一隅，遍見於德國全國。屈費兒深知乎民制之有其特長，故自貴族式之公爵屈服於其餘諸階級後，屈費兒乃投學焉。公爵既爲衆所逼，不能不改其方針，於是毅然更改，爲本國造就儲積人材，爲後世所利賴。吾人從「席勒爾傳」中，更可明瞭當時之實情。屈氏有述及卡爾斯丘爾(Karlschule)一節，可供參考。其言曰：「此乃一宏大壯觀之學校，設有高等科五，即法律，醫學，行政，陸軍，商學是也。官費膳宿生達四百名，宿舍異常軒敞，制度亦極美備。教員有八十餘人之多，而管理員亦均係公爵及遴選軍界之優秀官佐。所習學程，無類不備，在歐洲青年學校中，當首屈一指。惟此校極尙專制，乃遵公爵開辦該校之本旨。然在我青年時代，則已目所未睹矣。」（見夫盧龍「史讀」第一七一頁）。

其時歐洲大陸之操德國語言諸部，皆有普通教育，無所不習之精神。屈費兒吸受此項精神，又預立古代文學與算學之基礎，又學各國語言詞章，因以窺見各國之短長。故能解明培植高等學術之制度，即學院制是也。法國自科爾伯特以來，即盡力於此制。【原註】學院制精神之大代表，為封特涅爾，生於一六五七至一七五七年時代，為科學院祕書者，四十二年，自一六九九年（是年，學院改制）至一七四一年止。繼任之祕書，即康多塞，得隆布爾，屈費兒，阿剌各諸子。封特涅爾力謀科學通俗，使科學與玄學分途，又分科學與牟利為兩事。同時又使科學家留意於修詞，故法國之科學大家，皆善屬文，字句文境之高雅，為各國所不及。封氏之繼承人柏特龍(Bertrand)曰：『封氏以其縝密之大綱，及靈敏之筆法，供助同僚之工作。其提攜後進，不遺餘力。於論文傑作及發見之物之推究，均能循循善誘，使下愚得為上智。氏又以誠懇提倡科學，而尊崇之，遂令世人咸知敬愛高士，與科學矣』（見「科學院及其學員」第一一三頁）。又參看福耳特耳之「路易十四時代」，喀巴尼思之「醫學革命」（見喀氏文集一八二三年巴黎版第一冊第二百頁），夫盧龍之「史讚」第三冊第三十一等頁，摩里之「昔日之學校」第一冊，第一五三，一六三等頁，部耶耳「封特涅爾讚」介紹文。

學院制度

以從前之科學院為中心點。科學院在革命時代停辦若干年，其後復興，即為學社之規模。【原註】『政治與風俗，俱經改革。……科學與文學，則大都仍舊。……如法國公學，法國學院，書法碑銘研究院，科學院，皇家圖書館，天文臺，博物院等，至今尚在。而上世紀之各省學院，則為一七八九年前所創矣』（見摩里前書第一頁）。與學社相聯者，有自然科學之大學校，有收藏自然界各物之博物院，其後又有巴黎之醫學校。學社之設，在保護科學，招攬人才，不分國界，外國之研究，與法國研究同受獎賜。」〔原註〕「歐拉於物理數學問題上，已得四次嘉獎。柏努利則得十次」（見摩里前書第一七一頁）。封特涅爾所撰之有名史讚，有來布尼茲，彼得大帝，牛頓，及部爾哈味(Boerhaave)諸人。康多塞所撰者，則有林尼阿，歐拉等讚。屈費兒所製者，有吉爾柏特，班克斯，偉爾納，德斐，等讚。且藉此保存研究科學之精神，與發明研究所得之法式，務使清潔而不受汙染。」〔原註〕一六九九年封特涅爾云：「科學院至今所研究者，均係碎雜不完之學，蓋由於無統一編制耳，其積重難反，亦人情之常。是以當創定編制之際，允宜審慮周詳，斟酌盡善，猶恐日久生懈。苟草率從事，而欲中途改良，則煞費周折矣。所謂欲速則不達也」（見夫盧龍「史讚」第三冊第十七頁）。「科學研究院之思想，是誠終始以實驗之設施，逕捷之研究，縝密之審察，爲其基本，而以眞確爲唯一主旨。蓋該研究院之主義，始而以笛卡兒一流人物之學理爲準則，繼而以牛頓派之學理爲依歸也」（前書第二十一頁）。封特涅爾頗反對「文字與事物及學校與研究院之哲理」（「度阿麥爾讚」第十頁）。「封特涅爾對於博學者之不富有，及其令人可敬之至公無私之心，設有多數欽佩之比喻，不憚煩勞，尙重言以申明之爲。」「封氏一生志願，以爲自行研究較效法前人爲善」。此封氏所自言者（見部耶耳著作第九第十二頁）。屈費兒極留意於學院之研究，以祛除空論之習爲職志。參看屈氏等合作之地質學報告（載「學院筆記」第八冊一六〇七年版第一三六頁）。「博士界對於如此有意味有裨益之科學研究應如何措置，方可使之日臻月盛。……對於各種科學應持一致態度，郎多作讚揚之詞，以鼓勵眞才實學之士。」讀者可以此節與屈氏關於採用「生活力」原理（意指牛頓之方法）之說比較（見「學院筆記」第七冊第七十七頁等）。又參看屈氏對於加爾及斯浦次亥謨二氏筆記之分析（見「學院筆記」第九冊第六五頁）。『學校之委員：：對於加爾及斯氏等剖析考驗之陳述，同意者居其多數。：：委員等應將此種發見，與加氏及斯氏等所教之主義，並無直接關係，亦無必要連絡之意，宜示公衆，為已任。：：此種任務係在學校範圍之外。以其對於有形象之事實之指示，如一經含糊，則討論者易入迷離歧途之境，是以吾博學界所應鄭重將事者也』（第一五九頁）。並鼓勵諸科學家通力合作，以成科學之大建設。極詳盡微細之研究，與極大之發展，無不皆為之所。

三〇、學院制以屈費兒為最偉大之代表

學院之制度、與其精神，有屈費兒為最大之代表。當時歐洲之科學名家有若干人，及其死也，屈費兒為之作讚，其所撰者，不下數十篇。又嘗撰若干關於科學進步史之報告。其史讚及報告，往往總論當代科學之功與其進步，及當代科學之特色。歷史家可以由此窺見十八世紀末年、科學思想以法國為中心點之一特別時代。讀者得以比較其他時代他國另一方面之哲學思想、與個人思想。至於第十八世紀末年之科學意想，與本世紀初年之科學意想，有何分別，有何相合之點，其相合相分，達何程度：凡此諸問題，屈費兒皆示以如何答問，又授學者以如何答問之方法。對於算學物理學，屈費兒揚牛頓標準。而抑培根與來布尼茲。【原註】百科家頗重培根派學術。屈費兒未受百科家教育，故不重視。其論牛頓與來布尼茲之方法，則曰：『兩種對待之制度之首領及其代表，對於科學之主權，爭執甚烈』（見馬格得林監印本之屈費兒「自然科學史」，一八四一年巴黎版第三冊第十九等頁）。又參看馬氏「地質學」一文（見「學院筆記」一八〇七年版第一三三頁）。其言曰，『笛卡兒在博物學中產生之合法制度爲人所共見，而牛頓對於物理學，則似不以此法爲然。……故，余稱來布尼茲與蒲豐爲哲學家也。』屈氏曾畫定此路線，使第十九世紀科學家照行。至於純粹之自然界科學，屈費兒最注重者，則爲組織問題。因此問題，後來頗與聖提雷耳 (St.-Hilaire) 爭論第十九世紀與初年之意想分途，而卽以此爲起點。【原註】將來有一專章討論此事。屈費兒堅持物種不變之說，反對聖提雷耳及拉馬克學說。其後數十年，學者認爲達爾文物種改變學說之起點。『如某種事物之永久形式，或可云然，惟不得超越一定範圍耳。凡物之屬於此種形式之一者，謂之一類』（見「動物世界」第一冊第十二頁）。屈費兒以爲若不設法將所有報告統計數目，爲之分別門類，爲之立一統系，則歷年所積之知識，將變化爲紛亂複雜，無可措手。其遠見在同時諸巨子之先。【原註】科學界諸巨子，以屈費兒爲最先詳言科學沿革之人，歷敘各科學所處地位，使學者得知何者爲已竟之功，何者尚要研究。此時屈費兒所作之事，卽數十年後英國科學提倡會所作之事，亦卽今日德國每年所作之事。參看屈氏著「名著分析」，「學院筆記」第九冊第五十三頁，及其名著「一七八九年後自然科學，進步史」一八一〇年巴黎版。

三一、革命時代與第一帝制時代科學之命運

屈費兒尤具真歷史意識，以追尋科學與政治之關係，及科學與文學美術工藝之關係。學者若問當大革命天翻地覆時代，當第一帝制極專制時代，科學之命運如何？屈費兒嘗爲此設問作一答覆。作者於未討論此答之先，姑先引屈費兒之著述中有可以發明此問題之語。（原註）見「史讀」第三册第四五六頁，一八二四年版。

屈費兒有言曰：『凡習慣之已成爲普通習慣者，非大革命不能變；其在所必要之革命，非有環境不能發生。不過環境有時發現甚遲，若一發生，則事事皆能爲科學之助，其所受之躭延與反對，亦莫不皆爲之助。

『凡是擾亂世界之事，自然界科學自必受其影響，暫時涸其豐富之來源。（原註）此指戰爭時法國孤立封鎖大陸時代，外國物產與採集外國標本不能進口而言。參看「史讀」第三册第四五六頁，一八二四年版。內云，『當他種民族仇視吾人之時，則國外出產來源斷絕，幸賴化學之功用，可使我國產生之也。』『一七九三年與外國絕交時，卽表示本土出產之刻不容緩。』乃設立鑛務局，而於此種研究之鼓動，則又別開生面矣』（見「自然科學進步史」第一七，八頁）。於是不能不反求諸己，將本國之所有，重加研究，收穫因以更豐。當此外似停滯無可進步之時，重新研究各方法之分部，尤爲深入研究天然物之內部。甚至於解剖礦物，分之又分，以達於非人力所能分析之要素。更以完全之化學，而爲更細密之分析。同時地質學家，又解剖地球，探其深度。山石之次序分層，亦加研究，因以知地殼之情狀。【原註】此指一八〇四年至一八〇八年，屈費兒研究巴黎地底之化石。屈氏嘗曰：『余昔在蒙馬特耳(Montmartre)發見動物之奇異骸骨，因之急欲詳識巴黎一帶地質之組合。而友人布龍納(Brongniart)亦協力工作。吾二人或同趨一途，或分道揚鑣，查察之時，不在少數。……此種查察，乃爲地質學開一新紀元，而引起日後英國之踵行，如韋白斯特(Webster)巴克蘭(Buckland)拉貝喜(Labèche)等是也』（見屈氏「生物筆記」載夫盧龍之「史讚」第三册第一八八頁）。此即古生物學之濫觴，然此名屈氏未嘗自用（見夫盧龍「屈氏學術史」第一四七頁）。又參看屈氏著「四足獸化石之研究」一八一二年初版，一八二五年三版之介紹文。因無從得外國輸入之物，不得不以吾人日所踐踏之地，以供科學之研究。於是地底所藏之遠古遺體，由是得見曙光。而古代之自然界歷史所發露之形狀，雖與今日不同，然爲同等定律所範圍。於是此等定律得有證明，如國家法律之得有元首制定，殊出乎學者期望之外。其時植物學家雖然並未採輯多數標本，然而有顯微鏡，在乎發露植物之果與其子之極細微結構，及花之各部分之關係。知此關係，然後得以有自然之分類；有機體之纖維之極細形式，亦由是顯露。醫學家、化學家，由是頗領略外界勢力之施於有生命有組織之體、作何情狀。【原註】讀者可以此節與一八〇八年「自然科學進步史報告」第二〇一等頁對照比較。以上所云，多指比沙而言。「比沙於感覺，動作機管，與生長力等之構造及形式，曾論述其對置之性，甚爲詳盡，是於解剖學上有莫大之利益也。……凡膜之紋與作用之特點，并其遠距各部之膜之相類者，比氏皆有所貢獻，……不特爲解剖學增光，而有關於醫學者尤爲重要」（見上進步史報告第二一八頁）。不獨研究普通學理，且研究各綱及各屬，以解剖法發露極微細動物之內部結構，加以研究，而得知其情狀，與吾人之內部構造同一明瞭，每一有機體之全部，皆加以特別審察。例如腦部，則留意於如何而有知識之深淺階級；牙部則指示消化力之功能、與本性；骨骼部爲扶持各部之具，定動物之有連貫外形。此種審察，遍加於極小之物，與各物極小之部分。既加以如此研究，則不能謂此法爲膚淺，亦不能謂此法爲人造法而非自然法。從此以後，陳舊之自然界科學從此告終。今日之自然界科學，非復從前之自然界科學，成爲朝氣甚盛、極其活潑之科學，有新法以爲之助，此新科學眼見和局告成之世界云云。』「原註」此指拿破崙諸大戰後之和局，法國得以與各國通往來。

革命政府開放各學院學校時，屈費兒有言曰：「原註」見一八一一年之「佛耳克盧(Fourcroy)讀」(載「史讀」第二冊第四十等頁)。『保存科學，使其有無限之發達及進步，在乎有學會之建設組織，不在乎孤立之新發明。今日之所需，並非一個單簡專門試驗名家善用其所製之利器；所需者是一種能推測各種礙阻之人，以利國人爲事，使國人雖不欲受其利益而有所不能。國會既已破壞學會及各等學校，無人敢作恢復之問，然而不久而破壞學會學校之效果發現。軍隊無內外科醫生，既無學校，又無從製造。』「原註」參考「史讀」第一冊第三五三頁。『曾欲革除此種困難之人，以爲與其學習不急之事，無寧從事刻不容緩之醫學爲愈也。當戰爭之時，法人大都從事邊疆，奮勇戰鬥，而傷兵疾病，竟無人爲之醫治。乃設立多數醫學專校，復經幾度改革，而組織完密，規模宏大之醫科大學，始得建設而臻盛矣。』參看「自然科學進步史」第三六〇頁。歷時頗久，然後有人敢作醫術學校之稱，此真有令人難信者。其時大倡平等之說，外內醫學家，既向有博士稱呼，自與平等之說不符；因病人不能不聽醫生吩咐，病人既要聽醫生命令，顯然是有階級，卽視爲不平等。於是改學校名稱，仍用古老名稱；不呼爲醫術學校，而稱爲衛生學校；廢除考試與發給文證。當時某君之議案通過，一觀其議案，卽知其用意所在。此時建設者爲三種專科學校，』【原註】卽巴黎，斯特拉斯堡，及曼皮列三處之『衛生學校』（參看希浦「法國公衆教育論」第二册第一九四頁）。經極費其充足，爲法國前此所未有，至今仍爲大學之壯觀。」

讀屈費兒之作，可以見其對於當時各種問題之議論。例如戰事與革命，及斷絕往來；法國孤立影響所及；重建病院與學會；承認醫學問題；當日如何創興新工業，如何發展國內之礦藏；及藩屬與旅行如何有益於科學種種問題。作者今嚴守思想史及今代科學精神發達之範圍，屈費兒云云有不能不令作者略發議論。

三二、播傳科學知識使普及民間以法國之功爲最大

作者前已言及，法國如何用力使科學遍傳民間，爲各國所不及；又十八世紀之法國文學，如何深受新科學意意之印象；且法國之封特涅爾、福耳特耳、蒲豐，又爲各國之所無。此種特點，學者不能不承認爲增長科學精神之極有力量極有價

値之奮興劑。此則大半發生於舊時之科學會。但讀者宜留意作者之所謂通俗與普及，與今日我輩所見者不同。

三二、科學通行與文學界通行於全國之不同

今日播傳科學意識，與其新發明，全在乎有一類之著作；今日之無窮無盡之雜志、評論報、日報、教科書、啓蒙書、與大部教科書，皆當時所無。【原註】屈氏「自然科學進步史」曾言及十九世紀初年，有數位醫學教授所著之初步書籍，惟又云『德國之習用初步書籍，較吾人爲普通，蓋各大學教授均有完善著作也。』科學既非普通功課，更無所謂通俗。習科學者居其少數，大抵富家子弟，或資質過人，或極有耐性者，習之以爲社會場中談助，或入學會以資研究。【原註】參看摩里著作第一八二等頁，又屈氏「進步史」第二冊第四二七頁。『法國著作之得名，大都由評判眞實科學之婦女，及少數之文學家，以其曾集合少數普通原理思想耳。』一七六〇年，發爾門(Valmont de Boma)始在巴黎對衆演講自然界科學。【原註】參看摩里著「古代科學院」第二八三頁。貧人與實行家，仍爲門外漢；既未列入普通課程，亦未成其爲工業利器。不過供時髦人作爲一種消遣事，作爲闊人之奢華品，借作入內廷之拋門磚而已；並非所謂立刻可以實用之學，只爲護學之王公親貴，增榮益耀，或爲少

數之才能出衆能發露新知識者增名譽而已。此時之科學知識，只能用於航海駕駛，與製造航海儀器而已。科學通行於文學界，而不通行於普通國人，則有極大危險。科學意想最易於融通，而又最易流入膚淺。一旦出於善用善守專門學者之手，往往爲一知半解者所誤用，最易惹禍。誠以科學如利刃，不知者以爲易於運用；欲推行無弊，惟耐煩研習已久者方能用之，又要習慣節制。名人如封特涅爾、達爾蘭貝爾、康多塞、福耳特耳、狄德羅，以力學之始基意想，灌浸文學，生出一種物質哲學，見其時所著之人身機器論、自然界論、及其他著作。其所持之極端見解，科學大家皆不以爲然。

三四、科學通行於文學界之危險

〔原註〕當日主持宇宙不過是一大部機器，人亦不過一架機器之學說者極多，往往難於知此項著作出版之先後。今詳列於下——封特涅爾（一六五七至一七五七年間人）自一七〇〇年起，先後刊行其頌揚學會會員會友之文。在此項文章中，討論闡明笛卡兒，布尼茲，牛頓，諸家哲學，意在通俗，使人人能知。〇其所製之「多數宇宙論」，先已出現，於一六八六年，播傳笛卡兒之意想。〇福耳特耳（一六九四年至一七七八年間人）刊行「牛頓哲學大旨」，在一七三八年。〇梅特里(La Mettrie)（一七〇九年至一七五一年間人）於一七四五年刊行其所著「靈魂學史」一七四八年刊行其所著「人身機器論」。〇一七五一年，達蘭貝爾，狄德羅兩人，同刊行「百科全書」之第一冊。〇蒲豐（一七〇七年至一七八八

年人）於一七四九年，刊行「地球論」，為其所著「自然歷史」之第一部分。何爾巴哈(Holbach)，（一七二三年至一七八九年間人）假彌拉波(Mira-band)名，於一七七〇年，刊行「自然界系統論」。以上諸作，其最能驚動一時者，為福耳特耳，梅特里，何爾巴哈所著，以上三種，皆刊行於荷蘭。福耳特耳，達蘭貝耳，狄德羅，似以牛頓之自然界哲學所處之地位，而討論哲學問題。梅特里則借徑於享大名之部耳哈味。何爾巴哈則多借用化學。其首先發明各種科學原理之巨子，原為特別一種科學所用，而以上所云之著作家，則妄用其師說於其他問題，決非首先發明之諸巨子所能見許者。以上所引之博物學家，又往往引用陸克學說，此與本題無關。不過當時陸克與牛頓學說，並為福耳特耳所播傳（見於其所著之「論英國之函牘」（一七三四年巴黎議會下令銷燬其書）。康的亞克(Condillac)（一七一四年至一七八〇年間人）所著之「原識」，則刊行於一七四六年。自一七四五年至一七七〇年，法國文藝發現極端物質學說，其所從來，各有分別。算學與力學主義，則採自牛頓。生理學與醫學，則取自林尼阿與部耳哈味。心理學則出於睦克與莎甫慈利(Shaftesbury)。朗格(Lange)所撰之「物質學說史」（英人托馬斯譯，共三冊，一八八〇年刊於倫敦），指示諸家出書時期，最為詳明準確（宜參觀第二冊第四十九至第一百二十三頁）。一八三三年至一八三六年間，黑智爾所著之「哲學歷史」始出。其前德國刊行之歷史，每多誤會，朗格之作出，而後芟除此種誤會。朗格之作，徵引繁博。細讀其書，可知梅特里，狄德羅，何爾巴哈，諸家之極端學說，並非科學哲學諸巨子之學說，不過為極端學說家，較諸巨子之學，推用於解決哲學，倫理，宗教，各問題，往往施於實行，或利用於政黨耳。

以上所云之未成熟而能動聽之融通異說，往往以盡美盡善之文章，發為議論。殊無益於科學，並不能廣遠播傳真科學精神。封特涅爾、福耳特耳、蒲豐、播傳科學知識，原有其不可埋沒之功；然而往往爲未成熟及基礎不善之學說所害，有時亦不免徒勞無功。或謂福耳特耳等之新學說激發革命之力甚大，或謂其力甚小，此則聚訟之問題，不易解決。但革命一起，新學說受一打擊，盡毀其立刻發現之潛力，此則實有其事。【原註】其實當時以爲福耳特耳等以其新學施行於知識，人生，靈魂，德行，各大問題，爲未免言之過早。其時附和康多塞，陸克，學說之徒，詳細研究內界之事實，亦如附和蒲豐之徒，棄其極能動聽之融通學說，而苦心孤詣研究有效果之自然界各物之形式。因此革命政府於一七九五年十月二十五日，採用多努(Daunou)根據康多塞意思所作之報告，建設最著名最可紀念之『道德及政治學會。』此會之設，意在拋棄玄學之融通學說。聯合科學的歷史的精神，以研究人心，道德，社會之變象，採用醫學說，或醫家得自病人與無病人之性情之各種知識，引以爲助。此學會存在不過七年，而所作之事頗有可紀者。惟此學會，因有種種理由，爲歐洲著名之科學會所掩。此則由於科學學會有歷史關係之前因，亦以其揭露之新知識，能大發光明，而又能施於實用也。其以道德學及政治學，歸入科學之內，，此意則大約發於康多塞，而學會則採其意，懸爲定章。在今世紀中，潛力日見增長，然其起點則不過如此。作者將於下文研究此學會之進步。

三五．革命時代實行科學普及

其前不過詞章採用科學，及革命時代，則有今代實行播傳科學之舉，推行於教育與工業。從前科學不過供閒人消遣，不過一種高雅之奢華品，不過幾位才能過人之專門家之正經事業；革命時代，則以科學爲全國教育之根據，爲富强之基礎。學會之紀載，如有危險性質之融通學說，可以觸動政治問題，發生紛紛聚訟之議論者，一概芟除。所用字句，務期斟酌妥協，以簡括文字記載事實。至於學說，則必要能以算學方法證明，或能以其法解決者，方許登載。疑似臆度之詞，一概刪除，故學會所討論之事實與記錄發揮之文字，從科學方面觀之，可謂盡善盡美，且標準極高，至今學者猶稱讚不置。〔原註〕按屈費兒之意，『科學研究院之天然文字，卽數目之文字也』（見『史讚』第一冊第二四頁）。『研究院以計算或實驗爲職志』（第三冊第十二頁）。又參看『學院筆記』第七冊第七七頁。內屈氏言及牛頓之方法，謂牛頓用吸引力原理解說天體行動者甚多，而應用「生活力」解說生理學者甚少。又第八冊第一三九頁，說明學院之重大任務，其言曰，『如能令人思想專致於眞實之查察，果爲美事，惟時久而費事耳』。第九冊第六十一頁云，『世人於科學實驗中，每欲見其詳細正確之方法，惟以接近數學者爲是。』又參看其對於自然界哲學之意見，詳「自然科學進步史」第三三五頁。同時國中最有名之人物，本此學會精神，在各大學校演講，復由多數之熱心學生，吸收此精神，以教通國下級學生，或本此精神以實用於藝術。〔原註〕參看屈氏『對於科學之回憶』一文，，載「史讀」第一册第二四等頁，其言曰，『二十年來柏托雷，沙普塔留(Chaptal)，服克郎(Vuquelin)，提納，諸氏，研究所得礦業化學之經驗發明，甚有益於法國，急須研究之。如蘇打之採取，礬，鏽，礦砂鹽，鑛質強水等之製造，及外國輸入之給養品，又如鐵之濾清，，銅之製鍊，及利用此等原料術之發展，是非萬萬佛郎不辦，固顯明易知也。』又第三册第二○二頁云，『革命戰爭開始時，方實行柏氏之科學實驗。蓋柏氏者，拉瓦節後第一化學家也。化學之於戰事，實為第一助手。是以欲在本土採用硝石，火硝，染料等物，不得不仰仗於柏氏也。當戰爭緊張，彈藥待用，自不待言。而得在短時期間，將手續辦妥，源源供給，不至缺乏，此種迅速奇特之工作，能為全歐所驚愕，而創聞。即敵軍方面，亦莫不極口讚美。而柏氏與其友人蒙日，實為此種工作之靈魂也。』其良好效果，學者皆知。我輩同在第十九世紀之末季者，仍受其賜。我輩今日遇有實行問題，難於解決者，往往請教於大科學家之著作，故應記得一七九三年之革命政府，實為首先重視科學，抬高其地位，使在社會佔極大之勢力。雖然此時之革命政府，亦可謂殘忍矣：殺拉瓦節、巴宜（Bailly）、庫爭（Cousin），逼康多塞自殺，餘如致微克達濟耳（Vicq-d'Azyr）、帶奧涅斯（Dionis）等於早死。【原註】微克達濟耳（一七八年至一七九四年間人）發明比較解剖學，為屈費兒之先進。『微克達濟耳因譏刺國慶名稱一詩而入獄，迨釋出未幾憂懼而死。帶奧涅斯經兩年之驚恐及貧困，竟亦不克享受羅伯斯庇爾(Robespierre)倒後之較善時日』（摩里著「昔日之學校」第一册第三三二頁）。此時雖口稱無所用於科學，然遇有需要時，仍不能不請教科學社會中人。著學院歷史之摩里有言曰：【原註】參看摩里前書第一册第三二九頁。又參看俾奧之「法國革命時代科學史論」一八〇三年巴黎版。『其時力辦國防，而無火藥，無大礮，無軍糧，軍械局空無所有；鋼鐵不能從外國過來；從印度來之硝，又不能到；政府所貶逐之人，至此時成爲急需之人。於是佛耳克虜(Fourcroy)用拉瓦節所研究之法，教政府以採硝鍊硝之法；摩浮及柏托雷教政府發明製造火藥新法，同時並研究鍊鋼鍊鐵；蒙日解明鑄銅礮與鑽膛之法，用於陸軍，又鑄鐵礮，用於海軍。一七九三年八月六日，又請教於學院，問改良鑄造國幣，有何利益？數年之間，科學竟爲社會所必需之學。【原註】在停辦學院之先，學院末一次之報告，即答復政府咨問之文。一七九三年一月十九日，國會因欲行新權量丈尺，令飭學院條議以聞，學院抒其所見以復之，此時，雖停閉學會（停閉時期從一七九三年八月八日起至一七九五年八月二十二日止），拉卡拿爾居然請准政府下令，准委員等研究特別科學問題，以貲政府採詢。令曰，『科學院委員著在原處繼續集議，並專司政府退回之事宜』（見摩里前書第三三一頁，又奧科克(Aucoc)著「法國學校論」第二〇七頁）。其後各學院中興，院章首列科學，視爲最重要之學。

三六、拿破崙對於科學之潛力

拿破崙之行政，最爲後人所議論，其對於科學之潛力亦然。得隆布耳、屈費兒、奉拿破崙命所作之報告，〔原註〕政府於一八〇二年三月四日，命令其時之學社（此時學社包括三學院而言。一，物理學算學學院；二，道德學政治學學院；三，文學美術學院）作「自一七八九年至共和歷第十年一月一日間之科學，文學，藝術之狀況及進步一覽表」。以後每五年報告一次。其第一次報告止此一次，製於一八〇八年。此時巳改共和制爲帝制，而一八〇三年一月二十三日改組學社。此時重分四門：一，物理學算學（如從前之老科學院）；二，法國文學詞章學院（如從前之法國學院）；三，古代史學文學學院（如從前之詞章學院）；四，美術學院。「在共和四年二月三日組織中之道德政治兩科學，概行取銷，蓋其政治學及教育法之討論，乃首席總裁違背心理之特點也」（見提波多所著之「總裁政府及帝國誌」一八三五年至三七年巴黎版第三冊第三九六頁）。於是製備五種報告：第一種分兩部，爲得隆布耳，及屈費兒所製，論算學物理學之進步；第二爲社內(Chénier)所製，論文學進步；第三爲達舍(Dacier)所製，論歷史與古文詞之進步；第四爲勒布勒通氏(Le Breton)所製，論美術進步。此諸報告中，以得隆布耳，屈費兒所製者爲最能滿意。社內原爲最讚賞第十八世紀哲學者，得覺難於措詞，卒之勉強製爲報告了事。此報告曾經數次再刊。庚的亞克，康多塞諸子所創之新科學，以眞科學精神灌入心理學，身心學之研究，及政治社會之各種問題，而不爲政府所承認。道德學政治學學院，前此已失其地位，至一八三二年，始在學社中恢復其地位。一八四〇年三月二十二日，諭令製造報告，論一七八九年至一八三二年道德學及政治學之進步，事煩責重，未能於一八四八年革命之先製成，遂用中止。此新科學之眞歷史，最近由畢卡夫著成，書名「理想家」，成一八九一年始刊行於巴黎。論革命後二十年之科學進步。此報告爲一代之大製作。〔原註〕拿破崙於會議時討論下令作報告一事，嘗顧謂勒諾得(Regnaud)曰，『此等報告務必悉心編輯，因此文當經全歐小學教員之審查故也』（見提波多前書第二冊第四九六頁）。論科學報告之文，以此書之體格爲最善，可以永垂標準。此書既在拿破崙監視之下而作，對於拿破崙之保護優待，自不能免於偏袒過情之語。〔原註〕參看屈費見論此事之語（見夫盧龍「史讚」第八冊第一八七頁）。『在共和十一年十二月時，凡科學進步報告，應呈交總裁。……在一八〇七年之末季，則不呈總裁，而改呈皇帝矣。皇帝在政治堂開會時，收受此種文件，余與得隆布耳於一八八年二月三日，偕院長玻根維爾及各科主任同詣政治堂，最先呈進余等報告，其儀節極爲慎重，皇帝致一宏麗答詞，刊在報告之後。翌日得進舍余居耳(de Ségu)及其他閣員，語余以皇帝特別賞識吾之報告。且云，「伊之頌，朕極滿意」。但我曾勸皇帝效法，亞歷山大，朕并，藉其權威以發展自然科學。』然而拿破崙確有所見於科學之好處，不惜延攬科學人材以爲政府之用。其所最得意之建設，爲師範學校、藝術學校，及其所籌及而未成之教學大學社（上自原有之學社，下至初等小學校，無不包羅在內，名之曰大學）。凡此建設，或已創之於前，或從前已有計畫。〔原註〕關於大學之內容及歷史，可參看「郎潭·安布洛亞斯(Ambroise Rendu)大學律例及法國皇家大學章程與規則」，一八三五年巴黎版。茲摘錄其精言之一節如下。

「拿破崙行經吐林(Turin)，遊覽厄曼紐厄爾・查理第三(Charles Emmanuel III)於一七七一年所建之大學，，遂將該校歷來管理員之肖像，令人一一敘述其概略，而所見所聞，均宏大高壯，極為動容。：：蓋該大學之教育計劃，係本古來固有之宗教信仰之基礎而建設者。是以拿破崙頗為滿意，迨戰勝意德兩國後，尚未須與去懷也。及功成之日，即思定國是，為久遠之計。乃首先勤修政治，崇尚宗教，頒行拿破崙律例，於各大學內，增設中學，改革醫科學校，創設法政學校，幷建設完備教育制度。於是帝國大學始得產生，蓋彷照都林大學而擴充之也。』

究竟有若干意想是初發於拿破崙，有若干是採自前人或採自左右，至今仍為疑問。

三七、拿破崙特重算學

拿破崙特重算學，且厚賞有能發露物理學（尤重電學）新知識者，原以電學之研究發展，可為政府增光，亦以電學為有大用於國及政府，又以自己曾習算學故也。【原註】關於此事之參考書甚多，作者特選微爾芒(Villemain)之「歷史界與文學界時人紀念錄』一書，為參考。其第一冊中（見一八七四年巴黎第九版第一三七頁），載有拿破崙於一八一二年謁師範學校，並與那旁(Narbonne)商議時，表示其對於教育及學問事業之目的。茲錄該書原文如下。「帝之所憂於世人者，在能言者多，而能思者寡耳。：：帝歷次語我以彼之統治，須尚宏大的思想工作，及文學著作，且願世人稱之為科學藝術之誘導家，幷為人類思想全盛時代赫赫令名之一首領，此等志願，最為自得。而十年懸獎之舉，蓋為斯也。：：且欲師範學校之學課，注重規範的教科書，一如上古及路易十四世時代，又注重數學及高等幾何，以其深奧無上，易於感奮人心，有如名詩及辯才也。』拿破崙又嘗語那旁云，『予極愛數學及物理等各科學。代數，化學，植物學，爲人類思想局部之實學。文學乃人類思想之本身也。……是以我有志願者二。一，致法國於最高威權，及強固之治外力。二，發展及鼓勵各種思想工作，令其範圍爲路易十四世以來所未睹者。往時懸獎之目的，所以未得圓滿結果者，實因想像學家之陰謀，及足以令人齒冷之加冕，如聖鑑伯之要理問答等，有以誤我事焉。』

三八、拿破崙不以當時發揮哲學之法爲然

拿破崙當在意大利、德國、埃及、東方用兵時，常有科學大家，如蒙日、柏托雷之流，參贊戎幕。從前曾經聳動一時，最爲時髦之哲學，拿破崙因政治作用與一己私見，則並不以爲然。此種哲學雖有名人爲之提倡，此時屈居第二座，拿破崙姍笑哲學家，呼爲『理想家』，即指此輩。

〔原註〕此輩理想家之詳細事蹟，及其勢力與目的，俱載畢卡夫「理想家」一書（一名「法國一七八九年後科學哲學宗教學說思想史論，」一八九一年巴黎版）。〇提波多之「總裁政府與帝國」一書，敘述拿破崙關於科學文學及法國工業發達之事甚詳。而於工業一項，則法國頗爲努力，遂將本國貨品暢銷於外國及各屬地。政府又有種種獎勵，設立實業學校及各專門學校，開物品展覽會。運羊羣於西班牙，製糖料於葡萄蘿蔔，利用化學以造硝石蘇打，採用茜草根及臙脂染質以代臙脂蟲，用菘藍以代靛青。此皆化學進步一大動機，無可否認者也（見提波多「雜論」第五册第二四八等頁）。又參看屈費兒之「進步史論」化學應用一節第三七六至三八六頁，又得隆布耳「科學報告」第三二六至三六二頁。

拿破崙之好處，在乎提倡科學，在乎播傳新科學精神。乃賞識者每多過情之

三九、拿破崙採用統計學之法甚多

譽，反對者每多過情之毀。作者不能不承認、在當代之大英雄大政治家之中，拿破崙爲出類之第一人，有遠見首先見到科學之大有造於最近之將來。今日學者、皆知科學已全改諸事之外觀，有無限量之實用，事變之複繁難駕馭者，非有統計學精神以記數量度，則無所措手。拿破崙施用統計之法於各處，以治國者而採用統計學之法，則自拿破崙始。【原註】得隆布耳「報告」第二二頁有云，『統計一學，法國行雖未久，而進步則異常可觀，因有特別注意之方法，及政府多方援助各種有用工作之故也。至於統計重要問題之正確調查，則概由各府長官彙呈內務部長。』 凡爲羣衆領袖，爲一國元首者，不獨應承認統計學及折中術之歸納哲學，同時亦應承認另一種之意想。拿破崙何嘗不知，其所以終歸失敗之故，殆由於拿破崙雖爲名將，善於計算，而其靈魂中無餘地以容納高尙的、宗教的、無私的意想。拿破崙嘗對封坦(Fontanes)言一國之命運，決於國人之有無以上所云之意想。【原註】參看「拿破崙文集」第三册第五頁，於一八〇八年七月十九日在聖克勞(Saint Cloud)與封坦之會話。『封坦，汝知我所最歎賞者爲何？即強權終無以成事，世上惟有兩種勢力，武器與思想是也。日久而後，武器終爲思想所制服，而我之所謂思想者，文化及宗教之制度耳。』又第四册第四二三頁云：『制服愚督，方爲眞勝利。人類思想之發展，於國家最有名譽，最有效用」，欲求法蘭西民國之眞強盛，當注重本國固有之新思想也。

四〇、拿破崙所享之科學榮名得自他人

自有歷史以來，名將之中，其能與科學大家並傳其名於不朽者，不過少數幾人。前有亞歷山大、愷撒、大彼得，後有拿破崙。拉普拉斯，屈費兒之榮耀，有歸於拿破崙者。除此之外，思想史中，原無拿破崙位置。其手下之有名於思想史中者，皆其部下之政治家、法律家、能啓迪本世紀者之數公也。科學之精神，先受學院制潛力所乳哺，長養成人，則此諸公之力，此爲法國思想及學殖之特別效果。欲知所謂科學精神，試引屈費兒之宏論以明之。一八〇八年屈費兒送達政府之報告，其末一章有言曰：【原註】見屈氏「科學報告」即「自然科學進步史」第三八九頁。『照耀本時期者，即以上所報告之物理學主要之新發明，亦即初展拿破崙世紀之新發明。毋論何種希望無不因此而發生，此科學精神，何微不入，將來之造成，能有限量耶！前半世紀之學說及假設，皆爲今日之真科學家所拋棄；從前之主持各種學說者，並當世之名而不能享。合法闡理，合法之證明，全在比較各物之試驗；所謂試驗，所謂真確謹嚴之試驗，皆以權量丈尺爲之，加以計算。自然界科學，雖不能以算法駕馭，而能受制於算學精神，善用其法，則免於退步之險；所有問題皆有確定之解決，先立堅固基礎，以爲將來建築之地。【原註】參看「史讀」第一册第一頁緒言『對於現時科學進行之感想』文。

第二章　德國之科學精神

德國大詩人席勒爾有句云『德國之美術，向來受帝主公侯之培養。』席勒爾之句，若施於德國之科學，則較爲貼切。假使美術與詩歌，未受帝王保護，則德國之科學，尤其無保護。〔原註〕黑森(Hesse)邦之選候威廉第四，精於天文，故對於天文，頗示鼓勵，頗與其時之天文家，麥撰武(Mercator)，泰古，及其他天文家密切往來。一五六一年建一觀象台。丹麥之腓特烈第二，則爲泰古建一壯麗觀象臺。自一五七六年至一五九七年，泰古在此臺研究天文，其後臺毀。未幾路德福(Rudolf)帝第二，使用泰古。一五九九年至一六〇一年，在布拉格(Prague)建觀象臺，泰古請刻卜勒相助。刻卜勒因以泰古測量之所得，發明其最著名之三例（參觀倭爾夫所著「天文史」一八七七年出版，第二百六十六等頁）。來布尼茲在不倫瑞克(Brunswick)邦當駐使，又爲官家修史之時，則無餘暇研究科學，〔原註〕來布尼茲（一六四六年至一七一六年間人）以一六七六年，爲漢諾威(Hanover)公之圖書館長及參議。公爵死於一六七九年，繼位者進爲選候。時來布尼茲研究外交及法律，又爲漢諾威邦籌畫其所處之地位，又同時辨理天主耶穌兩教結合之事，隨後又爲不倫瑞克邦研究諸系及古學，嘗著「不倫瑞克邦年紀」，以七六八年爲起點。其時查理大帝初即位，來布尼茲證明不倫瑞克族來自意大利之名族。此年紀盡於一〇〇五年。此書至一八四三年始刊行。來布尼茲酷嗜科學，而屢爲職事所擾，不得大伸其志，常以爲苦。參看谷勞尼耳(Guhrauer)之「來布尼茲傳」一八四六年北勒斯勞，第二版共二册。來布尼茲博學多能，處處足以顯其人格之偉大。來氏有著名之格言，教人注意於算學與實驗，並崇尚人道主義云。

邁爾(Mayer)之可貴之天象測算得英國助貲，然後能刊行。【原註】邁爾(一七二三年至一七六二年間人)與詩人席勒爾生於同一地，自一七五一年始，爲格丁根(Göttingen)經濟科算學科教授。有歷史家云：『邁爾一生平未見過大船，然而能教英國人航海求經度之方。』一七一三年，英國經度局懸賞二萬金鎊，以求航海求經度之術，以差至多不過半度爲限，其差至於三分度之二或差，至一度者，賞格酌減。一七五八年，哈禮孫得賞五千金鎊，其後又得一萬金鎊，於一七六四年，皆因製造船表得賞。歐拉與邁爾分途共研究此問題，刊行太陰表，又修正測太陰術。邁爾屢修正太陰表，以一七五五年送其所製表於倫敦。卜拉德賚(Bradley)審查之後，加以美評。邁爾又修正太陰表，及其學說。一七六五年，邁爾既死，其寡妻得賞金五千鎊，歐拉得三千鎊。一七七○年，經度局諭令，刊行其太陰表。

一、德國諸大學之建設

德國王侯雖未直接鼓勵科學之發達，然而間接鼓勵之力則極大。德國人之特別心理，發現於培養學術之建設，即德國之諸大學是。欲知此特別心理，則不能不透徹研究其大學制。

二、大學之發達由於羣衆

世界無有如德國人之盡心力於大學制者，亦無有如德國人之大受大學之益者，亦無有如德國大學之潛力之達於國人之大者。【原註】參觀白賚士(Bryce)所作之序文，載英文譯本

「後五十年之德國大學」（原書爲康拉德Conrad所撰）一八八五年版第十三頁。若謂大學之基礎，爲德國王侯所建，則其發展實由於國人。「原註」討論德國大學之書甚多，作者止引包爾生(Paul-sen)之「德國教育及大學史」（刊行於一八八五年），及濟柏爾(von Sybel)所作之「歷史雜誌」（刊行於一八八一年）。一切新舊思想，天主教耶穌教派思想，及中興時代，古代，今代，思想，皆可以從德國及其附近諸國之建設，則改良大學中學見之。其摹仿巴黎及意大利之大學而建設初基者，在布拉格，則始於一三四八年，在維也納則始於一三六五年，在海得爾堡(Heidelberg)則始於一三八六年，在科倫(Cologne)則始於一三八八年，在耶爾福(Erfurt)則始於一三九二年，符次堡(Würzburg)則始於一四〇二年，在來比錫則始於一四〇九年，在羅司託克(Rostock)則始於一四一九年。第二時期，爲當時人道學之潛力所轉移，則在第十五世紀之中葉，一共有八處建設初基。其在格來福華(Greifswald)者，始建於一四五六年，在夫賴堡(Freiburg)則始於一四五七年，在特理厄(Trier)則始於一四五七年，在巴塞爾(Basel)則始於一四五九年，在音哥斯大得(Ingolstadt)則始於一四七二年，在杜平根(Tübingen)則始於一四七七年，在馬因斯(Mainz)亦始於一四七七年，在威丁堡(Wittenberg)則始於一五〇二年，在奧得河之邊之法蘭克福(Frankfort-an-der Oder)則始於一五〇六年。（見包爾生「大學史」第十四頁）。第三期則自革教時代起，第一耶穌教派大學，在馬爾堡(Marburg)，爲黑森之腓特烈第二所建，在一五二四年。其時梅蘭克吞(Melanchthon)之潛力，無處不達。一五三五年，烏爾立喜(Ulrich)公爵改革杜平根大學。一五三五年，喬治公爵改革來比錫大學。巴塞爾大學停辦三年，以一五三二年復開。一五三七年，約阿喜謨(Joachim)復開辦在奧得河邊之法蘭克福大學，又以一五四一年建，哥尼斯堡(Königsberg)新大學。一五三九年，格來福華之大學改制，以耶穌教旨為基礎。羅司託克大學之改制，在一五四五年至一五五〇年。海得爾堡之改制，在一五四四年。耶拿(Gena)大學建於一五五八年。赫爾姆斯搭特(Helmstädt)大學建於一五六八年。基森大學建於一六〇七年。林登(Rinteln)大學建於一六二一年。阿爾特多夫(Altdorf)大學建於一六六二年。其有最大潛力轉移德國學殖者，為荷蘭之耶穌教派之各大學，如來丁(Leyden)大學(建於一五七五年)，法蘭尼刻(Franeker)大學(建於一五八五年)，烏得勒支(Utrecht)大學(建於一六三四年)，哈得維克(Harderwijk)大學(建於一六四八年)。少年遊學者，一郡趨集於此，與從前之趨集於意大利諸大學校相似。(見包爾生書第一七九頁)。荷蘭諸大學及日內瓦(Geneva)大學所處之地位，與蘇格蘭諸大學相似(參觀格蘭特Grant所著「愛丁堡大學古事記」，第一冊，第三十一，一二六，一八八，二一三，二二九，二三三，二六三，二七四，二八三，二九七等頁，又第二冊第二六三頁)。第四時期，起於一六九四年。哈勒之建設，此為第一今代新法之大學(參觀包爾生所著書第三五三頁)。培根及來布尼茲之精神，則有投馬西厄(Thomasius)以為之代表，有領袖一切之勢力。其時佛蘭克(Francke)之勢力，與投馬西厄之勢力相等，並無所謂非教之精神。在此時期，廢拉丁文而代以德文教授學生，其他大學仿而行之。其改用德文時期，在哥尼斯堡，始於一七三五年，來比錫，威丁堡，赫爾姆斯搭特，基爾，杜平根，相繼仿行。第五時期為發達科學思想時期，起於一七三七年，格丁根大學之建立。此節將於下文詳論之。，倘若當時無王侯之勢力，無國內四分五裂各部自顧其利益之見解，無宗教之分爭，無各邦之王侯為個人私利或為政治上之競爭，「原註」『德國雖四分五裂，而所以能相維繫者，以大學之力為最大。其時諸邦雖此疆彼界，畛域分明，而打破畛域者，亦以大學之力爲最大。欲知德國在歷史上之發展者，非從大學方面追尋之，其道無由。因此德之學生赴南德大學求學者，日見其多也」（見康拉德著作第二頁）。能否有如許星羅棋布之大學發生如是其早，此原是難於解決之疑問。然而後來聯綴分散各地之大學成爲有條貫之綱領，變爲一種極大機關，以供本國人及天下人求學之地，則實由於德國人有利害與共之觀念，有同文之維係，而思想志向，又復相同，故能成此偉大之組織，則毫無疑義。【原註】參觀包爾生所著之建立格丁根大學記載（見包氏「德國教育及大學史」第四二五頁）。今日之德國，有最大力量及軍實最完備之陸軍，爲可以自豪。然此特今代之創造耳。近數百年來，教練成極多數極有能力有學問之學生軍，毋論何時遇有科學大問題發生，則有少數之隱居苦思之學者，或大多數之甘願效力之人出而研究此大問題，務求有效果之解決，此則德國之更足以自鳴得意者。此無數學生軍，分散國內，且有越界而遊學於鄰國之大學中學。【原註】德國大學所及之廣，非康拉德書之譯本中所附載之二十大學地點所能盡，所以此不過現時帝國現存之大學。亦非附篇所載之四十三大學所能盡，其所載者不過與國數處之大學，其瑞士之大學並在其內。又非阿瑟孫（Ascherson）之「德國大學錄」所能盡，其所載者爲用德國語之大學。一八八七年共有三十四處，其已經停止者，不在其列。尚有丹麥，瑞典，挪威之大學，常與德國互易，教授。尚有從前之荷蘭大學，今日之比利時，新大學，俄國之大學，仿自德國，自一八六三年以後，始逐漸改為本國制度。一八三七年，雅典大學摹仿德國大學制度。俄國之喀山（Kasan）大學，創於一八〇四年，其頭批教授，皆從德國之格丁根大學來。今代之幾何學根本之革命，即發源於此地，與僻處一隅之馬洛斯·發沙赫列（Maros-Vasarhely）地方。洛巴赤夫斯基（Lobachévsky）及卜理愛（Bolyai）之學說，大與高斯之理想有關係。參觀發西理甫（Vasiliev）教授之洛氏論譯本。此學生軍，並非駐在一隅不動，東西南北四方，來往走動，常時換防，常時招募新兵，雜異不同者，常相切觸，播傳新意想及新發明於四方，開闢新地，以推廣種植。

三、德國大學在地面之分布

作者無意詳細討論德國大學歷史與大學制之逐漸增長，然而欲知其內情與其用處者，非研究不可。以其增長之每一階級，皆關係重要，又極饒意味也。又同時並重者，尚有一問題，即德國大學之所在地。作者不過畧為論及，說明六百年間，從五十處大小市鎮，播傳其學術於歐洲之用德國語言文字之國。觀其數目之多，亦可見此問題之繁複。例如學術發源地之多，思想之相繼起伏，思路之趨向分歧，學派之多，內中之衝突勢所不免之阻礙，有益之競爭，共和之精神，呆滯不進之不可能，學說之不能永久專制，無壓制之階級，無崇拜之見解與盲信，凡此皆在所應發明之列。方面既有如此之多，只能任學者痛論德國大學制之短長。【原註】學生之遷徙，與有名教授之從此大學應彼大學之聘，亦遷徙靡常，是為德國大學生活最要之點。讀者可以想像，南方之知識，有黑智爾，謝林，為代表，以其造想之趨勢，改植於北方之百科並習及邏輯派科學之中，或移植於崇尚實業之瑞士。好評論宗教之杜平根學派，北行而傳於柏林等地。好方言學之名家，入於沮利克及巴威。雅各俾氏自來因河至慕尼克。來比喜亦顯名於是。薩焚宜在柏林為歷史法律學代表。提波(Thibaut)在海得爾堡為哲學法律學代表。維也納久為實用內外科醫學之練習學校，柏林則代表今代科學之發達。在此一百年中，毋論任何大學，不得久於獨霸某種科學之專長。科學之光明，雖先發現於獨一地點，不久而照耀全國。對於此點，後代與此時比較，將如何耶？作者所最注重者，即是此百年中有此極大之機關，為開發知識之用，為學者所最應研究者。

四、德國大學制之充分發達

第十九世紀之初，用德文各國之大學制盛行。【原註】瑞士則不然。巴斯地方在改革之前，原為求學之要地，名人如伊拉斯莫斯之流，頗與之有關係，自一四五九年始有大學。改革家，頗反對古學，及詞章（參觀包爾生所著書，第一百二十八頁），原有已發達之學殖中心點，從此毀滅，如巴塞爾大學即其一也。一五二九年，巴塞爾改奉新教（即耶穌教），大學同時停閉，一五三二年復開。日內瓦原不在用德文國之列，其學殖自成風氣，自一五五九年始有學院，頗有來自歐洲各國之名師，及宗教學者。羅散(Lausanne)百倫(Bern)沮利克，地方，在十七世紀時代，有大中兩等學校，唯直至第十九世紀，只有巴塞爾學校，可稱爲大學。托盧克(Tholuck)曾著書，討論瑞士大學建設甚遲之理由。此問題極有研究之價值，因爲各科學大家如柏努利，歐拉，屈費兒，諸君，皆來自瑞士，又如盧梭，裴斯塔洛齊(Pestalozzi)則爲新教育意想之中心點。

大學之制，在第十八世紀已組織完備。在此世紀中已推廣其初設時之範圍，推廣其用處；舉凡不受宮廷及個人之干預，不借重宗教之保護及勢力所有政府之條例，或初建立時之特別基礎，自有較爲豐厚較爲穩固之來源以養大學；其教學生，

五、哲學科

俱用本國文，不用拉丁文。初建立時，名爲各種學問無所不包，其實至第四科即哲學科正當發展時，然後認真發展其餘各科，無偏輕偏重之弊。宗教科，法律科，醫科，之發展，原在求實用，宗教法律兩科爲尤甚，只以宗教政治爲目的。惟哲學科所包最廣，所有一切學問之目的在乎求真理者，皆在其內；毋論求法術，或求知識，皆事研究。

六、格丁根大學

格丁根大學開幕在一七三四年，開講在一七三七年，其創辦人濛喜豪繒(Münchhausen)對於宗教科學尤爲注意哲學自由及號稱教課自由，【原註】見包爾生「德國教育史」第四二四等頁。即以此時建立基礎。包爾生教授之言曰：『大學之制度即以教練

自由爲根基。關於此點，濛喜豪繒與其同事兩人意思相同。以爲過於窺探教課是否涉及異端，則不能使智慧發育，且有害於求學機關之發展。濛氏雖有是言，然而在不過爲束縛之中，仍寓不令越出範圍之意。是以對於選擇教授，尤爲審慎注意選擇其所教授，既不引入於不信上帝者，亦不引入自然派者，又不攻擊宗教之福音根本信條者，既不引入信教之狂熱，又不引入教王派者。其教法律者，則有教課之完全自由及任意發表其法律見解；其在哈勒大學則異是，偏重於普魯士邦之利益。格丁根大學則最重新科學。首列學科者爲政治學，教授皆名師，有帕忒(Pütter)，阿痕巴哈（Achenbach），士洛則加忒勒（Gatterer），嘿稜（Heeren）諸人，遂致名聞於天下；算學科與科學科，則有哈勒力喜騰堡布盧門巴哈，刻斯特涅(Kästner)諸師；語言訓詁學科，則有格斯訥（Gesner），亥涅（Heyne），米哈亞力斯(Michaelis)諸名師以當教授。此時學科頗能供所謂百科並習之要求。一七五六年，濛喜豪繒手定學科，每科應當衆講授該學科之全部；在哲學科，則有格斯訥教語言學歷史，刻斯特湼教物理算學。一七三七年有九教席：一、政治及倫理。二、文學歷史。三、歷史。四、修詞及詩歌。五、邏輯及心理學。六、東方語言文字。七、算學及物理學。八、行政學。九、哲學。惟第九科哲學無界說。』【原註】格丁根大學原定經費，約合二千四百金鎊。其數倍於哈勒大學。

七、大學與高等學校之關係

因大學之多，與所定之學制，其後成爲德國播傳知識之極有勢力機關。自入第十九世紀以來，所有大學，無不與數百高等學校，及藝術學校，有密切關係。【原註】德國及瑞士之藝術學校，創於近代者，可分三種。（一）實用學校。此與所謂拉丁學校相反。其名稱（按包爾生書第四八三頁）起自哈勒，於一七○六年，建立算學力學實用學校。一七三九年，柏林建經濟算學實用學校。此種學校，目的在乎實用，而不在乎學問。（二）工業學校，有商科農科或陸軍科。（三）藝術學校，以巴黎之有名藝術學校爲模範，一八一六年始建於維也納。其後有多處仿辦。以科學精神而論，此種學校大抵與大學相等。所差者，無科學上之哲學歷史，與無所不包之研究，此與格丁根大學科目相反。深思者以爲德國漸趨於縮小其所謂科學範圍，以求合於英法兩國之所謂科學範圍。藝術學校之險，在乎過於偏重實用，德國大學之險，在乎偏重闡理。

大學專事研究，中學則專事教課。由研究而當教師，又由教師而復歸於研究。學者不獨並有研究教課之精神，

八、大學為研究科學之教練處

且以潛修研究之精神，浸灌於數百學校之教員，使知潛修研究，實為講師教員之必需之資格。故此大學與中學之息息相通，實成為一絕大之研究增長智識之大機關。科學界之大領袖不過數人，然為增長知識起見，或實行大計畫起見，不能不有多人分任研究此大領袖所指示之新發明。其分任此項研究者，皆取材於大學與中學之飽受紀律之學生軍，以大領袖為元帥而指揮之。以今代而論，求學及教練思想學校之多，無過於德國。至於發起之大事業，與辦成之大事業，亦無有如德國之多。此項大事業，必要有多數之飽受教練之人通力合作（原註）德國有名之陶胡尼次（Tauchnitz）公司，等刊行古籍，久已著名。此外有搜輯刊行各國歷史者。有刊行各國之化學，及其他科學之新發明及各項進步者。有刊行地理圖籍者。有組織國際機關以研究天文者。此則發起於一七九八年，成為天文之有生機關。其始每月出書，其後每星期出書。參看倭爾夫之「天文史」第七四六等頁。洪保德，高斯定有全球設立瞻察磁力局之計畫，其後英國科學家施於實行。單簡言之，大學之設，不獨教知識，最要者尤在教研究；其所以能得名，能傲人者，亦在乎此。

知識之發達，及其習慣，原有外界之理由，追考此事，亦頗有用而饒意味。羅馬

九、德國之所謂科學

及巴黎，有發炫光采之文學，由於全國之勢力財力集中於中央地點。希臘德國思想派別之多，與學問家數之多，則由於其國之學殖散布各方。英國之思想，及其歷史之盛衰得失，頗受其島國地位之潛移。此種潛力頗有研究者與指明者；思想歷史家之事業則不同，而較爲艱難。思想之習慣，及知識之質地，非已成有界限之形，不能爲多數人所享有。惟既已成有界限之形，則變而爲器，可以運出運入，或轉授他人。每派各有其口號，其主要思想，藏於此口號之內。德國之大學中學布滿歐洲。用德文之國，當其勢力最發達時代，發育一種特別意想，卽以 Wissenschaft 達之，英文法文之所謂 science （科學）與德國所用之 Wissenschaft 頗不相同。〔原註〕參觀前章開端之原註。德文此字，無可以對照吻合之英文單詞。英文有科學學者科學考試等句語，譯作德文，則毫無意義；須略爲修改，而後意義始明。如法文有『科學會』句語，以德國習慣而論，既有『法國學會』，則此學會之外，不能有『科學會』存在；蓋科學學會，已將其他學會包括在內。〔原註〕巴黎有較早之學會二，一爲『科學會』，一爲『文藝學會』，一與柏林之「科學美術學會」之範圍最為相等。此會分為二組，一為算理自然科學組，一為哲學歷史組，二者皆統屬於Wissenschaften一字。在維也納，來比錫，慕尼克，及格丁根諸處之學會，亦有相同之分組。英國以確切試驗，或算學處置一問題，皆謂之以科學法處置此問題：其在英國，英國人並不稱本特力(Bentley)或吉本(Gibbon)，為大科學家，「原註」本特力（一六六二年至一七四二年間人）以其講演及與同事辨駁出名，英人並不視為古學大家，而當時之德國學者，則以為奇才。本特力初為古學之研究，後來外國學者推行之，成為一種特別方言學。其徒數百，無不尊仰本特力者。○吉本（一七三七年至一七九四年間人）最出名之著作，為「羅馬帝國衰亡史」，其第四十四章，研究羅馬法律，發起後來學者研究羅馬法律史，格丁根大學譯之，為學法律者課本。（參觀斯密監刊之吉本「羅馬史」第四十四章附註）。赫得，薩焚宜，諸子頗為吉本之渻力所移。然而在德國，此兩君者皆高列首座，為科學舉動之起點。假使科學譯作 Wissenschaft 則作者介紹文中所辨別科學哲學之不同，將毫無意義。德文此字，並非為哲學之反對字，實已包括哲學。自英法兩國人意思觀之，斐希特之學說，幾乎全與科學意思相反，乃自稱其學派為科學派。從事實上論，德文之所謂科學，比英文法文之所謂科學，包括較廣。德國大學舉凡宗教，法律，醫學，及專門哲學之研究，皆以科學看待，成為人類之

一〇、此意發生於德國大學制

知識庫。【原註】斐希特（一七六二年至一八一四年間人）於一七九四年，刊行其所著哲學，其開卷即云，哲學是一種科學，於是自稱其哲學爲Wissenschaftslehre（可勉強譯爲科學通義）。其後又立一界說云，「凡一科學，皆有其有一統系之形式，所有此科學中之一切問題，皆同懸於唯一之根本問題上，而爲此根本問題聯綴成一全體。」若學者以拉瓦節及法國學會中人所發明之科學意思，讀斐希特此著作，絕不能以其開卷數語爲然。此項學者必以爲法國名家所研究之科學，有一貫之方法，有確切之方法，卽瞭察測量計算之方法，而並無合一之組織，無所謂包羅諸說之問題。斐希特之所謂科學，其意義比法國學者之所謂科學較爲寬廣。斐希特之所謂科學，卽Wissenschaft（勉強以學術譯之），不止有方法之知識，並指有統系有一貫之知識。（今試由來伯尼茲時代起，從德國藝文中追尋Wissen-schaft一意思之發展，自胚胎以至於長大，定爲名詞，兼指道德與知識，此爲德國大學應維持實行之專責。如此研究，則須指明來伯尼茲如何代表其無所不包之見解，溫克爾曼如何，專指大學，來星如何教人以方法及達意思之清晰，赫得又如何更有深遠之推廣，至於自然界之各種原力，與人類之學殖，其後洪保德用爲德國大學之標準，其意發表於斐希特所著之「學者性質論」，遂爲一八〇九年德國最墮落時期中柏林大學之基礎。其時德國學者，有大多數不知斐希特哲學爲何物，亦有大多數爲反對其學說者，然聞斐希特之言，無不深印腦海，起而響應者。至是而似若各分畛域，不相爲謀之各學科，乃相與綴聯爲一。時人有言曰，「是學者與教師，尊崇科學，因以其爲科學而尊崇之，蓋無一門科學，不有神聖意思存乎其間。」斐希特對於過事尊崇個人所習之科學者，誓言曰，「此種人從無私學合一之意。殊不知其所習之科學，亦由此合一而出。此人並不愛其所學，視爲科學，而視爲行業。愛其行業，亦未嘗不是，然而不得入於學者之林」。又云，『凡對聽講者，不得只視爲聽講者，應視爲將來爲科學效力之人』（見裴希特著作第六册第四百三十六等頁）。作者曾經親聽格丁根，章柏君之言，其摯友有盤問其各種新發明者，章柏謙退，以爲發起於高斯。及追問至無，可支吾，乃言曰，『豈科學不能爲其自身而有所發明耶』？丘丹森(Adamson)新著之「裴希特論」，曾指明裴希特著作之根本意想，曾由英國近代大道德學家喀來爾，爲之表彰，久爲英國讀者所習聞。此種意想，及此種名詞之能通用，只能產生發達於特別之地。必其地之各種科學，各種知識，數百年來同居相習既久，常相切磋，彼此相視如一家人，視爲全體之分部者，爲能如此。德國之大學制，有其長處，即彼之所謂科學，包羅極廣，科學之反面，即非科學，不專精通俗之謂；不得謂之修業作學問，只可謂之工藝；皆在大學系與其餘多數之求學問之學校之外，亦在學院之外，不得稱爲科學。

二、法英兩國之所謂科學指確切科學

法英兩國之所謂科學，在德國則稱爲確切科學。法英兩國學者，以爲惟有確切方法，始得稱爲科學方法，則與德國之意思反對。〔原註〕此語容或略欠正確。後半世紀之所謂確切科學，專指算學與試驗科學而言，與本世紀初期屈費兒之用意相同。其時德國之科學院所作之事，即以科學包括之。而德國另有一思想派，在本世紀極有勢力，其潛力極能遠達，與算學無涉，而亦稱其研究及所用之方法爲確切。此派所保持之主義，謂考古之介紹，在乎有古代語言文字之知識，此種知識與算學之確切知識，無異。必要有此確切之知識，確切之練習，然後研究聲音訓詁之學與史學，方能有成。如同習自然界科學，必熟悉算學公式，與測量器具。其時亦有持論太偏者，亦有頗具遠見者。總而言之，以斐希特，章柏諸子之見解而論；雖極不相同，然而皆不離於所謂學術之意。斐希特為理想之貫通家，韋柏為確切之算學物理學家，其所見如此。今引聲音訓詁學家立特士爾(Ritschl)之語。有為立特士爾作傳者，云，「研究古學，吾信其有不能磨滅之磁吸力存焉。』聲音訓詁學，並非老學究枯淡無味之事，原為將來科學教員所宜研究。好教員之知識，應比眼前所必要之進步較多，較好，其日常所教之課，必須出自其所有飽滿深遠之知識。目前所教之課，雖在一種範圍之內，然而不能不預先摘種，以為將來發達地步。此種深入而有結果之力，只能從Wissenschaft（學術）而出。參觀利倍克(Ribbeck)所撰「立特士爾傳」第二冊，第二七七頁。

英法兩國確切科學方法之潛力，未侵入德國之先，德國學者，原有甚多教科學方法。例如康德所發表之歷史評論科學，聖經評論科學，及聲音訓詁學：當時以為此各種方法之確切、高遠、純粹，與確切科學所帶來之方法相同。

以現代而論，德國學者思想者，頗有一種趨勢，與法英兩國之實學派、或積極派相類，其目的在乎介紹自然界科學之方法，於所有一切研究而不許用其餘方法。假使實行，吾恐德國大學制之真面目，將為所毀滅，並一百年來德國大學問家之學術（Wissenschaft）意想，亦將同歸於盡。

作者對於此問題，得於下文再提，再為德國意想之 Wissenschaft（學術），作較為清楚之界說。此時作者之研究問題，原為科學精神之播傳（稍用狹義），一如第十九世紀初年，經法國之算學大家科學大家所發展於德國，而備見於學社之紀載者。對於此種科學精神，德國學者如何待遇，入於德國諸大學之後，如何發達：此則作者此時所欲研究之問題。

二、德國如何待遇確切科學

德國科學學會所推行極廣之純粹科學研究，為德國大學課程所大概承用者。在第十九世紀之初年，其初之四十年，常有人發不滿意之論，謂大學缺少數種重要之科學。〔原註〕最後不滿意之詞，已於利比喜所撰之「奧國化學情形誌」（載一八三八年「醫學年報」第二十五卷第三三九頁）。其後又有極有意味之「普魯士化學情形誌」（一八四〇年刊行）。據此大科學家所言，在德國大學之中，以化學得有獨立地步為最晚。算理物理學，有哥尼斯堡為中心點。至於生理學，則於一八三三年，在柏林設為獨立科學。惟有化學，仍為其他專門科之附屬課，為醫學，藝術，礦學，等之附屬課。普魯士境內，不見有化學試驗室。有數位教實用化學者，不得所需之實在幫助，偶然或得科學之幫助，有時則並此而無之。利比喜雖指明化學有工業革命之功，在經濟上，在政治上，極爲重要，然而對於教授化學，仍主張完全作爲科學示教，而不以實用爲目的，此則非意料所及者。對於此事，其堅執科學精神，不稍放鬆，與前文附註所引諸名家之意思相同。利比喜又云，「凡有來此試驗室習試驗者，無不顯露其欲求實用之意。我則勸以不必以此時而徒費有用光陰，消耗於煩苦無味之事，不如先學如何解決純粹科學問題之方法。然聞者每懷疑不決，其從吾勸者，大多學得最妙之解決方法，自能隅舉。於是凡所應作之手術，與各種分析之事，一一作則，因以知解決問題所需之各種情形，然後能深入於心，成爲有界限之意識。凡所應作之手術，皆有其引人入勝之處，雖勞而不覺其勞。倘若所研究之問題，一且果然解決，則可以推廣其方法，以達同類之目的。此時在製鹼廠，製強水廠，製糖廠，顏料廠，及其他各種製造廠之首領，大約我皆認識。此諸君者，其先與此項製造廠無涉，其初入廠時，在最先之半點鐘，便知該廠所用之方法，第二半點鐘，卽能獻改良之方法矣」赫爾姆霍斯亦有言曰，「凡學科學，而欲立刻施於實用者，往往不能達目的。，惟有科學（Wissenschaft）可以使人完全明白物理心力，與其力之所及之廣，凡攻科學者，應以得新發明爲可樂，爲酬勞之具，以人心而打勝物力，又能按序而發現一切知識，原是極可樂之事，然而今日科學學校之對於此種科學觀念，又何其相背也，」云云。

第十八世紀，德國發生之大科學家，不爲少矣；然而其所處之地位，既無準無定，並非完全大學歷史中人物。來布尼茲，歐拉，洪保德等等諸子，皆與今代科學之發育有關係。各人之地位，各人所作之事業皆不同。「原註」來布尼茲（一六四六至一七一六年間人）已見前文。偉爾納（一七五○年至一八一七年間人）

）亦已見前。邁爾（一七二三年至一七六二年間人）亦已見前。洪保德·亞歷山大（一七六九年至一八五九年間人）英國讀者頗知之。歐拉（一七○七年至一七八三年間人）生於巴塞爾，在俄都時候居多，為是處學會會員，自一七四一至一七六六年，則在柏林，為學會會員，人皆稱為純粹算學之祖，以其為最先從算學分析術，脫離幾何意想，對於建立數目學說為獨立之科學，亦大有功。生平著術甚富，若全數刊行，共有六十至八十大冊之多。馬格拉夫(Markgraf)（一七○九至一七八二年間人）生長在柏林，學會會友，專研化學。哈勒(Haller)（一七○八至一七七七年間人）生於波昂，於近代新學，無所不窺者。來布尼茲之外，首數此君，以植物學，生理學，詩詞，題名於時。眾稱之為生理學之祖，為部耳哈味高足。一七三六年，為新辦之格丁根大學教授，處教席有十七年，專教解剖學植物學醫學外科學。

來布尼茲原是官僚，歐拉為學會會友，偉爾納為礦學學校首領，洪保德是大旅行家，馬格拉夫家居，哈勒在格丁根大學大放光明，高擡科學，使與古學立於同等地位者，此君之力居多。從此科學得立於永固地位。一七五一年，設格丁根學會與大學有密切之關係。一七五三年，刊行著名之格丁根學者報(Göttinger Gelehrte Anzeigen)【原註】此報在一七三九年已有。邁爾及籃伯(Lambert)【原註】籃伯（一七二八至一七七七年間人）生於亞爾薩斯(Alsace，此時地屬瑞士），為柏林學會會員，與歐拉，蘭格倫日，相往來。一七六○年，著「量光學」，一七七九年著「量熱學」，又發明慧星軌道公式。奧爾柏斯(Olbers)曾用此公式以布算（一七九七年刊於威馬爾Weimar一八四七年，恩刻Encke重刊之）。又預言太陽之正動（又稱自動）。（參觀一七六一年其所著論天文書）。赫瑟爾據其說以計算之，載在其所著『太陽與太陽系之正動』一文（載一七八三年『哲學會報告』）。並未得大學或學會多少助力，（邁爾是大學中人，藍伯是學會會友。）此二子之所以得名，皆全賴個人之私財以濟事。洪保德亦靠私財，及與巴黎學會之關係。及其暮年已入第十九世紀，始得顯著位置，爲德國科學界之泰斗。封薩克(von Zach)奧爾柏斯，邁爾，藍伯，在第十八世紀中，高擡德國之天文學，使與法英兩國科學同其地位，而處於大學界之外。封薩克靠朋友之力，其後靠臯塔公爵之力，得處於歐洲天文界之中心點，又爲第十九世紀德國天文界之領袖。『原註』封薩克生於奧國，爲一七五四至一八三二年間人，初入奧國騎隊，其後專研究天文，居巴黎倫敦頗久，因識拉隆德，拉普拉斯，赫瑟爾，馬斯刻林(Maskelyne)，藍茲登，等諸君。一七八六年，臯塔公爵命，封薩克在臯塔附近建觀象臺，一七九一年告成。於是教成若干少年天文家，最初刊布天文雜誌，其最初刊行，在一七九八年。一八〇〇至一八一三年，又發行一種。拉隆德及高斯皆以此類國際之天文布告，爲極有用之作，假使無此項布告，則皮阿齊(Piazzi)之新發現，必至復失（見下文）。參看倭爾夫『天文史』第七六四頁。奧爾柏斯原以行醫爲業，而以天文學爲消遣，有功於科學不少，其最著者，即算彗星軌道法是也。其自以爲最有功者，則爲於羣衆之中，特別賞拔柏塞爾，以爲後起之秀，培植成器。（原註一）奧爾柏斯，德國人，一七五年至一八四〇年間人，私習天文，因再發現極小行星之所在而得名。（參觀下文）。其所持之學說，謂小行星爲最初時大行星之破碎小塊所成，此說頗行於一時。奧爾柏斯郎本此學說，而再尋得第一極小行星之地位，一七九六年曾刊行其所著書。奧爾柏斯用藍柏之方程式，竟將牛頓及繼牛頓而起之人所用之方法，變爲完備。用奧爾柏斯此法，可以實行計算彗星之軌道，此法今尚用之。（參觀倭爾夫著作第五一九頁）。〇柏塞爾（一七八四至一八四六年間人。）原在輪船公司當錄事，以明算爲奧爾柏斯所知邁爾所算之太陰表，得英國金錢之助而刊行，德國則有柏塞爾之作，以酬。英國。先是英國欽天監卜拉德賚（一六九二至一七六二年間人），於一七五〇至一七六一年，在觀象臺所瞻測之各項度數極多，乃擱置一旁，無人收輯刊布。亟一七九八年，奧爾柏斯始勸柏塞爾從事蒐輯，以爲科學之用。柏塞爾乃爲之布算，因此頗得天文學所作爲根據之重要數目。費若干年之心力，始得成書，刊行於一八一八年。又於一八三八至一八四〇年間，測得天鵝垣第六十一星之視差，最先得確切恆星距離之數。其所算得者，爲六十二兆（萬萬爲億，萬億爲兆）天文英里。

一三、第十八世紀科學在德國大學尚未獲得永久立足地位

作者研究第十八世紀末年之德國科學諸歷史，從所得之印象觀之；德國之大學，以哲學古學而論，當時所處之顯著地位，與第十九世紀同；至於德國學會所發展之確切科學之新精神，除格丁根大學之外，其餘大學尚未吸收。其著名之科

學家，皆在大學局外，惟大多入於國際學會之內；其時此會以巴黎爲中心點，並無若何潛力入於大學，更不能入於當代之藝文，其時藝文已到古學派成熟時期。德國科學，當時既如是之散漫，一方面發生一種特性，比於當時德國思想之趨勢，有非我族類之勢；因其時偏重理想，而無確切研究以節制之，故有此種特性之發生。

〔原註〕此是自然哲學時代，南有謝林，北有黑智爾，其徒衆分據南北大學教席。此種自然哲學，往往以揣測代歸納之法，往往置計算者，瞻測者，試驗者，解剖者，之細密勞苦工夫於不顧，而代以大概學說。施於文學歷史，詩詞，諸問題，亦未嘗不得有一種重要之處，與似是而非之實在及用處。德國學會完全反對此種學術，屆費兒不以爲然，或懷疑以爲不可用。英國則不知有此學術。即在德國本國，其個人大思想家，亦不以爲然，用極力反對。否則在大學之外研究，不受其潛力所轉移，如洪保德，高斯是也。後起之秀，如利比喜，米勒，兩君，雖爲其潛力所轉移，而爲時不久。至於此種學術之遺害於自然科學與醫學，則見於赫爾姆霍斯，及雷文(Du 。Bois-Reymond)之演說。此種哲學價值，特於後文屢有所討論。其最盛之時期，大約自一七九七年謝林刊行其「自然哲學」起。黑智爾死之一八三一年，洪保德在柏林講演之一八二七，一八二八兩年，大約可以算作自然哲學之末日。讀者試觀後文一則，可得而知。自然哲學時代，拋棄頗多極有價值之意想，至後來乃復發現於科學世界。一八三○年，爲屆費兒之意想，打倒其同時享大名之法國聖提雷耳(Geoffroy St.-Hilaire)意想之年。拉馬克，歐德，兩家著作中之有價值之提議，亦以此時而暫歸失敗。

同時在

又一方面，後來之科學思想，已在當時浩如烟海之藝文中，徵露其端，如斐斯忒(Forster)，歌德之著作是也。

〔原註〕斐斯忒又稱符士特（一七五三至一七九四年間人）。其在文學界科學界中，可謂有一無二，美術精神科學精神，兼而有之。既提倡詩詞，又提倡確切科學，酷嗜研究自然界，因而發生美術之新思想，與科學之深遠意識。斐斯忒可比英國之懷特及其他博物學家，不求炫耀，隱居研究自然景物，以頤養天懷，另具一種懷抱，深入於當代之詩詞科學思想中，如最享大名之威至威士、歌德、洪保德、達爾文、竊雷斯、赫克爾(Haeckel)諸君是也。斐斯忒之生平，極有意味，亦頗有不快意之事，足以介紹讀者，以入於法國革命初年詩意驟發時代，斐斯忒以其時死於革命。後人爲之作傳者，不一其人。如博物家侔雷斯珂，小說家刻尼喜，克來因，希勒格，革飛努斯，赫特涅，諸人。洪保德稱斐斯忒爲其師（參觀洪保德所撰之「大世界」（即紀遊）第一册，第三百四十五頁）。斐斯忒又曾繙譯印度之大詩人所撰之「沙艮搭拉」，賀德爲之作序，序中謂『斐斯忒雖不甚享當時之名，然而其名將永傳不朽，非餘子可及』云云。在英國德國藝文中，有斐斯忒之一席位，因其爲英國海軍大佐庫克(Cook)作第二次環遊地球記，文筆之美，可傳於後，其後被聘爲博物家，其父隨船遨遊地球。（遊記凡二册，一七七七年刊於倫敦，德文本刊行在一七七九年）。評文家加涅特(Garnett)云，『斐斯忒所撰之紀遊，其敘寫自然界之變象，務求翔實，而異采横溢，是紀遊之頗有派作，爲學者所爭讀，幾乎家有其書。在著作林中，高出羣衆。近代第一模範作者，能發揮美術與科學，不修用專門名詞，而能不失其本意，使讀者易曉。此在衆中，斐斯忒幾乎可高據首席。其文章之美，亦幾乎不亟於他人。（見「大英百科全書」第九册第四百十九頁）。斐斯忒正在第

十八世紀思想變作第十九世紀思想之際，讀其著作與尺牘及後人所爲傳，可以窺見當時大陸之大思想家所研究之諸大問題。或有怪其乏愛國思想者，然同時正可以讚美其能脫離，囿於國界之偏狹局量。◯〔原註〕過一百年後，始能確實量度歌德科學意想之價值。歌德既不與學會相近，又無科學家文章派，又與牛頓反對，專以作詩爲事〔當時以爲過於蹈虛而不務實，比近代尤甚〕。是以同時之博物家，並不認眞注意於歌德之科學著作，隨後有一時期，科學家始分別何爲精華，何爲糟粕。然而科學家歷時甚久，始知其眞價值。當日歌德獨有貫通綱舉，自然界之意識，與當代異趨。時至今日，學者乃漸漸習慣此項意想，認爲必要。從前之科學家只知歌德之特別發明，及其提議示意之可貴，久而復知其貫通綱舉之意識，尤爲可寶也。〔參觀赫爾姆霍斯之歌德論，及本人見解之進步。作者此後將屢次提及〕。

然而雖有此種科學精神之初發現，若無在課堂之練習，或有名手指導，則不能有充量之發達。

一四、科學旬報雜志

德國其始因無學會之組織，無從聯絡求學之中心點，又分散四方，故科學旬報雜誌發達最早，成爲德國藝文之特色，爲互換知識之居間物，借以採輯材料，以資研究。其時大學並未以確切科學爲有統系學科，假使無旬報等等所有之科學研究，難免於埋沒及失落。

第十八世紀之末年，在確切科學世界中，雖以巴黎爲中心點，而德國亦據有

一五、高斯之算學研究

一極重要之地位，而並非大學之力。其前有刻卜斬（Kepler），來伯尼茲，在最高等算學中發其異采；至第十九世紀初年，發生兩事，而異采復發。此兩事皆與高斯（亦作哥斯）有關。高斯在格丁根大學五十年，為此大學大增名譽。〔原註〕高斯（一七七七年至一八五五年間人），拉普拉斯稱為歐洲第一算學家，為新學派之最前列之第一人。所謂新算學派，作者將於後文詳論之。大陸之大算學家，皆有師授，而高斯則無之。其初研究算學時，即有獨立思想。英國之大思想家所新發明者，往往閱一百年，然後見於教科書。高斯頗與之相類，最重純粹科學。近代大人物，惟牛頓能企及其意格，以為惟牛頓一人，可稱為第一等人物，能採用組合法，而去其間架。高斯所教練之算學家不多，其深得師授者，則有匈牙利人波里亞（Bolyai，一七七五年至一八五六年間人），又有幾何學家參俾烏（Möbius，一七九〇至一八六八年間人），方士圖（von Staudt，一七九八年至一八六七年間人），此兩人皆有獨立之新發明。第一事即一八〇一年刊行用拉丁文所撰之數學論，此一書可與大算學家歐拉，蘭格倫日，勒戎德耳齊名。〔原註〕初高斯並不知有歐拉，蘭格倫日，勒戎德耳諸家之數學新發明，及其理證。高斯在格丁根，婁馬大學當學生，十八歲時，即能發明數目性質之多數問題。又因求得以幾何法作十七邊相等形。此種求作之法，二千年來，已成絕調，至是始有高斯為之繼續。高斯之研究此種問題，獨出心裁，毫無依傍。早已知研究高等數目問題（例如數目學說，此與代數學說不同），非有新法不可，故製造新名詞，及新算法。由是此一部分之算學，變為新科學。勒戎德耳之一數目學」（列行於一七九九年），羅列前人所已知者，及其本人所發明者，而並未新立基礎，使成為新科學。

第二事為新創一簡便法，從有限若干次之相繼瞻測，而算行星軌道。

〔原註〕一八〇一年，意大利人皮阿齊得一行動第八級星之赤經五十七度四十七分，赤緯十六度八分。一月二十四日報告於柏林，謂是彗星。其後數日，則又以為行星，稱為栖里茲行星。（〔譯者註〕可稱嘉禾星）。除皮阿齊外，並無其他天文家得見此星。皮阿齊與三四天文家，以彼所瞻測之度數，求其軌道，而此度數在九度之內。遍試軌道為平圓，橢圓，拋物線，俱求不得。奧爾柏斯以為據封薩克所刊之平圓橢圓數表，恐此星，再發現時，無法可以得見其方位。至十二月初間，復現之時將近，高斯以其所計算之數，報於封薩克。封薩克立即刊布，同時，並勸諸天文家，依據高斯所算之數，在皮阿齊奧爾柏斯諸君所指明之方位，向東六七度求之，一八〇一年十二月七日，封薩克果然求得此星所在。一八〇二年一月一日，奧爾柏斯亦得見此星，如海邊之一沙云。其所在之地位，與高斯所計算者甚相近。既有此效果，其後奧爾柏斯等又發見其他行星。由是天文學大家高斯之算法，遂以一八〇九年刊行。書中有兩問題，皆以極新而完全之法計算之。第一，既有應需若干瞻測之度數，只依據牛頓吸力例，完全撇開其他特別情形，以單簡確切方法，求行星軌道。以此法行之，果得完善效果，其法之妙，在乎簡而速。歐拉用舊法，要費三日苦工，而後能得之，因是其兩目失明。高斯用新法，不過一點鐘。第二問題為所瞻測之次數，常比需用者多，多則難免差錯。是以每一盤之瞻測結算，有其所得之軌道，十盤所得者，則有十盤之結算，所得之軌道，自不能盡同。槪不能盡同，則應用如何方法，可以求得最準之折中數，此即是決分學之一問題。一七九五年，高斯已得有所謂最小平方術，高斯視為極自然之事

撮度邁爾必已知之。勒戎德耳並未憑借他人，亦知有此術，以一八〇六年首先刊布，見於其所撰之「求彗星軌道新法」。高斯於一八〇一年，以其法通知封薩克。封薩克及奧爾柏斯用此新法，重新求得第一最小行星栖里茲，此即是皮阿齊於一八〇一年年一月一日所瞻測者。其後此星走近日光所及之境，復失其所在。從此高斯與德國之大天文家拉普拉斯拉隆德諸人齊名。此位格丁根新聘之算學教授，及觀象臺臺長，遂得躋於巴黎學會會友之列。自從歐拉死後，巴黎學會會員幾乎稱霸於算學世界。高斯雖以高等及抽象派之確切科學，介紹於德國大學，與德法兩國以算學相聯接，如同不久以前，洪保德以自然界科學爲聯接；然而仍須待二十餘年之後，確切研究及高等算學之精神，始能遍灌於德國諸大學。其始德國不過有哲學古學之精神，至是乃兼有科學精神。在此二十五年間，只有高斯一人潛修其高遠之學；德國學者，不過知其名，與從前之歐拉相類。及門之後起習天文者，與同時之有往來者，知高斯較爲親切。然而天文並不在大學學科之列，其所以致此之由，是否由於高斯之特別性質，則殊不易言。

一六、科學精神以第十九世紀之第二季乃入於德國諸大學

〔原註〕標克尼(Bjerknes)常言後起之算學家，頗憚高斯。

高斯本人，從未受學於大教師；其時巴黎頗有名師，高斯以已爲師，且早已稱讚前人歐幾里得，阿基米得，牛頓之術；其著書之文章，頗爲古奧，毋論在何時代，皆能適用，唯不合於無門徑初學者之用。

〔原註〕高斯頗與牛頓相類，往往被他人得先着，先刊布其新發明之意想與算術，而形式每不完備。此語並非謂人先刊布者，不由自己心得，而抄襲牛頓，高斯之新發明。作者今引兩事，以解明之。一八〇一年，高斯刊布其所撰之〔數學論〕時，未刻其第八章，此章論高級餘剩。其時高斯所發明之雙兩冪之餘剩學說，將近告成。當其研究此問題時，以爲必要推廣數目之意於常用之界外，若限於用整數，則推廣此意，只能至負號之數爲止。正負之分只在方向，間在一線上，向前計者爲正，向後計者爲負。高斯用意，則在一直線之兩邊再作分別，凡如是在一个面之數目，稱爲複數，因爲要用兩單位起計故。所謂兩單位者，其一卽普通之單位1，又一卽i（√-1）。高斯又指明1與i有關係，即 $i=\sqrt{-1}$ 是也。此項複雜計數法，直至一八三一年，始宣布此法之說明，見於其所著「雙兩冪餘剩學說」。而阿共先於一八〇六年，刊布其以幾何法表示幻數〔卽虛數〕之術，然並未用以研究重要問題，遂無人注意，亦不爲人所知。高斯因深密其術，久不公布，雖自享其用，而失新發明者之尊銜。又有一事，又被他人先居其功。第十九世紀之前半期，頗有人知高斯有極有價值之新發明，稱爲新超越函數。友人之好奇者，讀高斯之「數學論」，及其所有與朋友往來之函牘，頗欲觀其所謂妙法。及一發露，始知雅科俾(Jacobi)阿柏爾〔一八〇二年與一八二九年間人〕，已接承勒戎德耳之研究〔勒戎德耳之用功，起於一七八六年，大功告成於一八二五

，一八二八等年，刊行其最大著作，即「橢圓函數」，共二冊，三附篇），加以發揮，告厥成功，與高斯三十年前之發明相同。自從刊布高斯遺著之後，算學名家頗考究孰先孰後問題，定爲其首先刊布者，由於雅科俾阿柏爾，其首先發明雙週期函數之基本性質者，則由於高斯。詳情見恩尼拍(Enneper)「橢圓函數」之歷史的介紹文。又參看高斯文集第三冊第四九一至四九六頁，又雅科俾文集第一冊第十一頁，標克尼「阿柏爾傳」，科尼斯堡(Koenigsberger)「橢圓超越函數學說史」。然而確切研究及算學研究之精神之輸入於大學，則高斯以後諸人之功；其時之環境，又與高斯無干。

一七、雅科俾之算學派

德國之所以有著名之算學者，則由於雅科俾。雅科俾與高斯同，亦無師而通算學，而兩人取徑各別；高斯步趨牛頓，及古時名人；雅科俾則步趨今人，如歐拉，蘭格倫日，拉普拉斯諸子。此數位算學巨子，比於古時歐几理得，及後代牛頓高斯之法，爲較易於示教，與雅科俾之性情相近。自一八二五年年二十一歲，即當教員。（原註」雅科俾（一八〇四至一八五一年間人）爲德國第一算學大教師。特理力有言曰：『雅科俾所教者，並非已有結束，從前已有刊布之算學，其所講演者，皆在教科書之外，皆爲其所自創者，此項問題極多。雅科俾之講演，頗爲顯明，而非知識之賫乏，之爲明顯，爲另外一種高等明顯。先講學說所含之主要意義，一面掃除一切之有造作形迹者，於是易於解決問題之法，自然發現，聽者，遂希望能解決問題之問題。此種教法，頗收極良之效果。，今日分析術之播傳德國，為前此所未有，又有極多數之算學家推廣其用於各科學，則雅科俾之功也。此多數之算學家，皆雅科俾之入室弟子也。』（參觀特理力一八五二年在柏林學會之論議，見雅科俾文集第一冊第二十一頁）。雅科俾先在柏林，後在哥尼斯堡。此兩大學因有雅科俾及柏塞爾兩巨子，遂為教授純粹高等算學及實用高等算學之中心點。至今此兩大學仍保守其固有之顯著地位，不獨為教授之中心點，且為研究算學之中心點。因研究算學，則講室之外應另有建設，尤應有以保存其所獨立研究及新發明者。柏林算學家由是發起一極重要之算學報，與巴黎前三十年所發起之藝術學校月刊同意。該報名克禮爾月刊（Crelle's Journal）。此報與巴黎學會會報及藝術學校月刊，同為第十九世紀上半期高等算學之學庫。【註】

原克禮爾（Crelle），一七八〇年至一八五五年間人，於一八二六年，發行「算學報」，大抵皆取材於阿柏爾與斯泰湼兩家之撰述，其思想之新鮮，為當世所無。其所研究之區域，皆以極深遠之意思為根本，五十年後算學家始能透徹領會。阿柏爾生於挪威，死於一八二九年，死時不過二十七歲。其四年內所撰諸作，推廣代數學之界限，為計算超越函數立基礎。其先算學家欲以代數法求四次以上方程式之根而不能，阿柏爾證明按當時之意想而論，此為不能解決之問題。勒戎特耳用力逾三十年，發明橢圓積分學說，按照當時所取徑途，已發明至於極點。阿柏爾，雅科俾同時另從一新方面，着想，由是發現又一研究區域。一八二六年，阿白爾報告於巴黎時，已知此區域之廣大重要。其所研究者包括甚廣，勃戎德耳雅科俾所研究者，不過屬其一體。此報告中即有阿柏爾最著名之問題，在一八二五年已經揭出，一八二九年刊於克禮爾「算學報」之短論中，歷久無人注意，因為其難讀也。世人以為阿柏爾為古今來第一算學家，而以斯泰涅（生於瑞士，一七九六年至一八六三年間人）為今代之第一幾何學家。其時因分析術之進步，幾何學之研究，無人過問。雖有蒙日與其及門弟子，又有逢退利等繼之，提倡於法國，有麥俾烏，蒲洛克(Plücker)諸人提倡於德國，亦無能為力。麥俾烏等之功業，久無人知。斯泰涅亦是無師自通之算學者，不喜微分積分學，以為幾何術不能解決幾何問題，是幾何學之大恥。於是將古人遺下及今日新幾何發生之問題，求其一貫根本要義，以貫串此項問題，從亂雜無秩序之中，尋出秩序，證明只消用幾樣要素，及最省儉之法，即能予空間之形，以無數之特性。斯泰涅不獨發明線之幾何，及割錐，及第二級之曲線，與空間同等之曲面，同時並解決多數問題之只能以變數術解決者。且變數術所不能及之問題，亦以其新幾何法解決之。此新法專為解決幾何學問題而設，亦如斐馬之於數目學說。斯泰涅有多數問題留與後人，此皆雖經其解決，而未證明者，近日始由意大利算學家格里摩那(Cremona)將各問題理清（參觀韓克爾Hankel「投影幾何原理」第一卷，又泰涅斯文集第二册，第四百九十五頁）。又以雅科俾之力（而尤以特理力之力為多，特理力法國人之裔，生於一八〇四年，學於巴黎，為拉普拉斯，勒戎德耳，傅立葉，帕松，科犀之入門弟子），將高斯之大著作數目學說，刊布於通行之算學書內。高斯此作，垂二十年，無

第二章 德國之科學精神

人過問，至此始出而問世，與牛頓之原理同一重要，同爲後人取之不盡用之不竭之學庫。

一八、一八二六年利比喜初設化學試驗室

同時確切科學中之試驗部（如化學天平之用，拉瓦節及其學派用以置化學於堅固獨立之基礎者），初得發達。因其時大學初建試驗室。〔原註〕關於利比喜之試驗室，參觀何夫曼之法拉第（Faraday）講演第八頁。教練學生之試驗室，利比喜之先已有之。哥布（見其「化學史」第二册第十九頁）嘗謂一八六三年曾辦一試驗所於阿爾托夫（Altorf），以爲學院教授之用。以教練新派化學而論，柏濟力阿斯（Berzelius）之功爲多，在其試驗室受教練者，頗多有名之人。湯姆孫爵士（即克爾文爵士）在「自然報」第三十一册第四百〇九頁，則謂試驗室之教練，在一八二八年，由湯姆孫托馬斯始。利比喜之試驗室所以與衆不同者，在乎取徑不同，爲有規則有統系之專門研究，分求質求數及有機體之分析，少年學者因以深知各物之質性，與分析之手術。又有專門名家所撰之課本表册爲指南，以爲學生習練之用。當利比喜初建試驗室之時，朴金治（Purkinje）同時在北勒斯勞（Breslau）建設第一生理學試驗室（參觀雷文「演講集」第二册第三百六十七頁）。關於此事，則以利比喜一八二六年所開設最著名之試驗室之潛力爲最大，成爲巴黎以外大多數有名之化學家練習之地，又爲其他試驗室之模範，其潛力達於天下，達於英國，蘇格蘭，及美國。今代毋論遠近地方所用

一九、德國科學不分國界

之確切而又容易之分析法，皆以利比喜試驗室爲發源地，其所以能發達者，亦以此試驗室之功爲最大。吾人所宜最注意者，不獨德國化學爲然，凡德國之科學皆不分國界，以試驗爲研究原爲兩處中心點所提倡。德國之化學家及其算學家，並不甚偏向於巴黎學派。

以算學而論，高斯取徑於牛頓，而得古人之家數（或家法），參合新興之法國分析派，取徑於雅科俾及特理力，遂使德國之算學研究無所不包，不分新舊；化學亦如是。化學既有立足之地於德國，即立爲大學之要緊科目，其餘教練學生之方法，亦取材於兩中心點。其時瑞典有化學名家柏濟力阿斯，與給呂薩克（Gay-Lussac）同享榮名，爲本世紀中葉德國大化學家之師。格丁根之化學家爲柏濟力阿斯派，而利比喜之命運獨佳，有洪保德之介紹，得入給呂薩克在巴黎所開之試驗室爲第一弟子。〔原註〕利比喜曾作自傳，身後始刊布，其中詳論兩派之長，及當時德國大學之科學精神，如何極其煥發，今擇要附注於此。其記遊學巴黎時事有言曰：『法國之講演，注重於內含之眞理，所有類似解說之語，一概刪除。此與德國之講演正相反。德國講演，偏向於外抽，由是科學之原理散漫無主，反失去其堅實之結合。：：我於一八二四年回德國，其時因有柏濟力阿斯學派之力，：：無機化學始事改良。：：我在基森二十八年，我常記憶此二十八年間之歡樂，我以爲能用力於此局面較小之大學，似有天意存焉。假使我在較大之市鎮，或局面較大之大學，則不能在不消耗我之精力於無用之地，則我之目的殊難達到，或者竟不能達到。惟在基森則不然，我能發展全力於所事，此則我所最享受生平之樂事也。我以爲學化學者，必要熟悉分析手續，必要能善用化學器具。總而言之，凡教化學者，必要學生自己自習，此時學界已知之。是以我所建設之試驗室初開辦之時，：：四方之來學者甚衆，：：來者日多，頗難於施教。同時教多數學生，必要有極整齊之循序漸進之辦法，此則頗費籌畫，又必先嘗試此項規畫，是否可行。爲時不久，竟能使瑞士大教師之有名學生，熟習金石類分析，：：且達到極完善之地步。：：物理化學：：因有給呂薩克，洪保德諸公之所揭露，由是得有堅固基礎，化學之比例亦然。：：其時並無所謂有機化學。：：給呂薩克，柏濟力阿斯等等諸公，雖已爲有機化學之基礎，而悉甫勒爾(Chevreul)之脂質物研究，歷多年而無人注意。其時之精力，幾乎全數爲無機化學所吸收。我在巴黎所受之指導，則不然。：：不久我便知有機化學之一切進步，在乎化繁複爲單簡。：：我在基森之其始數年，全用力於有機物分析之改良，及進步，初得效果，全校之精神大爲振作，爲世界所創見。：：此時基森大學吸收歐州各國多數少年多能之士，殆有天幸存焉。：：人人自致其力，自闢途徑。：：自朝至暮，無不盡其心力。在基森地方，無所謂消遣，無所謂尋樂，勞苦不歇。校役往往出怨言，因散課之後，校役雖欲入課堂打掃而有所不能，以學生仍從事於試驗，而不肯離開也。（參觀「德國評論報」第四十四册，第三十至第三十九頁。）

自高斯在算學界，大有其

新揭露新發明之後二十年，又有兩大新揭露報告於科學界，從此德國又在化學界處於最高地位。其一爲一八一九年密拆力喜（Mitscherlich）所發露之異質同形學說（isomorphism），〔原註〕密拆力喜（一七九四至一八六三年間人）爲柏濟力阿斯之高足，以一八一九年發露化合質結晶之特性，謂化合質之結晶，有定形者，可以從中取出某數種原質，而按化學當値比例，易以他數種原質，其結晶，仍作爲原來之定形而不改變。此種原質，稱爲『同形原質』。柏濟力阿斯謂自從揭露化學比例律之後，以此爲化學界最重要之發明。其二爲味勒（Wöhler）於一八二八年，從無機物製成有機化合物。〔原註〕此是從青氣（cyanogen）化合物，製成機體繁複之尿素（urea）。「此是以化學法，用無機物可以製成有機物之第一次。有此發明之後，遂打破有機無機之分別。從前以爲惟無機物則可以人爲製造，從此乃打破界限」（參觀哥布所撰之「化學史」第一冊，第四百四十二頁）。但是此語不能盡確，除非以青氣化合物及阿莫尼亞爲無機物，蓋其時並未能從無機物造製出青氣及阿莫尼亞。此二物俱從有機物製出。常人對於味勒之新揭露，未能十分明白，須以此糾正之。參觀哥布「德國學術史」第十冊，第五百四十六頁。

二〇、利比喜有機物之分析

一八三〇年，利比喜以此得名之單簡而確切之有機物分析法，大功告成，學者即稱爲利比喜分析法。今代之新式無機化學可謂發生於利比喜及味勒之研究時期。〔原註〕利比喜與味勒兩人之思想，各有不同，取徑亦不同，其所從學之學校派別又不同，而能通力合作，〔利比喜研究時期，在一八〇三年至一八七三年，味勒研究時期，在一八〇〇年至一八八二年〕，此尤應注意者〔參觀何夫曼所監刊之利比喜與味勒兩人往來尺牘〕。上文所引之利比喜自傳有言曰：「自從我初在某森辦事時，遇有天幸，因志趣相同，獲一同志。若干年後，吾兩人者，倘爲極親熱之友誼所周結〔指一八六〇年至一八七〇年〕。吾兩人者，思想之趨勢則不同，我之趨勢偏重於伺察各物相同之點，與其如何化合，味勒則趨重於各物不同之點。味勒君不獨有最尖利之審察，且有美術之巧思，以創新法分析，此爲世所罕見者。吾兩人通力合作，研究尿素與桃仁油，頗爲世人所稱讚，此是味勒君之功也。我個人之目的，兩學派之專長，因通力合作而益彰。吾兩人繼手合作，無猜無忌，若遇要相助時，無不概然相助。有多數之小發明小製造，號稱爲吾兩人所共同發明製造，其實不過是一個人所造，而所以同用兩名者，皆不過禮倘往來，如彼此相投贈報答之禮物。即此一端，可以窺見吾兩人合作之精神矣」自傳第三十九頁〕。〔雖然，德國之最爲顯名者，倘不在此，純粹科學，算學，物理學，化學，在德國學者手中，雖有取徑特新之進步，理想之研究，雖又爲德國學者所特嗜（下文有極多機會討論及此）；然而在第十九世紀之上半期，從德國發生之極大科學進步，及獨發異采，以確切精神而研究有得之事業，則在化學之外。惟便利於此種之特別進步情形，偏不能得之於他國，而獨能得之於德國大學，則殊爲令人難信之事。【譯者註】其意即謂惟德國此時大學情形，可以有此特別進步。德國原爲各種思想薈萃之地，亦爲純粹科學及實用科學並重之地，又爲玄學派與確切學派相競爭之所。通行之意識時起時落，必有如此情形，然後能將生命及意識之變象之各種研究，躋升於確切科學之地位。在德國學者手中，化學，物理學，植物學，動物學，比較解剖學，比較形構學，病理學，心靈學，玄學，皆從不相同無聯屬之起點用功，以產生最扼要而正位中央之科學，以研究有機物之生命，及個人個體之所以成爲個人個體，同時又用力於研究意識之直接情狀。

二、生物學是德國科學

生理學（推廣其範圍，宜稱爲生物學）【原註】最重要之生理學兩大新發明，皆屬於英國。一爲第十七世紀哈維(Har-vey)所發明之血液循環，一爲第十九世紀初年柏爾查理(Charles Bell)所發明之運動神經及感覺神經之分別。然而又有二人焉，其用力甚勞，同使生理學得列爲獨立科學，而又有統系之著作以利學者，其一應爲哈勒（已見上文），自其著作出，其餘子之著作盡爲所掩，其一應爲米勒（一八○一年至一八五八年間人），其所著要略（一八三三至一八四○年），皆譯成法文英文（參觀雷文所著「演講集」第二冊，第一百九十五，三百六十等頁）。雷文又謂，德國所用之算學，物理學，化學等書，皆用法文英文譯本，惟有德國之生理學，則通用於世界者多年（參觀第二冊第一百九十六頁）。故此生理學頗有理由，可稱爲德國科學（參觀赫爾姆霍斯「演講集」第一册，第三百十九頁，第三百六十二頁。又雷文「演講集」第二册，第二百六十五頁，及赫胥黎所著之「評論演說合編」第二百二十一頁，第三百〇三頁）。至關於生理學與其他科學之關係，參觀上文所引之赫爾姆霍斯書，及雷文著作，第二册第三四一頁，及赫胥黎之「教堂演講」第七五頁，「科學與文化」第五二頁。此頁有言曰，「若能將人之生理學研究透徹，原是一種學問，比生理學名詞向來所賅括者，範圍尤爲寬廣，包羅更多，毋論吾人所有之各項聰明知識，無不用到」云云。〇及特雷宇納魯司(Treviranus, 一七七六年至一八三七年間人），始稱此科學爲生物學。此君爲當時名醫，始以一七九六年著「生物學說」，刊行於一八〇二年（一八〇二年至一八二二年，刊行六册）。一八〇一年，拉馬克亦用此名詞，比沙（亦作泌查）與此二子各不依附，而同時皆有「將所有研究生命之各種學問合而爲一，視爲一種科學，以資研究」。（參觀赫胥黎之「美國演說」第一百三十六頁，論生物學條下）。生物學之名稱，雖發起於德國，而不甚通用，其後反通用於法英兩國，且以達爾文爲首領之英國生物學派之大著作，推行其潛力於德國，生物學名詞始復見於德國。其時生物學之各種科學，在德國大學皆佔有教席，如生理學，動物學，植物學，等類是也。據赫胥黎云，從前所用之名稱，卽爲「陳舊徒亂人意之博物學」（一譯者註）語義卽自然歷史）。隨後乃以生物學代之，今日之所謂生物學，指研究動物植物之科學（見前書第一百三十八頁）。生物學可分爲三大枝：一、形態學（又稱形構學）討論，凡解剖發展（卽天演之原字）及分類之科學皆屬之。二、論古今來有生命之物之分布。三、生理學，所討論者，爲有生之物之功用，及其動作，並從物質之分子力之例，推求形態（卽形構）及分布之事實」。（參觀赫胥黎之「教堂演講」第八十三頁，一八六四年出版）。在此三大枝之外，赫胥黎加入新產生之推原學(ætiology)。此學之目的，在研究生物學事實之理由，及生物學變象之解說，表明此項理由及解說爲物理通例之別案（見「大英百科全書」『生物學』條下，第六百八十八頁）。此宜稱爲德國科學，與化學之稱爲法國科學同。前世紀之大名家哈勒，前文已經提及，此君宜稱爲生理學之祖；又如布盧門巴哈(Blumenbach)爲解剖家；利比喜及味勒爲化學家之最先以無機化學方法製造有機化合質者，此皆前文已經提及者。此外作者宜加兩人，此兩人者，爲吾人所存有機體物結構之意想之

三、士來登及司旺之細胞學說

大革命家；此兩人者又聯合動物界植物界爲一。一八三八年，士來登(Schleiden)發表關於植物之結構生長之細胞學說。【原註】士來登（一八〇四至一八八一年間人），在耶拿(Jena)爲植物學教授，有特異之才能及性情，有哲學思想，而好確切知識。兼能文章，爲德國純粹科學界所罕見。反對唯心哲學，而又不好林尼阿派之過於拘束無味，而擴充科學眼界，使羣衆注意於植物世界。著有「歸納科學之植物學」（一八四二至四五年），及一短期之「植物學雜誌」（係與內革利合辦者）。同時有司旺(Schwann)者，推行此細胞學說於動物。【原註】司旺（一八一〇年至一八二〇年間人），爲米勒．約翰之入室弟子。曾充盧芳(Louvain)大學教授，與士來登爲友，組合兩項．獨立研究及科學思想。細胞名稱，在前已爲虎克(Hooke)服爾夫(Wolff)布拉文諸人所用，至士來登始以爲形構與生命之元素，即今日所謂植物之形構及胚胎之單位。於是有多數名家，從比沙以至米勒．約翰．

皆研究動物之纖維。司旺研究脊索(notochord)，見與士來登之成核細胞(nucleated cells)有相類之處，由是而發生新意想，以爲凡動物之元素部分雖極不相同，而有共同之發達作用存在。此共通者，無不結成細胞是也。此即細胞學說之起點。於是即有享利(Henle)者(一八〇九年至一八八五年間人)，起而重新改造普通解剖學。其後有微耳和(Virchow)者，發起細胞病理學，其目的在發展普通生物學主義。是以士來登及司旺兩家之發明，可以謂之關於動物界，從歷史上之研究入於生理上之研究也。其時有各種環境相與會合，使細胞學說之發明，爲科學思想及普通思想在歷史上之新紀元。

撰植物學史者薩克斯(Sachs)，謂士來登之大著作爲大發光明。【原註】參觀薩克斯「自十六世紀至一八六〇年之植物學史」第二百〇三等頁。雷文曰：『動植物之結構幽深黑暗，非比較解剖學及比較胚胎學之微光所能照見；忽然而有細胞學說出，於是大放光明，無徹不照。非親見此學說之初現時，不能領略此事之如幻術然，令人驚奇。』【原註】參觀雷文之「演講集」第二册第五百四十一等頁。德國與他國原已有生物學及形構學之研究，預爲之地，至此始有此推倒一功之貫通主義發生，於是有稱讚不置者，亦有批評挑剔者；由是聚說紛紛，歷時甚久，而引起後來極多之新發明。【原註】『對於此學說好持異議者，不無其人，然而以組織學（即纖維學）而論，一八三八年以前，與此時期之後、判如不同。發起此學說之巨子，可以對吹毛求疵者，以不理置之可也』（參觀赫胥黎之『細胞學說』，載於一八五三年「英國及外國內外科醫學評論報」第十二集第二百九十頁）。自是以來，德國之生理學久居最高等地位。其能長久保存此地位，以其有極多之細微研究，此皆各學派之功，而集中於韋柏與米勒二子。

二三、韋柏及米勒

【原註】韋柏氏有兄弟三人（一名亨利克‧伊倫斯特 Ernst Heinrich, 一七九五至一八七八年間人，一名威廉‧Wilhelm, 一八〇四至九一年間人，一名愛多華 Eduard, 一八〇六至七一年間人），爲德國自然科學研究法最優，而在今日認爲最眞實最有效果之一代表。韋柏兄弟降生之年，適值有名大改革家——如利比喜，士孔來 (Schönlein) 米勒等——解脫玄學，學說之困難，奮發確切研究之精神，而同時又保守其固有較廣大之哲學的與百科的科學觀念之時期。其後又有功利主義之盛行，與前者背道而馳，而韋氏兄弟則潔身自守，不爲所染，又保持其德國之「學術」意義，爲學術之本身價值而研究，非有任何功利之希冀。韋氏兄弟之地位，在此點係完全一致，而長次二兄，尤爲堅持。彼輩之所代表之思想，可分別研究之，且本書下文將另立一章，講德人思想之特性，及最優美之大學研究法。韋氏有三大著作——「實驗波動說」（亨利克與威廉合著）一八二五年版，「手工製造業之力學」（威廉及愛多華合著）一八三六年版，「電力確切計量法」（威廉著）一八四六後出版——確切計量法之應用甚廣，凡專門研究如物理學，生理學，即金屬現象，亦應用之，於以建立一機械的陳述法及數學計算法之基礎。韋柏‧威廉之動電定律，與韋柏‧亨利克之心物定律，頗引起長期之辯論及有效之學說。韋氏兄弟之工作，足足占有半世紀之久。欲知韋氏兄弟在學問界之地位，可參看孔特士

之費希奈爾傳，一八九二年版，第二四三頁。其言曰，『彼輩爲德人中最先提高自然科學，至昔日哲學家及拉丁族發明界所佔之優越地位之人也』。米勒派之功，在乎以確切方法研究全部生理變象，又在乎建設生理學試驗室於全國，與利比喜之基森試驗室相類，又在乎驅除從前玄學派之渺茫空泛思想，而散布真實之科學精神。此派學者又遍據德國諸大學之醫學生理學解剖學諸教席，爲當代有名教師，散布真實科學精神於醫學之各支派。【原註】醫科之各種科學，入於醫部，亦入於生物學部，與植物學動物學人類學，同入於哲學部。今日之德國大學，以醫科學生爲最多，第十九世紀之初年，則以宗教部之學生爲最多。其後哲學以歷史之風盛行，而確切科學之風尚起，於是哲學部之學生爲最多。此時則以研究生物學（包括醫學）爲國人所最注意。康拉德(Conrad)教授之統計報告（載一八九三年刊於柏林之勒克息斯(Lexis)「德國大學誌」），載有各部學生數目比較表（見前書第一册第一百二十五等頁）。庇拉洛(Billroth)教授所著之「醫學教學論」，以一八七六年刊行於維也納，亦討論德國大學學生數目之消長，奧國亦在內。維也納爲研究醫學之重要中心點，研究生物學學生數目之比例必更大，此指又包括奧國之各大學而言。此比例，大約爲百分之四十。參觀第二百七十頁，又參觀生物部各科學與大學之關係，見第四百十一頁至四百四十六頁。讀者則應注意庇拉洛教授不用生物學名稱，另用一不可譯之複字 naturwissenschaftlich-medizinisch（意即醫理自然科學）。由是醫學得入於確切科學或力學之範圍內。韋柏，米勒兩家之發明，不獨推廣其用於醫學知識，與醫學之實用，且於其初發明時，推廣其潛力及於他方。自然科學與玄學之組合，亦以此時初事研究。米勒初求學時，即研究器官之感覺。「原註」米勒（一八〇一年至一八五八年間人）有第十九世紀之哈勒之稱，又稱爲德國之屈費兒。其生平之學業，爲德國動物學歷史所紀載之重要一章，見於雷文之「米勒紀念演說」（一八五八年），其後復載於其所著之「演講集」，附以注解，見第二冊，第一四三頁至三三四頁。雷文謂哲學家「之包括動物學爲一全部科學，以米勒爲最後之代表，此後則分動物學爲多門，形構學，生理學，爲其最要之分支，爲最近代之自然科學。醫學之大代表如司旺，恆列之代表解剖學，雷文，赫爾姆霍斯之代表生理學，微耳和之代表病理解剖學，米勒與士孔來（一七九三至一八六四年間人）可以稱爲今代柏林醫學派之首建基礎人，同時則有朴金治諸子，爲今代奧國醫學派之首建基礎人，當時各派之地位，及其潛力與思想之交流，及學派之發源地，與此項科學精神之由德國大學而遠播於用德文各國，具見於上文所引之庇拉洛所著之「醫學教學論」，第三百〇七頁至三百六十六頁。若讀者能設想在此世紀中，哲學，宗教學，聲音訓詁之學，算學，化學，法律學，歷史學，皆有與上文所云之生物學，作同等之生活，則可以略知此時德國大學之生活情形矣。勒克息斯所著之「德國大學誌」，督描寫此項情形，而未及奧國，不無遺憾。蓋當時奧國大學情形，在醫學界中，尤爲處於極重要地位，竟未論及，殊爲可惜。此著作又將各科學，分門別類，過於破粹。其實在第十九世紀之初期，並未如此破粹分裂，本是聯合爲一大部，有大名家爲之代表。例如動物學，則以米勒爲代表。米勒證實特別工能律（specific energies）。即謂

第二章　德國之科學精神

光，色，聲，觸等感覺之分別，不在乎刺戟或發感覺之情狀，亦不在乎各特別腦筋之結構之不同，而在乎中央覺官之本性。流電（卽弗打電）之變象，最易引人入迷途，早年之生理學派，無確切試驗之閱歷，往往爲其所誤。米勒之徒則重新以科學方法研究，遂發生雷文大放光采之研究。赫爾姆霍斯者，以其兩大作，生理學之光學，及音樂之聲學而得名，建立此兩新派之科學基礎。赫爾姆霍斯及雷文皆公認米勒爲領袖。

〔原註〕赫爾姆霍斯（一八二一年至一八九五年間人）以生理學家及算理哲學家得大名，受教於米勒學派，又爲雅科俾派，及柏塞爾，納伊曼派之算學家。又嘗苦心孤詣，鑽研康德哲學所發生之深遠理想。以如此之才力知識，研究物理學，動物學，心理學之最高深問題，亦世所罕見者。後文引用其著作之處甚多，始先列其紀元之大著作於此。一爲一八四七年出版之「力之常住論」，一爲一八五八年出版之「水力學漩渦方程式之積分論」，——二書皆重刊於「科學論文集」中，一八八二及一八八三年來比錫版，共二冊。此兩著作可稱爲近代物理學中最重要之「工能常住」及「漩渦學說」之基礎。皆爲赫爾姆霍斯所初建，與湯姆孫，「威廉同享大名。」赫爾姆霍斯研究器官之生理學及心理學，所得，亦有同一重要，而包括更廣，載赫氏之「生理光學」一八六七年來比錫版，及「聲音感覺學」一八六三年不倫瑞克版。○赫爾姆霍斯又有討論今日兩大新問題之功；——其一、卽是電學變象之理想觀，關於此事，德國之章柏與英國之法拉第所主持之意想不同；其二、卽是研究幾何公理，（亦稱公論）

之根本，其最要者，卽是平行線公理。此問題之興趣，發出於里曼之著名遺集「幾何假設之基礎」一八五六年格丁根版。赫爾姆霍斯又於一八五一年創造驗眼鏡，在眼科開一新紀元。

二四、身心學說

從韋柏派而發生者，有費希奈爾（Fechner）之身心學大義（卽心靈物理學說），爲生理學之新紀元：此書專解明韋柏之器官感覺律，及其施用。「原註」費希奈爾者（一八〇六至一八八七年間人），亦異人也。爲來比錫大學教授，於學無所不窺，而有極大潛力，參觀孔特士(Kuntze)博士所著「德國學者費希奈爾傳」，一八九二年來比錫出版。費希奈爾與陸宰改良德國理想哲學，本書下半部，頗多敘及。費希奈爾爲韋柏學派中人，其著名之「身心學大義」，兩冊，一八六〇年刊於來比錫，一八九〇年再版，在哲學史及科學史上，據重要地位。此作以發明確切之身心相關學說重要之點，在乎規定心靈之數量。原書序中有言曰，「此學以實驗所得之律爲主要基礎，學者已建立於前，而韋柏所說之律，範圍較大，予故稱韋柏爲身心學之祖」（見原序第五頁）。費希奈爾初時譯行俾奧所著之「物理學」，及提納(Thénard)所著之「化學」，又加以一已試驗之所得，以介紹法國之科學精神於德國。其身心學說未竟之功業，則有馮特(Wundt)教授繼之。德國哲學，視費希奈爾爲轉移，其所處之地位，頗爲重要。參觀包爾生所著之「哲學綱要」，一八九〇年刊於柏林。尤宜注意者，爲原序第八頁，及第三一八頁，以費希納爾之名位，置在陸宰之前。前者法國學會會員，有拉普拉斯，蘭格倫日，有拉瓦節，柏託雷，有屈費兒，聖提雷耳，有徵克達濟耳，比沙諸巨子，故法國之科學，處於極高地位。至第十九世紀之第二季，德國以算學界有高斯及雅科俾，化學界有利比喜及味勒，生物學界有士來登及司旺，生理學界有米勒及韋柏，遂躋德國科學於極高地位，與法國同列。第十九世紀之後半期，法國思想之潛力能轉移德國科學者，不甚顯著，半由於米勒時代，德國對於動物學另闢途徑；半由於此時英德兩國之思想交換更爲親密。第十九世紀後半期所發明之偉大學說三條——一、工能常住，二、達爾文之傳種學說，三、法拉第之電力變象之新理想——此三者，大抵皆英德兩國之合力研究所得，惟三者之中，至少有其一者，爲由法國科學先立基礎。

【原註】達爾文之傳種學說，原已有拉馬克，聖提雷耳爲之先導，惟此二家之功，似爲學者視爲泰斗之屆費兒所掩。參觀赫胥黎所撰之『物種由來』，載其「教堂演講」，一八九一年版，第五五二頁。又參看赫氏之『生物學中之天演』，載其「科學與文化」一書，一八八八年版，第二九六，三一三等頁。惟是，拉馬克及聖提雷耳雖疑物種之永不變種，然而解說物種之如何而變，則自達爾文始。假使無此發明，無此進步，則對於物種由來之理想，將久處於渺茫之鄉。其實拉馬克之理想，並無實在有造於達爾文者，況且早已爲達爾文所先言。至於噶爾諾·薩第 (Sadi Carnot) 之研究，到朱爾 (Joule)，湯姆孫，赫爾姆霍斯諸臣子之手，則有大價值。此數巨子者，可稱爲工能常住學說之祖。

而同時法拉第之見解，頗破壞法國大算學家所已宣布通行之根本主義。但作者於討論此種新意思之前，先將第十九世紀上半期英國科學思想情狀，略爲寫出，此卽本章末段之題目。

二五、確切科學與學術之精神

作者此時之目的，並非討論各種特別科學意想及學說，只在討論科學思想之發達及散布，與其大概情形，卽第十九世紀上半期三國所建立者。故此不能不先特別注意於受德國大學潛力所造成之科學思想。前文已說過，由法國之算學家物理學家之潛力而發生之確切研究之精神，散布於德國大學時，德國正風行其所謂 Wissenschaft（學術）。此兩派學說相衝突，新派頗不得利，卒之真主義得有堅固地位。德國大學在前之數百年，起首研究古學；至革教時代，受應時所需之宗教法律潛力而改良；最後受研究古學哲學之潛力而中興，集中於第四科，卽哲學科。古學與哲學之研究組合而生 Wissenschaft（學術）之意義，若用廣義，似可以科學名之。全國之高等教育，卽以此爲主義，與美術，詩詞，文學同時中興。從康德斐希特哲學中而得共和之意，由是遂發生美國法國之絕大政治舉動，又簡化共和諸意義，使成系統，而以理論證明之；此古學教育之紀律，即所以教練當時之領袖與後起少年，以與大專制家戰者也。此 Wissenschaft 之意義發爲實用，兼存倫理學之意義，與士來厄馬赫所提倡之宗教中興主義，及一部分之虛構派相攜手。此種主義對於指示研究求學之價值，已有倭爾夫洪保德時期以後之聲音訓詁學派爲之證明。且受此學派之潛力，遂建立新大學，及重整學院焉。

二六、哲學史學不能不有包羅萬有之觀念

哲學及史學有其特別性質，因其所研究者爲一大問題，不易分爲獨立部分，分別處置；因其目的在乎研究古今來人心之作用，與夫發露於外之事。是以此種研究，常以行爲及用意之一貫爲大題目，務求完備，並將特別研究隸屬於普通主義及普通標準之下。是以包羅萬有之觀念，不能不入於哲學史學中。第十九世紀初年之大名家及教師，無不抱定此義，毋論於特別及詳細研究，得有何種大功業，莫不以其對於全體問題及一貫問題，能發若何光明，以定其價值。

學者以爲此種以哲學法爲研究之於歷史科學，有如此之大效果，自然思用其法以研究自然界。既以歷史，語言，思想，爲有意識之人心之所發現於外者，不難以自然界爲深藏之知識，及下意識之心靈所用武之地。既有此意想，又不難以自然界之心與人心，不過是一種普遍心或絕對心之兩方面。謝林之哲學最初即試用此意，黑智爾學說則對於此意有多方之用，有多方之分支。時正是算學科學在法國爲前導之時，漸漸侵入德國，而德國諸大學幾乎無不皆有所謂新學派之『自然界之哲學派』代表。其時學者漸知此種哲學之不能發生實在效果，於是用力先驅除此學派之阻礙，提倡確切科學或算學；此時原有特立之士，先在德國英國研究此種科學，此又爲第一次與法國科學院聯組爲一大機關之時。

二七、自然界哲學

二八、哲學與科學相衝突

確切研究派，即新學派，與哲學派反對，發生極多之思想潮流；因其時兩派俱不能各歸一派。其提倡新學者內，有一部分專抱守試驗方面，而研究試驗科學，及實寫文學；只有其他部分爲法國學派，專事發展算學方法，頗輕視純粹實驗派。〔原註〕

欲知第十九世紀上半期算理物理學與試驗物理學之關係，及當時兩派之見解，宜參觀赫爾姆霍斯之各處演說，其最要者，爲馬格那斯（Gustav

（Magnus一八〇二至一八七〇年間人）論。馬格那斯可爲德國試驗物理學派代表。此派研究物理學與化學大半相錯之問題，及有機物無機物相錯之學問題，或研究人所不甚知之磨擦電學，或最複雜之氣候學。此派之意，以爲算學，理論及煩難之算法，易於發生與自然界及瞻測背道而馳之險，與從前之研究哲學相類。赫爾姆霍斯亦有此見解，見於一八四七年之「力之常住論」，坡根多夫所刊行之物理雜志，不肯代登，惟大算學家雅科俾則頗爲留意。參觀赫爾姆霍斯之「科學論文集」第一冊，第三十七頁，又見於「演講集」第二冊第四十六頁。

在研究古學及哲學派者之中，有一部分則研究歷史的方面，而不研究哲學的方面。（原註）謝林之哲學，提倡研究自然界，因此而預爲本派衰落之地步。黑智爾之哲學，入於歷史之研究，因是而證明其貫通之不足。文學之虛構派。其始頗爲有價値之歷史研究。以上所舉諸端，皆取徑於哲學，皆越過抽象邏輯界及玄學界之研究，而入於極有生發之人事之域——凡自然界，或美術，或歷史，皆包括於內。其後始知研究比寬廣區域所包括之各問題，並不在乎哲學學說，而在乎對於記載及事業，加以不偏不倚之評論審察。欲知哲學與史學之關係，宜參觀維格爾(Wegele)所著之「德國史家編史記」，一八八五年閔行版，第五卷第九七五等頁。與此同等重要者，有革飛努斯(Gervinus)之「史學精義」，一八三七年來比錫版，又「士羅塞死亡考」一八六二年來比錫版，又羅倫徹之「歷史學」，一八八六年柏林版，其第一章尤爲可觀。又有一派則專致力於其所謂審察批評之法，（原註）關於此批評派之語言學，及古學目的與方法之廣狹定義，可參觀波爾順氏

(Bursian)之「德國古代語言學史」，一八八三年閔行及來比錫版，第六六五等頁，又利倍克(Ribbeck)之「立特士爾(Friedrich Ritschl)傳」一八七九及一八八〇年來比錫版。又參看庫耳齊烏斯(Ernst Curtius)之「古今論」一八八九年柏林版第三冊，及勒克息斯「德國大學誌」第一冊第四五七等頁『古代語言學』一章。對於越界侵入『不能以同等之謹嚴方法研究之區域』者，則頗事懷疑。至於涉及純粹歷史科學，作者將於後文討論此種學問之主義時，再行提及；此時作者只討論確切科學之精神與方法之生長，與其散布。

二九、亞歷山大封洪保德

播傳法國科學精神及其方法於德國之功，無有能過於洪保德者。洪氏先已在德國致力於科學之創新研究，【原註】洪保德（一七六九年至一八五九年間人）於賈法尼之大發明後，未幾即於一七九七年，發刊其「興奮肌肉及神經之研究」一書。在科學歷史中，其名永傳不朽。嘗有欲聯絡各國以研究科學者，以為非此則地理，氣候，天文，潮汐，及磁風之各種變象，無從研究。洪保德與此君之名，同傳不朽。洪保德又好遊歷，足跡遍天下，及遊歷歸來，所享大名，只亞於拿破崙。其最大功業，在乎提高羣衆心目中之自然科學之地位，而與昔日之詞章同受人之尊崇。其後遊歷天下而得大名，又因遊歷而創立一種科學之基礎。此科學為何？即植物之分布於地球是也。又當其出國遊歷之時，正謝林及黑智爾兩哲學家之力量最充足之時，以故並未被新學派吸入漩渦；不獨此也，當其爲哲學派所包圍時，始終極力反對此派學說之精神，至老不衰。【原註】參觀前文，第一七八頁細註。近來風氣頗以反對自然哲學派所用之錯誤方法爲事，故讀者宜注意，有多數之自然科學名家，歸入此派，否則亦爲此派所轉移。其最著者爲奧磧（Oken一七七九年至一八五一年間人），此君創立德國科學聯合會，又創辦「埃西」（Isis）雜志。此外則有卡魯司（一七八九年至一八四四年間人）爲比較解剖學家，厄斯武德（Oersted一七七七年至一八五一年間人）爲發明電磁學者，奇瑪爾（Kielmeyer一七六五年至一八四四年間人）爲屈費兒之友，得令革（Döllinger一七七〇年至一八四一年間人）爲最早之天演家，奇賽（Kieser一七七九年至一八六二年間人）爲一頗有潛力之醫學教師。其多少爲此學派所轉移者，有歌德（一七四九年至一八三二年間人），貝爾（Baer一七九二年至一八七六年間人），在一八二一年間，對於自然哲學，發爲極重要之持平之論。又如利比喜（一八〇三年至一八七三年間人），米勒（一八〇一年至一八五八年間人），孔士（一七九三年至一八六四年間人），首先創立博物學派。洪保德帶領一羣英銳少年，深入科學知識之發源地，與反對派戰而大勝之。洪保德之功業頗多，其最足注意者，在鼓勵調護有算學天才之少年，又從高斯所處之孤高地位，引而入於當時之各科學界。【原註】參觀卜侖士（Bruhns）所撰之「亞歷山大封洪保德傳」，一八七三年拉塞爾（Lassell）譯本。又有柏濟力阿斯既爲教師，兼事著作，其潛力亦足轉移德國科學。純粹之試驗法，自得此君而完備盡善；凡此試驗

三〇、柏濟力阿斯轉移德國科學之潛力

方法在其手中，及在味勒、馬格那斯、密拆力喜諸君之手；儲積化學之各種詳細而極重要，爲人所不及料之知識。柏濟力阿斯所製之年報，及格梅齡所著之最有名之袖珍化學大全，並可爲有過人之勤勞者之華表。

其餘如利比喜、米勒、士孔來諸子，則擺脫法國科學派潛力，【原註】德國之研究自然及醫學，亦受有英國潛力之轉移，而不甚顯著。關於德國之醫學，可參看庇拉洛所著之「德國國立大學醫學教學論」，一八七六年維也納版，第三三頁。庇拉洛與德國醫學爲兩大派，皆從部耳哈味發生。其一即是新柏林派，如米勒，微耳和等是也。其一即是新維也納派，如庇洛拉，朴金治等是也。法國學者之有潛力及於德國者，則有貝爾等。英國之有潛力及於德國者，則有庫拍等。亦曾舉康德之名，以爲亦有大潛力發展德國醫學。或本其自己之深遠見識，脫離其從前所信之不真確，令人誤會之哲學。又有第三部分，從另種之哲學前提爲起點，惟此項前提，與謝林、黑智爾之學說適相反。弗黎斯(Fries)學派以士來登之名爲最顯。【原註】弗黎斯（一七七三年至一八四三年間人）爲海得爾堡及耶拿兩大學教授，引康德哲學而入於心理學及人學。當超越哲學最昌盛之時，弗黎斯之哲學，不爲黑智爾所齒。此與蘇格蘭學派情形同，亦爲反對黑智爾派之赫伯特所蔑視。其後卒能潛移多數之引哲學思想入於歸納科學之哲學家。此等哲學家，除心理學家伯勒克（Beneke）與宗教家得衞忒

(De Wette)之外，大抵皆耶拿大學中人。內有士洛密爾(Schlömilch)者，著有「弗黎斯學派論」，一八四七年耶拿出版。其最著者爲士來登，爲德國之改良植物學者，其所著之植物學大作，「歸納科學之植物學」，有哲學介紹文一百三十一頁。提倡以歸納闡理反對超越自然哲學，同時並反對枯淡無味之實驗派。參觀薩克斯「植物學史」第二百〇三等頁。此派在哲學的科學派內反對自然哲學而得勝。「原註」參看士來登之「謝林及黑智爾對於自然科學之態度」，一八四四年來比錫版。當德國風尚古學哲學之時，雖多有在其範圍之外，另爲研究而頗能收效者，然亦有以全力攻擊自然哲學之紕繆學說者，則另爲一種學派，即最受空無所有及浮言泛語之學說之害者也。

三、自然哲學與醫學

赫爾姆霍斯嘗敘及當日醫學界中有知識者之絕望情狀。「原註」參觀赫爾姆霍斯之「演講集」第一冊第三六一頁。其言曰『我讀書之時正在醫學發達時期，其時有深思者與有良心者皆大爲失望。時至今日，舊時醫術與好談空理之醫學，不能行用於今日，不難一望而知。然而所謂理想內幕仍有所謂事實惟事實與理想，如亂麻之相轇轕，惟有同時拋棄而不顧。醫學之定須另行創造，有其他自然科學爲榜樣，然而創造之事業，過於高峻，令人望而生畏。即勉强起而爲之，又極其粗淺。毋怪乎多數有誠篤認眞思想者，皆不滿意於醫學，望而去之，亦毋怪乎爲主義起見者，入於極端之實驗派。【原註】赫爾姆霍斯「演講集」論『醫學書』有云：『此時少年醫生，對於醫學，往往失望，捨治療術不講，而專從事於當日雷得馬舍氏(Rademacher)之實驗派。以爲科學觀察之各種希望，俱屬子虛而已。不獨雷得馬舍（一七七二年至一八五〇年間人）之極端實驗派，又有哈涅曼(Hahnemann 一七五五年至一八四三年間人）之怪誕派，當此紛亂無主之時，附和之者仍不爲少。關於輕劑醫法之起原，原理，及此法之傳佈，可參看哈則耳(Häser)之「醫學史」第二册第七九三等頁。哈則耳謂一八一六年爲哈涅曼學說最初發展之期。又云，『輕劑醫法，盛行於醫學最墮落之時期，是以哈涅曼及其徒黨，詆毀當時醫學之言，不像毫無根據。後來因反動力大作，乃重新整頓醫學，輕劑醫法，亦其中反動力之一。不過雖無哈涅曼派之反動，醫學亦必有重新整頓之必要。』（見前書第八〇三頁）『輕劑醫術雖並不列於德國大學之科目，然而『頗有有勢力之社會相信其術。』（見希爾士 Hirsch「醫學史」第五七〇頁）。

赫爾姆霍斯又言曰：『惟是正當之研究，收效甚速，有出乎望外者。如力學之意想，用於血運及呼吸學說，窺見熱力現象之祕奧，詳究腦筋之生理學，不久卽產生極重要之效果。又從顯微鏡得窺見有微生物之纖維，及發達甚速之病體解剖學，皆能使醫學脫離虛無漂渺之學說，而脚踏實地。』又曰：【原註】參觀上文所引赫爾姆霍斯之「演講集」第一册第三六二頁。『歐洲各國研究無機物之特性，其進步大約皆不相上下，惟近日生理學及醫學之進步，則以德國之進步惟最速。生命原理之各問題，與心理學及倫理學問題，原有密切關係。當其發軔之始，亦與研究純粹科學同一用力不懈，未能立睹實用。德國學者則始終踴躍，無少懈怠，勤苦研究，但求滿意於心，而不求急效——此則德國學者之特色也。』

三二、研究科學專爲求科學知識起見

克已勞苦，專心致志，以求學爲目的：德國學者，頗有爲之者——退藏於僻遠大學，深邃之工作室內，孜孜研究，其時正在第十八世紀之末年與第十九世紀之初年，正在古學哲學勢力範圍之下。其時古學哲學之聲價極高，有講人道之宗師爲之提倡。初時有勒新（Leesing）、康德、赫德、爲領袖，其後有士來厄馬赫、赫爾曼（Hermann）、卜克（Böckh）爲領袖，帶領多數學者，經歷國家衰敗、野蠻、絶望、荒涼之地，而入於自由、文明、有希望之境。此種求學用意有無限量之價值；此種用意，由其時之古學哲學派、於第十九世紀之前半期傳播於後起之秀，復起之新思想家，亦以同等之耐勞克已精神，研究學問。此時之所研究者，從外觀之，似不若從前之高尙；然而亦爲深奧難知，而令人樂於研究之自然界各種問題，則同。此時之高斯、米勒、韋柏諸巨子，眞不愧爲後起者之領袖。

三、古學派哲學派所留贈後人者

以研究科學之高尙精神，留贈於後來之純粹派及實驗派，雖爲最可寶貴之物，而其中仍有較爲實在之物，留贈後來之新思想家。作者今將爲詳晰之討論。

當第十八世紀之後半期，德國文學、德國哲學發軔於他國所建立之始基，及大有所得之後，自闢方向，高舉遠颺。例如密爾頓之詩，莎士比亞之傳奇，與細安(Ossiar)等之歌謠，本特力等之聲音訓詁學，吉本之歷史，陸克、休謨等之哲學，盧梭之散文：凡此諸大名人，皆變爲德國詩家及學者之口號——即當時德國之勒新、赫得、歌德、倭爾夫、洪保德、赫爾曼、康德、斐希特、雅科俾諸巨子創業未成時之口號。

【原註】此一串人名，並非按時代之先後，是按諸巨子潛力所及於德國學者之先後。例如德國藝文之中興，受密爾頓等之潛力所轉移爲多，過於莎士比亞之潛力。詩詞之力，先於傳奇劇曲。德國學者之深知莎士比亞，則由於出於歌德及希勒格（Schlegel）。其時反對來布尼茲及倭爾夫之哲學，則由於康德之答休謨之懷疑哲學派。其時又因研究斯賓挪莎哲學，而潛力乃及於附於康德，及反對康德之雅科俾，斐希特，謝林諸子。

此時以

同一不分國界之精神，四方搜尋學問之始基，求與人通力合作以求學；以同一之偏嗜，歷史同一好採取於四方，——亦爲德國科學中與其初數十年之特性。是以刊行之旬報年報爲獨多；是以本來無需譯本之國，獨有最多最好之譯本。「原註　讀者切勿誤會此語。欲發展一國人之心靈，自然要能知外國之最高等文字，此各國皆然，不獨德國。不過以德國繙譯外國人之著作爲最多，亦最完備。作者語意，以爲向來德國學者之識英文法文者甚多，非若他國之必需多得譯本。德國雖有大多數學者識英法兩國語言文字，而德國藝文中，偏多此兩國普通藝文及科學之極好讀本。又讀者所宜注意者，爲德國善步外國有韻之文，不獨善步歐洲有韻之文，且善步波斯印度阿拉伯等國有韻之文。所譯之清詞麗句，既保全其結構，又不失其精神，往往令讀者不辨其爲原文抑譯文。名著如律刻特(Rückert)之「婆羅門之智慧」，及波登斯忒(Bodenstedt)之「沙反．麥紫傳」，皆其例也。從不分國界的精神，從歷史的精神，而發生之科學，有其最可寶貴之處，即曾經幾度透徹完全研究是也。

三四、德國研究學問之透徹完備

尚有一層宜注意者：此時之德國科學家，非比從前之德國古學家、哲學家之隱居潛修，獨學無友。此時並非只爲一專門學校之教師，亦非孑然寡儔，無可與討論所學者。此時大抵皆窩居校舍，左右皆同學，與他人所研究之事業往往相接洽；

亦有同一問題，他人所用之方法，與己所用者不同。故學者要爲其所習之科學、定其界限，審察界內有無尚未履勘開墾之地，其目的並非只產生一種個人之大業，或專求完美；學者之所研究，要爲此大科學中之要緊部分；要與全部計劃相合，在此大建築內，有其位置。

三五、研究與授課並行

第三層：德國科學家是教師；以其意達於少年子弟，務必將研究之主義及其方法，解說明白；當演講時，務求完全；又務必使讀者能一覽而見其全局，不徒告以科學事實，尤應使其隅反，勉勵合力研究；按生徒性之所近，分任功課，或資質過人者，則示以趨向，使盡其所長。〔原註〕授課有兩目的，一爲教以專門科學之正當方法，二爲教以觀覽全體。當研究古學時代，原分兩部，一爲練習部，一爲百科部。在最初時期，練習部原爲教士而設，或以爲師範學校。及在大研究家倭爾夫，赫爾曼諸子之手，則異其性質。『此時之所謂練習學校，專爲培植研究科學人材，與其建立時之目的大異。第十八世紀始在哈爾，格丁根，設立練習學校，專爲聲音訓詁之學而設，教練師範人材。在倭爾夫，卜克時代，則教以研究此學。至第十九世紀時代，赫爾曼等仍用以培植聲音訓詁學家，並非以教員。近代之多數教練學校之在哲學部下，及宗教部法律部下者，其用意亦同，原爲研究學問而設，並非以爲立刻施於實用而設』（引勒克息斯「德國大學誌」第一冊第七四頁包爾生語）。利比喜在基森初建試驗室時（見本章第一八節原註），用意亦同。至於百科部之目的，則在乎將所學打成一片，勿令各人所分任研究之業，背馳而不能輳合，各趨異向，不能達共同之目的。此項研究聲音訓詁學之大目的，最為倭爾夫，赫爾曼諸人所重視，最好為百科之講演。近代之宗教學法律學向用此法，聯合一科目中之各項研究為一。其在哲學科，黑智爾，陸宰諸子，常有所謂百科之講演，聽者甚衆。此郎從前培根所提倡之鑄知識於一爐之餘音，為其後狄德羅，達闡貝耳之百科全書張本（參觀上文第三十五頁原註）。當時之所謂百科全書，今日視之，不過大叢書而已。此與卜克之所謂包羅萬有之法，絕不相同。可從卜克致書責備米勒，謂不應在『無聊之百科全書』中，為人撰「雅典形勢』之事見之。卜克嘗講聲音訓詁學總論，以古時之聲音訓詁學為古代人物之生活的歷史。（參看庫耳齊烏斯「古今論」第三冊第一三八等頁）。至德國大學研究純粹科學時期，雖不摹做此種學校之大概規模，而對於以歷史眼光，以哲學眼光統覽全局，則為大多數科學名家所保持，醫科尤視為重要。作者姑舉米勒（參觀雷文之「演講集」第二冊第一九五第二七九頁），及其高足亨利，以例其餘。此君講演人類學，以哲學眼光統論醫學全科（參觀麥克爾(Merkel)所撰「亨利•雅各傳」第二頁及第七十一等頁。

三六、科學與哲學之組合

最後一層，讀者所宜注意者：德國科學家皆哲學家也。毋論其對於任何特別之哲學學說不以為然，科學家仍不免多少為一派哲學所潛移，或附和之或反對之，毋論遲早，毋論出於有意或出於無意，科學家對於自己，或對於學生，必將內幕所深藏之主義，發表明白，以防為他派學說所攻擊，或因研究進步，不得不修改此項主義。若謂謝林及黑智爾之哲學，對於人類或普通靈魂之知識的及倫理的發現，創為新式及有建造力之學說，能使歷史為科學蒙其利益，則康德之哲學精神，最足以潛移算學與物理學，蓋康德之精神早已深印於德國人之心目，人人皆知知識原理有評論審察之必要。絕項聰期之算學家、及物理學家往往反求諸康德所研究之各種問題。以大端而論，諸算學物理大家，且曾證實百年前康德所持之論也。

三七、生物學發生於科學哲學之組合

可見德國受第十九世紀初年法國科學大家之確切試驗，確切計算方法之潛力，同時又為德國科學派所獨有之哲學精神所移，是以在第十九世紀中葉，能改造研究生命變象、及知識變象之各科學。由是偉大之生物學，以力學原理為根柢者，因以發生，以其所得之效果，惟用於醫道，惟是改良非一人之力；確切研究之方法，發起於哲學的、史學的、審察的精神奮發之後。若專賴確切方法，而無哲學史學及審察精神以爲之助，亦不能有所改良；因此項改良，既需有待於各方之發起，又常預爲之防，以備攻擊，然後得立堅固之基礎。然則新興之生理學、病理學，應稱爲德國科學；蓋以惟德國爲有在所必需之情形，與所及者廣之組織，惟德國有組合之研究，有耐煩之合作，能見其大而目的又獨高也。凡此難得之點，皆德國大學受學術意想之指導及受哲學古學精神之潛移而得之者也。

三八、雷文論米勒

雷文爲新興之生物學大家，嘗論此大改革之各潛力。【原註】參觀雷文「演講集」第二册第二百十九等頁。其中有論及新生理學祖師米勒之處。其言曰：『今日之新生理學派，以司旺爲之首；其發端之前提，創自米勒。而司旺由是得獲結論。在米勒時代，根深柢固之信條，不易剷除，而足以爲該學派之助者，則有米勒目睹當時所辦到之三大事業：其一、爲士來登同司旺所揭露之新知識，卽所謂動物植物之分部，其獨立發達，雖各有不同，而守一共同之原理。米勒原意以爲在植物界有所謂節制生殖同種之力，至是而掃地，而指出有可以用物性解說此項手續。其二、爲司旺創始研究之

三九、廢除命力學說

腦系與筋肉之關係，證明筋肉之力以伸縮爲消長。因是而知腦系筋肉關係較爲深切。對於動物之運動，舊派學說以爲由於有神祕之命力；近代學者以物理學各種方法研究，逐漸廢除神祕命力之說，而易以質點機械。此項機械雖繁複難明，或歷久而不能暢達其說，然而尚不至於不能令人略領大意。其三、即赫爾姆霍斯及邁爾所重與之力之常住之說。自有此學說，而後使學者能得所謂力之意想爲深知動物植物變質知識之鎖鑰。學者由此可以窺見吾人之所以能運四肢之力（如大車頭之何以能自動，）不過如日光入於植物機體之變相，動物機體飽含養氣之物，與他物點化合而生熱，此即古時所謂動物之熱（πνεῦμα）也。今日所得動植物體內之化學功用之知識，大放光明，則古時所謂命力之鬼影，自然遁藏無端。利比喜原爲極力抱守動物之熱及力、發源於化功，仍不免保留命力之說。其所以自相矛盾者，大抵由於局外人亦由於研究生命之爲時太遲。味勒以人工製造尿素，原爲破壞力學說最出力之人，亦仍相信有命力。』

四〇、機械觀之生物學

第十九世紀中葉，怕濟力阿斯、來比喜司旺、士來登亨利、陸宰、雷文諸子之著作出，逐漸推翻繁雜紛亂之舊說，始爲研究生命變象之學，建立機械觀之基礎，與其前康德之對於普通玄學用審察抉剔法以篩去糠麩略同。〔原註〕近代德國新科學，頗受康德之偉大潛力所轉移，前曾論之屢矣。近年醫學生物學巨子，亦曾論及此事。前五十年間，因康德派徒衆過於離奇乖僻所招之種種反對，今已退縮，而公認康德所處之地步。雷文忘記陸宰，竟以康德爲最後之哲學家之研究博物學者（參觀雷文「演講集」第一册第三十三頁）。赫爾姆霍斯在其通俗演說中，亦常讚美康德之功（參看赫氏「演講集」一八八四年版，第一册第四四及第三六八頁，又第二册第五八，二二七，二三四，二四八，等頁）。哈則耳(Haeser)亦然（參觀其所著「醫學史」第二册第八十一頁）。維也納之大泰斗庇拉洛教授，論及今日德國之兩新醫學派，有言曰（參看庇氏「醫學教學論」第三三四頁）：「此兩新派之發達，毋論如何無所依傍，不事憑籍，然而若無法國之極大潛力，無英國之較小潛力，亦不能發達如此其速，亦不能埋沒康德之潛力，康德固有極活潑之造想力者，亦爲一極熱心之博物學家也』。然而吾人既承認康德之哲學審察，大端已先見於陸克、休謨、兩子之著作，故有人亦謂近代生命學之新意想，大端亦已先見於法國生理學名家微克達濟耳之著作〔原註〕此種生命學之新意想，有雷文所引一節可資參看（見雷文「演講集」第二册第二七頁）。『有機體之作用，令人莫不奇異，而此種作用是否由形體的效用而發生，應以觀察與試驗之方法，考驗其性質，但並非以理想度之，即謂已得其究竟也。」微克達濟耳之為此說，在十八世紀末年。後五十年，雖有柏濟力阿斯，司旺，士來登，陸宰諸人之努力研究，然雷文猶斥其為妄，尚未能得學界之公認。比較洪保德關於此點之意見，參看其「對於自然界之見解」第二册第三〇九頁等，一八四九年版。，必組合確切研究法與哲學之審察法，又要對於歷史古學研究所得之繁多事實，為無微不察之測量，然後能窺見此學說之意旨，然後能用其內幕深意，以為研究及進步之向導。

生物學之改良，「原註」作者用生物學名詞，是指明近代見解，將生物界所有之變象統包在內。最初用此名稱，原為德國人。然而德國大學學分布學課，尚仍不認生物界之各種科學同一統系，其學課仍分屬哲學醫學兩科，殊為可惜。此是反常之事，與向來德國之哲學的，及包羅萬有的，研究學問之性質相反。彼以古生物學，植物學，動物學，人學，隸於哲學科，以解剖學，生理學，病理學，隸於醫科。是以著名之士來登，陸宰，赫爾姆霍斯，馮特諸子，並集兩科。欲將生物學之研究，位置得宜，須有思想家如倭爾夫者。此君從空泛之人學，而發生較為有界限之古學，於是將當時之師範學校，改為培養古學人材之地。生命學原有本來之科學價值，專供求學者之研究，並不在乎事求實用，而近日之習生命學者則不然，大抵皆事為行醫起見。至於是否亦能如倭爾夫之改革，使學者專致志於求學，則另為一問題矣。與推用於病理之研究，同為組合確切研究與哲學精神所造成之大事業，為第十九世紀德國最可以嗚得意之事。如此之思想習慣，亦發現於其他研究，亦發生相似之新改革。作者再引一事以爲之證，此則既非確切闡理所能獨造，亦非玄學闡理所能獨造，必兩者組合而後能成。作者之意，歷指幾何、代數、數目學而言。此等學問皆有其根本原理，其後以德國算學家之研究，頗變其根本原理。此問題原爲純粹思想問題，爲思想史之最宜研究者。作者將以一章專論此事。此時之所以先提及者，蓋因法國式與英國式之確切思想或科學思想之精神，入於德國而知德國之哲學古學意想相接觸，遂發生所謂根本原理之改變。作者今試解明此意。法國所爲勞心焦思者，即以運思之確切方法施於算學，使科學變爲確切，變爲有淸楚界限。雖既有界限，既能確切，然而並不能立時窺見能否使人有完全之知識，是否適合於算學之用。若欲確知一科學之廣大區域之全境，已踏勘完全，足跡所及，無餘無漏，則必要有詳盡完備之嗜好，與夫探索研考之精神，此則史學古學研究之獨長。又爲免於誤用方法起見，又必要有審察之精神，以討論其原理之價値，及其施用之界限。此三方

四一、審察算學原理

四二、思想之習慣分爲確切歷史審察三類

向之思想，標示人心之三種不同之態度。一、創立及行用新鮮謹嚴方法之才——所謂確切的思想之習慣或態度；二、好細密工夫，務求完全知識——此卽歷史的思想之習慣或態度；三、對於現行方法或原理，發生極活潑之思想，以窺見原理之自有界限，不容踰越——此卽審察的思想之習慣或態度。算學及自然科學之進步，最賴確切思想；古學之進步，最賴歷史思想；哲學之進步，最賴有審察思想。在以前之數世紀中，法、德、英三國促進人類之進步，與夫指導人類之思想，無不皆有以上所云之三美德，比例相等。英國則有出類拔萃之牛頓，他國則有其拉普拉斯及高斯、與其弟子；古學之研究，古學之審察，雖以倭爾夫、赫爾曼、卜克諸子之著述爲多，而不無倚賴於在前之本特力、斯卡力澤（Scaliger）；卽以康德之著作而論，可謂無與比倫之大事業矣，而有休謨爲之先，而笛卡兒又在其先。是以三國學者無所用其忿嫉。作者原可以指出思想之普通進步，三國之功力悉敵。然而最有正當意味者，則爲注意於三國之大功業，注意於三國之藝文，其中有何潛力作用，各種潛力如何組合而生效果。若從此種方面觀之，則法國、德國、英國之思想情景各不相同。第十九世紀之大部分，德國因研究宗教、法律、醫道、而發生大學，隨後大學之範圍推廣，以哲學的、古學的、及準確的研究之精神，對於上云之三種學問，更事深入；於是諸大學之組織，發起各科之並重，由是今代之新知識及科學之新精神傳播廣遠，由是德國所謂 Wissenschaft 之意思，包括以上所云三種思想所取徑之最高目的。

四三、三種思想習慣皆包括於德文學術字意中

此外更不能不注意於此種學術之理想、有道德上之關係，在進步上及學殖上、有極重要之勢力，比於科學中各種永遠不能磨滅之新發明，尤爲重要。作者並不說到政治上方面，亦非在教育方面，——此兩方面雖亦有其重要之點，亟應研究者。作者所注意者，爲一國中有多數之絕頂聰明人，苦心孤詣，專心致志以求學，而不爲利祿虛榮所動，此則歷史上所罕見者。以求理求學爲唯一目的，視爲人生最高貴最應爲之事業，此則本世紀之德國大學之教師生徒之特色也。試讀諸君

四四、學術之道德價值

之傳記，則不能不欽仰其立志之高，用功之苦，克己以求學，此眞所謂『古之學者不爲己』之特性也。讀傳記所載，學者環境之令人灰心，而其氣仍不稍餒，良有『簞食陋巷而不改其樂』之氣象。篤志以遂求學之目的，視求學如事天之誠虔；此則惟沈思古希臘美術時代，或文學中興時代之初期，始能得有與此相類之印象。

求眞理、求知識，而能使人脫離形而下之人生世界，而高舉入於形而上之思想空際，惟科學有此力量——所謂人之歸宿、在於彼而不在於此之說，得此而益信。然而今日之世界爲物質世界，無不以實用爲歸宿，此種氣象，已日見消滅，將不可得而見矣。此最爲可惜之事！但望自此以往，有新鮮氣象，不亞於所謂日見消滅者起而代之。然而眞實不求利己之研究，雖久而不能磨滅也；毋論將來之天職爲何，近今德國大學所尋出途徑明晰而不可磨滅之博大科學理想，誠爲其留贈後人之最重要之遺產。【原註】外國名人著書，指證德國大學之功業者極多。自斯塔厄爾夫人遊歷德國，及一八〇八年其友微勒斯

(Villers)所著「德國大學一覽記」起，其後如庫爭(Cousin)，芮農(Renan)，美國人哈脫(Hart)，皆有記載。此外如今代英國提倡高等學殖之大聖徒亞諾爾特其報告德國大學情形之作，有言曰，「德國之工業繁興，其在柏林，來比錫等處者，進步甚猛，效果極好。此則可爲稱讚者。然而求學之意，在德國亦有活潑之大力，小市鎮亦有大學，其名著於歐洲。普魯士王及偉斯參之反對，失去有名學者，一如其反對政治阻礙之力。倘若進化之能力，在乎學殖，而不受狂想，工業，尋樂，所阻礙，則此平淡無奇，常爲人所訕笑之德國學者之功爲最大」（參觀其所撰「大陸學校記」第二百五十六頁，一八六八年版）。

第三章　英國之科學精神

一、外國之科學組織

第十九世紀上半期之德國法國科學歷史，卽是巴黎學會與德國大學之歷史。此兩國之科學大功業，皆由此學會大學而來：第十八世紀之末季，與第十九世紀之初年之科學新法之基礎，由於科學而得建立；此項新法之播傳，與推行於實用之廣大，則大學之力爲最多。「原註」關於此問題，學者應參觀摩里所撰之「古代科學院」，最表彰第十八世紀法國名家之功業。其所著之「古代之詞章學會記」，則證明其時之並無所謂聲音之訓詁之學。近時刊行之勒克息斯之「德國大學誌」，亦表彰該世紀德國大學之功業。初讀此兩著作時，所得之印象，則爲法國之獨據有確切科學之時期甚久，同時德國則獨據有，考古之學。然而法國之取材於英國人牛頓，與德國之取材於法國人斯卡力澤相類，彼皆各有所取材，以成其爲當時之風氣。作者今從法德兩國。而轉回於英國；英國在法國德國之先，產生近代之最大科學模範，所有純粹科學之能革新科學意想者，以此模範之力爲最大——卽牛頓所撰之原理是也。在第十九世紀思想史中，將以此下一章討論牛頓意想之勢力。今先注意於當法國學會會員及德國大學教授合力爲新科學思想定範圍，而推行其精神入於算學、物理學、動物學、各支派之研究之時期內，討論英國科學情形。

二、英國之科學機關

巴黎之學社，巴黎之科學醫學學校，德國之大學，既已有催進科學及播傳科學精神之良好效果，學者自然發問，英國之與此相類之機關組織之功業如何？英國之此類組織，創立原在法德兩國之先。以皇家學會而言，雖或不能古於法國學會，而斷然建立在巴黎科學會之先。〔原註〕其創立時期如下。第一科學學會爲研究自然界祕奧之學會，則一五六〇年創設於那不勒斯(Naples)。此外意大利尚有其他學會注重於文學者，如一五八二年佛羅稜薩(Florence)所創立者是。專研究法國語言文學之偉大，法國學會，起自一六二九年，奉勅則在一六三五年。英國之皇家學會〈英國創始之計畫，原不以此爲起點，一六一六年原有建設學會之討論〉，實起於一六四五年，爲同志之私會，見于窩力斯(Wallis)之自傳〈參觀「皇家學會史」第一册，第三十頁，衛爾德所引之文〉。此學會原由僑居倫敦之德國人漢克(Hanke)所提議。此時之會友，皆好事之流，欲研究自然哲學，：：其尤爲注意者，則爲當時所謂新哲學，又稱爲試驗哲學。一六四九年，，牛津有分會，奉勅則在一六六二年，建設在巴黎之科學學會四年之先。巴黎此學會之初，起，原爲有數之專門名家之私會。佛羅稜薩又有所謂息門托學會(Accademia del Cimento)，設於一六五七年，而停止於十年之後。一六五二年，維也納之自然界探奇學會，則或開或閉，亦無一定之事業。息門托學會，曾於一六六六年，刊行重要之報告。皇家學會則以一六六五年刊行其第一冊報告。同年法國刊行其第一冊之專門報告。外國各學會之情形以「大百科全書」所記載者為最詳，具載於『學會』條下。

英國之牛津劍橋兩大學，愛丁堡大學，都柏林大學，格拉斯哥大學，比於德國多數之在今世紀有科學大功業之大學之建立時期較早。

【原註】牛津劍橋兩大學，初建立之準確時期，雖不能稽考，至少亦先於布拉格大學二百年。此為德國最早立之大學，德帝查理第四於一三四七年所設立者。蘇格蘭創立較早之大學，創建於第十五世紀，與來比錫大學同時，此為脫離布拉格大學而立者。德國之哈勒格丁根兩大學之創設，則在後（參觀第二章第一五九頁）。愛丁堡大學，建立於第十六世紀之末季，與都柏林之特麟尼替大學，大約同時。來丁大學，在第十七世紀時代，有大潛力，轉移蘇格蘭及德國之高等教育，其建設之時期，則較愛丁堡大學略早。

若以學產之豐厚而論，大陸之大學，無有能及英國之牛津劍橋兩大學者。皇家學會初時之資籍甚弱，此正在牛頓時期，其後則學產甚豐。

【原註】從衛爾德所撰之「皇家學會史」觀之（見第一冊，第二三一，第二四一，第二四六，第三一六，第四六二，第四七三等頁），皇家學會經濟，極其困難，董事會常以為憂，此指其起初百年間而言。一直至一七四〇年，統共每年不過有二百三十二金鎊經費。於是極力追收未繳之會費及指款。次年所不數者為二百九十七金鎊。衛爾德又云，『觀於當時之屢生困難，幾乎至於停辦地步，令人憂愁。然而觀於少數之哲學家酷嗜求學，力為其難，不依賴官款，而拔學會出於困難，又不禁令人色然以喜』（見第一冊，第四七四頁）。

三、第十九世紀初年之英國科學

。作者今又從另一方面討論當第十九世紀之初年，除純粹算學外，其他各科學界，皆有頭等大名家比較德國爲多，而幾乎與法國爭衡。其有新發明或顯名於各種研究者，則有布拉克(Black)、赫瑟爾(Herschel)、普利斯特利(Priestley)、卡汾狄士(Cavendish)、德斐(Davy)、楊(Young)、道爾頓(Dalton)、法拉第、哈密爾敦(Hamilton)、部盧斯脫(Brewster)、來伊爾(Lyell)、柏爾(C. Bell)諸子。

【原註】今將英國五十年間（至一八二五年止）之重要新發明之時序先後，列表於左——

一七七四年　普利斯特利（一七三三年至一八一一年間人）發明氱氣及多種氣體。

一七七五年　布拉克（一七二八年至一七九九年間人）初作隱熱説。

一七七五年　馬斯刻林(Maskelyne)（一七三二年至一八一一年間人）測量什海林山之吸力。

一七七五年　蘭登(Landen)（一七一九年至一七九〇年間人）以兩橢圓之弧

表示雙曲線之弧。

一七七八年　湯卜遜・卡雅明(Benjamin Thompson)（拉姆福德伯爵，一七五三年至一八一四年間人）最初試驗以磨擦生熱。

一七八一年　三月十三日，赫瑟爾・威廉爵士（一七三八年至一八二二年間人）發露天王星。

一七八四年　卡汾狄士（一七三一年至一八一〇年間人）發明水之化合質。

一七八六——一七九七年　赫瑟爾・喀羅林（女人，一七五〇年至一八四八年間人）發露八座慧星。

一七九八年　卡汾狄士算地球之密率。

一七九九年　德斐（一七六八年至一八二九年間人）撰熱論光論。

一八〇〇年　尼可爾孫(Nicholson)與卡來兒(Carlisle)以電推分析水。

一八〇一年　道爾頓（一七六六年至一八四四年間人）發明水化爲汽學說。

一八〇一年　楊氏（一七七三年至一八二九年間人）始作光與顏色之學說

一八〇二年 道爾頓發明化氣流質之膨脹說。

一八〇二年 普雷菲耳(Playfair)（一七四八年至一八一九年間人）講解哈同學說。

一八〇二年 武拉斯吞(Wollaston)（一七六六年至一八二九年間人）發見冰鬬石之特性及光浪學說。

一八〇二——一八〇三年 赫瑟爾・威廉瞻測星氣及雙星（可稱重疊星）。

一八〇二——一八〇三年 楊氏發明光浪相尅原理。

一八〇三——一八〇四年 道爾頓提倡原子學說。

一八〇四年 勒斯力（一七六六年至一八三二年間人）試驗熱學。

一八〇四年 武拉斯吞新發露鈀(palladium)及其他同類金質。

一八〇六年 德斐分析鹼質金類。

一八〇七年 楊氏初用工能名詞於物理學（見第一次演講第七十五頁）。

一八〇九年 愛倭利(Ivory)（一七六五年至一八四二年間人）撰橢圓球體

吸力論。

一八一〇年　楊氏解說結晶內折光之不同（見「評論季報」）。

一八一〇年　德斐揭露綠氣爲原質。

一八一〇年　布拉文（一七七三年至一八五八年間人）刊行 Prodromus Floræ Navæ Hollandiæ, &c.

一八一一年　柏爾・查理（一七七四年至一八四二年間人）聲明運動腦系及感覺腦系之分別。

一八三一年　部盧斯脫（一七八一年至一八六八年間人）始爲折光及分光試驗。

一八一三年　德斐發露碘質。

一八一三年　武拉斯吞刊行當值撮要表。

一八一四年　衛爾斯(Wells)（一七一五年至一八一七年間人）著露說。

一八一五年　斯密・威廉(William Smith)（一七六九年至一八三九年間人）刊行地層說。

一八一五年　部盧斯脫發表求極光角之法。

一八一五年　勒斯力（一七六六年至一八三二年間人）作射熱試驗，及地球熱度試驗。

一八一六年　普牢特(Prout)（一七八三年至一八五二年間人）著氫氣地位說帖。

一八一七年　楊氏提議光之橫擺動說（見其所致阿剌各書）。

一八一九年　揆忒(Kater)（一七七七年至一八三五年間人）量秒擺之長度。

一八二一年　法拉第（一七八一年至一八六七年間人）揭露線圈繞定位磁鐵而轉動。

一八二一年　布拉文著植物學說。

一八二一年　薩賓(Sabine)（一七八八年至一八八三年間人）試驗磁針之傾角。

一八二三年　哈密爾敦・洛安（一八〇五至一八六五年間人）送集曲線論於愛爾蘭學會（譯者按集曲線卽返射或折射光線所成之曲線）。

一八二三年　法拉第凝綠氣及他氣為液體。

一八二四年 赫瑟爾·約翰爵士（一七九二年至一八七一年間人）瞻察雙星。

一八二五年 赫瑟爾·約翰爵士論求恆星視角（亦作視差）法。

四、英國科學退步之臆闕

從上表觀之，在此時期內，英國並非無科學大名家，亦並非無大組織，然而頗有以在第十九世紀初時之三十年代、英國之科學爲退步者。讀者試觀英國在此五十年內，其在天文則發露新行星（自古代至今，是爲第一次發露新行星）；其在理化兩學，則發明養氣、隱熱、析水，用流電以化分極難化分之金類，又爲光浪學說先立基礎，發明原子學說；在動力學靜力學內則發明最重要之兩條新貫通主義，【原註】所謂重要貫通主義者，其一見於格林(Green)所著「以算學分析術推用於電磁學學說」，（湊貲私刊於一八二八年）。此術以界內所有微點之質量（【譯者註】即dm），而以每微點距離一定點之遠近除之。（【譯者註】即 $\frac{dm}{r}$ r即此遠近之數），將所有命分統加，則得 $\int\frac{dm}{r}$，以V代此統加之總數，用算式寫之。則爲 $V=\int\frac{dm}{r}$（此V即算理物理學之位能函數是也。此位能函數名詞，初見於此君之學說（參觀其算學著作，斐勒茲Ferrers監刊，一八七一年出版，第二十二頁）。此函數，從前勒戎得耳，拉普拉斯，曾用之，惟格林始發明其普通算理。其所著之論說，埋沒日久，不爲人所知，其主要題目，則爲高斯獨立刊行於一八三九年。其二，哈密爾敦·洛安於一八二八年，刊行其光線圖學說於「愛爾蘭皇家學會報告」

，其後又有說帖，載於一八三四年及一八三五年之「哲學會報」。在此諸說帖中，曾發表其著名之變化動作學說。從前摩柏屠伊(Maupertuis)，曾發表所謂最小動作學說。或稱爲停頓學說。哈密爾頓之說帖，則加以發展。此新學說爲動力學之最重要原理，而在算學中大有用處，以其便算也。討論此新學說之著作甚多，宜參觀克希荷夫之「算理物理學講義」，及赫爾姆霍斯之「算學筆記」。自從有工能之說之後（所謂能者，即有作工之能也），此新學說遂爲物理學諸所有手續學說之基礎。

從此處置電力磁力諸問題，另發生新意想，其價値有非其他五十年間所能有充分之領略者——既有如是種種發明，而猶不滿人意，謂爲退步，此則異常之事，不能不加以研究者。其在法國，有屈費爾極力讚美法國各科學之進步，解其措詞，並非言過其實；其在英國則不然，旬報雜志及刊行之小冊，攻擊英國科學者，不一而足，其爲此攻擊者，又並非不知有科學名家之人，並非不知科學所立之大功業；其爲此攻擊者亦是有名之人，不過稍亞於當時之巨子耳。

五、普雷非耳

對於英國之研究高等算學，最早發不滿意之論者，見於普雷非耳之評論拉普拉斯之天算，載於一八〇八年之愛丁堡評論報。【原註】見「愛丁堡評論報」第二集，第二七九等頁。

普雷非耳（一七四八年至一八一九年間人）在愛丁堡大學，初為算學教授，後為自然哲學教授，以為一大陸分析派算學所得之效果，英國算學殊不欲採用。英國算學家，一面只知頌揚牛頓，而不能用其法，反令牛頓之衣鉢，傳於法國，為拉普拉斯所承受。於是普雷非耳君，播傳大陸科學進步之新知識於國人，其傳播之法不同，有在「大英百科全書」發明者，有在各學會報告發明者，有在愛丁堡評論報發明者，有用以教授生徒者。格里高列為牛頓哲學之介紹者，普雷非耳則介紹大陸新法於愛丁堡大學教科中（參觀格蘭特爵士 Sir A. Grant「愛丁堡大學古事記」第二冊，第三〇二頁）。

普雷非耳之言曰：『近今六七十年間，算學家哲學家之改良天文學，使大有起色者，頗有其人，而我英國不預焉。【原註】此處普雷非耳卻將其同鄉馬克羅麟(Maclaurin，一六九八年至一七四六年間人）除外。其時愛丁堡之教授算學，處極高地位，尚未有能超過之者（見「愛丁堡大學古事記」第二冊，第二九九頁，又第一冊，第二七一頁，載有一七四一年該大學之算學及物理學講演目錄，其時算學課程之高，非其他英國大學及大陸大學所可及）。其實普雷非耳，應除外者，尚有兩人，一為愛倭利，一為蘭登，此二君者，皆為大陸算學家所知名。……英國算學家何以不研究航海之太陰術？其所以不研究者，明知高等幾何之知識，不及大陸算學家故也。作者敢說英國之能讀能解拉普拉斯之天算一書者，並不多見。其在倫敦與附近之陸軍學校，則二三人能讀者，英國之兩大學亦各有二三人，蘇格蘭大約有四人能讀此書，共計通國不過十餘人，如是而已；然而猶有謂作者計算太嚴，以爲國中能讀此書者，應不止此數」云云。

六、巴貝治之評論

作者再引二十年後巴貝治（Babbage）之評論，〔原註〕巴貝治（一七九二至一八七一年間人），曾以創製算器，題名於大陸，爲一極聰明極有創解之人。其時正當造製廠工藝廠，手用機器改良工業時期，巴貝治之聰明，原可用於發展純粹科學，而反研究改良工業，以求實效（參觀其「一哲物家之大事記」，一八六四年刊於倫敦）。其所製，有所謂分析器，將於下文討論之。對於劍橋大學新派算學之初發起時，巴貝治曾記載當時情形。巴貝治以七金鎊贈拉克啦所著之「微積分學」，其中有一爲難問題，持以問教師。教師留心聽其所問，答之曰，「此非考試時所問之題目，亦無何種用處，」乃勸其用功於大學學科之前列各問題。巴貝治屢問，屢得相類之答覆，由是不樂學習例行功課，而以其全力專習歐拉著作，及其他算學家之著作之登載於俄都及柏林，巴黎諸學會者。此時正是劍橋集會，刊布新舊約時代，巴貝治亦以其時集會，發展算學之分析術，又點竄當時告白之字句語意，以訕笑時人，意謂集會，提倡來伯尼茲新術，反對牛頓之術。此舉却得良效果，一八一六年刊行拉克啦「微積分學」譯本，一八二〇年刊行難題二冊。巴貝治及赫瑟爾，斐各克，皆出力介紹大陸算學於劍橋大學者，巴所著之英國科學進步說（刊行於一八三〇年），專爲攻擊皇家學會而發，亦如普雷非耳之評論報，則反對英國大學。〔原註〕巴貝治所說英國科學退化之理由，頗有意味，讀者要記得，此時正德國學術最盛之時期也。巴貝治之言曰，「英國之研究科學者，並非作爲一定之學業，與大陸不同。卽有良知識及善於觀察之人，亦無法以分別某人爲一知半解，某人爲學問深邃之人。若專指算學知識而言，此語則更爲有力。既如是之難於分別，則爲顯名而求學者，自然不願致力於算學，』云云。一七九四年，劍橋之窩林(Waring)教授有言曰，「我所著之純粹算學書頗多，凡我所知之新法，無不列入，然而從未聞有在劍橋外之學者，用功讀吾所著，明白吾所著者。』其後又言曰，「我之所著，既不爲人所知矣，然吾之所能差堪自慰者，惟有達闋貝耳，歐拉，闋格倫日，諸君之獎勵而已』（參觀托德罕武所著「決分學學說史」第四五三頁）。巴貝治有言曰，「英國惟有法律行業，爲能吸收人材，其研究科學者，不過爲消遣起見。算學則過於用心，惟專心致志，不爲外務所擾者，乃能研究。最可惜者，往往用違其才。有絕項聰明人，可以爲大哲學家者，往往誤走門路，學非所長，用違其才，只成就，一個不過爾爾之律師，』云云。（參觀其所著第三十七頁）。

巴貝治云：『英國之對於科學、無人過問、日見退步之論，原不自我始，前哲有先我而言之者矣。』

〔原註〕「愛丁堡評論報」訾說明所以退步之一理由。（見一八二二年評論報，第三十七卷，第二六二頁）。其言曰，『在劍橋大學，常有極多數人，專攻科學者，惟無便利於研究科學之建設，又無鼓勵之者，未免失其創新研究之精神。此語頗合當時情形，因每年之由學習大學所偏嗜之科目而顯名者，原不乏人，惟此項人材，既以勤苦數年而得達其目的，奢望已足，若再無以鼓勵之，聽其自便，則惟有陳陳相因，以其所學者教後來之學生而已。』

巴貝治於是引赫瑟爾、德斐、及他人之說曰：『凡曾考究外國科學情形者，當知英國之對於爲難之抽象科學，尤爲居於他國之下；所謂他國者，並非僅指與英國勢均力敵之國而言，並指勢力不及英國者而言。

愛丁堡評論報〔原註〕一八一六年第二十七卷，第九十八頁。之言曰：『英國頗有極其聰明而又富於決斷力之人，此爲各國所公認者；然而自從有算學中最偉大之新揭露之後，七八十年間，對於科學之必得有苦思勞想，孜孜爲之而後能研究者，反居鄰國之後，此爲頗奇異之國性問題，亟須研究者。

七、外國對於英國科學之評論

凡此不滿意之議論，雖發於極有學問之人，而本國外國，亦皆有反對此種議論者。一八二一年，屈費爾於曾爲皇家學會會長之班克斯爵士(Sir C. Banks)死後，爲文以頌揚其事業，其言曰：『在此時期，爲人類思想最可紀念之時期。英國之哲學家，亦曾建立有光榮之功業於知識世界，與他國相等；英國人足跡所及，遍於酷寒之南北冰洋，採集自然界之物產，十倍於前；發見於天上之行星，及繞行星之月，及聞所未聞之變象，天漢之羣星，幾乎能按數而數；化學之有新氣象，亦以英國人之力爲多；能燒之空氣，純粹之空氣，亦爲英國人所發明；英國人又發明析水之法；又有化分而得多種金項不變之鹼質物，他人所不能發明者，亦由英人發明；英人驅使力學，以作奇異之事。以各類製造而論，英國幾乎冠於天下。』又有莫爾教授(Prof. Moll)駁巴貝治小書，其言曰：

「原註」莫爾之小書，名爲「答復所謂英國科學退步說」，署名外國人著，一八三一年倫敦出版，此爲莫爾所撰，法拉第製一短介紹文。法拉第不偏不倚，嚴守中立，其文中有言曰，「最可異者，英國人爲英國人所攻擊，而外人爲之辯護云云」。莫爾及巴貝治，赫瑟爾，普雷非耳，法拉第諸君，對於此問題，有攻擊者，有辯護者。諸君之議論頗多，發明其所發明之要點，有隨後改良補敘者，亦有至今仍有討論之價值者。今姑舉數端於此。一八一九年，「愛丁堡評論報」第三十一卷，第三九二頁，登載普雷非耳之言曰，「播普通知識之種，遍及於全國，頗與高等算學之進展有礙。此殆指當時無專門科學雜志而言，其時法國則有阿剌各，給呂薩克所刊行之「理化學年報」。其時英國因無專門科學報，故名家之說帖，及各項新發明，只可登於普通評論文字之報，例如楊氏之光學，及衆形字論，則登於季報，赫瑟爾及亞立之著作，則載於「首都百科全書」。尤爲可異者，以極好之算學撰作，而埋沒於婦女目錄，厠於打油詩與孩子氣之文學哲學中』（參觀一八〇八年「愛丁堡評論報」第二卷，第二八二頁）。此外又有應注意之點，「當時英國學者皆各自研究，不與本國同志氣息相通，不與外國相往來』。（參觀托德罕武所撰休厄爾傳第二冊，第一八六頁，休厄爾致阿庫耳 Harcourt 書）。當時因此事而有鼓動，於是有科學提倡會之設，此後頗能補救前此之缺點。今日則科學報極多，然而仍有一第三缺點，則注意者鮮，此缺點即「不通外國文字是也。英德兩國學者皆犯此病。英國之能粗識德國文字之皮毛者，其數已甚少，其能粗識德文，不必太費事而能讀德文書者，其數尤少」。（參觀莫爾所撰書，第七第八頁）。第四缺點，為「書籍入口稅過重，外國書至英國，價值太昂」。紙張免稅，始於一八六一年。

「赫瑟爾及其友人，雖極不滿意於英國之科學雜誌報告，而外國則不然，德國之記者，見有英國科學雜誌出，則甚樂於採錄。觀於德國人之重視英國之科學研究，凡有英國之稍有聲望之哲學家之議論，無不速於譯成德文，以餉國人，亦可見德國之重視英國科學著作，遠過於赫瑟爾諸君多矣。」

（原註）觀於莫爾之著作第七頁，可以窺見英德兩國培植科學之不同。莫爾之言曰，「當德國大革命時，以達蘭貝耳，康多塞，克雷洛諸子之力，於各科學中，以算學為最時髦。：：師範學校之設，即由於此，雖不久即停辦，而播傳算學知識於國中，則以此學校之功為最大。其時在學校講演者，為拉普拉斯，蘭格倫日，蒙日(Monge)諸子，聽講者為拉克啦之流。當革命時代，哉盡掃除古學而以算學代之，於是有多數之算學者，布滿全國，人人自命為算學家。然而惟偏重於學說理想，雖知其體，而全忘其用」（見第十一頁）。又曰，「以當日學校之風氣而論，力學則不能企及，蓋非有深奧分析之知識者，則不能也。：：是以其時有高等算學之知識，雖多，而最適用之淺近算學知識，則傳布不廣，不如英國」（見十二頁）。「對於通力合作（指科學而者）之主義，德國頗能施行，則非英國所可及」。（見第十四頁）。

八、英國人答覆巴貝治諸君之不滿意之論

英國人之答覆巴貝治及愛丁堡報之評論家之言，則殊爲無力。有只羅列英法兩國刊行之科學雜誌報告等書，而忘記告讀者、以雖同爲報告雜誌而有優劣之不同。又有引婦女日錄者，謂其中頗有奇怪算學問題，其程度出於淺近算學之上者。又有雖以巴貝治議論爲然，而告讀者、以英國有便尼（譯者註）英幣名，略如我國之銅圓一枚，。雜誌，有巾箱本叢書，可與外國之屈費兒及柏濟力阿斯之科學報告相比。大約

九、建立英國科學提倡會之始基

在一八三〇年間，創立英國科學提倡會始基，其時發起人以爲雖有分立之學會，『亦必要有一集中之社會，以有統系之科學研究之方向，指示國人。首先宜辨者，卽彙輯報告各科學之情形，及所有缺略而亟應研究之事。』（原註）此舉原發起於巴貝治及其同志，規模昉自一八二二年奧礎所創立之德國學會。一八二八年，因洪保德之力，吸收科學名家，如高斯，柏濟力阿斯，厄斯式德入會。此諸公者，向喜獨自研究，而不樂羣居討論者也。既得此諸巨子爲會友。而此學會遂名聞歐洲。其時，巴貝治適在柏林，曾預其會，其會中情形，具見於巴貝治之「科學退步論」附篇。德國此種會議情形，及其後如何衰落，則見於卜命士所撰「洪保德傳」（譯本第二册，第一二七等頁）。傳中有謂「此種集會，漸漸退化，變爲一種與智慧無干之酒食徵逐」等語。一八三一年九月二十七日，英國科學提倡會成立於約克地方，是直接發生於部盧斯脫在

「季報」所登評論巴貝治「科學退步論」之結果。部盧斯脫極力贊成巴貝治」之議論，而其責備諸大學為尤奇。其言曰，『前世紀英國之新發明及新創造，皆得於大學之外。其在前者有卜拉德賚，多倫德，普利斯特利，卡汾狄士，馬斯刻林，拉姆福德，瓦特(Watt)，武拉斯乔，楊，德裴，查文尼，諸君。並世者，則有道爾頓，愛倭利，布拉文，哈赤特，逢德(Pond)，赫瑟爾，巴貝治，亨利，巴羅(Barlow)，騷司(South)，法拉第，麥多克(Murdoch)，克拉斯替(Christie)。至以近今十五年內而論，今學校中，無一新創造新發明。英國八大學校，亦無一個為有片段之創新研究者』。（參觀「評論季報」第四十三卷，第三二七頁，一八三〇年刊）。部盧斯脫是條陳設立「一貴族教士，鄉紳哲學家集會」。（見第三四二頁）。於一八三二年，科學提倡會在牛津開會，巴貝治發言曰『衆人之意，以為開會地點，應在能行使科學之實用知識之地，以國家之富，由於有此知識也。』自設會以來五十年間，頗能補救前之缺點，使科學得以通力合作，與法國之學會、德國之大學等。「原註」英國科學提倡會，自其初立時，有兩特點，為德國所無者。其一，有最有才學之專門名家，報告各科學之地位。其二，為組織分會，擔任通力合作特別事業。學會既能補救前此之缺點矣，而同時並不破壞一高等事業。凡人所作之事，不無缺點，而英國最喜自由批評此項缺點，則有非他國所能及者。英國有一習慣，毋論對於何事，最喜分黨派以策進行，最喜培養分黨精神，分黨之評論，及分黨

一〇、英國高等勞心事業之特性

之標幟，以爲欲使衆人之注意，使個人有痛癢相關，以此法爲最易；【原註】一八三八年，該學會在紐喀斯爾(Newcastle)，地方開會之後，來伊爾曾致書於達爾文曰，『吾子讀諸著作，毋論其爲聖賢之著作，抑爲罪人之著作，切勿爲其所誘，而隨人之後，反對學會。愚意並不以爲吾子有此舉動，而我則常見他人有此舉動，哲學家變爲演說家，殊非所宜。凡在公共集會之地，而不乘機表彰勢力者，則不爲人所重視，此吾國人之習慣，我所深知。而我卻不欲如此枉費光陰。前人有言，無大激動，則不能享大名，』云云。（見「來伊爾傳」，一八八一年刊於倫敦，第二冊第四十五等頁）。蓋以英國並無集中權力之人，若不仗大多數羣衆表示贊成，則不能設立有力之機關，亦不能動用公款。然而不能因此而只論缺點，置英國提倡科學之長於不顧。第十九世紀之前半期，英國人之研究科學、而享不朽之名者，亦多。

一二、學會及大學亦時有偏見

若獨怪諸子之所以享大名者，並不由於有大陸建設完備之機關，則爲褊淺之見。蓋吾人必不可忘記，雖以英國之學會大學，有博大之精神與寬洪之美德，而有時論功行賞，亦不免於偏失。屈費兒嘗恭維學會，以爲公正無私，然亦難免有時將最高等之著作擱置多年，而無人理會之事。

一三、傳立葉之著作

傳立葉曾有熱學學說之大著作，初次發明一普遍算學方法，施用於無論何種物理學問題，幾乎皆能合用，一若深入自然界內幕，窺見其中各項動作之發生變象者；如此巨製，束諸學會高閣者十四年，學會居然不知此作之重要。〔原註〕傅立葉（一七六八年至一八三〇年間人）出身寒微，其最著名之作「熱學學說」（一八二二年刊於巴黎），又，從前亦曾著有說帖。凡此諸著作，皆能推廣以算學研究物理變象之法，又，擴充算學數量相倚賴之意。自有其發明，而物理學之應用，大爲擴充，，又由是而引入最深奧之算理（言實用者，則有歐姆(Ohm)及克爾文爵士，言算理者，則有特理力，里曼諸家）。傅立葉所發明之級數，實爲體用兼備者。其第一次說帖，以一八〇七年迻於學會，第二次說帖，則在一八一一年，至一八二四年，始刊行，其時傅立葉之大著作，，已於早年刊布矣。對於物理學，宜參觀赫爾姆霍斯「演講集」第一册，第一〇一二等頁，湯姆孫爵士之數理，學論文集第二册，第四十一等頁。關於算學，宜參觀里曼之「算學全集」第二一八頁。幾卜生(Gibson)有一簡括之作，，記載傅立葉級數，見「愛丁堡算學會會報」第十一第十二册。作者當於下文再討論之。

一三、夫累涅爾

夫累涅爾(Fresnel)第一說帖，以算學爲基礎，發明光浪之理，而歷久不爲刊布，當時科學世界日望其研究之結果。〔原註〕夫累涅爾（一七八八年至一八二七年間人）與楊氏同享最先發明光浪學說之榮名。其所撰之光折射之第一說帖，迻交學會在一八一五年，第二次說帖，擴充其說，在第一八一九年，運至一八二六年始爲刊布。其餘說帖，竟有不知放置何處者，亦有失落者。此種極要緊之發明，所以遲遲不爲刊布者，有人以爲由於拉普拉斯及其徒黨之反對，雖有阿剌(Arago)大力，亦無所用之。夫累涅爾於一八二一年所撰之橫浪說帖，雖經各學會請即刊行，而不果。赫懸爾．約翰爵士，於一八二七年，曾發為議論曰「此要緊說帖，雖經學會請刊，而不果行，至今仍未刊布，殊令歐洲科學家大失所望』。（見「首都百科全書」「光學」條下）。楊氏及夫累涅爾所遇之為難反對，具見於休厄爾所著「歸納科學史」第二冊。前此累奧睦耳(Réaumur)之在科學學會時，似亦有類此之專制行為，見摩里所著「昔日之學校」第一冊，第二八〇，第一二三等頁。又見赫胥黎「評論演說合編」，一八九〇年版，第一一二等頁。

一四、普勒刻

其在德國，亦有同類之令人灰心，阻礙思想發達之事。普勒刻致力多年於組合幾何法、分析法，以對付幾何問題，而不遇知音，只好荒廢此項學業，其後英國有此種之思想發展，乃重理舊業。「原註」普勒刻（一八〇一至一八六八年間人），波昂大學教授，有名於英國，以其與法拉第合力共同研究科學，又與撰力(Cayley)散夢合作，能獨闢途徑，研究物理及幾何，而以幾何學，尤為著名。能組合純粹幾何及代數，使新幾何新代數有極良好效果之發展。其創格之幾何學業，可分兩期，第一期起於一八二六年，（是為德國算學中興之年），止於一八四六年。其研究算學所得，不甚為本國所注意，而著名於英法兩國，尤為英國學者所知名。一八四六年刊行其所著「幾何學全書」，其第一期之研究，盡載於此書。而秩序較為整齊。此後完全拋棄算學有二十年。專致力於物理學，有極創新之研究。假使普勒刻而非法拉第之知己朋友，則普勒刻之研究，直可與法拉第爭名。（見「大英百科全書」）。普勒刻以一八六四年，遊歷英國，極為英國幾何學家所歡迎，則大為詫異。其時英國之幾何學家，所取之途徑，適與普勒刻二十年前取徑相同。於是又想理舊業，發展一種思想，已見於其一八四六年所刊行之著作。自此入於一種幾何形體之新基礎思想，不以點為處間

（〔譯者註〕亦作空間）之元素，而以線為元素。乃天不假年，未及完成而死。死後，及門弟子，搜輯其遺著，刊行此「新幾何學」（一八六八及一八六九年，來比錫出版），在第九版「大英百科全書」『普勒刻』條下，克里斯他爾(Chrystal)頗表彰其學業。

一五、格拉斯曼

格拉斯曼(Grassmann)自於一八四四年刊布其展延學說之後，亦為算學界所認為創立新法研究幾何學之人。〔原註〕格拉斯曼（一八〇九年至一八七七年間人），生長老死於斯德丁(Stettin)。暮年乃得志，刊行其幾何學之後三十年，乃為學界所領略。格拉斯曼及在柏林之斯泰涅，皆遭逢不偶，不盡為人所知。斯泰涅頗與其他算學名家有聯絡，而始終並一教授之席而不能得。格拉斯曼則無論大學何項教席，始終未得其門而入。其所撰之「展延學說」，為算學新支派，刊行於一八四四年。是為一種純粹展延之科學，施用於實驗處間，即為幾何學。以相類之研究，推廣至於毋論多少元（〔譯者註〕量長短，只用一元，量面積，只用二元，量體積，只用三元，至於四元五元等等，則非意識所能想像），器官所能接之三元空間，不過為純粹展延之別案。此多元之性質，不必與器官所能接之空間相同。自有里曼發明此學說（發明在一八五四年；刊布在一八六七年），此種研究，始為學者所熟聞。赫爾姆霍斯因是對於人之器官，亦推廣多元之學說，而加以研究。（參觀其所著「演講集」）。格拉斯曼晚年，眼見其所創之新理想，為學者所領略，以其餘暇，研究與算學極不同之學問，繙譯「梨俱吠陀」（〔譯者註〕古印度婆羅門四吠陀之一，一八七六年至一八七七年，刊於來比錫），又為此吠陀，特製字典（一八七二年至一八七五年）。在算學界內，惟有格拉斯曼與楊氏，既有善研究算學物理學之天才，而同時又能研究小學，（〔譯者註〕指訓詁字音之學），而二子皆不遇知音，未享當世之名。參觀希勒格所撰「格拉斯曼傳」，一八七八年來比錫出版。

如此極重要之新學說，埋沒二十年而後，始有人注意，其第一次刊行者，人皆視爲廢紙，其後再版，今代算學家始事研究，始知其真有價值。

一六、英國無集中機關

英國至今研究科學，仍無集中機關，而又無歷史的及包羅萬有之精神；既無此精神，則難以有完全通透之研究。埋沒人材之事，英國當比別國爲較多；至今英國之思想大先導家及揭露發明新學說之巨子，仍往往不爲本國人所知，不獨爲本國所埋沒，且爲本國所詬詈，遂使所揭露所發明之學說，爲他國所據爲己有，

一七、楊氏

如楊氏之學說是也。吾國有兩巨子皆姓楊，其一爲大詩人，撰夜思詩者，吾國學界至今仍有未能分別者。〔原註〕大科學家楊氏（一七七三年至一八二九年間人）首先發明光浪之理，亦首先發明光浪相駮及橫浪學說，又發明象形文字，遂以此各種新發明而得名。其所發明之新學說及條議，皆刊於評論報中。亦有當本世紀之初年，在學社演講者，刊行於一八〇七年。亦有刊於皇家學會之報告中者（此則從一八〇〇年起），亦有見於叢書中者，而以載於百科全書中者爲多。赫爾姆霍斯有言曰（見「演講集」第一冊，第二七九頁），「可惜楊君出世太早，故不爲科學界所知，羣衆則更不知有此君」云云。或謂其所以無聞於當時者，蓋因其文字之特別，不能明達其意，又因其刊布之不得法。此君之文字令人難明，其算學，又晦而贅，又習慣於韜晦寡言，既爲人所攻擊，又不屑與

辯白，又不善達意，此則與同時在科學界相與角逐者不同，而尤異於法國。其時法國科學，類皆能文之士，條理整齊，字句漂亮，而又有世人所公認之機關，為之刊行其所著作。作者既撰思想史，不能不說明當代有名之人，頗有反對楊者，以為其所倡之學說，並非新創者，不應享有大名。有布拉文貴族者，恃據「愛丁堡評論報」為敵壘，以資遮護，特為引牛頓大名，大張旗鼓，發為極不公允之議論，攻擊楊氏不留餘地」讀此報者，既無辨別是非黑白之特識，自多盲從，而楊之名遂大受影響，永難恢復。光學大家部盧斯脫，頗有極重要之試驗瞻測，為光學大增資料，始終不用楊及夫累涅爾之學說。有名人本生者，對於與楊氏相關之別派研究，如象形文學之類，左楊氏而右法國人宋坡弄（Champollion）。此種裁判，頗傷楊之名譽，未免武斷，由於未經詳考楊刊行其學說之年月。自從搜輯楊氏諸著作刊行於世。（見楊博士所作「雜著」第三冊，一八五五年倫敦出版）之後，因知其各種發明，起於一八一四年，於是年月始有可稽。（參觀本淮 Benfey 所著「語言文字學史」，一八六九年出版，第七二九頁）。本生(Bunsen)評論楊氏，見於其所著「世界歷史中之埃及地位論」，一八四五至一八五七年出版。大概言之，仍以裴各克（亦作佩柯）之議論，為可信。（見裴各克所撰「楊博士傳」第四七二頁，一八五五年倫敦出版）。裴各克之言曰，「楊氏之科學著作，讀者甚少，不為時人所知，時至今日，仍不甚為人所知，仍不甚有人知其著作之價值。至於本國人酬答其解說象形文字之功，雖較為迅速，較為寬大，而反與其名譽有損，因有起而與之爭名者，當時已大受不持平之評論」，而近代之有名著作家，仍在所不免。

一八、道爾頓

道爾頓為新化學之大創基家，名亞於拉瓦節，介紹算學意識入於化學，厥功最偉，無與為比，及老病衰朽，而後為國人所知。

其時只有極粗之器具，以證其新發明之學說；假使其有給呂薩克，或勒諾所有之精而且多之器具以供其研究，則其造詣當何如耶？〔原註〕道爾頓（一七六六年至一八四四年間人）幾終身以教淺近算學為餬口，其始在曼徹斯特學校，其後在家教書。以一八〇一年，發明所謂道爾頓給呂薩克化學例（給呂薩克宣布此例，在六個月之後）。此後數年，則致力於原子學說，以解明化合物之原質，有一定之數目關係，此種關係，已為利希脫(Richter)所知。此原子學說，刊布於一八〇五年。其表彰道爾頓之理想最出力者，則為湯姆孫•托馬斯（一七七三年至一八五二年間人）。此君為格拉斯哥大學化學教授，以一八〇七年，據道爾頓之通告，而發表其原子例於第三版之「化學全書」。一八〇八年「哲學會報」內有說帖兩篇，其一為湯姆孫所撰「修酸說帖」，其二為武拉斯吞所撰之「上級酸下級酸之鹽類」，皆指明原子學說之重要關係。而武拉斯吞預言原子學說，不能以算出元素原子之比重為止境，應以幾何思想研究化學物中各微點之位置，然後能盡原子學說之功用。其以試驗法證明道爾頓原子學說者，則為柏濟力阿斯之功。此學說已為他國所公認時，而德斐則猶示反對。其他化學家，推原道爾頓之學說，而有所發展，卻為道爾頓所反對，如給呂薩克之體量例是也。道爾頓之長，在乎發展其一已之理想，而不甚能領略他人之理想，例如柏濟力阿斯，密拆力喜，拉普拉斯，來比喜，及後起諸人，皆有所發明，以證實原子學說者。參觀亨利所撰「道爾頓傳」（一八五四年版），又哥布所製「新時代之化學發達論」（一八七三年，刊於閱行）。

一九、法拉第

「法拉第者，處境尤窘：當其致力於研究科學時所賴以餬口者，每年之進款不及一百金鎊，既無富厚之學會以爲之後，又無有何等幫助；而此種學會則尤賴有法拉第其人，不然則拉姆福德、楊德、斐諸公之鼎鼎大名，尚不足以保存此學會不歸於坍塌。【原註】法拉第（一七九一年至一八六七年間人）雖非算學家，而能介紹其理想入於電學，從此而發生電學中之算學學說，其完備幾與光派之算學學說相等。化學之有原子學說，如電學之有力線學說，力線學說在電學磁學中有極大之發展。道爾頓雖不知有德國派之高等算學，而性情則與算學科學相近。法拉第對於電力磁力之動作之性質，雖具有特別理想，又有試驗之知識以爲之助，此項知識之多而準確，遠過於道爾頓，而亦不甚爲時人所知。世人所注意者，爲法拉第之試驗研究，而不領略其理想。而法拉第則早已顯著於德國意國。一八二三年，法拉第被舉爲巴黎及佛羅稜薩學會會員，幾乎在本國學會歡迎其入會之前。爲法拉第製傳者之言曰，「法拉第研究科學時，處境極其窮窘，學社之能得有二十六年存在者，皆賴有法拉第之演講，以養其生命。法拉第嘗對學社之諸理言，「吾人靠刮皮膚爲食，以保存生命。」其研究所需，及購置器具，經不敢妄費一文。絲毫不得皇家學會之資助。當此數十年間，法拉第所得之一定進款，爲學社所給之每年一百金鎊，因兼教授，又得幾乎一百金鎊之數』（參觀，準茲Jones「法拉第事略及尺牘」一八七〇年倫敦刊行，第二冊第三四四頁）。又準茲所撰「皇家學社記」第三一一頁。

二〇、格林

格林者，以算學而研究物理學；其所著書頗有能啓達之議論，以一八二八年醵貲刊行。十七年後，湯姆孫·威廉（卽克爾文爵士）見他書有引格林著作者，力求一冊而不可得。其後竟得一冊於劍橋之著名算學教授之數與湯姆孫往來者此書蓋已沉埋於此君之書架中，不知若干年矣。湯姆孫攜此書往巴黎斯圖謨(Sturm)里奧維爾(Liouville)見之，立刻知此作之可貴。湯姆孫卽刊此作於克禮爾算學雜誌，此後學者皆公認此作建立位能學說之基礎。【原註】參觀前文，及湯姆孫所翻刻之『靜電學及磁學』第二版，一八八四年刊於倫敦，第二頁附註，及第一二六頁附註。

二二、布爾

算學界之最有創新思想者，爲佈爾(Boole)，終其身不過爲愛爾蘭僻遠地方之學校教員。【原註】布爾（一八一五年至一八六四年間人）爲最少數有創新思想算學家之一，與來布尼茲，格拉斯曼，高斯，等相類，不獨能知符號文字中之數目意想，且能深入其中之羅輯意想。其所著之「微分方程式」（一八五九年），及「有限差數術」（一八六○年）已爲著名之課本。又其所著之「思想律」（一八五四年）審察邏輯及決分術之算學學說原理。凡此雖爲著名大作，然而其最有功於科學者，則爲其所注重之『運算術』。此一支派之算學，爲英國之特色，此派將數學算法之記號，與代表數量之記號分離，作爲計算之特別物。凡經布爾所研究者，已有多種採入平常課本內，布爾因是而深入於代數算式，經歷多少變化後，仍有不變者存在（卽不變數學說）（一八四一年）。布爾從此新方面創造新代數，又爲範圍極廣收款甚豐之不變數學說立基礎。關於此學，作者將於下文，再詳加討論。今且先提及此種新學，一入於撥力及西薇士德(Sylvester)之手，而更有發展。邁爾博士在「德國算學年報」（一八九二年柏林出版）中，有紀載此新算學之史略。

二三、巴貝治

若論以最

富之國，而竟不資助有天才之科學家發展其才，則以巴貝治之算器爲最可令人注意。當創造此器者在生時，英國及他國之專門家皆極以爲然；科學提倡會又派人審查此器，以報告於該會，此報告亦謂其法可用，若照法製造大望可以與創造對數者同功。【原註】巴貝治巳見前文。其所製『求差器』及『分析器』，具見於其所自撰之「一哲學家之大事記」中，又見衞爾德所著，之「皇家學會史」第二册，第三六九等頁。凡我同志之曾與聞發起組織機關，以提倡高等科學者，有誰不經歷過多年經費爲難之困苦者乎？而當時國中之財幣只濫用於一途，更多要求此種經費支絀之機關，機關又不能應付，而經費更形支絀。【原註】皇家學會受經費支絀之困難，歷一百年，學院之情形亦然，初開辦時亦同受此苦。參觀準茲所撰之「學院記」，一八七一年倫敦出版，見第二〇二及二八一等頁。學院爲拉姆福德伯爵（一七五三年至一八一四年間人）所創辦，其創辦時之宗旨，並非爲科學而設，且幾無提倡高等教育目的。初拉姆福德承巴威選侯之惠顧，創立工藝所，改良陸軍，及禁止掃除都城及國中乞丐及淫業。其宗旨在先，使此種『藝不良之人，及無告之民，先能歡樂而後遷善』。（見第三十一頁）。此事既有成效之後，拉姆福德伯爵始有組織學院之意思。一七九三年，從慕尼克（Munich）赴意大利，以二年之力，創辦工藝所。一七九五年，特至倫敦，刊布其所著之論說，先後於一七九六年及一八〇二年出版。其第一篇，『提倡在倫敦捐集私款，建設機關，收養平民，教以有用工作，……又立一機關，以推廣一切新發明及新改良，使通行於社會』（第四十四頁）。其最初之結果，爲成立一種鼓勵工藝及貧民生計進步會。威伯福士（Wilberforce）亦爲原始發起人之一。伯爾拿（Bernard）者，爲多數慈善機關之創辦人，出力最多。一七九九年，拉姆福德伯爵提議創立學社以其條陳，交一董事會審查，遂以是年二月成立，願學助者，每位捐金錢五十鎊。其名爲『公衆學院』，目的在傳播知識，流通新製造及新改良，又設哲學演講及試驗，以教國人，使知推行科學，以用於平常日用諸事。』越數年而性質盡變，竟忘其爲賑貧而設，只餘略事提倡科學，以爲高等人消遣之資。此學院與思想史之關係，因有德斐及法拉第曾在此學院之試驗所研究，又爲楊氏及哥爾利治，斯密•悉德尼（Sydney Smith）所演講之地。又此學院之歷史，可以爲其他各省會學院之榜樣，其最著者，即曼徹斯特，北明翰，利物浦，紐喀斯爾，黎芝（Leeds），布里斯它爾（Bristol），諾定昂（Nottingham），等處之學校是也。其始初建立也，皆由於富人捐貲，而所捐之款，不甚充足，其後貲用日大，不能不求時髦人接助，既求時髦人接助，不能不改變宗旨，使人樂於捐助。其始皆以個人發起，隨後必皆經過多年，經費不足之困難，而後得有特別用處，定有範圍。然而總不免有虛耗精神及財力，及無一定進行規則之弊。

二三、英國思想之特性

然而作思想史者之責，不在乎紀載科學退步之事，而在乎討論其進步，只以非經歷一番退步，即不能有發展之特色，故不能不討論及之。此種特性不獨發現於科學，亦發現於普通文字及人生日用之各種建設。自從培根·羅哲爾（Roger

Bacon)以來，〔譯者註〕英國科學界有兩培根，培根‧羅哲爾在先，平常泛稱之培根（又稱培根爵士）在後。經歷數百年，其間不無科學巨子，然而向不喜聚合於學校、學會或其他集中之地。皇家藝學會、皇家學社、科學提倡會、及其他規模較小之學會，皆發起於培根爵士所擬之規模，而皆不能達目的；毋論在何學會所有一切合力研究，或有統系有組織之研究，無不遭反對者，或因學者好獨自研究，或因與當地之利害相關，而不以合力研究爲然。

天文家夫蘭斯提（Flamsteed），頗有天象之瞻測，而牛頓不能借用，餘人又不能領略，故此項瞻測，不能完全又不刊布。對於人生日用之大計畫，往往有名人發其端，往往有以個人之才力而發明大思想，而後人不能繼其緒。〔原註〕參觀赫胥黎所著「教堂演說」（一八九一年版，第四十三頁）。赫胥黎之言曰『自從西歐進化以來，毋論在何時期，英國頗有才智之士，與世才智之士，抗衡。然而此項人物，大抵皆由於天賦異才，有不受阻撓之大力，並非曾受何種科學學校之培植，皆以無規則之方法，而推倒一切爲難，不知虛耗幾多氣力，幾多光陰，而後得居於所應居之地位，云云』。

二四、無科學思想之學校

然而英國之研究科學之巨子，無有能指出一團體堅固之弟子，或任何學校，以擔任其未竟之業者，或推行其意想，或研究師說之深遠結果者。例如英人牛頓派學說，創造者爲福耳特耳（Voltaire）；英人陸克之學說，不見於英國，而見於法國；法國最能實行英人培根之科學規模者，爲法國之百科家，法國之學社，及外國之學會。【原註】參觀上文第三十四頁，及第九十三頁。楊博士之光學發明，及象形字之發明，由同時之德國人播傳於世界學者。道爾頓、【原註】參觀上文第二四九頁原註。柏爾、【原註】參觀上文第一九一頁原註。法拉第、達爾文、馬克斯維耳（Maxwell），及其先之本特力、吉本，【原註】參觀上文第一六七頁原註。以上諸巨子之大著作，皆爲德國大學之課本，又爲之撰論說，撰紀傳。【原註】本世紀之創爲達爾文派之學說者，爲德國，亦如前世紀之創爲牛頓派學說者，爲法國。赫胥黎有言曰：（見『達爾文傳』第二册，第一八六頁），『我輩所夢想不到者（在一八六〇年），達爾文派學說之力（予亦應云其弱點），推廣於學問界，』云云。不過幾年，新近波爾茲曼（Boltzmann），旁卡累（Poincaré），刊行關於馬克斯維耳電學學說之演講。

二五、英國科學有個人特性有求實用趨勢

英國社會有時亦何嘗不崇敬，何嘗不稱讚可爲代表之大人物，然而向不扶助大人物，英國之大人物又絕不甘完全爲學會職守所束縛，更不甘爲公事所拘束。此種大人物，大抵皆有兩種特性：甘願犧牲一切，以保守個人之思想之自由，又偏好以抽象之研究施於實用。大陸之思想家，盡畢生之力於達到一種大思想之目的，往往不滿意於英國人生來本性，無方法、無紀律，以英國人之好求實用，爲不能專心致志於純粹之理想研究。【原註】英國人本性，最惡學會之官僚文章之拘束，公事式之阻礙，及教書之責任。凡此亦爲他國大學校研究學術之領袖諸巨子之所不喜，然而以樂於研究眞理，而忘種種拘束。歌德有言，愛情衝決，則作歌以表情，自然不受字數聲韻拘束之苦。英國之科學家，則以爲只信理想爲嚮導，不能無險，德國專爲理想之研究，往往入於空幻，消耗精力光陰於追逐幻影，及融會空無所有之思想；惟對於他國之合力共同研究科學，英國科學家亦自認爲不及，又以英國之科學家未受紀律，殊不足以成軍。

二六、英國此種特性以第十九世紀初年爲尤著

英國科學與大陸科學之分別，以第十九世紀上半期爲最著；其時德國正發展其大學，法國正爲確切科學方法明定界限；其時法國之遍羅百科之觀念，原爲初年研究歷史哲學方法之特色者，逐漸亦推行於確切科學。自後各國往來較密，而各國不同之特性因以消滅。第十九世紀之初年，德國從事於改良大學，遲至本世紀之中葉，風氣始達於英國。其時則天下之文明國，皆注意於別種事業；歷史上

原無所謂重見之事，德國之大規模之發展純粹知識研究之機關，絕不能發起於英國。英國亦有疑及德國恐亦不能保留此種機關者。以今代之工業精神而論，更恐無創立此項機關之可能。自從第十八世紀後半期以來，羣衆普通教育之計畫，原爲歐洲諸國之博愛家及政治家之所注意，而教育之方針，則各國不同。所謂羣衆教育之設施，都無完美之結果。第十九世紀之其始三十年間，以巴黎之科學醫學學校爲最出色。其在古學及哲學勢力之下之大學、及高等學校，則以德國爲最，他國無以相比。其時英國對於教育問題，並無有如大陸之舉動者，【原註】此語須除外兩層。第一層，密爾頓及陸克對於教育大概頗傳播其明達宗旨及目的——其最要之方針，爲擴充教育之意，不限於學究式之教授功課。然而關於大學教育之方針，或對於普通羣衆教育之方針，二子之說，並無勢力。其對於外國則不然，因陸克有心理學之知識，故其潛力頗能及於外國。第二層，關於羣衆之普通教育，則有蘇格蘭初時所辦者，實能令人稱讚。其所辦者與瑞士相類。蘇格蘭之村塾制度，及其教育羣衆之潛力，雖爲本國所極口稱讚，而外國人鮮有留意者。大陸之大教育家，除喀爾文(Calvin)而外，其餘如分隆(Fénelon)，盧梭，裴斯塔洛齊(Pestalozzi)，洪保德，並無直接潛力及於蘇格蘭。瑞士對於教育問題，著述最爲繁富，以教育學說聞於天下，而蘇格蘭則無之。然而諾克斯(Knox)及初時之宗教改革家所創造之功，則如故也。『當時蘇格蘭之耶穌教先導，開全國大會，要求從消耗於淫亂迷信之教產所入之款中，撥出三分之一，並不用於增加新教之收入，而用於普通羣衆教育，上至最高等，下至最低級之學術，皆包括在內，此則文明歐洲他處所未見過之名貴氣象也』（參觀「北英評論報」十二號，第四八三頁）。

二七、英國大學之惟一特色

然而英國之兩大學，則自有其特色。英國之大學，現非專重科學，又非專重大學，亦非專重哲學；假使專重於一途，或三途並重，則讀者不應有不滿意之言入耳。例如謂劍橋無高等算學，如謂兩大學都無文字之聲音訓詁之研究，如謂哲學則惟有亞理斯多德、蒲脫勒(Butler)、陸克、佩力(Paley)、諸子研究，其他無聞焉。註【一】原

關於劍橋算學科之缺點，參觀前文第二三三頁原註。其不滿於其他學科之言，歷有所聞，則屬於第十九世紀中葉之事。其時欽派大員（在一八五〇年八月三十一日）考察，以一八五二年八月三十日呈復報告，國人頗注意於改良大學，議論文章，登於日報雜志評論報者極多。有稱兩大學為政治成見，及一黨專利，不許他方侵入之啟蒙，並非美術科學之學庫（見一八六〇年，七月之英國「評論季報」第二〇五頁）。又謂劍橋大學，視宗教學為無物（見同上第二二一頁）。又謂此大學無拉丁文教授，餘如英國文字，邏輯，玄學，德法等國語言文字之學，皆無教授（見二二五頁）。一八四九年，劍橋大學尚無試驗室，亦無教練律師之學科（見一八四九年四月「愛丁堡評論報」第五一一頁）。牛津大學，則不研究科學（亦見上報）。劍橋大學犧牲一操練心思之學，惟致力於幾何學，其餘如宗教，歷史，倫理學，化學，試驗哲學，皆無之（並見上評論報第五一四頁）。以上評

論，果爲一八五二年之報告所證實。參觀報告宗教章下，報告第八十九頁，第一○二頁，證據第八十八自，第一六八，一九○，二一六等頁，拉丁文章下，報告第九十八，第一○二頁，證據第一六五，一七六，二八九頁，英文章下，證據第一二四，一三六頁，各國語言文學章下，報告第二十六，一○一頁，證據第一六五，二一六，三百頁，法律章下，報告第三十五，一八二頁，證據第一二三，一九○頁，自然哲學章下，證據第一一五等頁。一八七四年，「愛丁堡評論報」，能指明印度政府之文官考試，在開科二十年間，英國兩大學，幾無投考者（見一八七四年四月之報，第三四二頁）。評論報之言曰，「大學之生活，最令人詫異者，爲有大志肯研究學問者，不過極少數之若干人，得培植之益，有實在效果者，亦不過此極少數之若干人，餘人所得者，皆毫無用處」（見上報第三五四頁）。一八二六年之「評論季報」之言曰，「英國人日見其好研究物理科學」，（見第一五九頁）。其後又曰，「全國已一致實行其所定計劃，在都城及各處，建設藏書室，及哲學學會，然皆發起於個人，並無其他助力」（見第一五四頁）。

二八、博學教育之意想

據大學之代表稱，則謂英國有所謂博學教育之意思。此三種的培養教練知識，——即巴黎之科學教練，德國之古學教練，英國之所謂博學教練——皆不能及於羣衆。彼輩於其各個之事業，成績俱佳；惟對於國家，反令陷入於黑暗之境。普通遍及之教育，則發起於瑞士、蘇格蘭、及德國之小邦，皆爲獨立之發起。【原註】宗教大改革家，如路得 (Luther)，梅蘭克吞 (Melanchthon)，薩文黎 (Zwingli)，喀爾文，皆極注意於教育，以通俗普及爲目的。至於教育羣衆一事，亦未見有何實效，眞實之蒙學機關，並未辦到，不過令學校用土語，設讀經功課，及唱通俗讀主歌，以先爲之預備而已。諸公所最用力者，爲操練教師，以爲新改良之教堂學校之用。當第十六七世紀間，德國之奉耶穌教小邦，如薩克森(Saxony)，漢堡(Hamburg)等地方，受有所謂『教儀與校規』之訓練。一五二四年，路得爲文勸德國各市鎭之市長，應即設立及接濟基督教學校，是爲普通教育之起點。其在蘇格蘭，則早已有所謂鄉塾文法學校（或稱拉丁文學校），小學生入校學本國語言文字，此則在革教以前原已有之。然而教育普及之規畫，則自福克斯所著之「教練第一書」始。鄉塾之初設，多由於私人捐助，或新教人所辦之教產捐，後來鄉塾之基礎，則有一六九六年之條例以規定之。讀者須知一五四〇年，所創設之耶穌會（「譯者註」此與中國之所謂耶穌教不同），原已極注意於通俗教育，及啓蒙教育，其所辦之高等教育，早已爲名人所稱讚，如斯圖謨（耶穌教人），培根爵士，及笛卡兒是也（參觀斯密特Schmidt所著「教育史」第五版，第三册，第二四八頁）。天主教人，亦倣耶穌教人舉動，在奉天主教諸國，施行其所謂教育規則。於一六六〇年，特立一派，專爲教育貧民（見前所引書第二五三頁）。一六九六年之條例，是否爲通俗教育，及制定貧民學校額數（每一千人立一學校）之最早例案，作者則無從查考。在第十七世紀間，皋塔公曾在其境內創行蒙學制，其制度頗特別，初爲人所嫦笑，其後則爲人所爭先倣效（見前所引書，第三三三頁）。此項制度，寬大合宜，後有強逼規定。第十八世紀之中葉，普魯士之大腓特烈(Frederick the Great)之通俗教育規模，更爲宏遠。一七六三年，正在七年大戰之終了時，頒行全國通俗教育規制，設立村塾，強逼入學，而人民反對甚力，歷久始能達其目的。至教練學校設立，練成教材，及開辦通俗學校，製定課本，而後所定規制，乃能通行。有坎拍者，刊行「魯濱孫漂流記」時，爲通俗教育之紀元。其實當時之通俗教育之遍及，大抵以私人之力爲多，、例如樂賑孤寒之佛蘭克(Francke)（一六六三年至一七二七年間人），推行盧梭主義之巴西多(Basedow)（一七二三年至一七九〇年間人），創辦村塾之封·洛綽(von Rochow)（一七三四年至一八〇五年間人），又如奧帝約瑟第二之參議斐爾比革(Felbiger)（一七二四年至一七八八年間人），乃規畫奧國全國通俗教育制度者（一七七〇至一七八〇年間事）。其非私人所提倡建設者，則惟憑明白之王公，偶然高興，諭令設立。及第十八世紀之中葉，德國全境皆設師範學校，以培養教材，皋塔公（一六〇一年至一六七五年間人）雖發起於前，而其後即衰落，無人注意。及第十八世紀後半期，德國（奧國在內）有三十三所師範學校，參觀斯密特所著「教育史」第三冊。又夫賴塔格所著之「德國已往之回想」，敍述詳而有味，惟拍式斯之「法國君主時代之德國政治地位及政治人物」一書，則於德國西南各部，更有有價值之考察，故特爲介紹。此書所收材料，極有興味，且有許多關於德國人民內部之歷史，頗非易得，所可惜者，此書並無指目。茲舉該書可參考之冊數頁數如下。第一冊第二二五頁，第十九頁，第四一一頁，第四三六頁，第四六七頁，第五三七頁，第一五三至一七〇頁。此項師範學校之設，爲德國國學之初基，及其中心點，亦爲科學教育之初基礎及中心點（見上文第二一三頁原註）。讀者有宜留意者，則爲蘇格蘭之教育，頗有進步，初時無所謂師範學校，至士托(Stow)時，始至格拉斯哥設師範學校。（參觀「辰柏茲Chambers百科全書」『教育條』下）。至高等科學師範學校，則今仍未設。

法國之科學大學校，爲教練營造，及教練陸軍工程人材之地，其所撰之教科書，則通用於歐洲全境，爲教練高等科學之課本。「原註」參觀上文第四十三頁原註。然而當第一帝國全盛時代，並不致力於通俗教育。復辟時代亦然；實行組織蒙學，始於基佐一八三三年之著名啟蒙法律。其在德國，則南有裴斯塔洛齊等；北有巴西多、佛蘭克、及康德、赫得之徒衆，後有赫爾巴特等，——鼓勵諸邦，設立通俗學校，以教羣衆，設立師範學校，以造就教材。凡此皆爲獨立之舉動，不依賴改良大學及高等學校而進行。改良大學等之舉動，則爲實行當時所提倡之學問意想，專爲求學。大學原爲教練國中領袖、及高等教材，及法律醫學等等人材而設。大學生徒之資質過人、專爲求學者，自然受益最多；而大多數中人資質者，入學原爲將來餬口計，則不甚能得益；若不特立意爲高等教師，及爲國中領袖之人入大學，而羣衆亦入大學，則此羣衆自然不能沾受大學之益。於是德國教育，於無影無形中分爲兩事：一爲能普及大多數羣衆之教育，一爲施於極少數之天資過人者之指導。然而英國之提倡博學教育，其用意適相反，極以不分教育及高等指導爲兩事。

二九、教育與指導組合爲一

【原註】德國教育之分途，發起於兩中心點。純粹教育舉動，由裴斯塔洛齊（一七四六年至一八二七年間人），發起於瑞士。在其前者，有不蘭他（Planta）（一一

七二七年至一七七二年間人），在其後者，則人數甚多，遍於歐洲，帝王，大臣，哲學家皆有。裴斯塔洛齊提倡教育，一時從風而靡；其意以家庭教育為初基，注重母教之潛力，以宗教精神為基礎，體育智育同時並行，重瞻察試驗，而不全重記性與攻苦，開發身心之全，而不專重開發智慧。教育應自下始，不自上始，始於羣衆，始於貧民，及無告者。凡為教員者應以犧牲為目的，不以行業為目的。裴斯塔洛齊徒黨之最有名者，有裴楞堡（Fellenberg）（一七七一年至一八四四年間人），為瑞士農民及無告孤兒，創立工藝學校，有法爾克（Falk）（一七六〇年至一八二六年間人），為貧民及墮落者，藥悽流所，又設援助會，有維楚晤（Wichern）（一八〇八年至一八八一年間人），在漢堡附近，創立粗工院，又有最著名之福勒伯爾（Froebel）（一七八二年至一八五二年間人），為幼稚園之創起人。其從另一方向發展教育者，以倭爾夫為集中點，以科學或學問為宗旨，事在求學，其轉移大學及高等學校之潛力為最大。本書第二章所討論此舉之發展，並無裴斯塔洛齊之名。此種發展，全無通俗之意。通俗與求學，兩項之發展，亦有為之樞紐者，則有德國古學研究，其最著者，歌德及赫得二子之外，又有斐希特及士來厄馬赫。今代則從事於此兩者之融合，不使其間有脫節，除去本世紀中葉之分歧。大凡教育規畫，欲使其永久滿意，則必要兩途並重並容裴斯塔洛齊及倭爾夫之主義，同時有應注意者，則為蘇格蘭及兩瑞士之教育制，通俗教育，以此兩國為創辦最早，而高等教育，及集中學術之學會，並不見發達。此兩國之大學，比其他學校，不過如高等學校。然此兩國嘗造就偉大人材，予德國英國之文學及科學，以播傳天下及永垂不朽之大名。假使此種偉大人物留居本國，足以建設頭等大學及學會而有餘。

在盧梭時代不久之後，法國頗有討論教育者，專討論建設高等教育，或普通教育之辦法及其目的。〔原註〕參觀前文第一章，第一一〇，第一四〇等頁。

法國有三種教育大潛力，留傳永不磨滅之跡於歐洲思想界中，皆發起於高等教育模範之巴黎大學，中等教育模範之坡特·盎阿爾（Port Royal）學校，及盧梭所撰之「愛彌爾」（Emile），此作授巴西多，康德，裴斯塔洛齊諸子之教育意想以一定方針。亦有人謂盧梭之教育意想，發展於法國之外者。弓貝累有言曰，「異哉，盧梭之學術勢力，乃不克推行於吾法，而反流傳於德國瑞士及各外邦，眞令人百思而莫解矣」（「法國教育主義評論史」，一八八五年第五版，第二冊，第一〇一頁）。又布立阿爾（Bréal）曰，「盧梭以大度爲懷抱，倡導爲職志，啓發後人不遺餘力，熱心提攜，良堪欽佩。至於注重人道，則尤以孺稚爲前提。其鑑機卓絕，毅力偉大，有自信不疑之概，思想超越，工作勤勞，日久而彌篤也。其豐功偉業，實爲生命之萌芽，吾人之良師，洵非虛言。如此宏大學術，吾國乃棄置而不知效法，反致專行異邦，爲外人所利用，豈不惜哉！豈不惜哉！」法國之著作，頗有討論教育與指導之分別之文章。度克羅（一七〇四至一七七二年間人）在其名著「十九世紀風俗之考察」之第二章，論教育與道德之言曰，「吾法習俗，自來注重於指導，而略視於教育。是以高才奇特之士，雖歷代累世，層出不絕，且於文學科學以及藝術等，亦頗著特殊成績，爲世人所稱道，然於具有道德博愛之偉大人物，則不數見也。以其對於造就此等人物，尙未注意及之耳。蓋欲達此目的，須先以普及訓育爲基礎，而後教以相當之學問，則才德兼全，人才輩出矣」。大革命時代，先後各政府，皆討論國人教育問題，漸漸以康多塞之宗旨爲依歸。康多塞有「教育」與「指導」之分別——指導專指實學與實事之眞知識及算理，教育則指政治及宗教之心信。康多塞之主張，以政府只有推廣實學之權，而無指揮處分心信之權（參觀希浦所撰之「法國革命時代公衆教育論（，一八八一年版，第一冊第十七頁，又上文所引之弓貝累著作第二冊，第二八〇等頁）。凡政府之曾經設法統一集中教育者，皆不得已而分爲兩途，只能縮小範圍，辦指導之事。至於多數人以爲教育之最要點，爲教練人格，及變化性質之事，則政府只可拋棄而不過問。以英國而論，工人所獨立創立之工黨，合作會，觀其入會之人類，皆有自治自制自克之能力，則不能不謂英國爲教育最良之國。至以學問知識而論，則在法德英三國中，英國人或較後於其他二國人。其在德國，教育與高等指導兩途之發達不同；其在英國，則以國性及國文之關係，不能縮小『教育』兩字本義之範圍。此即兼智育德育而言。本國及外國之評論英國大學及高等學校之短處者，多矣，但作者不能不指出英國博學教育意想，原有其所長。（原註）『博學教育』，在英國學殖及思想歷史中，得有特別意義。若翻作德文法文，想皆不能指明所稱謂之眞意，法德英所用之science（科學），同由於一拉丁字，而三國用之，各包孕其國之力爲發展之特別學殖與思想。近代所用之science（科學），發生於法國之思想，Wissenschaft（學術）則發生於德國思想。英國則致力於博學教育。作者不能譯作法文，無已，則仍用『教育』二字以爲『指導』二字之反襯。法文則用enseignement（指導），而非按照康多塞之界說，其所用者，乃近日法國教育家，格累阿(Gréard)，弓貝累，等等之意義。第十九世紀中葉，德國人討論大學及高等學校之學業者，皆用Wissenschaft（學術），而英國人則用博學教育。德國學者視爲最可寶貴者，則爲Wissenschaft（學術）。英國之入大學者，其所寶貴者，則爲博學教育。德國人爲學問可以犧牲一切，英國人則不能拋棄博學教育。

德國之教育家，不以大學爲家，英國之科學家，亦不以大學爲家。德國教育家。有其所創設之小學，英國科學家，則無機關可指，無已，則指國中精選之十餘名聞天下之大名家之社會。此諸巨子者，有如名滿天下之文學界中之有荷馬（Homer），索福克儷（Sophocles），丹第（Dante），莎士比亞歌，德。作者今捨議論而歸於事實，援引諸家討論英國大學生活之言。楊博士曾入德國之格丁根大學，曾得英國劍橋大學學位，然而其所得之地位，所有之學識，並非從大學中來。「愛丁堡評論報」曾有譏評英國大學之議論，而楊則爲大學辯護。其言曰，「學校之設，不能僅以提倡學問爲主要目的，：：蓋亦兼爲將來居高位，爲國宣勞之人，應有其所應知之文學及科學，此則比發明新學理爲重要。：：在官界中，及自然科學界中，往往有大學問家大算學家，：：其闡理反不如有常識而學問遠遜者之穩實可行』。（見一八一〇年「評論季報」，其後載入於其遺集之第一冊第二三五等頁）。作者今又另引他人之說，其執業雖不同，而亦深知德英兩國大學之思想與生活者。一八三〇年薄西（Pusey）致其友人哈勒大學教授托盧克（Tholuck）書，論英國神學。始言英國人之求實用之國性，繼言各大學之情形，其言曰，「英國人著書，只有極少數發起於愛抽象之研究者，我國之極大著作，不朽之著作，起於應時之急需。：：德國因有所欲言而著書，英國人則以爲當時所必需而著書』，（見「薄西傳」第一冊，第二三八頁）。第十九世紀上半期，推廣英國大學科目者，以休厄爾（一七九四年至一八六六年間人）之功爲最大，其在劍橋之潛力，達於後代。其始則助巴貝治，赫瑟爾，裴各克，運動刊布數種力學及動力學教科書，顯非摹倣大陸課本，而以摹倣法國課本爲尤顯。一八三〇年至一八五〇年間，則致力於兩途，其一爲刊行其所撰之「歸納科學史」，（一八三七年出版，共三冊，一八四七年再版，一八五七年三版），其一爲刊行其所著大學教育論識。休厄爾此時即採用「博學教育」名詞，以表示其大學主義。第一篇論說，見於「英國評論報」（一八三一年第十七號，題目為「英國大學之科學」）。一八三六年，刊行「算學研究之思想」，一八三六年，刊行「算學研究之思想第二論」，一八三七年，刊行「英國大學教育之主義」，其後刊行「博學教育概論」（第一篇，一八四五年出版，第二篇，一八五年〇出版，第三篇，一八五二年出版）。第二篇有劍橋大學，自一八五〇年前試行擴充高等科學科目，以應國人所要求之歷史。此三篇中，所討論之問題頗多，如「新創之研究」（休厄爾介紹此名詞於科學生活，見托德罕式所撰「休厄爾傳」第一册第五十頁），詳論大學之所謂「長遠之研究」，及「進行之研究」，「大學教育」，及「監課與教師之授課」。在三十年間，劍橋大學增加古學考試（在一八二二年），道德學考試，自然科學考試（在一八四八年），又加算學研究部（在一八四八年）。一八五〇年，欽派大員，查考牛津劍橋兩大學情形，紀律，科目，及學款。此時休厄爾之大潛力頓衰。休氏謂欽派大員查考，為橫加干預大學學務。查考之結果，屬於第十九世紀後半期之事。查考之舉，原發生於多方面之勢力，未免影響於大學主義。英國之主要思想，仍在乎教育。自從一八三〇年至一八五〇年，在此二十年間，大學之改良標幟，原為博學教育，此後則趨重於科學教育，其後又趨重於藝術教育。大學之潛力推行於各州府，有所謂推廣大學辦法。此種舉動，仍不能不謂之教育運動。德國則在三十年前，有 Wissenschaft（學問）主義，佔大勢力，全國之知識生活，皆以此為依歸，純粹之教育運動，則另為一事。其在英國，則純粹之科學教育，向未佔得大部分之勢力，並無有機關，能完全代表科學者。若以休厄爾之著作為中心點，圍繞此中心點之著作，尙多，例如塞治尉克（Sedgwick）之「劍橋大學科目論」（一八三三年出版，一八五〇年第五版），哈密爾敦•威廉爵

十九世紀歐洲思想史　第一編　上册　二百六十八

士之論說，先刊於「愛丁堡評論報」，其後一八五三年翻刻於「哲學論說」，赫瑟爾·約翰爵士之「研究自然哲學說」（一八三一年），來伊爾之評論（見於一八四五年出版之「北美洲遊記」）。此外尚有「愛丁堡評論報」，「英國評論季報」，「韋斯敏斯德評論報」所載之議論（見一八四九年四月，一八七四年一月「愛丁堡評論報」，一八五○年十一月「英國評論季報」，一八五五年一月「韋斯敏斯德評論報」）。從前對於改革德國大學時，議論不一，甚至有互相矛盾者。其在英國亦然，而英國大學教育之舊主義，則反見擯充。讀者欲研究此問題，應讀第十九世紀初年，建立柏林大學之各種文件，及休厄爾諸家之議論，作一比較，然後能窺見內容。德國大學制，即洪保德·威廉之制。此君有政治手腕，有偉大見識，於學無所不窺，哲學，詩歌，辭令，皆所擅長，又有歷史及語言文字聲音訓話之發明，以一人而兼衆長，能融會貫通，不相抵觸。洪保德·威廉，有斐希特之改良及革命思想，有倭爾夫之好古學思想，其嗜史學，如米勒·約翰，希文學如希勒格，嗜哲學如士來厄馬赫，以一人而兼衆人，合衆人爲一人，竟使其大規畫見諸實行。一八一○年，斯泰涅有言曰，「普魯士以教育及科學之建設，委任於人格堅定而具大知識之洪保德。洪保德則竭其能力以效忠於國，」云云。

作者此書之主要目的，在乎寫思想之進步，在乎寫法德英三國所貢獻於思想世界者，並非評論某學派某機關之短長。若採輯所有不同之思想，不能計算思想世界之所得，則不能知第十九世紀高等思想事業之結果。

三〇、英國之教育機關

當第十九世紀之初年，科學新法及算學精神，從法國而入於德國，而與其時

三一、皇家學院

德之有大力之智識機關相抵觸。此機關卽德國大學，其時以研究古學哲學而演成 Wissenschaft（學問）——實行科學兩字之廣義。雖兩相抵觸，而德國大學漸漸吸收算學精神，其後變爲大學之重要科目。其時英國之兩大學，仍抱守舊習慣舊思想，又有享受特別利益之一派人盤踞其所得大利益，利於守舊而不肯撤手，大陸之意想遂無從侵入，毋論其爲倭爾夫之聲音訓詁學意想，或斐希特之哲學意想，或屈費兒與拉普拉斯之科學意想，皆不能在此兩大學得一立足之地。自古遞傳以至於此時，惟有此兩大學爲高等求學機關，其餘求學機關，或與之相應者，或與之相反者，皆視此兩大學爲中心點，皆建立在後。今請先論後起之機關皇家學會，原爲兩大學之苗裔，如大江大河之支派，流入於倫敦者，似不必再討論。建設較後者，爲皇家學院，是爲拉姆福德伯爵所創設。此院之成立，全靠私人捐款，亦靠其講演能令羣衆樂聽，與皇家學會相同。然所謂講演，又過於混雜，無一定之規則。初設時，有楊博士及德斐演講，又有哥爾利治及斯密悉德尼演講，其後此學院爲法拉第研究學術之地。自有法拉第及其他演講大家，始能拓引高等人及有學問人，使有試驗科學之好尚。由是而此種好尚漸得廣布。與其謂此學院播散確切科學精神，不如謂其播散科學好尚。演講家雖能令後起之秀，發生好研究科學之意想，而不能實行發起人之目的。其試驗室之作用，又遠不及巴黎或德國試驗室之功用，遠不如彼兩地之能造就多數之試驗人材。法拉第爲德斐之弟子，據云其後師妒弟子；法拉第在學院演講多年，來聽之人亦多矣，法拉第嘗謂聽者雖多，只有一人之條議爲有價值云。此皇家學會之所以得名，得有歷史上之重要關係者，盡由於大演講家之人格，及其所作之事業，並非由於學院之有何特色也。道爾頓在曼徹斯特之文學哲學學會之地位，與德斐及法拉第之在皇家學院相類。【原註】道爾頓已見前文第二四九頁原註。

三二、曼徹斯特之文學哲學會

既可以有理由謂法拉第爲德斐弟子，亦可以有理由謂道爾頓爲朱爾(Joule)之師。【原註】朱爾（一八一八年至一八八九年間人）。聽道爾頓之勸，始擔任爲科學之創始研究，最先以力學或化學之變化計量電力。一八四〇年，始刊布其研究所得。韋柏之著名研究，「電力確切計量法」，刊布於一八四六年。邁爾有熱力當值（或等值）之測算，則刊於一八四二年。高斯之以力學單位量地磁力之大作，則刊布於一八三二年。一八四三年，朱爾始刊布J之準數，即物理學之熱力等值（或當值）數是也。曾宣讀其研究結果數次，皆在科學提倡會，第一次以一八四三年，其所求得之J爲八三八，後爲七七〇，一八四五年作八九〇，最後於一八四七年，則作七八一・五。從此時起，朱爾初與湯姆孫相見，從此後兩人合作。此後，其他科學家，始領略其問題之重要。（參觀一八九三年湯姆孫之論朱爾，刊於湯姆孫之「演講集」第二册第五八頁）。赫爾姆霍斯亦著有「力之常住論」，所討論者學理，發見於一八四七年，而朱爾所研究者，則同一問題之試驗也。後朱爾繼道爾頓爲學會會長。此兩子者，最有大功於試驗科學。他人有創新之科學理想，而此二子則以試驗而證實之，從此此項之研究，乃大發達。然而道爾頓原子學說，爲英國科學界所公認者甚遲，得他國人之研究，而後此學說得以堅固成立。法拉第之力線，電學家初視爲莫名其妙之祕奧，（原註）參觀赫爾姆霍斯所著「演講集」第二册第二七七頁，其言曰，「自從馬克斯維耳以有法則之孤心苦詣而得之公式，解說法拉第之學說，然後能知法拉第思想之準確精密，此固並世之人所視爲無限之黑暗理想也。最可異者，法拉第獨憑其天賦之聰明，不用任何公式，而求出幾種極普遍包含極廣之學說，此種學說，非用極高深之分析算學，不能證明。與法拉第同時之人，不能公認法拉第之學說，原不足怪。予讀其著作，見其所說之力線，及力線之數目，與其牽力，亦茫然瞪目相視，不知其意之所在。法拉第又以流電爲力線之軸等之怪語，亦不能得其解。若云以僥倖而偶然發明一新學說，原非必無之事。若先後發明多數之新學說，而謂發明者先無準確精密之理想，則必不可能」云云。及湯姆孫威廉與馬克斯維耳，然後以力線學說爲科學最新理想之基礎。讀者宜注意者，楊德斐法拉第、道爾頓、朱爾諸子，皆非劍橋大學圈子中人，大約亦並未得力於此衆所公認之算學大學。【原註】楊氏先遊學於格丁根大學，歸國之後，始從劍橋大學得有醫科學位。爲楊氏撰傳者，雖以一章論及劍橋大學，楊新發明聲浪相尅，光浪相尅學說，雖在此時，然而並不能證明其因受此大學之潛力，而發生科學研究之想念。楊氏以爲英國算學，不如大陸算學，則爲事實。參觀裴各克所撰「楊博士傳」第一二七頁。

三三、西特堡之陶遜

「第十九世紀之初年，此大學乃求助於偏僻毫無學風之地。其時劍橋學生，常從大學（因牛頓而使此大學之名永垂不朽）遷於西特堡（Sedberg），求教於陶遜(Dawson)。陶遜者，爲英國少數分析學算家之一人，可與大陸之大算學家並駕齊驅，居於小村，教高等算學，每星期束修不過五先令。【原註】陶遜（Dawson）（一七三四年至一八二○年間人），自少至二十一歲時，在家爲其父牧羊。酷嗜算學，又有天賦之能力，嘗自憑意想，創造一新派割錐學。以教書餬口，所入殊薄。一七五六年，教學生三人，皆預備入劍橋大學者。（其中一人，則爲塞治尉克之父）。後，當一外科醫士之副手，蓄積有一百金鎊，步行至愛丁堡學醫，資用告匱，復歸西特堡，以外科爲業。及稍有積蓄，又赴倫敦，以一七六七年得學位，又歸本村行醫。同時以高等算學教劍橋學生，每逢夏季，學生之來學者，成羣而至。自一七八一年至一七九四年，其所教學生中之在劍橋大學得列優等者，共有八人之多。自一七九七年以後，其及門之考列優等者，又有四人。一八一二年，始不教學。其所著有太陰術，及歲差，大陸所發展之高等算學，皆能追蹤及之。參觀葛拉克(Clark)及休茲(Hughes)合作之「塞治尉克傳」，一八九〇年版，第一冊第六十一等頁。

三四、蘇格蘭之大學

第十八世紀之末季，蘇格蘭設立大學，與英國之兩大學並峙，爲其勁敵。此數處大學，爲教學之中心點，頗與外國之大學相類。始創時，以巴黎或意大利之大學處模範，亦有發起於改革宗教時，受喀爾文(Calvin)教派之運動者。〔原註〕蘇格蘭諸大學之創始情形，詳見於格蘭特爵士所撰之「愛丁堡大學古事記」第一冊，一八八四年出版，凡兩冊。此外三大學，即聖安德魯茲大學，格拉斯哥大學，亞伯丁(Aberdeen)大學，則創始於改革宗教之前一世紀。聖安德魯茲大學，爲倭特洛監督創立於一四一一年，因蘇格蘭學生之在牛津大學者，爲衆所不喜，又爲人所騷擾而設此大學。格拉斯哥大學則建於一四五〇年，教王之勅書，有提及波倫亞大學之語，亦有謂『此大學之風氣，及所用名詞，似是以盧芳大學爲模範，此時盧芳大學爲北歐洲諸大學之模範，有一蘇格蘭人曾爲此大學之校長』（見前書第二十一頁）。至伯丁大學，則創自愛芬士呑(Elphinstone)監督，此人曾求學於格拉斯哥及巴黎，又曾在此兩處及奧爾良(Orleans)大學，爲民法及教律教授。然而教王之勅書，則提及巴黎大學及波倫亞大學（見第二十九頁）。未改革宗教時，此諸大學校俱無大發展，及改革之事起，乃大加洗刷整頓，始有煥然一新之精神。聖安德魯茲大學分四大學科，即哲學，醫學，法律，神學，與外國大學相同（見六十三頁）。格拉斯哥，亞伯丁，兩大學，只列兩科，，第一科為哲學（或美術）第二科包括法律與神學。「紀律書」詳載高等學科階級，亦不能盡見諸實行，既無第二級學校，故大學只能教授初級學問（見第六十七頁）。當權之人，對於舊大學，頗有妒心，而異端之說讞起（法蘭西王不允給予日內瓦學校，以大學權利，即以異端讞為詞）（見第一二五頁）。故此蘇格蘭最後發生之學校，即愛丁堡學校，只由市政府諸人為發起人（見第九九，一二一，一二七等頁），其時為一五六一及一五七八年間，蘇格蘭王勅書，則頒於一五八二年四月十四日。此大學與其他大學不同，並非始而盛極一時，其後忽然中落。此大學初時規模甚小，其後則逐漸擴充（見第一五八頁）。在第十七第十八兩世紀時期，此諸大學與大陸之巴黎大學、日內瓦大學、荷蘭大學、息息相通。如斯密．亞丹、休謨、皆與法國思想有直接密切之關係。斯密．亞丹在法國，得有法國革命前之大經濟學家之新見解。第十八世紀之上半期，因受曼洛（Monro）父子（曼洛子名亞歷山大一六九七至一七六七年間人，為部耳哈味弟子）之潛力，愛丁堡大學成為極重要之醫科學校，其在外國名譽與倫敦相敵。【原註】愛丁堡大學故址，其先為病院，一七三八年行奠基禮，民衆極為踴躍。德蘭夢德（Drummond）及曼洛，為建築董事，親手發給工人，薪貲。各行業皆樂於捐助，有田宅者助石料，商人助木料，農人家助車輛，以便運料。石匠及其他工人，每月願捐一日工資，以為此

三五、愛丁堡學會

建築是爲貧民而設也。參觀上引格蘭特爵士所著書，第一册，第三〇六頁。愛丁堡大學又首先設化學教席。一七八三年，愛丁堡皇家學會與大學合爲一體，遂成爲創始研究科學之獨立中心點。自從蘇格蘭諸大學成立以後，卽獨立研究算學。第十六世紀之末年，納披爾（Napier）創造對數。格蘭特之言曰：『若論其時代數分析術幼稚情形，對數原爲最新創之思想，極難以代數達出，其施於學理，施於實用，又皆最爲要緊；納披爾在算學歷史上之榮名，實無有能過之者』云云。【原註】納披爾是一五五〇年至一六一七年間人。以上數語，見於未刊行之克里斯他爾演說，爲格蘭特所引（見上文所引著作，第二册第二九三頁）。平常所用之對數表，爲牛津大學教授布立格茲（Briggs）（一五五六年至一六三〇年間人）所刊行。刻卜勒（Kepler）（一五七一年至一六三〇年間人）見之，以爲大有造於天文學，最爲歡迎。格雷瑟（Glaisher）有言曰，『吾人若論當時之科學情形，及國中情形，而有對數之創造，尤不能不令人驚異對數與指數之關係，其後若干年始有知之者，而此時能先創造對數，是爲算學歷史中最奇之事。其尤爲可注意者，此對數之創造，非可得自偶然，非經多年之勤苦思索，不能發明，乃納披爾只用數學及幾何，而創爲此布算簡便之法，越二百八十餘年後，無能有所加』（見『大英百科全書』第九版，『納披爾』條下）。從此以後，蘇格蘭諸大學，無不研究算學者。牛津大學捨嚇列（Halley）而用蘇格蘭大學所造就之天文學家格列高里(Gregory)。格列高里不獨介紹牛頓所撰之原理於愛丁堡學者，且宣播此作於英國，使英國學者留意。【原註】格列高里（一六六一年至一七〇八年間人），爲最先當衆講演牛頓學說者。自其初在愛丁堡講演時，過後三十五年，劍橋大學（原爲牛頓遊學之地）始用其學說以教學者（參觀格蘭特及克里斯他爾所著書）。喜斯吞(Whiston)謂劍橋大學，不願信用牛頓學說。其言可信，而林尼爾及劍橋大學之著作家反不承認此說（參觀休尼爾所著「歸納科學史」第三版，第二册，第一四九等頁）。愛丁堡之哲學學會（此是原稱，其後改稱皇家學會），頗得力於馬克羅麟，【原註】馬克羅麟（一六九八年至一七四六年間人），以一七四二年，刊行其所製「流數學」，凡兩册。一七四〇年撰「潮汐說」，與柏努利(Bernoulli)（【譯者註】柏努利氏屢代出大算學家，其最顯名於世者，爲雅各，約翰，達尼爾）及歐拉三人，共分法國學會獎賞。因在此七十年間，爲大陸算學革命時代，英國只有馬克羅麟、愛倭利、閣登三人，維持英國算學名譽。其繼承馬克羅麟而當愛丁堡教席者，爲普雷非耳，【原註】普雷非耳（一七四八年至一八一九年間人），先當算學教席，其後（自一八〇五年起），當自然哲學教席。以第十八世紀之末年，介紹大陸

三六、愛丁堡評論報

算學新法於蘇格蘭諸大學，又爲初時愛丁堡評論報之撰述家。此報對於政治、文學、科學，發起新式評論，凡有一切陳舊治體、陳舊風尚、陳舊學術之阻礙思想開展、

及科學進步、及人生日用之利益者，無不大肆攻擊。此報有時誤用其權，原所不免，然而其功則甚大。其時英國之大學，委靡不振，此報則激動之，振興其精神，又鼓勵少年學者，正其趨向，採用新法。

三七、劍橋大學之分析學學會

其時劍橋大學有未卒業之學生三人，赫瑟爾、巴貝治、裴各克，於一八一二年成立一分析學學會，以採用新發明之有大力之分析術為目的；此新術原為歐拉又蘭格倫日所發展，具載外國學會之報告中。〔原註〕參觀上文第二三六頁原註。當時詳情，具見於波爾所撰之「劍橋大學算學研究史」，一八八九年版，第一二〇等頁。其時又有同志三人，休厄爾、亞立、塞治尉克，力倡擴充算學科學之科目，而仍以為大學教育之目的，不必專守一法，亦不必專附和一派之思想，毋失博學教育之宗旨。〔原註〕休厄爾對於大學教育宗旨，已見上文第二六六頁。亞立爵士（一八〇一年至一八九一年間人），曾於一八二六年，刊其「算學短論」（一八三二年再版），又著太陰術，行星術，以備大學學生之用。

三八、蘇格蘭之大學生活

蘇格蘭大學與英國大學不同。英國大學專培養一種崖岸風氣，以排拒非我族類為事，不鼓勵異科師生交接往來；蘇格蘭大學則不然，師生常相交接，互換知識，雖不及德國及大陸諸大學師生交接之密，不能不謂其稍得其風氣。此雖有害於英國校友所寶貴之各成獨立風氣之意想，然而對於學習及研究之進步，較爲有益，是以新科學初興時代，蘇格蘭大學之事業比英國大學爲重要。當時英國之研究新科學者，皆大學界外人，如普利斯特利、德斐、武拉斯吞、楊、道爾頓、法拉第、朱爾、格林、布爾、諸子是也。同時有蘇格蘭之科學名家，如格利高里、辛姆孫、馬克羅麟、普雷非耳、布拉克、湯姆孫、勒斯力、部盧斯脫、佛白司（Forbes）諸子，則皆大學教授也。此諸公者，又並不專用力於一隅，播散其思想及研究於全國。

「原註」納拔爾並非大學界內之人。其時愛丁堡學校，並無算學教授，而格拉斯哥學校，亞伯丁學校，則有之。格列高里受業於亞伯丁，其後爲聖安德魯茲大學教授，又爲愛丁堡大學教授。馬克羅麟爲格拉哥斯大學學生，隨後爲亞伯丁及愛丁堡大學教授，普雷非耳爲聖安德魯茲大學學生，未赴愛丁堡之先，即在其本校爲演講師。勒斯力學於聖安德魯茲大學，其後爲愛丁堡大學之算學教授，其後又爲自然哲學教授。布拉克受業於格拉斯哥及愛丁堡兩大學，爲兩大學之教授。部盧斯脫學於愛丁堡，其後爲聖安德魯茲大學校長，又爲愛丁堡大學校長。佛白司爲愛丁堡大學學生，又爲本校校長，並未他適，從前之大算學家辛姆孫亦然。斯密•亞丹先在愛丁堡大學爲講師，其後爲格拉斯哥大學教授，原爲此校學生。然而試觀醫學，則英國大學與蘇格蘭大學懸不相同之點，尤為顯露，如卡楞(Cullon)，布拉文，格列高里，阿里孫(Allison)，哈密爾敦，賽謨(Syme)，辛普孫(Simpson)，克立斯替孫(Christison)，柏爾皆愛丁堡大學教授，又英國之大醫家，如罕特(Hunter)，勤納(Jenner)，庫，拍伯來脫(Bright)，皆與英國之大學無涉。息登喃(Sydenham)與牛津，劍橋兩大學之關係極少。哈爾維之在牛津，從未處顯著之位。因地位關係，或因校憲關係，英國大學，不能有此諸大名家用武之地。英國原有其享大名之個人，然從比較上觀之，則蘇格蘭播傳新科學知識之功為大。愛丁堡之出版大書肆，刊行叢書、雜誌、評論報，亦有宣播知識之功。〔原註〕最著名者為辰柏茲之叢書，一八六〇年發起於愛丁堡，以第十版之布洛克豪斯(Brockhaus)「會話詞彙」為基礎。較為重要之「大英百科全書」，亦以一七七一年刊於愛丁堡，其時只有三冊，一七七七年再版。「愛丁堡評論報」刊行於一八〇二年，發起者為澤夫立(Jeffrey)，司各脫(Scott)，和涅(Horner)，布魯安(Brougham)，斯密・悉德尼(Sydney Smith)。初一七七三年至一七七五年，有發刊「愛丁堡，雜志及評論報」者，一七七五年，斯密・亞丹，布雷耳(Blair)，亦欲發行一「季報」，而不由書肆經手，竟不成功，至一八〇二年乃收成功。同類之報之銷路，從無有如「愛丁堡評論報」銷路之廣者，有一時期，銷至二萬份。高等月報，則以一八一七年，為布拉克武德(Blackwood)出版書肆所刊行，主筆者為司各脫，羅刻特(Lockhart)，和格(Hogg)，馬金(Maginn)，賽謨，威爾遜。「退特雜志」，是最初之先令雜志。一八三二年，辰柏茲兄弟刊行一雜志，即以其名名之。此兄弟二人，又刊行多種通俗有用之書，大抵皆辰柏茲・羅伯所自著，介紹自然知識及價廉而道高之書於羣衆，此君之功甚大。同時又有休謨、斯密・亞丹、及後

第三章　英國之科學精神

十九世紀歐洲思想史　第一編　上册　二百八十

起之蘇格蘭玄學派，在第十九世紀時代，推擴其潛力於全歐，並非限於英國一隅也。

【原註】陸克學說之潛力，轉移法國哲學為最大。康德之學說，則較為直接發自休謨。法國復辟時代之哲學，又附和於蘇格蘭之玄學家，而以附和黎德(Reid)之說為最顯。德國之康德，與法國之享大名之唯心學家得特雷西(De Tracy)，皆為蘇格蘭人之裔，此亦一可注意之事也。

至於科學思想，則以蘇格蘭為中心點，發施其潛力，經由規模勢力宏大之劍橋大學，而及於算理物理學及試驗物理學，轉移此兩科學之精神及其方法。此種潛力為第十九世紀後半期之事，集中於湯姆孫·威廉及馬克斯維耳兩人，此兩人可同謂之自然哲學之革命家。此種革命發起於斯托克斯(Stokes)及湯姆孫兩人所刊布之算理物理學之發明，其時湯姆孫及退特所同撰之自然哲學，亦大有力，惜未竟全功。馬克斯維耳長劍橋大學之試驗室之研究，尤為要緊，此是後文詳細討論問題。今先於此處提及者，不過表示北方之奮發精神，與南方之守舊精神，常有知識之交換而已。

三九、都伯林算學派

蘇格蘭之外，愛爾蘭亦有算學中心點，在都伯林，其高深之算學研究名聞歐洲，其創格標新之思想，尚未能盡為今人領會。此派以哈密爾敦（名洛

第三章　英國之科學精神

安）、馬卡拉(McCullough)、散夢為代表；「原註」哈密爾敦對於力學之變異功力學說，已見前文第二三三頁原註。哈密爾敦（一八○五至一八六五年間人）不能如康德及得特雷西之可以指實為蘇格蘭人之裔，原為愛爾蘭本地人。參觀退特所著論說，載於一八六六年九月「北英評論報」，又格累甫茲(Graves)答書，見於「哈密爾敦傳」（一八八二年至一八八九年出版，凡三冊，見第一冊，第五頁）。哈密爾敦為極少數有創新思想之算學家，與高斯相類，另闢途徑，打倒陳陳相因舊式，蓋抱守舊式，殊令算學無大發展也。哈密爾敦以十年之苦心孤詣研究推以處間（亦作空間）各不同之方向，表示推廣代數式，竟慶成功，創立其四元學說，即以一純粹之代數數量，合空間三方向或三元之三數量而成之複數是也。哈氏首先發明此術，耗費二十年之勞苦心力。在哈密爾敦之四元學中，線長（即距離）與方向並用，一如其自然發現於幾何，或物理學諸問題之算法中，但並不如笛卡兒幾何，將所有數量皆化作距離或長度而已也。哈密爾敦打破陳腐舊法，並發明既已考慮及於處間之方向，則不能不推廣數學之原始運算。讀者宜注意，同時格拉斯曼（見前文第二四六頁原註）於其「展延學說」（一八四四年），及封斯陶特(von Staudt)於其「方位幾何學」（一八四七年），如何各闢門徑，發明此項推廣數學及幾何意想。哈密爾敦用其大力之新法，解決幾何及物理學問題，其後如何發明哈密爾敦新法，不過是推廣代數及推廣幾何中之一別案。此新法之用處甚廣，例如施於弧三角者，是其新法之意想，漸漸灌入課本中，而往往不用哈密爾敦所用之記號。最異者，此三君之功業，有五十年間，並不為學界所注重，今則不然矣。斯托爾茲有一通俗著作，名「數量論」，發明四元學與普通數學之關係，一八九一年來比錫版。「原註」散夢之著名作有「高等代數學」，「高等平面曲線」，「三元幾何」及「割錐」，菲德勒，

(Fiedler)皆譯成德文，能將代數及幾何之新意想，爲之部署，成爲系統，又灌輸於流俗，其功甚大。參看羅里亞(Loria)著「幾何主要學說」德文譯本第二十五等頁。此外尚有布爾之最能啓發學者之著作。「原註」布爾已見第二五一頁註二。此諸子之潛力，皆發生於劍橋大學之外。該大學之算學歷史，並不見有此諸子之名，而三子之意想，則載於此大學派之課本，其教授學生，亦採用此意想。「原註」參觀布爾之「劍橋大學算學研究史」，一八八九年版。

四〇、英國對於科學亦有重要之資助

作者至此，大端只討論科學進步所依賴之一方面，即有法則之運用試驗、測量、布算是也。此一方面當第十九世紀之初年，有法國之大博物學家、及大算學家爲之發展。第十九世紀之前半期，高等算學之改變，則以法國之大算學家之力爲最大，後起之德國學派，爲其潛力所轉移，亦與有力焉。法德二國，各有其對於此項科學之資助，而以英國所資助者爲少，至於有規則布置之方法，尤爲不及；然而英國有少數人實爲第一等人材，其科學意想最爲重要。大陸之科學研究有如一極大建築，而英國之科學意想則其基礎也。英國所缺者，無學會以採輯部署諸哲學家之散漫研究著作，無大學以吸引教練可造之材，無包羅宏富之課本爲袖珍便覽，以爲正確之引導，以爲正確知識之庫藏，以便完全之研究，向來並無歷史的觀念，或哲學的觀念，可以助新意識之發展，更不創造環境，培養新意識。

四一、大陸之播傳科學知識

在第十九世紀之初年，法國則有法國學會。德國在此世紀全期之內，則有大學及其支派，又有各地方之機關，爲科學知識立統系播傳通國，介紹有確切精神之研究。

四二、英國科學家孤立研究不相聞問

至於英國在第十九世紀之上半期，科學大家所供於國人之知識者，殆出於偶然。英國科學家，自擇居於特殊地位，達意之法，各自不同，各人有各人文句，自成風氣，他人之研究功業，不甚注意，有時並毫無聞見。〔原註〕此語用於英國之大多數科學家，並非言過其實。哈密爾敦卻不在此例。此君雖另闢途徑，而於先哲及時人之功業，及其提議，特別注意，觀其「四元術演講集」（一八五三年）之序文便知。參觀哈密爾敦與得摩爾根往來尺牘（見「哈密爾敦爵士傳」第三册）。要緊之說帖著作，往往失落，或束之高閣，而無人理會，如卡汾狄士、格林兩君之著作是也。既有新闢意識，而以令人難知之文句及記號以達之，亦毋怪乎學者之不留意矣。楊博士之著作，即犯此病，法拉第之著作，亦在所不免。亦有極重大之新發見，以毫無援助之故，而躭延發見之期，如亞當斯（Adams）之發見海王星是也。【原註】記載發見海王星之故事頗多，有天文家原已疑及有此行星，其各種度數，首先由勒未累(Leverrier)布告於巴黎科學學會（時在一八四六年七月一日，及八月三十一日）。既通告之後，勒未累請柏林之加爾君(Galle)，在蠍宿附近，伺尋此行星。加爾即於得信之當晚（一八四六年九月二十三日）瞻窺之，以布里密刻(Bremiker)所製之星圖為助，竟尋得此海王星。其後始知劍橋大學之亞當斯，曾以該星之各度數，於一八四五年十月間，告於察力斯(Challis)及亞立。亞當斯又於一八四六年八月四日及十二日，實見此星，不過以無詳細星圖，無從比較，以宣布其所新發見之星。（參觀休厄爾所著之「歸納科學史」，一八五七年第三版，第二冊第四六〇等頁，又倭爾夫「天文史」第五三七等頁）。又如斯托克斯預先提及光帶分析法，亦其例也。【原註】初密勒於一八四五年，佛科(Foucault)於一八四九年，宣布其所窺瞻太陽光帶之黑線之研究之後，斯托克斯在談話間，曾提議物點擺動，能吸收能放射相同之光，若該物為發光之來源，則為放射，若為遮掩來光之物，則為吸收。其後一八五九年，克希荷夫刊布說帖，解明太陽光帶之黑線，及有顏色光焰之光帶中之明亮線。湯姆孫•威廉爵士一見此說帖，立刻通告克希荷夫，以斯托克斯對於此問題之提議。假使當時斯托克斯之意想，謂太陽之空氣中有鈉質，而加以研究，則光帶分析之發明，當在十年之先。自從一八一四年，夫牢因和斐(Fraunhofer)始敘述太陽光帶之黑線起，以後有赫瑟爾諸君之瞻測熱之吸收，及熱之輻射，一直至於克希荷夫，本生，解決此問題而後，此問題始得有結果，即謂「熾極發光之氣體，其光帶之明亮綿，侍平該體所有之化合物」是也。此後光帶分析之學，始有可能。參觀克希荷夫一八六二年所撰此事之記略，重刊於其「全集」第六二五等頁。又參看湯姆孫・威廉爵士之「演講集」，又斯托克斯所譯之克希荷夫一八六〇年第一說帖（見一八六〇年三月「哲學雜誌」）。

假使英國之大科學家，亦如法國之大科學家，注意於修詞達意，假使能如德國之科學大家，教練門徒（按德國之風氣，此項門徒極其向學，而志不在乎考取學位，及得優獎，專以明白師說，或推研師說爲事），則英國大科學家之造詣，當爲何如耶？第十九世紀之上半期，英國之科學歷史，不過是若干種之傳記，或若干種之獨一意想，獨從一方面觀察之專門一物一事之說帖而已。學者讀此種著作，誠不能不欽佩其意想之博大，及其新創之途徑與見解，與其發現之突兀。其在法國，學會之久任祕書，若爲一大科學家，撰一頌讚（頌揚文），以表彰其功業，科學歷史家便視爲滿意；其在德國，大哲學家之傳記，即係一方面思想之歷史，或即一學派之歷史；惟有英國，衆人之所注意者，專在思想家之個人。【原註】即此一事，可以解說英國個人之傳記特多，而傳記中收輯往來之函牘尤多。法國則絕無此種著作，所有紀事，爲大政治家所著，爲著述家所撰，學者原少餘暇，爲自己作傳，故法國之科學家雖多，而絕少個人自撰之紀事。英國則不然，此項著作則獨多。英國此項著作，頗有極費力之紀事，或可資談助之記述，而對於本人在科學歷史及當代之藝文思想界，所居何地位，其所研究之事業，有何重大關係，則絕少提及者。凡英國紀傳所缺之種種問題，惟法國之大科學家則優為之，具見於封特涅爾，屈費兒，阿剌各，及法國學會之其他祕書所撰之較佳之表彰文。德國之紀傳，則不若英國之發達，紀事則幾乎絕無。拍忒斯諸君之著作，誠為例外。歌德六十年間之尺牘，是為其本人之天才及潛力之華表，惟有第十八世紀之福耳特耳之尺牘，可與相比。亥謨(Haym)所撰之「黑智爾傳」，「洪保德•威廉傳」，「赫得傳」，不僅為個人之列傳，且有歷史及評論，其功甚大，極有價值，足為思想史所取材之大作也。查士提(Justi)所撰之「溫克爾曼傳」，亦有同等之價值。此外有底爾琪(Dilthey)之「士來厄馬赫傳」，惜乎其書未成。

四三、英國人之個人特性

英國科學家以勞心之事，保全其個人特別性質，生平不與衆人往來，其增長知識力量，如沙漠中之水草地，限於一隅，只能及於偶然過訪之極少數朋友之範圍內。如牛頓、法拉第之心思，極為活潑，悠然以杜門修潛、不求聞達為樂，絕不鋪張炫耀；其終身之研究，並不專為一時一派，實為後世長期而研究。英國人富於特有之自助自賴性，成為一種個人特性，最顯現於科學事業中。至於器小易盈之流，智力不甚充足之流，其此種特性之趨向，吾人未必予以讚美：如鑽營利祿，競爭榮耀——毋論其為高貴之競爭；或卑鄙之競爭，往往消耗有用之精力於無用之地，不耗其精力於通力合作，而耗於爲一己求虛榮。惟亦有志向高遠，不爲利祿所羈，其峻極之天資，又爲曠世所不能過，則此種個人特性，發生極大之事業，其道德之隆高，誠可爲世人師表。英國人此種特別思想，不獨於科學事業中見之。此後作者尚有不一而足之機會，可以發明；即以科學範圍而論，科學原有大同不分國界之性質，而英國人之特性，亦流露於科學世界中，雖欲强制之，引導之，使隨波逐流，使貶其高尚之志，而趨俗好，而有所不能。

四四、後五十年間之變更

第十九世紀之後半期之五十年間，世界潮流，頗毀滅國性，毀滅種族之特性。英國之建設，爲法國所摹倣，德國之習慣，流入於英國；或謂英國所舊有之科學潛修派，日見銷滅，以爲科學之結構機件，過於繁複，雖欲潛修，而有所不能。作者則頗疑此說之不確。最高等思想之發達，全靠個人心靈之無束縛之發展，不顧通行之習慣，不顧現時達意之楷則，或已有之建設；亦如一切新發見之播傳於衆，及施於實用，全靠有足用之機件，及各種機關，至於潛力之轉移，普通思想，及普通藝文，則靠培植修詞學術，以盡善盡美之文句，以達其難達之意。以第十九世紀之初年而論，惟法國善以文詞達科學之意，德國則有其大學以爲播傳，成效最著。同時英國爲個人自由最發達之國，最能培植特異之天才，及偏僻怪性，故能產生不合比例數目之新意想及新途徑。【譯者註】所謂不合比例數目，似是指比較多數而言。吾人既不能預知照耀後世之新曙光，從何發起，自不應縮小專靠個人才力之研究而加以强制，英國之個人特性，尚有其他表面，亦爲思想歷史家所應討論者，因此特性，並不僅見於科學世界而已。作者今爲詳細討論，後文之其他部分，亦有此種討論。作者討論英國科學，此時只論及一方面，卽試驗、測量、布算之科學是也。此三者，外國稱爲『確切』科學；毋論其爲測量、爲計算，皆不離算學意想及算學方法，故稱爲『確切』但此項科學只籠罩事實之一方面。作者前已提及，法國當科學發展時代，尚有自然界之另一方面，卽生命之事變，法國同時，亦並研究新闢途徑，收效相等。彼一方面有拉普拉斯爲大代表，此一方面有屈費兒爲大代表。作者亦曾經說及，德國對於生

四五、英國研究生物學之功業

命方面，亦為特別之研究，組合算學的、試驗的、哲學的、科學，以組織一大部之生理學、或生物學，其最高最握要之問題，則為知意識問題。作者又嘗言及，生物學如何改良醫學學說，及其實用。作者今且回頭設問，第十九世紀之上半期，英國對於此大部之科學思想，作過何等事業耶？個人之享大名，有如哈維者，在先世紀有自然科學之發見，與牛頓之在算學界同。〔原註〕哈維（一五七八年至一六五七年間人），習醫學於意大利。其揭發血運之說，在一六一六年，與納披爾之創對數，幾乎同時。血運之說，備載於其手寫之演講草稿中，存於大英博物院，刊行於法蘭克福，則在一六二八年。此書一刊，頗有反對其說者，辨論多年，卒至為衆所公認。笛卡兒附和哈維之說，見於其一六三七年致友人書，又見於是年所刊行之大作「學術論」。有可為注意者，則血運之說，為學者所公認，反發起於大陸，而以荷蘭為最。其後英國學者之新發明，亦先為大陸所公認，不獨血運說為然也。法國之巴黎醫界，公認較遲。其在英國，則哈維之血運說，及納披爾之創造對數，皆為培根所膜視。參觀培根全集，第三冊，第五〇七等頁，斯拍定（Spedding）所製序，及第五百十五頁，哈維之論培根。哲學家霍布斯（Hobbes）則不然，極以血運之說為是（參觀「霍布斯傳」第一二三頁）。又稱「哈維能壓服妒忌，當在生時發明血運之說」（參觀「霍布斯傳」第一八七頁附註）。欲知哈維之其他功業，參觀赫胥黎所撰之「科學與文化」，一八八八年版，第三三三等頁。有蕾（Ray）氏者，則尚有蕾氏學會以保存其名。〔原註〕蕾氏，外國人則稱為雷查（Rajus）（一六二八年至一七〇五年間人），學於劍橋，以一六六二年，因不能守宗教劃一律（頒行於一六六一年）），棄去其校友之位。此君爲植物分類之第一大家，採輯標本，自劍橋附近地方起，遍行全國。又與友人尉羅比（Willoughby）遊行歐洲。其所著之「植物史」，辨識植物至一萬八千六百二十五種之多，以一六八五年至一七〇四年刊行，凡三大册。第一册有一卷專論植物之生理學及解剖學，大爲屈費兒所讚賞，力勸翻版。一八四四年，創立雷氏學會，刊布博物學著作。其所刊行者，有絕佳及極有名之大著作（如達爾文之「蔓脚類論」之著作是），有雷氏之紀事（一八四四年出版），有雷氏之往來尺牘（刊於一八四八年），又譯行怪僻之自然哲學，即奧秘之「物理的哲學原理」（一八四七年刊行）是也。與雷氏同時者，有格露（Grew）（一六二八年至一七一一年間人），爲最早之善用顯微鏡者（創製於荷蘭，在一五九〇年至一六一〇年間），以爲研究植物，及植物之解剖及生理之用。其後與虎克同爲皇家學會祕書。學會刊行其所撰「植物解剖學」。此時學會之經費短絀，既刊行尉羅比之「魚類史」之後，無貲刊行牛頓所撰之「原理」。赫列慨然捐貲，爲之刊布於世。見衞爾德所撰「皇家學會史」第一册，第三〇九等頁。

其後有哈同（Hutton）成立一地實學派，反對德國之偉爾納學派。

「原註」因有哈同派與偉爾納派之競爭（當時有海王派及圖王派之稱），哲麥孫（一七七四年至一八五四年間人）及哈氏（一七二六至一七九七年間人）之所長，無人重視。其實二人皆是熱心博物家，以畢生之精力，研究自然。以愛丁堡爲蘇格蘭全國之地質學中心點者，爲時頗久。哲麥孫爲博物學教授，首創蘇格蘭之第一博物學校（參觀「格蘭特愛丁堡大學古事記」第二册，第四四四頁），培養多數著名博物學家。中有佛白司及格蘭特（注意有人，加達爾文之名在內，此則宜審愼，參觀達爾文「自傳」第一册，第四十四等頁），創辦愛丁堡，博物院，中有哈同所採輯之標本，又創立兩學會，一爲偉爾納博物學會，一爲普林尼博物學會。哈同雖未當教授，但因有普雷非耳著「哈同地球學說之發明」，播傳其學說，由是而哈同學說之潛力頗大。地質學大家基啓(Geikie)稱此書爲地質學之名作。哈同學說，與偉爾納之學說相反，因而得有大理想家之名，然在地質學家之中，爲第一人先不注意研究萬物由來。第十八世紀之宇宙創造之學說，由是停止。此種學說，法德英三國之有名。哲學家，博物學家，皆有所發明，如柏湼特(Burnet)，蒲豐(Buffon)，來伯尼茲是也。哈同原有其所長，參觀赫胥黎所撰「地質學改良論」（一八六九年，翻刻於其所撰「教堂演講集」第十一章）。赫胥黎稱哈同爲「今世派」之第一代表，反對較早之「災劫派」，繼今世派而起者，則有「天演派」。解剖學家罕特，在第十八世紀之末季，名聞天下。

四六、勤納

此外博物學者尚多，而以勤納尤爲衆人所知名。「原註」勤納（一七四九年至一八二三年間人），有大功於世，世人無不食其賜者，爲種牛痘之始祖，聽其師友罕特之勸（罕特相勸之言，曰「有試無想」），在農場二十年，以一七九六年五月十四日第一次種牛痘法。第十八世紀之末，廢種人痘之舊法而用新法，新法以其時，通行全歐。舊法傳入英國，在一七二一年，始自夢塔究(Montagu)貴婦。法國革命政府，及科學學會，極注意於醫治天花，福耳特耳及達蘭貝耳尤留意於此事。自從其發明種牛痘之法，於是前此年年流行，殺人最多之天花，得以大減。

四七、英國人好自然景物

英國人好研究動物，不好觀天測

地，又好遊覽國外國內風景，自必喜與自然景物相接。英國之氣候潮溼，又最爲變動無常，種植家不能不格外施展其才能，故植物特爲茂盛，收穫又較豐。〔原註〕英國種麥，每英畝中大約可收一噸。比利時次之，德國又次之，法國又次之。美國所穫，不及英國之半。蘇格蘭比英國略半。蘇格蘭農功，優於英國，又敢於進行，氣候雖嚴寒，而園藝之發達，殆爲各國之冠。農功改良會，似首先發起於蘇格蘭，其時爲一七二三年，會員有三百人，然不久而此會遂廢。此會之「報告選錄」，刊於一七四三年。繼起者爲西英農功會，發起於一七七七年。高原農工會，發起於一七八四年。國人農功部，發起於一七九三年。「農功雜志」始刊於一八○○年。及英國有吉爾柏特(Gilbert)等之農功試驗，刊行報告，由是而科學農功發起。其時德國則有來比喜，『愛丁堅有芬尼(Finnie)者，以一八四二年與鄰居條議，應以化學幫助農功。於是始有農功化學會之設，釀費聘請著名化學家，以主其事』（參觀「大英百科全書」第一冊，第三○五頁『農功』條下）。英國三島之優居林下或富有貲產之人，最嗜農功，爲他國所不及。英國之高等社會及大學，皆樂於以其知識，施用於利國，利羣衆，利種植，及畜牧，亦爲他國所不及。英國古今來，此種利國利民之人甚多。今姑舉一著作，使讀者知其大概。予所指者，即阿克蘭(Acland)爵士所撰「農功化學」（一八九一年倫敦刊行），其在西英，曾慨捐巨款，提倡農功。冬季既長而寒，人好運動，及在曠地遊戲；雨水又多，溪河常滿，人嗜種植。窩爾吞(Walton)且撰一種植專書，傳爲名作，遠在盧梭鼓勵法國人愛好風景之前。培根以研究自然變象爲知識之源。厄味林(Evelyn)嘗撰一書，專論林木，而培根之論說，莎士比亞之冬天故事，顧伯 (Cowper) 之工作，及其他詩人之作，則描寫英國之古老式園林，使之永傳不朽。英國第十八世紀之藝文，每多流連風景，研究自然物之作，始於湯姆孫及格雷，繼以達爾文(伊拉斯莫斯)及顧伯，則意境更爲深遠，迨至朋斯(Burns)及威至威士，意想更創新，而魄力之雄厚，至於極點，英國之山水畫家亦然。非專門家而好觀天象者，則自赫瑟爾・威廉及赫瑟爾・喀羅林(女人)始；豪厄德則好觀雲，此則與歌德有同好；

「原註」豪厄德(Howard)(一七七二年至一八六四四年間人)，是朋友會教派人，嗜好自然，爲博物學之好事家，然新科學之成立，往往由好事家首先培養，如氣候學之類是也。此君曾以其閒居之所爲，致書於歌德。歌德見其有分，雲爲門類之作(所著者爲「倫敦氣候說」，大約刊於一八〇二年)，賦以詩以贈之，採用豪厄德描寫雲之語意。其後歌德頗欲知豪厄德閒居情狀，以研究此種懷抱，如何造成，遇何機會，處何環境，能起人以自然觀念研究自然，何人教以研究自然之法，以求自然法律。在其自傳(歌德全集末冊)中，豪厄德提及一七八三年之流星現像，顧伯之尺牘(一七八八年六月十三日)，懷特(White)所著之「塞爾本史」，並載其事。

道爾頓所住之地多湖，往往爲濃霧所罩，因是與人合力，爲新發起之氣候學作初基。

第三章　英國之科學精神　　二百九十三

四八、英國之個人特性及好自然之特性之組合

英國人之個人特性，旣牢不可破矣。作者試爲設問：何以另闢徑途，創造新意想，以研究科學，屢遭失敗而不挫；何以冒險行事，及創立新工業，而仍不出常軌，仍能不陷於夢境；何以大概而論，毋論施於實用，或施於科學之研究，仍能獲得奇效耶？今而後知其故矣。此種罕見之天材，有創造新思想之能力，旣無學會以招之使來，又無學校以資練習，無大學以培養發展其天賦之能，並不甘於從事冥思暗索，又不以人爲作其環境。若在其他國、及他國之藝文中，此種冥思暗索之效果，可得而見。然而在英國，則此種天材，旣不與社會相往來，又不枯坐從事冥想，則惟有與天爲徒，天則授以創新之意想，往往發見於科學、詩詞、美術——天之對於此種人，似若略揭內幕，微示祕奧。是以英國人之個人特性，則有好自然之特性，好與天爲徒之特性，以調和之。撰塞爾本博物史之博物學家懷特，卽其一也。〔原註〕此種隱居避世，與天爲徒之人，甚多，如達爾文者，則爲尤爲顯著，最享大名之一也。作者今於原文已列名者之外，再舉數人。○有哥夫(Gough)者（一七五七年至一八二五年間人），據道爾頓稱（見亨利所撰傳第九第十兩頁），「有過人之科學學識。……少年因出天花而瞽雙目，……然聰明絕頂，最嗜物理學

第三章　英國之科學精神

及力學。氣候日記，卽為其首先創起。：：周圍二十英里之內之植物，哥夫只以手觸，鼻聞，舌嘗，而知其為何物。眼之構造，光與色之本性，及光鏡之製，皆能源源本本，詳解其理。」道爾頓與哥夫往來甚密，凡歷八年。〇有愛德華滋‧喬治者（一六九四年至一七七三年間人），以一七四三年至一七六四年，刊行其所撰之「鳥譜」，凡六冊。嘗遊覽法國及他國，製鳥圖六百幅，皆前此博物學家所未嘗繪畫者。〇又另有愛德華滋‧托馬斯者（一八一四年至一八八六年間人），更為奇特，原為鞋匠，酷嗜動物，因是為三學校所逐出。此君無朋友，無一本博物學之書，並不知其所捕得之動物為何名，然而有惟一創新準確之動物學知識，曾以其所採輯之動物標本，開展覽會，於亞伯丁大學，大學教授謂愛德華滋之知識，先人數百年，因此時大學尚未設博物學教席也。一八七六年，斯邁爾(Smiles)曾為愛德華滋撰傳。〇佛白司者（一八一五年至一八五四年間人），天生好自然景物，『生平所作之事，極多，事以提倡科學，及鼓舞他人向學為事。頗有功於生物學之各分部，最有功者，使分離之各部，相為連貫，又使各部互相發明。其所刊行之撰著雖少，而意想則有極大之擴充發展能力，，如寓言之芥子』（參觀「全國人名辭典」）。嘗在倫敦執業，所入甚微，其後為愛丁堡大學博物教授（參觀威爾遜及基啓等所撰「佛白司傳記」一八六一年版）。〇密勒（一八〇二年至一八五六年間人）為石匠，無師自通，以一人而兼美術家及博物學家。其所著作，在英國藝文中，處特別地位。其所研究之區域，卽在其所居之附近，石層山縫，皆研究淨盡。嘗從紅砂巖發見前人所未見過之有機體。一八四〇年，「見證報」刊布其所作『古紅砂巖』論說若干篇。其後演繹成書，卽以論名之，由是得名，稱為創新之地質學家，有可以施於實行之思想，而文筆又能動人。其所撰「我之學校與我之教師」，為文學中有文名之作，有評其文字者，謂「當此天才濟

十九世紀歐洲思想史 第一編 上冊 二百九十六

濟時代，鋪張揚厲，炫耀才能者亦多矣，惟此無師自通之石匠，執筆為文，平淡靜穆，有如愛迭孫（Addison）』（【譯者註】愛迭孫最有文名）。『其所著之篇章，無不頁頁發生光采。其敘化石，活現紙上，有生氣，有發達，能飛，能潛，能遊戲，或萌芽從地涌出，蔚為茂林，一如洪荒草昧時代之情狀』（見貝晤 Bayne 所撰輯之「密勒傳」及其「尺牘」所引卡勒式斯 Carruthers 之言，此傳於一八七一年出版，凡二冊）。〇有羅伯特生（David Robertson）者，生於一八〇六年，初為種田苦工。至二十四歲時，乃學醫，其後開設鐵器瓷器店多年。及稍有積蓄，以一八六〇年歸隱，以研究自然終其餘年。『獨力研究水產，發明是處水邊水產動物甚多。其始衆以為罕見之物，自是始知為極平常之物。科學記載，從此增多極重要之動物。由是金庇利海島，遂為研究最精詳之地，又為英國最著名之地』（見斯武平 Stebbing 所撰「坎布累 Cumbre 之博物學家」，所引格拉斯哥』博物學會祕書之言，斯武平所撰書，以一八九一年刊於倫敦）。〇披爾遜（Pearson）（一七六七年，至一八四七年間人），亦無師自通之小冊戶，曾在銀行執業數年，其後歸隱於祖居。好藏書，選擇甚精，以英國之歷代詩集為最多，其次則，德國名作之譯本也。「善察羽族，及當地動物之習慣。以最清真之英文，寫真所見，迨可與懷特之所著比肩」（見格羅夫斯（Growves）所撰「哈密爾敦傳」第三冊，第十五頁）。披爾遜又為詩人威至威士之友。〇除上列諸人之外，可列者不可勝數，今姑再舉其一。標易克者（一七五三年至一八二八年間人），善木刻，事以其擅長之術，描刻自然景物。其所製之「英國鳥譜」（一七九七年至一八〇四年），為美術與科學相錯之作，後人之步趨者不少。

蕾氏及林尼阿，欲將動物用人為法及邏輯法，分為門類，及法國之蒲豐誇張

四九、懷特

其嗜好天然界之意，播散於藝文之時，英國之懷特，則在窮鄉僻壤，觀察自然，以清腴之文，寫其所見。此君之研究，意不在人爲的分門別類，爲博物院之陳列，而在動物界及非動物界中，研究其實情，及生命之有何特性，如何發展。其所研究者，爲真實有生命之大博物院，非陳列標本之博物院。此君與後起者日在其中研究自然物及動物之習慣。

〔原註〕「垂釣者言」及「塞爾本博物史」兩書，爲英國特別一種藝文之代表。此種著作，介紹讀者入於英國思想，詩詞，科學之養成室。一國之富源，皆發生於地產及學殖，而思想詩詞，則從研究自然而採取。極有價値之意想，英國美術詩詞之清潔，創新，亦發源於此。懷特者（一七二〇年至一七九三年間人），畢生隱居於塞爾本小村，兄弟五人，皆酷好詳細研究自然，而參以考古意味。懷特不僅爲博物學家，又好採輯桑梓文獻，保存古時載籍。從一七六五年至一七八七年，以其四十年間之觀察研究，寫於其致友人之函牘內，以七八九年刊行，名曰「塞爾本博物博古史」，意在表示其撰輯方志之法。此種方志，不獨記載事實，尤應詳載本方自然物產及古蹟。凡能詳細研究一方之自然物產，而後知天之所生之物之繁富。又嘗力爲提倡，撰著研究專門之書，例如列害蟲爲一專類，專事研究，其函牘中專敍述本方之燕子類。其所研究之區域，其後一百年，由達爾文而著名。懷特又研究蚯蚓，提議應爲蚯蚓類寫一專書。其時動物分類之說，盛行一時，學者趨之若狂，而懷特之意則別有在。其言曰，「植物學家，宜以哲學眼光研究草木，宜研究其如何生長，如何培植。植物學家，宜兼園丁種樹者及種田者爲一人，分門別類之

五〇．地質學會

研究，抑其末也。』

其時又有反對大陸專尙想理之舉，因於一八〇七年，成立一地質學會。其時愛丁堡有偉爾納學說及哈同學說之爭，卽所謂海王派與閻王派之爭，地質學會之設，意在『廣爲觀察，詳爲紀載。總而言之，發起人先致力於實寫地質學，靜觀將來之結果，此時理想之歸束尙早，不宜捲入海王派閻王派爭競之漩渦中』。〔原註〕『此地質學會成立時，災劫派及今世派（亦可稱現勢派）兩派，只有一點表示同意者，卽不承認地質學之理想。讀者試取從前記載而研究之，則知地質學家之老前輩，以爲此舉爲極有知識。若當作暫時辦法，作者亦不反對，但是機關辦事，往往以暫時辦法作爲永久辦法。然時過境遷，情形已變，從前或宜於作，不關痛癢之舉動，後來則否，從前之所謂地質學之理想，忽加以冷水澆背，是否有益，尙在不知之數』（此是一八六九年赫胥黎在地質學會之演說詞，一八九一年翻印於「教堂演講」中，見二〇七頁）。學會既成立之後五十年，休厄爾博士在其第三版之歸納科學史中，尙謂『諸君之事業，尙未告竣，應需採輯之事實尙多；若以求得確實不移之理由而言，諸君不過初踏進迷樓之第一段，若云窮探迷樓，爲時尙早，必閱數世而後能遍達。必先遍歷而後能探得真理所在之地』。〔原註〕見休厄爾「歸納科學史」第三版，第三冊，第四二八及五一八頁，又見來伊爾所著「地質學大旨」第三版，第一冊，第一〇二等頁。

五一、斯密・威廉

英國之樸學家，『獨自研究，不求助於外，不求同情』者，有一人焉，曰斯密・威廉。〔原註〕見休厄爾「歸納科學史」第三版，第三冊，第四二七頁。斯密・威廉（一七六九年至一八三九年間人），學者稱為英國地質學之祖。此君與英國其他博物學家相類，並非研究專門科學名家。因其時有穿過數州府之運河工程，斯密擔任測量事，於是同時為科學之研究，留心於地層，以一七九九年，製為地層表，並詳載各層所藏之有機體之遺骸。大陸所謂地層學，其在英國，則為斯密所新創。其後窮多年之力，撰製英國及威爾斯(Wales)之地質圖，以一八一五年出版，凡十五張，縮尺以一英寸作五英里。眾人以『地質斯密』相稱，而其名並不顯於國外。斯密亦並不留意於大陸之地質學，及當時通行之學說。斯密之地質研究，在屈費兒及布龍納(Brongniart)之先，而此二君則於一八一一年，刊布巴黎區域地內之金石質，遂為古生物學家之祖（參觀拍瑟爾Peschel所著「地理學史」，一八七七年版，第七一四等頁）。來伊爾論斯密之地質圖曰（見「地質學大旨」第一冊，第一〇一頁），『此圖仍為創新才力及異常毅力之華表。斯密步行，遍履全境，並無前時之觀察家以為之先導，亦無同志以為之助。英國之巖石，複雜異常，而斯密竟能為之作自然之分類。』『斯密少年所研習之藝文，並無有發起其整齊及劃一之好尚者，而天賦以謹嚴清晰分門別類之特才，不合於其所研究之地質學之用。由是手創而進行，或有已為之先，而斯密則不知也，或者因其自以為獨創，故孜孜研究，不稍懈怠，以發展其一己之意想』。自一七九〇年始，其所刊行之著作，其『思想及心力之活潑，逐漸發展，且與其所發表之事實相爲比例。』（原註）見休厄爾「歸納科學史」第三冊，第四二三頁。

五二、柏爾

大約此時地質學之研究，極爲振興，其潛力發自兩中心點：其一爲愛丁堡之哲學及地質學會之試驗之功業，其一由於生理學及解剖學之重要發明。一八〇七年，柏爾新發明感覺神經與運動神經之分別；『自哈維以來，以此新發明爲生理學之最要知識。』（原註）此語引自亨利之「科學提倡會報告」第一冊，休厄爾亦採用之（見上文所引之第三冊，第三五二頁），似須糾正。前者笛卡兒已發明「反射動作」主義，其「對於運動及感覺之生理學之功，與哈維之血運發明相等，已有雷文及餘人在科學歷史中，早爲笛卡兒定其位置，從此爲後學開門徑，得以研究生理學之力學學說」（見赫胥黎一八七四年科學提倡會演說，翻刻於其所著之「科學與文化」第二百等頁）。最初說明反射動作學說者，不止一人，有以爲米勒者，有以爲普洛查斯加(Prochaska)者，有以爲維理斯者。及雷文之「米勒紀念演說」出，始解明爲笛卡兒所最先發明，見於笛卡兒所著之「感情說」，一六四九年刊行。雷文及赫胥黎皆詳引笛卡兒之著作。但笛卡兒以實行之，試驗證明神經之力學的學說，至若何程度，則不能無疑。理希特(Richet)所撰之「神經及筋肉生理學」（一八八二年刊，於巴黎，第五〇五等頁），亦論及此問題，不沒笛卡兒之功，而謂自格林(Galen)以至柏爾，對於神經知識，並無可紀之進步。所有進步，皆爲第十九世紀之功業（見前書第五〇五〇七，第五一四等頁）。赫胥黎則頗推重笛卡兒之功，謂笛卡兒不僅為一理想家，亦是觀察家，與割剖家（見前書第二〇一頁），竟稱笛卡兒為新生理學之領袖（見前書第三百三十四等頁）。柏爾之生平，最為奇特。其兄為愛丁堡醫科學校教員。柏爾早與該校分離，而赴倫敦行醫，又為來學者演講醫學，頗有聲譽，而其名尤顯於大陸。本國人則不甚領略其學識，與道爾頓之際遇相類。（原註一）柏爾・查理（一七七四至一八四二年間人），生於愛丁堡。其兄柏爾・約翰（一七六三年至一八二〇年間人），在愛丁堡外科學校，為有名之講師，由是柏爾始有意於行醫。及其晚年，既享歐洲大名之後，始奉聘居愛丁堡大學外科教席。此教席，創設於一八三一年。雖居教席，亦不甚盡為人所領略。嘗云，「我在此間，一若獨行於壙墓間，以雖在桑梓，而不為人所知也」（參觀格蘭特所撰「愛丁堡大學古事記」第二冊，第四五三頁）。當柏爾發明感覺神經與運動神經有分別之時，從前諸解剖學家，生理學家，對於神經之功用，紛亂無所適從之諸說，因是而驅逐淨盡。其時米勒（一八三一年）用蛙為實驗，證明柏爾所發明之說為實確。又有馬戎第(Magendie)及朗吉(Longet)，則以熱血動物為試驗，證明柏爾所發明。是故發明之功在柏爾，而證明之功，則在此三君。米勒尚未以試驗證明之時，學者對於柏爾學說，以為「不過是一種動物而能動聽之意想，其實尚未能有充滿之證明」（參觀雷文「演講集」第二冊，第一七六等頁，又亨利致書於洪保德諸君，敘述其於一八三一年九月十三日所見米勒之試驗證明，見麥克爾撰「亨利雅各傳」，一八三九一年版，第十三頁），柏爾之名聲，以在法國為最大。其在法國時，有一日，走入一著名之解剖學教授之講堂教授見之，謂學生曰，『諸君得見柏爾先生，可以散課矣。』

德國米勒之所以負歐洲盛名者，以其以試驗而證明柏爾之說也。

英國之科學家，獨自潛修，及以其新發明而享名者，可以徵引者尚多。其所發明，往往由於其深藏之創新才智，與自然冥合。大陸學者所得於學校及其他機關之利益，以資助發達者，英國學者則無之。英國人個人之特性，不獨見於研究自然

五三、歷史地理

至於歷史派之研究，如考求既往之文化之古蹟，及探求新地者，亦頗有其人。楊博士、及雷雅特(Layard)之名，有誰不能記憶？今姑舉其一，以個人之才力而遭逢際遇，爲一新派之研究立基礎，此種研究，半屬於博物，半屬於政治歷史；吾所指者，即今昔之希臘地理是也——因探勘希臘而發起令人極用心思之學殖庫耳齊烏斯(Curtius)

【原註】參觀其所載於「普魯士記」第三十八册之利克(Leake)論。其發見上古文化國者，意大利人則以發露安科吶(Ancona)之息里阿卡斯(Cyriacus)爲始（自一四一二至一四四二年）。法國人士本(Spon)繼之（一六七五年）。斯卡力澤之後數十年，始有希臘地圖。繼之者爲英國，其以考古著名者，爲阿藍得爾(Arundel)，此人盡捲所得古物而歸，稍減其聲譽。其後仍有人，用其名，得在希臘及小亞西亞，以掘載所獲。而讀者，宜

〔注意於此時德國在考古界所處之地位。德國人之考古，以溫克爾曼為始。「德國人與他國人競爭發露上古文化之邦，其勢殊不順，又並無援助。……其在意大利，則有種族之感覺，其在法國，則與東方原有政治之關係，其在英國，則有貴族之酷嗜遊覽，及收藏古物之嗜好，因此而生古今兩世界之關係。德國則獨無所有，只有教授之講堂為研究之地」（參觀庫耳齊烏斯著作第二冊，第二二九頁）。〕之才識，最宜於考究古時種族所居之邦之自然形勢，敘述古時文化建設之異采，如畫圖然，非他人所能及。學者研究上古希臘之歷史、及其美術所得力於庫耳齊烏斯者亦多矣。其追尋新興之古學，及歷史的地理之原始，以英國及英國人為先導。其言曰：『英國向無中古留傳之習慣，使其發起考究東方古蹟之興致，亦無在外之機緣，或與公家有干涉之事，使其探歷東方，不過性好遨遊，引之使遊覽古代文化之邦，又能犧牲資財，以遂其遊覽之志。【原註】見庫耳齊烏斯著作第二冊，第二二六頁。庫耳齊烏斯又云，「一七四二年，斯圖亞特(Stuart)理佛特(Revett)流連於羅馬之瓦礫場中，深知所見之古蹟古物，不過為後期及退化時代之上古美術。其後六年，航海至希臘，此為第三期之考古，（息里阿卡斯為第一次，士本(Spon)為第二次），然自科學方面觀之，以第三次為最要」（觀其著作第二二七頁）。……由是英國為東方奇異古蹟古物之庫藏；大陸既不能任其勘探，英國之旅行家乃麕集於希臘，日

五四、利克

在騍背上一手執筆一手執時錶，不憚煩勞，以紀載其所見。……以利克爲領袖之團體，奉有政治之使命而出發者，對於政治方面，殊無效果，然從科學方面觀之則有無限之價值。利克自從初踏足於希臘之時起，古希臘之荷馬（Homer）及希羅多德（Herodotus）諸先哲，激動其熱心，於是畢生之事業，卽見於目前。小亞西亞之高原雪嶺，獨峙於其中，四面荒涼，不見人跡，所過者皆古希臘石刻及古墓與古時廟宇之遺跡，皆深留其印象於心中，由是而發起勘探古代文化之意，以知古時學術發源地之情形。【原註】見前文所引庫耳齊烏斯所著書第三〇七頁。……利克以一八〇五年至一八〇七年，遊歷其地，是爲學者之古希臘知識之新紀元，其科學的研究結果，使文明世界有永遠不朽之所得。【原註】見庫耳齊烏斯所著書第三一二頁。然而第十九世紀之六七十年間，研究科學、生命、美術、諸先導之功業，要有多數之耐勞而曾受教練之人繼承其業。諸先導所發明之創新意想，必要有後起者模範之潤飾之；其所新發見者，後起之人，應以嚴謹之研究以推廣之，評審之；必加以博識哲學，然後能深入，然後能得窺其全。歷史的科學範圍尤廣，應作應爲之事，比勘探自然爲尤要，是以模範、潤飾、推廣、審評、之事，雖往往發起於英國，而繼其功者，則爲大陸之學校及學會。作者現所討論者，原爲確切科學範圍，其有創新意想者，則往往不樂仍走舊轍，或採用舊法。

眼光明利、眼界寬大者，常欲歸還於自然；其好求實用者，則常欲以其研究之所得，施於藝術工業。此兩派學者，皆得有報酬；如法拉第、達爾文，無學校以爲之助，本其天賦之才識，以研究自然，而發生廣大深遠之意想，後起者當必有其人；其以極高之算學天才，而用於工商之業，製造大西洋海線者，其收效當不止於此。此種不甘守常規，好自闢途徑者，此種獨好與天爲從之樸學之士，及好求實用之人，惟能以其才識用於實業，而建立奇功，此則思想歷史家所不能不承認者也。

學者在此時期，正當英國德國討論創立類似法國之學會之時，【原註】參觀亞諾爾特所撰之「學會之藝文的潛力論」，及雷文之「德國學會論」（一八七四年撰），翻刻於其所製之「演講集」，一八八六年來比錫出版，第一冊第一四一等頁。又參看赫胥黎之「評論演說合編」，一八九〇年版，第一一三等頁。又當外國摹倣英國科學提倡會之時。〔原註〕英國之科學提倡會，原倣照奧碰及洪保德一八三一年所創立之學會而設（參觀上文第二四一頁），爲一八七二年法國所立之科學提倡會之模範。一八七四年，爲第一次開會。該會會長及祕書之演說詞，提及英國科學提倡會。其後實行一八八五年之議決案，以一八八六年，與資格較老，而爲勸未累，於一八七四年所創之法國科學會，合併爲一。此時又當科學名家會議，在倫敦創立教授的大學，取法於柏林大學。作者應於此時，追論在此十九世紀期內，究用如何方法使確切研究之精神，即謂以算學研究自然及事實之方法，得以成立，及播傳於衆。

五五、三國之事業比較

以新式科學方法，量度、計算、及分類，以法國爲最先，推用甚廣，又作爲統系用於研究全自然界。法國有科學學會，有高等科學學校，有博物學標本院，有醫學學校，成爲全國最高知識機關，以作窺天探地，及研究有生世界及無生世界之大業。同時又細密謹嚴研究所用之量度計算方法；由是而發生新科學；由是而求解決新問題，至第十九世紀之末年，仍在科學界研究以求解決之中。其以試驗室所揭露之新知識、新效果，而施於實業，實業由是革命，亦起自法國。第十九世紀之初年，法國之科學精神，業已發展，遂產生盡善盡美之製作，以科學精神，推及於生活及社會，而潛力又轉移當代之藝文。三十年後，此科學精神至於德國，其大學逐漸研究確切科學，成爲大學之重要學科。德國原有之古學哲學精神，與科學精神相衝突，於是有史學小學【譯者註】指聲音訓詁之學。之革命。法國之科學，有時而或缺歷史之完備，及哲學之審評；而德國之科學，則兼而有之。是以德國在第十九世紀中，不獨有全世界之科學功業之確實及極詳細之記載，且研究博物學與哲學之交互相錯之各大問題，卽生命及意識問題是也。近日之新科學，如生理學及心理物理學（卽身心學），可稱爲德國科學。

奉科學精神爲研究學問之金科玉律者，則以英國爲較後於法德二國。英國在此時期內，與其在第十八世紀時期略同，只爲專門科學先導之事業，好獨修而拒合作，然以獨修而獲大放光明之所揭露之奇效，或以此而成實業之革命，或以此而窺見自然所深藏之祕奧。他國有研究之機關，有教授之機關，而英國無之，故英國思想家之所意想、所發明，往往埋沒，或外國得之，而爲之加功。無研究之機關，無一定之學業，誠有其弊矣，然而亦有其利，卽樸學潛修之士，不得不致其創新之意想於自然界景物及生命，往往窺見極新之發露。法國以多數之盡善盡美、永爲文章正軌之大著作，有名於時；德國則以最多數之科學大著作顯；英國則有創新意想之種子，以長養第十九世紀之科學，使得結果，其功獨大。如此案語，似尙不失爲公允。第十九世紀之後半期，則三國皆趨於平等，漸失其前半期三國所各有之特性。時至今日，研究科學及生命之大問題，則各國皆同，教授科學之法相同，一切意想及發明，皆爲天下所共有。學者研究各國之科學，如何而組合爲聯邦之科學；各國皆有所貢獻，其所貢獻者爲何科學精神，其原駐地爲巴黎，如何而播傳於各國，如發酵然；如何使天下之思想及藝文，由是而發展；誠爲極有意味之事。

第四章　以天文觀研究自然

一、第十九世紀前後兩半時期之科學精神

作者至是不過對於科學精神或確切研究之方法爲大概之討論；指明此科學精神，如何在法國得穩固地步，如何發展，如何播傳於德國，既入於德國，如何得有較爲整齊之統系，如何擴充，其在英國，如何漸漸無聲無臭，發生於前此之試驗哲學。此精神之長養，小半由於外國之潛力，大半由於少數之本地絕頂聰明人之無援助之潛修，每人發明其將來收效果之意想。以上所討論者爲第十九世紀之前半期；此時法德英三國之特性，最爲顯著。再進一步，即我輩時期——在此時期內，則廣收前賢播種之成功，理想與實行，並受其益，從前科學先導對於各科學之預言，及其意想，皆能充分實現。以科學界外人觀之，復益最大者，前後兩半時期之

二、科學變爲各國所共有之時

最不同者，厥爲今日之交通便利。此種交通，且達於思想世界，交換知識由是發生。既有知識之交換，科學之進步自然更速。交通之便利，經由何項階級而成，原不在

思想史研究之列。

【原註】今將利便交通之汽機及電報發起時期開列于左。

一八〇二年 創製第一輪船，試行于福耳司(Forth)河，及克來德(Clyde)運河。

一八一二年 始製明輪船，行駛于克來德運河裝客。

一八二九年 初試火車，鐵路則建于一八二一年。一八二九年，利物浦，漫徹斯特間之鐵路開幕。

一八三八年 始有輪船渡大西洋。

一八三三年 法國比國有鐵路之大規畫。

一八三五年 德國之第一鐵路開幕。公用之電報，則大約同時創立于英德美三國。第一之有實效之電綫，則設立于一八三六至一八四〇年。大西洋海綫則自一八五七年始。而屢次失敗，屢次修改，乃告成功，得力于湯姆孫·威廉之研究爲多。歐洲與美國能永久通電，則始于一八六六年。

然而放眼一觀，卽知各國之能互換知識，三國各分其功。當日利便交通之事業，原爲商務及工業而設，並非爲思想、或科學、或藝文而設。〔原註〕此語只能專對于鐵路而然，但電報之發展則不盡然。一八三三年，高斯（又作哥士）及韋柏在格丁根初設電報，則，專爲科學之用。此事見于韋柏•亨利克一八九三年所刊之「韋柏•威廉傳」第二十五等頁。傳中載有一八三○年後高斯研究，以抽象單位量度磁氣，以其所撰「磁力計量」之說帖，于一八三二年十二月，送交格丁根學會。高斯從前已勸韋柏，在物理學會爲相同之研究，而兩地相隔，有一英里遠，以爲不便。爲除去阻隔，乃始用流電，用綫兩條。從一八三三年至一八三六年所用之電機及電碼，始布置盡善。高斯及韋柏皆知此創造之電報，極爲要緊，有極大之實用。一八三三年，高斯致書于奧爾柏斯，其言曰：「我等在此創辦一事，不知曾否通知執事。我等所創造者，是一通流電之物，設鏈于觀象台與學會之間，在房上架綫，全綫共八千尺長。我特製一小機，可以立刻掉換電流方向，此器名爲轉向機。我等常以此新製作電報之試驗，傳達全字或句，頗有成效。我相信若用結實電綫，可以從格丁根發電報至漢諾威，或從漢諾威至佈勒門(Bremer)」（參觀瑟林 Scherlig 所撰之「高斯百年紀念演說，」一八七七年格丁根刊行，第十五等頁）。一八三五年八月六日，高斯致書于叔馬瑟耳(Schumacher)曰：「觀象台及磁學會兩處經費，每年不過德幣一百五十圓（合英金二十二磅十先令），實不能有大規模之試驗。假使有數千圓經費，如電磁的電報，則可以推行盡善，使有令人驚駭之大規模，云云。」高斯嘗計算有一千五百金鎊以製銅綫，即可以通南北兩極。且云：「不難製器以發電報，如八音盒然」（參觀「高斯與叔馬瑟耳往來函牘」：彼得 Peters 監刊，第二冊，第四一一等頁）。交通便利，既專爲商業工業而設，自然先發起於商業之國，即英國與其殖民地是也。科學界仰賴德國，以有全球科學功業之紀載分析；仰賴法國，以有萬國通用之度量權衡單位，亦如前數世紀之有拉丁文，以爲各國通用之文字，或如代數、或如音樂之有各國通用記號，可以毋論何地何時，一見能使明瞭科學研究所得之結果，不必費事重新繙譯，或重新計算。

三、各國特性之消滅

數國合力之效果，爲消滅各國之特殊思想。其他勿論，其在科學界中，法德英三國之特性，及其學派，則速歸消滅。種別之特殊思想，雖仍然存在，若求之於今日，則惟有研究三國之較深之哲學理想，及其藝文美術中，乃得見之。此各方面之思想，則有本書後文以討論之。此時不便討論及此，將於後文重新發起，詳加研究。若在本世紀之後半期而分國界分種族，以討論其科學功業，則未免犯重複之嫌。在此後半期，毋論何國之科學界皆已失其以國爲界之畛域。——毋論何國，皆採用他國之方法，他國之模範，他國之建設，及他國之儀器。在今日而設立觀象臺或試驗室，則不能不採用各文明國之所長。例如電學，此爲萬國所共有者，其所用之單位，皆以各國之創新揭幕之科學家名字以名之。

是以作者以爲在第十九世紀之後半期，確切研究之精神，長駐於歐洲諸大國。此後將詳加解說，各國在此精神潛力之下以爲研究之不同見解，及其主要意想。所謂主要意想，至第十九世紀之後半期，發現較爲顯著。

四、特別之科學意想

把持英國之培根哲學之狹隘精神，把持德國之空泛自然哲學，在第十九世紀之初期數十年，皆爲法國之規模較爲廣大、方法較爲嚴謹，爲拉瓦節、蒙日、拉普拉斯、屈費兒諸子所教之科學，取而代之，消滅於無形。代以包涵宏遠之新意想，然後知科學之力之大，範圍之廣。

五、科學哲學

在科學主要意想潛力之下，科學得以發展，其發起此項主要意想之巨子，學者早已聞其名矣：赫瑟爾・約翰爵士、孔德、穆勒・約翰、休厄爾、【原註】著作刊行之最早者，爲赫瑟爾・約翰爵士之研究自然哲學略說，以一八三一年，見于拉德湼(Lardner)科學之之「巾箱本叢書」中。同時有休厄爾之「歸納科學史」，及「歸納科學之哲學」。此兩大著作，有三目的：一，發明天文學，力學，物理學，化學，植物學之哲學的歷史；二，分析歸納之性質，及其運用之方法；三，答覆以歸納術施于非物質科學之問題，例如以歸納術施于聲音訓詁之學，美術政治學，道德學是也（參觀托德罕忒所撰「休厄爾傳」，第一冊第九十頁）。休厄爾所撰之歷史，刊于一八三七年，凡三冊，一八四七年再版，一八五七年三版。其所撰之哲學，以一八四〇年出版，凡二冊，一八四七年再版。其將成書時，頗改變其原始規劃，歷史之範圍大爲擴充，哲學則學則分爲數部。赫瑟爾大概立于培根哲學地位，休厄爾則不然。其言曰：「培根不過臆度科學如何可以建造，我輩則追蹤其歷史，因知其如何建造。培根之普通公論，雖尙能指示鼓舞研究哲學之人，然而培根之見解，全不能施于實用；于是研求新法，以合于現代知識地位」（見一八四七年第二版哲學序）。休厄爾所發表之見解，頗爲康德之潛力所移。其所研究者，深藏于科學理想內幕之原理，以爲在事實之外，有其原理，爲知識之來源。休厄爾撰著中之歷史部分，極爲英德兩國所重視。英國科學名家，如赫瑟爾（參觀一八四一年六月「評論季報」），如穆勒（參觀其所撰自傳，第二百〇八頁），雖與休厄爾所撰之哲學部分，不能盡表同意，惟對于歷史部分，則無間言。自孔德之「實驗哲學」出，發表其有贍識之理想（一八三〇年至一八四二年刊行于巴黎，凡六冊），而休厄爾之哲學，遂爲所掩。孔德比休厄爾尤爲注重于研究確切科學之方法，以施于經濟社會各問題，爲有規則之研究。休厄爾用力雖勞，而過于瑣碎，語言呑吐，不若孔德以痛快出之，發表其所謂知識之三階級，一宗教知識，二玄學知識，三實驗知識，此即其所謂實驗哲學之基礎。其比休厄爾孔德兩家哲學識較爲有永久價值者，則爲穆勒約翰之「推測式及歸納術之邏輯」（一八四三年第一版）。其書爲所有後來同等著作之基礎。其所發明極爲透徹之實驗學說，最爲科學思想家所採用。穆勒嘗言，頗得力于休厄爾及孔德（見「自傳」第一六五及二〇九等頁）。此三子者之目的皆同，即謂「在物理學之世界，既已用種種研究方法，求得若干眞理，而此若干眞理，既已爲人人所公認，試問對于道德科學及政治科學，此種種研究方法，是否可用，或應如何選擇修改加減，以求得此兩項科學之眞理』（參觀『邏輯』第一版序文）。皆頗致力於告知無科學知識之羣衆，以科學之進步，及運思之定律。似乎吾人應採擇其議論及解說，而作者則不經由此途。休厄爾之歸納科學史，是討論一最大問題最早之作，與孟圖喀拉(Montucla)之算學史同爲可作標準之著作；惟其成書之時，新科學思想之趨勢未明，而爲後人更爲詳盡之著作所掩，尤不及德國歷史家之著作。【原註】慕尼克有哥布之「德國學術史」，其所討論者，不限于德國科學學術。此外有哥布之「化學史」（一八四三年至一八四七年出版，凡四冊）。洛贈堡革(Rosenberger)之「物理學史」（一八八二年至一八九〇年出版，凡三冊），哈則爾「醫學史」（一八七五年至一八八二年維也納第三版）。除德國專門名家之多數撰作外，尚有英國人之極重要之歷史著作，如托德罕式之「吸力學說及地球形狀學說史」（一八七三年版，凡二冊），「變分學史」（一八六一年）「決分學學說史」（一八六五年），又有「彈性學說史」（此書有披爾遜續編，分一八八六年至一八九三年出版，凡二冊，分三卷）。最後德國算學會之年報中，有許多有價值之算學學說史——最著名者，有邁爾之「不變數學說史」，布立爾(Brill)及諾厄特(Noether)同撰之「近代函數新學說史」。休厄爾所撰之歸納科學哲學。其目的在於設法研究人類知識之性質及情形，哲學之目的多，歷史之目的少。穆勒之邏輯，孔德之實驗哲學，及近來澤豐茲之科學原理，其目的與休厄爾之著作同。以此諸作爲第十九世紀哲學著述中之要緊部分，作者於後文將常提及。此時則並非研究確切闡理之永遠存在之原理，及古今來科學思想家、或出於有心、或出於無意、所用之特殊方法。作者此時之意，在乎指出及分析變遷之意想，與諸家普通見解；此皆指導第十九世紀之科學功業，使得進步者。

六、休厄爾之歷史及哲學

休厄爾既撰其歷史之後，又撰哲學，意在採取當時指導科學研究之普通意想之精華；然而其著書適在第十九世紀之中葉，並未說及上半期萌芽、下半期結果、成爲通俗科學之口號之科學原理。休厄爾最後出版之著作，在一八五七年，其時羣衆並不知有工能，及工能常住，工能虛耗，特種變異，生物之天演；不知有熱力相生學說，及氣體衝動學說；不知有所謂絕對的熱度，及絕對之量度；至於細胞學說，惟德國之羣衆知之。然而其時之領袖思想家，正在研究上文所云各大問題。休厄爾之作，並不提及。

（一）原註（一）第十九世紀後半期之主要學說之初生時期，大約如下。○絕對量度，大約在一八三二〇年，起自高斯，一八三三年，其計劃則見于其所撰之「磁力計量」說帖，始用以量磁力。其後在一八四六年，韋柏推廣其用于電學，詳見「電力確切計量法」一書。絕對量熱，則以一八四八年，湯姆孫•威廉始用之。〇細胞學說，「士來登」發起于一八三八年，其後一年，司旺推廣其說于動物。。一八四六年，摩爾(Mohl)始用原形質名詞。〇熱力相生學說，則自邁爾及朱爾求得熱力當值時起，時在一八四二年及一八四三年。〇工能常住學說，則以一八四七年，為赫爾姆霍斯所發明。工能虛耗，則發起于一八五二年，湯姆孫•威廉所著之「工能虛耗論」始。從前瓦特及逢退利之馬力界說，及作工之界說（一八二六年），已先預為之所，而休厄爾並不提及。〇氣體機械學說（柏努利•達尼爾先已有此種理想），則自亞佛加德羅(Avogadro)及安培(Ampère)之學說始，刊于一八一一年。其言曰：「凡氣體所處之物理的情形相同者，其所函載之單位之數目相同」。又始于希拉柏(Herapath)（一八一二年），及朱爾（一八五一年）。〇至于物種由來，及物種變異學說，休厄爾所處之地位，宜參觀其所撰「歸納科學史」第二版，第四八九等頁。此種學說，其時來伊爾已微露其端，又宜參觀「達爾文傳」所載赫胥黎之言，見第二冊第一九二等頁。窩雷斯(Wallace)所著「新種論」，刊于一八五八年，並載達爾文所著之略說。〇當休厄爾時，科學家所用之科學名詞，其中有並非新創者，皆不見于休厄爾之著作。然此種名詞，實管轄今日科學之進步，例如工能，作工，作用，效率，及絕對量度，等名詞是也。此皆物理學之名詞，其他種科學之名詞，並不在內。其所注重之渾論意想，如極性，如對稱性，則極其空泛，往往誤引學者走入歧途。

休厄爾原提倡歸納思想最力之人，而竟不能窺見當時科學之趨勢；凡欲求

第四章 以天文觀研究自然 三百十七

知並世思想之目的者，可以鑑矣。（原註）『休厄爾之「歸納科學史」之第二版，刊于一八四六年，而一八四三年，研究熱力相生之試驗，及所得之確數，業已刊布，而休厄爾亦未提及，足證今代科學進步之猛。休厄爾爲此時之最有學問，最有思想力之入，而不能窺見當時科學趨勢之朕兆，其欲預料將來科學之趨勢者，亦可引以爲鑑，可以愼思矣』（見窩德(Ward)所撰「女主維克多利亞(Victoria)時代史」所引赫胥黎之言，見第二冊第三五五頁）。赫胥黎又云，孔德論並世之科學，其見解尤爲不幸。赫胥黎之言曰：『最可異者，爲孔德對于科學之偉大形勢，毫不理會，又不識並世科學家之才能。其對于當時科學學說，及其將來之勢力，尤具謬誤見解』（見一八九一年版之「教堂演講」，第一三〇頁，論題爲『積極哲學之科學觀』）。其後赫胥黎又指明孔德如何蔑視光浪學說，如何揚加爾(Gall)而抑屈費兒，如何詆毀用顯微鏡所得之發明（見前書第一三四頁）。

是以追尋第十九世紀科學思想之重要方針，作者不求助於哲學家；哲學家非盡無可取之處，然而往往誤人。

七、哲學與科學

哲學闡理，或在科學思想家研究之先，或在其後，極少同時並行。在前數世紀歷史中，著名之哲學家，如培根、笛卡兒、來伯尼茲等，用力於爲科學定進行之方針，或爲科學求融通之意想，以爲科學之最高原理；然而能成功者極少。至於近代，自從陸克另闢途徑，英國之哲學家，欲從現存之科學研究之記載，以求主要意想，以解說其原始，及其所處地位，與其價值。後人或比前人較爲收效；然而當其致力於分析闡理之方法，或分析通行之原理時，科學則往往已另闢途徑，得有意料所不及之大發展矣。

此則頗似第十九世紀中葉，德國之歷史的政治家(Dahlmann)〔原註〕此派以達爾曼及革飛努斯爲代表。希勒巴蘭(Hildebrand)對于此派，頗有嚴厲之批評。其言曰：『德國之政治與藝文，同時發展，而不相衝突。政治方面，則活潑，謙讓，緘默。藝文方面，則囂張，浮誇，多言。一若人生已全變爲知識者，革飛努斯卽作此想，而責備我輩。其實不然。教授等拋棄科學而入政界時，以爲政治不在幼稚時代。此輩自誇其學問，以爲行政界中人，不過小工錄事而已，以爲議院及出版自由，卽是政治。德國之言論機關在大學界，法國之言論機關在律師界，其所耳聞者，皆本界中人議論，毋怪德國教授，以爲教授卽是德國，律師卽是法國矣。其時德國人實以教授之議論爲與論。……有學問之報紙撰作家，以爲其所發之議論，卽是當代之精神。毋怪乎其對于所謂精神，所謂輿論，過于虛張其價值矣。』（見希勒巴闞所撰「時勢論」第二册第二○五至二九○等頁）。又多賚乞克(Treitschke)所撰「德國史」第五册，第四○八等頁。之揣測當代潮流，爲之定方針，以求統一。然而時勢自有時勢之趨向，毋怪乎歐洲新世紀之最顯著

十九世紀歐洲思想史 第一編 上册

大政治家之蔑視此輩理想派政治家矣。

八、領袖之科學意想大抵皆發起於古代

作者所選擇視爲可作科學研究進步標記者，大抵並非第十九世紀之新揭露新創造，亦有早已發起於古代者。例如吸力之意想，在牛頓、拉普拉斯手中收極大之效果，其來正古，乃古希臘、羅馬哲學家所習聞；原子學說亦然，在道爾頓手中，變爲極有力之利器。工能及其常住原理，見於牛頓及來伯尼茲之著作，或在其前。近日之新意想，如熱學，如氣體分子學說，及克爾文爵士之漩渦學說，皆已有前人道過；達爾文之學說，使自然科學革命，亦曾經古人提議。於是頗有爲發明學說之巨子，爭時代之先後，而聚訟紛紛者。作者不欲對於此項聚訟，有所貢獻，不過略作普通泛論，以解明何以同一意想，同一原理，雖爲數世紀以來哲學思想所共有之物，又爲古代著作家所習聞者，而無所發展，及近代得之，則視爲思想及研究之利器。此殆由於古人雖有其意，而無科學方法，無準確之說明；有此兩者，然後能將哲學家之渺茫臆測，及詩人之心境夢想，躋升於思想法律之地位，使有界限分明之

說明，有算學之分析，及確切之證實。自恩拍多克利（Empedocles）以來，哲學家何嘗無晦暗之吸力拒力意想，及加利略、牛頓有量力之法，然後吸力之舉能變爲有大造於科學。琉克理細阿（Lucretius）之詩，始言物質爲原子所構成，此說久無發展；及拉瓦節等發起於先，道爾頓繼起於後，將原子之說以一定之數目發明之，然後學者始有自然物之真知識。又從安培、亞佛加德羅之律，及朱爾、克勞修司、湯姆孫之計算，然後原子之速率、數目、體量，變爲可以計算可以度量之數。笛卡兒在先，其後有麥爾伯蘭基（Malebranche）設爲空間有若漩渦者，以解說物質之構造，及分部之運動；此種理想，爲人所珊笑，爲人所不理。及赫爾姆霍斯、湯姆孫，始用算學分析術，計算漩渦運動之性。

耶穌紀元前六百年，赫拉頡利圖斯（Heracritus）始創無物不流動之學說；而柏努利·達尼爾始設爲官覺所不及之物質分部有隱動，至第十九世紀，乃有科學家推演此說，以解說氣體之壓力及彈力之變象。多數思想家之能發人心思之意想，往往如此，閱多少年代，無人理會。其後爲算學精神所提醒，思有以計算量度變象，於是重理前人久無過問之學說。詩人及異想天開之人，向以算學家之專重計算，專重數目，爲過於蹈實，與詩意適得相反；然而知識往往由計算而生，新科學由是而發起。苦學深思之士，則以爲有無限若干之問題，待之解決。哲學家之渺茫理想，得有幾何之圖形，或代數之公式，然後變爲可以提摸、可以處置之理想。有圖形，雖不能盡達其情，而可以代物，有公式，雖不能解說自然之作爲，而能與作爲相合。界限不清之意想，得此可以受邏輯之駕馭，人類之心思，可以接續推闡，與外界之變象相合。高斯及勒未累之求得目所不能見之行星，卽用此術；假使不然，則自然界之物，永遠不能爲人所見，卽爲人所見，亦茫然不知其爲何物。以若干原質化合而成雜質，門對雷葉夫 (Mendeleev) 能以幾何次序，布置各原質，曾製圖，預留空格，以爲將來求得之新原質所處之位，其後果然求得新原質若干種。門對雷葉夫之所以能如此者，亦用此術也。〔原註一〕化學之原質，有所謂週期律。其原子量或原子價較高者，有其比重，光性，電性，養化力，亦按週期而變。其週期大約有定，可以用曲綫表明之。其首先發明此律，按週期而分列原質，起于一八六九年，門對雷葉夫及邁爾(Meyer)同時發表其原質分類法。一八六四年，牛蘭(Newlands)似先已指明此種事實。門對雷夫所預知而尙未求得之原質之情性，其後十年，尼爾孫(Nilson)果然揭露此原質，即鏟(scandium)是也。其後又得兩原質，一爲鎵(gallium)，以一八七八年得之，一爲鈤(germanium)以一八八六年得之。一八九四年，○新得一原質，名氬(argon)，以塡圖中所預留之空格。

以熱度而論，曾有人指明不能高至無限，亦不能低至無限，即謂極熱極冷，皆不能超過有一定之度，惟冷則低至於無度（即零度，）此即表明至此則無動。

【原註】其始熱度之零度，不過一純粹之數量，從空氣寒暑表中空氣隨溫度而膨脹之公式，推測而得者也。此零度乃理想而非事實，按公式推算，則至華氏表459.18度，即百度表272.85度時，空氣之容量則等于無。噶爾諾(Carnot)與湯姆孫發明每一度之熱度，等於若干工作之數量，一八四八年，湯姆孫議製一寒暑表，每一度以力之價値計算，此力算表百度，合于空氣百度表之百度，于是見得力算表與百度表頗能符合，于是百度表之278度，始有物理學之解說，前此不過有算學之解說而已（參觀馬克斯維耳「熱學」第八版，第四十九，一五九，及二一五等頁）。此外尙有一事理，其始有一數，不過爲公式中之一數，不過有算學之解說，其後則得有一物理學之解說。關格倫日計算行星之擾力，因爲便于算起見，用位能函數。若求此函數之微分，則得分力，于是而得有物理學之解說，爲移動一單位之物質，從此一點以至彼一點所作之工。（參觀湯姆孫及退物合撰之「自然哲學」第一册，第二卷，第二十九頁）。此外算學數目而有物理學之解說者，爲哈密爾敦，

之『特性函數』（參觀第九版『大英百科全書』，第七百四十九頁，退特所撰『力學』條下），國金之『動熱函數』，克勞修司稱爲熵（entropy）（參觀馬克斯維耳所著『熱學』第一六二，一八九等頁）。此函數專量發熱系中失用之能。

今若在紙上作曲線，以代表各物之熱性，並事前預定各氣體物，如氯氣、氫氣、氮氣、或平常空氣，如何可變爲液體或固體之情形，則前數十年之觀念，視此種氣體爲永遠氣體者，至是而推翻矣。【原註】安德魯茲·托馬斯（一八一三年至一八八五年間人）繼續前人凝氣之試驗，曾謂各氣體皆有其所謂轉機熱度，若氣體所受之熱度，在此轉機熱度之上，則毋論用若何大壓力，不能使氣體凝結爲流體。此說見于密勒第三版「化學的物理學」，附曲綫圖，表明空氣及炭酸之行爲，炭酸則爲可凝之氣體。一八七二年，倡議所謂永久氣體之轉機點極低，在吾人所知最低熱度之下，此即吾人尚不能變之爲液體之理由。于是有二位物理學家，照其原議，屢次試行。至一八七七年，居然將向來所謂永久氣體化爲液體，最著者爲養氣與淡氣。此後曾變其他氣體爲液體，空氣亦在其內。有謂用算學公則，不啻奪去詩人哲學家所視爲最寶貴之自然真生命，不知卽使不奪此生命，亦不能明瞭此自然生命；況公式能爲意想產生新生機，在吾人闡理心中，可視爲自然物之影子，受吾人之驅使。

一〇、算學精神何時灌入

學者有能明瞭以算學運用知識之功，使人生及思想受其變動，則能指出何人應首先列於思想歷史中之卷首；此人所創造之公式無多，而爲後來科學之指導。牛頓之功業，在第十九世紀之前，而其事功則至第十九世紀，始得有充分之領略。第十九世紀前半期之一部分之科學研究，可以謂之爲牛頓哲學所統轄；至後半期學者始頗知定爲方針，以推廣及改良牛頓之見解。在牛頓之前，有伽利略及海亘史發明純粹力學之例，又有刻卜勒繼承哥白尼(Copernicus)泰古(Tycho)之業，揭露行星之行動之純粹物理學之關係。及牛頓出，則組合此兩項發明，而求得一普通公式，發明宇宙間之吸力。——此則牛頓之大功也。牛頓視月繞日，或行星之繞日而行，與伽利略所研究之物墜於地同，不過行星之動局面較大而已。其未早先刊布其行星術者，只因當時無確切之測量，又因另創新算術以求此公式之結果，於是遲至一六八七年，牛頓始以所撰之算理刊行。此大著作，包孕極高之

二、牛頓所撰之算理

哲學精神，因欲發明新謂吸力例，必先發明普通動例故也。此作之第一第二部分，將伽利略、海亘史之新發明，加以融會貫通，另達其意；後代學者，皆以爲足以作純

粹力學闡理之基礎。〔原註〕馬赫(March)嘗為此事撰「力學發達史評」。其論牛頓曰：「牛頓有特長二：一，因其揭露物之相吸，而力學的物理學之範圍，大為推廣；二，其所說明之力學原理，完全無缺。此後並未發表何種新原理。後來學者所作之力學事業，不過以牛頓所撰之「算理」為基礎，而為演繹的及算學的發展而已」（第一七四頁）。「毋論何種力學的問題，不問其為動力學，抑為靜力學，有牛頓之「算理」足矣，無所用于新原理。若遇有為難，亦不過是形式上算術上之難，並非有根本上之為難」（見第二三九頁）。又云：「所有新力學所用之要緊算學的成語，在伽利略及牛頓時代，已求得之，已見行用。其特別名詞，……則有為後人所定者。所用之度量劃一，亦後人所用，所可惜者，至今，仍未能一致」（見第二五二頁）。湯姆孫及退特同撰之「自然哲學」，有其特長，因為「後人往往更定牛頓力學例之字句，思有以過之，而無不失敗，此書則仍用牛頓原來字句，並不更改」（見原書序文）。提特又有言曰：「牛頓所用之字句為最好，雖不過為暫時的，然而後人所製者，尚未見其有可與比美者也，云云」（見第九版「大英百科全書」第七四九頁，提特所撰之「力學」條下）。以後之部分，則載有新法，卽刻卜勒瞻測所得之例，謂是宇宙之鍵，留交後人發展。第十八世紀之末年，經多數之算學名家、觀察名家，研究牛頓大作中之無限數問題，於是拉普拉斯刊布其所撰之宇宙系統論，第十九世紀之第一季，刊布其天算；〔原註〕「宇宙系統論」刊于一七九六年，凡二册。「天算」第一第二册，刊于一七九九年，第三册刊于一八〇二年，第四册刊于一八〇五年，末册刊于一八二五年。此作當時稱為「算理」第二。未刊此作之前，拉普拉斯以三十年之力，研究普遍吸力學說，是否可以解說宇宙間所有各種變象，及一切皆瞭然于心，毫無疑義，然後刊行。又融會克雷洛，歐拉；達蘭貝耳，鑑伯，蘭格倫日，諸家之研究，作一最後結束，發明宇宙奠定（郎穩勢）學說，，刊于其先後所作之多數說帖中（一七七三年至一七八六年）。此學說以大軸不變，及行星繞軌週期不變爲根據。牛頓以日之行動，最爲複雜，遂設爲兩行星彼此相吸，求其軌道之問題，其解決之法，並可以計及有第三者之相擾，如是則與自然界之事實相符。拉普拉斯及在其前之學算家，並推廣此問題之解決法。拉普拉斯在其著作中，常提及牛頓之新發明，其撰「天算」，目的在乎以天文爲「力學之一大問題，極力減除專靠瞻測而得之事實，萬不得已時始採用之」（見「天算」第一冊介紹文）。

至第十九世紀之末年，當代之最有學問天文家，稱牛頓之算理，仍爲研究天文學之惟一基礎。【原註】作者力勸讀者，參觀倭爾大教授所撰之「天文學袖珍大全」，一八九〇年至一八九三年刊行，凡二冊，又一八七七年出版之「天文史」。

一二、吸力公式

算學家以單簡公式，能將歷代堆積之無限量之思想，鍾煉成片，將歷代學說瞻測，團聚在一點，從此一點中，又發生分向各方之思想。凡是公式，皆有此種功用，然而後來之新發明者，未能有如牛頓之吸力公式之結果之多。今分析此公式，則可以爲窮探本世紀大部分科學功業之向導，亦可以知以算學處置意想爲大有造於科學及思想之進步。

吸力例云，每兩部分之物質，各處一方，中有距離，彼此皆互相吸引，此吸力之大小，與質量之大小爲正比例，與相離之遠之平方爲反比。【原註】吸力算式，並不指明此力之實數，不過指出其與質量及距離之關係而已。自牛頓「算理」宣佈後七十五年，始有提議以試驗法測此吸力者，即求 $f=c.m\cdot m'/r^2$ 算式中之C是也。一七六八年，有創儀器以測此力者。一七九七年，卡汾狄士用之。第十八世紀之末年，馬克斯維耳測量此力。在第十九世紀，諸家所測量之數，愈臻準確。近來則有波愛斯（Boys）之測量。此力極微，則爲少數人所想及，此則因地球之質量大，故使吾人日常所學之閱歷，覺吸力之大。今代科學之趨勢，好以抽象物理學的數量，代比較數量，作者即照此意說明此吸力，設有兩單位之物質（即兩格蘭姆），相離一單位距離（即一糎或一公分），此二物質互相吸引，其移近之速率，在第一秒，鎊爲一糎之一萬萬分之七。英國用磅計算，則當設爲有二物質，每物重四十一萬五千噸，相離一哩，此兩物質相吸之力，是爲一磅（參觀第九版「大英百科全書」波爾爵士「Sir Ball）所撰之『地心吸力』條下）。又參觀其所著「談天」第一〇六頁，又波愛斯教授所撰論說，載于「自然報」第五十冊，第三三〇等頁。

三、從此公式發生三種思想

從此一公式，發生三種科學研究。

一、此代數式之公式所用之名詞，必得有確切清楚之界說。例如『力』字，『物質』兩字，『距離』兩字，應該作何界說？牛頓之算理，皆有界說。【原註】『力』字之界說，謂以動之變更計量之，質量之界說，謂爲物質之數量。此等界說，不無難以明白。至於距離，讀者自然以爲純粹的算學之數量，並非物理學之數量。假使以物理學之物爲算學之點，誠然可當爲算學之數量，其在最初粗求近是時，原可以將行星當作一點。但是若將地心吸地面上一物之吸力，與月心吸月面上一物之力，兩相比較，則不能以地球當作一點。由是發生問題地球與其面上之物之質量及距離，應作如何界說。格雷瑟教授嘗謂（見波爾所撰「算學史」第二九七等頁），牛頓以爲在一渾圓體內，各部與毋論何點之距離，不必逐一計算，可以當作全體之質量，置在渾圓體（卽球體）之中心點，然而難於證明，因是書成而遲遲不刊布。其後一百年，拉普拉斯證明球體之所以有此性質，只因一距離之漸減函數，卽平方反比，是也。此性質亦因與距離有正比增長之函數而有，此外則無之（參觀「算理」第一版，第一九八，第二百頁，又拉普拉斯之「天算」第一版，第一冊，第一四三頁）。前此人皆以爲「算理」之所以遲遲未刊布者（見部盧斯脫所撰「牛頓傳」第一冊，第二九〇頁），由於月與地球之距離，當時並無準確可靠之數，牛頓所用之不準確之數，不能與其公式相合。

二、作爲界說，必要說明有界限可以量度之數量；至證明及使用此公式，尤要設法計量發現於自然界之數量，而此等計量定必實行。【原註】第十九世紀之初年，測量天文學所用之定數，法英兩國之功相等。法國則籌款派人（如喀西尼，摩拍居伊等），英國則創造多種細巧儀器，皆爲牛頓，格列高里，藍茲登（Ramsden）等所監造。法國功在有組織之才藝，英國功在個人才藝。測量經弧，英國並未甚與其事，迨至第十八世紀之末季（一七八五至一七八七年），法國天文家喀西尼，送說帖於英國皇家學會，提及巴黎與格林維基(Greenwich)經度差之不準確，提議法英兩國算學界聯合，以地面測量術，求緯弧。英國贊成其議，於是舉辦。英國之欽天監亞立，曾謂：「吾英對於此項偉大試驗事業，往往發起後於隣國。此次對於此事，辦理最爲準確，爲當時所不敢設想者，」云云。自第十九世紀初元以來，因有高斯及柏塞爾之準確測量，及夫牢因和斐等等著名建設，德國測量之理法及實用，爲各國之冠。以吸力之天文學而論，美國在第十九世紀之末年，則盡蓋過前人之功。英國之功，在創造對數，，創製六分儀，反射遠鏡，滅色遠鏡，經緯儀，船錶。法國之功，在用抽象的量度法，及米達法。當時原擬以地球之一象限之一千萬分之一，爲絕對的度量單位（若此項作標準之尺度，遇有毀滅時，仍可以再求得其長短）。可惜至今仍無此種實在單位之存在。一七九〇年，法國之革命政府，始立今日萬國通用之十進百度制度之基礎。其時並無推行此制度於自然界之別種力，及別種量度之用。傳立葉對于此應作之事，曾在其所著之「熱學學說」（一八二二年版，第一五二等頁），發表其物理數量之元量學說，應如何量度，如何互相比較。高斯則爲最先以力學的力爲標準，量非力學的變象（一八三二年）。當其研究地球面上各點磁力時，知重量之單位格爾姆（即裡）爲不能用，改用質量之單位，因單位質量之重量，隨地點而變也。絕對兩字，爲高斯所始用，意謂此標準不隨地而更變，亦不爲有對待之滑力所移（參觀高斯「全書」第五册，第八十五，第二九三等頁）。韋柏則有電的動力學之度量，此則詳論于後。絕對度量，湯姆孫，威廉（即克爾文爵士）於一八五一年行用，此制度賴其勢力，已漸推行於此二十餘年間（參觀湯姆孫，威廉「通俗講演集」第一册，第八十三等頁）。傳立葉之元量學說，始由馬克斯維耳在其所著「電學與磁學」（第一版第一册第二頁），爲顯著之表揚。科學所通用之單位有三：曰質量，時間，與距離。至馬克斯維耳，始以天文學的數量，及天文學的關係改，三種單位爲兩種單位。湯姆孫，威廉所著書（見上），亦有詳細之說明。

三、既爲公式，自然可以受算學分析法所處置；此項分析法，可以用代數法手續，亦可以用幾何圖形，在紙上畫幾何圖形，縮小尺度，代表在某時某處之天象所行之曲線或軌道。在自然界中，誠無所謂有孤立之兩物，或孤立之兩部分物質，必爲四面八方無窮若干之物所圍繞；惟算式只指兩物而言，只及於物質之元素，又必要推廣至多數之元素，推廣至於無窮數。微分學卽教人以如何從有窮數推廣至於無窮數之法，或從無窮以歸結至於有窮可以量度之數。學者不久卽知吾人之計算能力所及，並不甚遠，眼界所及之區域。又極小，於是吾人之計算不能無誤。

一四、錯誤

既不能免於錯誤，乃不得不考究算法中錯誤之要素，冀可得一近是之數；（原註）自從牛頓爲天文學說建立穩固基礎之後，天文學演算之歷史，全爲求近是之演算歷史。按算理而論，割錐曲線，只要知其焦點（亦稱心點，行星世界內以太陽爲心點）所在，及窺測所得之天象之三處部位，則能全知此割錐曲線之全體。此原指理想而言，至施於實行，遲遲甚久，而後始創得此完全之曲窺測法，及演算法。一七八一年，赫歇爾揭露天王星時，天文家正在注意於彗星之軌道，其時皆當作是拋物綫，此後則另有所注意。嚇列首先用牛頓「算理」中所表示之暫試辦法。一七八一年之後，始有先求連合曲線軌道，最先則不論偏心率，以軌道作平圓形，又撇去軌道平面對於地球之傾角不講。及一八〇〇年，始知拋物綫形及平圓形，皆不合於新發見之新行星（名栖里茲，亦作嘉禾星）之部位，傾角又不能歷而不論。於是高斯致力於此問題之完全解決，其法見於其所撰之「天象行動學說」。牛頓之「算理」，為物理學的天文立基礎，高斯此書，則為演算的天文立基礎。再進一步，則有相類之基本工作，即為一物受一物以上或動或靜之中心所吸（即最著之三物相吸問題），而發生若何行動之問題。今日所能解決者，不過是第三物之擾動已經測好之軌道而已。因地球之月，及其他行星所隨帶之月，不獨為行星所吸，同時並為太陽所吸，刻卜勒之橢圓說，完全不適用。此處又須計算吸引物之體積與形狀，其問題乃愈複雜。歲差與歲差之不規則，即所謂章動差（地軸之振動）者，皆因此等吸引物而發生者也。

吾人所求得之結果，萬不能確實，至多只能達到或然而已。

「原註」據倭爾夫之「天文學袖珍大全」（第一冊第一二八等頁），皮伽耳(Picard)（一六七〇年）及科次(Cotes)，為最先研究應用如何方法，以考究窺測中錯誤之問題（見科次「計差法，」一七二二年版）。皮伽耳先用淺而易見之折中法，科次則以每項窺測所得之度數，各定其價值或重量。由是求得多數有重量之點，分布於一平面上，此多數會點之重心，即最為近是之部位。高斯頗疑邁爾已用新法以演算其多年所窺測之度數，於是於一七九五年，用勒戎德耳特爾所謂之「最小平方術」。勒戎德耳刊布此法於一八〇六年，載於其所製之「求彗星軌道新法」。高斯則以一八〇九年，刊布其新術於著名之「天象行動學說」

。此即方程式之數，多於不知數之數，求最近是之結果。此問題即與求多數重點之重心同。此重心有一特別性質，即各重點離重心距離之平方之和，爲最小數。既用此術之後，拉普拉斯及高斯各人，從種種方面討論以證明之。然而學者並不盡以此術爲可靠。其最可注意者，雖以極不相同之法解決此問題，而所得之結果則同。又屢施於實驗，屢次皆能證明其可用。有人證明此法施於多數之同一數量，與常識所用之平均折中計算相同。若欲以算法證明此爲最好之法，則殊不易。大概而論，決分術，及所謂計差例，原欲以常識意想，達以數目，裝在算式上。然而組合此單簡意想，可以發生極複雜之闡理。所有研究此問題之著作極多，大抵皆成於第十九世紀。其發起者，如高斯，拉普拉斯兩人。恩刻則採輯高斯及柏塞爾散見之著作，載於其說帖中，翻刻於泰羅(Taylor)之「科學筆記」，又見於恩刻之「論說」（一八八八年在柏林刊行，見第二冊）。得摩爾根，亞立，澤丰茲（「科學原理」第一冊），對於此問題，頗有通俗之作。柏特龍(Bertrand)（「決分術」，一八八八年版）。討論此學之原理，頗爲詳盡，且揭明其中弱點。後文將討論以此術施於統計學。

由是發起創新之研究，即計差學、及決分學說、及近是程度之研究是也。此項新研究，並非專指學者所用之法術，亦並非專指吾人算學思想爲心力所限之結果；乃兼指窺測之差、官能之差、及儀器之差而言。差錯之來源不一，積差越多，則所得之結果，可以至於毫無價值，或有時可以用巧妙布置，亦可以使差錯相抵消。（原註）不獨儀器有其一定不變之差，而窺測者，亦各有差，此之謂人差，生於覺官之不同，及人所各有之癖性，

第四章　以天文觀研究自然

在本世紀之初年，並不知有人差。及欽天監馬斯刻林比較其副所瞻測之度數，常與己所瞻測者不同，乃辭退之，於是始知有人差。

布置窺測儀器及演算，務將差錯減至極少，原為另一派科學。牛頓之前，絕無上文所指之各種研究。及牛頓算理之內容，為學者所熟習明瞭，於是乃有多數學者，為種種之研究。法國學會，其始頗反對牛頓學說，其後則致力繼承牛頓遺贈後人之大業，然

一五、拉普拉斯及牛頓

後拉普拉斯得以刊行其兩大著作於世，此則法國學會之功。拉普拉斯一人所應居之大功，則在乎其發明人類研究科學、不免差錯之要義，由是而創立決分學說之基礎。吾人之窺測，吾人之闡理，絕不能無差錯；既知有差錯，則唯有研究之、量度之而已。

牛頓之吸力公式，不獨指示如上所云之三條方針，使科學功業得以有清晰之界限。——不獨為動力學立嚴謹之界說，不獨提倡確切測量物理的數量，不獨

一六、另有相關之事提倡科學

從此新發生純粹算學各著作；且有大潛力，從他方面達於科學思想自然景物之引人入勝，使從事研究者，不止一端，有出於好奇者，有出於純粹嗜好天然者。其酷

嗜天然者，其研究自然之目的，在乎實寫景物，以求較爲深入之知識。有如是偏好之人，大抵視所謂自然之大律例爲無味，爲無用。然而以科學研究自然之觀念，往往有潛力可以轉移其專以實寫爲目的之人，有時且有良好效果，有時則否；且有鼓勵之潛力，又能指示新方針，又往往能開闢新境界。例如哥白尼及伽利略之新公式，頗能鼓舞多數人瞻觀星象，不久而有遠鏡之創製，於是觀星之人更多。此新學說，有行星自繞其軸而轉動之說。於是有瞻窺行星各方面之容態者，由是而揭露木星之月，及土星之光環。泰古則揭露變星，久而無人留意之彗星，至是而注意之者極多。柏努利嘗試算彗星之歸期，而未竟成功，至嚇列始算得云。大約在第十八第十九世紀之間，始有流火及北極光之詳密瞻測；一七九〇年間，哲學旬報及巴黎學會及多數學問家，頗姍笑流火化爲隕石之確實報告，及克拉德尼(Cladni)所撰之拍拉司(Pallas)霣石說帖。

【原註】一七九〇年，法國某處市政廳，遞於據三百多目睹情形之人，作一報告，巴黎學會，詳報其地霣石情形。哲學旬報，有一主筆，謂與其解說此事，則不如不承認世界上有此種不可信之事。又有「實用科學雜志」之主筆，

可憐該地之無知之市長。其言曰：「愚人無知，捏作事實，市政廳全體竟為之證明，記者無所用其批評。有哲學思想之讀者，一見此種萬不能有之事。亦有人為之證明，則應知如何批評矣」（見倭爾夫「天文學史」一八七七年版，第六九七等頁）。初有旅行客，於一七九四年，在西比利亞發見大鐵塊。克拉德尼為此作一論說，加一實石圖表，謂是從天而墜。一八〇三年，離巴黎不遠，流火大為發見，同時墜地化為實石甚多。學會乃派俾奧前往查明報告。俾奧對學會宣讀，證明流火炸裂是實，同時有數十實石墜地，共重二十餘噸（見俾奧「雜著」第一冊，第十五等頁）。

可見純偏嗜天然景物，致全力於瞻測及採輯，實不足以深窺自然之祕奧，亦不足以知物性。知識界之先導，雖不憚煩勞，不求名利，採輯事實及標本以供後來理想家研究，雖應為學者所感激，不能埋沒其功勞；然而必需如林尼阿為分門類，有屈費兒為之部署，有達爾文為之立學說，有卜拉德賚、赫瑟爾為之量度，尤應有牛頓或高斯定為公式，有其繼起之弟子為之演算，然後能將所採輯積儲之自然界變象，融會貫通，得有籠罩一切之知識。

一七、只靠瞻測不足以使科學發達

一八、實用

純粹嗜好天景物之外，亦有欲將自然界知識施於實用者，亦能有大功於科學。英國之皇家學社，皇家學會，其初建立時，原有求實用之精神，比較他國所立之學會，尤以英國所建立者爲有意於求實用。

英法兩國政府提倡研究天象力學，懸重賞以求航海測算經度之法。自從牛頓以來，第十八世紀有歐拉、克雷洛、邁爾諸大學算家；第十九世紀有亞當斯、得羅內（Delaunay）諸子，皆致力於太陰術，亦由是而起。至今仍極爲科學家所注意，〔譯者註〕民國十五年秋間，實行國際經度測量，以求準確。原以此問題之天算，極其細密故也。至於今日航海之測算，不專靠太陰以求準時，因一七六三年以後，有哈禮孫（Harrison）及繼起之人，能製造極準之時錶起而代之。第十九世紀，因製海底電報，而發生抽象科學及製器以施於實用之研究。此大問題之科學方面，及製器方面，皆由一位大科學家爲之解決，〔原註〕遠路之海底電報最爲難之問題，在於電氣之聚留於海底綫之全部表面（此爲一八四九年西門子所發露，一八五四年法拉第加以研究）。其時有湯姆孫·威廉者（卽克爾文爵士），研究此問題，創製新事物，然後長距離之海底電報能告成功。一八五四年，湯姆孫爲理想之研究，因知聚留電氣之故，與海底綫之長，及電阻力，及全綫之容電量，皆有關係。遂得一公式，並證實如何躭擱電信，及電力如何聚於收信之端（見其所撰之『電報學說』翻刻於其所著之「算理學論文集」第二册，一八八四年版）。因有此理想之研究，然後知製造鑪醒

十九世紀歐洲思想史　第一編　上冊　三百三十八

儀器，以印電信，及其他各機械之要緊。懸鏡電流表，始於一八五八年，用於第一條大西洋海底綫，其後亦用於一八六五年及一八六六年，能有實用之海底綫。其後則用電花紀錄機，其後用虹吸管紀錄機（一八六七年至一八七〇年），以後海底電報皆用之。湯姆孫・威廉所發明之新學說，及其所創製之新儀器，具載於其著作中。尼科爾(Nichol)「叢書」，亦載湯姆孫所撰之大略，其後翻刻爲第八十二號，見第二冊第一三八頁。——

以一人而兼有抽象理想及創製新器之才，實所罕見。從牛頓公式發生一極要問題，兼有理想與實用者，卽潮水問題。牛頓之算理中，已有創立學說之見端；拉普拉斯之大著作，則始有解決此問題之嘗試。湯姆孫・威廉推廣傅立葉算學以求解決此問題，得有較爲近是之結果。

作者於後文，頗有機會論及實用問題，頗有極有益之潛力及於科學思想。

一原註」因航海一問題而發生之科學研究，亦可謂多矣。（參觀湯姆孫・威廉之「通俗演講集」第三冊）。如潮水，深海探測，布置海綫，地球磁氣，種種問題，皆有極深奧之抽象科學研究，濟以創製極巧妙之儀器。潮汐之變態，及地球磁力，皆與第十九世紀新發展之極精妙之算學兩理題，有極密切之關係。潮汐問題，則以所謂平衡學說者，攻之——此理題曰：「今有繞軸自旋之橢圓立體，全面皆水，謂受各種吸力，求平衡時之體形」。先求解決此問題者，有拉普拉斯，其後有亞立及湯姆孫諸子，皆指明與其謂爲靜力學問題，毋寧謂爲動力學問題。初時應用分析術，其後用組合術，處置多數之有週斯之擺動（即有往復成紀之動），此則靠地球自旋之數種有週期之變動，及月之繞地與繞日。第十九世紀之初年，傅立葉有算術以組合多數之有週期變動。湯姆孫・威廉兄第（弟名詹姆士）兩人，即採用此術，以和諧分析法，分析潮汐之變，其後創製預測潮期之儀器（見上所著作第一七七等頁）。因瞻測地球磁器，而有羅徑改良之製造，亦為湯姆孫・威廉之功。高斯于一八三○年至一八四○年，又從另一方面研究此學說，至於盡美盡善。此又證明物理學的變象，往往要有特別算學分析術以解決之。此亦研究牛頓公式之一事。高斯與格林同時研究拉普拉斯及闢格倫日之學說，格林曾有研究此問題之說帖，當時並無人知，今則學者皆知有此說帖矣（參觀上文第二三一及第二四七頁）。諸巨子所設之理題云，今有一渾圓體中，藏有定數有吸力之物（指有磁吸力之物），吾人意想中有一在球面分布吸力物之法，若照此分布，則可以將圓體中實有而不能知其如何分布之吸力物，可以拋棄不用，而以按吾人意想中所分布之吸力物代之，試求此意想之物分布法。倘若由瞻測可以求得所需要之各數，則毋論圓球上何點之磁力情狀，皆可得而預知。高斯竟以並不完全之瞻測所得之實數，預言南極磁力情形。及一八○四年，羅斯爵士（Sir James Ross）有採南極之行，瞻測其所能至近極之處之磁力情形，頗與高斯所預料者合，因有磁力及潮汐之理想研究，而改變其瞻測之術，以舊法殊不足用也。（參觀瑟林所撰之「高斯研究地球磁力紀事」，一八八七年格丁根刊行。據事實而論，人生日用所得於科學者，不為不多矣，然而科學所得於創造儀器家之利益則尤多。試觀在拉姆福德、郎肯（Ranking）、及噶爾諾・薩第（Sadi Carnot）手中，科學之有得於汽機者實多，又試想對於汽機之理想雖多，而實在之進步尚少，至於今日，汽機仍爲最不美備之機器。（原註）讀者宜參觀安文（Unwin）教授之『熱機試驗研究之發展』（見『電學報』第三十五冊，第五十第七十九頁），又洛治（Lodge）教授之『熱氣動力學第二例』（亦見『電學報』第三十五冊，第八十等頁）細讀此兩篇著作，始知科學教知學者，汽機爲耗損最大之機器，而不能示人以如何能大改良之方法。『現時所謂最好之汽機，合最不好之汽機，兩相比較，不能過有百分之五六。分別而已』（此是洛治教授之言）。安文教授之言曰：『自從一八四五年以來，純粹之科學家，科學試驗家，求實用之機器家，無不致力研究汽機，以此三家皆有改良之功。我是科學家，代表不盡是實行家代表，我所論之算學家及物理學家之研究，不能謂對於機器之實用，並無潛力』。

一九、算學公式有集中之功

科學所得之曙光，其光線無不經過聚爲一點之算式，然後可以施於實用。舉凡由練習、試驗、及瞻測而得之知識，亦必同聚於此點，然後能融會貫通。此點若愈清晰、愈分明，則從此射出之光愈濃，愈能深窺其中奧妙。舉凡一切科學思想，先從牛頓之單簡公式起，以至於理化兩學之複雜公式，以至於更爲空泛之動物及有機物之大例，下至於無定準之心理學之學說，及社會學歷史學之事實，無不具有此特別性質。——所謂特別性質者，卽是撮聚四散之光線，卽四散之知識，使聚於一光點，從此光點，又復外射，乃得人心之抽象術而研究之。然非先有淸晰準確之研究，則光點不能淸晰分明，從此演繹（引伸）之所得，亦不能分明，亦不能無誤。學者從力學下降，經歷物理學、化學、動物學、心學、倫理學、社會學，聚光之法愈見其欠美備，則並不見所謂光點，只見或大或小之光圈，光像愈不分明，雖不無光線射出，而光線之中，雜以黑暗，遂爲錯誤之源。然而凡科學之趨勢，無不趨向光明，其方針則在乎推廣算學量度之用，或算學公式。

科學之最受公式駕馭者，卽爲牛頓、拉普拉斯以來之天文學；推用於現有之變象，以爲試驗，閱時最久，而又最透澈者，亦卽此公式。計至今日而論，此公式有兩特色，非其他公式所能及者，一、能籠罩一切，〔原註〕吸力例，或能稱爲第一量普偏之物理學例，或處處可用之例。行動例可以謂之動力學例。此兩例皆述事實，由經驗而得。而在動力例其中並無物理學之定數，卽謂其中並無用瞻測，考定量度之數。，其象抽之價，值吾人至今究不知其透底之意義。吸力則不然，其中有一物理學的定數卽，吸力通例公式中之定數（參觀上文第三二〇頁，）。此數原爲量度的所謂物，質者，原可不必考定；近來雖已有準確之考定，並不能使物理學的知識有任何向方之進步。爲物理學之實用起見，質量之單位，卽是重量，亦如爲，便於貿易起見，金爲物價之標準。從天文學方面觀之，學者可以更進一步，以時間與空間之單位，而達出一磅物之質量。經濟學家可以求一實在之物價標準，例如穀麥之類。其他作爲基礎之物理學例，皆有其他之物理學的定數，詳見後文。

二、確切精密。〔原註〕所謂自然界之例，要最精密確切。平常課本，極少論及此要點者。近日刊行之課本，始令學者注意，所有算學物理化學之公式，大抵並非確切，不過近是而已，確切者居其極小數。吸力例即確切公式之一也，以確切而論，試驗日久，而確切如故也。克雷洛者，爲舊學會中之附和牛頓者，曾試以極有意味之試驗，證牛頓吸力例之不確，不久即拋棄其試驗。一七四三年，克雷洛始以牛頓學說，研究太陰術。其先已有瑪德林（Madrin）者，亦爲此研究，而苦於與瞻測之實數不符。嘗求太陰離地之最高點，所算得之數，只得實測之半。以一七四七年十一月，報告於學會，頗疑牛頓算式不精密，以爲距離過遠，則或須有以改正之。自有此議出，而科學世界發生笑柄者數年。蒲豐懸玄學理想，反對牛頓公式，祇爲侵犯自然界之單簡法例。於是反對牛頓之黨，自鳴得意者若干年。不久而克雷洛爲之反正，加以精密之推算，從前所遺闕不論者，復爲加入。於一七四九年五月，對學會解說其所求得太陰最高點之行動，與吸力例之距離平方反比相合。牛頓學說，爲歐拉等所公認不久，至是乃大爲學者所公認（參觀孟圖喀拉「算學史」第六十七頁）。歐拉有解決物理天文學多數問題之功，學會請求法王路易第十五（Louis XV），特准以歐拉爲外會員。所謂外會員者，法定八額，其時額缺已滿，故需特准。

前後有多數學者研究此公式，爲時甚久，有以證實爲目的者，有以反駁爲目的者，皆無懈可擊，因是而着實證明此公式有籠罩一切，及精密確切之兩特色。

由是而發展科學之全體，及爲新支派研究之基礎。作者今討論此項之發展。

二〇、以算學定物質及力之界說

有常識者，不難知物質爲何物，力爲何物，施於平常日用，亦不難定此二者之界說。若爲此兩數量立界說，使爲確切量度之基礎，使推算效果兼能包此兩者在內，或彼多此少，或彼此有變易之組合，則經歷數千年，而後求得其界說。以容積甚小之物質，因其行動而發生之事變，與較大之物質、行動較慢所發生之事變相同，有時此較大之物質，似若並不行動，因其有世俗所謂之本重，其所發生之事變亦同；此則大多數人所知之事，在牛頓未刊行其大作之先五十年，有伽利略及海亘史極力研究此問題，始爲之立界說，定其公式，而後有確切之量度，推算物之行動之事變，及力之組合。有此項研究，然後有物質之界說，以今日之通用言文譯之，卽謂物質者，能動、又能抗拒及改易其動。所謂動者，乃一可以量度之數量。惟此項量度，必需有時間與處間之量度，又要時間與處間所生之關係之量度，卽速率是也。

上文之公式，卽云物質以其抵抗變易行動，或變易速率之力爲量度。然則所謂力者，卽發生變易物質之行動，或物質之速率者，卽以所發生之變易多少爲量度。今有一有定準之力，雖爲未知之數，而欲比較兩質量者，則只需比較其所發生之抵抗變易行動之力；其變易小者，質量必大。設有一有定準之質量，雖爲未知之數，而欲量度力者，則只量其變易行動之多寡，卽量其速率之變易多寡；力大則速率之變大，力小則速率之變小。此種極單簡之算學關係、及界說之所以難於建立者，在乎凡吾人所能試驗之物皆爲一項不變而不能知之力所潛移，卽謂凡物失其扶持，則墜地是也。故必需擺脫此不知之力，或設法以抵消之，然後哲學家始能得有質量之意想，及其界說，始知與物質之重量毫不相干。前人所爲之立界限，爲之量度之物質之性，至牛頓始爲確切規定此物質之性，與所謂物重之關係。因此而增一新界說，因此而定一新法，以量度質量（卽物質之多寡也）同時並發明世俗以物重計量物質之多寡，可以準確施用於科學者，至何程度。以今日通俗之言文達其意，牛頓發明云，物質不獨抗拒變易行動，且能令其他一部分之物質變

二一、質量與物重之分別

易其行動；物質不獨受力，且爲發力之本體，其能變易其他一部分物質之行動之程度，與其抗拒變其本身之行動之程度爲正比例。換言之，物質所受之吸力，即所謂物質之重，與其質量（又謂之物質之惰性）爲正比，與物之大小，或其他性質無涉。此是物質之第二種普通性，能發明力學的動作之相互之理，及所有物理學動作的相互之理；惟此種普通性，隨物點距離之遠近而變，故此得受更改，而不能完全脫離，與物質之不能消滅同。牛頓此項意見，解說或實寫【原註】讀者宜注意解說與實寫之分別，以漸而發展於近代之思想。大約由來布尼茲起，要學者特別注意，意謂實寫自然景物，是機械的，解說自然景物，是精神的。其實此種分別，始於牛頓之哲學見之。其著作中屢次說明此種分別，其論光學卷中，指明此哲學問題之兩方面，尤其清楚。自從牛頓以來，科學之原理，皆是由試驗而發明之事實，以算學名詞達之，可以常用瞻測及算術演繹法，隨時證明。此種原理，並非儘極之原因，不過是簡括實寫自然景物變象。此種原理，牛頓稱爲算學的原理，與哲學的原理，大有分別（見「算理」第一版，第四〇一頁）。至於吸力，牛頓尤其注意此兩種分別，屢次解明其所用之吸力名稱，並非用以解說，不過是用算學名詞，實寫兩物相走近之力，而不問此種變象之原因，此問題則留與後人（書中所指是玄學家，頗含譏諷之意）研究考定（見光學篇第三十一問題）。牛頓先發明後來所有各種力學之算學原理之外，同時並注意於進一步之理想，設爲問題：語意游疑，只示趨向，案而不斷。於是授反對家以機會，攻擊其哲學中之遍疑無定之詞。學者不肆力於研究，及求知其所著「算理」中之算學眞理，而攻擊光學設為問題中之零碎學說，或附見於第二版其所著之「算理」末章之普通附注者。牛頓原有其較新之實寫或推算的哲學，此與較古的或玄學的哲學大有之分別。科次於第二版「算理」之序文中，曾指明此種分別。克拉克致來布尼茲之尺牘中，亦常論及。然而兩君之最注意者，專在時人攻擊牛頓，以為推其哲學之所至，勢必至於無上帝，兩君力為牛頓辯護其無此趨勢，並非竭力指明算學的原理，與玄學的原理，有根本上之分別，亦非指明確切科學的見解，與哲學的見解，有根本上的分別也。一六九二年至一六九三年間，本特力之演講，曾以牛頓哲學之原理，以攻擊無上帝之說。牛頓當時與本特力往來尺牘，亦力助本特力（其所致本特力尺牘，刊行於一七五六年）。

行動或墜落之物質，此則不獨專指在地球面上而言（在地球面上吸力可以當作有不變之定位）遍宇宙間，亦無不皆然；宇宙間之吸力，則隨行動物質之距離而變。

二三、吸力並非物質之終極特性

牛頓之吸力公式，哲學家並不立時公認為自然事實之確切實寫。【原註】笛卡兒之哲學，風行於大陸，對於公認牛頓哲學，頗有窒礙。笛卡兒以哲學教人，大有進步。笛卡兒之學說，首列算學，反對舊時玄學。方法，又以代數施用於幾何，為實寫力學變象之大進步，可謂有大功於科學。然而笛卡兒並無實寫與解說之分別。哲學科學仍然合併為一，算學公式不過一種新的玄學，無瞻測則不能有自然知識之實在進步。若幾何之事實用以分析者，即學者習聞之歛幾里得之公論（或公理）。用分析術於動力學，則必需有動例之知識。此則非笛卡兒所盡知。牛頓則列於其所有一切之自然界之算學的哲學之首。再推用於物理變象，則必需普通之物理事實之知識，如牛頓之吸力公式是也。學者一公認動例及吸力例，則借重於算學之事，從此多矣。笛卡兒則不然。笛卡兒之哲學，事實之基礎太罕，而界限又不清，必借重於玄學之臆測及演繹法。以算學闡理之範圍，未預備其迴旋之地，不廣，笛卡兒不得不復歸於玄學的闡理。牛頓之學說，最先分開算學的演繹及玄學的演繹爲兩路。其學說初傳於大陸時，即與笛卡兒之學說相衝突，以笛卡兒之學說，混算學的演繹及哲學的演繹，爲一，轇轕不清也。其中有兩學說最相衝突之點，笛卡兒以玄學觀而撰物質之說，牛頓對於何爲物質之問題，暫不作答，而先爲物質兩種特性，立算學的界說，卽硬固性及吸力是也。笛卡兒以玄學觀而孕生物質即是伸張（「譯者註」卽據有空間之意）之意想，是以空間不能空。牛頓則不然，其對於物質，並不爲抽象的研究，只研究有動作而又能瞻測之物質，於是發明其吸力例，至於眼所能見之兩物質之間之空間，是否眞空，抑或倘有物爲充塞於其間，則不作斷語。由吸力例作演繹，則可以先作爲是空，故此對於空與不空之問題，兩學說相衝突。牛頓所處地位，並非終極盡頭地位，不過是暫時地位。此則時人過於大意，未能細心領略之過，反責牛頓引用舊時道學派哲學之邪說。其時科學學會盛行笛卡兒哲學，於是羣起反對牛頓見解。自當時哲學家觀之，以爲牛頓限制物質之存在於空間之有變易之地，而以自然之力附屬於如是分布之物質。其實牛頓何嘗存此意想，其所發明之吸力例，並非是終極而無可再推之解說，不過是一種自然變象之實寫而已——最著者是大變象之實寫。牛頓深知在此算學公式幕後，仍許有能再進推之分析，即謂有動之物之較大變象，卽物之全體之變象，原是該物之小變象（卽微點變象）所組成。牛頓原先研究最小之變象，研究光與色，然後研究宇宙之大例。後人之有最大變象，及最小變象之瞻測，及所用之方法，皆得力於牛頓。然在確切科學世界中，其謹嚴之算學的演繹所指示者，則爲有界限之意想，指定研究之途徑，許學者以有有界限之結果，則較爲深奧之哲學意想，自然隱而不現。第十八世紀學者，漸漸公認吸力學說之全部，以處間爲空，以物質在處間爲實受有定限而常變之分布，以自然力附屬於某定種之有動之中心，在兩中心點之間，只有算學的關係可追尋，而無能令人明白之物理的關係可追尋。【原註】福耳特耳對於牛頓學說，並無深透研究，曾圖寫當日英法兩國學者，對於牛頓學說情形。福耳特耳於牛頓將死時，撰有「論英國之函牘」，先論英國之朋友會教派主義，次論英國宗教，論政治，論種牛痘，論培根及陸克學說，有四篇，則專論牛頓，以牛頓反觀笛卡兒。福耳特耳之言曰：「凡法人之至倫敦者，對於英之哲學，以及種切情形，頗感與法大相懸殊，以其棄眞實而尙空泛也。巴黎之環境，大都爲無數靈敏微密之物質組合而成，在倫敦則目所難睹也。吾人謂海潮之來，由於月之壓力，英人謂海自趨向月球。……笛卡兒派謂此皆由摠動而成，此誠難解者也。牛頓則謂吸力所致，亦未易曉其理由也。……笛卡兒又斷，物質單由面積成，而牛頓則謂應再益，以固體」（函牘第十四）。——牛頓本人及並世學者，以爲最無理之點，在乎兩物質既有距離，如何能有互相吸引之舉動。〔原註〕一六九二至一六九三年間，牛頓於一月十七日，致第二書於本特力云。「吾子，有時說及吸力，以爲吸力是物質所原有者，以爲是物質所有之精華。此是子之誤會，切勿以爲我有此意，我則並不知吸力之原因也」。又云：「無生機之頑物，若無其他非物質之一種物，爲之居間，使兩物質不相接觸，而能彼此互相潛移默動，原是意想所不能有之事。倘若按照伊璧鳩魯之意思，則吸力必是物質所原有者，必是物質之精華。是以我之不願吾子以吸力爲物質所原有之說，爲我所主持，此亦理由之一。若以吸力爲物質所原有，爲物質之精華，爲與物質同時並生之物，有此精華，然後兩物質雖相距離，在虛間又無他物居間，猶能彼此互相潛牵默引，我以爲是最荒謬無理之事，凡是對於哲學問題稍有思想之人，必不能相信此種荒謬無理之說。吸力之發生，必有使爲之者，使之按定律，而常常發作，然而使之爲之者，是物質耶，抑非物質耶，則非我所知，只好留與學者各自研究」（見一六九二年至一六九三年二月，五日致本特力第三書）。克拉克有言曰：「所謂太陽吸地球者，……——即太陽與地球互相湊近之謂，其相湊近之力，與其質量爲正比，……與其距離之平方爲反比。太陽地球間，則爲空洞，所謂空洞者，即指其間並無能阻礙太陽及地球走過之物。以上云云，不過是一種變象，一種事實，因閱歷而得之。此種變象，必有使爲之者，則在不可疑之列。毋論使爲之者爲力學的，抑非力學的，哲學家原可以研究，可以揭露原因。……至於吸引變象，及其吸引之例，則有瞻測及試驗爲之證明。若有學者能以機械定律，而解明此種變象，不特無人反對，且為學問世界所感謝。當下既無有能解明此變象者，而以變象的或屬於事實的吸力，與伊壁鳩魯之原子說相比，如此闡理之法，則未免過於非常之離奇矣」（見克拉克答來布尼茲第五書，參觀來布尼茲「哲學著作」，一八九〇年柏林版，第七冊第四三九等頁）。牛頓學說，經一百年之思想瞻測及推算證明，已視為公理；凡有物理變象皆以此算式為解說。有若干年間，曾有疑此公式應事修改者，其後所有似乎不吻合之事，盡皆消滅。至於第十九世紀，亦有試行修改此公式者，有以為此公式不過得其近是而非絕對確切者，亦有嘗試入其後幕，而探求其所謂更為普遍、更能籠罩一切之公式，以為通式，而視牛頓公式為別案者，俱屬無用，否則亦不能為科學家所承認。（【原註】此等異說，詳見於德國法國著作。參看雷文·保羅之「科學智識論」。）此公式仍然存立為惟一之公式，與自然物之普通物性相合。

有兩不同之思想途徑組合，而予牛頓之公式以更要緊之地位，原為牛頓原始所未注意，亦為再進步研究所不想到能保存者。古代哲學意想的吸力，雖未經用算學為之立界說，亦未施於實用，而自古代希臘之理想初透曙光之始，至於有

二三、吸力與拒力

古代中代哲學之時，其所謂吸力，卽爲渺茫神祕不可知之一種原因，或一種轉力，用以整齊節制動物死物者。凡一物之質物，專賴此種吸力，使之組合，以成一體，原爲衆人所供認。於是又有一種任意拉來之神祕特力——卽所謂拒力——以爲抵抗，或均衡之具。

在牛頓學說中之宇宙之構造，此種均衡之力，是一種原有之初動；物質因其所有之質量、或頑固性，而在吸力所生之動之外，保存此初動。若兩物相離，有此動性與頑固性，以表明發現於外之兩物相離之相距，則亦可以用此兩性，以表明發現於外之兩物相吸。此項意想，雖與牛頓之吸力公式，大約同時發表，當時並不爲人所注意。直至第十九世紀中葉以後，從另外途徑之思想，而引入與此相類之見解。〔原註〕牛頓原始，似有從機械方面求吸力之解說。其未刊布「算理」之前，早已將其所撰之『解說光性學說』，送於皇家學會，已有以理想之臆度，設爲有一種之精氣（又稱以太），與空氣之構造略同，不過比空氣尤爲輕鬆微妙，其彈性（即凹凸力）比空氣尤爲大（見一六七五一六七六年一月二十五日，牛頓致鄂爾敦堡 Oldenburg 書，載於部盧斯脫之「牛頓紀事」第一冊，第三九〇等頁）。此設想則亦可以解說磁力，電力，及吸力，諸變象。以之解說光性，尤爲合宜。牛頓於一六七八年一六七九年二月二十八日致波義耳(Boyle)書，亦曾提及之（亦見部盧斯脫所撰書，第一册，第四〇九頁）。其後十年間，以從吸力變象所得之結果，而以算學研究其結果較爲有用，以其爲事實而非理想，於是拋棄其玄學部分。至於吸力應如何解說之問題，牛頓以爲（此則引用馬克羅麟所撰之「牛頓新學說記事」之言）從試驗及瞻測中，皆不能發明使人能滿意之居間物之說，亦不能發明其有如何舉動，而發生此種變象。其致波義耳書，及其後致赫列書（一八八六年六月二十日（〔譯者註〕年代似有錯誤）見部盧斯脫所撰書，第一册，第四三九頁），牛頓極其愼重聲明「算理」之效果，與構造臆測者不同。大思想家雖有此偏好，牛頓自稱向來不好構造設解。自稱其從前之理想，不過一種臆猜，原不以爲可靠。從事實上觀之，其「算理」中所致力之各種問題，卽表明牛頓拋棄玄學而入於確切或科學的研究自然變象。在牛頓未發明此公式效果之深遠廣大時，絕無人能想及此單簡算式，竟能組合表面上極無相干之事實，及一旦哲學家領略此公式之大力，毋怪乎發生一種反對之舉動。此種舉動，同時尊崇算學於極高地位，而反對兩方面。一，反對試驗及瞻測。其二，反對哲學的闡理。牛頓本人則向無此謬舉。牛頓深知瞻測之要緊，又終生不忘注意於在算式界外，或在算式幕後之哲學或玄學問題，而極其愼重表明吸力與吸力之原因，完全爲兩事。有兩位大思想家，其名只亞於牛頓者，對於吸力例，同處於相同地位。此兩大思想家，深信此例而不疑，而並不以爲是自然例之終極，而相信可以從物質之力學的性質中，求其原因。其一人卽海亘史，在牛頓之先（一六二九年至一六九五年間人）。此君於一六七三年，研究離心力，爲牛頓之前驅。曾親赴英國，以便親切研究牛頓之作。以一六九〇年，在來丁刊行其所撰「吸力論」，當時學者並不十分注意。書中重理笛卡兒之漩渦學說。有人詳細研究比作者（參看夫立茲Fritsch所撰「牛頓吸力學說論」及易森•克拉Isenkrahe所撰之「重力問題論」），謂海亘•史復主張一種物質之流體，一種以太，即其所提議用以解說光學變象者。謂此種以脫，籠罩地球，至離地甚遠之域。此所以脫全爲微點，飛行極速，無向不有。其一大思想家，即是歐拉（一七〇七年至一七八二年），深信牛頓之吸力，而試求力學的說明，常試用以太學說，解物理變象之機括，嘗以以太之壓力，解說吸力（見其一七四三年所撰之「磁力論」，以一七四四年得巴黎學會獎賞）。歐拉亦承認此問題之爲難，而以爲必需爲吸力求力學的原因。在第十九世紀間，因有法拉第，馬克斯維耳，赫芝(Hertz)，諸子之電力新學說，於是科學家又重新注意於勒薩日(Lesage)，歐拉，海亘史，牛頓之吸力之力學的學說。湯姆孫•威廉尤其注意於勒薩日之學說，詳見後文。

二四、電力及磁力

第十八世紀之末年，有卡汾狄士，庫隆(Coulomb)，以確切法量地面之電力磁力，得一公式，與牛頓之公式相合，而有一分別，即此公式不獨可用於吸力，且可用於拒力，所謂質量之關係，及距離之關係，與牛頓公式相合，於是吸力拒力之變象，尤爲科學家所注意。此項新揭露，既足以證明吸力公式矣。其在第十八世紀後半期，所研究之從中心點而發射之光，或放射之熱，亦有大科學家爲確切之量度。牛頓與後起之拉普拉斯(在牛頓之後百年)，頗信光之放射學說，然吸力、輻射、電力、磁力，既已與吸力公式相合，自然亦以光之

二五、放射例

放射例，亦與此公式相合。以上所云之各事，俱包括於一普通思想中，卽謂力從中心點而出，衝空間而過，與半徑漸增而圍繞中心點之球面面積成比例，卽與半徑之平方成反比是也。凡此皆比附於吸力公式者，科學家亦公認其爲尚有缺點，卽以光與熱而論，光與熱必經過若干時刻，然後能達；吸力則不然，吸力之傳，需時極小，其傳自天象者，則並不需時，立刻能從極遠之處傳至地球。此外尚有一層，光與熱一遇反射體或吸收體，則有所耗失，至於吸力，則似乎並不受居間物或遮攔物之干預，而有所更變。〔原註〕此時學者皆知磁力電力爲遮攔物所更變。計算有距離之磁力，電力，及有重之質量，其算式爲 $f=\mu.m \cdot m'/r^2$。從前舊說，以m及m'（質量也，或有重或無重）與距離r爲不定數，即是變量，以μ爲不變量，即吸力公式之定數也。前文已說過，吸力公式之定數，爲眞定數，即謂吸力不爲兩質量間之居間物所變更。法拉第頗疑心此節，，先撤開不論，專研究以此公式，施於電力磁力，此μ（即定數）是否不爲居間所變。以一八三七年起，從事研究（參觀第一二五二號「電學之試驗的研究」第十一篇）。此種研究，可以謂之研究兩物相離，而互相施力，其間有無力學的作用之第一步，其結果即爲發明電力之比感應，物各不同之說，與怕松諸君之說不同（「試驗研究」第二百六十七號）。于是物創「通感物」名詞，以指「隔電之居間物之相聯接之微點之功用」（見第一一六八號）。從此，又向前研究，盼望可以證明，凡有極性之力皆如此，即謂有居間之物微點之功用也。法拉第謹慎聲明，其所謂相聯接之微點者，指最相靠近之微微點而言，並不謂兩微點中並無空隙也（見第一六六五號）。〇一八三八年，法拉第仍懷疑磁力與靜電力是否相類•其意以爲此則爲居間物微點所通傳（見第一七二九號），於是本此思想之方針，爲多次之研究，屢無效果，卒之得證實其意想，揭露光能受磁，創立「反磁性」之新名詞，即謂一種物爲磁力線所通過，並不因是而得平常磁性（一八四五年「試驗研究」第二一四九號）。在第十九篇研究錄之末，法拉第云：「從前（一八三八年）著作中，予嘗以相聯接之微點之功能爲基礎，發起電感學說。……其時予即示意，謂磁力或即以相類之法而傳。此時予並未能發露居間物之情形，未能揭露反磁性之物。……現在既已知有反磁性之功用，現在已知反磁性之物，並非與磁力無關之物，……予仍設問，是否磁力之傳達，與之相同」（見第二四四三號）。法拉第又屢次試驗，以求知吸力傳達情形，與牛頓同爲不相信兩物相離而能互相吸引，常引牛頓之說，及歐拉之以太脫學說（見第三三五號）。

然而吸力、輻射、及電力磁力，皆從一中心點而發放，與距離之平方爲反比——此二者皆爲事實，此兩特性又能以算學及幾何達出——似乎將可以引入於更爲廣大之融會貫通。所有自然界之各種力，皆可以作爲發自一中心點之力，不問其爲吸力，抑爲拒力，雖有與牛頓公式不符者，然而皆隨距離而變，而合於他種公式。研究物理學說，以求一種公式，以達出此種意想者，爲時幾及百年。享受大名之拉普拉斯，最爲鼓勵此項研究。此大學算家所撰之宇宙系統論，原擬將其對於此問題之見解，載於其最後出版之此書而不果；其最後數章，皆討論物質吸力及分子吸力，頗示學者以對於理想物理學求進步之方針。（「原註」第五版之「宇宙系統論」，並無此章，已爲拉普拉斯所刪去，並聲明分子吸力，與普通吸力不同，擬將用分析法，研究此項分子吸力之結果，彙集成書，另行分刊，以爲「宇宙論」之繼。然而此項計畫，並未實行之。拉普拉斯嘗試爲解說雙屈折及光行差（追蹤牛頓之「算理」及「光學」之提議而研究），果然告厥成功，又研究毛細管吸力之現象（此則步趨豪克斯庇 Hauksbee 之提議），亦有成效。可見其深信此種變象，發生於微點之與分子相吸相拒（見第六版「宇宙論」第三二八頁）。凡物之所以能團結成體，及化合之愛力（又稱類緣），化學物之有飽和度（此爲柏托雷此時所發明），拉普拉斯皆以起以分子吸力爲原因。拉普拉斯意謂，凡物同皆守此分子相吸例，最後則發爲問題，能否以一通例，包括吸力通例，及分子吸力例爲一（見第三百六十三頁），從此物理變象，及天文學，可以同守一普通之例。「但分子之形體，與其相互距離，既難識別，則諸凡討論，均爲空泛，而無益於科學之進步」。）

二六、分子作用

拉普拉斯頗表彰吸力例之範圍之大，舉凡一切自然界變象，皆以此解說之，如宇宙間所能見之諸天象之動，諸天象之形狀，及其大小，與其所行之軌道，及地球面上人所能見之各種變象，如光線行差，光線屈射，潮汐之變象，大氣之壓力，及有幾種極重要之物質之分子性，皆可以用普通吸力，或類似之吸力，以實寫、計算、及預測之；有時完全符合，有時亦得其近是因吸力例之用，如是其廣，故學者最好以天學方法（此是馬克斯維耳所示意）研究自然。此則牛頓之偉大發明所生之效果，前文固已言之矣。

二七、天學觀及宇宙的全體的分子的變象

通俗有所謂宇宙的、全體的、及分子的分別；雖從科學方面觀之，並無此種分別，不過是俗人之分別，學者亦宜知之，以其便用也。今有一問題，宇宙原爲萬物所搆成，而物有大小，物既有大小之分別，究竟能否轉移更變物之外觀，及其與他物之關係，此誠爲極有意味之問題，而今日並未得最後可以解決之答覆。今先將以上所用三種名稱爲之分別。所謂宇宙的者，指甚大之事物而言，如甚大之時間，甚大之處間，及甚大之物質，爲吾人平常所用之丈尺、天平、時錶、所不能直接量度者，又不能爲人力所能直及者：以人之居室及人力相比，可等於無。所謂全體的者，卽謂吾人所能直接處置操縱之物質，如吾人所用以建築房舍之物，及有吾人日用

之尺寸輕重者。所謂分子的者，卽甚小之物，非顯微鏡及微分機所能見，更非人力直接所能觸接，所能處置者。此不過比較分界界限既屬無定，又不能定其在中級者，可以用住宅作一標準，此種範圍可以用人力推廣；但讀者總有一種大意，知有所謂人力所不能超過，其大不能量，其小亦不能量之兩界限。若能設法擴而大之，如顯微物鏡之顯小使大，其改變物之外觀，及其行爲，至於若何程度，此爲極有科學意味之問題。譬如使行星恆星變小至數百萬倍，是否與吾人在地面所見之死物同其情狀，又假如擴張顯微鏡所見之微點，使大若干倍，是否與大物改變成小之情狀不同？以今日之知識而論，吾人應謂其不同。從某某數種變象或種狀觀之，全體物似其有特別之性，分子的小物，宇宙的大物，亦各有特性。〔譯者註〕以上三種區別，可以天界，人界，塵界，分別稱之。〔原註〕拉普拉斯論此點甚透澈。參看其所撰「宇宙系統論」，第六版，第三一九頁以下。其言曰：「地心吸力與其距離平方成反比之定例，……即自一中心發出之放射物之定例，如光是也。凡離力之運行迅速，距離，顯明者，亦遵此定例。旋即有人識別電，與磁石之吸力拒力，一視距離平方而減縮之，而此等之力於擴張時，亦無衰弱之點，以其展開，一如光線也。在各種球形面積上，繞集點之周圍，其力皆等，此乃人人所能設想者也。在自然定例中，有一奇異之特性，即地球上各物體的數量，及其相互距離，與速率，若以比例而增減之，則其所成曲線，當與現時所畫之曲線完全相似，而其外表亦必完全相同。蓋發動之力，乃吸力與距離平方除質量之商之比也。然則此力勢將或增或減，而與新星球之大小爲比例。由此觀之，此種特性，惟有歸屬於自然界之定例也明矣。蓋星辰運行之外表，與其實在數量，漠不相關，以其在空中有眞實運行之可能性也。是以吾人所能觀察識別者，僅其關係耳』。此理頗易明瞭。蓋在$f=m\cdot m'/r^n$之公式中，若每一數元乘以K數，則得一新公式，爲$F=K^{6-n}\times m\cdot m'/r^n$。m爲立體，即三次方，故$m\times m'$爲六次方，r之n次方爲負號，故得$K^{6-n}$（m）。物體繞一中心（例如太陽）行動之加速率，爲$F/K^3m'=K^{3-n}\times m/r^n$，其結果不過爲加速率$m/r^n$之K倍，假定n等於2。拉普拉斯在另一章中，亦曾復述及此，惟字句稍有不同。其言曰：『吾人之地球，雖逐漸縮小，至可以想像之狀，然在觀察者視之，仍無大異也』（第四四〇頁）。此說不能適用於分子之相吸相拒，至爲明顯。

二八、全體界有特別關係

其最令人注意之事，則爲惟全體界（人界）有動物，有意識之物。以今日之知識而論，宇宙的世界並無居民，視其所居之地，如吾人之視地球者，微點世界亦然。以吾人之知識而論（此後大抵亦不能有超過此時之知識）全體的（人界的）尺寸及質量，有特殊之要緊。吾人製爲圖畫，或製爲模範，以吾人人界之尺寸，代表宇宙的、及微點的質量，然後能在試驗室研究，然後能將人力所不能直及之

十九世紀歐洲思想史 第一編 上册 三百六十

世界，加以直接之瞻測。若上升至於宇宙的世界，或下降入於分子世界，似乎變象及各種之動，則皆減少，在上界則大抵皆爲均匀無變之動，而動狀則有多種，在下界則變爲有穩勢之動，及平均析中、週而復始之動。地球之人，似乎有最多數之瞻測，有最多數之意想，可以作判決之言（亦許判決錯誤），謂能從全體的（卽人界的、）或物理的、或機械的模範，而窺見宇宙的、及分子的變象，及其所有行動。【原註】

英國博物學家，最擅長於此種研究，外國之科學著作，則富於從公式爲算學的演繹。此兩途之思想，皆發源於牛頓，其本人相信吸力公式有機械式的解說之可能。科次監刊之第二版「算理」，則可作爲其對於吸力，已承認爲終極之特性。大陸學者之知牛頓之意想，居多由於第二版之「算理」，毋怪乎詆毀牛頓重復引用笛卡兒及諸科學家所唾棄之古老玄學之隱伏特性之說。馬克斯維耳有言曰（見「科學文集」第二册，第三一六頁，「兩物相離之作用」篇）：「兩物相離吸力互及之學說，不能歸咎於揭露吸力通例者。科次當牛頓在生時，監刊其所撰之「算理」，並爲之製序。兩物相離吸力互及之說，原見於序文。科次謂萬物相吸，是由閱歷而知萬物之伸張，萬物之有實體，萬物之能動，捨閱歷之外，亦無由得知。是以吸力爲物之所有性，亦如伸張，及能動性，及不可入性，之皆爲物性同。及牛頓哲學在歐洲得以立足時，科次之見解最爲通行，通行者殊非牛頓之見解也，云云」。在事實上，哲學家可分作兩派——一，以吸力事實，或意境較大之吸力通例爲起點，而研究其算學的及試驗的後效，充量之所至。二，以此項研究為合理應作之事，而同時以為必需深探後幕，務求其較為深藏未露之機械的理由。牛頓本人，及海亘史，歐拉，與近代之法拉第，及其從者，皆歸第二派。如柏努利，則歸第一派。一七四四年二月四日，柏努利為歐拉之以太學說，曾致書於歐拉，辯論有無。其言曰：「余信以太是向日的，空氣是向地的。關於此點，余實告君，余是一純粹的牛頓派學者，乃君堅持笛卡兒之學說，如是其久，頗令余驚異，恐此事不無感情作用。若上帝果能創造靈體，具有不可知之性質，則上帝自亦能創造普通物質所具之吸力。雖此種吸力，不無超過思想之官能，然笛卡兒之學說，則與思想官能相反者也（參看美辛Miething所著「歐拉以太學說論」第三十頁）。近來雷文・保羅亦持此義。參看其所著「自然科學觀察論」第三冊第十四號，又雷氏名著「科學智識論」，是書謂物質距離之作用，乃一第三個不可知之問題，餘二題則見其弟愛彌爾之演說「認識自然之界限」（一八七二年重刊於「演講集」第一冊第一〇五頁）。大陸各國之研究此問題者，前此約三十年間，毫無成績，此人所公認者也。赫爾姆霍斯有言曰：「舉凡一切自然動作，皆可以簡化為吸力拒力，其力之大小，專視互施力兩點之距離」。雷文之一八七一年演說，亦作此言。惟赫爾姆霍斯自一八五八年刊行其「漩渦學說」之後，則力持分子力之機械說，頗修改其從前之見解（參看赫氏「演講集」第二冊，一八七一年論馬格那斯之演說）。是以於重刊其一八四七年說帖時，加以附註（參看一八八一年版赫氏「科學論文集」第一冊第六十八頁）。

二九、幾何學公理

作者因討論此問題，不能趁此機會為讀者略說一事。第十九世紀間，有對於幾何學發一種見解，謂學者平常所存之空間觀念，恐施用於極大不能量或極小不能量之元量世界，不能不有所改變。〔原註〕里曼為首先發起此種思想之人。其所撰「幾何學之基本假設」，製於一八五四年，此作頗留極深印象於高斯。高斯請里曼對格丁根之哲學科，宜讀此說帖，其時高斯亦在座（參看里曼「全集」附載得得肯德所撰里曼事蹟）。此作刊行於一八六七年，已在里曼死後。一八七〇年，克利佛德（Clifford）教授介紹此問題於劍橋哲學會。其言曰：「平面幾何之公理，若限於紙面上，在吾人之試驗力界限以內，自是眞確。然而我輩皆知，紙上有陵有谷，若論及陵谷，則平面幾何之公理，誠然不確。如此類推，立體上幾何之公理，若限於吾人試驗力所及之有限界之範圍內，亦是眞確，然而絕無理由，能謂其施於極小之範圍內，亦是眞確。倘若能得助力以解說物理變象，吾人可以有理由，謂此種公理，施於極小範圍內，並不眞確」（參觀克利佛德「算學雜著」，第二十一頁，學者宜以此比較其載於「講演及論說集」之「純粹科學的哲學論』，見第一册第二九五等頁）。倘若將來之思想或瞻測有進步，能指示此種意想，並非只是理想，且能變爲事實，則現時學者以在物理試驗室研究之全體的（人世）問題，或用擴張法，或用縮小法，施於宇宙的、或微點的變象，則不能用。算學雖仍然可用，而平常之幾何，或現時所用之物理的模型，及物理學所用之機械，俱不能用。吾人或仍可以演算，而不能表出不能量之元量。

其最先計算及預料吾人所不能到之世界之變象，始自牛頓。牛頓以伽利略

三〇、直接測量吸力之為難

海亘史所寫明之物在地上墜落地面之變象，解說太陰及其他天象之行動，由是而揭露吸力通例，以酬其研究用力之勞。若以吾人日用之小規模之尺度而為試驗，欲以窺測規模極大之地球，吾知其必不能揭露此吸力通例。當石子之墜落時，不獨地吸石子，石子亦吸地球，石子向地球行，地球同時亦向石子行；不過地球之質量比石子為無窮大，地球行向石子之路程，為無窮小，兩相抵消。此無窮大及無窮小，俱非吾人視官所能見，於是以天學而救吾人物理學或全體（人界）的試驗之窮，借天學以為解說，指示途徑，在地面上可以量度宇宙的力之法。嚇列等之鐘擺試驗，量經線之大弧，卡汾狄士、馬克斯維耳之試驗等等，皆牛頓揭露吸力通例之結果。

三一、以天學眼光看微點變象

牛頓既已能用吸力例解說宇宙的變象，其後又解說地球變象，毋怪牛頓本人、及拉普拉斯、與其徒衆，試以類似方法，以解說分子世界之變象矣。

於是天學之眼光，及於全體（人界）的及分子（塵界）之物理學。牛頓本

人卽用分子相吸之意想（卽距離極近之吸力，）

（原註）在「算理」之第一卷第十四章，牛頓措詞極其嚴謹。所謂吸力，並未言明，是發生於兩物之相離，抑或是一種推力，合讀者自出見解。又謂光之分子，以有定之速率走近實質物時，則曲其方向。其所撰第一版拉丁文之「光學」（一七○六年），其第二十三問云：「此種小物點，許有幾種特性，特能，特力，而能在與他物距離時，不獨施於光綫，能使光綫反射屈折，或曲射，且能從自體之此微點，施於彼微點，因是而生種種自然變象耶。吾人所熟知者，因有吸力，電力，磁力，微點與微點有相互之動作。由此可見自然之秩序，及其理由，從此吾人不無理由，謂此外尙有他種吸力。因自然與已類似，與已相合。至於有何充分原因，以生此各種吸力，我則不在此研究。我此處所謂吸力者，許是生於一種推力，或另生於一種，非吾人所知之力。我所用吸力兩字，其意只謂有一種普徧之力，物有此力，則常欲互相湊近，究竟是何原因，則不得而知。吾人於研究自然變象，首先宜知物之相吸，並求此種相吸之例，及其性質，然後研究發生吸力之充足原因。吸力，及電力，磁力，施行廣遠，爲衆人所能見，然而難保無另種吸力，發見於極窄小之範圍內，爲吾人至今所未能窺見者。」牛頓又說及鹽類之吸受潮氣而變水，又磨成細粉之物之化合。牛頓在此設問中，提及距離極近之吸力。其後又云：「其在代數，正號之數消滅之後，而負號之數出，在力學亦然，吸力停止，則必有拒力發生。然而此力之存在，可以從光綫之反射及曲射見之。因爲反射及曲射，皆有以拒之，而不必與反射物相接觸。光既如此，則自然之全體，當是極其簡單，與已相類。以吸力而造成天象之行動，天象固無不有此吸力，又以他種吸力拒力，造成天象微點所有之各種小行動（有小數不在此例）」（見「光學」第三四一頁）。牛頓所提議之物質分子的力，同

時之著作家及試驗家，亦從事研究。第十八世紀之初年，「哲學會報」載有幾篇研究此問題之著作，其最著者為克伊爾（一七〇八年）之作。此君引用牛頓之「光學」，且推論分子相吸之意想，頗有用於解說化學及生理學變象。其友人夫賴因德（Freind）之意亦同。後來所刊之「光學」，牛頓因有豪克斯庇之試驗，對於分子相吸問題，討論更為詳盡，對於管微吸力尤為注意。此事載於第三十一設問。拉普拉斯所著之「毛細管吸力」，嘗引用之，具載於「天算」第十卷之附篇。牛頓所刊行之「光學」，有先後之不同，其所載之設問，為數亦不同，最好以賀斯理（Horsley）所監刊之「牛頓全集」為標準。英國所最後刊者，即翻刻此版，所有前後各版不同之點，及增加之點，皆詳細註明。第一版之設問至第四六為止。拉丁文版。以設問第二十三為止。此後刊行者，則以第二十三問為三十一問，因新加第十八至第二十四問之故。此數問則討論空際，或者許有比空氣更微妙之居間物及吸力問題。其所以加此問題者，牛頓自言：「我並不以吸力為萬物之原性，是以發為設問，因我並不能滿意於我之試驗也」，並云云（見牛頓一七一七年七月十六日自製序）。學者宜注意，此是撰於科次刊行第二版「原理」之後數年。科學家之誤合牛頓之意，以牛頓視吸力為萬物之原性，則發生於科次所為序。讀者試觀牛頓所致科次之函牘（一八五〇年愛德勒斯頓 Eddleston 刊監），則知牛頓撰注，加於第三版及其後各版之原理，原擬評論微點之相吸，其後再想，乃不果行（見第一四七頁）。

以解說光從空間或從大氣中入於實質物，或至於實質物附近之處之屈折及曲射。牛頓則以光為有質之物，全是微點從發光之中心點射出直行。此種微點，走到或走近透光物之時，受此物之吸力。牛頓竟能

三二、毛細管吸力

證明光線之斜行而至透光物之面上，成一斜角者，入物之光線則爲所折，與斯尼爾（Snell）所試驗而得之例（此例爲笛卡兒所宣布）相符。以此種吸力意想，或相離作用之意想，用於微點世界，則要略改吸力公式。其最先依照此方針而得進步者，爲豪克斯庇。在一七〇九年至一七一三年間，豪克斯庇試驗所謂毛細管吸力。牛頓曾在後來刊行之光學中，討論豪克斯庇之試驗。一七一八年，有周臨（Jurin）博士，亦從事於此種試驗。豪克斯庇、牛頓、周臨、及後起之著作家，如克雷洛，皆以此種變象、及類似之變象，皆生於微點吸力。拉普拉斯並證明，以算學處置此項問題，並不需有確切定例（卽與牛頓之全體的或人界的吸力例相合者），只需假作有微點吸力之存在，則可以爲充分之處置。此種微點，距離愈大，吸力變小愈速；『距離若變至吾人官覺所能覺之最小距離，則其吸力不爲吾人所覺。』【原註】見『天算』第四冊（一八〇五年）附篇第六十七頁。又第二頁云：『我久欲將表示天然現象之吸力定例規定之，而經多數考察，始得知其實與表示光屈折現象之定例相同，蓋在距離極小時，則其吸力易於顯明也。此卽毛細管作用，定例之所由來。』其大氣之屈折，【譯者註】卽今推步家所謂之蒙氣差。及物之凝集力（內黏性、）與附着力（外黏性，卽同一物中或異質物中相觸或相距之分子吸力，）由是皆得而計算之所得之結果，與試驗大致頗相符合。〔原註〕凡討論此種問題所常用之『不能知』及『不能覺』兩種字眼，讀者宜加倍留意。微點吸力互及之距離，雖不能直接爲官覺所知，今日學者皆知可以量度。普拉托（Plateau）在比國（一八四三年，及其後），琴克（Quincke）在德國（一八六八年），各有途徑以試驗此問題，所得之結果，大致相類。所求得之距離，爲二千萬分之一米或公尺（參觀第九版「大英百科全書」，馬克斯維耳所撰之『毛細管吸力』條下，又翻印於其所撰之「科學文集」第二册，又參觀維奧理（Violle）之「物理學」，德國版第一册，第五九一，等頁，及第六三九頁）。此問題發生於第十八世紀，爲該世紀之哲學家所注意；其所研究者，卽爲能否求得一更爲賅括之通例，能將分子（塵界）的吸力及全體（人界）的吸力，融會爲一。

三三、波斯科維赤推廣牛頓公式

欲推廣牛頓公式者，不一其人，而以耶穌軍會友波斯科維赤（Boscovic）爲最著；此君於一七五八年刊行其關於此問題之著作。〔原註〕波斯科維赤（一七一一年至一七八七年間人）爲耶穌軍敎派人，按牛頓光學最後設問之意想而爲研究，於一七五八年，在維也納刋行其苦心孤詣之著作，名「自然哲學說」。一七六三年，在威尼斯（Venice）刋行第二版。其研究此問題，發生於一七四五年。因此君於是時，忽得一大概意想，謂凡自然所有之力，皆可以約化爲不能再分，又不能再擴張之原子所發生之力。此原子有其本來之惰性，又有相互之力。此力在原子處於微而又微之距離時，則爲相拒之力，處於官覺所不能及之距離時，則有轉換，按照一種算學公式，有時相吸，有時則相拒。最後在官覺所能及之距離時，則變爲牛頓之吸力。書中載有表示距離相施力之曲線，又有代數之公式之討論，均見於大著作之附篇。然而對於吸力例，則不能更有推廣之界說。其實全書多作哲學討論，而算學的及試驗的討論，則甚少。最大部分，是先事預防他人攻擊而發之議論，又表明其與來伯尼茲及牛頓之哲學，相同者何在，相異者何在。此書可以大概代表大陸自然哲學家之見解。其中並不能於前此牛頓「算理」所發明之算學的方法，而有所加，對於後此之拉普拉斯「天算」所發明者，亦不能有所加，亦無如此兩大著作中所載之試驗，更無能啟發後人之試驗。其實此作有大多部分，是玄學而非確切著作，是以無永久轉移科學進步之潛力。湯姆孫·威廉有言曰：「第十八世紀自成其爲一種學派，其前世紀道學派所篤信之武斷學說曰：「物所不在之地，斷不能發生何種動作」。至第十八世紀，而易以最虛妄之學說曰：「兩物相接觸，爲絕無之事」。第十八世紀之科學派，以波斯科維亦之學說爲終極。此奇異意想，根抵深入，發生一無結果之樹，徒耗肥壤，遮蓋微點研究之城，將第十九世紀初年大算學家之精力，消耗於結無果之地，蓋波斯科維亦之學說，所以不能成立者，惟因有一眞哲學家，需得較多之曙光，以追尋電學力線」（參觀湯姆孫·威廉一八六○年五月，在皇家學社之演說，翻刻於一八八四年第二版之「靜電學及磁學」第二二四頁）。雖然，在當時波斯科維亦之學說，則盛行於英國，而反不甚爲大陸物理學家所領略。波斯科維亦之光學，及大學研究，頗爲法國學者所習聞，而此作則反不甚爲法國所領略（參觀孟圖喀拉之「算學史」第三册，第四九○頁，第四册，第一八八頁）。其與達蘭貝耳意見不合之事，則著聞於法國。其時法國科學，則注意於算學及試驗之研究，而不在於玄學。德國則並不知有其書，大抵因爲有歐拉爲當時科學泰斗，故重視與波斯科維赤相反之學說。在英國則獨異，科學家常引其學說，先自普利斯特利起（「光學史」），以至於法拉第（「物性論」，見一八四四年「哲學雜志」第二十四册），最後則爲湯姆孫。生存之大科學家中，以湯姆孫・威廉爲引波斯科維赤之學說最多者，湯姆孫以此學說爲能啓發思想，湯姆孫爲最初之認眞研究波斯科維赤學說，以求深知。波斯科維赤之原子，究竟能否解說化學的微點之特性，及其穩固不變之勢，與飽和度（參觀一八九六年利物浦科學提倡會之報告）。其在蘇格蘭，則有愛丁堡自然哲學教授魯比孫（Robison），死後刊行之「微點力說」，討論波斯科維赤學說。是書載於盧斯脫所刊之魯比孫「力學的哲學」中（一八二二年愛丁堡出版）。據斯條亞（Stewart）之意，則謂魯比孫之「力學的哲學原理」，（愛丁堡一八〇四年出版），頗表示其偏向波斯科維赤學說（見哈密爾敦刊行之「斯條亞文集」第五册，第一〇七頁）。此學說之能引人，理由亦多，其最要者，大抵因此學說似能爲此時通行之微點的光學學說之後盾。此則歐拉所反射者，歐拉同時並反對距離施力之學說。斯條亞所最表彰之蘇格蘭哲學派，則習聞波斯科維赤之名。斯條亞常引用其學說（參觀哈密爾敦所刊行之「斯條亞文集」第二册，第五十，一〇七，一〇一，三四三等頁，第三册第二三三頁，第五册第九十三等頁，第七册第一七三等頁）。斯條亞且稱普利斯特利，魯比孫，哈同等，爲附和波斯科維赤之人，而於其本人附和此學說，則立言頗有分寸。其爲自撰之「人心哲學原理」作序文，有著曰：「作者不能不借此機會，發明一種表示，倘若物理學家再耗其精力於物質本性之研究，而不安於考求官覺所能及之物性，及其物性之例（近日附和波斯科維赤之學者，頗有如是之趨勢），則必深陷於不能擺脫之迷樓，所有物理學之大義，將變爲神祕，變幻莫測，與道學派之心靈作用學說同』（第二冊第五十頁）。波斯科維赤向來好以曲線表示各事，如製圖表示當代之知識有何進步是也。嘗用圖以表明此時知識，實是退化云（見斯條亞論說所引，載於「文集」第一冊，第四九九頁）。

此著作中所載之見解，雖有多數爲自當時以至於第十九世紀中葉後，大陸之大多數算學家所力持，而是書則幾爲大陸所完全忘記。

【原註】當費希奈爾（Fechner）之刊行其第一版之「原子學」時（一八五五年第一版，一八六四年第二版），似乎不知有波斯科維赤之作（參觀費希奈爾「原子學」第二版，第二二九頁），似乎亦並不爲荷蘭氣候學家巴洛特（Ballot）所知。巴氏所製物質相吸相拒曲線，與波斯科維赤所製者，幾乎完全吻合（參看波斯科維赤之「物理學進步論」第一等頁，又洛增堡之「物理學史」第三冊第五三六等頁）。法國之科學著作中，幾乎全無有提及波斯科維赤之著作者。「大百科全書」則並此書名亦不登載。據事實而論，法國科學對於我之所謂天學的（天界）物質見解，並無所借重於此著名耶蘇軍教之學者。見「科學報告」第八十二冊第一二二三頁，聖維南特之言曰：「對於至高且深之波斯科維赤學說，英德二國之著作家，多有所詰責，但並非反對其以原子爲動力吸拒之中心點之要義。其所詰之焦點，則在其定例耳，蓋即微點彼此吸拒，而發生相互距離作用之物理定例是也。所以那維爾怕松以及發明分子或內部運動之學者等，均以極大誤點，歸咎於波斯科維赤也。然此種定例，駁詰者果多，而利用之者，亦頗不乏人，如拉普拉斯等是也。又有科略利、逢退利者，亦嘗以其定例爲物理作用之基礎，實則即牛頓所制之定例。不僅在其巨著「算理」中知之，閱其「光學」一書，即可知已』。

用波斯科維赤

或與之相類之公式，並不能對於解說物理變象，有何進步。物質微點相距離，而力仍能相及之意想雖在怕松、科犀、拉美、諸家學說之後，幕諸子因之以推算實質之彈力（卽凹凸力）之效果，或因以推算光線經過透光物及結晶物之效果。另有一派之物理學家，從另外不同之意想（作者將在後文討論）曾發明一見解，謂無需有物質分子結構之特別知識而後可以處置以上所去之變象。然而物雖相離，而力能互達之意想，能節制小至於不能量之微點之行動，及大至於不能量之大塊物質之行動，因後來有兩支派科學之發明，足以維持此說；此兩支派科學，全屬於第十九世紀之事。

三四、庫隆之量度

電學磁學可謂發起於庫隆之用扭力秤所作之準確測量。庫隆以扭力秤，量度物之相吸力及相拒力，或物之受過電氣或磁氣之相吸相拒力，其法以吸力或抗拒力，與轉扭金屬線所需之力相比較。庫隆亦用此法以定電力及磁力之單位，與量度有行動之物之惰性（卽質性）。庫隆之法，爲高斯及韋柏所採用，此二子

三五、高斯及韋柏推廣其法

又從而改良之，使其美備。高斯用以量地球之磁力，韋柏用以量流電所施之力，即動電之力。作者前已提及，庫隆之量度，證明通行之物，相距離而力能互及之說，即證明此力與距離之二次方爲反比，與發力物之數量爲正比，爲一普通公式，爲自然公例。（原註）

（原註）庫隆量度兩受電物及兩磁鐵相離之吸力拒力，是在一七八四年至一七八九年間刊布，共爲七說帖，送交巴黎科學學會。一八八四年，法國物理學學會搜輯庫隆說帖，及怕松等同類之著作，載於「物理學說帖彙刊」之第一册。庫隆當時用扭力天平，及傳電片，極小心研究，受過電氣之物互吸力與距離二乘爲反比之例。前此崇尙模糊空泛之論，經庫隆之試驗研究，始有準確之證明。其所用之法，即以扭力天平，直接量度兩受電物相離相拒之力（見一七八五年第一說帖）。其後推廣此法，間接量度較大之受電物及磁條（見第二說帖）。又作電量，磁量，及電密率，磁密率之界說，並表明量此兩數之法，又說明電力及磁力，與此兩數有多少關係。庫隆之研究，有極細密之試驗。庫隆所發明之例，寫在紙上，原極單簡，然而施於試驗，則有種種之繁複變象。即如以電氣而論，其中有所謂滑力，即法拉第所謂感應，至於磁力，則有地球之磁力。又試驗磁力，同時發生者，並不止一種磁力，往往兩種磁力同時並生，無機會以試驗法而證明此簡單公式。故此必須以此公式，作爲便於實寫，獨立不受其他滑力之電力磁力之算式。於是用積算之法，按照瞻測所得之數，以求互相牽製所生之效果。其最要者，在乎在受電物之面上之電氣分布，及在磁鐵附近區域之磁力分布，凡此皆應量度而計算之者。在物理之學，亦要如是瞻測，如是推闡，然後能證明牛頓之吸力例。拉普拉斯在其大著作中

，一一證明。拉普拉斯繼牛頓而竟此成功，怕松則繼庫隆而竟其成功（指電力磁力吸拒例）。至於高斯，則有更大規模之證明。高斯發闡算理，用於地球面上之磁力分布。英國則有卡汾狄士，其研究在庫隆之先，亦以瞻測推算，證明電力之吸力例，參觀下頁附註。是故牛頓公式所稱爲質量者，不過指物質之多寡，若施於電力磁力，則必須推廣物質兩字之意，於吸力之外，更須包括拒力；且吸力與拒力之變象，雖大不相同，而公式之外觀，則與牛頓之公式極其相類：於是有多數哲學家，誤以爲得有解說，其實仍不過得一量度之法，得一公式，以便實寫變象而已。（原註）科學家好討論吸力之本性，吸力之原因。自有牛頓及高斯之算學的主義，於是求原因之討論，因以消滅。往前科學家對於電力及磁力之原因，亦有種種空泛議論。自有庫隆之準確推算，及怕松高斯之算學分析，而空泛之說，亦因以稍減。當時對於電氣，有兩派不同之學說，有都非(Dufay)佛蘭克林(Franklin)可爲兩派之代表。一派以爲有兩種電，一派以爲只有一種電。庫隆則判斷此二說，謂二者不過有用於現象之描寫及計量而已。其言曰：「此等兩種解釋，僅一近似之理耳。吾人於學理上，可以無須作偏執之辨駁，無謂之爭論矣。惟在此設想之兩電流中，我僅能以最簡要領，表示大計算，及實驗之結果，而非指示電之眞實理也」（「物理學說帖彙刊」第一冊，第二五二頁）。庫隆在一七七七年，放棄旋渦學說爲磁象之解釋。其言曰：「實驗之結果，知並非旋渦發生各種吸力現象，若爲解釋顯明起見，則須賴天然吸拒之力，以說明物質之吸力及星辰之物理也」（第一冊第八頁）。至一七八九年，庫隆益加小心，嘗曰：「因爲避免辯論爭執起見，是以予嘗鄭重聲明。凡吸力與拒力之設想，並非依照任何定例而來，祇能視爲解釋實驗結果之一種公式而已』（第一冊，第二九七頁）。

科學家以有此試驗推算，以爲牛頓公式，既得證明，又能推廣，其後因有別種之電氣磁氣之新發明，又大爲失意。所謂新發明者，卽一七九一年賈法尼(Galvani)之揭露流電；弗打(Volta)於一八〇〇年，亦有相同之揭露；一八〇六年，德斐揭露流電之生理學的及化學的效果；一八二〇年，厄斯忒德揭露行動之電，有磁力效果；一八二二年，西庇克(Seebeck)揭露電與熱之關係；一八三一年，法拉第揭露電感，卽謂電流與磁鐵之作用，能使在其附近區域內行動之物產生別種電流及磁力；最後在一八四五年，法拉第揭露反磁性。

三六、德斐及法拉第

電學之新發明家甚多，大抵皆非大陸真學派所培養成材者；此中之最著名者，爲德斐及法拉第。

〔原註〕卡汾狄士亦其中之一人。此君是一七三一年至一八一〇年間人，其電學研究，往往先預言庫隆之試驗結果，其取經與大陸派不同。曾於一七七三年，或在此之前，證明小球裝在大球內，兩球可以通連，乃大球雖有電，而小球則無電，又證明電氣相吸相拒之力，必與距離二乘爲反比。其生前及死後刊行之著述（馬克斯維耳曾於一八七九年監刊其著述，稱爲「卡汾狄士電學研究」），曾預言

後來英國及大陸科學家所研究之結果。卡汾狄士對於電之容量，電之位能，及電阻力，有極明晰之意想。又預言歐姆（Ohm）定律，即同在一通電物之內，電動力與電流成比例也。又研究隔電物（又稱通感體），「不獨預知法拉第所揭露之各物，各有其特別感電容量，且曾推算數種物之特別感電容量」（見馬克斯維耳所撰引文，載於其所監刊（卡汾狄士之電學研究」內）。卡汾狄士研究電學之事功，似乎不爲外國所注意。屆費兒雖頗重視卡汾狄士，以其爲新化學之先導，而未提及其電學之研究。大陸之電學著作，無提及卡汾狄士之名者。然卡汾狄士實與德斐，法拉第，爲同一流派之人，因此兩君之瞻測試驗，範圍極廣，對於庫隆之縮小範圍而界限較爲清晰之研究，未能有充分之融和。外國不知卡汾狄士爲電學家，英國亦不知有庫隆之名。表彰算學派之研究者，以休厄爾爲最有功（參觀一八二六年「首都百科全書」，又一八三五年，其所撰之科學提倡會報告），在其所撰之第一版之「歸納科學史」（一八三七年），曾謂庫隆學說，與事實極其吻合，而竟不爲人所歡迎（第三版第三冊，第二十八頁）。休厄爾於是論及赫黎斯之試驗，此試驗與法拉第之試驗，大約同時，皆研究通感物之質性，及今日所謂電場，當時之算學家，竟無留此種問題者。直至一八四五年，湯姆孫•威廉始有對於全問題爲透徹之研究，撰爲說帖，名曰「電力平衡之算學學說」（參覿「刻翻雜說」，第十五頁）。又言曰：「有多數科學家，以庫隆學說，爲赫黎斯及法拉第之新發明所推翻」。予不能不表明。「所有此兩君對於靜電分布之試驗，其實盡與庫隆所發明之例相吻合，故必視爲證實庫隆學說」（見第十八頁）。湯姆孫實融合兩派分途獨立之研究派，及思想派，爲一家，即算學派，及試驗派，在外國則高斯及章柏爲代表，在英國則有法拉第，又有馬克斯維耳之研究，具載於其大作「電學與磁學」內。參觀此作之序文，一八七三年刊行，第十一等頁。

又參觀馬克斯維耳「科學文集」，第二冊第二五八，第三〇二，第三〇四等頁。

其時大陸擴充牛頓哲學，以發明天學觀之研究變象。德斐、法拉第、另成一學派，好從試驗方面，以研究此種範圍極廣之問題。以德斐而論，則從化學方面爲研究，不止研究物之數量，且研究物之質性，在此時期內，則專爲試驗之研究。「原註」

（原註）法拉第所撰之「電學之試驗的研究」（一八三一年至一八五二年），其內容雖以研究性質之試驗爲獨多，求數之測算，居其極小數，——此與章柏之「電力確切計量法」適相反（一八四六至一八七八年），然而有一準確量度電流之法，卽化合物的分析法，則以一八三三年至一八三四年，爲法拉第所首先發明。法拉第發明，當化分時所分得之量，與所過之電爲正比，又與化學當量爲正比，因此時電流量及電流強度，無清晰之界說，有起而反對法拉第之見解者，謂爲不合於邏輯，謂爲將分得之量，及所用以化分之力，混而爲一。其後因有較爲清晰之界說，及多數之閱歷，始能證實法拉第之例，而今日則以此爲發明電學化學之最可靠之事實。在法拉第之前，歐姆（見一八二七年之「電路算理論」），發明同在一電路中所過之電流，與電動力爲正比，而引出有電阻力之意想，發明電阻力與電路之長爲正比，與電路導線之截面積爲反比，而隨電路之物質而變。歐姆此例，曾經費希奈爾幾番試驗，又曾經浦耶幾番證實，然而往往有疑此例之不確者。法國公認此例甚遲。其在英國，有多數之電學要緊研究，如法拉第所研究者，皆未用此例。第一版之休危爾所製「科學史」，亦未提及，至第二次出版時（一八四七年），歐姆已得有皇家學會之獎章（一八四一年）。一八四三年時，惠斯登(Wheastone)表明歐姆原有清晰之界說，請科學界留意。有人

謂歐姆以熱之流過傳熱物為基礎，引申以比附於電流，先從理想上研究，其後以試驗證明之。及歐姆之「文集」刊行（一八九二年），然後知此說之非事實。書中載明，實由於一八二五年至一八二六年為試驗的量度（初時不無錯誤），因而驗得此例（參看「文集」導言第七頁）。德國科學家好以算學推算，以處置物理變象，故有歐姆，高斯，韋柏，製創儀器，及各種方法，以為準確之量度。英國則注意於有實用之電報，故亟欲求得清晰界說，及準確方法，因此惠斯登創製儀器，同時並請國人注意於歐姆之界說（見第一八四三年「哲學會報」第三○三等頁）。其言曰：「電為儲能之源，能生光，能生熱，能生化功，能生力。吾人只要知如何處置，然後能收最大之光，最大之熱，而虛耗之數為最少，然後能使吾人所存之最大希望，是否有充足之理由為根據，抑或以幻想為根據，云云」。其後四十年，克爾文爵士（郎湯姆孫．威廉）為「量電單位」演說（一八八三年見「通俗演講集」第一冊，第七十六頁，曾謂電學的量度法，用於世界上之科學試驗室者，為時甚遲。其實此種量度之法，早已用於試線局，早為製造海底線之電學家所用矣。

此時化學，因用天平，始得列為準確科學，此則拉瓦節及附從其學說者之功也。其所以引動自然科學家入於此新闢之區域，並不由於有準確之測算，實由於其變象之多。及德斐、柏濟力阿斯、法拉第、各闢途徑，發明電化功用之有極重要關係，於是此新派對於電力變象及磁力變象發生一種新見解，吾人可稱為物理的見解，與天學的見解相抗。天學的見解，有公式以表明之，此種新見解，

第四章　以天文觀研究自然

亦有一公式以表明之，此則隨後詳爲討論。此新公式在第十九世紀之後半期，具有大力，竟將相爲勁敵之公式，驅逐於人界及塵界物理學區域之外。然而天學觀已有多方發明之算學爲利器，原不能容易一攻便倒，其力量足以對付厄斯忒德、及法拉第新揭露所發現之種種複雜問題。當時新發現之磁性物、反磁性物及電路——卽電磁現象、反磁性現象、及感應現象——等互相牽掣、互相對抗之繁複舉動，在法國則有安培，德國則有訥伊曼及韋柏，有法以處置之，將所有新發現之各種變象，仍歸納於極單簡之相吸相拒學說中，又有一公式以包括之，一若推廣牛頓公式以容納一切發現之分子力之種種神祕潛力。大陸思想家，遂以爲天學派獲大勝仗云。

三七、安培及韋柏發展天學觀

『厄斯忒德驗得電流之力，及於一磁極，而不吸不拒，惟使磁極繞電流而轉。厄氏稱此現象爲旋轉電流。此流所施於磁極者，非是推曳之力，乃是一種旋轉之力，於是有多數思想家想到漩渦，及繞電流旋轉之以太流。安培則不然，組合其算學及試驗之巧妙，先證明兩電流有互及之力，隨後分析此變象爲每小段電流相拒相吸之結果。〔原註〕參觀馬克斯維耳所著『兩物相距之作用』，載於「科學文集」第二冊第三一七頁。韋柏繼起於德國，接續安培未竟之業。〔原註〕韋柏有兩層用意。其一是以準確數量代實寫。先是韋柏與其昆仲（見上文）刊有著作兩種，亦以準確之研究，代不準確之實寫。第一著作是討論波浪式擺動（「實驗波動說」）。第二著作之研究，更爲細密，是生理學問題，欲以確切力學法理，解說動物身上之動機（時在一八三六年）。其時德國之哲學思想，頗病空泛，韋柏之好爲確切研究，遂爲高斯所注意。一八三〇年邁爾死後，高斯遂挈韋柏同來格丁根，以示本人所研究之確切。測算地球磁力，韋柏之思想於是從磁氣感應（一八三一年法拉第所發明），及地磁感應（一八三二年），而入於電力的動力學，此科學則安培在一八二〇年至一八二三年間所創設者。一八四六年，韋柏在其「電力確切計量法」之導言中曾謂：凡研究自然變象者，無不欲得有以量度之，惟對於電力的動力學，則無此舉動。於是寫明其所用之量動電力表，又述其用此器，以證明安培所發明之兩小段電流相離而有電力互及之公式。此時韋柏有一目的，即欲組合各種電力現象——如靜電之功效，電流及於電流之功效，導電物在行動時之功效，即電感之功效——融通爲一公式，或融會爲一例。當時所發明之公式不一：如庫隆之靜電公式，安培之電學的動力公式，又有訥伊曼之較爲普通之公式，此式能包括

三八、韋柏之根本量度

厄斯忒德所揭露之現象，及法拉第所揭露之導電體行動時之現象。作者不必詳述其以試驗法及算術之種種研究。總而言之，韋柏竟能告厥成功，發明一幾乎無所不包之公式。作者至此，不能不聲明兩句，與思想史及謹嚴算式之價值，皆有關係。一、自有牛頓吸力公式，則不能不有最嚴謹之界說，及最嚴謹之方法，以量度各種物理的數量，不得不創製極準確之儀器，及極確準之量度；韋柏之大功，即在乎創製極精功之儀器，作極準確之量度，以奠定其所發明之根本意想，及各根本數量。凡其所研究者，皆包括於電氣動力學之量度；凡其所研究者，皆足爲極其巧妙及謹嚴無比之華表。〔原註〕在數年前，高斯已先韋柏而起，首爲學電研究，發起爲絕對的量度，以量力學外之各力，——採用牛頓動例之意，以力爲變更行動之原因，創爲新議，謂凡屬物理的力，無不可以用其給予行動物之速率量之，凡物之在同一區域中者，則以重量其質量。高斯復引伸此意，以量度磁力。韋柏亦引伸此意，以量度電流，於是立刻想到量度電流，有兩法可用——一即電流及於磁質物之力，一即電流及於電流之力。電學家從習慣意想，以爲電流可以用量流水之法量之，即每單位時間，有若干電流，流過電路之截面是也。而此電量，又可以用庫隆之量度兩受電物相離而互及之力之法以量之。若果能以庫隆之法量度，則可以爲電磁力單位，與靜電力之單位之比較。在一八三三年及一八三四年間，法拉第曾以化功或電磁效果爲量度，推算得電流之量數，爲發電機所生之數量。二十餘年後（一八五六年），法拉第所推算之數，有韋柏及柯勞士（Kohlrausch）簡化爲極其準確之量度。既有此極準確之量度，以證明靜電與動電比較之數爲極大，韋柏接續高斯之準確量度之功業告竣，不久學家皆知此種絕對標準量之要緊。一八六一年，英國之科學提倡會議時，湯姆孫・威廉爲會長，議決派科學家若干人爲委員，研究量電之度量，制爲標準。此委員團，研究約十年之久，至一八六九年，開會爲末次之報告，議定行用所謂絕對制度（見湯姆孫「通俗講演集」第一冊第八十四頁）。克拉克以韋柏之名稱電流單位，以紀韋柏之功。一八八一年，在巴黎開會，最後議決行用另種單位，與從前所用者不同。因爲免除混亂起見，改單位名稱。韋柏友人及佩服韋柏之科學家，極不以不用韋柏之名爲然，（又見維特曼「電學論」第四冊第九〇六等頁）。新近洛治教授，曾提議用韋柏及高斯之名，稱量電之支派單位（又稱導來單位）。見一八九五年「科學提倡會報告」第一九七頁附註。

一、作者欲表明當時如何以牛頓公式爲自然例之大模範，所有庫隆、怕松、安培、韋柏、諸子之研究，如何與牛頓吸力學說，有邏輯之關係。今先引韋柏之言。〔原註〕韋柏對於有距離而發生之電力之意想，與其準確之電學數量之量度相混，其實討論此項量度，原用不着此項理想學說。絕對的量度之性質，惟與小數之本原單位有數目關係（即處間，時間，質量，三者，或只用處間，時間，兩項亦可，參觀上文三二三頁附註）。此三項，皆無人不知者。毋論從何學說發爲研究，至後來施用本原單位及支派單位，則全用不着各種學說。然而韋柏之學說，則學者不能不注意，因其學說推廣牛頓之吸力見解，至於極點也。科學家之見解則不一，對於章柏學說，有褒有貶。此則各人之觀念不同，有偏重算學者，有不重算學者，如拉普拉斯派。此是專以算學解決各種問題者，只知有算學，而遮掩其他學說。是以拉普拉斯對於光學，自始至終皆篤守物質微點學說，而反對揚氏及夫累涅爾所發明之力學的學說。欲以宇宙觀解說微點變象者，則必略為修改，及推廣吸力例所含之兩種界限，極分明之意想，然後能合用。天學之所謂物質，原限於有吸力之物質，今則必要包括當時所謂非物質，如光，如熱，如電，是也。吸力公式所謂吸力，專指物質之吸力性而言，亦必要修改，使包括拒力。庫隆曾經發明物質之多有電氣者，其相吸相拒，與牛頓公式同。於是採用兩種流體學說。怕松曾研究發明流質算學，作為拒力與距離為二乘反比。厄斯忒德則證明電流施力於磁質物之作用。安培則證明磁質物之功能，可以用電流代之。拉普拉斯則早已知有電氣流過之物質所發現之變象，可以作為物離力及之作用，其力與電路之元素二乘反比。及法拉第證明電流處一種特別情形時，能使在其附近之導電物發生感電。其為解說者，謂電氣的流體，不獨能施其力以及於相離之物質，且能施其力以及於相離之有電之物。不獨受有電氣之物，能施其力及於其他受有電氣之物，且電氣以其自為流體，且能施其及於電氣。韋柏欲將此項發現於外之各種變象，照公式包括之，求一根本之例，以處置電物之極小微點，再從此例，以積算法推算所能瞻測之事料，於是採用費希奈爾學說。按此說，則謂在一電流中，有兩種流體電，所流之方向相反，而速率則同。既用此說，參以厄斯忒德，安培，法拉第諸人所新揭露之變象，則庫隆之靜電公式，必要加一數，以補其不足。蓋此獨為靜電而言，若包括動向相反一層，則不能不有所加也。此應加之數為何，必研究以求之。韋柏以此為起點，作極多數極有價值之量度。此項量度之極其重要，在科學中永不能磨滅，自不待言。凡從想理推及實用而產生此種效果者，必能在科學思想史中，得永據一席。章柏與波斯科維赤及其他純粹之玄學的理想家不同。章柏所擔任者，因其抽象的公式中所包含者，有所謂定數，今以試驗法求此定數，遂因此試驗而擴充實在知識。作者今且姑舉其一。前文已論及牛頓吸力公式中，有一定數，自發表此公式之後，歷一百年，然後始求得之，仍不過一近是之數。好在吸力為萬物所共有之性，求得定數之或早或晚，原與物理天學，無甚大關係。庫隆公式之定數，則不能以類似之法求之，因吸力或拒力之性，為電量之最後規定。科學家至今尚無其他最後之絕對的電量。在章柏所發明之例，其電量之施力，不獨及於相離之電量，且與施力所互及之兩電量之速率有關係。是以章柏之公式，有兩個定數量，此第二定數，則指明靜電與動電之關係。此定數為速率，若能求得之，則發露自然之一種定數為速率。章柏對於此定數，有兩種用意，一為理想，一為實用，有此定數，則可以求得電磁量度，與靜電量度，或絕對量度之關係。及章柏量得此定數時，始知此速率之定數之數目，幾與光行速率相等。章柏自己似對於此兩數目之相近，並未附以何項物理的解說。其後章柏與克希荷夫見有時導電物中，發現電浪，此電浪之速率，與光之速率等（參觀克希荷夫一八五七年之「理化年刊」，及章柏一八六四年之「電力確切計量法」）。其後馬克斯維耳始為章柏之定數，作真實之物理的解說。此則留於後文討論（馬克斯維耳一八六二年所撰之「物理的力線」說帖，其後翻刻於其「科學文集」第一冊）。

章柏之言曰：『自從發明普通動例，為物理學立基礎之後，物理學所亟應研究者，為物與物互相施力之例；蓋假使無此互相施力之事，則萬物將永遠不變其所處之情形，動者仍動，不動者仍不動。可見萬物之改變其所處情形，必爲互相施力之效果。然而物與物互相施力，不獨在相接觸時施力，物與物相離時，亦互相施力。力學者自應先研究兩物相離的情狀，以爲引線，然後研究物與物接觸時互相施力之情狀。此第二層之研究，在所必需，因物與物相切時，其中之處間，爲吾人所不能瞻測也。實現於科學界之事實，正與此次序相同，因爲先從天象之互相施力始——卽物與物相吸之變象是也。此後則加以研究電力及磁力之相施，除物與物相吸外，性此爲有體離力及之變象——此種變象又可得而量度之。凡經若干年，科學家所發起之電學及磁學學說，大約無不以牛頓學說爲依歸者；及厄斯忒德與安培爾之新揭露出，始得一新引線。此二子所發明者，爲電流之循環電路（又稱輪道）等於磁性物。自有此發明之後，第一步卽先約化所有一切磁力效果，爲電流效果；第二步爲發表兩單位之行動之電之互相施力之根本例；第三步爲約化所有物與物之互相施力，爲物與物兩兩互相施力。大概而論，此第三層意識可以當作有多數之閱歷以證明之。』〔原註〕參看韋柏之「電力確切計量法」

第六四五頁。

三九、推展微分術之必要

作者至此，不得不提明對於自然變象最後之發表，言牛頓之吸力公式，用於天體運動之計算，既已收極大之效果矣，以眼光深遠之科學泰斗拉普拉斯觀之，謂此公式已藏有引線，可以解說人界及塵界變象。〔原註〕拉普拉斯及拉普拉斯派學者之著作，在大陸思想中，可謂留極深之印象矣。韋柏雖亦步趨其所指示之途徑，然對於公式，並不若拉普拉斯之重視。韋柏自視其動電力學大例，有試驗以證明之；又以為此例之價值，在乎可以引入更深之研究。然而韋柏亦深知類如此種之公式，不過可為暫時之用。一八四六年，韋柏自作之第一篇研究記云：『兩個有電性微點相切觸所發生之變象，不止全靠此兩微點，尚有第三者之施力，亦在其中。……所揭露之根本例中，所包括之各種力，可以想見其中有若干部分，許是兩個小電點間接互相施及之力，此則視居間物而變。……用以求施行之力之普通例，亦許可以將居間物並算在內，而得一更為單簡之例。現時所已發明之例，則並未將居間物演算在內。若研究居間物，不獨可以令吾人窺見其他事物之情狀，且唯此為能解決是否能求得更為單簡例之問題。現時頗有可能之希望，其法不一，可以得有此無物不入之中立性之電的流體之性質。或者不導電之各物之中，並無電流，只有擺動（即波動），將來亦可以用上文所表示之法以瞻測之。再進一步而言，法拉第新近所揭露之電流，有溜力達於光滾，或者無物不入之中立電力的居間物，即是無乎不在之以太，此以太即裝載及發生光波之物，否則此兩種無物不入無乎不在之物，以有極密切之關係，從瞻察光波，可以窺見此此項見解，先從同中立性電力的居間物之性質云云』。此後章柏提及安培有方針相同之提議（參觀章柏著作第一編第一六九頁）。在一直線內之單位，兩兩相吸或相拒，然後以積微法推求大物質之動作，及多數物之動作。以天象而論，因離地甚遠，所有天象皆可以當作物點論，故天文家、如刻卜勒、算學家、如牛頓，從其所瞻測之天象行動，及其軌道，與其週期，可以使其只從其先時之瞻測，及後來之演算，而得有成系之物質行動之知識。再進一步，則爲研究物體之相離較近，不能視同物點者之各種行動，而積算之以試觀其作何景象。處置此種問題，則有積微術，創始於牛頓時代，有牛頓及其他算學家以發展之，成爲一種特別算術。算學家得之，可以從元始底數，推算大體物，及成系之若干物之行動，及其變象。既有推算在先，其後又得而實行量度之，以證實其元始算式及所有預先假設。其在先之演算，則以元始公式爲根柢。前文曾經提及，此種證實之事，閱時甚久而後成。當此時期，既有證實之事，則算式愈能令人滿意，公式愈顯完全。按事實言之，關於物理天學之各問題，瞻推所得之數，與演算所得之數，若合符節。

四〇、牛頓公式爲物理天文學根柢

在今日第十九世紀之末年，無有天文家不以牛頓之公式爲足以解說各種天象問題，無所用於其他算式。天象反常行動，今日尚有未能解說者（如太陰之行動是，）天文家亦相信不疑以牛頓之公式，爲足以解說之。

不獨此也，他種變象，姑且不論，只論物理變象及化學變象，牛頓公式亦能解決此中各種問題，且能施用於無數事實，又爲最可靠之先導，屢試屢準，捨此單簡公式之外，無有能及之者矣。

此公式之用途，可謂極廣矣，然而解決分子（塵界）變象，或解決吾人眼見手觸之學，則此吸力通例殆無功可言。【原註】此則無足怪者，因人界及份子塵界變象，有多數不同之元素，及多數不同之力相攝，萬不能隔絕其中之一種，加以討論。對於天象則不然，學者所注意者，只有三事，即時間，處間，質量，是也，其餘一概撤開不必研究——此三者則吾人量度規制中之要素也。今試以電氣變象而論，學者說及電氣質量不過是心意中抽象語，吾人所能臆測之變象中，並無此物。又說流體，及電流元素等等，此則在自然界內，絕不能獨立者。又說及某種物之速率，而尚不知其究爲何物。大凡由此處情形而得之公式，不過指示趨勢而已，雖形式上尚須謹嚴，學者當明白在事實上，此公式不過以假定之關係，及人造之界說爲根柢。此事原爲科學思想之利，赫爾姆霍斯

十九世紀歐洲思想史　第一編　上册　三百八十八

評論章柏及其他相類公式時，頗發明此意。訥伊曼亦云：「電氣物質（若果有此物），永不能有獨立之存在，必組合於有重之物質』。如章柏所發明之例，只能爲一種通例之別案，不能爲根本例或通例，因其所討論者，只是小部分電氣及有重物之性質，及其力所發生之關係，其餘關係，如電與熱之關係，電與光之關係，殆完全仍在黑暗中，無所發明（見「算學年報」第十一册，第三二三頁）。從哲學方面觀之，此種問題，爲多數著名領袖思想家所討論者，極有意味，又爲極重要之問題，因其關於物理研究之算學公式之價值，及自然例之界說，又與其能爲實用之廣狹，及類推而得之物理學說有關。作者今列關於此問題之著作如下。退特所著之「熱力學略論」（一八六八年第五十七第七十六頁），湯姆孫及退特同著之「自然哲學」（第一版第三一一頁），訥伊曼之「動電學原理」（一八六八年），赫爾姆霍斯所撰之各種說帖紀載，自一八七二年起，全載於其「科學文集」中（第一册第五四五，第六三六，第七七四等頁），又見於「演講集」之第二册（法拉第演講篇中），訥伊曼之「算學年報」（第十一册第三一八頁）。又參看里克之「章柏論」（一八九二年格丁根版），馬克斯維耳之「電學與磁學」（第二册末一章），又「電學論」（第五十一頁）。

只以物質之吸力而論，其能爲吾人直接所試驗，其力甚微，非有極細巧之儀器，直是無從措手。其吸力之發現於分子距離間者，其力則極小，幾至於不能量度，然而此極微之力，能解說吾人所處置之極大之力，則幾乎有非使吾人所能存想者。（原註）

有一極有意味之理想問題，卽是設問牛頓之物質吸力公式，能否解說凝結力（內黏力）及毛細管吸力，是也。此項問題之討論，見於湯姆孫一八六二年逸交愛丁堡學會之說帖中，又見於一八六六年在科學社之演講中，題目爲毛細管吸力。此兩著作，皆翻刻於「通俗講演集」之第一冊。湯姆孫在此兩著作中，曾聲明吾人若組合牛頓公式於假設物質之終極爲異雜之意像中（因有化學之原子學說，不能不爲此假設），此項終極之物質，在相離極近時（卽相切之謂），可以發生任何程度之吸力。因牛頓之公式所靠者，有兩個底數，一爲距離，一爲相吸點之質量。湯姆孫之案語云：「至於凝集力（又稱內黏性），只設爲有物之吸力則可矣，不必有他種力也」（見第六十三頁）。赫瑟爾．約翰爵士對於此問題，與湯姆孫同一見解，而不爲多數之物理學家所採用（參觀托德罕及披爾遜之「彈性學說史」第一冊第四六八等頁，第二冊第一六五○節）。因討論章柏公式，而又發生一有意味之理想。赫爾姆霍斯反對章柏例，其中有一條，卽謂章柏公式，若遇一特種情形，行動之電力微點互及之力，變爲無限大，是也。章柏答稱，此項駁論，亦可施於牛頓之吸力公式，因是示意，或需加修改於牛頓公式，則可以用於分子之距離（參看「電力確切計量法」第六十頁）。大陸算學家，頗有研究此問題者（參看易森克拉「重力問題論」第三十三等頁，雷文．保羅「科學智識論」第五十頁，及一八七二年九月份之提士一「報告書」）。

學者研究物理學化學，皆限於試驗室之試驗，假使因欲揭露天象相吸之力，亦只限於在試驗室而爲試驗，則恐永無揭露吸力通例之日。然而此公式仍立於不敗之地，爲惟一之公式，能普遍施用於能接觸能見之宇宙。

四一、牛頓公式有惟一之普及有惟一之確切

作者在上文，對於牛頓之大揭露，有時稱爲公式，有時稱之爲例。公式者，不過以有界限之名詞，達出可以量度之數量之關係；至於『例』字意義較廣，發明根本的，無微不入的，自然物之性質，在吾人範圍內，爲終極之例。〔原註〕赫爾姆霍斯有討論所謂韋柏例，言曰：「我輩若得韋柏例作爲一種原本例，發明其所討論之變象之終極原因，而不作爲不過在一窄小範圍中之爲事實之近是發明，我輩則必定有一要求，即謂倘若以此例施於極大之物，應能發現有物理的可能之效果」（見一八七三年「科學文集」第一冊第六五八頁）。赫爾姆霍斯此言，又發生一個哲學問題，即謂以人類思想之記號（毋論其爲字，抑爲代數所用之記號）發表所謂自然例，我輩所盼望之滿意要求，應以如何程度爲合法。作者之意，則謂以現代而論，因各種類似於對韋柏公式討論之結果，物理學家並不盼望，以求得所謂如上文所稱既普徧又有根本性質之例。人之聰明，能否尋出終極物性，原是一問題，答之者其說相反。對於以上之哲學問題，毋論學者作如何答覆，此外有一範圍較小問題，即是問牛頓吸力公式是否發表一種無乎不包之極普遍事實，學者可認爲不能再超過，不能再深入之終極事實？其答覆此問題者，有以爲能作爲終極者，有以爲不能者。拉普拉斯雖有所發明，而對於此問題仍無進步。拉普拉斯之言曰：〔原註〕見其所撰之「宇宙系統論」第六版第三一八頁。『推步天象之問題，極其爲難，我輩只能設法求最近是之解決，常恐所棄置不論之數，影

四二、牛頓公式是否終極之例

響所求得之效果。算學家以瞻測而知其效果受影響，立卽再詳細考究其所用之分析術：一經改正，始知不符之原因；於是求得此等不符之例，於是往往能在未瞻測之先，揭露出乎常軌之事實。太陰術土星術，歲是術，及歲星附帶諸月之術，皆此事之榜樣也。【原註】提士蘭(Tisserand)常論太陰術之爲難，其言曰：（見一八九一年「天文報告」第八冊第五〇一頁），『凡月球之理論，由余從前所述之難解問題，而皆停頓矣。在克雷洛時，已覺星辰之吸力，不足以解釋月球最近點之運行也。今日所有之新障礙，則吾人應急須詳加研究，俟獲得一種新發見後，當可有排除之一日』。我輩可以謂有自然以幫助我輩，能使根據於吸力通例發明之天文學說，至於盡善盡美。我以爲此卽爲吸力例之爲真理之最大證據。然則此吸力例，是否一原始自然例耶？抑或是我輩所不知之原因之一種普通效果耶？我輩既不能知終極之物性，不能再深入，我輩永不能有答覆此多數問題之希望矣。』

四三、拉普拉斯之見解

此項爲難問題雖不能答覆，然而吸力原理則示人以線引，能使物理學家以謹嚴之分析術，以詳細之瞻測，及巧妙試驗及類推之臆測，揭露多數向所不知之變象，以公式而定有意味之關係——總而言之，推廣自然知識之範圍。吸力原理既能爲物理天學建立奇功，毋怪乎此原理之建立所謂天學觀之研究自然矣。〔原註〕當大陸以有體學說，解釋無重之光與熱及電氣時，怕松則提倡所謂天學觀。其言曰：「凡物質之各部分，均各具有兩種相互動作。其一，卽吸力，與物體之性質無關，與質量之乘積爲正比例，與距離平方爲反比例。吸力在空中擴張無盡，而發生諸行星之吸力及平衡與運動之現象，此卽星辰運行之最要點也。其二，卽吸力與拒力，全賴微點之性質，及其熱之數量爲依歸，距離較大，則其熱力較衰，迨距離極大時，則熱力幾等於零矣」〔見一八三一年巴黎「藝術大學月刊」第二十卷第四頁〕。又參觀馬克斯維耳之「彈性固體之均勢論」〔翻刻於其「科學文集」之第一册第三十頁，一八五〇年版〕。其文中有一相似之假設，謂爲那維爾，怕松，拉美，諸人算學學說之基礎。有一科學家可以爲外國之最後之科學代表者，有言曰『牛頓之自然觀，以爲體離力及爲最淺顯，近代學者之自然觀，仍不能出此範圍。〔原註〕此是肯達之言，見其所著「最近電學發達論」〔一九九一年柏林版第三十五頁〕。此種習慣，大陸比英國爲顯著。拉普拉斯後來所發表之以天學觀研究自然，英國只有極少數之科學專家知之。在第十九世紀之初年，英國科學家派不甚踴躍吸收大陸界意識，又因有法拉第之潛力，英國科學家對於電力及化學之學說，往往偏重於試驗。〔參看上文二三二頁原註〕。章柏學說，並不見於英國課本，及科學便覽，及馬克斯維耳與法拉第，皆反對此學說，馬克斯維耳始提及之。以事實論，天學觀之分子物理學，完全發起於外國。時至今日，英國且對於體離力及之學說，加以惡名，呼為害人之異端〈見退特所撰之「物性論」介紹文，一八九〇年第二版〉，洛治則稱為不能思想之學說〈見其所撰之「電學新論」，一八九二年版，第三八六等頁〉。其在外國，則有享大名之科學家，反對以天學觀研究自然，以為並非終極學說，又毫無裨益於物理學化學。赫爾姆霍斯其初原習此學說，其後為生理學研究所滑移，逐漸擺脫此學說。克希荷夫亦然，其「電學演講」〈蒲郎克編輯，一八九一年版〉，幾乎全不提及章柏例。克希荷夫在一八五七年間，卻曾以章柏例為根據，而有所研究也〈見克氏「全集」第一三一等頁〉。其從他學觀而研究物理學者，更反對此種天學觀。喜托夫(Hittorf)〈雷曼Lehmann之「分子物理學」所引，見第二冊第四五六頁〉解說柏濟力阿斯所以反對法拉第電化例，及其他效果之理由，謂法拉第所發明者，與第十八世紀末年，受牛頓天學，及拉普拉斯例之滑力，而由拉拉瓦節等所發起之化學見解，不能相容。柏濟力阿斯又自表白其研究之重要，因能證明「神奧不可知之位能之存在於未化合之化學物者，不能以吸力為之解說」。又謂「凡遇此等事，寧可甘認不知，猶可鼓勵進步，切不可強不知以為知，設為武斷學說，謂每種自然變象，皆作為是牛頓意想之吸力之變象」。阿斯特瓦德(Ostwald)極欲使化學之理想，脫離舊學說之專制，作者將於下文屢有所提及。其所著之「工能變化論」〈一八八八年來比錫刊行〉，有發表之意見，與此註所引者相似。

四四、反對天學觀

英國雖為產生提倡天學觀之人，而發起對於物理變象，另作不同之觀念者，亦生於英國。作者提議稱謂此種新觀念為物理觀，將於下文研究其原始及其發達，然後學者可以知此種不同之觀念，已在牛頓著作中發生萌芽。作者於未討論此問題之先，須先討論另有一獨立方法以研究自然，可以大補天學觀之不備。若謂牛頓之吸力公式，是物理天學之根柢及原理，則作者將解說之主義，同爲具有建築近代新科學之大功，卽化學是也。

第五章　以原子觀研究自然

一、總結上卷

作者曾於上卷，表明古代之相拒相吸渺茫意想，受牛頓哲學潛力所轉移，得有有界限之解釋，並表明牛頓之吸力公式，只就天象變象而論，如何成為解說此諸種變象之根據。〔原註〕作者此處所用之解說二字，是俗人意中之解說。在第十九世紀中，因為確切科學精神所潛移，文字遂以漸而隨之改變，示知以科學目的之較準觀念。以英國而論，科學文字中，早已擺脫玄學關係，而特用力於試驗及瞻測，故對於科學目的之誤會，比較他國為少，比德國為尤少。現時德國仍有與哲學玄學關係之說，侵入科學文字中，此時玄學雖或墮落，仍不能免其侵入也。克希荷夫之力學界說〔在英國則居多稱為動力學〕，頗在確切科學之哲學界中，表明一新紀元。克希荷夫之界說曰〔此界說見於其所著之「算理物理學講義」第一冊第一頁〕，「力學者，論動之科學也。其目的在乎以極單簡之法式，完全實寫自然界之各種行動」。因自然哲學家，其中有一大派，謂所有確切科學，以力學解說自然變象為目的，然則所有科學之目的，全在乎將自然變象約化作行動，於是以單簡法式為完全之實寫。我輩初不甚能以此界說為然。然而我輩若設為分析，自牛頓以來實在科學所已作過之事，或許能使我輩相信此界說之穩妥充足。界說之意，謂分析變象之發現於處間，及經歷若干時間後之情狀。因為數學，幾何，動力學，不過為少數之淺顯關係所造成，其所分析之兩事，原可以用少數之淺顯名詞以實寫之，此項名詞，即所有科學之字母也。我輩之所能解說者，不過遇有問題，即將此字母排列，使與變象相合而已。雷文頗反對克希荷夫界說（見「講演集」第一册第四三四頁），謂其無實寫自然科學（即歷史法）與確切（即算學）自然科學之分別。然實寫若臻完全，則自有分別。博物學是不完全之實寫，最完全之實寫，是算學公式，其式之內定數，有瞻測之實數以代之。既有此項公式，我輩則能推算我輩在於時間空間所不能瞻測之變象之情狀。馬赫（Mach）亦反對此界說，以爲混合力學與物理學爲一。馬赫之意，以爲確切科學之目的，並不一定在乎以力學解說變象，或實寫變象，因爲，如以熱度，如電之位能等等，亦是自然變象中之單簡元素，與質量及行動同。馬赫之談如此，然而惟有處間時間，可以有確切之量度也。今假設爲完全單簡之實寫（可以用數計算者），爲所有一切確切科學之目的，則我輩所可望於科學者，未免甚少。我輩不能盼望終極爲最後之原因，科學又不教人使其能知自然及生命爲何物。研究終極原因，許是完全無望之事，或者可以撇離。然而欲知人生之爲何，則永遠不能撇開者，此是哲學家或宗教家問題。

自第十八世紀之末，以至於全第十九世紀，我之所謂天學觀，頗能迷惑科學思想家：德國及大陸之算學家，尤以此天學觀爲算學思想之領袖意思。推廣此意，以入於人界物理學、及微點塵界物理學，因而發生極非常極巧妙之學說。英國在第十九世紀中，則不甚重視此天學觀，其所以得有大潛力，雖由於牛頓之吸力公式，而大陸科學家，則專力於兩方向：一、從牛頓公式，取純粹算學的效果——此則日見有功，爲他派科學所不及；二、以試驗及類推，而推度牛頓主義於其他科學，亦有奇效可紀。然而至於第十九世紀之末年，其所推廣者，或類推者，皆不能受普通之公認，故牛頓公式，幾乎仍爲唯一之基址穩固之公式，發明萬物所有之一種性質，經歷二百年，無有能對於此公式有所增減。其另隨一方向之研究，則極有價值；哲學家因欲推廣或修改一極謹嚴之公式，而爲極確切之瞻測及量度物理之數量者，大爲推廣我輩之物理變象，及其關係之知識，爲物理學量度立基礎，已爲科學界所採用。高斯韋柏爲此項研究者之領袖。除此天學觀之外，尚有對於自然作別種觀念者，亦有各項研究，在科學界亦甚爲顯著。作者討論此研究之外，再折回本題。

自牛頓宣布其算理之後，吸力公式卽在此著作中發明，於是將古代無界限不清晰之吸力意想，變爲極有用而有界限之公式；事後一百年，又有一古時哲學家最偏好之學說，躋升於高位，爲至重要又有用之科學意想。〔原註〕古代哲學留贈後人者，有三種抽象理想，一經算學爲之立界限，遂發生近代之物理學及化學之研究、古代所遺留者，卽吸拒力學說，原子學說，主動學說，卽所謂無物不動是也。其在古代時，以第二學說，爲最有發展琉克理細阿之論物性之長詩，實卽討論原子之作，以原子觀作中心點，同時採其他兩學說。古代哲學歷史家，遠溯來源，以爲起於其先之希臘思想家。以赫拉頡利圖斯爲最初倡爲無物，不動之說。以思柏多克利用吸力拒力之說，以相吸爲相愛，以相拒爲相厭，解說其元素之動作。而衆人皆通認德謨頡利圖爲原子學說之始祖，爲伊壁鳩魯派所採用，而加以發展，羅馬詩人有極詳盡之解說。郎格所撰之「唯物史」，言之頗詳（有託馬斯之英文譯本，凡三冊）。此史並發明之中間有培根，霍布斯等，爲之承上起下，接連古代今代之思想。

化學中原子學說之發明，雖與吸力公式並無算學關係，可以表示其有同等之價值與確定性，然論其成功之理，則二者實爲相類——皆足令自然哲學家從事確定之計量而置確切研究於空泛迂闊之理論者也。

二、原子學說

原子學說向來與道爾頓之名相連，其實道爾頓享受大名，不及牛頓。牛頓之吸力公式，有推至其極之融會貫通，原子學說在今世紀中曾經漸漸立爲界限，又經幾度修改，今日仍處於不穩固之勢。拉瓦節之創始研究，極爲重要，不能不分享大名；與其稱刻卜勒爲新天文學之祖，毋寧謂拉瓦節爲新化學之祖。

三、拉瓦節

在化學史中，拉瓦節應居始祖高位，學者不一其說。（原註一）大陸著作家，幾乎一致以新化學為發起於拉瓦節時期（一七四三年至一七九四年）。英國之著作家，則不甚能一致，有以布拉克，有以卡汶狄士，有以普利斯特利，且有以波義耳爾，為應處此高位者。其實，則因拉瓦節對於英國之同時研究者，並不為切實之承認，謂此有所得於諸人，故此不為人所滿意。若謂拉瓦節為最先正式發表「物質永不能毀」之學說（即物質常住之學說），則有所不能，因謂在拉瓦節之先之多數試驗，即包藏研究此學說之意。又，不能謂拉瓦節以天平作化學事實之終極證驗之發起人。有謂拉瓦節嘗發表有兩種物質之說，一為有重物質，一有無重物質，亦有可疑之點。至於以拉瓦節為揭露養氣，水之化合，空氣之化合，及金剛鑽之焚燒等事，則尤為可疑。其所以享大名者，原不在此，另立於極大之根基，嘗經哥布為極清楚之研究（見其所製「新時代之化學發達論」（一八七三年版）。此著作中之議論，頗與其從前所著之「化學史」（一八四三年版，第一冊，第二七四等頁），不同。其對於拉瓦節之功業，為結束之論曰（見第一四五頁），「與拉瓦節並世之學者，誠能處置所承受或新得之資料，惟無一人能知以此種資料，及自己獨立研究之所得，建造化學規模，為將來進步改良之起點。為化學立規模，則拉瓦節之功也。拉瓦節自知其見解之正當，又使他人承認其為正當。以其成熟之見解，傳授於第十八世紀末年之化學之代表者。……我輩量度拉瓦節之偉大之處，不應只計及其深識遠見，尤應計及其在在要推倒其他化學家所固抱而不稍放之舊學說。如是之偉大功業，洵足以存其大名，無庸再為之誇張，更不應為反對派輕視其功業，而有所損。

惟自拉瓦節以來，因其苦心勞力之研究，能使計算數量之法，成為終極證驗化學事實之法，則學者皆一致而無異詞；其計算法之主義，卽謂毋論如何化合，如何反應，毋論其爲原質，或爲化合質，所有各種之物料之總重不變。從此化學得立於確切的算學的基礎。拉瓦節用此法，又採用及分析自己所得，及前人如普利斯特利、卡汾狄士、布拉克諸家所得之效果，居然成就掃除陳舊之焚燒學說之功。所謂舊學說者，卽古時所謂物有火質之說也。【原註】拉瓦節以其所研究而得之結果，於一七七年，通知巴黎學會，其完全之證明，則見於一七八三年之說帖。『其說帖之末，謂其目的，在乎發表一七七七年化燒之學說之新證據，而證明斯楊爾(Stahl)之火質學說之純爲幻想。又欲證明無此火質學說，則解說事實，較爲容易，較爲淺顯。用此火質學說，則不能。彼並不盼望，其學說能爲學者立刻公認，其所發明之學說，自必經若干時，然後能有實在之反對，或實在之公認。此時所可滿意自慰者，則爲毫無成見之科學家，及不偏袒之算學家，及物理學家，從此不信斯楊爾之火質學說。以上所云之諸科學家，算學家，物理學家，亦以爲斯楊爾之全部學說，對於建造科學，爲有害而無利』（見哥布所著「新時代之化學發達論」第二〇二頁）。哥布又云，採用拉瓦節之見解者，爲算學家，此卽以算學精神研究化學之兆。火質學說盤踞科學界，爲時最久，一且皆不發現於科學課本。然而以此說爲嚮導而研究化學者，亦並非不近於道。斯楊爾者，與牛頓來布尼茲同時（斯楊爾爲一六六〇年至一七三四年間人），最先將所有瞻測所得之結果，爲之部署，將所有化學變象，隸屬於惟一主義之下。其說以火質之遷徙，爲化合所由生，化功之最顯爲焚燒，故以火質爲主義。其時以化合之難易，量度化功，而不用化學物料之輕重，其化合之難易，則以有無一種特質以量度之。後斯楊爾一百五十年，科學已大有進步，不獨質量之變，可以量度，並化合力亦得而量度之。科學家用位能（或隱能名詞，以指斯楊爾所注意之化性及化功。若斯楊爾以火質爲有質之物，雖未研究其質量，或其物之重，則今日亦未嘗不可以設問，究竟今日之所謂工能，能必其是非質耶。參觀特所著之「物性論」（第二版，介紹文第五頁），及其所著之「近代科學進步論」介紹文，又馬克斯維耳之「電學與磁學」（末章），又阿斯特瓦德所撰之「化學工能」（一八九二年來比錫出版，第四十一頁）。以科學眼光觀之，此火質學說之大缺點，在乎不能以謹嚴確切之數目，以證明其解說。凡在研究之中，有無重者，或只有負號之重者，則不受確切算術所駕馭，則一切解說及瞻測，變作空泛無定。

四、火質學說

當拉瓦節之時，由其嘗出大力，於是試驗室及課本，不見火質名詞：以數量代無界限之性質，易以計算，日見準確。當時之空泛火質學說，其中雖不乏真理，而當時不能有界說，惟能摭拾多數有價值之事實及瞻測：此等事實及瞻測，經採輯之後，則以新名詞實寫之。學者有言凡科學必經過三種階級。第一級爲盲信；第二級爲詭辯；第三級爲謹嚴研究。利比喜之說，則較爲正確，其言曰：『欲求自然變象之精華，必有三種情形：第一、必從利比喜各方面研究，以知此變象；第二、必求得此變象與其他自然變象有何關係；第三、既求得所有之關係，後當研究如何量度此關係之問題，及彼此互相依倚之例——即以數目達之是也。在化學初興時期，學者全副精神，注於求知物性；必需揭露、瞻測、求得各物之物性。此是煉丹學說時期。第二期則求物性之關係；此爲火質學說時期。我輩今日所處者，爲第三期，物性之互相關係有得而量度之，以數目表示關係之程度。歸納科學先從物起，繼之以意想，最後則用算學有數目以爲之助，而大功告成。』〔原註〕見利比喜之「論化學函牘」，英文譯本，一八五九年倫敦刊第四版，第六十頁。

其研究物理變象，則有伽利略之鐘擺學說，有海亘史之墜物學說，有牛頓之物吸力通例，從此證明以算學處置物理變象之大有用；拉瓦節及其學派亦然發明其化燒之新學說，謂焚燒由於一元素名氰氣者，與他物或他元素化合，並證明其學說之真確而有用。因是而推廣極大之研究區域。惟再用算學以處置化學問

五、化燒學說

題，則進步比物理學爲遲。

以物理學而論，其中有一大部分，只需小數之能以算學爲確切處置之要素，則能解說變象，其所需者，不過質量、處間、行動三事而已；惟須離極遠瞻測變象，方能用如此單簡之處置。此大部分卽天上之物理學，卽天象變象之科學是也。在本地球而論物理學的變象所處之地位則不同，化學的變象尤爲不同。學者所要量度之數則多矣。上卷所謂人界變象，及微點（塵界）變象，其中之元素、要素極多，其中能爲我輩所量度者，實居少數。研究天學——卽天象力學——學者所需解決者，不過皆單簡之關係；研究化學——卽物之化合化離——所需解決者，皆極繁複之事實。物理學則居於天學與化學之間，是以物理學頗受天學之潛力，同時並受化學之潛力。

化學普通大例謂，毋論若干物，同歸於變化，其物之重量，則永不改變，此則有數目之關係，以助學者之研究；然在第十八世紀之末年，學者之致力於確切量度者，尙更有所恃以爲之助。此例原爲試驗室事業之基礎，有此然後有準確切之分析，又往往專靠此例，以求得未經揭露之物。

「原註」第十八世紀之末年，因思想之途徑多，加以各種求實用之意，而化學問題變多，於是有化學之革命。其時第一目的，在乎搜求眞元素，化分自然爲終極之元素。因此項研究，較饒趣味，往往不顧及理想上之研究及化學愛力（類緣）問題。第二目的，在發展拉瓦節所發明之化燒學說，又有研究此學說之眞僞，以定從違者。於是養氣在化學中，處極要緊地位，與從前火質所處之地位同。第三目的，則發展化分術，致意於用天平。以第一目的而論，拉瓦節之元素表，並不完全，其時所列者，不過三十三種元素，光與熱並在其列，其中有二十三種，列入今代化學課本之七十種元素中，鹼質物及泥土，仍作爲元素。及德斐化分蘇打（鈉鹼）及鉀鹼，於是化分之知識，頗有進步。德斐又證明緣氣爲有元素性質，於是顚修改拉瓦節養氣學說。哥布之「化學發達論」有言曰，「此君於化學，曾有極多極要緊之研究，大顯其名於第十九世紀之初年，世人目爲化學第一代表。此君有試驗大才，而不凝滯於當時之各種理想」（見哥布「化學發達論」第四五一頁）。德斐頗與道爾頓，及法拉第，及英國之其他自然哲學家相類，不爲大陸之理想滑力所轉移。化學之其他支派，頗得拉瓦節之功。定性分析，則他人之功爲多，應歸功於瑞典及德國，因此兩國之關礦鍊冶事業較盛也。瑞典有柏格曼(Bergmann)，祉勒(Scheele)柏林有克拉普洛特(Klaproth)，皆柏濟力阿斯及柏林派之分析家之先導也。英國則布拉克，及卡汾狄士，有極要緊之定量分析之事業，而無今日學者之確切（見哥布所撰之「化學史」第二冊，第七十等頁，一八四四年版）。自有化學當量之說（卡汾狄士已用此名詞），然後有法爲終極之驗證，以證其爲眞確與

六、定比法

否，爲定量分析之革命）。在拉瓦節時代不久之先，化學研究又有一種大概意想，卽所謂有一定之比例法是也。此法卽謂毋論其爲元素，爲化合物，只能按照一定之比例之重而化合，各物有其比例之數。此法由於研究中立性鹽類，及求酸質及鹼質之互容飽和量之數量而發生；閱幾百年，此定比之意想，始成立爲化學分析術之嚮導。從前化學借他科學之有界說之名詞，用於化學例，如化學之愛力，有選擇之吸力，化功，外黏力，彈力等名詞，一用於化學，則爲空泛名詞；至於用化學天平時，此種空名詞漸不見用，因有天平，則每種元素，每種有定之化合物，各有特殊分別，各有一定數目以標明之。然而在第十九世紀之初，元異說未衰，著名化學家，仍然討論舊時之火質學說，及新興之化燒學說，討論伯托雷之化學平衡，及所謂動力觀變象，及電力的化學變象，致確定此等數目之有方法之試驗——卽確立化學當量表——則反不注意。（原註）第十九世紀初年之化學史，足以表明理想之入人深甚。柏託雷先爲審察的考究柏格曼之化學愛力（又稱類緣）學說，頗爲算學之吸力學說所潛移，又注意於力學平衡例，此爲拉普拉斯及其學派所研究之問題。欲以化學愛力，附於其所謂天學吸力之列，以爲兩者可以變爲一種之物性，因吸力之數量太大，微點之形，及其距離與性質，不生效力。此是欲以天學觀，用於微點物理學，以爲化學之根柢。柏託雷等守熱質學說，反對拉姆福德，因拉姆福德發起熱非物質之說。柏託雷之見解，亦含有眞理之萌芽，拉普拉斯頡以爲然，而受柏洛士持（Proust）及利希脫之定比學說之影響，不得發明於世。近日則有邁爾（見「化學新學說」介紹文），及阿斯特瓦德（見所撰「普通化學」第一版第二冊第五五七頁，又「工能變化論」第二十頁），以表明柏託雷之說。柏託雷旣主天學觀，自不能承認柏洛士特之定比學說。利希脫則不然，於法國化學家拋棄火質學說，及一七九二年，德國亦因有克拉普洛特之算定，而亦拋棄火質之說之後，而仍用火質學說所用之名詞，聲譽由是大減。拉瓦節之養氣化燒之學說，在大陸得有堅固立足地。而卡汾狄士在英國，利希脫在德國，雖有重要之研究，而發表其所揭露時，亦仍用舊學說之名詞，名譽亦爲拉和西所掩。兩君之功業，並爲學者所忘記。（參看哥布「化學發展論」第二七一等頁）。

七、利希脫

其能注意及此者，厥惟利希脫氏，嘗完全從算學方面研究化學，著有第一本注重計量之化學書，惟以惑於一輩哲學家所宗奉之數目與幾何之整齊部署，幾因是而毀其工作。利希脫無籍籍名，在一七九二至一七九四年間，刊行其所著量度化學元素學分爲三部分。

【原註】量度化學元素學原名stoechiometry，出於希臘字τα στοιχεῖα意謂成分，及μετρειν意謂量度。利希脫所有各種著作，皆與應用算學於化學有關係。其一七八九年之芻議，名「化學應用算學論」（見哥布「化學史」第二冊第三五〇頁）。此書第十三頁有言曰：利希脫初時，頗爲專力於化學實用

數學之主義，而其最為注重者，厥在化合物體的數量間之數學關係，恆欲深加研究，以期有所發見。惟此種工作，卒未得達到其圓滿結果，因其對於結合同重酸之鹽基數量，及同重鹽基之酸數量間之比例，雖曾首先識別，而還為公表，此種發見，固屬至要且確，乃同時又設法證明此種數量，包含數字級數甚多，而數之增加，概依單簡之關係而定，斯乃大謬不然者也。……此種謬誤之點，決不能避免其當時人之注意，而互相加以評駁者為無疑，故其著作，亦因之而失其價值，而利希脫之名，幾無聞於當世矣。……然吾人對於此種謬誤之點，似可無須過於贅言。蓋利希脫著作中，雖錯誤之點，在所難免，而正確之思想，與重要的發見，亦屬不少，大有裨益於世人者，良非淺鮮，吾人似應不以一眚掩大德，當充分的尊崇而欽佩之，是以後人之觀覽其書，而景仰其名，受其惠，而感其德不已也」（見符次之「原子論」一八九三年第七版之第九頁等）。「當利希脫抨擊拉瓦錫之學術時，世人咸皆反對其論調，於是其著作之價值，亦受其影響，而一落千丈也。此中種因，由於先入者之印人腦筋過深，而傾向利希脫之時機，一時未易達到耳。蓋當時人之目標，在彼不在此也。豈特德國如此，即英法二國，亦莫不皆然，殆斯時各人心理，大都為新思想潮流所牽動者耶」。斐西耶用利希脫之底數，於一八〇二年算成第一次之化學當量列表，以硫酸為標準，假定其數為一千。

化學物之化合，有一定之單簡比例數之說，在大陸漸得穩固地位。其時正當柏洛士特推翻柏托雷化學愛力學說之時，然而發明有定及信數比例之學說，則爲道爾頓之功。道爾頓以意想所畫之景象爲根柢，此後遂成爲化學闡理之靈魂。

八、道爾頓

當牛頓從天象而測得之各底數，以得其最著名之物吸公式，亦需降而求於人界之度序，且更降而求於微點界（卽塵界）之度序，以此式表示物質之元素之相吸，然後能使其公式可以施用：其公式實指物質之最微小之部分而言。是以在道爾頓以前，諸化學家所求得之量度，不獨指人界之天平可衡之質量而言，並指極小極微不能量度之化學物之質點而言。於是道爾頓採用所謂原子說，以物質全爲獨立之小點所造成，既非人力所能再分，亦非人力之所能毀壞，於是古人之吸力說及原子說，先後中與。以原子說組合於牛頓所謂重是凡物皆有之普通性之說，於是化功之兩條根本法，始能令人明白：其一、卽各化合物之共重，毋論如何化合，皆永不改變；其二、凡物之化合或化分者，毋論其多寡，皆有一定不變之比例。若不計及於物質分至不能再分之小點，則此說不能成立：道爾頓以爲化合之數目，卽是代表原子或物質之元素之比重。分至不能再分之物質小點，皆有一定之重，卽爲化合比例之理由，亦卽化合質之重等於化合各物之共重之理由。

自有吸力公式，卽發生極多物理學天文之研究，及準確之量度，及從理想上引伸之算學；道爾頓之原子學說亦然，在第十九世紀初年，卽爲化學家定一方針，爲其後數十年之研究。

九、柏濟力阿斯

自發明此學說，其最初之研究，卽爲求各元素化合之比例，而以柏濟力阿斯之功爲多，其多數之準確量度，以歸納法而證實道爾頓學說之真確。其比證實學說，尤爲要緊者，則爲當化學家研究此學說以定從違之時，從旁採集所得之自然物及自然動作之知識。

道爾頓之原子學說，爲有規則有統系之研究，地面自然物之質性之初步，同時所得之事實則尤爲有益於化學，不僅有約化繁複學說爲單簡學說之功而已也。當拉瓦節時，所知之元素，不過三十，及一八三〇年前，所求得之元素之數已加倍，所知之新化合物數目，則未經計算。以新知識之進步，及新事實之採輯，則比較

一〇、原子學說與吸力學說之比較

原子學說之發展爲尤速，對於自然界原子觀與天學觀大有分別。自有拉瓦節與道爾頓改良化學之後，以至於今，其時期與牛頓之改良物理天學，以至於拉普拉斯之時期長短大約相同。但是誰能以今日之化學情形，比較拉普拉斯時代之天學情形耶？在拉普拉斯時期，毋論有何進步，其趨向皆證明有一牛頓公式，足以包括天象所有之變象；在今日時期，雖有道爾頓單簡學說，而屢事修改，原子學說遂變爲科學中最繁複之機器。作者試言第十九世紀道爾頓原子學說之命運，自原

一一、武拉斯吞之預言

子學說初發明之初年，武拉斯吞卽預言，在先若一旦科學有原子比重之真確知識，則必不能只知數目爲止境，必再向前追究，以求得原子之幾何式之分布。一八七五年，凡特荷甫（van't Hoff）刊行於荷蘭之處間化學，卽證明此預言之有中。於是經歷多數階級，然後得窺見原子學說之最後方面，假使研究所得只爲物與物化合，只有惟一之一定比例，而並無其他比例，則惟有視原子數卽是當量，而無其他研究之必要。惟是比合數目雖有一定，而有變爲其他數；因研究而求得物與

一三、倍數比例法

他物化合時，有兩種或多種比例者，其大數之比例，常爲小數比例之確切倍數，此即所謂倍數比例法。道爾頓學說得此，則更爲可信。【原註】在道爾頓以前，即有各家之思想，以湊成原子學說，使其成爲有界限有用處之學說，不過諸家並無道爾頓組合各種思想以成爲學說之才能。例如柏洛士特，則能教人以分別何爲化合物，何爲混合物。其人力製造炭酸銅時，則研究得人力所製之物，與自然炭酸銅之化合物相同。以利希脫曾發明中立性鹽類之酸質，與鹽基有一定之比例。斐西耶(Fischer)譯柏託雷之著作，第一次附載一表，列明當量之鹽基及酸質，化合相抵，以成爲中立之質。又利希脫及給呂薩克，求得溶化於同質量之酸，質中以成飽和溶液之若干質量之各種金類，亦與同重之養氣化合，而成養化物。利希脫，柏洛士特，先後驗得是類，如鐵及水銀，與養氣不止成一化合物，而不知在所成不同之養化物中，其養氣之量，相爲單簡比例。以理想一方面而論，不獨古人深知，若推至於終極物之小點，各自獨立，不相聯合，即道爾頓之前之物理學家，亦抱此理想，惟爲道爾頓先導之化學專門家，反不用此理想。部耳哈未及波義耳，先後皆曾說過原子及微點。向來原有之學說，不止一種，有以爲終極之小點之大小及形狀皆不同者，亦有反對此說，以爲化合之小點，其重皆同者。此說有喜金斯(Higgins)爲之揚倡，惟一七九〇年，其所著之書，發明此說，而自相矛盾，不能自究其說，遂失去爲發明原子學說者之一之名譽。符次(Wurtz)及哥布等，嘗詳細考究創立原子學說之美名，究當誰屬，皆謂美名應獨歸道爾頓一人。尤有一緊要事，爲讀者所宜注意者，大約在一七九〇年，道爾頓試驗氣體，即發生一項意想，以爲同在一處間，多數不同之氣體，能有獨立之存在，由是而又發生一意想，同在此處間之氣體，絕不能充塞處間，故其間必有，空隙，各氣體之小點，不相接連。道爾頓嘗謂此時之研究，即是後來理想之萌芽。讀者應知道爾頓，並不甚知近世之著作，大陸學者之著作，尤爲不知，凡他人所記載之事實，凡未經其親自證明或親自瞻測者，道爾頓皆不甚相信。以上所云，皆詳見哥布之「化學發展論」第二八五等頁。

因爲假使凡物之原子，皆有其一定之重，則一枚原子，不獨只與其他一原子化合，且能與兩枚三枚或多原子化合。不久卽能發明此說，最低數目之原子，與其他原子化合者，卽謂之原子量，又謂之原子當量。

一三、當量

此時只需當原子量爲訂定比例之數。其單位原可任意選擇。輕氣（今作氫）與他物化合，以比較論，其量爲最小，不久卽用輕氣爲單位，所有其他元素及化合物，列成一表，以其與輕氣或養氣化合之量之大小爲次序，——養氣與輕氣化合之當量，原爲已知之數。〔原註〕自發明原子學說多年之後，科學家對於此問題，及其他要點，有游疑不定者，有頗持異議者。其以道爾頓學說爲基礎，而爲之建築者，則有柏濟力阿斯爲之定間架，爲之定化學名詞。柏濟力阿斯以歸納法，爲之進展，爲之鳩輯材料，又有準確分析之功，尤其研究無機物之功。其始研究化學時，卽極以道爾頓之學說爲然、明知，此學說之有力，亦知道爾頓之倡發此說，根據於天幸之偶合，得於演繹之術多，得於歸納之理少，非有極多數之證驗，不能成立。十年之後，於一八一八年，刊行其所著，此爲發明最完全最深透之原子學說。

之第一書名為「化學比例論及電氣之化學論」（一八一九年法文譯本，一八二〇年，德文譯本），而在此十年之間，曾在吉爾柏特之「年報」，及湯姆孫之「哲學年報」，刊行其各種研究之效果。洛茲(Rose)為本世紀最偉大之化學分析家，謂化學之有準確研究，自一八一八年始，因此時道爾頓學說，始有證實，而為科學界所公認也。有人以為當從道爾頓刊布其學說之一八〇八年為始。有以為應以一七七六年為始，因此時拉瓦節毀滅火質學說，而用天平也。亦有以為應從布拉克揭露隱熱之一七六〇年為始者。在諸國共同之思想史中，原無所用於斤斤裁判，誰居創立化學首功。以上所引之時期，皆所以表明此獨立科學之進步。布拉克有發起熱量之功，使物理的化學基礎有所進步。拉瓦節則為化學之計算部分之先導，學者每因注重於此部，而拋棄物理的部分。道爾頓則提出一公式，更能為計算部之助，柏濟力阿斯又從而加以研究，創造通用名詞。布拉克及道爾頓皆發表新意想，拉瓦節及柏濟力阿斯則創立大規模之重大學派。

於是化學之門徑大開，不獨能使學者為實在之瞻測，及實在之研究，且能使學者運用其心思。與輕氣化合之物，有要多於一單位之輕氣，乃能化合，可見與物化合之輕氣比量，並不是該物之正確原子量，不過或是倍數，或是下倍數。例如假定養輕兩氣化合之比例，為八分養氣，一分輕氣，是為八與一比，或者在事實上，應寫作十六與二，而不應寫作八與一。從此又可以發種種疑問。所謂當量或原子量，必定皆爲整數而無奇零耶？化合必需二元，如酸與鹽基之成鹽耶？又假如既知化合量之比例，以容量而論，又當如何化合耶？重量既有定例矣，容量有無定例耶？又甲既與乙合化矣，有時又棄乙而與丙化合，此何故耶？何謂化學愛力，愛力因何而變，如何能定其界說，如何量度耶？

所謂獨立似若不改變之元素甚多，此元素與彼元素相化合，成爲數千種之化合物；化學家之事業，極其繁重，其研究之區域，與理想之區域，可謂大矣，幾乎大至於無限。今且試論，當以何種意想以部署此大事業。

凡以漸發展之理想，使其從無界限漸至於有界限，哲學家似若有一種方針以爲之指導——卽所謂單簡法是也。〔原註〕化學之進步，卽在無數之元素相化合之中，求有一最單簡之數目關係之歷史，然務求單簡，雖暫可聊濟一時，知其將來必有通行而拋棄之之一日。所得之公式，除有定比及有定之倍數，比例外，無有不遭反對者。然而此例又限於實體之化合物，雖知此例，而不知比例之確切數，既假定爲不變之比例，卻無變象以反證之。其初以原子爲圓而堅硬之物，此說不適用，乃改爲微點〔又稱分子〕，所謂微點者，聚集若干原子之謂。又推廣初時意想中之單簡原子爲繁複之原子〔又稱爲類〕。初意以爲原子量爲最小數之倍數，其後又拋棄而不用。化合之二元學說，又改爲根類學說，又改爲多核學說，又改爲模型學說。其初以元素的小點，爲有單簡性，其後，則改爲有繁複的原子性。又要將繁複原子性，與原子價作分別。總而言之，是從單簡而漸進於繁複，以爲發明。

一四、單簡之說

人類之思想，如何能想到古人所編重之『單簡學說』實在是難以測度，大約是發生於好趨便利之故。凡是不存偏見之瞻測家，對於變象世界，必當以爲變象之例，絕不能單簡。至若知有極單簡之時間、處間、及數目之關係，竟能使人類之靈性，得以窺見造物之功用，自哲學家觀之，不能不委爲上天所啓示，亦毋怪其人類進化多年，始能發生矣。

【原註】有以畢達哥拉斯(Pythagoras)之理想爲發起在先，則當除外。

科學家之所以竭力研究，以求單簡公式者，大約由於見牛頓之單簡公式之功效，及牛頓動例之單簡；新化學發起之時期，正是牛頓處置物理天文例，立足堅固之時期。毋怪乎學者之力求同等單簡、或類似之公式，以處置微點變象矣。既有道爾頓原子學說，以發明化學定比、及倍數比例之時，卽有新思想發生，謂每元素各有其一定之化合數目，所有此種數目，皆其中最低數之倍數，卽輕氣之當量，或

一五、普牢特之學說

輕氣之原子量。此卽普牢特（Prout）之著名學說。熱心附和此說者，頗有其人，在第十九世紀中，此學說之起而復跌，跌而復起者，屢矣。〔原註一〕

〔原註〕普牢特學說，宣布於一八一五年，湯姆孫祖之最力，有多次之復興。自此說之初興，同時又附加一說，此一說則謂所有各種不同之元素，難保不是同生於一種之原始物質。今日學者之所謂元素，或卽此原始物質之元素所成，不過組合之原子，數目不同，部署不同，有力以維繫之，而非人力之所能打破，使之分散。此原始物質，或者卽是輕氣，以其最輕也。或者是另有一物，而輕氣卽爲此另一物之倍數原子所構成。普牢特學說在外國，則有柏濟力阿斯之確切測定，以證其不確，在英國則有忒湼(Turner)以反證之，大約在一八三〇年，普牢特之學說，途遭埋沒。至一八四〇年，有杜馬(Dumas)諸人，及附和杜馬者，又重與普牢特之說，謂以化合物之各不同之性質而論，而以有機之化合物爲尤要，需從原子之部署，及其結構方面設想，否則不能解說明白，殊非在原子物質不同方面所能解說。此卽所謂模型學說，或結構學說之新化學。此說與默信，所謂若推其極致，物質皆爲同一純體，無有分別之說，相輔而行。因原子之位置形式不同，是以生無限數不同之化合物。士他士(Stas)有確切研究，以一八六〇年，又證明普牢持學說之不確。新近此學說，又復發現於科學著作，近因有天演學說〈包括物理的及哲學的天演而言〉，有分光鏡之發露，謂大陽外光罩之元素太少，又有邁爾及門對雷葉夫之週期例，及炭質化合物之體實量度學說〈此文將討論此學說〉，凡此學說，皆有同一向之結論，指明向來所謂元素者，皆組合之物，頗祖普牢特學說，謂原子，分子，元素，化合物，或皆爲只一種物所構成。一八八六年，克啓克司(Croches)教授對於科學提倡會之化學部講演，又令人重新注意於此學

說。克魯克司先爲詳徵博引，其後有言曰：『從以上所引諸說（此外尚多未及遍引）觀之，姑毋論學者，所存元素之能再化分之意，且論其所存元素爲繁複體之意，因已滿布於科學空氣中，不過待將來再進一步，以爲發展耳。學者宜注意，於元素之所由生，使心意中有一種影像，庶可以心中習爲尋出原子是如何發生』。既發此論之後，又創造一『元物』（protyle）名詞，以指初質或元物。英國哲學，自培根•羅哲爾以來，即有此種理想，而英文則無其字，德文則稱之爲 Urstoff，羅馬人呼爲 prima materia，哲學家往往有此理想，與普牢特之學說相類，學者不能不注意。惟是雖有此種理想，而科學並未獲益，而且動搖新化學所已立之堅固根基，學者今日乃不能不用相當比例之說也。門對雷葉夫於演講週期例時（一八八九年「化學會月報」第六三四等頁），不認初物與週期例有何種關係。

士他士初時，原爲相信普牢特學說之人，曾爲極準確極勞力之研究，曾自述其結果曰：『普牢特之學說，以爲在化功中有極單簡之比量或比重，今以試驗證之，並無實據；其實並無此單簡之比重也。』

【原註】阿斯特瓦德之「普通化學」所引（一八九一年來比錫刊行第二版，第一冊，第一二九頁）。在第十九世紀之中葉，普牢特之學說復興，則由於杜馬及士他士，露揭柏濟力阿斯所求得之炭之原子量爲 1.220（養氣作十六）殊爲不確。阿斯持瓦德之「化學」，在第八十二等頁，對於求此原子量之勞力研究，言之頗詳。在第一版中，頗似嘗詳細討論，科學家所求得之各種定數之準確無訛，至於若何程度，以此說施於化學。此種考慮，爲天學家所習聞，而本世紀之上半期便覽本，從未注意，今日之平常課本，亦罕有提及者。於是常人對於科學之言詞，有若何準確程度，往往易生誤會。

德斐以電池化分化合物，於是化合之元素，從兩極而出；普牢特之單簡而不確之學說，卽以此時發生。有多種物，如養化物及泥土，向來視爲元素者，至是則亦列元化合物表中。由是而發生意想，以爲向來當爲元素者，或者亦是組合之物，爲數目不同、位置之形狀不同、之多數之相同原子所成。普牢特之學說，與此種理想，雖屢跌屢起，而尙有另一學說發生，因其單簡，亦有人相信。此則發生於德斐之揭露，及柏濟力阿斯爲之發展——卽所謂電化之化合學說，或稱爲二元化合學說。謂最初爲兩元素化合，次爲此一兩元化合物，與彼一兩元素化合物，再行化合，如此類推，可以推至於極繁複之化合物，以此爲化合之單簡規則。此種單簡而令人易信之見解，學者頗爲之研究，經歷多年，乃拋棄之，以爲理由不充足。〔原註〕德斐及柏濟力阿斯之電化學說，有十五年之發展。當時亂用正電負電名詞，及一八一八年，柏濟力阿斯始表明其學說於所撰之「化學比例論及電氣化功論」。此學說由是盛行二十年，至是物理學及化學之新揭露，乃證明其學說之理由，實欠充足。哥布之「化學發展論」，邁爾之「化學史」，皆詳紀其事。柏濟力阿斯則始終抱守其學說，今日有多數學者之意見，亦謂將來必有德斐柏濟力阿斯學說復興之一日，或需略加修改耳。欲知此事之關係，必宜讀赫爾姆霍斯之一八八一年紀念法拉第之演講（翻印於其「講演集」第二册）。電化學說有一特色，不獨是原子學說，兼有化功愛力學說。及拋棄此學說時，相輔而行之兩種學說，劈分為二。一為發展原子學說，以求得真確之化合物構造，及反應之情形。一為解說化功愛力。科學家則較為重視第一說，其中有兩原因，一為理想，一為實用。理想之原因，在乎一八四〇年間，所新求得之有機化合物之數目極多，紛亂無章，不能不求一規則以部署之。柏濟力阿斯創製化學名詞，及寫法，然而炭之化合物，尤其繁多，柏濟力阿斯所創造之名詞等等，仍不足以馭其繁。至關於實用之原因，則以化學工業日見發展，遂將化功愛力之研究，置於腦後而不顯，以全力注重於分析及構合新物，或用新法，或用較為單簡之法，以造習聞之化合物。以實用而論，研究反應，比研究化力為有利。及第十九世紀之末年，化學家毋論其從理想方面設想，或從實用方面設想，皆不得不熟知化學事業及力學事業所用之各種工能，於是不能不重新研究電氣之工能，及力學之工能，及化功愛力之性質，及愛力例。實用化學之經濟，可分兩類，一為物料之經濟，一為工能之經濟。第十九世紀之大發展，由於能利用製造所旁出之廢物，及免徐物料之耗廢。今日之時期，即為如何能盡工能之用之初級時期。

一六、同分異性之新發明

柏濟力阿斯組合道爾頓德斐之研究為一種學說，以成為普徧之化學，又受一打擊。在第十九世紀之初年，化學物之同異，似以其所由造成之元及以定性及定量法分析所求得之數量比例而定。此說誠為單簡，然而因有味勒（一八二三年）利比喜（一八二四年）法拉第（一八二五年）之發明此說，則不能行。此數人所發明者，爲同是幾種元素，按同樣比例相化合，而化合物之性質，大不相同，表示構造之不同。〔原註〕此種變象，名爲『同分異性』。此名詞乃柏濟力阿斯於一八三〇年發明。因見相同之幾種元素，按相同比例化合，而所成之物，性質大異，此種化合物，按照相同比例，與他物化合，而成中立性鹽類，，於是以『同分異性』，稱謂此種變象。其所研究者，爲葡萄酸與酒石酸。柏濟力阿斯早已得有證明，同樣元素，按同樣比例而成之化合物，並不相同，至是始不懷疑，認爲事實。味勒於一八二三年，來比喜於一八二四年，亦發見銀衰（衰又作精）及雷酸銀（銀炸藥）化合之數相同。一八二五年，法拉第發見兩種炭輕類，其兩元素之比例相同，而性質大異。其所發見之點，在其爲氣體時，密率不同。有兩種錫養，其化合比例同，而性質不同，燐酸亦然。柏濟力阿斯發見此種變象時，頗覺爲難，只好以爲是原子之位置不同，謂化合物之有同分異性變象，必由於原子位置之不同（見邁爾「化學史」第二三八頁）。勞氏（A. Rau）於其所撰「新化學學說」（一八七七年至一八八四年出版，其分之部）第三部附篇中，詳載同分異性之歷史，曾謂柏濟力阿斯並未以原子位置不同，而生同分異性之變象，謂此說爲杜馬於一八三三年首先提議。於是不得不劃分化合物之化合，與其構造爲兩事，分析法與公式皆要分別。於是異說紛起，歷四十年而後有有秩序之解說；此

一七、有機化學

四十年間，有機化學漸見發達。動物之骨格纖維，植物之汁液花果，動物機體之吸

進及排洩之化學物，不過爲少數之元素化和而成，然而其化合之數目極大且極繁複。若從機體取出此種化學物，則極易變壞，然而能以此化合物製爲不變之化合物，遂成爲有機化學分析術之問題。拉瓦節前已表示此種繁複之有機體，可以求得一種規則以整齊之；柏濟力阿斯卽採用此說，以發明其所謂二元例。【原註】

原註　哥布所載之柏濟力阿斯對於有機體化合物之見解，頗爲詳晰，學者宜參觀。一八一四年時，柏濟力阿斯研究蓚酸之化合性，，卽見原子說行不通，於是再力事研究，改良分析法，始知如何用原子公式以寫此種化合物。『遂最先發明以此種物，與無機物，而有已知之原子量者所化合之物而分析之，然後可以知此種物之構造。……又謂發明有機化合物之化合比例，與無機者相類，欲求有機物之學說，先自以有機物與無機物比較始，發明此種見解者，柏濟力阿斯預有功焉（見哥布「化學史」第一冊，第三九八頁，又「化學發達論」第五三二等頁）。從前有機化學與無機化學，立有界限，其打破此界限，則自柏濟力阿斯始。柏濟力阿斯不以有機物爲二元化合者，爲時甚久。一八一四年，柏濟力阿斯持議，謂有機無機之分，只在無機物爲二元化合，有機物則爲三元化合，或四元化合。德國化學家受拉瓦節養氣學說之濳力，主張二元說。又有給呂薩克之蜻（又稱衰氣）之研究（在一八一五年），以爲之助。蜻氣原爲炭淡兩元素所化合之物，而當時則視爲一元素。其後一年，安培發明阿摩呢（卽淡輕三），可以得而劃一整齊之，使與其他鹼類爲一家，惟需以其中有化合的元素，爲淡輕二氣所合，而非單簡的元素。柏濟力阿斯，在其於一八一八年所製之著名論說中，爲有機酸作界說，謂有機酸爲二元化合物，即養氣與化合的元素（又稱根類）所化合而成者（見哥布「化學史」第四册，第二六九頁）。以爲此種物中之單簡習知之元素，或有最初之化合，比其他之化合，較爲牢固，其性與元素同，或與同類之最初化合物相化合，或與元素化合，成爲繁複之化合物。其在此類繁複化合物中，仍保存其元素之性，其作用與元素等，毋論分離組合，得保存其全體，不復分開爲本來之元素。有生機之機體，本其所有之元力，能產生此種元始（即最初）化合物，或複繁原子。由是而發生思想，以爲無機體以元素化合而成，有機體則以有若干部分是化合物所造成。於是不能不創造新名詞，以稱謂此種在有機體中之元始化合物，而有元素之性者。所創造之名詞，即是『根類』所謂根類者，或爲元素，或爲合物。

「原註」根類之稱謂，早已用於一七八七年，其時法國化學家討論化學名詞時，即用此字（見哥布之「化學史」第四册第二六六頁）。至一八三五年，此名詞得有較爲有界限之意義，其時利比喜，及柏濟力阿斯，杜馬等，發明今日所謂有機化合物之根類學說，哥布（見「化學發達論」第五七六等頁），曾謂此時議論紛歧，此種有根體之根類，是否實有其體，抑或並無其物，不過以爲便用之記號，是否與猜（即衰氣）同，能分析之使得獨立，抑或只能與他物化合，而不能有獨立之分離，氣是否有永定而不能變之性，抑或可以使之變爲他物，等等，議論紛紛，莫衷一是。『大多數之化學家，採用利比喜所作之有機化學界說（見一八四三年「有機化學」），卽謂有機化學者，化合的根類之化學也。……此種根類，實存在於化合物之中，為有界限之要素。若謂此種根類，……大抵多是意想之物，此句語意，卽謂據我輩所知，有有自由獨立之根類，有不能自由獨立之根類』（見第五八一頁）。有以為此種繁雜根類之所以異於元素者，以

一八、利比喜之有機化學界說

其有大多數，皆產生於植物或動物之機構中。利比喜本人原以此說為然者，首先推有機化學之用於農學及生理學，讀其書者甚衆；稱有機化學為繁複根類之化學，稱無機化學為單簡根類之化學。據利比喜之意，則以根類為有機化學之真元素。柏濟力阿斯之二元化合說，又另受一打擊，首先發難者為法國有名化學家勞

一九、替代說

郎（Laurent）及熱剌（Gerhardt），杜馬暫時亦附和之。因有機之分析研究而得有多數之化合物，其數且日見增加，化學的哲學家，不得不想法以部署之，大約以一八四〇年，遂有替代說發起。〔原註〕在此之先，有多數之著名化學家，頗為英國兩自然哲學家之新發明所潛移，而此二子者，則絕不為柏濟力阿斯之化電學說及二元化合學說所牽製。所謂新發明者，一則關於德斐所研究之氯，溴，碘三種之輕氣酸，二卽關於格累謨（Graham）之燐酸鹽，及此鹽之各種變格。德斐雖與柏濟力阿斯同為發起電化學說之人，而知拉瓦節之養氣學說，有修改之必要，所謂養氣為造酸

十九世紀歐洲思想史 第一編 上冊

之元素是也。德斐與德國度隆（Dulong）之先後解說所謂養氣酸，如硫酸之數，是輕氣與繁複之根類（硫養四）相與化合而成者，正與鹽酸是輕氣與單簡之根類綠氣，相與化合而成者相同。格累謨發見燐酸有三種分別，此三種不同之燐酸之飽和量，亦各有不同，於是對於何謂中立鹽，發生極長之討論。所新發見之事實，殊不能強合於柏濟力阿斯之學說，利比喜採輯各種新事實，作一結論，載於一八三八年所製之說帖中，對於金類酸有兩層慎重之表明，一或採用柏濟力阿斯學說，以金類酸爲二元和合物，其一爲養化，其一爲無水酸，二或以金類酸爲替代之結果，從輕氣化合物中，以金類替代輕氣。二說任擇其一，一說便於無機化合物，尤以用於金類化合物爲最便，一便於有機化合物。於是既有養氣學說，又有輕氣學說，既有單簡化合，又有替代化合。至此程度時，根類學說，雖已受恐慌，二元學說，雖無存在之必要，而倘有維持之可能。綠氣是電負元素，其功與養氣同，惟再深研究，始發見綠氣雖爲電負元素，而能在有機物中，取輕氣而代之，並不改其化學的特產。二元學說，原以極性（電力的）之相反爲根據者，至是則不足用以爲解說，更不足用於分別門類。杜馬爲最先指出此事之人，而仍力持其電化學說，或極性學說，謂有機化合物之電性相反之要素，或有相同之元素，而處於電性相反之地者。（參觀哥布「化學發達論」第五六四，第五九五等頁）。其時曾發見在有機化合物中，有一原子（以輕氣爲尤著）或多數原子，可以被同數目之其他原子，取而代之；替代後之結果，仍得保留相類之質性，且能互相對代，化合物之模型不改。於是從替代而生發模型之意想，各化合物雖因引受各不同之元素而變，而模

四百二十四

二〇、模型學說

型則不改。柏濟力阿斯及利比喜之用根類學說，爲化合物之繁複，欲以有定數之繁複原子，化繁複爲單簡，以便易於研究。勞郞及熱刺之模型學說，亦同一目的，發明較爲少數之單簡式，以合於學者熟知之單簡物，卽以繁多之有機化合物，分爲門類，分隸於各簡式之下。（原註）模型學說，久經遲疑，而後發展。杜馬大約以一八三五年起，卽研究以預爲之所，而本人並未立卽結束。至勞郞乃爲之，『倡爲新說，謂有機物之輕氣，若爲綠氣所取而代，其化學的物性，並不大改』（見邁爾『化學史』第二六一頁）。勞郞於是製造『核子』說。令人追憶柏濟力阿斯及利比喜之根類學說。核子爲有機化合物之基礎，根類不變，而核則變。杜馬其始反對勞郞學說，其後因有試驗之新發見，乃採用其說。有機化合物以根類爲不變之要素，核子猶無機化學中之元素，此根類之說也。今則有核子之學說，取而代之，核子則有變，而保留其形。不變之要點在形式，在結構，或模型，而不在於物，毋論其物爲單簡，抑爲組合之要素。從此發生極多之形式研究，專研究公式，遂與研究元素之性質，分爲兩途。於是創製模型，往往出於任意創造。『其最後之結果，爲學者爭從事研究於空無所有之形式，而捨此學說原有之長，於不顧』（參觀上文所引之『化學史』第二六四頁）。『於是單獨意想，侵入成雙意想之域，取成雙意想而代之……此說一與，化合物成爲完全之一體，而無兩部之分。化學的特性，專視原子之多寡，及其部署之形式而定，並不甚視原子之化學的性質而定』（見第二六五頁）。以原子解說物質及自然，以此爲第二進步之初點。當初證明有一定而不變之算學關係在其中，於是原子觀，始變爲科學利器，及於算學關係之外，加以幾何關係，原子觀變爲更有用之利器。有地位，及部署，及結構之意想，即包含遠近，及處間意思。其始用此種名詞，不過用，爲記號，然既有如是意想，自必發生相當效果。有第十九世紀後，半期之化學學說史以證明之。模型之意想，發現有穩定之性，而同時又有多數無定之別，此則博物學他派所常有之意想。柏濟力阿斯之學說，假設元素按照極性相反而兩相配合，今有以此元素替代彼元素之說，不啻爲柏濟力阿斯學說宣告死刑。例如綠氣在列表中，在電負方可以替代在電正方之輕氣，

其後模型學說，以漸而變，久而愈趨繁複，終至於毀滅二元化合之說，復歸於單元之舊說。

以上諸說，或化爲單簡之元素，或化爲繁雜之元素，或作較單簡化合之相配，或以模型爲部署，無非欲使化合物得供學者之單簡研究，亦各有其用，可以推廣知識，指示新徑之研究，提倡有益之試驗。【原註】大約此時之研究化合物及物與物之反應思潮，可以分爲兩派。其最顯著最有潛力之代表，爲克古列（一八二九年至一八九六年間人，先爲根脫教授，自一八六五年起，爲波昂教授），及柯爾伯(Kolbe)（一八一八年至一八八四年間人，先爲馬爾堡教授，自一八六五年起，爲來比錫教授）。此兩位教師，此學界潛力之兩中心點，雖方針不同，有時雖反對·

而同爲繼承利比喜，味勒，本生，在德國所發起之事業之人。此外尙有第三者何夫曼（一八一八年至一八九二年間人），僑寓英國二十年，頗有介紹德國化學，及德國化學之教授法，於英國之功。自一八六五年，發起立柏林之新化學派。此三人者，如何推廣利比喜味勒所發起之事業，如何發展德國之化學工業，如何發展德國之化學工業，作者不能詳述其情形。其所創造之化學工業，有其特性，與德國人之有其特殊之聰明，同其功效，其當比同時之政治之改變，較爲長遠。其與思想史有要緊關係者，則爲柯爾伯，此君附於味勒及柏濟力阿斯學派，欲繼續其思想，以發展柏濟力阿斯著作之結果甚多之意想。「以自己新研究之結果，附合於柏濟力阿斯之漸見衰敗之學說，剪除其已死之枝葉，而賦以新生機，而以強有力之原理，替代其已死之枝葉。以自己及他人之研究，作一結束，謂柏濟力阿斯所發明之根類不變之說，爲不能保持，因有替代之說不能不論也。」其特別發展者，爲柏濟力阿斯兩相配合之化合物。（參觀邁爾之「化學史」第二九五頁）。柯爾伯同佛郎克蘭合作之事業，於科學頗有要緊關係。至於柯爾伯之潛力，大多類爲爭辯之性質，因此君及摩爾（後文將再提及此君），極力反對法國派之反對柏濟力阿斯者。此法國派，以杜馬，勞郎，熱刺，爲發起人。此派因有符次（一八一七至一八八四年間人）之宣教，及其精美之文章之潛力，頗有益於學者。此派又與德國之克古列學派，有密切之聯合。克古列其先以邏輯法發展熱刺之意想，其後引生自己之特別見解，特別方法，遂爲結構學說之發起人，又爲串聯原子學說之發起人。作者於此，特表明所得於此君所著之史論之力（即指符次所撰之「原子論」一八力三年第七版，及「化學原理史」，窩次(Watts)譯本）。此君文筆之條暢雅潔，可與哥布之「化學史」等之見識遠大，持論平允，並駕齊驅。

然而以上諸學說，在第十九世紀中葉，並未

得科學家普徧公認。〔原註〕所謂替代及模型學說，有時稱爲新學派，有時稱爲法國學派。其柏濟力阿斯學派，或稱化學派，或稱爲根類學派。此兩學派，常相爭辯。法國駁柏濟力阿斯學派，謂電正元素，既能爲電負元素所取而代，則無所用於保持極性正負之分別。又指明有機化合物，不能爲電池所分析，又駁其以人力臆造新根類，又從而繁殖之，實則並無有其所謂根類之存在，是爲任意妄作。附和柏濟力阿斯之徒黨，則責法國派，一概抹煞新派所發明有事實存在之電化分別，又責其毀滅有機化學與無機化學之聯屬，並責其只按外觀之分別，而創爲形式上之部署。柏濟力阿斯派又伸明其見解，謂欲知化學的反應，到底必靠研究化學的愛力之性質及程度。又謂以今日之學識而論，化學變象與電化變象之互相關係，實爲惟一之引線，使學者得以窺見化學的愛力之性質。現時原子學說，最爲科學家所注意，頗有礙於柏託雷，欲以物理學說而解化學的愛力。或謂抹煞電化分別，新學派失去解說（不獨爲之分別門類）化學的變象之惟一機會。欲研究此項理論者，宜觀勞氏所撰之「新化學學說」。

二、第十九世紀中葉化學無一定之學說

因有偶爲發生之各種環境，於是有新見解之發露，其後此新見解，遂爲科學家所公認；所謂新見解，即指化學物之『原子性』或『原子價』是也。所謂化學物，並指元素與化合物而言。此最新之化學部署，發起於英國。〔原註〕德法兩國，第十九世紀中葉之科學年報，其中對於化合物之構造，頗有漸趨於正確之議論，而英國科學家之名，則少見登載。撰因(Kane)之著作，不爲人所留意，而威廉孫〔Williamson），及俄特令（Odling），則有可注意之潛力。英國人對於各種科學，有闢荒之功，化學亦然，而以佛郎克蘭爲尤著。利比喜於一八三七年，遊歷英國之後，嘗致書於味勒，有言曰：「我曾遊歷英吉利，蘇格蘭，愛爾蘭，可驚之事，看見不少，而並無心得。此地之教師甚劣，不知英國科學從何處發生。在老輩之中，仍以威廉孫為最好，後起者，則有格累謨，人極謙退，而有極妙之新發明。雖然，英國誠為傑出之國也」（見利比喜與味勒往來尺牘，第一冊，第一一三頁）。作者曾於上文言過（見上文第三章第二九六頁），近代化學學說之有較為劃一整齊之部署，能將外國各派之思潮，滙合為一，則英國之功也。化學原子，及化合物之原子價新學說，當以佛郎克蘭為最有功之發起人，非其他發起此學說者所能及。見於一八七七年刊行其所著之科學研究集中（「化學試驗研究集」倫敦出版）。當其始事研究之時，有機化學可謂極其亂雜無章，所謂有機化合物之構造學說，無奇不有，而學者亦不以為怪。例如有謂一枚炭原子，與四枚輕氣原子，及兩枚綠氣原子相合，而學者猶以為非不可能之事（見本集第二六頁）。此時學界有一意想，謂物與有機根類化合，仍保存其初時愛力而不損失。於是柏濟力阿斯創造，行用新名詞，謂此種化合物為「配合」或「締合」之化合物。此說似由於本生曾造一化合物，而起名為「克科狄爾」(cacodyl)。有機之根類，絕少有金質者，此即其一，其內有砒。佛郎克蘭有時獨自研究，有時與柯爾伯聯合研究，有兩層目的。其拋棄根類學說之學派，同時以為有機化合物與無機化合物，絕不相同，此學派究失去一最緊之引線，即有機化學與無機化學之聯貫是也。所謂兩層目的，自非此學派所有。其一，即分隔根類，或化合之元素。其二，即為製造其他含金類之有機化合物。因第二層之研究，而窺見化合之性質。佛郎克蘭之言曰：「我研究未久，即見得金類之原子，有一定之極大容度，或飽和度，此則以前從未有人發明者。……例如鋅，錫，砒，銻，之原子，只能一定容納若干枚，其他元素之原子。此說遂於一八五二年五月十日，報告於皇家學會，此即後來所謂原子價學說是也。據我所知而論，此是第一次聲明此學說』（見上文所作書第一四五頁）。

所謂根類學說，應稱爲德國化學家學說，模型分子學說，則爲法國化學家學說。然而欲知『原子價』及『受代值』或飽和度，非先知『分子』與『原子』有分別不可。此意原包藏於從前極著名而近日竟無人理會之亞佛加德羅例中，發明在一八一一年，稍後於道爾頓例之發現。

二三、原子例之兩方面

原子例原可以作兩層討論，此原子例之兩方面，不過以漸發露，至如何發露，則爲思想史中能令人增長知識之事。古時之空泛原子學說，原自命爲萬物構造之學說，爲解說物理變象之根據；因欲如此解說，不得不假設爲物點相吸相拒之說，創爲極勞心勞力之演算，以求此項元力之總結果，若果不能算，至少亦得製一公式。上文論過之波斯科維赤之學說，卽其一例也。

（原註）並宜參觀柏託雷之『化學靜力學』，一八〇三年刊行，第一册。其言曰：『發生化學現象之動力，全由物質的原子之相互吸力而化出者，此種吸力，名之曰愛力，以示區別於星辰間之吸力也。第該兩種吸力，實屬同一性質，亦未可知』（第一頁）。『多數科學，可以無須學理上之補助，僅在天然事實中定以強迫依行之次序，而加以精確

判斷之方法，即能達到完美地步。惟化學則不然，蓋其觀測，大都從實驗而來，且其事實，有關於發生事實之環境的人造結合也。而諸凡實驗，均當具一目的，設一想像，以便有所遵循，而并引導之。……是以諸凡想像，雖覺有名無實，甚至有目之爲類似幻想者，然能使世人以爲準則，從事於勤力之試驗，而化學局且目爲須要品焉。按此方法而行，則一切事實，從之以增多，無數物性，藉之以證明，而諸種藝術，亦因之以完美矣』（第四頁）。『各種物質之化學本性，全賴其愛力與其特別配置，至其締成之化合本性，則專恃各自充分融合，與交互動作，發生之構造變化，及維持化合力之程度等是已。所以單體之本性，不僅爲化合之原由，亦爲其本身感染之原由也』（第二册第五五二頁）。

若追溯從前之科學歷史，今日則可以發論，謂此各種學說，不能不稱爲巧妙，然而用於計算人界物質及微點（塵界）物質之特性，殊無效果，若或有其所得之效果，亦與反對派抱持物質相接觸、無空隙、無間斷之學說，所得之效果無異。雖然，原子學說，若另從一方面觀之，則亦有功於科學。此則由於利希脫、道爾頓、柏洛士特、柏濟力阿斯、證明一事實，謂物之相化合，必有一定比例之重，否則有比例之單簡倍數；此說已立於不敗之地。發露此學說之諸君，實亦有不得不然者，非此則不能用最簡捷之法，以表明化合物之合式也。從此以後，原子觀可以當爲記號，表明元素特性，實寫化合物，其實重亦可以演算得之。自有原子學說以來，第十九世紀中葉之化學大家，對於物質元點，雖常用公式以爲自由之處置，甚至繪爲小圓球，及用有顏色之圓片，以事證驗，然而對於此種物質元點，是否實在果有其物，則仍不敢輕易置議也。

武拉斯吞爲首先承認道爾頓定比及倍數比例之說者，【原註】哲學家對於原子說，頗有懷疑，若以算學發展此學說，使不相矛盾，亦有其爲難，道爾頓似並不爲所阻。道爾頓當日原賴有幾層事實，而造成，及施用此原子學說，如定比及倍數比例事實，其水氣與空氣之要素，同時有分隔之存在等等，又因牛頓之設問，有「物質成於堅實，有質，不能入，而能動之小點」，是以用原子之說（參觀洛斯科Roscoe所撰「道爾頓傳」第一二八等頁）。武拉斯吞及德斐，則較爲小心。武拉斯吞預知原子說所發生之繁複，與所及甚廣遠之算學問題，德斐則以爲此種普徧學說，當未能成熟。德斐於是專用力於發明向來以爲元素者，實爲化合物，並發爲疑問，「是否化學家已求得眞元素」（見上所引書第一五五頁）。一八二六年，德斐送徽章與道爾頓時，說及其定比學說之發達，即向來所謂原子學說，又頗稱其爲有實用，又稱「此學說可以使化學靜力學，倚靠單簡加法減法問題，又能使學者從少數準確可靠試驗結果，引伸極大，多數事實」。德斐提及武拉斯吞之原子價例表，謂將此學說之有實用部分，與原子的或理想中的部分，分離。有謂武拉斯吞對於此事，過於遲疑，遂失去爲發明原子學說之一人，不能與道爾頓，柏濟力阿斯，分享大名。（見斐各克所撰「楊博士傳」第四六九頁）。對於原子理想之價值，發爲有保留之議論，（譯者註）即謂措語極其謹愼也。其製爲原子重量表時，稱爲相當價値——此名詞已爲卡汾狄士所用——意謂不過是物與物相化合或化離之比例而已。德斐對於毋論何種物質終極的結構學說或理想，皆極其恃重，不輕許可。利比喜（原註）『既已發明化學比例之永不改變矣，凡欲再進一步而研究此理想之原因者，須知或眞或偽，與此自然例無干。此自然例不過發表人人之所閱歷而已。吾人意想之原因，雖變，而此例則不變』（見一八四四年利比喜「論化學之函牘」）。利比喜發爲此言時，正是化學家對於元素之原子價，紛紛聚訟之時，其時有多數化學家，不用原子重（又稱原子量）名詞，而用相當價値名詞（見哥布「化學發達論」第七一八等頁）。一八四〇年，杜馬發爲議論，謂化學家不宜用原子重名詞，假使力量能作到，應將化學書中原子名稱，劊除淨盡，謂閱歷所不能及之區域，科學家不應侵犯。一八三九年，正是利比喜所撰之要緊說帖，討論有機鹽基及有機酸，將發見於其所刋之「年報」時，亦重視相當價値，不改變之事實，而對於比例之原子重，則懷疑，並希望不久所有化學家，仍回頭用相當價値之說（見前引書第四三八頁）。其在法國，則有一頗有力之學派，以柏託雷爲領袖，至今只用相當價値名詞。參看柏德樓所撰之「組合化學」第七版，第一六四頁）。及法拉第，（原註）法拉第之反對原子，並反對原子重之意想，似別有理由。一八三四年，解說其電化功能之研究，曾謂（見「試驗研究」第八六九號），「我聲若，用原子學說，或其名詞，則各物之原子，凡有相當價値者，自然於其在平常化合時，有相等之電量，附屬於原子。惟我則頗忌原子名詞，講說原子，原是極容易之事，而對於原子之質性，頗難成立清楚意識，至論及化合物時，尤其爲難』。十年之後，撰有「對於物性之理想」說帖（見「試驗研究」第二冊第二八五頁），曾謂「原子名詞，斷不能十分離開理想，然而頗有人常用以指單簡事實。……從前所用之定比，相當價值，元始，等種種名詞，從前及現在，皆指平常所謂原子學說各項之事實，追後則廢而不用，其所以廢而不用之故，殆由於此項名詞所達之意，殊欠充足，不足以盡達，用原子名詞以代表各項事實者，心中所有之意。此項名詞，不足以兼達理想及事實。於是詳論原子觀之必要，寧用波斯科維亦之學說，因波斯科維亦謂物質包有原子，及原子間之空隙（即處間）而言，若據平常之原子學說，則謂物質無乎不在，是物質充塞處間，無有餘隙』（見「試驗研究」第二冊第二九〇，及二九一等頁）。法拉第之所以懸用原子名詞者，顯然反對平常之所謂原子學說，以此學說有反對體離力及之說，即反對無傳遞之吸力也。第十九世紀中葉，外國之化學家，頗勞心力以研究，以原子觀討論物質及自然，並無此種反對。法拉第之反對，另是一種思想之方針，將於下文討論之。

後來皆不甚承認舊意識之所謂原子之存在，警告化學家，勿介紹用不着及未經證明之理想。遲至一八五六年，熱刺猶反對化學公式，以爲此種公式，不過是使用之記號，如字母然，可以達出各元素或各化合物之反應，且能求得要素之比量，及反應結果之比量而已。【原註】見其所著之「有機化學」，此作是在一八五三年至一八五六年間，繼續柏濟力阿斯所刊行之「無機化學」而作。參觀哥布之「化學發達論」第七四七，第七九六，第八百，第八〇九，第八一九，第八三四等頁）。於是有謂此各種公式，可以用多種不同之法寫出，遇有特案時，指明各種功作，及各種反應。〔原註〕自利希脫及道爾頓以來，化學之得以成立者，全以化合量，或元素之相當價值為根柢，即此化合量，倘以為並非只有一數目上，例如淡氣，及燐質，同一金類，而有數種鹽基養化物，或酸養化物（參觀哥布之作，第八〇五頁）。勞郎在一八四四年「報告書」第十九冊第一〇九九頁，有言曰：「凡同一單體，其表現之性質，時有不同者，則屬複體類，而其重量，亦時有變化也」。

二四、研究類緣之荒廢

由此觀之，第十九世紀之一百年間，雖以原子觀研究物質，節制所有之化學研究，而哲學家並不以為此化學公式（按照舊見解而言）對於證實是否有原子之存在，有何用處。同時與此種純粹形式上及試驗上處置之化學變象，聯袂並行者，原有化學類緣（即愛力）學說，則久已荒廢，無人過問，學者只知其為一種不知所指之事物。

物與物何以有愛力之等差，以兩個字母或多數字母並寫，或分上下寫，或放在方格內，或放在圓形內，或用方括弧，或用圓括弧以別之，以寫化合物，究是何意，此化學之哲學家所習為之，似若不求甚解者。試以化學與天學相比，在第十九世紀之大半期間往往以星圖、星表、軌道圖、行星圖爲足以發明天學知識，使學者知某部之衆天象之位置，至於其何以能保守其位置，何以位置有改變，則不得而知也。化學情狀亦與此略同，以事實觀之，在頗長的期間，化學不過純粹是一種數目學，加以所討論之物之自然歷史而已。此種用幾何形式部署之公式，向來作爲記號：其因時間而經歷之變動，其中含有力及動之意思，則注意者爲極小數。研究化學者，雖彙輯極多數之部署整齊之知識，雖有極大之施於實用之功，然遲至一八七三年，最著名之化學歷史家哥布，尚有微詞，其言曰：『化學尚未得有可以引伸之學說成立，使可以從此學說，以演繹法引伸於試驗所得之結果，以證明確是此學說之必然之效果。現時之學說，不過能使學者聯合實用化學在特別方面所得之結果而已；或令學者畫出其意想中以爲物與物之有何交互之關係而已。』〔原

二五、一八七三年哥布論化學學說

註〕見哥布「化學發達論」一八七三年版，第八四四頁。三十年前，杜馬曾發爲議論曰〔見一八四〇年「報告」第十册，第一四一七一，第一七六，第一七八等頁〕：「在電氣分析學之觀念中，其原質微點之性質，應規定物質的主要本性，；至在替代學理中，則本性大都自微點中化出者也。……基

形學……乃解釋替代定例所欲明確表示者，蓋具有機官的物質，由於能移動而替代之微點所組成，施以詳細審察，則彷彿於物質之本體，不至有所關聯也。……茲設有兩例如下：一，將主要任務，歸入原質的性質。二，爲等量之數目與部署。該兩設例，如各趨極端，則勢必入於妄誕之途矣」。克古列在其所著「有機化學」（第一冊第九十五頁），曾謂「化學有一定比例及倍數比例之律（氣體則有容量比例律），而並未揭露確切律，……至於所謂學說理想，不過是片面觀，有便用之利，及成分之可能而已。」符次則以爲（見一八六三年版「原子論」）我輩不久將有極不同之自然變象之意想。「於此設想上，定可藉以確切解釋各種事實，幷集合而貫通之。而同時於新事實方面，亦得爲未雨綢繆之計。總之，此種設想，效用時期之久暫，卽吾人應用無竭之準則也」（前書第二頁）。「原子的設想，倘有一日易而爲普通設想，則於原質的化合價值之重要，當能獨自生存矣。惟此等期望，似覺倘遠，緣原子的設想，正在效用與盛之際，一時曷克使之達於失敗之境。而其極盛勢力，現正眩耀於科學之無限進步中，多數最新之發見，亦端賴以奮與，而日新月異，方與未艾也。蓋自達爾頓以來，原子的設想永爲學理的高超意想之工具，且亦實驗審察之最爲妥適之指南也」（第二四一頁）。哥布在所著之歷史本章（見「化學發達論」第八二九頁），則頗有悲觀，謂一八六○年，化學又折回從前壓試壓棄之故轍，欲以求知化合物中之極小點內，元素究是如何部署。

由此觀之，可見遲至第十九世紀之七十餘年後，最著名之大思想家，仍是懷疑，對於化學課本所載之化學紀號，及費力發明之原子學說，不過視爲有暫時之重要而已。其在他派科學，亦有類似之暫行學說。其在

二六、週期例

電學，則有兩流體之學說，可以使哲學家爲意識立界限，可以實寫、計算、預測、變象、在光學則有光體學說，現時仍用此說，以爲便於作反射例、折射例之歸結、在討論傳熱學諸作，則有舊時之熱素學說，現時仍與動力學說並行。牛蘭、門對雷葉夫、邁爾、等所發明之著名週期例，使附於各元素之原子數目及他數，得以有較有秩序之部署，且能預料有某種性質之未知之元素之存在。此外又有從前習聞、今已忘記之波得(Bode)例，【原註】此種關係，最先爲服爾夫，基利斯當，及提提阿(Titius)所瞻測者，謂行星離日之距離，有一公式，以求其近是之數，其公式爲$0.4+0.3\times2^n$，金星地球火星等之n，爲0，爲1，爲2，等類。惟3，則無行星與之相合。及一七八一年發見天王星，算得此新行星之距離之數，與公式之數，頗相近。波得及方沙克請學者注意，並提議搜尋未發見之行星。正在要搜求之時，皮阿齊發見第一次尋得之最小行星，卽在計算而得之地位極相近，後來所發見之在火星及木星間之小行星，亦然。至於化學元素之週期律，所有元素之物理性，化學性，皆與原量有關係，最先由牛蘭爲有統系之表明（在一八六四年），其後則有邁爾及門對雷葉夫在大陸表明。最後一版之邁爾所撰之「化學新學說」，有邁爾（死後其弟於一八九六年刊其第一部分）嘗論及原子學說，發端甚微，然因是研究所得之事實則甚多。無機化學之成立，卽以此種事實爲基礎、可與熱刺以模型學說，或以輕炭化合物爲基礎之有機化學相比。因有機化合物或炭之化合物之有同性者，有模型之部署，由是而臆測有多種化合物之存在，爲當時所未知者，其後乃製成之。於是門對雷葉夫按照週期例，得預知表中所未列之物之性質。按照原子之量列表，雖未能指示從何處，或用如何方法，可以求得表中所未列之物，不能如提提阿及波得之例，至施於有同性之炭之化合物，尤其不能，然而亦曾因是發見新素元，例如鉫（一八七八年），錯（一八八〇年），鍺（一八八六年）是也。新發見之新元素之性質，與門對雷葉夫所預料者，大約相合。及一八九四年，累力爵士（Lord Rayleigh），拉姆則（Ramsay）教授，宣布在空氣中新發見一新元素，因其性怠惰，毫無作用，種之爲氬。科學家因其在週期例曲線上所居之部位，而測其性（見上文所引邁爾之作，第一六五頁）。此種數目上之有準，雖能令人迷信，其實不過是純粹得自統計。以內綴術，或外綴術，往往能得有價值之啓悟，施於氣候學，統計學，及礦工，則然，惟是既無實在理由原因，以爲之解說，容易引入歧途，而至於誤事。用此術者，不可不愼也。然而纂輯極多數亂雜無章之事實，而有所以部署之，略能化紛亂爲整齊，則此法誠爲不可少。於是有多數化學家，採用熱刺之模型法，及同關係（同性）之部署法，雖不能用以解說變象，而可用以分類。

按照此例，將行星離日之距離，列爲一表，表中火星木歲之間，有空格未塡，因是預料其間必有一行星，其後果然發見多數小行星，於是以爲卽是大行星之碎塊。學者可以發爲設問，化學之週期例，天學之布物例，頗相類似，究以何例爲較可靠。

二七、化學與物理學闡理不同之處

由是觀之，所謂純粹『化學闡理，』以原子觀而研究自然，不如自伽利略牛頓以來之力學觀或天學觀之基礎之牢固。在十九世紀之後半期，科學家則從另一方面，提倡原子觀，以獨立之研究，組合於其他化學學說，對於此項思想立爲界限，科學家遂以爲『牛頓之吸力學說，不見得比理化兩學之原子學說，或微點學說爲可靠——他姑勿論，只以物質之小點之結構而論，吾人官覺之所知，作爲純粹，卽以最細巧之儀器直接驗之，亦然。其實物質之小點，極其複雜不純粹，從此一層，可以略知之矣。』【原註】見克爾文爵士（卽湯姆孫·威廉爵士）一八八六年所撰之『微管吸力說』，見其所著之「通俗講演集」「第一册，第四頁。

二八、氣體物衡動學說

此一方面之原子觀，是從研究化爲氣體之性質而發展，若追溯其源，則起於給呂薩克及道爾頓之試驗。【原註】以若干容量之輕氣及養氣化合成水，其最先所得之結果，見於給呂薩克及洪保德同作之誌帖。此二子之試驗，是在一八〇五年。給呂薩克一人接續試驗，以一八〇九年，刊布其所得之結果。此在道爾頓刊布其所撰之「化學哲學」之一後一年，在湯姆孫·託馬斯宣布其原子略說於其所撰之化學課本後二年。遠爾頓刊布其氣體受有同等之熱漲之例，則在一八〇一年，壓氣例〈卽同一氣體同在一熱度，其容量與壓力爲反比）則在一六六一年，爲波義耳所宣布。在大陸則稱爲馬略特（Mariotte）例，其宣布時，則在波義耳之後十二年（參觀退特所著之「物性論」，一八九〇年第二版，附篇第四），熱度例以一八〇二年爲給呂薩克所宣布，載於「物理學化學年報」（第四十三册，第一三七頁）。其中有云，查理教授在十五年前，已指出此例，此兩例只在有一定限之熱度壓力界內則準，其餘則否。道爾頓實不知此種研究之要緊，其時有所謂容量律，卽謂氣體之受相同壓力、而在相等之熱度者，則化合或化離，有一定而單簡之容量比例。因按照定比律，物與物（氣體在內）只按質量之一定比例而化，則物體在氣體狀態時，物之化合之質量，必有同等之容量，或成單簡比例之容量。同容量之質量（以重計）謂之密度（又作比重。）是以組合道爾頓及給呂薩克之兩發明，則又得一例，卽謂氣體之化合質量，或與其密度爲正比，或與其密度之單簡倍數爲正比。此則揭露於一八〇九年，數年之後，給呂薩克推廣此說，不獨指元素之氣體，如輕氣、養氣、淡氣，且包括化合氣體而言，如阿摩尼、炭酸、鹽酸、之類，並證明若此種氣體化合，則按單簡之比例一容量之甲氣，與一容量或二容量之乙氣體化合。

化學家如給呂薩克、柏濟力阿斯、及他人，「原註」給呂薩克所求得之數目經湯姆孫及柏濟力阿斯，對道爾頓指明，謂原子學說有此，則得極有力之助，而道爾頓一人，獨疑其數目之不準確。柏濟力阿斯且能見及容量例之可用，以求最少之化合數，卽原子數目，因爲有時只靠重量，仍不能解決也。柏濟力阿斯準確之推測，以水之化合式，應寫作輕二養，與今日同，因爲兩容量之輕氣，與一容量之養氣相化合也。可惜其不理會亞佛加德羅後來所發明者之可貴，不能爲容量說之進步提倡，使與質量說並行不悖，因是此各種問題，遂久而不決。於是格梅齡(Gmelin)對於相當價値規制內，遂拋棄容量相關之說，遺害於學者甚大，因爲在第十九世紀中葉，通行化學課本之解說此問題，極其空泛，有機化學與無機化學所用之數目不同，當時可謂紛亂已極。熱剌根據其自己之分數，及自己所瞻測之有機化合物之以輕氣爲替代，證明格梅齡所得之數目，其中有數種，應該作兩倍，頓有充足理由。然而此事，直至坎泥擦洛(Cannizzaro)發明亞佛加德羅理想之實在解說，及其要緊之處，始得處置明白。欲知當時之科學家見解之不同，可參觀符次之「原子論」第五十等頁。又參看柏德孫教授之「邁爾紀念演說」（一八九六年），載於「化學學會月報」第五一九頁。最要者，爲一八六〇年九月，會議討論各項要緊理想問題，邁爾有妙於形容之紀載。

雖承認給呂薩克所揭露之事實，從此可以有法求元素之化合量或化合量之單簡倍數，而此數子者，則不知從此等事實，及從前所已知之事實則可以窺見變爲氣體之物之物理的構造。自從波義耳及馬略特以來，卽知相等容量之不同氣體，而受相等之壓力者，若壓力之變同，則容量之變亦同，又因有給呂薩克本人之發明，而知容量相

二九、亞佛加德羅之理想

等之不同氣體，而受相等之壓力者，若熱度之加增同，則容量之變亦同。容量相等之不同氣體，受熱度及壓氣之變，而有相同之變象，在亞佛加德羅觀之（安培同時亦有同樣之觀念，）卽發生一種假設，以爲容量相等之不同氣體，其所包涵之獨立之物質小點之數目相同。此卽亞佛加德羅之著名理想或學說也。以原子觀研究物質，以此爲直接物理學的證驗之第一步，若再有進步之試驗以維持此說，卽得爲原子觀之最要證據之一。然而理想仍是理想，必得有事實以證之，而後可行。例如由瞻測而發明若干數量之鹽酸氣體，其所佔之容量，與同數量之輕氣，或同數量之綠氣所佔之容量相同，此兩數量之輕氣及綠氣，化合而成爲鹽酸氣體可見得兩倍之原子，受凝結而佔一容量。亞佛加德羅欲解說此變象，而同時又要維持其理想，不能不創原子化合或小點化合之一新意想，——卽假設爲複原子或複小點，以爲最小之自由小點，不必是輕氣元素的原子，不必是綠氣元素的原子，而爲兩個式多個原子所組成，有化學的組合，受熱度之增加，或受壓力之減輕而漲大，此組合之元素的小點，仍然組合，不隨之而改變。〔原註〕亞佛伽德羅以一八一一年，刊布其說帖於「物理月刊」，其後三年，安培發明相類似之說，作為致友人柏託雷書，刊於「化學年報」。其時安培已享大名，亞佛伽德羅則尚未知名，為其所自倡之學說，加以極勞心力之解說，皆不能救此學說之不遭埋沒。時至今日，此學說實為原子學說之基石。科學家如休厄附，則不提及。哥布者，好為人之所不為，好研究物理之化學，在一八四三年至一八四七年間，所撰之名作「化學史」，亦竟不提及亞佛加德羅及安培所發明之學說。運至一八七三年，哥布撰「化學發達論」，則有極詳細之議論，專討論化學的哲學家，何以往往忽視此種有價值能啓悟學者之理想，詳論其理由（見第三五三等頁）。坡根多夫之詞典（一八六三年），與休厄附之歷史同，亦不提及亞佛加德羅。大約因為微點（亦稱分子）與原子之分別，頗生紛亂，且發明此理想時，並非與新試驗而得之新揭露，同時宣布，與道爾頓，德斐，給呂薩克、之宣布其學說不同。自亞佛加德羅發表其理想之後，首先大聲疾呼，令科學家注意此事者，為杜馬。此君以一八二六年，始研究蒸氣（即物之變為氣體者）之比重，乃為議論，要學者對於化學的小點，及物理學的小點，有分別之必要，但是並未始終用分別名詞，並未以原子指化學的小點，以微點（亦稱分子）指物理學的小點。而當時則有發展原子學說之要緊進步。一八一九年，度隆及不蒂特（Petit）以試驗研究多數元素之比熱（比熱者，以一物為標準，先求得需若干熱量，以增進其一度之熱度，以此熱量為標準，然後再求各金類各需若干熱量，以增進一熱度，此各金類所需之熱量，與標準熱量相比較，則謂之某熱重量類之比熱）。二君發見比熱之數，與原子數或化合數為反比。又因化學有一定倍數比例律，二君同時指出，以最小數定化合量之無定準。於是選擇其數之與比熱相合者爲準。因是以所得之效果，發爲一例，謂所有元素之原子，其比熱皆同。柏濟力阿斯不理會亞佛加德羅及安培之理想討論，而歡迎度隆不蒂特試驗所得之根數，以爲對於決定相當價値之數目，爲極有用，蓋柏濟力阿斯用力多年，專爲求此化學所必需之數也。度隆不蒂特例，今日之公認爲原子學說之根柢事實，亦與波義耳，查理，給呂薩克等所發明之例同，皆是不能十分準確，只可施用於一定界限之內。一八三一年，訥伊曼推度度隆及不蒂特之試驗，以研究化合物元素之比熱。與化合物之比熱之關係，則有勒諾之研究。比熱例之難點，及其反常之處，則有邁爾之討論（見其所撰之「原子及其物性論」一第七十三等頁）。此類之化合原子，或複原子，名爲微點（分子）；於是假設此化合物中最小之小點（分子），爲一枚或多枚之相同物，或不同物所構成。亞佛加德羅用此設想，以解說若干枚之輕氣分子（每分子爲兩枚原子所造成），如何與同枚數之綠氣分子相化合，每枚綠氣分子，亦爲兩枚綠氣原子所造成；其結果爲同枚數之鹽酸分子，每枚亦有兩枚原子，一枚是輕氣，一枚是綠氣。安培亦採用此說，而其他化學家則並不理會此理想，如是者多年；至一八四〇年，有數位著名化學家，各走途徑，而入於替代之說，以爲化合物由於替代而成，不用化合說

三〇、此學說之埋沒

——其主持此說者，以勞郎爲最。（原註）熱刺亦爲承認原子之大有分別者。熱刺注重一件事實，此事實柏濟力阿斯已知。

之在先，即按照其所定之格式，皆兩枚輕氣與他物化合。若照從前英國化學家（此法是由格梅齡重新採用者）寫法，則輕氣之旁，寫一個一字，養氣之旁，寫一個八字。然此者兩枚輕氣組合之事實，絕無注意者。柏濟力阿斯雖知，有此事實，而絕不知其有與化學基礎之要緊關係。有人謂柏濟力阿斯之所以不注意者，以其篤守拉瓦節之養氣學說也。此特以養氣為中心點，凡所有量度，皆以養氣為準，至於相當價值亦然。可見柏濟力阿斯所定之單位太大，不能用以度量較小之輕氣。熱刺則深知此事實之有重要關係，曾幾度證明，輕氣化合之原子量，定得太高。熱刺曾提議將多數有機化合物算式減為一半，擬用此法，使化合容量學說，牽合於原子學說。雖其以此法處置無機元素，越過界限，而頗能收效。此種辦法，亦有為化學歷史家所褒者，亦有其所貶者。詳見勞氏「新化學說」（第二册第一〇七頁等）。符次則謂熱刺有改良化學之潛力，以為重新與亞佛加德羅之理想（參觀「原子論」第六十四頁）。其言曰：「久已寂然無聞之亞佛加德羅與安培之論說，今日乃得復行於世，一若北極星之指導行人也。在熱刺時，該二氏之論說，雖不得為其惟一指南，亦庶幾矣。而熱刺所求之要素，係純粹化學論，此種要素，極為正確，其思想之的當，亦復相符，然竟遺漏忘卻，而束之高閣。至於元粒與原子之識別，亞安二氏曾以之介紹於科學，乃終歸於無用。而杜馬亦曾試用於已之化學哲理，其有所表見，或依據熱刺之思想而成，亦未可知。第於彼之文字中，倘未見及，究竟如何，吾人不得而知之矣」。

按亞佛加德羅之見解，則謂鹽酸分子之造成，全靠元素內分子中之原子，互相易位，即謂輕氣分子內，為一枚綠氣原子所侵入，取一枚輕氣而化之，綠氣分子內，為一枚輕氣原子所侵入，取一枚綠氣原子而代之。

三一、原子學說之發展

及第十九世紀之中葉，化學之哲學家，已有定見，謂道爾頓及柏濟力阿斯表示化功及化合之單簡記號，實不足以爲部署日見增加之化學知識之用；以爲原子之理想，必要推廣，必要有較爲謹嚴之界說；以爲質量比例，亦不足以爲分別及認定多數有機化合物之用；尤爲要緊者，是容量與在處間之物質之小點之部署之關係，必要特別注意，不如是則物質之原子觀，不足以爲科學之用。吾人意想所能及之處間部署，卽純粹幾何形式之關係，在物與物化合上，是要緊之點。此是顯而易見之事，例如能結晶之有機物之光學物性是也。

三二、巴士特之左右之轉發露

巴士特(Pasteur)以一八五〇年，宣布其各種新揭露，爲科學界立一新紀元。【原註】關於原子學說，有一種新方向之闡理，以一八一五年，發起於偉奧。偉奧以是年揭露有若干種之流體（最著爲有機流體），有一特性，有極性光，若經過之，則能轉有極光之平面。其後推廣其研究，以及於此種流體所化之蒸氣。一八四六年，法拉第則驗得不爲光所變動之物，一受猛烈電磁之潛力，則變作爲光所變動，亦能轉極光之平面。夫緊涅爾以結晶構造爲根據者，自以分子之結構，爲之解說此種變象。一八五〇年，巴士特驗得酒石酸有兩種，而其分別，只在一事，一種轉極光平面於左，一種轉極光平面於右。若按照正當比例，攪合兩種爲一，則對於極光毫無變動。巴士特先於一八六〇年，在其所著「化學」中，曾有設問，其言曰：「酒石酸中之原子之位置，是否如同右轉之螺絲，抑或縮於不相等之四面體之一隅，抑或有別種之，不勻稱之部署。……其中原子之部署不相勻稱，如鏡中影像之不能吻合爲一，則毫無疑義」（見凡特衛甫所著「空間原子位置論」，德文譯本第二版，第九頁所引）。

巴士特所發明者，爲同一化合物而有分別，如左手之手套與右之手套之分別，又如右旋之螺絲，與左旋螺絲之分別，又如原物與鏡內之影之分別。由此觀之，物質之極小之小點，於成爲化合物時，不獨按有定比例而化合。且有一定之幾何距離，及有一定之幾何部位，學者能不相信爲事實耶？

是以在第十九世紀中葉，以原子觀而研究物性，頗受改變。初興時，不過示意啓發，以爲可以解說、實寫、或以記號達出物與物相化合有一定之比例，尤要者爲有一定之倍數比例；後來則不能不承認氣體，則有不同，氣體之小點應分兩種：一種是堅凝之組合，一若有幾何形式的不可以分離者；一種是可以離開者。既有此分別，原子觀乃不得不有所改變。第二種之情形，可以解說氣體之熱度增或壓力減少則漲大。由第一種情形觀之，小點既有一所謂幾何形式之距離，則可以爲原子與微點（分子）之區別。最後在一八五〇年，巴士特揭露左轉右轉之變象，【原註】克爾文爵士稱爲『左右轉』。由是發起意想，以爲小點不獨有幾何的距離，且有幾何的部署。

三三、原子與分子

卽謂原子變作分子，有一定之幾何的部署。

雖有此種之新發明，遲至二三十年後，始有清晰之原子觀，哲學家始以爲實有原子分子之存在，並不是如第十九世紀前半期之多數化學家之意想，以爲原子分子，不過是記號而已。科學家之所以改變其習慣之思想，大約由於第十九世紀後半期有氣體衝動學說之發展，此是物理學學說，非化學學說。

因欲解說凡物之化作氣體者，若以器盛之，則器之各面受氣體之壓力，是以創爲氣體衝動之說，此種學說在德國則有克勞修司發起，在英國則爲馬克斯維耳所發起。【原註】在第十九世紀之前半期，研究物性者，以原子觀附麗於天學觀。在後半期，則附麗於氣體，衝動觀。在第十八世紀及第十九世紀之初年，科學家居多以微點或原子之動作，比於行星系，在行星只有吸力，在微點，則加拒力。以解說氣體之發漲。此時，以爲熱氣是有質之物，其小點則相拒。道爾頓在其所著之「化學哲學新書」之介紹文內，以熱氣爲有質之物。德國之大多數物理學家之受教育於牛頓及拉普拉斯學派者，及博都列，亦皆信熱氣爲有質之物。拉士維茲（Lasswitz）所撰之「原子學說史」（一八九〇年漢堡版，二冊），曾考究在第十七世紀，原子學說受質點哲學影響而式微。以衡動觀而研究物性，原與笛卡兒派物理學之哲學相輔而行，在法國則爲牛頓派所拒絕，在德國則爲康德派哲學所拒絕。是以當一八五六年，克洛尼（Krönig）在德國刊行其所著之「氣體學之物性論」，哲學家之研究牛頓派之原子理想者，見之大爲詫異（參觀費希奈爾之「原子學」，一八五五年版，及洛婚堡革之「物理學史」第三冊，第五三六等頁）。克勞修司自一八五〇年以來，亦研究此問題。，遂刊行其最著名之作，「熱是動之變形論」（參觀一八五七年坡根多夫「年報」）。自有此兩著作出，於是科學家頗爲留意於此問題。朱爾所撰之作，則見於「曼徹斯特文學哲學會報告」，而無人理會，隨徇克勞修司所請，乃再刊布於一八五七年「哲學雜誌」（第四部第十四冊）。其後又有雷文及其他科學家之研究，然後發見多數科學家之名，皆曾研究此問題者，皆假設微點有直行之動，以解說氣體之壓力，及其他性質。內中即有柏努利•達尼爾（見一七三八年其所撰之「水動力學」），發極明晰之見解，今日大抵皆以柏努利爲氣體衡動學說之祖。最詳之歷史，載於克勞修司所著之「力學之熱學說」（見死後所刊行之第二版第二等頁，一八八九年至一八九一年刊）。參觀邁爾所著之「氣體衡動學說」（一八九五年第二版，第一卷，第十一頁）。

三四、朱爾之測算

科學之意想，原有其胎孕時期，有產生時期，若從有一定之數目以發揮此理想之日起，而此數目之準確，可以實行試驗以證明之，則當以近代之氣體衝動學說，爲產生於英國之曼徹斯特之道爾頓所受學之學校。因一八五七年，朱爾卽在此地推算一小點之輕氣（受平常空氣壓力，在平常熱度）直行之速率，假設爲小點之直行，及小點與小點相碰，及小點與盛氣器之邊相碰之壓力，與空氣壓力相稱。此是以物質真爲原子所成，並非如化學家以原子當記號者可比。從前原有空泛之舊意想，以爲氣體之小點，有旋動，或有擺動。溯自虎克以來，此種學說頗多。【原註】參觀退特所著之「物性論」第二版第二八九頁，又一八四八年朱爾所著之「熱學及彈性流質之構造論」，翻印於「科學雜著」中第一冊，第二九〇等頁。朱爾則拋棄一切舊說，而用柏努利·達尼爾之說。柏努利謂氣體物所有之小點，原來皆有直行之動，只因與其他小點相碰，或與盛氣器之邊相碰，而後改變折回。朱爾承友人相告，始知柏努利此說，於是用以研究。【原註】觀於物質小點之性，自牛頓學派觀之，以爲是相吸相拒，自衝動學說派觀之，以爲氣質之微點衝動。此兩派學說不同。以能瞻測之氣體之變象而論，與相拒相吸並不相干，卽或有之，亦無大關係，自應以衝動學說爲眞確。所有確證之法，以一八五三年朱爾同湯姆孫之共同試驗爲根據。此則屬於另一途徑之闡理，既非化學，亦非力學。其所採用之主義，則發起於第十九世紀之中葉，卽謂熱可變爲力，以作工，有力亦可以變作熱，熱與力有相當之價值，卽若干力可以生若干熱，若干熱可以生若干力也。當朱爾及湯姆孫未作極詳細試驗之先，科學家大抵皆以爲若任氣體物漲大，而不作工，則無熱度之變，卽謂無熱度發見，亦無熱失去。其意卽謂旣無吸力所作之工，亦無拒力所作之工。朱爾與湯姆孫，則證明實有極輕之熱度下降，此則表明有小數之熱或工能，用於反抗吸力所作之工，卽內黏力是也。假使有拒力之存在，則拒力所作之工，應有熱度上升之表示。此種關理，當於下文詳論之（參觀邁爾「氣體衝動學說」第一册第七等頁，又朱爾「科學雜著」第二册第二一六等頁）。

以物質小點得其自由（指化爲氣體時，）則有直線之行動（此是初次解說物性，以數目指微點之量，非指人界之量；）此種意想不爲化學家所理會，以解說化合及反應俱無所用之也。然而此學說，一經克勞修司研究，遂有極要緊之發展。

三五、克勞修司之第一說帖

〔原註〕第十九世紀中葉之前，化學闡理與物理學闡理，極少有攜手之合作，於克勞修司之研究，可以見之。克勞修司刊布其第一說帖（見上文第四三三頁原註），證明元素之微點，原是幾枚原子所組成之後，始有人通知克勞修司，請其注意德國化學家之著作，因有德國化學家多名，（其中以杜馬，勞郎，熱刺，爲最著名），用其理解，皆得有殊途同歸之結果，謂單簡（元素）氣體之微點（卽分子），爲幾枚原子所組成（參觀上文所引之克勞修司著作第二十二等頁）。

氣體衝動學說，原非爲化學而發生，原爲解說熱性而起。熱可以變作人界力之事實，已爲邁爾及朱爾發明於十年之前。因是而啓發一種意想，以爲若失熱，而有人能量度之人界質量之動以代之；又若動失而有熱代，則熱者，不過是不能直接量度之微點界（卽塵界）之分子（其小不能量）質量之動之工能。又因凡物之代爲氣體者，皆發現機械工能，卽吾人所稱爲壓力、或漲力者，於是試以純粹之力學理想，以解說氣體之漲大、壓力、及熱度之各種變象。如是設想果收實效。設以完全氣體之小點，有直線行動，則波義耳、馬略特、道爾頓、給呂薩克諸子以試驗而創製之公式，得以從理想上引申而得之。既然，則科學家久已忘記之亞佛加德羅之學說，必爲真確無疑。亞佛加德羅之學說，謂若相等容量之不同氣體，其所變之壓力同，所在之熱度同者，其所涵容之自由行動之小點之枚數相同。

三六、微點之內部工能

克勞修司又證明在完全氣體內，吾人所量得之動或熱，不過只有一部分能解說作爲與直線行動相當，且必要假設諸微點本身，尚有內動，因有此設想，而新學說更得有較爲確切之界限；所謂新學說，兼包括化學家所習聞之化合原子或分子之說而言最小之物點得以自由時，並非是單簡物，每小點皆爲更小之點所組成；卽是原子所組成之微點（分子；）於是化學家所用之記號，變作能真實表示物理之實在情形；所有空泛之意想，如所謂根類、模型、或化合原子（複原子，）至是始有幾何形式的、力學的清晰界限。

三七、一八六〇年科學家承認原子學說爲物理學說

因是之故，原子學說先發見於古代及第十九世紀之初年，有道爾頓復提倡之，化學的哲學家用以作便用之記號者，垂五十年；至一八六〇年，則爲物理學家所承認，不獨作爲便用之記號，且以爲物理之事實。

朱爾曾實行推算一小點輕氣之速率，以原子觀而研究物性者，今已作爲事實。若再爲發展，則要有各種一定之底數，（原註一）關於若干容量內，有若干枚之極小點，及此種小點之大小，則有各種方法，或各路闡理，以求得其底數。最宜參觀者，爲克爾文爵士之演講題目，卽爲『原子之大小』（一八八三年所講，翻印於『演講集』第一册，第一四七頁）。共有四分途之闡理，以求底數，一以光浪學說爲根據，二以接觸電氣之變象爲根據，三以微管吸力爲根據，四以氣體衝動學說爲根據。此四途之闡理，有一致之宣言，謂『平常物質之分子之直徑，大約有千萬分之一糎（公分）之長度，或在千萬分之一與萬萬分之一糎之間

」。例如最小物點之大小（此後用原子名詞，或較爲確切之分子名詞，稱最小物點，）及有若干枚數，又要有原子究是如何組成分子之情形之研究。

關於此項原子學說之最後發展，含有極大興味：由是化學家與物理學家之研究，乃歸併爲一，且使化學變爲自然哲學之一部分。〔原註〕邁爾有言曰：「學者對於動，要有兩種分別，一種是原子之動，一種是分子之動。……因有此兩種動之分子，於是劃分，自然哲學爲兩門，其一爲物理學，其一爲化學，此界限雖不能十分分明，然而化學之主要研究，爲原子之平衡（即數力相稱），物理學之主要研究，則爲分子之力學，以此分界限。若束縛數枚原子之類緣（即實力）之力，與解散組合分子之各種力相平衡，則有化學的平衡存在，即分子不變之情形存在。此各種力，爲原子行動之力。……是以在一有化學之穩固不變之化合物中，其所有之原子行動，永遠保持其與化學的諸力爲有動的平衡。……既然如是，則研究純粹的物理變象，只要有起首的一次分子行動之研究』（以上引邁爾「氣體衡動學說」第一册第六頁）。發展此種强令學者不得不注意之新意想，則以馬克斯維耳教授之功爲最多。

三八、馬克斯維耳以統計觀研究自然

學者尤爲仰賴馬克斯維耳者，則以其分科學知識爲兩類：其一爲歷史的自然變象知識，其一不過是折中（或平均）結果之統計知識，——此項意想，在科學思想史中，闢一新紀元。〔原註〕參觀馬克斯維耳「動力學之氣體學說」說帖（

一八五九年翻印於「科學雜著」第一冊，第三七七頁）。克勞修司之第二說帖，「論小點動路之平均中數」」（見坡根多夫一八五八年之「年報」），載有公式，視兩小點之距離平均數，及小點行動區域之直徑之平均數而變。因此項數目，不過是平均數，不得不另用一法，在當時之物理學，則視爲新法，即平均法及決分法是也。克勞修司曾經算過一小點之有某種行動者之決分。一八五六年，馬克斯維耳曾製「土星光環穩固動勢論」，在此論中，曾討論過此種光環，又許是分布於各方之小點所成，而此多數小點，有各種速率，相向而行，又繞一吸力之中心點而旋轉。氏因此熟悉只有平均數作底數之物理問題。於是發展處置此種問題之方法，關於此種問題，吾人只有統計之知識。是發展一著名之例，設爲有一堆之小點，各有自由行動，互相碰撞，而各遵守能常住之條件，其各種不同之速率如何分布。此項研究，在以算學研究物理中，及原子學說歷史中，開一新紀元。此種研究與其他決分學各問題，同激發多少批評論說。馬克斯維耳證理之根據，及引申之各種邏輯階級，皆經名家考訂審察。馬克斯維耳所得之公式，果能立於不敗之地，諸名家無可擊。邁爾之言曰：「在其未研究之前，所謂平均數，不過估計所得，馬克斯維耳則證明其有推算之可能，若欲發展氣體學說，則不能不有謹嚴之推算也」（以上見邁爾「氣體衡動學」第二版，第一冊，第四十五等頁）。此作又詳載關於馬克斯維耳學說及其證明，種種之疑團，皆有逐層之解釋，所有各種陷阱，皆未陷入，毋論深入算陣時，易於陷入，即在此問題之進門初步時，亦所難免（見退特所撰之「氣體衡動學說之基礎」，載於一八八六年「愛丁堡皇家學會報告」第三十三冊，第一卷，第六十六頁）。在本思想史之後一卷，作者將討論以統計觀論物性之發展，彼時再提及此問題。

氣體衝動學說，既有如是之發展，則以原子觀研究物性，必要有謹嚴之研究，學者始知毋論何種物理的或化學的手術或試驗，皆有極多數之物質要素，必得有法以處置之。人界之變象，及天界之變象，科學家作爲是算之不盡、無窮數之元分所積成，毋論其爲處間，或爲時間之元分，算學家皆得而推算之，已有牛頓及來布尼茲推算於先矣：其結果則爲創造、發展、施用微分積分學。吾人之基礎意想只用於積算此項微分的性質。此新算學之問題，卽爲單簡之微分性質，在所謂微分方程式內者，由此種微分性質，以引申法以求得有限界能瞻測之數量之結果。此則用積分術。惟是在此術中，凡所謂元分者，皆作爲相等。此種假設或武斷之相等，若用於第一次求近是之數，爲單簡起見，未嘗不可。若用於氣體衝動學說之研究，則其中小點之行動、速率、數目、大小，皆非有謹嚴準確切之計算不可，則另是一問題。於是發生兩種各別觀念：其一只要求得變象之總計、或平均之一片面，其一爲求得氣點之實在行爲，及其實在之質性，毋論氣點之數爲無限多，亦毋論其爲無限小。若從第二觀念而論，則氣點之行爲性質，不能作爲微分，因爲以積分法推算的所有之微分，皆失其獨立之存在：此種微分，原各有其個人特別性質，若儱侗積算，則全失其特別性質矣。物質之性格種類皆同，而各保其特有之性質，化學家早已研究及之矣：而物理學家所研究者，大抵皆爲距離、行動、速率、大小之性質，若堆壘而加之，則此種之性質，歸入於一總數、或積分、或平均數之內。卽使只論此種性質，假使此無限數之物點之行動皆相同；然而其大小、距離、速率、及行動，則絕不能相同：在一大堆有行動之物點中，其速率行動等，必極其不同，此則顯而易見者也。

是以用數目指各種底數，其意不過謂平均計算是如此而已。〔譯者註一平均亦稱折中。〕吾人對於每個元素之知識，不過是折中知識，不過如戶口册之壽命表，平均年歲表；全是統計知識，並非是對於個人之知識，亦不是歷史或紀傳知識。

以單獨一個分子而論，其體段之大小，有何速率，及其動路、擺動、旋轉、內動、等等，都不得而知。所知者，不過所有分子大小及速率等之統計平均數，其數之最大限度，及最小限度，或亦可得而知。各種物質較大部分所表現之大分別（卽其化學的分別或質性，）則簡化爲分子及原子之成分及質性。化學家及物理學家，不得不再求較爲有界限之理想，以實寫有化學分別之各種物質分子所表現之極多數不同之結構。此種分子之化合數目，及物理質性極有定準，似乎其間並無積漸之變。其相與化合，或從化合物而化離，皆能恢復其原有性質：此種情形，不能不

四〇、原子按幾何形式之部署

令自然哲學家深信化合物不過是每個獨立的原子，按照幾何形式之部署而成，而此等原子必有其不同之幾何形式，能相與組合另成各種形式，而不失其本來面目。

化學家及物理學家，皆逐漸而發生此種想像，其始不過有空泛之想像，積漸而趨於實在。物理學家則由於物之結晶，化學家則由於化學物之飽和度，而啓發此種原子按幾何形式之組合，以成爲分子之想像。

四一、結晶學

自從第十八世紀之末年，有阿羽伊（Haüy），【原註】已見上文第一章，第一一六頁。研究金

石物或人造結晶之整齊立體，於是結晶學遂變爲確切科學之一派。科學家研究物之結晶，有兩層極有價值之用處。其一、若其物爲元素，學者似能在化學試驗室中，以結晶法而求得純粹之元素，且能以此法分別其爲某元素；若其物爲化合物，則能辨別其化合之成分。其二、此種整齊之晶顆，往往發現特別而又有幾何形式的平面，科學家似乎只有此一法以窺見原子造成分子之情狀。試將毋論何物，作爲溶液，或熔解之，或化成氣體，如是則物之小點，得以自由，然後再使之凝結，當其凝結時，小點復相遇，則成爲一定形式，屢次熔化屢次凝結，皆不改此形式，可見得此種各自爲各之最小小點，在處間之各方向，有其特性。並見得此種特性，只能布成單簡形式，如結網然，部署雖不同，而有幾何的界限。於是自阿羽伊以來，科學家對於物之結晶，作爲統系以分別、認識、量度，晶顆爲目的，或更進數步，則以揭露吾人意想中之處間，能有幾括單簡形式，及結網之部署。此後一種之研究，雖取徑各有不同，而結果則一，皆承認只有有限種數之勻稱形式。此種勻稱形式，以點爲中心，或以線爲中線，稱爲勻稱軸，或以平面爲中面，稱爲勻稱面。【原註】學者原可設問，何以結晶學必得假設物質爲分子所構造。或問原子學說，得此有何維持力●關於此問題，宜參觀阿斯特瓦德之「普通化學」第一冊，第八五五等頁。結晶之幾何形式，有數法可以發明之。其一，以元始多面形爲起點，阿羽伊即用此法，其說以爲處間皆有接續之解。相連之，充塞。其一，則以元點爲多數之點，按幾何的部署，各據一立體之角尖。其一，則作無數圓球或橢圓球所堆成，如堆礮彈。然後二說則設爲有空隙，其有不充塞之處間。第一說則設爲晶顯之內，倚有元始晶顯，則無所謂解說，學者遂有謂『晶顯結構，爲分子學說之壁柱。若假設物質爲相連，此種晶顯三向不同之結構，令人不能思想」（見雷曼之「分子物理學」第二冊，三七六頁）。此種見解，則與阿斯特瓦德之說不同（見「普通化學」第一冊，第八六八頁）。阿斯特瓦德以爲晶顯之結構，不能爲物質之分子構造之證據，因爲凹凸力之底數，並無有分子部署之必要。即作爲物質連接，亦無不可。『雖然，微點觀則有據證較顯之利，收效較易，因是能使人易信」。以作者觀之，若化學事實及物理學說，不得不強吾人相信原子觀，則結晶之變象，亦能強吾人以幾何形式部署之意想，以完成原子觀學說。德國法國研究家，以各種方法，引申各種可能之勻稱形式；曾經發明按照幾何學之方法，只能有三十二種之勻稱形式。此三十二種能分作六門或六譜，此則按照結晶軸之統系，或勻稱平面之數目而爲分別。【原註】以純粹幾何學研究結晶，起自巴拉維（Bravais）之「結晶學」（一八五一年），在先原有黑森爾（Hessel）之「結晶學」（一八三一年），則早已爲學界所忘記矣。原闕後之發展，則有桑克（Sohnke）「結晶構造學說之發展」（一八七九年，告成者則有居禮（一八八四年），及明尼給洛德（Minnigerode）（一八八六年，）。參觀來比舒（Liebisch）之「結晶學」，一八九一年來比錫版，第三至第五十頁。又格洛特（Groth）「結晶學」，一八九五年來比錫版，第三百二十四等頁。

四二、結晶例與原子例之相似

道爾頓以原子學說，解說各物之有定單簡比例，及有定倍數比例之化合量，其後有結晶之分子學說，以定晶顆之元體，及從此引申而得之附屬體；有人曾指出此兩學說，有其相似之處。〔原註〕參觀阿斯特瓦德「普通化學」第一册，第八百七十頁。今有一晶顆，若以三軸相交有一定角度者為定軸，而定晶顆之根本平面之部位，該晶顆之其他平面之部位，得以根本平面之各數之倍數以定之，稱為該晶顆之定面位率。此即結晶之根本例，阿羽伊稱為引申例，此在物質構造學說中，如原子觀之有有一定之倍數比例相似。故謂結晶例與原子例有相似之處，有人以為將來或能發生要緊結果。〔原註〕關於此問題，有一疑問，究竟晶例之定角，是否準確。阿斯特瓦德之言曰：『詳考，結晶學之基礎例，是否可用，結果則為亦不過近是而已。若作較為至確之言，則應謂在多數環境中，亦有改變』（見上文所引阿氏書之第一册，第八百九十頁）。作者代解阿斯特瓦德之意，謂者無擾亂之環境，則定角例及單簡倍數指數例，可以適用，與化學之化合數及其倍數，有同等之確切。

四三、同形

一八三二年，密拆力喜(Mitscherlich)亦有極奇之揭露。【原註】見上文第二章，第一九一頁及原註。即謂有多種不同之化合物，有相同之結晶形體是。——此種化合物，甲物之元素，與乙物之元素並不同，而組合之公式則相似。一若其中之元素可以互易者。此種變象，稱爲同形（異質同晶）。此新發明，不獨有要緊之實用，且能耐學者研究。若以晶顆所發現之有定不變之形體，爲化學物之純淨之證據，若以在同一晶顆中，得以一種他物，以替代其中之要素物，則此種替代必在當值比例中，爲有一定比例之量。是以從異質同晶中，得有一法，以求原子比量，即當值是也。因其如此，故極爲柏濟力阿斯所歡迎；其此用法所求得之當值，與其用他法以求得之者，並不相矛盾，故尤爲柏濟力阿斯所歡迎。【原註】在柏濟力阿斯初發展原子學說時期元素之原子量之數目，頗難決定。此則由於倍數比例之故。其難處在乎挑選最小之下倍數，於是不能不借重於其他方法，以解決此種疑團。其先則有容量例，其後則有異質同晶之例，皆爲柏濟力阿斯所歡迎，以助其決定原子數目。今日仍用此兩法，惟後一，法往往尚不能決疑。以今日之知識而論，最可靠之法，則爲求蒸氣密率之法。此則專指物之變爲氣體者而言，若只有實體者，則以求此熱法爲可靠。用各種方法以求得之數，往往似乎自相矛盾。一八五八年，坎泥擦洛採用學者早已忘記之亞佛加德羅理想，以爲之解說，然後疑團始釋。週期例亦可以用。科學家關於元素之眞確原子量之知識之最近地位，則有邁爾所著之「原子及其特性論」，以爲詳細之紀載，又有詳細之討論（一八九六年版）。至於原子量及化合數之準確程度，則邁爾所著，及阿斯特瓦德之「普通化學」，皆有討論。

四四、多形性

密拆力喜又在化學的純淨物，發現另一種結晶性，尤令學者對於異質同晶，更爲注意。密拆力喜所揭露者爲同是一物，而結晶則有多種之有定而各不同之形體。異質同形者，則有明礬類。及其他礬類，可爲標本。結晶之第二特性，密拆力喜稱爲兩形性，或多形性，則有人所熟知之塞水石（又稱方解石）爲標本，而與同性質同化學的結構之霰石異形。金紅石與銳錐礦（anatase），同爲一物，皆純粹養化錯，而形體亦不同。其在元素中，則有純淨之硫磺，其結晶亦分兩形。密拆力喜由最初之揭露，推闡而得之結果，爲晶顆之形體，卽表示原子之數目，及其化學的關係；其後又發現多形之事，似若與此結果相矛盾，其後又揭露一事實，若在兩結晶同形物之中，其一爲晶結兩形物，則彼一物亦有晶結兩形之趨勢，

四五、結構化學及實體化學

由是幾何的想像（卽謂化學的個性，不能只以原子數目爲之解說，尤需用原子之互相對待之一定地位及一定之形式，以爲之解說）更得一維持之大力。物質之元始分子，爲更單簡之原子所構成，科學家每欲從其形式、數目、及部署，以窺見其特別個性；今日雖有眼所能見之界線分明形體分明之晶顆，以爲之助，又有界限分明之幾何的性質，及彈力的、光學的、熱學的、各種性質，以爲之助，然而欲從此推知元始分子之真相，則尚遠也。欲得清晰之知識，則必要從外入內，然而此法在科學研究中，難得效果。

近來五十年間，則有一新支派之化學，名爲結構化學，新近則發展成爲實體化學，其所用之法，則適得其反。學者在紙上寫化學公式，不能不用幾何形式的位置，有多數有機化學家則姗笑之，以爲與在真處間之位置，絕不能相合，然而不能不用此種記號。及第十九世紀之中葉，佛郎克蘭及克古列等，以飽和意想，解說倍數比例變象，以爲一種元素與一枚或多枚之相同元素相化合，或與不相同之元

四六、原子價

素相化合，或與有定化合物相化合，爲有化合的愛力（類緣，）然而此愛力有時則充量用盡，有時則未能充量用盡。如此化合而成之化合物，則代表第一元素之飽和程度；既然則元素與化合物，俱可按其飽和度而爲之列表。其化合物內有元素未到飽和度者，則謂之未及飽和度。於是用原子價，以指元素爲化合物之飽和程度，按照化合物之成於單簡比例、或倍數比例、或多倍數比例，而稱之爲單價、倍價、或多倍價。在原子價列表中（即元素及化合物之飽和度列表，）以輕氣爲單位，爲標準，與原子量或化合量之列表同，因是而得各元素之原子價，與門對雷葉夫之週期例，有極奇之關係。然而有應注意者，則元素或化合物之原子價（以今日科學家之知識而論，）則無絕對之定準，不能與純淨化學物之相當價値，或化合量、或結晶角之有定準可比。

【原註】有多數之元素，例如養氣及燐，其原子價或飽和度，化學家爲之位置，各有不同，視其比例倍數之高下，有位置在上者，有位置在下者。不獨元素爲然，對於平常共認爲飽和已達，極度之化合物，，例如中立性之鹽。及清水，其與他物化合，無不按照化合量而有穩固不變之勢。例如水化之結晶鹽，及複鹽，是也。此種化合物，稱爲『分子化合物』。此問題有多數之解說。然而『

四七、原子環

常之化合物，與所謂分子化學物，並無化學的及物理的行爲之分別。科學家只能有惟一之結論，以爲原有若干種化合物，非以原子價不變之說爲根據，而發生之所謂結構學說所能包括」（參觀涅恩斯特(Nernst)之「理論的化學」，列麥(Palmer)一八九五年倫敦版，第二四六頁）。

化學之發展，頗受原子價意想之潛力，其發展之方向有二。克古列以炭有四倍飽和度之意想，發表於其所著之有機化學，從此有機化學之研究驟興。【原註】克古列（一八二九年至一八九六年間人）著「有機化學」，一八五九年第一版。最初所用以指明元素之原子價之符號，爲若干條之縱線，以線數指飽和量之數。如是則原子價似與飽和量之點同，飽和本身則爲環。此種幾何的學語，經歷多時，不過爲一種符號；至於今日，尚有多數著名化學家，殊不以此種符號爲有何意義：此種算式，只能稱爲骨格之建築式，不能稱爲精神之結構式。以確切法，用環以解說一系有密切關係之有機化合物之不同點者，有一最可注意之事，即從輪質(benzene)而得之有香化合物之學說，此則克古列所發明者。已經過二十餘年之審察，而尚能成立，從此得有極多數之新舊化合物之可以施於實用之知識。

因用幾何符號，而有此驚人之進步，毋怪科學家屢屢嘗試關於原子之造成分子及化合物，以意想作爲種種之幾何形狀，及幾何的部署矣。

匀稱（亦作對稱）與不稱之分別，學者只能有在處間位置不同之想像；及得有揭露同爲一化合物性質無不皆同，惟有轉極光面於或左或右之分別，似乎時機已至，不得不以形式或位置有立體分別之說，以解說左旋右旋之變象。一八七四年，有兩位化學家，勒柏兒（Le Bel）凡特荷甫，各提倡四値之炭原子說，卽謂炭之原子，爲四平面之立體，其四尖角代表其四原子價或飽和量。因兩化合物有相同之飽和物，而有四飽和量，有四平面之炭原子，雖不能以幾何法爲疊手，而有合掌匀稱位置之可能，如左右手之兩手套，或如物與鏡中之物影，則能解說四飽和量之變象。

四八、炭爲四平面之立體

「原註」其先科學家頗疑此理想，附和此說者，不過數人，餘皆極力反對此種間架的化學，傳爲笑談。凡特荷甫於一八七五年，曾撰「處間化學」，其後十年，撰「一學說之十年史」（一八九一年英國譯本，牛津版），討論此學說。先敘有兩家之反對學說，其後則謂一四平面立體之說，已成立，大抵化學課本，皆用此說」（見譯本第十九頁）。此說已推用於其他化學物，最著者爲淡氣化合物。

發展原子觀學說，以炭之爲四平面立體爲最後之進步。凡是研究有機化學之著作，皆不免用此說，或類似之說，以表示化學的關係。以後之發展，則視科學家之研究各物之性質之進步如何。一八〇八年，武拉斯吞曾有預言謂『原子學說，不能以得有元素之比量爲止境，必要有幾何形體之意想，然後此學說乃得完全。』或者其所謂完全之發現，爲期當不在遠矣。〔原註〕參看武拉斯吞之『重酸鹽與次酸鹽論』，一八〇八年在皇家學會演說（「哲學會報」一八〇八年第九十六等頁），提議考察各種形式之微點集合體，如四面體等，其後經巴士特及凡特荷甫，而此學乃彰。

四九、原子觀之短鈌

原子觀之發展，爲期雖不在遠，然化學之進步，不能專恃此一方向之思想，卽或仍恃此思想以求進步，亦不能如第十九世紀之幾乎全恃此以爲研究。道爾頓之原子學說，其始不過是一種符號，其後如何不止作爲符號，如何變作物質及自然之物理學說，此則有另闢途徑之闡理以爲之助，凡此皆上文曾經討論者。

由此闡理而至於用統計法，此在其他支派之物理科學，則視爲新法。

氣體衝動學說，又與另一途之闡理有關；天學觀及原子觀，皆視各種力如同問題中之底數，而不再加考究，衝動學說則更求明瞭各種力之性質。吾人於是不能不研究第十九世紀中葉所獨立發起之研究各種力之學說。

下一章自當討論此力學觀之研究。

當原子學說得有穩固根基時，化學之大發明家，皆知研究量度愛力（類緣）最要緊之問題，不亞於求化合量也。

五〇、愛力學說

於是有科學家如柏格曼、柏托雷、德斐、柏濟力阿斯、法拉第諸子，皆創發化學愛力學說，亦有通用頗久者。因當時尚無計算物理學數量之普通規制，又有量度愛力及爲愛力製界說之種種爲難，是以此種研究進步甚慢，不若研究原子量及比例之易，以其有天平之用，又有原子學說以助之也。

在第十九世紀之前半期，科學家之思想，皆偏趨於一方面，求得元素及化合物之知識，而對於較爲神妙之或現或隱、不能生、不能滅之工能，則不甚研究。

在第十九世紀中葉之前，不獨科學家無此科學根本之理想，並無稱謂之名詞。其如何介紹於科學，則下文將詳論之。

原子學說既有助於化學，使學者能分別及研究各種化功，又知有定比例法，然而未免使學者有偏向一途之弊，因搜求元素，定其化合量，求其性質，往往過於消耗科學家之精神、才力及時間。

五一、實用之潛力

因工業上之需要，於是羣趨於製造金類，及各種酸質鹼質；經製造而成之此項各物，與自然產生者不同，頗有適用性質。由是而鼓勵創造化雛之法，及爲分析之研究。對於組合，其時以爲只要得有元素，則組合甚易。在金石化學及鍊冶學，往往有易於組合之事。至於有機化學則不然，有時雖能組合，而結果則與自然產生者不同。

然後知所謂組合者，並非不過以數物相加而已。相加時，應有一定之秩序，於是始用建築公式，其後則用幾何公式。雖按公式而組合有成，其結果仍爲人力所

五二、有機化學界說之改變

造之化合物，而非自然產生之化合物。此種發見實有奇異之結果。於是有新工業發起，而另有一新派科學發生，名爲『有機化學』，其實應稱爲『炭化合物化學』。此爲第十九世紀初年所夢想不到者。當時所謂『有機化學』者，指研究植物動物之建築所特有之化合物而言。〔原註〕有機化學有兩方面，分析有機之物亦應分爲兩法。瑟甫勒爾(Chevreul)有維持此說之功。瑟甫勒爾不特著有「原始動物之肉體研究」，作於一八一三至一八二三年，爲理論及實用上有大價值之作，又著有各種文字，最著者爲一歷史著作〔名「學術名人傳」，一八五二至六〇年〕，堅持必須研究其所稱〔取自佛耳克麐〕之『動植物組織之直接原理』。此項研究所根據之方法，與元素分析法大異。瑟甫勒爾之大作，有柏德樓爲之繼續光大，見其名著「基於組合法之有機化學」，一八六〇年版，共二冊。此種有機化學命名之意，在今日已無存在；惟特別研究有生機物質之各物之科學，則仍然存在。因原子學說之發展，頗能令研究家及哲學家有所偏向而未甚注意於有機化學之目的，即研究、分析、組合有生機物質之化合物是也。

此等問題雖從未涉及原子觀之界線，而其後亦屢屢中明學者之專門研究此項問題者，不甚看重原子原說，且有頗不以爲然者。其視原子學說，不過爲一種理想，爲科學研究之助則可，節制科學研究則不可。「原註」參觀柏德樓「組合化學」，一八九一年第七版，第一六七頁。其言曰：『於原子論中，可以詰責之點，一如於同樣之設想然。而此設想，並非施於物質本體，乃行使於原質的數字關係。蓋於惟一主性上，減少其反動力，爲必要之想像。總之此等設想，在現象上改除其眞性，及眞實詳解中，表示以一種引入入勝之重要符號，因此種符號，施行於想像上，較易於眞實本體也。……表示化學的符號，頗足令人奇異愉快，以其化合，由代數的簡易方法，及人類思想之傾向等，當然可以代替事物之直接意想，而表以符號，則於視察上，更爲單簡明瞭矣』。

五三、原子觀之評論

對於原子學說之引人入於偏見，入於好爲形式上之發展，科學家頗有極嚴重之評論，且謂以符號爲游戲，謂爲專研究中無所有之空形式；建築式化學及立體化學，尤遭姍笑。「原註」來比錫大學教授柯爾柏，有時以個人之力，有時與佛郎克蘭合力，打倒從前模型學說之專好事形式，其攻擊新化學之大代表，尤有不遺餘力。勞氏所撰之「新化學學說」（一八七七年至一八八四年出版，共分三部），對於此問題之辯駁，有極清晰極詳細之紀載，且有極有價值之歷史。吾恐柯爾柏之偉大功業之所以不見稱於英國者，大抵以爲其黨見太深也。反對派雖有此種批評，然而日久終不能抹煞立體化學之邏輯的效果也。作者姑且置之，而討論另從一種獨立闡理而發生之評論。共有三種評論，根據於三種理由，皆學者所應竭盡心力以爲詳細之研究者。今分列於下：

一、原子觀是一種理想，以兩事爲根據：(甲)物與物相化合，有一定之比例，及一定之倍數比例；(乙)物之爲實體、及爲流體時，其性質因其在處間之方向不同，而生分別。至於元素所以不同之性，原子觀並未說及；原子觀只說其不同，以此不同爲物理的定量，而試以數目及量度實寫之。

是以原子觀至多不過是一種暫時之根據，不過是猶如一種利便行旅之半路上暫時歇足之地，【原註】此處所提及之各點，下文將有詳細之討論。原作者只好不詳徵博引，不過略示，讀者以科學家欲深探原子說後幕之大意，或以其他學說補助之而已。對於此問題之初階，最能啓悟入者，爲克爾文爵士所著之『物質衡動學說之步驟』，翻印於其所撰之「通俗講演集」第一一八等頁。此與牛頓研究物理天學所創之學說相似，從此研究物性，有天學觀之發展。

二、化合物之組合，化學物之毀破，原視各力之功用；此各種力究是如何性質，發展至今日之原子學說，並不能有所窺見。原子觀忽略化學愛力而不研究。欲研究愛力，必要另闢新途徑之瞻測，新途徑之闡理。〔原註〕關於此事，有詳載其發展之歷史者，即邁爾一八六二年所撰之第一版「新化學學說」之介紹文，後來再版者亦有之，又有見於一八八八年之英文譯本。自邁爾之作刊行，而辯論紛起，於是有「理想」的化學。或「物理」的化學之分立，處於獨立地位。於是爲理想化學另立」教席，另設化驗室，最先爲來比錫大學，其後德國各大學皆倣而行之。參觀阿斯特瓦德所撰之「物理化學」，見勒克息斯「德國大學誌」第二冊第五十等頁。自一八五七年起，阿斯特瓦德教授，爲最先刊行之物理化學雜誌主筆。其所撰之「普通化學」，刊於一八八四年，頗有功於普通化學〔普通化學，以別於有統系化學）。此君又有多數之講演，作者此後屢有所徵引。

三、以化學公式發展之原子觀，太偏向於分析的研究，及分析的思想，所有組合之研究，亦不過限於人力所能製造之化合物，而忽略自然而生之化合物之組合，對於有活機體，尤爲忽略。〔原註〕參觀上文所引之柏託雷諸著作，及麥爾多拉（Meldola）教授一八九五年在科學提倡會化學部之演講。

以上三條駁論，皆引導思想出於原子學說界外，各有其大代表：第一條有英國之克爾文爵士，此君則主持物質衝動學說，其所主持最力者爲漩渦學說；第二條則有德國之阿斯特瓦德教授，此君則主持化學愛力新學說者；第三條則有法國之柏托雷，尤以發展化學之新組合法得名。作者將於下卷討論衝動學說之發展。欲知此學說之歷史，作者需折回古代之意想；此則與天學觀原子觀有其相似之處，皆發源於古代之空泛學說。此種空泛學說之所以能復興，能有益於科學者，則因後世有正確之量度，有科學的闡理，以爲之研究也。

第六章　以力學觀研究自然

一、古代哲學對於動之意想

古代哲學家，最好主持凡物無不動之意想，以爲自然界中，無所謂靜，而尤以生命感覺爲最著，無不由於動，有各種極細微之動以爲傳遞交換，然後能有生命，能有感覺。古希臘哲學家赫拉頡利圖斯，爲發起人之外界與內界永遠流動學說之祖。〔原註〕策勒(Zeller)之「古希臘哲學論」第一册，謂赫拉頡利圖斯（紀元前五百年間人）學說，與畢達哥拉斯派學說相反。此派以爲萬物一致，無滋多，無改變。赫拉頡利圖斯則以爲無物不流，無物不動爲起點，關于赫拉頡利圖斯之哲學學者，只從柏拉圖及亞理斯多德之著作窺見之。策勒之著作，頗詳論之。普來得勒所著之「赫拉頡利圖斯哲學」（一八八六年柏林版），嘗引歌德之詩以發明之）。於是發生兩個問題，頗爲古時思想家所研究：第一問題，爲如何解說吾人所眼見之多數物之不動，及其永不改變之性質，及其情狀；第二問題，則與人道極有關係，卽謂人之感覺及意思，常常改變，其中究竟有無永不改變者存在；第三問題，卽是蘇格拉底、柏伊圖、亞理斯多德所研究之主要問題。研究第一問題，爲自然哲學問題，古代則有伊壁鳩魯、琉克理細阿、爲研究此問題者之大代表。琉克理細阿著爲長詩，其第二卷中曾解說吾人眼見之所謂靜，設爲此喻，謂如羊羣跳舞於青山之麓，自遠觀之，不過一白點而已。如此之哲學推闡，常識以爲靜者，彼則知其爲動，常識以爲萬物之永不改變之性質，彼則從理想上知爲內中有極複繁而爲吾人所不能覺之變動。近代之科學思想家更有此種理想趨勢，作者今將以力學觀詳論諸家此種學說，使此種理想得有較爲顯露之發明。〔原註〕較爲顯露之發明，原爲算學問題。勤薩日嘗發爲議論：『假使伊壁鳩魯有並世之歐幾里得之一部分之幾何知識，有時人之天學意想，當不難可以揭露吸力通例，不得獨揭露此例而已，當可以發明其力學之原因，此則牛頓所欲知之而未能者也』（見夢洛 (Munro) 所撰之「琉克理細阿論」，第二冊，第一三五頁）。利奧那圖，得芬奇 (Lionardo da Vinci)（一四五二年至一五一九年間人）。嘗云：『科學之不用及算學者，則不能有定準』（見拉士維茲之「原子學說史」，一八九〇年版，第二冊，第十一頁）。來布尼茲于一六九三年，曾致書其友人，詆其從前所撰之「物理學理想」，謂「無算學知識而談物理，致爲少年妄作』（來布尼茲「哲學著作」第一冊，第四一五頁）。〇此處所用之『力學觀』三字，其『力學』(kinetic) 名詞之見于科學著作中，似是始于安培。安培用 cinématique（動學）名詞，指力學之一部分。其言曰：『試觀環繞吾人之萬物，其動作均發自本體，而所謂機器者，在則，尤爲可加注意者也』（見安氏所撰「科學哲理論」，一八三四年版）。

，英文課本中，以kinematics（動學）稱力學中之一支派，專論物之幾何性質而不及所以致動之由，此則採用湯姆孫，退特之界說（見其所撰之「自然，哲學」序）。專論力之學，則稱爲kinetics（力學），力學與statics（靜力學）並論者，則稱爲dynamics（動靜力學）。英國科學大家湯姆孫，退時，馬克斯維耳，頗爲牛頓，蘭格倫日，安培，怕松，逢退利，潛力所移，頗能改良英國德國對于此各種科學之思想，及書中所用名詞。故kinetic名詞。頗爲兩國所承用，以指自然手續中。有動之作用。科學家往往以此學說反對原子學說，近來有撰自前代至牛頓時期之自然哲學史者，即從此方面立論。〔原註〕此指拉士維茲重要著作，「自中古至牛頓時期原子學說史」而言，一八九〇年來比錫及漢堡版，二冊。若無物不動，則必有其致動者，此致動者爲何物乎？伊壁鳩魯在其長詩中所發之理想，實寫物性之意多，而研究萬物之動狀少。古今來哲學家，以原子學說及物動學說研究哲學者，居多以力學觀爲半途歇足之地；然而歇息未久，因研究物性，又不能不爲更進一步之研究，欲以心目中之顯微鏡爲解剖，以窺探物性之內幕。第十九世紀有兩種極能啓悟人，極有益於科學之意想：第一，以極速之遷動，解說氣體之壓力；第二，以極速之旋轉動，解說物質之堅實性。今世之學者尚未窮第二說之究竟，此則爲後世科學家之功業。

二、笛卡兒之發展力學觀

今日學者觀之，自以力學說爲極有用，極能啓悟心思，然而自古代以迄於笛卡兒時期，哲學家並未謂有此學說之益。此學說必需有確切之量度計算，然後能有所發展，與吸力學說，原子學說同。力學說之能有科學的發展，則自牛頓之在其所著之算理第一卷發明動例始。惟發明者雖爲牛頓，而發展者則有他人；牛頓雖有透露一線曙光，使後人窺見有無限之研究，其所發明之吸力例，亦不過半路歇足之地而已，不過爲一種暫時應用之思想根基，可以用以解決若干種問題而已。其所發明之吸力例，直接所發生之潛力，頗有礙於力學觀；力學觀原屬於笛卡兒學派，有海亘史及並世之人，及與笛卡兒相匹敵之人以發明之。〔原註〕據拉士維茲之歷史，虎克〔一六三五年至一七〇三年間人〕。即其中之一。「在物質小點學說歷史中，虎克爲最有創解之人。可惜其當時只製爲說略，假使其再爲進一步之研究，當有能及久遠之重要效果，假使其取徑于海亘史之力學原理，而爲科學之研究，其數亦必有可觀者。因有牛頓之新揭露，而科學家入于歧途，雖有廓清多種無用之學說之功，然而並虎克之較爲有用之啓發思想，而並掃除之。所謂入歧途者，即謂拋棄虎克之說而不顧，吾人所指之虎克學說，即物質擺動〔浪動〕之學說是也。此說見于其各種著作中，其最顯著者，見于其所製之「有彈性物之彈力」講演，一六七八年倫敦版。牛

三、海亘史及牛頓力學觀

四、復興于第十九世紀楊及夫累涅爾

頓所發表者，卽所謂天學觀，自此說一行，而力學觀遂爲所掩，雖有發端，而多年不得發展，然而天學觀則有建築物理的天學之功。

力學觀之初發起時，散漫無歸，及海亘史，歐拉，〔原註〕歐拉（一七〇七年至一七八三年間人）。爲古今之大算學家，其所撰著，關于純粹科學及實用科學之眞學，有極多之首先發明，以供後世之研究。以當時大陸所發明之物理學而論，歐拉爲反對牛頓哲學者，反對牛頓之物離力及學說，及光點學說，而主持以太學說，自一七四五年，嘗發明之。歐拉亦反對笛卡兒及海亘史兩子之見解，對于自己所主持之以太學說，雖不認有發起在先之人，而卻不甚提及海亘史。海亘史所發起之有用原理，頗爲學者所習知，而歐拉則絕對作爲不知。歐拉雖享大名，其所主持之以太無乎不在之說，欲以此發明光，熱，磁，力，吸力，各種變象，而並無附和其說者。對於物理學，並無何等瀦力。其友人柏努利•達尼爾，則深信物離力及之說，以爲歐拉過于深信自己所發明之學說。然而歐拉之敘寫以太，謂以太充塞空虛處間，爲力所緊逼，與今日之力學觀極其相近。（見聖彼得堡刊行歐拉遺集）。是以近代外國科學家，頗有重新研究歐拉以太學說者，如社耳步雷(Cherbuliez)之「歐拉物理學工作論」（一八七二年版），洛增堡革之「物理學史」（一八八四年版，第二冊第三三三等頁）易森克拉在「數理雜誌」第二十六冊之論文，及「算學史論」第六頁，及美辛之「歐拉以太學說論」（一八九四年柏林版）。其中社耳步雷曾解說，何以當時並無附和其說之人，其言曰（見社氏著作第四十九頁）：「學者若併合海亘史及歐拉兩家學說觀之，當知第十八世紀中葉時，正擺動學說盛行之日。」……其實歐拉之研究，比海亘史更爲深入

十九世紀歐洲思想史　第一編　上册　四百八十二

○而歐拉則拋棄海亘史創立之極有用之涙面說，因是而不使自己所立之說有何效果。作者以為歐拉對于此學說，有害而無益。歐拉之光學說，並無多數附合之人」。其在英國，科學家雖知有此學說，而大抵皆不以為然。普利斯特利所撰之「光學史」（一七七二年），則頗有詳細之討論。布督安爵士對于楊博士之新揭露，嘗為極不公道極膚淺無識之攻擊，謂歐拉之自然哲學，絕少人過問，而楊則抄襲歐拉學說。其實楊仍是取資于海亘史及牛頓，明知「自己學說，與虎克及海亘史之學說相同，而採用牛頓之若干提議」（見裴各克所監刊之「楊氏雜著」第一冊第二百頁）。楊雖極恭維歐拉為算學大家，而「對于擺動（即光涙）學說，並無有證明之增加，而反有損于其力持之學說」（見「自然哲學演講集」第一冊第三百八十頁）。最近有維得特者，論歐拉甚詳，其言曰：「歐拉對於當時已知現象之大部分，雖皆有諸多誤解，然於光學史中，則佔有重要位置，此亦分所當然，蓋彼皆明晰解釋光的波面，乃係循環的，一如聲音之顫動然，而彩色之差，之原由，亦與全體之差之原由，其實相同也」（見「夫累涅爾名著」第一冊第十九頁）。有所研究，收多少效果；至第十九世紀之初年，則有拉姆福德及楊氏；其後夫累涅爾出，組合諸家散漫無歸之理想，以成為不相矛盾之物理學說。故世人稱夫累涅爾為光學之牛頓。夫累涅爾不獨以發明光浪學說，使立於堅固基礎而享大名，且能啓發自然哲學家對於整齊之擺動，及有週期之變象，加以最充分之研究。此君與牛頓相同，對於其所發明之學說，有極透徹之瞻測、量度、計算，兼有善算及善於試驗之才。夫累涅爾著作中，卻並無有如牛頓之主要公式，如吸力公式；而其功則在採輯組合諸家學說，以成立爲一種可以通行不相矛盾之學說，改良修正諸家學說，或以邏輯法而推極其究竟。因是能發見在光學中無人瞻察及無人能解說之各種變象。欲知力學說之所以能使物理學家深信者，應略爲敍明夫累涅爾所融會採輯之諸家理想。

在第十九世紀之初年，自然哲學家原有一種意想，以光爲某種物之行動。此種意想之發起，遠在第十七世紀；其時勒麥（Römer）。【原註】歲星（即木星）有數月隨行，人日能見其二。一六一〇年，伽利略製成遠鏡，首先發見者是也。木星之月，地位常改變，而改變又極速，又常有月蝕。科學家以爲最宜于用以航海求經度，故常爲詳細精密之瞻測。勒麥，喀西尼，在巴黎即常事瞻測。于一六七五年，瞻得最近之月，其掩蝕之週期改變，知是地球之行動，有向歲星，與離歲星之別，故週期有改變。倘若光之行動需時，則掩蝕之時，有遲早之別。此即爲將來求光行速率之底數。伽利略之地球，試驗，無實在之可憑。勒麥之解說及計算，則爲天學家所承認。以歲星之月蝕後時，惟得光行需時，有卜拉德賚以證明之。【原註】卜拉德賚發明揭露行光差變象，因以證明光有速率。行光差者，可以火車遇雨情形比之。在火車窗外之雨點，其下降之向，雖與地面爲正交，而自車中人見之，則是斜向，車行愈速，其向愈斜。天象之行光差，，與雨點之斜降，皆與光之行動及瞻測者之行動，有關。瞻測者受光之印象，而以時間處間定其位置。勒麥之揭露與多普勒(Doppler)之揭露相同，謂光帶之各顏色，週期極短、若以擺動學說觀之，則各顏色之週期，必受光物之動︵如木星月蝕之後期︶，或瞻測者之在視向之動，而有改變。此說施用于聲學，早爲科學家所承認。過後多時。始爲光學家所承認。多普勒之友人，以一八四二年，即預知此說之有用。其言曰：『我敢預言，後人必有以此說，而瞻察恆星之歷若干時而變色者，因而解決各種問題，如恆星之有無行動，若或有之，是何方向，是何速率，離地球若干遠等之問題』。自從創製分光鏡以來，以上種種問題，果爲哈金茲爵士(Sir William Huggins)，及福克思•托爾波特(Fox Talbot)，等諸天學家所證明。提特謂多普勒之說，即勒麥之說也︵見退特所著「光學」第二版，第二二○頁︶。又參看洛熔堡革之「物理學史」第三冊第七○八等頁。

五、擺動學說及放射學說

若旣需時，則必有動，有動則有物；其物爲何，其動爲何，遂成爲兩大問題。在第十九世紀之初年，關於此問題，卽有兩種學說，關於返射鏡、透光鏡、及各種光器、晶顆之光學變象。此兩學說，並能解說，並能計算無差。其一學說，稱爲放射學說，或稱爲流射學說，又稱爲質點學說，謂有光之物，放射極微之小點，遄行直線，遇於眼目，由是眼覺有光。其一爲擺動學說，以爲有一種物，無乎不在，充滿處間，無物不入，此

六、兩說皆主行動皆力學觀

七、擺動學說有聲學先爲之所

物名爲以太，所謂光者，即以太之有週期之擺動。此兩說，皆力學學說也，皆需分析其動以發展之。兩說皆不過意想，必要化爲公式。自然科學中，亦有與此相類之學說。其時已有相類之質點學說，以解說熱學、電學、磁學之變象。在其對方，則有極爲發達之聲學學說，以試驗及算學研究絃線、薄皮、薄片、風琴、及他種樂器之聲浪，成效最著。研究樂器聲浪之學，稱爲聲學，最爲發達，爲物理學之有最堅固根柢，亞於物理天學。科學家從古人原有之粗淺幼稚試驗而推廣之，因是知聲音之發起，由於物之受激動，而發爲浪動，證以試驗，而立最完全之學說，其初亦不過由常識及平日之閱歷，而啓發此種研究及解說。〔原註〕在物理學中，只有聲學是如此發起，觀休厄爾之「歸納科學史」可知。休厄爾引天文學及光學，以與聲學反觀，其實又可以引力學，因伽利略之物質頑固性之說，正與常識相反也。關于聲學，休厄爾有言曰（見第二冊第二三七頁）：「吸力通例及光浪學說，皆有多數之步驟，然後能得最後之大揭露。聲學則不然，先以學者所公認之聲音之發起，由于物或空氣之顫動成浪之事實，以爲根基，然後附合于其他實理，如動例及物質之有彈性等類，于是學說以成。其中無所謂分期之揭露，只有問題之解決』

其他科學並無有如聲學之易入正軌，易就範圍者。天學光學，亦何嘗無常識啓悟，不過此項常識，以爲地是靜而不動，以爲光是質點，有直行之動路，以量度及測算，亦何嘗不得有若干知識。然而非有意想之創造，以代膚淺之學說，推倒常識之臆度，決不能有天學光學之真理解。其在天學，則有哥白尼一蹴而幾；其在光學，則進步甚慢，從幾許審愼遲疑，始成立學說。古代哲學家，已知有光線返射例，至十七世紀，則知有析射例，於是光線之直行，及光錐之遇平面鏡、或曲面鏡、及透光物而返射或折射之理，自然易於湊合。從前有返射光學，折射光學，以製造遠鏡顯微鏡，旣有其實用，又如是之完全，似乎無再創新學說之必要。【原註】「幾何光學」目的，在乎擺脫物理學說，欲從幾何圖形，以演繹術引伸光之性質。若以天象而論，所有幾何的及數種物理的性質，亦何嘗不可以吸力的行動公式而求得之，無所用于研究吸力之性，此與光學無異。哈密爾敦爵士，卽有此種意思。此君于一八二四年至一八三三年間，揭露發展所謂「物性函數（亦稱特別函數），一得此函數，則所有光學問題，毋論其用質點學說，或光浪學說，皆可以用一法而盡解決之」（見退特所著「光學」第二版，第一六〇頁）。隨後因光浪學說，及以太擺動之意想，有種種爲難（詳見下文），頗欲以幾何算式，處置折光變象，將晶體光學，倪離物理學說。海亘史以幾何圖式，解說單軸晶顆之正奇兩光線，則頗合于用。對于雙軸晶顆，夫果涅爾則用浪面以爲解說，則此與哈密爾敦之特性函數相合。若爲教課及實用起見，則用純粹幾何法以表示浪面。夫勒拆(Fletcher)所著之「光學」，即善用此法，曾發明以幾何術作光線，易于製浪面，因製浪面之要用令人可疑之界說也。並謂「只用單簡淺顯之貫通說，即可以引入光線面，不必提及以太之結構，及透光之物理的改變」(見第十八頁)。夫勒拆先從一面計起，在一個折光物中為球面，若在單軸晶顆，則為橢圓之邊體，若在雙軸晶顆，有光浪相越者，則用立體橢圓之有三條不相等之軸者，採用此法，竟得極好效果。其時並未見夫累涅爾學說之詳細歷史也。現時始知夫累涅爾之得浪面，由于以純粹幾何法，融會海亘之製圖。其後始定立以太意想，以便可以引伸浪面。見維得特所監刊之「夫累涅爾著作」(一八六八年)。以上所引，即維得特之言，此則在思想史中，極有義味之事。至于以純粹幾何方法，研究光學之不足以解說光器之變象，則宜參觀察普斯基(Czapski)之「光鏡製法學說」，一八九三年版，第二頁。

況且此學說，歷久尚不能解說光線所行為直路，而有極分明之影以隨之。與此反對之學說，即光浪學說，謂光與聲同，皆生於顫動，則不能解說界限分明之影。光學之兩學說，皆為牛頓所熟知，於是捨光浪說，而取質點說。以牛頓之名聲而主持其說，於是有人謂只此一端，足以使光浪學說受多年之埋沒。殊不知牛頓本人，原以質點說為不足盡恃，不能不有所修正其學說，因而變為繁複，提倡一種見解，謂光線有勻整週期之變動，此種變動可得而量度計算之。牛頓之所以修正其單簡學說，謂為繁複者，因

八、牛頓之放射學說

得有名傳不朽之研究所揭露之牛頓色光環也。現在事隔二百年，今日學者讀牛頓當日對於光學之種種理想（牛頓對於吸力學說，則著有賅括之書，而對於光學者無之。）〔原註〕牛頓對于吸力學說，及光學學說，其意不過創設一種初級公式，以作試驗及計算之基礎，後來之理想，則大多數載于其所著之「光學」之設問中，隨後再版，亦有陸續增加。嘗謂「並不以吸力爲物性」。對吸力之理由，作爲設問，，並聲明「因無試驗，並不滿意」（見一七一七年再版告白）。

九、牛頓亦提倡其他學說

當知牛頓念念不忘於光之兩種特別變象，其一卽光行直路，其二卽有週期律，此則由其本人之極精細試驗而發見者。兩學說之何去何從，則視對於此兩種之行動之以試驗及推算而得之知識之深淺以爲定；所謂兩種行動，其一卽小點受相持之各力而發生之直線動，其一則較爲繁複之波浪、及顫抖、或搖擺所有之有週期之動。第一種行動，自是較易研究，與其他科學有較爲親切之關係，自然是首先研究；第二種行動，則因算學之故，自然研究在後。第一說則有物理瞻察家之靈巧，以增進其地步；第二說則必得算學之闡理，以創造有定準之試驗，然後能成立，此則非純粹瞻察所能啓發者。牛頓之揭露，雖同時發起兩種學說，

一〇、俾奧盧斯脫，部拉普拉斯等皆反對光浪學說

一一、歐拉爲海亘史之繼起人

一二、楊氏

而科學家頗有借重其名，以毀光浪學說者；至於質點學說，則有法國之俾奧，英國之部盧斯特之試驗，以爲之發展。拉普拉斯最喜以原子觀及天學觀，解說各種自然變象；從附和拉普拉斯者及欽佩其人者觀之，自然以拉普拉斯爲維持質點學說之最有大力之人。光浪學說，則與牛頓同時之海亘史，爲首先詳細研究之人；歐拉以純粹之算學根據，而承認此學說；其所以能成立者，則恃有蘭格倫日及達蘭貝耳以算學研究擺動之闡理之力；然此不過專恃算學，其以試驗及計算爲根據，而得大進步。則是楊氏之功，自一七九三年以來，楊郎研究此問題，以一八〇一年，刊行其所著之光浪相尅要義。楊氏先有聲學之研究，因而及此光學問題；「【原註】愛丁堡評論報」常攻擊其學說，楊爲書以答之（一八〇四年印爲小冊，見裴各克所監刊之「楊氏著作」第一冊，第一九二至第二一五頁）。楊對于其學說之歷史，有言曰：「初予在格丁根大學之考取醫科學位也，不獨要著醫學論之一篇，且要擇一種與醫學課程有關係之題目，以爲講演。予所擇之題目，爲入聲如何造成。予初執筆屬稿時，始覺茫然，並不知聲音究爲何物。予向無完備之想像，當予在劍橋大學三年之時，始從各種著作中，搜輯此問題之材料，並對于各種聲音，作各種創新之試驗，對于流體之行動之大概情形，亦作同等之試驗。予從此研究中，始知大陸學者，關于發聲物之

及有彈性物之動，極有進步，非英國所可及，予不勝詫異。及予關于發聲諸事爲試驗，始知與滯片之發現，顏色，頗相類，似，于是始疑聲光有極相類似之處，有非前此之所能深信者』（見第一九九頁）。楊撰「試驗聲光略說」（見前所引書，第六十四頁）。由是在聲學中，擺動學說，早已奏效。楊於是特爲注重於光線之物理性質，而不注意於其幾何學的性質。其心中所受最深之印象，則爲光與聲之變象，極其相似，由是而研究大陸算學家之著作，其中以歐拉爲最信海亘史之光浪學說，即以脫學說。楊亦知牛頓著作中，原有兩學說之萌芽，牛頓亦有各種理據，以表明光浪學說之不足以解說光之直行，故楊氏知牛頓此種理據爲不能成立。【原註】見楊氏「雜著」第一册，第二百頁】。其言曰：「牛頓根據試驗而發起之理據，予以爲藍伯之柏林紀錄所載之說，是以駁之，牛頓所著之「算理」中之證明，予以爲尚有缺點。亨大名之拉普拉斯，嘗比較牛頓各種光學學說之短長，稱牛頓學說爲理想。但因施用于變象，頗能相合，以爲頗有成立之希望。假使牛頓對于光浪學說，有證明其爲無理之可能，其措辭必不如是之游疑。予雖極敬重牛頓之大名，然而絕不能強使予相信其爲絕無錯誤，予今而知牛頓亦不免于錯誤。又往往因其大名，而反令科學退步，此則殊爲可惜』云云。楊於一八〇一年五月，想及牛頓之奇妙試驗，『揭露一新例可以解說極多數之變象，不是向來所發明之光學學說能比者。』【原註】見其「雜著」第一册，第二〇二頁。此例之原理，可以波浪發明之。譬如有兩排波浪，入於河口；凡波浪皆有陵有谷，若此一排之浪，與彼一排之浪之陵相合，則陵加高，若兩谷相合，則谷加低，若陵與谷相合，則相尅。

一三、楊之光浪相生相尅通例

楊謂兩光相遇合，與水波相生尅之理相類，遂稱為『光浪相生相尅通例。』並表明【原註】見其「雜著」第二〇三頁。『此例與牛頓光學所載之關於透光物之顏色各種量度相符，且與多數向來未解說之試驗相合。』【原註】『予所以重新發起之學說，此條論證為最有力。予所讀諸家著作，並無有可以引起此學說者，惟享大名之虎克著作中，則有不完不備之示意。然當予揭露此例時，則並未見虎克著作也』見其「雜著」第二〇三頁。乃作為說帖三篇，詳細討論『光浪之相生尅』。格里馬第（Grimaldi）曾發現極新奇數種之變象，有時光線可以從屏面之邊轉彎，又若

一四、有光以太學說

設為一種特別情形，兩光相加，可以變作黑暗，若去其一，則復現光明。楊於是放膽為擺動（光浪）學說，作為融會貫通之例，謂『有一種有發光（或傳光）的以太，極輕而彈性極大者，凝漫宇宙；』【原註】此引號內之句，是其「雜著」中之原文，見第一冊第一四〇及其後諸頁。謂眼之所以有各不同顏色之分別，全賴眼所接觸之光之擺動次數而為分別；又

謂『凡是有質之物，皆有吸收此以太之吸力，以物質內皆有以太。』楊之結論，雖與牛頓學說反對，而深讚牛頓之試驗爲可靠，『惟對於質點或激射之說，則非其試驗所能解說。』〔原註〕此引號中語，見「前書」一六九頁。楊雖發明『一學說，可以解說光性，並能排除各種爲難，』〔原註〕見楊氏「自然哲學演講集」序第九頁。然而遲之又久，始爲科學家承認。武拉斯吞〔原註〕『武拉斯吞博士謹愼性成，或缺少膽識，不敢爲科學革命事業，故其對于楊之學說，雖或已心許，而不敢毅然承認』（見裴各克所撰之「楊博士傳」第三七五頁）。有遲疑不決之特性，對於道爾頓之原子學說，並不公然承認，對於楊之學說亦然，惟對於以擺動學說發明光性，則頗有試驗之幫助。〔原註〕並見「楊博士傳」第三七四頁。

一五、布魯安攻擊楊氏

布魯安在愛丁堡評論報，對於楊之學說，大肆攻擊，謂與牛頓之揭露相反；其實楊之學說，與牛頓學說，皆有根據。布魯安之攻擊光浪相生尅學說，由於不明其煩難之算理，其實光浪學說，以此爲最要之砥柱；因受無理之攻擊，其效果與道爾頓之原子學說之遭遇相等，不能立足於本國，而流於外國。於是科學家鮮有知光浪學說者，並光浪相生尅之法亦無人知。牛頓提倡光學之激射學說，以爲物質之小點，一到有重之物質之附近，受其吸力。法國之拉普拉斯，卽根據此說，以爲之發展；及楊之光浪學說流入於法國，其科學家遂加以研究。然楊曾先有發明，謂拉普拉斯所根據以發展光學之吸力，爲殊可以不必，不必用微點吸力，亦能得相同之結果。此時楊已不信拉普拉斯之法，爲絕無錯誤。〔原註十〕

〔原註〕一八〇四年十二月二十日，楊以其所製之「流體內黏力說帖」，遂于皇家學會，刊于一八〇五年之「報告」。一八〇五年十二月，拉普拉斯以己所撰之著，名徵管吸力說，在法國學社宣讀，其後載入其所著之「天算」作爲附篇。楊之說帖，則以面牽力爲根據，此則可以瞻測，可以計算者」。拉普拉斯則不然，以最小質點吸力之說，爲其理想之根據，亦如其用激射學說，以質點吸光點，解說空氣之折射同。其結果則爲在官覺所能覺之距離內，此種吸力，則不能爲官覺所覺。楊以拉普拉斯剿襲其新學說，而不承認其所由來，深滋不悅，對于拉普拉斯之大作，頗爲嚴厲之攻擊。此文作爲其所製說帖之附件，而以一八〇九年刊布于「評論季報」，而楊並不署名〔參觀裴各究之「楊博士傳」第二〇五，二〇六頁〕。楊之言曰：「拉普拉斯自以其撰爲新發明，大約是從微點相吸，而引申于微管吸力。予以爲此種根據，並非已經發明物質之性之必應發生之結果。其試驗所得之效果，雖與其所計算者偶合，其實對于題目，並未能盛量證明。因其並未證明，若另以他說爲根據，雖保不能得相類之偶合」〔「評論季報」第一號，第一〇九頁〕。

一六、夫果湼爾

楊並爲首先脫離

天學觀之科學家。其時法國之風氣則不然，科學家頗爲享受大名之學說所懾，惟有夫累涅爾則有天授之才，敢於反對著名科學家之學說，獨闢途徑，從源頭上作起，創爲巧妙試驗，以求真知。作者曾於附注提及，夫累涅爾之科學功業，歷時甚久，始爲科學家所重視。（原註見本書卷一第二四一頁原註。）阿刺各者，向來最佩服拉普拉斯，又爲俾奧之密友；俾奧則爲維持光點激射學說之最力者。阿刺各首先領略夫累涅爾之功業，於是用其潛力，又盡其合作之能，然後光浪學說久後獲勝。夫累涅爾初時研究之變象，卽楊所由發明相生尅學說之變象，卽光縫是也，亦卽光過小孔，或過窄縫，或過物之薄邊之旁射是也。而兩家之解說，各有不同。楊以爲此種變象生於直接之來光與薄物所返射之光，兩相生尅；夫累涅爾則謂光浪相生尅之原理，範圍較大，可以解說多數光學變象，例如海亘史想像中之有週期率之光浪，爲何發射光線之向，爲從光線而來之直線；又謂相生相尅，幾乎盡滅旁浪或副浪；又所謂光之旁射（又作旁鋪，）則由於光浪之相生相剋，不能盡量是也。夫累涅爾因研

一七、極光又生爲難

究光浪相生尅所發生之旁射變象，以一八一五年，始信（楊在十五年前已有此意）光點激射之說，實不能解說光過小孔或薄片之邊之旁射。夫氏又苦心詳細研究楊之光浪相生尅之說，以解說光線直行之理。然而以上種種效果，仍不能減少附和激射學說者之力，因附和之說，此時又研究另一種光學變象，即謂光有極性是也。——此則發生於返射或折射，非只賴視官所能見。牛頓先已說過，光有兩面，如寬帶之有兩面，不是一條窄線之不分兩面。此種光性，稱爲極性。【原註】此『極性』名詞爲一八一〇年，爲馬呂斯(Malus)所創用。此名殊不妥協，因易于發生以光爲質點之誤會也。牛頓之想像，以爲光有兩面，不如謂光有兩面性，較爲妥協。此與克爾文爵士用左右性名詞相類（參觀第一冊第四三二頁）。牛頓此說，載于一七一七年第二版「光學」之設問第二十六。海亘史在其所撰之「光學」（一六七八年著，一六九〇年刊行），早已有正確法，求冰闕石之正奇兩光線，亦曾詳細寫明此種變象，而自認不能爲之解說。及馬呂斯發見極光，又可以從返射發生，楊即爲之評論（見一八一〇年五月「評論季報」）。其言曰：『自從海亘史以來，法國所揭露之光性，以此爲最要緊，最有意味，科學家尤應注意，因激射學說，及光浪學說，所各有之各種證明，不能不受此揭露之潛力所轉移』（見楊氏「著作」第一冊第二四七頁）。楊氏任皇家學會外國文祕書時，曾受拉姆福德獎章，馬呂斯有書致楊曰：『我對於此種現象之認識，並不以爲激射學說，定勝於光滇學說，且證明此兩種設想之未爲完備，不足以應需用之處甚多。在二者之中，何以解釋一種熱光，於尋常情況，完全避免此種物體面積之一部分的反射而能傾斜橫過一種透明體乎』？（見斐各克「楊博士傳」第二四八頁附註）。所謂極性者，卽謂光點因其方向不同，有不同之性；其用以發現此種變象之法，稱爲極法，或現極性法。海亘史曾揭露此種光性，謂光線過晶體則發現，而以冰蘭石所發現者爲最顯著，光線過此物者，則被分爲兩條光線。若以冰蘭石觀一物，則見有兩物，海亘史因製爲幾何圖以表示雙折射，因而揭露光有極性，而不能以光浪學說解說此極性。一八〇八年，馬呂斯證明雙折射不必一定與極性隨帶而生，平常返射，卽足以使光發現其有兩性。激射學說，雖不能對於極性或兩面性，有完全之解說，然而可以設想以此種一面或多面性質，仍由於激射小點有某種幾何形式；由此設想，遂有提倡以爲小點走近有吸力之物質時，因其形式方面之不同，於是拒力或吸力亦有不同，以此解說雙折射。若用光浪學說，則絕不能有此種設想，因此學說與聲學相類，以爲以太在光線之向，作極速之前後擺動也。若是則不能有『兩面』之想像。光之具有此性

一八、夫累涅爾撰折射說帖

者，則（一八一六年夫累涅爾及阿剌各曾證明。）失其相生相尅之能，此固楊所揭露，爲光浪學說最要之理據者。裴各克所撰之楊博士傳曰：『其時諸大瞻測家，莫不競奇鬬勝，以求新揭露發表極光變象，及其各種改變，而當時之學說，無一能爲之解說者。光浪學說，仍爲最受極光所掩蔽，而不能大發光明。』【原註】見「楊博士傳」第三八三頁。於是天學觀之代表等，以拉普拉斯爲首領，以天學觀曾爲多數複繁變象之解說，又以光點激射學說爲最有期望，自然乘此時機，攻擊光浪學說之要塞，即光過小孔，或微縫之旁射或旁鋪，用最精細之試驗，及分析算學，以求出憑證，使與其所固守諸理想相符合。因楊及夫累涅爾之揭露，並不能搖動此派之理想也。於是巴黎科學學會以一八一七年懸賞預爲一八一九年之算學競賽之地，以光過小孔等等之旁射（或旁鋪）爲題目，其意以爲『此種變象，似與法國科學派所嗜之學說不符，以爲若有較爲精深之研究，或可以使學說得勝。』【原註】見「夫累涅爾著作」第一冊，序文第三十五等頁。惜乎大失所望。夫累涅爾以其友人阿剌各及安培之請，亦預競賽之列，製爲說帖，竟得首獎。其說帖中，從大概方面著論，詳細討論激射派及光浪派可能解說小孔旁射之程度，結論則似乎以爲光浪學說較勝。怕松裁判委員中，有俾奧，阿刺各，拉普拉斯，給呂薩克，及怕松。阿刺各所作評判報告書，刊于「夫累涅爾著作」第十三號第一册。其結論曰：「怕松自得委員會報告之後，嘗舉，表示光線折射強度之積分。於一彩色玻璃片，或一圓形小孔所透射出之影的中點，易於證得一點，請夫累涅爾注意。於是夫氏乃根據上式，而推算之，其結果得見強度之通式，當與彩環現象中之反射光通式相似，幷其最小限度，完全無存，而在極相同質之光體中，則應現出幾乎純黑之點。而最少在首先之三方式中，所用之紅光同質光體，雖不無缺慊，卻尚不能覺得，此亦爲實驗所認定。將測微器之凸鏡之焦點，置在算定距離上，則於圓形小孔之中點，見一黑點，……此種實驗，可視爲夫累涅爾公式之一種證明」（見「著作」第一册第二四五頁）。又參看夫累涅爾附記于其說帖之細註（前書第三六五頁）。此說帖獲獎于一八一九年，至一八二六年始刊行。其第一及第二部分精義，刊載于「物理化學年報」第十一卷。夫累涅爾曾送二册于楊氏，時在一八一九年九月十九日。原爲總裁之之一，亦深信激射學說者，從夫累涅爾說帖中之計算，引申得數種似若反乎常理之結果，請夫累涅爾以試驗證明。此種出於常理，駭人見聞之事，夫累涅爾竟實地試驗，一一爲之證明，科學家從此頗受極深之印象。以小孔旁射之變象而論，夫累涅爾之說帖足以證明之，舒和

爾 (Schwerd) 且謂『光浪學說之能預言小孔旁射變象，亦如吸力學說之能預算天象之行動。』〔原註〕參看舒和爾所著之「光浪學說之基本規律論」（一八三五年版）序文第十頁。此專指此種變象而言，至於門類較寬之變象——即發現光有兩面之變象（誤稱有極性）——則不同。〔原註〕光浪學說最後得以成立之歷史，載于休厄爾所著之「歸納科學史」第二冊中。當時所徵引者，爲楊，夫累涅爾所撰之說帖及紀錄，與裴各克所撰之「楊博士傳」，後來可引之著作爲繁富。維特得重新再撰，此項歷史。作爲一八六六年刊行之「夫累涅爾全作」之介紹文。學者宜讀此兩家著作，因爲前作有未甚明晰者，有後作以發明之。楊氏曾經發議，謂光之發現有兩面性，引出橫動之意想，則毫無疑義。楊又曾示意，在雙軸晶顆中，光浪之形，或爲杏仁形，或爲杏仁類形式（見所著「色論」，翻印于其「全作」中，第一冊第三一七，第三二二等頁），今日則稱爲楷圓立體。然而維得特則謂楊之說，過于空泛，力爲夫累涅爾表明，謂發明橫浪學說，並發明楷圓立體彈力，可以用幾何法，製光線過雙軸晶顆之光路圖，皆爲夫累涅爾之功。夫累涅爾之說帖，雖兩說並存，而製法則獨立，並不根據任何學說。于是以說帖交委員會審查，委員爲安培，阿剌各，傳立葉，怕松諸君。安培則提議以橫浪解說極性（見夫累涅爾「全作」第一冊，第三九四頁）。阿剌各爲夫累涅爾之密友，又始終篤守光浪學說者，而始終不承認橫浪之說（見上引著作卷首第十五頁）。柏松則爲主持拉普拉斯徵點學說者，則告退迴避。阿剌各爲報告之執筆人，只論及試驗部分，謂足以證明作者之雙折射通例，對于學說則不作斷語，以爲時期尙未成熟（見夫累涅爾「全作」第二冊第四六三頁）。自經阿剌各宜讀過報告之後，『拉普拉斯一向以爲雙折射變象說，全賴激射學說者，即宣示此說帖之要緊，以爲近年以來，所送達學會之說帖，以此爲最重要』（見夫累涅爾「全作」之第一冊，卷首第八十六頁，第二冊第四五九頁）。維得特曾發明夫累涅爾之揭露此例，是一種獨立之新揭露，與其試用理想。以組合方法以證明者不同。關于此點，維得特有言曰：『夫累涅爾端賴種種融通法與推測之方法，始克逐漸發見雙屈折之普通公例，蓋其研究心得之發刊，雖不甚深奧，而其中難點，則因之以消除矣。……此種普通公例之於夫累涅爾，顯然爲一種融通法之結果，實與導成多數宏大發見之種種融通法彷彿相似。嗣後夫累涅爾欲由機械學理，似證明此種普通公例，而於不知不覺中，竟將該學理導置於已所預定之目的上，拚在此外設想之選擇中，其所規定，由於固有之似眞者，甚爲寥寥，由於判爲眞實而規定者，實多數也』（見「全作」第二冊第三二七頁，又第一冊卷首第八十四頁）。

於是素來深信激射學說者，專心研究此問題，有俾奧爲之首。楊則仍不相信，因此學說之效果，頗令人疑惑，遂於一八一五年九月，致書於部盧斯脫曰：『予自從知有馬呂斯所揭露之事實，對於予此所發明之理想，則不甚好提及，因爲予之理想，雖無與事實不並立之處，然而實不能解說所揭露之事實。』〔原註〕見楊氏「全作」第一冊第三一六頁。當楊氏致書之時，夫累涅爾尚未將其討論小孔旁射之說帖，送達學會。夫累涅爾研究此問題已歷十年矣，而此時光學家則注意於極光。一八一六年之夏，阿

一九、楊及夫累涅爾介紹橫光浪意想

剌各及給呂薩克赴英，探訪楊氏，楊始從兩人口中得知己之學說，因有夫累涅爾之研究，而『大爲巴黎所注意，遠非倫敦可比，……在學會開會議時，發生極多辯駁。』〔原註〕見裴各克之「楊博士傳」第三八九頁。 大約因此二子之探訪，及阿剌各之新揭露發明光之受過極性之改變者（卽發現兩面性之謂）若處某種特別情形，則失去其相生相尅之力；於是楊又詳研究此問題。一八一七年正月，楊致書於阿剌各，聲明假設有橫光浪，與拉緊之弦線之擺動相同，則有解說極光之可能，又可以解說光之兩面作正交者，則不相生相尅。安培亦曾對夫累涅爾有相類之提議，而夫累涅爾則歷時甚久，尚無若何論斷。以此種橫浪理想施於物理光學（此說不久亦爲夫累涅爾所採用）則得有根柢，以力學解說純淨光之變象，卽指光線之透過折射物之後，不分顏色者。

此時則有兩問題發生：其一則爲夫累涅爾所研究而得大效果者，其一則尚未解決。此兩大問題，頗勞第十九世紀之物理家算學家之心力，亦能引其思路入於他派之研究。作者今爲此兩大問題，立清晰界限。

自從牛頓發明普通之動例以來，學者愈見得明白，以算學研究物理，其目的在乎實寫眼所能見之動，或心所臆度之動，取資於動例，而輔以極小數之行動物質之性之假設。一旦立有有界限之設想，則應窮其究竟；在未窮此理想之究竟之先，不應又另設新理想；除非所設之新理想有事實以爲根據，或有事實以證明舊設想之不確，則又當別論。牛頓於發明動例之外，輔以一條極大之假設，即所謂吸力例是也。牛頓曾經先事警告，謂此項設想，雖有試驗以證明之，然而尙有似乎不合理之處尙多，尙應加以精細之研究；而學者不察，哲學家如波斯科維赤，算學家如拉普拉斯，忙於收穫此條設想之種種結果，以爲推用於微點物理，可望大收成功。當時首先窺破天學觀之研究自然，不過得形似之眞理者，大約當以楊爲第一人。其對於極小極速之週期動，加以試驗，及算學之研究；以其所得之結果，爲光學學說之新基礎。其研究之區域，又不限於此。最初爲研究聲學，發明聲學與光學有

二〇、光與聲有力學的不同之點

極相類之處;其後放膽,以橫浪之理施於光學,始知光與聲有不同之點。楊始知聲浪爲有彈性流體之浪,或爲無論何物之有疏密鬆緊相接之動。至於光浪則不然,若欲爲之解說,則非假設有兩種似相予盾,不能並容之理想不可:一、必要假設一種物質,比空氣更輕更靈,不能阻礙其中之物質之動;二、必要假設一種物質,有類似實體之顫動,例如綳緊之弦線。楊氏實爲彈性學說鼻祖之一。【原註】「彈性(即凹凸性)學說史」,有托德罕忒之作,其後有披爾遜繼之。試觀歷史,則知夫累涅爾因解說光學,而研究彈性時,所有之意想,極不完備。大算學家如歐拉之流,則曾研究此問題,頗爲盛名之累,在英國爲尤甚,因其中錯誤極多,所得之結論,又不能與閱歷相合故也。在第十九世紀中,楊爲最先有彈性學著作之人,其自然哲學演講中,對于此問題,頗有研究(演講在一八〇二年,刊行在一八〇七年)。楊實爲首先介紹彈力係數名詞(後來學者略加修改其意義,至今仍用此名詞)。楊與虎克兩子,皆爲力學之開山者。托德罕忒雖謂楊氏文字,過于晦澀,然而與英國同時之科學家著作相比,則有大過人者,以其熟知大陸科家之著作也。其所尤佩服者,則爲庫隆謂爲特有所長。大概言之,托德罕忒頗不讚美第十九世紀初年,英國人之彈力著作,曾謂「一讀第十九世紀上半期之英國實用力學課本,令人不能振作精神,因其思路不清,又欠科學的正確,又不知外國對于此學,已有頗多新知識也」(見前書第一冊第一〇五頁)。托德罕忒又言:「第十九世紀初年,英國之求實用者之缺乏科學知識,實有難以形容者。只望今日大

第六章 以力學觀研究自然

反從前所爲，理想能與實用相輔『見第一〇六頁』。以上所引之語，大約寫于一八七〇餘年間。〇據托德罕忒之意，則謂彈力眞學說之基礎，在一八二〇年至一八三〇年間，建于法國。從理想上研究，則有怕松，科犀，諸子。從試驗上研究，則有薩伐特(Savart)。自從歐拉以來，則與聲學相輔而行。德國之克拉德泥，有三種聲學著作：一名「音調學說」（一七八八年），一名「聲學」（一八〇二年），一名「聲學論文集」（一八一七年），皆有彈力之討論，頗能潛移韋柏兄弟。于是此兩君有「浪動試驗」之作，以一八二五年刊行。此書頗發明光浪聲浪，可有多種試驗以證之。此時彈力學得有援助，卽以太之彈力學說是也。以脫學說，雖爲夫累涅爾所提倡，而創設者則爲科犀。

二、以太之性

楊之設爲此種想像時，必知其爲難，既要有比空氣較輕較靈之物，而又要其堅剛，此則惟實體有之，因爲創立光學學說，物理學家及算學家，不能不對於物體爲精細之研究。此種意想之以太之性，必得有一算學的界說；此物既有科學家所謂實體之性，同時又要有與實體相反之性，其行動又要遵守動例，科學家必要證明物理學究竟能否容有此種怪物。第一大問題，是定一算學的界說，此爲純粹的算學問題，則有大算學家如科犀、訥伊曼、格林、馬卡拉、斯托克斯之研究。【原註】此諸問題之繁複，賴有斯托克斯，然後學者得界限清楚之意想，及名詞。有著作兩篇，一八四五年，一八四九年先後刊行（見「算學物理學雜著」第一册，第七十五頁至第一二九頁，第二册，第八頁至第十三頁）。物理光學之名詞及意想，由其所定者，垂五十餘年。斯托克斯雖爲獨立的研究，然而謹慎指明，與法國科犀及怕松相合者有幾許，爲此兩君所預知者有幾許。截至斯托克斯之時代而言，科學家皆稱以太爲流體，斯托克斯則引申爲「彈性實體」。及「車厘凍」（〔譯者註〕一種膠質也）之以脫學說。曾設爲解說曰：「試浸膠于水，使成爲一種凍糕，此凍糕即爲有彈性之實體，因其有彈力，故壓之則變形，撤去此壓力，則還其原形。但是壓之太重，則破碎。試再加水，則變爲一種膠水。凍糕之質，比前較稀。……其後成爲流質，若分離之，則復合。當加水至某種程度時，其質雖變稀，然而當尙有多少切線力。此力雖小，尙足以拒壓力之欲變其形，斷不至忽然變作毫無切線力也。……今旣欲將居間物作爲有彈力實體，只要作爲所加之壓力甚微。對于實體在此中經過時而言，得以居間物爲流質。……學者應在意想中，設爲有一種居間物，有相類之質性，而與空氣有不能相比之輕，則可以當作以太，對于地球及行星之行動，則作爲流質，對于光之小光浪，則作爲有彈力之實體。因研究光浪而不由閱歷，必假設一居間物之以太，又必設爲以太是一種實體。學者思想中，自必見其爲難。然而解說浪動之生于有彈力之流質（如空氣）之或疏或密，或鬆或緊，頗多爲難，學者似宜不必先下斷語。……故作爲上文之譬喻，並非解說以太之眞性，不過使科學家所假設之以太，旣有實體之性，又有相反之流質之性，未嘗不可以兼有並容而已』（見「雜著」第二册第十一等頁）。

第二大問題，則爲以太兼有實體及流質之性，是爲物理學問題，則要有試驗及計算以解決之。科學家對於物質之體，物質之性，必得新闢途徑以研究之：以另種之頑固性，以爲之界說。所有通行名詞，如實體、堅固性、流質性、漲性、壓力、物重、等之意想，皆需改作力學名詞，然後能發見此各種物性有能獨立者，有能兼容者，至於若何程度。「原註」此卽規定獨立定數數目問題，以算學規定各向同性，或三向不同性之物，然後得以研究該物受變形及受移動所生之情形。對于此種規定或界說，科學家算學家之主持少數定數者，議論紛起（有主持對于各向同性物，只用一定數，亦有主持用兩定數者，有主持對于三向不同性物，用十五定數者，亦有主持用二十一定數者）。此種紛爭，有托德孚忒之「彈力學說史」爲之紀載（披爾遜刊行，第一册，第四九六頁）。其主張少數定數者，稱爲少數定數學說，其主張多數者，稱爲多數定數學說。主張少數者之根據，則假設物質爲微點所構成，兩微點之互相之力，則在連兩微點之線內。此則大陸盛行之原子學說，及物離力及之學說所發生，故有怕松，科犀，等等爲之代表，其尤著者則聖維南特之(Saint-Venant)也。其多數派，則有英國之算學物理學家以爲代表，不從公式發生（因謂微點相離極近時，始有吾人官覺所能覺之力，則公式失其效用），而發生于物理的底數。此則與楊之微管吸力學說（反對拉普拉斯學說者）相類（見上文第二十頁原註）。馬克斯維耳對于此問題有言曰：「英國學者此種研究之結果，頗不能滿意，于是轉而傾向多數派之術，當物質爲實有連接性。格林，斯托克斯等諸君，皆採用此術，其所得之結果，則與無論採用何種結構學說，皆不相干」（見馬克斯維耳「科學文集」第二册第二五三頁）。又曰：「法國算學家設爲理想，以有彈性物之原子，互相施力，而彼此相稱，又從此以建立彈性學說。而斯托克斯及他人則表明，若用此種理想，則其所得之效果，可以從一條公定，引申而得，謂有其彈性物存在。同時，並設一理想，謂人力所能分開之至小物質，有純淨之性」（見前書第四四九頁）。

二二、他種動力學說

可見在第十九世紀之初年，學者以不同之動，解說光及聲：以聲與光皆爲顫動，以顫動之次數，定聲之音調，以浪動之高，定聲之强烈度。此時已有科學家，將以熱亦爲一種動；又有以更空泛之意想，謂電力磁力皆爲動；而最早以物動之結果，解說吸力之學說（卽謂重非物性，只有頑固性是物性）則大半已忘之矣。

因以光浪解說光學各種變象而收效果，故此發生多數學者之夢想，欲以動力學說，解說所有一切自然變象；至第一八七〇餘年間，由於有三種獨立之理想研究，於是動力學說忽然大興。力學觀從此極有發展；因有此三種研究，不獨動力學說，有施用於特別派科學之可能，且有通行於各科學之可能。有此三種研究，而吾人試驗之知識，因以推廣，其中有一種，且可以推行於多數實用。最宜注意者，則爲此三種研究，能轉移今日算學與物理學思想之方針。

二三、氣體衝動學說

其第一種之研究，與原子學說相關，且由原子理想發起。其結果則爲氣體衝動學說，朱爾、克勞修司、及馬克斯維耳以此著名。作者於第五卷曾經討論此說。此種研究，以成羣成隊之特點，往來直行，如子彈然，常常相碰，而求其平均效果。第

二四、漩渦

二種研究，則以特點繞一軸而旋轉，所有特點則泡在一種居間物，此種居間物能自動，與水相類，惟居間物之動是流動，而非旋轉之動。此種漩渦動，既非橫動，又非激射之動，又非流動，又非往來搖擺之動，則爲一八五七年赫爾姆霍斯所發起，見於其所撰之純粹的算學著作，威廉爵士則採用於原子漩渦學說，而大加以擴充。

二五、法拉第之研究

第三種研究，發起於法拉第之另闢途徑之試驗研究；有馬克斯維耳以算學文學發明之，以一八七二年，見於其所著最有名之電學與磁學。作者目的，即在表明以上三種研究，能證明及發展動力觀至何程度。然於表明之先，宜先知物理學家既存有光浪意想，則有何種問題因是發生；此種問題有何爲難；及引入於何種新理路。

作者曾於上文提過，在一世紀之前，因以吸力學說，有解說多種變象，於是發

二六、以脫性質問題

生因此學說而啟發之各種研究，因而發生新思路，於是在第十八世紀，有天學觀之成立，以解說物性。楊及夫累涅爾所創之光浪學說，在第十九世紀之初年，是離開天學觀而立說；在大陸哲學家觀之，仍以為天學觀之前途，不可限量，以為是融會貫通自然變象之通例。若仍抱持光為小點，從發光之中心點射出，【譯者註】即指牛頓之激射學說。則有力學之物與物相碰例，及拒力吸力例，以處置之；況且光之平常變象，如光走直線，及返射，折射，皆可以解說。但激射學說之不能解說小孔旁射，及光有極性，則為事實。新學說則容易解說此種變象，然而對於磨光、透明、或不透明之物面之返射、折射，則仍頗有為難。新學說則假設一種無乎不在、似乎無重之物，稱為以太。當時各派之思想家，頗不以在物理科學假設此種理想為然。【原註】光學之兩學說，一為質點說（【譯者註】即牛頓說），一為光浪說，有一試驗，可以證明兩說之孰是，孰非，孰短長，即求光之過水及過空氣之比較速率，以證之。一八五〇年，佛科創一巧妙之法（其後有密拆爾孫 Mitchelson 為之改良），以量度光走過各種居間物之速率。佛科證明光經過空氣，比經過水較快。若照質點學說（【譯者註】即牛頓學說），則光經過水，與經過空氣之速率相比，如四與三之比。「佛科之證明，足以推倒質點學說」（見退特）光學」第一九二頁）。斯托克斯曾告人曰：「部盧斯脫在法國，目睹佛科試驗光在空氣，比在水裏行動，速率較快。佛科問部盧斯脫，對于光浪學說，有何反對。部盧斯脫答稱，空間特為布滿一種居間物，專為小星球，得以送光于地球，覺得未免詫異」（見「柏涅忒光學演講」第十五頁）。

又以遺送浪動之故，而特別賦以似相矛盾之性質，更不甚相信此種學說。【原註第十九】世紀中葉，有兩位最有功于介紹確切精神于哲學著作之孔德，及穆勒·約翰，皆反對以太學說。赫胥黎曾論孔德曰：「以太學說，不獨為光浪學說之基礎，且為新物理學多數學說之基礎。然而與楊及夫累涅爾同時之人，往往有訕笑此種學說者，又極輕蔑之。當時最有學識之人，因無他法以駁此學說，只好以晚上無光駁之。吾人對于此種人，當作如何感想耶」（見孔德「實驗哲學」，第二冊第四四〇頁，又赫胥黎「教堂演講」第一三四頁）。穆勒·約翰之「邏輯」第十四卷（初撰時在一八四十餘年間，其後加以對于休厄爾評論之附註），有對于以脫學說之詳細討論。穆勒約翰曰（見第七版，第二冊，第二十一頁）：「設為居間物以送光之理想，所以能使人信者，實根據于光之行動，及傳光需時，及為物所阻諸事實。此種變象，與實體或流體之物之行動相類。然而吾人不能武斷，謂自然之能力，只能以行動之法，發現此種變象，捨此之外，更無他法也」。雖有多人不能相信以太理想，然而因欲詳盡研究此種理想之故，因而得以推廣以指導試驗家及理想家之事業。此理想初興時，為人所反對，亦如道爾頓之原子學說，初時為化學的哲學家反對。此兩學說皆有其不定不明之處，至於今日，仍不能免。此時倘有多數科學家，仍以爲此兩說不過是使用記號，作爲思想的一種利器，或科學之縮寫法而已；其相信兩學說者，則護之甚力，且謂『以太是何物』之問題，即是『今日物理世界之惟一問題，』又謂『此問題並非不能答覆者，』且『答覆之期，當不在遠，』又謂此一問題比於『何爲物質』問題，『較爲易答』云。〔原註〕洛治教授所著之「電學新論」，第一版第十一頁序文有言曰：『此問題較爲單簡，一因以太是一，物質是多，二因以有物質之故，頗變更以太，若先無以太之性質及結構之知識，則不能有物質之詳盡知識。若有以太之知識，則庶幾可以知物質之爲何』。近來且分物理學爲兩部，一部討論物質，一部討論以太，舊時分頭討論之光學、電學、磁學，今則合併爲一，稱爲『以太學』。〔原註〕參看德魯得教授所撰之「以太物理學」（一八九四年版）。其序中提及『用相同之根本理想，以研究物質學及以太學，應否以以太事之方程式，化爲物質學中可觀現象之方程式（即力學之方程式），抑或反其道而行之，較爲便利，此則爲尚未解決之問題』。然而此時有一位哲學家，其發明此種問題之功爲最大，方且告人，謂彼對於物質及以太之知識，與五十年前無異，則不能不令人聞而卻步矣。〔原註〕克爾文爵士說及其五十年間之科學事業，有言曰（見一八九六年克爾文爵士慶祝錄第七十頁）：『予於五十年前，初爲哲學教授，即教學生以電力磁力，或以脫電力吸力物之關係，或化學愛力。予今日所知者，並不比五十年前爲多，成效毫無，殊不免令人灰心。然而在此五十年間，因臆測及試驗而得之物，質物性新發明，及有益于實用之事，則，亦不爲無補乎。』

若從思想發達觀之，以太之意想，與原子學說，同有極大潛力，轉移科學之研究，及科學闡理。欲知原子及以太之情狀，如掘地求藏鏹，然得有極多數之有實用之發明。原子學說爲學者增物質知識，元素知識及不可勝數之化合物知識。以太之理想亦然，爲學者增加各種行動之知識。吾人之有賴於抽象理想者，即在於此：此兩學說皆能指導學者使明白各種變象。今且試言，如何因有光浪學說而知有各種行動，及如何而補助力學觀。

楊與夫累涅爾皆認明傳光之居間物，絕不能有固體、液體、氣體之平常性質。因此種居間物，既不能阻礙天象行動，其動浪又與空氣動浪之發生聲音者不同；其發浪之速率又極大，皆非當時所知之速率可比；其動浪又非有氣體性質之物之所有——即謂是一種有彈性能變形之流體：此居間物爲抵抗變形之居間物，

二七、彈力學說

而非抵抗變其體量者。此無重量而不受吸力之以太，絕非固體、液體、氣體三種有重物性所能組合而成者，則顯然可見。惟以太不得不有頑固性——卽謂以太必有物質——否則動例不適用於此物，而算學亦無所用之。是以必需有精細之試驗研究，以實寫此種行動；又必需有謹嚴之算學界說，以表明其性質，卽通俗所謂之能變性、堅實性、能動性、彈力性、膠黏性、是也；此各種性之互相牽掣，亦應研究。當哲學家對於光浪學說爲最愼重之研究時，同時又發生彈力學說；此學說則爲怕松、那維爾、發起於法國。本世紀之最偉大之分析算學家科犀，亦致力於此學說：一八二六年，夫累涅爾發表其極有名之討論晶顆雙屈折之說帖，夫累涅爾在此說帖中，對於受吸力之物質，與有光之以太之關係，不能不爲精細之研究；科犀於是專心致力，以研究此事所發生之各種算學問題。以前原有研究彈力問題者，不過因工業製造而起，例如研究物料之力，及建築之穩定勢，製造機器及各樂器之性質是也。夫累涅爾之研究，發生一新問題。【原註】參觀維得特所刊「夫累涅爾著作」第一冊，卷首第八十頁。維氏之言曰：『關於物質中，或其均勢各部分上之不平均的彈力性，與對稱之軸，或平面之比之著作，堪爲正確之討論者，在夫累涅爾前，僅德國著名礦學家外斯(S.C.Weis)一人而已』（一八一五年「柏林研究院記載」）。此問題卽爲：今有一種不受吸力之物，而有物質，有堅實性，試問我輩如何能實寫此種物之浪動？倘若同時並有受吸力之物，試問此種浪動，有何改變？光線之落於透明物或不透明物之面上之變象，非有以上所云之清楚明晰意想，不能解說。吾人又要問：光學有返射、屈折、折射、吸收（卽滅光）種種變象，學者應以何種行動實寫之，計算之，並爲之立界說耶？在自由之以太中、或在空氣中之一錐之純一光線，夫累涅爾曾以行動爲之定界說。此種浪動速率，曾以試驗法求得之；其後審知此速率在空氣間，與在自由以太間（卽真空間）各有不同。又得知此速率，在有彈性居間物之間（假設以太爲有彈性物），視居間物之密率及堅實性而變。然而光線（卽以太之浪動）至液體或固體物面時，發生種種變象。此種變象，其先頗有人實寫過，亦曾經有試驗以爲之量度；海亘史有大概之發明，至夫累涅爾則有較爲詳盡之發明，以上所云之返射、屈折、折射，皆以光浪學說為之發表。夫累涅爾本其天授之才，或用試作之法，製為極繁複而極奇妙之幾何圖，以計算光線入於透明而有雙屈折性之物（如晶顆之類）所行之路；〔原註〕浪面之方程式，夫累涅爾並未寫出。維得特曰（見「夫累涅爾著作」第一冊卷首，第七十五頁）『夫累涅爾未能完全勝任此等難點，而對於波面之方程式，祇得約略假定為第四度，并計算其係數的價值，而其考察，又僅求容易解釋之得平垂波面中心之對稱的三平面而已。至於此種計算，最稱精確者，當以安培為首屈一指』。但『夫累涅爾所製圖，表示浪面，而無物性之表示。及夫累涅爾死後，哈密爾敦爵士始見之』（參觀夫勒拆所撰「光學」第三十一頁）。全體之光線幾何學，由是發展；現時屈折之變象例，如圓錐屈折，能以算學預算之，而以試驗證明。〔原註〕圓錐內及圓錐外之屈折，有晉意(Lloyd)于一八三三年，以試驗證明之（見其所撰「雜著」）。于是有人以此為浪面學說正確無誤之完全證據，亦證明夫累涅爾學說之全體。而斯托克斯對于浪面問題，則謂圓錐屈折，必是浪面之一種特性，發生于毋論何種有理由之學說。夫勒拆諸君，晉經有詳盡之研究，謂浪面可以用幾何圖求得，不必用以太學說。既然，則預算圓錐屈折，殊不能作為夫累涅爾學說之證明。托德罕式及披爾迺謂：『幸而有科犀之微點研究，不然則幼稚之彈力學說，將為夫累涅爾，用以為其所揭露之光學學說基礎之迷信所機牲。科犀之研究，啓發格林，格林及信仰其研究之徒，皆有所發明，使夫累涅爾之結果，得與今日已有充分發明之彈力學說，並行不悖。不然，夫累涅爾所迷信之獨斷之見，恐已阻撓彈力學說，使不能發達矣」。（見「彈力學說史」第一冊第一六七，頁）。然而其真實之物理問題，仍未能解決；及至今日，亦不過能有部分之解決而已。【原註】一八六二年，斯托克斯『自信雙屈折之眞實力學學說，至今尙未能求得』（見報告第二六八頁）。學者試問傳光之以太在有吸力物質之內，如空氣之瀰漫於樹林（此是楊氏譬喻之言）如何改變，致光浪有改變速率之行動，如何光線在不同之方向中，得有不同之性質，其被收吸（即滅光）又各不同，其故何耶？學者自然以爲有吸力物質之小點，必有更改以太之行爲，或改其密率，或更改其堅實性，而小點亦爲以太之行動所更改。然而非有完全之以太知識，及有吸力物之知識，則不能解決此問題。欲解決此終極或根本問題，只有兩途。其一爲純粹算學法，即謂今有一與動力相關之局，必需將其所有之各種行動而分析之，又有兩有相關之局，以爲以太施力之局，一爲吸力物施力之局，必需將此兩局之相互勢力，詳爲分析。此問題之界限，雖極分明，而極爲繁複。此問題與物理天學之吸力觀問題相類，而繁複則過之；天學之吸力問題，郎是毋論有若干數之物，按照牛頓公式，各各彼此相吸，以算學求其結果。其二郎

二八、以太問題可以算學處置之

二九、以太問題可以試驗處置之

試驗法——於光線處於有次序之改變環境或情形時，瞻測其如何改變顏色（卽浪動次數或週波率）如何改向，如何改其強度（浪動之振幅）如何有兩面之變改（卽極性）與其他變象；然後將所處之環境或情形，及各種改變，譯作浪動學說文字；由此則得浪動所能有之改變，從此能有之改變則得以太及吸力物之元始之構造（所謂常數是也。）

三〇、有組合兩法之必要

大概而論，不能專恃一法以爲研究，有時兩法輪用，有時兩法並用，乃有進步。在算學一方面，則有法國之科犀爲先導。繼以英國之格林，及德國之訥伊曼等之研究，以純粹算學闡理之著作極多。在試驗方面，則有純粹之試驗研究，有英國之武拉斯吞、及部盧斯脫發起於先，又有佛科、菲素（Fizeau）之精細方法，以量光之速率，又有雅明（Jamin）等之奇巧儀器以爲試驗之研究，及各種證明。關於研究光學而得之極多數之光學變象，及浪動變象之知識，作者今姑舉其一端，此則在

三一、光帶分析

第十九世紀中葉發明者，從此又另闢一新途經，幾乎自成其爲一派科學，卽光帶

分析是也。

光之折射（即分布爲數色、如雨後之虹是也）及光之暗滅（或半滅，或全滅，）知之最早，久已爲學者所研究。況且與光之生理的效果，及主觀的，美術的效果有關，故尤爲人所注意。然而激射說及光浪說，各有其特別爲難之點。浪動說初發起時，科學家原以爲光與聲相類，顏色之分別，在乎浪動次數之分別，若是速率（或在真空中、或在空氣中）相等，則在乎浪長之分別。而其爲難，則在如何解說光在折光物，毋論其爲流質或單折射物，或結晶體（包括雙屈折物而言）各種不同之光線浪長，各不相等，而有不同之速率，是以所行之路不同；又如何解說其中有若干光線，或失滅無光，或則返射（或兩事並行，）程度不相等。

雖今日尙無完全之解決，而科學家公認有一原理，能解說多數變象，收效極廣。歐拉是一純粹算學家，【原註】歐拉所著之光學及顏色學（一七四五年，宣布于「柏林記錄」，一七四六年，則以拉丁文宣布）最後一卷，討論發光物，返射物，屈折物，及不透明物，即說及與音樂之共鳴相類。謂「不透明物之小點，與綳緊之弦線相類，此種弦線，能受泿動，若受空氣之泿動，則能自發泿動，不必受刮受擊也。歐拉研究光學聲學，常以聲光相類爲起點而推究之』（見社耳步雷「歐拉物理工作論」第四十四頁）。部盧斯脫之研究，則無絕計及聲光之相類，始終篤守激射學說。斯條亞于一八五八年，曾製一說帖（見一八六一年「愛丁堡皇家學會報告」），其解說最爲中的，不過此說帖所討論者，爲輻射之熱，及普勒服(Prévost)，交易說。其中有言，曰：『物片所吸受之熱，與其所輻射者相等，毋論何種熱皆如此（見第十三頁）。假使以此言施于光線，雖證明尙有未足，而斯條亞則可以稱爲揭露光帶分析之第一人矣（參觀士愛那 Scheiner 所著之「天文分光帶學」，夫洛斯特 Frost 譯本，一八九四年版，第一一二頁，又洛增堡革「物理學史」一八九○年版，第三冊，第四八二等頁）。其對於物理學之闡理，頗有啟發而不清楚；以此原理用於光學變象，大約以斯托克斯爲最早；（【原註】參觀上文卷一第二七七頁。）隨後用以解說光帶之明線黑線，一八六○年，克希荷夫及本生即以是爲光帶分析法之基礎。

三二、由變象而得引線

一八○二年，武拉斯吞以日光從窄縫入使過白玻璃三稜，以白布爲屏承之，則得太陽光帶七色皆備，與虹相同，曾經發明，若展大此光帶則能見多數之黑線。（【原註】見一八○二年「皇家學會報告」，題目爲『以三稜返射法，研究折射力及散布力』。）

夫牢因和斐（【原註】夫牢因和斐因研究各種玻璃之折射力及散布力，而揭露光帶之黑線，科學家即以其名名之，稱黑線爲『夫牢因和斐線」，夫牢因和斐當日之研究，原爲改良滅色遠鏡也。特別研究光帶之黑線，以字母名之，以太陽光帶，與在地面上焚燒之光，或白熱光所發生之光帶相比，則見此種光帶，與太陽光帶不同。在地面上各種顏色光所發生之光帶，有明線，明線之顏色，即發光之顏色。例如太陽光帶之最顯著之兩黑線，夫牢因和斐稱爲D線者，在焚燒鈉類鹽之有發散性者之光、所發生之光帶中，則此兩條黑線，變爲兩條明線。部盧斯脫焚燒硝類，亦驗得光帶之明線，與太陽光帶之其他夫牢因和斐黑線易位。密勒對於鈉類鹽之明線，曾爲極準確之瞻測。

三三、斯托克斯爵士

一八五〇年，斯托克斯爲之解說，謂焚燒鈉鹽類發光所成之光帶之兩明線，若過鈉鹽光，則爲光所滅（變作兩黑線。）【原注】因此推得太陽光帶之兩黑線，即表示外裹太陽之空氣有鈉。克爾文貴族嘗謂，因有斯托克斯瞻測之結果，故于教學生時，謂太陽空氣有鈉。參觀克希荷夫「函牘」，一八八二年版，第六三九頁。其函牘中，且有克魯克司(Crookes)爵士證明，謂一八四六年間，密勒已先有此意，見湯姆孫爵士演講集。一八四九年，佛科曾證明弧光電燈之光帶已有此種變象。科學家雖有此種預示及發明，而人多不甚留意，亦少有知之者，

三四、克希荷夫

其後克希荷夫則以爲不過是一種孤立之變

象（即有色之火光，既能發生，又能收吸特別光線，）爲之發明一普通解說。一八五九年，克希荷夫曰：『有顏色之火光所生之光帶，雖有明線，而爲本光所致弱，若在此火光之後，置一有極大火光，所生之明線之光力極强，故已致弱之明線，爲極强光力所反襯，則其光不顯，而變爲黑線。』（原註）見斯托克斯送登于一八六○年三月之「哲學雜誌」之佛科及克希荷夫說帖譯文。克希荷夫謂太陽光帶之黑線，並非爲地球空氣所致，其所以有黑綫者，實因太陽空氣中有甲物，此甲物火光發生明線，其明線之地位相同：於是『用此原理施於兩種實用——一，研究星光之光帶，以求星球有何物；一、研究地球各物之火光，以求光帶既發現某物之線，而此某物未爲科學家所揭露者。』（原註）科學家賴有新原理，以分析星球之空氣，又賴以揭露新元素。用此法以求得之新元素，計有六種，最先揭露者，爲鏭及鉫（克希荷夫及本生從礦泉發露者）。多普勒之提議（見上文第十頁註）而得光帶鏡，而後始有大用。因湶動次數不同，而有顏色之分別，視速率而變，非吾人極尖利之眼所能見。若在光帶鏡所表示之光帶，而『不獨明線之顏色改變，其所居之地位亦變，因屈折之指數不同。：：光帶之線變動其部位，只有量度其部位相差之數，方能求得物在視線方向之行動。計至此時，科學家尚未能在試驗室中，造出一種速率，可以使光帶之線移動其部位也』（見上引士愛那所著書，第一四八頁）。多普勒原理，可以火車行動時之汽笛，直接證明之。在光學亦有直接證明之法，即瞻測日球外層光線所發生之太陽光帶，各線之移動地位，有時因太陽自繞其軸而轉，其發光之部分，在視線中，有時向瞻測者而來，有時則背瞻測者而去。』以直接法瞻測日中黑子之速率，與日面之總速率，頗相符合，實足以證明多普勒原理爲眞確無訛』（見上所引書，第一四九頁）。有此兩法，既爲科學增加極多知識矣，而斯托克斯則以力學爲之解說，亦能預知有此種變象，又推廣此原理之用，學者於是漸漸深信以光爲一種浪動，將能對於此各種變象，有充分之實寫。

讀者已知光浪之說，在楊手中，以與聲學相類似之動浪相生尅之變象而得。在聲學中尤以通俗所稱之合音（和音）及應響變象爲最奇異。斯托克斯一見克希荷夫之說帖，論及光線之發生及吸收，即以力學爲之解說。其言曰：【原註】見一八六〇年三月「哲學雜誌」第一九四，第一九六等頁。『佛科嘗以炭極間之弧電，爲三稜之分光，「驗得此弧光有一種居間物，自能發生光帶中之D線，若此光線從另處火光而來，則爲居間物所吸收。」……佛科所揭露之此種變象，又爲克希荷夫重新揭露而發展之，卽同爲一火光，旣能發生某種光線，而又能吸收此某種光線，又得借用聲學，而以力學爲之解說。若牽緊一絃線而擊之，則發生一音，若空氣之顫動，與該音之顫動相同者，則絃線不必受擊，亦能受空氣之相同顫動，而發爲相同之音。譬如處間有極多數之牽緊之絃線，則與上文所謂居間物者相類似。此種居間物若受激動，則發生上文所云之音，假使同時在他處空氣中，亦發爲相同之音，來到之浪動，亦激絃線，使作浪動，則空氣所送來之浪動，自必漸漸消滅，不然則有新發生之工能。以此解說上文光學之變象，正相符合，無可訾議。』克希荷夫研究光帶之前十年，斯托克斯〔原註〕斯托克斯所撰之光屈折率改變之說帖（載于一八五二年「哲學學會報告」中），爲光學之特點，其所研究者，雖爲不甚顯著之燐光弗光變象，其實此種闡理途經，極有效果，且有多數之啓發。此說帖之第五四九頁有，言曰：『凡相信光浪學說者，無不以爲光之初發生時，爲由于本身發光物之微點之浪動。：：自然以爲傳光之以太浪動，遇于有感覺物，此物之微點，亦生浪動，于是此微點，亦使傳光以太生浪動，由此而見光。此種浪動之週期，視微點之浪動性而定，並不視到來之浪動之週期而定。』從此方面觀之，則在力學上，頗發生困難。斯托克斯于是又有言曰：『科學家不應以微點（分子）浪動爲無限之小。以繁複微點之長短尺寸相比，則原子所行之路程，爲甚小無疑。化功往往受光之消力所轉移，尤以屈折率據高者爲尤甚，此則科學家所熱知者。若無光之潛力，則不能有化功。若照此種情形而論，則此種之微點擾亂，不能當爲無限之小。但是浪動雖不能不至于有酷烈之完全分裂，然必不能當爲無限之小。……至于返傳與傳光以太之擾動，其所生者，只有與傳來者同週期之浪，而不能有其他之浪動，則吾人不能證實。此中眞情，大約是發生于微點者，爲一種不整齊之浪動，若稱之爲有週期，亦不過謂微點保存其平均情形而已，並謂微點返傳于以太之擾動，不能以有週期之圓函數，作爲公式，所謂週期，即指到來之浪動之週期』。斯托克斯于是提及在化合微點內之原子，或頗有在內之浪動，並謂『因往往在有機之化合物內，乃有在內之分光（即弗光）。對於一問題，曾爲極充分之研究，此問題爲傳光之居間物之浪動，如何傳於透光物之微點，復傳於以太——即是吸光發光之問題。斯氏曾經驗明，對於一定顏色之有一定週期之浪動，能在發出之光，發生改變過週期之浪動；又驗明此週期，必較前者爲稍長——即謂此新發生之顏色之折射率較低也。

三五、弗光之解說

斯托克斯有此研究之結果，不獨能以力學解說弗光也。「原註」此種變象，從前『稱爲內分光』（布部盧斯脫，赫悉爾所用之名詞）。斯托克斯以其與混濁光相似，稱爲弗光，不久又改爲『退化或降格或墮落之光』，此名詞原是湯姆孫（即克爾文爵士）所提議（見一八五三年第二說帖，第三八七頁）。此時湯姆孫正在研究最著名之工能虛耗，即工能之退化問題，次章當詳論之。讀者若記得五十年前，對于日所不能見之化功光（即紫色界外或界前之光），及目所不能見之熱光（即紅光界後之光），尚未用輻射名詞以相稱謂。其時照像學（此即學者所最習聞之化功幅射），仍在初時發明之期。讀者又應記得此時初有儲能，改能，散能，之意想，並且無工能之名詞也。以上斯托克斯所云，學者可以當為是後來數十年以至于今日，科學所研究諸問題之預言。弗光者，原為赫瑟爾及部盧斯脫瞻察金類及溶液而得者。法國之柏克勒爾亦有獨立之研究，且驗明光之週波率太高人之目力所不能見者，若用發弗光之物，使生週波率較低之光浪者，則能見之。此種闡理之法，授學者以引綫，以研究以太與吸力物互相施力之為難問題；亦可以研究以太塞滿透明物空隙時之能否有密度或堅實（所謂彈力定數是也）之改變；又能用以研究同為一物，有時只能透某種之光，而不能透他種之光，其中有無力學上的分別。從理想方面，頗能預知有可能之改變，因是而發生極奇異之變象，其後往往以閱歷驗明之。科學家知只研究有彈力之居間物為不足，必要輔以兩浪動互相施力之關係之研究，因以太之浪動與吸力物微點之浪動，互相施力，乃生種種光學變象，如返射、屈折、分光、及一部分之滅光、或全部滅光、等類是也。此在彈力學說中，為較繁複問題，然而在鐘擺原理中，已發生此問題，不過較爲單簡而已。吸光之變象，已有光浪之共振以爲之解說矣，又有自由浪動、及受制浪動之原理，以解說分光。〔原註〕『設有一平常鐘擺，在其壁上，又加一鐘擺，若此第二鐘擺之左右擺動之週期，比第一擺稍短，其效果爲使第一擺之週期變長，若第二鐘擺之週期，比第一擺較長，則反是』〔參觀拍息發爾（Perceval）「光學」，一八九九年版，第一八一頁〕。塞爾末厄（Sellmeier），克爾文所預料，及克立斯坦孫（Christiansen），肯達諸君所揭露之反常分光，由于週波率之改變，與在光之居間物之浪長，無干。

三六、以太有爲彈力之實體說

科學家先以有彈力實體，爲光學學說之基礎，其後有三國之學者，漸爲之發展。〔原註〕在第十九世紀之中葉，英國哲學家如格林，馬卡拉斯托克斯之事功，法德兩國學者知之不詳，亦知關于以太與吸力物之互相施力，有必要之研究。法國學者知科學之舊法，不能解決此種爲難問題，于是研究他法。自一八六五年起，部息尼斯（Boussinesq）始拋棄以太有各種不同之彈力定數之意想，而從吸力物受浪動方面研究。聖維南特是專研究光學者，則極歡迎此法〔參觀一八七二年「物理化學年報」第二十五冊〕。聖維南特曰：「以太能在物體中擾動，因物體之密度，大約較高，是以並不以物高之動作及其重量，而有些微顯著之傳動也。又波面不因與有重量之物質共同動作，而郎消滅，蓋其無印入物質微點及以太周圍微點等之適合震動間耳。但此二點，誠爲至難判定者也』。舊法之所不能解說者，爲返射及屈折物內切面接觸之問題，及吸光之間物。德國亦研究有彈力物之在內施力，以訥伊曼爲中心點，附之者甚衆。嘗爲哥尼斯堡（Königsberg）教授，在與

三七、克爾文之研究

椿塞爾同事，有弟子爲刊行其演講。披爾遜教授所續撰之托德罕忒「彈力學說史」，對于納伊曼之工作，頗有公論。其言曰：『訥伊曼所研究之與光關係之彈性，及晶顆彈力，有開闢之功，物理學家算學家，未能竟其緒』（見第二冊第一八三頁）。又謂『以分光爲由于吸力小點之施力及于以脫小點之說，爲訥伊曼所首先發起』（前書第三十一頁）。其門人之有要緊創始發明者，則爲其弟子塞爾米厄。一八六八年，塞爾米厄從理想上之研究，則預推分光之當有某種變象。其後于一八七〇年，果爲克立斯坦孫所發見，而有肯達爲之詳細研究。驗明物面之顏色，與發生此種變象之有吸光力者，有密切關係」，此種學說，稱爲『塞爾米厄學說』（見刻忒勒 Ketteler「光學學說」，一八八五年版），柏載于英國格雷士布洛克 Glazebrook 之『光學之各種學說報告』，在一八八五年科學提倡會報告中。此種討論，詳見於克爾文之著名巴爾的摩爾演說集中。「原註」一八八四年十月，英國科學提倡會開會于加拿大，散會之後，克爾文爵士（此爲湯姆孫•威廉爵士）在美國之霍布金斯•約翰大學演講，聽講者爲多數之物理學家。此演說集之最近版本，尚在排印中，學者皆以先睹爲快，爲「算學物理學雜著」之第四冊。此本是最成熟之有彈力實體之光學說。此後十五年間，克爾文有發明，其最著者，爲一八八八年登于「哲學雜誌」之著作。有科學家評論此作有言曰：「彈力學說，必要以太有相反之性，既有不能受壓之性，又要其有能受壓之性，其說爲不可通。克爾文此作，則能據此學說出于不能相容之境，謂能解除此難，惟需設想此居間物，瀰漫無界限之處間，否則作爲盛于一種不動之器，以爲界限」。格雷士布洛克教授曾本此提議，而爲結束之研究。參觀「哲學雜誌」第五部，第二十六，第二十七冊，一八八九年「自然報」第四十部，第三十二頁，又夫勤拆「光學」第六頁。此演講所有推類法，分析法，試驗法，皆施用於解決物理光學繁複問題，或爲之定其界限。克爾文正在心存其所提議於演講中之各種解明，及力學的方法之際，即以其時在科學提倡會之算學股爲開會之演說，其題目爲研究物性之動力學說之進步，此在思想史中，不是偶然之事。克爾文接蹤斯托克斯最初之著作所指示之途徑，而爲研究（馬克斯維耳亦然），頗能有改變學者向來對於物性之根本意想之功；此種研究，可分爲兩途：其一、打破通俗呆定之所謂物體界說，即分物體爲氣體、液體、固體是也；其二則有發明學者，以爲物之靜性，得以各種動，如遷動、週期動、旋動、爲之解說之趨勢。是以關於輻射及浪動學說之算學及試驗研究，頗有潛移學者對於物理的變化之普通觀念；此則遠出乎初時目的之外者。【原註】或謂彈力學說之得有大助力者，由于夫累湼爾假設以太有浪動，此說與當時所公認之有彈性居間物之浪動，不能並行。披爾遜教授極不以此爲今日彈力學說之由來，因那維爾一八二七年之說，並非因研究光學而發生也（見披爾遜與托德亞武之「彈力學說史」第二册第五頁）。其所瞻測之所得，以爲以太之渺茫靈妙，而有實體之性；以爲脆如瀝青松脂，若假之以時，則能如水之流；若加以一極大之力，則氣體液體之舉動，有如實體。——由是吾人之科學意想，及科學名詞之革命轉機，全在乎氣體動力學說。於第十九世紀中葉，卽發生極新之討論，發明氣體之死壓力，得以其中之小點、有極速、極無秩序、之無方不有之遷動，以爲之解說。既有此說以解說氣體，於是卽有以『熱亦爲一種行動』之意想。【譯者註】意謂熱卽動之變相也。有克希荷夫及本生之光帶分析，而光學之新學說得以盛行，科學之新法，由是得爲俗人所領略；熱學則有丁鐸爾 (Tyndall) 所撰之著名熱爲動之變相論，發明以動力解說物性，及物理變象爲最有功。丁鐸爾稱其著作曰：

三八、丁鐸爾之熱學

『熱爲動之變相，』頗有批評其名稱之不合者；【原註】退特教授最不以此書名爲然，見其所撰之「熱學」第三百五十頁，又見其所著之「近代物理科學進步論」，其在科學提倡會所演講者，題目，爲『力說』，卽附載于此。其言曰：『熱與動能之非動之變相，亦如位能之非靜之變相也。熱者，不止是動，是動之工能也』。作者亦以爲力與動兩名詞，原可用以達各種不同之意義。其初最發起動力熱學者，用此兩名詞，原有不合，及前後不符之處，然而發露于公式時，則有極謹嚴之界限。平常所用之課本，及哲學著作中，往往不察，誤用名詞，發爲空泛議論，應有如退特教授之批評，使學者得以有較爲謹嚴之意想。作者于後文，討論工能，再提及名詞之事。此作初印行於一八六三年，以衆人之眼光觀之，簡直如同上天之啓示；數國皆譯行其書，再版若干次，頭等思想家亦勸人讀此書，頗有人羨慕此書名稱之美，以爲『能將新哲學之最偉大之各種揭露發明於天下，毋論遠近，盛使知之。』〔原註〕見克爾文爵士之『彈力有爲動之變相之可能論』要節（一八八一年，）又見「通俗講演集」第一冊，第一四二頁。其言曰：『予常讚美丁鐸爾此作之書名，予久已欲得此名稱，用之于彈力，現已商明創始用此名稱之作者之慨允，予卽借此名予此次之演講』。此作卽是以動力學說研究自然報告於衆人之第一報子。

三九、克爾文之漩渦學說

其慨然稱讚丁鐸爾之書名者（卽克爾文），從其他方面發起在此種思想中最深遠之意想極人類心思之所能至：卽是以漩渦學說，研究物性是也。此是物理研究進步發生之抽象算學闡理之反應，作者應討論其如何發起，如何進展之步驟。

四〇、赫爾姆霍斯之研究

赫爾姆霍斯因以純粹算學研究數種特別之流體行動，以一八五八年刊布之，此卽爲漩渦學說之起點。〔原註〕赫爾姆霍斯之漩渦學說論文，載于克禮爾之「純粹及應用算學雜誌」第五十五卷，曾由退特譯成英文，登于一八六七年之「哲學雜誌」。赫爾姆霍斯之研究此種問題，則發起于研究聲學。于是不能不研究，實在閱歷所知之不能受壓力之有彈性流體之動狀。于是有流體動力學之方程式，先以單簡之設想而解決之。此問題中之阻力，及不相連接之情形，並未計算在內。赫爾姆霍斯于是研究此兩問題。嘗作此兩事之繁複情形，借用他派科學之有實用之算學，以解說此兩問題。嘗作此爲多種之說帖，其尤著者爲討論漩渦，得有意料不到之極奇異結果，十年之後，遂有英國克爾文之新奇理想。所可注意者，爲英國或德國之討論此問題，有多數年間，竟不爲他國科學家所注意。其結果則爲他國亦研究各種問題，不知從前已有人研究過。參觀一八八一至一八八二年，「科學提倡會報告」。例如德國學者，往往先從法國之研究爲起點，竟不知有英國之斯托克斯之研究。例如赫爾姆霍斯關于流體流動之不相連接及阻力之結果，早已爲斯托克斯所先知。第十九世紀中葉時，發行一種「物理學報告」，赫爾姆霍斯有聲學報告，登于其中。

在赫爾姆霍斯宣布其說帖之前百年，歐拉即爲流質動力學，建立基礎。因是之故，不得爲流質名詞，立一界說。以流質與固體相比，流質最要之特性，爲各部皆有完全之流動性，絕無堅實性。是以有兩種流質——一種是保存其體量或容積，而對於外力之變其形絕不相拒；一種爲能膨脹之流質，加以外力，則能受壓。第二種卽氣體是也。處置第一種流質，所謂不受壓之性，應以算學爲之立界說，所謂有完全之流動性亦然。此類之有完全流動性之物，非自然界所有；但是爲推闡學理起見，不能不先從一種意想的單簡流質發起，然後漸漸介紹各種繁複情狀，以修正法而趨近於解說自然變象。以實用而論，最要緊者爲流水變象，此則多用極單簡之流質動力學之意想以研究之；直至第十九世紀中葉，皆以流水及浪動爲以算學研究之問題。流質之界說，原無阻力在內，因爲阻力與能完全流動無阻之意相反。而流質之算學界說，則當流體爲能完全流動無阻也。惟是吾人之閱歷，以所盡知之水質物而論，阻力能生旋轉之動，如漩渦、如迴瀾是也。科學家又知其他各力，磁力之類，處特種環境，則發生此種旋轉動。假使完全流質有此種漩渦存在，則應研究其情狀。在一大片完全流質之中，如何能有一部分之漩渦發生，原是極難明白之事，假使若能存在，則用計算可以求得此種漩渦之情狀，與其結果。由是有下列諸問題發生。以算學立界說之完全流質，能否有漩渦之存在？倘若能存在，此種漩渦有何特性，得何結果？赫爾姆霍斯在其最著名之撰作中，則有此兩問題之解決，證明漩渦能存在，惟要有一定之環境，例如得以試驗發明之從小口噴出之烟圈是也；又證明若能在完全流質內存在，則此種漩渦不能毀滅，自有其一種之動，有特別之永久存在及動狀。此書與此問題，是純粹算學，在赫爾姆霍斯意中，大抵在研究流質之成點成滴，及流質之阻力有關係（其後果研究此兩種學問）不甚與研究物性相關。【原註】以其爲純粹算學問題，同故偶然發現流質動力的變象，電力變象有相類似。其在英國，哲學家先已有此種漩渦之研究，而目的則別有所在。

四一、在前之漩渦研究

科學家已知固體物之有極速旋轉者，得有數種新特之性，非不旋轉時所有，所新得者，一、爲堅實性，即不受變形是也，（如纜索之行動極速者，能踼離轆轤）二、爲穩勢，不受變位，不受變動是也（如陀羅及脚踏車）；三、爲彈性，即受擾而有恢復原位之趨勢是也。一八五二年，佛科創製旋轉儀。【原註】一八一七年，有波能堡革(Bohnenberger)者，創製一種旋轉儀，即以其名稱之。佛科所製之器，克爾文稱爲旋轉儀。湯姆孫及退特同撰之「自然哲學」（第二版）第三一，四頁至四一五頁，關于此儀器有極詳細之討論。因有此著作，及克爾文各種演講，內有極多數之試驗發，明（見「演講集」第一冊，第一四三等頁，第二一八，等頁，第三冊第一六五頁，及第二四五頁），是以旋轉儀，及漩渦之動，爲算學家及哲學家所最好研究。凡實寫物性及以太者，無不提及漩渦及旋轉儀。佛科及法國德國之物理學家，用以解明地球之動，現已發明一部分之完全流質，卽無堅實性無穩勢，無彈性之物，若旋轉極速，則得有旋轉儀之特性；又發明一部分之漩渦，非自然所生，若旣有一部分之漩渦，則保全其現狀，與其旁四周之流質，永遠不同，毋論此四周之流質爲流動，或停而不動，此種有不同情狀之流質，赫爾姆霍斯稱爲漩渦綫；並發明在大片無邊界之流質中，此種漩渦綫必相與匯合成環，或相轇轕，或相連環，有種種不同情狀。

四二、赫爾姆霍斯漩渦理想在英國之潛力

赫爾姆霍斯之理想，頗不爲他國所注意，惟在英國，則頗有效果。〔原註〕最可異者，爲發明新學說，以推倒笛卡兒之舊漩渦說之國，在牛頓之後一百年，竟爲新漩渦學說最有發展之國。在湯姆孫退特時，科學界之空氣，爲卽肯之勇決意想及能啓發人之名詞所充塞，卽肯大名，與克爾文，克勞修司，並駕齊驅，共爲熱學動力學說之發起人。卽肯原爲機器師，好製造儀器，以力學發明各種變象，故爲最早之純粹的以動力解說自然變象之科學家。從一八五〇年起，卽肯製爲多種說帖，曾發起「微點漩渦學說」，「設爲每原子有中心，周圍爲有彈性之一種空氣所籠罩」（見「卽肯科學雜著」，一八八一年倫敦版，第十七頁）。一八七八年，馬克斯維耳論卽肯有言曰：「毋論其對于微點漩渦，作何想像，卽肯以機器師眼光觀之，其心目中，能見此種漩渦，是如何舉動。毋論其意想中之漩渦機器，如何繁複，其以機器行動解說自然變象，斷不至與機器行動律相矛盾。是以其想像中之漩渦之繁複，雖不亞于笛卡兒想像之漩渦之繁複武斷，然而引申而得之效果

則單簡，又爲勢所必然，又與事實相符。卽肯見有一種變象，必求解說。于是在意想中，製一種機器之能發生此變象者。因其爲有學問之機器師，竟能想出一種機器，足以生此變象」。馬克斯維耳又言曰：「因其受過博物學教育，只能限于研究一種物界之動作，不能處置普通特性，于是不能不在想像中，製造各種模型，後半乃想得一適用者。……郞肯之微點漩渦，與其他學說不同，多一層之設想，卽每微點各有繞自軸之旋轉是也」（見馬克斯維耳所撰論說，登于一八七八年「自然報」，又「雜著」第二冊第六六二頁等，又退特教授所撰之郞肯傳略，載于其「雜著」中第二十九頁）。科學有兩條根本意想，其一爲處間有相連接之一種物，充塞其間，其一爲物質（及電氣）是原子式（卽是顆粒式），彼此分離，不相連接），此兩說互相矛盾，不能並立，必有以融會貫通之，然後能進而實寫自然變象。最新近有拉摩爾博士，欲求融通之說，查得在郞肯之前，原有馬卡拉之漩渦學說，此君曾撰「以力學研究晶顯返射折射論」（見一八三九年「愛爾蘭學會報告」）。拉摩爾之言曰：「馬卡拉研究所得之結果，爲以角太之一種彈性，完全爲旋動……與機器之大飛輪相類，其輪軸不受轉之移動」（見一九○○年拉摩爾博士之「物質及以太論」）。又曰：「郞肯爲人，意想極其勇決，發明馬卡拉之說，極其精確清楚，與物質之彈性反觀，以其爲純一之處間，有平常之頑固性，而有純粹之旋轉式之彈性」（見前書第七十三，第七十七等頁）。但拉摩爾又謂：「至克爾文之漩渦原子說出，所有前之各種學說，亦不過是假說之理想而已」（見第二十五頁附註）。

先設法爲種種之試驗，因是而研究旋轉極速之物之穩定性，

「原註」赫爾姆霍斯雖創爲學說，而頗少以試驗爲之解說。其最先以試驗解明此種變象者，爲洛澤斯(Rogers)（一八五八年），而並不知有赫爾姆霍斯之學說（見「美，

十九世紀歐洲思想史 第一編 上冊 五百三十六

國科學雜誌」（乙）第二十六冊，第二四六頁）。其在英國，則通俗講演，常有試驗之發明（見波爾說帖）。所用者爲烟圈。實體，及流質，及固體之旋轉儀，觀此則知旋轉所深藏之祕奧。退特教授謂（見「近代物理科學進步論」，一八八五年第三版，第二九六頁），克爾文爵士，因見其試驗烟圈，而發明以漩渦說解釋物性。克爾文之科學著作極多，尙無便用之彙刻。最早之著作，登于一八六七年二月之「愛丁堡皇家學會報告」。其後則有一論文，登于一八六七年四月之「報告」，又有漩渦靜力論，登于一八七五年十二月之「報告」，又有『柱形漩渦之擺動論』，登于一八八〇三月之「報告」。希客司(Hicks)教授，湯姆孫・雅各教授，皆有此種學說之發明（一八八一及一八八四年英國「皇家學會報告」）。湯姆孫于一八八二年所撰之論說中，推用此學說于靜力的化學，而爲之證驗。參觀希客司「水動力學之進步論」（登于一八八一年「科學提倡會報告」第六十三頁）。又湯姆孫所撰之「漩渦環之動狀論」（一八八三年刊行，第一一四等頁）。

又因是而發展打結及連環之學說。

「原註」此是另成一派之部位幾何，大約爲理士丁(Listing)所創造，因觀高斯之著作而得啟悟，故有此種研究。高斯因研究動力電學，而提及此問題，當時此項研究並未宣布（高斯死後，以一八三三年刊于其「全作」中，見第六冊第六〇五頁）。理士丁稱爲『形勢』幾何（參看理士丁「形勢幾何之研究」一八四七年格丁根版）。一八五一年，里曼因在曲面圖表函數，而有一連面，二連面，三連面等，等之分別（見里曼「著作」，一八七六年版，第十八，第八八，第四四八等頁）。此種研究，學者往往視爲好奇之作，否則以爲只有抽象的意味，多年之後，始有退特教授，以一八七六年再事研究，以爲漩渦原子學說之助（見其所著『打結論』，登于一八七七年「愛丁堡皇家學會報告」，第二十八冊，第一四五等頁），一八八四年至一八八五年，復爲研究。學者賴有提特教授之著作，而有使用記號及名詞。此問題之歷史，及其發展，見于丁吉狄(Dingeldey)所著之「形勢幾何學」（來比錫一八九〇年版）。

四三、漩渦環學說之爲難

此說一入克爾父爵士之靈巧腦海中，遂發生一種設想，謂在物理學家想像中之無邊、無界、無乎不入之流質中（特爲光學而設之想像也），可以有獨立、不與鄰相同之漩渦環之流質存在；此種漩渦環，則有吸力物之大多數之性質，如質量、穩勢、堅實、彈性、等，永存不改。此種學說，誠然頗能啓悟，然而從力學觀以解說物性方面而論，則有兩層根本爲難。一、旋轉物質，從何得其重量？二、又從何得其極大增加之頑固性？對於此兩種爲難之解說，進步極難，其實此時恐仍無頭緒。〔原註〕參觀第九版，大英百科全書」所載之馬克斯維耳所撰「原子」條下，又翻印于其「雜著」之第二冊，此中尚有勒薩日學說之討論。雖然，因有此學說而發生無數之試驗，由是以增長學者知識，又能發起算學家，爲種種算學物理學有實用之要緊問題之研究，又能使哲學家、熟習於以最後之力學觀解說物性，則不得不謂此原子漩渦學說爲思想史之新紀元也。〔原註〕參觀拉摩爾博士于一八九〇年對科學提倡會第一股之演講（見「報告」第六二五頁）。其言曰：「漩渦學說之根據單簡，而能表示意想中之物質世界之一種力學圖畫，此世界爲原子所造成，如此自能進行不用外助。此種圖畫之價值，並不以爲實在世界之機構卽是如此，供人一覽，不過表明物理科學之根本公定，且謂力學變象，雖極其繁複，並非吾人心思才力所不能爲吾人透澈之研究者，表明其有一定，及相爲聯屬之情狀，雖極紛亂繁複，吾人得而分析排解之，日見其確切』。

此漩渦學說，以討論動力的平衡勢故，而與氣體衝動學說（小點直行）相攜手，又與力熱相生學說（此則爲無規則之極小之動）相攜手；又因湯姆孫·雅各教授研究所得之奇異效果，爲解說化學連環之引綫，證出他合物之能有穩勢者，全賴小數之化合或連環。（原註）參觀其所製之『漩渦環之動狀』。湯姆孫·雅各有言曰：『假設化學元素之原子，皆作漩渦環，力皆相等，不過元素中有只一環者，有兩環相連者，或作爲一連接線之有兩圈者，或三圈四圈者。研究之結果，證出無論何種元素，不得多過六環者，此指勻稱排列而言』（見第一一九頁）。又言曰：「每漩渦環，在等量值學說中，卽爲一愛力之單位。我輩若設爲原子之漩渦環，不止有一個環，而相連極整齊，極勻稱，則元素不能有多于六個漩渦環之一顆原子，則每一顆原子，不能與他元素之多于六個原子相連，成爲有穩勢之化合物。此與化學事實相符，邁爾所著之「化學新學說」（第四版第一九六頁，）謂化合物之有氣體者，從無有一元素之六原子，與其他元素之一原子相化合者，只有一種鎢之化合物（氣體），有六個緣氣原子，與一個鎢之原子相化合』（見第一二〇頁）。因有算學之種種爲難，進步極不容易，頗費此後數十年間學者之腦力，然而有推倒此種之爲難者，則『必享受殊異之大名。』〔原註〕見退特之「近代物理科學進步論。」第三○二頁，又「大英百科全書」第九版，馬克斯維耳所著之「原子」條下，翻印于其「科學雜著」第二冊，第四七二頁。

在以動力解說物性之學說中，以漩渦原子學說爲所到之最高程度。雖其發起由於赫爾姆霍斯，而發展則專限於英國。倘若科學仍有國界之分，而各國仍有偏袒其本國之習，則此事爲不可多見之一榜樣。英國又有一發起之事，爲物動之科學之最後最要緊之發明，有絕大之力，以輔助動力學說，此新發明有浪動學說相輔而行，爲今日科學界所公認，卽電氣變象新學說是也；此說有法拉第多年之勞苦，及其過人之天才，以爲之維持。

四四、電氣變象之新學說與法拉第

法拉第之偉大揭露，爲磁電、感電、光電，上文已經論及，早爲科學界所知名；然而其闡理之途徑，則不甚爲科學家所知，或不甚爲科學界所明了。〔原註〕參觀赫爾姆霍斯監刊之「法拉第演講集」，一八八一年四月五日在化學學會演講，翻印于赫氏「演講集」第二冊，第二七五等頁。其言曰：『自從有馬克斯維耳解說法拉第之各種理解，學者始知法拉第字句中所藏之理論，極其謹嚴，極其與事實相符合。然而，當時之科學家，則以爲含渾晦澀，而不可解。其所發明者之理解，需有極高深之算學以證明之，而法拉第並未用一算式以得之，豈非由于天授之知識耶。當時之科學家，不領略法拉第之發明，亦殊無足怪者。因予亦自認，一讀法拉第所說之力線，及力線有若干條，有何種之力，又以電流爲一種力軸等等，亦茫然不知所謂，只好枯坐瞪目而視，作望洋之歎而已」︵見第二七七頁︶。洛增堅革謂外國科學家，頓懵惡法拉第之新異學說，故此波根多夫對于法拉第初時之科學說帖，全登於年報之內，對于後來說帖，則只登極簡單之節略而已。見洛增堅革所著之「近代電學發達論」，來比錫版，第一〇五頁。

大陸哲學家，附和庫隆對於磁塊相吸，及電流小部分相吸之物離力及變象，思以算學文字發明之時，

「原註」此種研究，作者于上文第四章，已有討論，其結果爲章柏例，發明電氣小點相離，而能相吸相拒，爲外國自然哲學家專事研究。大算學家如拉普拉斯，高斯，里曼，皆專力研究。高斯在一八三〇年至一八四〇年之磁力研究，善以算學意想，解決物理問題，惟對于電磁變象，則不敢毅然用算學意想，其所以不用之故，後來嘗以告韋柏。及韋柏預備刊布其所撰之確切量度，遂爲近世電學及磁電學之基礎，並爲靜電，動電，感電，反磁之基礎。高斯對于此事，于一八四五年二月十九日有言曰：「予之研究此事，在十年之前︵一八三四年至一八三六年︶，現時已覺荒昧。……或者亦倘能再爲研究所得，先行刊布，但是予拋棄此事之時，倘缺少一種關鍵，因未能從需時發現之力︵如光之需時者︶，引伸而得之，加溢之各力︵因小點電氣之處靜勢，而有比動者，需加添各力于電氣之相吸相拒力中︶。予當時實未能求得，但是猶能記憶，當時雖停止研究，仍未嘗無有可以求得之一日。然而當時則深信，必需先有一種此各力如何發生之把握，然後可以研究也。」︵參觀高斯「全著」第五冊，第六二七等頁。

）法拉第則專注意於磁極附近鋪滿鐵屑所成之綫；〔原註〕「所謂磁力曲線者，予指多數磁極，毋論如何位置，若在其附近灑滿鐵屑，或多置小磁針，所成而言」〔見法拉第所撰之「電學試驗研究集」〔一八三一年十一月〕，第一部，第一百十四章附註〕。其言曰：「電流經過一線時，此線之周圍，皆有磁力曲線圍繞，離線愈遠，則其力愈減。……此種曲線，雖形狀不同，而與反對磁極相向所發生之曲線相類」〔見一八三二年一月，第二部，第二三二章〕。於是研究磁極附近之情形（其後稱此附近地方爲『磁域』或『磁界』）創造兩新名詞，其一爲『受電狀』，其一爲『通感物』（又稱誘電體，）〔原註〕一八三一年始創造此「受電狀」名詞，指有電物附近地方之情形。法拉第曰：「通電物在此附近地方，既受變動，則不通電之物，亦難保不受變動，由是而生此種受電狀」〔見一八三八年一六六一章〕。又曰：「其時居間之小點，即多少有此種情形〔予對于此種情形，此時尚未能十分明瞭〕，此卽予屢次所稱之受電狀也」〔見第一七二九章〕。又云：「予所用之通感物，則專指電氣所經過之物而發生電力者」〔見一八三八年，第一一六八章附註〕。以表示在物離力及界中，居間物所發現之情狀；法拉第以爲在此界內，發現一種施力牽製之情狀，又謂此界內有『力綫』布滿。在此有磁力或電力發生之界內，有灣曲之力綫布滿；此種力線，有一定之方向；法拉第之意想中，遂知在磁塊或電流之附近，毋論何處之磁力電力之大小及其方向。〔原註〕「磁界」名詞，似是始用于一八四五年（見「電學試驗研究集」第三冊，第三十頁，第二二五二章）。自法拉第觀之，在磁界內之力綫，其始不過作爲一種便用之幾何方法，〔原註〕一八三七年十一月，法拉第有言曰：「予用「受感力線」名詞，不過暫時製造，以表示受感之力向。……至于物吸力之使物點相吸，其方向皆是直線，惟受感力則不同，更與多數磁針者相類。……予雖不能不疑，或者予爲一已之偏見所運動，然而毋論從任何方面以觀此事，予實不能贊成平常學說。（〔譯者註〕作者所缺而不盡引者，大約所謂平常學說，即吸力例之物離力及之說也），……如何而能確切表示，電力之最要之自然原理」。（見「試驗研究集」第一二三一章）。法拉第又曰：「予所用之受感力線及曲形力綫句語，不過指大概情形而言。……予此時之所最關切者，即爲請讀者切勿對於予所用之名詞，增加予意想外之特別解說」。（見一三〇四章）。柏松曾從另一途徑研究，得有結果。法拉第見與己所得者相符，又與赫黎斯研究所得者相同，於是發爲結論。有言曰：「予今敢於毅然發表予之特別見解，不然，則科學界無從證驗」云云（見第一三〇六章）。其後漸有物理之意義，〔原註〕力線名詞，其始不過暫時用以表示幾何意想，經十年之久，乃得有物理的意想。此事則在一八五二年，六月之「哲學雜誌」發明。當原子學說之初發生時，原亦不過一種記號，其後漸見發展，變爲物理學說，此與力線相類。原子及質點名詞，其始亦不過爲便用起見，以表示當值例，及化合定比例（見上文第一章第四三二等頁）。其後化學家則不撇開其與物理之關係。自一八四〇年至一八五〇年，法拉第所致力研究者，爲兩大問題，其一即按照其所預定之方針，而得極顯著之解決，其二則至今仍爲問題，未得解決也。第一問題，即磁力所及於通感物之問題。以磁及電而論，大陸哲學家以爲磁外電外，皆爲眞空，而楊氏及夫累涅爾，則以爲有以太充塞。法拉第則疑及此種以太不能不受磁力所潛移。法拉第既知通感物有通電力磁力之能，于是以試驗研究磁力及于磁界內之光線之變象，以輔前說，試驗多次而無效，其後竟告成功。遂于一八五〇年十一月，報告其所得之效果于皇家學會。其言曰：「予雖屢耗心力，而不得實效，然而從物理學方面觀之，則深信其爲必有。于是新近接續前功，再爲謹嚴精密之試驗，今日竟得效果，居然能授磁授電于光線，又能加光于磁力線。……用一光線，卽能眼見磁力過物之方向，若改變光線，其改變光線對於眼之效果，則能見諸力線之向，如同能見一線，玻璃，或其他透光物受光，而使人能見之方向」（見「試驗集」第三冊，第二一四八章，及附注）。法拉第所研究之第二問題，則欲證明物吸力與電力，有與此相類之關係。此事之無效果，亦有詳細報告（見第三冊第一百六十一頁）。然而有第一問題之結果，足以使力線爲有物理性質之意想，漸趨成熟，自從一八五一年以來，漸見有精嚴之發明（見「試驗集」第二十八部，第三冊，第三百二十八頁，及第四百〇二，第四百三十八等頁）。

因法拉第早已深信電力之相吸相拒，與居間物大有關係。（此則有卡汾狄士知之在先）居間物之於電力變象，有大作用，亦如發光與發熱，其居間物之有作用相同。大陸哲學家則狃於吸力例之物離力及之說，以爲居間物並無作用。大陸哲學家繼承類似拉普拉斯及其從者之法，以算處間各地點之組合吸力結果，竟全不研究如何得此結果之問題。因爲此項研究無所用於時間，則兩物相離，如何能使吸力相及，其間有無機括，則以爲不必過問，亦不能研究；以爲用天學觀解說此種變象，爲至矣盡矣。在法拉第則以爲居間物（傳熱傳光）亦各有極要緊之作用，其性質及其情狀，最爲要緊；於是始創一名詞，以爲稱謂。研究光學者，新近又恢復傳光以太名詞（此名詞原爲楊氏、夫累涅爾所用）於是法拉第乃介紹『通感物』及『磁界』兩名詞於科學中，作爲擔荷或負戴電力磁力者；雖多年不爲科學家所採用，而能使自然哲學家心目中常有此種電力磁力、究竟是用何機械以爲傳遞之疑問，此爲天學觀以外之問題。在法拉第意中，直以爲此種類似，爲實有之事，於是由設想而苦心焦思，竭其智能，務使能證明此設想爲事實，後來竟告成功，以試驗發明磁片在透光物附近（透光物之能顯極性者）有改動受極之光綫之方向。法拉第致力於『力綫』充塞處間以解說電力磁力輻射，並或能解說物吸力，是在一八三〇年至一八五〇年間。其時科學家見解，以爲法拉第之多數揭露，與大陸哲學家所研究及

四六、法拉第之意想有克爾文爵士爲之發展

已經以試驗證明之見解相反。法拉第見解，既與大陸哲學家見解相反，其首先徵示其意，以爲此兩相反之見解，有其可以兼容相通之理在，則爲湯姆孫·威廉（即克爾文爵士）一八四二年，其時湯姆孫不過十八歲，「原註」一八四二年二月，湯姆孫嘗製說帖，討論『熱氣在純一實體內，有均速率之功，及與電力之算學學說相關』。（刊于『劍橋算學報』）。其後翻印于一八五四年之「哲學雜誌」，加一附註曰：『所發明之大概結果，足以表示毋論如何電力及磁力分布之例，必與處：某種界限分明之環境中之熱氣行動之線之分布例相同。其後（一八四五年）又有說帖，載有此問題之發展，及施用之法。此兩說帖所載者，成爲充分之力線特質之學說，而有法拉第，以試驗證明之。遮電學說，遂與傳熱學說相類似，其意即包括于傳熱學說所用「力線傳熱之力量」句語中』，（見「試驗集」第二七九七至二八〇二章）。已知英國之試驗研究，及法國之算學研究，即能指出流行之變象（即動也），可以用算學法，以算式包括之，此算式與不動之物質分布爲吸力所制之算式相似（吸力似乎不用居間物，而能遠傳者）例如有熱從源頭向外流行於處間，分布熱度於處間之各點，成爲停頓情狀（此種平衡是動力的，而非靜力的）可以用算學公式表示，與按照怕松及他人之研究所得之電力質量或吸力質量之分布之公式相符合。以熱之流行而論，吾人則知平衡勢之所以維持者，因有熱流行於居間之處間，然而需時，非立刻所能致。此種符合，或者可能解說法拉第所堅持不捨之意想，此意想謂相吸相拒之靜效果，由於在居間物中之流行以維持之。一八四五年，湯姆孫再研究此問題，竟得學說，以兼容此兩不同之見解，其結論有謂：『用後一法以發明算學的學說，比較庫隆學說尤為單簡』云云。

〔原註〕見湯姆孫一八四五年『電力平衡學說』。參看『翻刻電磁維說』第二版第二十九頁。克爾文爵士初年，即有此種問題之研究，如是者凡致力二十多年，學者宜讀此項著作，當能在思想史上，得有特別之意味，以其從算學的學說，而漸得物理的學說也。所有多種理想，自從有馬克斯維耳之電磁學說以來，逐成為普通理想，其後又有諸科學家（坡印丁，洛治，赫味賽 Heaviside 其著者也），以為通俗之發明，其實此多種理想，早已見于湯姆孫之著作中，當時不過仍是算學的理想而已。湯姆孫屢次指明關于磁塊及電劑之試驗所得之底數，能以怕松及庫隆之意想，寫作公式，關于法拉第物理的意想之通電，及電之流行，亦然。所謂物離而吸力相及之說，及有居間物以通電之說，兩者皆不足以成為物理學說。湯姆孫此項著作，亦表明對于自然變象，其初仍作為靜力觀，逐漸變為動力觀。一八五一年，湯姆孫最先採用法拉第『力線』『力界』名詞，于算學著作中。自此以後，不獨電學家不得不用此兩名詞，即算學家亦不得不用。相離甚遠之物理變象，亦不能不有此兩名詞以連合之，凡關于動力的著作，不能不採用，以為建立基礎之意想。在一八三五年

至一八四五年間，又有兩位大算學家，哈密爾敦爵士，及格拉斯曼，獨闢途徑（並為法拉第所不知），關于有方向之數量，創立幾何意想，及為之訂立名詞。其起初所發明，後來已有算學家改變，較為單簡，稱為矢算分析術，為不可少之幾何利器。湯姆孫說帖中之逐漸發展以動力觀研究物理，最為奇異。一八四七年，曾報告科學提倡會，關于研究地球磁力，有言曰：「是否只賴電渦，卽可以發生實驗所得之變象，成為一種極有意味之問題。安培之電磁學說，自然以為可以發生，然而只可以作為一種理想，因為吾人意想中，絕不能以為物質之質點，實有圍繞之電渦存在』（見翻刻本第二版第四六九頁）。一八七二年，湯姆孫對于此數語，又言曰：「二十餘年前，予不信安培學說之為眞實，但是彼時予並不知從前所謂物質，以動力為要素也。一八四七年，予在科學提倡會，始從朱爾，得知以動力，生熱之學說，于是不得不立刻拋棄從前多數靜力觀的原因，其後逐漸拋棄所有一切靜力的觀念』（見第四二三頁附註）。

湯姆孫此項提議，久不施行，其後施行，亦非湯姆孫，乃由湯姆孫示意於馬克斯維耳，而為之研究。其時湯姆孫又為進一步之研究，將法拉第新近之揭露，及本人之特別意想，組合於怕松、格林、兩大算學家所創立、並曾經完全發展之算學的學說。湯姆孫不為力綫作物理的解說，而表示如何用力綫，可以計算磁物相拒相吸之力；並提議新發明之反磁性物，不為有大力之磁條所吸，而反為所拒，可以解說爲凡物皆有磁力，所謂反磁性者，不過爲此種磁力之餘效；「原註」一八四五年，法拉第既揭露「光線受磁」，及令「磁力線」可以目睹之後（見「試驗」第二一四六，至二二四二章），又從事他種試驗，因而揭露反磁性，並聲明「物質皆有，磁性情狀」（見二二四三等章）。一八四七年，湯姆孫有言曰：「按照法拉第之新近研究而論，似乎有極多數之物，皆能受磁感，其所受者，爲係數（i）有負號者。法拉第稱此種物爲有反磁性物。法拉第之言曰：「所有此種變象之結果，爲此種物質之一部分，既受磁力，則從力之強之點，趨向力弱之點」。此與上文所得之結果，完全相符。可見法拉第所揭露一切關于反磁性之磁感變象，得以平常之磁感句語表明之，不過改係數（i）爲負號而已」（「翻刻本」第五〇二頁）。湯姆孫一八四二年之著作，翻印于一八四五年，曾加一附註曰：「同樣之實驗，表示亦可用于一片輭鐵，或用于其他正磁性物，或反磁物對于磁條之力，又表示磁力線改變，與熱力線爲其他引熱力不同之物所轉移相類。是以謂有磁力之居間物之能引力線，是有根據之言，正磁性物之能凝聚力線，及反磁物之能拒力線，如法拉第所云者，有此言，則有完全之解說」（見「翻刻本」第三十三頁附註，及法拉第「試驗」第二八○七，第二八○八章）。於是介紹『導磁率』名詞，「原註」後來湯姆孫稱此種物性爲「導磁率」（見一八七二年「翻刻本」第四八九頁）。磁力通例曰：「因有磁力之餘效，物之舉動，或作正磁性物，或作反磁性物，全視其所處之居間物之導磁率之或大或小」（參觀第九版「大英百科全書」第十五册，第二百四十八頁「磁力」條下）。以表示各物置於有大力之磁條之附近，所謂磁性之程度，及引磁力線之程度；其後又以試驗證明，若以此種磁性在晶顆之各軸有多寡之不同，與晶顆所發現之彈性不同相類，其結果則爲轉效，此則可以解說晶顆受磁力而改其光性。

「原註」參觀「結晶物及不結晶物感磁學說」（見一八五七年「哲學雜誌」，又「翻刻本」第二版，第四七一等頁）。法拉第所謂磁力的結晶力，怕松預料其有算學解說之可能，惟「此種奇特情形，既未付審查，儘可不必歸入吾人研究之中」（見湯姆孫「翻刻本」第四八四頁所引一八二六年巴黎版「學院筆記」「磁學筆錄」篇）。普勒刻爲法拉第之所揭露所引動，當其在第一第二期爲創新之幾何研究時間（見本作卷一第二四二頁），專致力于研究氣體及晶顆之電性磁性。以一八四七年，接連撰著若干說帖，幾與法拉第爲勁敵。其第一種揭露，爲磁條施于晶顆之力，宣布于一八四七年（見坡根多夫「年報」，或普勒刻之「物理學」，一八九六年來比錫版，第六等頁）。湯姆孫得此揭露，遂能不倚賴任何理想學說，時以算學發明磁感學說，只以純粹試驗爲基礎（見上引湯姆孫著作，第四七一頁）。怕松因無此揭露，故無從發展此問題。普勒刻是極有新思想之人，不假師授，不甚知前人及時人之科學算學事功。爲之作傳者，觀其算學科學研究而知之。普勒刻初年之幾何研究，不知有逢退利之著作，巳刊行于一八二二年，並不知有麥俾烏之著作。最可異者，高斯派章柏派，之電學學說，及電學量度，爲德國之最盛行一時之研究，普勒刻初致力于物理學時，亦並不知之。又嘗承認，不知有怕松及湯姆孫之純粹算學學說，且謂假使知之在早，則可以省免若干錯誤。因其未受章柏研究之精神所潛移，故對于法拉第之純粹物理研究，尤爲重視。貝爾克利布舒(Clebsch)克來因(Klein)，蓋斯勒，皆普勒刻之入室弟子也。參觀蓋斯勒所撰之普勒刻特性，見上文所引書，第一册，第十二等頁。

在此各種研

究中，不過用法拉第之意想，以實寫及計算其以試驗揭露之變象，並未爲物理之解說。法拉第之意想，一到湯姆孫手中，亦如道爾頓之原子學說之在第十九世紀上半期諸化學家手中相類，作爲一種記號，以表示及計算變象而已。

然而法拉第之『力線』之不能永久作爲記號，亦如道爾頓之原子之不能永久作爲化學計算之籌碼。兩種學說皆不久升爲物理學說。氣體衝動學說之有功於原子學說，亦如馬克斯維耳之研究之有功於法拉第之記號。科學家能數物質內之分子，能量度分子相離之遠近，又能測量其速率，皆已成爲事實，由是原子學說始有生機，始有解釋；法拉第想像中之電力線、磁力線，亦然，因一八八八年有赫芝證明電浪也。初時原子及力線，不過是創始發明家個人之便用記號，以包括多數不同之變象，最多亦不過能以算學計算效果而已；其後皆變爲事實，且有實用。

四七、馬克斯維耳

法拉第之意想，以爲電力磁力之變象，全賴凡物皆有之一種性質，瀰漫處間，與輻射及物吸力相類似；其發表此意想後之二十五年間，自然哲學家之頗引爲同調者，惟有湯姆孫一人。著名之物理學家之直接受法拉第潛力者雖多，而以丁鐸爾爲最親切，然而丁鐸爾亦並不吸收法拉第之科學句語，及其科學之闡理。法拉第之意想，惟有大算學家能悟會，而以算學發明其意想。湯姆孫嘗鼓勵馬克斯維耳，及湯姆孫刊布磁學算理之後，馬克斯維耳於是專力研究電學及相類之問題；其時英國之專研此各種問題者，幾乎惟有湯姆孫一人。【原註】參觀格雷士布洛克所撰之「馬克斯維耳及新物理學論」一九〇一年印行。其中第四十二頁，有引馬克斯維耳尺牘之語，自謂「剽竊湯姆孫電學著作之言」。馬克斯維耳之名作「電學磁學」之序文，提及算學家之見解，與法拉第之見解不合，有言曰：由于「此兩種見解之不合，並非兩家之錯。予最初之所以信其爲如此者，湯姆孫爵士，予之所以關于此學有多少所得者，賴有湯姆孫之援助指示。及其著作」云云。

四八、馬克斯維耳之多數電學著作

馬克斯維耳之電學革命著作，第一種爲法拉第之力線論，一八五五年十二月出版。前後接續之同類著作頗多，最後之著作，在一八七三年，採輯印行，即其大著作電學及磁學，是爲歐美科學家此類著作之中心點。從歷史上觀之，馬克斯維耳組合兩分途之極有效果之闡理，其一發起於法拉第，其一發起於湯姆孫。【原註】若從另方面說起，可以謂馬克斯維爾之學說，有三種獨立之研究，以預爲之所，分起于英國，德國，法國。（一）研究有電物，有磁物，及電流之相離施力之變象，有庫隆及安培之公式，以爲表示。湯姆孫曾證明電力磁力之各公式之充分意義，及其能力，又特爲表明此多種公式，不限于大陸科學家之物理學說，且能用于法拉第之物理意想。（二）德國歐姆，高斯所發起，後爲韋柏大爲推廣之磁力，電磁，電流之確切量度。（三）法拉第意想之力線，充塞處間，表示有相連接之小點以遞力，並非兩物相離所能施力。此三途徑之研究，有馬克斯維耳之學說，以爲之組合，其始亦不過作爲一種算學的學說，其後竟成爲物理的學說。其深印於馬克斯維耳之想像中者，則爲既有物理學說，奚獨無算學學說以證明之——其意卽謂既成爲學說，則同時必有物理學學說與算學學說相輔而行也。馬克斯維耳之學說，要能包括貫通此時所有之純粹數學的幾何的算式，能確切表明電力、磁力、電流之事實，例如庫隆之靜電及磁力例，安培之電動力電磁力之公式，及歐姆、法拉第之各項電溜發明是也。又要能表示明白各項繁複變象之元始行動。對於此一層而欲達目的，則應從他派科學，以類推法求之。法國之自然哲學派，以牛頓之吸力公式，而統一物理的天學，以爲他派科學有其類似，亦以此術爲之研究，由是發展前卷所謂以天學觀研究自然變象。安培及韋柏，卽推廣此類推法，以包括電力磁力變象。此外尙有一類推法，尤爲法拉第所熟習者，卽以漸傳布，以漸流行，或以漸傳遞是也：此種變象，則有時間問題，有一種之動發生，所謂『動力的平衡。』傅立葉關於此種流布傳遞，有算學的分析；湯姆孫卽用爲起點，以從事研究，因知此種類推術之所達深遠，其後（一八五二年）推廣於熱、電、磁、反磁、及流體之流行。『湯姆孫提醒學者，謂其所製之流行圖解，與法拉第在皇家學社所發表之圖，極其相似；法拉第用以解明鐵磁與反磁物潛移力界者，於是徵引類推熱學算理，以解明「力線有傳遞力」之說爲正確。』〔原註〕參觀一八五二年報告科學提倡會兩說帖：『論磁學曲線，及推用于熱學，電學，及流體動學說』（此兩說帖之節略，在「翻印」第五頁十九等頁）。

湯姆孫不過略示此種見解之影像，至一八五五年及一八六一年，馬克斯維耳則爲之發展。馬克斯維耳所用之法，〔原註〕見馬克斯維耳所著之「法拉第力線說」（一八五五年「劍橋哲學會報告」）。參觀其「科學雜著」第一冊，第一五七頁。『大約皆根據法拉第研究之理路所啓發者；法拉

四九、馬克斯維耳之力綫管意想

第之此種理路，雖經湯姆孫及他人以算學爲之解釋，而科學家大概皆以爲法拉第之研究，不過具一種無定準而不合於算學之性質，不能與專門算學家相比。』馬克斯維耳第一步先改『力線』爲『力線管』（簡稱力管），不獨在處間可以表示方向，並可以用管之橫剖面之大小，以表示力之大小。由是所謂力線，乃得較爲有定準之算學的表示，又設爲管內裝滿流動之流體，其流行之速率，與管之橫剖面爲反比，此速率卽代表在處間無論何點之力度。馬氏並表示，若此種力例，卽是以試驗證明之距離二乘反比之例，則意想更變爲單簡。

馬克斯維耳之思想，是以純粹幾何的意想表明一種假設的流體之動。【原註】觀馬克斯維耳第一說帖（見前書第一冊，第一五九頁）之結論，則知其始並無意于作物理的解說。其言曰：『此論，對于何種變象，皆歸納于假設流體之幾何式的動，予原望得其貫通及正確，以免發起未成熟之學說，以解說變象之原因。倘若予所積得之理想結果，有用于試驗哲學家，爲之布置及解說其所得之結果之用，則不算爲枉作。至于以物理學說，解說物理事實，則有待于成熟之學說。此雖有算學的學說啓發于先，仍有待于研究自然者之竟其成功，以爲各種問題之眞解決』。今日則通行以此種觀念，對待一種大多數變象，馬克

五〇、物質之受電狀

斯維耳則爲最先發起人；此種觀念同時又爲以動力觀解說自然作用之一大進步。此種力線，或力線管，【原註】一八五二年，法拉第嘗言及力線殼，力線管，曾創造新名詞，以稱呼兩力線殼中間之處間，（見「試驗研究」第三冊，第三二七一章）。充塞於磁條或有電物之週圍；對於此項情狀，馬克斯維耳則有較爲分明之表示。此卽法拉第所稱之受電狀，當時雖早已有此種意想，而未能規定者。湯姆孫於一八四七年，【原註】一八四七年，湯姆孫有言曰（見「劍橋及都柏林算學雜誌」，又翻印于「算學物理學雜著」第一冊，第七十六頁）：『法拉第之靜電感學說，能啓發一種意想，謂彈力學說中，當有一問題，與通電物上電力之分布各種問題，有相合者，或與有電物之相拒相吸之各種問題，相合者。其後法拉第關于極光問題，新近所揭露之透光物受磁力或電力之變象，亦可爲引線』。曾證明法拉第於一八三一年之意想，以爲此種特別物性情狀，等於受逼壓而變形之情狀，得以類推有彈性物之受壓逼而變形以表明之。湯姆孫曾有三種彈性受逼壓變形之分別，以爲卽是靜電力、磁力、及電流力是也。對於此三種力之由來，湯姆孫並無物理的解說，不過用『此兩問題（電力及彈力）算學類推法，以助學者之設想，以研究此兩問題而已。』【原註】此引一八六一年「哲學雜誌」所登馬克斯維耳之「物理力線論」之言

（見「全作」第一册，第四五三頁），其論中則採用郎肯分子漩渦意想，以表磁力變象。馬克斯維耳又引用其從前（一八五五年）幾何的力線說，在此說中，曾發明此種受電狀之幾何的表示，不過以力學助意想，並非以之解說變象。馬克斯維耳又言曰：『此時予擬從力學方面，研究磁力變象，考求居間物有何種牽力，何種行動，能發生此種瞻察所得之動力變象。若能以相同之理想，而能連貫磁氣吸力變象，與電磁變象，及能連貫感電流變象，吾人則求得一學說，即使其不爲眞確，亦只能以試驗而證明其爲不確，然此多數之試驗，亦能大增進此一部分物理學之知識』（見第四五二頁）。馬克斯維耳由是再進一步，以發明一種物理的、或力學的、實寫此種逼壓情狀，即實寫所謂物質之受電狀也。既以此爲目的，其意想中即設爲有一種居間物，因變形而施力於物質，發現牽力壓力（即磁力）變象，及其各部分之動（即電磁行動）。科學家已知在此種各部分有彈性動之居間物中，有漩渦動，則某部分能發生壓力及牽力，於是有各種問題發生於馬克斯維耳意想中，即如何用居間物某部分牽力及壓力，以表示磁力變象？漩渦又如何傳動，或受動於夾於其間之能動之居間物之小點？馬克斯維耳竟成功算出此種居間物之完全模型，以動力表示磁力及電磁力變象。其最爲得手者，爲給予法拉第想像中之力綫或力管，以力學所能量度之力。馬克斯維耳自認『其意想……不免示人以拙笨難用。可知此種意想並非爲與自然有如是之關係。……然而意想中能有此種動力式的關係，而又易於研究；……予敢謂學者若知此意想，不過有暫時假設之性質，則知對於變象求真確之解釋，可得此意想之助，斷不至爲其所阻礙。』【原註】見「全作」第一册，第四八六頁。其末章論力線，馬克斯維耳則提及哲學問題。其言曰：『究竟解釋變象，有若干憑證，可以證明學說之可信，若有兩系變象，皆與公式相符，表示此兩種變象相合，吾人應推至若何程度，作爲是同類變象。吾人已揭露有此種部分之相符合，又知其爲不過部分相符合者，因爲曾證明兩種變象，另有關于其他方面有不相同之例存在也。在程度較高之物理學，吾人或能偶然求得較爲相符合之處，而需有多數之研究，然後能發見所謂較相符合者，仍有其不相符合者在也』（第一八八頁）。

假設一極端輕妙之居間物，充塞處間，塡塞一切物質，而又有實體物之彈性，在馬克斯維耳時，科學家並不以此種意想爲不可存在。五十年前，夫累涅爾與楊氏提倡此說，雖爲科學家所極力反對，隨後因光學學說之發展，則公認此說爲科學思想之利器。在此種居間物中，若受擾動或移動，則此種擾動或移動，傳遞於外，有一定之速率視彈性而變——所謂彈性，卽密率及堅實定數也。今若以一劑之電，爲無重之物，並無物質，只當作是居間物之受擾，旣作如是觀，則發生一問題，此種擾動之速率，是否與其他有彈性之擾動（如光綫之類）之速率有比較？電學家已知一劑之電，有兩種分別，一爲靜電，一爲動電；又經韋柏及柯勞士於一八五六年，實行測算若干單位之靜電流行，乃能發生一單位電流（卽動電）之動力

五一、電速率與光速率相符

效果。韋柏及柯勞士兩君所求得之數，（與速率類合，）與吾人所謂光（卽彈性之擾動）之速率同等。馬克斯維耳則首先見出此種兩相類合，有極重要之表示。

【原註】見一八六二年一月二月之「哲學雜誌」，又見于「全作」第一冊，第四九二頁。

馬克斯維耳之言曰：『予從靜電及動電之相生之數，推出兩者之關係，又以柯勞士及韋柏兩君之電磁試驗，與菲素所測得之光速率，兩相比較，曾經發明在空氣中之磁之居間物之彈性，與有光居間物之彈性相同，然則此兩種同時存在、同一充塞，而彈性又相同之居間物，非卽一種之居間物耶？

【原註】見「全作」第一冊第五百頁。其言曰：『在假設之居間物中之橫動浪之速率，以柯勞士及韋柏電

磁試驗，而得者，與非素光學試驗，而得之光速率，盡相符合，吾人不能不推得結論，謂光爲此居間物之橫浪，而此居間物卽電力磁力之原因』云云。

五二、同此居間物之彈性擾動

馬克斯維耳旣指出電性與光性之能用試驗證實之此種類合，及其他種種相類之處之後，以爲用在磁界中之旋動及直動，及彈性受逼變形，儘可以解說電力及磁力之各種變象。其視早年所作之各種實寫，不過爲一種粗淺之力學方法，用以實寫已知之磁物及電流之效果而已。其有價値之結果，則爲（一）電磁界可以視同動力界；（二）至於所謂物離力及之說，則可視同經由此動力界所傳遞，有一定可以量度之時間；（三）又指明光、電、磁之變象，有其一定之相類似，此種相類似，得以精巧之試驗而證實之，推廣之。

馬克斯維耳接蹤法拉第及湯姆孫，於是處置電力及磁力變象所到之程度，與楊及夫累湼爾五十年前處置光學變象之程度相同。卽謂動力觀由是而有多少精確之發明；有多數之事實，由是而得有秩序；由是而指定其後應如何試驗研究之方針；最後則由是而發明兩大門類之變象之相類合，其一門類爲磁與電，其一門類爲光。讀者至此，以爲馬克斯維耳此後之研究路徑，與夫累湼爾於一八二〇年所由之路徑相同，使其分子漩渦學說，更臻精確，卽謂使電磁模型至於盡善盡美，如夫累湼爾之對於以光浪解說光學。然而馬克斯維耳所用之方法則不同。

〔原註〕馬克斯維耳推闡之進步，可分三時期，見于一八五五年，一八六一年，一八六四年所撰之說帖，最後所製者，見于皇家學會「報告」，翻印于「全作」之第一冊。第一說帖，論「法拉第力線」，以法拉第之意想，作爲公式，爲謹嚴之研究，頗有湯姆孫之研究精神。第二說帖，則論物理的力線，追踪法拉第，欲以原始記號，作爲物理的部署，製造分子漩渦學說。第三說帖，最爲要緊，又最有創解，則拋棄前此之粗率未成熟之製造，及物離力及之舊說（章柏謂此種力視速率而變），而「另闢途徑，在意想中，設爲一種極繁複之機械，能生多數之動，而其機件有特種之聯屬，其中一部分之動，視其餘部分之動而變，傳動則由于相聯屬部分之相對之移動，因有彈性而生之力」（見「全作」第一冊第五三三頁）。馬克斯維耳又言曰：「予前此嘗試實寫一種特別之動，及一種特別之受逼變形，部署如式，以解說此變象。今在此說帖中，則不用此種設想。予討論已知之感流變象，及通感物之極光，用彈性動積，及電彈性名詞，不過引讀者之意想于力學變象，以使讀者明白電學變象而已。此說帖中所用此類之句語，只好作爲譬喻，並不可作爲解說。惟說及界能（卽界之工能）則不然，則能作本名詞之正解。毋論何種工能，皆與力學之工能相同，毋論其爲動，爲彈力，或爲他種之工能。電磁變象之工能，卽力學之工能。惟一要緊問題，只在工能究在何處。舊說謂工能在得電之物，在通電之輪路，在

磁條，又在一種不知其性質為何，而稱為位能，即指相離若干遠，而有發生效果之能力。予所主持之說，則謂工能在電磁界，在得電物及磁條外四周圍之地，亦在得電物及磁條內，其形式不同，可以分為兩種，其一可以謂之磁性位能，其一則為電性位能。若照一項成分頗高之理想而論，即是同一居間物之動，及受逼之變形』云云（見第五六三頁）。

馬克斯維耳在後來較為要緊之著作中，則用另種而較為普遍之推闡。倘若電、磁、光之變象，皆發生於有特別動力性居間物之一部分之動，則此居間物當然為一種動力系，當然受動力通例之節制。此種通例，備載於動力學中而動力學則曾證明，若知此中之工能分布，則全知此系之舉動。

五三、工能學說之效果

作者將於下一章，對於此意想之發展為歷史的討論，此理想不獨可用於能見能量之動力之工能，且可用於第十九世紀所曾經量度之各種自然界之力，又不獨可以用工能量度之，且無論何種行動，如旋動，浪動，遷動，整齊有週期之動，不整齊之無秩序之動，皆可以用此表明。馬克斯維耳在自然哲學家為首先對於一特別問題，而能作此極普遍之抽象觀者，因所有之物理及化學之動作及效果，已證明其可以歸納於同一公量也。此等觀念發展之潛力，影響於動力觀者為極大。

以動能量度自然界各種之力，其最早之效果，及自然而生之效果，則爲增進動力觀之勢力。此外尙有另種可能之觀念，作者將於後文詳論之。

馬克斯維耳之意想，不獨有大潛力轉移科學思想，且能轉移俗人思想。近二十年來，算學及試驗研究，皆注重於以光爲電磁之變象。此種觀念，有赫芝之試驗，以爲之輔佐，爲之推廣。赫芝嘗以精巧方法，發現電磁浪，並證明其爲光浪之分別，只在浪長及週期，至於返射屈折及其他特性，則光浪與電浪皆相合。今日多數物理學家，以爲光浪卽電浪之浪長較短，浪動次數較多者。電與磁之居間物，卽楊氏及夫累湼爾所假設之傳光以太，以爲光線不過是電及磁之擾動所傳來之有週期動或浪動。

五四、各種新學說之推倒天學觀

各種新揭露及新學說，有推倒陳舊之天學觀；天學觀之解說自然變象，以爲生於有重或無重之小點之遠離相吸之力。今日科學家之知識或想像，深信處間有物，有相連接之居間物，充塞其間，又深信有重物之無可懷疑之原子特性，大抵不過由於一種特別不可更改之動，此種特別之動，有多種特性，如克爾文所表示漩渦綫所有者是也。然而仍有爲難存在，即如何解說有物質之物，科學家稱爲以太者，與所有之有重物比，以有重物則有吸力之變象，有加增之頑固性或物質也。

馬克斯維耳初時嘗欲製一動力的電磁界模型而不果，其所以不果之故，不甚清楚。「原註」拉摩爾博士對于此事有所提議，見于其所著之「以太及物質論」第二十八頁。馬克斯維耳之初意，則有他人繼起而討究之，有極詳細之著作，以實寫得電物、及電溜、磁條、反磁條、附近有如何動作，如何可以使人目見。「原註」此種圖解，洛治博士所著之「電學新論」則有之。此圖著作，銷數極旺，頗能宣傳電學磁學問題及變象之正確有實用之意想。然而若固執此種圖解，或過于拘泥，則頗有流弊。惟實行施用，則不能不有此種圖解及製造圖，可以易于解決實用問題。洛治此作，行銷于英國及大陸，德國銷路尤暢，足以證明此作爲多數人所欲得。此參觀洛增堡革「近代電學發展論」，一八九八年來比錫版，第一三三頁。外國有一大名家波爾茲曼，用一種特別之機動「赫爾姆霍斯所研究者」，以解電力變象。此種機動，稱爲輪動，其最特別之處，爲「變更其地位之每小點，則有相等及有相等動之小點，入而居其位，故，當動時，全部之情形，並無改變」（見所撰之「馬克斯維耳學說演講集」，一八九一及一八九三年來比錫版，第一册，第十四頁）。關于此種輪動」，曾有動力學之研究，引用必需之限制，及合宜之理想（事實與理想，必要分別清楚），則可以求得馬克斯維耳之普通方程式。爲講解起見，此種細巧繁複模型，原有大價値，若以爲物理學說之機力根據，則要審愼。凡是創製此種模型之物理學家，不過當作一種記號而已；然而亦有其用，使學生及創造家與聽演講之普通羣衆見之，果能深信所有一切物理變象，不過皆爲動作之事，且深信自然哲學問題之終極解說，則求之於動力觀，從動力觀方面觀之，物理學及化學至乎其極，不過動力學中之論動之數章而已。

科學家對於傳光以太學說，亦不願視爲使用記號，亦不願爲使心目能見分子動作之粗率方法，然而發起此浪動學說之大發明家，則安於所止，不甚勞心，所謂浪動學說，今則稱爲彈性實體學說，以示與馬克斯維耳發起之電磁學說有別。彈性實體學說，則有克爾文爵士爲生存之大力提倡者，在其巴爾的摩爾演講中，極力設法對付此學說之種種爲難，其所恃以維持此學說者，則引用斯托克斯所提議之光學和諧及響應，以解說以太及有重物質之交互相施之力；又引用柏塞

五五、克爾文論以太渦動

爾，塞爾米厄所提議之自由浪動及受節浪動之學說；又用其所自提議之漩渦原子，以解說有重之原子，在充塞一切處間之相連接之居間物中之行動——對於此點，克爾文有極明晰之表示。其言曰：『毋論何種提議，謂吾人可以當作傳光以太爲能如吾人之意，以發表此事，則請勿聽之。予信吾人與頗遠星球之間，有一種實在物質，予並信光即此種物質之真動，所謂真動者，即夫累涅爾及楊氏所實寫之動，即橫浪之動是也。假使予知光之磁性學說爲何事，因此學說與光浪學說之根本道理有關係，予則能存想及之。然而予則視爲退步，因夫累涅爾及附和其學說之人所發表者，實爲一種絕對而有界限之力學意想，今反拋棄之，而維持新近幾位著作家所維持之電磁的光學學說，非退步而何。』

馬克斯維耳所發起之闡理，又得附和其說者爲之發展，雖未免破壞舊時光浪學說及氣體衝動學說之單簡直接輔助動力觀，以解說自然變象，隨後有赫芝之試驗，證明電浪在俗人視之，以爲對於電磁學說大加助力。欒琴(Röntgen)等所揭露之他種光，亦能增加助力，惟此各種光之特性，至今尙在臆測之列。

此各種新揭露之光，有其實用，更能扶助此學說；新近三十年間，電學各派工業，由是而大發展。追溯第十九世紀之初年，其時所知之最要電學磁學之變象，皆吾人所謂靜力變象，所專爲研究者，有聚於通電通磁轉之中心，或分布於面上之電力及磁力，及相離所施之力。其施於實用者，不過爲航海羅經及引雷電之綫而已。自從揭露電流，及有德斐之發明，用以化分難分之化合物之後，由是發生所變象。大陸科學家，如庫隆、安培、韋柏諸君，最先發展靜力變象所引起之闡理及研究，而用於動電之變象。法拉第繼承德斐，則從化學方面而研究此問題。其先不過疑及，其後竟能以試驗證明平常所用之靜電，卽大風雨所發生之靜電，與流電相比則爲小。於是流電之變象，最爲科學家所注意，其施於實用，遠非靜電可比。赫爾姆霍斯雖熟習大陸方法，而採用法拉第、湯姆孫、馬克斯維耳之見解，介紹於德國，明知因實用而令理想家所注意之各種問題，因是而易於直接解決也。

五六、電磁學說之欠淸晰

關於電學之此種新闡理，雖頗有所得，而亦有所失。法國大算學家傍卡累，曾以純粹算學對於物理學及力學各種問題，其大放光明者，則有極淸楚之表示。其言曰：『馬克斯維耳並未以力學解說電學磁學；只限於證明其有此種解說之可能而已。』是以篤守拉普拉斯、科犀派之科學家見馬克斯維耳最後之最大著作，其中之欠淸晰之處，極爲詫異。傍卡累又言曰：『有一位大哲學家，曾經完全深探馬克斯維耳之大著作者，嘗對予言謂「書中所言予皆能明瞭，惟不知得電物究是作何解釋」』。格雷士布洛克教授有言曰：『吾人讀馬克斯維耳之電學，若問何爲電劑，遍尋書中，並無答覆此問題之語。馬克斯維耳自以爲知，若對於此點，試爲馬克斯維耳見解，明定界限，則容易使人誤會其見解。……然而欲知馬克斯維耳之學說，則用不着此種知識。』

然而信仰馬克斯維耳之英國學者及外國學者，不甘使其學說中不淸晰或界限欠分明之點，不爲之發明。作者已提及洛治之有價値之解明。關於此事，英國

十九世紀歐洲思想史　第一編　上册
五百六十八

與大陸，皆有研究，作者將於下章詳加討論。此項研究，可稱爲恢復以原子觀解說電學。

第七章　以物理觀研究自然

一、總括前文

作者前已說過，現經討論過之三大條融合貫通學說，皆第十九世紀哲學家所創造。其最先說過者，遠在古代，不過在近三百年間，始略有謹嚴之說，然後有量度之可能，及用算學以引申之。初時所用之吸力、原子、浪動等名詞，意義極其空泛；最先以科學的廣義加於此種名詞者，皆爲英國人，如牛頓、道爾頓、楊氏是也。而所有進化之國，皆有專力研究各問題之功。計至第十九世紀中葉爲止，所有天文、物理、化學諸作，其中理解，無不以吸力、原子、浪動爲根據。在第十九世紀之上半期，所有無生機物之科學，皆不能出其範圍。然後無單一學說，皆籠罩全界者。吸力例能之括天界變象及若干人界變象，若施於分子（即塵界）之動作，則空泛。原子學說能使化合物有完全之統系，而不能窺見化學愛（類緣）力之祕奧。研究光學

二、天學觀原子觀動子

電學磁學之動力觀，引科學家入於兩途，分科學爲兩類，一爲物質科學，一爲以太

科學天學觀、原子觀、動力觀、各有其融合科學思想爲一貫之之力，然而仍只得其偏，尚無完全之統一。科學家仍需再求更爲備個、能涵蓋一切之名詞，以爲更爲完全之思想統一。第十九世紀之下半期，科學家之功業，即求此項能包括一切之名詞；在天界之最廣大局面，在人界之中等局面，在塵界（分子）之最微小局面，皆要求得有此種名詞之存在。作者今於此章，討論最博大之確切一貫學說，即工能學說之產生，及其發展，以補足關於無生機物各種科學之研究。

觀皆有缺點

三、工能意想

工能意想爲各種紛雜繁複闡理之總匯，其關係又極大，啓發意想極多，關於科學及實用之結果所及者，既深且遠，歷史家不難揭露關於此意想屢相衝突之各派思潮。是以作此事之歷史者，觀點各有不同；〔原註〕紀載此事之歷史家，大抵皆德國科學家。今錄其最要者。最著名者，如馬赫之作，名「工能常住問題源流史」附于馬赫之「通俗科學講演」中，其後馬赫又有一著作，名「力學發展史評論」。格丁根大學之哲學股，嘗兩次懸賞徵文（在一八六九年及一八八四年），以動力學原理爲題目，，大約兩次皆是章柏發起。因第一次懸賞，而有 Dühring 杜林格之「力學通史」（一八七二年來比錫版，一八七七年再印行，其中加入發生聚訟之問題）。第二次懸賞，則有蒲郎克之「工能常佳原理」（一八八七年來比錫版）。是年又有赫爾姆之「工能學說」（一八八七年來比錫版），新近赫爾姆又有「工能發達史」極為完全之作（一八九八年來比錫版）。因爭論發明此說者之孰先孰後，彼此不同之點，在於何處，而發生極激烈之聚訟。「原註」其聚訟之點，即發起于邁爾。朱爾刊行其試驗之結果于英國時，及赫爾姆霍斯刊行其理想著作于德國時，皆不知有邁爾之著作。邁爾尚未知名。其在前之湯姆孫・威廉說帖，及克勞修司之說帖，于是發生一問題，即問在朱爾，赫爾姆霍斯，湯姆孫，克宣佈之時，勞修司之新揭露，及學說為邁爾著作中所先說過者，究有若干，至若何程度。研究之結果，表示朱爾等四君，實無若何得力于邁爾著作之處。威勞契（Weyrauch）刊有兩著作，一為「邁爾書札」（一八九二年），後附刊于邁爾第二著作「熱力學論」（一八九三年第三版），其中頗研究邁爾問題之爭論。兩著皆有極詳盡之附注。對于此爭論，各人不免有各人之判決。學者若欲討論此問題，則有威勞契之兩著作在，附載一切函牘證據。關于熱力學第二例，即所謂『工能虛耗』學說，又起爭端。此次爭論，則發生于退特教授，一八六八年印行之「熱力學略說」（原登「北英評論報」，其後增廣另印）。其爭點，只在辨論克勞修司之分得發起此例之功，此事退特有一小冊討論之（一八六八年初版，一八七七年再版），又見于「此哲學雜誌」第四部之第四十三，四十四兩冊，又見于其所作之「近代物理科學進步論」（以一八八五年第三版之序文為尤要），又見于克勞修司之「力學之熱學學說」第二版之第二冊。關于此種爭論，異說紛然，予以為赫爾姆之義論為平允。思想史之所以注意於此種聚訟者，不過以其與學說之產生發展有相干，（與個人問題無干，）而足以覘此發展之本有的價值也。

本世紀之先一代之哲學家所研究之各種學說，皆不足以窺見自然變象之精妙。天學觀，原子觀，動力觀，皆不足以籠罩一切。在德法兩國，各種科學之分界甚嚴，相通之處既少，而又欠淸晰，對于普及之力及自然界之力之理想，則委於玄學家，以爲研究，且對於此種理想頗示懷疑。惟在英國，則無外國之分科專校，仍用自然哲學名詞，因是無師潛修之學者，或實學家，仍有自然科學必有其相通者存在之意想。所可注意者，則爲包括及量度各種自然力之工能名詞，爲楊氏最先創用，用於其自然哲學講演中。【原註】參看克蘭（Kelland）所印行者，第一册之五十九頁。楊氏之言曰：『物之重（卽質量）與速率二乘，相乘所得之數，宜稱之爲能。……此乘積之舊名詞，爲生力。……科學家，有以此爲動量之眞量。此種意見，雖爲科學所共棄，然而以此計算之力，，應該有一特別名詞』云云，並見第一七二頁。讀者宜注意，此時之自然哲學，包括化學而言，不過無詳盡之討論而已。讀者所尤應注意者，則爲各科學必有其相通者在，有公量在，此意乃發起於求實用家及醫家。楊氏本人原是醫學中人，後來之邁爾及赫爾姆霍

四、楊氏首先用此名詞

五、瓦特始用工率名詞

斯亦然。求實用家如瓦特者，覺得有量力之必要，其所欲量度者，非如牛頓意中之所謂力，乃力之功用。於是始用工率名詞，及馬力名詞，以量度機器之功用。【原註】以馬力稱工量，始于波爾香(Boulton)及瓦特。在十八世紀之末，二氏在索和(Soho)製造引擎出售，乃創爲此名，以量工率之大小。波氏與瓦特曾用倫敦釀酒廠中最強之馬實地試驗，由此試驗結果，定每分鐘舉重三萬三千磅提高一尺，爲一匹馬力之數值。楊博士在其「演講集」中，有言曰：「大凡一精製之蒸汽引擎，汽筒直徑三十吋者，可有四十匹馬力。但以其能繼續工作，故可抵得馬一百二十匹或六百人之工作，即活塞每方吋之平面，約抵一工八也」（第一册第一〇三頁）。牛頓原有量度此種功用之法。」【原註】見第一版之「算理」第二十五頁。參觀湯姆孫及退特同撰之「自然哲學」（一八八六年版，第一卷，第二百五十等頁），及又參觀退特所著之「動力學」（一八九五年版，第一百八十一頁）。退特曾請學者注意，牛頓著作中，此一段即含有今日之工能新意想，及工能常住之原理。上文所云之大陸史學家，頗以海亘史爲有首先明白發表工能常住意想之功。又謂柏努利・約翰有加以發展此說之功，因柏努理常謂「生力雖然不見，而作工之勢力並未失，不過變作他種形式，而已」（見一七四二年版之柏努利著作，第三册，第二三九，第二四三等頁，爲蒲郎克所徵引）。即以力（以有動之質量之速率量力）與速率（即推曳一行動物，在每一單位時間所經之空間）相乘以量之。來布尼茲提議稱此爲生力，以示與死力（即力之本身或壓力）有分別。【原註】來佈尼茲研究力學，曾于一六七二年，宣佈兩說帖，借重巴黎學會及皇家學會之名以題卷端。牛頓及海亘史之著作，皆有極謹嚴之界說，並無玄學的空議論。來布尼茲之著作則不然（其專論公式者除外），好發哲學議論，此則與笛卡兒相類。來布尼茲之著作，頗有能啓發人者，而不能有清晰之發明。來布尼茲為海亘史及牛頓潛力所轉移，于一六八六年，反對笛卡兒量力之意想，以一六九五年，初用生力力名字，發起極著名之量力討論。哲學家對于此問題，在大陸有五十七年之討論。及一七四三年，達闊貝耳之「力學說」出，立有較為謹嚴之界說，而後五十七年之討論，乃有歸束。上文所引馬赫所撰之「力學發達史評」，詳載此事，參觀瑪柯瑪譯本，第二七二等頁。其中曾表明笛卡兒及來布尼茲力學著作之大缺點，在乎無質量（即頑固性）之清楚解說。又謂此種意想，較易得于牛頓所立之力之界說，比得自海亘史對于作工之意想，較為容易（見第二五一頁）。惟是今日所通用之名詞，並不見於蘭格倫日之力學分析術，而見於逵退利一八二九年刊行之實用力學。「原註」當時法國之分析算學派，其先以闊格倫日，拉普拉斯，為領袖，其後有科犀繼起，同時則有實用算學派發起，有時與之並行，有時且與之為敵。此派專以算學理想，施于實用，如槍礮，工程，及建築等學是也。新幾何及新力學，大抵皆此輩所創造，有蒙日，庫隆，噶爾諾（老者），逵退利，為之領袖。後起者，則有沙爾（Chasles），那維爾，拉美，聖維南特等，其所用者，多為算學之組合法，而亦採用分析術。實用科學之得力于幾何及力學者，皆蒙日，噶爾諾，那維爾，諸人之功。諸人看算學，不止當為計算大小多寡之科學，且為研究部位，製圖，投影之科學。發生新意識，及各種能施于實用之意想，創造多數新名詞。此輩實用家，又與物理學家，化學家，攜手。其時頗有物理學家，及化學家，殊不好拉普拉斯及科犀派之抽象的分析術。逢退利新創之幾何學，發生多數爭論，作者將于後文詳論之。然而頗爲德國及英國所重視，其潛力頗能轉移德國之實用力學，及幾何學。德國有數大家所著之力學，頗得力于逢退利及法國其他學派，亦與德國之算學，物理學，化學之著名著作，得力于俾奧，科犀，拉美，勒諾之著作相同。欲知逢退利之轉移實用力學之潛力，及訂定合用之名詞，可參考法國及德國所著之歷史。法國所撰者，要以孔白士等三人所著「應用力學之地位」（一八六七年巴黎版），爲最宜。德國之著作，則以上文所引赫爾姆所撰者爲宜（見「工能發達史」第十二等頁）。又宜參考杜林格著作，第四七一等頁。此外可有希晤所撰之報告（見「德國學會年報」第九册，第二部，一九○一年版），其中分力學爲數門：有天學門（拉普拉斯，傍卡累）；有物理門（英國之算學物理學，及克希荷夫，赫爾姆霍斯，赫芝）；有實用門（瓦德，逢退利，郎肯）。

六、逢退利創用力工名詞

從前稱爲勢力，或稱效果，功用，等等者，逢退利則用『力工』（亦作力功）名詞，以表示此項界限分明之數量。同時並聲明物質之頑固力，變化力工爲生力，又變化生力爲力工。又以今日通用之『基勞格朗密打』（kilogrammetre）計算力工，與英國之呎磅同意，不過制度不同耳。

此種名詞，既有瓦特，楊氏，逢退利，創造訂定，雖未爲科學作家所採用，而對於自然力之通行意想，已逐漸改變。哲學家如布拉克，「原註」布拉克（一七二八年至一七九九年間人）爲化學初祖之一，在第十八世紀之後半期，為蘇格蘭之有名哲學家之一，其時蘇格蘭之藝文，及科學，名聞天下，其刊行之著作甚少，因弟子而得名。雖在今日，法國著述中，鮮見其名。其在德國，則因先有哥布之歷史著作，及新近馬赫之作，于是學者始知重視布拉克之特長，及其創解。見哥布「化學史」第一冊，第二二六等頁，及一八七三年之「化學發達論」第七十七等頁，第八十八等頁，又見于馬赫之「熱學原理」，一八九六年版，第一五六等頁。布拉克于一七五五年，曾驗實炭酸氣，化氣不見，變作定氣，又驗得熱不見，則變作隱熱。當時布拉克雖並非以第一新揭露，反對火實之說，以第二新揭露，反對熱為實體之說，然而此兩揭露，皆科學歷史之根基。拉姆福德、德斐，不為拉普拉斯派所發展篤守之學說所潛移，從熱學化學方面，以研究自然變象。此諸君以試驗而研究之各種變象，可以熱之或失或現包括之——此處之所謂熱，即指寒暑表所能量度，及吾人直接之所能覺者。布拉克以以隱熱說解釋失熱，以容熱量【原註】據楊博士言（見「自然哲學演講」新版第四九九頁），『容熱量』名詞，乃伊爾文博士（Dr. Irvine）所造，伊氏與克洛福德博士（Dr. Crawford），皆頗受布拉克演講之潛力所移。布氏之演講集，于其歿後三年，即一八〇五年，始由魯比孫，為之刊行。或各物不同之比熱以量度之。拉

七、布拉克拉姆福德德斐

姆福德曾確切量度磨力所生之熱，證明布拉克隱熱之說，不足以解說之。布拉克及拉姆福德，皆從求實用而入於科學一途。布拉克原是醫士。拉姆福德則終身以

科學知識施於實用。布拉克以試驗及測算，而得熱度與熱量之分別；曾證明熱度低則熱不見化而爲隱熱，所謂隱熱者，非寒暑表所能表示。但布拉克篤守熱爲物質之說，雖變爲隱熱，其隱去之時，則不爲物質。拉姆福德則再進一步，提議與力工有互易之可能。〔原註〕拉姆福德伯爵所撰之『磨擦所生之熱之來源論』附載于後來再版之「論說集」中。鑽礮膛之試驗，則以一七九六及一七九七年，在慕尼克地方舉行。此論說之節略，以一七九八年一月，宣讀于皇家學會。其所撰之「論說集」，翻印于美國，又譯成多國文字。參觀拉姆福德「著作」，一八七六年倫敦版，第一冊，第四八二頁，第二冊，第四七一頁。一八〇四年，拉姆福德伯爵在其所著之「熱學」（巴黎版），附載『熱學試驗錄』（參觀「全著」第三冊，第一三八，至二百四十頁）。其所注意者，不在乎化去不見之熱，而在乎因磨擦而發現之熱。於是將鑽礮膛的一切從他處得來之熱，除外不計，乃得熱之所從來，遂作歸結之論，其言曰：『從此多數試驗觀之，別無可以生熱之道，惟有動能生熱。』德斐與布拉克同因醫道而研究科學，曾以磨擦碰撞生熱爲試驗，謂熱非物，可以謂之『一種特別之動，』大約是一種浪動，是物之小點欲與物分離之動。〔原註〕參觀其所著之『熱光及合光論』，登于一七九九年「物理學醫學知識雜錄」。德斐後來頗不以所著爲然，謂爲

「幼稚之化學理想」，又從事于試驗，謂此時化學知識，太不完備，不能有融合貫通學說，「第一步，應化分現時所不能化分之物』。此是一七九九年所寫之語。一八〇〇年三月三十日，弗打（Volta）創製電堆，報告于皇家學會。是年四月三十日，英國初製電堆（見德斐「全作」第一第二册，一八三九年倫敦版）。德斐最初之電流著作，登于是年九月「尼科爾孫月報」。德斐初時之光學熱學理想，以熱爲動，以光爲物，其後雖拋棄此學說，而爲佛蘭克林及拉姆福德所注意。德斐謂其所研究之『生熱試驗，遺在拉姆福德宣佈其磨擦生熱說帖之先』（見「全作」第二册第一百十七頁）。德斐雖不追蹤舊時途徑，然而其所以能得皇家學社之化學演講師教席者，大約由于有從前之試驗也（見第一册第八十三頁，又拉姆福德伯爵「著作」第一册，第四百十七頁，又「德斐傳」第一册，第一百十二等頁）。退特之「近代進步論」，關于拉姆福德及德斐之科學功業，有完備之記載。

前云拉姆福德及德斐之說帖，是在第十九世紀之末後數年。楊博士在其所撰之有名哲學講演，嘗討論拉姆福德、德斐之試驗，發爲結論曰：『熱是一種性，此性只能是動。』又引牛頓之言曰：『熱者、物之小點之浪動也，』又引己所發起之光浪學說。科學家意在抱守以動力觀研究熱性，有熱與光之相類，似久以此作爲可以通融兩學說。〔原註〕見楊氏「講演集」第五十，五十二兩頁。在演講之後四十年，克蘭監刊第二版，有言曰：『當楊氏演講之時，可以謂熱學學說，即以此時立定地位。從上文所言之事實觀之，足以表明熱之浪動特性』（見第五〇六頁）。自一八三五年至一八四五年，

討，熱性學說，則有麥隆尼（Melloni），貝登・庖厄爾（Baden-Powell），佛白訶，及他人所揭露之輻射熱學觀，據顯著之地步，因其能證實熱亦有返射屈折，顯極各性，與光相同也。此新揭露之熱，與光相類似，使初時之動力觀之萌芽，頓遭埋沒。此動力觀則在一八二四年，爲噶爾諾・薩第所建立，詳見下文。上述之朱爾，則爲首先擺脫者。【原註】見上文卷一第四三四頁。

當科學家提倡熱與力有關係之說，而仍在空泛無發展之時，頗能發生意想，以爲有互易可能之性——當日稱爲自然力有互相關係；亦有由於獨立之他種研究，而發生此想者。

八、力之相互關係

九、利比喜

利比喜在德國，以化學而研究有機物及動物，置於以確切方法研究範圍之下。利比喜不獨使有機物分析法，得臻完備，不獨研究化合物之似若有生機者，且最先研究動物之構造，物質之運流，及保存生命之種種事功。其最注意者，爲動物之熱，及其由來，與在動物身上之事功。利比喜研究有機化學之事功，與其所發生之爭論，如發酵論等，及其所撰之討論化學之通俗函牘，有大功於聯合各分畛域之科學，及聯合理想與實用，又能使科學家特別注意於各種自然力之有相互關係。

一〇、米勒・約翰

柏林之米勒・約翰之功，只亞于利比喜。當時因此各種之研究，而發生各種名詞，作者姑擇其三，以表示此章所論之物理學諸力之相互關係之日見重要。此三名詞者，一、各力有互換之可能，二、力有一公量之存在，三、有一種永存之物（今日稱爲工能）所有一切變象，不過是此物之部分發現。此三名詞與莫兒（Mohr）、邁爾·朱理亞、赫爾姆霍斯三人之名有關係。

假使作者之目的，惟在撰科學歷史，原未嘗不可以步趨其他歷史家，埋沒莫兒之名。【原註】例如馬赫最近之作「熱學原理」（來比錫版，一八九六年刊），則不提莫兒之名。赫爾姆霍斯之作「工能發展史」，一八九八年刊，第九頁），則不然，並舉莫兒及蒲郎克兩人之名（見「工能常住原理」，一八八七年刊，第二十一頁）。退特第一版之「近代進步論」（一八七四年），亦無莫兒之名，至第三版，則詳引莫兒早年之作（見第五十一，第六十等頁）。參觀「大英百科全書」「莫兒」條下。惟是作者之目的，是寫科學思想史，不能不以第一位歸于莫兒之短說帖，其名曰熱性論，以一八三七年，發現於維也納之無聲無臭之科學雜誌。此說帖之登於報中，不獨爲作者本人所不知，且亦不爲時人所看重；三十餘年後，科學界始注意之。【原註】莫兒此說帖之故事，極爲離奇。其最初撰之「熱性論」，送交坡根多夫，而坡根多夫不要（後來邁爾及赫爾姆霍斯之說帖亦然）。坡根多夫不多

二、莫兒

敢以理想問題，登于「年報」，是以如英國法拉第之著作，亦不爲時人所重視也（作者于上文提過）。莫兒于是送其著作于維也納之包姆加特湼（Baumgartner），此君常注意于物理學說，則登于其所辦之「物理學雜誌」，而並未以告作者。莫兒是異常聰明，有創解之人，有時能發生極清晰極新奇之意想。惟是有創解之人，往往犯不重視自己創解之病，莫兒亦然，雖有創解，而忽略之，並未按照次序，爲之發展。對于此項之說帖，不過在「藥材年報」（見第二十四册第一四一頁，此報以莫兒，利比喜，麥克（Merck）三人爲主筆），登一節略而已。對于原來說帖，則不再事追問，直至一八六〇年，與朋友間談，及在其所著之「化學愛力的力學說」（一八六八年第四十五頁），常歎息失去一說帖，比「藥材年報」所登者，較爲詳盡，若有此說帖，則能證明曾在先發明一學說，後十五年始爲科學界所公認。假使無他舉動，則此說帖當然永遠埋沒。幸而一八六二年，有丁鐸爾在皇家學社之極著名之演講，說及歷來各種爭辯之著作，如莫兒，朱爾，退特，柯爾丁，赫爾姆霍斯，阿金（Akin），蓬（Bohn），杜林格，策爾湼（Zöllner）等所著書，皆提及，爲其中有推崇某某等數人者，或在邁爾之先，或與邁爾同時，而莫兒則亦受人相當之推崇。尤以阿金博士，在人皆忘記之奧國雜誌中，搜求莫兒原作，竟在第五册中第四百十九頁，求得之，于是請世人注意。在一八六四年十一月（「哲學雜誌」第四部，第二十八册，第四七四頁），阿金博士頗有引用莫兒之說，本書亦錄其一節。其後求得原作，以告莫兒，莫兒罔不知自己此作之已登于奧國雜誌也。一八六九年，莫兒續撰一篇，刊行，其中有提及阿金博士求得原作之語，又翻印原作。此後有多數歷史家記載，工能意想之如何發展，皆舉莫兒之名。對于其所發明之意想，科學家之批評，各有不同，視其從純粹物理學方面，或從哲學方面，或從實學方面而異。參觀退特「近代進步論」第三版，第六十等頁，又邁爾與莫兒往來尺牘，載邁爾「書翰論文集」，第四〇七頁。

此與工能意想之發展，並無接連之功；然而可見當時自然哲學家意思之趨向，亦可見此種意想日趨淸晰，非如前此之空泛。讀者試觀下述之言曰：『現時所知之化學的元素有五十四種，此外自然界只尙有一物，可稱之爲「力」；此力若處于某種一定之情景，則化身爲動，爲內黏力，爲電，爲光，爲熱，爲磁。』此時距莫兒之發爲此說時，已有兩世矣；先時已有如是淸晰之發明工能常住例，在今日亦難以修改之。或謂『倘若不能搜求得有發明此說在更先之人，則自然應公認莫兒爲首先發明工能常住例之人。』【原註】見第九版「大英百科全書」『莫兒』條下。然而亦可以見得在研究之始，純粹抽象的發明，雖有大力以指導研究于入有效果之途。莫兒雖有意想之發明，並未關于其所謂光、熱、電、磁、等變象，加以發展，或測量工能之多寡。【原註】參觀邁爾「書翰」第四〇八頁。後五年，始有邁爾爲再進一步之研究；邁爾自命爲最初測算若干力能發生若干熱（以熱度計）之數目。【原註】赫爾姆（「工能發達史」第三十四頁）所開列之求得熱

一二、邁爾

力當值者之表，以邁爾居首位〈一八四二年〉。邁爾之節略，見于來比喜刊行之「年報」，與莫兒之說帖同〈第四十二冊五月〉。以拉姆福德一七九八年之試驗作底，以求熱力當值，卽測算賚一磅之水，使升高一度之熱，變作力功，能舉若干重，使高一呎。所測得之數，爲一〇三四磅，而朱爾所求得者，則爲七七二磅〈見一八五〇年「哲學報告」，又見「朱爾雜著」第一冊，第二九九頁〉。在較早時期，舍金〈Séguin〉以汽脹而求得之數，曾經朱爾，丁鐸爾，退特所提及〈在一八六二年及一八六四年〉〈參觀「哲學雜誌」第四部，第二十六，第二十八等冊〉。比邁爾所得之數，相差更遠。後來因有爭論，始知有丹麥機師柯爾丁，在邁爾稍後時期〈一八四三年〉，幾與朱爾同時，以金類相擦所求得之數，則比邁爾所得者較低。于是赫爾姆在列表上，位置其名于第二。朱爾最早之測算，則用流水過窄管所生之熱，所得之數，爲七七〇，與後來所得之七七二相近。一八五〇年，七七二爲確切數。

邁爾所用之法，雖不免有可以反對之處，〔原註〕邁爾之闡理，並不全見于其第一說帖，其後因朱爾條議，則譯作英文，登于「哲學雜誌」〈第四部第二十四冊，第一二三頁，及第三七一等頁〉。邁爾設爲〈湯姆孫在一八五一年，論邁爾理想，有此稱謂，見湯姆孫所撰之「算學及物理學雜著」第一冊，第二百十三頁〉「氣體受歷則作工，所作之工，卽等于所生之熱」。朱爾則以爲此種設想，非用試驗以證實之，則不能有滿意之承認〈見「哲學雜誌」第四部，第二十四冊，第一二二頁〉。其實邁爾之設想，原根據于人幾忘記之給呂薩克一八〇七年之試驗，有邁爾一八四五刊布之後來所撰說帖爲證〈此說帖翻印于「熱力學」，一八九三年版，第五十三頁〉，又見于未刊布第一說帖之前，與保爾〈Baur〉往來尺牘〈見前書第二十頁，又邁爾「書翰」第一三〇頁，一八四一年九月〉。此問題則有湯姆孫與朱爾之極詳盡之研究，載于一八五二年兩人同具名之說帖，題目爲「流體流動之熱效」（翻印于湯姆孫，朱爾各人之「科學雜著」中），證明「以空氣而論，邁爾之設想，有近是之確切，而非絕對確切。是以若不知邁爾闡理之歷史，則未免以爲邁爾所得之近是確切數目，爲偶然幸中。」參觀退特所撰之「近代進步論」（第三版，第五十三頁，又赫爾姆之「工能史」第二十四頁，又馬赫之「熱學原理」第二，四九頁）。其所持之理論，雖夾雜哲學的理想，有不能令科學家立予公認之趨勢，然而以初次近是之數而論，絕不能否認其所得之當值，爲近于準數，而不適于實用。

惟雖有莫兒之極好之融合貫通，而久已爲人忘記之學說，雖有邁爾之測算，亦久不爲人所注意，猶不能使科學家領會此問題之要緊。自一八四一年至一八四七年，朱爾毫無援助，亦無人理會，苦心孤詣，獨自試驗測算，幸而得湯姆孫注意，與之爲友，由是知名。【原註】朱爾不獨爲底數，爲環境，定清楚界限，以求確切之數，且有才識，以求得多數試驗而得之新事實。自一八四三年至一八五〇年，刊布其試驗之效果，共十次，從各不同之效果，而得最近是之數（參觀赫爾姆「工能史」第三十四頁列表）。勞苦五年，至一八四七年，科學提倡會開會于牛津時，幾乎無人知其試驗之事業。一八五五年，其報告（見「同撰之科學雜著」一八八七年版，第二一五頁）。有言曰：『予于一八四三年，在科學提倡會化學股，宣讀予所撰之「磁電熱效及熱之力值」，除數位名家外，：：並無何人注意。予于是予

一三、朱爾

一八四七年，又宣讀，主席以爲會事太忙，請予不必宣讀說帖，只用口頭單簡宣告予之試驗。予宣告後，又無人發起，付衆討論，幸而此時有一少年起立，對于予之試驗，發爲極聰明之議論，引起在座者之興趣。假使當時無此少年提議，則予之學說，惟有付諸不議不論之列而已。此少年，即湯姆孫•威廉，于前兩年，在劍橋考列優等，爲今代科學之泰斗」云云。參觀克爾•文爵士（即湯姆孫•威廉）一八四七年此會紀事（見其所撰之「通俗講演集」，一八九四年版，第二册，第五五六等頁）。

朱爾原是道爾頓弟子，早已入于法拉第試驗研究及意想界中。朱爾比法拉第好求較爲確切量度，而資用亦較法拉第時豐足，深知電解當值之要緊，以爲可作確切量度化工之助。其時科學界已有力不毀滅，及各種自然力有互易之可能之意想；此種意想亦爲法拉第所贊成者，然而當時此兩項意想，太爲空泛，朱爾以爲有電解當值例，可以助此兩種意想立較爲清楚之界限。一八四二年至一八四三年，格羅夫（Grove）曾有極著名之演講，其題目即是物理學各力之有相互關係，即發明此兩種意想。朱爾心中，則以爲此兩種意想，直等于公論（公理，）于是創製儀器，設種種方法，以研究各力之互易及其當值之數目。朱爾初時所得之

十九世紀歐洲思想史 第一編 上册
五百八十六

數目，各各不同，相差甚遠。〔原註〕欲知其詳者，宜觀赫爾姆之「工能史」第三十四頁，及本書卷一，第二六五頁原註。朱爾所得之當值不同，其最小者為七四二，至大者為八九呎磅，一八五〇年，定為七七二呎磅，此與確切數特差不過百分之五釐（見朱爾「科學雜著」第三二八頁）。若從此試驗而得之結果，仍謂一度之熱之當值，為一不變之定數，則非有先設之深信不能。〔原註〕從前所謂力（從前稱為力，近時則改稱為能）不毀滅之說，頗有哲學理想，夾雜于其間。物質之不能生不滅，早為科學家所深信，然除物質之外，尚有不生不滅者在，亦為科學家所自然而信者。此另一種，不生不滅者，常存于宇宙間，不過常有變相而已。科學家如莫兒，舍金，邁爾，柯爾丁，朱爾，亥安，皆有此種意想，在其前之法拉第，德斐，來伯尼茲，等亦然。馬赫教授（見「熱力學」第二三八等頁）曾討論此點。此種原理，初時不過一種空泛理想，其後逐漸有謹嚴之界說，及試驗之證明，又有測算數目之公式，然後此原理乃有穩固立足之地。朱爾有試驗部分之功，赫爾姆霍斯則有算學部分之功。若先無朱爾之試驗，則赫爾姆霍斯算學之結果，亦難以使德國學界，領悟此原理之價值也。赫爾姆霍斯本人雖早已創起此項闡理，然而遲之又久，始為之發展也。

一四、赫爾姆霍斯

朱爾所得試驗之結果，殊不能滿赫爾姆霍斯之意。赫氏大約同時研究活機體之熱之由來，此問題已有來比喜之多年研究。赫爾姆霍斯不設法試驗，亦不求當值，如柯爾丁、霍爾茲曼(Holtzmann)之所為，而于一八四七年，專為學理之研究，其所得之結果，成為此問題哲學之基礎。先以正確算式，達出此問題之原理；次證明此式，爲抽象力學中生力常住定理之推廣；復以牛頓意想之所謂力，立一力性之界說；于是以邏輯法聯合于法國哲學家之公論（公理，）此公論卽謂永遠不停之動，爲絕對不可能之事。抽象力學的地位，旣已布置清楚，旣定立必需之界說，爲生力與死力（卽壓力）之分別，赫爾姆霍斯于是統論自然界所有之其他各種力，證明熱、電、流電、感磁、之各種變象，如何以所作之工，可以與力學變象相比；于是引用諸家求得之熱力相當値，作爲結論，謂所有瞻測之各種變象（卽活機體之變象亦然，）並無有與此原理相矛盾者，其結論最後之言曰：『上文所言，已證實此例，並不與吾人所知之自然科學之各種事實相背，且有多種事實以扶持此例。予亦曾遍舉此例，與吾人所知其他之自然例相組合所生之效果，並聲明如何應再有多數試驗，以爲之證實。予之研究，其目的在乎對自然哲學家將此例之理想的，實用的，及將來揭露的要緊之處，解說明白；至若關于此例，爲完全之實驗，則是將來物理學家之大業』云云。【原註】

參看赫爾姆霍斯「全集」第一冊第六十七頁。此極有價值之著作，亦與從前莫兒及邁爾著作之際遇相同，不爲外國之物理試驗大機關所注意而束居高閣，其中亦頗有理由在思想史中，不無意味。其第一理由，最要緊之理由，似乎因此著作中之三種新創獨立之算式，並無所謂新試驗事實。【原註】見莫兒之「動力學」第八十二等頁。坡根多夫不答邁爾屢次來信，又不將說帖原稿送還。策爾涅于一八七七年，曾從坡根多夫後人，尋得原稿，可以證明其並非未收到也（見邁爾「書翰」第一百頁，並將原稿印于其所著之「科學雜著」（一八八一年來比錫版，第四冊第六七二頁）。一八四七年，赫爾姆霍斯並不知有邁爾之著作，曾于一八四五年，于講演「自然力」（一八五四年）時，承認邁爾有發起之功，而平反退特對于邁爾著作之批評，載退特「熱力學略論」（一八六八年愛丁堡版），特參看赫氏「科學文集」第一冊第七十一頁。赫爾姆霍斯有言曰（見「演講集」第三版，第一冊，第七十四頁）：『最好之意想，亦必要有精力以維持之，以期求得有正確之證明。不然，雖有最好之意想，亦不能有效果』云云，此數語，可以解說莫兒及邁爾之埋沒，亦可以解說工能學之意想，在英國，亦因得有朱爾，湯姆孫，郎肯之事功，然後爲衆人所注意，赫爾姆霍斯一八四五年，亦嘗發此論（見「講演集」第三十九頁）。又以其時德國之有勢力之自然哲學派，始擺脫性理派，極不喜理論的演繹。科學家，例如有高等知識之利比喜，有研究求得極多新事實之功，極欲關于有機生命之功用，得有正確之量度，對于莫兒及邁爾之界說，頗爲重視，特利比喜本人，與此兩君，對于根本意想，尚在紛亂不清之境界中奮鬬也。

〔原註〕赫爾姆霍斯曾有言曰（見「演講集）第一冊第六十九頁）：『邁爾所發之議論，原有極要緊之意想，與平常之空泛議論不同，不過讀者，非對于此種問題，原有相類似之思索，又非明白其中所用之新僻名詞者，不能領略。利比喜以邁爾宜佈其議論之年，刊行其所撰之動物化學，其中有討論動物之熱所由來問題，如利比喜者，則有可以讀邁爾著作之資格，故願登于其年報中」。赫爾姆霍斯此論，亦可適用于莫兒早年之著作。今從邁爾之尺牘中，而知一八四二年，因聽利比喜之言，故將第一說帖，送交利比喜登報，「以免拋棄其首先發起之名譽。」（見邁爾「書翰」第一九〇頁。）邁爾之言曰：「利比喜致書于予，謂「眾人對于何謂力，何謂因，何謂效果此三問題，有極亂雜之意想，若得一容易使人明白之解說，當必有實在之價值」云云。觀其書中所言，自然以爲利比喜當有極清楚之意想矣。其實則不然，予從其討論「動物及有機體之動之變象」（見利比喜「有機化學」第一八三等頁），知其不然」。

莫兒之短著，未能掃除紛亂，因力字有兩種意義，莫兒未能表示區別也。邁爾早年之著作亦然，其後來之著作，則頗發明其中爲難。在赫爾姆霍斯所撰之著作，以算學闡理而得極清楚分明之意想；以其時其地而論，博物學家之能以算學闡理者，實不能多見也。第二層，即根本的爲難，不能使人領會，其致命傷，則在乎同用一『力』字，而有兩不

一五、克勞修司及湯姆孫介紹工能兩名詞

同之意義。以通俗而論，因創造新名詞，而後能掃除爲難。一八五〇年，克勞修司始用『工』字；湯姆孫以一八五二年，採用楊氏所用之『能』字。其所以致紛亂之故，由于以『力』字，作壓力卽死力（用牛頓意）解，又同時用以作生力（卽來布尼茲意之生力）解；有此紛亂，故笛卡兒派及來布尼茲派，因量力之故，爭論多年。既有新名詞，則有合于文法，合于邏輯之根基，後起之學者，可以立刻得有正確之動力學及物理學之理解。今日學界漸漸明白，『力』者，不過是一種算學的抽象語；而『能』則不然，『能』者，解爲『有作工之能』，是一種實在數量。有多數科學家，嘗提議科學課本，不許用『力』字，至于『能』字，不獨爲物質所有之一種特性，且爲物質世界兩實在物，其一卽物質，物質之外，則惟有能。

「原註」退特教授對于此點，常發表其意見。參觀一八七六年在科學提倡會演講，題目卽「論力」，翻印于「近代進步」第三版，又見于第九版「大英百科全書」「力學」條下，末一段，一八九五年翻印之，稱爲「動力學」。此書第三五六頁，有言曰：「在物理宇宙內，有物質之常住，此外，則惟有工能之常住。科學家自然以爲在物理宇宙間，工能是其他之客觀實在物，自然從工能以求得所謂力之眞正性質」。又有言曰（第三百六十一頁）：「凡科學方法，及學所

一六、噶爾諾

說之包有力字意想者，未免雜有人爲之意味。此問題之眞正基礎，根據予極多數之試驗，只能求于物質之頑固性，及工能之常住，與工能之變相而已。再助以動之意想，不難以此項原理，爲全個動力學之根基，無所用于力字之意想，亦無所用，于官覺所啓發之意想』。惟是物質之意想，要有擴充，因科學家要將以太包括在物質之內也。』（見退特之「物性論」第二版，第五頁。）

此種根本改革之意想，仍俟有湯姆孫及克勞修司之研究，與邁爾之空泛意想及朱爾之準確量度相組合，然後能成立。湯姆孫及克勞修司初期之研究，則有噶爾諾及克拉拍郞（Clapeyron）之著作以啓發之。湯姆孫初注意于此問題時，在一八四〇餘年間，當時研究以絕對表量熱。莫兒、邁爾、赫爾姆霍斯、則因醫學或生理學而研究熱力問題。此諸君者，皆受過利比喜派及米勒派之教育，因而研究生理學的變象，如血熱，及動、及營養之所由發生。噶爾諾、克拉拍郞、朱爾、則因汽機而研究及于熱力問題，其時因與汽機，而各國之工業大變，英國尤甚。其時所注重者，爲煤鐵兩事，噶爾諾之精神，全繫于熱之動能；利比喜則以爲欲解決植物之如何生長，動物之如何得資養，人類如何能勞力之各種問題，及與經濟、工業、政治、息息相通之各種問題，必要先解決焚

十九世紀歐洲思想史　第一編　上册　五百九十二

燒問題。第一步必要先求得有正確量熱（與用寒暑表爲量度不同）之法，此與電力問題相似。此是應用算學之問題。同時高斯則已建立絕對量度法，此則通用於各科學者；高斯與韋柏，即用其法于磁力及電力變象。湯姆孫亦對于熱學，從事于相類之研究，于是從逢退利、噶爾諾、克拉拍郎、所提倡之意想中，竟能達其目的。讀者至是，可以窺見在熱力學之根本問題中，寓有組合分門獨立之各科學之意，而此各科學，又皆各有其作準之量度之不同，譬如各國有各國語言之不同。噶爾諾曾撰有小書，早已爲世人所忘記，此小書中有何新義耶？在噶爾諾初製之說帖開篇，即有一種公論（亦稱公理。）

〔原註〕噶爾諾說帖之遭遇，亦頗與莫兒說帖之遭遇相類。一八四八年，湯姆孫威廉在所著之『熱之絕對量度論』（翻印于「算學及物理雜著」第一冊第一百頁），附載噶爾諾之說，又載于『噶爾諾學說』（見「算理雜著」一八四九年第一一三頁）。先是湯姆孫于一八四五年，在巴黎之書肆，遍求噶爾諾此作而不能得。一八四八年，從友人處得一冊。湯姆孫之知有此作者，則由于讀克拉拍郎之說帖。（載于一八三四年「藝術大學雜誌」第十四冊。）噶爾諾刋布其學說，則在一八二四年。其後經其弟翻印，名「火之原動力及產生此原動力之機器論」（一八七八年巴黎版），附載其生前未宜布之著作，由此可見噶爾諾于未死之前，已拋離熱爲物質之說，其不知用何

方法，居然實測得熱力當值，為三百六十基羅格林密打。拉普拉斯及其學派，則反對熱為動力之說，以其與熱為物質之說相反也。柏湯(Bertin)在其所撰「法國熱力學進步報告」（見「報告彙刻」第五等頁）中，有言曰：「吾人對於熱力學之各種新思想，雖不加以反對，而漠然置之者，為時實久，此乃由衷之言，不足為諱也。是以至今思之，不無遺憾耳。斯等新思想，吾人非惟昔所未知，迄至今日，仍莫知其所以然，遂至該思想之不能在吾科學教授中，佔一重要位置，良可嘆惜者也』。

其言曰：『汽機之發動，同時並有一事，吾人極應留意者。此事為何，即熱之從熱度較高之物，入于熱度較低之物，有平衡之趨勢。……是以汽機之發動，並非由于實在耗熱，而由于從熱物傳熱于冷物』云云。【原註】見噶爾諾「火之原動力論」，一八七八年版第五第六頁。

一七、噶爾諾發明可用之熱

若物理科學之目的，在乎以最單簡文字，完全實寫自然功用，則噶爾諾數語，即是能以極單簡文字，寫明一極普及之性質，而又有量度之可能。非是，則絕不能有進步也。噶爾諾雖發明此例，然而當時未必能見及，寥寥單簡數言，介紹于物理學及算學界內，一大問題，即問自然各力可用者幾何是也；亦如德國有莫兒、邁爾、英國有法拉第及格羅夫之提議，自然各力之有互易之可能，亦為一大問題也。此

一八、湯姆孫發明工能虛耗意想

兩項意想，分途發展。及湯姆孫組合此兩項意想，領會其中深意。（湯姆孫之領會，在其他科學家之先，無疑。）立刻發明工能虛耗學說，即謂工能之退化，或工能之失其價值是也。但需修改噶爾諾初說，始能合于新學說。當時噶爾諾已預為之地，觀于在其身後刊布之作可知。（【原註】噶爾諾之記事冊，有以下一段之記錄（見「原動力論」一八七八年版第九十頁）：「凡一設想之不足明解現象者，應即棄置，而不為妄加思索，以免趨入迷離之境，是為至要，即如以熱度為一種物質，又為一微細流質等，之設想是也」。又（第九十二頁）云：「熱度乃自運動而發生之結果，甚為單簡明瞭，蓋其運動時，發生一種原動力，由此原動力之作用，而能顯明其熱度，但此動力，亦因熱度而發生耳。是以諸凡現象，均可由此種設想而解釋之。惟原動力之由熱度而發展，以及於一種冷體上，則尤為須要，而在熱體之熱度消減時，則不能發生動作，其故安在，洵屬難解者也」。又（第九十三第九十四頁）云：「凡欲產生原動力，試將熱度經由甲體，傳於乙體，而達至乙體之熱度，是否仍然相同乎。有何完美方法，可以消耗熱度於原動力之產生，而使達至乙體之熱度較少乎。是否能將熱度完全消耗，而不使達至乙體乎。以上所述，如屬可能，則原動力之產生，儘可無須消耗燃料，而僅由物體的熱度之單簡消滅足矣」。又（第九十四頁）云：「熱度者，非他，即原動力，或即變換式樣的動作，此即物質微塊中之動作是也」。所謂修改者，其所用之熱字。當時學派有以熱為無重之物質，能隱藏不見，而不能毀滅。噶爾諾受此學派之教育，故亦有此意想。此是布拉克、拉普拉斯、傅立葉諸人之見解，而非卡汾狄士、德斐、拉姆福德諸人之見解。前一派將此見解載于其所撰之諸大著作中，以多數之算學及物理學之知識以研究之；後一派之見解，則發表于分途之試驗及偶見于其議論中。

一九、傅立葉

傅立葉于一八二二年，刊布其最有名之作，〔原註〕此作並不爲科學家所注意，已見本書卷一第二四一頁原註。名熱學解析學說，其中有言曰：『熱性與他種變象異，不能以動及平衡原理解說之；』〔原註〕見一八二二年版，卷首第三頁。又言曰『有多數之變象，並不由力發生，專由遇熱及積熱發生。自然哲學中此一部分，不能以力學學說處置；此部分獨有其特別原理，需用研究其確切科學相似之法，以爲根據。〔原註〕見傅立葉「熱學解析學說」第十三頁。……物之脹大，誠因受熱之拒力而發生，得以脹大而量熱度，此項脹大，誠然是動力之效果；然而研究熱之發生，則不在乎計算其所脹。』〔原註〕見前書第十四頁。于是建立此種新科學，其『倚賴以爲根基者，不過少數之事實，並不知此項事實之原因，惟皆得自瞻察，而有試驗以證實之。』〔原註〕見前書卷首第九頁，又正文第十八頁，第三十九頁。于是得有幾種普通關係，作爲方程式與動力學之普通方程式相似，而各有不同，其謹嚴則相等。

傅立葉所倚以爲熱之發生（卽指導熱、或引熱、或輻射）學說之根據者，在乎若干項之試驗所得之事實，其中最要者爲熱之流動，全視熱度之相差。嘗研究熱度相差，如何以使之復相等，由是以演繹術引伸而得熱流例。【原註】作者于此，不能不指明馬赫教授之譯才，曾將傅立葉建立此學說之根本方程式之法，以常識文字譯之。參觀馬赫所撰之「熱學原理」。（來比錫版，刊于一八九六年，第七十八等頁，及第一百十六等頁。）凡是學物理學者，皆應讀其討論此問題之數章，然後能見此數個算學公式，如同有生機之物，且能見及常識之意想，有抽象之算學公式以達之，非必不能免于誤會。傅立葉雖無提及熱性之必要，然而以爲熱之流行，從熱度高者，流于熱度低者，與水之從水平高處，流于水平低處相類，彼當有見及此。而傅立葉則以爲此項類似不適用。噶爾諾則不然，噶爾諾則見及此，不獨熱流全視熱度之相差，卽所能作之工，亦全視熱度之相差，則熱流與水流類似，極爲要緊。

二〇、傅立葉潛移噶爾諾之力

噶爾諾有言曰：『熱之原動力，可比于水之從高處下流之力，皆有其不能過之最高度。流水之力，視高度及水之多寡；熱之原動力，亦視熱之多寡，及易熱兩物之熱度之相差。』〔原註〕見噶爾諾「火之原動力論」，一八七八年版，第十五頁。在此類推術中，似已有兩項假設：一、作工之數，與水平差或熱度差爲正比；二、水之多寡，或熱之多寡，下降之前，及下降之後皆同。此兩項推度，皆不必有；亦不能容有此兩種推度。噶爾諾並不用第一項推度，〔原註〕「凡水之降落，其發動力，完全與上下兩層儲水器之水平之差爲比例。至於熱度之降落，則其發動力，當依冷熱兩體溫度之差，而相爲比較。惟其是否與該差爲比例，則吾人不得而知之矣』（參看「火之原動力論」第十五頁，又比較第三十八第三十九兩頁）。而用第二項推度，〔原註〕「發動力之產生，並非由於眞實消耗熱度，實因其自熱體移傳於冷體而發生，此種動作，蓋卽其平稱之迴復也』（見前書第六頁）。而特爲聲明，熱學學說之基礎，應加以極詳愼之研究。〔原註〕「熱度學理所具有之主要基礎，極應加以周密的審查，而諸多實驗之事實，在此學理之實在狀況中，似覺不易明瞭解釋』（前書第二十頁附註）。「吾人嚮昔目之睹之主要定例，實由今人所設想之熱度學理而有以規定者。然此種基礎，似亦不足謂爲固定不易者也』（前書第五十頁）。由上文（第一一八頁原註）觀之，噶爾諾已擺脫以熱爲物質之說矣。參觀一八七八年版之補篇。噶爾諾再加思索，由是疑及第二項假設之不眞確。二十餘年之後，湯姆孫請噶爾諾留意者，以此爲第一點。彼常存一意想，欲另製表以量熱度，每度表示相等之工作。〔原註〕參觀一八四八年六月「劍橋哲學會報告」，翻印于湯姆孫（

卽克爾文）之「算學物理學雜著」第一册第一百頁。

二二、克拉拍郎之圖解術

噶爾諾之理想，久不爲人所注意。事過十年，克拉拍郎再研究此問題，【原註】克拉拍郎是機器師。一八三四年，曾製說帖：『論熱之動力』，載于「藝術大學雜誌」。湯姆孫因見泰羅之「科學雜著」，有此說帖之譯文，始聞有噶爾諾之著作。赫爾姆霍斯則因讀坡根多夫之「年報」（一八四三年），而知此事。將噶爾諾之意想作一圖解，又以算式達之。又以噶爾諾學說爲根據，發表一種意想，以從高熱度流入低熱度之熱，與所得之最大工作爲比例，稱此定比例爲噶爾諾函數。德國之赫爾姆霍斯，英國之湯姆孫，皆由克拉拍郎此作，而後知有噶爾諾。噶爾諾在邁爾之先，又與邁爾不同，而兩人有一相同之點。在此三十餘年間，有數位大思想家，漸漸將熱力學說，及工能學說，從黑暗中拔出，使見光明。此諸位大思想家，如多數之海船然，同寄碇于一處。所謂大思想家者，如噶爾諾、邁爾、朱爾、赫爾姆霍斯、湯姆孫諸君，皆說明或示意，以永動爲不可能之事。

二三、永動不停是絕不可能之事

【原註】永動之意想，由來已久。一七七五年，巴黎科學學會議決，以後不再收受任何永動計畫。此後一百年間，常動之意想，及其不可能之意想，皆有改變，而有較爲清楚之界說。此永動意想，與所謂製方以合圓，及平分一角爲三問題，同爲不可能之事。赫爾姆霍斯對於永動問題，嘗謂前此並未得有證實其不可能之證據，向來不過皆以屢試失敗爲

之證。自有工能學說，及高斯之數學揭露，及赫買特（Hermite）林特曼之研究，始能為此三種問題，放一光明。作者將于此册之末後一章，為後兩問題之討論。至于第一問題，卽永動不停問題、讀此下文，則可以明白。退特嘗謂，永動卽是牛頓動例第一條。（見「近代進步論文」第三版，第七十四頁。）其實退特可以再加數語，謂當日伽利略，不知費盡多少心思，始能發明頑固性之原理，卽認凡動皆是永動不停，一到有力來干預，始改其動，亦如極費心思，而後能發明別一項原理，卽謂此種永動無用，因此項永動，非停之滅之，則不能作工也。第十九世紀之初年，科學家皆承認，所有一切所謂永動機，皆無永動之可能，然而不能以此說推于物理之功用，因物理之功用，循環不息，永以為自新（見洛熔堡革之「物理學史」，第三册，第二二九頁附注）。其實此時眞理漸漸發現，謂動力或工能，既不能從無而有，亦不能從有而無，實卽謂工能之不生不滅也。噶爾諾于一八二四年，邁爾于一八四二年，皆以能力（或動力）之不能創造，為科學之公論。莫兒于一八三七年，朱爾于一八四三年，及一八四五年，皆深信動力之不能毀滅。柯爾丁受厄斯武德哲學之潛移，亦于一八四三年，發表與此相類似之意思。（參觀「哲學雜誌」第四部，第二十七册，第五十八頁。）其實在一八五〇餘年間，有三項意想，日見發明：一，不能創造動力，二，不能毀滅動力，三，動力之各種變相，有互易之可能。最後則將此三層意思，包括于工能常住學說中，湯姆孫・威廉（克爾文爵士）第一首先（一八五二年）認明，從前永動說之舊鬼，此時變為新鬼，復現于科學界。（見其所製之「工能虛耗論」，登于一八九二年三月「兩星期評論報」，翻印于「通俗講演集」，第二册，第四五二頁）。自從湯姆孫一八五二年，宣布此論之後，博物學家及哲學家，皆開始欲將此自然之最重大原理，以單簡公式發表之。所謂最重大原理，卽謂工能雖常住不滅，然而對于人世之需，則漸變爲無可用。阿士特瓦德教授恢復永動說之名詞，以發明此意。其言曰，『永動學說原有兩方面，此則非盡人皆知者。一方面，卽是：假使能創造工能，則可以有永動。工能學說之第一例，卽發明創造工能之不可能。一方面，卽是：假使永動將積聚極多之停靜之能，使其變相，則永動亦有可能。此可以謂之第二種之永動』。阿士特瓦德稱此項之不可能，爲工能學第二例。（見『化學通論』，第二册，第一部，第四七二頁，又見哈林『工能史』第三〇四頁。）雖陳說之式有不同，而諸名家皆視爲一種公論。此種自然哲學之信條，亦可謂單簡矣，然而思想家亦仍有見仁見智之不同，對于此信條亦各有解說之不同。一八四七年，赫爾姆霍斯曾撰有著名之說帖，以爲所有一切自然功用，及其終極，則化爲純粹之動力功用，既然則動力學之生力常住例，關于所有一切自然力，必定有一解釋。于是進行研究此問題。餘人如法拉第、莫兒、格羅夫等，則默信在有重物質之外，當有他物，亦是不生不滅者。此種物只有變相；此數君者常稱此物爲力，于是轇轕不清，更令讀者轇轕不清，因用力字，無一定之界限，而生轇轕，大陸科學家更甚。

二三、湯姆孫威廉及湯姆孫雅各採用動力之意想

一八四九年，湯姆孫・威廉及湯姆孫・雅各，首先採用噶爾諾熱之動力之意想，施于實用。此兩君者，皆認明熱度降低，則必有熱之作工

以隨之，熱度高升，則必有耗工以隨之。假使熱能作工，而又不降低熱度，似乎是不勞而獲。在冰點之水，凍結成冰時，則脹大此是人所習見之事實；其凍結時，則能作工，且能作極有損害之工，然而熱度並不低減。若使水結冰同在一熱度者，則必抽出其熱。此是能移交其熱而無熱度低降，並能創造作工之力；然而根據噶爾諾原理，熱度平均，則無工作。此是一件在冰度只有熱度之移交而無勞力之耗費之事實。湯姆孫·雅各則知所以解決此自相矛盾問題。〔原註〕湯姆孫·雅各之闡理，仍以動之常住爲不可能爲根據，其言曰（見其一八四九年一月二日，通告于愛丁堡皇家學會之書，翻印于其兄弟湯姆孫·威廉之「算學物理學雜著」第一冊，第一五六頁）：「從前予之兄弟湯姆孫·威廉，關于噶爾諾所發展之熱動力之原理，而得一種奇異之結果，曾以其事告予。即是在冰度之水，凍結爲冰，原是惟一動力之事，而並不耗工。予乍聞此事，以爲是絕不可能之事，因爲水結冰則脹，由此觀之，似乎若將此水盛于器內，配一能動之活塞，任水結冰，則生脹力，爲壓力所阻，是則作工，而無相等之耗費也。換而言之，是有永久無盡之力，工之來源，即俗稱永動之有其可能也。：：予因免除此種從無而生之工作之無理意想，不得不歸結于水所受之壓力加增，則冰度低降』，云云。意謂若水凍結成冰而脹，則有工作；此工作則降伏壓力，水乃受壓而凍結。是以受壓而凍結成冰之水，其熱度必低于處平常環境而凍結者之熱度。〔原註〕赫爾姆霍斯之言曰：『動力之壓力（自然各力，大槪如此），發生此種改變，如冰之溶解是，因與其動作之效果相宜也』。（見赫爾姆霍斯之「演講集」第一冊第二一七頁）。既知一度熱之力値，又知冰脹之工，湯姆孫·雅各卽能推算壓力必降低水之冰度爲若干。一八五〇年，其兄弟湯姆孫·威廉，以試驗證實雅各之理想。〔原註〕見一八五〇年一月「愛丁堡皇家學會報告」，翻印于「算學物理學雜著」第一冊第一六五頁。學者皆習知一八六五年，赫爾姆霍斯如何卽採用此項先以理想預測，後來以試驗證實之變象，以發明其著名之高山上慢行之冰河或冰塊學說。〔原註〕赫爾姆霍斯學說，見于「演講集」第二百十五等頁。法拉第所揭露稱爲『冰之復結』，集中亦有相類似之解說。湯姆孫昆仲根據噶爾諾學說以爲結論時，仍抱守熱之完全常住之學說。〔原註〕讀者宜注意于此點，因爲學者今日所習見之公式，卽失熱則得力工之公式，彼時尚未得成立也。赫爾姆嘗指明此點。（見「工能史」第六十九頁）。此個題之闡理，原是爲難，而又極細密。然而湯姆孫·雅各當時對于當日通行之見解，頗有懷疑。暫于附注發言曰：『此事難保無絕對之成熱或毀熱，以爲毀丁或成工之相當價値』（見上文「算學物理學雜著」第一冊，第一六一頁附注）。湯姆孫·威廉自宣布上文所云之說帖之後，因見郞肯所撰之『熱之力工』說帖（見一八五〇年「愛丁堡學會報告」），立刻承認熱力有交易之可能之學說，卽承認能之常住說以代力之常住說也。觀其一八五

○年十月致朱爾書（見前書第一冊第一百七十頁），即可知矣。湯姆孫·威廉亦提及一八五○年四月及五月，坡根多夫之「年報」所登之。克勞修司說帖，說及其拋棄噶爾諾公論，而改從朱爾公論。（見前書第一百七十三頁。）

二四、熱力學兩例

湯姆孫·威廉既知噶爾諾之說，又知朱爾之研究，更覺得有另求一見解，以兼容兩家之說。克勞修司亦有此想。其結果即為『能之常住』學說——並非如噶爾諾之熱之常住學說。——而包括兩家正確之意想，成為熱力學兩例。【原註】湯姆孫修改噶爾諾學說，使與朱爾學說相通，見于其所撰『動力熱學說』，登于一八五一年三月「愛丁堡皇家學會報告」。（又見于「算學物理學雜著」第一冊第一七三頁。）其介紹文中，先提及德斐，邁爾，朱爾，利比喜，為較早主持熱有變作力效之可能，以郎肯及克勞修司，為最後主持此說之人。（見第一七六頁。）在第一百七十九頁，又說明湯姆孫宣布第一例，其後則謂，假使不承認此例，則有永動之可能。再後則說克勞修司，其言曰：『以正確原理建立此學說，則為克勞修司之功，以一八五○年五月，證明其學說』。克勞修司則謂（見所著之「力學之熱學說」，一八七六年版，第一冊第三五八頁），湯姆孫獨立發明之第二例，雖宣布較後，而視點較為普通，承認自已之研究，為純粹之算學研究，而限于別案。湯姆孫以最普遍哲學的文字，發表此新學說，則見于一八五二年四月十九日送達于愛丁堡皇家學會之著作，題目為『力能有虛耗（或散蕩）之趨勢』。（翻印于「算學物理學雜著」第一冊第五一一頁。）第一例謂能之常住，有其當值，又可以互易；第二例是發明可用之能。湯姆孫首先見到，假使承認第一例，（能之常住，不毀不滅，）而無第二例以輔之，則犯動無常住之說。（譯者註）卽謂動有常住之可能也。）以施于實用而論，爲作工起見能卽常住，尚有不足；必要可以供吾人之用，然後能有利益于人也。若工能而爲無用之工能（如隱藏者是，）吾人若欲取而用之，或不能供吾人之用（如虛耗之工能是），否則吾人仍要作工（卽用工能，）然後能取用。第二例則將極要緊之自然手續，以算學發明之。今專論此點。

第一例之保存工能，及各形式不同之工能之各項當値，其趨勢是使所有各式之能，同歸于平。若由此形式而變作彼形式，其價値仍相等。若作工時，並不耗能，不過使此形式之能，變作彼形式之能，論理則仍可還原，仍得如前作工。換而言之，若所有一切動作，皆爲純粹動力之事（動之變相，）誠然是應可以倒換，可以還原：例如第一次爲正作，第二次則反作，如第一次爲反作，第二次則爲正作。以常識而論，吾人立刻能見到此爲絕不可能之事；然而初時發起各力有當値，各力有相互學說之諸君，如法拉第、莫兒、格羅夫，見不到此，即如朱爾及赫爾姆霍斯，亦見不及此。假使物質不滅，工能亦不滅，則自然之損失，與吾人生命中之損失，如何解說，此則以上所云諸君所皆並未見到者也。其能見及此者，惟有噶爾諾（薩第）一人，而其所持之見，又走極端；噶爾諾謂熱既作工之後，並非損失，亦非毀滅，不過此熱從較熱之物（機器之鍋爐）遞交於較冷之物（凝汽機）。學者今知此種見解之不正確；所云遞交者，並非全體之熱，不過一小部分之熱而已。噶爾諾既存如是極端之見解，於是設法以解說此種之損失，謂熱度之低降，即可以作為解說。其言曰：『今以熱發生動力，為何必需有一較冷之物，為何消耗熱物之熱，而吾人不能發生動力，則難言之矣。』【原註】以上數語，見于其兄弟噶爾諾•薩第一八七八年所刊行噶爾諾之遺作。在此遺作中，噶爾、諾見及熱為動之結果，並能見及其餘一切變象，皆得以此理想解說之。惟是對上文所云之為難，則不進再行研究。于是設為他種問題之後，復理前說，其言曰：『吾人能否將從甲而來之熱，全數消耗淨盡，不能使絲毫流至于乙。假使能之，則吾人不必消耗燃料，而能發生動力，只要毀滅物之所有之熱而已』。（見「火之原動力」一八七八年版，第九十二，九十四等頁。）此種思想，與二十年後湯姆孫所發明者，極相近矣。

熱度

甚高之熱，其作工之價值，大於同量熱之熱度較低者。因作工之故（導引、輻射、吸收亦然，）則失去熱度之差。惟有克勞修司及湯姆孫二君，領略此種意想之價值。其爲難之處，只在以算學發表此意想，使有計算之可能。此二君者，各闢途徑，以研究此問題。湯姆孫則以常識語言，發明此種意想，爲實事之推闡，勝於其他思想家一籌；同時又以語言發明之，對於損失，（原註）其用『損失』名詞，與『毀滅』名詞有別。損失名詞，始見于其所著之『動力熱學學說』之第一部（一八五一年），載于『算學物理學雜著』第一册第一八九頁，又見于後一年四月十九日，對愛丁堡學會宣讀之著作，題目爲『工能之虛耗趨勢』，其後常製有短篇，討論工能之虛耗，以及有限制之恢復之可能（見『雜著』第一册，第五一一等頁）。及價値，及可用等名詞，以科學法製定界說。一八五一年，將噶爾諾推闡所用以爲根據之公論（其時並不知上文所引噶爾諾之語，）自立一說，其言曰：（原註）見『算學物理學雜著』第一册第一七九頁，及第五一一頁。一八五四年，赫爾姆霍斯，有言曰（見『講演集』之第一册，第四十三頁）：『毋論如何，吾人不能不讀美湯姆孫之敏銳，其所創立之公式，在字面上所說者，不過是物之熱，及其容量，壓力然，而其墨裏行間，則有可怖之結論，謂將來終有一日，即宇宙亦同歸于一死，永不能復活，不過爲期尙在無限之遠耳』。『毋論從何部分物質，用無生機物質之機械，以減低其熱度，使低過四圍之熱度最低之物之熱度之下，絕不能發生力效。』湯姆孫採用朱爾力熱互易之說，立刻見到假使將宇宙者手續，化作盡美盡善一部大機器之手續，則此部機器有還原之能。此則常識與闡理所不能變理想爲完全可能實行之事。

二五、湯姆孫之簡要結論

湯姆孫曰：『朱爾所新發明之學說之精華，在於將所有物理變象，受制於動力例之下。若將宇宙間所有之物質之小點之動，倒轉而逆施之，則從此以後，自然手續將永遠安於其倒轉之情勢而已。瀑布脚下之沫泡，若恢復其原狀，則復相組合，而復入於水；水熱動則復聚集其工能，激射水點，使上升於瀑布與大股流水組合成條而上升。因實體物擦而生之熱，損失於導引、輻射、吸收者，復歸於相切之地，激射有動之物，使回頭而與從前因以受動之力相抗。巖嶄之石，從前因受水擊而變爲大圓石者，至是則從泥中復取回其所損失，再爲構造，以恢復其原形，仍爲巖嶄之大石。從前原爲山頂之大石，被碎而滾至山麓者，至是則復與山頂之石合而爲一，恢復較先之原狀。不獨此也，假使生命之物質理想爲果有其事，則有生命之物，亦可以恢復前狀，從老年倒退，變爲少年，再倒退至於未始有生之前狀，已過之閱歷，則全如忘記，而有未來之知識。惟是生命之真實變象，有非人類之科學所能研究者；關於此種倒退之效果，可以不必作無益之臆度。至於無生機之物之倒動則不然，只要有單簡之研究，則可以得工能虛耗學說之解說。』〔原註〕見克爾文爵士一八七四年二月二日在愛丁堡皇家學會宣讀之文，題目爲『以動力研究工能虛耗學說』（見「報告」第八冊，第三二五等頁）。參觀其登于一八九二年三月之「兩星期評論報」之論說，翻印于「講演集」第二冊第四四九等頁。德國有克勞修司，英國有湯姆孫，勞心於噶爾諾早年之研究，及朱爾所發明之熱力量度，達以算學語言，爲通俗語言，改正吾人之算學公式，改正吾人所用之名詞，其時則有他科學推行此種新意想，

二六、郎肯嘸涅亥安

以施於實用。其在英國，則有郎肯，〔原註〕最早之正式熱力學著作，是郎肯所撰之論說，登于一八五五年尼科爾之「袖珍叢書」中，論題爲『熱之動力』。其所發展之部分，既爲求實用，而又有極高之理想。此君之著作甚多，其所研究者爲熱度，及汽與其他蒸氣之彈力，流體受熱之脹力，熱之動力等，種種問題，時期則在一八四九年至一八五○年間（參觀一八八一年版郎肯「雜著」第一，第十六，第二三四等頁）。自其多數著作觀之，此君可稱爲最先能融通噶爾諾之學說與動力觀之科學家（參觀其尺牘，自命爲發明在前之人，此函登于一八五○年坡根

多夫「年報」第八十一頁）。郎肯之研究，殊爲特別，有極有價値之實用，亦有極爲重要之預言（見退特之說帖，登于郎肯「雜著」之卷端之第二十九頁），又有有贍之理想。其所引伸者，皆以其分子漩渦學說爲根據。其在本國頗有濬力，及于早年研究熱力學之人，而德國則並不甚領會其學說（見一八五三年，赫爾姆霍斯評論郎肯之言，爲赫爾姆「工能史」所引，見第一一一四頁），因德國有克勞修司自闢途徑，而能啓發之研究，爲其國人所注意，而不暇兼及郎肯也。然而郎肯所撰之兩大著作，其一爲「應用力學」（一八五九年），又其一爲「汽機學及其他原動機學」（一八五九年），其中所用名詞，最爲適用，而圖解（如瓦特之汽壓圖，嚮爾諾之輪週圖），則又最多。此兩作爲首先採用新意想者，由是學者知之日多（參觀赫爾姆「工能史」對于郎肯之評語，見第一一六等頁）。

德國則有嘸湼，

「原註」在郎肯稍後，則有嘸湼，在瑞士國及德國，追隨克勞修司各理想說帖，以力學研究，應用之熱學各種問題。其所著作之「熱力學說特性論」（一八六〇年），有以爲是一種啓示錄者。其時德國之機器工業，及化學工業，正當從發展之時，根據于國內之化驗室及藝術學校之科學教練，以爲發展。有嘸湼此作，能使工業界中，得有科學特性，從前工業學界，頗譏笑此種特性，其後又極力恭維。美國人有此特性，又有英國人血統，故工業上有極猛之進步。大陸之科學家，以嘸湼爲首先組合克勞修司，湯姆孫，郎肯之學說，而爲之發明，以合于機器師之用，評論瓦特及他人之見解，此指飽和之蒸氣在汽筩內之受壓及脹大而言，預爲改良汽機空氣機及冰凍機之地步。丁格勒之「工藝雜誌」，有克勞修司，嘸湼，及他人之力，成爲討論新動力學說之報，其最要者，爲熱力學第二例，由是實用家漸漸注意。

在法國則有亥安，

「原註」亥安（一八一五年至一八九〇年間人）所作之事業，亦極重要。此人起于紡織業界中所謂白手與家者，天性好事，研究，兼有科學美術學識，關于機器上，有極重要之理想研究。例如熱學，及施油于機件，與加熱，各種問題，各有極詳細之試驗。亥安之行事，頗有著作家提及之。亥安之爲人，與郎肯相類，不獨是一大機器師，且是哲學家美術家，關於汽機，頗有研究。至是始有說明機器之效率之可能；汽機之失其熱能，原有兩層分別，一爲用以作工所失之熱能，此是自然而然所不能免者，一爲因機件及各種施用而失之熱能。從前學者未有熱之力值，及可用之熱之意想時，所著之書，皆不合於此時之用，均要修改，易以正確意思，因而有極費時之長久討論。【原註】關于郎肯及克勢修司學說之施用于工業問題，詳見于安文教授之演講，一八九五年五月二日，在工程師會宜讀者，刊于「電學機器師報」，第三十五冊，第四十六第七十七等頁。在此演講中，曾論及理想學說試驗學說之不相符合，又論及亥安之試驗，及其應用之效果，又論及汽筩之用外罩，及一八五五年始用之增熱。其言曰：「理想學說，未免輕視熱氣交換之極其容易，蒸氣之處極不穩定之勢者，一遇熱氣，或有極輕微之變動，則極易凝縮，或化氣而去」（見第五十頁）。克勢修司所逐漸發明之隱晦之熱力第二例，曾發生多數爭辯，則見于其著作之第二版（「力學熱學」，一八七六年版，第一冊）。其中有答辯赫爾姆霍斯，噍涅，郎肯，退特之評論，本茲（Baynes）之「動力熱學」，亦有詳細紀載（一八七八年牛津版，第一〇三等頁）。例如亥安與噍涅之辯論，其問題即爲汽筩內所作之工，以理想計算所得之數，與實驗所得之數目為何相差如是之遠，此項辨論，當時又稱為『水與鐵』之辨論。〔原註〕參觀安文教授演講，載「電學報」第七十九頁。其言曰：「自一八六三年，有伊瑟武德（Isherwood）之研究結果宣布，即肯及他人，皆承認推理所得數目，及實驗所得數目不符。但是汽筒內凝汽之情形，極為複雜，其偏于理想方面者，直不承認亥安及伊瑟武德之研究。嘯涅推其理想學說于極端，而對于應用之實在情形，不能窺見入微。直至一八八一年，始坦白承認汽筒內之凝結，極為重要。嘯涅以為機器空隙處，原來有水，是則凝結之所由生。：：一八八八年，嘯涅與亥安討論此事，曾謂若空隙有水，果為事實，則亥安所計算之數目，大受搖動。：：于是發生極激烈之辯駁，結果歸結到一個問題，「是水抑或是鐵」。我至今尚不知此問題，曾否解決」。參觀皮波狄（Peabody）之「汽機熱力學」，一九〇〇年紐約第四版，第三〇一等頁。

工能常住及工能散蕩（即退化，即虛耗，）雖於實用之進步改良，不能發生若何實效，〔原註〕有多數舊派機器師之知識，多從汽機閱歷而來，其對于熱力學說，雖不明白反對，而未免懷疑。職此之由，即肯在英國，嘯涅在德國，為首先以理想研究汽機者，所得之結果，與實驗相差甚遠。因是理想汽機家，大抵有多數同意，僉謂汽機之進步，不甚靠以熱力學說理想施于實用，而在乎以理想為指導，以詳細研究現時通用之汽機。由是英國及大陸及美國，仿照亥安辦法，以為試驗，而以美國研究為最力，刊布研究之結果。參觀皮波狄之「汽機熱力學」第四版序文，及第十三第十四章，又攸英（wing）所著之「汽機學」，一八八四年版，第三十一頁。

然施用於化學電學，及其他各學，往往得有新發明；此項新意想及新方法之潛力極大。除達爾文所發明之學說（指天演學說）外，以工能常住及工能散蕩學說之潛力爲最大。於是創造新名詞；科學教課書由是亦從事修改；向來爲學者所熟知所公認之學說，亦要改正；有多數久未解決之問題，則用新法以求解決。作者將在此章，略爲討論科學思想界所發生之革命；此種革命，係由物理家視自然界爲工能變化之場之觀念而起。作者方纔所說之種種改革，今將依次述之。吾人之觀察，可分四種不同之方向：第一、第十九世紀後半期科學文學及通俗文學改用之名詞，以發明新意想者，因是而有較爲明晰之界說；第二因此新學說所發生之新曙光，所用物理學及化學之知識，皆要修正；第三，從新方面審詳現時存在之各種學說；第四，新意想所啓發之新途徑。

最早所用之能力工作，及動力價値表，在第十九世紀之第一季，已載於法國之逢退利、噶爾諾·薩第，諸家之著作中。莫兒及邁爾，則爲首先發明其哲學的貫通之說；首先以算學研究此項問題者，則有赫爾姆霍斯；在第十九世紀之第二季，則有朱爾之滿意之試驗證實第十九世紀之第三季，其在英國，則有湯姆孫、郎肯，在德國則有克勞修司，根據朱爾勒諾之試驗，爲通盤之研究。今代之學者，初入門研究力學、物理學、化學、生理學之時，卽立刻享受前人功業之益，卽知所有自然變象，有此學說以貫通之，因以上所云各種科學皆賴工能之變相，又往往能以學者所最熟習之工能之變相（或爲熱、或爲力）以量度之。

二八、赫爾姆霍斯論牽力

一八四七年，赫爾姆霍斯曾有通盤之討論，先以新發明之原理，而重定力學之各公式，歸結於活植物機體、及活動物機體之工能變相。其解說一切之惟一關鍵，在乎採用一新名詞，譬如動能變爲位能，則用新名詞以爲稱謂。因是之故，赫爾姆霍斯先發起壓逼力、或牽力之意想。此種意想，從前力學舊作已有之，作爲隱力（噶爾諾之作）。

【原註】噶爾諾（一七五三至一八二三年間人），通稱大噶爾諾，乃噶爾諾・薩第之父。法國革命五執政內閣時代，曾爲陸軍總長，是法國之著名大將，亦爲有名之科學家，其所撰者，有「機器通論」（一七八四年），「動力平衡勢原理」（一八〇三年），「

徵分術哲學觀」，（一七九七年），「截斷綫原理」（一八〇六年），此是新創之一種幾何，因有此作，噶爾諾與蒙日，同稱為新幾何之始祖。作者將于下文再為討論。又創立「幾何形式之相互原理」（一八〇一年）。所有著作，皆曾譯成德文，頗有力于算學界。噶爾諾與工能意想歷史之關孫，見于「哲學雜誌」第四部，第二十九冊，又見于亥安之「工能史」第十三頁。又見于阿剌各一八三七年所撰之傳讚。

蘭格倫日及哈密敦，以算學研究動力學，亦曾預爲之地，曾發明所有一切動力學問題，皆可以化爲兩事之知識，若知其生力及力函數，則能解決所有問題。惟是赫爾姆霍斯之發明，似不爲學者所明悉，或不爲所公認。科學界之公認生力與隱力之關係，大多數似是由於承認一八五一年，及其後之湯姆孫及郎肯之著作。湯姆孫用動力工能名詞（自一八五一年以後，嘗用本性之能，或只用一字，稱之爲能）以此量度物質全部所存儲之作工能力。（原註）此「能」字新名詞，在克勞修司著作中，不過是算學符號，湯姆孫始稱為能（見「愛丁堡皇家學會報告」第二十冊，第三部，一八五一年十二月十五日宣讀，翻印于「算學物理學雜著」第一冊，第二二二頁）。此說帖又附見于其大著作，題目為「熱之動力學說」，附載從朱爾及勤諾當值瞻測而得之數目的結果，（見一八五一年三月「愛丁堡報告」，翻印于一八五二年「哲學雜誌」，又見于「算學物理學雜著」第一冊，第一七四頁，而以第一八六頁之附注為尤要）。一八四九年，湯姆孫嘗用能字，指動力之効

二九、位能與實能

，然而此時，並未承認動力學說。不過在發明嘯爾諸學說之後，加以附注，其言曰：「熱已用過之後，：：其或能在發生之動力效果，變作何物耶。自然手續是絕無有所失者，能是絕不能毀滅者」（見「雜著」第一冊，第一一八頁，一八四九年）。郎肯於一八五三年，【原註】見郎肯于一八五三年一月五日，在格拉斯哥哲學學會宣讀之論文，翻印于「科學雜著」第二〇三等頁。又，參看一八六四年「哲學雜誌」第四部第二十八卷第四〇四頁，郎肯附註。曾用實能（指能感覺者）及位能（卽隱能）之名稱，而為之立界說。湯姆孫【原註】見一八五三年「格拉斯哥哲學學會報告」，翻印于「算學物理學雜著」之第一冊，第五二一頁，並增加，從尼科爾「百科辭典」所採之資料。在此說帖中，湯姆孫始用導電物之「電容量」名詞。其後湯姆孫不用「實能」名詞，改稱為「動能」。見一八五六年二月二十九在皇家學社之演講，翻印于「算學物理學雜著」第二冊，第一八二頁，又見于「通俗演講集」，第二冊第四一八頁，第四二五頁之附註，尤宜注意。此項新名詞之如何創立，如何通用，詳載于赫爾姆之「工能史」，新來比錫一八八七年版，第三十六等頁。則採用之，以替代動力、及靜力能名詞。此兩種新名詞，今日已通用於物理學課本，成為物理學識之一種字母；從前學者皆不甚措意，只有幾位思想家則極為注意，因曾用心多年，求合宜之名詞，一方面可以有算學的界說，一方面可合於常識之閱歷，觀於一八六六年赫瑟爾爵士之評論可知。【原註】所引之語，見于赫瑟爾爵士之論說，題目為「原力」，登于一八六五年「兩星期評論報」第一册第四三九頁。此作頗宜一讀，然後知採用名詞之要緊，從前泛用力字，後來改用能字，則大有造于科學，今日用力字，只限于從前牛頓之解釋。赫瑟爾爵士，則仍用力之常住（赫爾姆霍斯亦然，其後則改用作工之能，以免兩歧）。即肯對于赫瑟爾爵士之評論，作爲論說，以答之，于一八六七年二月十三日，宜讀于格拉斯哥哲學學會，（翻印于「科學雜著」見第二二九等頁）。其中有言曰，此數量見于牛頓之一原理中，（第三十九題），爲一算學記號，歷時甚久，至近日始有名詞以稱謂之。其結論之言曰：『算學的物理學，有大重要之目的，即爲以試驗及瞻察，求常住之數，或常住函數」。例如質量，動積，總效，角度動積，總效，總工，能，動力熱函數，是也。當即肯正在爲此物理學問題定其界說之時，則有撰力，西薇士，德赫買特諸大算學家，有相似之意想，在純粹算學中，于代數算式內，毋論其經過如何代數運算，求其常住而不變化者，（即所謂不變數是也）。此即近日之『不變數」新學說。近來代數形學，因是而大有發展，亦因而化爲單簡。此是所有一切算陣之鍵，預製利器，以施用算學，以解決物理學問題。參觀麥馬韓一八九一年，在格拉斯哥對于科學提倡會之算學版演說。

赫瑟爾持論，謂『位能』兩字之名詞，不妥，以人人皆知之真理，代一動力極要緊事實，誠如是，則實爲承認其以謹嚴之算式，湊合於常識，或承認其以極單簡名詞，完全實寫一極普通之變象。

欲使此新名詞變作爲學者所公認之科學文字之字母，必要將此新意想，作爲物理化學（毋論其爲理想的，或爲試驗的）知識之基礎所有此種科學之元素及公論，必要重新立說，使能表明此種新見解，及開拓其遠大之前途。所有力學、物理學、及化學之各部分，必須按一統一的計劃，以發揮而均平之。一八四七年，赫爾姆霍斯已有此種之粗定規模，惟是其後二十年，致力於官覺變象之分析，無暇及此，事隔多年之後，乃後再行研究，於是得有極重要之施用。

三〇、蘇格蘭學派

當時重新建造科學之事功，以爲大局面之發明物理觀，則有蘇格蘭學派之自然哲學大家以肩任之——如湯姆孫兄弟、郎肯、馬克斯維耳、退特、斯條亞、諸子是也；其在外國，則有克勞修司獨力爲之。郎肯及湯姆孫·詹姆士早已（一八五五年）有『工能學』之意想，又稱爲『一切物理變象之抽象學說』。

〔原註五〕一八五五年五月，在格拉哥哲學學會所宣讀之論說，其題目卽『工能學大概』，此作翻印于『科學雜著』第二〇九等頁。關于上文之界說，可參看第二二八頁。湯姆孫·詹姆士之作，則見于其所撰之『物之結晶，及化爲流體論』，是一八六一年十二月五日，宣讀于皇家學會者，其中曾發明以物理力學原理或公論，指明物之變體。赫爾姆以此爲工能之變相，求一通例之最初研究（見赫爾姆所著之『工能學說』，一八八七年版，第六十三頁），最科學家對于此種研究，有以爲可以求得通例者，亦有以爲不能者，持論不同。蒲郎克則深信能學原理，仍不足以範圍一切，自然功用（見其所著「動力熱學」，一八九七年版，第七十一等頁）。此種辯論，大概皆帶有哲學問題，將于下文討論之。事過二十餘年之後，至於今日，始有科學家繼承此種意想，而致力研究，始有實現計劃之望。當時何以棄置忽略，則另有理由在。

第一層理由，朱爾、赫爾姆霍斯，湯姆孫．威廉諸君，不久即見得若干此工能常住新學說，推用於範圍較狹之動力熱學之外之各種變象，則得有意外之凑合：開拓新景象，發露尚不能知之性質，啓發不可勝數之新試驗。例如熱的彈性，及熱電各種變象是也。於是發起此新學說之諸子，不能不及早注意研究所有從前多數問題。例如來丁瓶之放電，電池之電流，電解之生熱，永久磁之施力，及電流與磁條之施力，反磁性之變象，安培之學說，韋柏量電之根據，西庇克燒不純之導電物之發生電流，及拍爾提厄（Peltier）之奇象，金類之電動力特性，物質之熱的彈力性，等等問題，皆有工能常住及工能變相之新學說，以再加研究之必要。此外尙有極要緊之問題，要將新意想載入高等教育著作之中，及根據工能原理，修改各種科學課本，而力學中之基本意想，尤應改進，以符合於更新之觀念。由此觀之，所謂自然現象，無非是工能變換之事例、此種觀念，可以視爲發展牛頓算理中所載之動例。動例第三條謂正力與反力相等，尤可以用工能原理，窺見自然功用，更爲深透。是以於一八六〇年，科學界之大發明家，以工能原理，作物理學觀之基礎，知有將此原理接續相輔牛頓意想之必要。劍橋學派所撰之作，及其議論，對於此必要之事，未臻盡善。蘭格倫日學派亦然，完全化力學爲公式，而置物理及試驗根據於不顧。於是重新研究牛頓之算理，重新刊行，一字不刪，解釋及發展動例，第三條，以包括工能原理，以爲動力學之鑰。教授時，則先教動力學，其後再教靜力學。視靜力學爲動學之別案。又使科學所處之新地位，較爲顯著，則提議以『動力學』名詞爲普通名詞，包括力學及靜力學，作爲普通力學全體中之分部，將向來所用之 mehcanics （亦作力學，向來與 dynamics 通用）專作爲機器學之用。此種更改，可從退特及斯提爾（Steele）同著之微點力學見之，其第一版與第二版之講解不同，可以比較。其關於此新說爲提要鉤玄者，則以湯姆孫與退特同著之自然哲學，有引導英國各大學、各專門學校，入於物理及試驗研究之路之大功。

三一、湯姆孫及退特

其發展此種新意想者，則爲馬克斯維耳，且有引用新學說以爲證實，法拉第各種試驗研究之功。其亞於湯姆孫、退特之大著作者，則以馬克司維耳之大作，爲能革新自然哲學之講解，此革新之力，在歐洲大陸及美國爲尤著。

三二、馬克斯維耳

上章曾論及馬克斯維耳欲以電及磁之經過處間之變象，以算學發明之，今再論此事。從前法拉第曾以試驗研究，欲有一部分之證明，及啓發牽力壓力；馬克斯維耳則欲製一機器模型，代遞電居間物，以表現及傳遞此種牽力。其後不果，他人繼承其業，其採用闡理之法，則各有不同。自有工能學科學家皆推用於一切物理研究。從前研究化學者，無不以物質常住爲惟一宗旨，此時之物理學研究，亦然，無不抱定工能之常住爲惟一宗旨。於是工能之原理，遂變爲物理一切功用及一切變化之總結束，如算學之積分術，不必研究微分。此法常有其用處，往往得收重要效果。此與實用家辦事相類，只要知其大綱，而不留意於細目；又與大商業之總結單相類，只要其無錯誤，則不必費心於每日流水帳也。

三三、法拉第

法拉第曾經發明電、磁、化、熱之變象發生之處間之部分，是一種相接連之境地，稱爲電磁界。法拉第、及厄斯忒德、歐姆、韋柏、朱爾等，曾證明所有在此種界內之一切變象，有其相同之公量，並能瞻測相互之關係。馬克斯維耳統稱爲『電磁界工能』，於是以工能常住爲宗旨，而研究此公量之各種變化，因而研究得其結果，證明此工能有各種變相，或爲動能，如歐姆例所管轄之電動（即電流，）或如有重物質之行動，如磁條及導電物是也；或爲散蕩（或爲虛耗）之能，即工能之變熱者，此則有朱爾例以管轄之，或爲儲能（即位能，亦稱勢能。）法拉第之研究，曾啓發儲能所在地，即四圍之處間是也；此種處間應作爲能受變形，如有彈性物之能受逼壓而變形。前此不久，湯姆孫及退特研究有彈性物之組織，毋論其爲動爲靜，其中之動能及位能之分布，因而發明如何以算學而計算此組織之特性。此事不啻預爲馬克斯維耳開通路徑，俾得對於電磁界之特性，爲最普通之研究，化爲動力學之量度。馬克斯維耳則設想界內有易置或變形之存在，而傳遞浪動，其速率則倚賴居間物之特性（亦稱爲居間物之定數）而定。學者皆知其如何證實各種試驗而得之電及磁之變象，確定其性質與數量，最後則提議，謂在空氣中所傳遞之電磁之易置（或變形）之速率，必與光之速率相同，即謂光是電磁之擾動，不過浪之長度較小而已。作者亦曾於上文說過，赫芝嘗表示電浪，此電浪在空氣中走過，雖不發光，而視光浪之種種之特性，如返射、屈折、與分極等等是也。

當一八五〇年至一八七〇年之間，英國之蘇格蘭派，正在以工能學說重新建築物理學之時，克勞修司在德國則有動力熱學之研究，一及氣體衝動學說之研究，而不拋棄以天學觀解說自然變象，此說以爲物離而力相及，其時外國之理想理化兩學，仍抱定此宗旨。此種學說，與法拉第之學說大有分別，主張此種分別者，以馬克斯維耳為最有力；馬氏以工能學鎔鑄法拉第之各種見解為一片。一八七〇年，赫爾姆霍斯對於此事，又為科學思想家之袖領，首先發動，漸漸掃除舊說，幾乎掃除淨盡。又因其發起翻譯英國之新著作，〔原註〕最著者，為湯姆孫及退特同著之「自然哲學」，及丁鐸爾所著之有名著作，「聲論」「熱論」及「科學零拾」等是也。在外國之著名自然哲學家中，以赫爾姆霍斯為首先破除德國教授界詳徵博引之舊習慣，使其仿照英國科學提倡會，及皇家學會之演講。從前之德國大科學家，絕不肯降格屈尊，為通俗之演講，以使非專門科學家，亦得有科學知識，以滑移俗人之見解，及一代之詞章。即或有為之者，亦不過數人，如柏塞爾，來比喜，赫爾姆霍斯而已。德國之科學大家留傳之文集，無過于赫爾姆霍斯之「演講集」，雖柏塞爾亦不能及，且柏塞爾之「通俗科學講演集」，亦並不為人所知。雷文之「講演集」，收羅科學歷史，最為豐富。貝爾「科學演講集」（一八八六年），則有極佳之新創議論。使流行於德國，發明法拉第，馬克斯維耳兩家之意想，又為各種詳盡之試驗以證實之，且有通俗之傳播。其最重要之結果，則為赫芝所揭露之電浪。

三四、赫爾姆霍斯論電動力學

赫爾姆霍斯早年因注意於生理學，而研究力與熱之關係，其後亦因生理學而研究電動力例。〔原註〕雷文在其多數演講中，其後又在其所撰之赫爾姆霍斯傳讚中（來比錫版，一八九七年），有赫爾姆霍斯研究電學之歷史，發起于一八五一年，極盛于一八八八年（赫芝以試驗發明電派之年），于是德國之電學面貌，完全改變，法國亦略有改變，而不如德國。舊時之見解，根據于安培及章柏之算學發展，則不甚為英國電學家所知，而新學說則頗取材于此兩君之各種測算量度。英國科學課本，從無提史及安培，章柏見解者。此項見解，從前原為外國之所最注意者，為思想中極有意味之一段事實。作者曾于第四章中論及之，曾謂英國發起之天學觀，最為法國學者所研究，而天學觀之對于此種電學觀念，及波斯科維赤之學說，則得有一絕妙之應用，德國則反是，反對派以赫爾姆霍斯為領袖。赫爾姆霍斯在德國思想史中之位置，亦如英國之有湯姆孫•威廉（克爾文爵士）。雷文曾告學者，赫爾姆霍斯因研究動物之電氣，而終身研究電學（赫爾姆霍斯全作中亦有此語）。雷文是米勒學生。米勒學派有一長處，即推廣物理學之新發明，以用于生理學，及醫學，亦如利比喜學派之應用化學之新發明。赫爾姆霍斯受教育于米勒學派，亦受訥伊曼，高斯，章柏，之潛力所轉移。因有電學家買法尼及弗打之新發明，而大有振作。雷文（「演講集」第二冊，第三八九頁）則為有弗打之電堆之創造，而動物之電，遂不為人所注意，只有意大利科學教授有所研究，此外有洪保德（亞歷山大）之研究電魚。其後乃有米勒及雷文，始用新發明之科學意想，及其方法，研究動物之電。此在一八五〇年間。今日德國之科學，只研究過綫及輪道之電流。至于腦綫及肌內之電，則要研究忽然而來，忽然而止之脈動電，及過面體立體與斷路中之電。赫爾姆霍斯聽雷文之勸，從安培，訥伊曼，章柏，算學之公式，伸引而求得略為改變環境之電流。然後知從公式所得之效果，並不正確，非修改此項公式不可。因是思索研究多年，乃求得一普通公式，化約前此之各種學說為別案。于是又一面施用算學，一面設為種種特別試驗，以規定此通式中之三種發明法，其中究以何法為最近于眞實。其後漸漸以極謹嚴邏輯之步驟，乃深信法拉第之意想爲眞確。此項意想，不獨留意于迴綫之電，且尤注意，于其所謂電磁界（參觀其一科學著作—第一冊，第四二九頁，至第八二〇頁）。以今日科學所處之地位，而追溯從前關于動電學，大陸思想家，則以算學。而發展當時之意想，英國則以物理學，以求較爲眞確較爲完全之知識。赫爾姆霍斯曾于一八八一年之講演，表明兩者之注意雖不同，而有殊途同歸之效。其時有三種學說，皆欲求得一通式或通例，以包括當時所知之一切電動力變象。第一第二學說，大約同時爲訥伊曼、韋柏、各人各闢途徑發起；第三學說則爲馬克斯維耳之學說，以完全不相同之見解爲根據，即法拉第因試驗而得之見解。第一第二學說之視點或目的，在於電力在能量度之距離而生之力之效，當時稱爲遠鏡觀。第三學說則絢化此種爲物質相接連之力效，即在處間之力效，當時稱爲顯微鏡觀。赫爾姆霍斯之第一步，先用創新之闡理法，將所有三學說之算學公式，化作一公式，於是此三式各爲此通式之別案；第二步則用理想及試驗，以定奪此三式之中某一式爲通用。於是爲理想上之證實，則採用工能常住之原理，此是大陸思想家鮮有用之者。因此闡理，而使工能常住學說，在大陸科學著作中，處最重要顯著之地位。赫爾姆霍斯之推闡，曾經最有名之哲學家之種種審察詳論，而後得處此顯位也。從此以物理觀研究自然變象，介紹於大陸。

〔原註〕英國之刊行湯姆孫及退特所同著之「自然哲學」，遂爲物理學之新紀元，以其中熱之常住之學說，居最顯著之部位也。在（德國亦有同等之新紀元，並非由于一八四七年赫爾姆霍斯之宣布此主義原理），實由于其以此主義或原理，施于實用，其最著者，即用此主義，以評論當時似若相反對之各種學說。從前有拉瓦節，根據于物質常住之說，以天平證實化學學說之正確。赫爾姆霍斯則用工能常住主義之兩形式，以證實電學學說之可靠。所謂兩形式者，一爲永動之不可能，一爲正力與反力相等。參觀一八八一年演講。然而湯姆孫，退持，及赫爾姆霍斯所處之地位，亦與拉瓦節所處者相似，其所持之主義（或原理），只能作爲一種整齊劃一之主義，而對于科學研究，不能作建築之主義。此主義有一種管轄節制之力，可以證實研究所得之結果，爲正確與否而已。化學與物理學，皆需有其他原理或方法，以發展知識，不專在證實正確而已也。此種主義，其在抽象科學者，如吸力例，原子學說，以太學說，皆是也。其在自然科學中者，則形構學說，及生殖學說是也。其以工能常住學說爲根據，而修正全部化學及物理學，以爲教課之用者，則有查努克(Januschke)所著之「工能常住原理」（來比錫版，一八九七年）。

其時則有另一部分之科學家，有開創新研究區域，以補助此學說之功。此新區域幾乎全屬於外國之科學，亦如工能意想有二十年間，全屬於英國相似。初時則有德國之哥布及赫斯（Hess）之孤立研究，法國則有勒諾，柏德棲，丹國則有湯姆生（Thomson）。【原註】思想史之要點，雖在乎學說，而不在乎事實之新發明，至于事實，亦只能討論其有，特別性質，能更改變象之科學方面者，惟對于勒諾之試驗研究，則不能不論及之。其極準之量度物理學之各種定數之功勞，爲理化兩學學說之進步所利賴，確有不能埋沒者，觀于克爾文早時之熱力學說則知之。所謂波義耳例，度隆例，及其他各例，皆曾經勒諾爲極詳盡之實驗。汽在汽機內之情形，曾經其特別研究。又證明炭氫類中之氫，可以綠氣化之，爲勞郎化學學說，增一助力。大概而論，勒諾之事功，在乎善製巧妙儀器，處極困難情形中，而有極準確之量度，足可以爲此種事功者之模範。勒諾亦類似利比喜，有多數之學生，其後皆顯名于時。勒諾在巴黎爲理化兩學教授，同時與極著名之瓷器窰，有重要之關係。哥布亦有相類之事功，爲德國惟一之物理化學教授。

此數君者，與多數少年，可以謂之新物理化學之祖。阿斯特瓦德教授所著之物理化學，有極詳盡之發明。此大作在化學史中，立一新紀元，亦與湯姆孫退特之自然哲學之在物理學史中，立一新紀元相似。

三五、阿斯特瓦德之物理化學

作者前已說明，從前之大化學家，因發展此學，如何只專注意於求得各物質性之知識，如何只專意於化分分析、及組合、及分類，而對於最重要之化學愛力之原理，則幾乎完全忽略，而不研究。作者對於此事，以爲大抵由於有拉瓦節及道爾頓之原子觀，以爲利器。〔原註〕從閱歷上觀之，由此學說變爲彼學說之時，雖有所得，亦未嘗無所失者，或爲界限不清，或爲事，實之眞知識有缺。例如淚動學說，則失光線直行之界限分明之意想，其復發長久之爲難算學。分析，乃能恢復。馬克斯維耳之電磁學說，誠大有所得矣。而庫隆及章柏舊說所介紹之電劑（或靜，或動），至今尚未能有清晰之發明。從前以原子學說，驅逐火質學說亦然，科學家之精神，于是全注于物重之改變。舊說謂金類之化煉爲灰時，則失去火質，新說則有證明，謂實有所得，所得者爲化合之養氣。較爲新近之知識，則證明兩說皆是，其所得者爲重，其所失者爲位能（亦稱勢能），即作工之能力，即謂失去化合所發生之分子動，或所生之熱是也。火質學說原有其眞確之意思，以爲物質之外，尙有他物存在，即工能是也。當日火質學說之眞確意想，不過暫時忽略，並非立刻拋棄，觀于拉瓦節之最初之元素表可知。此元素表中，則熱子（或熱氣）爲元素之一。參觀哥布所著之「化學發展論」第二○九頁。當第十九世紀之初年，其研究化學者，對於化學之力，與吸力、熱力、電力之關係，雖法國有給呂薩克，英國有道爾頓、德斐，瑞典有柏濟力阿斯諸君，亦盡力研究，然而漸漸拋棄，是以雖有法拉第之電解例，而無發展化學之潛力。〔原註〕此中原因，參觀赫爾姆霍斯「科學論文集」第三册，及阿斯特瓦德「普通化學」第二版，第二册，第一部，第五百三十頁。如此研究化學，已嫌其趨向過偏，然枯守原子學說者，又因試

三六、工業之工本因子

驗室所作之事，極易推行於製造廠，於是化學工業大興，科學家更拋棄其與物理學有關係之研究。自有原子學說，吾人操縱物質之能力增加，因研究炭氣類，而工業驟興，爲前此所夢想不到者，而從前之煉冶古法，至是亦大有改良。在常人視之，自必重視結果，而忽於以研究之方法，及推得此項結果之闡理；樂於實效之獲得，而不問求得之手續。新揭露之元素，立刻卽有實用，故各種化功，或不爲人所注意，卽使有注意者，亦不過視爲只有次要之關係。同時又發生工本問題，製造各物，如何可以省工，如何可以省料，皆視爲祕訣。前數十年學者之初入實業界者，則知其時之所謂統計法，工本表，今日之各種實業，皆有此種研究，其實則能明白此事者甚少。人類愈進化，則用人力所製造之物愈多，用天生之物愈少，於是所謂工本問題，愈變繁複，不獨要研究生料，及採取生料之工，不獨要研究一切章程規模，如何可以省工省料，生料之變成熟貨，其間所經之種種人工、機器化功手續，尤要研究。旣然，則必有一公量，然後可以登帳，否則必無從定工本。當日瓦特初以機汽代人力，卽發起以其所謂馬力以爲汽機及人力之公量；法國算學家頗重視力學之應用，遂介紹『工作』名詞。在普通實業界內，亦採用此種公量，不過極其草率，惟輪船汽機則不然；其用化學及電力機械者，採用此種公量，則失其意義，常人亦不知其爲何物。其後將『勢力』及『工作』兩種名詞之意義推廣，及介紹工能意想，然後有一公量可以量度物理學各種力。以實用而論，以理想而論，若無以量化工之能，如同瓦特之量熱能，及朱爾之量電能，則毋論用何項量度法，皆不能盡善。是以此一『能』字，不獨在理想科學爲最要緊，卽在實業上，亦何獨不然。假使工廠所用之力，只有人力及汽力，原有一極草率之量度，卽計算用若干人，燒若干煤是也；若用電力則不能，除人工與物料之外，尙有應計算之多種事，在無公量則不能算工本及全用電溜時，於是『能』之一字，從前不過是科學中之一種量度，至是乃變爲可買可賣之貨。

化工之與力、熱、光、電、吸力各種變象有關係，前人早已知之。至是乃分爲研究，

三七、柏德樓及阿斯特瓦德

以求其可以量度化功之能者，於是視化功爲吸力、或質力、或熱狀、或電之分極性之結果。科學家於是有各種化功愛力學說，如力學、熱化、電化、各學說是也。此種特別研究，頗得有價值之新發明，及要緊之啓發：如從前柏德樓所啓發之質力例，今日則有古爾得堡（Guldberg）瓦治（Waage）恢復之；如法拉第之極要緊之電解例，柏德樓之熱化第三例；及哥布赫斯之要緊研究是也。以上所云之各種新發明，都無有能完全籠罩化功問題者，因久無人知，或不久同歸埋沒。近今二十年之最要緊事功，則爲研究及此幾乎解決之重大問題，即『化學之愛力（類緣）是何物，如何能量度之？』是也。關於此事，則以阿斯特瓦德爲首功，無可與之爭席者，【原註】阿斯特瓦德之最要緊著作，名「普通化學原理」，第一版兩册（一八八五年至一八八九年來比錫版），第二版，共三册，第一册已于一八九一年出版。此書共分三大部——化學計量法，化學工能，及化學愛力。欲知第十九世紀化學之大進步者，請觀阿斯特瓦德此作，及貝爾斯坦（Beilstein）之「有機化學」（一八九三年至一九〇〇年間刊行，第三版，共五册，來比錫版）。將來化學之發展，以此兩大作爲基礎。刊第十九世紀，則有格梅齡所著之「化學」，第一版見于一八一七年。參觀哥布「化學史」（第二册第一百頁）。阿士特瓦德教授，自刊行其大作之後，又與凡特荷甫教授，于一八八九年，發起「物理化學雜誌」，又于一八八七年，開設第一物理化學試驗所于來比錫。其最有創解最能啓發者，則爲阿斯特瓦德所撰之「分析化學」（來比錫第三版，一九〇一年，馬高溫有譯本）。

因前人之各種單行研究，或孤立研究，阿斯特瓦德皆取而量度其價値，組合爲一種極能包括之原理。阿斯特瓦德之苦工，極有要緊之實用，久已不爲人所領會，不久將有知其用處者，良以實業競爭，不能不研究出貨之經濟也：此種經濟，不獨免除耗料，且要免除耗工或耗能也。「原註」對于物理化學，理想化學，或普通化學，爲有統系有規則之研究，不過爲新近之事，可從阿斯特瓦德大作未出之前之化學史見之。則本書所常引之哥布歷史著作人，敘述至一八七〇年，尚極少提及物理化學。此則尤可注意者，因哥布本人，卽孤立研究此無人過問之科學者。其事功見于拖爾普（Thorpe）所撰之「化學歷史論」，一八九四年版，第二九九頁。雷屯堡（Ladenburg）博士，則有小册以論化學知識之發展，名「化學發展史演講」（一八八七年第二版）。從前德國極偏向于有機化學之研究，若此後德國以物理化學得名，則大有賴于阿斯特瓦德學派之潛力，及其大作中所討論實業之部分，在今日則以此爲最重要，亦如從前之以新發明及製造新化合物爲重要也。例如製造靛青，卽最應研究者也。發明化學愛力之意想，則由發起於意料所不及之方面——卽第十九世紀初年，有柏濟力阿斯化學研究，遂成爲此學派中心點之地。阿斯特瓦德教授在其新近所撰之愛力原理史略，以一八八六年爲最後之時期，【原註】阿斯特瓦德教授亦大約同時，在第一版之大著作第二册中，亦嘗組合愛力學說，打成一片。此事亦與他人同功，亦如赫爾姆霍斯，凡特荷甫，蒲郎克，阿侖尼阿（Arrhenius）等，爲化學歷史創一新紀元，惟此項學說，亦發生多數激烈辯駁，與其他學說相類。及阿斯特瓦德在第二版中，介紹能工學說，以爲此原理，足以爲化學物理學之基礎，于是辯駁更爲激烈。阿斯特瓦德在其著作，極力反對舊時以吸力，原子，動力等學說爲物理學之基根。關于此種要緊爭論，作者將于此章之末，加以詳盡討論。此時學者則宜參觀阿斯特瓦德之「普通化學」第二册，第一部序文，及第二部第一八二等頁。

三八、阿侖尼阿

此時阿侖尼阿宣布其以電流分解化液之電解學說。今欲使讀者明白此項物理化學最後發展之重要，不得不追溯從前之歷史，使知在第十九世紀中，科學家對於所謂固體、液體、氣體（毋論其爲動爲靜）之意想，漸漸改變。

不久以前，平常人之對於固體與液體之分，及流體與氣體之分別之印像，亦瀰漫於科學家之著中。水學與氣學有極謹嚴之界限，對於物之處靜者，及物之有官覺所及之動者，亦有極謹嚴之學說，以示分別。本世紀之大更動，卽在推倒此種分別。吾人以爲靜者，其說不能成立，其實所謂靜者，其中有隱藏而能量度之動，如氣體衝動說是也；此學說卽以氣點四方衝動，以解說壓力。向來所謂處於靜力之平衡勢者，則改爲處於動力之平衡，卽謂持保其均動，如熱流學說及輻射交易學說，及固體堅實意想，則由於漩渦動之學說，皆是也。至於處於兩者之間之物體，如粘體、膠體、及間於水與氣之間之蒸氣，在第十九世紀之初年，科學家以純粹算學研究此各項問題，得有若干易於量度特性之定數，則以爲研究無盡之自然變象之能事已畢。其後以試驗代算學，則此種問題，尤爲科學所注意。從前之見解，未免過於狹窄，其後有英國之大試驗家，及外國之獨闢途徑之化學研究，然後擴張此項狹窄之見。所謂試驗大家，在英國則有法拉第、格累謨、〔原註〕格累謨（一八〇四年至一八六九年間人）居倫敦大學學校教席多年，其後爲造幣局長，其研究物理學及化學，具創解之精神，而用極簡單之儀器，至今仍用其所創造之器。其巧妙之功業，頗爲利比喜所注意，于是將其所撰之「化學」譯成德文。其後壓有擴充，遂爲化學著作中之傑作者，垂六十年。此書之聲譽，與格梅齡之作相伯仲，其時格累謨之名、遍傳于德國，幾至家傳戶誦。格累謨嘗揭露氣體之動，及氣體之能混和，由是而發起一例，謂氣體之播散之速率，與其密率之方根爲反比。于是進而研究較繁複之液體，分物體爲兩種，一爲晶體，一爲膠體。又研究氣體經由小管之表散，及氣體之透過多孔物之滲出。

三九、格累謨及安德魯茲

格累謨又預言後來之各種揭露，又採輯有價值之資料，以爲後來學說之地步。又曾發明酒化物之存在，此種化合物，與水化物相似，並抱守輕氣爲金類之說。及安德魯茲；此兩君者，關於不甚顯著之物性，大有所發明，頗能使學者得有較爲深遠之知識。在一八二五年至一八五〇年間，格累謨有極廣大之研究，其所研究者，爲液體氣體之播散、吸收、及滲透之變象，證明在液體中亦有動，有壓力、不獨氣體爲然也。安德魯茲。【原註】參觀前文卷一第三一六頁原註。在一八六〇年間，則有極要緊之研究，致力於液體變爲氣體之情狀，其結論有言曰：『氣體及液體爲物質之相同情狀，不過程度相隔頗遠，有相連接之變更，則可以互易其體。』【原註】見「安德魯茲科學雜著」，一八八九年倫敦版，第三一六頁。亦論及『液體及固體並有相連接之可能。』

從前科學家關於液體之性，其後有一要緊進步，從前以爲靜者，今則以爲亦有動，於是此項意想，大爲擴充，大爲改變。此是克勞修司之功，此君宗朱爾等之說，大約亦以此時發起新式之氣體衝動學說。其啓發此進步者，則由於電解變象。舊時見解，以爲電流經過電解液，解放所賴以組合之要素，卽是一種與愛力相抗之力，如是則耗能。其後不久，則求得所謂化分者——得維爾（Deville）則首先稱為電化液之電離【原註】得維爾（一八一八年至一八八一年間人）從醫學方面而研究化學，初時專致力于有機化學，其後則研究煉冶化學，皆具有新創方法，隨後則研究熱學化學。其時克勞修司在德國用功，觀點各有不同，而得殊途同歸之效。得維爾介紹電解名詞，以指化合物之破解，以為並不由于化力，而由于物性之改變，如熱及蒸化，及凝結等類是也。布拉文有言曰：「得維爾之瞻察電離，與氣體衝動學說，有直接關係，所可留意者，則為得維爾並不承認此學說。此君既有表示極忍耐極巧妙之試驗之功，又有極正確之理想結綸，然而皆不為氣體衝動學說所移動。知此，則知其試驗及理想，更令吾人佩服。觀其對于氣體衝動學說，表示反對，或視為不甚可信，則更知其功業為可靠』（見第九版「大英百科全書」『得維爾』條下）。——不生於化液中有電流，而生于電流之情形。一八五七年，克勞修司首先說明電離，一八八〇年，赫爾姆霍斯繼起，而又有此說。於是發起一種意想，在某某種化合物之化液中（並非所有化液皆有此變象）即無電流，亦有電離（可稱絕交）若有電流，不過導引已經分離汗漫遊行之分子（即伊洪、亦稱離子）之方向，同時解除其電劑。【原註】前文卷一第四三五頁已言及，克勞修司當介紹其衝動學說之時，曾作分子與原子之區別，並謂有數位大化學家，獨立途徑研究，亦得有同相之闡理。又于一八五七年，介紹其化液電離（絕交）學說時，亦謂有預知在先之人。一八

四〇、電離

五〇年（利比喜「年版」第七十七册，第三十七頁），維廉孫在英國科學提倡會，曾發言曰：『科學等從研究而得之結論，謂在每種化合物中，其分子常有互易元素之事，譬如有一器鹽強酸，其中裝多數之綠輕分子，據吾人所得之觀念觀之，則意度其中輕氣原子，並不安然甘于與綠氣原子爲相依傍之化合，而常與其他輕氣原子互易其位』（見克勞修司「動力熱學」第二册，第一六七頁，一八七九年版）。近日有稍爲修改克勞修司學說，以爲發明，使與新近意想相合者，見洛治所著「電學新論」，一八九二年版，第八十三等頁。

四一、喜托夫及柯勞士

此項意想，發生化學家之激烈反對，其後漸漸有人明白，漸有立足之地。其首先以電化液之要素爲自由行動之意想，介紹於科學界者，爲喜托夫、及柯勞士兩君。柯勞士研究十年（一八六九年至一八七九年）然後發明離子遷徙例，以留名於科學歷史。於是即發生一問題，問『電流之工能何往？』隨後有發明電化液之薄者，及熱度高者，更易於導電。——此兩者應能助離絕交之變象。亦經有人不用電流爲研究者。外國之科學家瓦爾斯（Waals），凡特荷甫、拉烏爾特（Raoult），追踪格累謨、安德魯茲，證實及推廣物質之化爲液者，與氣體同；其滲壓力與平常氣體壓力相似；又亞佛加德羅例，關於氣體分子之數目，能用於液體；物質滲壓力之量度，能用以量度汗漫遊行之電子數亦如氣體內之化合物解散時，分子之數目增加，其壓力卽增加相同。又氣體將近凝結時，有反常之行爲，則以此分子之聚集爲之解說，在薄液內相似之反常行爲，則以分子絕交（卽離分）以解說之。阿侖尼阿先已將此兩說組合爲一，使之相輔而行，多得效果，以一八八七年有一解決之說。〔原註〕見其于一八八七年六月八日及十一月九日，迻交瑞典都城學會之著作。其言曰：『分子有活潑與不活潑之分別，活潑者破分爲離子，不活潑者則否。惟自由之離子，能導電，能有化功：此卽法拉第例之理由。離子在液中之行爲，一如自由之分子：此卽電化液與推廣氣體例（卽凡特荷甫之新發明）不合之理由。』〔原註〕此引阿斯特瓦德「普通化學」第二版，第二册，第六五六頁。

四二、邁爾論化學觀之改變

邁爾曰：『由此說觀之，吾人向以爲食鹽液內所有者爲不化分之鹽之分子，今而後知爲分散之鈉原子及綠氣原子，吾人之意想之變更爲何如耶。此種革命，不能不歸功於凡特荷甫、阿侖尼阿、阿斯特瓦德、蒲郎克諸君矣，至以試驗之功業而論，則不能不尤歸功於拉烏爾特，因其有多年之研究，預爲此項極偉大理想進步之地也。』〔原註〕見其所撰一之演講，題目爲「今日之化學問題」，一八九〇年海德爾堡版，第三十二頁。

四三、阿斯特瓦德之雜誌

一八八七年之組合兩說，當能作物理化學之新紀元。一八二六年，因有克禮爾之雜誌，而德國之算學中興；亦如一八八七年，爲阿斯特瓦德及凡特荷甫同主辦之物理化學雜誌第一期報出版之年。從此以後，向來所忽略之化學物之物性，至是則有有統系及算學的研究，引入於解決一極大問題之路，卽「化學愛力爲何物」是也。

從前郎肯及湯姆孫發明能工學說時，曾啓發一項意想，以爲尙有更普通之工能原理在，可稱爲工能學；其發起物理化學之諸子，以爲逐漸能達目的，又謂若求達目的，非脫離天學觀、原子觀、動力觀、種種舊學說不可。又謂舊時之學說，祇能包括有限範圍內之自然現象，若求化學之發展，使成爲確切科學，則非擴大眼界不可，非求得能包括衆說之學說不可，因舉凡一切吾人意想中所能想到之各種自然工作，皆同聚於化功，是以必要求得有範圍較廣之獨立學說，其能擴大科學家眼界，則有美國之耶魯（Yale）大學教授，自然哲學家季布茲苦心研究之功勞，惟久已爲世人所忽略矣。

四四、季布茲

季布茲所詳盡研究之思想，則亦發源於湯姆孫，克勞修司之理想。湯姆孫從前採用熱力觀，及各項工能互變及工能當値學說時，則首先見到，若用以實寫自然變象，使得正確，則此學說應再事修改。因工能變爲各種形狀只有一方向；而自然趨勢，則爲工能退化，或工能散蕩（虛耗）如是工能雖然並不歸於毀滅，而用處較少，不甚適用。工能之最適用者爲熱；所有一切自然變象，必失其一部分之能，卽失熱是也。是以同是一能，而有適用與不適用之別。其後湯姆孫對於某種有界限之問題，曾發明〔原註〕見所撰之「算學物理學雜著」（一八五二年）第一册第五十九號，題目爲「自然之虛耗力能」，一八五三年又有說帖，題目爲「從受熱不等處間恢復力能論」。一八六八年，退特所著之「熱力學略論」，有言曰：「失熱既有散蕩（虛耗）名詞，則可以適用之熱，亦應有名詞。克勞修司介紹一極好之名詞，稱爲「際能」，可惜與吾人意中所欲達之意適相反。若再創一名詞，亦從事擾亂者學而已」（第一百頁）。退特于是卽用遷能名詞，而改變其意，用以量度可用之能，而非不適用之能，于是發生擾亂，令人不快。參觀馬克斯維耳初版之「熱學」，及第八版之第一八九頁，又勞修司之「動力熱學」第一冊第三八七頁，又第二冊第三二四等頁。假使退特于一八六八年時，介紹一新創名，則可省却若干混亂。其後一八七六年，湯姆孫提議，用一新名詞，先通告愛丁堡學會，其後有詳細説帖，登于一八七九年五月「哲學雜誌」中。其所提議之名詞。卽是「熱力之發動工能」，或有用工能。如是則有兩名詞，「其一爲工能，其一爲發動工能，舉凡一切物情，如熱度，彈性，微管吸，力，電力，磁力，皆爲此兩名詞所包括，得由最單簡最直接之路，以明證物質之各種熱力問題。」（見湯姆孫所著之「算學物理學雜著」第一冊，第四五九頁。）

如何測算可用與不可用之工能；介紹一新名詞「發動工能」於科學，其意卽謂：「同是工能，其可用者，則爲發動工能，浪廢者，則爲散蕩或虛耗。」自然原有一項要緊而極顯現之特性，卽自然之工作（或手續）大抵皆趨於有一定能劃清界限之方向。當湯姆孫正在以科學語言，發表此特性，並以算學計算之之時，則有郎肯、克勞修司、各闢途徑，以算學研求此性之公式。凡是毋論何種元素、或因子、或數量，有趨於一方向之勢者，吾人卽可以臆斷，其間必有界限之數量，或永遠增多，或永遠減少。此項數量，或不能直接瞻測，或不能直接量度，非若力學之動、或速率、或距離之能直接量度；此項數量或隱藏不見，吾人無特別覺官可以感覺，

四五、隱能

非如聲、光、壓力、熱氣，吾人皆有器官以直接覺之；然而或可以間接揭露之，因其有有清楚界限、能瞻測之數量及因子（例如熱、熱度、質量、容量、壓力等是也）以造成之（爲一函數）也。郎肯及克勞修司，求得熱之變化（幾乎包括自然事功或手續淨盡）卽有此項數量，永見增加，若以算學文字達之，此卽量度世界日見損失之可用或有用之工能之數量也。郎肯對於此數，只稱爲『熱力函數』，克勞修司則以爲當撰一名詞，使與能相稱，稱之爲熵（隱能）

【原註】克勞修司先于
一八五四年（見坡根多
夫「年報」），已知熱力第二例之效果，其第一例爲工能常住，第二例爲
能工變相。其所知之效果，與湯姆孫二年前所得者同。隱能名詞，則遲至
一八六五年克勞修司始用之。（見坡根多夫「年報」。）其決定用此名詞
之時有言曰：『予之造之名詞，意在顯用能字之模型，因爲此兩名詞所包
含之物理之意，關係最爲密切也』。克爾文則注意于直接說明，以爲在一
切工能變相中，學者應有總數工能，及可用工能之區別，于是用工能及發
動工能，爲所有一切變動情形之兩函數。在第九版「大英百科全書」『熱
學』條下，湯姆孫曾發明發動工能與隱能之算學關係。（見「雜著」第三
册，第一六七頁。）發動工能名詞，並不通用于熱力著作中，而科學家皆
以爲應收窄工能名詞之義，留爲代表可用工能之用，例如發力之工能是也
。瓦爾德（Wald）嘗歎惜不留工能兩字，以指可用之能。其言曰：『假使此
工能名詞，通用于未發明熱力第一例之先，則只有力能可以簡單稱爲工能

」。邁爾諸君所用之名詞，則界限不清，往往將總數之名，與可用工能，混而爲一。參觀沙特利厄（Chatelier）之「物理月刊」一八九四年。

卽謂鎖閉之能，或隱藏之能。湯姆孫之說，謂自然趨勢，是工能散蕩，加勞修司既用隱能名詞，則謂『世界之隱能日見增加，』語異而意同。

自從介紹此新意想於科學之後，如是者有二十年，其間則有算學家、物理學家，大抵多致力於此項隱能，並保護熱力學第二例，免生誤會，免受攻擊。一八七八年，累力爵士尚能發爲議論曰：『根據於熱力第二例之工能散蕩學說，已歷多年，爲算學家物理家最好研究之問題，然而機器師、化學家、及多數科學家未能充分承認。惟是最重要之問題，則爲處如何環境，然後能從熱以得工作。若只知熱既作工之後，其當値之熱已失去，不過爲吾人所宜承認者之一極小部分而已。』【原註】見「皇家學社報告」第七册，第三八六頁。

科學家對於此要緊之新明，既有如是之意思，卽有兩人照此方針起首研究。

四六、和斯特曼

——其在德國則有和斯特曼（Horstmann）【原註】和斯特曼以一八六九年卽事研究，在一八七十餘年問，亦有著作，登于利比喜之「年報」，而久不得解人，且往往爲抱守舊思想者所攻擊。（參觀阿斯特瓦德教授諸作，赫爾姆之「工能史」，及度罕 Duher 之「力學化學」，一八九七年版，第一冊，第八十四等頁。）自從有湯姆孫，詹姆士之預料，物理學家皆公認熱力學說之要緊，而化學家則仍守舊說。和斯特曼則謂此種舊學說，對于此各種問題，無濟于事（見赫爾姆「工能史」第一四三頁）。美國則有季布茲。〔原註〕季布茲之研究，起于一八七四年，其所根據，則較和斯特曼爲深，亦歷久而索解人不得。馬克斯維耳知之，而不知者居其大多數，固由于其著作全爲抽象性質，亦由于當時之化學家，未能領會其算學形式。其未研究化功平衡問題之先，曾經發展湯姆孫・詹姆士之意想，獲得效果。湯姆孫之意想，即欲以三元圖，解發表熱力學各數量，而不用二元圖解也。湯姆孫以容量，歷力，熱度，代表物性，季布茲則用容量，工能，及隱能，三事。湯姆孫之三事，皆可以季布茲之三事範圍之，而後三事則否。馬克斯維耳在其所撰之「熱學」中，曾表明季布茲之事之利益較大。德國則有阿斯特瓦德教授，採輯繙譯季布茲之著作，以惠學者（見季布茲「熱力學研究」，一八九二年來比錫版）。其後阿斯特瓦德及赫爾姆，皆有所發明，以使學者易于明白季布茲之方法。參觀阿斯特瓦德之「普通化學」第二冊，第二部，第一一四等頁，及赫爾姆之「算學化學」（一八九四年來比錫版），與其所著之「工能史」。其後赫爾姆又介紹普通而有用之狀態兩字，以指物所能存在之不同各體。以各詞並指絕交，同素，及同分異性之各種，更變而言。此兩君爲首先研究化功平衡問題之人，所謂化功平衡者，即各種相反對之化力（稱爲愛力或類緣）之效果；以爲通行於大陸之熱化愛力之說爲不正確，或不完全。此熱化愛力之說，原爲丹國之湯姆生及法國柏德樓所極力研究者，有多數之有價值之試驗研究以輔助其學說；學者所利賴於此兩君之試驗研究者甚巨。此說以發生之熱量度化功，由是而發明熱學化學之第三例，曰：有如是極大工能熱學發生，即有如是之化功。此例用於化功之熱度，及於試驗室所用之熱度者，雖有大多數之應驗，若作普通例則不能，其在例外者尙多，則要用種種巧妙方能爲之解說。可見此例仍要擴充或修改。不獨化功以其所生之熱爲量度，其他變象，亦嘗用之。

四七、赫爾姆霍斯之自由工能

一八四七年，赫爾姆霍斯曾發起關於電解，即欲以化功之熱，量度電動力，科學家以爲正確者爲時甚久。其後赫爾姆霍斯發見多數不符之處，遂於一八八一年，復詳細再研究此問題。其所得結果，爲量熱之法，殊不準確；同時即介紹一較爲普通、較爲適用之法。其所得之意想，即爲熱度不變時之可用或有用之功能。反應之方向，即靠此數量而定（熱度不變），遂稱爲自由工能。曾經發明在平衡時候之自由工能（或可用工能）必是最小數。又發明自由工能，與郎肯及克勞修司之隱能（不可用之能）之關係。以化功靠一項界限分明可量之數之增減爲轉移，即是證明其與動力手續相平行，因動力手續常有趨向位能減少之勢也。是以度罕稱自由工能爲熱力之位能（亦稱勢能，）此是妥當名詞。

赫爾姆霍斯並未十分推廣此結果甚多之見解，然而其解說則頗有發明如何較爲準確、及較爲融會研究此類各問題之功。和斯特曼之研究，已能引入此項學說，季布茲亦用之在先，累力爵士亦曾有此項提議。【原註】其曾經研究此結果極多之意想發生之歷史，雖謂起自湯姆孫（見退特「熱力學」一八六八年版，第一百頁），及馬克斯維耳（見其所撰之「熱學」第八版，第一八八七頁，又度罕「力學化學」第一册第九十二頁，又沙特利厄「物理學雜誌」，一八九四年版，第二九一頁）。又謂公式曾見于馬修（Massieu）之著作（度罕之所引，見一八八六年版「位能之熱力學」。第五，第十一等頁），季布茲且曾用于絕交之變象，有界限極爲分明之解說，（見阿斯特瓦德「熱力學研究」，及一八七九年「美國科學美術雜誌」）。又謂特因度罕之研究，然後有化學家之注意。然而普通施用此自由工能之意想，則應以有赫爾姆霍斯之極清楚之說明爲始。度罕一八八六年之著作，有一介紹文，有極有價值而極清楚之歷史，其後在一八九七年至一九〇〇年之間所著之大作（「力學化學」共四册），載有多數推用此學說之案。在思想史中，此類抽象之發明有兩要點。一，爲實寫自然變象起見，只知總工能，與只知總重，同爲無甚大用處，其最要者，爲知有若干之自由工能，即可用之能；二，化功之變動或反應，不能只以一種物性量度之，即不能只量其質重，或其熱度，或其隱能，必要量度其能包括各種物性者，此即總能及可用之能是也。此外，尚有第三要點（科學家視此，則見解不盡同），即爲算學公式，表示化功學手續，與動力手續之相類似，動力手續則發明在先，較爲易于明白。

四八、克爾文之可用之工能

總工能與可用工能有區別，此意想則發起於克爾文爵士及馬克斯維耳。此自由工能，不得只以所發生之熱量度之，因自由工能與容量、壓力、化學物之種數、及其物理情形，皆有關係也。有總工能之學說，及自由工能之意想，則能指示學者以兼計各項因數（即所謂容量壓力等等）之法，以公量爲之計算。動力學有郎肯所介紹之位能名詞，以指導一切力學闡理，使學者有清楚之意想；化學則有赫爾姆霍斯所介紹之自由工能之新名詞，有介紹極有結果之意想於化學之功。自由工能（即可用之能）之名詞，實寫可用之能，較爲自然；其相反之名詞，即隱能，其所指者，則非吾人所能直接知覺者。【原註】阿斯特瓦德教授，嘗謂熱力第二例，原有多數之說法，至于喜用某種說法，則視乎各人之好尚，（見「普通化學」第二冊，第二部，第一五○頁）。毋論如何說法，最要之點，只在能表明原理，謂熱不能從冷物流入熱物而已。傳立葉即用此原理，此成立其顏色學說，亦爲嚆矢所發明之說之理據。至第

十九世紀中葉，有湯姆孫及克勞修司之審察評論，然後發明此深藏未現之
眞理。可見同一問題，不出乎兩途之分頭研究，一爲物理學方法，有直接
之功，一爲用算學，而有漂亮之結果，物理法引入實用，算學則引入分析
之奧妙。馬克斯維耳嘗審評退特一八七七年所刊行之「熱力學」，（見「
科學雜著」第二冊，第六六六頁），有克勞修司與湯姆孫所用之不同之法
，兩相比較，馬赫教授（一八九六年版「熱學」第三百頁）之持論相同。
馬克斯維耳論湯姆孫曰：「湯姆孫並不創造記號以指隱能，然而首先爲總
工能及可用工能，及工能之散蕩立界說。：：凡數量之不能以試驗而量度
之者，則不用」。自有此評語之後，即有多數著作，以發明熱力第二例，
及隱熱之意想，使人易知。而其目的，又分兩層：一，專爲製造機汽（即肯
，嘸涅學派），並爲研究化功平衡情形，（季布茲，赫爾姆霍斯，度罕派
）；二，因熱力第一例，說能工常住，第二例說能工變相，科學家欲使第
二例得有堅固之基礎，與第一例同。第一例，則較爲易知，因其與動例同
爲力學之公論也。熱與力有其當値之說，一旦發明，則能工常住之說，自
然較爲易知。惟第二例則不然，其所介紹之自然工作之特性，不能因力學
而知之，以其無互易之可能也。而此特性，又與熱度相關。欲使其易知，
則必要從力學上爲熱度界說。只稱熱爲動之變相，尙有不足，必要兼說熱
之熱度，因爲熱度有相差，然後能爲有用之熱，是以必要設法，以動代表熱
度，自然漸見到以動力製熱度界說。熱力學之兩發起入，克勞修司及克爾
文爵士，發明工能常住，及工能變相兩例時，並未存有動力之意想。郎肯
則組合此問題，于分子漩渦學說。克勞修司原爲發起氣體衡動學說者之一；
早欲以此學說解說傳熱各例。馬克斯維耳，赫爾姆霍斯，波爾茲曼，及
其他科學家亦然。布賴安作一報告，題目爲「第二例與動力學原理關係之
研究」，（參觀一八九一年「英國科學提倡會報告」第八十五頁），關于

上文所云之研究，頗有評論。上章所討論之三種特動，即週期動，旋動（即運動），及極快之直動（無秩序之動），皆嘗用以變熱力爲工作，動力模型，「以分子解說第二例，關于第二例，吾人略有所知，關于分子，則吾人所知者更少』（見第一百二十一頁）。現在不過似乎有一種設想，以爲當有以動力解明之可能。至于馬克斯維耳及布茲曼兩君所研究之統計意想，則當於下文討論統計觀時詳論之。

四九、阿斯特瓦德之普通化學

在湯姆生及柏德樓試驗多年研究之後，在和斯特曼介紹熱力學說於化學之後，在季布茲證明如何當化功之能爲多種形狀不同之能之總數之後，在赫爾姆霍斯發明自由工能之可以量度化學反應之後，則有阿斯特瓦德教授，在八十年之後，試將所有一切關於化學愛力之學說，組合爲一條融通之原理。柏托雷所有爲人忽略忘記之功業，及其名譽，得阿斯特瓦德以恢復之。「原註」阿斯特瓦德教授，于一八八七年十一月二十三日，初登來比錫物理化學教壇時，曾發明與此問題相關之各原理。追溯第十九世紀初年之化學兩大學說，一方面有柏格曼爲代表，其他一方面則以柏托雷爲代表。柏格曼之見解，謂有化力相競爭，強者得勝（反應完全），柏托雷之說，則謂『各力往來，相反相應，其結果則爲凡力皆有其應得之效果。強者多有所得，弱者所得不過較少而已。有時其間有原可化合之能者，因其特性，則逃避于競爭界外，或爲不能鎔解之物而下墜，或逃避而爲氣體，然後能有完全之化分，而柏格曼則以此爲通常之結果（見「工能變相論」，一八八八年來比錫版，第二十頁）。化學家向來偏好研究完全之反應，以亦毋足怪者，以其有實用也。至于有動之化功平衡，則與所謂物質動力，及反應之速率，有關，新近始復有人研究之。阿斯特瓦德謂此種久已無人過問之研究之中與，當以一八六七年為始。其時「有兩位那威國化學家，古爾得堡及瓦治，以謹嚴算學公式，發表柏托雷之意想表，以所得之方程式，加以瞻察及證驗」（見第二十一頁）。阿斯特瓦德又表明柏格曼之學說，同時復生于柏托雷從熱學化學引申之著名第三例。其後又得季布茲不純物之平衡研究以修正之（見「熱力學研究」，一八七五年版，第六十六頁，又阿斯特瓦德「普通化學」第二冊，第二部，第一六三頁，題目為柏格曼及柏托雷兩學說之相通論，「評論報」一八九四年第一一八頁），柏德樓之議論。又

自其所撰之普通化學第二冊刊行之後，頗能鼓舞學者，為物理化學之研究。此作為學者多增知識，又有各種研究之評論，足為近代科學思想史立一新紀元。附於此項發明，又有對於自然變象之特別觀發生，此則阿斯特瓦德與大陸其他科學家所主持者，頗有反對舊觀之趨勢，以新說較為能融會貫通諸說也。新說家頗蔑視舊說家，呼為物質觀（卽天學觀、原子觀、力學觀是也。）此項新學說，由物理觀而發生，頗有根本意想激發外國多數評論，作者將統論其重要之點之與今代思想史有要緊關係者。

自從以工能爲有可量而有常住之性，與物質相似之意想發起，則發生一問題，詰問工能究有若干形狀，可以發現；其最初發起人，則試言其有若干形狀，大抵皆以動能及吸力之能爲首列。及研究熱之變象，因知熱亦工能；隨後又發明隱熱，於是知有組合動之意想及熱之意想，因已發明熱與力有互易之性也。先是聲與光已有動力觀之發明，因是而多增學者之聲學光學之知識。是以有英國之郎肯、朱爾，其後外國則有克勞修司等，致力於譯熱性爲動力性。【原註】洛熷堡革在其所撰之「物理學史」中（第三册第五五〇等頁）詳引各種學說之發見于一八五〇年前後，而爲學者所已忘記者。克勃修司對于其所發起之動力熱學學說，及其所發起之氣質衝動學說，明分畛域（參觀一八七六等年第二版之「動力熱學」三大册），然在其一八五七年所刊行之說帖中（見坡根多夫之「年報」及「動力熱學」第三册，第一等頁）有言曰：「自從研究熱學起，即欲解說熱物內裏之動狀，隨後即得有一種之意想，在未刊布第一說帖（一八五○年）之前，即用于各種研究及推算」。又謂從西門子（Siemens）得聞朱爾發表相似之意想（見一八四八年及一八五七年之「曼徹斯特哲學會報告」），其後又見克洛尼之宣布（一八五六年），于是決計刊布自己之見解。」讀者于此，宜注意于克勞修司及馬克斯維耳（在另種之研究內），其先亦爲動力意想所指導者。惟克爾文爵士則不然，其關于熱學之創新研究，則並不爲此要素所牽引，其在別種研究中，則頗多以動力學力爲之發明

第七章 以物理觀研究自然

，有造于學者不少。克爾文新近對于以動力解說動力熱學第二例，頗有可貴之評論（參觀上文。第一七六頁原註所引之布賴安報告第一一二頁）。英國之爲教課而撰之第一本動力熱學（一八六八年退特之「動力熱學略說」），並無提及分子學之語，亥安原是一大試驗家，亦不引及此說。其所以致力於此項類推者，並非以爲必要，不過爲教課起見，有其便利之處得以用習見習聞之事，解說其罕見罕聞者而已。對於此問題，常有兩種見解。此則在上文詳論原子學說時，曾經言及。科學界中有以爲原子學說，不過是一種便用記號，亦有以爲原子，實有此種物之存在。後一說則日見其有力，日見其重要，不獨以此學說代表化合物之化學的組織，且要代其複繁之物性之分別，其中有數種，只能以幾何意想寫明之。他且勿論，觀於氣體衝動學說，及上文說過之左右性，與同分異性可知矣。作者在上一章討論動力觀之時，亦曾言及聲浪光浪學說，其後亦不過以爲是一種記號，然而初發起之人並不以爲然，及今代有名自然哲學家亦極力反對。物理學化學之動力學說，則際遇與此適得其反。當時道爾頓之原子，學者頗示懷疑，及其後有種種之研究，則頗不能反對原子之爲事實；至於介紹揚之光浪學說，以包括電磁變象，則不得不有繁複之說明，因是而露出不自然之狀態，及出於人爲者太多——甚至於馬克斯維耳亦棄去此項闡理（初由此闡理而得根本公式者，）而改用工能意想。

五〇、動力學與工能學

本章所討論工能之意想，其所遭遇亦同。科學家頗有以爲工能觀，其意不過謂凡有自然變象者，皆可以譯作力學文字：於是創造種種動力機械，以發現各種光、熱、電、化之行爲。亦有科學家以爲凡各種形狀工能，皆有其當値之說，其意卽爲此數量能發現多數形狀，動能不過是其中之一：於是極力研究求工能之各種形狀之公有特性。此派哲學家，以爲工能比於動較爲普通，若縮小此意想，只以工能作爲吸力拒力（天學觀）工能，及物質極小點之間之工能（原子觀，）或作爲動能（動力觀，）則未免大誤。

若從純粹科學方面觀之，動力觀頗有其特長之處，因從此得有進步及富於結果之研究，又宜於教課，可以解說常識及顯而易見之特性，又有謹嚴之界說，及量度、推算與預料將發生之變象；又能破除一切空泛意想，得以算學而闡明其理。如氣體衝動學說，及光浪學說，即最著之榜樣也。工能意想，及熱（最下級工能）之特殊性質，漸失其奇怪之處，而日漸其明白者，因有位能之界說以指勢能，又有可用之能（或稱自由能）以指有規則或有秩序之動能，又有不可用之能（或稱不得自由之能，）以指無規則動或無秩序動之能；及有更怪之數量稱爲隱能者出現（此則克勞修司及郎肯所極力使科學界明解其意而不果者，）作爲量度物質元素中之無秩序之動。

【原註】當日赫爾姆霍斯研究化學事功之熱力，並未引用動力學說，求得自由能之公式，在其第一說帖（見一八八二年二月二日「柏林學會會議報告」）有言曰：「吾人最後仍要一公式，以爲生力（即實能）與熱工當値之區別，此熱力當値，大抵皆以當作不能見之分子之生力。今擬稱呼第一種生力爲有秩序之動之生力。所謂有秩序之動者，即是有動的物質之複合速率，是處間坐標之能作爲微分之函數者。所謂無秩序之動，即是所有分子之動之與其四鄰之動無相類似者。吾人儘有理由，可信熱動即去第二種動，故此可以當隱能，爲此無秩序之量。以人之能力所能爲者而論，比于分子之構造，未免太粗，只能將有秩序之動，變作其他形狀之力工』（見「科學論文集」第二册，第九七二頁）。

法拉第之力線，及其苦心臆造之空中樓閣，以描寫磁、電流、荷電體，而爲馬克斯維耳所拋棄不用者，其後竟能證明在教師及實用電學家手中，爲思想之利器——爲一種之極有用之減寫法。其發起漩渦學說，以研究物性者，雖以爲此種之動力構造，未必能發明終極之物性，或無重物之性。【原註】克爾文爵士有言曰：『予誠恐只靠漩渦原子學說，實不足以解說所有之物性，卽謂不能只以不受歷流體之物爲之解說也。予曾研究，以此學說，施予結晶，或電，化，吸，各力，皆無其用處。：：只能盼望將來有一日，科學家可以明白原子之性。予不能不割愛，拋棄：僅以結構動狀之爲足以證明之意想，用力甚勞，而終歸于拋棄之，殊爲可惜也』（見和爾曼教授所引克爾文爵士之言，見所撰「物質能力工論」，一八九八年紐約版，第二二六頁）。然而世界之極聰明之科學家，仍有不忍拋棄，而竭力研究此學說，仍以爲尚有希望也。【原註】湯姆孫・詹姆士教授有言曰：『以予之所知而論，所有變象，無不能以漩渦原子學說爲解說者。以予個人而論，予常設爲想像，以一種漩渦環機構，解說予所研究之變象（往往失敗）。予之目的，仍在以漩渦原子以解說一切』（見和爾曼著作所引）。

動力觀，機械觀、或物質觀，常有反對之人；在第十九世紀之初年，此派反對家自稱其所抱持之主義爲力學（dynamic）派。其時此派之所最反對者，爲原子學說。此派之評論，雖有發明機械觀之有其界限之用，而不能發生效果，因其學說空泛，而不能用算學兼瞻察以研究之也。

五一、機械觀之評論

近日之評論機械觀者，如阿斯特瓦德教授、赫爾姆教授、馬赫教授，【原註】馬赫教授，早有獨研究處之地位甚為特別，其所著作，為評論的歷史的分析最好之榜樣。予頗得其功。其最早之論說，起于一八七二年（有「工能常住問題源流史」及「液體狀態論」）。其所著，有瑪柯瑪教授，採輯而譯行之（稱為「科學演講」，一八九五年芝加哥版）。其所撰之「力學」（亦瑪柯瑪所譯，一八九三年，倫敦及芝加哥版），始刊行。于一八八三年，在德國頗有勢力，其後在英國亦有勢力，觀于披附遜教授之「科學文法」（一八九二年第一版，第三八七頁），及拉甫教授之「動力學」（第八十五頁）可知。至于近日之工能學派所討論之物理學之各方面，則馬赫早年之著作，已有所討論。作者在此章中，常引用其有價值之著作，如「熱學原理」（來比錫版，一八九六年）。皆知以算學發明其所篤守之學說之為要緊，而以阿斯特瓦德、赫爾姆、兩教授以算學研究化學之事業為最多。惟其所謹守勿失之法，則在乎不同理想之數量（如原子學說、及其他學說皆是）而用直接能瞻測之數量，如工能、物質、壓力、容量、熱度、熱及電之位能等類是也，而又不約化為意想之動力數量。【原註】近日之討論，及近日之著作，大概可區分為兩趨勢：一，介紹工能常住，及工能變相意想，以組合理化學各分派，及施用于實業與生理學，此則自湯姆孫及退特之自然哲學刊行之時起。此作之學說基礎，已經有大科學家討論，而以德國之討論，尤為詳盡。作者只提蒲郎克之多數著作（附載于其「動力熱學」，一八九七年來比錫版）。第一篇，即為其得獎之論說，題目為「工能常住原理」（一八八七年），較早之著作，則為「第二例』（一八七九年）。其目的在乎以能工意想為根基，及工能有各種形狀之發現，則造為方程式，即用為計算之根據，如同在通常物理學內，皆以動力方程式，為各種物理學說之起點。其用能字，如牛頓派動力學之用力字。此法大抵是仿照克爾文及克勞修司。研究熱學之法，克爾文尤為篤守此法，此項動力熱學之孤立性，有兩法以解除之，或用動力學說于熱性，或推廣其法于其他物理學界內。第一法則為郎肯，克勞修司所用，第二法則起于推用動力熱學于化學變象，因用動力學處置，殊無效果也。此第二法，用意較為博大，欲此動力熱學，改造物理學，化學，及動力學，發起于一八八七年，其時赫爾姆教授刊行其所著「工能學」（來比錫版），恢復郎肯所創用「工能學」名詞。其後刊行其以工能學處置化學之著作，（「算學化學」，來比錫版，一八九八年），此作頗受季布茲化功平衡說，及度罕新發展赫爾姆霍斯自由工能意想之滑力所轉移。其最後之著作（「工能史」，來比錫版，一八九八年），載有工能意想，如何漸漸脫離其混雜于動力學之歷史。此項混雜，從前之著作家皆所不免，惟克爾文能一切脫離，專以工能學原理，重新創造動力學，並有對于各家評論之辯護。

其成功至如何程度，今日尚不能定。科學家謂物理學量度之元素，處問三元之獨立，必要有物以輔助能工意想（不必指明方向、如物質之無用於方向）必助以一種純粹機械性之設想，列如自由之等級，又謂經

十九世紀歐洲思想史 第一編 上册

討論之各式工能之相互關係（有季布茲之算式爲之發起）再不能爲有用之推廣。此相互關係，〔原註〕工能學之大融通，始見于一八八七年赫爾姆之大作。自謂曾將諸家如嘸涅（一八六六年），馬赫（一八七一年）‘季布茲（一八七五年），馬克斯維耳（一八七五年），哦丁艮（一八八五年），坡柏(Popper)（一八八四年）之提議，用一最普通之算式以包括之。凡工能皆可以分爲兩要素：一曰烈度或強度，後來有稱爲位工能平面者；二曰廣度，有稱爲容量者，有稱爲重者。一八九○年，赫爾姆又有擴充，而不甚爲科學界所注意。及阿斯特瓦德出，始略有修改，而介紹于第二版之「化學工能」（一八九三年），作爲愛力學說之基礎。觀于此大著作之第一版與第二版，可見其拋棄機械學說，而用工能學說也，（見前書第二版第一一四頁附註二，又見第二册第十二頁）。一八九四年，在維也納開會，派一委員團，于一八九五年，報告工能學之情形，由赫爾姆作介紹文，其後赫爾姆之演講及討論，則見于「討論報告」（第二册，第一部，第二十八等頁），又接續登于「維特曼年報」第五十七等册。同時此問題，則有阿斯特瓦德之哲學的發展，見其辯論性質之演說，題目爲「物質學說之征服」。從此以後，則稱機械觀爲惟物派，其反對家則稱新派，或工能學派，爲唯心派（玄學派），謂其空泛而無用也。此事至今日，尙無詳盡之討論，及透徹之研究，波爾茲曼，訥伊曼，赫爾姆，處置此事，頗有耐性，有所調停，解除誤會。有各種著作，具載于赫爾姆之「工能史中（一八九八年來比錫版）。有初時幫助介紹工能學學說者，其後則不從赫爾姆阿斯特瓦德之最後融通學說，不欲造于如此深遠程度，但因爲處置動力熱學及化學問題，則用所謂變象觀，仍認原子說及動力說爲有用，然其中亦有以爲無採用之必要者。所謂變象觀者，只處置能瞻察能量度之數量而言，與原子觀動力觀相反。此派則有蒲郎克（參觀其所撰之「動力熱學」，一八九七年來比錫版），湼恩斯特（參觀其所著之「理論化學」，判、麥譯本，一八九五年倫敦版，第二十二頁），以爲代表，蒲郎克則謂不過以此爲動力觀之過度（見序文，第五頁）。波爾茲曼有結論，將所謂機械觀，能學觀，變象觀，所處之地位，劃清界限，承認三派各有其用，雖指明獨守一說，而排擠其他各種學說之，爲難，又謂本人推用原子學說之，處甚多，頗知「原子學說所能解決之多數問題，有非變象學說及工能學說所能解決者」。又謂「凡有一學說所發生者，爲獨立結果，而非用他法所能得者，有多數之物理學化學結晶學之事實可以作證，則此種學說必要任其再事，發展，而不必攻擊」（「閔行學會討論報告」，一八九九年版，第一二一頁）。其先既有嘸湼、馬赫、採用，或使學者注意，赫爾姆及阿斯特瓦德則位置於工能學說之最高點。謂凡有工能發現之處，則發現兩因子或要素，即烈度（或强度）因子、及容量因子是也。此兩名詞，是借用熱學及電學之舊學說者，以量度工能量及工能變化之方向：其普通例則云，毋論作何形式發現之工能，其趨勢必自位勢之高者，走向位勢或强度之低者。

五二、結果

以物理觀研究自然變象之最後結果，則以爲工能是物。既然，則思想家應研究，若只用物質理想及工能理想，而不用第三項以太理想，究竟能得如何進步，因當初介紹以太學說時，能工常住之意想，尚未成形也。「原註」讀者欲知以太說之發展者，宜觀阿斯特瓦德之「普通化學」（第二版，第二册，第一部，第一〇一四頁等）。阿斯特瓦德有言曰：「今爲解說自然，而不用理想起見，吾人應問，是否可以不用以太學說。予以爲可以不用。試問所有處間工能換置之理由何在，則答以在于太烈度或強度之分別。……其最要之點，則爲既以工能爲實有之物（其實外界只有此一項實有之物），姑論在何地，皆見有此物，則無查問是何物所傳遞之必要。如是則學者可視輻射工能，爲在處間有獨立之存在。烈度通例（此是實驗事實，）即謂在處間工能，若有強逼之使變其烈度者，，工能趨勢則使其復歸于平等之中，有一原理，由此原理推之，姑論何處有過分之工能，則此處必有工能之過渡（或傳遞）」。由此觀之，阿斯特瓦德教授之意，似乎以物質爲能工之附屬變象。參觀波爾茲曼「氣體衝動學說」之末後附註，及第一一四等頁，又參看庖利博士（Dr. R. Pauli）之「第一及第二主義論」，一八九六年柏林版序文。

五三、新近原子觀得勝

正當外國及本國討論物理研究之正確方法之時，原子觀及以太之機械意想，大獲勝仗。「原註」德國自從有一八九五年之開會討論，其後又接續開會討論，又在「物理化學年報」討論，一方面又有赫爾姆之大著作，一方面又有波爾茲曼之結論，隨後此問題無甚發展，而英國似亦不甚注意。其後有發起于兩不同方面之評論，此問題由是復活。第一評論是純粹哲學性質，見于窩德教授之「季斐德講演」（一八九六年至一八九八年），印爲兩册，書名是「自然學說及不知學說論」。第二評論爲傍卡累一九〇〇年，在巴黎之物理學家大會之演講。由是，英國有坡印丁（Poynting）教授一八九九年之演講，拉摩爾一九〇〇年之演講，律刻（Rüker）一九〇一年之演講，皆在英國科學提倡會所演講。舉凡一切物理學之原理之是否合理，皆有詳盡之討論，例如物離力及，原子，動力，以太諸學說，及用機械模型，其他各種問題，皆在討論之列。其結果爲有極重之聲明，謂關于物質之構造，原子學說，爲極有用，絕不可少之學說，又對于相連接之以太爲在處間傳遞物力之機關，有同等之聲明。在上章之末，作者曾論及『電』之一字，在馬克斯維耳及篤信其學說者手中，漸漸失去其物質之意義，只餘一種意想存在，此意想即是：電是一種在電磁界內之動狀或壓逼，因是所謂電荷名詞，並無劃清界限之意義，不知究竟是何物。作者又曾言及學者之受過庫隆及韋柏派之教育者，自然以此爲大缺點。其研究電解液及電流之電解變象者，及分子之汗漫遊行，及此遊行之一原子、其後失去電荷之種種變象者，更不能存電爲物質之意想。在此項問題中，似不能不存原子觀或分子觀。於是赫爾姆霍斯在其一八八一年法拉第演講中，追究法拉第學說，如何漸漸排擠韋柏之電氣小點之相離力及之學說之歷史，有言曰：『馬克斯維耳假設爲兩種有反對性之無重流體，予以爲是一種太爲複繁之機械，人爲過多，其學說中之算學文字，雖能發表變象之例，極其單簡，極其正確；

……然而予究竟不能解說，……其所稱爲電荷者，究何所指，予亦不解此種電荷，爲何是一定數，與物質相似，其中究有何理由。』其後又謂：『學者若承認元素物質爲原子所構成，則不能不承認電亦分作若干有分界之元素部分，其舉動與電之原子相似。』

五四、近日之電學研究

在化分變象之外，尚有一類極重要之變象，漸漸引生以電爲有物質，有原子性之意想。此項研究，發起於普勒刻及蓋斯勒(Geissler)之通力合作。一八五九年(在宣布新發起分光分析之前一年)，普勒刻用蓋斯勒之真空筒，〔原註〕參觀一八五七年「物理學化學年報」所登之普勒刻說帖（翻印于其「科學文集」第二冊第四七五等頁）。普勒刻未改良真空筒之前，已有數位法國科學家，注意於正負極所放之光之不同，其時大抵尚不甚知有法拉第一八三八年之試驗，說及有黑物之放出。克爾文爵士當皇家學會會長，于一八九三年十一月演講，說及法拉第之試驗研究，及該會報告中所登之對于此事之研究之說帖。以法拉第之研究，在普勒刻之前，餘人皆在其後。克爾文之言曰：『五十年前，予即以爲學者欲知在物性中電爲何物，則必要研究正電負電有何分別，而以算學爲研究者，則不注意于此點』。參觀坡根多夫「年報」第一三六冊第一頁，喜托夫語，及洛熁堡革「物理學史」第八冊第七七八頁。以多年功力，研究在輕微氣體中之放電及磁條，對於其中光線，有何變動，又研究熱及發白光之氣體之光帶。其後英國則有克魯克司爵士，〔原註〕克魯克司爵士，關于輻射光物之研究及揭露，初見于一八七八年十二月之「報告」，其後陸續皆有說帖，又見于一八七九年之科學提倡會之演講。其根據氣體衝動學說，以為輻射光物之理想解說，頗動觀聽，由是在英國及在外國，發生極多討論。輻射光物名詞，則先發起于法拉第（見洛增堡革之「物理學史」第三冊第七七九頁）。光為物質小點之學說，雖不能由此中與，然而經過多數評論之後，大體皆採用克魯克司之說。因有此多數之試驗，雖不能輔助光為小物點之說，而能輔助電為小物點之說（參觀湯孫．詹姆士一八九八年「演講」第一八九頁，及考富曼教授一九〇一年九月在漢堡之演講，譯登于一九〇一年十一月八日之「電學報」）。在德國則有喜托夫等及極多數之自然哲學家，研究此問題，發露極多數之奇異驚人之變象，其後為湯姆孫（雅各）教授列成秩序。〔原註〕湯姆孫．詹姆士教授，深知此多數之新變象，可以發展法拉第及馬克斯維耳所發起之電學學說，即于一八九三年，刊布其「研究集」，以繼馬克斯維耳之大作，中有一卷，專論「電之經過氣體」。其本人關于此問題之著名于時之研究，先登于「哲學雜誌」，又宜讀于一八九九年之科學提倡會，今日則撮其大要，載于其所著之「電過氣體」演講中（一八九八年）。關于此問題之較早試驗之結論，則見于一八八九年「物理學年報」第三十七冊第三一五等頁。於是凡有從前根據庫隆、韋柏、之舊學說，及根據法拉第、馬克斯維耳、之較新學說，所致力之研究及試驗，不合附入於電學通常之學科，或不合附入於實用之途者，皆採輯而研究之，始知其頗能發明輻射、及放電、及原子與處間之關係，今日視處間爲有相連接之物充塞之，即所謂以太是也。從前正負兩種電之舊說（有著名之力喜騰堡花紋以現之；）多數與電光及靜電有關係之孤立事實，如七十年前萊士(Riess)之所採輯，及阿姆斯特郎之用水電機證驗者；【原註】正極負極所放之電之不同，學者往往不過以爲電學中之一種特奇之事，如是者多年，至是則有湯姆孫·詹姆士之研究（見「研究集」第一七二頁），同時阿姆斯特郎爵士，費二十年之力，爲多數之試驗，用特別製造之有大力之儀器，以研究「在空氣中及在水中放電」（一八九五年）。至於從前多種舊說之屢用屢棄，及棄而復用，如普牢特之物之構造說；【原註】參觀湯姆孫·詹姆士「經過氣體放電說」之末章（以一九七等頁爲尤要），先討論某科學家之用以太說，及克魯克司以小點學說解明陰極（即負極）光線，湯姆孫本人根據于勒納爾（Lenard）及自己之瞻察與計算，頗採小點之說，其結論有謂負載陰電者，『比于平常之原子或分子較小，：此項臆度，與吾人所知之此種光線之舉動相合』。又曰：『今假設有此原子更小之物，未免有駭觀聽，然而屢有化學家發起原子爲比其更小更元素之物所組合而成。例如普牢特，則深信一切元素，皆輕氣元子組合而成，洛克雅爵士根據于分光鏡之研究，有重大之理論，頗信原子之組合性。以普牢特之理想而論，倘若吾人解說陰極光線爲小物點之動，則此種小物點，必小于輕氣之原子，如是則最單簡之元素，不是輕氣』參觀克魯克司之元始學說。及策爾涅根據韋柏之說所發生

五五、電子

之奇異理想——所有各種零碎不成片段及乍隱乍現之各種科學知識，皆採輯匯聚於第十九世紀之末年，湊成電爲原子構成物學說，此物與有重之物質爲伍，或卽爲構成物質之物。凡有大多數之試驗事實，及多路之闡理，漸趨漸近，匯合而成爲一種學說。若欲將試驗及闡理兩事，打成一片，則有兩要緊事，一創造新名詞，二創立新學說（或新想理），先有單簡之公式，以爲其後計算繁複變象。此兩事在第十九世紀未盡之前，皆已作到。電之原子，毋論陰陽，皆稱爲電子，此名詞創造於士同尼。〔原註〕參觀一八九一年「英國科學提倡會報告」第五七四頁，士同尼「光帶雙線原理論」。其言曰：『氣體光帶之緜，發生于分子內之事，有潛移以太之力。分子內之事，或是分子受電不同，而其間有赫芝之放電，或是不受移動之電荷之動，如是假設，最易于解說，法拉第之電解例。……亦有幾人提議，謂光帶之線之來源，不在赫芝放電，而在往來傳遞電荷。爲簡便起見，電荷可稱爲電子』。至於算學之說，在外國則有羅倫茲（Lorentz）之獨立發明，〔原註〕羅倫茲之要緊著作，爲兩件重要說帖，一名「馬克斯維耳之電磁學說及其應用于動體論』（刊行一八九二年），一爲「動體中光電現象之試驗』（刊行于一八九五年），皆在來丁出版。其最早之研究，則在一八八〇年）。在英國則有拉摩爾博士。〔原註〕拉摩爾最要之著作，爲「電氣居間物及傳光居間物之動力學說』

刊〉，第三部『物質居間物之關係』〈一八九八年刊〉，又有一論說，名為『以太及物質，以物質之原子構造為根據，而發展以太與物質組織之動力關係』〈一九〇〇年劍橋刊〉，拉摩爾博士尚有較短之說帖及演講，可以為此新支派之科學介紹，作者將于下文提及之。在羅倫茲摩拉爾稍後，則有哥尼斯堡之威楚特博士〈Dr. Wiechert〉，從一八九六年起，刊布其關于此問題之著作，意在對于馬克斯維耳之理想，為較為明顯之發明。並將問題縮小範圍，以求以太之相連接說，與有重物之原子性，及附于原子之電荷說，使可以兼容相輔而行。因是而分析研究前人之事功，如庫隆，安培，訥伊曼，法拉第，馬克斯維耳〈赫芝，坡印丁，等之關于化馬克斯維耳之學說，為單簡之作，包括在內〉，赫爾姆曼斯，羅倫茲等之研究，將其結果與其自己之見解，著作一說帖，名為「動電學原理」，刊行于一八九九年，即高斯及章柏造像揭幕之期。電子學說之初發端，科學家不相為謀，其發起之地，又相離甚遠，一旦同時結晶，與浦勒刻及克晉克司之試驗相組合，至於第十九世紀之末年，竟成立為電子學說，

五六、馬克斯維耳學說之難點

馬克斯維耳學說之所以不能成立者，因有兩弱點：其一為無以解釋電荷，其二為其所用之普通名詞『通感物』，對於空無所有之處間，及有隔電物（如空氣）之處間，無淸楚之區別。所謂空無所有之處間者（卽無物質之處間），則設為有一種相連接之物，卽以太，此以太卽電力及磁力所在之位，或卽負戴電力磁力之

作用者；此種處間，即爲電磁界。此以太之一種特性，其爲科學家所知者，即是以太爲負戴輻射或爲傳光之居間物，謂此性即是電磁性（以光爲電磁之擾動）則發生一大問題，即物質與以太之關係，及彼此之交互作用；新學說必要爲之解決，因物理光學中之其餘各問題，似皆待此以解決也。（原註）其中最重要之問題，即爲有重物質之經過以太時，以太之舉動，有何程度。卜拉德賽所揭露之行光差，以當時通行之光學激射說以解說之，則甚易，以光浪學說解說之，則甚難，（參觀上文第六章第十頁原註）。斯托克斯爵士謂于此問題之意想，爲大多數科學家所採引所承認者，于一八八三年演講時，亦只說到光浪學說，不是不能解決行光差問題（見「柏湼武光學演講」，一八八七年版，第二十五頁）。動力電學觀，誠然應研究此問題，羅倫茲一八九五年之說帖，首先討論此問題。地之運動所影響于光之變象之問題，羅倫茲已于一八八七年，曾經處置。拉磨爾傳士之「以脫及物質論」，關于此問題，亦有極詳盡之研究，維也納（W. Wien）亦曾介紹此問題，請「德國科學會議」諸科學家討論（見一八九八年杜塞爾多夫 Düsseldorf 報告」，第一册第四十九頁）。當時羅倫茲教授有言曰：「以太，有重物，以及電，是建築物質世界之石料。假使學者能知物質行動時，是否負戴以太以俱行，則是關一途徑，學者可以由此途徑，窺見此種石料之性質，與其互施之作用』（見上文所引書第五十六頁）。

五七、何謂電荷

今試發起兩問題：一、以太及物質問題，電磁光學說或浪電學說何以解決？二、既有合併辦法，請問電荷（或電單位）是何物？請問電荷何在？

五八、拉摩爾博士之地位

在大陸則有羅倫茲之功業，幾乎同時宣布者，則有赫爾姆霍斯說帖，從光學問題方面，以研究此事。其最爲難之兩問題：一、即是問傳光之以太，是否凝滯不動，抑或分得有重物質之經過時之動；二、即分光之變象。此兩君之著作，即是後來多數之試驗及理想上研究之起點，至今尚未見結束。讀者若欲知此各種問題之根本討論，則有拉摩爾博士之多種有意味之著作。在其著作中，並有對於英國及外國未經採輯之各種議論及著作，加以詳盡之評論及領會，並將各論打成片段。拉摩爾博士發起之點，則頗特別。於從前陳舊之有光以太性之理想討論中，〔原註

拉摩爾博士之學說，在相傳之歷史中之地位，可以謂之都伯林之算學物理學派，此派之著名代表，卽哈密爾敦（矢算分析術），馬卡拉，及近日之可惜已故之菲次澤刺德（Ftzgerald）諸君。「以脫及物質論」中有言曰：『拉摩爾博士最後之論說所介紹之原子電學說，原發起于其研究馬卡拉之設問，問以太既已合于光學之用，是否亦合于電學之用』（見第六頁）。又言曰：『並未試求馬卡拉之處間，（爲一種物所充塞者），在渦動之作用外，是否：存留一項永遠之變形，可以代表兩受電物中間之靜電力作用，抑或其中有一種動狀，可以代表電流（以多數表）與電流之電動力作用。第一項之示意，有

見于非次澤刺德一八六〇年之隨意發論（見「哲學報告」，「電磁光學論」·），謂馬卡拉之光學方程式，與馬克斯維耳所發展之動電，光學說之方程式相同」（見第七十八頁）。一方面可以容納馬克斯維耳激發電磁浪之界說，一方面又可以容納電子爲久存而能動之扭轉或變形情狀之界說，此即成爲電之原子，且有聚攏而成物質之可能。在思想史中所亟應討論者，即爲此最後而最能包括一切之『電及傳光之居間物之學說，』因爲此說幾乎完全根據赫爾姆霍斯及克爾文爵士所發展之有大進步之物理學學說，因是而『揭露此多數形式之永動，此永動又能組合，又能互相施力，而不失其各自所有之本來質性，而又能各自充塞全界。』於是而有盡用新法方以處置之之可能，（原註）參觀拉摩爾博士在英國科學提倡會之演講（見「報告」第六二四頁）。至少亦能令學者能思議有調停兼容兩反對學說之可能；所謂兩反對學說者，即是充塞宇宙間之以太，爲相連接而純一，而埋藏於以太間之物質小點及電，則不相連接。思想史亦應注意及於此等最後而尚未竣工之學說，折回於三十年前較爲陳舊及似已爲科學家所拋棄之學說而載於韋柏·威廉著作中者；韋柏所討論研究者，爲電之小點，及其相離力及之作用。新舊學說中間之大空谷，則有爲之架橋梁者，即羅倫茲、拉摩爾之學說；其中斷截之處，則有爲之接連者——當韋柏初次以其學說通知高斯時，高斯因其間之斷截，則不承認此學說。〔原註〕高斯之事，已見上文第六十七頁原註所引之高斯尺牘，又見拉摩爾之「以太及物質論」第二十二及七十二等頁，又見一八九五年「哲學報告」第一八六卷第七二六頁，又見羅倫茲之「馬克斯維耳電磁學說論」一八九二年一版，第七十一頁。羅倫茲之言曰：「以近今目光觀之，馬克斯維耳之學理，與古時思想，頗爲相近，並可將其制定之簡單公式，視爲解釋一種基本定例，較諸韋柏，及克勞修司二氏之公式，頗爲相似。而詳爲考察，此種方程式，乃具有永久保存馬氏主義之印象者也。又羅倫茲之「動體中光電現象之試驗」第八頁有言曰：「大概而論，予所設之理想，大概要折回從前之舊學說。馬克斯維耳之見解之精華，並未失去，然而不能不承認，既設爲有離子，則與從前之所謂電之小點，相去不遠矣」。威楚特之議論（見其「電動力學原理」第一〇八頁）亦然。作者不能不提及考富曼之有意味講演，此是一八九一年九月在漢堡所演講者，曾譯登于「電學報」（一九〇一年十一月第九十五等頁）。學者可以謂拉摩爾自附于都伯林學派，羅倫茲及其他大陸之原子觀代表，則附于高斯及韋柏派。若要證明柏之意想，並未完全爲格丁根派所拋棄，請觀一八九七年格丁根之韋柏傳讀（見第二十七頁），與哲學股之判結、蒲郎克所撰之論（即「工能常住原理」，一八八七年第十頁）。此卷將要結束，作者不能不聲明此問題之重要。觀于「國際物理學大會報告」（一九〇〇年，巴黎）之第三冊，可知

第七章 以物理觀研究自然

原子電學說，不獨是七十年前高斯所討求之基石，且關于磁力之施于光線之效果，曾經有最曼（Zeemann）試驗證明之，當高斯搜求電動力學說之時，正法拉第搜求此效果，而不得之時也。科吞（Cotton）著有專論最曼效果之作（一八九九年巴黎版），讀者觀此，則知最曼變象矣。科吞之言曰：「最曼何以能應用一種分極儀器，而得能研究射入磁場中之光線乎。蓋於此點，有又學理，可以輔助其實驗者，厥爲羅倫茲之研究的圓滿結果是也。卽如克爾文爵士之學說（參看「皇家會報告」愛丁堡一八七五至七六年第一一八頁）亦未始非導成發明此種光線的分極之一指南也。其實此種發明，全賴羅倫茲之離子學說之輔佐，而得能達到其目的。最曼曰，於此學說中，所有一切物質，當莫不含有傳電微塊，或電氣分解之離子，而由其動作，以組成諸凡電氣現象也。如是則光體之顫動，將成爲電離子的顫動。因此以太之狀況，亦完全由該離子之主性，及其與位置動作，而規定者矣也。……羅倫茲曾將橫隔光射之斑紋增闊邊緣，應施以分極之理明示後人。而由實驗，能使最曼得以證明羅倫茲之此種斷言也」（第三十七頁）。

五九、原子派發起反對

發起原子電學說者，對於其他學說，如工能學說及變象學說，自然不甚以爲然，謂此種學說範圍太狹，嚴限施用科學方法於目所能見及能直接量度之底數，且此種學說，反對介紹原子、電子、以太等之有用理想。凡此類原子、電子等，皆不能直接以目見，又只能間接量度者也。第十九世紀之末，科學家着重聲明，原子觀及機械觀爲正確，爲合理，謂工能原理，不過有整齊劃一之用，而無建造之用。拉摩爾博士曾謂：『若以物質爲分子構成之學說，爲科學之基礎，則工能學說，不能亦爲基礎。』〔原註〕見其所著「以太及物質論」第二八六頁。其言曰：『既承認動力原理之分子構造，則有一效果，此效果即爲既點工能理想，不能使其再居于基礎地位。：：吾人不能知一物質部之分子之總工能，只能知此部作工，或失熱時所減少工能之數。在機械學說及物理學說中，有顯著作用之有定量之工能，實是可用以生力之工能。：：此工能有其定量，而與物質不同，並非有常，往而不可增減者。：：有物理之變動，則此工能往往減少」云云。此兩學說雖有其多數相反之處，然而亦有其相遇合之一大要點。抱守此兩說者，皆不能不重新討論，所以一切物理學闡理之終極原理，其最要者，則爲考慮牛頓動例之界限，及其正確，與夫力及其作用之意想，絕對動及相對動之理想，

六〇、近代之力學解說人爲之性質太多

自平心觀察之人觀之，近代之力學解說，日趨繁複，〔原註〕上文原註所引之三冊「國際物理學大會報」告，有傍卡累所撰之序一篇，討論試驗物理學與算學物理學之關係，注重于自然之一貫，及自然之單間，具此兩種情形（條件），然後有融會貫通之可能，得融會貫通之用。關于新近羅倫茲，拉摩爾，所發明電學學說，曾經有所評論，而討論其有終極機械解說之可能，見其「電學與光學」（一九〇一年第二版，第五七七等頁）。按傍卡累之見解，此等解說，有「無窮」之可能。傍氏又問及吾人所取之目的，謂——『此種目的並非機械的，而實爲統一的也」。有人爲造作特性；於是啓發一問題，所有此類之機械規則，究有若

干是表明實在真理抑或只作爲便用之解說。以研究科學而論，此問題無甚要緊；毋論如何方法，只要能得瞻測證實之正確效果，則所用之方法，即爲正確方法。若以哲學而論，關於人類闡理之界限、能力、及推闡之辨法，則爲極重要之問題。吾人

六一、發生哲學問題

於是越出科學界思想，而入於哲學界思想。作者於以下數章，常有機會注意於此世紀之純粹科學思想引入哲學問題之趨勢。每遇此種趨勢，則科學思想史應以此爲一章之結束。

思想文化经典丛书

十九世纪欧洲思想史·第一编

（下）

〔英〕木尔兹 著
伍光建 译

CCTP 中央编译出版社
Central Compilation & Translation Press

第二册原序

此十九世紀歐洲思想史第二册是實行第一册序中所說及之規畫。（中略）。此作之多數短處，作者所深知，不必逐條指出，以省審評家費事。惟是對於末章討論算學思想之發展，作者要聲明。據作者所知而言，此是初次位置此類抽象思想區域於智識進步之普通歷史中之嘗試。此事極其爲難，誠望有奏效較佳之嘗試以爲之繼。

今日已能顯見，此後算學思想之關於科學及學殖之進步之作用日見其重要，絕不能以算學爲在智識發展潮流之外之另一種有意味之專門科學也。今日所期望於將來者，不獨是實用科學之思想家能理會算學之重要及其能力之大，且望哲學家之位置科學於人類學殖之賅括規畫中者亦將有同等之理會也。

一九〇三年十月木爾茲序

十九世紀歐洲思想史第一編下册

第八章　以形構觀研究自然

一、抽象科學

以上數章所討論研究自然之各觀，及因各觀之助而發展之各項科學，實包含自然事物及變象之抽象的研究。所有闡理之法，起初皆以瞻察爲起點，其闡理之法雖有不同，而瞻察之法則同，卽將其所瞻察之物，從其所處之天然位置及環境，抽出移開，以供瞻察，故稱爲抽象。此種抽象法，可分爲兩類：一、將物由此地易置彼地，卽由自然界移至試驗室；二、若不能抽出或移動者，科學家則在意想中爲之抽出，乃取其一二種特性而瞻察之，實寫之，其餘相輔之底數（他種性質）則暫時不問。第一法是行實之事，第二法是純粹理想事，是抽象事，乃研究之起點。此外尚有極有力之研究利器，若自然物過大或過小，或相離太遠，科學家之力所不能及者，則製爲圖解或製爲模型。爲研究起見，將大如天象之行動，小如原子之變化，得以圖型爲研究。自然哲學家用此抽象方法，以試驗、紀載、計算各種變象，往往有人喚醒，請勿陷於研究人爲之事，而非研究自用變象之險。科學家往往因從意想所構造之學說，有時過於繁複，過於靈巧空幻，竟失去其與事實世界之關係，致科學闡理入於歧途。於是有聰明過人，畜有創解之科學家出，與事實世界較爲接近者，喚之回頭，引入有結果之路。

二、抽象手續有其便利及其用處

凡物之變象之能在試驗室、或手工室、或用圓型研究試驗者，抽象手續，不獨極其便利，且施於藝術商業，有極大用處。吾人實行其抽移之法，如開礦伐木，又如數千年來祕藏於物之電功化功，用法抽出之，以供人用。於是創造一種人爲的世界，以供吾人所需，以娛人意，又能供給文明時代所需之一種無價寶物——卽供給敏於手者之手工、銳於思者之運思是也。是以人爲世界之需要與創造，實能證明其能鼓勵以抽象及人爲法研究自然物，一方面則有物理學試驗室、化學試驗室、算學家之演算室，一方面則有手工廠製造廠。凡此諸事，皆有科學的、確切的、或算學的精神以節制之。

三、人之心理亦有反對此項抽象精神者在

幸而人之心理，有反對此偏於抽象者，以免人類日趨於人爲世界，愈入愈深。此則由於吾人有眞愛自然之性，吾人能知若與自然事實世界脫離關係，則將盡失吾人所有之能力：此則類於古人之神話，謂地母產生一極有能力之巨人，一旦離開其母則坍潰。此項理想，大約卽詩詞美術之根本，頗能挽回風氣，制馭第十九世紀之詞章及思想。作者於討論此事之歷史時，將詳論之；此時不過言及此種心理，亦發現於科學中而已。研究特性者，往往頗有趨重於事實方面者：其所遊心者，不在於試驗室所製之物，而在於自然物之千變萬化之形貌；不在於物之有幾何模型，可以用抽象算學公式包括一切，而在乎自然物之無秩序、亂雜無章之分布於天上及地下；不在乎有一貫通之算學方程式，能包括所有一切實事及多數不實之事，而在乎孤立各別不能包括之案。以動例論，不獨能包括世界所實有之動，

第八章 以形構觀研究自然

三

四、實寫科學

且能包括無限若干世界所絕不能有之動。以有機化學而論，已製有極多數化合物，爲活機體所無者，尙見其日有加增也。可見在各種抽象科學，創爲學說律例，制置一切實有、及或者能有之事物之外，應有他種科學，專以研究世界所實有之物，而不必研究或者能有之物，以研究在此與在彼不同之情形，及生於何處與如何發生諸問題。此類科學家之對於實有之物，並不視爲通案中之一例，而以爲此一實有之物，有其特別祕奧者，在以別異於人爲、及或者能有之物。此項科學，是實寫所見之科學，適與抽象科學相反。此種科學之發起，早於抽象科學；以第十九世紀而論，其進步之猛，亦不亞於抽象科學；若論實用，則或不如抽象科學之力大，而羣衆好之者較多，研究此種科學之人數亦較多。且此種科學，兼研究人類，對於吾人之內界——卽吾人之最後見解、利益、及信心——有極大之潛力。此卷及下數卷，皆追溯此百年間如何改用法術，以研究自然物、及自然事實。若在本世紀之中葉，撰此種科學歷史，尙不甚爲難。此一部分歷史，原有第十七、第十八兩世紀中享大名之自然哲學家所研究之事實在，其所致力者，則爲將所有極多數之自然物，爲之立系統，爲之作序秩，以列於目錄中或博物院中。吾人所習聞之分自然物爲動物，植物，礦物，已爲學者所公認。其在大學中，則分爲科學，各有其教席，至今常存。

五、推倒舊時界限

第十九世紀之最大變動，是推倒舊時界限，及推倒第十九世紀初年及中葉之刻版分界。〔原註〕此項變動，頗減少學者一種奧致，即科學分門之問題，是也。分門之理由頗多，本書只抱守惟一理由，卽分科學爲抽象科學，及實寫科學是也。第十九世紀法英兩國發生之新哲學，即法國孔德之積極哲學，英國斯賓塞之天演哲學，皆有處置科學分門之問題，皆發現其生於培根哲學及有施於實用之趨勢。科學分門之要，在便於教課，此雖爲不得不然之要點，然而不免於收狹範圖，且亦不能有利而無害。德國哲學家則受笛卡兒，斯賓挪莎，來布尼茲潛力所轉移，並不重視嚴格之分門，其結果則爲德國，比諸於他國，尤有較多數之新科學發展。此各種新科學，則爲舊時大學教授所強爲分別而處於甌脫間者，例如生理心理學，及物理化學是也。來比錫大學有兩項新科學，其事功照耀於世。其在英國，學者之推倒舊界限，則以工能理想，及天演學說之功爲最大。討論科學分門最早者，則有培根之「科學發達論」。又有一重要著作，則爲安培之「科學哲理論」，或人類智識自然分類之剖析」（一八三四年版）。此書詳解，見休厄爾之「歸納科學之哲理」第二册第十二卷。安培之分類，以植物學爲模範，有一本兩枝之對稱。孔德分門之意，見其所撰「實驗哲學講義」（一八三○年版，第一册），則稱爲一梯分級法。斯賓塞於一八五四年撰「科學生

第八章 以形構觀研究自然

五

六、探驗之精神

吾人若欲研究較為親切，何以有此種之變更，則此種變更與文字之變更，有其相類之處，其中有兩項潛力——一項擴充學者對於自然物及自然事之眼界；一種則縮小之，使之有較為清楚之界限，使有科學之確切謹嚴。第一種之趨勢，有掃除舊時之界限及分類，以為不足以使吾人對於自然有正確之觀念；第二種之趨勢為創造新界說、新分界，使得與化學物理學等抽象科學之發展之途，更相和合，於是將實在之物及實事，歸入於確切算學法術內。第一法則有冒險而又有遠見之旅行家以亞歷山大封洪保德為首領，遊行天下，以為大局面之自然研究，深入自然界之大工場，以為考察。彼輩為增加自然知識起見，遨遊絕域，以觀此間並

發論」，後來有所增加，而翻印於其「論說集」之第三册（一八七四年版）頗批評孔德之階分門。法國大博物學家對於自然物，頗存等級之意，故對於科學，頗有家族制承繼之意想。於是棄廢此種階級制，而用世系制，介紹天演之特別名詞，以科學之發生先後為準，分為三大類。一，抽象科學。二，抽象事實科學。三，事實科學。學者觀此，則知與予所分者有同有異。作者於此不能不喚讀者注意，此書原是思想史，並非科學史，予之科學分類，可以有多少任意為之也。

未受過文明侵犯，惟受各種自然力而自生自滅、相侵相養、在熱帶中發生之豐豔動植物，及西比利亞嚴寒區域所保存之遠代遺蹟。旅行家以科學新發明之利器、及其方法，知有研究地層及其所搆成者、及地球上或海中所有之機體生活之分布之必要；有時則探有生命物之居處：因以擴充從前之拘迂陳舊只有組織而無生機之對於自然物之知識。邁爾及達爾文因遠遊異域所得之知識以爲胚胎，其後則發生二條極大之科學原理。達爾文之遠遊，及其他之尋出探險，增加極多結果之自然知識。南森(Nansen)遠出探險而歸，出其所知，以演講於衆，當時座中之科學家及平常羣衆之諦聽者，皆有濃厚之意味。

七、醫學之關係

其與此派反對者，亦與此派合作，以改變實寫科學之局面，灌以新生機，灌以精力，其功亦不少。一切實寫科學，有一聚匯之點，以爲結合之地，卽醫學是也。純粹科學之無人過問，歷時甚久，幸有醫士煉丹家及製藥家起而創興或保存物理學及化學，以免於澌滅。古代塞爾薩斯(Celsus)，及迦林納(Galenus)兩大名醫之

第八章　以形構觀研究自然

七

醫學著述，【原註】作者趁此可以指明古希臘之大哲學家亞理斯多德（Aristot'le）其先世代爲名醫。按策勒之「古希臘哲學史」（第二冊第二部）曰，『亞理斯多德之父名尼可馬丘斯（Nicomachus），爲馬其頓（Macedonia）王阿民塔斯（Amyntas）御醫。尼可之醫術，影響於其聰明過人之子者，甚大。』爲一部自然知識之百科全書，而近代之大名家如部耳哈味、林尼阿哈勒是爲所有一切當時自然科學界之中心人物。第十九世紀亦有同類之結合薈萃，將所有之研究之幾乎埋沒散失者，採輯而保存之，灌輸生機於極枯窘乎淡無味之科學，發生興致。

八、物理科學用於醫術

作者前已言及，新醫學發起於德法兩國——法國有拉瓦節，始以物理學、化學之新發明，施用於治病，而德國則有最大規模之化學、生理學試驗室，供拉瓦節之研究。最初之動機，當推流電之發明，然此項發明，在第十九世紀之初期，往往爲人所誤用，深爲可惜；及本世紀之中葉，有雷文出，乃根據於較爲正確之方法，以事研究。今日吾人關於神經系中電流之知識，幾完全爲雷文所創。在其前者，則有來比喜之研究動物熱力之現象，及動物食料與植物食料之關係；而韋柏兄弟則介紹動力學於心臟與四肢運動之學說；同時又有米勒及其多數門徒，立生理學、

九、司旺

一〇、達爾文

病理學之聲學光學基礎推用力學及物理學於醫學，往往令發生未成熟之意想，誤以爲機體爲一部純粹機器之學說，卽以解說生命及感覺之各大問題。約一八四〇年，司旺廢棄化學及物理學之應用，而獨以顯微鏡瞻察爲根據，宣布動物與植物之構造相同，於是從前分門研究之兩科學至此始有第一步之合併研究。此卽細胞學說之起點，亦爲細胞病理學及生物學之起點。二十年後，有達爾文之物種由來出現，學者更不得不從包括最廣方面研究機體之全個問題。且從此與無機體之自然科學更爲接近，又不能不研究古生物學、及地質學，以證明生物及非生物形構之由漸而發展。從前地質學只有孤立之專門研究，至是不獨與動物學植物學家相攜手，且不能不與行星系如何創生之學說相接近。此種學說在第十八世紀之末，有拉普拉斯之宇宙論；在其五十年前，則有康德之天學之發明。在第十九世紀期內，一方面有大旅行家的潛力，一方面有醫學家之潛力，聯合以發生意想較爲寬大之生物學。在第十九世紀之末年，且有聯合地質學及天象物理學

（此學幾乎全以創造分光鏡及分光鏡所發現之變象爲基礎，）以成爲意想又更寬大之天演學此學在四十年前，爲斯賓塞所宣布，在此之前，則有第十八世紀之赫得，及第十七世紀之來伯尼茲之宣布，不過其說較爲空泛耳。

二一、斯賓塞

在第十九世紀中實寫科學既有如是之根本改革，科學家之意想、及其闡理之方，亦不得不因是而革命。撰思想史者，自不能只紀載礦物學、地質學、植物學、動物學、及新近發起之古生物學、生理學、比較解剖學所用之方法之進步而已。若只照此辦法，只能得一八五〇年以前之此項歷史之大概。休厄爾之歸納科學史，即是如此。過此時期，舊時分門之名稱，則堙沒無聞，否則亦無關重要。在此時期之前，天演兩字並無劃清界限之意義，生物學名詞並不爲科學家所用。若從另一方面觀之，天演學說之歷史，原以包括第十九世紀後半期之新研究法之特性，而不足以包括以前分門研究之各種科學之主要意想。是以歷史家不能不搜求一更爲普通之方面，可以包括前後兩期者，然後可以討論各種改革。

二二、拋棄休厄爾之分門

一三、自然歷史（即博物學）之分門

凡研究實有之物及事實，毋論規模或大或小，統稱爲自然歷史。【譯者註】即所謂博物。自然哲學與自然歷史相反自然哲學包括一切之各種動，及元素所有之一切化合之抽象知識；自然歷史則不然，只研究實有之形，及實有之組合與實有之變。有若干數之形及變，有若干數之學者能採輯以置於博物院，或在試驗室仿造，惟是自然界之各種形，絕不能用此法可能搜採淨盡者，而自然界之手續亦不能爲學者所知。自然之形，或自然物，並無獨立之存在，而有其一定環境，有一定之布置，有其時，有其地，此種環境最爲要緊，與本物之要緊相同。此外尚有一層，自然手續，需時極長久，絕非人力所能者。雖然，亦有分之可能，例如在各種抽象科學，學者則研究物之處靜者，及物之行動者，則對於自然歷史，亦可以研究形及物之實有者，及接連再現者，並研究物之受改變者。在抽象科學中則用靜力學，動力學、兩名詞、關於自然物之研究，亦可以用同等名詞。在第十九世紀初年，即有介紹形構學名詞者，【譯者註】又稱形態學。【原註】歌德好研究美術，自然，及社會，用此名詞，以爲其所研究之界說。嘗遨遊意大利，稱其地爲富於形。，其後卽有意發起一種有機物之普通學，稱為形構學，不獨只論外形，且包括生理學，及研究如何發育。此是研究完全自然之第一步，推倒自然科學之嚴格分科。其介紹形構學，卽為新法研究自然之起點。其關於此問題之最初著作，名「植物變形論」，以樹葉為本樣，樹木之其他部分，能從此生成。此種由本樣而成其他部分，是否如近日天演學說之意，以為實有其事，抑或是從前初樣學說之意，只為一種理想，則歌德並未言明。此種學說，並無一定之意想，歌德則與其時之所謂自然哲學家相同（見薩克斯「植物學史」，一八七五年德國版，第一百七十頁）。惟作者此時，並非注意於此點。其較為要緊者，則在其發展其形構學之學說時之所言。聲音訓話學家倭爾夫，曾為歌德言，與其同姓之植物學家倭爾夫（腓特烈），在歌德之前，曾欲證明植物之各部分，有原始之相同。於是歌德研究倭爾夫所發明，則謂倭爾夫之意想，並未包括動物之變形在內，卽或有之，亦不大相同。歌德之意，則並包括地質學地理學之成形而言。卽堅實物如晶體，及無穩。勢之語言文字及文法，亦包括在內。歌德此種意想，已為本世紀學者所公認。歌德並因是而研究動物，礦石，及雲之成形，與其變形。若據戚忒爾（Zittel）之意（見一八九九年其所撰之「地質學史」，第二百七十九頁），則謂訥伊曼於一八五〇年，最先用地面之形構學名詞。歌德所撰之形構論說，新近始有全數之刊行，，而附以箋注。作者所用之赫克爾「有機物形構學」，係一八六六年版，第一卷第一至第一百〇八頁。

此人卽酷嗜研究自然之作用，而又好學能詩之歌德是也。世界自元始以至於今日之情形，究是如何發育，【譯者註】可稱化育。亦則有『發育』一名詞以稱之。【原註】歌德之形構研究，並趨向於有生命物之成形及變形。自第十九世紀以來，形構學名詞 及形構學派名詞，漸得廣義，包括各種比較研究而言。此種研究，即預爲發育派天演派之地步，而特別注意，則只在乎一定不變之各本樣及各形。同時雖亦研求變形之例，並未能發明天演及下傳原理。歌德終生徘徊於兩者之間，其一爲酷嗜美術，而求盡善至美之模型，其一則爲有哲學的心信，以爲物有相接連之常流，而無有停止（見其『文集』第二大部，第六册，第三百〇四頁）。

抽象學之動靜兩方面，與自然

一四、形構學及發育學

科學之有形構方面及發育（化育）方面有多少相合之處。惟其相合之處並不能多，因在自然界內，無物不是如川流之不息，絕無有絕對之停頓，即謂絕無純粹之形，絕無一定而不易之樣也。作者應另作一說法：自形構方面觀之，則在各種常變之中，試對於各種變更之循環復歸於再現之形或樣者，爲之定一範圍或界限；如是則能使紛亂無秩序者，有多少之秩序。自發育方面觀之，則研究歷若干時內之變形，注意於動作及手續與功用，因而研究其通例。讀者若能想及解剖學與生理學之目的之不同，則可以知形構觀與發育觀之不同。作者之爲此言，並非以有生命物爲界限也。

「原註」各國之發育（化育）學說，皆先有形構學之研究，以預爲之地，歌德之時代如此。其後既有達爾文發明種系（即下傳）之例，又有斯賓塞規定天演學說之名詞及其意想，則有兩大著作以表明形構發育兩學說之關係，其一即爲德國赫克爾之「有機物形構學」（一八六六年），其一即為英國巴爾福(Balfour)之「胚胎學綱要」（一八七四年）。其可異者，則赫克爾教授，其後拋棄形構學名詞，翻印其大著作時，則分為兩種名稱。一補稱為「自然創造記」（一八六八年，兩冊），一為「系統分類學」（一八九六年，三冊）。近日分生物學說為形構與發育兩門，與斯賓塞之「生物學原理」（一八六五年版第二冊）相同，亦與赫克爾之「有機物形構學」之兩大分門相同，其一專研究發展（或發育）已成之形，其一為研究尚在發育間之形——即謂一則研究已成之構造，一則研究構造之手續。作者本書內所採用之名稱，是可以包括有生命物及無生命物。一八七五年德國同時發起兩報，一論生物學中之形構方面，一論其發育方面。此種雙關之意，一則求知現狀，一則求知其如何而有今日之現狀，古今來皆有之，不過往往為人造及暫時之嚴格分別所掩而已。作者今從此方以討論第十九世紀對於實有物及自然事實之意想，以別於試驗室，計算室，量度室之人造的或算學的形，及其手續。此章專討論形構觀，下章則討論化育觀。「原註」在抽象力學中，向來是先研究平衡情形，即靜力學，然後研究動之變象，即動力學。其在研究自然亦然，向來是先研究似是完全造好，或充分發達之形，然後研究其化育。其後因見，靜力學之關鍵，在乎動力學，或於是亦見得形構之知識，其關鍵亦在流動之下傳，或天演學說中。不過在動物之生物學中，有醫學之關係，故早已有活機體之功用及其手續之研究。假使此真實世界，不過是算學家意想所能造之多數可能世界中之一，而此真實世界之種種繁複紛亂，已非算學所能處置；假使自然之實在之形，不過是無限可能之平衡勢中之若干種，而在空間時間中包圍世人之各種實事與變化，不過是動力學中所謂無數種組合運動之若干種；假使現時世界之情形，不過是拉普拉斯所謂『世界動』之多數普通微分方程式中之一種別案解決（拉普拉斯以後之大算學家，有此說法），——果然，則形構學及化育學兩大區域足以完全包括自然歷史

一五、尚有其他方面

所創生之各種關係，而使之滿意。好在事實並不如此，此則純粹算學家之不幸，而餘人之幸（尤爲詩人及美術家所慶幸）。自然之創造與盡善盡美之機器，有天淵之別；自然雖有極細巧之法，以供其用，而自然所製之盡善盡美之機器，如人之眼，尚不能使光學儀器家滿意。〔原註〕此引赫爾姆霍斯所撰之「光學說」演講（一八六八年）之言，所謂以人眼當作一種光學儀器而論，有多數不美之點。赫爾姆霍斯之發是言，其目的在乎驅除俗人一種見解，以爲人眼之準確，及各種之功用，爲能以其構造之繁複準確爲之解說，一若此一種極盡善極美之光學儀器，有非光學儀器家所能製造者。隨後赫爾姆霍斯則聲明，不應讚美此種自然製造之盡善盡美，所能應讚美者，則別有所在，因自然之構造機體之工，絕非人力所能仿造也。此語其實輔其著作中之辯論（參觀「講演集」一八八四年版，第一册第二百

一六、身心

四十等頁）。讀者尤應注意者，則爲赫爾姆霍斯推究人眼所以不能美備之原因，在於在胚胎時期內之發育，蓋以化育之瞻察，輔助純粹構造之瞻察也。（參觀第二百五十五頁）。由此可見其尚有爲吾人所未能知之關係及作用在。天文家若自限於從遠處窺測天象之行動及其軌道而已心滿意足，誠然則不能怪有人稱天文學爲不過『分析問題』而已。然而卽在天文學中已有分光鏡，能使遠離之物湊近吾人，打通無數間隙，使吾人得見多數之情狀，由是而發起天然之自然歷史。學者若注視與人最親近之世界與吾人有密切關係之事物，亦何獨不然。學者若一注意則有兩種變象，引其用心——其一卽生命問題，其一卽意識或心意之問題。第二問題卽吾人從純粹內省或內察所得之知識，或意臆以爲有得之知識（卽心理學方面者），此時先不討論此問題。凡由器官所得於外界之瞻察者，絕不能使人有意識，况且此意識所在地究在何處，尚未能有確切之指明，——此一部分思想將在另章討論。此時專討論研究自然，此事之第一條件卽是自然變象，或此時、或從前、發現於有一定之地點。所有高級生命、低級生命之變象及人類之學殖、美術工藝，皆爲事實，皆爲外界瞻察所能及而研究之。作者並不拘泥於任何學說，而今所討論者，爲實有或似有的一種用意及規畫之變象。然則本世紀科學家如何研究此種變象耶？此問題之答案，詳論於下兩章：一章是討論生命觀，一章是討論身心觀。〔原註〕從其他方面而論，與其用生命名詞，不如用生物名詞。此章之初稿，原用生物名詞，作者之所以不用者，有其理由。生物名詞，始見於拉馬克一八〇一年所著之「水地質學」。赫胥黎之言曰，『大約同時，特雷宇納孚司(Treviranus)以爲所有各種研究有生物之科學，有同一之根基，自應作爲一種完全科學以爲研究。以一八〇二年刊行其所謂生物學之第一冊，在其著作中發明此意。全書共六冊，特雷宇納孚司費二十年之勞苦（一八〇二年至一八二二年），乃告成功，此即生物學名詞之原始。是以思路清楚及喜用合宜名詞者，皆用生物學名詞，而不用徒亂人意之自然歷史（即博物學）名詞。自然歷史之名稱，意義太多，不若生物學之包括各種科學之研究生命，毋論其爲動物或爲植物云云』。（見赫胥黎之「生物學研究論」一八七六年撰，一八八六年翻印於「美國演講集」第一百二十九等頁）。因此之故，作者改用生命名詞，專指生物學中之討論生命變象，及其原理者。生物學中，有大部分可以研究有生命之物之變象，而不必根據何種學說。此大部分大抵是研究分布之事實。或多數生物學的手續之得以純粹力學，及化學，物理學，以實寫之，解說之者。至於生命之原理，是否純粹動力的問題，則至今未能解決，故此在思想史中，不能不用一名詞，以包括科學家用以解決此問題之各種理想。據事實而論，若問何爲生命，此問題亦尙未能解決也。若問何爲心，何爲意識，比問題亦未能解決也。以下兩章，討論此兩問題，亦只能限於表明科學家如何用純粹科學式（即確切方法），以求解決此兩大問題之歷史而已。特雷宇納晉司•哥特夫里者，德國人（一七七六年至一八三七年間人），此君對於生命，雖有博大之意想，惟其所研究者，大致皆為動物學。其弟，特雷納晉司•羅道福（一七七九年至一八六四年間人）則專攻植物學，頗受當時之所謂自然哲學家學說之轉移。欲知特雷宇納晉司•哥特夫里之著者，宜參觀薩克斯之「植物學史」作（一八七五年版第二百九十一頁）。

一七、生命及身心方面

是以討論包圍吾人之實在事物，共分作四章，分章以討論形構觀，發育（或化育）觀、生命觀、及身心觀。

一八、形構學之界說

休厄爾引意大利教授古列爾米尼(Dominico Guglielmini)之言曰：『自然並不用所有一切形格，只用其中之有可能者：而此中之可能者，不能以理想取得，不能以前提證明，只能以試驗瞻察求之』云云。以上數語，為一位久已為人忘記之自然哲學家所說。【原註】以上數語，見於休厄爾之「歸納科學史」（第三版第三冊，第一百六十五頁）所引。意大利教授古列爾米尼（一六五五年至一七〇七年間人）之著作。古列爾米尼行醫而兼研究自然哲學。發起結晶之角有一定角度之說，在阿羽伊之前，而其說並不為時人所領會。參觀哥布「化學史」第二冊，第八十三至第四百〇四頁。可見在第十八世紀之末年，此問題已見於各支派之自然科學，可以形構學名詞稱之。【原註】伯爾拿之「動植物之共同生命現象論」一書，竭力打破舊時以動植物分別研究之分類法。其書云，『在另一世界的平衡中，生物之形構，想必有別開生面之景象。總之，世上萬物；汗牛充棟，更僕難數，斷非頃刻之間，所可枚舉。即如具有生命形態之物，奇異怪特，爲吾人所不能識認者，亦必不在少數，可爲斷言。此種具有生命之形構者，或係長睡而未醒，或係竚候於將來，均在未可預知之中。……此乃化學家所組成之新物質；但並非彼等之創造，臆斷。在天演公例中，此種新物質，定必自然存在，無容絲毫疑慮也。』此名詞最先只用於植物，隨後用於動物，再後則並用於晶類及金石。上文所引之語，則用於晶類。凡此皆指吾人所得取而置於試驗室以資研究之實在物。然而擴充而論，其大者如山谷之面貌，冰河之形，地球面上水陸之分布，岩石之層，雲之團結等等，未嘗不可以包括於從形構上以研究自然之學問內。若從此廣義觀之，則第十八世紀之末期，對於自然爲全體之研究或分部之研究，已有要緊進步。據事實而言，從前之研究，不過爲純粹之分類，及求其系統。其目的只在採輯標本，計算分別種類，實寫形狀，爲之命名，以資辨識等等。至是則漸漸出此範圍，爲進步之研究。以上所云之研究事業，則生於與醫學之關係。其研究動物者，借以窺見人身上有與類似之結構及功用：〔原註一〕卡魯司論哈勒之言曰（見「動物學史」第五百六十七頁），

「哈勒從研究剖解動物，而研究生理學，使附屬於生理學之下。忽略要緊之研究，不爲切近之形構及變異之研究，而從事於較遠之生命變象之說。」其研究植物者，以爲製藥之用。此外則與實用尤關切者，如農功、園功、及栽培奇花異草、豢養牛羊等是也。因是而介紹人爲於研究自然之內。其注意則在於自然物之美觀，或其用處，而不在於自然。研究自然之真正科學，要逐漸脫離人爲，用力甚勤，需時亦久。

一九、人爲分類與自然分類

自林尼阿以來，其著作中已有關於動物植物之人爲分類及自然分類之討論。林尼阿之言曰：『自然分類示人以植物之性質，人爲分類則教人以辨識植物。自然分類無鍵則不成其爲法；此法自應無師亦可以用。……植物之習慣，則必需細心研究。植物學老手對於從地球四方而來之植物，一望而知；試問其從何辨識，亦不能對人言。例如非洲之植物，則有一種獰惡相；亞洲植物則有高貴相；美洲植物則有光滑令人起興之相；歐洲阿爾卑斯大山之植物，則短而堅云云。』〔原註〕見休尼爾（見「歸納科學史」第三册，第二百六十八頁）所引林尼阿著一七五一年版之「植物哲學」。其創立有性〔譯者註〕即分雌雄。分類者，在植物學家手中，則易於辨識植物，而難於揭露自然分類。其言曰：『雖然，予亦嘗勞力於此——已作有事功，其未竟者，尚將盡予之餘年，以致力於吾此事』云云。【原註】見休尼爾前書所引林尼阿之「植物分類論」（一七三八年版）。薩克斯所撰之「植物學史」（一八七五年版，一八九〇年有英文譯本），論林尼阿，謂其形構學及分類學著作中，有不能兼容之兩種意想。其一不過是一種膚淺意想，即所創立之人為的有性分類，此不過為易於施用起見。其一則意想較深，極有科學價值。薩克斯之言曰，『為便於實寫起見，曾為各部分各立名詞，雖屬便用，而未免乎淡膚淺，不能從比較而得有較深之基礎。然而同時對於植物形構，亦有較為深奧之理想。關於此各種問題則以「植物變形學」名之』（見德國版，第一百十頁）。

二〇、林尼阿及蒲豐

林尼阿之人為分類，不甚為法國所歡迎，因有法國諸大名家之反對。其大植物學家，則有蒲豐、【原註】化育觀及形構觀之歷史，皆應有蒲豐之位置，因其所研究之自然物，既研究各物之特性，兼研究其在時間之關係，卡魯司有言曰，『蒲豐不獨研究動物形構，且研究各物之居處之地，及其習慣與本性』（見卡魯司「動物學史」第五二三頁）。赫胥黎有言曰，『極端之專門分類家，以為分類為此項科學之盡頭目的，意不在乎能知其物，而在乎能名其物，以便於位置分類之中。此則為蒲豐所反對。於是其副手多逢通(Daub.nton)則專致力於研究一動物之全體。著有專門論說，附載於蒲豐「自然界歷史」之後』（見赫胥黎所撰之「奧文傳」第二冊，第二百八十頁）。及自畢謝(Jussieu)以至得康道爾(de Candolle)諸君，動物學大家，如最著名之屈費兒，皆欲超出從前之範圍，推廣局面，以研究自然之全體。其所取之途徑，大略相同，以至於第十九世紀之初期。蒲豐之大規模，未能成熟，然能使從前枯淡無味之採輯標本及分類等事，化爲有味，以發起常人之興趣。第十八世紀之第三季，有庫克(Cook)之航海探險，第十八第十九兩世紀之間，則有洪保德之旅行，皆有擴大學者眼界之功。然而形構學家之事功，則必要有特別之研究，以解決各問題。其發端甚微，其發展則賴有諸家之分題著作。

二、結晶形構學

在此種著作中，以結晶學說（並自然結晶及人爲結晶而言）爲最著名，而有大潛力及於形構學。作者前文已提及阿羽伊及其繼起之人。金石物偶有自然結晶者，亦有由液體而結成者，其所成之幾何形體，則有結晶學說爲極詳盡之發明。結晶學，今日稱爲結晶形構學，〔原註〕參觀一八九五年馬斯刻林所撰之「結晶形構學」。有特別惹人注意之處，以其爲自幾何形體及靜平衡勢之抽象科學，遞變爲實在物形構研究之過渡也。在此兩種科學之間，似乎能令學者窺見理想上可以計算之物，與實有存在之物之連貫，即謂理想可能有之物，與世上所實有之物之連貫也。於是科學家常有一種意向，引結晶學理想入於動物植物之形構學中。晶顆內之幾何平面，幾何軸，與其間物質小點之吸力，則常有引用之以解說有生命物之要素及形式者。此時各種臆度之類推，【原註】「此種礦物與動物之比較，祇能作為至遠且異之相類耳。吾人似可不必過於推究，略為舉示數端足矣。蓋斯種比較，僅使吾人易於明了生命造物的兩時期之剖別學理也。所謂兩時期者，即化學及形構之創造與綜合是已。而自事實方面觀之，似覺無甚差別。若由本性方面考之，則其剖別異常明晰也」（伯爾拿之「動植物之共同生命現象論」第一冊，第二百九十六頁）。又參觀薩克斯之「植物學史」，論及各種之誇張類推，見第一七三等頁。如機體結晶，極性分布，纖維之網，及枝葉之螺旋學說等等，有時頗令學者注意，【原註】作者說及大得康道爾時，將再討論此問題，今先於此略說所謂螺旋學說。在第十八世紀間時，即有波內，塞薩品那斯(Cæsalpinus)，曾注意於葉之繞柄幾何之位置。其後則有士金波(Schimper)，柏藍(Braun)，以發展之。自從一八三〇年起，有三十年間，此螺旋學說，頗為德國所歡迎。其在法國，則有得康道爾之與此有相關之，勻稱學說，歌德之變形學說，及士金波之螺旋學說，皆包括之於植物形構名詞之內。此則見於聖提雷耳（奧古斯德）所撰之「植物學」（一八四〇年）。何夫米斯式(Hofmeister)者，原為化育學說發起之人之一，極力反對螺旋學說。而植物學歷史家薩克斯，則以為其在歷史中，頗有勢力，以為植物器官之相對部位，為士金波在形構學中為之發明，頗為重要（

見其所著第一百八十頁）。參觀察赤(Church)所著之『葉序論』，見一九〇二年出版之「新植物學者」第一冊，第四十九頁。頗可作一時類似可以解說機體構造、及機體之形之用，〔原註〕初時發起細胞學說者，謂細胞之在液中之成造，與結晶之在其液中之成造相同。隨後發明機體由於塡充生長，並不由於如結晶並置及外加。又有格累爾謨之揭露，發明細胞之增加，由於自分。格累爾謨又分物爲晶質體，膠質體。於是格累爾謨之新發明，遂用以解說或表明機體成造之手續。內革利(Nägeli)卽根據此兩種區別，以發起其著名之『細胞結晶學說』。其所著「機械生理的傳種學說」一書，對於機體構造，曾演出一完全機械學說。德國著作家，頗多用之，以爲發明之用（參觀赫特易Hertwig之「細胞論」坎柏爾(Campbell)譯本，一八九五年版，第五十八等頁）。此細胞結晶學說，不甚爲法國英國所歡迎。英法最盛行之普通意見，可以伯爾拿之語爲代表。其言曰，『有生命的萬物之理化現象，雖同係隸屬於物理及普通化學之公例，惟其特殊狀況，則顯非眞實，而於純粹化學中，僅能供獻其形像之大概而已，且亦不能完全正確也』（見「生命現象」第二冊，第四百八十七頁）。其實並無大用處，亦如波斯科維赤之以力心、及吸力拒力之曲線，用於算學、物理學，以作研究基礎，亦無甚大用處相同；因爲不能以之爲定準之推算，如算晶體之角度及形格也。

二三、大規模之形構學

因有實地瞻察石層之構成，及水氣冰熱潛力之痕迹，於是有大局面之研究，金石科學與結晶學同時並起。其後則有研究古時機體所化之化石，以定地質各

二三、洪保德

層之時期。其發起者，在德國則有偉爾細，在法國則有屈費兒，在英國則有斯密威廉，在蘇格蘭則有哈同，【原註】以上諸人已見上册附註。各從不同之觀點，以求得地上地下所有存在之形構之學說。此種研究形構學家，自不能不四出遠遊，在當地考究，在情形最相反之地考究。其出類拔萃之偉大代表，則爲洪保德亞歷山大。【原註】洪保德所著之「大世界之計畫」，爲何發展，應參觀卜侖士之「洪保德傳」（有英文譯本，一八七三年版）。洪保德因受有兩項潛力，故立意展開一幅物理世界之圖畫，以示世人。此圖畫同時並發現其純粹物質觀方面，及詩人意境方面。所謂兩項潛力者，其一則發生於巴黎之科學舉動，其一則發生於德國之唯心學派之舉動。其最著名者，爲赫得，歌德，謝林。卜侖士之言曰，「洪保德所受並世學者之潛力雖多，爲其功業，則唯有其一人所能成就。其意在乎採輯極多數之資料，加以最詳盡之比較，以爲赫得，歌德，謝林及宗其學說者諸人之意想世界，立一科學基礎。⋯⋯可謂第十八世紀末期之兩大哲學派，組合於洪保德一人，因此同時並爲兩派所貴難也』，（見本傳第二册第三百十二頁）。洪保德將其所瞻察之地理、地質、金石、之各種事實，及詳細情狀，以連合於天時、氣候、及動物植物分布之研究。【原註】德文原版「洪保德傳」第三册，載有各專門名家撰著，記載其研究天文，地理，地質，動物，植物之分布，氣候，及其他功業。其中有數種研究，皆由洪保德所發起者。其中亞發爾特(Ewald)所撰之地質部，及格里斯巴哈(Griesbach)所撰德國科學家所稱之動物植物地理，最有意味。

可惜此第三册，並無英文譯本。當洪保德未部署其著作「大世界」之材料之先，先有兩大著作，其一爲「新大陸遊記」（一八〇五年至一八三四年刊行於巴黎，共分六部），其一爲「中亞遊記」（一八四三年刊於巴黎，共三册）。此兩大著作，所描寫自然景物，各有不同，卽此可見洪保德心胸眼界之大矣。卜命士之言曰，「洪保德，以爲專在新大陸旅行瞻察，所見者自不免於偏。於一方面，於是而有亞洲之遊，則不至於存有偏見。因親身之試驗，遂證明地球亦與其他物相同，無不有兩方面也』云云（見本傳第二册，第二百十二頁）。

如洪保德者，真可以稱爲有最大規模之自然形構學者。其所著之大世界內之描寫鋪敘之大景象，及其在先所著之自然圖畫，卽爲其畢生事實之宗旨。因有洪保德及其友立忒之事功，於是比較地理學始得有有價值之處置，且證明地理與人類之歷史及文化之進步，在在皆有相關；因地球之形勢，與種族之分布，大有關係也。【原註】見「大世界」第一册第六十頁，一八四五年德國版。

二四、小規模之形構學

研究物之形構，既要有如洪保德之大規模矣；然而學者所向來不甚注意、不能覺及之細微之處，亦同一要緊，或者其潛力更爲重大也。第十七世紀，既因創製遠鏡，而人之意想經一番革命。則第十九世紀之創製顯微鏡，自亦能變動人之思想。伽利略發起其思想於前，刻卜勒、牛頓、拉普拉斯繼承於後，遂有完善之遠鏡，隨之而成。五十年後，有顯微鏡之創造，於是格露及馬爾丕基 (Malpighi) 始有胚胎之研究，闢一研究之路徑。於是科學家自阿米奇 (Amici) 以至於斯特拉斯堡，對於植物之授精受精，有多年之瞻察。「原註」此等觀察，始於一八三〇年。是年阿米奇大改良顯微鏡之製造，其瞻察者，則爲自花粉初墜於心皮尖，而入於子胚深處（參觀革得斯(Geddes)及湯姆孫所撰之「雌雄性之天演」，第一百四十頁）。其後有一八四五至一八四六年之瞻察，則解除各項疑團，及各種未定。薩克斯曰，『阿米奇證明自始至終之一切事功，從花粉之在蕊柱頭上，以至於結胎』（見薩克斯所著之「植物學史」第四百六十九頁）。同時則有巴列(Barry)，瞻察兔卵內有精液（見革得斯及湯姆孫著作第一百四十二頁）。然而自有阿米奇之新發明，閱二十餘年，而後研究胚胎學家，始承認植物動物同有此項結胎之事功。精液細胞入卵之說。先有巴列及馬爾丕基主持之後，有德國之大名家比壽夫(Bischoff)以證實之。比壽夫並謂『巴列博士實爲首先看見卵內有精蟲（或精子）之人。尤應注意者，則爲見精蟲在乳哺物之卵內，故巴列應享受首先揭露者之榮耀」云云（參看比壽夫之「紐坡特及巴列研究蛙兔卵精蟲之經過」一書，一八五四年版，第九頁）。科學史所宜注意者，則爲近至第十九世紀中葉，植物生命之變象，及其結構，研究動物生命家頗少知之者，亦罕有推用者。動物學，植物學，及其他各科學之收有多數結果，及多數進步，似以一八五九年刊布達爾文之「物種由來」之始。湯姆孫氏（生物學家）有言曰，「授胎學說之歷史，當以一八七五年爲新紀元。其時有澳厄巴哈(Overbach)，凡本尼登(Van Beneden)，哈爾威，伏爾等諸君，及其他科學家之發異采之研究，證明授胎之最要緊之變象，爲父性之精液細胞核，與母性之卵細胞核，相與爲有秩序之交合，如是，則有分裂細胞核之結果。斯特拉斯堡，得巴立(De Bary)，及其他科學家所研究之結果，亦證實植物之有相同結果」（見其所著「生命之科學」一八八九年版，第一百二十七頁）。

又有巴列、赫特易、福爾(Fol)、諸家之瞻察動物，其研究之事功，則已到暫時之極點。分光鏡者，組合遠鏡與顯微鏡而成，爲天文學開闢一研究之大區域，此則非拉普拉斯意想所能到者也。

二五、顯微鏡

第十九世既然大有賴於發露揭現眼所不能見之極微極小之物，故作者自應略說此器之歷史。

顯微鏡之製造，由漸而至於盡美盡善之地步，其有賴於第十七世紀及第十九世紀解剖家之研究功勞，亦如解剖學之有賴於顯微鏡。一六六〇年，虎克首先創製一有用之複鏡。雷汶胡克則造完備之簡單顯微鏡；第十九世紀之初期，則有阿米奇及力斯忒(Lister)【原註】阿米奇之改良顯微鏡，在一八一二年，力斯忒之改良顯微鏡，則在一八二六年。阿米奇爲首先創造水點法者，即以一滴水放於所欲顯之物（或蓋物之玻璃）與物鏡之間也。此種方法，其後又有阿柏以改良之不用水點，而用與物鏡折射指數相同之液體。和格(Hogg)則謂水點法，先有英國普立折德(Prichard)之提議；在阿米奇之先（見和格所撰之書，名「顯微鏡」，一八九八年第十五版，第十頁）。水點法所需之各種改良修正，則由巴黎之兩大著名製鏡家所發明。消滅一切色差渾圓差。第十九世紀之中葉著名之植物學家如摩爾、內革利，亦有頗重要之改良。及本世紀之末後二十年間，則有光照像，用顯微鏡視物之理，光學玻璃之改良，顯微力限量之研究，及種種新說。此項新說，則有著名物理學家，如英國之斯托克斯、累力爵士，德國之赫爾姆霍斯，各研究其一種、或多種，其統論全體問題者，所有德國之阿柏。【原註】阿柏之功業，起自一八七三年，因其與著名製鏡之最斯(Teise)公司有關係，得以將其理想之研究，施於實驗。同時則有赫爾姆霍斯，獨闢門徑，以研究顯微鏡視物之理，及顯微力之限量。亞立亦有同樣之研究。赫爾姆霍斯及阿柏，則有更進一步之研究，計及浪動所發生之光浪干涉之現象，其尤為要緊者，則物之有極細刻紋者所發生之斜返射、斜折射。阿柏之法，歷久無人知者。及察普斯基刊行「阿柏光鏡製法學說」（一〇八九三年），然後始有其學說之完全知識。於是有累力及斯呑尼(Stoney)之論文（載於一八九六年第四十二冊「哲學雜誌」）以為之繼。斯呑尼之著作，且有幾篇發明研究微小脆弱之物，應如何運用顯微鏡及其附件，以免錯誤之法。此種光學儀器不獨能供學者瞻察之用，且能令學者審評解釋。此器若不知其製造所本之學理，則不能運用。動物學歷史家，及植物學歷史家，嘗告學者，謂在第十八世紀中，用顯微鏡亦無大進步：【原註】卡魯司有言曰，「因為製造顯微鏡不得法不完善之處甚多，所見多是誤人之像。例如從顯微鏡窺見之微小物，皆作串珠形，後來漸漸始知眼目為光所欺，故有此種令人誤會之像也」（見卡魯司「動物學史」第六百九十二册）。又參觀薩克斯之言（見「植物學史」第二百四十一頁）。蓋其時德國之哈勒，英國之嘿爾茲(Hales)，皆提倡研究植物各部分、及動物各器官之生理功用，於是學者不甚注意於研究結構及纖維。【原註】「此時之特別情形，即在考究細微之構造，常與元素器官之功用相牽製，雖謂如是則生理學與解剖學有相輔助之利，而亦有其互相妨礙之害」（參觀薩克士「植物學史」第二百四十頁）。又卡魯司（「動物學史」第五百六十七頁）之言曰，「生理學之有進步，學者大賴於哈勒之事功，然下級動物之解剖學，因是而折入於生理學之下，：：阻止動物學之進步，因其使學者不注意於發明動物之形構，，及各種分別也。』是以入第

二六、顯微鏡之改良

十九世紀，研究目所不能見之微物，極其退化：非有儀器之改良，則此項研究亦難望其有進步也。【原註】遲至一八二七年，得康道爾仍作下列之語（見「植物器官學」第一册第七頁）。「在近時期中，米耳柏爾(Mirbel)，林克(Link)，特雷宇納魯司，斯普棱革爾(Springel)，路德斐(Rudolphi)，奇賽(Kieser)，度特洛社(Dutrochet)阿米奇等，對於植物組織精密觀察，曾為之刊佈，并附有多數詳細圖形。而在觀察時，以複式顯微鏡為惟一需要品，但斯種顯微鏡，使用極難，是以雖賴上述諸觀察家之技能靈巧，而最難研究之植物解剖學，仍在混然無望中，令人不無遺憾耳。』惟是既多用顯微鏡，則不能不操練如何解釋、如何

繪畫所見之像。薩克斯有言曰：「學者既有顯微鏡以爲之助，則學者之目亦變成一種科學儀器，不能如平常之迅速流轉，必要常受紀律爲有秩序之瞻察。【原註】【見薩克斯之「植物學史」第二百三十七頁。】亦如世人之以野外寫生爲消遣者，亦不能不定睛審視物形，以練習其美術工夫。」

二七、形構學及分類

最奇異者，比沙（又稱貝查，是形構學家大領袖之一，又爲瞻視纖維薄膜大家）輕視顯微鏡，而其所創立之各種科學，則頗得此儀器之益也。

形構學之目的（與分類不同之處）在乎試爲實寫，若能作到，則試爲通曉及解說吾人所見自然物之形貌，及構造之相對類似，及其逐漸發生有階級之不同。此項學問，雖可以作大規模之研究，亦可以作小規模之研究，然而在微小之生物中，則學者較易於窺見其類似與不同之處。此皆可以採輯薈萃以爲研究，不失其本真，至於金石則不能，除晶顆及寶石之外，所採者只爲碎塊，非在當地研究不能。其後不獨以研究金石應該如此，卽植物動學亦何獨不然；其始之建設，不過爲植物標本室，其後則變爲植物園。其先博物院只有動物之骸體，及死物之標本，其後則有活動物園。至水族園之設，以研究當地水產之動植物者，皆爲近時之建設。

〔原註〕得拉日(Delage)分研究有生命物爲四大時期。最初爲林尼阿及蒲豐研究動物植物之外形及其習慣，亦有詳細之剖解研究，不過爲附屬之事，以揭露有何自然之類似而已。第二期爲屈費兒及其從者，則專恃剖解。第三期則有水族院。『余敢斷言，海岸水族實驗所之設立，實爲第三時期所組織之一種新制度。其重要之點，較之往昔，毫無軒輊，蓋四分之三以上之無脊動物，屬於水族。但其中大多數，爲科學家所不能查察，因科學家查察之利器爲顯微鏡，有時斯鏡亦往往失其效能也。且其習慣與初胎發育之研究，決不能遠離海岸，此海岸水族實驗所之設立，所以爲刻不容緩之學也。查該制度之發起，實爲拉卡慈(H. de Lacaze-Duthiers)。……所以洛斯科夫(Roscoff)實驗所之創建，實爲各國各海岸同樣實驗所之先導也。』〔見『遺傳及生物學中之諸大問題』第三頁〕。第四期則有顯微鏡以爲剖解，此則最盛行於德國。即刻斯忒之言曰，『自從達爾文之『物種由來』論刊行之後，其研究水中動物者，知有完全試驗室水族院設備之必要，非學生於暑假期內，在海濱採來數種標本，以爲研究，即可了事。於是有海濱試驗室之設，最先則有科斯特(Costé)所建設者，在德國公卡努(Conearneau)地方〔一八五九年〕，專研究供食品之魚族，目的在於養魚。……其規模最宏大，而經費又極充足者，則爲多倫(Dohrn)於一八七二年，在意大利那不勒斯(Naples)所建設者。此外尙有，設於的里雅斯德(Trieste)，微爾夫郎士(Villefrancle)，塞特(Cette)等地方者。美國則建設於新哈文(New Haven)，及波福(Beaufort)地方。英國之水產生物學會，以一八八八年，建設一大規模之試驗室於普里穆斯(Plymouth)，其規模之宏

壯，亦可以比那不勒斯』（見『大英百科全書』第二十四册，第八百十四頁，即刻斯忒所撰之『動物學』條下）。其研究從前之所謂形構學，或研究狹義之形構學者，皆專指植物動物而言。初用形構學名詞，即指此種研究而言。因研究有生命物之形，知其極爲繁雜，於是發現兩種方法。其一作者前已提及，係因醫學而研究植物動物，剖解動物，以瞻察其建構及功用，欲以類推於人體。第十八世紀時，生理學頗有進步，爲便於研究起見，則當全體爲各部器官所湊集而成，每器各有其功用；於是分爲主動（又稱人主動隨意動）器、呼吸器、運血器、消食器、生殖器、神經器（又稱神經系）、及主管耳目等五官：凡此各器，

二八、分器研究

皆可爲分立之研究，以研究實寫其機械、化學、電氣之作用。此種研究，自英國之哈維、及德國之哈勒以來，皆大有進步；其後推用化學以研究呼吸及消食之事工；最後又有賈法尼之發明電流，則激動科學家研究生物之生理學、植物之器官、及功用，比於動物，似乎較爲單簡，較爲易於瞻察。林尼阿則專擇植物之生殖器（以其較易於辨認故，）作爲植物分類之本。其後【原註】參觀卡登司之「動物學史」第五〇三等頁。則以內

部之建造爲動物分類之本，以心臟及血液爲區別之標幟。其所著之最後出版之自然分類，以生理之分別爲分類之本。其中有頗著名之言曰：『金石只有長，植物亦長、亦生，動物亦長、亦生、亦食。』此種意想，自是實寫自然物之第一步。自是以來，則略修改此種意想，以合於彼人略有改變之見解。其以生殖器爲植物分類之本，及以心及血爲動物分類之本，仍不過爲第二步，亦不能使學者通曉生物界之形貌，何以有各種之不同，何以一得其形貌，又永久不變。據事實而論，此時形構之研究，不過附屬於生理學之下，不過引以輔助動物及植物再爲細分類別之用。林尼

二九、野外之研究

阿亦自知其分類之法，純乎人爲，而非自然；亦自知其分類之法，近於武斷。惟是自然分類，則非與自然接近，得有較爲親切之知識，——即非有外觀與內構之比較不可。此兩途之研究，皆有瞻察、細考、闡理之必要。第一途，則較易用於植物之研究，第二途，則易用於動物。畢謝則走第一途，遂爲今日實寫植物學之祖；屈費兒則走第二途，發起比較解剖學，久爲動物學家之祖。

三〇、舉謝

法王路易第十五，酷嗜花木，遍植於特喇農(Trianon)離宮，舉謝為之布置，於是而引入於自然分類，原非由於理想也。其姪舉謝勞郎助之布置以一七八九年，刊行所著之植物分屬，其所用之法，則其叔之法也。屈費兒有言曰：『此作為植物學之革命；因有此作，於是始有按照其關係及其全體而研究植物。』〔原註〕見屈費兒之「自然科學史」，一八四五年巴黎版，第五冊，第二九八頁。此著作並非如膚淺之瞻察家，專取植物之一種特別之處，以為實寫；其所研究者，為各分部或各器之互相關係，——彼此皆有其相依相賴之功用，然後能成其為全體，——凡所有一切特別之處，皆為之研究，視為彼此相附屬。〔原註〕得康道爾所著之「植物學說」，一八一九年巴黎版，第二版，第六十九頁，詳載舉謝叔姪之植物分類法。

茲節錄如下，『舉謝制度，頗具可供特別注意之點，以其注重於本性之隸屬故也。舉謝審知暗中摸索之單簡制度，為空泛無濟，并知各機官一致與贊通比較之宗旨，過於誕妄，於是首先詳細聲明，諸凡機官所及可以判斷該機官之諸凡觀念，並非視為同等重要，亦非永久不易者。所以次序之規定，首為優勝機官部分，次為略有效用之次要部分，而分類之惟一妙法，總以各機官之性質之次序為依歸。此種簡明宗旨之效用，至宏且要。蓋許氏由此觀念，而對於科學之進行，及萬物之普通計劃，為最有心得之一人。是以得能撰成一種宏大著作，名曰舉謝之書。而於觀察科學中，稱為一極盛時代，與在實驗科學中之拉瓦節氏化學，同享盛名也。』（參觀屈費兒所著「自然科學進步史報告」第三〇五頁）。自此以來，科學家爲分類起見，以動物或植物各分部之有相互關係，及特性之隸屬之意想，介紹於自然科學。從前生理學及解剖學大抵皆注意於分部之器官，此後則注意於組織問題，卽組合各物性及各器官爲一氣之問題。

三二、組織問題

布郎微爾（Blainville）爲舉謝著作所激動，視所有一切自然科學知識之發展，爲組織知識之歷史。〔原註〕參觀「布郎微爾事蹟論」一八九〇年巴黎版，第一，百五十七頁。得康道爾爲舉謝植物學繼興之人，爲十九世紀植物分類學之泰斗，著植物器官學，專實寫植物之器官。〔原註〕是書一八二七年巴黎版，共兩冊。赫胥黎有言曰，『科學派之分類家，其分類有兩法，其一則不過作爲目錄，以便於用而已，『例如各種人爲分類，是也。此則不過適於當時之用，或合於特別之用，此外則毫無價值。其一則爲自然分類，此種分類，則以某種之特性爲本，總論其所有一切相類似及不相類似，以部署之。若在形構學而言，此種分類必定只論其外形與內形。自然分類，則有永久之重要關係，因此部署，卽是精密的提挈外貌事實之綱要，或是建立構造中相互關係之經驗規律』（見赫胥黎所撰之「奧文傳」第二冊，第二百八十三頁）。組織問題，在植物較易，在動物則難。在植物中，似乎只有一器或一組之器，有界限分淸之發達，而與其他器有特別之不同——

三二、屈費兒

卽結果之器(生殖器)是也;於是林尼阿及其從者,卽以此爲分類之本,至於動物則不然,至少有四五種界限分清之分立分組之器官,以此爲動物分類則難。屈費兒於是在一七九五年至一八一七年間,致力於硏究動物界之形構及解剖,對於擇器分類之事,頗游疑而不能決。作者於上文曾經言及,屈費兒最後於一八一二年,決定以神經系爲構成動物機體形格最要緊之特品。【原註】欲知屈費兒如何以漸而發展其分類法,宜觀卡魯司「動物學史」第六〇二,六一二,六一四等頁。其言曰:『屈費兒以隸屬之說,仍是人爲。凡一器官之要緊之處,只能以試驗定之。』雖然屈費兒仍宗此旨,而遲疑不能決。例如一七九五年,則以生殖器(有此然後有動物)爲最重要,有時又以血運器(動物有此然後能存其生)爲最重要,至一八一二年,仿效微理(Virey)之法,決定以神經系爲準,謂此部保存,則他部俱能存在」(見「動物學史」第六〇二頁)。在此之前,屈費兒則曾經採用拉馬克之法。【原註】『拉馬克於一七九七年,置白血動物於無脊骨類以示與有脊骨類之區別。有脊骨無脊骨兩名詞,皆由拉馬克而來」(見「動物學史」第六百十二頁)。拉馬克多才,在另一方面,頗留永不能磨滅之印像於自然科學中,從形構上分動物界爲兩大類,卽有脊骨與無脊骨之分別。林尼阿所分之四大類之第一類,皆歸入於有脊骨類。學者若步追屈費兒分類法之發展，則知其以外形及形格、外構及內構，爲研究有生命物之組織正經方面。屈費兒所抱守之主義，以有定形爲有機體物之循環復生之物品，與無機之構造不同，此則惟有一定之物質而已。」【原註】參觀屈費兒所撰之「阿羽伊傳」（載「史讚」第三集，第一五六等頁）；又見屈費兒「動物世界」一書。屈費兒既明白發表其有定形之說，同時則拋棄前者大多數自然歷史學家所抱持之意想。波內則因此意想而留不朽之名於博物學中，即謂有生命之物，可以作一種有等級之表，以部列之；其意想即組合所謂有階梯、及自然不躐等兩語是也。屈費兒則以爲此種意想，不能通行，遂棄而不用，而用分類規制之意——後來稱爲模範，謂生物皆按照模範而成。【原註】據卡普司之說（見所著「動物學史」第六

三三、模範

一五頁），則謂模範名詞，始用於布即微爾。此君原是哲學派之博物學家，其學派居於屈費兒及聖提雷耳之間。一八一六年，布即微爾發明新法，動物分類宗旨，是爲第一次以動物之全體之構造，爲大部之分別。先分動物爲三大分派，，即勻稱形，輪輻形，及不整齊形。此君似是極能啓悟學生之教師，他人得其意想，頗有發悟，亦頗多效果。孔德之「實驗（即積極）哲學」第三册，其幾乎全是感激布郎微爾之意。布氏之「普通及比較生理學」一書，孔德最爲稱賞，謂爲「近今生物學最進步最完備之模範」（見實驗哲學」第三册第二六九頁）。此部哲學卷首，原是題兩人之名，以表「

示其謝忱，其一即傅立葉，其一即布郎徽爾。至於布郎徽爾最先提及之物質變化說，及代謝學說，宜參觀伯爾拿之「動植物之共同生命現象論」（一八八五年，第一冊，第三十六頁）。此種模範，雖能有某某種之變更，而不能更變其大體。此各種模範，稱爲『枝派』，有脊骨類、軟體類、關節類、射形類（可稱爲輪幅類），此皆有獨立之相近，而不成階級。【原註】讀者所宜注意者，當屈費兒逐漸爲嚴謹之四大分類時，正是拉馬克致力於其所撰之「無脊動物史」時。巴黎一八○一年所刊之「動物分類」，可作爲拉馬克前書第一版，前書篇幅較長，發現於一八一六年至一八二二年之間。拉氏並無模範或規畫之言。其分類有漸進之系，其取徑從單簡以至繁複。此法以拉氏爲最早，然與屈費兒相反對。拉馬克之言曰：「造物之設施，當有一定程序，勢必由簡而至複，自小而至大，決不能將世上動物，同時悉數造就也明矣。是以摸之天演公理，考之已往事實，知其首先創構者，極爲單簡，漸次而進，以達於複雜，而後已。幷將各該動物，組之以種種專有之機官，而逐漸益之，以勁力與精神，使之臻於完備境界。而吾人之於已知動物，得以觀察其組織與性能者，皆造化之所賜也。」（見「無脊動物史」再版第一冊，第四十二頁。又，參看卡魯司「動物學史」第六一五頁。）

三四、得康道爾

繼畢謝而起者，有得康道爾，其形構觀即另取途徑。得康道爾極有賴於屈費兒，然而其意想之成立，則受有另一項顯著之潛力。動物學家之屈費兒，從兩大難點之一，以想像此時自然存在之形，覺得無生命物、與有生命物之相反處，而注意於有生命物有穩固不變之形，而無穩固不變之物質，——卽今日所謂動力之平衡也。屈費兒以爲漩渦卽是生命之記號。得康道爾之研究植物，則注意於其內部成造之整齊勻稱。得康道爾之見解，成於極博大之躬親實行之實寫植物學又久居巴黎，其受結晶學家阿羽伊潛力之大，僅亞於屈費兒。〔原註〕得康道爾所著之「植物學說」再版第七十二頁有云：『對於關係改良植物學制度之原由，余曾從事觀察，知其種數。一，動物分類所受之偉大完善結果，大部仰仗於屈費兒之哲理，工作蓋卽施於植物學之數部分之偉大工作也。余乃幸而得以利用之。二，阿羽，伊對於結晶定例之重要工作，有達到目的之可能。而由此定例，余亦得藉以造就下集書中之數種思想焉。』又參看「植物器官學」第二册，第二三七頁。得氏從兩位畢謝而知觀全體之重要，〔原註〕參看「植物學說」第八十九頁，又第二一六頁。又從兩位畢謝及屈費兒而知特品之有隸屬原理之價值，及全體組織中分部互相關係之價值。〔原註〕此原理詳見於屈費兒所著「四足動物化石之研究」之序文（見第三版第一册第四十七頁）。其言曰，『凡一具有機之萬物，均屬整個系統，其各部分莫不互相連貫，互相呼應。若一部分有變換，則全部分均須同時變換。所謂聲息相關，則舉其一部，卽能知其全部也。』得康道爾專注重於深藏不現之整齊勻稱，研究眼所能見之各種植物，如何藏蓄此種勻稱之理由，亦如阿羽伊〔原註〕

參看得康道爾「植物學說」第一一六頁。得康道爾將阿羽伊及得利爾（Romé de l'Isle）之二種結晶學方法，及相類之植物學方法，說明其相合之處。此種返本求原之法，每應用於其器官學中。其「植物器官學」第二冊第三七頁有言曰：『第一種制度之推想，一如植物學者之視一葉一萼，均為純一之整個，而其邊之截傷，則屬一種未知之原由。第二種制度，余曾用作指南，得以證明植物器官的各種截切處之塗泥手續，蓋即其集成整個之各種方法與程度是也。』

之結晶學，嘗教人以辨認各種元始單簡之形體，以此種形體、因耗減之變象而變也。【原註】得康道爾「植物學說」第一八六頁云，『如期前產生，與各部分之接枏，及其變種等等，在有機植物中，不得謂為有所錯亂，又不得謂為不完善之擬想。而分子之減縮，在結晶中，亦應有之現象，不得謂為錯亂也。』

三五、整齊勻稱

於是得康道爾對於植物之種種未到時而發生、或退化、及結合之形、之學說，發揮極其詳盡。屢次有言曰：『自然之全體，可使學者想到，凡是機體之結構，皆極其整齊。又因有種種不同之先期發達力之結合，而生種種之不整齊，足令學者特別留意，亦足使學者難於組合。』【原註】「植物學說」第九十七頁，及第二三六頁有言曰：『普通博物史之眞學理，在研究中，厥惟每種物類原有之勻稱，及其相互關係是也。至於其他各種學理，不過襄助達到研究目的而已。』又「植物器官學」第一冊，第十頁有言曰：『植物器官學者，實為有機萬物科學之共同基礎，亦即萬物勻稱的分類學理之原則也。』又「植物器官學」第二冊第二三九頁有言曰：『已知之萬物之種類，愈益增多，則研究之方法，亦，愈爲周密。而余所首先創成而宣佈之植物通類原則，亦因之而更覺可靠矣。蓋有機萬物，大都爲對稱的或有規則的。至於植物，外表之不規則處，對於恆常現象，實有一定限止，或各自存在，或集合存在，如某種器官之期前產生，及衰頹變種，與同性或異性器官之接桿，及器官之增多是也。』及其爲再進一步之分析，其整齊勻稱之故，其所持之形構觀，更爲明顯。發明結構之特品，全視各器之有無，及其多少、大小、形式，及其所居之絕對或相對之地位。【原註】「植物學說」第一四〇七頁有言曰：『器官勻稱之組織，厥惟下述數種主要原質，即生存，位置，數目，大小，形態，效用，時間，感覺等是也。至於各器之功用，與其他能以感覺之物性，【原註】「植物學說」第一七〇頁有言曰：『器官之效用，乃其構造之一種結果，並非起因也。乃不加深思之著作家，往往貿然言之，此種意識，余實不敢贊同。蓋在萬物生理學之研究中，器官之效用，無論重要與否，而在解剖學中，則其重要之度，至爲微細，至在分類學中，則毫無重要之可言矣。』……『照余上述之器官效用之狀，現在其感覺之於其構造，實爲大約直接之結果耳。』則並非結構之因，而爲結構之果；是以在解剖上，並不十分重要，與分類學更全無關係，其在生理學上之價值，則爲另一問題。得康道爾又言曰：『由勻稱則可以設爲有一種元始單簡之模範，是有普通秩序之明證。』【原註】見「植物學說」第一八五頁。又言曰：『自然分類，在乎注重於改變植物之環境，應另抽出，以發露每類之實在勻稱模範。』〔原註〕見「植物學說」第一八八頁。得康道爾於是又引結晶學家，及天文學家以爲佐證，〔原註〕參看「植物器官學」第二冊第二三六等頁，『勻稱植物』一章。謂此兩種科學家，皆抽出擾亂大局之副潛力，以求得元始之形構及天象之真軌道。是以『學者必要研究各不同之物種，作爲有定之物。』〔原註〕見「植物學說」第一九五頁。此是『博物學家所應作之事，比於積聚各項可疑之案以證物種之無定，較爲得體。』〔原註〕見「植物學說」」。「得康道爾與屈費兒之意相同，拋棄舊時所謂『梯級』之說，〔原註〕見「植物學說」第二三〇頁。而恭維林尼阿之聰明，以林尼阿曾言植物界類似一幅地圖也，〔原註〕林內(Linné)以『其素有之敏捷見解，曾首先將植物界比之於一幅地圖。此種比擬，在林內書中，僅一度道及。而闡發此義者，實不乏其人，如奇瑞克(Giseke)，拔司(Batsch)，聖皮耳(Bernardin de Saint-Pierre)，來利基(L' Héritier)不蒂特·都阿(Petit-Thouars)等等是也。此層比擬，雖屬一種單簡之意像，然至爲正確，而其效果亦至爲充滿，有益於世，實非淺鮮，似宜詳細研究，以期有所闡發也。余茲暫將地圖的比擬，約略言之如下。植物之各門，可方之於五大洲，各類可方之於各國，各科可方之於各省，各屬可方之於各邑，各種可方之於各城鎮，此皆可謂適當之比擬也。』（見「植物學說」第二三一頁）。——此項意想，一入德國法國數位植物學家之手，頗能多生效果。

得康道爾屢屢注重於植物界勻稱形構之循環復現，及有各項之元始模範存在。得康道爾同時，又有一思想家，能明察自然，最注意於一植物中各部，或各器之類似，於是研究此各部或各器所由造成之模範，因而介紹『植物變形』之名詞於科學中。

三六、歌德之植物變形學說

大詩人歌德以一七九〇年，刊布其第一形構學之論說，稱爲植物變形論。其後四十年間，所著之論說，屢屢論及此說；其意以爲此問題，不過是宏大之形構學中之一章而已。對於形構學有貫通之意想者，當以歌德爲第一人。歌德之意想，關於植物學並無大潛力，惟在思想史中，其意想則往往預先發表後來科學家之見解。今日之大著作家，常引其說。赫克爾及赫胥黎之形構學及天演論，尤爲好引其說。在科學之大著作家中，只有得康道爾一人，【原註】「植物器官學」有第一册，第五五一頁，言曰：『每排或每環生植物之各部分，易爲最近排所傳染而變其形性，所以有自萼片而變成花瓣者，自花瓣而變成雄蕊者，自雄蕊而變成心皮者，或反其道而行之，如自心皮而雄蕊，而花瓣，而花蒂者，在在皆有也。歌德曾將第一種變化，定名曰上升，或直接變形。第二種變形，定名曰下降變，或相反變形。』當歌德在世時，提及歌德之說，且極以爲然，見得其學說中所論葉之變形，確能窺見植物組織變化之妙。（原註）「植物器官學」第二冊，第二四三頁，有言曰：「歌德之思想，雖素稱敏捷奇特，但臆斷之處，屢見不鮮，而於植物組織，則實自事實中考證而出之。」此書作於一八二七年。聖提雷耳恭維歌德，關於動物學之形構著作，歌德猶及見之。（原註）參觀歌德全集，評論『動物哲學之原則。於一八三〇年三月間，在巴黎之研究院，曾由聖提雷耳一度討論之。』尤宜參看第一八一頁，一八三〇年版。聖提雷耳於一八三一年，討論『植物組織之統一，為現今人類思想之新知物，而其永誌不忘之功績，則出自歌德所賜也。』見赫胥黎「奧文傳」第二冊，第二九一頁所引語。）最有害於歌德之真確預知者，則為歌德反對衆人所承認之牛頓顏色學說，而事未成功。（原註）赫爾姆霍斯對於歌德之顏色學說，有詳盡之討論，見於其兩篇演講中。其一演講，始自一八五三年，翻印於其「演講集」第一冊。第二演講，則在四十年後，於一八九二年，在歌德學會中演講。在第二篇中，赫爾姆霍斯指明自科學界，承認天演學說及工能學說之後，科學思想大革命。因此學者更能明瞭歌德所著之詩詞，及科學論說中之眞確，及只有影而尚未能形之各種預言。赫爾姆霍斯又推求歌德顏色學說之錯誤，由於其當時所用之儀器欠完善，而所用之顏色又不純淨。謂『其眼前，並未有過潔淨純色之光，是以不信眞有此種光也。光帶之單簡顏色，極難於使其純淨。以善於光學試驗之大家，如部盧斯脫爵士，又有完善之儀器，尚且失敗也』（見赫爾姆霍斯所製「歌德科學觀念之預知」，一八九二年，柏林版，第三十頁）。又見赫爾姆霍斯「部盧斯脫分析日光記」，一八五二年翻印於赫氏「科學論文集」，第二冊。又因歌德所窺見之形構實情，不幸爲謝林及其門徒取去，而用於哲學之空幻理想，於是歌德之預先發起之學說，與哲學家之空幻理想同歸埋沒。

三七、意想中之模型

屈費兒對於生存之物形，及石之物形，有最廣博之瞻測，及歸納法之考察，於是提倡自然界有某某種一定之形，由是以爲模型而範造各物。得康道爾則存有幾何形式整齊勻稱之意想，歌德則以爲合於美術。薩克斯有言曰『想像中之自然，以爲機體之形，卽是（按照古希臘哲學家柏拉圖之意想，所謂之）永遠存在之意想之接連不斷循環之摹仿。此種意想，混合心意之抽象於實在物之客觀特性。【原註】參觀薩克斯「植物學史」第一百八十一頁。 雖然，學者不能不承認從歌德以詩詞發表之空泛意想，得見物形之變更無定，爲實事上同等之一要緊方面。【原註】赫胥黎之論歌德（見「奧文傳」第二册第二九〇頁）曰：『從表面觀之，並不見得此位聰明過人之大詩人，所造於自然科學之機會，比最下愚之剖解者及事於命名者之機會爲較少也。在一百年前，以美術觀點研究事物者，頗有能使尸居餘氣之動物學，植物學，復活之趨勢。當時浮於空氣中者，有各種大意想，亦要有此美術意想，使之得一定居，得一名稱，化空泛設想爲學理。予以爲歌德所著之內顯骨，及骨學，及植物變形論之各項著作，卽有此功。赫克爾之語大著作，亦皆稱讚歌德之功。參看赫克爾「自然創造記」第四章，一八九八年柏林第九版。

據事實言之，歌德只有一半成立之學說徘徊於柏拉圖意想之元始模型及新近斯賓塞及達爾文所發明之意想之間，觀於其極注意於一八三〇年、屈費兒與聖提雷耳在巴黎科學會之辯駁可知矣。此事即介紹讀者於下章所討論之各種意想中。

作者於未討論此事之先，必注意於形構學尚有兩方向之發展。其一則有時間處間之大規模之關係，即研究未有歷史前之物形，及地球之變形；其一則研究微小之物，以吾人之眼觀之，只見其處處相同，而從顯微鏡觀之，則能窺見有生物質之內部構造。

作者曾經論及第十八世紀之後半期，有大旅行家如班克斯（Banks）、拍拉司、洪保德之研究自然，跳出博物院試驗室之外，而遠出遨遊，以研究此時之世界，及從前之世界。荷蘭則有坎珀（Camper），英國則有罕特曼洛，德國則有布盧門巴哈，日內瓦則有索緒耳，在第十八世紀之末及十九世紀之初，始有採輯分散之

第八章 以形構觀研究自然 四十七

三八、古生物學

新發明及紀載，以彙成秩序。其刊布此問題之大著作，立古生物學之基礎，亦屈費兒之功也。【原註】在屈費兒前之博學物家之功業，則見於布郎徵爾之著作名「屈費兒與聖提雷耳合傳」（一八九〇年）。布郎徵爾原與屈費兒爲同事，其後兩人不合，一由於個人之理由，一由於關於科學研究，兩人之偏好不同。布郎徵爾則偏於哲學方面。當拉馬克未見知於世，且爲人所忽略輕侮之時，惟布郎徵爾則重視之。是以布郎徵爾之評論屈費兒，譏者要愼於鑒別。然而其科學事功及其演講，具有大潛力，以發展法國之自然科學之哲學方面，觀於孔德，伯爾拿諸人之屢屢提及其人，則可知矣。其所著之屈費兒論，在古生物學一卷中（第三八〇等頁），對於坎珀，布盧門巴哈等，及其他大陸之博物學家，頗持公論。屈費兒受過德國教育，比其法國同事所知以上諸人之著作，較爲親切。布郎徵爾之論屈費兒，有一令人注意之語，謂屈費兒是一採輯家，剖解家，是博物院及藏書樓內之人，而非野外之博物學家（見第二四一頁）。其研究此問題，以多蓬通爲蒲豐之博物史所採輯之化石爲根基，並增加多種而部署之。此外尙有坎珀在荷蘭所採集者；又有歐洲各標本家所送與之圖說；而以所得於布盧門巴哈爲最多；又嘗有與布龍納氏（Brongniart）在巴黎郊外發掘所得者：屈費兒皆以爲研究之根據。一七九八年，嘗宣布其意想，欲採輯所有已知之化石；直至一八〇二年，方能實行彙集其歷年分起刊行之著作，以合爲一四足動物化石之研究，至一八二一年，其資料頗有修改增加，此大著作始得告成。此在形構學中最爲要緊，不獨有關於地球上已滅絕之物之多數確切實寫，且有著名之介紹文，〔原註〕此介紹文中（第一册第五十二頁），又有一最著名之語，謂用分部相互關係主義，若得一片保全完好之動物之骨，則能推定各物，如同得一全體之動物相同。布郎微爾論此事曰：『如罕特，坎珀，拍拉司，微克達濟耳，布盧門巴哈，瑣麥靈(Soemmering)，麥克爾等，自表面觀之，似係眞實廣博之解剖學家。一經詳爲考察，則大有不然者，乃世人亦崇而信之，甚至屈費兒自身亦將無以顯其眞才實學，而陷於困難之境矣。但此種斷言，乃不幸而恆出之於無知識者之口吻也。』屈費兒曾用此法，推定一百五十種乳哺動物（第五十三頁）。赫胥黎之論屈費兒化石著作，頗有稱讚之詞，見其所著『奧文傳』第二册，第二百九十七頁。〕討論地面之革命，統論歷期相繼之災刼間景象之變，各有其不同之地質之造成，及已滅絕之生物所遺之化石。屈費兒之言曰：『吾人所能推定者，其一卽是此物正在地面動物第四期之間；其二在爬蟲類後，在貘馬之後，在柱牙象大懶獸之後，則至一時期，有家畜以助人類管轄地面以種地爲生；其三在此時期後，在新近所成之沖積地、泥炭地、凝團地，乃能求得今日尚存之動物骨之有化石情狀者。』〔原註〕參看『地面之運轉及其在動物界發生之變更論』，載在一八二五年之『四足動物化石之研究』第三版，第一冊，第一七二頁。

此即屈費兒研究化石之總論，乃以辛苦求得者。『〔原註〕余對於掘獲化石之查察，常耿耿於心，未嘗須臾或離。又於近時期內，所供獻於世人之掘獲各種化石之研究，似覺不少，而對於地球中古時代之現象，雖僅居一小部分，然於其他現象，則啣接不斷，甚形繁多也』〔見前『變更論』第一則四〇頁〕。其結論之言曰：『予所辨別之要緊不同之處，必爲極大事變所發生，』而非『緩變之天時氣候及家象』所能解說，必定有極暴烈忽然發生之『災刼』然後能發生此種效果，此種驟變『發生奇災，屢屢擾害地球上之生命，』『斬斷事工線，』『非今世之自然之天時氣候等所能發生，從前之事也。』，〔原註〕見『化石研究』第三冊，第八，第九第十四等頁。第二十頁中云，『吾人之可以重言以聲明者，即就現在施行於地面之力中，而欲求發生其運轉及其災變之充分理由，再四研究，終歸無效。倘於今日而欲求之，即如已知之恆等力，亦無從得其來源也。』

三九、屈費兒之災刼學說

屈費兒以上所言，包有一種意想，後來稱爲『災刼學說，』使讀者心目中有相繼之形構變動，完全改換地球之景象。其撰作此說時，正在英國因有哈同之功業，逐漸發起反對災刼說之時。作者特於另章討論之。屈費兒之地質時期，與生物之各有模型之意想相諧。生物則現於空間，地質則關於時間，發現某某種界劃分淸、各自不同之物品，——卽謂有規模或大或小之某種有模範之形式，及有模範之構造，事物及個體之形態，徘徊盤旋於此各種模範之左右前後，可使學者得而以科學法爲之分類，及實寫之，通曉之。此後大陸及英國之地質研究，及博物研究，皆帶有此意味，歷時甚久。

學者研究此類形式模型、構造模型，爲自然所生，而又循環發現，既不離模型，而又不盡合於模型，有或多或少之不同；學者研究此種大問題，見其有秩序而又不盡一律，此種改變而不亂，此種形式不同而仍有其大端尙同者在，——往往有類似之新發明。

四〇、推類之研究

歌德之植物變形學說，以其器官之類似爲根基：當其未刊布此第一著作之先，卽由推類之法，揭露人類之上顎有內顎骨。隨後歌德及奧磴(Oken)各不相謀，尋得有脊骨動物之腦殼，與脊骨條相類似，於是有剖解大家麥克爾、斯匹克斯(Spix)、聖提雷耳等，卽從此觀點以爲研究。【原註】休厄爾之「歸納科學史」第三冊，第三六九等賓，詳論比較解剖學中之腦殼脊骨學說。赫胥黎之「奧文傳」中有言曰：「歌德奧磴所提倡之腦蓋爲改形之脊骨學說。及多數著作之討論此問題者，實與其發展之情狀，太不相合。一八四二年，已有佛格特(Vogt)頗疑其說。佛格特曰，「無論如何，以此法解釋腦殼，俱不成功」』（見「奧文傳」第二册，第三〇四頁）。

植物之變形，及腦殼爲改變之脊骨諸說，自然而然發生研究林尼阿及屈費兒之解剖學者之反對，歌德本人曾表明其意想之所由來在其紀載其研究植物之歷史中，〔原註〕參觀其科學論文集第二册。曾謂因讀莎士比亞及斯賓挪莎、林尼阿三大家著作，而發生研精覃思美術、生命、自然三大問題。林尼阿之潛力，則在乎其議論激發歌德之反對。歌德之言曰：『林尼阿之區別，極爲分明，極能啓發，其所定之例，雖淸楚有用，而往往入於武斷，予研究之餘，心內即生反對。其所用大力以斬斷分開者，予則極力以連合之』。繼林尼阿而起者，愈分愈多，區別之處愈繁，凡是眞實瞻察自然之學者，不免發生反對，與歌德同。反對派之學者，對於分類家之愈分愈多，愈區別愈多，則尤爲注重於相類似之處。以歌德之美術天性，幾乎能揭露『自然之內幕』（此是洪保德之言）。〔原註〕參觀歌德之自述（見文集第六册，第一六三頁）。此指洪保德以所著最能啓發之植物地理送與歌德之時而言。一八九四年赫胥黎嘗複述洪保德之言。（原註）觀上文所引，又見「奧文傳」第二冊，第二百八十八頁。赫胥黎之言曰，『凡研究植物學者，若已經過分別乾草門類程度者，必熟習於同目之事實。瞻察植物者，必注意於有花植物之形構。花朵卽形構學家之啓蒙課本，無人不知花朵有一樣（同式）之模型，而有無盡之不同，一本而多末，亦如音樂中之短調散布於長調中，有時若不能聞，而顯曲家則知其存在也。』科學家好爲分類，好事區別，意在乎異；歌德及所有其他美術家則喜其同，洪保德則有大規模之追尋自然之類似，及其相等合。亞發爾特之言曰：『洪保德有人所不能爭之功，在乎其遠遊以求相離甚遠之地之地質結構相類似，以證明大地成造，有其一致者在。洪保德曾指明墨西哥與匈牙利相離甚遠，而構造則有種種相同；其他之相類似比較，則學者有賴於洪保德之啓發。』（原註）見卜命士著「洪保德傳」德國版，第三冊，第一百八十四頁。

四一、聖提雷耳佐弗洛

屈費兒之友及同事，而同時與之抗衡者，有聖提雷耳，其思想爲歌德所宗，而有洪保德爲之代表。（原註）參看赫胥黎語，載「奧文傳」第二冊，第二九三頁。一八三〇年，巴黎科學會因研究自然而有兩大學說之爭辯，歌德最深知此爭辯之旨趣。其時歌德以八十一歲老人見科學界第一等人物，主持其所最得意之意想，極爲之動。【原註】厄刻曼(Eckermann)所撰之「與歌德談話日記」，曾載其事，日期爲一八三〇年八月二日。其言曰，「今日得到法國革命」消息，聞者皆大爲激動。是日下午，予往探歌德。歌德呼予曰。「予以爲此大事如何。火山既炸，到處皆火，此非閉門發議論之時也。」予答曰，「此是一極可畏之事。處此環境，有此政府，除結果爲驅逐王室外，其他倘有何期望耶？」歌德答曰，「好友，你我彼此誤會，予並非説德國人民。予所注意者，別有此在。予所言者，指學會中屈費兒與聖提雷耳之大爭辯，此是科學界最要緊之事。」予聞歌德此言，實出乎予意料之外，予不知如何答覆。有數分鐘之內，予心理停止思想。歌德又言曰，「此事極有要緊關係。予聞七月十九之消息，心理之感覺，非子所能知者。我輩此時有聖提雷耳之同盟援助，法國此時，雖有政治上極大之擾動，而學會仍然開會，且赴會之人充塞會場，可見法國科學界，對於此問題之注意。最妙者是聖提雷耳在法國，提倡組合新研究自然，只有進行，而無退步。……予事力研究此問題，已有五十年矣。其始研究，則孤立無援，其後則有維持者，最後則有多數同志，樂不可言。此事之於我，有無限價值。我盡畢生之力以研究之學説，又爲吾所創立之學説，今獲最後之大勝，自應歡樂。」』歌德此事，頗與高斯之暮年相似：高斯之發明，有五十年間不爲其他思想家所聞，又不爲其他思想家所理會；二十四年後，忽有里曼爲之發明，高斯聽其演講，自不能不心爲之動。【原註】參觀韋柏監刊之里曼「算學全集」序文，一八七五年來比錫版，第五一七頁，又見本書，第十三章。屈費兒、聖提雷耳之大辯論，對於研究自然物闡理，各有不同。欲知其詳者，莫如讀歌德後來登於柏林評論報之作。其言曰：『屈費兒不辭勞苦，以致力於眼前之物，爲之區別，爲之實寫，極其精確，由是而得有大多數之事實。聖提雷耳則與之相反，默察生物之類似，及其祕奥難知之關係。』〔原註〕見「柏林科學評論報」第二册，一八三〇年九月，翻印於歌德文集第二部，第七册，第一六七等頁。屈費兒與聖提雷耳共作共事者，有三十八年。屈費兒承繼林尼阿分類之事業，爲之建立更爲分明之界限，例如林尼阿將一切非脊骨類，歸於一大類。一八一七年，爲最後之處置，分動物爲四大類——即脊骨類、爬蟲類、關節類、射形類是也。其同事聖提雷耳頗有助於屈費兒之事業，而日覺機體結構之一致。欲知自然，即以此爲鍵：〔原註〕參看歌德之詳細報告，載文集第二部，第七册，第一七三頁。布郎徽爾在身後刊行之「屈費兒與聖提雷耳合傳」，亦有此次辯駁之詳細記載，見該傳第三七五至三七八頁，尤饒興味，因該傳追溯聖提雷耳之意想於拉馬克（見第三五一頁），而歌德竟未留意及此。屈費兒所見者，有四模型。聖提雷耳所見者，惟有一規劃，或一模型。一八一八年，刊布其大宗旨於一名著內，名爲推類學說，或解剖哲學。〔原註〕參看夫盧龍著「聖提雷耳傳讚」篇，載夫氏「傳讚彙刊」，第二二九至二八一頁。夫盧龍是書曾引用微克達濟耳語，如下：『造物之動作，似乎專以自然及普通模範爲依歸，間或稍越恒軌，亦屬萬不得已之舉耳。蓋到處均有痕跡可以追尋，而爲考察之資，得以證明之也。：：此兩種特性，似乎造物曾以之映射於所有萬物者然。而所謂兩性，卽模範恒等之性，及變換無窮之性是也』（見前書第二七六頁）。

四二、屈費兒與聖提雷耳

有發爲正確之議論者，謂組織之祕奧，在乎一致之規劃，而兼帶各種不同之結構。古希臘之亞理斯多德知有此理，蒲豐則發表之，聖提雷耳則有簡括之發明。屈費兒研究者，爲不同之結構；聖提雷耳所研究者，則爲一致之規劃。若爲關於自然物，要有親切之知識，及實寫其形構，則以區別辨識爲最要；若爲通曉自然、及物與物之關係，則規劃之一致，生物之關係，及其倫紀與物種之變異，爲最要緊，爲最能耐人尋味。前一種是純粹科學事業，後一種是哲學事業。兩大思想家皆是，惟赫胥黎曾經證明兩家皆是，而皆不能盡是。（原註）赫胥黎之言曰：『歷史上有令人不可解之事多矣，而以科學史爲尤甚。例如有科學家等，預料生物學界之前程，而苦心致力，而因不善於達意，而自害其心得。同時又有人，其所用之法，爲眞確可靠之科學方法，反阻滯思想之進行，而拍高舊時所留傳之意想。近七十年間，知識之進步，能令學者得見屈費兒及聖提雷耳，旣非盡是，亦非盡非。其實彼二君者，其用意是通力合作，竝非分途揚鑣也』（見赫胥黎所著『奧文傳』第二册，第二九六頁）。

四三、奧文

惟因屈費兒以詳細之研究，而增加極多數之自然物之知識，學界自然以屈費兒所居之地位較爲穩固，如是者多年。至於歌德之未知審察，而又只有一半可實行之提倡，一變謝林，史蒂芬斯，奧磘諸人之妄誕理想，而得有令確切思想家望而生畏之發展。屈費兒見得有登高疾呼，速令停止此項夢想之必要，以其資望之全力而反對之，頗有大功於真正科學也。〔原註〕赫胥黎論屈費兒關於物種定而不變之大問題，懷疑不決，有言曰：『當在早年研究之時，不見得絕對不承認聖提雷耳之根本議論。數年前，來伊爾爵士曾告予，謂屈費兒暮年，仍不實在深信物種之定而不變。予以爲此大解剖家，並非無科學造想者，有人謂其對於融通意想，視爲等閒，則是極不公之論。』赫胥黎又言曰：『惟是屈費兒晚年，似乎極討厭當時所謂自然哲學派之妄誕，見其遺害於科學不淺，未免憤恨，而失其持平審察之常態。於是轉而維持一種學說，並不勝於反對派所持之學說也』〔見上文所引之「奧文傳」，第二百九十四五等頁〕。

學者好爲詳細之區別，實寫形構，分門別類，博採新標本以充塞博物院，以揭露爲部署所未知或已絕滅之標本，在德法兩國然，在英國亦然。其專從事於此種研究者爲時且甚久，即以此種事功而論，無有能過於奧文者矣，故此科學家稱爲英國之屈費兒。奧文及並世之學者，【原註】赫胥黎之言（見赫胥黎所撰之「奧文傳」第二册，第三百十頁）曰：『除去「化石之研究」一書外，其著作之富，無有能過於一八三七年至一八八八年間，奧文之撰著者矣。其發明古生物學之著作，種類不同，而爲數又極多，又較爲眞確，然而同時他人之著作亦不少。如布郎微爾之「骨學」，阿伽西之魚化石之大作，則經歷多少阻礙而後能成功，其中極多啓發學者之意想，又邁爾之多數說帖，加以自製之圖解，此皆與奧文同時者。』又立有奇功，即將屈費兒之觀點移置，使學者可以窺見另一方面較爲遠大之自然情狀。第一層、既求得已經滅絕動物遺骸而實寫之，即覺得有應歸入現存動物何一類之許多困難。【原註】參觀卡脅司「動物學史」第六四八頁，及赫胥黎之「奧文傳」第二册，第三〇九頁，赫胥黎曾提及奧文之說帖，其題目爲『一八三三年達爾文在南美洲所發見之乳哺動物』。此即奧文所稱之 Taxodon Platensis 者是也。科學家所應留意，則在此說帖之題目中，於種名之下，有數字云，「觀其牙齒，則屬於齧齒類，而與厚皮獸類及草食類之游水類相近。」其心中固已表明 Taxodon 所處之地位，在于今日存在而相隔甚遠者之間，此與屈費兒之厚皮獸類及貘馬相似，又證明動物有居間之模型。科學家以爲今日兩種或多種之相離甚遠者，不得不以居間之種廁於其間。遂不得不發起今日所謂閏種（即居間種）之觀念。因有古生物之發現，又不得不漸漸拋棄分隔生物種類之記認。種別相隔甚遠之生物，有其相類似之處。屈費兒所記者，不過是偶然發現者；其後此項相類似之處，則漸見其多，令人迷惑。第二層、屈費兒所反對之學派發展推類之意想，奧文則有較爲劃清界限之發明之功。在奧文之前，法國德國之解剖家，曾用『同器異用異形』名詞，至是奧文則恢復此名詞之用。

四四、同器異用異形之研究

【原註】科學家頗重視此名詞。自然科學所用之名詞，既已複雜，又常常更改，學者見之，往往以爲難知。類似與同器異用異形，原有大分別。因爲設立界說，及引例以發明其中之大分別之故，博物學家，不得不認明所謂分別者有兩種，一爲語言上之分別，一爲邏輯上之分別。欲明了此事，不如讀奧文之一項著作，名爲「脊骨類骼體之元始模型，及同器異用異形說」（一八四八年版，是翻印一八四六年通告科學研究會之文）。此作載有同器異用異形名詞之詳細歷史。在第十九世紀之上半期中，在三種各別之科學內，皆用此名詞，而各有其特別意義。在幾何學及化學中，此名詞之意義，極其謹嚴。及博物學家用之，則反是，而極其空泛。奧文之言曰（見第五頁）：『不同之動物，其同等（即相當）之部分，稱以同名者，專門名詞，稱爲同器異形。邏輯家用此名詞，以指同形異義之學。幾何家用此名詞，以指相似式同等。相等角之對邊或部分之有相等比例者。此名詞之用於解剖學，似以德國之哲學派解剖學家爲始。聖提雷耳云，「凡知覺之機官，當可同爲比類，德國哲學家曾言之矣。備該機官具有同一組織原則，及同一傾向，仍照樣發生者，則在其發展制度中，當係相似爲。」』奧文所著之「講演集」第一集，附有名詞注解表，其中有此名詞之界說。一，類似之界說云，「動物甲之一部分或一器官之功用，與不同之動物乙之另一部分或另一器官之功用相同者，是爲類

似（異器同用）。」二，同器異用異形之界說云，「不同之動物，其相同之器官，有種種形狀不同，功用不同者，是為同器異用。」於是進步而表示『同器異用異形，有「普通」與「特別」等等之分別。』思想史中所應注意之點，則在乎生物有相類似之結構，有相類似之功用，且有其他不同之關係，及其他比較上之要點。推原其故，大抵多由於發展（天演）。由是有科學家預備化育及下傳學說，及此學說有明晰之發明時，則預為此學說之地。如奧文者，反不歡迎。既有此新學說發明，則舊派形構學家所用之名詞，均應改造（詳見下章）。舊派學說，推原同器異用於純粹意想的模型，稱為柏拉圖模型，因柏拉圖哲學，設為有多數之意想模型，以解說實在世上所有各物之秩序。郎刻斯忒教授有言曰：「同器異用名詞，原是柏拉圖學派名詞，然而反對此學派之人，則用此名詞，毫不遲疑。奧文教授解說此名詞，謂是不同之動物，其相同之器官，有種種形狀不同，功用不同。但是相同之器官之變為種種不同之形，及發為種種不同之用，究用何法以證明之，如何研究之耶。此即為研究同器異用，而不用天演學說之最大為難。因為欲解決此相同之問題，則於研究一類之機體時，既為分別研究之後，吾人心中不能不漸漸有意想模型之發生，然後乃能說及相同之故，謂兩動物皆有公共之意想模型者，其器官則可以謂之相同」（見「自然史學年報及雜誌」第四部，一八七○年第六冊，第三十四等頁）。又見赫胥黎「奧文傳」第二冊，第三○三等頁。又見湯姆孫亞塔爾所撰「生命科學」一八九九年版，第三十二頁。此名詞用以指相當之部分，或相當之器官，不甚以表面相似為根據，頗以元始相似為根據。若承認元始意想，則純粹之結構分類，失其謹嚴，於是形構學變為流行變化之形構學，而非有定而不變之形構學。最異者，則爲奧文追究此路之闡理，而迷於奧硜之神話著作，爲當時屈費兒以全力反對者，曾用嚴重之詞，以奧硜爲笑柄。〔原註〕見赫胥黎之「奧文傳」第二册，第三一五頁。

四五、細胞學說

形構學之推廣，有屈費兒及奧文推廣於古生物學，有洪保德立式以推廣於地理學，於是有另一種之研究自然之學者，專研究節制變形之例。作者今討論最後發起之主持形構觀之學說，即細胞學說是也。

最初以顯微鏡研究有機體之結構，如第十七世紀之馬爾丕基及格露者，皆注意於動物及植物。〔原註〕見卡魯司「動物學史」第三九五頁，卡魯司特爲表明馬爾丕基（一六二八年至一六九四年間人）與他人不同，其專心研究，只爲學問起見，並非求施於實用。卡魯司又言曰，「馬爾丕基之解剖植物，研究，已建築於凡有生物皆細胞所造之學說之基礎。其後亦有研究以鞏固此學說，從此生物構造，得一界限清楚之起點，最後。成爲化育觀之堅固基礎」云云。欲知此問題，及第十七第十八兩世紀之結構研究，與生理研究之關係，宜讀薩克斯「植物學史」第三五一等頁。但是此項研究，不久即落於專門家之手，其結果爲動物結構學（即解剖學），及植物結構學（即植物解剖學），有分途之研究，其用意亦各有不同。高級動物之組織，從醫學方面觀之，較爲有意味；其組織可分爲器官，或分爲系，以便研究，如一全部之機器之可分析。同醫學家自然最注意於各器官之功用，於是以動物解剖學附屬於生理學之下者，爲時甚久。生理學只研究功用，而不研究構造。其他方面之植物解剖學，則久遭忽略，有待於顯微鏡之大進步、大改良。是以直至第十九世紀之中葉，動物之形構學，及植物之形構學，各自分途研究，彼此並無相輔相利之處。第十七世紀之植物解剖家，已發明一項事實，謂植物爲微小之點所造成。當時此小點有種種之稱謂，最通用之名詞，卽爲細胞，以啤酒沫，或蜂房之小孔、或小管爲比喻。〔原註〕得康道爾所著〔植物器官學〕一書，卷首有言曰：『自最強顯微鏡中觀測之，則其所見植物之密切性質，不同之點甚爲希少，蓋植物之外態，雖極形特殊，而其內部，則有意想不到之相似處也。』此書又列舉馬爾丕基及格露之已往的觀察，並引證米耳柏爾，林克，特雷宇納晉司，斯普棱革爾，路德斐奇賽度，特洛社，及阿米奇，等近人之見解，並稱奇賽所著之〔植物組織考查錄〕一書，爲法國敍述德國所倡植物解剖學之惟一書籍（德人於百年後，爲最先恢復此項研究者）。得康道爾著作之第二章有言曰：『細胞組織，爲共同之現象，而有一種膜之組織，由多數細胞或洞竅，嚴密封閉而組成，如啤酒之泡沫或蜂房等，可以作

四六、摩爾

一大概比擬，但雖云比擬，究其實際，蓋亦眞確無疑也』（見第十一頁）。當時學者對於此項小孔或小管，各以己意想像其形狀，而公認此項細胞有時伸長作管形，有時相結合則變爲大細胞。所有當時之研究，及寫敍細胞之情狀，只注意於形式及其框架之構造，而不研究細胞內所容藏之物。植物學歷史家，直謂自一八〇〇年以至一八四〇年，爲研究細胞框架時期，〔原註〕參觀薩克斯「植物學史」第二七六等頁。此期之內，以摩爾之研究爲結局。法國學者之首先專力於此途者，則爲米耳柏爾。其事功則有極多數之德國博物學家，以爲之繼，且審評之。薩克斯又提及：初時之植物解剖家，好以其從顯微鏡所瞻察之形狀，請他人爲之繪圖。此舉乃大錯，摩爾則不然，『須以本人所得之印象，繪畫成圖』云云（見第二八一頁）。專注意於植物之骷髏（借用）。此項研究，極多數皆在德國，曾永遠解決一最要之點，即謂細胞爲一切植物結構之元素。〔原註〕薩克斯論定發明細胞宗旨時期，在一八三一年，而謂是摩爾之功，雖有斯普棱革爾及米耳柏爾宣布在前，而無充分瞻察之輔助。其陳舊而怪異之螺旋纖維學說，亦能流傳至一八三〇年（見第三三二頁）。其發明此要緊事實者，則以摩爾之功爲最多，當時其聲譽則頗爲士來登之易於引人入勝之著作所掩。其首先介紹細胞新學說於羣衆者，原爲士來登，然而不免於錯誤，隨後經多次之辯駁，始能漸漸掃除一切錯誤。然在思想史中，所以視此點爲有最高之價值者，則別有理由在；所謂別有理由者因久已分途研究、不相聞問之植物研究及動物研究，至是又復合也。〔原註〕十九世紀第四十餘年時，亦可爲一種時期，因德國法國頗以物理化學方法，用於動物學植物學之解剖，及生理研究。薩克斯則警告學者，切勿誤會植物生理學，不過是實用物理學及實用化學而已。因當時此種謬解，頗盛行一時也（見「植物學史」第三九三頁）。司旺則不然，極注重於此點，觀其大作之序可知。此作見於一八三九年，英國斯密爲之譯成英文，一八四七年息登哺學會刊行，書名頗長，曰「動植物構造與生長符合之顯微鏡研究」。譯者且附載所譯司旺之「植物發育說」，此作最初則登於米勒一八三八年之「解剖學生理學記載」之第二部，亦曾譯登於泰羅之「科學筆記」第二册，第六章。

四七、士來登及司旺

自士來登之新紀元著作刊布之日起，卽由司旺於一八三九年，立刻採輯所有一切已知瞻察（大抵皆米勒學派者）之論及動物細胞之成造者，用以發明其偉大之融通學說，曰：『毋論機體之如何不同，其元素之部分，只有一普遍之發育原理，卽細胞之成造是也。』〔原註〕見上文所稱之司旺大作，第一六五頁。原作之言曰：『最初所見者，爲一項無結構之物，或在細胞之內，或包圍其外。按照某種定例，又有細胞成於其內。此種細胞，有各種不同之發展，變成機體之元素部分』云云。此種可稱爲發見之形構元素或單位，卽是形構學之目的。至於現存之形之問題，可以交化育觀之學者（卽發育，觀之學者一，爲之解決。司旺所發明之最普通之細胞學說，可作爲有生命自然物之形構，變化學，暫時作一結束，即如牛頓之吸力例，可以作爲物理天學之暫時結束，此兩大通例，皆藏有未解決之問題，而有其分別，蓋細胞學說，並不如吸力學說之謹嚴也。

四八、研究發展之過渡

從形構學方面而論，以顯微鏡觀察考驗動植物之纖維，並不能對於體段較大、及生長已足之機體之形構之大分別，有若何明顯之劃分界限，反令學者深信其本來之相同。此各種分別，不能以純粹形構方法而爲之解說，非如阿羽伊之追尋晶體形構之不同，由於分子之形式。形構不同之由來要追溯至於生長之手續——即發展是也，即謂純粹形構之考驗，引入於發展或發育(化育)之研究也。且用顯微鏡考驗，又發露機體之構造，尚有其他重要元素在；此種元素，似乎並無形式，否則是無定形。學者向來以爲植物結構之構架，細胞之牆，及其分間，其所有一切幾何形式及部署，是機體形構之鍵，殊不知比於細胞內所有之物及細胞核，則降爲次等重要。細胞內之物，其在動物內者，度札當(Dujardin)稱爲元肉質；其在植物內者，摩爾稱爲細胞體；細胞核則爲布拉文所揭露。【原註】布拉文·羅伯之揭露細胞核，及度札當之揭露細胞內物，皆在未發表細胞學說之先。布拉文之揭露，自士來登及司旺，皆曾提及。據事實而言，布拉文之研究，德國學者頗知之，且推究其說，非英國學者所可及。布拉文之著作，曾經多數植物學家譯成德文，在一八二五年至一八三四年者，作五冊刊行。布拉文並未彙集其各種創解以成爲一部大著作，或發明新法分類，如舉謝及得康道爾之所爲。若以科學之重要關係而言，，布拉文足能與此二子並駕齊驅，其最有價値之各項融通學說，往往見於其單題雜著。薩克斯則謂布拉文，比於舉謝及得康道爾，更有進步，因布拉文有發展問題之領會，而彼二子者則無之也（薩克斯之「植物學史」第一二一頁）。洪保德稱布拉文爲植物學家之領袖，因與當日英國執政有舊，竟能運動成功，爲布拉文求得每年二百金鎊之優卹俸。於是學者尤注意於此無形之物，「原註」所謂細胞者，即有機體質之形素。細胞之界說曰：細胞者有膜，有細胞內容物，有細胞核，有細胞仁。此界說與度札當一八三五年之寫紋其揭露下級生物之有生命質相反，度札當稱此質爲元肉質。摩爾暫時承認士來登及司旺錯誤學說之後，又不甚理會度札當之說，不用元肉名詞，而用細胞體（亦稱原形質）之名詞。今科學中仍留用此名詞，以稱一切生物之元質，而此名詞之界說，不一視動物機體之各種不同之瞻察，及顯微鏡力之大小，而變。從前所見者，不過是無形之物，以大力顯微鏡觀之，則見其有結構。關於此問題，學者之見解，常有變更，界說亦因之而異。學者宜參觀舊時之歷史（如薩克斯卡魯司之作），及新近著作，如得拉日之「生物學之承繼與重要問題」（一八九五年版，第十九等頁），赫特易所著之「細胞論」（有坎柏爾英譯本，一八九五年版）。最新者，則爲哈克爾(Häcker)之「植物細胞及結實之理論與實驗」（一八九九年耶拿版，第十等頁）。細胞學說及微生物之研究，因有實用於醫學及衛生學，科學家及來人，皆視為極其重要。一八四七年，徵耳和發起其著名之細胞病理學，組合所有一切細胞學說之起點，遂發明一公論曰，「細胞生一切細胞。」而拋棄細胞自由成造之說，發明細胞之發生，由於細胞之自分，病體細胞亦在其內，而採用谷德塞(Goodsir)學說，謂自立之細胞，有不間斷之承繼。近五十年間，普通生物學，及細胞病理學，皆有極多之爭辯，及特別學說。其中最為難之一點，即是聯合細胞之自立或獨立，於其承繼及接連不斷，之生命之正確理解。細胞學說，雖經多少變更，而司旺之名，仍首列於各種生物學之著作，微耳和之名仍為新興之病理學之初祖，以其推廣細胞學說於極重要之實用也。欲知對於細胞之之各種見解，及見解之變遷，宜觀湯姆孫所著之「生命之科學」第一○一至第一一七頁。於顯微鏡解剖之外，加以化學之研究，以求如何化合，至是純粹之形構學觀之能事畢矣。生物之組織，在根本上只為一元，今已證實矣；此後之各種分歧，又應如何說耶？欲研究此問題，必要另求方法，將於下卷討論之。是以在第十九世紀之中葉，形構學家所處之地位，頗有疑難，〔原註〕洛賓(Robin)於有機物體中原粒現象的機械之解剖失敗後，欲藉「解剖化學」一書以竟前功，是以對於「普通解剖學」專書，雅不願從事著作者，良有以也。但生物學中，並未道及隻字，而生物化學之障礙，亦不若孔德及布郎微爾派，一再討論，及篤信之甚也」〔見法國「大百科全書」赫爾曼所撰「細胞」條〕。可比同時之有機化學家。其在大陸，則有屈費兒、得康道爾之動物學植物學舊學說，偉爾納、洪保德之地質學舊學說，皆有潛力轉移形構學之分類，及自然物實寫，至是則皆變爲陳舊而不適於用。從前之界限分淸之模型說，建造之模型說，及分別時代之創造（因其間遇災刼）之說，又皆無立足之地；僻遠地方及天氣，又發現形狀不同之植物，而極殊異之地，顯微鏡又發現各種生物。【原註】奧文所著之「脊骨類解剖學」第三册（一八六八年版）之普通結論，指明因有此種種新揭露，屈賚兒之學說，無立足之地。其言曰：『以予瞻察，及比較積得之結果，及予證實瞻察骨學所得之結果。觀之，不得不重新討論予前所信屈賚兒之結論』（見第一百八十八頁）。『予所研究者，極其廣博，亦極有耐性，不存成見，皆以歸納法爲之（倘若不免成見，則以利於屈賚兒之學說之偏向），而所得之結果，不能不拋棄直接或神妙創造之說，不能不承認一種自然例，或二級（卽附屬）原因，由是有有秩序之接連及進步之產生物種』云云（一八四九年，第七八七頁）。又曰：『據陸續所得之地質學眞理觀之，殊不能信地球遭災刼，而發生今日地球之現狀。當予研究化石及爲之各歸其類時，予則專注意於災刼之說。對於種類之何以絕滅，不能不謂每種中之物與環境競爭，因失敗而滅種，予不能不承認此競爭失敗，爲滅種之一理由』（見第七九七頁）。奧文從此著作中之序文（一八六六年）援引此段，遂生爭辯，評論家據此以證奧文承認達爾文學說。奧文則撰一解說，拋棄自然選擇（卽自然淘汰）之說，並拋棄已所承認之競爭，爲解說物種之由來。植物之器官之變形，提倡於倭爾夫，而歌德則有較爲充分之證驗，聖提雷耳及布郎微爾則宣布組織一致之說，士來登及

四九、類緣

司旺則證明動物植物之要素構造，及其終極則相同。至於形格不同之生物之顯露關係，究當如何解說耶?讀者宜注意當時所用之名詞，已含有解說之意，不過只有一二位潛修之自然哲學家知之。此『類緣』名詞（又名愛力）久已通用於化學，以指（而無解說）物之化合化分之神祕。其後用哲學的解剖學，以指動物之較深之相似結構，此種動物乍見之則以爲異種。此名詞原意是作有血統關係解，可以啟發血統相承（下傳）學說，科學家之極力反對此說者用之。〔原註〕參觀赫胥黎之「奧文傳」第二册，第三〇二頁。

自然界有某種定形，按運循環復現者，而學者無滿意之解說。又有單起發現之顯露之親屬，及顯明之變形。第一等形構學家，如奧文及其他科學泰斗，如英國之休厄爾，德國之柏籃等，對於此各項問題，不能採用舊時見解及空泛之哲學學說。一八四八年，奧文發爲議論，〔原註〕參觀奧文所著之「四肢特性論」（一八四九年版，第八五及八六兩頁）。其所撰之「脊骨類骷髏之元型及同器異用說」，其結論之言曰：『產生同質有生命物不同之各形（此各形之不同，不能以吾人所知之物質之特性爲之解說者），必由於一種組織之原理，由於一種有生力關係之特性，或由於一種元力，在此之外，似乎尚有一種有極性之力，瀰漫處間，當各物成造之時，則發生反對之舉動，由是而發生物形之相似，及部分之復現，可以謂之割一組織之記號。柏拉圖所謂組織之力，似與有極性之力，相競相拒，降伏有極性之力，操縱之，左右之，以爲不得不發現之種形之用」（見第一七二頁）。赫胥黎謂奧文此種理想，頗受自然哲學派之奧礎所潛移，從此方面觀之，則奧文離開屈費兒所發起而頗收效果之研究途徑。據事實言之，奧文雖反對達爾文，而與屈費兒不同，並不信特別創造之說，試觀科學家，所常引奧文之說，可知矣。此說見於其所著之「脊骨類解剖學」（一八六八年版）第三册之結論，第八〇七頁。其言曰：「予既不能承認意志選擇之說，又不能承認內生衡動力之說，又不能承認在外環境有選擇力之說，予以爲生物有一種自然而然與其父母型格異趨之勢，歷久遠之時期，然後漸變爲異種，以此施用第二等（附屬）例由是而有此種漸變而爲彼種之事，」云云。，以爲『有一項有特性之組織力，有不得不甄陶以成爲特別形構者。』又云：『在人類未有之前，必預知將來有人類，因規劃元型之神聖之心，必先知此元型後來之一切改變也。』其結論又謂：『從地球之以前歷史觀之，自然之進行，有其款段之台步，在各種世界之毀壞場中，有元始模型之光以照耀之，指導之，使先在意想中之脊骨類，被以魚類之外觀，積漸改變，以至於成爲發露光彩之人形，』云云。

休厄爾在其所著歸納科學史及歸納科學之哲理中，則解說機體之形，必求於各機體之功用之研究。此則復將形構學隸屬於生理學，而得康道爾諸子則新近始擺脫開者。〔原註〕得康道爾使形構學脫離於隸屬生理學之下，其頗有極明晰之議論，見其所著「植物學說」第一七〇頁。其言曰：「機官之效用，並非構造之起因，乃其一種結果也。而不加思索之一班著作家，遽任意言之，余實不敢贊同此等見地。蓋在萬物生理學之研究中，不論其機官之效用重要與否，而在解剖學中，其重要之點，亦甚微細，至於分類學中，則毫無重要可言焉。然對於吾人所未知之構造，則亦足以聊作研究之指南。所以見光平花瓣面上，滲出液體，即知其為腺形部分，故余以製蜜器比之。此種比擬，證之於應用事實，則盡人皆知，殊不知實由構造推測而來也。』同時德國植物學巨子柏藍有言曰：『機體之生長時，雖受種種物理之潛力，其型構上及生發上之特別之實在理由，則不受此潛力：其例則屬於其高級之實在發育另屬於一界，在此界內，其有自生之自定能力，則顯而易見』云云。〔原註〕見薩克斯「植物學史」第一八八頁所引。米勒·約翰者，曾為動物學、解剖學、生理學，立於確切科學（如物理學、化學）之基礎上，並『設為有一種生力（元力）之存在，而此生力（元力）不與物理學及化學之力同，而相與反抗，此生力在機體中之作用，有最高之能力，循一定之規劃，以節制各種變象』云云。【原註】參看雷文『米勒紀念演說』（載雷文「演講集」第七冊，第二一七頁）。

五〇、形構觀之缺點

純粹形構學之實寫生物學，旣有其缺點，搜求形構元素之能造成機體者，又無成效，不能如阿羽伊之求得分子之造成晶顆，於是思想家（計至十九世紀中葉爲限）又折回舊路，求助於陳舊之空泛意想，卽所謂元型、及造成力、生力（元力）等說是也。其機械觀有所不足者，則有此諸種學說以爲之助。斯賓塞者，拋棄此各種空泛意想爲最早，其後曾敍寫當時之爲難，在其一八六三年所刊行之生物學原理中，發爲議論。【原註】下文所從引之「生物學原理」，原是分起刊行，始於一八六三年。讀者宜注意，在赫克爾之「有機物形構學」未發現前（刊行在一八六六年），斯賓塞似無轉移德國科學之潛力，惟是多數之德國著作之意想，則已爲斯賓塞此作發表在先。其尤爲重要者，爲一種意想，卽謂生理之單位，居於化合物之分子與晶顆及細胞之間。淂拉日，對於斯賓塞之多數學說。曾有極詳盡之審察，對於斯賓塞之各種生物學著作，有極高之位置。得拉日嘗曰（見其「生物學之承繼」第四二四頁註）：『此處（指「生物學原理」）證明認識元粒細胞間之特別滋養及徵塊之有益於研究，誠爲初次之顯明解釋，而多數著作家，曾利用此種同樣之意想矣。惟其所造成者，亦各不同，斯賓塞實爲堅持刱初，意之鼻祖，其思想之豐富，理由之充足，洵屬創見。」又（前書第八三六頁）云：『生物學之得能初放新光，幸賴斯賓塞耳。從前之舊時學理，陳式方法，均已悉數掃除矣。：：現象之分析解釋，設想至爲縝密，哲學家無能出其右者。其普通原則，用以判斷與譯解諸現象，而使之回復於眞實理由，是以斯賓塞研究之結果，大有供獻於吾人之統一之生物學。蓋有形微塊，在同類物體中，實爲相同，而斯賓塞謂其機官因元力之作用，當能自行建造也。：：斯賓塞學理，可供吾人研究比較之一種指南。」此外另一大學派，則爲達爾文之天演學說，詳見本書下文第十二章。得拉日論赫克爾等派之學說曰：『彼等研究所得，而可以證明者，僅如極性之力中，代替以「生物學統一制度」而已，至於動作之形式，或幾何本性，而欲達到美備之結果，則難若登天矣。」赫克爾教授在所著之「有機物形構學」（一八六六年）中，夾以一種特別著作，研究生物形構學，及無機物（如晶類及化學物）結構學，兩者之間之事，如勻稱形式，軸形，幅形之類。湯姆孫（見「生命之科學」第三十四頁），謂後來絕少研究此問題者，然而在第十九世紀生物學家，以研究結晶系統爲引人入勝之榜樣，得拉日之大作，頗發明此種趨勢，觀其所引諸家之學說可知（見其大作之第三〇四至第七四三等頁）。

斯賓塞之言曰：『學者若承認「極性」名詞，作爲無機單位所用以聚集成其特形之力，亦可以用此名詞以指有機單位所發現之類似之力。惟極性名詞，不過代表學者所不知之一種事物之名。然而既無他名稱，則不能不用此名詞。……

既然則應發問此種有自爲部署以成機體特殊結構之物性，究是何物。……從此方面觀之，此特殊之極性，不在造成有機體物之化合物中；……因不能以之解說無盡數之不同形式之發現。從彼一方面觀之，此特殊之性，亦能居於粗爲區別之形構單位中。每一機體之胚胎，是一極小（只有用顯微鏡方能窺見）細胞，或是一種無形構之物，而發現生力者。……化學單位既不能有此極性，形構學單位亦不能有此極性，吾人不能不設爲意想有一種居間之單位，可稱爲生理單位，爲有此極性。……吾人又必歸結於此種單位，一有輕微之不同，……卽發生積聚而成之物之形構之不同』云云。

五一、斯賓塞之生理單位

純粹思想家，只有兩路可通，由此以達到此項居於兩方面間之構造；其一方面卽是晶顆或原子之分子部署之算學形式；其一方面爲似若無形構之細胞及細胞體（又稱原形質）。一路是用顯微力較大之顯微鏡，以爲此種極小極微之構造之再進步之分析；一路是以算學方法，計算從單簡形以至繁複形之平衡，此

五二、科學家意向之改變

平衡是原子或分子，變已知之各種力所能成者。顯微鏡之力已至於極點，似不能有所增加；至於算學一路，則吸力心及拒力心所成之極單簡形式連環之游渦圈所成之形，算學已見其極大爲難，此亦非容易可通之路。此種居間單位之繁複，遠過於最繁複之化學分子，其微小又遠過於最小而能見之細胞體之碎屑，只可久居於理想之列；既非目所能見，亦非算學所能計算，不過爲科學研究之一種指示，而非眞正向導也。以率直不求甚解之意想觀察生物之形，以爲有極多數之指示，有多數之美觀，有多數可以啓發心思之處；一經研究深入，學者且不能得有此種與生命有關係之各變象之知識，亦未能得可靠之標準，以爲分類，無怪乎科學家且捨定形定格之研究，而注意於物形之何以有不同，何以有接連之換變。此種對於自然實在物形之科學觀點之變遷，與抽象科學之趨勢，攜手並進。有多數之物，從前以爲靜而不動，或所有之動，亦不過單簡之直線動，其後心目中則以爲有極繁雜之動。例如顏色是極小極快之有定準之浪動；氣體之死壓力，是無數小點速動之衝擊，漩渦環旋動之奇異特性，已使學者習知所謂有動之平衡，極速之旋動，貌似停靜。在自然事功之歷史中，所謂停靜不變之形，似乎不過是刹那間之事而已；卽生物之已竣工、屢現不已之結構，眼見以爲其有如是最後工事完滿者，不過因爲吾人見此景象之時刻，比較言之，則爲時甚短，且因吾人不知其中有甚慢之無窮之變化也。

五三、形構觀之時期

從一八〇〇年至一八六〇年間，可以謂之以形構觀研究自然科學時期。此是接續專致力於分類及實寫之較爲單簡之自然科學時期。在此時期間，不獨有遠遊及考究古代，以推廣自然物形之知識，且有在生物所處之地，作當地之研究者。由是對於自然生物及其事功之互相關係，得有較深之知識，物形之類似，及同器異用異形之事實，留印象於瞻察者之腦海中。此外又有顯微鏡所發現之物內之結構，及有生物質之終極建造相同，又使學者知有極多數之微生物之存在，非用顯微鏡則不能發現者。形構觀又注意於各定格模型之有關係，及屢循環復現，亦注意於所謂物種之定而不變，及相繼創生之特殊週期。科學家欲以形構觀而解說之，卽是欲以抽象法（有時用幾何法，有時用美術法，）研究物形，作爲求得定型、及有循環不改之定性、而又有接連變化之性之各種知識之鍵。此種關係，大抵皆視爲是意想之事，非實在之事。此種觀點，如何漸變，如何因研究發展而引入於近日所謂化育觀，則於下章討論之。

十九世紀歐洲思想史 第一編 下冊 七十八

第九章 以化育觀研究自然

一、生物之靜力動力

大陸之科學思想巨子，如屈費兒、得康道爾、洪保德、及英國之奧文之大潛力，施於播傳其研究自然之形構觀之時，對於眼見之自然景物之有定格、而循環復現之形，或有大規模之寫其氣象，或有小規模而爲詳細之實寫，其時則有另一派之自然科學家，專致力於所有一切自然物所受之各種變化。前一派之科學家，注意於定形之接連的循環復現（兼指幾何形、或美術形而言）；後一派之自然科學家，則注意於所有物之不停之變。此派研究家所存之意想，並非自當日始，比於前一派所謂模型及時期之意，發起較早，亦較爲習聞；〔原註〕世界創造說頗多，各國古今著作，皆有所論及之。至於準確詳細可靠寫敘世界實在情形者，則後來始有。其最先寫自然之全體，從寫世界之大規模起，以次及於地球之有生物及無生物之變象，以至於人類之生命，則自洪保德所著之「大世界」始。讀者宜注意於洪保德之躲避化育問題。有人謂洪保德之潛力，鼓勵純粹之形構研究，而不鼓勵化育研究，是以有多數以科學首先討論萬物之由來，及其發展之歷史之作（來伊爾一八三〇年刊行之第一版「地質學大旨」之第一冊，有此最早之討論），並未爲其所著之「大世界」（一八四五年刊行一册，一八四七年刊行第二册）所提及。所有本章以後所討論之各種世界創造學說，如來布尼兹及蒲豐之作，及康德拉普拉斯星氣學說，屈賚兒之骨化石論（屈賚兒及拉普拉斯頓有潛力於洪保德者），亦不甚爲其所著之「大世界」，有充分之提及。卽偶然提及之，亦不過視爲有意想之價値而已，以爲無實在科學基礎，及遊覽瞻察閱歷之結果之價値。洪保德此種閱歷，則最爲豐富，直可謂之空前絕後，專注意於實寫所見，寫物之形，及其結構，深知此種研究，對於美術意想有反應（參觀「大世界」第二册之序，全作以第二册爲最有光采）。洪保德之意，以爲化育學說，尙未能成熟，又不在其注意之內。其言曰：「萬物如何發展之神秘，尙未解決之問題，不在瞻察實有之物之實驗界內，亦不在實寫已發展之物之內，又不在實寫地球今日情狀之內。今實寫宇宙，而以事實爲界限，不欲研究渺茫黑暗之有生命物歷史之起點者，非故示謙退也，因目的不同，界限不同也」（見「大世界」第一册，第三六七頁）。又言曰：「形之世界，只因其有位（卽處間關係），故能作實在之寫敍，作爲存在於自然之物，不是意想推闡問題。：：此皆自然界之事實，是吾人所不知之相拒相吸力功之結果。學者因好奇而不得滿意之解決，於是走近發展問題之黑暗區域。至此則研究者，爲世界事，爲無量數長時期間之自然手續。：：今日之物形，及謹嚴算定之關係，亦不能引學者得有已過情狀之知識，亦不能使學者得有元始創生時情形之知識。凡人所不能解說事物之化育者，則稱爲偶然，上文所謂之情形，則絕非偶然也」云云（見「大世界」第三册，第四三一頁）。然而此各種意想，令人難解，因其往往將宗教之無稽之言，混合於科學思想之起點也。閃縮規避，不敢以確切文字表明其學說者，

第九章　以化育觀研究自然
七九

二、天演

爲時甚久。直至第十九世紀之中葉，始有將多數不相爲謀，各自發起之闡理，發展學說之零碎著作，團結爲一，然後所力求不停流之變之例，始獲得多少一定之效果，從前所謂空泛幻造無稽之說，乃成爲所有自然科學之主要意想。以此學說而論，亦以用新名詞而有較爲清晰界限、較爲分明之意想發生，此則與其他學說相似。天演(evolution)名詞，行用於英國，頗能以此研究自然事物之觀點，較易通俗：其在他國，則不如是。在英國尚無所知之時，則他國已知之，在先且通用於其科學及其藝文，是以不若英國之用此爲專門名詞，以指存在物之情形之相連接有秩序之發展。

〔原註〕欲知在英國文學中，天演名詞舊時之用法，及今日之用法，宜讀第九版「大英百科全書」，赫胥黎所撰之『天演』條。後翻印於其論說全集中，題目爲『生物之天演』。赫胥黎謂此學，在第十八世紀之前半期，用以反對後成發展之說。此則關於當時生物發生之兩說，其一則指先有造成之胚胎，其後漸漸發展（此爲先造成），其一則由比較純一之不完全之粗胚，受胎分化，而成物（此爲後來成造）。哈維主持第二說，以反對馬爾丕基（亦作摩非吉）所持之第一說，稱第一說爲變形。來布尼茲，波內，哈勒，皆爲天演派（指從前天演名詞解釋而言），哈維，倭爾夫，及今日新胚胎學說派，及該派著名代表貝爾（亦作比爾），皆後成派（此說原發起於古希臘大哲學家亞理斯多德）。赫胥黎之言曰：「最後

初之發育（【譯者註】此後以發育二字代天演）及發展之意想，雖不能成立，然而尚仍用此項名詞，以指生物之胚胎，以漸而發現之事功。現在發展，及Entwickelung（德文），及發育等名詞，仍爲一派科學家所用，以指生物發現之各種化育之變，然而並不按照波內及哈勒之意想，而用此等名詞。發展名詞，因有斯賓塞之大著作，在英文中，則得有廣義，比生物學所用。發展之意，較爲廣大。其實即代德文之werden名詞，哲學之著作，爲黑智爾學說所潛移者，則常用之，教人以事物之邏輯（名學）發展，亦如斯賓塞及宗其說者之教，人以動力之發展。由瞻察而得之變化之元始事功，似乎只有兩種，（在德文則稱爲werden，在希臘文則稱爲γίγνεσθαι，在法文則稱爲devenir，在英文則稱爲becoming，在拉丁文則稱爲fieri，在德文尚有同義字，爲稱爲geschehen）。此項名稱，一方面指力動之事功，一方面指邏輯（名學）思想之事功。第一方面，指由外物之動，推其終極，至於原子之動。第二方面，則指休謨所謂意想之自起之動。若思想心注意於事物之變動，而不注意於其元始，於是發生分途之趨向，其一爲意想的，其一爲物體的，而即名學的，及動力的之分途也。從前時候，已有學者屢屢分途研究，及第十九世紀，乃有始終用以研究，發展動力學說，則有斯賓塞，名學學說，則有黑智爾。在五十年之前，生物學所用之狹義發展（即發育）名詞，法文則用transformisme，德文則用Entwickelungslehre，或用Darwinismus（【譯者註】即達爾文學說，此後以發育名詞代天演，即發展之狹義）。參觀「大英百科全書」第九版，薩立所撰之『發育』條。英國則指斯賓塞之特別哲學，其中見解，有多數與科學家之發展學說相符合者，此外則有特別見解，此後將詳加討論。作者因爲要搜求一名詞，以便包括所有關於自然事物之變

三、化育

化，及其發展之科學思想，提倡卽用從前之 genesis 舊字，〔譯者註〕原作創世解。卽稱此種觀點爲化育觀；大概言之，此項學說，卽求解決萬物如何而有今日，其在時間中，有何歷史之問題。〔原註〕此字用於舊約中，雖得有創世記之意義，其實希臘原文，並不一定包含此意，是以研究自然之化育觀，亦可以限於吾人所能瞻察之實在變化，完全撇開元始意想。德文之 werden 及 geschehen 名詞，意義較少騎牆，範圍亦較窄，是以多數哲學家，仍喜用發育名詞，而不用化育名詞。近代哲學家，最先以新科學之精神，研究自然物之化育者，爲來布尼茲。來氏因撰不倫瑞克本土古蹟志，推廣其研究於遠古時代，從當地之大山森林之地質金石之知識，得有意想中之地球歷史。又以研究地層及化石而得之事

四、來伯尼茲之元化論

實及瞻察，彙輯成書，名元化論。當其在世時，人只知其作之大意，〔原註〕欲知來布尼茲化育研究，與其所著不倫瑞克史（後來氏將此書擴充爲「不倫瑞克邦年紀」，曾刊入「來布尼茲全集」之首三册中）之關係，可參看其「元化論」之介紹文，及來布尼茲在其編史計畫中之言論。又參看哀倫堡 (Ehrenberg)「來布尼茲方法論」（一八四五年柏林版），及谷勞尼耳之「來布尼茲傳」（一八四六年版第一册第二○五頁，及附錄中有興味之一段細註）。封特涅之知「元化論」一書，僅得其抽象意義，其所撰「來布尼茲傳讚」中有云，「來布尼茲在創世紀之初葉，將歷史以前之德國狀況，著一論文。循譯其義，乃知本天然紀念，而加以揣度所得之概略，爲斯文之主旨。如論士

中之化石貝殼，及非本土所產之印有魚類或植物痕迹之石，及洪水時代之古蹟等類、卯可知其概略矣。』來布尼茲對於當時學術之進步，之貢獻，更可於其與瑞士博物學家瑟士則(Schenchzer)之通信見之，因茲節錄如下：『以歐洲而論，阿爾卑斯山實爲最適宜於吾人研究之山，因其無所不有也。：：德人之不努力，實令人失望，故吾於其地之地文事蹟，絕無可舉以告者。而英格蘭與蘇格蘭人之奮勉，實過於吾人。』（見谷勞厄耳前書細註所引。）。「元化論」第十七節，曾說及應用當時新發明之顯微鏡，雷汶胡克用之最多，嘗以此觀察結晶體，書中有云，『吾欲授以顯微鏡，令其從事研究，如博物學家雷汶胡克之勤奮。吾甚以世人之怠荒爲恥，蓋今者科學基礎已立，各種學問，祗待逐漸解決，而獨絕弗注意及之也。』此書內容，坎尼貝耳(Conybeare)之「地質學進步報告」，言之最詳，載英國學會報告第一冊第三六六等頁。

死後多年，以一七四九年，始有全書之刊行。其意以爲先有水火之變，【原註】「元化論」第四節有言曰：『凡物質由流動而爲凝固，其現象有二：一以極高之熱度，驟遇最劇之冷度（如金屬）因以凝結；一則輕清者化汽上騰，重濁者漸以膠結而成固質，地球大塊之凝結亦同於此。』而後成爲今日之地球之外面，遂提議在其他各處爲相似之研究，【原註】前書第五節有言曰：『考吾人地球之經過而分析地殼地層之新科學，即所謂地質學是也。吾人賴科學之發明，得逐層研究之，以詳細表明地層中過去之變異，實較前人進步多矣。』然後可得普通之結論。其後果然有偉爾納、索緒耳、哈同、屈費兒、斯密等之研究。最後則有第十九世紀之全球履勘考驗之地質學事功。來布尼茲之理想之作，

刊行之後，表明彙輯各種當地之瞻察，然後能得地球之歷史。其後則有一第一等

五、康德之星氣學說

哲學大家，爲極大規模之自然物之化育之研究。大哲學家康德，因讀英人來特(Wright)之世界學說，受其鼓舞，〔原註〕外國著作家以爲來特之著作，極其罕見，作者嘗觀舊書目錄，得有兩部。此君之作之能令人注意者，即因其能鼓舞康德。康德於是撰化育學說，一八五五年刊行時，不載作書人之名，歷久不爲人所知，同時有著名之算學家鑑伯，刊行其所撰之「宇宙結構論」（一七六一年），其中有多數意想，與後來赫慈爾及拉普拉斯所發明者相符，而根據則不同。來特，赫瑟爾，鑑伯，三家之理想，可以稱爲形構觀，而康德及拉普拉斯之理想，對於宇宙之構造，則有頗能說得通之化育學說。散普孫(Sampson)有一著作，紀載來特著作之內容，且附以絕佳之圖。見紐喀斯爾(Newcastle)「古學研究會報告」第七冊，第九，十九頁。康德之學說，赫爾姆霍斯曾加以研究，見赫氏在哥尼斯堡之演講，題爲『自然力之交互作用』（一八五四年），載赫氏「演講集」第一冊。他若非厄之「宇宙本原論」（一八八五年巴黎第二版），倭爾夫之「宇宙創造之假設」（一八八六年巴黎版，有翻譯康德之著作），柏刻之論說（載一八九八年美國科學月刊），皆對於康德之學說，有所研究。然吾人須注意者，近代天文著作家，多喜講論宇宙化育說，與洪保德在「大世界」中所論者相同。洪保德此書，，自認廢除歷史觀念，而採用純粹的理論，並承認星雲說之考證上，頗有許多困難之處。參看柏立「天文學史」（一八九八年版）第四〇九頁，倭爾夫「天文學補珍大全」（一八九〇年版第一冊）第五九四頁，達爾文「潮汐論」（一八九八年版）第三〇二頁，及士愛那「宇宙構造論」（一九〇一年來比錫版）。至於十

九世紀下半期之熱力學與分光學，對於化育觀之資助，則作者當於下文詳述之。法國非厄及英國羅挈爵士之著作，大多取材於熱力學與分光學中之辯論，惟與洪保德所研究之宇宙問題，則大相反背。

用牛頓哲學，追溯行星系之成立之各階級。來特之作，全是純粹的幾何理想，使學者注意於恆星系之組織之統一，以天河有諸星團聚成為一圈帶，以為發明。又提論恆星全系有定向之動。康德則指出行星系與此相似，若在其中心點觀之，則諸行星亦居於一圈帶，有同向之動。康德以此為根據，假設恆星系先已有一元始之動，及吸力之作用，則能解說土星之環如何成造；又進一步而解說環如何破裂，聚而為衛星。康德並發明恆星系未成之先，處間有散布各處之物質，因吸力之故，以漸而成恆星系。康德又研究及細目，討論潮水之阻力，有使地球自旋變慢之可能。

〔原註〕一七五四年，柏林學會嘗懸賞以求科學著作，其問題即為地球之自轉，曾否受有阻力，使其變慢，若果變慢，其因何在。康德則作為論說，其意並不在乎競爭得賞，以為其中意想並未完備，不足以送達學會，於是只登當地之報紙中，其後翻印於其全作中，是為康德最初刊布之作。在此短篇之末，聲明其所作之「宇宙構造說」，其後一年刊布，名曰「天空自然史」。康德見其多數理想，其後皆有歸納研究之新揭露，以證明之，則殊為滿意。其最著者，則為赫瑟爾，威廉爵士之星氣觀測，赫瑟爾所著之「宇宙構造論」（

見一七八四年「哲學會報」），後有德文刊本，見於一七九一年，其中有引康德之作。康德之功業，歷久始有知之者，拉普拉斯並不知之，近代之著作家，如赫爾姆霍斯及克爾文爵士，雖知之而不得其全，及既知其全，則大爲讚賞。克爾文之一八六六年演講，曾發明康德爲第一人，計算地球，受潮水阻力，有可能之若干自旋速率之減少（見克氏「講演集」第二冊，第六十五頁）。克爾文與赫胥黎辨駁地質時間問題，屢引康德學說。參觀克爾文一八六八年之「地質時間論」演講（見「演講集」第二冊，第十等頁），又赫胥黎一八六九年「地質論」（翻印於「教堂演講」第十一）。英文著作中之詳載康德宇宙構造學說者，則有柏刻(Becker)之作，登於一八九八年「美國科學月刊」之第五冊第四號。

來布尼茲及康德所發起之地球及宇宙萬物化育之兩途學說，卽表明研究化育問題之有兩途。此兩分途意想，直至第十九世紀，始有學者再爲分途之發展——其一爲地質學家，其一爲物理天文學家。二派歷久各不相謀，並無互相轉移之潛力，及本世紀之後三十年，則始組合爲一，引申其所得之多數結果，試爲兼容之研究。作者將於下文詳論之。

六、拉普拉斯

在康德之後四十年，拉普拉斯在其通俗著作宇宙系統論之末，發表其星氣學說。拉普拉斯似乎並不知有康德學說，其見解亦與康德大不相同；拉普拉斯之設想，以爲在自轉之星氣中，有一有吸力之星氣核，因吸力而凝結，因離心力與吸力相稱，則拋離而成爲行星及行星環。此不過行星系之可能之化育之略說，在拉普拉斯自己，則並不極力主持，不過視爲一種提議，而當時之通俗天文學則作爲已成立之學說，如是者多年。〔原註〕拉普拉斯嘗曰，『余以爲此種行星系之始原，並非確實無疑，以其未經根本考察及精密之計算也。』洪保德所著之「大世界」一其中有頗詳盡之宇宙構造之詳論，得自拉普拉斯之意想者頗多（見「大世界」第六册，第八頁）。洪保德此大作，並不言宇宙之歷史，自稱爲宇宙之圖畫（即寫形）而非解說。化育學說之時期未至，康德及拉普拉斯之宇宙論，不過偶然提及而已。然而其潛移研究自然學者之心之力則甚大。

以上所引之各種之理想，只好稱爲幻想，稱爲虛構。作者今要討論實在之化育學說。此項學說亦可分爲兩路，取徑各有不同——其一爲英國學者所由之路徑，其一則爲大陸學者所由之路徑。英國則研究古生物學，大陸則研究胚胎學，雖各有不同，而有一共同之目的，皆在乎研究生命——其一則留存於地質之地層，其一則現有之生物——用爲大規模研究萬物之化育之指導。

作者於此不得不聲明，研究有生之物，以大概而論，並不引入化育學說。其中另有一學說學者若乍觀有機體生物之初生、而長大、而老死，往往留頗深印象於心中；似乎在本世紀所研究之外者，尙有可以應研之學說在也。

七、循環觀

此另一學說，可稱爲『循環觀』此項學說以爲無一物不在循環中流轉，〔原註〕喜太刻(Whittaker)君嘗以古代哲學家之論，及循環問題之書籍見示。據說發明世界之循環作用者，以古希臘之堅忍淡泊派爲最顯著。策勒所著之「古希臘哲學史」（第二版，第三冊，第一部分，第一百三十六等頁），討論此學派之言曰：『世界先有元始物，按照一項內藏之例，萬物由是而發生。此元始物，既有創生及造成之力，則凡宇宙間所有之萬物，皆由是而生，如動物植物之由種子生，不得不發生相同。最初有者是火，火則變而爲氣，或蒸氣，從此變而爲水。有一部分下降，成爲陸地，有一部分仍然爲水，有一部分化爲空氣，空氣復生火，從此四大（四行）採合而成世界，世界以地球爲中心點。四大之分離而發生陰（消極）陽（積極），即世界之靈魂，與世界之軀殼是也。然而既有其始，亦必有其終，元始物以漸銷磨其分出一部分之物質，及至世界終極之時期，於是有瀰漫宇宙之大火，焚燒萬有淨盡，又還原至於當初地位。世界此時已復歸於一，又有一新世界同時發生，舉凡一切事物及變象，與從前之世界，一一相同。世界與神靈之歷史，經歷一切種種階級，週而復始，循環不已』云云。策勒在此一議論之下，加以附注曰：『此種世界變化時期之說，屢見於古希臘哲學家之著作，堅忍派最初則得自赫拉頡利圖斯。至於其後繼起之世界情狀，與其前之世界無一不同之說，則只見於畢達哥拉斯學派，而與「世界年」及「輪迴說」有關係』云云。週而復始；凡變皆有週期，皆是循環，謂世界上無所謂新鮮事。「原註」喜太刻引亞理斯多德「玄學」（柏林版，第十至第十二卷）論，加以發明曰：「其循環之意，事指人類之進化而言，並非指宇宙。其視宇宙，固以為一永久存在之局，有一定之中心物質，其外之部分，則有動中之平衡。」恩拍多克利則有宇宙循環之學說。在其前之思想家，只以四大（四行）之一為化生萬物之原，至恩拍多克利，始聚合為全體之元素。據恩拍多克利之學說，則四大之分合，受制於兩緣，一為愛緣，一為惡緣或憎緣。事變則分為四期：第一期是全為愛緣用事，則四大聚合。第二期則為愛緣滅而惡緣增。第三時期為惡緣完全用事，則四大分離。第四期則為惡緣滅而愛緣增。策勤謂古希臘哲學家之意，以為吾人今日之世界，正在第四期愛緣日增之時期』云云。哲學家詩家之發表此種意想者，不知凡幾，不過措語各有不同，未能或過於古代詩歌、及宗教經籍之絕妙好詞耳。「原註」最著名之詩歌，莫過於味吉爾之牧人歌，此歌首描寫黃金時代之復現，次則預言將來，申明其循環復現之意。其詞曰，——「古希臘之詐謀兮（「譯者註」按西曆十一二世紀前，希人圍攻脫盧城，十年不克，用某人計，製大木馬，與脫盧人相戲樂，謂將解圍去之，而暗藏百數十人於馬腹，脫盧人信之，開一門納木馬，伏兵出，囚取之。所謂大木馬故事也），人漸淡忘。異日必更有非常之英豪兮，登阿歌之舟，而往征於高爾希特之邦（「譯者註」在高加索南，今為明格里地，相傳其地有希有之羊，為神龍所守護，而阿歌之英豪卒奪之去）。必更有勇敢之阿溪里兮（「譯者註」即圍攻脫盧城之希臘王），為侵略脫盧城之寬王。』斯條亞之論循環（見「哲學文集」第三冊第一六七頁），曾引證於克拉維斯(Clavius)之「球體論註釋」，其言從略。又稱循環學說為絕端的應用算學精神者（見斯氏「哲學文集」第四冊第二〇七頁）。近代哲學家尼采（Nietzsche）亦極爲循環之說所迷惑，參看塞司論文，載「當代評論報」第七十三冊第七百三十四頁。

作史者用推類之法，以求知將來之事變；經濟學說、及政治學說，亦以循環之說爲基礎。最深印於人心者，爲萬物之有生者，必有衰，必有死，週而復始，循環不已。

〔原註〕近代之新思想，如外國之來布尼茲與赫得，及英國之斯賓塞所發明主持者，則爲發達進步，似與週而復始循環不已之說相反。然而學者所研究者，皆有限之時間處間及數量之事，則純粹之機力組織，似乎不能逃出終極之循環。惟有假設爲一種無窮之手續，則或無物質之物，不受算學之處置者，則或能逃出循環之外。讀者宜注意於斯賓塞所著之「第一主義」，亦歸結於循環之說。其言曰：「吾人不能不作爲結論，謂在眼所能見之宇宙間，大體之物之手續，與極小之物之手續相似。動與質既有一定之量，質之分布，受動而變，毋論驅質於任何方向，必有其限，至是則不能毀滅之動，必要爲反向之分布。由此觀之，充塞宇宙同時並存之吸力拒力，是生小變之往復，對於總變，亦必生往復，然則有化育之期，亦必有毀壞之期。如是則啓發一種意想，已過之時代，其間所有之級級相繼化育，與吾人今日所處之時代之化育相似。將來亦有一時代，有其他如是之級級相繼化育，其大旨相同，而結果則異（見其所著「第一主義」第一版，第五百三十六頁）。此外，尙有一新哲學大派，欲求兼容機力觀及精神觀者，則爲陸宰哲學。其討論化育問題，不若斯賓塞之詳盡，對於宇宙之化育，則見解不同。陸宰之言曰：「宇宙之時期，不能視爲若干方面，只能定爲一鏈，此環與彼環相連，其相連之法，盡數相同，只是一法。若必變形以示意，然後以一形而變多形——若有因，發展其特

性之必要，而有相當之秩序，然後發生一定之相繼秩序。因吾人既要宇宙之歷史之每時期，應發現所有堅結元素之和諧，則吾人亦必要各時期相繼之秩序，使必成為一進步之佳調之一貫』（見密爾敦及準茲Jones譯成英文之陸宰所撰「小世界」第四卷，第三章）。近代之天文學，注重於行星之週期動，及恆星系之穩勢，與其自有之調和整理之能。其通俗之解說，尤能為此循環觀增加力量。此外又有利比喜派之推廣化學知識，以用於種植及生理學，又有氣候學之開卷數章，皆偏向一種意想，謂自然之元素及力，皆有循環之動，有往必復。物種之定而不變，及各種創生物之相繼復現等等學說，亦增助循環學說之力；是以至第十九世紀中葉時，循環學說為學者所主持，羣眾亦樂於承認。〔原註〕在德國則有倅雷斯柯(Molsschott)所撰之「生命之循環」，以化學及胚胎學而撰為通俗之作，發表生命及發達之循環，頗有動人之句。其後英國則有福斯德(Foster)之「生理學」，寫自然之事功，以作循環之式樣。其言曰：『若以寬大眼光看動物界，則見動物之卵，或其同等之精蟲，即是個物生存之惟一目的。亦見生命亦是循環，以卵始，以卵終。動物之身體，不過是一裝卵之器。父母之生命，既已交付於繼承之後嗣，則父母之身體，變為拋棄無用軀殼，惟有候死而已，』云云。莫兒所撰之「地球史」亦有循環之說，討論自然之元素之循環流通。來伊爾曾引律刻特根據阿刺伯古謠所撰之詩，亦發表循環之意（見來伊爾所撰之「原理」第一冊，第三十一頁）。律刻特所撰之詩，名『契特赫』(Chidher)。詩之大意曰

第九章 以化育觀研究自然

：「長生不老之契特赫言：我有一日，路過一城市，看見一人在果園摘果，。我問此人，此城市在此，已有若干年？其人且摘且答曰，「自古以來，此城市即在此海邊，將來永遠仍在此地。」○過後五百年，予復至其地，則不見舊時城市，惟見牧童吹笛，羊羣齧草而已。予問牧童，從前的城市，不在，有若干年矣？牧童且吹且答曰，「此樹萎，則彼樹榮，此地永遠是我之牧場。」○又過五百年，予復至其地，只見有微波之一湖，有漁者在湖邊撒網。予立候其捕魚事竟，問此湖是何時始有？漁者且笑且言曰，「自從有湖以來，即有人在此捕魚。」○又過五百年，予復至其地，只見一派森林，有隱者獨居蝸廬，以斧伐大樹。問此地有森林已有若干矣？隱者答曰，「從上古以來，此地原是樹木成蔭，我居此日久，以後樹木生長，與其前相同。」○又過五百年，予又至其地，又見城市喧鬧非常。我問路人，此城建立，有若干年矣？從前之森林，湖海，牧場，皆何往矣？路人不理予之所問，只言曰，「此地有此城已多年矣。此城以後是永遠存在。」事後五百年，予又至其地』云云。及第十九世紀之下

八、化育觀起而代之

半期，學者漸漸脫離循環觀，而入於化育觀。「原註」此語似未盡善，作者或當說，學者今知討論大循環內之變，以研究循環流動中之一枝為界限，即學者所謂上進或進步之一枝。學者讀天文學，則知其研究恆星系或相似系之元始，及其永久存在之條件，討論日之熱氣所由來，及至何時而熱盡（拉普拉斯並不知此問題），又論及潮水阻力之效果，又知自然之動不能還原，與抽象意思中之完全能還原之動不同；其後則有胚胎原形之長生不死之學說，作者將

九、地質學

有討論。所有此一切新學說、新觀念，皆發表『化育、發育、發展』各名詞之意，卽謂包圍吾人之各物之較小舉動、較小變象，雖若循環，其較爲細微之變，雖有週期，其實皆以漸接續，有不得不然之有定方向之趨進，殊非循環、去而復現也。

今姑且撇開此各項普通觀念（在第十九世紀已有顯明發表），讀者宜注意有數位自然哲學家之發起化育意想者，如何擺脫以上所云之諸項觀念。其首先脫離而介紹新法於學界者，則爲哈同，在十八世紀之末年，爲哈同派地質學家之領袖，極力反對大陸所輸入之意想。由是發生海王派火神派之激烈駁論，海王派以水爲地質變化之原因，火神派則謂是火。此種分別，雖深印於俗人心中，然而在思想史中並不重要。哈同之特殊地位，則在乎其反對災刼之說，又在乎其堅持一種學說，謂地質之變，如岩石之衰頹及其生殖，有純一均勻之永遠進步——此說則反對偉爾納。〔原註〕哈同之廣博及創始之地質研究，與其反對災刼之功，不甚爲科學家所理會，此則由於其理想上之討論，及其著作名稱之不妥。世人久已厭煩哈同之「地球學說」，及根本問題之研究。正當瞻察精神奮興之時，已有地質學會之成立，暫時無人理會學說（參觀本書第一章）。克爾萬(Kirwan)得呂克(Deluc)又攻擊哈同之意想，謂與聖經之紀載反對，於是不喜改革宗教及政治者，皆不喜哈同學說。赫胥黎謂惜哈同出世太早。哈同有開闢研究門徑之大功。二三十年後，則有來，伊爾循由門徑所創造之事業，以掃除陳舊地質學，預爲大規模研究，自然化青之地（參觀來伊爾「地質學大旨」第一冊），及赫胥黎之「地質學」演講詞，一八六九年版）。

偉爾納相信有元始岩石之存在；來伊爾有言曰，『學者若有敢於疑及吾人之能否追溯從前之如何創生今日情形者，偉爾納則以元始岩石爲證』云云。〔原註〕見來伊爾「地質學大旨」，第三版，第一冊，第九十，九十一等頁。哈同則毀壞此種學說（有多數人以爲是神聖不可侵犯者），並發明世界無所謂始，無所謂終，都無跡像。但來伊爾曾聲明其地質學之大旨謂並無透徹之完全發明，彼雖主持現在大陸之地層，從前雖在海底，成於在前之大陸之衰頽，〔原註〕見其大作之第八十九頁。彼意以爲在先之老大陸之衰頽所供給造成新大陸之材料，則有極暴烈之發動沸騰，推舉高出以成之。是以彼之學說，必要有輪流暴發及寧靜之時期，又相信此爲自然事功之步驟。〔原註〕見其大作第九十二頁。如此學說，是採合化育說及循環說之一種混雜學說。赫胥黎教授亦曾解說哈同學說，以爲亦有似乎

一〇、哈同

矛盾之處，【原註】見赫胥黎之『地質學改良論』，頗博引哈同之「地球學說」（一七五八年），及普雷非耳之「哈同學說發明」（一八〇二年）。又謂哈同與來伊爾兩君，爲地質學之均勻派（亦稱今世派），哈同則受拉普拉斯諸人之物理天學之新發見所潛移。哈同之言曰：『觀行星之軌運，則得有接連運行之局。若自然系中有世界之繼起，則不能再求高過地球元始。是以吾人之研究結果，不見其始，不見其終。』哈同雖有地質學化育觀之發起，而其說仍有災劫觀之混淆，及來伊爾爵士之地質學大旨刊布，於是地質學之化育觀有進步。

二、來伊爾

來伊爾遍遊歐洲，以研究地質學，其時科學已有新要素輸入。此則偉爾納及哈同皆未及博采其用。此則以化石證明地層，——於是來布尼茲之元化論之規畫，始見實行，惟其時對於此種發明，雖洪保德亦疑信參半。【原註】有人責備偉爾納學派，謂其忽略化石所供之歷史記載。洪保德所製之「兩半球岩石之累加論」（一八二三年）英文譯本，第五十二頁，有言曰：『今代之博物學家，對於空泛無定之意想，殊不能滿意，謂埋藏各層層化石，有極大多數，種類殊不相同，曾經嚴謹考驗之多種，隨累加之岩石而變異。……吾人應否從此所彙集之事實，作爲結束，謂所有地層，皆有特別之種，以爲其特別之品性耶？應否謂白堊，朱辣石灰岩(Jura limestone)，阿爾品石灰岩(Alpine limestone)之化石殼，皆不相同耶？愚謂如是，則未免推用歸納法遠過其界限矣。』此有價値之地質學之支派，則發起於斯密威廉所著之英國地層一覽表（一七九〇年），隨後更有英國地質圖（一八一五年），此皆其並無旁助，一人獨成之功業。來伊爾有言曰：『斯密孑然一身，徒步遍行全國，履勘考驗，既無在先之瞻察家以爲之指導，亦無同志以分其勞』云云。【原註】見來伊爾大作第一冊，第一〇一頁。又有科學家之言曰：『斯密以一人而考驗全英國之地質，若在德國，不過一小部分之地，則需多數之享受大名之金石學家，需時至五十年云云。』【原註】此是道步松（d' Aubusson）之言，見「哲學雜誌」第一第二冊，又見「愛丁堡評論」，一八一八年二月號。當斯密考驗英國地質之時，法國則有屈費兒及布龍納考驗巴黎。法德英三國各自分途研究地質學支派。來伊爾曰：『考驗金石質發起於德之偉爾納；第二層之分類，則爲英國之斯密之功業；第三層之研究，則用法國之屈費兒及布龍納。【原註】見來伊爾之「地質學大旨」，第一〇三頁。至於理想之解說及闡理之正路，則發起於來伊爾。

來伊爾學說之鑰匙，則在乎研究現存之原因，即試爲發明吾人所見之自然，其作用雖慢，足以解說相繼而起之變化。【原註】見來伊爾「地質學大旨」第三冊，第二七三頁。其言曰：『吾人只能詳細討論研究，現時（【譯者註】是以來伊爾學說，可稱為今世派，或現勢派）仍在進行之發生變化之名稱原因（毋論其施於有生命界，或無生命界），庶幾能解說金石所成之岩之繁複外觀』云云。吾人所見之地層及化石，指明此種變化是成於古代。其目的即在求得一貫之學說，以解明從前及現在自然情景。【原註】參看來伊爾著作第一冊，第一一四頁。大陸派原以災劫為解說，又有一說，則是一種空泛意想，限定自然原因作用時期。來伊爾之意，則脫離此而說。【原註】來伊爾之言曰：『吾人解說古蹟，遇有為難時，與其謂從前動作之原因，至今日則不動作，不如謹慎將事，謂原因仍在，不過吾人尚不能盡知，或歷時甚久，吾人尚不能盡知其可能之效果』云云（見其著作第一冊，第二四一頁）。此新學派，一方對於均勻派解說，一方對於地質學之計時間，往往有太過之處，因多數瞻察家，皆見今日尚有災劫之表示存在也。在其他方面，則根據物理天學、力學、熱力學（凡此各有獨立根據，以計地質學時間者）以為證佐之理解，尚未成立，【原註】來伊爾之言曰：『科學家久已有一種設想，謂全地球本來是一塊大火燒鎔之物，地心現時仍保存當初原有之熱。亦有宗赫懸爾之議論，以為地球原始物質，最初時原是氣體，與天上之星氣相似。此種星氣極其廣大，其中有可以充塞極遠之行星之軌道。……

此種理想原不必研究，因其與地質學無直接關係」云云（見來伊爾著作第一册，第一五，四等頁，又見第二册，第二七四等頁）。卽或有之，亦未成熟，並無價値。見來伊爾「地質學大旨」第一册，第二○六頁，言及由於天學原因之氣候之變易無定，又言及赫瑟爾之計算，又謂此事仍在討論中，又謂傳立葉及赫瑟爾之見解，各不相同。於是歷時甚久，地質學家只好任意在時間上想法，「原註」來伊爾「地質學大旨」第三册，第三五八頁有言曰：『爲時間所限之意想，則有阻滯地質學進步之趨勢，比其他成見爲甚。……吾人非習慣無限長遠時間之存想，則不能免於錯誤之地質學見解，』云云。卽如從前因有成見，而學說不能爲時所容。「原註」最先攻擊地質學之均勻學說，推用新物理學原理，於地質學及世界問題者，爲克爾文爵士，其潛力，則屬於達爾文時期之後，其最早之作，爲著名之「地球長遠期間之熱度緩降說」（一八六二年登於愛丁堡科學報告，翻印於「算學物理學雜著」，第二九○頁）。參觀克爾文「演講集」第二册。從其第一著作之序文觀之，其疑及均勻學說之不確，則自一八四四年始。作者將於下文再提及此種理想。

一二、胚胎學

以上所討論，爲大規模之化育觀，分途爲獨立之研究，其時則有研究生物生長之深藏不現之變象之科學之大進步。卽偶然瞻察者，亦能見得其中有一定之化育規畫。在此各種科學，皆研究德文所謂『生育歷史』，英文法文所用之『胚胎學』名詞，則欠賅括。學者往往以爲胚胎之發育之特殊事功，與較大及較爲繁複之機體之發育爲有根本上之不同此是大錯學者久爲所誤，不能見及眞實情形。破除此種誤以爲有根本上之不同，使對於此種事之思想融合爲一，在科學歷史中爲一最重要之事亦如破除以動物及植物之生長爲有根本上之不同，及以平常發展與非常發展（卽生病）爲有根本上之不同之謬見同一重要。將諸凡此類似乎不同之變化融合爲一大問題，卽細胞生長、及細胞分裂問題，此爲第十九世紀莫大之功業。赫特易之言曰：『學者對於細胞之地位，與未揭露細胞學說以前（在前一百年），研究家之對於動物或植物之全體相似。【原註】見赫特易所撰之「普通解剖學生理學大綱」『細胞論』一篇，有坎柏爾英文譯本，刊於一八九五年，見第十一頁。

此種貫通學說之預言及賅括動物植物之胚胎學，及生殖生長諸器官發展之完全問題，而以一言蔽之曰，『一切細胞，出於細胞，』自從哈維以來卽有之。哈維不獨揭露血運，且建立『一切生命皆出於卵』之說。【原註】其最善發明哈維之意想者，則爲第九版「大英百科全書」赫胥黎所製之『生物學中之發展（化育）』條內。赫胥黎亦提及亞理斯多德之意想。其言曰：『亞理斯多德所持之理想，以爲在高級動物界所生殖之新機體之成造，並非忽然同時在外添生成熟之器官之粗坯，亦非忽然變化一種有造成力之物質，使為全器之小型，而後生長成器，其實是後成化育法，即是先有一種比較上較為純勻之未完全發展之坯，相繼分化，後變為成熟特殊之各部分，及各結構。』此是亞理斯多德之說。哈維之最初目的，原在乎以直接瞻察，維持發明此說。赫胥黎發議論，既主持後成化育說，以反對舊時之所謂發展說（即先成化育說）。又言曰：『哈維意想中之後成化育學說，雖打勝先成學說，但研究發展更有進步之時，及追溯胚胎之由來時，發展學說則與形構說較為相近，與後成發育說較為相遠，則並非不可能之事，：：從表面觀之，似是後成事功，其實是波內後來所修改變通之發展事功。所謂發展者，不過是按照定例之原始先成之脹大而已，』云云。

一三、後成化育及先成化育

哈維又發表一學說，謂胚胎之生長及發展，由於分出或分化，以加添或成造新部分及新結構。此說則為反對學說稱為 evolution（先成）所掩。此反對學說，以為在眼所不能見之胚胎中，每形或每小點組織，皆成造在先，所謂生長者，不過使之脹大而已，猶如一小點之乾膠質，為水所填充則脹大。主持此項學說者，有著名之來布尼茲、部耳哈味、哈勒、波內；此諸君者，因不能想見有何自然之力，能生組織，不得不承認一種胚胎先成之說。此說在近日又恢復而稍有改變。

一四、服爾夫

以真正科學法研究植物動物之化育，則衆科學家皆推尊服爾夫爲建立實在基礎之人。［原註］參觀前文所引湯姆孫所著之「生命之科學」，又得拉日之「生物學之承繼與重要問題」，第三五七頁附註。最要者，爲赫特易之「今日之生物學問題」，有英文譯本，見第四等頁，一八九六年刊。其所著之生殖學說，刊於一七五九年。其所討論爲動物及植物，其惟一目的，在乎反駁先成發育學說，而代以正確之後成學說。哈勒極重視此反駁己說之學說，而不相信。［原註］湯姆孫教授（見所著「生命之科學」第一二〇頁）曰，『哈勒之地位，可觀其一言以定之。此一言曰，「並無在變之事。」』服爾夫之植物爲細胞構造之說，雖在法國爲米耳柏爾所宗，其形構學說雖德國歌德並不知其說而有相同之發明，然並無何項潛力及於科學界，其及於胚胎學則以一八一二年爲始，其時因麥克爾譯其著作之一種，於是學者始注意於服爾夫之大功業。服爾夫以實在瞻察動物植物胚胎之發展，以駁倒先成發育學說，代以後成化育學說。服爾夫之植物學，埋沒者多年，卒之引出士來登及摩爾之著名細胞學說，自從麥克爾再刊行服爾夫著作之後，不久卽有判得(Pander)之研究之刊布。湯姆孫有言曰：『其所著之小雞發育論所發明之變象，比服爾夫較為詳盡，亦較為確切，遂為後來胚胎學家各種學說之基礎。』〔原註〕見「大英百科全書」第九版，第一六五頁，湯姆孫所著之『胚胎學』條。

一五、判得及貝爾

判得生於俄羅斯，其友貝爾亦然。〔原註〕貝爾（一七九二年至一八七六年間人）之著作，除在德國外，久不為人所知，亦不為人所理會。赫胥黎引其所作，譯登於泰羅之「科學筆記」中（一八五三年），然後英國學者乃知之，此則在貝爾研究三十年之後。西歐為屈費兒學說所潛移者多年，其先則有判得，得令革（Döllinger），使自然科學擺脫屈費兒之潛力，而比貝爾之功尤著。以地域而論，貝爾之功業，皆在於聖彼得堡及哥尼斯堡（其時哥尼斯堡大學，有數位大科學家，此大學由是得享大名，貝爾即其中之一）。貝爾為極欽佩屈費兒之人，曾為屈費兒製傳，亦宗奉動物模型之一人。其獨闢途徑之研究，亦以模型說為歸結。貝爾嘗發起三不同之分途研究，此則非屈費兒之所知，或非屈費兒之所好者——一為顯微鏡之研究，二為研究胚胎之發育，三為自然哲學之精神。貝爾並不為自然哲學派之說所迷眩。其時德國科學，雖為自然哲學派之怪誕學說，及未成熟之融通充塞，而貝爾則能避開，不為所惑，而重視此派之特色，務求自然界萬事萬物之關係及一貫之理由。以歷史及哲學兩方面觀之，貝爾之地位，居於在前之屈費兒為代表之極端之型構觀及化育觀（後來有達爾文為代表）之間。一八一五年，當其受業於得令革之時，即以一種意想為引導，即謂自然之造物，有一定普通之模型，變之以造成不同之物種。貝爾於研究型構學及發育學之時，仍注意於地理，及人類學。此兩種學問，有洪保德要立式為代表。第十九世紀所繼承於前，及自行創始之自然科學之各枝派，第一等博物學家之能無顧並重者，以貝爾為翹楚。貝爾之胚胎學研究，鼓譯多數之德國學者，如朴金治，比壽夫，拉特克(Rathtke)諸君。胚胎學有此數君之研究，然後學界乃知之。由是最先之發起者之名，竟爲學者所忘記。是以在法國之科學，不甚見有貝爾之名，亦不爲學者所重視。後來之著作，則記載貝爾之功業，及其爲人，頗爲詳盡。一八六五年，有貝爾「自傳」之刊行。一八七七年，有斯提達(Stieda)「貝爾傳」之刊布。一八九七年，則有斯多塞爾(Stölzle)教授之大著作，名「貝爾及其宇宙觀」。此書廣引貝爾之著作，及其尺牘。貝爾之雜著，亦極重要，刊分三集，一八八六年第二版。

貝爾在自然科學歷史中，居特殊之地位。自然科學之研究，在屈費兒及宗其學說者之重要而過偏之潛力中，未免有限於型構及比較解剖之範圍內，貝爾則於中發起發展之研究。貝爾自一八一九年至一八三七年間，致力於最重要之胚胎研究，完全證實後成化育之原理。據事實而言，貝爾承認發展爲動物分類之惟一根據，其時正是屈費兒與聖提雷耳在法國成爲世仇之無窮盡之解剖學辯駁，德國正不爲審慎之自然研究，而結所謂自然哲學及其他理想之蛛蜘網。〔原註〕此係赫胥黎議論，載於泰羅之「科學筆記」新刻，第一七六頁。

貝爾在科學歷史中所處之地位頗特別，而有令人注意者。早年則有屈費兒學說潛力之閱歷，暮年則猶能及見達爾文著作之轉移自然科學與其同時享大名之米勒，則早已化去，尚在達爾文之名未播傳於外國前也。貝爾與米勒合力，而各趨途徑，以擺脫德國科學，使不爲理想學派所轉。比較其他博物學大家，貝爾爲最能確見研究自然萬物者，必有三方之觀點：一、某某項物形之似若一定或實在一定（形構觀）；二、此項物形有其接連之有秩序之變（化育觀）；〔原註〕一八三四年，貝爾有極重要之演講，題爲「自然發展之普通規律」（參看不倫瑞克版之第一册第三九等頁）。吾人從瞻察所得之資料以爲推闡，不能不謂動物之相繼生殖，有某項之始形之變化，此爲可證之事。不過此種變化，有其限度（見第六十頁），貝爾堅持此說，以反對操極端達爾文學說者（見第三十七頁）。三、在變化之手續中，似有或實有規畫（規畫觀）。貝爾之研究，雖盡力於化育觀，然而仍維持發展其模型觀；氏雖善於運用機力學或確切科學之新法，而深知博物及研究自然手續，必瞻察其實行及生存之情形，〔原註〕參看貝爾所著「動物發達史」第二編序文。不能只在解剖室或試驗室研究。宗達爾文學說者，往往以爲生物之形之用意及手續，可以機力解說之；貝爾則不以爲然。當其最致力於科學之時，其名只顯於德俄兩國；英國只有卡盆特(Carpenter)及赫胥黎，使學者注意於其胚胎及

一六、貝爾之賅括學說

化育研究。自從達爾文學說之潮流稍退，或不盡爲學者所注意，有多數博物學家則折回用功於貝爾之著作。據事實言之，在達爾文時代之前之著作，學者若注意於自然科學之發展之哲學，而非注重於其歷史者，前項著作中不過有限若干種可以讀而又讀者，貝爾之著作卽其一也。貝爾對於自然變象之意想同時並注重於型構觀、化育觀、及原因觀；（譯者註）卽指上文所謂規畫觀，亦可稱原因觀。因是之故，其革除時人印像之力不若達爾文之大，然而此革除之事，則貝爾先已預爲之地矣。物形有化育之變，有其發展，亦有其似若之定形；貝爾並不以前說反對後說，而主持調停兼容之說。其言曰『欲窺見動物之緣者，必要有組織不同之模型，與發展不同之階級之分別。』（原註）見貝爾著作之赫胥黎譯本，第一七八頁。又謂『動物之組織之變異時間並不相等，實見於某項主要之形，而復有較爲下級之變異。』（原註）見赫胥黎譯本第一八二頁。由是『達到屈費兒所發表之動物之四大分類。』（原註）見赫胥黎譯本第一八三頁。一八二八年，貝爾之動物發達史，其中討論『上級動物胚胎經過下級動物之永定之形』——此卽

『個物之變形，與動物全界之意想變形相合學說也。』〔原註〕參觀貝爾一八二八年版之「動物發達史之觀察與思考」。又參觀赫胥黎譯本第一八六，第一八九頁。關於動物胚胎初期之發展，貝爾則大有所發明，〔原註〕湯姆孫之言曰：『貝爾為首先區別生命歷史之三大時期：（甲）卵之劈裂之元始手續；及卵層之成立；（乙）纖維之以漸分代（纖維化育）；（丙）分作器官之模（器官化育），及全機體之成形（型構化育）（見湯姆孫之「生命之科學」第一二三頁）。貝爾此大作卷首，題判得之名，並聲明其起初研究，實有賴於判得及得令革兩君之鼓勵。貝爾之最為審慎者，則是其事實與理想之分別，於關於理想，尤為審慎，讀其全作可見。在其所著之屈費兒傳中，極稱讚屈費兒之不沉於各種發育學說。其言曰：『屈費兒少時，亦有化育觀，此則顯而易見者（如奧經其後所從事者）。其後屈費兒以為不能作到，於是拋棄從已成之物之複摺中求發育之情形，由是而至於原因（即規畫）意想，其後屢有發展。德國博物學家，因是發為結論，謂屈費兒並無哲學思想，尤以謝林自然哲學時代為甚。以予觀之，屈費兒似頗有但求明晰之願望。其所以拋棄較為高級之事功者，因為其不能生出明晰之意想也，』云云（見貝爾所著「屈費兒傳」，一八九七年版，第七十二頁）。自從達爾文或來伊爾以來，英國讀者始習聞化育觀。一讀貝爾之作，知在來伊爾及屈費兒之最後之學說發現時，已以為化育觀為通行之學說，最有名之發展學說發起家，有極詳盡之審評，有極審慎之承認，讀者觀之，未免詫異。因貝爾在哺乳動物中，揭露其未孕之先，已有卵在；因其有此及其他揭露，是以為當時及無論何時之最偉大之胚胎學家。於是又進而研究動物界各物之形構之不同之各點，可以爲高級動物之生長及發展之不同各點之嚮導者，至於若何程度。卽是試求分類之事實，對於發展之事實，有何等曙光之發現；高級動物之變化之胚胎，如何以漸而經過下級動物，永保不變之形。貝爾反對分類或形構之部署，能成其爲一接連到底一線之意想。動物之所以不同者，由於其組織之模型不同。是以『脊骨類之胚胎在其最初時期，卽是脊骨動物，毋論在何時期，不與無脊骨動物相同。』〔原註〕此語見貝爾原著第二二〇頁，又見譯本第二一〇頁。貝爾既考定有特別機體形之存在，於是又發生一問題，問在此形之界限內，能否求得一例，以規定此物之發展。貝爾信以爲能，〔原註〕見譯本第二二一頁。於是又進而爲解說，其措詞與近日最新之發展（天演）著作相同，可以不易一字。其言曰：『其較爲特別之式，發展於較爲普通之式，兩個動物之較爲不同者，必要爲較遠之追溯，然後得其相似。』並謂『所有由眞卵而發展之胎子，皆有與實在之胚胎情形相同之可信』，又預言細胞學說，此則十年後司旺以瞻測而發明者。貝爾所啓發者，謂單簡之小胞，即是『所有一切動物所由發展之公共元形，此是事實，從生育歷史上觀之，亦是如此，並非理想如此也。』〔原註〕見原著第二二四頁，又見譯本第二一三頁。欲讀此預言者，宜參觀貝爾後來之解說，見「演講集」第二冊，第二五〇頁。貝爾再爲進步之研究，則介紹極能啓發之『分化』名詞。〔原註〕德文名詞爲 Sonder-ung 赫胥黎譯作『分化』。貝爾又言曰：『動物之高級及低級之發展，與個物發展時期內之逐漸之纖維及形構之分化，絕對相符合。』〔原註〕見譯本第二二九頁。據事實而言，發展者，即成立不同之謂；『胎子並不經過其他動物之形，其所經過者，只是本形與他形無關係之情形。』於是從其思索所得，發爲結論曰，『某種動物形之個物之發展，有兩條件以規定之：第一，由加多纖維之分化，及加多形構之分化，以爲此動物之進步發展；第二，由較爲普通之形變而變成較爲特別之形。』〔原註〕見譯本第二二〇頁。

一七、以新名詞達貝爾之意

貝爾之意想，雖與新發明之發展（天演）學說，有大體相同之氣味，然而其中自有分別。欲明白此中分別，及預備實在通曉達爾文之大踏步，則宜用新名詞。

所有達爾文及宗其學說者所創立之名詞，以務求俗人能了解其革命學說者，皆不現於貝爾早年著作。然而此種著作，則極爲有用，因其能將達爾文以前之大博物學家之各種見解，劃分清楚界限也。自從學者習知習聞各種植物及動物之由來，及其變易之說，往往習慣不獨施用化育觀於自然有生命之個物之生長及發展，且推用於無論何事何物。貝爾說及發展時，謂發展歷史是研究機體物之真正光源；其意所指者爲狹義之發展，卽赫克爾所稱之『個體化育』。赫克爾另有一名詞，以指分類中之門別、屬別、種別之化育。貝爾於研究自然分類動物中之個體胚胎之發展步驟秩序時，其意想中並無此種由彼種所發育，且姍笑此項學說，頗有今人之氣味。

【原註】見原著第二百頁，又譯本第一八七頁（一八二八年）有言曰：『在高級動物中，個體之一步一步發展，從元始以至於完全，與動物系之永久不變之形相合，因爲有多數之特別證實，此種意想，自然，爲多數人所承認。……其維持此說者，有過於熱心，往往不說其種相似，簡直謂爲完全相同。且斷定此項相合，已有一切之證明，且謂無一切細微，曲折之處，未經證實者。……其後漸漸，成爲習慣，謂各種動物，此則由彼發展，彼則由此發展。於是又有多數人，似若忘記此項變形，其實不過是一種想像事實之法。……最後則宗奉此說者，極其誠篤詳細，告人

以彼此相發展之如何如何情形。事無易於此者。譬如說，今有一魚，遊向海岸，想登陸步行，而覺得鰭之無用，因其無用，而鰭乃變窄，同時，却變長。此魚之子子孫孫之鰭，於是變為漸窄漸長。及數千萬年以後，鰭則變為脚，毫無詫異。至於魚在田野上，因失水之故，自然要吸空氣。又經多少千萬年，則有肺之發展，此則尤為自然無足怪者。不過其中有一為難之點，即是有若干代之魚，只好不吸空氣。鷺鷥之長頸，則得自其祖宗之伸頸捕魚之習慣。……以此種武斷意想，作為一條自然例，其立刻生出之效果，即是各不同之動物之普遍進步學說之復活。此說從前極為通行，其後則為學者所拋棄。……若一承認此項武斷之例，以邏輯法推之，自然不得不承認此學說。由是變形只有一路可通，即再進步之發展，或由個體之發展（個體形變），或由各分形之發展（動物界之變形）。至於動物之病，可當作退後之變形，與鐵路相似，只能前行，或後行，而不能旁行，」云云。

貝爾只當此秩序為有統系的，並作為意想的。〔原註〕貝爾在其後來之著作，特別注意於純粹意想之關係，與化育或世系之關係之區別。參觀「演講集」第二版，第二冊，第三八六頁。貝爾之意，只在於部署，即『分類學』。

一八、系統學與系統化育

吾人可以謂貝爾所研究者為系統學，而非系統化育學，其意以為個體化育，可以發明生物之互相關係；〔原註〕見其一八二八年刊行之「動物發達史」第二三一頁，又譯本第二二一頁。意欲以個體發育，以相助系統學。當時並無系統學名詞，然此名詞尚有其用，能使學者明白自然科學之改變，先有系統學，後繼以系統化育學之規畫。從前發起一種幻想生物之自然秩序，即表示在時間之彼此發展之秩序，後來則有認真研究此說之理由成立。（原註）貝爾後來所刊行之著作（見其「演講集」論達爾文主義一篇），對於其早年所發表之化育意想，有較為劃清之界限。若哈勒最後所達到之大旨，為「無流變，」貝爾則極力反對，謂「無渟定」。貝爾之研究，從定形以至於變化及發展之手續。參觀其論達爾文之序之議論，謂麥克爾及奧硜為最重要之發明一種極端學說之人，即謂人類之發展，經過動物界之各高等階級。此說貝爾自謂由其本人所先發表，亦為其本人所反對，又謂米勒在其第一版之「生理學」原承認此說，至第二版則拋棄之。又提及在達爾文「物種由來」未刊行之先，本人嘗於一八五九年著有說帖，其中有一段，主持「從前之生物之形，較少堅定，」云云。

在此之前，則並無此各項之理由在。

一九、拉馬克

初時原有此種趨向之提議，在貝爾初研究此問題之前十年，（原註）貝爾本人曾謂，一八一九年其研究此問題，如何出於偶然，或偶遇佳運。亦曾有人刊布一種極繁密之學說，即發展歷史，當時視為解剖學家之最饒有資料之問題，其時在貝爾未刊行其較大之著作之前二十年。拉馬克所著之動物哲學（原註）拉馬克之學說，經達爾文之著作而復興，於是凡歷史中倡為此說之前人，一併加以研究。拉馬克與聖提雷耳二家之學說，又因蒲豐之「自然界之世代」一書而連合一起。讀者尤宜參看佩累(Perier)之「達爾文以前之動物哲學」（一八八四年版）。是書第六十八頁有云：「蒲豐規定世界萬物種類派別，甚為明晰，因其對於此種工作，極端重視，悉心研究，闡發新理，一切疑難問題，得以完滿解決，實爲該世紀後期思想界之主人翁。……此種偉大思想，非蒲豐之特殊聰穎，曷克臻此。而今日蒲氏學說，正在盛行之時，如再輔以宏大之統計考察，則一切懷疑之點，自可迎刃而解矣。』又第七十二頁中云：『嗣後繼續蒲氏之工作者，厥惟三大偉人，即拉馬克，聖提雷耳，及屈費兒是也。』關於拉馬克學說之歷史的關係，可參看第九版『大英百科全書』赫胥黎所著『生物學中之發展』一條。赫氏謂拉馬克之學說，在一七九四及一八〇九年間，有一大變遷。在實際上，拉馬克所以能在化育觀之歷史中，佔重要位置者，全賴其晚年所主之學說。以特創之意想，而發達如是之遲遲者，近代除康德之審評哲學而外，他例余無知也。

發見於一八〇九年。貝爾知有此作，而並不重視之。貝爾之研究，爲最早個體發育之研究，拉馬克之作，則爲最早之系統研究。

當時之博物學家，受屈費兒之潛力，及其聲譽所轉移，盛倡其學說；然拉馬克以何理由而發起極不同之說，以物種變異、及有系統之相繼下傳發育之說，以反對物種之有定形、及孤立發育之學說，此爲一有意味之問題。自其學說發現之後，則不甚爲學者所公認，其所著之動物哲學，埋沒無聞；當時反對其說之原因何在，亦一問題也。第一問題，則有其大作之序文以爲答復。其序文謂學者認真研究自然歷史時，各門之動物，皆有學者研究，惟脊骨門，如哺乳類、鳥類、爬蟲類、魚類，最爲學者所注意。〔原註〕拉馬克較後之化育學說，見於一八〇九年之「動物哲學」中，一八七三年，馬丁再爲刊行，附以拉馬克小傳。予所引者，卽由於此作。拉馬克之主要意想，亦總括於其又一大作「無脊動物史」（一八一六年）。此大作則有米倫・愛德華（Milne-Edwards）等，於一八三七年爲之刊行，共三冊。予所引者，即是此作。大概言之，脊骨類軀體較大，部分亦較爲發展，且易於考定，又較爲有用，較爲可怖，自然易爲研究家所注意。其他大門類之無脊骨動物，最先由拉馬克所歸類者，大抵軀體較小，器官較欠發展，與人相離較遠，自不甚爲人所注意。此門之動物較多，其中只有昆蟲類，在先世中頗有人注意，其餘則林尼阿統稱爲蟲，直是紛亂無章，無人過問。〔原註〕參觀「動物哲學」第一冊，第二十九頁，又「無脊動物史」第一冊，第十一頁介紹文。

拉馬克原有多年爲植物之專門研究，隨後博物院設自然科學各教席，由拉卡那爾（Lakanal）提議，請拉馬克主任動物學，卽大才如林尼阿，對於動物界之整輯分類，亦不敢伸手，況非拉馬克及餘人所素習者，是以其研究動物，爲事出偶

十九世紀歐洲思想史 第一編 下冊 一百十四

然。「原註」見馬丁介紹文，附載於其所刊行之拉馬克「動物哲學」第一冊，第十三頁。茲節錄其原文如下：「國約委員會主政時，正噶爾諾出奇制勝之際也。拉卡那爾亦開始組織自然科學。博物院之創設，拉氏條陳之功也。除動物學外，氏被任命教授於各講座，但在此樂觀時代，法國適多文武人才。聖提雷耳在阿烏伊治下，管理礦物學，時年僅二十有一。多逢通曾謂聖提雷耳曰，「汝之無經驗，余素知之，然余當為汝負責。余對汝有行使父執權之可能。汝其趨教動物學，終有一日，汝得造就動物學為法國科學也。」聖提雷耳乃從命而擔任高等動物。拉卡那爾深知動物界範圍廣大，斷非一教授所能勝任，於是聖提雷耳專司有脊動物，拉馬克則擔任無脊動物。此皆錯綜紛亂，為世所未知，而難解之動物也。……拉馬克擔任斯科後，即從事研究，以備有所建樹，乃為林內所忌嫉擯棄。然拉馬克苦心孤詣，獨具灼見，終能將高等動物學編列有條，解釋詳明也。」拉馬克擔任此席時，年已五十歲，赫胥黎謂由此研究，而變其見解。此即拉馬克本專研究植物者，忽而改事研究動物之原因也。「原註」拉馬克曾以六個月時間，著一書，名曰「法國植物」，此是一七七八年事。「動物哲學」第十一頁云，『盧梭曾將植物學推行於世，上等社會，不分男女，多有從事研究者。蒲豐命王家印刷局，刊行「法國植物」，共三冊。』拉馬克嘗伴蒲豐之子，遍遊歐洲，因而得博物學者之資格。其研究動物，則從極少希望、極少人研究過之方面下手。其效果則為有兩途，能使其富於創解之思想，定一特殊之方針。第一，能使其有融通眼界，以觀自然萬物，不以動物學家，亦不以植物學家觀點為研究，而以博物學家，生物

二〇、生物學名詞

學家眼界，研究自然。「原註」「動物哲學」緒言，第三十一頁有云：「欲於一物體得到眞確之觀念，並求其詳盡而透徹之最優方法，則其始當作全部整個之觀察，然後開始審視其質量，或其容積，或其湊成部份之全體，然後更尋求其本質如何，其本原如何，又與其他已經吾人所了解之物體之關係如何；簡言之，自各方面作種種觀察，諸凡關於此物體之原則能啓示吾人者，皆是也。』又前書第三十二頁中云：「爲便於原物之審察，而注意於此等物體，及其最細微之點，以大部份之生物學家而論，皆以此爲研究中之主要問題，此種注意之習慣，已爲人所公認爲必要矣。苟於所觀察之物體，祇觀察其形狀，其容積，其外部，以至其最微末者，如顏色等等；又凡作如此探索之學者，而輕忽於高尚研討之進取，如尋求其所觀察之物之本體如何，影響於此類物體而發生之更改及變易之原因如何，此等物體相互間之關係，及已經吾人了解之其他物體之關係如何，等等，亦殊非生物學進步遲緩之眞原因也。』

拉馬克雖或非最初用『生物學』名詞之人，亦爲最初用於其所刊布之著作中者。「原註」在拉馬克所著之「水地質學」之附錄（第一八八頁），似是一八○一年之最初演講，曾聲明其有一著作，名「生物學」，爲地學物理學之第三部。此作並未刊行，大約已置於「動物哲學」之內。參觀帕刻德(Prof. Packard)教授所撰之拉馬克論，名曰「發展（天演）學說之發起人，及其事績功業」，一九○一年，同時刊於倫敦及紐約。拉馬克之著作甚少，其學說又不完全，爲一人所通曉，且往往爲有名學者所誤會，俗人又往往視爲詭奧，而加以嘲笑。帕刻德教授之作，宜爲學者所歡迎，其中廣引其著作（可惜，已譯英文），有引自其最早之著作及演講，此皆最罕見者。據赫胥黎所說（一八七六年；所撰之「研究生物學論」，又第九版「大英百科全書」之「生物學」中之

二、環境

發展」條﹀，關於研究機體生命之變象，同時有三種不相爲謀之分途討論。在法國則有比沙，及拉馬克，德國則有特雷宇納脊司。特氏之大著作〈未竣工﹀，名「生物學說」，初撰在一七九六年，作者此時不過二十歲，第一冊以一八〇二年刊行，在拉馬克刊行其「水地質學」一年之後。赫克爾之「自然創造記」，載有特雷宇納脊司之意想。生物學之著作，亦云多矣，而此學界限，至今仍未定。歌柏爾(Goebel)教授曰：『生物學』名詞，是近代意想，倘未得有普通認之界限。有以爲應作生物之全部科學講者，以爲與純粹之寫見之枝派相反識之生命變象之學說者〈見歌柏爾著「植物學解」第一冊第一頁〉。拉馬克則謂生物學，只爲普通自然科學之一分部。其所撰之「水地質學」第八頁有言曰：『地學物理分爲三大種。第一種論氣候，爲氣象學。第二種論地球外殼，爲水地質學。第三種論有生命之物，爲生物學。』第二，則使其能從生命器官及變象，最單簡之方面，以研究動物生命。在高級及較爲發展之動物，其形構不同，有不能不令學者注意之點，在彼方面則無之；從此方面，學者所注意者，則不在乎大有區別之不同點，而在乎多數之關係，及無窮盡之變異及類似。此種研究，似乎易於『使吾人明了一切組織之起點，及其繁複與發展之起點。』【原註】見「動物哲學」第一冊第三十頁。拉馬克研究自高級至下級動物，即見得生命之變象，在高級動物，似能在內界發起，在下級動物，則由外界發生；由是發生意想，以爲自然借環境以助下級動物，至於高級動物之以漸發展，則自有本能，爲自然所賦與者。【原註】『動物哲學』『序言』第十三頁云：『動物各自動作，永不相互連傳，且非自動，而均爲激動。是以知造物於開始時，必須藉有生命動作之激發力，及不完全動物之作爲，逐漸組織，徐令此力移入萬物之內部，迨最後時期，方能將其置配於各物勢力之下。』又第十二頁云：『萬物若無內部之激動，則無以生存，而植物不能維持其動作，則多數動物亦必與之相等。余於此點，常不肯失此機會，每加十分注意。若欲達到同一目的，則造物應變更其方法，如斯而必要，則余對於此點可以無須疑慮矣。』，研究生物，若從下級起首，及從植物方面下手，則不得不相信、單簡機體受四圍之情形及潛力（卽環境），而有移漸慢步之改變，又由習慣及繼傳（亦作遺傳）而發展爲高級，賜以較爲專用之器官，及較爲繁複之能力。【原註】前書第十三頁云：『余於動物組織之發展與類別，知其多數現象彼此連絡之原由，而造物之此種方法，亦頗屬重要，蓋在各物體中，均能保持其生命及環境也。』

拉馬克以此意在其書中發表，自知此種意想頗爲新奇，因當時學者狃於習慣，只許自然之各形，有積漸之改變，其對於意想之忽然改變亦必大爲反對。拉馬克固已知之，其言曰，『與其有輕易公認、思潮極熱之人之造想，毋寧有積漸累久、

十九世紀歐洲思想史 第一編 下冊 一百十八

始爲人注意之真理。』〔原註〕見「動物哲學」第十五頁。讀者所宜注意者，則爲拉馬克並未想到『思潮極熱之人』之造想，有能力以推倒紆緩之習慣，而生忽然之改變也。物種之變異、及偶然變異，及環境轉移習慣，以上及遺傳潛力因而轉移生物之形，此新學說反對當時通行之物種永定不變、及模型之循環發起之學說。拉馬克提倡此項融通學說，其對於自然變象及生命有擴充之眼界，是脫離其本國當日風行

三二、所謂自然哲學

一時之學派，而趨近德國所謂自然哲學家之學派，如謝林、奧硜、史蒂芬斯、是也。史蒂芬斯（歌德常與之過從）不甘於耐煩研究細目，而放任其心思以幻造生命由來、及自然變象、自然手續之學說。其撰法國植物、及無脊動物史、及巴黎附郭之殼化石記、之作者之理想與德國學派，原有極大之分別，而拉馬克所撰之水地質學，並無事實以爲根據，而發起化學、地質學、氣候學、之種種理想（不如其研究植物學及動物學有事實爲根據），自然爲其較爲審慎之反對派所嘲笑。〔原註〕參觀屈費兒所撰之「拉馬克傳讚」，曾於一八三二年十一月二十六日，由西薇士德宜讀於學會，惟有損於拉馬克威嚴之處，均刪節之，如以下一節。此種

者作中實，在部分，頗足，供後人研究之用，有遺於世，實非淺鮮。但其泥，而不化之點，亦往往有之，美中不足，未始非白璧之瑕。然頗邀世人原諒，不以一眚掩其大德，均不以爲有害，而莫肯施以攻擊行動，是以與化學學理，同一價值也。』又有一節，則指出化育觀最弱之一點，如下。『星學流行，爲時甚久，其妄誕怪乖，層出不窮，久而久之，人皆崇信，而其勢力，日見擴張，是以所成事業，頗爲偉大。迨拉馬克之物理學出，其學理適與星學背道而馳，雖一時世人反對者，風起水湧，然不旋踵而物理學之勢力日增，竟可與星學並駕齊驅矣。嗣後益自奮勵，實行發明種切新理，於是拉氏從前所抱之各種懷疑，得以消除無遺，并得賴以應付閱者之抨擊也。』是以拉馬克之富有創解之科學著作，爲學者所忘記、所輕視者，有五六十年，其後則拉馬克學說，在理想科學中，爲習見習聞之名詞，表示化育學說中之自然事功之大理想之一——即謂活機體之發展，由於環境與適應（即適合境遇而遂其生，亦稱感化）及沾染之習慣。

二三、拉馬克及貝爾

在化育觀歷史中，拉馬克所處之地位，可以謂之補助貝爾所不足。此兩君者，皆轉從源頭上研究生物——拉馬克所研究者，爲最下級之動物，此各種動物之繁多，首先由拉馬克爲之部署，使成秩序；貝爾則研究較爲高級動物之胚胎，此爲首先對於此種研究，發一線曙光之人。此兩人者，思想雖各有不同，然而有其相同之目的，皆因欲研究較爲繁複之物，由分化或特化手續而發展者，故先研究較爲單簡未經特化分化之物，以促進自然科學之進步。亦有多數之博物學家、及哲學家，因爲拉馬克之系統功業、及貝爾之胚胎功業所潛移，故專力於相同之觀念，以爲此項思想及研究之趨勢之助。亦不乏有啓發此路闡理之終極哲學的趨勢。惟是此項研究與奧碰之物理哲學相似，恐反阻止而非增進科學家之公認化育觀，原是一疑問：

〔原註〕至於歌德及化育觀，歷史所居之地位，則宜參觀卡魯司之「動物學史」第七二三頁，又貝爾之「科學演講集」第二册，第二五八等頁。兩君皆以拉馬克爲下傳科學的學說之實在發起人。早在一八二九年，居然有世系圖發見於考普(Kaup)之著作，名「歐洲動物世系圖」，貝爾有一令人發哂之記載。貝爾之歷史記述之結論有言曰：『大概而論，當博物學家注意於地球上動物植物相繼發現之歷史之時（大抵先從不完全之機體，以至於較爲完全之機體），同時亦有研究單獨機體發展所發起變形之說，頗爲學者所公認，』云云。貝爾此說，似只限於當時之德國博物學家。惟學者應承認在最早時期，只有來伊爾之「地質學大旨」（第二册，第三卷，第一章至第四章），對於拉馬克之學說，有最持平之發明及審評。來伊爾曾討論從胚胎學所引伸之理論，載於替得曼之「腦之比較解剖學」，一八二四年，有塞爾斯(Series)以證實之。於是得有下列之結果。一，一切物種皆有適應（卽隨遇而安之意）之能。二，如是引起之偶變，有定例以節制之。三，有若干項之習慣而得之特形特構，及特別自性

，可以遺傳於後裔。四，與元型不同之無定限之趨異，由是而免。五，異種之不生雜種，由於其不願有性交。六，物種在自然界，有真實之存在；當創造物種時，每種皆得有性質及組織，使其有如今日之分別。其審評來伊爾之大作者，如休厄爾（「評論季報」第四十七冊，第一一三頁），其議論拉馬克，則不若來伊爾之愼重，因來氏曾經詳細研究拉馬克之「動物哲學」，且極有興會，餘人則不能矣。餘人只於若干年後，引拉馬克之說之分裂破碎，發見於普通藝文者。試比較科學界兩大巨子之說及拉馬克，可知矣。其一，為來伊爾，於一八二七年，致書於其友人曼忒爾（見「來伊爾傳」第一冊，第一六八頁），自認極喜歡飽讀拉馬克之作，且謂其見解雖與拉馬克不合，然而絕不能說物種究有何等實在變化。達爾文向來是極小心極和平之人，然而其說及拉馬克，則有「拉馬克胡說」之言（見「達爾文傳」第二十三頁），及「拉馬克之垃圾」（見第二十九頁）之言。達爾文又謂拉馬克曾發某某種議論，而極其細心研究拉馬克著作，如帕刻德教授者，始終不見其著作有此種議論（見帕刻德之「拉馬克傳」，一九○一年版，第七十四頁）。達爾文謂如此背理之言，不獨無利於此問題，且能害之，學者不能不與達爾文表同意，但是不能怪拉馬克，只能怪審評拉馬克之學說者，故意斷章取義，破裂其文句（見達爾文致呼克爾 Hooker 書，一八五三年，載「達爾文傳」第二冊，第三十九頁）。來伊爾刊行其「地質學大旨」三十年之後，因「物種由來」已出版，其時學者頗討論偶變之說，乃致書於達爾文，謂「曾經再讀拉馬克之作，追憶當著書之時期，此時乃知評論拉馬克之言為實見持平」（見「來伊爾傳」一八八一年版，第二冊，第三六五頁）。在此信中，來伊爾並謂四十年前（一八二三年）屈費兒之學生，曾經相告其深信屈費兒之意，謂「物種殊非真確，不過若不設為真確，則科學不能有進步。」

故此項理想，屬於哲學

歷史，不屬於科學思想史。此外仍有一事，不能不略爲討論。

二四、創造之遺跡論

一八〇四年，有一著作出現，九年之間（至一八五三年）凡再版九次。此書並無作者姓名，〔原註〕作者，隱其姓名，歷時甚久。當時雖有多人猜爲來伊爾達爾文所著，學者大抵相信爲辰柏。茲．羅伯（一八〇二年至一八七一年間人）所著。其先作者並不公認，及至刊行第十二版時，作者之友人中之知其秘密者，惟愛爾蘭其人者獨存，於是在介紹文中，第一次揭露作者姓名。五十年後，再讀當時批評此作（以反對者爲多數）之登於雜著及評論報中之文，亦饒有意味。大概言之，辨駁之文，從兩方面來。一，是科學家之評論，各據其專門之學識，枝枝節節，駁其某事某事之非眞確，而並不研究，雖有其錯誤之處，至於大體是否有充足之憑據，足以證明，則殊不過問。二，科學家及通俗著作家，則用學者所習聞之強辨，謂此書既不合於宗教，亦不合於科學通理。總而言之，評論家只發露其宗教派及科學派之武斷之言，及不容異說之意，且有發爲極激烈忿怒之詞者。反對之議論，大抵皆登於當時之有名評論報，如「愛丁堡評論報」，「北英評論報」，「北美評論報」，及「英國季報」是也。後起之以自由啓明進步自命者，則表示容納其說，且有看重其說者，如「光景報」「章沂敏斯德報」，則有兩篇議論。第一篇，曾以此作之化育觀，與洪保德所著之「大世界」，反覩。綜論當時所有辨論，則以「章斯敏斯德報」之論爲持平（見第四十三冊，第一三〇頁）。其言曰：「吾人（〔譯者註〕著論者自稱）詳盡討論諸大批評家之各種反駁之大文之後，又經注意於諸大學問家揭露作者之拘泥於科學學說，不若諸大學問家之甚，又曾注意於諸大學問家吹求作者之筆誤，及學術上事實上之錯誤，自鳴得意。吾人既已討論以上各要點之後，仍不能不作爲結論，謂凡此皆其小疵，殊不足以掩其大純。吾人以爲引用地質學，天文學，生理學，所研究而得之結果，以發明最爲重要之創造之次序，及其規制，計至此時而論（一八四八年），尤以此作爲獨有最能包括之善於融通之學說。』作者以爲此論，最能持評。至於以英國而論，學者須知在第一等科學巨子中，只有牛津之庖厄爾．貝登，及生理學家卡盆特（赫胥黎謂英國只有此君，深知貝爾之「發展史」），維持創造之遺跡之說。此外則有達爾文，曾經詳慎研究此作（參觀「達爾文傳」第一冊，第三三二頁），其評論最爲平允，此論登於後來出版之「物種由來」之序文中。其言曰，『此作之初數次出版時，雖不免不不真確之知識，且頗有欠科學家應審慎之處，而文章則極其漂亮，極有力量，是以銷行甚廣。以予意觀之，此作能喚起國人，使注意於此問題，是爲有功於世之作。又能破除成見，以預爲國人歡迎相似之學說之地，』云云（見達爾文「物種由來」，一八七二年第六版，第十七頁）。在歐洲思想史中，應聲明創造遺跡論，在大陸並無潛力，其所以然之故，已略見於正文。後來德國刊行「能力與物質」，則發生相似之駁論。

書名創造史之遺跡。此作有推用於世界、地質、及生物變象之極清楚、而能通俗使人易明之化育學說。此作之重要之點，不在乎原作之各項議論，而在乎其所激動之各項辨論。在此辨論中，有維持其學說者，有反對其學說者，皆有科學家及通俗著作家之極有能力之發明。

二五、通俗之潛力

辨論中往往追溯前人預言之化育說，從來伊爾地質學大作所引諸家議論，又別引其他著作，其中頗有名著，亦有早爲學者所已忘記者——凡此所引，皆曾論及從單簡起點之生物，漸漸發展至現存之生物。自從此論刊布之後，十年之間所積得之多數議論，頗有激動英國羣衆思想之力，預爲將來、有以大能力、不激不隨、詳盡發明此絕大問題之地。所亟應發明者，爲縮小範圍之定局問題，卽動物種及植物種之定形、與其變異，及其歷史上之由來，與需時之由漸發展，或忽然發生而永保其不變之大問題是也。拉普拉斯所提倡之宇宙創造說，及來伊爾所研究而得之地球之地質歷史，胚胎學所發明之器官生長，及其發展之事實，似乎皆極其明晰，亦頗有可信之道，然而舊說所謂生物定形存在之問題，尙待解決也。科學家是否亦如形構學家之滿意於爲之分別門類爲止，而不再事研究，抑或因有日見其多之變異證據，而爲之解說，以證明生物實由下級而漸漸發展至高級耶？尤其爲重要之問題，則爲在此普遍賅括之發展規模中人類爲最高級之物，則應如何處置耶？

二六、德國法國之化育觀

德國則有多數之博物大學家，已有化育觀之預備；〔原註〕此語並非指歌德，奧經，特雷字納魯司，及其他學者而言。自從達爾文「物種由來論」刊行以後，彼數子者之著作，在英國則有赫胥黎・在德國則有赫克爾，為之評定價值，。此諸子之理想，及所謂自然哲學之融通學說，皆為後起之大科學家所掃除淨盡。如植物則有摩爾內革利，何夫米斯武，諸家以掃除之，動物學則有以貝爾為領袖之胚胎學派以掃除之。何夫米斯武（一八二四年至一八七七年間人）之致力研究，在達爾文大作刊布前十年。薩克斯有言曰：「何夫米斯武所著之「比較研究」（一八四九年至一八五一年）之結果，極其宏富，為實寫植物學空前絕後之作。：：向來所存之發展意想，完全改變，：：示讀者以一幅區畫，發明顯花隱花植物之化育之相連關係，與當時通行之物種永定不變之信條，不能相容。：：何夫米斯武刊布其「比較研究」之後八年，達爾文之下傳學說出現，植物界之大分類之類緣，既又如是之豁露，及如是之根深柢固，如是之顯而易見，達爾文學說，只需認明以化育形構學所證明之闢於此路之各事而已』（見「植物學史」第二一五等頁）。內革利之方針不同，先從機體之生長，及內部搆造之機力學說，而化為物理學，化學，力學手續（一八六○年），與達爾文之法，化從前之純粹形搆說為化育觀相合（見「植物學史」第三七三頁）。

當時法國則無此大問題之激動，因拉馬克及聖提雷耳之最能啓發之著作，並為屈費兒之大名所掩。【原註】赫胥黎敘寫下傳學說，在德國及法國所處之地位。其言曰：『其在法國，姑且不論學會及其他有勢力之會員之不欲成人之美，只論波夢特 (Beaumont) 及夫盧龍之勢力，彼此默會，絕不提及達爾文之此學說。：：德國則慢慢討論。布隆曾譯行「物種由來論」。：：予並不能記憶，一八六○年，德國有任何著名科學家有議論宣布。毋論何人亦夢想不到，不過數年之後，達爾文學說之力予應加說其弱點）。在此以學問著稱之國中，有極其廣大極有光彩之發明（

。倘若外國人亦可以妄猜，爲何多年無人發言之故，予則妄揣德國之生物學家，有半是守舊派，其餘半數，爲顯然非舊說派，此派固已是先設派之天演派矣，」云云（見「達爾文傳」第二册，第一八六頁）。其時外國有爾人，英國生物學家最尊重其見解者，第一爲貝爾，一爲米倫・愛德華。一八六○年八月，貝爾嘗「致書於赫胥黎，聲明其以發展（天演）學說爲然」（見「達爾文傳」第一八六頁附註）。赫胥黎並對琉卡特承認，由貝爾而知「發展說之價値，因其爲形搆觀之標準也」（見「赫胥黎傳」第一册，第一六三頁）。其後，貝爾則略改其相信發展說，只在其本人曾經研究發明之各門範圍之內，承認發展說，（參觀其雜著第二册）。同時之法國動物學大家米倫・愛德華（一八○○年至一八八五年間人），則其意見詳載於其所著之「法國近代動物學進步根告」（一八六七年）之末章。此作亦提及聖提雷耳之著作，此君在法國，經由其父及拉馬克之途徑，推廣蒲豐，波內，及其他哲學派博物學家之研究。佩累則通稱此幫爲變形學派，詳敍其功業於其所著之「達爾文以前之動物哲學」（一八八四年）。米倫・愛德華始終不信達爾文之理據，又見於一八五三年，發表其關於動物學之各普通問題之意想，一八六七年又爲發明（見上所引「赫胥黎傳」，第四三二等頁）。惟讀者宜注意，自從一八二七年（見前書第四五三頁附註）以來，米倫・愛德華，頗有論說，以自然進步，有頼於分工之宗旨，推進其化育觀。其後之著作，則發表其生理分工之宗旨，頗有效果（參見斯賓塞之「生物學」，第一册，第一六頁）。

其在英國，地質學及博物學，皆爲普通人所好事研究者，此問題則不止有科學之意味：普通藝文亦多據以發論，（原註）「遺跡論」刊行，激發極多數之辨論。後十年之間，德國亦有相似之激動，此則發起於數種純粹唯物觀之著作之發，現，初起於一八五二年瓦格涅(Wagner)之「論生理學書」，及倈雷斯珂之「生命之循環」，佛格特之「動物圖本」之刊行。以畢希勒(Büchner)之刊布其「能力與物質」之後，爲極盛之時(一八五五年)。一八五四年，科學家及醫士，因此問題而開會於格丁根。此問題自屬於思想史，有郎格(Lange)所著之「物質學說史」，有極持平極詳盡之討論，其趨勢則爲顯然之唯心觀(此書有托馬斯之英文譯本，一八八〇年版，共三冊)。予之所以提及此事者，因爲德國及英國，同時皆欲以科學學說爲根據，建立生命之普通哲學。此事在六十年前，法國已有感覺派及唯心派行之。自法國人觀之，毋論英國學者或德國學者之辨論，都不見有何種新方面，有何種新理論。舊時之老思想，於第十八世紀時，已爲法國學者所拋棄，而代以科學所發生之意想。德國亦於第十八世紀，有此種舉動，然而不代以確切科學，而以其時通行之理想哲學爲新基礎，及恢復理想派之無效果，始引用科學。法國感覺哲學之起點，發生於英國之陸克，德國之審評(亦作評論)派，則發起於英國之陸克及休謨。是以英國之舊學派之根據，能以保留，直至第十九世紀中葉之前，始見動搖。「遺跡論」之作者，雖存宗教精神，而以科學爲根據，則顯而易見者，其意欲爲普通哲學之輔助，不獨爲實用商業起見也。英國科學界之此種舉動，至於斯賓塞爲造乎其極，則與德國不同。英國頗爲生物學意想所轉移，德國則有畢希勒純粹力與物之極端理想所激動。自有達爾文學說之宣布，英國之因「遺跡論」而發起之辨駁，及德國之因惟物派而發生之辨論，同歸於堙沒，可見達爾文學說之重要矣(參觀郎格之「唯物史」即「物質學說史」，一八六七版，第五七〇頁，又赫克爾之「發展史」第一冊，第九十八頁)。

其重要之關係，已詳盡爲學者及讀者發揮明白。英國有一種藝文，則爲大陸所無，或先有而今無者。此種藝文各人對之各有不同之見解，然而極有發展英國人思想之大力，姑毋論其有無發展科學之力。予所指者，卽所謂天道之證是也。第十八世紀以來，德國有一種科學道學，【譯者註】此指宗教而言，亦稱神學。以歷史研究及哲學審評爲根據，而英國則無之。凡與奉基督教者之崇信與宗教經籍所啓發與自然、及人類、及生命、有關連之各問題之答覆，必要有以辨護之，或解釋之。法國之教授科學者，是純粹無教職者之事業；英國則不然，教學問與教道德，並不分途，法國之福耳特耳無信仰，其言行又反覆，德國之著作家，如坎拍(Campe)之流，其稚氣膚淺之著作，又惹人嘲笑；而英國護教之作，則尚不至於如此，使人懷疑。於是有多數之誠篤君子，頗以科學所教者，與通俗之宗教示教，大相懸殊，且自信以爲能見及科學大勢之所趨，於是思有以對於流動而又有發展之科學，與停止而不能改變之宗教信仰，求能兼容，使不相衝突。其所試行之種種方法，有效與不效，如是之嘗試結果，必終歸於無效，卽或有之，亦不過能解決個人問題。此種解決，若發生於詩人之神來之意想，或

二七・英國之護教著作

代表極其罕見之有過人天才之人之信條，此則百年之間，不過有一兩人而已。隨後漸漸明白科學思想與宗教思想，所出異源，往往此兩者相切觸，雖在所不免，然而研究其獨立不相依傍之源頭、及其歷史與夫其不同之心理方法，比於關於兩者之理想，爲暫時不能久存之勉强兼容並納，爲益多矣。幸而英國有多數之大思想家，有少數之第一等思想家，能以真誠之宗教精神，融和於科學思想。衆人想及此種超羣榜樣，及欽佩其偉大，庶幾能增其相信科學與宗教、有終極兼容並納之可能，比依傍不甚能作扶持之汗牛充棟之護教著作，爲力多矣。護教著作，原爲與人以普通證據，其實見仁見智，惟有個人能決也。

作者於討論遺跡論中之所以提及此卷帙繁多之護教著作者，【原註】此種著作之規模最大而最好者，（其在大陸，直可謂之無此種大舉），其在第十九世紀，則有布立芝窩式(Bridgewater)叢書，『論上帝創造萬物所發現之能力，智慧及善良』。此叢書因何理由而作，則見於第一冊之卷首。其時有布立芝窩式伯爵者，繼其父志，用布麟德力(Brindley)之法，從其某處煤礦至曼徹斯特及利物浦，掘一運河，其子襲爵，遺囑撥八千金鎊與藝術學會，請會長勵用此款本息，選派學者，其著作刊行一千册如上所云之論說，——『以合襃之議論、發明下列各事，例如上帝所創造之動物界，植物界，礦物界，之各物，消食之結果，及其後之變化，人手之構造，及無限各種，其他理據，又如藝術科學及藝文全部之古今新發明。」此叢書，有大科學家著作，如柏爾爵士，休厄爾，普牢特，巴克蘭，是也。上起蒲脫勒，下至德藍夢德，因爲遺跡論，殆爲護教著作之最後榜樣之能激動科學家注意者。此後亦有相似之著作刊行，雖在通俗藝文中有其地位，而不留何等印象於科學家心中。在第十九世紀中，大陸早已劃分科學議論及宗教議論爲兩事；

二八、曼色及達爾文

在英國、則有兩著作爲最有劃分之力，其一爲曼色所著之宗教思想界限論，此作有不能答覆之名理（邏輯），其一爲達爾文之物種由來。【原註】最奇妙不期而遇之事，即爲曼色之演講（即「宗教思想界限」）之刊布，在達爾文之「物種由來」先一年，可見第十九世紀中葉，英國科學家思想之趨勢矣。密爾敦．威廉爵士，由康德所撰之「純理審評」之途徑，以研究發展「宗教思想界限」所用之理論，登於「愛丁堡評論報」，其題目爲「無對待之哲學」。此則發起於一百年前，休謨之所謂懷疑之著作，此時亦有重視此項闡理者，則屬於本歷史之另一部分。識者觀彼部分，則知此項負號之分析研究，即藏有斯賓塞及赫胥黎所謂「不能知」及「不知派」意想之萌芽。赫胥黎所以自處之地步，大抵頗受哈密爾敦及曼色之潛力。一八六三年，赫胥黎有言曰（見「赫胥黎傳」第一冊，第二四二頁）：「凡是哈密爾敦，曼色，斯賓塞之破壞議論，予則相信之。若彼三子者，一旦嘗試自結蜘蛛網，予則笑之」云云。達爾文以瞻察爲基礎，以合理之推闡而發展其學說，悍然不顧，以此所推得之終極結果，處置一科學問題。凡一種極爲難問題，既經報章及通俗著作所討論而又討論，成爲陳腐，而居然認真研究，則非有膽識者不能也。在達爾文之前研究此易動辨駁問題，原有其人，例如休厄爾、巴貝治、赫瑟爾、來伊爾、庵厄爾·貝登、及遺蹟論之作者是也。此諸君之研究此問題也，則無不顧及從科學方面可能推得之結果，至是則無不寬緩其議論，不欲得罪世人之見解。〔原註〕在「達爾文傳」第二冊中，有一章爲赫胥黎所撰，其題目爲時人之對待「物種由來」論，載有在達爾文之前之著名科學家對於此問題自處之地位。來伊爾之學說，最與達爾文之物種不間斷之相繼，下傳之學說相近。赫胥黎之言曰（見「達爾文傳」第二冊，第一九三頁）：「來伊爾畢生最厭惡人類之初祖爲猩猩類之說。假使來伊爾能規避此說之推論（亦作系），則必維持現時仍在施行之原因，爲足以發生有機體界之情狀之說，且與其關於無機體界之情形學說，用相同之大力以維持之，此則無可疑者，」云云。一八六三年，來伊爾嘗致書於達爾文（「來伊爾傳」第二冊，第三六五頁），有言曰：「予猶記憶，因拉馬克之推及於人之結論，於三十年前，援予以大力，以反對其學說，最初深入於予心中之印象，」云云。撰生物學而與拉馬克同時之特雷宇納魯司之主持下傳學說，及信能變之學說，則始終如一，深信高級物種則由植蟲（原形蟲）發展，並相信能發展高於人類之物（參觀特雷宇納魯司所撰之「生物學」第二冊，並第二二五等頁）。一八五九年，因世人有種種之成見，阻止達爾文關於其至要學說爲盡量之發展。在第十九世紀初年之德國法國，並無此種成見。達爾文之盡量發展其學說，則在其後來所撰之著作，見於其一八五七年十二月二十二日致窩雷斯書中（見「達爾文傳」第二冊，第一○九頁）。其言曰：『吾子問予，是否將討論人類。予因此問題爲多數成見所包圍，只好規避，不與討論，予固知此是博物學者之最高等最有意味之大問題也，予之研究，已殫予之心力二十年矣，亦只好不作任何結束，』云云。

達爾文以爲不事依傍之獨立科學思想家，宜以謙抑自居爲得體，只宜將其所研究之問題，完全單簡發明，不必攻擊或扶持科學界外、及科學之力所不能到之問題。此卽多數理由中之一，何以達爾文之作，在科學及哲學界中，創一新記元，而以在英國爲尤著。

二九、化育觀之得勝

若從純粹科學方面觀之，物種由來論爲化育觀建立堅固基礎，於是形構觀、及較早之系統學、及分類學之研究自然物及自然手績，「譯者註」亦可稱天工皆失其根據。自從遺跡論之刊布，以至物種由來論之發現（自一八四八年至一八五九年），其間有十五年；洪保德亦在此十年間，刊行其畢生精力所注之大世界，此亦讀者所宜注意者。洪保德之大作，實寫自然景象，卽予所稱爲純粹形構觀者。洪保德則推展之，以發明宇宙大觀；以當時科學家心目所能見者，製一全世界之一覽大觀圖，以餉讀者；以魄力雄厚，氣象森嚴之筆墨，傳以采色，以繪此圖，而不使過去之歷史，及將來之發展，即宇宙之原始，及其生命與其究竟之大問題，發現於圖中。其時英國已發起用各種方法，研究自然科學所有之問題，洪保德之大作之所以不甚能引英國學界所注意者，大抵由於其避躲此發展問題也。讀者宜注意於達爾文終身受此大作之潛力，〔原註〕見「達爾文傳」第一冊，第二十五頁。達爾文之言曰：『予在劍橋之最後一年，極細心讀洪保德之「自敘」。此作及赫悉爾•約翰爵士之「自然哲學」，激予奮志，爲自然科學加增極少數之發明。此外一單本著作，或合十餘本著作，其能轉移予志者，皆不及此兩書之潛力之大。予曾鈔寫洪保德敘寫騰涅立夫(Teneriffe)島之大文，』云云。第一冊第三三七頁有言曰：『予不能忘予畢生之事，皆發起於當少年時讀而又讀洪保德「自敘」』云。其研究學問之方針，亦因讀而又讀洪保德之自敘而定。

三〇、洪保德之大世界及達爾文之物種由來

洪保德之大世界，是自然科學舊紀元之終，達爾文之物種由來，爲自然科學新紀元之始；前作爲研究既往，後作爲研究將來。此兩大著作，皆發起於遊覽南美洲之近熱帶之風景及其生物，——洪保德則遊覽陸地，達爾文則遊覽大海及各島。

【原註】予所討論者，只限於第十九世紀中葉之兩大博物學家之代表化育觀者。與達爾文及來伊爾同時，尙有兩大名家，亦有同一方針之研究，其學說亦爲遨遊異域研究動物植物所轉移。予所指者，卽是呼克爾及窩雷斯兩君。「物種由來」中之第一次所詳盡發明之思想，卽由此兩君所漸漸孕育者。達爾文之子所監刊（在一八八七年）其父之傳第二册，有一章，是赫胥黎所撰，對於兩君之功業，有明晰公允之論。在思想史中之記載一事之本末，罕有能及此鴻篇者。在植物學之中，鮮有如呼克爾之於各種植物及其變種，有親知目睹之知識者。其父嘗爲植物院院長，呼克爾繼其位，並承先志，研究植物。其先隨羅斯艦長，赴南冰洋，求南磁極。回來之後，撰「北印度大雪山日記」（一八五四年），由是知名。自一八八四年至一八五九年，在此十餘年之間，達爾文常與呼克爾牘函往來，達爾文因而撰其第一部大著作。窩雷斯之重要創解著作，則知之者衆。初，達爾文撰其「物種由來論」，屬稿及半，窩雷斯以所著之「變種與原種有無定之脫離之趨勢論」，寄與達爾文，因兩人之見解相同，於是速行刊布兩人之作於「林尼學會會報」中（動物部第三册，第四十五頁）。兩作所發明之學說雷同，此事之始末，具見於來伊爾及呼克爾之作（見前書，致學會秘書函）。達爾文本人亦有記載（見本傳之達爾文自傳，第一册，第八十四頁）。始初發表自然淘汰學說（【譯者註】原稱自然選擇，亦可稱爲天擇）之歷史中，並無何種秘奧。此學說既出之後，發生顯有關係而毫無民族界與個人相對之嫉忌。此兩位博物學大家，彼此從無責備相待之不大方不公允。達爾文死後，窩雷斯撰有著名之作，名爲「達爾文學說」（一八八九年倫敦版），於是多數讀者，始知此著名學說之詳盡歷史。發起此學說者，雖同時有窩雷斯及達爾文兩人，而窩雷斯則謙讓未遑，獨歸功於達爾文。

讀者又有應注意者，則爲達爾文刊布

其大作之年，亦卽創造分光解析之年，以純粹算理研究天文，致多數科學家輕視，稱爲不過是一個算理問題，然而自有分光解析之利器，於是天文學復歸於自然科學範圍中；有此以資研究，於是天文之自然歷史變爲大有進步，極能引人入勝之科學。從以上各門之討論觀之，自然之化育觀，在先則有研究天學之科學家，如來布尼茲、拉普拉斯者，先有預言；隨後則有學者，如哈同、來伊爾，以爲地質學之原理，有貝爾之研究胚胎學，而有更爲顯著之化育觀之發明；最後則學者公認物種之能變異，又公認動物分類、及植物分類，絕無劃清界限之可能，於是形構觀掃地：讀者知此，則知達爾文之著作爲最重要，亦最合時，「原註」兩位發起自然淘汰學說者，在後來之著作，皆提及在前預爲之地之科學家，而竊雷斯又頗費大力，以解說此學說原有，極好之預備在先，且有預言在前之人，何以當「物種由來論」未刊布之前，（見「達爾文學說」第一章），不爲科學所認之理由。竊雷斯之言曰：「雖以拉馬克之知識之廣，闡理之透，及「自然創造史之遺跡論」作者之較爲普通之發明，而不進而爲「物種由來」之滿意解說。博物學大家，如聖提雷耳，赫伯特，(Herbert)，爲格蘭特教授等等，相信物種出自變種，每屬之種皆生於共祖，然而此數君者，並未發明此項變化之例，或變化方法之窮綫，仍視爲「不能知之秘奧」也。」（第六頁）。其第九頁，有言曰：「達爾文因揭露自然淘汰例，又證明生物競存中有用之變異得以獨存之要旨，不獨關於全個生物界之發展事功，大發光明，且爲將來之自然研究，立一堅固基礎。』

三、變異

因此作提倡特專研究生物界變異之事實及其功能也。達爾文將變異、及變異之可能大問題，置在前列，以討論變異之可能之效果。在達爾文之前科學家只注重於生物之定形，及定形之循環發現。自有其大作出，凡植物學家，動物學家，胚胎學家，無不人人注視於物形之變異，及其過渡之變，與其化育，專注意其歷史，而不在乎實寫所見。在本國及外國，皆有大規模或小規模研究地層，於是生物之變異例，及變異之理由，成爲一爲難之問題，——達爾文則居多研究此變異之事功，及其漸漸如何改變生物之形。達爾文嘗告學者，因讀第十八世紀末年馬爾薩斯(Malthus)所撰之生齒繁殖論而得此例之重要之引線。【原註】此論初刊布時，在一七九八年，一八○三年有所擴充改良，即今日通行之本是也。達爾文之讀此論，由於偶然。○達爾文之自傳有言曰，（見「達爾文傳」，第一冊，第八十三頁，）：『一八三八年十月，即在予初爲系統研究之十五個月，予讀馬爾薩斯之「生齒繁殖論」，以爲消遣。予此時已儘有預備，知注重於無乎不在之生物競存之事，，此則由於予久已瞻察動物植物之習慣而來。予讀此書，即覺得處此環境，則適宜之變異，自然有保存之勢，不適宜之變異，則遭絕淑，其結果則為造成新種。至此予即得學說以為研究」，云云。赫克爾在其所著「創造記」中，關於達爾文得力於馬爾薩斯之事，有詳盡之討論，曾引達爾文來信（一八六四年十月八日），謂研究多年，而不能通曉一種生物如何能顯著適合於特殊環境，以遂其生，後來適逢天幸，偶讀馬爾薩斯之「生齒生殖論」，於是恍然大悟，而得自然淘汰（自然選擇）之意想（見「創造記」第六章）。達爾文最初登於「林尼阿學會報」之論文（「致格雷信」，見第二冊，第五十一頁），即用『自然淘汰』名詞，並引其所節取馬爾薩斯之議論，而窩雷斯所用之名詞，則為『競存』（同前第五十六頁）。

三二、馬爾薩斯

此名著之議論意想，頗能轉移經濟學之哲學著作；學者若只以個人或孤立之事為標本，而研究社會、或自然者，則讀此大作，亦不能有所觸覺，因其所討論者，不在乎一物之自然歷史，而注重於一社會中、或一群眾中所發生之特別及繁複情形，不獨可施用於人類，且可施用於動物植物。其實、此論即是生物經濟學中之一章。窩雷斯有言曰：『馬爾薩斯、達爾文、窩雷斯、皆非所謂試驗室之博物學家，對於纖維學、胚胎學、生理學、形構學、諸問題，並不甚注意；此諸君所注意者，為物種之特殊之異同、及其分布、與其類緣，』云云。【原註】引窩雷斯所撰之「達爾文學說」序文，第六頁。繁殖間

第九章 以化育觀研究自然

題，毋論其所討論者爲人口，抑或生物，凡在野外爲大規模之研究自然及人類者之科學家，無有不爲此大問題所觸動者；其專事採輯標本或解剖者，則無此觸動感覺。大地之上，如何有植物、動物、及人類耶？究有何種力以保其繁衍耶？又有何力以止其過於繁衍耶？凡是有生之物，無不相依賴以成其爲規模極大之自然之一家，或成其爲規模較小之人類社會，其間必有一種節制自爲乘除之法，以位置個人、個物、及各類，使得各爲其所爲。馬爾薩斯則從政治方面研究此問題，以爲與人類及人羣有重要之關係，其實並可推用於生物。生物因爲無論在何區域，即在最荒遠及新近始探及之地，吾人所見者，一方面則爲自然之繁衍之大力，一方面則同時並見有極多數之爲難阻礙，以自限制其繁殖，其結果則爲循環發現之生物競存。

三三、競存

學者若能愈深入自然之荒遠區域，深入於動物植物最繁衍之熱帶或注意於下級生物異常之繁殖，則不得不深信吾人所眼見之平衡【譯者註】似指不太加多，不太減少。之所以能維持者，實由於互相排擠。【譯者注】即競存之意。此種競爭排擠，比於馬爾薩斯所論之人類競爭，則人類之競爭，尤爲渺乎其小矣。此種競爭，起於不可思議之太古，以至今日，必有非常之效果：是則値得研究之問題也。若放任生物之自然本性，則生殖異常之速；若其中無一自有之制止，則不必歷時甚久，地球將無容身之地矣。此重要事實，自有馬爾薩斯著作、及達爾文窩雷斯著作（此兩君之議論，範圍較大，亦較爲融通）之後，始爲世人所注意。「原註」自「物種由來論」刊布之後達爾文所收之函牘頗多，皆指明前人曾先發表過之論說。其關於下傳及變化問題者，此章已提及之。自然淘汰之說，似於一八一三年，有衛爾斯博士之預言，登於其著名之作，名曰「露水及獨視二論」（一八一八年刊行）。達爾文之言曰：「在此著作中，衛爾斯明知有自然淘汰之原理，此是最早表示」云云（見後來刊行之「物種由來論」之歷史章）。此外尚有一先已論及自然淘汰之說者，則爲一八三三〇年馬太所撰之「海軍木料及種樹說」。「不幸此君在一不對題之論說附件中，只發表寥寥數言，而又散見於其中。及一八六〇年四月，馬太始於「園藝報」中聲明，請人注意。此君確見自然淘汰之理之力」（「物種由來」第十六頁）。一八五九年，達爾文並不知以上所云之著作。既已承認此說，則又有問題發生：此種自生之制止，究是何物？此種制止，發生有何效力？此顯然是闡理之一新途徑，爲前此博物學家所不知，即或知之，亦不過驟起驟止，或不成片段之研究；然而此問題則引學者入於自然境域，與課室及博物院遠離；在課堂中，學者所聞者，不過是自然力及自然例之抽象算理之發展而已，在博物院中所見者，不過是整齊陳列、無生氣、無競爭之死標本而已。一至自然區域，學者所見者，則爲極激烈無已時之競爭，然復能體會此種競爭之發生無止境之變化。

三四、野外研究

在達爾文之先之博物學家，其出門在野外研究，或出於好奇；其探取新標本，或出於好遊、好探險，或隨因爲商業或求殖民地之考察隊、出外研究。自達爾文之學說出，科學家則不得不遠遊，因爲競存問題，非在自然區域中當地研究不可，此則其學說有轉移今代思想之大潛力也。從前之研究自然，全是人爲，因有達爾文之潛力，則變爲自然。思想史中，此項觀點，比於其所發明之學說及理論所生之效果，較爲偉大。達爾文之學說、及其理論亦多矣，發生各種闡理之新途徑，在思想界中有特殊之發見，卽創造多數新名詞是也。在達爾文之先，植物學家何嘗不知有變種，其研究『變異』及『變異之可能』者，有何人耶？又有何人提及『特性之分歧』耶？牧畜家、及玩鴿家，何嘗不知所謂『選擇』耶？〔原註〕瓦特孫（Watson）嘗著『英國之息柏利（女神名）』一書，討論英國三島之地勢，及植物之分布。於一八五九年十一月二十一日，當『物種由來』刊布不久之後，曾致書於達爾文，有言曰：『予特告子，以予讀大作所得之最初印象，將成爲永久之印象，則可無疑者。子之主要原理，即自然淘汰，必爲衆所共認，爲科學中已成立之原理，此與其他偉大之自然眞理，有相同之特色，即能化曖昧爲光明，化繁復爲單簡，增加新知識是也。吾子若不是自古以來之博物學之最大之革命家，亦爲本世紀之最大革命家，今已將新學說宣布於科學界中矣。予以爲最奇異者，莫過於如此多數之科學家，竟不能及早見有此途徑。例如來伊爾爵士，殫三十年之心力，關於物種及物種之繼承問題，又讀，又作，又想，然而始終誤入錯路，此何故耶？』云云。（見『達爾文傳』第一册，第三五二頁，又第二册，第二二六頁）。惟『自然淘汰』及『性交選擇』兩名詞，則始見于達氏之著作。至於『競存』及『優勝』，在自然中或人類社會中是一定之手續，刻刻進行，不過或爲吾人所知識，或不爲吾人所知識而已；此外尚有新創名詞，代表此各項新意想，亦推用於其他研究區域中。又如『雜種』（新名詞），『粗有發展之器官』（新名詞），『詭異反常之發展』（新名詞），在達爾文之先，不過世人爲好奇之研究，今日則躋升置於科學之重要研究之列，因爲自然之形，因是而

三五、自然淘汰及性交選擇

或變或不變，自然手續【譯者註可稱天功】。或由是而暢行，或由是而遭阻止也。『環境』（新名詞），『境化』（新名詞），則略開新研究之門徑，同時所有分途之研究及闡理，則團聚於惟一大問題，卽『遺傳』（新名詞）是也——此爲生物學之中樞問題。除新創各種名詞之外，博物學家及解剖學家所用之舊名至是則得新解釋。

三六、自然分類之意義

自從林尼阿以來，系統家之試求自然分類，以別於人爲分類者，其用意雖不過在形似中爲分別，其實則有出乎形似之外者。達爾文之言曰：『所謂出乎形似之外者，卽上代下傳之接近生物之相似（只有此惟一已知之原因），此是爲各項不同階級之改變，此蓋藏不露之線索，以吾人之分類而有部分上之發現。【原註】見第一版「物種由來」第一四一—三頁。自經達爾文發出此一線之曙光，所有在其後之全局分類學，有重新之研究討論；究竟何項分類法，可以定爲有動物植物相繼下傳之正確系統，則爲時尚早。至於單獨之世系，如犀、如馬之世系，得地質紀載之助，則曾研究推求成功，所見之連環，忽然而出意外發現。【原註】『當下傳學說未有討論，或未爲科學家所公認之先，卽有人用，做乘圖，以代表人類種族之可能之系統關係，或動物之可能之類緣，以爲分類之圖解。倘若分類是眞確，則此項世系圖，亦有比例之眞確。博物學旅行家拍拉司，爲首先發表動物之類緣者，關於此項記號，拍拉司本人或者另有深意。及下傳學說已深入人心之時，此項世系圖不止作爲記載類緣之圖解，且用以發表臆度之下傳事實。赫克爾爲首先用世系圖於動物學及植物學之人，或讚以爲有功，而審評家則謂赫克爾應負責任。在其所著之「有機物形構學」（一八六六年）及「自然創造記」（一八六八年初版，一八九七年第九版）中，有多數之世系圖，用以指明各類動物植物之相繼下傳。此項辦法，誠然可以令學者萃精薈神於下傳之意想，強逼博物學家審評此項臆度之下傳世系爲是否實有。格拉甫(Graff)之言曰：「赫克爾所發表之世系圖，有不朽之功，因對於前數十年之動物形構學，有大革命之功也」』（見湯姆孫之「生命之科學」，一八九九年版，第十五頁）。

達爾文學說，誠有功於使博物學家注意於外界，又能使無一定目的、無清晰闡理習慣之研究家，一見自然萬彙之紛繁，不至於爲所迷惑，無所適從。此外達爾文學說之精神，尚有其大用處，因其各項著作刊行之後，宗仰其學說者及反對其學說者，則分途苦心研究，以證實或反證其說之是否正確，或欲修改其學說爲目的，由是而發生多數之著作，大增自然萬物及自然變象之智識，吾人之博物學大全，增

三七、植物之授精及擬態

加若干章，例如蟲類之拖帶花粉，使植物授精，百花顏色及百鳥羽毛之美，及蝴蝶

蛾子之翅之功用等類是也。【原註】今且援引兩宗極奇異之事。花有所謂兩蕊異時者，即謂一花雖有自行授精之器官，因兩蕊之成熟異時，或其他理由，則以異花投粉，於是有頗繁複之布置，以便於蟲類之探花。湯姆孫之言曰：「所謂布置者，如各種顏色之點，指導蟲類探蜜，有毛以護花密，使不為雨所侵，而又不阻礙探花者之深入，又有其他布置，使蟲沾花粉」（見湯姆孫之「生命之科學」第一九二頁）。斯曾棱革爾以一七九三年，刊布其瞻測於一本可注意之作，名「從花之結構及授精而窺見自然之秘奧論」。此君是一位最熱心之眞正博物學家，「初時原為一總牧師，捨其羊羣（【譯者註】即謂不諳教務也）而研究百花，為上官所逐，遷居柏林，安貧度日，以教語言文字及植物學為生。無論如何最平常之植物，一經其發表議論，則無不變為新奇。無論花之一毛，或其一點，此君則有機會以發生各項問題，及意想與研究」（同前第一九一頁）。薩克斯謂（見「植物學史」第四四九頁）斯普棱革爾之著作，為「最先試為解明植物之化育，由於與環境有一定之關係」，云云。此一册論生物經濟之與，經六十年，皆無人知之。達爾文則於一八四一年，始由布拉文，聞此書之名。據格雷教授所說（見一八七四年「自然報」第八十頁），則謂「布拉文與其餘世人，皆以斯普棱革爾之意思全屬幻想。」此書頗遺深印象於達爾文心中，以為其中眞理充滿。一八三七年，達爾文之日記曰：「植物雖有雌雄花管同在一處者，是否受勢力於他樹」，云云。（見「達爾文傳」第一册，第九十頁，又第三册，第二五七頁）。此外則有一極重要之研究，則有發明達爾文學說之兩大學者所鼓吹，即研究植物動物顏色問題及相似之擬態問題，有何深意。窩雷斯之言曰：「動物植物之特殊顏色，有時有一定之花樣，有時與其結構相合，有時則全與結構不相干，其種類若相似者，有時則顏色極不相同，極為詭異，凡此皆能使學者最為注意者也。是以不得不以顏色為不獨物質上之事，且有生物之特殊之性在，由於自然淘汰而分化，而變為特殊。是以欲為之解說者，必推用境化及適用之原理』（見窩雷斯『達爾文學說』第一八九頁）。擬態名詞，則為貝次(Bates)所介紹，見於其一八六一年十一月宣讀於林尼阿學會之『擬態蝴蝶說帖』中，極為達爾文所歡迎（見『達爾文傳』第二冊，第三九二頁），稱為最可讚賞，最能令人注意之作。初版之『物種由來論』，忽略此問題，其後再版，則有此問題之討論，以為證實自然淘汰之學說，最有價值之資料。窩雷斯亦有長篇討論此問題之作，登於一八六七年『韋斯敏斯德評論報』，翻印於其所著之『自然淘汰論』（一八七〇年版，第四十五至第一二九頁），又載於其所撰之『達爾文學說』。因有多數生物有互相依賴及與天時地利尤為有關係之研究，於是舊時動物學及植物學之分界，頗有廢棄之者；又因有達爾文新法研究自然科學，於是介紹準確研究之精神，例如確切之量度及煩勞之計算，與生存之數及淘汰之數之比例是也。由是而有彙輯頗多統計，【原註】發展統計學之用，以研究發展（【譯者註】亦稱天演）學說之討論，見下文第十二章。於是自然歷史【譯者註】亦稱博物學。亦漸漸變為確切科學。以統計學研究此問題以後，是否尚有廣大之發展，原是一疑問：達爾文之長處則在乎介紹一特別方法於自然科學界中——即以折獄法而衡證佐是也。達爾文之言曰：『余書中所討論之各點，無有

三八、鑒衡法

不可以援引他事實、以反駁予說者，卽所引之事實，似若能引入與予相反之結論也。是以欲得持平公允之結論，必將事實詳盡發表，將維持及反對每問題之理論證佐相衡。「原註」見「物種由來」第一版第二頁。此法與抽象科學大不相同：在抽象科學中，必先分開所研究之事物，使其孤立，然後以算學計算之，至於繁複之效果，則用謹嚴公式通算而得之，卽劃清界限特別各力之共同組合之效果。自然之全體，及舉凡一切變象，原是有界限之單簡事功所組合而成：此理原是最爲精確。此項方法，雖適用於孤立之事，雖用於人力所造之機械，尤爲有效，然而絕不能使人通曉大局面之變象之結合，亦不能使吾人體會吾人所接之萬物之全。凡是有算學知識者，無不重視算理計算之謹嚴及其普遍，亦無不知一旦推用於複雜問題，則失其用。以天功（卽自然手續）與試驗室之人工相比，則知天工之較爲繁複，與人工有天淵之別，卽盡人力之所能至，亦不能以算學研究之。在野外研究之博物學家，必要用不同之方法，以研究自然及生命科學家，必要與折獄官相似，一案到堂，有極多數之證佐，必詳細質問，審愼衡量證佐，又要心地光明，不存成見，以判決誰是誰非。如此等事，絕不能有算理之確切，只能有較爲明顯、成數較高之判決。

三九、達爾文與牛頓之比較

因有達爾文之潛力，而科學思想得一新景象；評論家往往以從前之哲學家及博物學家之方法，與達爾文之方法相比較，予以爲評論家並未能體會此新景象。有人稱達爾文爲自然科學之牛頓，【原註】此不稱是一種說話派頭，亦如馬克斯維耳之稱安培爲電氣動力學之牛頓，亦如有人稱楊氏爲光學之牛頓。窩雷斯有言曰（見其所撰「達爾文學說」，第九頁）：『吾人要稱達爾文爲博物學之牛頓，（此二子者，原有其相似之功業。牛頓之發明吸力通例也，化紛亂爲秩序，爲將來研究天文學者，建立穩固基礎。達爾文則發明自然淘汰例，及證明生物競存及適用之變種得勝之大旨，不獨對於生物全界發展之事功（【譯者註】亦稱手續），發一片之曙光，且亦能爲將來研究自然者，建立堅實基礎。如是持論，誠，應稱達爾文爲自然科學之牛頓，』云云。亦有其他評論家，以達爾文之法、與牛頓及屈費爾之法相比較，而貶達爾文。【原註】此種著作之最要者，則爲威根德(Wigand)教授所著之「達爾文學說及牛頓屈費兒之自然研究」（一八七四年至一八七七年版，共三冊）。威根德意謂洪保德學派，不幸爲新近之化育派所掩（見第二冊，第十四頁）。讀者讀此三冊書，當不至於改變現時通行化育觀之思潮（今日潮流比二十五年前爲更盛），亦不能減輕近日潮流之重要。然而此作亦有其價值，以其對於第一期十五年間所有維持及反對達爾文學說之著作，皆有詳盡之討論也。其發表下傳（亦稱世傳）學說及物種之變之兩大學者，皆在法國，然而當此十五年時期間，對於此項學說法國科學家諸，並無何項議論。威根德之作，在當時並無甚勢力。近來則因集，中之生物學問題，推置前列。威根德，貝爾，及其他作者之評論，頗惹人注意，此則留待下章討論之。讀者宜參觀得利喜(Driesch)諸作，如「器官進化之解，剖學說」（一八九四年。來比錫版）及「生物學為一大，獨立科學論」（一八九三年）此書第七頁，尤宜參看。，評論家之比較，有以自然淘汰例與牛頓吸力通例相比者。此兩例則大有不同：自然淘汰者，謂生物繁殖，各爭生存，其間則有自動之事功，能使最適宜者生，其不能境化適合於環境者滅，——原是一有定之公式。學者對於生物學之生長、化育、發展，其中之多數因子，不過能知此自然淘汰為多數因子中之一；既是多數中之一，與吸力之為一項原動力絕不相同，因為其他存在生物之生殖及發展之各力，太過強盛，自然淘汰則阻止之，不令其過於繁殖。然而關於此各種力，學者尚無完全知識也。牛頓之新發明則不然，不獨揭露吸力例，且發明無所不賅括之動例之真確公式，即在吸力及其他各力所絕不入想之處，此例亦能通行。且牛頓之大功，不獨在揭露吸力通例，尤在乎其為力學及自然哲學立普通基礎也。達爾文亦然，其大功不只在於發明自然淘汰之公式，尤在乎其介紹新意想於大規模及全體之自然研究，視爲競爭及不停留之發展研究自然之全，即以此時發起，【原註】達爾文指明先有洪保德預爲之地。與專研究自然物、及自然手續者有別。

四〇、未解決之各項問題

至於自然界之變異通例、及遺傳通例（如牛頓之動例），則尚未揭露；在博物學界中，亦以達爾文爲最令學者注意於生物世界中之元始動機，將『變異』及『遺傳』兩大問題，位置前列。【原註】達爾文後來之著作，尚有一極重要問題在其大著『物種由來』中，已約略提及，即『性擇』問題是也。其第三大著作中，此問題所佔之篇幅最多，此作刊布於一八七一年，書名爲『人類之代傳（亦作下傳）及性擇論』（亦名『原人』）。原書之介紹文有言曰：『人類之分化爲種族，頗與性擇有極大關係，予存此意想已多年矣，在予所著之『物種由來』中，不過約略提及。及予以此觀念推用於人類，則不能不對於此全體問題，作較爲詳盡之研究。自從『物種由來』刊行以來，只有赫克爾教授一人，在其著作中，有多數之極有能力之討論性擇問題，且能深知此問題之重要也。』云云。對於此問題，達爾文在『物種由來』中有言曰（見第八十七頁）：『家馴之畜，往往有殊品發現於一性，變爲此性之遺傳。此種事實，或亦有可證之發現於自然。果爾，自然淘汰，應能在於彼一性之功用關係中改變此一性，或全變自兩性之習慣，其在昆蟲中，則有時而有此事。予於是不能不略爲提及余所謂之性擇。此則不依賴自然淘汰，而依賴雄性動物之爭得其雌，此項競爭之結果，並不是敗者死亡，只是後嗣減少，是以性擇競爭之烈，不若自然淘汰之甚，』云云。（「譯者註」根據此說，則所謂性擇，可稱為性爭淘汰）。關於性爭淘汰問題之著作頗多。大概言之，此問題並不在自然淘汰問題之列，而另有所屬。有數位專持自然淘汰之說者，例如窩雷斯，則拋棄性擇之說，以為不必有。自然淘汰之特點，在乎其純為自動之事，依賴物種之繁殖而有，至於性擇，則難以明了此種手續，如何能自動，時至今日，自然淘汰問題，已成為事實，毫無疑問。至於性擇問題，則無多數溢出任由選擇之統計證據。欲明白性擇，或為之定界說，學者必先造成兩性分化之理，由及元始之意想，然而無生命學說，則不能達到此項意想，而生命學說，不能專賴有過於繁殖，及物種變異兩大事業為基礎。例如兩個體無絕對相同是也。在生物經濟學中，兩性之變象之重要，已有人研究，發生多數學說。一八八九年，革得斯及湯姆孫所著之「雌雄性之天演」，頗有詳細之討論。在下章討論各種生命界說時，作者將再討論此問題。

讀者又應注意者，則並時之人以培根為依歸，而貶牛頓；其後又有以培根及牛頓為根據，而貶夫累涅爾及楊氏者。其貶達爾文學說者，亦猶是也以為其反對培根、牛頓、及其他在達爾文之前之大思想家。凡此諸事，學者應不必以其學說之效果，而以其此項闡理之手續效果，以定其學說之是否可以接連採用。作者今不為過於詳細之比較，應謂牛頓為物質世界定一永遠可用之大例，以創造自然哲學；達爾文則爲研究自然立一基礎（別於研究自然物及自然手續），發表自然界之生物部分之最大多數因子中之一：有此發表，然後大規模之化育觀（別於舊時之博物學，卽自然歷史）始有思議之可能。此歷史名詞，卽啓發其他相似之字。政治歷史在第十九世紀間所經之變，所經之發展，與自然歷史相似。政治歷史其先不過限於偶然、無方法、無審詳、不完全之孤立事變、及個人紀傳而成，隨後則漸有組合，漸有結構，以成爲完全之作，亦由於權衡選擇證佐，及頗勞心力之研究審詳而後成也。關於政治歷史，作者特於別處討論之：作者此時不過欲讀者注意於此兩種歷史，經過其相同之發展，而後有擴充眼界之研究也。學者從覃思考究

四一、大規模之化育觀

細目及單獨事實，一旦起而有全體之關係，及經濟之研究，則不能不介紹兩項新要素於研究中，卽臆度要素、及理想要素是也。臆度之必要，在乎實在紀載中尚有欠缺，不能不以臆度補所欠缺，以使紀載成爲一貫可通；理想之必要，則在乎學者所討論之發展問題內幕中之融會原理，不能不研究也。達爾文所創之自然科學

十九世紀歐洲思想史 第一編 下册 一百五十二

及自然歷史（別於自然物及單獨手續之自然科學及自然歷史），有臆度、有理想、以輔助之；亦如培植普通歷史科學，則有哲學臆度、及歷史哲學之發異彩之效果，相與攜手，及得其助力。【原註】帕刻教授有以今日之博物學家之事功，與聲音訓詁學家之事功相比，見於其所著之「雞鴨論」（一八六八年），又引此議論於「頭顱之形構」（帕刻及貝塔尼 Bettany 所著，一八七七年倫敦版，第三六二頁）。其言曰：「當余用功之際，一若讀暗碼，要辨認一張紙中已寫過六七次者三次。極似擦刮其最明顯之字及之後（卽指印度之羽毛鮮豔之鳥），則似在羽毛較爲暗淡之松雞羣中。將孳拖時，則見沙松雞及 Hunipod 之字跡，在予眼前。再往下研究時，將此擦去，則見有其科之雞形。此後予所見者爲駝鳥，似是一種大個古字。再過則隱而不現，所見者似乎是海龍之形。其實深藏於下者，則爲最單簡之盲鰻科中之魚，其形構之象形字，尤可追尋，』云云。此項問題，作者將於其他各章討論之。

四一、哲學學說

康德、赫德、黑智爾、巴克爾所發表之歷史哲學是否有實在之俾益於歷史，原是有多數答復之一項問題；至於以臆度修正及審評古籍及其他古典之有大裨益於歷史家，則並不發生何種詰問。以達爾文學說而論，則所處之地位不同。凡是讀過關於此問題之日見其多之著作者，不能不承認發展學說之哲學意想，爲大有造於達爾文學說。此學說之初宣布時，卽有已先時預備好之哲學原則、及哲學名詞，以配合於其學說，猶如預布戲台以爲出場演劇之地。予所指者，即是斯賓塞自闢途徑，不相爲謀之著作。〔原註〕在發展天演學歷史中，斯賓塞所應處之地位（以神學學說而論），尚無有相當之注意，亦無相當之承認。遠在一八五二年之時，斯賓塞即有化育觀之意想，此則無疑者。試觀其是年所著之短論，可知矣。此論之名題，爲「發展理想」，登於當時之「導報」，翻印於其「集論」之第一冊中。羅曼內斯(Romanes)曾指出（見其所著之「達爾文及達爾文之後」第一冊，第二五七頁），謂在達爾文之前，雖有多數發表化育觀之嘗試，然而化育觀之出現，及令學界特爲注意，則在自然淘汰學說發現時起。其言曰：「吾人若可以用改變思想之效力，計算一種思想之輕重，則自然淘汰之意想，是最重之意想無疑。最可怪者，則何以無較爲在早之言中（去聲）」云云。羅曼內斯於是略提及衛爾斯與馬太之巳爲人所忘記之預言。又言，曰：「其尤爲奇異，則爲斯賓塞，此君雖有極大抽象思想能力，又以其全力研究發展學說（其時此種學說，尚爲學界所輕視），竟亦不能命中，發明現在衆皆以爲極顯而易見之意想，」云云。發展意想之通例，在「物種由來」未刊布之前，巳由斯賓塞發明。三十餘年後，因有自然淘汰之一定算學公式，或統計學公式，然後爲科學家所公認，其實亦並非專賴此謹嚴算學公式。自博物學觀之，此學說之所以能通行者，尤在乎發展之普通意想。其宗信發展學說者，對於自然淘汰之功用，則見仁見智，各人之見解不同。參觀「大英百科全書」第九版，第八冊，第七五一頁，赫胥所著之「生物學中之發展」條。其言曰：「自然淘汰至若何程度，然後足以發生物種，此時尚不得而知。自然淘汰，雖或未必是發生物種之完全之理由，其爲最重要之因子，則無可疑者也，」云云。：：若是此後證明變異之能性，有其一定，有一定之方向，爲物之所自有，自然淘汰之說，亦不至受其影響也，』云云。參觀一八九四年，索爾茲巴立(Solisbury)貴族於英國科學提倡會，在牛津開會時之演說，並隨後赫胥黎提議致謝之演說（見「赫胥黎傳」第二冊，第三七八頁）。其言曰：『予今請略說達爾文「物種由來」之大旨。此論所發明者，爲物種之能偶變，及生物由一祖先下傳（〔譯者註〕亦作世傳），發種與種之不同之處，多於原種與變異種不同之處，云云。：：假使掃除「物種由來論」中之所有一切達爾文思想，動物生物之發展學說，仍然不爲此掃除所動搖，』云云。據事實而言，斯賓塞所最先發明之機力學發展之通例，因有一定之公式之後，始爲科學家所承認。此項通例，或將比別例較能持久。由此觀之、則自然淘汰例，與牛頓吸力通例相比，實爲擬不於倫，因其後各種所揭露，皆能更加證實其算學公式，可見其在自然界有極重要之功用矣。

四四、赫克爾

此外尚有與達爾文並世同享大名者，則有赫克爾教授，其在德國，尤爲著名，其所撰之有機物形構學及創造記，頗有介紹達爾文學說精神於德國之功。達爾文關於生物學之發展，及世傳之意想所公定之世系，有不能銜接之處，赫克爾在其兩大著作中，初次試爲以臆度而填其空處，使相銜接。〔原註〕後來出版之「物種由來論」（第六版，第三八一頁），有達爾文之論及赫克爾。其言曰：『赫克爾教授在其所著「形構學」及其他著作之中，竭其智能以發表其所謂系統化育，即一切生物之傳世（下傳）譜系是也。其所列之譜系，大抵依賴胚胎之特色，亦援引同器異用及不完全之器官以爲助，亦以地層中最先發現之各種生物遺骸爲證佐。赫克爾可謂致於發起中，示學者以分類學以後應如何研究，云云。赫胥黎又言曰（見「生物學中之發展」條，第七五二頁）：「膽識」不如赫克爾者，又見其各種理想，雖免不懷疑。其約化發展學說使成系統之嘗試，及發明其爲近代生物學之主要思想，不能不發生遠大之潛力，以轉移科學之進步」云云。此項最初發起而有膽識之近是辦法，在今世之科學思想史中，應有其顯著之地位。赫克爾之製世系圖，頗注重於胚胎之發展，有較爲清楚之發明，以爲較高階級之生物之胚胎發展，與從下級而至高級之過渡生物，有其相似；此種相似，則見於動物及植物之分屬或分種。赫克爾謂此項相似爲生物化育之大例，亦是個體化育物種化育之大例，與本類化育及個體化育相平行。此項相似，已早經麥克爾、貝爾、塞耳斯、諸君爲有限制之發明，遠在達爾文下傳學說未刊布之先。【原註】所謂「生物化育例」，已經前人早已預言在先之歷史，近日作者多有論及者，例如赫胥黎所撰之「發展」條（一八七八年「大英百科全書」），革得斯所著之生殖說（同前，見於其「生殖」條下），得拉日之「遺傳論」（第一百五十九頁），湯姆孫之「生命之科學」（第一百三十三等頁）。早年之說之最重要者，則爲赫胥黎所引麥克爾之「生物胚胎狀態圖」（一八一一年）。其言曰：「凡生物之元形。只有此惟一相同之形狀，并論高級生物及低級生物，皆從此一形發展。其發展之狀態，則高級者皆經過下級者之永定之形，以爲過渡程序，此則生理學家無不注意者也。亞理斯多德，哈勒，哈維，及其他多數學者，亦有不過偶然說及者，亦有特別使學者注重此事者，從此得有生理學之永存之重要結果，』云云。阿迦西在其著名之「分類論」（一八五九年）雖反對下傳學說，而注重於胎胚發展之程序，與現存動物及已絕滅之動物，分類之等級，有其同等（見湯姆孫「生物之科學」第一三四頁所引）。此項相似，有時亦稱為貝爾例，貝爾則極其慎重於措辭，以免俗人誤傳其相似之說；此相似之名詞，只用於四大類動物之範圍內。〔原註〕湯姆孫有言曰：『學者若詳細研究貝爾比例，則知貝爾劃為多數界限，而後承認經過生育階級之說。貝爾不甚相信此說，不如近日胚胎學家巴爾福及馬沙爾(Marshall)相信之深』。（湯姆孫第一三三頁）。在赫克爾未刊布其「形構學」之先，博物家之最清楚發表經過階級學說者，則為米勒・佛里慈，以一八六四年，刊布其著名之短論，名曰「維持達爾文」，一八六八年達拉斯(Dallas)譯成英文。米勒僑居巴西多年，孤立深藏，專致力於科學瞻察。及其名作一出，達爾文極為歡迎，以為此是最有力之輔助其學說之作，稱米勒為瞻察家大王，後來出版之「物種由來」，有屢屢提及米勒。得拉日謂米勒為首先發表生物化育學例之人（見「生物學之承繼」第一五九及第四六九等頁），此與赫克爾「創造記」之第十三章之宣言相合。雖然，作者不能不聲明經過階級學說，不甚為植物學家所喜。赫克爾自己，亦承認個體化育與系統化育之相似，不過指大概而言，並非十分準確，有時縮減之趨向，又謂後來之境化，可以遮掩古時之形態，云云。參觀湯姆孫「生命之科學」第一三五頁。案齊格勒(Ziegler)審評「下傳學說之今日地位」（耶拿版，一九〇二年第十二頁），承認相似學說，頗不能盡副科學家三十餘年前之期望云云。當時亦無人嘗試組合植物之系統化育於動物系統化育，使同歸一路。至赫克爾乃始爲之以詳細世系爲大規模之部署，以界限未分，究爲動物抑爲植物之生物【譯者註】可稱罔兩。爲起點，從此分爲兩大枝——一大枝爲植物界，一大枝爲動物界——每大枝又爲小枝，小枝復爲小枝，以分綱、分目、分屬、分種、分變種，以造成其假設之實在自然分類：此則從蕾氏及林尼阿以來，多數之分類家不知不覺所研究者也。因有此規模之著作，赫克爾不獨只用遺傳例（即苗裔之發展、再發現祖先之特性是也），且用宣布較早爲拉馬克所指出之境化例。其實赫克爾組合達爾文、拉馬克兩家學說；其他博物學家則不然，往往析分爲二，由是而分兩大學派，所謂新達爾文派及新拉馬克派是也。

四五、組合達爾文及拉馬克兩家學說

【原註】自淘汰例既然與牛頓吸力例同爲學界所公認，則發生三個問題。一，爲自然淘汰例所及之遠。達爾文後來之著作，大抵皆研究此問題，亦曾提倡深藏未揭之例承受遺傳問題。二，仍要追究到底，以求自然淘汰之原因。學者可以謂自然淘汰爲眞因，而非原因。研究變系，及遺傳者，即從此路徑進行，包括達爾文以後之生物學之各種研究：此問題離解決之時期尙早，不過比吸力原因問題之解決，似爲較近。三，科學家之有大志者，欲以此說，或修改或擴充此說，以建造生命之普通哲學。自從牛頓揭露吸力通例之後，有波斯科維亦及法國算理物理學派，試以物離相吸之意想，作爲普通物理學說。其在

達爾文之先後之試展其大志者，吾人可以斯賓塞，赫克爾，內革利，為取徑不同之三代表。而此三代表有，其共同之點，皆以為自然淘汰為不足，必要承認其他作用，而皆取材於拉馬克之能啟發心思之著作。此一部分之哲學著作家，皆以為拉馬克之原理，比於達爾文較為可以作基礎（一以美國之傳物學家為居多數，如柯普Cope海格特Hyatt是也）。此一部分是為新拉馬克派。此數位之見解，見於帕刻德教授所著之「發展學說之發起人拉馬克論」之末章（一九〇一年版）。今將其所行此派之闡理，，附錄於此。其言曰：「達爾文之自然淘汰，及斯賓塞之最適宜者得生存，不過發表最後之結果。其已得生存之新物所由起之手續，或自然選擇所保存者，則用環境連絡承受遺傳之力，以為之解說。上文所引之自然淘汰，及最適宜者得生存之語，往往為人誤認為原因。其實此兩語，不過簡單說出一串原因之事功之效果而已。此一串之原因，可以照斯賓塞之意，稱為經歷改變之生物所處之環境。是以一項大為近日科學揭露所修正之拉馬克學說，似若可以對付「決物種由來，及高級生物所遇之種種為難問題，」云云。讀者亦宜注意者，則又有一事。窩雷斯雖非拉馬克學派，亦以為自然淘汰之說，不足以解說較高級之知識生命之發展（見所撰「達爾文學說」第四六三等頁）。

赫克爾之著作，雖其本人亦承認大概多臆度之說，而頗有推廣而又能使俗人易明化育觀之功，

「原註」赫克爾之言曰：『吾人之系統化育學說，與其同懷之歷史地質學相似，同是理想之建築。因其欲求得太古時代事變之原因及其趨向，使得相為連接，以成片段，而無直接之研究之可能。自太古以來，今日存在之動物植物，不知經歷無盡階級之變化，以至今日。：：此既非瞻察，亦非試驗所能得有直接消息者，吾人賴實驗而得之下傳歷史，永遠不能完全，毋論有何多數之接連揭露之事實，亦

，莫能相助也』（見赫克爾之「系統化育」一八九四年版，第一册序第六頁）。且吸收人類學及地理學於其範圍之內；此卽與重著洪保德之大世界無異，不過洪保德是純粹從實寫方面着想，此則從化育方面着想。吾人讀此種著作，及與其相類似之著作，卽覺得在此一方面，已漸漸走出科學之深邃範圍，不獨已走入臆度區域（不入此區域不能知上古），

四六、哲學問題

且入於哲學思想世界中；哲學之研究與科學取徑各自不同，此則在另部討論。在彼一方面，學者果於自信習用下傳及境化兩意想，則覺得所依賴者爲兩大事實——卽生物之遺傳及生物之變異是也。此皆爲化育觀所依賴者，然而遺傳及變異兩名詞，尙無淸楚界說，更無論解說矣。此實學者至此，已與生命問題及生命界說會面矣。形構觀及化育觀皆不限於生物界，此兩觀雖由是而發生，而可以從此

四七、生命問題

推度至於較爲廣大之無機體及宇宙變象。湊合於此多項大觀者，則有生命之變象，以三宗有定之意想以爲之助——卽以細胞意想爲形構之基礎，或生命之單位，及承受遺傳與變異之兩種意想是也。【原註】亦有博物學家，加上境化意想以爲因子者也，此則拉馬克及宗其

說者所發表。惟是境化是變異之諸原因之一，即如自然淘汰是其後效之一也。自然淘汰是過於繁殖所發生之必要，至於境化，以個體而論，誠為不能不公認之事實，若以承受遺傳而論（即指種類之發展），仍是一個尚在辨駁中之問題也。此則包於環境潛力大問題之內，作者將於此後別章中再討論之。其研究此問題之最有價值之作，則為斯賓塞所撰之論數篇，其題目為「生物發展之因子」，登於一八八六年之「第十九世紀報」，其後有所增加，以一八八七年另行。在此諸篇中，斯賓塞又發明達爾文在其後來之著作中，亦包括環境之潛力，謂是發展之重要因子（見翻印之第二十九等頁）。自從第十九世紀開始以來，即有一般學者，特別注意於此三宗意想，自稱為生物學家。此派所由之途徑，及所得之大概效果，作者將於下章討論之，稱為『生物觀』，用生物二字之狹義。因為區別下章及本章與前章之討論，作者不用『生物觀』而用『生命觀』。「原註」從訓詁方面觀之，生物與生命兩字之意義相同。作者不能解說何以捨彼取此之意。生物學解作生命科學，此則只能在生物中研究。惟是造成生物之元始物，與造成無生命者相同，其化學的及物理學的手續，亦大抵相同。因為學者之科學知識（即指確切真正有用知識），皆得自於先研究無機體變象始，博物學家之研究生物問題，亦自然先從有生物與無生物比較之相似方面始。近今百年間，生理學及醫學之大端進步，皆由此方面而來。其致力於此項研究者，簡直不必過問生命問題。是以在大多數之生物學著作中，頗罕見其有生命兩字者，在此多數著作中，欲求生命之界說而不可得，此外則有少數之著作，自命為研究生命之特性，與其特別變象之異於無生命者。吾人則不能不另擇一名詞，以區別此兩種著作。作者是以用生命名詞，惟是要先爲擘明，作者並不限制於另一種思想家之自稱爲生命學派者範圍之內，因爲此派思想家或流入於或先假設爲一種生命原理，以研究生命變象，或歸結於不得不承認有此種原理。其有不承認此種原理，以爲研究之起點，原亦可歸入生命觀內，卽如康德之研究，其哲學之結果爲毀滅玄學，亦得稱爲玄學家也。最顯而易見者，則爲形構學觀及化育觀，若不包括生命之形及其手續，皆不能完全。此兩宗學說，皆由此問題發生，亦由研究而引入於此問題，並皆假設爲此問題已有解決。今試討論第十九世紀之試爲解決此問題之事業。

當未討論此事之先，作者應請讀者注意於自從達爾文以來，化育觀所得於外界之助力——其尤著者則爲推用普通化學及物理學於地質學及天文物理學。〔原註〕謝林，奧砥，斯蒂芬斯等之意，誠以大規模之發展學，應包括天地萬物（生物，及非生物）。因爲此學派，往往發爲怪誕之議論，故其意想不爲學者所看重。黑智爾以邏輯範圍之，以爲可以補偏救弊，在研究確切科學者心目中，則又以爲此大問題爲黑智爾所完全破壞。其研究生物發展學之諸巨子中，只有其最偉大者比爾，爲能體會謝林之大目的。外國之研究發展學，則限於胚胎學，其研究他門科學，則惟以靜力方面爲目的。於是有退化之趨勢。而斯賓塞在「物種由來」未宣布之前，卽鼓吹以動力方面爲重要，較爲有大功於科學。斯賓塞有言曰（見其「生物發展之因子」

第五頁）：『少數學者之宗仰連接發展之學說者，必要解說其如何發展（其所發表之結構改變，由於功用之改變之說，誠然是眞理由），然而向有多數未能以此學說爲之解決者。予亦此少數學者中之一，然而前此只專心於與理由相合之事實，而不顧事實之與理由不合者；自今觀之，未免詫異，』云云。斯賓塞似是最初用發展（天演）名詞，以包括天地及有生命無生命物之發展。達爾文以生物發展之手續，湊合於普通發展公式之內，及其後所宣布之過於繁殖衍有淘汰之說，頗爲化育觀增加勢力，同時未免置生命大問題於後列。

四八、物理學及化學增長化育觀勢力

上册之第七章，研究物理觀及發展包圍『工能』之名詞之各項意想，作者曾發明，在第十九世紀中葉，因介紹此各項意想而得一引綫，可以發見自然變象與時間處間之關係。在此之前，則有物質常住（卽不毁不滅）之原理，以爲各項研究之嚮導，無論物質世界中有何種變化，皆得以物質常住以解決之。化學既有權衡以爲之助，則以此常住之公論（公理）爲基礎。及有邁爾、赫爾姆霍斯、朱爾之功業，於是在物質世界又得一物，名之曰『工能』，與物質相同，亦不毁不滅；於是發生兩大問題，『吾人若受工能，此工能究從何處而來？吾人若失工能，此工能究從何處而去？』學者既承認，吾人能依賴之積儲之工能，由於太陽之熱；太陽無

四九、太陽之熱

時無刻不有輻射於外之熱，有多少部分是用去者，有多少部分是無用而耗去者，有多少部分是儲於化學物。例如地球內之煤，此是積古太陽熱所化成者。於是科學家又發問，太陽之熱又從何處而來？此熱又是如何保存？拉普拉斯所提議啓發，及通俗著作家所發表之宇宙創造之說，只注意於太陽及行星系之物質，而不顧及其熱或太陽所供給之工能。【原註】克爾文爵士之言曰：『普雷非耳（見其所撰之「哈同學說之發明」）發爲議論，謂行星是永動，何以不想到自問太陽之熱則何如，何以不問太陽是否一詭異之物，受命發熱永遠發光耶」（見克爾文一八六八年所著之「地質時間論」，載克氏「通俗演講集」第二冊，第四十五頁）。又言曰：『舊時之星氣學說，假設太陽系及他系（自遠觀之，只見是恆星），爲熾烈星氣類物質凝結而成。此項學說，創於未揭露熱力動學之前。不然，是不能假設星氣爲有烈火。其創造此學說，及崇信此學說者，似乎絕未想到造成太陽及恆星之物質，其始不能一定，只是烈火』（同前一八七一年第一冊，第一八四頁）。地球外面之變化歷史，則幾乎全依賴於此工能也。赫爾姆霍斯之言曰：『但是物理各例，原爲心目而設，如遠鏡之能窺見已往及未來之幽深黑闇。』【原註】見「演講集」第一冊，第五十七頁。在新發明熱力相生之學說之理論及試驗諸著作未刊布之先，已有赫瑟爾·約翰爵士在南非洲之南，以試驗而度量太陽每年所用去之熱。其時法國則有浦耶爲獨立之試驗，所求得者爲極大之數目。（原註）測量在一八三七年。所得數目，頗能相合。此項數目，自然只能當作近似之數。後來亦有多數之測量。參觀柏立所著之「天文學史」第三九七頁。爲使俗人易於明白起見，則作爲地球外層爲冰所裹，爲太陽每年之熱所能溶消者，其厚爲三十密打，即一百英尺。邁爾似是最早發問之人，其所發之問題曰；太陽所用之熱，既如其多，有何來源以供給此熱耶？假使並無供給，在太古時代，太陽之熱度早已大爲低降，而地面之熱度隨之，然而有歷史以證明，地球熱度並未低降也。邁爾之答復此大問題，則以熱之當值及動力工能爲根據。按拉普拉斯之宇宙開闢學說，（原註）邁爾發起，太陽之熱之所由來及其保存，爲由於流火，似並未將此流火學說，組合於康德及拉普拉斯之星氣學說。當其最初在一八四六年在巴黎學會說，及此學說時，嘗言曰：『吾人仰視天空之無數隕石或墜星，即覺有無量小行星，猶濃厚冰雹，向太陽縱橫飛撲，迄近太陽，則其運行之猛力亦漸告消失矣』（見邁爾「書翰論文集」第二，六四頁）。非厄謂邁爾因其意想與拉普拉斯星系元始之學說相反，是以並未報告其所發起之學說，亦並未顯言。普勒未累亦嘲笑流火理想，因照此理想，太陽之所以能維持其熱者，由於早膳晚膳，皆以流火果腹也（見倭爾夫之「天文學祕珍大全」第二册，第四三三頁）。斯賓塞則以星氣理想爲絕妙之宇宙發展之榜樣，而不知引用熱力動學以爲之助（參觀其所著之「論說集」第一冊，題目爲「星氣理想論」一八五八年）。假使當日邁爾將其意想組合於拉普拉斯之宇宙開闢說，則不難猜中眞解，即所謂縮小學說是也。此則，留待一八五四年，赫爾姆霍斯爲之發明。以爲太陽元始爲收集宇宙間之天象物質而成；此種物質，因受吸力而有極速之動，一旦收集，其動受阻，由是變爲工能，工能則變爲熱。此項收集流火物質之事，自古至今，未嘗停止，太陽得此供給，以賠補其輻射所失之熱，赫爾姆霍斯其後研究工能之常住，亦致力於此問題，一面亦承認邁爾學說之若干部分，「原註」湯姆孫·威廉（即克爾文爵士）亦以此時研究此問題，先著爲『太陽系之動能說』（「愛丁堡皇家學會報告」一八五四年），隨後陸續有論說，有演講翻印於其算學科學雜著（第二冊），又印於第一冊之通俗演講集，又附載於湯姆孫及退特同著之「自然哲學」。證明邁爾式及窩式斯吞(Waterston)獨立所發明之流火學說式（一八五三年）。英國科學提倡，會）之不能解說自太古以來太陽之能保存其熱，亦如化合生熱之學說，同爲不能解決此問題。此在後之學說，已於一八四六年爲邁爾所拋棄，末後則用赫爾姆霍斯之流火學說式爲近是（見「通俗演講集」第一冊，第三六五等頁，又見第三七三等頁）。證明卽使無流火等物之收集，只以太陽之氣體物由吸力而縮小，亦足以發生源源接濟之熱。又曾演算表明太陽視徑之減短所發生之縮小，自太古以至於今，其數甚微，不能爲吾人所覺。學界皆大概公認赫爾姆霍斯此學說，以爲適用於解說太陽之所以能維持其熱。克爾文爵士云：『以牛頓及朱爾之原理爲基礎，足以解說太陽之已過及其將來之時期之歷史。』【原註】見克爾文爵士（卽湯姆孫‧威廉）所著之「通俗演講集」第二冊，第三一頁。

五〇、光帶分析

自一八五九年創製光帶分析術，則有他法以驗明此學說之正確。當時證得三稜玻璃所成之光帶，所現之各色，能使學者得有發光物之特性之知識。學者從光帶、則能知該物是否本物所發之光，抑或反射他物之光；能知發熱光之物爲何物所造成；能知其是發熱光之實體，抑或是氣體；又能知該物之是否行動。星氣學說以爲行星系之元始，由於發熱光物，或是發熱光氣體，因受吸力而結集，成爲各中心：自有熱力動學及光帶學之新揭露，則能使學者擴充及修正星氣學說之不足，且能供學者以較爲細微之研究。其假設爲元始分散處間、結集而成爲吸力中心之物，不必一定要是發熱光物，或發熱光氣體；卽或是冷而實如塵土然，亦無不可；因其動被擱阻而變爲熱，於是發熱光而熱度升，隨後有若干時間則收集外來之物，或漸漸縮小，得有接濟以維持其熱，惟是在可能計算之時間，此熱則漸漸輻射散失，則遺下一個冷而重、無生命、無光之物。〔原註〕參觀赫爾姆霍斯「演講集」第三版，第二册，第八十八頁等。吸力之作用，有時發現冷物之存在，其密率頗大於地球，如天狼星之附屬（行星）是也。分光鏡且能發露星圈或星氣之發展不同之程度，此則合於行星系化育手續之説所啓發者。此項科學議論，其中自有多數之臆斷，及不能視爲定準之處，學者得有蒐集而未完全之多數事實，可以任意錘鍊，鑄成種種學說。其試

（五一）宇宙化育——非厄及羅挈

撰宇宙歷史者，法國則有非厄，〔原註〕見其所撰「宇宙本原論」，一八八五年巴黎刊第二版。作者因拉普拉斯之宇宙創造學說，與科學之實情不符，則採用笛卡兒之漩渦學說，以發明恆星系原始情形，不適用於現在情形。其序文中有言曰：「二十年前，世人多有深信開闢世界之制度論調者。若考之近世太陽學及星辰運行學之記載，即可知其詳矣。而今日世人之觀念，則較前大相懸殊，蓋因熱力學中，已將日球所儲之熱氣，證明而規定之也。又對於遠距星辰之內部組織，在虛怪學中，已曾詳述。而古時生物學一書，亦能使吾人詳知地球上四季不分，氣候不定之時代之狀況也。』英國則有羅挈。〔原註〕行星系中有數座行星，有反常之行動，當拉普拉斯時代，或無人知，或有知之而不能解說。非厄則用巧妙之法，修改舊時始創之星氣學說，以解說行星之有反常行動者，且試以解說熱力動學及古生物學之記載，所發現之失熱及供熱之

十九世紀歐洲思想史 第一編 下册

變象。羅挈則以三十餘年之精力，創立一特別學說。當時由試驗室所瞻察之化學及電學之變象，而有近代原子學說之推展，與由分光鏡所發現而推得之太陽及其他恆星之質料，不能相符。羅挈試以其所創立之學說，以調和之，其時歐洲各國及美國皆有科學家之瞻測，如塞歧(Secchi)，杜馬，開塞耳(Kayser)，郎治(Runge)，刺得福(Rutherford)，羅蘭得(Rowland)，揚，克魯克司爵士，及普勒斯呑教授(Prof. Preston)（尤以此二君之研究為最要）。羅挈之學說，則以其本人之瞻測，及以上諸家之瞻測為根據（其著作中頗引以上諸家及餘人之著作）。其理想具見於所撰之三書中，即一八八七年出版之「太陽化學」，一八九〇年出版之「流火理想」，一八九七年出版之「太陽在自然中之地位」。其後有彙集所有憑證，撰為一極能移人之作，名曰「以光帶研究之無機體化育論」（一九〇〇年刊行）。此諸著作之主要意想，發起於一八七三年。其時羅挈有言曰：「假使吾人承認化學家之原子，因受極高熱度而絕交，或破開為更小之物，則各種為難可以消滅，」云云。（見「無機體化育論」第七一三頁）。此種絕交思想，頗為學者所評駁，非有歷時甚久，及極耐煩之化學及天文間之甌脫研究，不能有穩固之成立。羅挈又言曰：「化學家並不注意於天文之變象，而天文學家又不注意於化學。化學家所研究者，皆在低熱度之區域，全是單原子及多原子之分子之世界。予所研究之區域，則居多為高熱度之區域，單在此區域中，水銀之變象，與錳之變象相同。總而言之，光帶分析所研究之事變，其發生之熱度，比平常化學事功之熱度，有天淵之別，」云云。讀者宜注意，自從絕交之理想發表之後，則有多數另闢途徑之研究，而引出相同之見解，即是再要進步以研究原子學說是也。柏德樓於一八八〇年所記之言曰：「人身原質組織之理化性，頗堪深進研究。近今從事於斯者，較之往昔，日增月盛，蓋非為不可分離，與同一性質，及易於影響全部動作之原子也。

……若欲另創一字一意，以與研究相反，則亦甚困難。猶層樓傑閣，復遺行空之巨屋大廈，具有一種特別建築法，且其中須有各種器具裝飾，以點綴之也」（見其「無機體化育論」第二十八頁）。一八八三年，因有克魯克司爵士之研究，罕見之鈍銹（亦稱鈦養），是為初次證實絕交學說，見於克魯克司之皇家學會演講。羅挈之言曰：『克魯克司在此演講中，發表其逐層之闡理，引生其意想，謂此有穩勢之分子羣（經過所謂破分手續），而破為要素』（同前第一一六頁）。克魯克司已於一八七九年，暫時承認絕交學說（第七十四頁）。門對雷葉夫之週期律，於原有反常之處，賴此學說以為之解說（見第一六七頁）。其後他科學家之專研究此問題，如布洛狄(Brodie)及勒德堡(Rydberg)，亦有同意之發表（見第一六四頁）。以上諸說，及新近湯姆孫·雅各之電學研究（見前文），則維持普牢特曾經草草提倡之說，即謂學者所稱為原子，其實是化合物或湊聚之物，或繁雜之物，為有電氣在，故有相似之微點締交所造成（見「無機體化育論」第一六七頁，及第一九〇頁，又見於湯姆孫所著「經過氣體之放電說」，第一九八等頁）。此兩君所試為之事，即赫克爾在較為有限制之區域、所已作之生物歷史之事。雖有多數科學專家，以為此項嘗試為時尚早，【原註】作者操論持平，理應聲明近時天文著作，皆遺棄化育學說，仍篤守靜力學說。德國為甚，似乎不喜無機體之發展學說，然而有多數之光帶分析著作，則為德國名家所著，如開塞耳，郎治，士愛那，諸君是也。士愛那在其有價值之著作中（美國有譯本，稱為「天文分光帶學」，刊於一八九四年），對於諸家學說，頗有重要之討論（見序文，及德國版之第二部，第一章，論流火學說）。其所著之「宇宙構造論」（一九〇一年來比錫版），則並未討論各項化育觀。所較舊而極有價值之傑爾夫所撰「天文史」（一八七七年），及「天文學袖珍大全」（共二册，一八九〇年至一八九二年出版），不過稍及化育，以爲宇宙之靜局，雖爲有可能研究之問題，然而爲難殊甚（見「天文學袖珍大全」第二九八，二九九兩節）。新近刊行極佳之柏立「天文學史」（一八九八年版），亦不二論及宇宙之發展，只承認一宗普通根據穩固之設想之偏重於修正之星氣學說（見第四〇九頁）。是以在十九世紀之某年，是否應詳論天學之新化育問題，誠爲一疑問。以科學思想而論，則不同之有多數之大思想家，對於宇宙物理學，頗主持化育學說之理論，及其推闡之法，亦與對於討論生物學相同。純粹科學家，雖以爲建立天學之化育新學說，爲未到成熟時期，且亦未免冒昧，然而以化育觀研究自然，則從羅挈著作，以分光鏡光帶分析發露天地之物，則得有極有力之援助。三十年之前，克爾文爵士有言曰：「其始以爲分光鏡只能研究太陽及諸恆星之化學，今則全體諸例，皆可直接研究。用此有極大力量而又極靈妙之證驗，學者已能窺見諸恆星之發展歷史矣。從前只有太陽及恆星化育學，今則有太陽及恆星之生理學』（見一八七一年英國科學提倡會會長演說，參觀「通俗演講集」第二册，第一八〇頁）。然而頗能以大規模或小規模之化育觀，深印於今代之思想中。

五二、古生物學及地球物理學

第十九世紀間，科學家從不同之各觀點，及各闢途徑之闡理，以發明天學，地質學、博物學之化育學說。一經發展擴充，則相接觸，各家學說有相合者，有相矛盾者。其以地質之記載，及古生物學之揭露，發明物種之歷史及其發展者，則相合；據胚胎學家、動物植物系統學家、及古生物學家所發表之自然歷史，則日見其互相證實，互相發明。至若以地球而論，其從地質記載觀點、研究所得之效果，與用熱力動學所得之純粹底數，則不能相合。克爾文爵士曾經發明，（原註）此問題之著作，始於一八六八年二月二十七日，克爾文在格拉斯哥地質學會之演說。其先於一八六五年，已有在愛丁堡學會之演說，對於地質學之均勻學說，為鑿鑿數言之反對。此演說之發端數語曰：『地質學理想，今日似已有改良之必要，』云云。其後又言曰：『今日英國之通俗地質學，與自然哲學大相矛盾，』云云。此兩篇著作，翻印於「通俗演講」第二冊（見第十頁，第四十四頁）。一八六九年，赫胥黎在地質學會演講，則為地質學辯護，翻印於「教堂演講」，一八九一年版，第一九八頁。是年克爾文爵士在格拉斯哥，反駁赫胥黎之演講。同時指明，近日通行地質學，視地質時為『有無限之既往，有無限之將來，』云云（此引佩治 Page 所著之「地質學」）。又謂達爾文之理論，亦含有無窮期之時間，以使自然淘汰得以受此時間內之情形，以為進行，因自第二期後部分起，達爾文曾謂總要經過長過三十萬萬年時間，」云云。（「物種由來」第一版，第二八七頁）。又指明哈同及宗其均勻學說者，誤信太陽系為有穩固不變之勢，而不顧及潮汐阻力之效，亦不顧及從前輻射及變冷，更不想及工能虛耗，以為今日發展學說之新思想，折回從前來布尼茲，牛頓，及其他較為在後之地質學家之舊意想（同前第一一從頁）。自從此問題有如是顯著之公布之後，天學家，物理學家，地質學家，不獨（如赫胥黎所期望，參觀一八八六年「美國演講」第九十三頁）加引理據，以求得地球之能存養生物，已有若干年之近是數，生物學家亦因是而修改其公定之極慢（幾乎是無窮期之慢）時期，及修改其公定生物變化之均勻相連接，此原見於達爾文學說。此各項生物學及化育觀念理研究之潛力，則使學者注重於忽然之變化發展，並不相連接，有其忽然載斷之處。在英國則有貝蒂孫・威廉(William B..teson)之大作（名「研究變異之材料」一八九四年版），學者於是習聞物種由來之不相連接。其在大陸，變種之迅速發現，或忽然發現，早已習聞，並非新意，雖關於一七四八年毛頗圖之創解，早爲學者所忘記（聖提雷耳則研究此問題，可參觀得拉日之「生物承繼」，第二九一頁）。新近數年間，則有荷蘭植物學家得甫里斯(De Vries)調停不變種及變種兩說，又調停地質記載及生物記載兩說，而另發起偶變（應作忽變）學說。得甫里斯之說，謂每種皆有其始，皆有其終，與個體相同。提及斯坦佛斯(Standfuss)之試驗蝴蝶之遺傳，及異種受精之結果，斯坦佛斯則主持忽然變形或乍變之說。又言及忽變期，即物種之速變，曾歷舉多案以爲據。其結論曰：「自元始以來，組織期間曾經歷過若干步，則必有若干乍變期之存在。」又謂最要之化工，是由單位造成。高級植物，當有數千單位，其祖先必經過同數之乍變期。得甫里斯於是又爲結論，其言曰：「此種計算，雖不能免於受人之批評，然而有殊途同歸之效。數年前，克爾文爵士叢輯審評關於此問題之各項底數，得有結束，謂可以暫定（有可更改）地球之有生物，已有二萬四千萬年矣。吾人即以此數，作爲生物年之方程式，吾人當能計算高級植物之元始特性之數目，約有數千，可見得兩個乍變時期，相隔有數千年，』云云。（見一八九一年得甫里斯在漢堡之德國科學會演說，又見「討論」第二〇二等頁，又見克爾文之登於哲學雜誌五，第四十七，第六十六頁）。窩雷斯另從一觀點研究而得有結論，其言曰：「人類之知識及道德之性，其間有某某有定之部分，絕不能只由變異及自然淘汰所能發展者，是以必要有其他勢力，或他例式，或他種機能以爲之解說，』云云。此則可以解說天工亦有其斷截不相連接之事（外觀却有，其實未必眞有、此卽古語所謂天工無躐等，頗爲學者所公認。此語爲來布尼茲所主持，近代思想家則大不以爲然，謂是舊道學派之陳言。（參觀得拉日之「生物承繼論」，第二六六頁）。

謂自從來伊爾以來，地質學家所習用之不可思議之無窮期時代，並不爲吾人近日所得之地球變冷之時期之知識所維持，如是則生出一難題，使自然哲學家研究——卽如何調停地質學紀年、及熱力動學紀年——研究化育學者當必以爲極有

五三、工能虛耗

意味之問題也。其比此問題較爲重要者則是上冊第七章所提及之工能虛耗（或散蕩學說）——克爾文爵士先於一八五二年，已見及此題之與動力及宇宙之重要關係，此則科學思想所未能融通者，流俗思想更無論矣。

物質常住、工能常住、兩學說，則令人發生以自然是一種永動不停之機器，物與能、俱不毀不滅；以爲亦如吾人習慣處置之純粹機械構造，有還原、有掉轉之可能。惟人爲之機械，與天工不同，細心考驗則能知之：物與能雖皆不能毀滅，而物之化育，或物之歷史（卽物之相繼發生之變象、及其手續與變化），則專依賴於工

能所存在之情形工能之普通趨勢，不是失去，是變爲無用；變化及作用，卽物之生命所依賴使不同變作相同，如水平及熱度之有高低之不同，如動之有快有慢。此卽天工與純粹機工之最大分別。此則可以解明天工之不能掉轉、不能還原，卽以計時鐘錶之不能令其倒行，天工只能行一定方向，無倒行之可能也。此項天工之特性，有多數學者試以機械法爲之解說。此項特性似令學者發生意想，以爲天工必有其始，亦必有其終；在此始終之間，則有自然之生命或自然之歷史，而同時所存儲之工能，則不免於慢慢下流，慢慢退化，由有用工能變作無用工能。

五四、天工之實情仍是祕奧

此工能之散蕩或虛耗或工能退化學說，不獨能引學者再進一步，不獨實寫天工，且實寫其祕奧。有科學家發爲議論，謂學者所研究者，不過是存在之物之小部分，不應以受束縛之瞻察爲根據之意想，推展於宇宙萬物之全體。例如工能輻射，散於處間者，吾人究不能知其此後如何變化。此語宜爲學者所常存於心。又有科學家提醒學者，謂通俗天文著作、所引之第十九世紀初年、所發表當時所謂行星系之穩定勢，不過是近是之說，學者不宜忘記。然而另從一方面，吾人則每日必見眼前較小局面，卽有永遠循環之自然力之躋高及降低。此指自然生物而言。吾人因爲瞻測生物之生死循環，因而想及自然全體，亦有生命，亦有歷史也。學者不知不覺爲其所引，而研究生命研究萬物之化育，有大規模之研究，亦有抽象之研究，然因研究化育而忘却眼前進行之生命。形構觀及化育觀，原皆以生命爲起點，而學者漸漸忘記本題。學者應從此回頭研究生命，試觀在第十九世紀期時代，對於研究生命（此卽真正之生物觀）有何進步。此爲下一章之問題。

第十章 以生命觀研究自然

作者在上數章中，討論自然之各方面，所用自然名詞，有最大之廣義，凡吾人直接或間接以器官所能接者，皆謂之自然。讀者今見此卷之題目，或不免以爲作者將自然名詞收窄其意義——既稱爲生命，則只能指有生命之物而言。如天學家則可以發言，謂宇宙間只有一極小之部分，如地球之面，惟有生物。然而吾人以此極小之部分爲最重要，因爲吾人所有地球以外之極大部分之知識，俱從在此極小部分地方之瞻察推闡而來。今姑不論此點，學者對於生命問題，分主兩極端之說，迭有消長。其一說爲凡物皆有生命，生命者、物之通性也。又一說則謂生命爲偶然之事，因處於某種情形而後有。擴充眼界觀之，則此各種情形既極其少有，有之亦屬例外。此兩說也可以謂之宇宙觀、及地球觀，其一主持生命之廣義觀，又一主持生命之狹義觀。【原註】其主持廣義最力者則爲耶拿大學教授赫克爾。其一八七九年之「通俗演講集」第二部，第一一九頁宥。

一、宇宙觀及地球觀

言曰：「原子特性，吾人必要想為一切物理學化學手續之終極之元始因子，新近因是而發生多數辨駁，若假設原子皆為發力之中心點，皆有永存之靈魂，有動有覺，則各種辨駁不難解決，」云云（第一〇九頁）。又有言曰：『今既達到一元發展學說之極端心理結果，則是歸附於古人萬物皆有生命之學說，發見於德謨頡利圖，斯賓挪莎，白魯諾(Bruno)，來布尼茲，叔本華(Schopenhauer)諸家之哲學中，不過措詞各有不同耳』云云。生命與宇宙俱生之說，則於一八七一年，赫爾姆霍斯及克爾文爵士皆有發表（見赫爾姆霍斯之演講，題目為「行星系元始」，載「通俗演講集」第二冊，第九十一頁，克爾文之說，則見於一八九一年，在英國科學提倡會在愛丁堡開會時之著名演說，翻印於「通俗演講集」第二冊第一九九等頁）。無處不有生命之原文學說，則有諸生物學家如利希脫（一八六五年）曾經提倡，自從一八八〇年以來，有普里厄教授(Prof. W. Preyer)之較為詳盡之發表。其後於一八九一及一八九三年，更有化學原質及化合物之化育學說，以扶助其前說（參看普氏所著「有機原質論」及「化學原質之化育系統論」）。彼謂有機體所同有之十四原質，『屬於最老之原質，各種之關係亦較多，其未凝結於地球上面之先，受較高熱度，成為較為穩定不易變之原形質，其在他處可以為負載生命者。』又謂『在地球未有植物及動物原形質之先，另有一種原形質從太陽而來者，』云云。普里厄教授曾發一問題，問與其謂有生命物之發生於無生命物，是否可以寧謂無生命物發生於有生命物耶。羅挈之「無機體化育論」（一九〇〇年版，第一六八頁），亦言及有機體之發展，為宇宙手續（天工）。德國之著名物理學家兼哲學家賚希奈爾，亦謂吾人向未見過無機體發生有機體，只有無處不見皆是有機體發生有機體，且往往發生無生命之物。見拉士維茲之「賚希奈爾傳」一八九六年版，第一三〇頁。

此兩學說在第十九世紀

中，迭有消長至今未定。並無一種生命之由來及其物性之學說，爲科學界所通認者：生命科學仍有待於後人之著作。學者臆度以爲已有生物所共有之某種形格某種手續之知識，其實一執筆實寫，則必要用極普通極空泛之名詞與其他科學學說之有算學意想者不同，算學可以用極明顯之文字或公式以達之。

學者試觀近日基礎最堅固之細胞學說，其最初發起此說之士來登及司旺，實寫細胞形狀，則用頗清楚之文字，後人寫此動植物形構單位，則愈趨愈空泛。

二、生物學說之空泛

〔原註〕對於細胞學說之歷史，德法英三國之觀點，各有不同，佳作極多，作者只引數種。其首屈一指者，則是柏林大學教授，赫特易之「細胞」·郎「普通解剖學生理學大綱」，有一八九五年英文譯本，其後則有哈克爾教授之「植物細胞及結實之理論與實驗」（一八九九年耶拿版）。法文則有得拉日之大作，名曰「原形質之構造及遺傳學說」（一八九五年巴黎版）。英國則有威爾遜(Wilson)所著之「發展學說及繼承學說之細胞」（一八九六年版），又有湯姆孫(Prof. J. A. Thomson)之佳作「生命之科學」（一八九九年版）。前時之大名家之名作，亦極重要，如伯爾拿之『動植物之共同生命現象』之演講（一八七八至一八七九年）。凡是生物學學者，皆應讀此佳作。又有其所著之名作「試驗科學」，此則在其故後所刊（一八九〇年）。杜馬氏論伯爾拿之言曰：『彼雖竭其全力以研究最神秘的生命，然彼並不希望發見其本原及本體』（「試驗科學」第六頁），

士來登

及司旺之細胞界說，謂是『一小胞，有堅膜，其內藏液。』【原註】參觀赫特易所撰之「細胞論」第五頁

附註。

惟是細胞學說，不久漸有原形質學說（叔爾策 Schultze 所發起）以代之，謂細胞往往無膜，只有『一小塊之有生機之原形質。』從前曾以細胞比晶顆，漸漸則變爲頗繁複而界限不清之物：生物學家之意想，以爲是『機體。』【原註】近日討論細胞之著作，往往開卷即有道歉之聲明，謂『細胞』一名，易生誤會。例如赫特易之言曰（前書第八頁）：『「細胞」名詞，顯然不正確。今日之所以仍保留此名詞者，大約是因爲尊重當初勞力於組織學諸君，以細胞學說而征服組織學全境之，故亦因其後之所發明，皆以漸而得，而此各種新發明，又不爲當時學者所共認。且細胞名詞，已通行數百年，近世諸著作中，已有根深蒂固之地位，故不便拋棄也，』云云。

且士來登細胞學說所最注意之細胞核，後人則殊不注意——因有主持有無核細胞之說者。赫克爾之繁複學說，即以有無核細胞說爲根據。【原註】赫特易有言曰：『因爲從前研究之方法，並不適用，不能在多數下級機體中，揭露細胞核，於是假設爲有兩種元始細胞：一種之構結較爲單簡，只有一堆原形質，一種較爲繁複，其內發展一核。第一種，赫克爾稱爲菌胞（一八六六年），其最簡單者，則稱爲元胞。第二種，則稱爲繁胞，其後此問題之形態，又大爲改變。因有顯微鏡之大進步，及染色之得法，是否有無核細胞之存在，成爲一問題」（參觀赫特易「細胞論」第五十四頁，又哈克爾著作之第二三九頁）。得拉

日之言曰（見「遺傳論」第三十七頁）：『吾人既發見細胞核於大部份之元胞及菌胞，以至於細菌中，以余之感覺而歸納之，則無核細胞之存在當然可以否認矣。』

其後因有顯微鏡之進步，是否有無細胞核之機體之存在，變爲疑問。再後又揭露細胞仁（又稱核點）及胞狀體，及細胞之中央小體（亦稱極體）等等，於是細胞問題變成更爲繁複。作者今不過略爲提明，從此形構單位（細胞）學說前後之改變，卽可見完全正確之實寫可以使學者量度測算之不可能。此項學說原有其用，而不能如力學、物理學、化學之學說，能令學者有先事之斷決也。

三、無預先斷決之可能

得拉日之言曰：『顯微鏡後來所發現之結構，曾有研究家預言其存在耶？學者曾有預言橫紋筋、皮膜之鞭毛、神經細胞之伸長、網之作動、或科提(Corti)拱形之動作、細胞核之染色體、及細胞質之中央體者乎？』【原註】見得拉日所著之「遺傳論」，第七四六頁。魏司曼(Weismann)所撰之「遺傳論」有言曰（英文譯文第二五五頁）：『下傳學說有預言事實之可能，惟不能如推算之準確，然而有極高準確之成數。例如預言成人膈骨，只有十二對，在胚胎時，只有十三或十四對。又預言人在胚胎時期，手腕有極小之骨之，餘存（稱爲中骨），此則其太古時代之祖先成人時所有者，』云云。此是以形構學爲榜樣，今試以有機體之細胞爲榜樣。細胞之易吸收物料，此是一普通而最有用之特性，最有助於顯微鏡考驗，因細胞之各部分，對於染色液之舉動，各有不同，是以考試驗者能辨別其結構，不然則不能辨別。然而普斐斐爾教授(Prof. Pfeffel)【原註】見普斐斐爾「細胞染色法」，此書為杜平根植物學會報告，並為赫特易之「細胞論」所引第三六頁。曾經詳細研究細胞物之吸收力，則謂結構之各項分別不能預言，只能從實驗見之；又有人謂細胞需某某種物以養其生命，他物則害其生命，然而事前亦不能預言其吸收利於己者，而不吸收其害於己者。又求動植物之雜種，早已為牧畜家、園藝家所研究；自達爾文以來，則有多數之博物學家研究。然而雜科、雜類，或不同之異種，相交所得之效果，亦不能從理想方面預言，『只能以試驗明之』。

【原註】以上引赫特易「細胞論」第三一〇頁。尚有一要點，最為伯爾拿教授所注意者，則為單以生物解剖之知識，殊不足以解說其功用，並不能得生理學之知識。其所撰「試驗科學」第一〇五頁有言曰：『在特殊狀況中，解剖學不足。以使吾人習知機官之作用，而機官之應用，在實驗生物學及解剖學中，均未曾一度討論及之。如子殼，甲狀軟骨等組織，已知其脈絡解剖，惟其作用，則無從知之矣。至於動物中發見一種新組織，而與其他各機體絕不相類，則解剖學中，亦不能發見其生命性能焉。』

學者所不能知之生物之形及其功用，在第十九世紀內，生物學家頗有議論其所以不能知之原因，各家之見解，亦尚不能一致。學者之所已得之生物之極多數之知識，可謂大有進步矣，然而自學者所賴以得此知識之大博物學家觀之，則謂如同好遊者之登高遠而未經親歷之山巔。又登一峯，則又見一更高之峯，此時則未免灰心，而又欲再登峯造極。然而在好遊者之意中則以爲彼峯雖高峻，其道里尚可量，人力亦有可以登峯造極之能；生物學家則不能有此思想，惟有舉頭興歎而已。此時只知此身仍在履勘、前此足跡所未嘗到之地，明知人力有限，彼峯爲不能到之地也。亦有殊不灰心失望者，以爲隨時尚有進步，日起有功，猶復苦心孤詣，以爲研究希望將來終有登峯造極之一日。

四、生物學思想之搖擺無定

生物學思想史（與生物學知識史有別）所記載者，則是此兩宗極端見解之起伏，搖動無定：一宗見解則屢謂生命問題是不能解決者，一宗見解則謂有解決之可能者，此時雖未能解決，將來終有解決之一日。至於生物學知識之進步，則

五、不知之因子

與物理學、化學、力學之進步同路；此項日有進步之知識，則用抽象科學所揭露之法，以求得生物之各種新區域變象；然而科學家終覺得此項知識爲未足；其中尙有學者所不知之原理或要素在；一想及生物則不能不自然而然，（或有心知，或無心知）以爲有此原理（或要素）之存在。此不知（或不能知）之要素或因子，學者既以爲必有此項意想，則不由自主、節制吾人對於所已知者之意想。生物之變象，與其他變象，雖皆有吾人所不知者，然而對於其他變象，則學者殊不以爲有不知之因子，而對於此生物學之意想，則與其對於其他科學之意想不同。欲發明此項之不同，則宜先討論研究氣候變象之科學方法。氣候科學尙在幼稚時代，與生物學同，或者比生物學較爲幼稚。預測氣候，或者比醫者之在病榻之旁、診斷此後病情，更爲無定。然而並無人提倡，謂測候之難，爲有特別氣候之原理（或要素）存在，猶如生死變象之與特別原理有關也。氣候之全體問題，吾人皆信爲純粹力學、物理學或者並有化學之作用所造成，其爲難之處，只在其紛亂複雜而已。對於生命問題，第十九世紀之科學家，亦有存與此相似之意想者，【原註】例如赫胥黎教授，初時亦可稱爲生命學派（參觀其一八五四年之演說，題目爲『博物科學之教育價值』，及其自評之語，見於一八七〇年「教堂演講集」之序文）。「大英百科全書」第三册，第六八一頁，赫胥黎所著之『生物學』（一八七五年）條下，有言曰：『一堆生活原形質，不過是一架分子機器之極其繁複者。此機器之全結果，或其生命變象，一方面則依賴此機器之構造，一方面則依賴供給該機器之工能。所謂生命者，只能稱其發生之動作。若除此之外，另有所指，即如說鐘錶之有時命，或時根也。』伯爾拿教授亦有與此類似之議論（見其所撰之「生命現象論」第一册第三七九頁）。其言曰：『總而言之，生命現象，不在其表現時，而在其形態中。……蓋造物僅成其目的，而不問其實行也。』赫胥黎以生物與鐘錶相比，與伯爾拿之設喻，頗與古希臘之阿基米得(Archimedes)之言相合。阿基米得謂『與我以能用力之地，予則能掀動世界。』生物學家亦可以發類似之言，謂『與我以生物，我則能以機器爲比，解說其舉動。』伯爾拿又言曰（見前書第二册第五二四頁），『現象之最後元素爲物質，形態之最後元素爲生命。』然而無不拋棄，而復主持有原理或要素存在之意想者。【原註】如此者極多，引不勝引。今從另一學界中，姑引一例。植物學名家馬里郎教授(Prof. Kerner von Marilaun)之言曰（見所撰之「植物自然歷史」，一八九四年奧力昧(Oliver)譯本，第一册第五十二頁）『從前假設爲有一特別力，即生命力。其後有多項植物生命之變象，證明：爲單簡之化學及機器之事功，所謂生命力之說，多爲學者所嘲笑，於是拋棄之。其後因研究而知原形質有一種特殊之力，原形質之物體不變，亦不變外界之原因，而此力則滅。若此力未滅，則能使原形質走動，自爲關閉境，吸收在其力之所能及之界內之物，而棄去他物，又能使原形質適合於環。此特殊力究為何物耶？此自然力，既非電力，又非磁力，又與其他毋論何種自然力不同，因其所發現之特性，與有所各種之力不同。予所以不能不稱此力為生命力，（「譯者註」亦可稱元力），不與他力相同。此生命力利器為原形質，其特別之效，即吾人所稱之生命，」云云。又有一榜樣，則為微耳和教授，此君即世人所賴以細胞學說推用於病理學者。此君既幫助驅逐舊時之生命學說，其後忽在其所主持之報上，發表一論，題目為「新舊生命學說」（見該報第九冊第二十頁），宗仰其學派者，大為詫異。微耳和言曰：「據吾人所知而論，生物之體之物料，與無生命者誠然相同。此種物料，在生物體中，不獨無其他特性及勢力，且能保存不失：：然而吾人絕不能明白生命之變相，即是此物料原有之自然力之聚合。予以為必要作為一有所從出之力，以為生命之因子，此力不在分子力之內。若以「生命力」舊名詞稱此力，原無可以反對之處，」云云。至今科學家仍警告吾人，謂『承認動力意想』切勿『誤以動力原因解說生命手續由其直接所發起。』在生物學名詞中之不能廢除『生命』兩字，亦如在道德學中之不能廢除『應該』兩字也。以生物學之知識而論，則為純粹之化學、物理學、力學之知識，生物學之思想則不然。然而『何為生命』之問題，尚未能解決也。吾人試觀近代研究生物學之大名家，對於此問題居何地位。此則可分為兩派。

第一、則爲用力學、物理學、化學所有之方法，以研究生物變象。此派視生物學爲實用科學。此派以爲『何爲生命』問題，只能按步就班，漸漸解決；其研究之術，則以瞻察、考驗、量度、或可能作到之計算，以處置生物界之形、及其手續。其中樞問題，如生命之本之問題，及生命中之力學、物理學、化學之手續之和合，則依然存在，然而必要有從各分面之研究，及縮小問題之範圍，而後可以解決。生命所處之地，如在戰場之深溝高壘中，必以力學、物理學、化學之軍隊包圍攻擊之，然後能擒之。將來終有一日可以攻下，然而爲期尙遠。其以此法處置生物學者，自笛卡兒以來，人數極多；（原註）推舉笛卡兒爲新生理學初祖之一者，則有赫胥黎之多次發明，最著者爲一八七〇年所著之『說笛卡兒議論』（見『教堂演講』第二七九頁），又見於一八八一年之演講，題目爲『生物科學與醫學之關係』（參觀其所著之『科學與文化』第三二五頁）。其在此演講中有言曰：『新生理學與舊生理學之不同，似乎卽在新學則反對精氣理想，及精氣名詞。新派以物理學解說生命變象，否則並無解說。據予之所知，而言，其首先聲明此項新生理學見解者，爲笛卡兒。笛君且敢於發表其提倡，謂生命變象，與其他物理世界之變象，相同，以終極之分析，不過亦是物質與動之問題。因其推闡理想，而發明物理世界與意想世界有絕對的區別，於是爲邏輯所逼，不能不在物理界中，求解說物理之變象，』云云（見

六、純粹科學方面

前三三五頁）。與赫胥黎此說相反襯者，則有奔治（Bunge）教授之說（見其名作之介紹文，書名爲「生理及病理化學」，一八九〇年有武爾立治（Woolridge英文本）。其言曰：『生命之秘奧，即深藏於動作中。但動作之意所自來，不由於器官之覺，而由於本人之瞻察，由於發生於吾人之知識之中，及發現於內覺中，有吾人之志意，以瞻察之』（見第七頁）。『生理學之研究，必先從研究最繁複之生物始，即人是也。爲療疾起見，固應如此。此外尚有理由，即在前所云，凡研究人之機體，不能只限於官覺，亦因利用人類有「內覺」，即心之瞻察是也』（見第十一頁）。又言曰：『生命學說精要之點，並非用一名詞即作爲滿意，而不用思想，應由正軌以求得知識，先從吾人內界所知者，以解說外界之所不知者』，云云（見第十二頁）。

拉瓦節則尤甚，完全以純粹科學或確切方法，以研究生物。

七、醫學之潛力

且生物學並非純粹科學問題。在純粹科學家外，應有極多數之學者，研究生物學，以爲療疾基礎，即業醫者是也。醫學之所最注意者，爲生死問題，或與養生最相關之器官之照常或反常之動作，或病情之變象；至於生物之對於屬於力學、物理學、化學之特性及反應，與器官之構造及功用之各項知識，不過用以爲達目的之利器。在拉瓦節以前，只有醫學家研究生物學（笛卡兒除外）；科學中有此生物學，及此學之發展，皆賴於有醫學家之研究。醫學家最要緊之問題，即是『何爲生

十九世紀歐洲思想史 第一編 下册 一百八十八

命？何爲生命之原？何爲死？何爲死之理由？何爲疾病？』以上諸重要問題，根本問題，時時提醒吾人試爲解決者，皆有賴於醫學家。【原註】其例可參看符次堡令德夫來士（Rindfleisch）教授之兩篇演說，均有興味，一爲『醫理哲學』（一八八八年符次堡版），一爲『新生命學說』（載「德國律伯克博物學家及醫學家傳記之討論」），一八九五年一第，版册第一一一頁）。

此外則尙有少數、而日見其多之純粹生物學家，常常相告，謂前項各問題，尙未到能解決之時期，或謂此是玄學問題，【原註】參觀伯爾拿之「試驗科學」第三版第二一一頁。其言曰：『生命者，生物之主動思想，或其發展力也。……若將玄學的發展力，視同物理力之活動，則大謬矣。……由玄理發展力而得見生命眞像之說，於科學上無甚關係，因在物理力外，則科學無所施其技矣，自應放任玄理，而以物理爲基礎。……總而言之，倘能依一種玄理測度，以規定生命，則機械及物理化力，當爲生命機關僅有之眞實原動物，而生理學家，祇能審知其動作耳。是以當贊同笛卡兒曰：思想可以用玄理，而生物動作，則當依物理也』。卽使或可以有解決，在科學中並不重要，亦無科學上之價值。試問『何爲電氣？何爲以太？』此兩問題，至今尙未得答覆；然而研究以太之性及電性之科學，仍然日見其有進步。主持此項議論者，方且告學者，謂卽使不研究『何爲生命？』之問

八、實用科學不能不要解決何爲生命之大問題

題，不試爲答覆生物學亦仍然能有進步。假使活機體如同電學儀器或光學儀器，爲吾人推用其知識所構造者，則此種議論原未嘗無可以立足之地。惟是活機體並非人力所創造，如能見物之眼，或有作用之神經系，甚至極小如自動之細胞，只用顯微鏡而後能見者，皆自然所構造，用極繁複之機件而後造成。學者一一研究此各項天工所造之儀器，則不能不常常發問，『何爲生命？各分部之器官之所以能暢遂合作者，其所依賴者爲何？又誰使之如是合作耶？』一知半解之智識，原有其用處，然而凡是行醫者，皆知其不足。既以實用療疾爲目的，則絕不能爲無限期之展緩，不解決以上所云諸重要問題。純粹科學則可以久待，視所已知者及能知者，則可以滿意。實用科學則不然，眼前卽是不知之事，及不能知之事，不能不常常發問，『何爲生命？』其自負之學者，則發起種種學說，自命爲能解決各項問題，對於人類，或有所利，或有所害，則未遑過問，亦如測候家，並無在所必要、可以能使其預測氣候之知識者，亦姑妄預測。「〔原註〕最著名之新派解剖家比壽夫，其所撰「利比喜傳讚」（一八七四年第六十頁）有言曰：『無機科學，原能不必十分拋棄從已知求未知之正軌。假使研究有機科學，或研究人類身體之健康，或人類之疾病者，只從實在可靠之已得之知識（底數），以進行研究原因及各種關係，則所得之效果為何如耶？若果如此，則吾人每食一物，或治感冒微恙，能不畏懼戰慄耶？生理學家及醫家，常願用確切科學方法以為進行，然而此種方法只與人以石塊，而非與人以麵包，則此法不能適用，是以不得不試為各項問題之解決，創造名詞以求知曉，往往因此發生錯誤，雖欲更正而有所不能，」云云。雷文之言曰（見其所撰之「米勒約翰傳讚」，登於其「演講集」第二册第一九九頁）：『在科學中，只有生物學不得不說其所不知之事。化學原可以不必討論其所不知之化合物，物理學亦不必處置其所未揭露之力，植物學動物學不必注意於所不知之動物，及所不知之植物在未經履勘研究之區域者。惟是生理學則不然，即只限於人數而論，有多種之器官，不能不討論者，例如脾部，盾狀腺，胸腺，腎上包等，及腦之多數部分，如神經節，內耳之迷路，在人類體中，以習慣見解觀之，既有此器，則必有此器之用。關於此名器之功用，則有多數之設想，因有修病之閱歷，有時似若能維持此各項設想，有時則似若不能成立，此項設想，似乎比完全黑暗，較露曙光，然而惑人者多，可靠者少，凡發明此種學問者，又不得不領學生，借此曙光，以走此難走之路。隨後則遇灰心敗與之事，此則由於問題本身所發生者，云云。」

九、比沙

在第十九世紀，最先而最著名指正生物學之方針者，則為比沙（亦作泌查，一七七一年至一八〇二年間人）；此君在此短期中改良生物學之研究，以哲學之精神，從醫方面研究生物學。一八〇〇年，有兩著作出現：其一則討論膜與肌肉，其一書名是生死之生理學研究。由此兩書名觀之，則固已顯露比沙及其學派之研究生物科學之兩方面矣。第一著作，以極詳細之解剖考驗，以研究無病時及有病時之生物纖維，曾於甚短時間，考驗六百具死屍。其所著之四大册普通解剖學（一八〇一年出版），載有極詳盡之研究，亦有見於其死後刊行之四册實寫解剖學，此則在比沙死後，其多數之學生及宗其學說者所補全者。在此著作中，比沙創立纖維科學，而不用顯微鏡，（此則爲後起者所用，建立奇功，）亦不用物理學及化學之原理。當時則有拉瓦節及其學派，推用此理於動物內部之化焚學說，得收實效，並爲一種新科學立基礎——即有機化學是也。比沙所以不用顯微鏡之故，以其時顯微鏡之製造不良，往往發現使人誤會情狀也。其後三十年，顯微鏡逐步改良，則不發生此項誤人之事矣。比沙所以不推用物理學及化學以助研究者，則有較深之理由在，因比沙及宗仰其學派者，有根深蒂固之意想存焉——

一〇、比沙之生命學說

即『生命學說』是也。作者前已說過，研究生命變象者，分爲兩派。一派則注意於生命之手續，與死物或無機物之手續之相似之處：其意想之趨向，則在乎發明有生命物與無生命物之比肩平行，其結果往往因深信其平行，卽可以作爲根據，發表有生命物與無生命物相同之說。其他一派，則注意於有生命物與無生命物、爲根本上不相同之手續及變象。此派以爲凡試欲以有生命之手續，作爲不過爲機器之作用者，往往無效；雖對於此學派由是所得之見解，未嘗不重視，然而不能不特別注重於根本上之分別——卽有生命物所有之獨立、元始及兩界絕不能相容相比之變象是也。此第二派可稱爲生命派（用生命名詞之最廣義。）比沙卽屬於此派。第一派之歸根結論，謂有生命物及無生命物之手續，至乎終極則相同；第二派之歸根結論，則謂有生命物與無生命物，根本上相反，不能並容。比沙卽在

二一、比沙之生命界說

其生命界說上發明其學說，其生命界說曰：『生命者，卽全體抵抗死之作用也。』其在一方面，則採用從物質之特性，以解說物質之變象之法。其所著之普通剖解學之介紹文有言曰：〔原註〕伯爾拿（一八一三年至一八七八年間人）之諸作，常引用比沙之言，本思想史亦引用之。伯爾拿對於

比沙之各種學說，有詳盡之分析。其著作甚多，今姑舉其內容及文筆之最美者，如下——一八九〇年所著之「試驗科學」第三版；最要者爲「生命界說」，見第一四九頁；「動植物共同生命現象論」，一八七八年版，最要者爲第一册第五十七等頁；一八七六年出版之「法國普通生理學進步報告」介紹文。比沙雖爲生命派，其第一步則爲脫離所承受於哈勒之生命意想，因此派之生命意想，有特別情形也。比沙以解剖研究纖維，爲研究生理學立基礎，遂規定生理學問題之地位。假使比沙從其所闢之途徑，再爲深入，則能與後起者（馬戎第其最著者也），同能脫離以意想所分之物理學，化學之特性之區別，而爲純粹之試驗家。法國之發起試驗派者，是馬戎第（一七八三年至一八五五年間人）。讀者宜注意在馬戎第之前，英國則有柏爾，因發明最著名之感覺神經與運動神經之區別（一八一一年），而引起英國之試驗生物學。據伯爾拿之言，則謂此項區別，在動物中應有試驗以證實之。一八二二年，馬戎第果有此項之證實。既有此項證實，以爲新生理學之基礎，由是而建立活生物解剖之根基，得有種種意想之新揭露，而同時亦發生多數人之反對解剖活生物。因有此項解剖，於是有若干年，巴黎變爲大陸醫學之中心點。欲知柏爾及馬戎第兩君之功業，則宜讀伯爾拿所著之「普通生理學」之第十一等頁，其中則有詳盡之討論，亦宜讀雷文所撰之「米勒傳讚」（見「演講集」第二册第一七六等頁）。據雷文之意，則謂柏爾之說，非得有米勒一八三〇年之試驗，不能證實，云云。

『在物理學化學中，以特性爲因，以變象爲果，亦成爲一種公論，「譯者註」又作公理。在今日似乎不必復提及之，恐未免令人生厭。予之著作，若能於生理學中發明相似之公理，則所作爲不虛矣。」惟比沙深信生理學家之目的，有根本上之不同，而不再進一步、以造於以相同方法而得平行之結果之地步。比沙之言曰：「自然界有兩種物，兩種特性，兩種科學。所謂兩物者，有生物，有非生物；所謂兩特性者，有生命，有非生命；所謂兩科學者，有物理學，有生理學。」比沙却未預料，若對於生物（不應只研究死屍）之物性，及生物之膜及纖維，有確切可靠之考驗，則能發露其特性，及其本有之力，及所受之力，可以分析，而知其與無生命界之力相同。〔原註〕按，伯爾拿之意（見「普通生理學」第五等頁），則謂第十九世紀初年，因欠缺三事，所以不能位置生理學於滿意之基礎。第一，比沙發明之生物結構之解剖知識。然而比沙並非生理學家，有第二宗應知之事在，則爲比沙所忽略，卽活機體與其所處之環境之力，常相衝突是也。伯爾拿曰：「吾人應注意兩種條件。一，具有生理現象之性質或形態之有機物解剖條件。二，應完成及規定表現生命環境之理化條件。」此外又有一第三種要素，爲生理學中所缺乏者。「自應將其引入於實驗科學方法之中。并應依照實驗方向，竭力命其傾向於生命器官上，以期避免懸想及陳舊解釋之謬誤。我師馬戎第，法國生理學名家也。在本世紀初，曾將此種普通動作，施行於生理學。又以種種發見，增益於該科學中，俾其資料豐富。馬氏雖出自巴黎解剖學校，惟對於比沙派之生理解釋，則不敢贊同。蓋馬氏賦有準確觀察力，及博考獨立之天性。又與拉普拉斯交善，是以拉氏頗爲揄揚推舉，而馬氏得此臂奧，嫉視生理解釋之天賦性，途益爲增長矣。嗣後將最有益於生理學中一種反動力之自動傾向，納入於有經驗之實驗中，亦即納入於諸凡譯解，及思想外之實驗結果是也。』

伯爾拿又言曰：『比沙既如是爲當時倏生倏滅之意想發明公式矣。與其並世之科學家所存關於生命之意想，及諸所嘗試欲建立之界說，皆不過比沙學說之反響，及另用字句以達其學說而已。』〔原註〕見伯爾拿所著之「試驗科學」第一六四頁。「比沙學說則爲有名之外科醫士伯爾通（Pelletan）所轉述，又有發起比較解剖學之大博物學家屈費兒所述。

一二、生命學說與達爾文學說

此兩君者，皆以生命爲競爭之事，與第十九世紀末期達爾文學派所持之論相同；不過從前之所謂競爭，是指生力與死力競爭，今日之所謂競爭則謂生物與其他生物爭優勝，或是求適於外境，以保其生存之事。第十九世紀之初年與其末季之兩學說既有如是之大分別矣，然而亦有其共同之點——兩宗學說，皆極注重於生物之不寧靜，及其接連不斷之變化，與其極端之活動是也。然而此項大分別之能使吾人注意者，則不若從前之印於比沙心中之深因爲拉普拉斯所發表之太陽系之穩勢，已不能使天學家入迷矣；古時哲學家之『物質不變』之格言，已爲今人所推倒矣。〔原註〕伯爾拿之「試驗科學」第一七二頁，有討論此問題之妙文。其文如下：『今日天文家之思想，對於星辰之運行不息，及移動不已之意義，頗屬相近。非厄(Faye)曰：諸凡星辰，未有永遠存在者，以前雖有一度構造之時代，將來必有衰落之期，而完全消滅之日，亦必隨之而至矣。……在天文家未經認識星辰之運行公例前，以理想度星辰之強與力，猶生理學家所承認生命之強與力也。刻卜勒頗爲贊許星辰有自然規律之特性，蓋因此而衆行星在空中，遵循神妙之曲線軌道而運行，各不與其他星辰有所接觸，而亦不至擾亂造物之自然完善程序也。』又有一種性質，從前以爲惟生物有之，卽繁殖後之「再生」現象是也。但今則已知無機物，亦有此「再生」之性質。伯爾拿又曰：『巴士特(Pasteur)曾指示結疤及晶體等回復原狀（卽再生）之事實，爲吾人所當注意者。……此種事實，與生物感受傷痕後所表現者，完全相近』（前書第一七三頁），

比沙時代以後，由於其解剖研究，風氣又爲之一變，偏向於有生物及無生物之手續相平行之意想。至一八六〇餘年間，爲此風氣最盛之時期；此後之趨勢，則與從前相反。今將詳細研究如何生命祕奧所深藏於深溝高壘間，爲學者以力學、物理學、化學之利器，四面八方攻擊之，而屢攻不下。〔原註〕利比喜始終不改其爲生命派。比壽夫所撰之「利比喜（亦作萊貝）傳讚」中有言曰（見第五十七頁）：「在確切科學中，若吾所知之理由稍有不足，切勿用一名詞，以當作解說。從前科學家往往如此，以爲新添一名詞，便足以解說理由。凡研究生物學者之天職，必要時時刻刻攻擊生物力，與其爭尺寸之地，不容少懈。例如以利比喜之天才

，若能從胚胎生長之機械情形，得知較高級生物之形構之物品，吾人自應承認其證明，方且感激之不暇。然而吾人必勿忘再爲進步之問難，詰問此種機構情形，究是何人所湊合者，若是再能證明是胚胎之細胞之非常之遨遊所作成，自爲部署，以造成生物之各項纖維及各器官，吾人亦極歡迎之，視爲發展黑暗界中之極有意味極可注意之變象。然而對於何人爲此遨遊之細胞之嚮導之問題，倘未得有一線曙光也。由此類推，假使化學家一旦能以人工造成蛋白質，吾人可以從此日起，作爲自然科學之新紀元。然而此人力所造之蛋白質，絕不能由於各元素之單簡類緣（「譯者註」亦稱愛力）所能造成，只能發生在生物之物料中一種新部署，此物料則爲植物所先巳成造者。此種增加之知識，學者自然是感激歡迎，學者並不需詭異之事，或相信奇蹟，以作生命力或元力，不過需一名詞以代表所不知其理由之所發生之效果而巳。……所有各項名詞，例如古時所謂元始軟泥，及新近所謂海底活原形，古時之所謂單合原質，及新近之所謂元胞，並所謂原形質，細胞核，細胞質，及其發展，凡此諸說，皆極其單簡，人人所能曉，然而毫無引線，並不能使人知有何種力動作於其間，亦並不能使人知各力之所由來。因是之故，學者不能不以爲其間有一種力，而不知其力之精要何在，亦如學者所不能分析之理由同。如是，學者承認知識之不足，並不提倡機力科學，以爲能解決生物之秘奧，以欺人，」云云。

一三、諸端之生命學說

前者嘗有醫學界領袖，以爲將人類身體當作一部機器，爲降低人類之品格，亦不應以其他科學之方法，研究人類之身體。赫爾姆霍斯有言曰：「原註」見赫氏「演講集」第二册第一七九頁。「生命派行醫家，以爲生命之事功，不依賴按照定律而行之自然各力。自然各力之工能，不過為次要之事，不值得研究此種行醫家以為是一種靈魂作用，』——如斯楊爾之所謂精氣，生命派之所謂元力或生命力，——『思想家、哲學家、及志高之人，須與此種靈魂相遇。……在醫院中常有用聽肺器及敲診法，〔原註〕拿斯（Nasse）（一七七八年至一八五一年間人）自一八二二年以來，為波昂大學教授，與米勒諸君共事。拿斯研究醫學中之生理學方法，『似是第一位德國行醫家，介紹以物理學診斷。自一八二〇年以來，用聽肺法，自一八二一年以後，醫家以為聽肺是必不可少之物』（見哈則爾『醫學史』第三版（一八八一年第九一二頁）。用寒暑表則起於居禮·詹姆士（James Currie）（一七六五年至一八〇五年間人），著有『冷熱水治療熱症及他病之效果之報告』（一七九七年倫敦版）。『醫學史』有言曰：『此報告中載有身體熱度改變之瞻察，然而無甚效果。直至第十九世紀之中葉，醫學家始知以熱度研究病情之重要。此則由於最初有巴倫斯不倫（Bärensprung一八五一年），隨後有特勞巴（Traube），最後則有奉得力喜（Wunderlich）諸君之著作，以發明其重要，』云云（同前第九三〇頁）。然而予常聽有醫學中人謂此皆不過粗淺之機械，醫士之腦筋清楚者，殊無所用之：況且又將病人之人格降低，作為是一部機器。（有診脈是最直接之診斷生命反應之勢之法。老資格之醫家，且以為用時錶計算為不雅：並不想到病人身體熱度。至於驗眼之返光鏡，有一位有名外科家曾對予言，彼向不用此鏡，以為射濃光於病人之眼內為危險之事；又有一位嘗對予言眼科家之眼目不良，原可以用此鏡；彼則有極好之眼，則不必用此鏡。……又有一位有名之生理學教授，嘗與其同事物理學教授辯駁，其問題為人目中所成之物像。物理學教授請生理學教授同來以觀試驗。生理學教授則發怒，不肯同來；且謂物理學家或要試驗，生理學家則無所用其試驗』云云。

一四、化學方面之攻擊

首先攻擊生命之臺壘者為化學家；領隊圍攻者，為拉瓦節及繼承其事業者之大多數化學家。其圍攻之術，即推用化燒（即氱化）學說於呼吸、營養、及動物發熱之各問題。

【原註】第十八世紀末季所揭露之氱氣及電流，不久即推用於改良醫學原理，然而皆不免有過於誇張之處。其時有佛耳克慮者，原是醫界中人，亦是極力提倡新化學者，且刊行一報，名為「醫學所得於物理學之新發明」（一七九○年至一七九二年），頗警告醫學界切勿於時期未到之時，輕用化學之新意想於醫學，因其時頗有此種著作也。佛耳克慮曾致書於赫爾姆霍斯，批評此種著作。欲知當時之誇張輕率著作，讀者宜觀哈則爾之「醫學史」（一八九三年版第五六七頁）及希爾士之「德國醫學史」（一八九三年閱行版第五六七頁）。推用物理學化學及其他特別治療法，原有其有限制之用，不過太過偏向，則自然發生反對。大約當時因反對此種過偏舉動，是以較有思想之醫學家，則抱守其所

謂生命力或元力學說，其時原有此說，而亦漫無界限。

一七八三年，拉瓦節與拉普拉斯同送一說帖於巴黎科學會，發表動物體熱大概發生於化焚，當呼吸時，化氱氣爲定體之空氣，由是生熱。拉瓦節與舍金（Séguin）接續研究呼吸，及其他生理學手續。一七九〇年，兩人同具一說帖於學會，而拉瓦節對於動物及植物之相衡，謂其中有生物之經濟作用，其所存之意想極爲眞確；此種意想始發現於一八六二年所刊行之拉瓦節遺著中。刊行在利比喜發明其關於此問題之研究多年之後。在拉瓦節之後，非用新化學以研究生物之個體生命及同羣之生命，則各國研究化學者之著作，雖頗有價値，而並不連貫。英國則有普利斯特利，注意於植物之有潔淸空氣之功。第十八世紀之末年，則有索緒耳，在日內瓦有可注意之研究，發明植物在日光之下，增加其纖維之炭質及他物。在荷蘭則有英根豪斯（Ingenhousz），法國則有西尼比（Senebier），證明浸植物於水中而置於日光中，則植物吐出氱氣泡，追溯此氱氣，是由於空際之炭氱得來。德斐則推用化學於農功；其後德國生理學家，如提對曼

(Tiedemann)、米勒，則知必以化學解說生物之手續。然而以上所云之諸家研究，皆破碎而不相連貫，雖有價值，而學界罕有知之者。於是一八三九年，英國科學提倡會提議製撰當時有機化學情形之報告，此是最合時之舉。當時即公選利比喜撰此報告。

「原註」利比喜推廣有機化學之用於農功及生理學，因是有生命科學之大革命。其討論利比喜此項大功業之著作頗多。其最要者則爲一八七四年福吉爾(Vogel)及比壽夫之兩演說，又有何夫曼一八七五年，在皇家學社之「法拉第」演講。申斯吞(Shenstone)則有採取以上數家之議論。另撰一節略，登於一八九五年之「本世紀科學報」，題目爲「利比喜傳及其功業。』比壽夫之演說，頗有利比喜與生命學派表同情之詳盡討論。利比喜之大潛力，在乎其特別之科學新發明，亦在其教授之法。早年即以約化科學爲俗人皆能知之學問爲己任，於是有論科學函牘之作，務使俗人皆知，使科學得教育之大力。其以通俗演講及通俗演說，廣布科學意想，爲俗人增加科學知識，則以利比喜爲最初之發起人。其後則有赫爾姆霍斯及雷文。德國當時區分科學與普通學殖爲兩事，區分大學教授及世人爲兩事，利比喜則打破此界限。利比喜從法國學得條暢之文筆，從英國學得通俗之妙術。赫爾姆霍斯之得名甚慢，其初不甚知名，漸漸則知之者日衆。利比喜則不然，乘世人之不備而疑擊之，發起各種議論，以激動世人之考究，激動其反對及辨駁。又敢於爲極大極能包括之融通學說，又敢於試驗，敢於預言，其結果則爲有最後之發明，利比喜本人與反對利比喜者，皆與有功焉。其最著者，即肥料金石學說，及醱酵學說。從前劃分兩事之生物世界之手續，及非生物界（金石）之手續，則爲第一學說所推倒，近代所倡之生命無乎不在，及生命之相接連無有間斷之學說，則爲利比喜第二學說有大部分之發明。本章後文，將再討論之。其所主持之眞確意想，謂培養植物之肥料，必要有金石質料（如燐酸，石炭，氫氣，鉀等類），以反對舊時之植物沃土之說。而利比喜當時並不知沃土之有吸收保存之功，用，則力主製爲不能溶化之化學肥料，其所持之金石質料之說，幾被駁倒，其後三十餘年，當時通行偏好用溶化肥料之意想，則爲改用『托馬斯渣滓』所改良，由是磨碎肥料之手續，亦大有進步。福吉爾教授之演說，對於發明肥料之學說之眞確發明，則廣引利比喜之著作。讀之則能窺見利比喜之思想，與其心境之特別，作者且引之以餉讀者。福吉爾教授引利比喜之言曰，『及予明白予之肥料何以無功之理由，予此時之感覺，頗似一位得一新生命之人，因爲有此則能解說農功之一切手續，此時旣已知有此例，而此例卽在予之目前，惟有詫異吾人何以不能早見及之。人心原是怪物，凡曾經一度不適合於意想界內者，則不存在。予嘗以爲造物主宰之智慧不足，而試爲之補助，果受應得之罰。予初時意欲改良天工，予此時無知無識，以爲如鏈相接之一串律例，使地球面上得以維係生命者，其中缺少一枚連環，以爲如予之無能力之可憐蟲，可以補天工之缺，』云云（同前第三十四頁）。此事不獨爲正式有機化學科學之新紀元，且爲利比喜畢生事業之新紀元。法國亦知蒐輯部署關於此問題各項星散之化學及生理學研究之必要，同時則有利比喜之友人及勁敵杜馬，刊行其靜力化學之部署論，作爲其一八四一年在巴黎醫學校之化學教課之結論。與之共事者，尙有部辛哥(Boussingault)此君之發明農功化學之真確原理之功，則亞於利比喜。

利比喜之對於有機化學，非如今日有機化學之限於炭合物之化學。自從杜馬介紹替代之意想，及其極有效果之法於有機化學之後，有機化學變爲炭合物之化學。自有此意想，試驗室之化學家則大易於進行，「原註一當日利比喜在世時，有機化學日有發展，超出其法規之外，嘗謂，竟不知其所刊行之年報中之議論爲何物。利比喜初時反對杜馬替代之意想，其後則自認失敗，以由於何夫曼而相信。化合物之特性，並不專賴其中之原子，且尤賴於其中原子之部署也。一八六七年，法國開大會，法國化學家宴外國之化學家之赴會者。杜馬問利比喜，何以近年以來，只研究農功化學，利比喜自承認其失敗，而以戲語答之曰，「予之所以不再研究有機化學者。因既有替代學說以爲有機化學之基礎，則化學可以用工匠建築，無所用于匠頭矣」（見申斯吞一八九五年「利比喜傳」第六十一頁）。遠在一八三八年，利比喜與味勒同研究尿酸，及由尿酸而成之各物，即預先倡言有機化學將來之分爲兩途。其言曰：「從各項研究觀之，化學之哲學，必歸結於一宗意想，即謂有機化合物之未部署者，不獨將來或可以組成，且有必能組成之一日，」云云。（見「年報」第二十六册，第二四二頁）。今日果然有有機化學，及有部署物之化學。且

一五、有機化學之改變

標示有機化學之改變，與藝術締交之處多，與活機體之經濟及變象之知識締交少。自從有此締交，即爲有機化學分枝之始，分爲炭化合物化學、及生物化學。利比

一六、利比喜之潛力

喜則與此新派有機化學脫離，仍從事於舊時事業，在此時則不甚時髦矣。其所以能遵舊路者，則可以其人胸襟之偉大以解說之。利比喜雖研究極瑣碎細微之事，而時刻不忘天工之大體，得以放任其思想遨遊於人所未經研究之區域。據事實而言，吾人若從思想史方面論利比喜之功，而不從科學史方面立論，則利比喜之功業，有極大而不朽之潛力。科學家之對於生命及生物兩名詞之存有兩層意義者，當以利比喜為第一人。此項意義，實用家則知之，且重視之，然而當日之科學界，則絕少承認者。【原註】生物之依賴其所居之環境，誠有拉馬克承認重視此意想（參觀上文第三一四頁）。惟是此大思想家之哲學意想，並不為人所知，亦不為人所理會。生命並非如比沙之界說，與死作反襯；生命之獨立，與合作同為重要；生命並不是個人個體所獨有之物，且為結合社會或團體以成為較大機體所共有之物。合羣之團體，早已為政治經濟學家所存之意想；科學思想家之研究自然經濟學者，當以利比喜為第一人。利比喜能完全體會動物與生物之互相維系，欲以此宗生物之規模較大之生命，求得科學根據及律例。科學著作及通俗著作，有兩新名詞，則爲利比喜及其學派所介紹者；在德國語言中，尤能發表其行用於科學中之新意想，能使學者深知其意。此兩名詞皆非他國文字所能譯達者，其一卽德文之 Sloffwechsel（勉譯作『個體之變』），其一卽爲 Kreislauf des Lebens 可以勉譯作『生命之循環運行』【原註】讀者至下文，則知 Metabolism（代謝）名詞，及其屬下之 Katabolism（淪落），及 Anabolism（高擧）比德文之個體之變，尤能達意。『個體之變』者，指物質之接連不斷之變化，之與保存一切生命之形有關係者；『生命運行』，則指生物世界之不同各部，及個體生物之接連不斷之交互變化，卽生命物質及生命手續之運行是也。利比喜之觀自然，自其大者觀之，則爲大部之經濟，自其小者觀之，則若一家，其所致力者，卽爲研究其存在之情形，卽其平常與反常之情狀。自有利比喜之研究，化學頗與政治經濟學締交，外國謂之民族經濟學。

一七、個體之變與生命之運行

作者將立卽討論在第十九世紀之後期，科學之趨勢如何漸漸注重此兩方面，並爲劃分較爲淸楚之界限；並將討論負載生命之個體如何探源至於較爲小而又小之單位；又討論較大之生命，如何漸漸顯露其爲個體所組合而成之社會之共同動作。其小而又小者，則有微耳和教授佳作所發揮之『細胞自治』論；彼一方面則有生理學之通工，【譯者註】即通力合作。此絕妙名詞，爲法國動物學家米倫·愛德華所創造。

一八、細胞之自治及生理學之通工

當利比喜致力與生命經濟之諸大問題時，使化學爲農功、生理學、病理學所利用，其時則另有潛力發起（大抵皆發生於德國），研究活機體內之事功。此潛力之來源，起自推用動力學之原理，及較新之物理學。【原註】雷文之佳妙演說中，往往討論第十九世紀中葉之生理學研究之大革命，謂是德國獨立之奇功。伯爾拿亦有同等之議論，發表巴黎之偉大醫學派之意想之變遷，與雷文所討論者不同題目。英國，新近則有福斯德爵士，使學者發生醫學歷史之興致，而對於生理學爲尤著，新歷次爲學者發表其歷史研究之結果。作者今特爲提，及其極其條暢而引人入勝之『伯爾拿論』（一八九九年版，在安文公司出版之「大醫家叢刊」『中』）。又有一位生理學大家馬肯特烈克教授(Prof. M'Kendrick)，所著有赫爾，姆霍斯論，發明其推用物理學算學以研究生理學之功。此兩著作極能發明，改良生理學，及生命變象意想之兩不同之大潛力。從兩中心點發起——其一發起於來比錫，是處則有韋柏兄弟，教人以如何用謹嚴試驗之研究，其有未經確切之研究者，則兼量度物理學、及機體、與心靈變象；（原註）至於韋柏三兄弟所處之地位，與其潛力，已見上文第二章第二十三節及第六章以下。其三兄弟之中，以韋柏（伊倫斯特·亨利克）為最著（一七九五年至一八七八年間人），德國之發展生命科學者，此君則處特殊之地位。因其似並未受當時自然哲學之潛力，是以與利比喜及米勒不同，不必棄其先所學而重學。參觀雷文所撰之「米勒傳讚」載於其「演講集」第二冊第二一六頁，又路易（Ludwig）所撰之「韋柏傳讚」（一八七八年來比錫版第十頁）。韋柏之發展生物形及生物功用之研究，是純粹用物理學以量度及試驗為根據，亦如利比喜之純粹用化學研究及闡理法。由是觀之，利比喜則近於法國之巴黎派，韋柏則近於德國之柏林派，且柏林派頗為其潛力所轉移。

一九、米勒

其一則發起於柏林，是處則有米勒本人及宗仰其說者，解析高級生物之繁複變象，分為各項機械的及各項物理學之手續，以每項手續皆與一種界限清楚之器官相關，漸漸以為每器官皆有物理學儀器之特性。宗仰米勒學說之學者極多，大抵皆以顯微鏡發露器官之結構，而以物理學之度量及試驗，以研究其動作。例如雷文所著之動物電氣之研究（一八四八年），赫爾姆霍斯之生理光學（一八六七年初版，一八九六年再版，大有增加），及生理聲學（一八六二年）皆可以代表米勒派之事功。因研究諸問題時，覺得所謂「物質變化」之舊學說，及利比喜派所以教人之物質運行之意想，有修正及擴充之必要。作者曾於上文第七章中言及，邁爾及赫爾姆霍斯兩君不相爲謀，各自研究生物體熱之變象，如何而初得工能常住之意想。利比喜學派中人，或有欲擴充物質變化之意想以包括光熱電等無質之物。莫爾之處置熱及生物工能，作爲是有質之物，必算在化學家所知之元素或初物中，亦如法國之拉瓦節化學派之將無質自然元素，列入有質自然元素中：卽利比喜所著之論化學函牘第一版，亦並不甚反對此種解釋。惟是此各項意想皆空泛，必要定立界限。邁爾初試定爲界限時，利比喜不甚知其有價值，至赫爾姆霍斯始有表明。一八四七年，赫爾姆霍斯發明所謂各種生力皆是若干作工能力之現象（後來稱此作工能力爲工能），此種能力能現於變，亦能現於動，或儲以待用，如是者則謂之「位能」。此後則知所謂「物質變化」，不只是物質之交易，且是工能變形，由是而有位能或隱能，蓄積於機體中，而後令其釋放，猶如炸藥，一動其機，則能炸裂而解放其隱能。

從前物理學、力學、化學、所發明之意想，如何可用於實寫生物之變象；生物之繁複變象，如何可以破分爲多數各別之化學及物理學之手續（可以在試驗室仿造；）活機體如何能分析爲各項儀器或機器按照可知之力學及物理學原理，

二〇、工能原理之潛力

以爲行動：以上所舉之各種研究之結果，與元力及生命原理種種意想，有根本上之不同。於是科學家有以其爲不與其他非生力衝突者；亦有以其爲不能存在者，卽或有之，亦屬無用；亦有其他科學家約化其爲一種純粹節制功用，或不過爲一種意想，又有一種通俗哲學，以不知之物質原理，及不知而又較爲不清楚之力之原理，以爲根據，發表一種意想，謂科學已能驅除一切虛妄無形無體之事物，且能

二一、機器學說

以純粹之機器原理，解說萬事萬物。至是而從前所謂之生命學說及精氣學說，皆一切掃除淨盡；只餘機器學說及唯物學說（物質學說。）讀者宜注意，凡學界所賴以發展生物學知識之大名家，皆不主持此說。科學家頗有以爲凡彼等所揭露者，不得不發生以上所云之各項效果，然而諸大名家則不以爲然，亦頗有理由。

作者前已提過研究自然諸問題，原有兩說，各視其施用之意嚮而分途。其一即是抽象算學法，初從最易劃清界限而又能量度之單簡手續入手，然後漸漸爲繁複之組合各項單簡手續，以摹仿繁複之自然變象。其一則較爲實在之法（具體）。凡意在施用機力學、物理學、化學之分析及組合者，則用第一法，往往能得對於實有存在之變象之一部分之滿意解說，遇有別案或單簡案亦然。此種方法之最著之成效，則爲能創造人爲世界之製造，例如科學儀器、機器、化合物、機合物是也。往往有人以爲此種組合，推至於無限度，則終有一日，能達到吾人所見之自然界之無機有機及生物之實在物。諸如此類之人視之，以爲科學捨此別無他法，其所以進步甚遲者，只由於自然物之令人望而生畏之過於繁複紛雜而已。在第十九世紀之初年，因有拉普拉斯及其學派，有多數似乎極其繁複之自然變象（尤以物理天文爲最），居然以上述之分析告厥成功，於是一時以爲有此基礎，不難有建築自然之完全哲學之可能。拉普拉斯本人亦常預言及此種妄想及第十九世紀之中葉，因有分子變象（其最要者為光之變象），亦能以微分術收效，隨後因關於各力之性，得有較為正確之見解，又能將另一世界之變象，歸納於可能計算之公式中；於是又有人以為或者活機體之神祕手續，亦庶幾可以受相似之闡理所範圍，以為似乎時機已至，應拋棄人所習聞之物性生命學說之意想，而付託生理學諸大問題，於物理學家、化學家及顯微鏡學家之手。於是德國之哲學家、及博物學家、生物學家，羣起而主持攻擊生命學說者；局外之有思想者，由是得有印象，以為已經有最後之議決，以純粹器械說為可以解說生命及心之作用，且有達到目的之可能。當時相助發生此項印象者多矣，今姑舉其二——其一為格丁根

二二・陸宰及雷文

之哲學家陸宰，〔原註〕在生命意想或生命學說之歷史中，陸宰則居於特殊地位。學者若讀哈則爾或希爾士所著之「醫學史」，則不見有陸宰名字。在陸宰討論生命學說著作刊行之後五十年，始有生理學專家，有追論及陸宰。關於此問題之議論。其尤著者，則為勞柏(Rauber)，(Roux)氏，赫特易，霍卜特曼(Hauptmann)諸家之著作。陸宰之發明，何以當時不甚為人所注意，則有兩宗理由。其所主持者，謂生命變象是一機器問題，隨後又謂生命並非只是一個機器問題。在博物學之實驗派觀之，自然裹足。其第二說之界說，及其解決，尤其為難，陸宰遲之十年，始有發明，見於其

十九世紀歐洲思想史　第一編　下冊

所刊行之「醫學生理學或靈魂生理學」（一八五二年版），此書有一篇玄學介紹文，似與其早年所著之機器學說，或物質學說不相融合。當是時，則有數種重要著作出現，皆發明在或大或小之區域之純粹機器派，或歸納派，及試驗派之處置此問題。作者則提恆利(Henle)所撰之「普通解剖學」（一八四〇年），及「病理學」（一八四六年至一八五三年）。寇里克(Kölliker)謂「恆利確見比沙之作，必要以士來登及司旺所立之基礎，以為修改。」寇里克則力任其難，頗收實效。惟是其尤要者，則為微耳和之「細胞病理學」（一八五八年版，有英文譯本一八六〇年版），在此作中，微耳和聲明此作並非發明有系統之說，不過發明一普通生物學原理而已，因是而建立確切處置病案之基礎。惟是，讀者宜注意，微耳和並不當生命為一純粹機器問題。名家著作，如恆利及微耳和所撰者，其中之哲學討論不多，只足以供確切生物學在此三十年間所需。此兩大名家皆能明白哲學問題已得有一項公式，足以使後起之秀之未受過哲學教育者，循序研究，以得效果。其著作中不見有生命名詞，於是未經歷過多年醫學家之專門著作，絕少討論生命問題。由是建立基礎，可以推用機力學，物理學，化學，自然哲學。以牛頓所發明之原理為基礎，而建築於其上者，二百年矣，至是，亦不討論，亦不提及其中之普通問題。化學亦然，有原子學說，所立之基礎，足以供後來若干年間之研究矣。作者於前數章，曾經討論，即在此較為穩固之科學中，在第十九世紀末年，亦有起而質問其根本問題及重要原理者。生物學亦然。於是學者復追溯本世紀初期之著作，以此時期發生之有界限及特別問題頗多也。近日赫特易教授且警告學者曰：「學者切勿走極端，謂生理手續，不過是化學，物理學，及機器問題，切勿以為約化各種變象為原子相推相吸所生之動，使其就可能計算之範圍，以為此即是真確之自然科學也」（見一八九九年「機體學」演講第八頁）。

其一郎

是柏林之著名生理學家雷文。陸宰之科學教育，得自韋柏，雷文則得自柏林之米勒。兩人皆排斥元力之意想；以爲不合于邏輯，且以爲科學無所用之。陸宰則有極清楚之聲明，謂其對于此問題之評論，專爲科學思想家而發，且許以將來有關于此問題之哲學研究。雷文最早之宣言，則發生印象，謂此問題已經完全解決，已掃除道路，以資研究。

〔原註〕在生命學說辨駁中，雷文所處之地位，頗有意味，因爲其意想與時俱變也。其最早所持之議論，見於一八四八年三月之著作，發起於諸名家之後。一八三九年有柏濟力阿斯之議論，同年又有司旺之發表。一八四二年則有士來登，同年又有陸宰所討論者，皆同此問題。諸家皆謂此說爲無效。二十四年後，雷文又討論此問題，發表於一八七二年在來比錫所開之德國科學會之演說。此篇大議論，發生大感動。此短作印多次，又譯爲多國文字，只有英國不甚注意。其後又有解說此種短篇之翻作，則於一八八〇年七月八日，在柏林之米布尼茲紀念會演說。此諸作中，藏有作者之哲學信條，其結果則爲無所不疑之派。如是則不能逃出超越自然派，既以此起，則以科學終（參觀上文所引之演說附註）。予所引者，皆見於其「演講集」（一八八六年至一八八七年共兩冊）。其第一二次演說，中間相隔有二十餘年，已經過科學意想之大變化。一八四八年所發表之極端機器說，其時則預言「生理學脫離其特別實用之注意．將不歸於自然哲學中，而溶化於有機物理學及有機化學中」（見「演講集」第二冊第二十三頁）。此機器學說，則有時機以發露其勢力及其界限。因其易於施用（如路易之自動曲線圖）之因，有物質及工能代謝之廣

大意想，而增加勢力。此作者本人創造生命界說曰：「生命者是動力之平衡，而抛棄從前之實寫。」（見前書第二冊第二十五頁）。且達爾文亦曾發明所謂自然之最後原因，有力學解說之可能。米勒之學派，此時則有赫爾姆霍斯爲其更大之代表，作者本人即是此學派之一。此派推廣其機力或確切之處置，至於極點，以分析神經系最高級中功之變象，即知覺及感覺是也。從前所聲明者，謂確切之處置。只應止於最前進之點，即爲自由志意之發現。作者此時，則不得不承認，不獨舉凡一切之動，原爲極其晦暗，不能明了，即最下級之活動，或最下級之意識，亦不能以機力解說之。舉，凡一切元始及拾級漸高之自然變象之大過渡，皆爲神秘不能知之事，頗有極注重之議論，見於其後之提之演說中。此演說之命題，爲「七種神秘」（「譯者註」俗稱悶葫蘆）。雷文之三次演說，及其最後翻印所加之附註，及援引，頗能發表此問題之原有之多種爲難。凡欲研究此問題之新舊著作者，不可不讀也。作者所處之地位，已受有數次之評論。參觀考富曼之「新生物學之玄學」（一八九四年耶拿版）。

上文所云第二類之思想家，既不願或不能明白陸宰雷文之評論『元力』（或命力）之詳細評論，只能觀生物之經濟、用意及循環秩序之事，則不能相信兩君之評論。若是『元力』或『命力』名詞爲不合乎邏輯，或者改用『生命原理』或『生命要素』以代之。生物與死物之絕大分別，仍深留印像于此類思想家心中而不能磨滅。利比喜及其他之德法兩國博物學家，則從實用方面以研究此問題，其所用之方法，則試驗多而算理少，往往不限于在試驗室或解剖室內，而為野外與自然相接之研究。利比喜雖能關于生物之經濟手續，發明較為清楚之學說，及發明推用化學分析之法，然而畢生終不以為生命變象有機力解說之可能，毋論如何受人

二三、利比喜之生命學說

批評，利比喜自始至終，仍是生命學派。【原註】克爾文爵士嘗著一論，名曰：『工能虛托論』（翻印於『通俗演講集』第三册，第四六四頁），有一極應注意之附註。其言曰：『動物或植物之施於物質之潛力，遠在此，時毋論何項科學研究所及之界外，相離有無窮之遠。二十五年前，予曾問利比喜，彼是否相信一花或一葉，能用化學力生長。利比喜答稱，與其相信其可能，予寧相信用化學力，能從死物化生出一册化學書或一册植物學書』云云。德國之味勒，及法國英國之數位有名之生理學家，亦然。此諸君者飽受從德國發起之大舉攻擊，而不為之動。一八五四年（在雷文刊布其元力論之後，）在陸辛發表其同等議論十二年之後，赫胥黎在其第一次教堂演講中（題目為博物科學之教育價值），尚能發表其意見，謂生物與非生物之區別，明明是由于生命，且謂『生物之變象，既不依賴物理力，又不依賴化合力，而依賴命力』，此則與利比喜後來出版之論化學函牘所持之說相似。其後于一八七〇

二四、達爾文

年，赫胥黎能自謂本人早已脫離此項見解；〔譯者註〕指命力或元力 其後來所以變改其見解之理由何在，此為一極應研究之問題也。〔原註〕赫胥黎之演講，翻印於一八七〇年之著名書中，書名為「教堂演講」。此冊赫胥黎以其所致丁鐸爾書，作為此冊之序。其中有言曰：「全冊中有一篇最早之論說，其中有關於生物與非生物之特性之區別之見解：，予則早已脫離此見解矣，」云云。當時有一大潛力，攻擊英國之生命學說，而為德國之反對生命派或機力派，大增勢力。其時陸宰及雷文之算理及哲學評論，則無真實能轉移法國之生物學思想，因為法國此時尚通行一種修正之生命學說也。赫胥黎之所以改變其見解者，則由于達爾文下傳學說，所發生之闡理之無遠弗屆之潛力也。

〔原註〕舊時之命力學說，德法英三國，皆有第一等科學大家反對之，而其所攻擊生物變象之方面，各有不同。其在德國，則以機力學物理派為最著，在法國，則以馬戎第所發起之試驗派（又稱生宰活割派）為最顯。此兩派皆處極端，皆反對舊生命新學說。立於其間者，則另有一派，其反對舊說不甚力，如德國之利比喜（亦作萊貝），法國之杜馬及部辛哥，其研究生命變象，則用化學之方法及其闡理。此派頗有轉移法國試驗派之極端意想之能力，而以伯爾拿之功為獨多。其在德國，則當達爾文學說極盛行之後，始為此居間派之潛力所轉移。至於英國，則以純粹之下傳學說，攻擊舊生命學說。此時所最注意之大問題，為物種由來，暫時可以不理會生命學說。變異之事實，及自然淘汰，與遺傳之各種事實，可資研究之資料實

多，頗需時日，以確切方法爲之部署，爲之選擇，暫時只能撇開生命之原繁，及其由來之各問題，留以有待，是以達爾文及赫胥黎關於生命之終極大問題，不甚研究。赫胥黎只重述從前他派之思想家之議論。其時並不解決此大問題，因科學及醫學之進步，毋需解決也。此大問題，變作純粹哲學問題，英國之有名著作家，惟有斯賓塞在其所撰之「生物學原理」中，有極愼重之討論。一八六三年，達爾文致書於其友人呼克爾曰（見「達爾文傳」第三冊，第十八頁），「以此時想及生命由來問題，不過是虛耗光陰，與其如此，毋寧研究物質由來矣。」一八八四年，赫胥黎亦有一信（見「赫胥黎傳」第二冊第六十七頁），其中以漩渦比生命，此是屈費兒平生所最樂說之譬喩（參觀本書卷一第一二九頁），以爲以機器比生命，則不能不懷疑。得拉日論瑟甫勒爾曰（見得氏「有機解析及其實用通論」），「命力無解釋他物之性能，以其在解釋他物之前，自身當有被解釋之必要，而生命現象，在有機物質之組織原則中，具有直接原因。此乃（瑟甫勒爾）所筆述，其功淘非淺鮮，但瑟氏於此，並未規定一種生命學理，因其斷言，適相反，如生命現象之是否能令回復於其最近原因，或回復於發生無機物質之力中，蓋有機生物在繼續相生時，其種類之性，何以恆等，則尙未能明瞭其意義焉。」即純粹實驗生理學派始祖馬戎第氏，亦有論比沙「生理學研究」之言曰：「對於科學進步之觀察，或係綜核名實，或係一意贊同之思想家，於著作家之永持反對生命爲物理定例之說者，頗不滿意蓋其一若生物在未成動植物前，並非物體者然也。」

今欲使讀者明白達爾文之著作及其闡理之改變生物學思想之情形，作者至是則不能不介紹一宗意想于讀者；前此討論各派研究自然之觀點，特爲不先介紹，正所以待于此時。作者所指，卽謂終極原因（或原由）所指者似有用意（德文用 Zweck），或有一目的（德文用 Ziel），以爲一切天工皆有其用意，皆有其目的，而以生物爲尤甚。在達爾文之先，所有著作皆極注意于自然之終極原因，及生物手續之有用意，一若生命之變象，有終極原因以爲深溝高壘而保護之，無機械能攻擊之，以爲之解說。科學家既以生物比機器，卽是已經承認其爲有一定之目的，有一定之用處矣；凡是人類所造之機器，所造之儀器，原爲應用而造，乃由製造此種機器者中心發明其如何部署，如何構造。陸宰之評論，〔原註〕上文所引陸宰著作中之長篇議論，不易明白，學者讀之，只知其廢除命力之意想，以爲純粹學家無所用之，至於其眞實意想，則難以明白，此不足爲怪。據事實而言，陸宰雖不爲生命派，而仍爲精氣派也。陸宰拋棄命力，而仍存一種靈魂意想，爲科學家所嘲笑，有多數學者，爲其學說所潛移，變爲純粹物質派（例如佛格特卽其一也），其嘲笑陸宰者，卽此物質派也。其後學者皆識陸宰哲學爲兩歧派，貴其半路停止。若讀其後來較爲成熟之著作，則容易知其眞意所在，並世之人讀之，則不過謎語耳。參觀卜特曼之「生物學中之玄學」一八九四年版，第七頁。其言曰：「陸宰雖已破壞元力意想，然而對於靈魂之說，則無同等之破壞，其實命力及靈魂，皆發生於物質最繁盛之地也。……陸宰雖極力主持，凡是生物皆是有一定形格，一定部置之機器，然而亦主持有靈魂，有志意，，對於生物之身體，，有部分之節制」云云。於是此說只獨解放植物生理學，，得以當作機器研究，，其初原為士來登所發起，其後則有薩克斯以擴充之，著有「植物學演講」（一八八七年）。考富曼嘗引其最特別之一段，其言曰：「生物不過是一部機器，湊合各部分以造成。：：凡一部機器，即以人力所製造者而論，所有結構，皆是殫精竭思，與絕等聰明之結果」云云。（見前書第六一二三頁）。

及雷文之評論，

（原註：用意及志意為兩大事實，皆非不存成見之自然科學家所能閉目無睹者。此兩大事實，常能推翻純粹機器觀。陸宰則承認此兩大事實，其著作中，未嘗時刻或忘，亦未嘗忽略。博物學家之注其全力於某種界限分明之器官之分析，或研究機器之特別化學力者，原可以不認有此兩大事實。因第一宗事實，惟至於研究家進步欲為融通之說，然後發現。第二事實，則是個人閱歷之結果。雷文亦未嘗或忘此兩大事實，其處置此兩大事實前後不同。其在較早時期，則擺脫自由意志問題，以為並非科學問題，至於用意問題，則引無生之物，亦顯然有用意之存在，以超過用意問題之存在。此種意想其實即是折回自然全體，皆有普通活動（或生命）之設想，此為多數哲學家及博物學家所主特之說，不過說之之法，各有不同耳。參觀上文所引之薩克斯之言。惟是此種用意學說，並非雷文所滿意者，因為其翻印之命力（或元力）論，則以此說為膚淺（見「演講集」第二冊第二十六頁）。是時雷文則採用達爾文之解說，謂自然科學，只要有一日之存在，達爾文應享最高之榮名，其故在於達爾文能多少減輕聰明人之研究生命問題之痛苦（見「演講集」第一冊第二一六頁）。一八八七年，雷文自認在物種由來論未宣布之前，其一八五九年之著作（例如其所撰之「米勒傳讚」），已成陳腐。至於「生物學家」為物種之定而不變，及古生物學記載之不完全，及終極原因（此為最要）所糾纏束縛而不能擺脫者

（可以稱爲達爾文之前之達爾文派）之紛亂情形，則予之一八五九年之作，尙能給出』云云。（見第二冊第二九九頁）。皆未廢除此顯而易見之生物之性，不過維持此種所謂目的，所謂用意，有純粹之機器手續以達到，不必假設一新力，稱爲命力之存在，且科學之唯一目的，在乎揭露生命所賴以達到各種目的之機器。生命之意想，生命之元素，或生命之因子之意想，則已爲科學家所逐出能知區域之外，其在思想界中，不過是一意想而已。笛卡兒來布尼

一二五、陸宰及伯爾拿

茲即如是，貝爾及伯爾拿亦如是（新近則不然），凡不宗達爾文解說者，無不如是。陸宰雷文及伯爾拿，（原註）雷文謂（見「演講集」第二冊第五五七頁），伯爾拿雖才高而富有創解，然近代生理學之有進步，則多數是德國之功。其論德法英三國之地位曰：「生物學之一支派，則發起於德國，即肌肉與神經之物理學是也。英國之試驗生理學則荒廢，當法國之生宰活割及動物化學之風盛行之時，德英兩國爲生命學說所壓制而不重視，德國科學則進而研究生存之官器，（專研究蛙）以此項官器爲自然造成之器具，雖極其繁複，而仍然不過是機器而已，」云云。此是一八八○年所發之言。自是之後，生理學之闡理，頗有變更，最顯著者，則爲柏林，此地爲物理化學派之中心點。一八九九年，赫特易教授曾警告學者，勿走對方之極端，反對舊生命學派。其言曰：「若走極端，則對於生物之手續，陷於同等之偏見，同等之不適當，與偏執生命學說之見者，又何以異。……且以爲不過是化學物理學及機器之問題，並以爲只要能約化一

切變象爲動，使能受算學之研究計算，則眞實自然科學之能事畢矣，一云云。（見耶拿演講「機體學」第八頁）。至於其後雷文如何改變其早時之意想，即可以從其刊行之演講中，窺見其一二。以伯爾拿爲領袖之法國學派，向來並未誤入歧途，當活機體爲物理化學機器，此則由於馬戎第所發起之解剖活物，由於伯爾拿揭露膵（臟腺）液之工作，肝之肝糖功用，節制血管神經之功用，及毒物之效果。此皆新紀元之揭露。生理科學之大革命，若無生宰活割之法，則殊難有此重要揭露也。維狄曼嘗論及赫爾姆霍斯，謂赫爾姆霍斯原爲高級感覺及精神系官器與手續之機器物理派闡理之巨子，頗有先見之明，以爲必要有生宰活割之研究，然後能再有進步，惟其本人則不樂躬親其事。（參觀赫爾姆霍斯之「科學論文集」，威狄曼所製之介紹文第二十四頁）。皆以爲自然之事功，爲有用意，而以生物界爲尤著，此是生物之特色，此是其界說——此是生命之特性，然而科學意想則無所用之。〔原註〕伯爾拿後來之著作中有多處有生命之界說，其遺著「試驗科學」（一八九〇年第三版）中，論述尤詳。伯爾拿得最後之結論曰：「余以爲化學現象在有機體中，係由原動力或特別手續表現之，惟對於現象之純粹化學性質，則並無變更之處。……化學現象之原動力在生物體中，不僅發生化學綜合，而化學綜合實由此原動力組織成之。……此等原動物之最強盛最完善者，厥惟爲卵，以其含有胚種之原始小細胞，爲諸凡物體之製造原晶也。吾人無從知卵之如何創造，以其求自父母，而發軔之初，無從得見也。……一若生命圖之繪有各生物及各機官之圖樣然，……在其遵循之軌道，及有統系之次序中，彷彿有一不可見之主性而導引之者。……吾人於此應聲明者，斯乃構造生命原精之一種動力，或進化本性，蓋由卵之進化性而發生乳哺類，如一鳥或一魚，既非物理的，又非化學的。：：生命爲生物之主動思想或進化力，而吾人僅說明統一思想。在諸凡形態的或化學的變化之繼續中，其所成就，概由胚種，此乃生命自始至終皆如是者也。：：吾人雖能由進化的原理力，而判解生命，但於科學中，則毫無裨益，以其在物理力外，竟無施行其勢力之點，是應放棄原理界而以物理界爲基礎。來布尼茲對於此種界限，曾有說明如下，「一物體以機械式的發展，而機械定例在自然動作中，永不能強制破壞。若無物體，則在靈魂中均可變化，若無靈魂，則在物體中均可變化。」：：笛卡兒曰：「以原理爲設想，而以物理爲生活與動作

」。「此是哲學家問題，自然科學家可以忽略不論，至多亦不過用爲標記指示向何處追尋其特別之機械而已。自作者觀之，思想家對于生物界之個體個物所自居之地位，有若算學家之能知一代數問題，應如何解決之意，而本人則不能解決之。此人或者終身處此地位而不能解決：對于其機械構有完全之知識，而獨無算學之闡理。研究自然者，亦能如是希望將來終有明生命機構之一日，然而始終不能通曉其意。換而言之，即謂生命之機構，終有可以通曉之道；不過極其繁複生命之意想，則超越知識之外，不能通曉。學者可以不必耗其心力于生命如何發起之情形，不如研究保存生命之機器手續，如何能達到各種目的。如學者之于鐘錶，無

論如何研究，絕不能明瞭製此鐘錶者之一生事蹟，及當日如何製造之手續，姑不如研究眼前所見之機構。其力持命力之意想者，未必能有如是之承認。究竟利比喜之末年，赫胥黎之早年，及雷文之後來著作，是否承認自居如此地位，則尚在疑問也。

二六、達爾文學說與終極原因

讀者旣有上文之預備，則可以明白關于自然之用意一層。達爾文學說所引生物之新地位，卽是達爾文學說如何處置終極原因，及似若有用意之存在，卽天工之目的，而以自然創造活機體之目的爲尤要。

讀者宜記得，生物如何發現有規劃及用意之迹象，是另一問題，與生命之特性及其手續，絕不相干：並非一定是生物學問題。毋論何種機器，皆現有規劃痕跡，而並無生命。達爾文之自然淘汰生殖過繁，與其所發生之競爭生存，及最宜者占優勝，得以存在之原理，並非趨向于個體個物之生命手續之解說。此項原理，最多亦不過是一種統計之關係，是大羣中或過于充滿羣中之能自繁殖之生物中之特別變象其說預先設爲已有生殖遺傳及變異之事實存在；並非解說此諸項事實也。是以作者在上章討論達爾文意想並不在本章討論後文將發表達爾文亦承認有試求生物學解說之必要。

規畫痕跡不過是外觀似有之事，亦或有解說之可能，此則有賴于絕大規模之化育手續意想：個體個物有發現新發展之事，由是而漸變爲超羣之物，最後則進步更變爲盡善盡美；在局外觀瞻之人，得見此少數之生存之標本，則以爲是創新規劃者。據事實而論，此少數標本之存在，不過因無限若干之個體個物，不能達到長大完足之程度，競爭失敗而死。所存在者，卽此無限若干之孑遺也。此少數標本之體中，有其數處因犧牲他處而獨臻最爲完善，則能存在。在大羣中，則犧牲多數——受自然淘汰而獨保存少數：在個體中，則有一處或一部自然發達，而犧牲其他之發展。學者所謂目的（卽似若有所用意），發生于生育之手續，不過是較爲耐久，較爲良好而已。局外人觀之，則得有有意發展之印象，其實者同時發生，無

二七、自然結果說反對用意說

所用意于其間也。例如有一高山矗立，高過其旁諸山，獨無峯芒，美秀如畫，觀者以爲是天工出其選擇手段，鳩集最好物料，置于最能耐久之地位：其實是此高山之存在，不過是經過不可勝計次數之山崩地裂，偶然有一次質料較爲堅固，堆砌成穩固之形而已，否則由于四面八方之地層皆遭毀滅而已。所謂自然發展之目的及其用意，卽是其自能發生賦與之最能耐久之特性，因爲只有此特性，惟能犧牲其他而獨存：發展自有其自然結果，不關于用意。學者因爲思念及此結果，原可以追溯其已往之手續；然而毫無理由可以設想，謂是有獨立之存在，如建造房屋之圖樣，或製造儀器之求適于用。達爾文拋棄事先規劃之生長之說，而易以自動之乘除，稱爲『自然淘汰』；棄廢有意識之目的或用意，而易以優勝結果之意想。

【原註】赫克爾教授有各項之著作，以發明達爾文潛力之轉移自然科學，其最著者爲一八七七年在慕尼克對德國學會之演說，題目爲『發展學說』，（翻印於『通俗演講集』第二册第九十七頁）。其對於生物學主要問題，有較爲詳細之評論者，則有雷文之演講（一八七六年在柏林演講，翻印於『演講集』第一册第二一一頁，有頗有價值之附註）。在此演講中，雷文討論自然淘汰之原理，及下傳之普通學說，其爲學界所信仰者，或爲所反

對者，至何程度，且提及學說之尚有種種爲難。又曰（見第二二六頁），「生理學之最爲難者，卽是所謂推陳生新之力，及與此相似之自療之力，如受傷之自療，及受病處之自生界限，不至蔓延，其在最下級生物中，水螅之自分爲二，而每分仍成爲完全之水螅等類是也。此則不能從自然淘汰所能學者，吾人對於如此諸事，不能設爲有成造之例，以達其目的。巴士特及其他科學家所瞻察之破壞晶顆，不復能變爲完全晶顆，卽謂此與生物之能生新，能自療等手續相似，亦不能因是而使吾人較爲明白。此外尚有生物，因習練而能造完全發育，，尚未得主持自然淘汰學說者所重視』云云。

達爾文之意想，既有發展，及得證明，于是使學者多注意于生物學、及自然歷史、與自然經濟之研究，因知自然淘汰之變象，每一生物必與無限若干之相似物，或不相似物皆有極密切之關係，及密切之接觸；于是博物學家乃不能不在野外研究。此層已于上章說過。與此相似之意想——如在自然界內各區域之生命運行，及各種生物之互相依賴——在先已有其他學派，如利比喜等爲之發起。個人孤立之研究，如加特湼(Gärtner)、斯普棱革爾、胡伯(Huber)、拉布克(Lubbock)等之研究昆蟲，又如巴士特、部辛哥之研究微生物、及發酵、與受胎作用，俱能爲生

二八、組織及分個

物經濟學增加知識。于是生命問題，分爲兩層——卽團體或物羣之生命，與個人或個體之生命卽組織與分個是也。從此則發生兩大問題：一、何爲個物或個體。何爲個體或個物之合羣（或社會）？自古以來，生理學家習聞第一問題；經濟學家如盧梭及斯密・亞丹，則發第二問。今日此兩大問題，成爲生物學家之問題。生理學與經濟學，今日則相攜手。利比喜及柏爾曾聯合兩問題爲一；其所以聯合之意

二九、生物學及經濟學

及其理由，至今日而大顯，以其發現于生命之兩大特色——分個與合作是也。在達爾文之前之生物學家，大抵皆研究個體生命之變象，惟利比喜則注重于合作問題。生物學家研究胚胎學及細胞學說，則大有進步。上文討論形構觀及化育觀，已嘗提及之。作者今將討論此兩種學問，對于生命問題有何關係。

從前發起細胞學說者，顯然頗爲無機化學物之原子學說及結晶學說所潛移。及科學進步，則能發明原子學說結晶學說意想之不足。對于有機體之思想及推闡，與對于無機體者絕不相同。化學家物理學家之處置原子，不過當爲意想中

三〇、細胞學說

之單位，作爲一種有定比例之意想基礎，或作爲計算各力之基礎。生物學家，毋論其爲研究動物學或植物學，則以顯微鏡觀察生命物質單位之細胞——從前不甚用顯微鏡，其後始常用之，以爲化學研究化學家之單位，絕非吾人目力所能見；生物學家之單位，則爲吾人器官所能及。舉凡一切機體，皆能以顯微鏡分析爲相似之形構原料，稱爲細胞——細胞之形及其功用皆相似、學者得以利用之以分析生命變象爲數種，舉凡一切生物所共有之元始手續；較大之機體，及較爲顯露之生命變象，則作元始手續種種組合所成，此數種元始手續，發現深淺不同之共有之生命手續。類推于一國或一社會一團體，亦猶是也：一羣中之個人，其天性相同，各司其事，各執其業，其本能則有高下之不同，組合以成羣。先得細胞爲活物質之單位之意想，其後又揭露有單細胞之生物，其中之生命元素之原料，與最爲繁複之生物相同；生理學研究，于是聚合于一焦點。有此則研究生物變象之爲難，由是消滅，亦猶之化學家之有原子價之意想，及化學物之飽和溶量也。學者試比較第十九世紀中葉之生物學著作，與該時期以後之著作，則見其有極大之不同。若比較從前米勒之生理學及近今福斯德所著之生理學，則頗有益于學者。米勒之作，是一千八百三十餘年間進步至于極點之作；福斯德之作，則爲其後三十餘年間之作。第一部生理學有極長之介紹文，討論普通生理學；第二種則有較短之介紹文，討論活變形蟲之生理本性。【原註】遠在一八三五年，貝爾曾經指出，謂研究小動物，能使學者之闡理革命。其「演講集」第一册，第一〇九頁，有言曰：『九十年前，有一博物學家揭露hydropolyp是一種甚小之黏蟲，小如椒粒，無頭，無五官，無肌肉，無神經，無血，無生殖器，而能得資養，能生長，能覺，能動，能繁殖——若分裂之，每分又成爲一完全之器。此博物家不憚煩難，瞻察此物九年。若知其事者，不免以此君爲有稚氣，以爲此微小之物，不値得作九年之瞻察。然而此不憚煩難無或稍懈之瞻察，漸漸潛移生理學及醫學。在座諸君，若困於病榻之時，不知得有多少此種瞻察之益，將來所得者，尙不知有幾何也。凡曾經小心研究生理學之人，必能相信，因有特倫布里(Trembly)之瞻察小黏蟲，然後有生理學之大改舊觀，因有普通生命見解之改變，然後改變官覺學說，及血運等等學說，其能力尙方與未艾也』云云。此變形蟲是單細胞生物，作爲所有生命變象之模範。第一部著作，蒐輯各種哲學及抽象融通之說；書中有生命之普通討論，亦研究元力、及動物植物生命之區別、等

第十章　以生命觀研究自然　二百二十九

等問題。第二部書則討論最單簡之生物之生命，全書只分數章。其融通之說，變作實在可能瞻察之榜樣。此種由抽象而變作實在，由意想而達到物之本身之改變，則大抵由于米勒時代有界限清楚之意想，漸漸發展：例如細胞學說，及較為博大之個體之學說（包括于『代謝』名詞中），及與分工相干之纖維分化學說是也。細胞學說及個體之變，已先有司旺之顯微鏡研究露其端；纖維分化，則追溯于貝爾之胚胎研究，其後因有達爾文生物競存之意想，及物形與功用，因是而有偏向之發展之說，學者由是更注重于纖維分化。以上共是三宗學說；第一第三，作者已于上文論過。細胞是活物質之形構單位，分化之手續，則從考驗發展程度不同之死胚胎中見之；分工之意想，則流露于達爾文學說之各前提中——卽變異及過于繁殖之事實是也。至于『代謝』之說，則與生命手續有最親切之接觸，此章當有專門之討論。

凡每一活機體中，有物質及工能之連接不斷之交易或循環之意想，及一切

三一、司旺

活機體之形構單位之作爲模範之生命手續之在細胞中之研究，似是由司旺所發起，（原註）司旺曾致書於雷文，論及一八四〇年間普通生理學如何改變，及本人與此改變有何關係。此信見於雷文所撰之米勒傳讚之附註（變翻印於「演講集」第二册第一四三至三三四頁）。此信有重要之歷史關係，讀者應並取伯爾拿之報告（曾見上文第三八四頁原註）同讀，因此報告載有專從法國方面對於此大變動之歷史之見解。本書所引者，即司旺信中之言。信中司旺自謂，其量度肌肉收縮，與其所能任之重之關係（在一八三六年）爲第一次以算學測算生命變象。此種對於生命變象之純粹物理學觀，並不爲米勒所採用，隨後相繼發起之細胞學說亦然。司旺又提及其所著之「顯微鏡研究」之第三分部，其中有拋棄生命觀之議論，只承認在人類（以其能自由之故）有一種非物質之要素，並聲明其因有此設想，以自別於物質派。具見于其一八三九年刊行之顯微鏡研究。第十九世紀之後半期之組合生物學思想，使歸一致，及約化複雜學說，使變單簡，皆以此作爲根據，以別于前半世紀。研究細胞之成造、生長、分裂、及在物質變化與輪換功用中之保存其形，此即成爲生理學之緒論。試以近日刊行赫特易所著之細胞論，比較從前米勒所著之生理學之介紹文，則知五十年間之變遷矣。且當司旺時代，並未完全發明動能與位能之能相互易之說，吾人不能不尤爲讚美司旺之預言。司旺不獨以細胞爲舉凡一切活物質之形構單位，且能見及『細胞之成造，必是生物發展之普通原理，此外不能更有其他原理。』在其所著之顯微鏡研究第三分部中，卽以此機體學說之根基明白表示，拋棄根據元力，謂有用意有目的之各項解說。由是發明『活物質之生長，未嘗無以物理學為解說之可能。』其持此議論之時，『利比喜尚未以活纖維中之化學變化，教生理學家也。』司旺學說，當時只為米勒、及其他生物學大家為部分之採用。司旺之見解，俟有後起之『工能循環』或『力循環』（物理手續）之說，加于較早之『物質循環』（化學手續）之說，然後能有大發展。生物化學應有生物物理學以為之輔助。後來之較為正確、較為詳盡之學說，則先已為司旺所見及，于是介紹一希臘字 metabolê （代謝）于其學說中。

三二、物質及工能循環

【原註】雷文嘗謂（見其所著之「演講集」第二冊第二二〇頁），自米勒刊行其大作之後，此是生理學所得之第三進步。第一是細胞學說，第二是機械物理方法，此兩者大抵皆仰賴於司旺。此作恰發現於未受達爾文大潛力之先。赫爾姆霍斯所介紹之意想，能使力之意想較為清楚，雷文謂「此是植物動物之「物質循環」說之鍵。」「物質循環」名詞，頗習見於第十九世紀之德文生理學著作中。當司旺未用「代謝變象」名詞之先，作者在

三二、代謝學說

英文著作中，不見有普通公認採用之名詞。代謝名詞，大約是福斯德爵士首先所用，現時之英文著作，及繙譯之作，巳通用此名詞矣。司旺之「顯微鏡研究」，其中有一段曰（息登哺學會譯本，第一九三頁）「細胞成造之變象，可分爲兩自然部分。第一，關於分子組合以成造細胞者，此則可稱爲細胞之成形變象。其二，則是化學事工之結果，或在本細胞之原料微點之內，或在包圍之 cytoblastema（造成生細胞之原料）之內，此則可以稱爲代謝變象」云云。讀者將來即見得代謝名詞，用得最好，因爲其在上附加一字，即可以指出上升及下降手續。此升降手續，即有機體原料之元形質之特殊之變化，而外國則不甚喜用此名詞，殊爲可異。法國早已知有此項升降，爲生命手續之特性，則用成毀兩字（布郎微爾所用），或用組合析離，兩名詞（此是伯爾拿所用）亦有用同化，異化，兩名詞者（參觀伯爾拿所著之「生命現象論」第一冊第三十六頁）。又得拉日所著之「遺傳論」第五十三頁有言曰：「英人替代此名稱，以極有意味之詞，如營養，同化，異化，等術語。英人以爲頗美麗，採用之者，異常踴躍此即細胞代謝作用之術語學也。」

福斯德教授之選用此有用之能包括之專門名詞，使通行于英文生理學著作中，置于其生理學之卷首，實爲有功于學界，因其能使學者得有較爲詳細之活物質之元始功用之實寫，勝于屈費兒所用『漩渦』之舊名詞。司旺注意于『代謝，』較重于細胞，此爲司旺之特長，不得因爲後來代謝之意想，與從前不相同而少之。今日之細胞，與司旺之細胞意想，大不相同。此位生物學家所明定界限之細胞膜、細胞核、及所盛之細胞汁，今日則無存在，只有細胞之內容，摩爾稱爲原形質；時至今日，不能以生活手續，作爲一界限分明之機器之功用。今日所注意者，尤在乎原形質之元始性，只有其中所藏之核爲分化之部分。從前之細胞意想，自經有此破壞之分析，其效果卽爲破壞一種意想，以爲毋論何種特別細胞或官器內之生活手續，是其組織之結果，卽謂一器之功用，全賴其各部分之部署及組合。此種學說，至是不能成立。今特別欲使學者注意者，先要明白手續之性。福斯德教授之言曰：『學者對于眼所能見之特別細胞及器官，只當作爲機械觀，只用以修改原始動作之效果，並非能規定其元始發展者』云云。【原註見第九版『大英百科全書』第十九冊第十二頁，福斯德教授所著之『普通生理學』條下。與此問題相關者，科學家常引赫胥黎早年所著之評論，題目爲『細胞論』。其言曰：『細胞並非發生生命變象者，亦如海濱之螺殼等，非太陰對於海洋所施之吸力所用之工具。海濱螺殼，不過表示海潮所至之處，細胞亦不過指明生命之潮所至之處，與其如何動作之情形而已』（見一八五三年『英國與外國之醫學評論報』，翻印於其『科學筆記』第一冊第二七七頁）。從赫胥黎之說觀之（此說後來更有發展），細胞者，不過指示之標幟，而非生命變象之器，亦不必一定有組織在其先，亦非已成部分之效果或結果。當時所用文字，謂命力或元力是分子力。既引赫胥黎之說，更應引四十年後生理學大家，耶拿大學教授未爾旺（Verworn）之說。其言曰：「活機體與無機體物，並無根本不同之處，則爲已證明之事實。惟是活機體與無機體物之相反區別，則爲惟活機體有數種極其繁複之化合物，其尤要者，爲窒素物（proteids）』（見其所撰之「普通生理學」，一八九九年，李君英文譯本第一二六頁）。「吾人能將所有一切討論，作爲結束，一言以蔽之曰：「生命手續，即是窒素物之代謝。」若此言是眞確，則所有生理學研究，即是在此內之試驗，即是追尋窒素物之代謝詳細情形。認明各種生命變象，爲代謝之發現，生命變象之必是代謝之結果，亦如無生命物變象之必爲其化學及物理學之變化之結果，』云云。（同前，第一三六頁）。

三四、形構元素結構之分析

第十九世紀後半期所通行之生物學說，吾人能追溯其兩種思想之由來，爲發起于司旺所撰之顯微鏡研究第一派可以稱爲生物學之形構派，或結構派，以細胞學說，或修正之細胞學說爲根據，欲以元始部分之結構，解說生命之根本手續。惟是以極有顯大力之顯微鏡，及最費事之染色所窺之活物質，仍能刺戟、收縮、及代謝（即謂仍能變形，仍有化學之變化），則研究活物質之元素之元始結構，只能以間接方法，或以臆測結構化學及立體化學(stereochemistry)，亦用同等方法研究用原子、分子及動力學說，居然能將吾人之化合知識，使有秩序，使歸一致。形構派或結構派生物學家意像中之分子結構，比于凡特荷甫之四面體之炭，或克古列之炭化水素（又稱偏陳）環爲繁複，然而成造之原理則同；及其意像中之組合愈繁則其勢愈不穩固，生物學家最後則達到一極其繁複接連變化之一種化學結構，卽臆度以爲如是結構，或可以作爲生命手續之起點，卽組織之元素。據作者之所知，則此種意想，似是斯賓塞首先介紹于生物學著作，稱此活物質元素爲『生理單位。』其後之生物學家屢屢修改此種意想，各人創造新名詞，以稱此項生命元始單位，希望從此可以造成多數之能瞻察之植物動物之原形質纖維、及細胞纖維，亦如阿羽伊之以分子建造晶顆。著名植物學家內革利之結晶細胞學說，有此種意想之繁密分析；德國有多數之著名生物學家頗喜之，作爲暫時處置各問題之辦法。生理單位之意思，顯然又發生兩派之研究，其一方面，則以

三五、有機體物之合成

人力在試驗室中漸漸造成多數活機體中之穩固化合物，爲入手之方。自從一八

三六、達爾文與牛頓之比較

二八年味勒以人力造成尿素之後，人力之合成物極多。柏德樓曾發明生物內容之較爲單簡之化合物，皆能以無機化學手續造成之。其後較爲繁複之物，亦能受此種合成之法之範圍。赫特易之言曰：『此後吾人之化學知識更有進步，則能以人力綜合法，造成蛋白質諸物』云云。【原註】見赫特易所著之「細胞論」第十六頁。奔治有言曰：『吾人已能從元素中以一原子對一原子，用人力造成有機化合物，其中且有極繁複之物。其餘之物，卽使其爲最繁複者，將來亦能造成。此則殊無可疑者，不過是時間問題耳』云云。【原註】見其所著之「生理化學」有英文譯本，見第三一三頁。惟是化學家在試驗室造成此種化合物之方法，並非自然造生物之方法也。人力造成之化合物，似若與自然所生成者相同，而實有極重要之分別。【原註】作者討論及此，則與一極重要之點相接觸，近來新著作，無不注重於此事者。伯爾拿在其所有著作中，無不特爲注重於生物之手續，與有機化學家在試驗室所用之手續，有根本上之大分別。此兩種手續雖往往發生似若相同之結果，然而有不同者在也。伯爾拿曰：「偏生物在其生命表現中使用之力，不屬於自身，而完全歸入普通生理化學之定例中，其則其表現力之工具及其方法，必爲生物之專有品。所以有機物純由細胞與上皮細胞，及筋絡與神經，以構成原質，方能表現其理化或機械之現象，

十九世紀歐洲思想史 第一編 下冊
二百三十八

也。而生物所施之方法，純係自身之機官工具也。是以化學家在其試驗室中，僅能仿造自然之生成物，而終不能效其方法也。此因其不能創成該力之原始工具耳。總之有機生物所有之機關部分，均有一本有之形態也。」（見其所撰之「生理學報告」，一八六七年版，第一五頁）。在極近時期，奔治嘗曰（「生理化學」第三一三頁），「凡吾人之人力合成，只能用特種之力及方法，然而此特種之力及方法，絕非能用於生命手續者。例如極端之大壓力，極高之熱度，極濃之金石酸，自由之氯氣，凡此皆能立刻殺害活細胞者。……可見動物體中，另有完全不同之方法，以達相同之目的矣，」云云。關於此點，波昂之有名生理學家普夫勒革教授(Prof. Pflüger)，曾於一八七五年，發表一極有意味之理想。未爾旺之「普通生理學」，有詳盡之討論（見第三〇四，三一一，及四八二等頁）。此學說根據於蜻氣在生物體內之作用。窒素爲與生命不能相離之物，普夫勒革即以此物之根本特性爲起點。食物中如雞蛋白之類，則有此定形之窒素。惟是此窒素與活物質內容之窒素不同。其在活物質中，則爲不定形，接連分解。此分解，則由於窒素分子有氧氣。此項在分子內之氧氣，是接連呼吸所取於外者，能化較有定形（或穩勢）分子，爲不定形易於變化之分子。於是再爲進步之研究，以活窒素分解之結果，與用人力分解死窒素之結果相比較，普夫勒革歸結於因活窒素有蜻氣，以解說其所以不相同。其言曰：「取食物之窒素，以造成細胞物（即活窒素）之時，氮氣之原子，與炭之原子相化合，與窒素相似，此時則發生大熱，」云云。蜻氣原是根基，有極多內工能以之加於活分子，即是加有力之內動於活物質。此學說之意味，在乎能使學者關於活物質之如何發生，造成一種意想。於是又發生一問題，蜻氣又如何發生耶？學者已知蜻氣是成於白熱。普夫勒革又言曰：「誠如是，則或者當地球之全體或一部分，在極熱時期，造成此各種蜻氣化合物，此則顯而易見者。：：學者若想及地面從極熱時起，不知經無限若干年，始能漸漸變冷，蜻。氣：及其他有氫氣及炭氫類之化合物，則有機會縱行其變化之趨勢。：：其先得氫氣之助，其後得水與鹽之助，變爲自能毀壞之窒素，即活物質是也。：：第一窒素發生，即是活物質，其所有根基，得有以極活潑吸收同類原料之特性，以化學法加於其分子，由是生長，以至於無窮，』云云。據作者之所知而言，惟有此學說可以解說得通，從前地球之熱度極高時，如何能有活物質之存在。

另有一研究法，則爲用顯微鏡及化學法，再進而分析現在之生物之纖維，以求知其是如何造成。此項研究之結果，則發生多數學說，如原形質構架學說，沫形學說，細線學說，小粒學說；此外尙有爲活原形質作爲界說者，謂原形質爲由多數比其較小之結構單位結合而成之團體，而稱此種單位爲『有生元質』(bioblasts)。用此兩法——即合成法及分析法——生物學家庶幾可以嘗試走近生理單位，即生命手續之臺壘。【原註】以上諸學說，皆見於赫特易教授之「細胞論」（英文譯本第十九等頁），其中之內革利結晶細胞學說，部契利(Bütschli)之沫形學說，阿爾特曼(Altmann)之有生原質學說，皆有極詳，盡之討論，得拉日所著之「遺傳論」亦有之（見第二九九至三一〇頁）。未爾旺（「普通生理學」第八十七頁）則尤注重於沫形學說，根據於琴克教授之研究而成。未爾旺之言曰：『學者所屢屢瞻察之原形質結構，有沫形學說，則能完全澄清學者之意想。：：從此新近研究之結果觀之，則可畫出原形質之結構。原形

十九世紀歐洲思想史 第一編 下册 二百四十

實是以一塊物作底，往往是純淨物，大多數則是極細•與沫相似，或如蜂房，藏有多數或少數之實體或小粒。在此沫形原形質中，所有小粒，皆居於似沫空胞相連之角上，永無在胞液中者，」云云。有數位生物學家，謂此種實寫原形質結構，其實並無用處，散得孫之言曰：「活物質之動作，由於其結構，皆是根本原理，學者所應抱持者，不過要用結構名詞之廣義，出乎解剖研究之外，在乎用顯微鏡及解剖刀所得之知識之外，」云云。（見一八八九年散得孫登於科學提倡會報告之演說，第六〇七頁）。

三七、物理學方法

雖然，研究生命變象之學者，尙有第二路可行，此可稱爲『物理學法』，與『結構』學說相反背。化學家及物理學家，先發起力學及能學之普通動律及變律，其後則用于特別問題，例如物理天學及電解與溶液。生理學家亦可以類推，細究所有一切生物之公共手續，其細胞纖維，或器官之手續，則不過當作前項普通手續之推用。如是則結構生物學只是生命之手續圖說，並非生命手續之解說，亦如結構化學之只作爲圖說：特別之結構，或特別器官，是手續或功用之結果——並非其原因。福斯德教授有言曰：『學者可以將生命由于組織、或由于結構情形之機器結果、諸學說，一切拋棄不顧，但求將生理學置于與物理學及化學所居之同等地位，將所有一切生命變象，作爲是物質所發現之根本特性之繁複效果；此項物質，或因其本性，或因其存在于特殊情形中，由是而稱爲活物質」云云。【原註】見「大英百科全書」第十九冊第十二頁『生理學』條下。學者又宜參觀散得孫教授於一八八九年間在科學提倡會演說（見報告第六〇四頁）。其言曰：『近今十年或十五年間，研究纖維法，已至於極完善之地，難以望再有進步。以三十年前之此項研究，與今日相比，則粗疏極矣。從前之所謂絕妙手術，以今日觀之，則粗笨矣。然而今日尚未能達到目的，則與三十年前同推，將來吾人力量之所能至，顯微鏡研究之效果，則亦與此時相同，所得者，仍不過爲外露能見之符號而已。已有較好之預備之後起者，必要另闢途徑，以求窺見生命手續之秘，』云云。（見第六〇八頁）。

三七、活物質之性

是以此派生物學思想家，不以臆度手續，以求深入于生理單位之境，而從事建築，只限于單簡完全實寫活生物之功用。【原註】散得孫教授之演說，謂此是折回從前舊地位。其言曰：『此種改變方針，似與向來之生理學異趣，其實並非異趣也。若追溯各大進步之歷史，吾人即知承認功用，在得有結構知識之前，在未知肌肉結構之前，早有哈勒之刺戟之揭露，並得其效果『（第六〇七頁），『……新近之研究腺細胞功用，在德國則有海登亨教授(Prof. Heidenhain)研究所得之效果，在英國則有關格力之功業，由是而揭露此項細胞，由寧靜變活潑時，所經過之結構之變。此外又有加斯刻爾博士(Dr. Gaskell)新近揭露極重要之功用不同之腦脊神經之結構之不同，』云云。（同前）。生理學方法及其闡理之所以有如是重要變更者，則由於承認單獨之結構，而有多數之功用也。

此宗原則，最爲伯爾拿爲代表之醫學之試驗派所注重者也。福斯德教授之言曰：『伯爾拿曾證明在動物經濟中，肝臟不只有分泌膽汁之功用也。有此證明，則立刻推倒當時通行之學說，謂動物不過是一束器官，每器官各司其事。此項意想，原能縮小研究範圍，因爲只要求得某器官所司某事，則大功告成，不必再行研究矣。當時之生理學研究，頗推行此項意想。闡其說者，莫不以爲生理學已無研究之餘地，只餘研究此時所未發明之脾之功用而已。及揭露肝臟有肝糖之事，則所謂功用學說，完全掃地矣』（見福斯德爵士「伯爾拿論」第九十頁）。試驗法與解剖法，有不同之點，因試驗法是試驗活生物。福斯德爵士極注重於此點。參觀「大英百科全書」第十九冊，其所撰之「普通生理學」條下。

三八、環境

學者首先所遇之事實，即是生物不能有孤立之存在，依賴其所處之環境及其他生物；此各種生物，雖與之相似，而不能相同，有時且有大異于彼之特性。拉馬克即由如是之意想，以指導其研究生物世界，及前人所從未注意之生物之羣居，因知研究每種生物，其環境之潛力甚大。一切活物質又有一種特性，即是以充塡法吸四圍之物，又能以分裂而生長繁殖，拋出自體之一部分，有時作爲有用之分泌，有時則爲拋棄之渣滓。此種特性，發生雙層效果：一、每一生物皆改變其環境；二、發生同類之社會，及後過于繁殖，則有自然淘汰，既要遷就環境，亦要彼此遷就。（原註）生物之彼此相處，及其對付環境，此得以兩法觀之。最好是以人類社會之區別，因人羣社會，發露兩種變象，其一爲合力共作，其一爲競爭。合作則要和諧，競爭則要相反抗。法國學派，如拉馬克，布耶微爾，伯爾拿諸大學派，則專注重於合作，英國之馬爾薩斯，達爾文，則注重於競爭，各發起其討論；而不相爲謀。伯爾拿有言曰〔「生命現象」第一册第六十七頁〕，『生命之四圍狀況，及有機物之原始構造之間，有一種衡突與密切而調和之關係。而有機物之發展與維持，並非由衡突而反對萬物之環境之合宜與和諧也。：：全世界之構造，如均妥洽，則萬物無不互相調和而適宜矣。生物之構造，豈獨異是哉。蓋生物既不斷絕和諧關係，則於世界普通之力，亦無齟齬之處，且與萬物亦莫不一致，而動物之生命，較諸世界萬物之總生命，猶一粟之於滄海耳。』

達爾文所發明之異變及發展手續，漸漸爲人所公認，爲一切生長繁殖生物所有必然之特性。至于生物轉移環境之潛力，學界則有賴于法國生物學大家伯爾拿之內界居間之意想，〔原註〕伯爾拿之生物學，雖無有大力，潛移當時德英兩國博物學家著作之下傳學說，及發展〔天演〕學說，然而讀其所著之「生命現象」第二演講〔見第一册第六十五至一二四頁〕，則不能不令人追念拉馬克之意想。拉馬克曾發表其意想，謂生物之階級愈高，則依賴外界環境之處愈少。〔參看上文第一百十六頁第十一行〕。伯爾拿「生命現象」第六十七頁有言曰：『由生物與世界環境間關係之情形，得以判明三種生命之狀況，視其與環境完全有密切關係者，或其關係較少者，或其關係有若無者，而規定之如下。一，隱藏生命，即不表現之生命也。二，往復生命，即發表生命之變化，而依賴於外界者也。三，定準生命，即表現生命之自由，而不依賴於外界也。所謂『隱藏生命』者，，如植物之子，如卵，如乾生物，酵母，麴等類是也。往復生命，則植物皆是，在動物中，則所有無脊骨類，及有脊骨類中之涼血動物，皆是也。凡『往復生命』，皆賴四時，如寒冬及暑夏等等是也。高級動物之熱血者，則有一定之熱度，則與第二類不同，不受外界環境，而受內界環境，內界或居間（見前書第一〇四頁）。惟是此第三類之初有生命時，在卵形時期，則爲往復生命。伯爾拿論定準生命（或高等動物）曰：『對於動物之實有兩大界之說，首先劃切言之者，似余以前無其人焉。所謂兩界，卽內界與外界是也。位置有機物之所在爲外界，以組織元素生存之所在爲內界，而生物生存之經過，並非在外界中，如空氣生物之在空氣中，水中生物之在水中然，乃在組織解剖原素的循環器官液所組成之內界液中，如淋巴或原形質之在血液也。蓋高等動物血液浸入組織中，而締造居間液質之全部，卽各局部營養之明顯意義，亦卽諸原質交換之源流也。又複式機體，應視爲多數單簡生物之集合，卽解剖原質生存於內界液中者也』（第一一三頁）。意謂凡生物結羣，必自行創造一種羣內之空氣。凡較大之生物，皆成爲極繁複之社會，不獨有賴于外界之環境，且有賴于其日受浸灌之內界之居間。伯爾拿發明一極妙之融通之說，不以血爲活纖維，而以爲是傳遞生物之活纖維，以爲是內界之居間，其與纖維原料之關係，亦如外界空氣之與全體之關係。

三九 內界之居間

此項人造居間或空氣之功用不一，其最重要者，是使一種特別元素物，能達到機體之各活細胞或纖維。此特別元素物，卽氦氣是也；若無氦氣，則高級機體似是不能生活。是以作爲界說，謂生命卽是化焚，當拉瓦節與拉普拉斯試爲解說動物體熱之理時，卽有此界說，其後仍用此界說，不過措詞不同耳。自拉瓦節以來，第十九世紀科學漸有進步，科學家漸漸證實氦氣功用之重要，同時並發明在活機體中化焚之結果極爲繁複，並發明生命手續、原是化學手續，惟與試驗室之化學手續、絕不相同耳。伯爾拿之言曰：『試驗室之化學是化學家用所製之儀器，及所預備之化學物，以發生化工，生物之化學，則用自己所製之儀器及化學物』。【原註】伯爾拿「普通生理學進步報告」，解釋尤爲詳博，其一三三頁，以下有言曰：『理化現象之經過生物體中者，如其性質與定例，及生成物等，均與其經過無感覺物體中之理化現象，完全相同。其所異之處，僅在發現之方法與機關耳。……吾人已經證明在生物體中自成之多數現象，僅在有機物之外，或礦物中，均能以人力仿造，所不能仿造者，生物之方法，與專門工具是也』（第二二二頁）。生活物質之最大事功，其一則爲製造氦氣，其一則爲儲藏及分派氦氣。綠葉植物有含葉綠素之細胞，一受日光，則能化分極頑固之炭酸（此是動物植物所吐出者），使分爲自由氦氣及自由炭質，扣留及運用此炭質，以造成繁複之炭輕類，此則學者所已知者。有脊骨動物之紅血輪傳遞凝聚氮氣，【原註】見奔治「生理化學」第二七五頁。經由所有器官，若有需用氮氣者，則供給之，此亦學者所已知者。然而葉綠素之實在化工，則科學家尚未能明白。【原註】奔治有言曰：「在植物生命中，鐵之功用，頗為重要。吾人已知，若無鐵質，則不能造成葉綠素小粒。若使植物生長於貧養液中，而缺鐵質，則生無色之葉。若加鐵質鹽於植物之根所在之液中，則葉色變綠。有時只需用鐵質鹽液，擦於無色葉上，則受液之處，亦變為綠。而葉綠素本體，則並無鐵質。科學家尚不明白，鐵質如何能使樹葉變綠（見奔治之作第二十五頁。）又宜參觀赫特易之「細胞論」第一五三頁。奔治又言曰：『至今科學家尚未能以物理學之例，解說能使血運之心臟及肌肉膜之功用。【原註】見奔治所著第七頁，又第二七五頁。

達爾文所介紹，用以解說生物之不同及其用意之自然淘汰學說，最能解說多數生理變象，有非其他學說所能及者。細胞學說、則以活機體為自能遷就之個體單位或細胞之社會為環境【譯者註】或處勢所迫，分化成各形，而各司其事。既有達爾文之學說，及細胞學說，頗能使生物學家擺脫生命學說，因自從陸宰及雷文置創生及成造之潛力于機器之外，（亦如製鐘錶者之居于鐘錶之外），由是生命學說又復活。看鐘錶之人之所以惑迷者，與看生物者同，其所疑惑者，即是眼見是明明有規畫，明明有用意，以爲若無規畫，若無用意，則不能成造也。【原註】『學者所欲解決之大問題，即是生物界之顯而易見之有用意也。物種之往往變爲新種，或以有內力，可爲解說，惟是其如何能自遷就較爲適合於新環境，則絕不能明白』（見魏司曼所撰之「遺傳論」英文譯本，第二五七頁）。今有學說，謂結構初發起時，有自然選擇及自能乘除之手續，以發生所謂目的及用處；生物學家得之，則如釋重負。【原註】參觀雷文演說，題目爲『達爾文與加利阿泥(Galiani)比較論』（見「演講集」第一冊第二一一等頁）。其言曰：『學者之欲窺見造化奧妙者，其爲難即在此。毋論何人，不以舉凡一切動作爲偶然，毋論何人，只要稍想及是何用意之問題，無不陷入近今已無人理會之偶佩力所著之「自然神道論」者，其追究愈深，思想愈能獨立者，則陷入愈深。……生理學家之爲生理名詞立界說者，誠可以謂是生物由內界理由而發生之變化之科學。……不旋踵則又討論器官之功用，成造，動作，及用意矣。學者不知何時始能廢除自然之有用意，而以不得不然之勢，以代終極之原因。今一旦有廢除之可能（離之可能廢除，之時期尚遠），自是思想世界之極大進步，爲處置諸大問題之新紀元。思想家之欲解決世界問題者，得此則可以稍減其痛楚。世界只要有博物哲學家之存在，則達爾文之榮名，永垂不朽矣，』云云。（見第二一六頁）。此學說即解說自然手續之與賭博略同，設騙局之賭棍，用假骰子，則屢次搖得對子；自然則不然，不用假骰子，亦能往往搖得對子。此學說又能使博物學家及生理學家，運用終極原因及用意，不作爲解說，而作爲指示從何處求機器的相關。魯教授有一著作，名曰機體內各部分之競爭，最爲達爾文所歡迎，以爲近年來之討論發展者最重要之作此作是以自然淘汰學說，討論機體內各部分自爲乘除之最早之作。〔原註〕此作刊行於一八八〇年達爾文致羅曼內斯書中，曾言及之〔見「達爾文傳」第三册第二四四頁，一八八一年四月十六日〕。在此書中，又提倡以此法討論植物生命，及其結構。此作曾翻印於其「機體機械發展論叢」一書〔一八九五年來比錫版，共二册〕，有一饒味之序文〔第一册第一三九等頁〕，又有許多史事及批評文字。此作發生於德國最早之達爾文學派，赫克爾，普里厄諸君，即此學派之代表也。此作極能啓悟，而激動多數之辨駁，討論生物學之根本問題，而得多數新說。達爾文所發明之競存學說，曾氏則推用生物內裏之分部競爭。雷文大約同時刊布其著名之演說「練習，運動」〔見「演講集」第二册第四〇四頁〕。英國以不甚注重於曾氏之作，曾氏以爲由於羅曼內斯在「自然報」中，無得力之發表〔「自然報」第二十四册第五〇五頁〕。且其中誤以曾氏學說，與斯賓塞之直接平衡意想相比較。湯姆孫教授在其所著「生命科學」中，頗稱此作之重要〔見第一三八頁，及第二二九頁〕。有評論家稱曾氏爲器官派，此派在法國則有伯爾拿爲代表。曾氏派之議論，謂生命變象爲兩因子之作用，一爲組織，二爲環境。達爾文以自然淘汰及其結果之境化諸說，

四〇、機體內之自然淘汰

用於生物之社會，晉氏則用於個體之組織，每個體自成其為一個小世界，即有自治能力之多數單位之社會，例如細胞是也。是晉氏比器官派再進一步，以達爾文所闢之途徑，研究機體之發展（即其化育）。是以得拉日謂晉氏為發起新器官派。其言曰：「余以為器官之說，始於笛卡兒（在一六四二年）而比沙與伯爾拿繼續行之，迄至晉氏（在一八八一年），則將該學理深為改善之。其所依據，雖自同一原質化出，而世人均視為最嶄新之學說也』（見「遺傳論」第四〇八頁）。在近日生理學之新著作中，自然淘汰手續之意想，已為學者所熟知；惟是若在博物學中，在植物及昆蟲生命中，其間仍有非常之自然淘汰之事實在，而並無所謂有用意之機械在，且學者則更為『活細胞似有自治之功能』所迷惑，而不解活細胞因有此項功能，則『能自擇食物，棄其無用者而取其有用者。』【原註】參觀科學家所常引而極有意味之令德夫來士(Rindfleisch)教授之演說（一八八八年在符次堡）名曰「醫道哲學」，（第十三頁）此外又有所謂『遨遊細胞，是機體派遣出外，專在消食管內吸收食料（以吸收脂膏為最著）帶回血內，或吸收有毒之微生物，以一種手續泡製之，使變為無毒。』學者對于此項事實，又將何說耶？【原註】見令德夫來士著作第十五頁。此種手續，絕不能以機器物理化學為之解說；達爾文所謂『自然淘汰，』既能解說多數秘奧，從此又發現多數新祕奧。【原註】關於此問題，作者自應提及查普教授(Prof. F. R. Japp)之演說，題目是『立體化學及生命學說論』（見一八九八年『英國科學提倡會報告』第八一三頁）。此論發生多數評論。巴士特嘗揭露某種結晶之有機物之鹽液，有左右轉之特性（已見本編上册第五章四七節）。查普所演說者，即是此事。其言曰：『巴士特謂不勻稱之有機化合物之成造，為活機體所特有之能力。動物生物之纖維之多數原料，如窒素物，及細胞膜質，皆是不勻稱之有機化合物，』云云。巴士特嘗試驗發酵時，曾見『不勻稱之活機體，選擇一種特別不勻稱者，』其時此液中則有兩種合掌相等（即相等而有左右別）化合物，而彼活機體則『只選其能養已者，而遺棄其他，有時是完全遺棄，有時只略取之而已』（見第八一七頁）。查普教授於是討論巴士特所謂『化合物之發現極性者，非從有生命物中不能得』（見第八一八頁）。此是巴士特力持之解說，常對於著名之反對家者論辨護，往往有人反對，似乎已為斐西耶（愛彌爾）教授之解說所推翻，又有永夫來士(Jungfleisch)之合成葡萄酸，隨後化為右轉及左轉之酒石酸所推倒。查普教授於是論曰：『由此觀之，是有大多數之化學家，皆主持以上所云之合成及分析有光學性之化合物，皆可以直接或間接從無生命物中做到矣』（見第八二四頁）。查普教授及愛丁堡布拉文教授，則皆持異說，因為查普教授謂，當在先前幾級之手續中，已除外生命之動作，一俟試驗者挑出該兩項合掌相等物時候，又將生命之動作引入，一如永夫來士之所為。科學家取以作生命之界說，又有生命之一種特性，即活物質有極端之動之能力。

四一、活物質之能動

學者常謂活物質與非活物質之大區別，即在乎活物質有動力之平衡勢，非活物質則有處靜之平衡勢。此項大分別，最爲雷文所堅持；學者固仰賴雷文以增加多數之活潑神經部之物理學及化學之變動知識者也。活物質之此項動力平衡勢，前人有以激水或漩渦之改變其質而不改其形，以爲解說者；若以較舊之有機體與無機體之分別，與動靜不同之分別相比較，則舊說渺乎其小，可以不必置論矣。〔原註〕第十八世紀之五六十年間，頗有應知何立生命界說之討論文，在德文則有雷文之諸作（見「演講集」第二冊第二十五頁），在法文，則有伯爾拿諸作（見「生命現象論」，其最要者爲第一冊第二十一等頁），在英文則有斯賓塞「生物學」。伯爾拿及斯賓塞，頗詳愼研究較早之著作家所立之界說。讀者若欲對於此大問題，求得明白知識，則宜取此三著作，讀而又讀之。雷文之生命界說，則受柏林派之生理學所潛移。此派之中心點，則在於赫爾姆霍斯所撰之工能常住之說略。伯爾拿之生命界說曰，「生命卽是創造，」云云。組織及拆毀，爲生命手續之兩方而，組織及環境，爲兩因子。發展學說則作退一步，試爲研究分析組織。斯賓塞則以創造之進步，卽是發展手續。舊時所謂創造名詞之意義，及至今日則失其意義。新近之討論此問題者，則有霍卜時之「新生理學中之玄學」（一八九四年耶拿版）。更新之著作，則有極詳愼之分析，載於新出版之斯賓塞「生物學」中，其最要者，爲第一冊第一一一等頁，此最後之兩大哲學家之最後結論，有多數相同。兩家皆務求生物之動力的意想，兩家皆承認現時尚不能達到目的，皆謂現時皆不過在意想中，在希望中，並未能作到。霍卜特之言曰（見第三八六頁），「此地球之生物世界，所從發起之惟一最初級之生命，吾人只能假設爲是一物種，此物種中之各物，有多層之變異，自爲繁殖。設想及此，吾人即要處置極其繁複之互相關係之元始手續矣。……如是之動力局面，吾人至今尚未得有絲毫之意想。……況且最單簡之活物質之由來如何構造，爲吾人所絕不知，亦絕不能通曉。……每一有生命物，居於人尚不能知較高級之物質世界間，」云云。斯賓塞亦有相似之議論。其言曰（同前第一百二十頁）「吾人不能不承認生命之要素，不能從物理化學而知之。所要之活動要素，吾人既知不能作爲一獨立之生命要素。今日又知亦不能作爲活物質原有之要素。倘若設爲是活物質所有，而以爲可以解說事實，亦不過自欺而已。……學者只要體察最簡單之原物之終極特性，吾人亦不能知之，然則此極其繁複之要素，更不能知之。……生命之變象，雖可以入於吾人之思想，而生命之根原，則無自而入。……其發現於外者，能入於吾人知識界中，其在內者，則超越乎此界之外，」云云。（見第一二二頁）。伯爾拿及雷文皆有相似之結論，特措辭不同耳（參觀「試驗科學」第二一○頁）。散得孫教授之言曰：「若愈將此問題與吾人關於環境之確切知識相反觀，則愈見其玄奧（見一八八九年「英國科學提倡會報告」第六一四頁）。

較高級之生物，並非所有一切部分，皆有接連不斷之變化，惟是此不變之部分（如動物之骨架，植物之樹身），原是生物自造，以爲外部或內部之支柱保護，或以便交通。凡此皆是永久建築，活單位或細胞之社會之經濟及行政，皆賴以維持。此則往往能分析爲穩勢之化合物，能在試驗室用通行于生物體內之手續，或其他手續，以製造之。

惟是此種穩勢化合物，不過是生命手續之副出產，或其附屬，並非傳遞生命手續者。以人力製造有機化合物，始于味勒之製造尿素，終于製造蛋白質與製造活物質問題，相離太遠。假使化學家果能製造原形質，此原形質亦不能活；假使化學家幸而製造此質各種變形中之一種，亦不過旋製旋死，以旣無內構，亦無必需賴以存其生命及其活動之外界及內界之環境也。此項活動，有化學之變，有物理學之變，有代謝，有和諧之手續，卽使吾人再進而爲更詳盡之研究，亦不能窺見其中之實在祕妙。此項活動，吾人呼爲資養、或呼吸，吸收、及不吸收（卽同化異化），收養氣、放養氣——儲存工能、發放工能。又在吾人想像中，繪畫其建造愈趨繁複之化學分子，分子內容、有千數之原子，處于暫時團合、而易于拆散之平衡勢；此項繁複結構，其後則有積漸之拆毀，或驟然而來之炸裂——此則由于感受外界之刺激，或受更爲玄妙之意識之指揮。吾人則引喻以寫此項受刺激之炸裂，如扳放礮之機，或如山頂上之積雪之崩墜。吾人知在極小之變形蟲中，亦有代謝，爲變形之運

動，在高級生物，此項代謝，則分程站，或委于特別細胞，或委于分類極清楚之生物，其中如植物之類，則負責作其建築之重要初級各事（如大礮之裝炸藥），以便動物更促進拆卸手續，預備拆毀（如放礮）。生物之階級愈高，則代謝之手續更易見效，以達于神經功用，于是而有心意手續，此爲動物活動之最高變象。伯爾拿（原註）參觀『生命現象論』第二冊第五一三頁。從前發明物質循環之公式，爲伯爾拿所修正，有功於學界不少。杜馬及部辛哥之言曰：『養氣吐自植物而爲動物所吸收。動物消耗養氣，而植物則產生之。動物燃燒炭素，而植物則供給之。動物發生炭酸，而植物則吸取之。』對於此點伯爾拿曾有評論如下。『上述定例，於一種萬物和洽之機械制度所申說者，頗爲眞實。此乃世界的一種定例，而非生理的定例也。若用之於生理學，則並非解釋單獨現象，乃說明動植物全體之外界如何狀況耳。蓋此定例，即係在動植物生命全數現象間，建設一種準衡，並非在動物或植物中經過之意義也』（第五一二頁）。伯爾拿改正之公式，謂物質循環，不獨行於自然兩大界，且行於每一元始機體。關于此問題，曾設有妙喻。其言曰：『生命變象之有機體物之成毀，若得以工匠語爲之發明，則成毀好比重物之升降。然則吾人可謂凡是細胞，毋論動物植物之細胞，皆有此項升降，而有一分別，在動物中，其重物（原註）或其位能。先已升至某點，只要再略爲上升。此時上升之度，比其後下降之度爲少。在綠植物之細胞中則反是。單簡言之此一升一降之兩舉動，在動物則降多而升少，在植物則升多而降少。』『代謝』名詞，最早是司旺所用，後福斯德教授則採用之。加斯刻爾研究代謝手續時，介紹升降兩名詞，使吾人得有界限分明之意想，厥功甚大。所謂升者，如捲鐘錶之螺旋鋼條盤，又如裝炸藥于礮膛；所謂降者，如鐘錶之鋼條盤已走盡，又如放礮。「原註」此兩名詞之用法，與伯爾拿之公式微有分別，而與一項特別觀念有干，今已通行於生理學著作中矣。散得孫教授在一八八九年英國科學提倡會（「報告」第六一三頁），曾有明晰之發明，其題目爲『生理學之元始問題』。其言曰：『生命手續之特點，即是接續循環輪換之相反及相補之情形，即活動（或排出）及歇息（或還原）是也。多數生理學家之意，以排出變象及還原變象爲根本上之分別，除此之外，則未能一致。嘿靈(Hering)教授及加斯刻爾教授，各有其根據，主持與上不同之說。此兩君之意，謂生命不是活動與歇息之輪換，並非裝與卸，亦非如裝藥與爆炸，而以爲是兩種活動，兩種暴炸不過方向不同，兩相反對。吾人若爲之比較，則其中向有再進一層之分別，還原是自動之事，彼一事。則不是自動，是爲外界所激動。：：因此項輪換之事，與生物之之睡及醒之輪換相似，是以生理學家公同議定，用刺激名詞，其意只謂活物質所存儲之工能，因受外界之擾，或受干預之潛力，而後排出。假使予主持還原不是自動，是受外界之刺激，而動，如動物之醒，不過與醒有惟一之分別，此分別即是刺激所施之方向，即謂其一方向在乎建築，與其一方向在乎破壞，予自應以持平及清晰文字，發表加斯刻爾及嘿靈兩家之學說，此學說已包，在近日學者所習聞之兩名詞中矣。予所指之兩名詞，其一即是升，其一即是降，此兩名詞皆加斯刻爾博士所創造，』云云。

四三、生殖

細胞原形質、及自然淘汰諸學說，大有轉移生殖問題之潛力。從前之生理學，當生殖問題爲生物之孤立變象；動物植物有兩性之不同，因是而科學家用相似名詞，及某種類推及空泛推論，然有性生殖至五十年前，始視爲一切生物之普通性。米勒之生理學大著作，其規模比其先之著作爲獨大，其處置纖維生殖及生產，分章討論，似若兩不相干者。其發起細胞學說諸家，對于此問題，並無甚發明，因其誤以晶顆爲與細胞相類，以爲細胞生于其包圍之液，亦如晶顆之結于化液。植物學家其後漸漸有所發明，其見解則較爲真確。摩爾則注重于原形質之于細胞成造，有重要之事功。內革利發明填充之說，以反對外加之說；解剖家如叔爾測

四四、原形質學說

(Schulze)布律克(Brücke)，則相攜手，以一八六三年發起原形質學說。此學說以原形質爲一切活物質之元素或單位，由同化而生長(填充與排洩)，由分裂而

繁殖（卽是產出其他活單位）。因知此是根本手續：凡最單簡及最繁複之生物，皆從一單位細胞起，不過不全是由分裂而繁殖耳；此是生長、還原、生產、之公式（毋論其爲有性生殖，抑爲無性生殖）；與此有同等之重要關係者，卽是有病之纖維亦如是。哈維最著名之格言，謂『凡卵皆生于卵』，其後則有微耳和教授之著名格言（此卽發明細胞病理學之初祖），謂『凡細胞皆出于細胞』。其後固有再進步之極費事研究，始知細胞核之重要，或主持原形質之小粒結構，亦爲重要；于是發生同等之公式或格言，如『凡細胞核皆生於細胞核』，及『凡小粒皆生于小粒』。以上各公式，（「原註」魯氏有言曰（見其「機體發展」第一册第三九三頁），『凡有機體物，毋不以接連無間斷之能耐久，爲最要之條件，此則與無機體手續無異。此事實則有諸家之格言或公式以發明之，例如「凡卵皆生於卵」（哈維），「凡細胞皆生於細胞」（微耳和），「凡細胞核皆生於細胞核」（佛來銘）。」霍布特曼言曰（見「生理學中之玄學」第三三四頁），「阿爾特曼以類推法，自造一公式，謂「凡小粒皆生於小粒。」」其討論阿爾特曼以有生原質爲原始生物之學說，則有得拉日之「遺傳論」，見第四九八等頁，又有赫特易之「細胞論」，見第二四頁。）皆科學家費盡無限精力心思之研究、所發表其解剖瞻察及學說者，然而並無闡理之新途徑，皆宜附于科學史中，而不附于思想史中。

四五、斯賓塞之生長界限例

斯賓塞。【原註】此原理有時稱爲琉卡特(Lenckart)及斯賓塞共同發起之例琉卡特，斯賓塞，及詹姆士（亞歷山大），皆是有獨立發明此例者。雖有此例，而要多數修改（參觀斯賓塞之「生物學原理」第一册第二部分。第一章）。未爾旺有言曰：『由此例觀之，「細胞不能過一定限。因爲在面上與在其內之增長，比例不同，則代謝毛某限度，則細胞不能保存其形。此則能解說有定形之細胞，不過有數耗直徑，是吾人亦能明白大機體之發展，只能聚集極多數小細胞，不能由獨一細胞發展，如人類之大小機體，卽是一榜樣。：：然則如是之一粒細胞，既要其生長，又不要其死則代謝作用，所發生之面積與體積生長比例之不同，應一到某程度，則必要有，一調停之法，卽分裂生殖是也。是以分裂生殖，應該作爲不過是生長之效果。形構學家稱生殖爲生長之效果，謂是超個體之生長，如是稱謂極其數正當。』云云。（見未爾旺所著之「普通生理學」之英文譯本第五三〇等頁）。爲首先以機構解說細胞如何分裂之人，在其所撰之生物學原理中（一八六三年刊），指明由同化或塡充生長之細胞，其生長之程度有界限存焉。因爲內容增長速率比面積之增長較大——細胞之與外界交通，全賴其面積牽力——達到一定程度，則破裂，一經分裂，則又得恢復其內容與面積之平衡。斯賓塞研究此項面積與容積之自爲乘除，以恢復平衡，卽授生物學家以一種機構之公式，與

四六、兩元素之鎔合

其所發起之生理單位，能使關於此兩項問題之闡理，得有方針，並謹嚴之法。生長既有自然之限度，過度則分裂，然則分裂之繁殖，似亦有其限度矣。赫特易有言曰：『只有極下級之生物，如分裂菌類，似能分裂而又分裂，有無限量之繁殖。其餘動物界植物界之多數生物，則可以定一普通例——此例即謂細胞分裂，增加容積，至一時期，原來不同之兩細胞，必相鎔合成爲一種元素機體，作爲新起點，從此新起點又分裂繁殖，產生一支派苗裔』云云。」【原註】見赫特易所撰之「細胞論」第二五二頁。此項手續可當爲循環變化。赫特易又言曰：『元素機體之繁殖，與其生命，變作循環手續。……此項循環，稱爲生產循環。生物界中皆有此項循環發現，惟情狀有不同耳』云云。福斯德爵士亦有相似之議論（見第五版「生理學」第一五五五頁）。學者可以從較廣大之觀點觀之（此觀點可以謂之生物經濟學觀點，以示與生物學有區別），可以增加一說，即謂此項循環，既經一度，則不能復現，因爲過於繁殖，必生競存，而有自然淘汰之事，於是發生多少不同較爲繁複之處，或得有外界，或得有內界之特別之優勝。以哲學言之，此即所謂進步。學者今日已知授精爲細胞問題。遇有好機會，科學家曾直接瞻察此問題，其所得之結果（大概發現相同之共有情狀及變象之方面），從細胞學說之融通結論推展至于所有生物（毋論其爲動物抑爲植物）之有兩性分別者。〔原註〕以不完全之歸納法，推廣自然知識，則以近日穩固成立及最通行之授精學說，爲最能令人注意，有反對所謂計多數之方法。吾人所能實在瞻察之授精手續，及其先事預備之程站，與後來之效果者，其實居於極小之數，與各物種及各變種之以相同手續之生而又生之無窮數目相比較，則小而又小矣。得拉日曰：「於多數物體之自身外，得能因其具有特別之點而使極感困難不易解決之問題，反爲易於解決。此種現象，至爲奇異，淘屬極堪注意之事也。若將甚爲單簡之馬腸中胃蟲，及易受人工的受胎作用之芒刺動物，如刺蝟，海膽等，詳爲考察，悉心研究，則不十年後，對於各種動物的受胎作用之問題，必能完全解決，而所得結果，當甚圓滿也」（「遺傳論」第一三三頁）。至於各種生物之發現細胞分裂，細胞核分裂及鎔合，分裂發展，及胚胎發展，則有哈克爾之「植物細胞」，在（一八九九年耶拿版）。湯姆孫之「生命科學」（一八九九年版）亦有極條暢之總論。曾研究得雌雄兩性之元素，同爲細胞，未成熟之先，皆經過相似之預備變化；凡此變化，卽是其爲獨立之活細胞之最後程站。自經此項變化之後，只能入於新循環之存在，有鎔合手續以發現能生長能分裂之新力量；當其鎔合時，則互相供給彼此所缺，以發起新循環之存在，卽爲分化及發展也。

新近三十年間，在研究精液家及研究卵孕家中，最先則有普麟扉姆(Pringsheim）研究海藻類芽胞之配合（一八六九年），其後則有本尼登之揭露，（原注參看前註。湯姆孫之言曰：『自從赫特易及其他科學家一八七五年之研究之後，則發明父母各供一枚胚胎細胞以成子。一八八三年，則有本尼登之研究，發明其子之所有之細胞核，每核亦可以容有得自父母之細胞物，如此之結論，能當分裂初期之首先數程站，有眼見之證明。據事實而論，本尼登之證實赫胥黎之預言。一八七八年赫胥黎曾有言曰：「長成之生物，每部分皆有得自父母之分子。若以生物當作為分子所造成之一片，如一幅布，其經則得自母，緯則得自父」』（見湯姆所著之「生命科學」第一二九頁）。據赫克爾之言（同前第一三三頁），則謂內革利另有一理想之預言，謂『能受遺傳之物。有繁複之結構，代代相傳。與此先後同時，則有斯特拉斯堡，赫特易，蔻里克，魏司曼諸子，證明此項能變遺傳物，卽是細胞核中之染色物，』云云。）於是從前之空泛學說，至是則有界限分明之學說以代之。此項模範手續，卽為父細胞母細胞有某部分之鎔合，而以細胞核之功用為最重要。德國法國皆有生物學名家，皆有研究及著作，以發明此項最秘奧之手續，然而每有一新發明，必同時發生新問題，及未能解決之問題，或與舊問題以新面目。

四七、新問題

在新問題之中，仍以遺傳及變異為最重要活物質之細胞學說，及自然淘汰學說，包括分化及生理之分工諸原理，皆集中於此新生物學之兩大事實。自然淘汰學說，卽先設爲有遺傳事實——卽是父母之特性傳於其子（毋論其爲先天後天），及變異事實，該學說只是預先設爲實有，而並未爲之解說。自然之造物，究是用何方法，保存其接連不斷之變化，一方面則使其保存一種有定之模型，一方面又使其漸漸發展，自然淘汰學說，並未有能使人明白之實寫。細胞學說之細胞生長，細胞分裂，細胞鎔合，只發表一切活物質歷史事實，而並不能解說，如何自吾人眼目觀之，細胞之構造皆是一樣，而能發展種種不同循環生出之物形。舊時之博物家，分爲兩派：其一是先成派（此卽從前所謂天演，所謂發展）；其一是後成派。第一學說之行不通，則因一極大爲難，卽不能解說始祖如何能容藏其後千百代之胚胎；第二學說之不通行，亦有一極大爲難，因不能解說自然如何能以動力，從無機物質造成一種建築，與其父其母之建築相似。布盧門巴哈所提倡之 nisus formativus（卽指揮）之說，不過是爲難之界說，並非解說。

此三個有歷史關係之名詞之意想，復現於近日之新生物學，不過有所修正，使適合於實知之大多數事實，與上文所云之三大融通學說。從（一）先成、（二）後成、（三）指揮、三項意想中而得三項融通之說，（一）細胞、（二）自然淘汰、（三）代謝，此外又有顯微學家博物學家所彙輯之極多數之事實，由是科學家用爲根據，以造成多數生命學說。然而此項學說皆不能通行，不過其中有幾項學說，頗能轉移生物科學與俗人思想耳。其中以魏司曼教授之遺傳學說爲最著。維持此說、及反對此說者，蒐輯極多數之生物學事實，作者姑置不論，今且先指明關於此問題之極多數著作所發表之新方面及新闡理。科學家因有第十九世紀中葉之關於生死疾病變象之新發明、所介紹之改變及推廣從前之意想，當魏司曼著作未刊布之前，已先行預備此多數著作。生物有三項方面，爲科學家及俗人所不能不注意者。第一、只以地球而論，則有生物及微生物無乎不在之學說：至於在地球範圍之外，究竟是否亦有生物，則今日科學家之知識，與古時相同。第二、則是普通承認之學說，謂無生物之產出有生物，爲吾人所不知，亦非吾人所能思議。第三、則有與以

四八、魏司曼之遺傳學說

上兩說相攜手之印象，即是生物之互相依賴之印象，日見其深，且轉移吾人對於病原及如何療治之意想。

四九、生物之化育

赫胥黎教授以法國才子所特具之極條暢之筆，發抒其極明透之科學知識，曾製一生物化育史，〔原註〕見於其一八七〇年任英國科學提倡會會長時之演說（翻印於「評論演說合編」第二一八等頁）。在此之前，貝爾（亦稱比爾）於一八三八年，在俄都學會之演說，亦極有應讀之價值。此演說之題目，為「生命之散布」（翻印於其「演講集」第一冊第一六一等頁）。在一八六四年所翻印之集中，有序一篇，貝爾有言曰：「在一八一〇年及一八三〇年之間，在博物學中，不過有幾人，不以下級生物無父母而自生，為是已經證明之事，否則亦為頗有可能，且當其時（一八三八年）本人自己「亦不願宣言，無此種事」云云（見第一七三頁）。及一八六四年，貝爾謂此學說已幾乎完全消聲匿迹矣。且謂雖經達爾文發表其理想之後，尚餘生命原始大問題，未能解決（見第一七七頁）。——從意大利科學家勒提(Redi)之學說起，至巴士特之學說止，從前嘗通行之無生命物能生有生物之學說，有時則有試驗及其他學說以維持之，有時則反對之，直至此位法國生物學大家以其極細巧之試驗，證明若將一切活微生物，驅除淨盡，或毀滅淨盡，則生命所特有之變象，如發酵及腐敗，絕不能發生；自有此證明之後，則科學界及實行界所承認之生物之發酵及腐敗事實，從此掃除。實用醫學之大部分，如消毒、免腐、防病、攻毒諸科，日見其證實無父母而自生之學說之不能成立矣。

五〇、生命無乎不在

無父母自生之說，既已不見於科學著作矣，生物與死物，其間無絲毫可以通融爲過渡之餘地（除非是毀滅），則又有生命無乎不在之事實，强偪吾人注意。赫胥黎教授曾有議論，（原註一）（見評論演講合編第二三三頁）。謂主持無父母自生之學說者，則以爲若生物化育之說爲真確，則有無限數之事實及試驗證明空氣中爲微生物所充塞，以爲是最背理之事，遂持此爲證明其所主持之學說之利器。赫胥黎又言曰：『惟是自然偶有極不合理之事；丁鐸爾教授曾證明平常空氣有如一種粥，其中都是小顆粒實體』。至今事隔三十餘年，姑不必論丁鐸爾及他人之特別試驗，如今日之報紙，則登載大城市之空氣每一立方寸有億萬微生物，同時又登城市居民死亡之數。從前病理之細胞學說，今日則有微生物學說繼起，其最能深入俗人之心者，則是微生物無乎不在之科學事實，此微生物則幫助較大之生物之競爭生存，其結果有利亦有害。

五一、生物之接連相繼

惟是毋論何處何時，活物質接連相繼死亡，若生物不能從無生物接連相繼產生，學者則不能不歸結於生命之保存，尤依賴於非常之過於繁殖，及自然淘汰，然後能保存生命之永存，及較高級之發展。此項所有生物之接連相繼（卽互相依賴），在時間處間之一切生物，則能擔保此變象之不消滅；據吾人所知而論，此項變象有其特別單獨無比之特性。今日科學家及俗人，皆以生命爲單獨無比之變象，又是無乎不在之變象（在其他世界，則不得而知，在吾人之世界則如是），且爲接連相繼之變象。生命單獨無比之特性，曾經直接證實，卽以一切活物質之終極單位（卽細胞）皆同，以之爲證，又有證明舊時無父母自生學說之不能成立，以爲間接之證明，且有下傳學說，及過於繁殖之變象，及自然淘汰之可能，種種佐證，以維持之。至於在一定範圍內、生命無乎不在之說，則有顯微鏡爲直接之發露，又有疾病新學說及多數之生長，以爲間接之證據。〔原註〕大旅行家南森所著之「極北紀遊」（第一册第四四五頁）中，有一段發表微生物之無乎不在。其言曰：「日光之力充足時，溶化冰上之雪，使成小滓，不久即見滓底有極小之黃棕色點，乍見並不能使人注意。日過一日，此小點漸漸長大，與一切黑色物，同吸收日光，慢慢溶化其下之冰，成爲小穴，往往有數吋深者。此種小點，即是藻類及硅藻）……予嘗在其中尋得微生物。雖此嚴寒之地，亦不免有微生物發生」云云。生命之接連相繼，漸漸爲學者所注意，遂爲多種討論之問題，以爲需有解說也。

活物質之形及其特性、在時間有接連相繼之問題，不得不使達爾文注意。嘗以爲『復古原理——即是生物恢復從前早已失去之特性——爲承繼學說之最奇異之點。』〔原註〕參看達爾文所撰之「培養之動植物」第二册第三七二頁。

五二、全體組織之單位生殖即全體化育說

自刊行物種由來十年後，達爾文在此第二大著作之末章，發表一宗理想之解說，即是『全體化育』說。其言曰：『此說藏有深意，謂全體組織即謂每個原子，或每個單位，無不自行生殖；是以卵及花粉粒，已受精之種子或卵，及鳥類，皆在其內，又包括機體每原子所發生之多數幼芽或胚胎。』〔原註〕見「培養之動植物」第二册第七章第三五八頁。達爾文自認，又常常指明，此並非新意想：蒲豐之著名有機分子說，已先預言，自從達爾文以來，重新發表及採用此說，不過字句之間，有所修正耳。此並不是實在解說，不過是注重新生物學之一大事實而已——此事實發生於細胞學說，謂生命單位不是眼所能見之大機體，此是從前科學家所特別注意研究者；生命單位乃是無數極小之有生命物，稱為細胞者，細胞有分裂，有鎔合，以維持生命，使成為接連不斷之獨一無比之變象。

以此學說改為全體化育說，不甚為科學界所贊成，然而漸漸令人注意；魏司曼教授則更改變此說之面貌，此則不是達爾文有顯著之發表，惟發起則在三十餘年之前。

〔原註〕兩性學說及所有之知識之歷史，在英文中，則有革得斯及湯姆孫所同著之「雌雄性之天演」（一八八九年第一版），法文則有得拉日所著之作，名曰「原形質之構造及遺傳學說及生物學之諸大問題」（簡稱「遺傳學說」，一八九五年版）。此作有極詳盡之評論，歸結於一宗生命學說，在法國稱為機體學說，其主要意想，則設為在一切活物質中，有兩不同之因子，即「組織及環境」。在作者之意，此學說之力量不足以使其通行，如從前所發起之三宗學說，即精氣（或靈魂）說及發，展學說，與新發展，學說。第一學說以元力為中心點，第二學說即舊發，

居學說，第三學說則從蒲豐起，包括後來斯賓塞，達爾文，赫克爾，魏司曼三新發展學說。關於第三學說，得拉日頗有討論。其言曰：「此說乃近今解釋形質遺傳，及進化之完善之學說也。吾人對於此種宏才卓識，能不逾量欽佩，惟其設想，似不十分完善，往往有欠缺之點，易於授人以攻擊之隙。是以深願世人，將該學理，僅作爲參考之用也可』，「遺傳學說」（第八三七頁）。「機體學派』之代表，有魯氏，得利喜，赫特易，其先則有笛卡兒（見第八三八頁），貝爾，及伯爾拿（第七二○頁）。得拉日論其他諸家之學說曰：「機體學說具有一種規範的，有節制的結局之協助，及永久活動而必須之外圍力，非若一種單簡活動，實爲最後結局之主要原素也』（第七二○頁）。魯氏，得利喜，赫特易三人，關於此說，往往相提並論。讀者宜知得利喜及赫特易，有幾宗激動辨駁之作，表明其根本結論，與魯氏教授後來之見解脫離。在此項最新最深遠之辨駁，其中有原理之討論，有科學方法哲學方法之討論，間以極細微之胚胎發展之討論（此項發展，有時得顯微鏡試驗之助，有時，則爲所擾動）則宜讀前已提及之赫特易及魯氏之較大著作，及得利喜諸作，此君著作創解頗多，最著者有「機體進化之解剖學說」，及「生物學爲一大科學論」二書。若欲得入門之助，則宜讀威爾遜教授所著之「細胞之發展及承繼遺傳」（一八九六年版）之末章。

塡充生長及同化生長，科學家早已認爲一切活物質、一切活細胞之特殊之性。以機構之原因，卽足以解說，接連長大之不得不然結果爲分裂手續，從分裂而造成新細胞，此卽生殖手續。惟是只有下級機體以分裂爲生殖，而使種類繁殖。在所有較高級之機體，分裂生殖，則與分裂之一部之死亡變象，似有關係：在新細胞間，似有一宗分化發生，有若干細胞則失其以分裂而繁殖之本能，或遲或早則生命告終；有若干則保存此本能，或與其他結合（卽鎔合兩性元素）復延其生命，此項細胞，似得有特賦生殖之作用，以保存生命之接連。形構學大家奥文在第十九世紀中葉時，曾著有說略，名爲『單性生殖』（或單性化育）。其言曰：『所有動物始初受精之胚胎細胞所生出者，並非全數用以成造身體，有若干並無變化，仍在本體中；此種胚胎細胞、或細胞核，亦可以重新以吸收而生長及相與鎔合而生殖』云云。〔原註〕達爾文在所著之「培養之動植物」之末章，發表其全體化育學說，曾引奥文此段議論（見第二册第三七五頁）。達爾文之言曰：『奥文教授以此項胚胎細胞之事功，解說單性生殖，及世世自行分裂之生殖，及修補損傷。其設爲胚胎細胞之傳遞及繁殖，與鄙見相同，然而有根本上之分別，奥文相信元始胚胎細胞，爲造成於女性之卵內，受男性之精。予意則以爲，幼芽無需兩性結合，全體所有每個細胞，皆如是造成，相聚於生殖器內』云云。

五三、胚胎質及身體質

此是最初發表胚胎質與身體質之分化，卽是有一部分活物質，用作保存生命，另一部分活物質，則分化爲多數細胞，每個有其特形，在較高級機體中各效其功用，經歷多少時期之後，則死，卽漸漸失其同化生長分裂之能力，亦卽謂漸失其自存之能力。一八六六年有赫克爾，一八七七年有雅革博士（Dr. Jäger），推展此項意想指明發芽元素，卽是分裂時，留以保存種類之部分（是以稱爲系統部分，）其原體元素，卽造成身體之部分（是以稱爲個體部分。）【原註】

前人關於此問題之學說，則見於革得斯及湯姆孫所同著之「雌雄性之天演」第九十三頁，又見於得拉日之大作第三四九等頁，又見於威爾遜之「細胞論」第二九五等頁。此宗學說，因有魏司曼教授之諸多著作，已爲科學家及俗人所承認，而發生辨駁。魏司曼教授一八八一年有『生命之長短論』，翻印於其所製之「遺傳論」中，一八八九年有英文譯本（牛津版），又有「下傳學說之研究」一八八二年，亦有英文譯本，共兩冊。其他較早之作之名稱，則見於序文第八頁。

此項之暫行議論，注重於胚胎質、及身體質，雖已有普通之承認，然而尙需再進一步之修正，以包括新胚胎學、及下傳變象所顯露之生死兩宗最特殊之事實。細胞之接連造成活物質之終極單位，難以瞻察，其能供研究家瞻察者，實在不多。科學家以顯微鏡窺見細胞，及其內之細胞核，及原形質所能見者，是爲吾人

十九世紀歐洲思想史　第一編　下册　二百七十二

極顯鏡之能力所能至，然而從化學之原子學說觀之，不能不設爲尚有更小之單位在，更爲單簡，細胞雖單簡，若比更小之單位，則爲繁複；如是單位之存在，魏司曼及內革利皆承認之，大哲學家斯賓塞更認之在早。倘若生命之接連，依賴於細胞幕內之活物質，則此宗活物質，必是吾人眼所能見之細胞、或細胞核之絕小部分。

五四、元胚原形質及身體原形質

於是從前之接連元胚（芽胞）質之意想，又歸納於較爲細密之元胚（芽胞）原形質之意想之內，以示與身體原形質有區別：元胚原形質在機體生命界限內，是長生不死，身體原形質，則能壞必死，不過暫時用於發育個體，發育之大功告成，則死矣。

五五、元胚原形質之分化

此外尚有一層，芽胞原形質，一經與身體原形質分化之後，大概而論，不能孤立無援，施行其接連不斷保存種類之功用。在所有較高級之動物界中，芽胞物似有兩不同、而互相補助欠缺之形式，仍需此兩形式鎔合，而後芽胞原形質有發展之可能。

以上所云，皆指動物而言。若推行此宗意想於植物，則有大爲難（魏司曼教授在其所著下傳、遺傳、諸論，有極詳盡之發揮）是以生物學家、不能通用；【原註斯特拉斯堡教授曾指出，如以秋海棠一片破葉，插於溼沙中，即能生長全棵，因而反對此說。外恩斯教授(Prof. Vines)亦反對，謂香茹是每年生之物，而種類極多，顯然是互相下傳。讀者宜參觀得拉日之「遺傳論」第五二六等頁，又「自然報」第十冊第二六一頁，又赫特易之「今日之生物學問題」一八九六年英文譯本，第四十等頁。至於魏司曼之所揭露，其謂『在單性卵中，只有一枚之極球，若在卵之受精者，則常有兩枚』，及其暫時假設之學說，則宜觀「遺傳論」，第三三三等頁，及革得斯與湯姆孫同著之「雌雄性之天演」第一百八十等頁，又得拉日「遺傳論」第一五一頁。」

魏司曼教授後來之著作，雖有頗費事之修正，然而仍不能令學界承認其學說；至活物質之元素，有根本上之分裂，分爲元胚或芽胞，及身體兩項之說，此項意想，則深入於今日科學心中，不能在思想史中略而不論。且此宗學說，發生關於變異原因之兩種觀念，卽謂今日下傳新學說所根據之生物創生之變象。

若謂物種之保存，生物之接連，依賴元胚原形質，其身體原形質，只爲發展個體之目的，不過爲暫時寄存元胚之宅，只有傳遞元胚之功用，而無發生元胚之功

五六、魏司曼與拉馬克之比較

用，則身體之閱歷，及其變化發展，應與其寄存之元胚及其後之歷史並無關係，即或有之，亦是極小之數。於是魏司曼不承認環境之潛力，及習慣與所得之物性，惟在較底之機體之無元胚質及身體質之分化者，則又當別論。此是不承認拉馬克所注重之改變潛力，即不承認達爾文、赫克爾、斯賓塞、諸家之學說在其他方面，關於下傳手續及遺傳變象，魏司曼則注重於性擇，及異種授精之效果。據魏司曼之學說而言，若無性擇，若無無限數之不同之元胚原形質相結合，則無變異，無變異，則無較高級之生命發展。辨駁之端，皆在承繼所得特性問題；科學家之研究多矣，然向未得有真確可靠之承繼所得特性之明證。【原註】此一重要問題，本歷史所引之新著作，無不討論，此要點者，似不必特指專書。得拉日所著之「遺傳論」第一九六頁，載有極詳盡諸家著作書名。其結論有言曰：『因生命狀況之關係而得之變化，並非爲完全遺傳性，惟有時似係遺傳性者，亦未可知，大約須視其性質而定。且在此結果中，對於因物體變化，而遺傳移於胚胎細胞，及因外界狀況之直接動作變化，而遺傳於胚胎細胞，亦不能知其究竟也』（第二二一頁）。至於異種授精之潛力，及不同之元胚原形質之屢屢分裂、屢屢鎔合之說，達爾文後來之著作，則漸漸注重，魏司曼則專賴此說以解說變異、及自然淘汰，然而亦有反對此說之生物學家，以爲如是則有一定之特性、漸漸生長之趨勢。此反對派，以爲此種雜亂鎔合儘有刪除減輕之潛力，且主持環境之說，謂環境之作用，有定而不變，是必不可少者。〔原註〕參看赫特易「細胞論」第三一九頁。

讀者試以此時追想從前，歷時不過百年，而生物學之意想，有如是種種之根本改變，未免驚異。在思想界而論，從研究極眇小之變象，及發端極微之揭露之事實，而發生各種不同、各種反對、關於吾人生死行爲及康健之諸問題之意想，此則他項科學所無者。所有此項之意想改變，皆發生於引用及推廣機力學、物理學、化學之研究，及闡理方法——即瞻察、量度及計算諸手續是也。意想之變更概如是矣，試問『何爲生命』之問題，得有較爲接近之答覆否？在前三十餘年，似乎已得有答覆；及湊近審視，則仍然不能作爲答覆也。從前研究生命問題，皆從較高級生物入手，其後則降格，從較低級、較小、較爲單簡之生物入手；今日生物學家，仍徘徊

十九世紀歐洲思想史　第一編　下冊　　二百七十六

於細胞、芽胞、及元始機體中，以為用合作、分工、互相遷就之宗旨，組合微小機體，則得較高級之機體。至是『何為生命』問題，則有兩方面。

五七・生命問題之兩方面

第一方面，有生命物質與無生命物質，其中之最小單位，兩相比較，有何特別之不同？或謂有生命物質有組織，有填充之生長，有代謝，然而吾人究不能實寫其變象及其手續。凡科學家所用之名詞，內幕仍暗藏一種生命要素之鬼。〔譯者註〕意謂仍存生命要素意想也。〔原註〕吾人若總論第十九世紀生物學家，將有生命物之特性，包括於三大意想之內，即境化（與環境適合），淘汰（有自然淘汰，有性擇淘汰），及組織（即有秩序或和諧之謂），則發生如下問題，試問以上所云之三名詞，是否可以不必牽及生物之外，即能為之立界說，即能使吾人通曉（吾人心中原知其牽及生物之外也），若是不在生物之外，而在生物之內，是否其內藏有無質形之物（〔譯者註〕故稱之為鬼也）。吾人雖能眼見已造成之機器，然而仍不免以為如人製機器，必有用意。其專門研究分部者與專門研全部者，其對於此問題之答覆，必然相反。其專門討論機器學說，及生命學說之著述，作者在本章內，已有多數之徵引，今更舉數種：如得利喜之「生物學形構問題之算理力學考察」，部契利之「機械學說與生命學說」，阿布勒喜特(Albrecht)之「生物學之先決問題」，皆宜參觀。

第二方面，即大端相似之多數單位之合作，成為一繁複之機體，其在較高級之生物中，則發現一種新單位，稱為有特性之個體，即是內界富有

五八、由生物學入於心靈物理學

知識之生命，此爲舊派生物學家所最注重者。是以生命有兩方面——一方面、即最微小、最元始、最單簡之生命，如細胞，如變形蟲，或如元胚、原形質、幼芽（即生理單位）之類之生命是也。第二方面、即多數細胞所組成之繁複之社會之生命，即有心意變象發現之較高級生物是也。如何而能有繁複社會舉措一致之可能？究是如何組織？吾人有何所知？生理之一致，心理之一致，皆非吾人所能知者。發起細胞病理之微耳和，曾發爲議論，【原註】見赫胥黎一八九八年演講。謂只因生物學家，自從不過問高級生物之生命一致，及生理之一致，知生命一致，即在於自治之細胞，然後生物學之理想及實用，始有進步。此論原亦在理。生物學之進步，似乎全賴發展機器觀；然而從另一方面觀之，其繁複組合之一致發現較高級或內界之變象，亦同爲重要問題。此爲對方問題，亦有其特別之接連不斷。是以一方面生物觀，變爲細胞科學，一方面即有一新科學發現研究活物質之較高級變象，以確切方法，直接研究心之變象。此即新發起之心靈物理學是也。即最新式之顯微鏡學家，及生物學家，往往爲與極高級機體之變象相類者所驚倒。在外之變象爲運動，由於在內之有心靈之存在，因是機器學派，皆謂最下級最單簡之活物質之單位，有心靈之存在。於是另有一派科學家，專研究此在內之方面，而以吾人一己之內察、或自識，以爲之助。作者將於下章討論之，稱爲身心觀。

第十一章　以身心觀研究自然

一、抽象科學與事實科學

在以上三章，作者已試爲追踪學界關於實在之物、及自然全體，研究其發展所得之知識，直至近日爲止。從前所討論者，爲物形，物之化育，或物之生命，及用意所在，以生物學名詞包括之，以示與抽象觀有區別，此則已見於在前之四章中。抽象觀在吾人時代，對於萬物之普通性質，得有融通之知識，盡括於吸力、原子，動力，及工能學說之內。生物觀則不甚注重於萬物之普通性質，惟在乎研究實在物、及其變象，以見其所發現之普通性質、及自然全體。抽象科學以算學爲起點，用於瞻察及試驗所得之底數，以發展之，以爲進步；生物學或事實科學，則以研究生物爲起點，而非研究其孤立變象，研究其與他生物或非生物有關係時之變象，卽其環境是也。惟既稱爲科學，則宜有確切之研究，亦大有依賴於計算、量度，與引用抽象科學所得之結果。

二、抽象科學與事實科學所用之方法之分別

抽象科學法，先從小根基發端，隨後漸漸作繁複建築於其上（即用積分法），所得之效果，往往與變象相合。其所依賴者，則爲微分術積分術之無限大能力，及通行之設想，謂自然物成於無數微點之無數結果。算學觀以爲全體卽部分之總積。事實科學或自然科學，則以已造好或自然創造之物爲起點，或展大規模研究宇宙之秩序及其經濟，而希望推廣知識時，則在瞻察室或解剖室，研究其細微部分。抽象科學之大進步，則由於有科學家之能專注其精力於特別要點，往往能以算學公式處置之，隨後則推用公式以爲發展：其在事實科學則不然，必要先有最廣遠之眼界以觀自然物，隨後由大端而研究及細目，然後有大進步。抽象科學大家則有牛頓、蘭格倫日、夫累湼爾、赫爾姆霍斯以爲之泰斗；事實科學大家則有洪保德、貝爾（亦稱比爾）、伯爾拿、及達爾文。

研究自然物，因有必不能免之解析及解剖之手續，後來之組合，往往不能還原，以人力所得之結果，往往與原來自然物大不相同。既解析全物而爲部分之考驗，或考驗其部分之結合，似乎失去其要素。活機體卽最著之榜樣也。學者於是不能不製爲學說，以生命爲一特殊要素，必要加於以機械手續組合之物，然後能變無生之物爲有生之物。上一卷卽討論此項學說，最顯著之學說有三：一、爲純粹機構學說，以爲活機體不過是一個極繁複之化學分子；二、爲生命學說，發明活物質之功作、及其結構，與無生命物質單位有大分別；三、則爲居於一二兩說之間之學說，以爲活機體是一部有規畫而製成之機器，此項規畫、或圖樣、或意想，則作爲後來問題，亦不求知其此機器之如何製造，其觀生物也，如觀鐘錶然，不求知未製造前之慘淡經營之意想。

有多數著名博物學家，對於顯而易見之活物質所發現之多數變象，卽用生物原有或逼受而有之用意之處，爲各項變象之解說，所有生物因過於蕃殖，則不得不受自然淘汰。亦有多數博物學家，以自然淘汰爲不足假設一進步之原理，有乘除節制之作用。此項生命觀，又引一門類極廣大之變象，以爲之助；此類變象，作者以前並未十分提及，卽動物界中、較高級之動物所發現之意識，或內界之閱歷是也。此項變象，【譯者註】卽指意識或單稱一識字。之屬於自然科學範圍之內，與生物之其他各項特性相同，時至今日，已無疑問。從前原有自然科學及心學之區別，今日則此項區別不能存在，卽或有之，亦與前之意義大不相同。

三、內界或在內之閱歷

作者在此章中，卽討論博物學家從自然方面研究心之變象，及其所用各種取徑不同闡理不同之研究法，並包括此全部分所有之科學思想，稱爲心靈物理學。【譯者註】簡稱身心學亦有稱爲心理生理學者【原註】身心學名詞，爲數希奈爾所先用，卽以此名詞稱其著作。此作居多研究某種數目上之關係，限於一種特別研究。其範圍較大之問題，卽以確切算學研究身心互相感應之關係，則科學家所用之名詞不同，有稱爲生理心理學者，有稱爲心之生理學者，有稱爲心靈生理學者，亦有稱爲靈魂生理學者。因爲近來趨勢，多以生理學爲活機體之物理學，是物理學名詞，有較廣之範圍。旣是研究廣義之物理與心靈之關係，似乎身心學，或心靈物理學名詞，較爲相宜。此科學研究物理學及心靈學之甌脫地之兩項變象之相遇，或其相反應。

四、身心學

身心學名詞雖發生甚後，然而科學界早已有意建設一科學，以研究身心關係，其發起則在喀巴尼思（Cobanis）刊行其所撰人類物理及道德論之後其著作中有一段議論，常爲後人所引，或修改其字句，亦有讚成者，亦有反對者。喀巴尼思之言曰：

「原註」以下正文所引喀巴尼思之議論，見於其「全集」（一八三四年）第三册第一五九頁。因經佛格特，教授修改，其比喩須有歷史的著名（見佛格特之「生理學」一八四七年版第二○六頁）。佛格特修改之意，在乎激動美術之意想之反對，故以腦之功用，比於肝臟之分泌膽汁及腎臟之分泌尿水。佛格特與瓦格涅辨駁，屢引此句格言。在第十九紀之中葉，雷文於是對學界發議論，謂當時學界，尊崇靈魂，輕視腎臟，以以腎比靈魂，爲大不敬。其言曰：「生理學從來不知此項尊卑之別，既同爲生理學問題，其視腎臟之分泌，與視研究眼目，或心臟，或其他所謂較尊貴之器官，一視同仁，」云云。佛格特用喩，原以解明其純粹唯物觀。朗格(Lange)謂（見其所撰之「惟物論史」第二册，第二四二頁）喀巴尼思實爲普神派，此格言並不爲此種觀念所束縛。雷文謂其錯處，並不在乎其比喩，而在乎其所暗藏之意想，以爲心靈之活動，能以「腦之構造爲之解說，亦如分泌之能以腺之構造爲解說也」（見「演講集」第一册第一二九頁）。

廿、喀巴尼思之比喩

『欲得有思想所由生之作用之意，吾人必要當腦爲一特別器官，其主職在乎發生思想，亦如胃腸之職主化食，肝之濾膽汁，耳下腺、腭腺、舌下腺、之製造涎液同云云。』

喀巴尼思以腦之功用，與人體其他器官之功用相比肩平行，其理據則以陸克之哲學爲根柢，因有康的亞克（Condillac）、愛爾法修（Helvetius）之提倡，故陸克哲學通行於法國。此派哲學從通俗方面而論，謂吾人所有思想、意想，各由感覺所造成。【原註】喀巴尼思（一七五七年至一八〇八年間人）在其「人類物理及道德論」之序中（第十一頁），列有當時之法國著作家之宗陸克學說者，謂陸克極能振興法國之哲學，法國學者各取其學說之方面分析，以從事研究。此項著作，則有畢卡未（Picavet）之「理想家」，爲詳盡之分析。畢卡未對於喀氏之地位，解釋甚明（見第十六頁）。其言曰：『智慧及主意之運行之原始，將與其他生命動作，混亂無別。道德學之原則，勢當歸屬於物理學中，緣斯種科學僅爲人類自然史之一枝耳。蓋該科學之審察中，得能以藝術校正之，從而施行其實驗，並採其準確結果，而與實用科學每日習用無疑之正確方法，大致相同。惟其準確程度如何，則吾人可無須加以注意矣。』此語作於一八〇二年。畢卡未之論喀氏，其言甚確，當嘗曰：『希波革拉第（Hippocrates），笛卡兒，及十八世紀諸哲學家之繼續人實爲留埃斯，普里厄，叔本華，哈特曼，拉馬克，達爾文，及其他各思想家，之前驅，彼等之偉大思想，殆亦間接發源於斯，而有時或不自知其所由來也。此「人類物理及道德論」之著作家，有功於後人，良非淺鮮（「理想家」第二六四頁）。且發明喀巴尼思既已明白指示其哲學思想之途徑，何以當時法國並未有系統之發展，遲至五十年後，始爲他國所揭露。此是一重要問題，當於後文討論之。讀者宜先參本書卷一第一四九頁，曾經提及當時因有種種政治理由，故此項道德學不爲世人所喜。另一方面，則有第十八世紀之生理學家，如哈勒者，則曾證明物理機體之程度最高者，則爲

六　陸克及哈勒預爲之地

神經系，有激刺感覺之可能。然則感覺之變象，能生感覺，又能組合感覺，是腦之功用，卽神經系之中央器官之功用，亦如他種手續之爲其他器官或無生理器械之功用。喀巴尼思與陸克同，皆從研究醫學【原註】喀巴尼思頗責備康的亞克及愛爾法修不知生理學。其言曰：『倘彼等熟知生物經濟之道，則決不至堅持思想有平等制度之理，而靈魂亦祇一靈機，非爲生物。設使作爲生物，則將不能具有若是之多數能力矣』（前書第六十六頁）。而研究心及道德問題，由是以意造一種人學，【原註】此卽德人所謂人身構造學也。吾人所述之三大要件，亦盡在其中焉』。（喀巴尼思「全集」第三冊第四十頁）。分作三門，卽生理學，意想之分析，及道德學；以爲其有實用於教育、政治，亦如其他確切科學之有用於醫道實業、及物質進化。

喀巴尼思雖可稱爲創造【原註】參看畢卡未「理想家」第二九二頁。「生理心理學，且並能顧及動物生理學、及病體生理學，以爲可以得其助力，然而其意想則仍是空泛，與並世之唯心派相似；惟此唯心派中則有特雷西者，【原註】畢卡未（前書第三九八頁）評論特雷西曰：『由科學以至於哲學思想學理，特雷西氏曾供獻一種實在之名稱及性質，蓋彼深知思想一學，非可一氣呼成，若欲使之成爲獨立而完善之科學，理當倚重於生理學及病理學，孩童與瘋人及各種動物之研究。彼曾將該學續密連合於文典，與論理學，道德學，經濟學，法政，及政治等學也。』應特別提出，以其曾有規畫發起以生理學研究文法也。此派有其特功，以其曾規畫新生理科學，作爲廣義之自然科學，且鼓吹採用科學的及算學的方法，其功並不在於開闢實在及能收實效之新途徑也。

七、喀巴尼思之視覺學說

在英國理想家中，要以陸克爲極端派；繼陸克而起者，則有柏克立主教，首先詳細研究身心之關係，其事則在喀巴尼思前約百年。柏克立主教於一七〇九年，撰視覺新說，有人謂在身心研究學歷史中，當以此作爲最初之紀元。〔原註〕見於家哥美利(Montgomery)所著之「處間及觸覺」之評論分析，共有三說帖，皆登於第一部之第十册「心報」中（一八八五年第三八五頁）。柏克立不喜毋論何項宇宙之確切學說，以爲『好確切是屈辱人心之事，』〔原註〕參觀「人類知識原理論」第一〇九節。其言曰：『此與讀他項書籍同，有智識者，只注意於書中意，而採用之，並不致力於書中之文法。自然則如一部大書，學者讀之推，似亦不必約化每項變象，使有確切之融通，或證明其如何能從融通學說出。學者若從事於此，則未免屈辱其心矣。讀者應放寬其眼界，以養其心，且位置於崇高之列，』云云。此後一段，則以牛頓，所著之「算理」爲『前項文法之最佳者』。且常攻擊算學家，〔原註〕愛

（丁堡「算學會會報」第十七冊，所登之幾卜生說帖，有關於前項攻擊辨駁之，詳盡記載。）此則與在其前之霍布斯相似。柏克立之意想中原有一界限極分明之大問題：吾人如何因有相接連之身體閱歷，及心之閱歷，卽謂因有何種『器官之底數，及生命之底數，』而知處間與身體或物質？柏克立自答此問，以膚覺爲根柢；英國連想派心理學家至今仍引用及維持此說，據此以爲多數問題之解說。

陸克範圍內朋友常討論『處間覺』之發生。摩里紐(Molyneux)曾設一問題，此問題頗著名，世人稱爲『摩里紐問題。』【原註】此問題見於陸克所著「論文集」第二卷，第九章，第八節。其言曰：『設有一人，生而盲目，今已長大，教以分別圓球與立方此兩物則是同一金類所造成，大小幾乎相等，使用手摸觸，別告人以此爲圓球，彼爲立方。又設此瞽者，忽然目明能見，試置此兩物於桌上，今卽問彼，彼只以目視，不以手摸，孰爲圓球，孰爲立方。此設問者心思鋒利，卽富於判決力，立卽答曰：「此人不能辨別孰爲圓球，孰爲立方。」此事曾有實驗，如從前之拆塞爾登(Cheselden)所說之事，新近亦有之，馮特之「生理心理學」，有詳盡之討論（見第二冊二三三頁）。柏克立旣非身心學家，亦非生理心理學家，夫果則(Fraser)曾有提及（見其所著之「柏克立論」（載布拉克武德之「哲學名著」第四十五等頁）。拆塞爾登嘗在哲學會報中，謂有一生而失明者，其後長大，有醫者用撥障法使之復明，且敍寫其觀物之閱歷。第十八世紀間，則有以試驗或算學爲孤立之研究，此則可以作爲以準確法研究身心關係之變象之初步。發起身心學之費希奈爾亦曾言及有兩盲者復明之閱歷。【原註】見一八六〇年其所著之「身心學」第二册第五四八等頁。

八、柏努利及歐拉

此兩事是兩大算學家柏努利及歐拉所說。柏努利謂凡人所加得之物產，並不計其所加得者之價值，只計其所加得者與原有者之比例關係。譬如某甲擁有百萬家貲，而多得一錢，殊不以多此一錢爲意；迫受飢寒之勞苦小工某乙，其視最初以勞苦博來之一錢之價值，何止萬倍於某甲所得之一錢。拉普拉斯及帕松，曾引柏努利此言，於是製爲『財運物理』及『財運道義』兩名詞，並證明此兩者有簡單之算學關係。歐拉則證明吾人於副音序或陪音序辨別樂音隔及發爲此兩音之絃浪次數，亦有相同之算學關係。其後百年，費希奈爾始將此兩君之說，合併於其所新發起之身心學中之著名之例。作者將討論之。

大概而論，身心學在第十八世紀中，無何等大進步。及第十八世紀之末年，與十九世紀之初年，則有重要之揭露，當時有未免過於重視此項新發明者，亦有過於忽略者。

九、動物電

第一事，即是一七八六年賈法尼之偶然揭露，十五年後則有弗打（一名服爾塔）之更爲重要之創造。雷文教授在其科學著作及雜文中常告讀者，「原註參觀雷文「演講集」第二冊第二二，三八六，五二八等頁，及其「動物電之試驗」。以賈法尼之揭露爲引線，而研究神經，生理者多矣，洪保德亦其中之一，在弗打未新發明之前三年，以一七九七年刊行一種關於動植物神經肌肉作用之著作。在卜台士所著之德文本「洪保德傳」第三冊第三〇一等頁中，有馮特教授關於洪保德之著作之討論。其言曰：「當時由賈法尼之瞻察，而發生之多種試驗之大爲激動科學界之情景，非今人所能想像者。：：當時在有學問社會中，往往以此項試驗爲娛賓之事。：：當時以爲此（即刺激）是活物質之普通性，因有賈法尼之試驗，而有初次之揭露。：：當洪保德試驗時，所謂賈法尼派及弗打派，仍在爭辨未了，」云云。此即指以生理學解說此變象，抑以純粹物理學解說之爭辨。馮特又言曰：「自洪保德刊行其著作，不及三年，而有弗打電堆之揭露，驟然推倒根據賈法尼所揭露之變象，爲發源於生理之學說。此後物理之賈瓦尼電學，大有進步，而生理方面之電學，遂遭沉淪。：：洪保德之作，亦爲學界所忘記。」云云。（見第三一〇頁）。當時洪保德正邀遊南美洲，曾見電蠟之發電，實寫其目睹馬與電蠟之戰爭。（參觀洪保德「自敍」第四冊第三四五等頁，又「自然圖畫」第一冊第三十三頁。）於是約在一八三五年，意大利之生物學家，又重新研究動物電學，重演及推廣賈法尼之試驗。又因洪保德及米勒之潛力，動物電之全體問題，於一八四〇年爲雷文所研究，撰一大作「動物電試驗」，詳盡討論此問題（見一八四八年刊行之第一册，一八六〇年刊行第二册）。時人如何迷於以電力解說神經變象，又如何在一百年間，學者如何熱心研究，及如何拋棄此問題，以爲易於使人誤會。第十八第十九世紀之間，爲動物電學極盛時期，學者如瘋如狂，爭事研究。大學問家如洪保德，有極熱心之研究，帝王如拿破崙則懸重賞以爲鼓勵，無不希望生命及意識之祕奧，不日可以發現矣。其在德國，則有所謂『自然哲學派』，以賈法尼變象有所謂『極性』及『極力』，則據以爲重要之奧妙；加以在二十年前已有麥斯麥（Mesmer）所謂動物磁力之發表，於是根據此兩種之空泛表示，製爲種種離奇生命學說、靈魂學說。〔譯者註〕謂無生命物及自然變象，皆有靈魂也。此項舉動，自然令人不相信，如是思想凡是較爲莊重、較爲有科學知識之研究自然科學者，則遠避之，因是阻止肌肉系神經系之電力變象之研究者足有三十餘年，毫無進步。其後則有米勒學派，復研究此問題，又有赫爾姆霍斯及雷文，以置於科學基礎。學者令知毋論在無機體界，抑在有機體界中，其應有之工能，可以發現爲力能、熱能、電能、化能，惟是不能在其中求得生命要素，更無所謂意識要素。

一〇、相腦法

一八〇五年有加爾者，發起一種研究，其發展亦忽盛忽衰，有時則過事誇張，有時則極爲人所輕視，由是亦阻滯真確科學之進步。此項研究，最先由加爾所發起，其後又有斯浦次亥謨(Spurzheim)相助，以解剖表示腦部爲神經及心之動作之中心點。（原註）此學派之最著名者有兩人，其一是加爾（一七五八年至一八二八年間人），其一爲斯浦次亥謨（一七七六年至一八三四年間人）。加爾原是名醫，斯浦次亥謨是解剖專家。此兩人之潛力，皆集中於巴黎及維也納。其在英，國美國，則自科謨(Combe)（一七八八年至一八五八年間人）起，風行於時。相腦名詞，則爲福耳斯式(Forster)於一八一五年所創用，已在加爾發起其相腦說十年之後。著名醫學家，則有法國之布魯舍(Broussais)（一七七二年至一八三八年間人）德國之卡魯司（一七八九年至一八六九年間人），皆相腦家也。卡魯司則嘗欲爲此說立一較有科學價值之基礎。法國學會自始即不以此種學說爲然，對其無稽（參看上文卷一第一三六頁原註）。嗜其學說者雖少，然而反對加爾者，皆以加爾爲有才能，且不沒其有鼓吹腦部解剖學之功。即最反對其學說者，亦稱其能。夫盧龍，爲最反對加爾者，然其言曰：『加爾乃一精深之觀察者，運其天才，以腦之生理及其解剖之學說，啓示吾人。……余第一次見其剖腦工作，所留印象，至爲深切，一若余未嘗見此器官者然。』（見「法

第十一章　以身心觀研究自然　　二百九十一

國大百科全書」第二十六册第八〇一頁）。在相腦學未興之前，有所謂相面術（上古已有行之者），以拉發忒(Lavater)爲最著名，曾著有「相術談屑」，且有圖解。於是自一七七二年以來，此作頗驚動哲學，文學，及美術各界，且分歐洲人爲兩大派，崇信拉發忒派，及反對拉發忒派。反對派則有格丁根之力喜騰堡。科學家之宗其說者，則有荷蘭之坎珀，英國之柏爾(Bell)。坎珀則發起其『面角』之說，以算人之智識，柏爾則刊行（一八〇六年）其所著之「容態解剖論」。近來則有達爾文所著之「情感表現論」（一八七二年）。在其前者，有匹得力(Piderit)之「擬態學及面相學」（一八六七年），及度中(Duchesne)之「人類容貌之機械原理」最近又有意大利人曼特加剎(Mantegazza)之「感覺之表現及面相學」（一八八五年法文譯本」。馮特教授之「論說」中（一八八五年），有一專論此問題者。參觀其所著之「生理心理學」（第四版第二册，第五九八等頁）。

舊生理學派，分心之生活爲各種不同之能力（亦如解剖家之分身體爲器官、爲部分）在腦部中位置各項能力。加爾則過於躁急不暇深思，以爲在頭之外面，即可以辨別各位置之所在。此即相面術之根基，頗爲流俗所信，及施於實行，醫學家多疑其不確，雖不久即爲人所推倒，然而加爾之解剖事業，則有後起之學者以繼續之。科學家對於此問題，各具見解，例如夫盧龍則力持中央官器統一之說，猶赫爾巴特(Herbart)之在心理學中主張心之統一；留埃斯(Lewes)則以脊髓及腦部爲意識生活之有最重要之職任者，夢克(Munk)及哥爾支(Goltz)則用其極小心布置之活動物試驗，及電氣刺激，及去其腦部之一部分，頗能區分『某某部分為感覺神經遞交消息之區域。某某部分為化作意識而存儲之之區域。』【原註】參觀雷文「演講集」第二冊第五五八頁，其言曰：『雖不能希望在腦部內之物質動作，與意識之原因上如何關係，能得有清晰之知識，然而不能阻止科學家不深入以窺見其作用，亦不能阻止如是所得之知識之為重要，及極有意味。第一步自然是求知各能力所在之部位，當日相腦學家之錯處，亦即發生於此種之思想。然而科學之迷信，往往淘沙見金，亦有其真確之處在。加爾及斯浦次亥謨所位置其三十五種心之能力之腦之樹皮部內（【譯者註】亦稱外皮部），夢克今日，則謂是各感覺神經遞交消息之區域，其變化消息為意識，而存儲之，亦在此處。此是第一次在傳覺及成意區域中，證明心象動作之根據地，亦如卜羅喀(Broca)之位置成志區域，語言能力所在之地，」云云。有多數之身心學家，大約皆不甚修正，即承認此說。是以作者應申明，最富有創解之研究此問題之大家，如哥爾支(Goltz)，則對於其本人之試驗，及他人所試驗所得者，則表示不同之見解。以為夢克之說，不是腦部生理學之根本，以為全盤皆錯，並『希望終有一日，能將其極數心力所組成之極恍目之樹皮部之各中心點之鏈圖推倒，與加爾之相腦學，同莽一邸。」云云。（見普夫勒革藏書審卜特曼「新生物學中之玄學」第二四○頁所載哥爾支著作）。英文之標準著作，則有菲利厄(Ferrier)教授之「腦部功用論」（第二版），其所居之地位，則無如是之消極。其言曰：（第二十三頁），『吾人此時，仍在門檻上，應問解說腦部之機構，及其功用之時期已至否。自深念者觀之，則以爲未到時期，「相離仍甚遠也，』云云。哈佛(Harvard)大學教授詹姆士，在其所撰之絕佳之「心理學原理」（一八九一年版，兩冊）之第一章中，有部位問題之極簡明之討論，以爲以大端而論，處有鞏固之基礎（見第一冊第一六二頁）。德文之標準著作，則有馮特教授之「生理心理學」（一八九三年第四版，兩冊），在此作之第一部分中（即第四五兩章），對於研究部位之試驗，及理想事業，有極詳盡之討論。馮特教授自處之地位，則居於規定極分明之界限學說，與不認有部位分別之說之中（見第一冊第一五九頁）。然而承認此問題之全體，仍在辨駁，未能解決時代，雖其後諸家不同之見解，似乎不若從前之甚，然仍爲未能解決之問題也（見第一冊第二○四頁）。四十年前，卜囉喀已竟能指定語言能力所居之部位。

當科學家踴躍研究動物電力及考驗腦部時，通俗著作又往往過於重視此項學說，發展多數臆度之離奇學說，因是阻滯鄭重研究家之進步，然而在第十九世紀之初年，別有收效甚豐之闡理及研究，可惜其後五十年間，無人繼承其業。此後則追溯接續研究者，頗收實效及利益。

二、楊氏之顏色學說

楊氏之各種研究，皆超過時人，並世之科學家，皆望塵莫及，此項闡理之初步，則見於早年之作。【原註】讀者宜注意，在赫爾姆霍斯所撰之「生理光學」（一八九六年第二版），及常引之「演講集」，對於楊之功業，頗多讚美之詞。當第十八世紀之末後十年，楊氏研究光與顏色之各種變象；又因原是醫學出身，同時亦注意於光之物理變象，及其生理之感覺，追溯其研究之原始於牛頓大作之關於此兩大派之光學議論。〔原註〕美國之邁爾，在一八七六年之「哲學雜誌」（第五部第一冊第一一一頁），登有簡明詳盡之作，發表當日楊氏如何達到其所發明之顏色學說。楊最初選擇紅黃藍三色，爲三種單簡色覺，其後因有武拉斯吞在一八〇二年及一八〇七年間之試驗，則修改其初時之見解。當時並不甚注意於其學說，觀邁爾所引赫爾姆斯之言，可以見矣（見第一一四頁）。其言曰：『顏色問題，有極新奇極繁複之關係，自歌德視之，以爲直是謎語，終不得其解。物理學家及生理學家，亦欲求得其解，而不可得。予自問亦在不得其解之列，因予致力於此問題，亦有年矣，而終不能走近目的。其後尋得當本世紀之初年時，已有人發明一極其簡單之解決，早已刊行，只要學者一讀耳。此項解決，爲楊所發明，刊行於世。此卽第一發明如何解釋埃及象形文字之楊氏也』云云。作者曾於上文討論此新紀元之物理光學新揭露。對於色覺之生理問題，楊氏又溫習牛頓大作，其尤爲注意者，則是牛頓所留意之新奇事實，卽謂顏色感覺之分別，亦可謂多矣，然而似有以三種元素爲標準之可能，毋論各種顏色之深淺、濃淡、厚薄，皆能以此三種元素顏色合成之。楊發明兩要點，則比於牛頓爲有進步。一、以紅綠紫三色代舊光學家之元始三色；二、虹之諸色，既皆可以由三元始色配合而成，楊則發起生理之闡理，謂眼有三不同之色覺發生於神經之特別構造或功用。楊並未研究此項意想，惟在其自然哲學演講，及其早年著作中，則有各種問題及示意，以備後來多年之研究。

一二、柏爾

一八一〇年，柏爾新發明脊骨神經之前根後根之結構不同，證明其功用之大分別：此爲極大之進步，推翻向來學者對於神經系之舊意想，使新意想永遠立於不能動搖之地。至於其功用，則有馬戎第及米勒取徑各別之生物試驗以證明之。〔原註〕柏爾，馬戎第，米勒，各有其創立之功，則有伯爾拿，雷文諸家之著作以表揚之。讀者宜參觀本書第二冊第三八四頁所引之著作。

知覺神經與運動神經之大分別，則有此解剖及試驗生理學三大專門名家之功業以爲根據；所謂大分別者，卽指脊骨之在前之神經，專爲傳遞神經刺激向外，以達於各器官（此種運動神經，）在後之神經，有較爲嚴密之保障，則專爲傳遞外周覺官刺激向內，以達於神經中心（此稱知覺神經。）

一三、米勒之特性工能

歌德有主觀之色覺瞻察，康德有先天知覺之學說，米勒受此兩說之潛移，關於知覺神經器之作用，發明一重要之分別。

〔原註〕康德所著之「純理審評」有哲學討論，歌德所著之「顏色理論」，則有美術之討論，皆研究器官知覺之主觀。米勒之知覺神經之特性工能學說，皆發源於此兩家之著作。此學說頗範圍德國大部分之身心學研究，德國因是而有生理學之改良，與同時馬戎第改良法國生理學不同。馬戎第為極端試驗派，頗為米勒所嘲笑。參觀雷文所著之「米勒傳讚」（見「演講集」第二冊第一五九頁），此作頗發表米勒之生理物理學之發源。此外則有赫爾姆霍斯之「歌德論」（見「演講集」第一冊第一號，一八五三年），及赫爾姆霍斯一八九二年在歌德學會之演說。赫爾姆霍斯求得歌德光學試驗之錯入歧途之理由，與部盧斯脫之錯誤相同，因為當時無法可以得純粹一致之顏色也。歌德所用為試驗者，為不純粹之光，與晦暗之鏡。赫爾姆霍斯本人研究光學，亦曾經歷種種為難，然後能得純粹之色。至科學家之偏嗜研究色覺之主觀，則頗有其人，不獨歌德而已。雷文曾謂英國之達爾文·羅伯及德國之朴金治，皆極好研究（同前第一六〇頁）。米勒之功業，則見於其一八二六年之著作，及其較大之生理學。讀者亦宜參觀赫爾姆霍斯之「生理光學」第二四九頁）。其中頗表揚歌德之功。

學界稱米勒學說為『特性工能』學說，範圍生理學關於器官知覺問題之闡理者、多年。赫爾姆霍斯發明此學說，其言曰：『由生理閱歷得知由毋論單獨一條何種神經絲之刺激，只能發生屬於特性之區域之一定器官，及凡刺激之能感動此神經絲者，只能發生屬於此一定種類之感覺。』【原註】見赫爾姆霍斯之「生理光學」一八九六年版，第二三三頁。其意卽謂，譬如說有一有效力之視官之神經器之刺激，只能發生光之感覺，又永遠發生此項感覺，若相同有效力之刺激，若在聽官之神經器，則發生聲覺。赫爾姆霍斯又言曰：『相同之以太浪，目接之而爲光，皮膚之神經接之則爲熱。相同之空氣浪，皮膚接之而爲震動（卽浪動，）耳接之則爲樂音，』云云。【原註】見赫爾姆霍斯之「演講集」第二册第二二四頁，又見「生理光學」第二四九頁。赫爾姆霍斯又言曰：『米勒之特別工能之說，爲極重要之進步，因從此以後，器官感覺之全體學說，變爲此學說之科學基礎。若從一種定義觀之，人心之知識手續之性，先有，康德之哲學討論，此則爲之證明，』云云。又，參看第五八四頁。吾人感覺之特性，並不依賴於刺激，只依賴於神經器。

赫爾姆斯霍又云，【原註】見「演講集」第一册第三七八頁，又第二册第一八一頁。特別工能學說，成爲近日最重要之器官生理學之進步，人且以此學說比牛頓之吸力例。【原註】對於米勒學說，作此過情之譽，則只有德國。其在德國，亦只限於米勒學派，赫爾姆霍斯，卽此學派泰斗也。其在英國，則有一重要思想家，留埃斯。爲詳盡之審評。此君之著作，頗多創解，其後有其他名家，獨闢途徑研究之者，所得之結果，與留埃斯同。參觀留埃斯所著之「平常生命之生理學」（一八六〇年版第八章），又「心及生命問題」（一八七四年版，第一冊第一三五頁），又參觀「哲學評論報」（巴黎版第二號，一八七六年，又「心之物理根基」（一八七七年版，第一八四頁）。馮特教授不知有留埃斯之審評，從生理學方面評論特別工能學說，見於一八七二年其所撰之大著作「生理心理學」第一版。參觀一八九三年德國版第一冊第三百三十二頁之附注。馮特之言曰：（見第三三一頁），「從歷史方面觀之，此說：：發生於康德之新科學之哲學基礎，尤以感覺科學為最著。昔日康德嘗試求先設知識（「譯者註」即謂直接知識）之條件，即是以主觀為研究，此特別工能學說，不過是康德關於此項研究之生理學之反射意想。以米勒而論，則顯見其如是，』云云。反對米勒及其學派者，則有留埃斯及馮特，此兩君發起一項學說，可稱為神經元素功用之無偏倚無差別學說。此兩項學說不同之點，有蒙特哥美利之佳作以表明之，登於一八八〇年之「心報」第五冊。其言曰：『按功用無偏倚學說而論，吾人所知之感覺，不過皆由於刺激之節奏之不同，即是由於自外傳來之運動不同，而達於一律相同之神經質，於是以為吾人之繁複組合之意識，是各項刺激運動之同時存在，及其後之組合之結果。按照特別工能之學說，則謂各項之感覺，則由於所由生之根基，先已不同，以為所有多層組合所成之較高級效果，成於較為高級，即謂特別，先得賦與之神經質，』云云（第四頁）。

吾人將見赫爾姆霍斯組合其學說於楊之顏色學說，施於極重要之用。作者於未討論此事之先，應先注意於米勒公式所發生之各路研究，並注意於其如何引起吾人自然知識之多得效果之發展。若從此方面觀之，原可以米勒之公式比吸力公式，因謂吸力公式介紹多種意想幫助指導一百年間之研究。米勒最初發表其意想時，用特別工能名詞，用此名詞於視覺曾說能視質，或能視器。此視器則極其繁複，大概可分爲三部——分外器，連接絲或接連神經，及中央器，此則在腦部。試問此組合而成之器之各部分，如何自能配置，有何生理功用——最要者，是試問所謂特別工能，居於何處耶？此問題之答問，不獨只關於視物之手續，且關於其他器官之手續，要費極多之詳細解剖、生理研究、及分析試驗之功。致力於此問題者多矣——

一四、赫爾姆霍斯

今先舉赫爾姆霍斯之名，赫爾姆霍斯有兩大著作：曰生理光學；曰生理聲學。【原註】

「聲學」是一八六三年出版，「光學」是一八六七年第二版，頗有加增。其發揮此兩大著作之內容者，則有馬肯特烈克所著『醫學名家』叢書之一「赫爾姆霍斯論」第十章至第十二章。

此兩大著作，卽爲身心科學立基礎，學者藉以得稍爲湊近之身心相交之知識。赫爾姆霍斯最稱讚楊氏，其研究自然，亦與楊相似，先從醫學入手；因有過人之才力，由是一方面研究算理物理學，一方面研究生理學算學之確切方法，醫學之試驗法；康德及斐希特之心學分析，穆勒·約翰之邏輯方法，赫爾姆霍斯皆所熟習。又能自創儀器，如驗眼之鏡，至於他人所創造者，如惠斯登之立體鏡，其時又有色盲之試驗，又有多數之巧妙試驗，赫爾姆霍斯皆引以爲己助，加以有天賦之知音之本能，因得而撰此兩大著作，在科學、哲學及生理學歷史中，建立一新紀元。從前對於此項變象，皆不過爲枝枝節節之研究，每爲偏嗜、幻想、及自信所潛移，加以玄學之空泛，及採撰名詞之爲難，由是而發生無可究詰之棼亂，多數學者未免見而却步。自有赫爾姆霍斯之研究以來，始知確切方法之大有用於此項變象，所有措語命名，及客觀之瞻測，與主觀之幻想，及閱歷所得之底數，與夫理想學說所造成之棼亂，幾乎一舉而掃除之，此則赫爾姆霍斯之功也。

在其所著之耳與目、視覺與音樂之身心學研究，則繪有極詳細之圖兩幅；後來之物理學家、哲學家、及美術學家，欲窺見其中秘奧者，則可以有多年之研究。前哲及並世之科學家所發起之學說，及其所研究之方面，及所闢之理路，皆爲赫爾姆霍斯所採用，而必加以修改。今將其所採用者，試爲讀者言之，先從算理及確切思想起，至最普通及屬於玄學者止。第十九世紀之初年，傅立葉曾經發明，凡在兩元空間（平面）之運動之諸力，毋論其如何繁複，毋論其如何不整，皆能以算理代表之，或計算之，其法則爲積加或多數或少數之單簡週期動；好比分析解剖爲單簡之運動，亦好比毋論何項數目，皆能以其爲累加其他數目所得之總數——例如加無因數，亦其一法也。學者既知聲音發於空氣之如波浪之震動，由於絃線或其他樂器之浪動所激成；學者又知一定之樂音，爲其鄰近之響器所吸收，或爲其所傳遞，此則視響器是否與音之來源同調，此即人所習知之響應之變象也。歐姆【原註】此即發明歐姆定律之歐姆，曾於一八四三年，在坡根多夫「年報」中（後翻印於歐姆「文集」第五七五頁）登有論說，題目爲「原音之界說及多孔輪學說」，其中則採用傅立葉「熱學解析學說」之算法（一八二二年）。此前已用此法於電流（一八二七年）。據事實而言，歐姆爲一首先知傳立葉意想之價值，與拉普拉斯之意想不同。拉普拉斯對於物質之分子組織，仍不能脫離空泛理想也。參觀歐姆之電溜論（見其「全集」第六十三頁）。曾經用傅立葉算理分析法，以解說分音、基音、高級分音，此皆造成樂音者也。【原註】一八一九年，圖爾(Tour)創造多孔輪，一八四一年西庇克則改良此項計算樂音振動次數之器。西庇克與度阿麥爾同研究元音，或平常複音組合以成樂音之理。彼時卽討論及附於基音之高級分音之作用。赫爾姆霍斯於一八五七年，先有演講，以研究此問題，翻印於「演講集」第一冊第七十九頁，題目爲『樂音譜和之生理原因』。赫爾姆霍斯曾創造多數單簡而巧妙之儀器，能將此項分音，分析之，孤立之，並能使其可聞於耳，又能化基音爲純淨。赫爾姆霍斯並用解剖法及聲學法，以研究耳之各部；既有儀器加以此兩項之研究，由是而發明人耳爲極細巧之響應器，能各別吸收諸不同之造成樂音之元始週期動，於是有諸不同之神經綫各別傳遞於中央覺官。〔原註〕參觀其所著之「生理聲學」，一八六三年第一版，第九十二，第九十五，第九十七頁。其言曰：『吾人聽官之實寫之結果，則爲聽官神經之末端，隨在皆與特別附屬器相連，此附屬器有有彈性之部分，有堅實之部分，一受外界潛力，則發爲同等之浪動，大約由此激動神經質』，云云（見第二一二頁）。

一五、音色之界說

赫爾姆霍斯以此各種區別爲根據，而得一極正確之『音色』界說（法文作 timbre, 德文作 Klangfarbe）〔譯者註〕英文無此名詞。我國譯名，有作『音趣』，亦作『音味』。〔原註〕赫爾姆霍斯爲首先定音味之積極界說。自謂（見第一一四頁）從前此名詞，解作樂音之各種特性，只不作高低解。所謂各種特性中，赫爾姆霍斯盡除，去音之起止，及其漸漸散亡，只研究音之一致保存不變者，（第一一六頁）。——卽指不同之樂器所發之同音調之味道不同。〔原註〕聲學與音樂名詞，頗有大改變，而以英國爲尤甚。因有各種科學著作之故，尤以赫爾姆霍斯之作爲改變之新紀元。按累力爵士之說（見其所著之「聲學」第一版第一册第二十二頁），則謂英文之tone（音調）丁鐸爾用以指樂音之有不能再化者。此名詞前人，已用之，不過只作普通名字，不限於聲音。今日聲學著作所用tone（音調）名詞，在舊時著作則用note（音調）。赫瑟爾·約翰爵士（見「首都百科全書」，一八四五年版『聲學』條下）用tone（音調）名詞，則無一定（英文tone即德文Ton），有時用sound（音），有時用note（音調），有時用tone（音調）混亂不分。若至樂音之性，除強弱高低外，則英文名詞更爲混亂無定。時至今日，法文之timbre（音味），德文之Klangfarbe（音味），英文尙無同等之名詞。厄味勒特(Everett)則用character（音品），累力爵士亦然。楊博士之『音樂論』（一八〇〇年在「雜著」中第一册第五號），論及聲音之性，有時稱爲tone（音調），有時稱爲register（音紀），有時稱爲colour（音色），有時稱爲timbre（【譯者註】即法文音味）（見第一一八頁）。英文最後出之科學著作（坡印丁及湯姆孫所同著之「物理學」聲學部，第六十九頁），有言曰：『平常複音之有一定高低者，宜用note（音調）名詞以稱之，其造成音調之單簡諧和之原音，則用tone（原音）』。厄爾力斯(Ellis)曾譯赫爾姆霍斯所著之「聲音感覺論」（一八七五年第三十六頁），有一重要附注，討論名詞。赫爾姆霍斯分析口發之聲，及音調之手續，發明其在音樂及語言學說中之重要關係。以上之引伸推用，發起於傅立葉之繁複運動之分析，赫爾姆霍斯加以聽官之解剖，由是得有結論，謂『耳中必有諸不同之部分，受音調之高低不同者，發爲浪動，由是而

一六、聲色之相似

得有此音調之感覺。』〔原註〕見其所著之「聲音感覺論」第二一五頁。從此又循另一理路——此則是米勒之特別工能學說所啓發者。赫爾姆霍斯當研究生理光學時，已承認楊氏之學說，謂眼中有三種不同之神經線，分屬於三種不同之色覺。耳中當有與此相類之結構存在。」〔原註〕參看「聲音感覺論」第二二〇及第二二一頁。不同之音調（卽謂高低不同，音色或音味不同，）化爲有感覺之神經綫之不同，每條神經綫（卽神經絲）只有刺激强度之不同。

此則將知覺神經之動作，與運動神經之動作，同歸一綫：毋論其在何處，神經本體，對於刺激無所偏倚，不分畛域，或傳遞向外，或傳遞向內，如電報之電綫然；當電綫動作時，只視其末端之連接如何，『有時可以送電報，有時可以搖鈴，有時可以焚炸藥，有時可以化分水，有時可以創生磁力，有時可以推動磁針，有時可以點電燈，有時可以作其他各事。神經亦然，以刺激之情狀而言，關於某一孤立之神經綫，則各處皆同，只看各分部之不同，或爲腦部，或爲腦外之體中各部，則發生運動、分泌、增血、減血、增熱、減熱，或發生光與音之感覺，及其他各事。〔原註〕參看「聲音感覺論」第二二二頁。

聽官之生理學，其用甚廣，使吾人明解語言之元素，及元音（又稱母音）之成造，及音樂之發展——此學較諸他種學問，尤為有一定之法則以為基礎。〔原註〕馬肯特烈克教授之言曰：「自從古希臘哲學家畢達哥拉斯由瞻察鐵匠打鐵，而知其鎚鐵時發生第四階第五階及第八階之音調，由是而揭露全級中之原音，又由是而得七絃琴絃之諧和比例。其後研究樂音者，皆知聲音雖為俄頃之感覺，而有各種行動之數目關係。其他哲學家，雖亦有各項之研究，惟赫爾姆霍斯則研究此項變象之全局，有物理學及生理學之研究。其大著作將久傳於後，為表揚其天授聰明之華表』（見『名醫彙傳』叢書中之「赫爾姆霍斯論」第一六八頁）。○自從赫爾姆霍斯大作之最後一版刊行之後（有極好之英文譯本，加以極有價值之附注），赫爾姆霍斯最先研究之諸要點，則有其他試驗家及心理學家重復研究。一八七七年，愛迪生創造留聲機，於是有多數學者，踴躍研究聽聲之能力，發起多數不同之事實及學說，有維持赫爾姆霍斯學說者，亦有修改其學說者。關於此事，讀者宜參觀累力體士所著之「音學」，一八九四年第二版。至於生理學一方面，則宜參觀馮特教授所著之「生理心理學」第二冊第四十七至第九十六頁。

赫爾姆霍斯因研究此各項問題，而引入於美術及心理學之討論，對於其本有之自然關係，及物理生理關係之原理，作爲一事，其依賴人工創造及外界所需及習慣與教育之原理，又另爲一事，爲之區別。

【原註】參觀赫爾姆霍斯大作第十三章最後之議論。其言曰：『關於歐洲音樂制發展之根本原理，吾人則設爲所有全部音調，及其陪音，或副音之關係，必要與任便選定之主調音，有密切及永遠清楚可覺之關係，製譜所用之各音，必從此選定之主調音發展，必從此起，亦必復歸於此。古時之同音樂調，即發展此原理，今代之副音樂調亦然，惟是此不過是美術原理，並非自然。例也。此原理不能以先設（即直接不由試驗）法發明之，必要以結果證實其是否眞確。此項美術原理，不應作爲是自然之必要。凡上皆是天才所創製，吾人前此曾以美術建築原理，解明此事矣，』云云。

一七、赫爾姆霍斯及康德

視官之生理學，在思想史中則更有新奇之效果。赫爾姆霍斯曾有視覺及觸覺而成之處間（亦稱空間）覺之分析，吾人可以謂有此分析之效果，竟能將生理學及玄學，使與物理學及生理學得有最密切之相接近。康德之時間處間學說，謂此項感覺爲先天式感覺，即謂時間處時皆是主觀，或是意象。赫爾姆霍斯則用別一思路以研究此問題。此問題之研究，原先已有赫爾巴特及陸宰預爲之地。康德之學說，則有潛力於一方面，有兩分派以指明之，——有米勒之生理學派，又有赫爾巴特之心理學派：赫爾巴特之於柏林生理學派，似乎無甚潛力，惟於來比錫

十九世紀歐洲思想史　第一編　下册　三百八

派之數學則有頗大潛力陸宰卽受敎育於此派者。

陸克發爲學說，其徒衆則承認之謂可覺物之副性，如顏色，如音，如堅固性等，皆是主觀的。理想物理學則譯此諸項副性爲特別團聚之動，或週期動，只餘寬廣（又稱外延）及阻礙爲物之本性。此項學說，亦已預爲後來硏究之地。康德則更進一步，主持時間處間亦同爲只有主觀。由此學說，則發生兩個問題，但在康德著作中，並無淸晰之表示。第一問題，是問人類所特有之繁複、有系統、或組織之處間（亦稱空間）意象，人之覺心究是如何得有此項意象？——卽問此項漸漸造成之意象，有何種感覺元素，【譯者註】卽原料。及用何種心靈手續？第二問題，卽問位置吾人感覺於處間之一定地點者，究是何物？此外原有一第三問題，此則康德自問自答，卽幾何之公論（亦稱公理）是何性質？如何能成立？康德之見解，謂幾何之公理是先天的，表示吾人處間意識爲與生俱生；其意並謂只有幾何之眞理，爲不由閱歷而得之知識，——卽是先於閱歷，【譯者註】所謂先設是也。或在閱歷之外所得之知識。

一八、韋柏兄弟

在米勒之先，則有韋柏三兄弟（亨利克、威廉、愛多華）獨闢途徑之研究身心學；此三兄弟可以稱為來比錫派之解剖學、生理學、物理學之中心點。〔原註〕關於韋柏兄弟之事功，本史卷一第一九六頁，及本卷第三十一頁原註，皆曾經說及。韋柏〔伊倫斯特・亨利克〕既最先輸入確切法，以研究生理學，既又研究生理光學及生理聲學，〔原註〕韋柏・亨利克諸作，有刊於一八一七年者，曰「神經系之比較解剖學」，有刊於一八二〇年者，曰「人畜之耳官與聽覺」，亦有刊行於一八二七年，以後者，曰「解剖學與生理學註釋」，一八三一年，此書有一著名論文發現，名『觸覺及一般感覺』。米勒之「視覺比較解剖學」，則發現於一八二六年。則研究主觀之感覺變象：例如以畫規之兩尖，置於面皮及手足之皮膚上，而記載感覺所知之兩尖相離之遠近；又記載加增刺激與發生之極小之感覺，有何關係。韋柏從此第二項試驗中，得有科學家所稱之韋柏生理例。〔原註〕此是費希奈爾之稱謂見於其所撰之「身心學大義」（一八六〇年來比錫版，兩冊〕。韋柏本人並未以此名詞，稱謂其研究所得之結果；當日不過以試驗證實在各不同之多數試驗中，激刺須與其初試時之強度，有比例之增加，然後能發生恰能覺得之感覺增加。韋柏諸項試驗，並不為學界所注意，及費希奈

一九、費希奈爾之身心學

爾起而研究，即以之爲基礎而建造其最著名之『身心學原理』。作者今暫不爲詳細討論，必先說尙有第三種理路；此則上文已提及，有轉移來比錫派身心學之大潛力，惟與在早之自然哲學同無潛移韋柏之力，蓋韋柏固反對此學說者也。

二〇、赫爾巴特之潛力

赫爾巴特原非一位試驗哲學家，然而在科學思想史中，應有其位置。赫爾巴特之哲學，與康德之哲學及謝林之哲學（此君另有一種潛力）同有轉移無數思想家及科學家之潛力；此多數學者之預備地盤，以資生命及心靈變象爲確切研究者，無不皆受其潛力也。予所稱之確切生理學家，例如陸宰諸君及近時之來比錫之馮特教授是也。【原註】此處不必詳說赫爾巴特派教授者，因其潛力只全限於德國也。予之所以說及馮特教授者，因爲其所著之「生理心理學」雖有批評赫爾巴特學說之處，而作者（【譯者註】指馮特教授）則嘗聲明（見一八七四年該大著作初版之序中）其本人之造成其學說者，第一則感謝康德，第二則感謝赫爾巴特。是以作者應指明赫爾巴特之潛力之來，是從何要點。

生理學之確切派，雖能研究心靈及身心變象，不必提及靈魂之普通學說，以靈魂爲此種變象之假設之中心點及原質，然而當時之研究，終不能離乎靈魂及心靈之學說及意想，猶之生物學之研究，不能完全脫離生命學說。舊時之心理學家，皆爲有若干分明不同之心靈能力所範圍，不過有明知之者，亦有不明知之者之分別而已。卽如康德之哲學，亦尙爲此種見解所羈絆，先進之倭爾夫，卽以此項見解爲主要學說。及赫爾巴特崛起，毅然攻擊所謂能力心理學，力持內界生活之單簡惟一，凡有受其哲學之潛力者，必受有極深之印象。此項攻擊則分爲兩路。

二、赫爾巴特攻擊能力心理學說

〔原註〕赫爾巴特（一七七六年至一八四一年間人）之心理學著作，自一八一三年起，至一八二五年止，此外尙有一德國生理學家，亦常稱爲輔助赫爾巴特，推翻舊時之能力心理學派者。柏勒克(Beneke)（一七九八年至一八五四年間人）與赫爾巴特同時，而年紀較輕，存有以心理學爲自然科學之意想。其重要之著作，名「心理學爲自然科學論」，發現於一八三三年，再版數次，第四版則刊於一八七七年。柏勒克反對黑智爾，繼從前之雅科俾，弗黎斯，士來厄馬赫，及英國之連想哲學派而起。其哲學討論，在身心學中原無位置，不過因其於研究內界生活中，雖不引用生理科學之事實及底數，而引用物理學方法。柏勒克爲內界感覺心理學之純粹代表。赫爾巴特之心理學，以閱歷，玄學，算學，爲基礎，柏勒克則不盡然，只承認閱歷而不承認玄學。彼立於最有勢力之黑智爾學派，及潛力日增之赫爾巴特學說之外，是以當其在世時，宗其說者不多，而留意於其說者則頗衆，此則由於宇伯威希(Ueberweg)之提倡。其潛力之轉移德國，大約與英國及蘇格蘭哲學同時，宇伯威希所著知名之作「哲學歷史」〔第二册第二八

一至第二九二頁，一八七四年有英文譯本），關於柏勒克有詳盡之發明愛爾特曼教授「哲學史綱要」（一八七八年第三版第二册第六二八至六四一頁），亦有極詳盡之記載。柏勒克用內省法，不獨與英國學派接近，且與法國最善於心理分析之思想接近。此則可以解明麥里翁(Marion)何以稱柏勒克爲德國當代之哲學泰斗（見「大百科全書」）此種稱謂，在德國英國，則似乎難得迴響也。在心理學發展歷史中，柏勒克所居之地位，則有英國人士陶特博士(Dr. Stout)之著作以發明之，題目爲『赫爾巴特與英國心理學家及與柏勒克比較論』，見於「心報」第一部第十四册（一八八九年）。李播(Ribot)所著之「今代德國心理學」（有一八九九年英文譯本），對於柏勒克無多討論，惟對於赫爾巴特及其學派，與其在身心學思想中居何地位，則有簡括中的之討論。登於「心報」之士陶特博士之『赫爾巴特論』（見第十三，第十四册），則亦學者所宜讀。第一、先掃除不合時宜及易生誤會之名詞；第二、則使學者注意於一問題，謂感覺如是其多，或如川之流，如何能在內界組合爲一，使學者求一解決。是以凡受赫爾巴特潛力之心理學著作家，關於心理作用，毋論有如何詳細之實寫，如何致力於感覺之分析，如何解剖閱歷所得之事實，然而無時不注意於生理學及身心學之主要變象之深藏於內幕之心靈之組合爲一，亦如生物學之主要問題，爲求得生命界說也。假使研究身心變象，以韋柏或赫爾姆霍斯所得之結果爲暫時止境，則吾人應有內界與外界接觸之視聽及觸覺、與其他作用之變象之議論，然而竟無人組合諸家有光彩之著作，作爲結論，使學者窺見內界及較高級之生活——此爲最奇異最特別之自然變象。自作者觀之，其在他國則姑且勿論，若在德國，心理學之所以不至於分裂者，則以赫爾巴特之功爲最大。讀者必要承認此點，因爲曾經爲赫爾巴特潛力所轉移之著作家，既爲赫爾巴特哲學此條眞理所浸灌深透之後，以爲必要拋棄赫爾巴特諸作中所有較爲詳細之發明。〔原註〕士陶特博士在「心報」第十四册第三五三等頁，討論赫爾巴特學派，而限於各心理學家。李播則討論赫爾巴特派之研究人學及人種學者，以此派之事功，及其地位，與英國之人學大家，如泰羅，拉布克，斯賓塞比較，指明德國學派無達爾文派意想。德國康德，赫爾巴特，哲學之最後結果，爲有馮特教授，英國連想哲學派之最後結果，則有斯賓塞。此兩君者，皆爲確切科學及生物學所潛移，哲學之結局，變爲極費事之人學著作，斯賓塞則稱爲羣學。如此類推，黑智爾學派之結局，爲極費事之歷史著作。休謨則脫離抽象哲學，而研究經濟學及歷史。赫得在其所著之「人類史」中，早已預言及此矣。作者將於下文論之。

二二、心生活之合一

赫爾巴特之對於心理學應以何種研究爲基礎，其意想實爲眞確，可惜其發表之法不合耳。心理學原以閱歷、玄學、及算學爲基礎。康德研究人心之在內界作用，謂是組

二三、算學心理學

合感覺、知覺、統覺，又組合知識、判裁、及闡理。赫爾巴特則反對之，而折回於陸克及休謨所處之地位，謂靈魂不是心之各種能力之繁複組合，只是意象或知覺之流行。此靈魂之集合為一，及其單簡之處，如何能在意象流行不息之中保存？遇有失去之危險時，又如何追尋回來耶？赫爾巴特研究之起點，與英國連想派心理學家之起點相同；不過赫爾巴特較為注意於機力及力學之物理力，於是試以動之平衡及合力意想推用於內界之意象，因為內界意象，彼此追逐，彼此反對，彼此排擠，然而無時不保存其一種動力之平衡。其心理學大著作之第一部分有極費事之算學計算，而不專於討論純粹之知識手續。〔原註〕赫爾巴特對於其著作之算理章有言曰：「此章所發明之結果，並非直接從一運思物（即靈魂）之意象發生，只論及無論何物之有互相關係部署者，只要在部署中，彼此相反對，相衡突，彼此按其相反之比例，而互相限制，有回轉從前情狀之趨勢，其不受限制之部分，則鎔合而成為繁複諸力。其在社會中活動之各種力，其始皆是心理學的力，則無疑義。同在一感覺世界中，此諸力之相遇，則發現於語言文字，及諸項動作。以動作而互相限制，此則吾人處處能見之，利益衝突，社會之阻礙是也。而鎔合之存在，亦無可疑者。：：吾人是以假設人類之羣居，則有此種情形發現，依吾人之見解，以為在同一意識中，亦有此種情形之存在。吾人考驗此種彼此互想限制作用之結果，」云云。（參觀其「全集」第六册第三十一等頁）。此項計算，用於內界之手續——此項內界諸手續，有互相反對者，有互相衝突者，照其相反之比例而互相限制，由是發生還原折回從前情狀之趨勢。如是之反對力，亦發現於範圍較大之人類社會中，是以亦可引用於此項赫爾巴特所試欲建立之心靈力學。

科學思想原以發明各界變象，如何用積漸之步驟以歸納於確切研究爲目的，是以赫爾巴特之心理學在科學思想史中、居於重要及孤立之特別地位。其說足以引起心理學家，關於以算學研究之可能之情形，爲嚴密之討論，並令其認明未有抽象推算之先，必要有準確真正之量度。赫爾巴特之意想是心靈力學，反對生理學與心理學之組合。【原註】在其較大之心理學第二部分介紹文之末處，有一極有意味之附注，解明其對於生理心理學自之地位，引及路德福(Rudolph)所著「生理學綱要」，在此作中，路德福更引赫爾巴特之「心理學」。赫爾巴特之言曰：『混合心理學及生理學之論研究爲一不獨是從玄學方面觀之，是一大錯，抑從邏輯觀之亦是一大錯。心理變象，並不在處間（亦稱空間），而處間之本體，以及發現於處間中之所有一切變象，即是一心理變象，此是心理學之第一最難之諸事實中之一。心理學研究此事實，若先討論神經諸力，則爲不正當，因爲所欲解決

十九世紀歐洲思想史 第一編 下冊

之問題，並非是感覺從何而來，是感覺如何得有處間之形。予尤力持一說，謂無生命物質，與有生命物質之分別（即是物理學與生理學間之分別），非俟吾人以心理學而知心靈，則不能知此分別，因爲在有機體物中之計不盡之元素中（毋論其爲動物，抑爲植物），亦有相似之心靈發展，此則非在變象外面所能求得者。吾人內省，則見有吾人自己之一部分之心靈存在。在經由以玄學爲基礎之理想心理學，此一部分則發達爲科學知識。此項知識，與另一種同爲玄學科學相遇（指自然哲學）。此自然哲學中，有物質之意想，即指吾人因化學及力學而知之物質。然後能發爲問題，問如是物質是如何構成，不獨要顧及其由元始特性而定其各稱元素，且要顧及其經由，與心靈相似之發展，以成其爲如是之物質，」云云。此節末後之言曰：「凡偏宗實驗者，可以從生理學現狀觀之，則知由閱歷而得之知識，實在是有限。從實驗而得之生理學之進步，原不可以輕視。況且又從新物，理學入手。然而如海絨之吸水，其所吸收者，爲無所知之自然哲學，因其解釋宇宙，從先設（即謂不由試驗而得）學說入手也。而尤以生理學爲最雖抵抗此項錯誤。各派之生命討論，變成死海，舉凡一切哲學研究之精神，皆永沉海底。若望其復興，則要有胸無成見者，重新發生，』云云。（見其「全集」之第六冊第六十五等頁）。然而以確切法或科學法，研究心之變象，又非由此途徑不能有成。哲學家要在米勒及韋柏生理學派中，方能知如何攻擊身心間甄脫地之變象。

二四、陸宰之靈魂生理學

最先從此觀點以研究此問題者，是陸宰。陸宰原是韋柏入室弟子，其被引而研究心理學，則從兩不同之起點始：第一由醫學入手，受名師之指導，引用物理學及量度計算之確切科學方法，大受其益，然而又從處於反對方面之起點入手。「原註」此下引陸宰所著「辨駁文」之言（一八五七年來比錫版，第六第七等頁）。上文曾經提及（見第四〇十頁原註），評論家頗誤會陸宰之意解，有稱陸宰為惟物派者，亦有稱其為赫爾巴特派者。其駁第二種評論則說其對於第十九世紀上半期之惟心派所處之地位。陸宰承認曾受兩大名家之潛力所轉移，其一即是外塞（Weiss），謂此君之潛力，直達於其信仰心之中央，又謂頗得力於醫學，因與物理科學有極密切之關係也。又承認（此則與赫爾巴特同）曾入來伯尼茲一元學說之門，而窺見其哲學見解之部署。陸宰之言曰：『予嗜詩歌與美術，由是而研究哲學』。陸宰頗為斐希特、謝林、黑智爾之深入於德國學者心中之意想所吸引。陸宰自謂在此世界中得以自由，因尚未結晶成為一定之學說也。陸宰又言，因有確切之研究，然後深信『黑智爾所鑄成之確切研究之模範，為絕對無立足之地。』

陸宰之思想發起於兩來源，讀者必要記念不忘，然後能計算其早年對於醫學通行之生命及心靈兩大問題之處置之評論價值。在一方面，陸宰則以開闢新

十九世紀歐洲思想史　第一編　下冊

路，求純粹力學解說爲目的。作者曾於上文說過，陸宰如何從生物學中驅逐元力之空泛意想，及其研究身心問題，則力持內外變象之互相感動、刺激與感覺之互相關係，有身心機構之存在，以節制之。【原註】陸宰對於靈魂與體魄之關係，或身心變象之關係，發起其學說，而稱謂不同，有時自稱爲並行（或平行）學說，有時又稱爲機緣學說，有時又稱爲先立之和諧，最後稱爲身心機構學說。此等問題之詳細討論，具見其所著「生命與生命力」「天性」，「靈魂與靈魂生命」諸文，曾刊載於瓦格湼之「生理學小字典」。又翻印於陸宰所著之「小品」（一八八五年至一九一一年間來比錫版，四冊）中。其言曰：「身心機構學說如下。因意象，意志，及其他心象，不能與物質之量及其特性相比，惟是後者似是追隨前者，此兩項在要素不相同又完全不能相配合之手續，一是則屬於體，一則屬於心，然而此兩者之並行，則顯而易見。在心靈手續之強烈（卽內約）性中，永不能求得物質手續之廣大（外展）之界限清晰處，惟是彼此旣互相發生，則吾人必求得其彼此之比例，此則由於其表面似有之關係以得之。例如心物有一種變化甲，則與身物之變化乙有關係，其間必有普通例之存在，並非因其自有權力或激力而有相當之變化，惟因有此種獨立之例。故此某種靈魂之變化，發生相當某種體魄之變化」（見第一冊第一九三頁）。陸宰毀滅元力意想，然而不過驅逐靈魂於身心機構界外，而主持其說，謂自然科學及醫學，只要以此爲止，不必在界外追究此問題。「毋論其在理想心理學中，仍有若干意味，爲吾人則可以不必再追究矣」（見第一册第一九七頁）。陸宰又言曰：「究竟體魄與靈魂，如何結合之問題，在醫學中爲無足重輕，因爲此事皆藏於所有各變象之內幕中也。惟是某種，靈魂之變，與某種體魄之變之關係，在醫學中則爲極重要之問題，不幸而醫學因沉迷，於各項無結果之理想，而往往忽略此最應研究之問題也，」云云（見第一九七頁）。又見「醫學心理學」第七十八頁。

二五、陸宰學說之兩方面

此外仍有一方面之存在，吾人可以稱爲哲學方面；此方面只研究科學或確切思想之推廣，及在自然界中心之變象、及內界生活之區域——此區域在自然界中幅員有限。陸宰爲最先聲明自然科學所應征服開墾者，卽是此區域。陸宰且愼重聲明，此不能包括心理學之全境，又在所著之靈魂與靈魂生命之長議論之末發有議論，謂（此在第十九世紀中葉刋行之生理學大辭典中，爲重要之作）『據學者之瞻察而言，靈魂生命係於物理及機構之情狀，靈魂之生理學卽發明之。』又指明此不過是心理學諸問題中之一而已。【原註】見「小品」第二册第二〇四頁。此與體魄（卽肉體）之生理學相配，而此二種生理學皆應變爲一種自然（卽機構）科學。其後陸宰彙集其關於此兩部分所有之見解、意想，著成兩書：其一是肉體（卽體魄）生命之普通生理學（一八五一年），其一卽是醫學心理學，或靈魂生理學（一八五二年）。

此時作者之不追論陸宰之哲學闡理，不越過身心機構之界限，亦如當時此兩大著作刋行之後之不爲當時學者所注意，不過其中亦有因而改從或宗奉其心境世界變象之物質學說。陸宰既驅逐『元力』（卽『生命力』）於生物學外；學者爲何不信仰其說盡驅逐其他較爲高級之原理或宗旨——如佛格特〔原註〕關於此點，宜參觀朗格所著之「物質學說史」（見英文譯本第二册，第二八五頁），及陸宰之「醫學心理學」第四十三頁。——而恢復喀巴尼思學說，以腦部之功用比腎部之功用耶？何以斯楊爾之『精氣』（或靈魂）(anima)學說，不與波豆(Bordeu)及比沙之『元力』學說同遭阨運耶？

此項設問未免誤會陸宰之意。陸宰誠以爲生命要素（或原理）爲無用於生理之解說，故拋棄之；〔原註〕陸宰之言曰：『科學家引用物質頑固性之例有越過眞確界限，而不認有靈魂之存在。其攻擊元力學說，原無不合，惟未免越過界限耳，』云云（「醫學心理學」第四十一頁）。然而並未拋棄組織原理，此則凡有機體之形成之最初時所必有。生理學家只研究現狀，無所用於研究元始，則不免或爲生理學家所忽略。此與心之變象不同，爲其與物理手續並行發現，自應研究認明爲實有存在同流並行之事。「原註」以上諸點，陸宰已在其早年哲學著作「玄學」（一八四一年來比錫版），有詳盡之討論，見第二五一頁，第二五五頁，第二五九頁，又見於「醫學心理學」（一八五二年）第一七十八頁。作者在上章討論生命學說，及組織學說之發展時，中有兩點，讀者宜注意。第一，陸宰是一組織（或機體，或器官）學說家，在近代之伯爾拿，及其他思想家之先。第二，陸宰屬於在達爾文派前之思想家，並不好化育派之說，以爲意象之歷史上之初起，並無何等價值，亦不能定其眞確與否。其言曰：「意想之創生，不足爲其眞實與否之理據。造字之情狀，最爲不清晰，其造成極眞確之意想，與造成極不眞確之意想，其情狀皆同，爲不眞確，其重要之點，惟在乎此項意想，毋論如何造成，是否能證明其爲正當」（見「醫學心理學」第四十一頁）。作者將於下文，再詳爲討論陸宰之無歷史意想。赫爾巴特之心靈機構，是不能實行之意想，因其處置內界變象，不與外界變象相連也。身心機構與實寫實在較爲接近，不能縮小其範圍，只作爲是一種純粹物理學之事；況且心靈生活之合一，是其特性，此點必要認明，並爲之分清界限。

二六、視覺之身心關係

陸宰發明身心機構學說之後，引用韋柏之詳細之根本試驗及瞻察，以解明其意，再進而發明繁複之身心關係之分析。其所研究者，卽柏克立所發起之問題，卽吾人之處間（亦作空間）覺是也。介紹此問題於德國心理學，大抵由於赫爾巴特之討論康德學說，謂處間是主觀形。於是先有陸宰，後有赫爾姆霍斯，發明處間覺不獨有心理學上之重要關係，且有生理學上之重要關係此是身心學中之一大問題。

處間覺原是視覺與觸覺相合而成之特別問題，俗人往往難以明白；因視覺之生長頗慢，發起於嬰孩時期，直至後來，始有完全之視覺也。語言與思想亦與視覺相似：吾人從小至大，不知不覺經過多少爲難，積漸始能識字，始能運思，當經歷爲難時，不知文法及邏輯是何物也；假使無他國語言文字，無量度及計算之錯誤（此則生於邏輯的錯誤，）則文法及邏輯、當不能若是發達之早。因是視覺如何造成之生理問題，直至博物學家因考驗病人，乃始從事研究，例如年老失明者，以撥障手術而使之復明，及色盲之研究，與其他種種光學欺眼之事，至今仍以證實各種學說學者。惟其有顯然錯誤之事發生，而後研究何爲正確之事。

故惟其有拆塞爾登、窩德洛普(Wardrop)之事，及道爾頓之色盲，而後始有生理學家研究處覺及視覺。其最有價值、而又最能鼓舞研究者，則是惠斯登所創製之立體鏡（一八三八年；）此鏡用一種似乎欺眼法，能使觀者見平面物以為是立體。作者此時應聲明，有此奇異之創造，全為外國思想家所利用於視覺學說、及身心科學；〔原註〕惠斯登（一八〇二年至一八七五年間人）曾有數種創造，皆有科學及實業之用，於一八三三年，創造立體鏡。美奧所撰之「人身生理學大綱」，雖曾論及之，然而直至一八三八年，惠斯登登一著作於「哲學會報」，然後此鏡之理想，及實用之重要，始為世人所注意。並聲明在其之先，只有大美術家得芬奇・利奧那圖(Leonardo da Vinci)曾注意及一目與雙目之視覺，各有不同。自從世人知有惠斯登之創造，及經部盧斯脫諸君之改良盡善，與赫爾姆霍斯之深遠創新之光學研究，乃知古今來之哲學家，皆曾有細密之研究。赫爾姆霍斯所撰之「生理光學」一八九六年版，第八四〇頁）頗引古今人之說。同時則有照像之揭露（在一八三年，發明人達給耳之著作，則為阿剌各於一八三九年刊行），此在光學學說，亦有其極重要之處，然而當時理想家亦殊不注意。參觀洛熷堡革之「物理學史」第三冊第三一六頁。又赫爾姆霍斯之「人之視覺論」（演講於一八五五年）。休厄爾在其歸納科學史中，竟未提及此新紀元之事實，亦不提及同時之多種英國科學家之新發明。

二七、惠斯登之立體鏡

俗人以爲常識之事，哲學家則往往以爲其中藏有問題。哲學家早已從兩觀點，以研究處間覺之所由生，其一則與康德有關，其一則與赫爾巴特有關。生理學家以化育觀爲與康德有關，而以陸克、柏克立、休謨、諸君爲預爲之地。此項學說以爲吾人之知外物，依賴於吾人特别之感覺及思維，依賴於官覺及其部署或有秩序之發現。感覺本身，卽是吾人所覺之外物處間之部署，卽是吾人感覺外物之形。

二八、指定感覺之地點

於是漸漸有界限較爲分明之設問，在全局處間中，吾人如何能指定某感覺之一定地點？赫爾巴特則加一宗重要意想，其實此是發起於來布尼茲。此君深感於心之作用之合一，以爲此是吾人內界生活之特性，於是發爲一問，此內界生活既是一體，或如是之單簡，如何能擴充於多數有秩序之處間想像，而尙能保全其一體而勿失耶？因欲對於此問題作一答覆，於是執定運動之變象。在處間之物或感覺之有秩序之部署之意想，可以器官之有定運動，以及運動之有定感覺以助之，此因其有肌肉之感覺也。

第一問題具如下列。其言曰：既知處間覺爲主觀形，或完全有幾何式部署（此是先天學說，）或由幼稚時逐漸所習而得（此是實驗學說，）吾人如何熟悉及安於此種感覺？第二層，則如吾人用何特性，用何當地標記，以指定或位置每單個感覺於正當及按序之地位？第一是處間建造問題，第二是指定物在處間之地點問題。

二九、陸宰之本地標記

陸宰爲首先試答此兩大問題之人，又爲發明『本地標記』學說者，其後稍有修改，則爲著作家所行用。赫爾姆霍斯生理光學之大作，組合生理學、光學、及心理學之研究，則將前者之哲學家及博物學家所發起之多數問題，皆有所規定，有謹嚴之算學處置。赫爾姆霍斯之兩大著作，生理光學及生理聲學，庶幾成爲確切科學矣。

三〇、費希奈爾

費希奈爾有獨立之研究，得大進步，引心靈變象入於確切科學之範圍內。

「原註」費希奈爾（一八〇一年至一八八七年間人）在德國文學，科學，哲學界中，是惟一人物，在外國則不甚知名，亦不甚爲學界所重視。此君不假師授，自行研究，不與大學社會相習，原不爲時人所知，死後則有馮特教授之頌揚演說，及費希奈爾之戚孔特士所作之佳傳（一八九二年），及拉士維茲之費希奈爾論（一八九六年版），然後頗有人知其名。拉士維茲之作，則首先有成體段之發明費希奈爾之哲學學說。馮特教授在其所著之「生理心理學」及第二版之「身心學」，亦頗有發明，使讀者更易於明白費希奈爾之見解，及領會其功業。費希奈爾之父族母族之祖先，皆為當時人所崇敬之耶穌教牧師，而與陸宰同，皆學醫，與陸宰之業師韋柏，外塞，兩君為友，且共事。孔特士所傳之費希奈爾自傳，曾自認受醫學研究之潛力，幾成為一無神派，隨後為謝林，與經，斯蒂芬斯，諸家之哲學所炫，由是而觸動其詩人及神悟之本性，不知不覺，終身為此潛力所轉移。又因同時寄與於當時之最佳之科學著作（繙譯法文科學書，如倬奧等之著作又驗證歐姆例），於是不得不發生一疑問曰：「既有倬奧所表明之極有秩序之光學諸變象，若奧經，謝林之法，亦能求得否。」此是混合確切科學與理想為一，混合事實與學說為一，皆發現於其終身及其事業與著作。其詩歌中，及隨與所至而發生幻想，及似若悖理之放言高論，皆是發表其真存之意想。讀者觀之，似乎散碎不成片段，其實不然，有多數讀者只知是米塞斯博士（Dr. Mises）（費希奈爾之假名）所作。費希奈爾之生活，思想，及事業，皆在自然與心靈之顯脫間，亦在此世界與另一世界之顯脫間，又在科學與詩歌，及實在與空幻之顯脫間。其無真正之歷史感覺，則與陸宰相似。尚有與陸宰相似者，則在只受他人之啓發，而為毫無依賴之創新研究。費希奈爾似亦向來不求明白其他哲學派，只知自已之學派，此亦與陸宰相似。此二人者，皆以為終極之問題，只能有主觀之解決。參看本書卷一第二頁。

從事實上觀之，身心學名詞原是費希奈爾發起，作者則用以為此章之題目，不過所用者為廣義。費希奈爾取途於韋柏，而對於陸宰及赫爾姆霍斯則為獨立之研究，似乎並不受過康德或赫爾巴特之潛力。一八六〇年，費希奈爾刊行其身心學大義，以量度心靈數量爲基礎，以成其爲身心關係之確切學。

赫爾巴特欲以準確方法，研究心靈變象之所以無成者，由於無以量度心靈數量。陸宰則發起身心機構之意想，卽謂內界變象與外界變象，有一定不變之關係，亦卽謂感覺與刺激，有一定不變之關係。韋柏·亨利克研究觸覺及體覺，曾有各種感覺之量度，並證明在多數試驗中，若要發生感覺之相等增加，則必要有原來刺激強度之比例增加。此項瞻察則易於以算學公式包括之。費希奈爾則首先使哲學家注意於此事，並彙集多數試驗研究，以證明此說之正確。又想及以相隨之刺激量度感覺；此項量度法，以所謂韋柏公式爲根據。費希奈爾則用作身心學之普通命題。凡數目之相隔，行星之大小，韋柏所發明之吾人所計算之觸覺、物重、熱度之較，及歐拉、拉普拉斯之運氣物理學、運氣道德學，皆能引用在一定界限中，證明身心公式之普通正確。此作激生多種討論。〔原註〕費希奈爾以一八六〇年刊行之「身心學大義」

（第二版則刊於一八九〇年），其後則刊行三著作，以擴充其意想，並討論辨難其所持之學說。一八七七年刊行「身心學事實」一八八二年又刊行「身心學要點訂正」。費希奈爾死於一八八七年，在其未死之前，又刊行「心理學計量原理及韋柏定例論」，是其最後之著作，刊布於馮特之「哲學研究」一書。馮特教授以此費希奈爾之最後之作，爲其對於研究四十年之問題之最明晰最詳盡之證明」。（參觀祭奠演說，見孔特士所著之「費希奈爾傳」第三六〇頁）。其攻擊費希奈爾學說者，則各方面皆有。費希奈爾在其一八七七年所著之激動反對之著作中，曾言，及批評其學說之赫爾姆霍斯，馬赫，等八九人，不獨與作者（「譯者註」指費希奈爾）之見解不同，且其言亦人人殊。其結論頗有訴諸之意，其言曰：「巴別(Babel)塔之工程（「譯者註」事見舊約創世記十），尚未告竣，因爲造塔諸人，對於如何造法，不能同意。予之身心學建築，仍可以矗立，獨存，因爲拆卸之工匠，對於如何拆卸，亦尚未能同意也，」云云（見其「身心學事實」第二一五頁）。討論其用數量名詞於心靈變象，及所用之量度方法，又討論此新派研究之表示，及韋柏與費希奈爾二氏之身心依賴例，應如何解釋。

三一、馮特

學者賴有馮特之著作，而得有此準確科學新區域之詳盡考究。「原註」李播在其所著之「今代德國心理學」（一八七九年第一版），以馮特爲領袖之心理學派，與英國之心理學派相比較。作者於本章正文中，已發表相似之見解。作者應在此聲明，在馮特教授未刊行其重要著作之先，英國則已先有同趨向之心理學發展。此項發展之主要代表，則有培因教授(Prof. Alexander Bain)生於一八一八年），其兩大著作，第一是「感覺及知識」。（一八五五年），第二是「情感及意志」（一八五九年）此兩大著作之刊行，其在於賚希奈爾之「身心學」之前。穆勒・約翰頗稱讚之。其言曰：「此為心理學著作之中最傑作，在後設派（「譯者註」指實驗派）心理學中，以此為最深造之作。計至此時之先設派心理學諸著作而論，培因兩大著作，有眞正科學分析之發明，」云云。（見於一八五九年「愛丁堡評論報」，翻印於穆勒・約翰「論說雜著」第三冊，第九十九及第一百頁）。培因實作布拉文・托馬斯所謂「以物理學研究心之變象」，為英國學者首先博采生理學，以為舊時之連想派心理學增加材料。其學說之胚胎，則在其所引米勒之言中，頗能領會米勒「無生理學則無心理學」之格言。自有培因教授著作刊布不久之後，即有斯賓塞及達爾文為領袖之最有勢力之英國天演（發展）學派議論發現，及德國所發起之身心學說出，英國之逐步發展之心理確切科學，遂為所掩。其發展此項心理學者，實為直接承繼舊時蘇格蘭思想家之純粹內省派者。作者在此章中，並非討論心理學及哲學，不過以確切科學方法，試求人類動作及意識之意想，將於另章表楊英國派之心理學。此派之學者，以生理學為心理學之助，今日之德國派則異是。此派之學者，其始皆生理學家，或物理學家，其後乃變為心理學家，或哲學家。此學派有兩特殊之點，首先反對現時行用之方法，而專用瞻察及試驗法。其不甚顯露之英國思想之發展，或者最後亦復得此種效果，因有以上所云之原因，是以不果。然而英國亦有與德國特別顯著之反對，例如留埃斯及摩杳力(Maudsley)兩君是也。留埃斯則偏喜實學派（又稱積極派），摩杳力則以其所著之「心之生理學及病理學」為根據（一八六七年第一版）。

馮特擴充其界限，其事功亦多矣，如陸宰之醫學、心理學，及赫爾姆霍斯之視聽生理學，皆在所研究之列；且加以本人之多數量度，其中頗多創解，例如時間覺，證實擴充費希奈爾所彙輯之事實；不獨此也，馮特又創造新機器，設立新方法，且將全部問題，組合於普通生理學之內，又組合於舊時之較為專門之內省心理學之內，最著者則為英國及蘇格蘭派；且指明仍需求助於各種鄰境之研究，然後能告成功。因有馮特之事功，然後「生理心理學」始有成為獨立科學之可能。其關於此問題之大著作，及其講授與實驗，極有鼓舞學者之力。其著作在思想史中應居之地位，作者將於下文討論之。今姑先提明其對於身心問題之主要意想。

三二、生理心理學

馮特心理研究，則從生理學入手；

〔原註〕馮特之研究，及在其前之費希奈爾之著作，計至一八七六年時為止，竟不為英國所知。是年則有羅伯特生所主任之「心報」出現。受培因教授慷慨之助。陸宰及赫爾巴特兩君之作，英國亦幾無知之者。德國亦然，不知有英國之心理學著作。撰著近代哲學史之名家，如愛爾特曼(Erdmann)及宇伯威希，其撰歷史也，一若除德國外，無新哲學，思想（心理學包括在內）也者。至於特別顯著之無畛域無成見之「物質學說史」著作者耶格，對於英國派之事功，頗欠公道，德國，只知第十九世紀中葉英國之哲學著作家穆勒・約翰。新近二十五年，則情形盡變。法國美國之著作家，如李播，馬可希(M'Cosh)，及較近之詹姆士教授，對於德國，英國之思想家之

競勝，有持平之議論。「心報」仍不失其向來持平態度，兩相反對派之著作，並登於報。近來德國有法爾碰堡教授（Prof. Falckenberg）主任刊行之近代各思想家之傳，此項思想家，其著作極多，或散見於各書各報中，學者難以通曉其主要學說之意想所在，更難有公允之看待。凡各哲學有某部分爲確切研究所征服者，往往犧牲其一致之規畫。心靈自然科學，漸漸分裂破碎，與生命自然科學相似。拉士維茲始鍮學者以成片段之費希奈爾哲學。馮特教授雖在其所著之哲學（一八九○年第一版）中，曾發表其有規畫有系統之見解，而刻尼喜（König）之專論（一九○一年），則發明馮特歷史上之位置及其學說之生長，頗有用於學者。予之提及此兩大著作者，亦以其載有諸思想家著作之目錄也。馮特早年之著作，是討論研究各覺官之生理學（此是正當生理學）及所追尋之內界變象，其所討論者，不獨人類，且及於動物。似能以確切研究自然科學之方法，以研究心理學。閱若干年之後，其身心學研究，漸漸變爲試驗派之心理學家，在其最後出版之大著作中，自認其如是，主持生理心理學名詞，爲有歷史的意義。「原註」在其「生理心理學」（第四版第一册第九頁）序文中，馮特有言曰：『試驗心理學之意想，已經有超越界限之擴充，作者不獨包括能直接試驗之心理學各部分，且包括心理學全部。因爲凡有可以直接用試驗法者，自然採用，其不能者，則用間接法，此則用直接法所得之效果，及使內省較爲顯露，以爲之。……因爲此科學以前之歷史關係，故今生理心理學名詞有偏向。……試驗方法之重心，原在乎只有此法可以使有可靠之內界瞻察之可能。馮特所用之諸法，既是確切有定而目的亦廣大亦能包括；不獨研究動物以推廣心身研究，且及於孩提時代及人類社會之心理學（人種心理學）其所發揮者，直接趨向於生命及心靈之完全變象。〔原註〕其「生理心理學」（見第一册第二册）。有言曰：「此學科之事業，第一，是研究居於外界與內界，閱歷間之生命變象，要同時並用對於內外兩界之瞻察方法。第二，從所得之點發明生命之完全變象，倘能作到，則應求得全類存在之能包括一切之意想，」云云。參觀其「哲學與科學論」，載馮特「論說」第一頁，」及「試驗心理學問題」，見「論說」第一二七等頁。其最後之目的，在於能達到人類全局意想。若專指此一方面而論，則適與博物學家，如赫爾姆霍斯、達爾文相反；因此數君者，皆使學者注意於自然科學之歷史及經濟也。以作者觀之，馮特教授亦介紹生命之心靈部分之完全問題於身心學中，從採集多數之詳細瞻測起，此則與達爾文及赫爾姆霍斯相似。

三三、馮特與費希奈爾及陸宰之比較

馮特研究者是全個問題，其著作與其他著名心理學家，如赫爾姆霍斯者不同，蓋赫爾姆霍斯有詳盡而發異采之特別問題研究。馮特教授亦與費希奈爾不同，因費希奈爾討論諸根本問題，俱發現其半科學、半詩歌之著作，啓發學者之處極多而乏謹嚴之科學闡理。馮特亦與陸宰不同，陸宰亦嘗試求知人類生命之全，及其表示之意想。陸宰雖有身心學之創新及獨立之研究，而屬於其他哲學派。馮特則全屬新派。「原註」參觀陸宰第二版之「哲學系統」（來比錫版，一八九七年）。其序文第九頁有言曰：「予常合力試爲心理學求得一獨立之實驗科學地位，在哲學之外，並注意於有可以輔助此學之科學方法。⋯⋯予既先從自然科學入手，因研究實驗心理學，而至於哲學，似予不能不按照諸問題之次序，以發揮哲學意想。惟是予則深知其先從哲學入手，偶然兼及諸科學或心理學者之地位，容或不同，」云云。試以陸宰此言與其一八五七年「辯書」之引文中語相參照。又陸宰最後所著諸論中之一（見一八八○年一月「現代評論報」）有言曰：「多年之哲學研究，不過對於早年所持之根本主義，以科學法爲之證明其當耳，」云云。費希奈爾則居於兩者之間。陸宰之初研究心理學及靈魂之生理學，以靈魂之一致爲一特別存在物，而發揮極長之議論，亦如赫爾巴特之先從玄學入手，以研究心理學。此項玄學的介紹言，及關於靈魂之要素，靈魂之一體，及其所居之地點之諸項界說，皆不見於新心理學。從前以閱歷玄學、及算學爲心理學之基礎，馮特則以閱歷（包括試驗）生理學、及算學爲基礎。因爲基礎已變而有一新問題發生，亦如生物學家拋棄生命力以爲不獨無意

三四、意識之合一

義，且爲無用之阻礙，而有一新問題發生。舊派生物學家，以爲生命是生命力或元力之發現。既然拋棄此意想，則發生一問題，何爲生命？是以近代之生物學確切派目的，在乎以機構作生命界說。對於『何爲生命』問題，有多數答覆，有謂是一個極繁複化學分子之作用者，有以爲是一種特形之力學平衡者，有以爲是其代謝者。其在心理學亦然，從前之所謂靈魂，是有舊時玄學意義，解作另外一種之存在，又作爲一切內界或心靈變象；今既拋棄靈魂，則有一新問題發生，以求心身學家、或試驗心理學家解決。現在之問題，卽求一切內界或心靈變象之一體，及總合爲一之界說。舊時之玄學派心理學家，及多數所謂實驗派心理學家，則將其意象中之所謂獨立實在、靈魂、人或本體，置於討論之開端。近代之準確心理學則不能如是。新心理學以內界生命之一致，及合而爲全一，成爲求解決之問題也。馮特對於此問題，有完滿公平之對付。馮特自問曰：分個及集合之心靈生命之合一何在，意識合一何在？於是以準確研究爲利器，試從所有之心靈變象中，求其要素之別於外界、或自然變象之意想，及其集合的意義，與其表示者。如是則入於哲學區域，其結果則屬於哲學思想範圍。今姑置之，將於討論哲學時再爲提議。

因有馮特教授之事功，及其播傳甚廣之潛力，內界或心靈變象，已吸入於確切研究範圍內；有大部分之心理學，變作自然科學。有多數新學派之門徒，對於此新支派之自然科學所表示之態度，則沾染研究他支派之自然科學者之習慣態度，此是足怪者。所有此類科學，皆以瞻察爲根據，倘能辦到，則助以試驗；然而無融通學說，則不能升於確切科學之列。此項融通學說，應有幾項一定意想之明白發表，若能被以算學語言，則更有價值。近今數百年間（以第十九世紀爲最著）則有數種根本原理之發明，——例如動例、吸力例、原子、浪動、工能、自然淘汰、代謝、諸例，——有幾乎可以作爲定例者，有幾乎成爲完全定例者，有藉諸例之助以建立之科學，則得有一定不易之特性。身心學經過韋柏、陸宰、費希奈爾、馮特、諸子之研究，由是而積漸發展物理變象、心靈變象，有部分上之並行，又發展外界之能量度之手續，及深藏不現之內界有可量度之事功，兩者之間，有算理之依賴，或算學之函數。所有內界之手續，作爲神經系及其各中心之較爲易於接近而極其繁複之同時發現之變象（或稱爲『外加變象』）惟應注意於其間之分別，在外能見之手續，發現時間及處間（亦作空間）之接連，此是一切物理變象之特性，而所謂外加變象則有截斷不連接之發現及不發現，忽然而起，忽然而伏。既得此不完全之公式，有時竟能以謹嚴算式達意，身心學可以暫告結束，不必急於追求再深入之意義，亦不必追問假設之外加變象；卽在其他科學中，如天學、化學、熱力學，亦不能因再進而深求吸力、原子、工能、頑固性之本原，而有何進步，有何利益。在科學中原可以如此。閔斯德堡博士，及所謂夫賴堡身心學派，卽是如此態度。科學家布置多數巧妙試驗，關於連想、注意、統覺、自由動作，等等心靈之手續，頗有所發明，而以關於肌肉覺、及時間覺所得尤多，由是而得神經系有某種變化，心靈手續則有相當之變化，頗能知其關係。總而言之，心靈有某種動作，神經卽有相當之某種動作，所謂心靈與神經並行（或平行）之學說，漸漸成立。

此項身心並行說，又稱爲自知自動學說，卽是以心理學爲自然科學之中樞意想，此卽作者所稱爲身心觀。此說原有從前思想家先爲預備，【原註】關於身心並行學說，及如何發展，則有一八七四年赫胥黎在英國科學提倡會之演說發明之，題目爲『動物之自動學說，及其歷史』。在此演說中，赫胥黎追溯其原起，於笛卡兒及波內。詹姆士教授之「心理學原理」第五章，則有此學說之佳妙討論。窩德教授之演說題目，「爲自然學說，」與不知學說論」（第二冊第三章）亦有詳盡討論。（如笛卡兒、斯賓挪莎形式略有不同、）【原註】參觀其所著之「倫理學」第二部分第七命題。人之引證此書者甚多，但往往如窩德所謂，不問上下文之聯絡與否，而隨意摘引。及來伯尼茲之先立和諧學說。【原註】赫胥黎謂來伯尼茲曾創造「自動精神」名詞，而用之於人（見上赫胥黎演說）。此說又有反射作用學說以鞏固之，及韋柏、費希奈爾、所發起之狹意身心學說以爲之助。惟是自動學說之可能，直至第十九世紀之末年，始得有科學方法之驗明。【原註】雷文在其所撰之「米勒傳讚」中，曾表明反射作用之原理，起於笛卡兒，反射名詞，卽其所初用。其後則有維理思（一六八二年），然而並無何人注意於此問題，故普洛查斯加（一七八四）久以發起反射作用學說自居，而其著作則直至一八四六年，始爲韋柏（愛多華）所發露。其時已在諸家發起一種學說之後，卽指勒迦洛阿，米勒，荷爾

(Hall)之在中央之器官，從知覺神經至運動神經，有反應過渡之說（發表於一八一一年）。荷爾則發表於一八三五年，米勒則發表於一八三五年。近日普夫勒革教授之「反射作用例」，及留埃斯之脊髓有意識學說，發起多數討論及試驗。此全體問題，馮特教授在其「生理心理學」中，有所討論，其第二十一章，且發明自動與反射之運動之不同。

英國有兩大思想家，赫胥黎及克利佛德，（原註）赫胥黎及克利佛德，雖未在並行之說有所增加，然而此兩君者，既非心理學家，亦非玄學家，以純粹科學家之，迫而出此討論，發明此問題，殊有特別意味。兩君皆善屬文，為心理學增加新名詞，風行於世。如「外加變象」名詞，頗能透達赫胥黎意思，實為思想界增加意想，且能直接表示此學說之無理。最先原作自然物為變象，即謂某人所見之現象，其後又將此某人作為附屬變象，或現象，即所謂外加變象是也。克利佛德在其心理原子常說中，直謂「道理，知識，意志，皆是一繁複物之特性。此繁複物則為元素所造成，而此元素等本體，並無理性，無知識，亦無意識」（見「心報」第三冊第六十七頁）。在物理學之原子學說中，有人曾謂吾人原未曾置於原子中者，則不能從原子中取出。克利佛德之格書，令人追憶喀萊爾所造之政治經濟學之目的界說。此界說云：「今有一社會，其中諸人皆是獸子，光棍，問社會中人如何合作，則能發生稱職及誠實不欺之事功。克利佛德之解決心理學不能解之問題，即是心物學說，此說謂一切物質，皆心之元素之現象之組合，克利佛德所製之「物之本體之性論」，翻印於「講演及論說集」（一八七九年）第二冊，第七十一等頁。皆有著作，能使俗人明白此宗學說，而不全覺心靈變象，因兩君皆從自然科學討論此問題——赫胥黎則從生理學入手，克利佛德則從力學入手。馮特教授在其諸大作中，有此問題之詳盡討論，而以生理心理學之末章爲最堪注意，爲『心身觀』立一寬大之界說，謂此身心觀發起於實驗所立之命題，謂吾人意識，無不以一定之物理手續爲基礎。單簡感覺，感覺與知覺之關係，及連想，統覺，意志，皆有生理之神經手續相附。其他身體手續，如單簡及繁複反射動作，則不直接入於意識，而成爲重要之知識變象之附屬手續。〔原註〕見「生理心理學」第四版第二冊第六四四頁。學者應從純粹科學觀點，實驗此準確心理學之中樞意想，不必引用何項純粹心靈意想，只要心靈變象是神經系及各神經中心連同發生之變動之意想未窮，自無庸引用他說也。在第十九世紀中，有此問題之多數研究，有以純粹解剖研究者，亦有生理之研究，其以生理研究者，則試驗康健之人或病人。來比錫大學首先試驗，在夫賴堡，則有閔斯德堡博士繼承其事；此君在試驗室之研究，則用此學說。〔原註〕閔斯德堡頗有著作，皆關於身心研究者。（一）「思想行爲論」，（二）「實驗心理學之貢獻」，（三）「心理學問題及其方法論」，是書爲其「社會心理學」之第二編。此等文字，皆有駁論性質，頗反對馮特之主要學說。德國美國英國皆頗注意，亦頗反對。

三六、閔斯德堡

「心報」主任羅伯特生，在第一部第十五冊報中，關於閔斯德堡諸作，頗有充分報告，並聲明英國連想派之某某種學說，得有閔斯德堡之證實。提欽湟(Titchener)教授，對於閔斯德堡之試驗及學說，有嚴厲之批評，見「心報」第一部第十六冊，第五二一等頁。因此問題仍在討論中，又因閔斯德堡後來著作（閔斯德堡為今哈佛大學教授）與其早年之作不同，不能在此歷史有何等討論，只能略為提及，以表示新身心學說思想之新面目而已。馮特教授，似乎不甚與其所發起之重要舉動之效果同意，參觀其「哲學研究」一書。第六冊第三八二頁，又窩德教授之有價值論說。（見「心報」第二部，第二冊，第五十四等頁）題目為『新心理學』。惟是此諸項討論，皆注重於哲學，而與身心學說純粹科學方面，不甚相干，超越純粹科學思想界。

此項研究，此時仍在初入手時期，科學家雖有以為過於偏向，而不能不承認其為有期望。詹姆士教授之心理學原理，從多數而各不同之觀點，以處置此問題，其討論此項試驗之言曰：『不過在數年之間，顯微鏡心理學，發起於德國，以試驗為進行，而無時不求內省底數，以多數之試驗及統計法，以淘汰其無定者。……此項試驗，頗有成效，於是有多數之試驗心理學家，皆專注意於心靈生命之元素，從糟粕結果中，割取其精華，又約化其所得為數量。……心靈不得不四面被圍，攻城者日夜所得之細微勝利，積小成大，竟將此城攻克。此項新三棱鏡、鐘擺、紀時器之哲學家，無所謂徒事鋪張。彼輩尙沉鷙而不尙豪俠。以神運之占測、及高尙道德（古希臘政治家哲家學謂兼此兩者，則能窺見自然）所不能窺見者，此多數之試驗家，以其窺伺及刮削，以其毅力及魔鬼之機巧，或者不難一旦窺見……此項試驗方法，大改此科學之面目，此則專指其已作之事業而言』云云。

雖然吾人應有公平之論，無論何項科學之目的，皆不是立刻同時研究，所有各問題；確切身心科學，亦何獨不然，原可以將『何爲心靈』問題，留以有待，亦如生物科學之從緩解決『何爲生命』問題，況生物學家，且有棄置此問題而不顧者。〔原註〕『感覺，記憶，接近之連想，此是吾人終極及足用之心理意想。情感及內指揮力，則約分爲感覺事實。所有一切心靈手續，不獨依賴腦部手續，且以腦部手續爲之解說，有心靈手續相附，所謂「附屬（或外加）變象」，是也。在前不久，朗格有訴諧語，謂心理學，無靈魂，世人聽之大爲駭怪，然而新心理學則甚至爲無意識之心理學。雖有極多意識內容討論，所至於意識之本體，或以意識爲動作，則非吾人之事。吾人將此問題交與玄學家研究，』云云（見窩德教授之『新心理學論』，登於「心報」第二部第二冊第五十五頁）。惟此比較，則顯露生命之

三七、集中變象

確切科學與心靈之確切科學之重要不同之點。吾人因觀察生物而知生命至於心靈，不獨有其合一之知識，由內省而得，且有多數外界之事實稱爲『客觀心靈』。吾人由常識及平常反想所習知者有兩特性，爲屬於內界變象屬於較高級神經系之附屬變象，越出確切研究平常方法範圍之外。第一特性，卽是較高級生物所發現者，而以心靈變象爲尤顯。吾人呼爲合一，其實不如呼爲集中。吾人愈用算學法，愈知絕不能累加單位或元素，卽能得無所不包之一體或合一。累加原子或分子，毋論如何巧妙，絕不能在吾人闡理中發現其集中之現象，如吾人有知之本體之所發現者。處此環境，則難以求得一滿意之生命界說，——此項界說，著名生理學家不得不貶逐於意想界。作者於上章曾發明，近日研究生命變象，有深印於吾人思想中之一事，卽是生命者無乎不在，又有無間斷之接連而可有惟一之特性，然而竟不能定一滿意之機構生命界說。吾人若逐漸上升，至於高級生物，則又知另有一特性：其所發現者是一種合一之特性，此項合一，吾人又不能爲之定界說；

當無意識時，此項合一似若亡失，因有記性，此項合一則復出現；此記性之中心，吾人又不能十分確知其居於何處；此項合一又非如算學累加所得之和，比和之包括者多，吾人因是而有個體之意想；所謂個體者，是不能分開之謂，不能以分部而組合爲一之謂。

三八、心靈之發現於外及其生長

第二特性，則更爲奇異。附屬變象世界，即內界手續世界，隨人類之高級神經以發展者，有無限生長之可能；由發現於外之手續，而有此生長之可能：所謂發現於外者，卽語言、文字、文學、科學、藝術、立法、社會等事是也。在自然物理界中，則無與此相似之事。在此界中，則有物質及工能之常住，在世界中之活物質之生長蕃殖，不過是約化現存之物質及工能，爲特種變形之物質工能，而無加減。惟是在內界，此物則接連增加；惟此增加，是全世界人所最注意者。

凡是以科學法研究身心變象者，凡是發起身心學說者，若不爲此兩特性立界說，則不能完全，不能滿意——此兩特性，卽指神經作用之附加（或附屬）變

十九世紀歐洲思想史 第一編 下册 三百四十四

象之兩特性，亦卽意識之兩特性也。

三九、馮特之處置此中樞問題

馮特教授，從科學入手，以科學方法，試探心靈世界，對於此問題頗有能包括之研究，其試爲解決集中爲一，及發現於外之無限生長兩問題，所用之方法，旣公允，亦充足。予以爲馮特教授是惟一無二之身心學家之如是致力於此問題者。其所用者爲統識及意志之哲學學說，及心靈價值之生長學說，此兩意想則歸入哲學範圍內。〔原註〕在馮特教授之多數著作中，屢屢發表此兩意想，作者可以不必多引，況且其中並無某段某節，有可以完全發明其最高超之抽象意想及結論者，更無可以便於譯成英文者。刻尼喜似乎頗用力於發明馮特意想，使讀者易於明白，只好提出其所撰之小册，其第一三四第一四一，第一六七等頁，所引之言，爲尤應注意，以其尤能解明統識與意志學說也。至於心靈價值生長學說，則見於馮特之「哲學系統」（第二版第三〇七，及第五九六頁）。其言曰：「心靈生命，毋論其爲廣遠或高深之生長皆有一價值生長例以節制之。以廣遠而論，則心靈之發展，常時加增，以高深論，其在發展上所發現之價值，有加級之增長，』云云（見第三〇四頁）。

此卷專討論以準確法，研究內界生命變象及身心關係。作者未結束此卷之前，宜聲明在心理學未成爲自然科學之先，已曾用他法採輯多數知識，尤以英國

四〇、內省法

所採輯者爲宜注意。自陸克以來，即有極大極有潛力學派之思想家，以所謂內覺研究內界變象；每一瞻察家，自紀其本人內界閱歷，交與他人以證實或修正其所紀，他人亦如之。此用自察法、或內省法，以研究心理學，則以英國及蘇格蘭爲最盛行。據事實而言，自從第十九世紀中葉起，德國內省派之著作，有多數皆研究討論英國蘇格蘭心理學家所蒐集之材料。若身心學說方法所得之結果，及其瞻察，而無內省派所得之材料以常常證實之，補助之，及爲之說明，則身心派之方法，亦不能有若何進步。英國心理學派之最著名之代表，曾發爲議論，多數人自必與之同意。〔原註〕參觀培因教授登於「心報」之著作。（見第二部第二冊第四十二頁），題目爲『心理學之內省派及身心派之試驗之互助論』。其言曰：『吾人因欲自知，欲構成吾人情感及思想流行之意象，則其先只從內省入手，隨後若有得推廣改良吾人知識之方法，所用者大抵仍是內省法，——此是自始至終研究心理之方法，此是最高法門，其餘皆是附屬。其區域所包括之廣，十倍於其他各方法之集合，五十倍於獨用身心學說研究法』云云。

是以思想史中必要討論第十九世紀內省派之學說，及以內覺增加識法之價值。「原註」新身心學說，即身心情狀並行說，發生一效果，即是此新學說不獨限於生理心理學之學說，有較爲明晰之發展，且爲正當心理學目的，立一清楚界限，即謂正當之心理學，是研究內省所發現之事實之科學。當第十九世紀中葉，時有官覺之生理學，使德法英三國之心理學家注意，著作家則成爲習慣，在純粹心理學著作中，先介紹一章發揮身心關係之文，引數章生理學於心理學著作中。其結果則爲近代之心理學著作，篇幅變作極長，往往發露兩種面目，兩種方法。在最新近時代，著作家力持心理學可以或從生理觀點，或從純粹心理觀點，以發揮之。士陶特教授所著之「分析心理學」（一八九六年版，兩册），即是從心理觀點，發揮之好榜樣。其言曰，（見第一册，第三十七頁），「生理之結果，必得心理學之分析，以節制之，評論之，然後有價值。此是撤關玄學問題言，所謂玄學問題，例如追問腦部手續，是否惟一實在之機括。（或機關），又如意識是否不過是一種功用，或不過是一種後效，或是附加變象，又如考問意識是否是實在，而與之相關之腦部手續，是一變象，或問是否是同一事實之兩方面。姑毋論吾人對於如是諸問題，作何態度，心理學家有其路徑，以致力於其所事。既爲生理學起見，希望能發明腦部手續之機構，則必盡力以求之。若謂心理學必等待生理學之進步，則甚屬無謂。此與作史或爲人作傳記者同，若必待有生理學之根據，以窺見其人之秘奥，以論其人，或預測其將來之行動，然後執筆爲之，則永無作史作傳之日矣。若存此見解，則喀萊爾不必著「法國革命史」，因爲並不知當匯類之攻擊大牢獄時，其腦部激點如何組集，如何動作也，」云云。此種討論，即是科學與哲學相接連之連環，由確切思想而入於理想思想，將於下卷發揮之。作者此時只得討論另是一種之廣大區域之研究；自然哲學家與理想哲學家分道揚鑣，從反對方向入手，皆能有擴充身心學家眼界之希望。倘若是自然科學家不能以公允及不相矛盾之法，以入於內界意識之祕奧區域（理想哲學家，則從此區域入手，）或者繞路，或者從旁門，可以得入，亦未可知。

四一、客觀心靈

作者上文已經提及，或連、或斷、陪伴神經作用之心靈作用，不獨有其組集爲一之特性（此則在外之物界所絕無者，）且能出現於外，變成客觀；其發源則在主觀，至是則脫離主觀而變爲客觀創造語言文字、文學、社會科學、藝術、宗教，學者皆得而研究之。學者爲何不研究此範圍極大，而又絕無可否認之心靈發現，以求知此心靈之生命及其特性耶？何必一定要從不能知、不能解說、祕藏不露之源頭入手耶？何不先從其邊界入手，量度大圓周，以求知內容耶？

古時哲學家，原曾從此入手，其最著者，則爲古希臘之亞理斯多德。古人已建立文字之文法及邏輯，供給近日新理想家以多數材料。古人所發起者，今人則以新法繼承古人之業。今人之學派自相反對，不能並容久已開闢不同之路徑，以內省法理想生理學試驗及身心學試驗，以直接研究心靈之生命及其組集爲一，然而所得之效果極少。於是從第十八世紀之季年，德法英三國幾乎同時發起研究人類及人類學殖之歷史。休謨、斯密・亞丹、孟德斯鳩（Montesquieu）、及法國之天產經濟學家，則研究社會、及實業、商業。喀巴尼思及所謂意想家，則指明以哲學法研究語言文字及文法之重要。德國之意想派之結果，則以歷史、美術、哲學、研究客觀心靈。赫爾巴特派則研究羣衆心理學及語言學。英國近日則有斯賓塞，有絕大規模之研究社會。吾人近日所聞者，多爲人類之自然歷史，及社會、宗教等等之自然史，有採用舊時其他自然歷史之法。以蒐集事實爲預備者，亦有依附於某種某種哲學學說者，例如黑智爾之理論學，或達爾文、斯賓塞之天演學說，本歷史將在另章有所討論。學者已知今日之新自然科學，與從前之自然科學相似，採集事實材料，並無大用，非得有主要意想以部署之齊整之不可。

讀者今知此身心問題，卽心靈與身體相牽掣之功用問題，亦卽靈魂與自然之問題，亦卽內界與外界之問題，科學家從絕不相同之方面以攻擊之，一方面則從個人入手，一方面則從社會（卽人類之總生命）入手：其從個人方面入手者，則研究本人之內界，其從社會入手者，則研究內界發現於外之歷史、社會、科學、藝術、實業、宗教、——單簡言之，卽謂研究學殖與文化。世人若稱柏克立主教爲第一種（個人）身心研究之發起者，第二種（卽社會）之研究則發起於一百年前多之赫得。

四二、赫得之預備

【原註】赫得（一七四四年至一八〇三年間人。）轉移德國文學及思想之潛力，受當世之充分認承，第十八，第十九兩世紀間之名人列傳，無不提及赫得者。赫德與其當代名流來往之尺牘極多，此可以證明其人頗有時名矣。當時德國諸大學，其先則有審評派，其後則有超越派，兩項偏向之大勢力，頗能埋沒他派之思想，不然，則必有較爲多數之學者承認赫得之意想，爲發生多數研究途徑之起點。（此非當時盛行之哲學所能完全節制者）。其後不知不覺，組合爲近代德國思想之潮流。赫得近於歷史法研究自然，文字，及學殖之一派，而與審評派及玄學派。不近，且熟以知並世之英國思想，觀於其熟知蒙波多(Monboddo)貴族之怪著作，可知矣。斯塔厄爾與赫得友善，由是法國則早知有赫得之著作。喀來爾之研究德國。

第十一章　以身心觀研究自然　三百四十九

藝文，雖極有創解，極有價值，而不甚注重於赫得之著作。新近則有丹孜爾(Düntzer)，不憚煩勞，蒐輯赫得簡牘，刊行於世，由是世人又注意赫得。亥謨尤有盡量表揚赫得之功，曾於一八八五年，在柏林刊行其所撰之「赫得傳」，共兩册。此作所蒐輯之事實，極其豐富。赫得有一方面之潛力，未經亥謨有充分之發揮，則爲此時吾人所最注意者，卽作者稱爲之人類學觀是也。柏參爾博士(Dr. Heinrich Boehmer)著有「德國自然科學發展史」（一八七二年），對於赫得之人學觀，有詳盡之發明，且尤注意於赫得之身心學意想。有人謂近代研論何種意想，得有最廣遠之施用者，無不能追溯其源於赫得諸著作。此言誠不爲過。惟是赫得所乏者，方法，且力持方法往往不過是一種呆法，又乏審評能力。德國學者心中，頗經過一番最嚴謹之算學派之紀律及審評思想，又須蒐輯極多試驗及歷史知識，然後乃有洪保德作一部分實行赫德之「人道史」所發表之饒有異彩之意想，而著其「大世界」之作。（一八四一至一八五九年），陸宰亦因是而有「小世界」之作。（一八五六至一八六四年）。參觀小世界之序文。

赫得關於此方向，有極大之潛力；假使其不生於英德兩國，以內省或純粹理想方法以研究人心時代，其潛力則當然更大。赫得反對康德、斐希特之抽象哲學，是以不爲當時學界所喜；時人不甚知之，直至第十九世紀之末季，學界始承認其意想中容有明晰大規模之身心學意想——卽謂人類之自然科學客觀心靈之化育，及其發展。

在其未發起審評學說之前，赫得原是康德弟子，而頗受大博物家哈勒、蒲豐、福耳斯忒、布盧門巴哈等潛力所轉移。此數君者，欲以生理學比較解剖學人種學，以組合人種研究及其心靈之發展，於其他動物及植物及天時地理及天地之自然現狀。赫得並不相信吾人能以抽象法研究自然及心靈之大力，惟欲追踪哈勒之生理學，以竟其未完成之功，由是而接入心理學刺激【原註】（參觀本卷上文第四七一頁，法國之喀巴尼思，亦欲如是發展赫得學說。）是物質之最高之物理變象，故爲心理學之起點。其早年所撰之知識及感覺論（一七七八年）有言曰：『以予觀之，若每步無一定之生理學，則無心理學之可能。若能將哈勒之生理學，躋升至心理學地位，則如石像之得有心靈，使得生命，然後學者始能討論思想及感覺云云。』【原註】證明今欲赫得之預有近代之新思想，作者姑引其「哲學與歷史分類論」之第九冊第十頁，其中有「人類靈魂之認識與感覺論」一文有言曰：『吾人之不能深入窺見感覺之發生，亦如吾人之不能窺見。哈勒所稱爲「刺激」之變象。受刺激之線，縮而復脹，或者有一種初露曙光之感覺之「騷蹝」，死物質經由多數程站之構造，依之以自清潔其本體，』云云。從其各著作中，可以採引多種議論之預言近日達爾文派意想者，例如生物之競存，至若自然淘汰之說，亦曾言及。

參觀第九版「大英百科全書」薩立氏所撰述之『赫得』條下，尤宜參看巴倫巴哈(Bärenbach)之「赫得爲達爾文之先驅論」（柏林一八七七年版。）亥謨（見其所著之「赫得傳」第二册，第二〇九頁）。則反對以赫得爲達爾文先覺之極端之說。其持反對之理由，則謂赫得以爲自然範圍每生物於模型之界限內，動物之發展，不能脫離其特有之機體力之節制。是以赫得之天演，較近於貝爾之天演，不近於達爾文及赫克爾之天演。

惟是其心靈生理觀，並不限於個體之研究；且擴充而包括人類之全部；瞻察大規模之自然；所有歷史記載，皆應彙集；所有藝術詩歌宗教之本源及元素各力，皆應研究。從歷史家、紀年家、旅行家、草昧時代之紀載，及人類之歌謠，以蒐輯各種材料，以供人道史之取材。赫得之言曰：『予此作中屢屢表明，吾人此時尙不能作人類歷史之哲學，或俟此世紀之末，則能作云云。』【原註】其「人道史」之第四部分之序文。（一七八四年）。

四三、赫得之人道史

第十九世紀之學者，果然實行赫得預先發明之規畫，在德國則有赫得之明知之規畫，在他國則有不知不覺之獨立實行。康德及宗仰其說者，則耗費心力於內省之事功；與此分道揚鑣者，則有多數之博物學家，歷史家，小學家，（聲音訓詁），人類學家，得有赫得之精神，遍地搜輯，不憚荒遠，蒐羅與歷史有關之金石、書籍、記載，其目的專在追尋人心動作之特性根本。此類學者，或其徒衆，（此則是赫得時代後起之秀，而不知有赫得其人者，）則往往從起點誤入歧途，沉迷於其所輯多數材料之中，而忘其所以。

四、自然科學與心靈科學之分途

第十九世紀之初年，德國已有所謂自然科學及心靈科學之分途。自然科學漸漸爲算學精神所罩，作者在前已曾論及，諸多科學家，捨其本國之科學著作，而趨外國之著作，——其始則趨向法國，其後則趨向英國。其另一方面之心靈科學，——如歷史、聲音訓詁、社會科學等類，——則受各項哲學意想之潛移。此則赫得所向來不明了，亦向來不能同化者。

【原註】赫得之後半世，則幾乎用其全力以發表反對其師康德之審評著作。刊有兩書，其一爲「純理審評之評論」（分二編，一七九九年版），又一爲「卡力岡」（Kalligone）（一八○○年版）。康德曾隱名批評赫得之大作，既其乏邏輯精義，而又無明晰界說，又貶其研究知識之發育以反對審評研究，謂發育超越吾人運思之能力，審評觀則不然，或以生理學爲向導，或從玄學入手。赫得在其「人道史」之第二部，則反對康德學說，爲康德又評論之，又謂赫得不選擇材料以建築其學說，又不善審評。赫得不甘受康德之驕蹇態度，著上之「評論」將康德之主要著作，加以有統系之審評，追隨哈蔓（Hamann）（一七三○年，至一七八

八年間人）之提議，一方面依據斯賓挪莎及來伯尼茲早年之哲學著作；一方面則依據蘇格蘭之常識派哲學，對於此兩派所發起之諸問題，求一解決，而不用抽象闡理，只用有實在科學及歷史科學。赫得之「卡力岡」亦攻擊康德之美術哲學（一七九〇年），席勒爾則極歡迎此作。此諸項辨駁作，詳見亥謨著第二册。

康德之審評精神，及其後起者之建築法典，適合補赫得之所缺；赫得著作既乏片段，又乏方法，此則足以補之。本歷史之前數章，曾發表算學精神如何浸灌自然科學，如何革自然科學之命，隨後又如何由身心科學引哲學家折回。赫得於第十八世末年粗立模型之問題。作者之第二大部分之事，則在發表德國所謂心靈科學，如何不依傍自然科學，而有獨立之發展，及脫離自然；又表明從個人及合羣入手，以研究心靈，如何進步。此項研究，則以赫得所最不喜之康德審評研究爲起點，追踪至於近代之一種組合，此事之精神，與赫得夢想所求者相似，不過比赫得較爲謹嚴，較有條理。其中有一特別問題，有一特殊之變象；既屬於自然界，又屬於心界。此問題屢經哲學家、博物學家、旅行家、文字之聲音訓詁家、隨後又經物理學家之種種攻擊，始現真形，成爲身心學之最要問題；而此問題又是赫得之所最注意者。此變象卽是人類之語言文字，——卽是語言文字問題。

「原註」語言文字問題，及其原始問題，在第十八世紀之後半期，德法英三國皆有思想家專力研究。在法國則有宗仰陸克如康的亞克者，（著有「人類知識由來論」，見第二册），曾討論此問題，盧梭則反對之，（見「人之不平等論」一七五四年）。德國則有緒斯米爾契(Süssmilch)牧師，嘗著「一書，證明語言文字爲天授。（一七七六年柏林版），作者將於下卷詳論此君。柏林學會因爲要解決此問題，曾於一七六九年，懸賞徵求著作。赫得此是正哲學問題，正合其意。赫得追隨哈蔓，對於此問題，曾加深思，謂擬著一論，證明語言文字之發育，是一極穩固之哲學眞理。此論果得頭獎。赫得製此論不久，（一七七一年），英國則有柏涅忒(Burnett)，卽蒙波多爵士(Lord Monboddo)，所著之「語言文字之原始及其發展論」（一七七三年版）出現。柏涅忒在此著作，則引及赫黎斯之作，名「黑檞斯，卽語言文字及普通文法之哲學研究」（一七五一年）。此問題由是頗惹人注意，殆半由於蒙波多爵士，爲人之怪僻，（有人謂當時以爲怪僻，其實在今日則不顯其怪僻也）。殆半亦由其時之辨駁。自圖克刊行其著名之「拍里戲筆」（一七八六年）不久之後，卽發生此項辨駁。赫得知蒙波多之著作，使人譯之，而已爲之作序，（一七八七年），而並不注意於圖克（一七三六年至一八一二年間人）。有「語言文字學史」著作家本淮，曾論圖克，（見本淮「語言文字學史」，一八六九年版），謂假使其能採用梵文知識，論其意想及方法之新鮮，則圖克之名，應位置於研究語言文字新紀元之前列。

語言文字學經過以科學精神研究之後，大爲改變，此則其他科學所無者。來布尼茲有明見謂語言文字學說之發明，必立於較爲寬大之基礎，絕非通行所習之古今語言文字所能作根基，且能見及如蒙波多被人揶揄之著作內容之真正見解，除來布尼茲不計外，直至第十八世紀之末年，並不見有關於此大問題有條理之研究。所有者不過是哲學學說，及空泛之訓詁之學，有時且不過是以語言文字爲遊戲，於是語言文字之學，變爲笑柄。赫得關於此學，則有大功，力持研究語言文字及文學之之雛形爲重要。〔原註〕此是說赫得之第二大作，指其蒐輯民間歌謠，彙刊成書，稱爲『民聲』（原名「詩歌中之民聲」，一七七八年版）。此作有大潛力於德國語言文字，及近代之語言文字學。（參觀本淮之作，第三一六等頁）。一七六五年，有「拍息但歌」之刊行，又有馬克裴孫(Macpherson)「奧細安」及勞司(Lowth)之「希伯來詩詞演講」（一七五三年），頗與赫得以刺激。亥謨曾在黑得之歷史及詩歌研究之著作中，指明其引用以上諸家之作，赫得於其自製之各序文中，亦曾言及，刊行其著作者，亦有是言。以爲此是通入人類學及人學之大路。發生於其著作者則有兩不同之觀點，皆能啓悟思想，其一是哲學而兼歷史觀，其一是謹嚴科學觀。直接繼承其事業者（其實是不知不覺吸受赫得著作之精神者，）則用哲學兼歷史觀。倭爾夫派之大發展古代語言文

四六、確切研究

字學，及有梵文之新發明，近東文字語言之研究，則暫時掩蝕謹嚴科學法之研究然而同時則有洪保德・威廉，注意於比較語言文字之哲學討論，由是其弟亞歷山大則注意於新世界無人知之語言世人稱其爲揭露此種語言者。

其首先發起以確切方法研究語言者，並非明受赫得潛力之人，而受歌德潛力之人。繼起者則有米勒・約翰，告成功者則有其著名之弟子、及宗仰其學說者，——如頓得斯(Donders)、布律克、赫爾姆霍斯、及維也納之拆馬克 (Czermak) 是也。因有此諸君及其他博物學家之解剖及生理學之事業，又有赫爾姆霍斯聲學大作之音樂之物理分析，加以喉鏡、及留聲機、自動留聲機，今日始知發聲器官爲一種極繁複之發聲管，有此管則能發生清原音及幾乎無限之各種鼻音、唇音、齒音、顎音、喉音及其他各種聲音，成爲語言之聲音元素。同時於一八六一年，有卜囉喀新揭露語言之中心在腦部，在生理學方面建一新紀元。【原註】語言中心位置，在『小腦之小區域內，偏向於左。此區域在息氏裂溝 Sylvian Fissure 之上邊，與賴爾 (Reil) 島相對，居於後半。大約只佔第三前裂紋 (convolution) 之後半之三分之一』。（見

四七、聲音學

卜囉喀「解剖學會報告」，一八六一年）。卜囉喀從診驗腦病失語者，驗得前裂紋（或左或右）後半部之三分之一破裂，大約二十次有十九次，皆在左邊裂紋。腦病失語之象，是身心學一大問題，要組合極繁複細密之生理學，心理學，及語音學變分析。第一層先要辨明，是運動失語病，抑是知覺失語病。詹姆士之言曰：『關於此病，吾人之知識，有三程站，可以稱爲卜囉喀程站，偉尼克(Wernicke)程站，沙科(Charcot)程站。偉尼克首先（一八七四年）辨別此病有兩種，一種不獨不能言語，且不能知言語；一種能知言語，惟不能言語。辨明第一種是由於顳顬葉之破裂。此種情形，稱爲語言聾，此病稱爲屬於聽官之失落病。……沙科則有較爲詳細之個人不同之分析，以解決此問題』（見詹姆士「心理學原理」第一冊第五十四頁）。由是發生一新科學，名聲音學。【譯者註】亦可稱語音學。今代之語言科學，又從此創生。【原註】歷史科學或哲學科學，往往因附合於物理學及生理學，遂變而爲確切科學，近來新發起之語言學，即其一也。在其他方面，則有達爾文在純粹自然科學所發起之舉動，則依賴歷史的蒐輯事實，審實選擇證據。舍斯(Sauce)教授有言曰（見其所著之「語言科學大綱」第二冊，第四章），一八八〇年版）：『新發起之語言學，生於聲音學，聲音學若因此而高自位置，自忘其爲語言學之一部分，亦情有可原。……吾人從語言之形式，而入於語言之意義，然後語言學變爲歷史科學。語言所含之意義，即是人心之反射（【譯者註】即「言者心之聲也」之意）。是以研究人心之發展，必要爲歷史式之考究』。語言科學不獨以生理學及物理學爲基礎，且有人謂不是歷史或哲學科學，實是物理學。語言科學與其他科學相同，誠可以從形構、化育、生物學、各方面，分別研究；至於用內籀術形式，可以與地質學及語言分類學相似。其自居於此種新地位以為研究者，則有司奈赫（Schleicher）教授，米勒·馬克斯之語言學演講，亦與此同。讀者宜注意司奈赫教授所著語言形構學與達爾文之物種由來刊行同時，極早即承認達爾文此作，與語言學有重要關係。（原註）司奈赫教授是一八二一年至一八六八年間人。斯密特之「德國名人傳」，（第三十一冊第四○二等頁），有司奈赫教授論，頗有價值。司奈赫研究古今語言，審評訓詁學，及比較訓詁學，黑智爾學說，達爾文學說（即謂邏輯天演，及機構天演），又受格黎牧，波普(Bopp)，立特士爾之潛力，又研究植物學及文法，然後，生出以語言學為一種自然科學之意想，以示與聲音訓詁學之為歷史科學有別。其發展其學說之著作，則有多種，其最著者為「德國語言學」（一八六○年），「印德語言學之比較文法述要」（一八六一年），「達爾文學說與語言科學相關論」。（一八六三年），及「語言學在人類史上之意義論」（一八六五年）。司奈赫之學說，在法國，則有哈夫拉格(Hovelacque)之研究，著有「語言學」（一八五七年第四版），謂「司奈赫能完全脫離玄學思想」。（見第六頁）。舍斯教授則謂純粹物理學之語言學，未免過偏（見其所著之「語言科學」一八八○年版，第一冊，第七十六等頁）。其後十二年，達爾文刊布其人類下傳論，又後一年，刊布其人與動物情感表現論，司奈赫則更視為重要。達爾文諸作，最能以化育觀及歷史觀，深印於哲學家心中，

四八、人類與動物之分界

謂動物之形構從下級以至中級，再至上級，其間有過渡之形構，有接連不斷之鏈在。達爾文又謂，『從與猴猿相似之動物，無影無形，漸漸變成今日存在之人類，其中有一串接連不斷之形，吾人絕不能指定在此串中某點，謂是此種動物的確可以稱爲人云云。』〔原註〕見「下傳論」第一版，第一册，第二三五頁。多數科學家奉達爾文此言爲圭臬，發爲無限若干演論，至今未艾，不過措語有不同耳。一八九八年，赫克爾教授在劍橋動物學會之演說，爲此問題物理學方面之最後結論。惟是此問題尚有身心學一方面，此則集中於語言問題。聲音訓詁學家，如司奈赫及米勒，皆視語言學爲自然科學，將所有彙輯之歷史、心理、哲學之重要證據，以用於人類語言及人類思想之發生及發展，以絕對證明動物之漸漸變爲人類，是絕不可能之事。米勒謂語言是一定意想，與一定名稱之組合，是一條分界之鴻溝，非動物所能越者。〔原註〕見米勒「思想科學」第四章第一七七頁，援引其一八六一年之格言。（見「語言學演講」第一册第四〇三頁）。其言曰：『語言是人類之保疆界線，動物不能越過，』云云。米勒論司奈赫有言曰（第一六四頁）：『司奈赫雖，極讚美達爾文，有一次嘗說笑話，而寓有深意。司奈赫之言曰：「假使有一猪，對予言曰：「我非猪」，猪既能言，則從此以後，不是猪矣」。此雖笑談，足以表明：司奈赫力持語言絕非動物所能有，是爲人類特別之性。達爾文及宗其學說之其他哲學家之不覺得此難關，如司奈赫教授之所覺者，予不甚以爲詫異。司奈赫雖亦是達爾文派，亦是語言學大家。雖然，凡是深知何爲語言及語言之預先假設者，毋論其對於達爾文，及其他學說，如何宗仰，絕不能不理會語言學，而否決達爾文哲學中之最後一步也。

」人類有無限之發展，能使內界之生命發現事實於外；有此鴻溝以區別動物之無心靈歷史，或無心靈發展者，雖同有物質之發展，而以此爲截斷不相接連之點。照此觀點觀之，只有從物質方面及心靈方面（卽聲音學及以符號發表之語言文字學）研究語言文字，爲能從外以入於內界之思想：此是身心學之最重要問題，卽『思想科學』是也。

因此身心學之最後發展，皆取材於希勒格、洪保德、波普、格黎牧、及信從其學說者之歷史，及聲音訓詁之研究，而此多數之學者，皆非受算學教育，而皆受第十九世紀初期風行一時之哲學教育者，則應在本書討論哲學思想及施用此項思想於歷史科學中之部分，再爲發揮。

四九、結論

作者只有以單簡數語，結束心身觀之重要意想。作者曾在上章發明第十九世紀之生命研究，如何發起學者之深信以生命爲接連，不間斷，無處不有之惟一特別變象，如何欲求一可以暫用之生命界說而不可能，至於無所不包之界說，則更無論矣。今在此章中，讀者已知從身心學路徑以研究生命，則知較高級活物質，另有一種最特別之分別，卽平常稱謂之心靈方面，或內界方面，亦稱自生意識之方面。自外觀之，此方面是一宗不接連之附加（或附屬）變象，是活物質之極其繁複生理手續，及解剖部署之附加變象，因其如此，則發現一宗特性，不發現於自然變象，卽謂其間斷不相接連也。自外觀之，吾人以一『心靈』名詞包括之內界變象，或隱或現，其接連則與其附於外界之根基或基礎，永久存在，連同保存在內，則有不能爲之立界說之記性以喚起之，使斷而復續。所謂附屬變象，其中亦有若干不獨吾人有在外之知識，且有在內之知識，吾人對於心靈生命，不能不改其觀點。凡是自生意識之物，皆有一聯屬關係之中心點——另是一宗特別之集合爲一，吾人稱爲個格，或各人有各人之品格；如是之內界合一，則能流露或發現於外，可以作爲人類心靈生命之客觀，其發表此項個格，則以語言文字爲利器。在此項發現於外之客觀（惟同類爲能知識中則間斷得以接續，毋論在何人內界中，此項連接常受擱阻截斷，且有完全喪失之險。身心學研究所發現與吾人者，則是此組集爲一之存在，與物質之集合爲一不同，——此是集中之一，與算學之組合若干數爲一數不同。因有此集中手續，及發現於外手續，於是在自然世界中，或物質世界中另成一宗心靈世界，與物質絕不相同：物質世界只有變化，而組成爲質之兩原料之物質與工能，則無增無減，心神世界則接連生長。

此老世界內之新世界，此人造之世界，成爲自然之一部分——是大世界內之小世界，可以用確切法以研究之。有多數支派之人類科學，擬以近來研究動物社會如研究蜜蜂、螞蟻、海狸等社會生活之法，以研究人類。然而確切方法不能深入，常要心理學以爲之解釋，而心理學之知識，則從個人閱歷、個人內省而得，【原註一】

嘸靈教授之言曰（見其所著「有機物之普通行爲論」。一八七〇年維也納版）：「生理學家原是一物理學家在有機體世界中，處於偏於一方面之地位。此項偏向，雖是極端，而不能謂其不合於理。即如金石學家之處置晶顯，聲學家之處置有泯動之絃線，物理學家之處置動物，甚至處置人類，皆不過作爲一塊物質而已。雖謂動物有苦樂之閱歷，雖謂人類之身體之物質生命，原與靈魂之悲樂，及意識之智慧生命相連，在物理學家視之，亦不能改變動物及人類之身體爲他物，亦只能當是一種極繁複之物質，與一片頑石，及一棵樹木之物質，同受一切不能改變之律例，受此多數律例所範圍節制，亦只能當是一種繁物質，其在外及在內之擧動之相關，有因果相生之謹嚴限制，加以環境之滑移，如同機器之擧動，輿其多數輪機之旋轉相關」（前書第四頁）。：：「此即是物理學派之生理學家。然而此項生理學家所處之地位，則在戲臺之後臺，當其苦心細驗布景之機械，及此戲子所演之種種態度時，全無在臺前看戲者所得之一切情景。然則生理學家，尚不應改其所處之地位耶」（第五頁）。

似宜將此項研究，全置在承認有意識之個體生命作爲其來源及中心爲起點之思想界中。在新近時期，已有如是之研究，其新近發展之方向，則屬於哲學思想而不屬於科學思想。

五〇、身心學之三大事實

以科學研究身心，有深印於吾人心中之三大事實——一、即物質系集中之存在，稱爲『個人個體』者，二、從外所見之內界生命之斷截不相連，三、其發現於外之變象之生長。——此三宗事實，強使哲學家爲之解說，至少亦應試爲此深藏不現之原理，作一界說。此深藏不現者，發起於最高級之活物質，在外觀察者，雖見其爲斷截不連，然在人類社會中則有相連接及永遠增長之事實及發展。關於此事，新科學發生兩種觀念。

其一則注重於心靈生命之不連接，作爲一種終極事實，作爲一種不能窺探之神秘。科學家發表此種意想，各有不同，而有不同之推論；其力持此說者，德國則有雷文，英國先有窩雷斯，新近則有密味特（Mivart）教授。

其一則規避於所謂無意識（不知）或下意識之心靈生命理想內，亦有諸多不同之推論，而皆設爲凡一切物質存在，皆有內裏方面，遇有相當合宜情形時，始出現爲自體知識、或自體意識。克利佛德之『心靈質』學說，及費希奈爾與赫克爾之理想，皆屬於此派，哈特曼（Hartmann）所著之『無知哲學』，則討論此派學說。

凡此諸項理想，可統稱爲『科學信條，』將於討論本世紀哲學思想時，再詳論之。

五一、過渡於統計觀

有多數自然哲學家，以爲尙未到能以科學解決此最後諸項問題時期。事實尙未能輯充足；卽使已有採輯，亦未經分類，未經部署。關於研究社會所輯材料，尤爲未備。來伯尼茲早已有言在先，凡欲建立學說者，必先要有統計之資料。學者聽其言，關於語言一門，頗有成效。

卽以純粹物理科學而論，如氣候學，則幾全限於統計知識。

是以統計成爲極重要之一部知識；作者於離開確切路徑之思想之先，應特爲討論今日統計之功用，及其所循之途徑。此則在下章討論，稱爲『統計觀。』

第十二章　以統計觀研究自然

以科學討論自然物之數種廣大普通之方面，作者已發揮過，且表明此數方面，雖古哲所不知，而至於第十九世紀，則變作較爲有定準，較爲有用，使學者能以實寫量度變象，有時且能預料。惟最後之第十第十一兩章，討論生命及心靈者，科學家不得不注意於一宗原理（或原則、或要素）或多宗原理，而對於原理並未能爲之立一界說，且在關於研究此兩項之科學之進步之間，並未用及此原則。以科學法研有生命物及有心靈物之所以能有進步者，大抵皆因撇開生命及心靈之原理，且證明以其他科學之研究法（可稱爲機力法），然後學者得有關於有生命物及有心靈物特性及其舉作之正確及有用知識。

一、意想界派止於生命及心靈

是以以科學法研究生物學及身心學之進步，則由於用以前數章發明之方法。在此數章中，曾表明有數宗積極實在之科學意想如何得來，如何爲之立界說，如何施用方法。此幾宗意想，皆是融通之說，皆以界限清楚可以瞻察之自然事實爲基礎，例如吸力，原子結構，各種運動（如直線運動、週期動，旋動），工能，形及形變是也。〔原註〕正文之論，並不十分正確。正文所舉者，計共六項，其實只有兩項，可以引以爲例，如動及形是也。其餘如吸力，原子，工能，發展，並無一事是可以瞻察者。然而在此數項中，除工能不計外，早以爲吾人所習知之抽象矣。由是可以發生一種意想，只有外界之瞻測，可以分析爲極單簡最顯著之意想。是以動學及形構學，爲始基之科學，即謂動學爲自然科學之最初基，形構學爲自然歷史（俗稱博物學）或最廣義之生物學之初基。動學觀漸漸變爲自然科學之最重要之部分，此則已爲學界所公認。至於形構學之將爲生物學之最重要部分，則未能一致。況且近日之天演說，發展說正在盛行之時，然而發展必有所由起，將來終不免仍折回形構學也。作者讀陸宰，伯爾拿，及組織派之著作，而知其有此趨勢。所謂形組織者，必有一定之部署，部署之歸結，即是秩序，結構，或形。其中或寓有深意，非合一或集中爲一，是也。惟是此不過是一種意想，不能有純粹幾何或純粹機力之界說。最能啓發之大著作家，得利喜，曾撰有多種之形構學及形構發展學之議論，上文第四五六頁原註，曾舉其目錄。作者在此註中，不過再提及之，而不詳引，因爲作者本人並不能通曉其主要意旨之趨向，不敢引以證作者此註中之議論，讀者各自裁斷可也。由此數宗意想而發生數宗大科學，其內容有特別構思闡理方法、凡此數種科學，皆可以用算學，而有等級之不同，是以能灌輸確切精神入於此數種研究之大區域，入於日見擴充界內之變象及事體。其顯著者，則爲以吸力爲原理之各種科學。進而至於原子運動及工能諸學說之不能受謹嚴公式所能駕馭者，則不能十分美備，未免較爲複繁，較爲近於理想；若再而進至於自然物之模型，又進而至於化育及發展，則發生多數之臆測及虛幻理想所能建立之有定學說，不過得其普通大略而已。最後之前進，則入於生命心靈之域，則達於止境。從外界觀之，吾人只見自然物界中有一宗合一之全在，而與吾人所能明了之加多數部分以成爲合一之總部分之合一不同。其在較高級之動物中，吾人以自己內界之生活，推類而得此種合一，爲一種集中，自外觀是間斷而不連接，若從另一方面觀之，則又有連接，有關連，且能有無限之生長，成爲心理學及歷史學所研究之問題。此多數特殊之處，屬於哲學界與確切科學思想有別。

二、抽象科學之結果

今於未入哲學界之先，吾人宜稍一駐足，試對於身外世界作一普通無成見之一覽，脫離一切研究，及瞻察室，試驗室，解剖室，量度室，自設一單簡發問，試問吾

十九世紀歐洲思想史　第一編　下册　三百七十

人深藏於此各項密室中，深藏於研究學問之森嚴禁地中，究竟對於此外之世界，其能通曉者究有幾何耶？姑撇開通曉，只論吾人所見所知者而言，究有若干能真確完全無缺實寫其情狀耶？吾人之答問，未免灰心。姑無論其他，讀者一踏脚出門，則見一種變象，自古至今尚測算不出，然而此種變象，與吾人身體之安樂及事業之成敗大有關係——卽寒暑、陰晴、風雨是也。吾人對於所謂天氣，究竟有若干可靠、若干有用之知識耶？吾人答曰：『可以謂之等於無。』今代只有幾種天文之關係，有幾種較爲詳細之物理學及化學之關係，能使吾人實寫天氣情形及循環之按季發現之事而已；比較古代無科學知識者及今日之未受教育者所知之事，並無多少較爲詳細較爲有準之知識。吾人今日所知其大概者，爲颶風之原因，及寒暑、四季、雨雹、大旱等事原因；然而關於此項氣候之變，在何準定時候，在何地方，則所知者，與古人相差不遠。自然空際及氣候之知識，仍然是臆度無準也。

關於自然空際，既如是矣。設使吾人推論及於人爲之空際，如實業、商務、對外貿易、政治、歷史，吾人又可以發問，試問對於此項人爲空際之變遷，吾人又究竟得有何種知識耶？試問問物價之起跌，供求之或增、或減，工潮之怒發，荒旱、火災、航海、風災、疾病、及戰爭之種種變化，又得有何種知識耶？吾人雖可以說，對於此各項事變之近因，無論其爲自然，抑或其爲人爲，有多少大概知識；然而事變將在何時何地發生，則吾人所知仍屬有限，即以所知之有限而論，亦屬無何價值，況所知者又大抵得有常識及閱歷，而非得自科學之新揭露耶。據事實而論，吾人因有科學之各項新發明，以施於實用，遂使吾人所處之人爲空際，更爲繁複，且容易發生迅速强烈之變，使人爲空際之情狀，易於變易，更難量度，更難倚靠也。

三、具體實事之無定

由是觀之，第十九世紀之增進及播傳科學知識，雖可謂加多於從前，然而吾人之自然生活及社會生活，仍然是無定準；毋論在自然界及人爲之社會界內，其空際仍是易於變化，捉摸不定，不能量度，不能倚靠，與從前無異。雖有吸力大例，化學之定比，浪動及工能之深奧學說，自然物之定模，及其有秩序之化育之各項知識，然而在節制、調劑、及模範生命與社會者之手中，並無大用，亦無關緊要。政治家，立法家，機器師部署羣衆者實業大家，殖民家，向導家，及所有爲領袖者，大多數皆不知比各項科學意想；對於科學意想則敬而遠之；其恃以辦事者，則在乎閱歷常識，或天授之才識。其所倚賴以辦事者多矣專門知識及科學知識，不過是其中之一種，而又非其所視爲最要者。

四　實業之科學精神

按步就班之生活，雖與科學之各項手續不同，然而吾人不能不承認在今日之實業界中，則頗爲科學精神所瀰漫。吾人試入商業、航業、及普通貿易之辦事室，則觸目皆是圖表，及紀載各項統計之曲綫圖表示物價之起落，百貨之供求，五金之存貨，及價值之增減，與夫煤、糧、化學物、棉花、等等之增減，皆有圖表以紀載之；至於近代，則不獨關於有質之物如是，關於無形之物，如所謂工能（從前用『馬力』名詞，今則改用工能，）亦有圖表。今日在文明各國中，毋論在極小市鎮之大街中，除店鋪及各項辦公室與銀行之招牌外，則見有日見加增之保險行招牌；此項保險行之事業，專賴有根據於人之生、死、嫁娶、及航海遇風失事之禍災之詳細及極費事之計算。日報則登有天氣圖，圖中畫有所謂同熱度綫、同氣壓度綫、及他種綫，以爲根據，而預測天氣或大風之警報。科學最初級手續之數個量度計算，已滿印於吾人平常日用中矣。學者至是，又能設問：試問計算精神既如是之普通，何以一推用於平常日用及商業中，雖所知者多，而極少定準，何以在科學中得有如是之多之實在及可靠之知識耶？試問由理想而施於實用，有何分別耶？答問卽在目前，並不在求之於遠；此答問，卽介紹吾人於特別一宗科學，其思想與其他不同，雖不發生於第十九世紀，而在本世紀則有特殊之發展。

大凡辨實事者，無不知事體之接踵相繼而來，如川流之不息，無力以阻止之。其所需者爲一種總綱在手之知識。至於著有功效之科學家，則在乎於多數之中，特取其一事，以爲極詳細縝密之研究；將一定之物及一定問題，攜歸其潛修室或試驗室，以求知其中之繁複情狀而發露之，從歸納法或臆度法，而速達於融通之

第十二章 以統計觀研究自然 三百七十三

說，以建立科學家之所謂學例，由是以觀自然之全體或其一部分科學家能留如白駒過隙之時間，能請所研究之物久留不逝，例如指定天上某星，置於遠鏡之焦點，或如保存生物，使不至速歸腐敗。辦實事者則不能矣；毋論何時何地，皆有多數之事實發生，事體之變遷，並不能徇情暫駐。其所需者，是能總攬大多數而請專門名家研究細微。

五、處置多數之科學

由是而發生大多數之科學，所謂統計學，【原註】世人皆稱阿痕發爾(Achenwall)（一七一九年至一七七二年間人）。為統計學鼻祖。毋論以宗旨而言，或以實用而言，或名詞而言，則殊不確。以行政方面而言，則統計學，古時已有之，而其事之士洛則(Schlözer)（一七三五年至一八〇九年間人）之研究統計，則與歷史之相關。士洛則有言：「統計學者，卽停立不動之歷史，歷史卽是行動之統計學，』云云。關於此事，可參看維格爾「德國史家編史記」第七九三頁，又洛瑟(Roscher)所著「國家經濟學史」第四六六頁。從前有兩名詞，其一為政治家(statist)，其一為統計學(statistics)，此兩名詞之以漸而變其意義，則有約翰之「統計學史」（見第一卷第三至第十四頁）以發明之。其截至刻特雷(Quetelet)之時期為止，將此問題之歷史，分為兩部分：其一卽稱為「德國大學統計派』，追隨昆靈，阿痕發爾，士洛則之途徑，又稱為「哥丁艮學派』；其一卽是以統計學為一宗確切計數之科學，稱為「今代之統計學」。在英文中，此名詞亦有兩意義，見於莎士比亞之雜劇漢姆列德

(Hamlet)及辛伯林(Cymbeline)中，又見於韋白斯特之著作，其用statist名詞不過作政治家解，今日有用statist者，則稱統計及財政報。讀者毋忘英國在威廉第一時代，有所謂田地冊。（一〇八三至一〇八六年），休謨謂『此為英國最可寶貴之冊籍』。（見其所著「英國史」第四章）。

及所用之多數方法。此即本卷所討論之問題。

六、相信有大概秩序

凡排列或紀載多數之事體，原屬無用，不過因為吾人根據於常識，又為科學所證實之設想，深信世界之事物，其間有大概秩序，有循環之整齊，或以漸而接連，及有秩序之發展，然後總攬多數，乃為有用。科學即欲發明此項大概秩序，發明此項無乎不在之規則。統計學之實用，只限於如是之秩序整齊之存在，雖此項公式或其原理，或不為吾人所知，或在不能知之列，亦以之施於實用。讀者宜注意，毋論何宗學派，毋論其為今人或古人，毋論其為基督教抑或非基督教人，亦毋論其為宗教家或科學家，樂觀派或悲觀派，毋論不相信有此項秩序者，事物各有其秩序，是一切思想一切實行之公理。是以從統計觀以研究自然，毋論其相信神設秩序，或力持自然秩序或機力秩序者，皆所相信。刻特雷學派為第十九世紀之發展統計學之最有潛力者，往往以事體之循環復現，及多數之平衡，爲悲觀及宿命之根據。在其前十年，則有普魯士之牧師，名緒斯米爾契者，著有神道秩序論，則有樂觀之趨向，以證明凡事皆有主宰以節制之。「原註」兩派之不同，若縮小之，則變爲物理秩序及道德秩序之分別。著名統計學家布羅克(Block)，曾討論此問題，在其所著「統計學理論及實用論」（一八八六年巴黎刊第二版）第五章第三節中，有評論近代諸家學說之文，並以刻特雷與神理學教授俄丁艮相比較。其言曰：（前書第一四六頁），「神學大家俄丁艮之意見，在數種關係下，與刻特雷之觀念，大相懸殊，但其所異之處，實無俄丁艮自信之甚。：：至其同異之點，可以單簡說明，如下：二氏之科學基礎，完全相同，均曾證明事實運行之規範，其所異者，不過在乎表達之法而已。刻特雷之視爲自然定例者，俄丁艮則視爲道德定例，而由上帝所創定。是以一則名其書曰「社會物理學」，一則名其書曰「社會道德學」，惟俄丁艮乃喜以科學爲依歸之宗教信徒也。觀其者作初版第十三頁所言，卽可知其大概矣。其言曰：「其見解在科學中，其一，如在宗教中，以爲凡人所發明者，終屬錯謬，須上帝所創定之事實或定例，方爲眞實無誤耳。」」無論物理秩序或道德秩序，與自由意志之存在相融洽，此非統計學問題，乃一哲學問題也。

自有政治以來，卽有戶口方物之册籍，及民食與保境之紀載——此是統計狹義。統計學家大概皆承認極早已有此項學問，然而大概皆以爲科學及實用之

七．培根之舉例法

統計法，則爲培根所介紹或提倡，此卽其所謂『舉例法。』此法是將所研究之事實列表，科學家如休厄爾、來比喜、澤豐茲、及他人，皆發明其無甚價值。培根本人所引證之事（研究熱之本性，）則特別不足爲訓。雖然，自古時以至於近年，所用之法，皆不出於培根之法，此則由於著作家欲介紹其所謂確切法，於在自然外界之各科學。例如巴佐特（Bagehot）所引之一事，卽其明證，因爲此事比大概議論，較爲能解明一重要之點，作者今詳引其言。巴佐特所論者，爲一種計數目之辦法，又稱爲『徧舉辦法。』巴佐特謂：『一位德國有才幹著作家討論銀行之言曰：〔原註〕（見一七八三年九月科因(Cohn)教授登於「兩星期評論報」中議論。）「予試敢於提議，欲得此事之知識及實理，只有透徹研究此案之事實之一法。予所謂事實，不獨指實行家在其平常例行公事中所遇者而言，且包括完全歷史的及統計的研究所發露之事實而言。如是事業既經辦竣之後，德國經濟家始可以自詡恢復德國辦銀行之原則，然尚不能謂恢復普通辦銀行之原則。欲得普通原則，則必要得有英國、蘇格蘭、法國、美國、辦理銀行之事實——單簡言之，必要得有各國銀行之事實。……經濟學之惟一而穩固之希望，則惟有用培根之言，重新發起作經濟研究之事。今日之化學、物理學、地質學、動物學、及他種科學，可謂發生奇異功效矣；假使學者皆爲第十八世紀之各宗設想理想之演繹所束縛，則以上所云各種科學，當處於何種情形耶？」』巴佐特答覆科因之議論曰：『科因所提倡之方法，原曾試用於物理科學而無效。當日培根所用之法，卽科因所提倡者，培根用之而無效，科因既已提及培根，何以竟忘此法之無效耶？培根所著之研究科學之新利器論，原載有研究熱性之法，卽是科因所提倡之彙輯事實法，然而毫無結果發生。澤豐茲曾謂培根之科學方法意想，只是一種科學簿記。其法是採輯各方面之事實，不爲分別，而登記於總帳簿中，以爲將來則可以生出一篇真實之結帳。如是辦法，絕不能發生何項新發明，』云云。

〔原註〕見巴佐特「英國政治經濟學之公例」（一八八五年版）第十七等頁。巴佐特又嘗曰：『設使吾人必要等到事實完全，卽候至人類滅絕之時，亦不能完全。予以爲科因及與同一思想者之，對於此事，未免過於太帶書獃氣。諸君之所謂事實，卽指所有一切刊行之事實，卽指，所有一切統

計表而言。然而貿易與自然相同。來伊爾謂：「自然並不為人而著紀載」。予以為貿易亦然，其所紀載者，少而又少；以備研究之用。有人謂藝文不過是「斷簡殘篇之斷簡殘篇」，予謂統計亦然，亦不過是「碎紙之碎紙」。在乎常生活間，甲不知其鄰乙所作之事，卽或知之，亦屬有限。甲本人所作之事，及其所知乙所作之事，亦並不以告人。若欲得貿易場中之完全無缺之紀載，亦不過夢想而已，此與欲得世人所說之話之完全紀載，同是夢想，」云云。澤豐茲亦有言曰（見其所著之「科學原理」第七頁）：『自第十八世以來，已有反對培根之實驗辦法，物理學家則主持設為理想。予則為極端之言，謂培根雖極力主持常時以試驗為證，原屬極為正當，然而培根不甚通曉以邏輯方法，從別案以引出自然例，』云云。

此歷史中有八章討論近代以各種抽象觀研究自然變象者，卽是推翻培根『全舉數目』之法。近代之研究方法，卽是從不善採輯之多數事實中，賦予生命及秩序，往往得有初次之有用，及能令人明白之舉數。至是又發生一重要問題。科學家既能在廣大而深藏之科學區域中，得有若干之融通意想，可以計算、預料，及施於實用矣；然而包圍吾人之自然環境及社會環境，仍有多數之繁複變象，並未得有有力或能包括一切之科學公式，又當用何術以研究之耶？然則第十九世紀所製之極費事之天氣學、社會學、貿易、實業、財政之各項圖表，並無價值耶？從此項圖表，並不能得有若何效果耶？假使當時製爲此項圖表者，其意並非以其爲大概有用，吾人自然答以無價值。然而據事實而論，此項圖表確有其用，有時且在所必需；既然吾人又當發一問，究存何種抽象思想而爲之耶？作者當立卽答覆，以規定本章所討論之方面。所謂抽象意想者，卽是折中學說。

八、舉數原藏有大概意想

九、折中學說

普通讀者，雖見得舉數紀載爲極膚淺之事，然而統計科學（卽是有系統之彙輯多數數目，定其折中之數，）則發生較後，起於第十七世紀；其時法國之執政大臣薩立繼起之黎塞留（Richelieu）及科爾伯特（Colbert）組織第一次統計局。

〔原註〕參觀布羅克「統計學理論及實用論」第二十五頁。其言曰：「法國對於統計，在一六〇二年，已由薩立組織政治及財政之完善機關，可以作爲第一統計局之。查薩立所徵集之報告，大都關乎陸海軍與財政及多數管理機關，而其調查之結果，均詳載在時常翻印之「薩立筆記」中。而黎塞留及科爾伯特亦曾徵各種報告，近時多有取材其中，以益於正史者，而統計學亦大可利用之，其獲益當非淺鮮也。」法國之政治能力，及以經商方法辦理國務，可以古代之羅馬人爲其先進，蓋羅馬之登記制度，似亦已有甚大之發展。此項問題之詳細討論，見喜爾得布蘭(Hildebrand)之「國家經濟學及統計學年鑑」（一八六六年版）中「論古羅馬移民統計」篇。

一〇、法德英三國之統計學

巴黎科學學會，亦因同等之意而發生。德國之統計學有大學研究，英國之統計學則有一人研究——即著名之配第爵士(Sir William Petty)，乃創造政治數學【譯者註】可稱邦計學。名詞者。此則與其他科學正同，法國亦爲首先提倡研究統計學者；德國繼起，則有昆靈教授，【原註】一六〇六至一六八一年間人。嘗任赫倫斯塔(Helmstädt)大學醫學及哲學教授，自一六六〇年後，始講授『政治算學』。以之作爲大學教科；英國之配第爵士，則製爲論說。【原註】當昆靈教授在德國演講『政治科學』時，配第爵士（一六二三年至一六八七年間人）則先後同時，在英國配（第原是英國皇家學會發起人之一）亦有相同之研究，彙輯其各種見解，著爲『政治數學』一書（約在一六七七年），此外尚有數種著作，登於『哲學會報』，又曾刊行數種論說（一六八一年至一六八六年）。其所著之『政治數學』，已呈英王查理第二御覽，因礙於英王之法國政策，並未刊行。直至配第死後，始於一六九〇年刊行，是年十一月七日，經法庭庭長慈爾本(Shelburne)爵士，批准（爵士即配第之子）。此作之序文，有極特殊之議論。其言曰：『有數種通行之議論，頗能轉移人意，使生成見，予不能不加以討論。例如時人皆謂『地租有普通跌落』，是以『全國皆日貧一日』。又謂『國內從前存儲黃金落多，近日則金銀皆日見其少』。又謂『商業衰頹，民人失業，而有地廣人稀之現象』。又謂『賦稅繁重』。又謂『愛爾蘭及美洲之墾殖地，及王室新增之田地，皆爲英國之累』。又謂『蘇格蘭無益於英國』。又謂『大概而言，商業凋零』。又謂『荷蘭緊逼在後，與英國競雄海上』。又謂『法國日見強盛，且駕乎荷蘭英國之上，法國旣富且強，其所以不併吞其鄰國者，不過表示寬仁而已，」』云云。

以證明當時英國輿論之不確爲目的，此輿論往往發現於英國及外國之報中——皆謂英國日趨衰弱。德國繼法國而起，仿照薩立統計局之設，亦介紹同樣之組織。當腓特烈(Frederick)大王在位時，普魯士有編造戶口册籍之舉，又得緒斯米爾契牧師所著之神道秩序論以鼓勵之【原註】緒斯米爾契（一七〇七年至一七六七年間人）以一七四一年刊行此作。而作者與其所著，皆不甚爲時人所重。此作卷端雖題腓特烈大王之名，雖爲普國政府所採用，（觀於其翻版數次可知）惟因作者與大學無關係，故無若何潛力，以轉移所謂大學派之統計學。近今五十年間，著名之統計學家，如德國之彼丁良，約翰，法國之布羅克，及其他著作家，及意大利之統計學家，皆極注意於緒斯米爾契之作。約翰博士在其所著之「統計學史」（第一册，第二四一等頁），對於緒斯米爾契之作，頗有詳盡之研究。其言曰：「以今代之意想而言，緒斯米爾契是最早之統計學家，爲刻特雷之先導。自有百科學派之說盛行，謂只有物與動之存在，並無心靈之存在，緒斯米爾契之哲學，自然爲所埋沒。當法國大革命擾攘時代，此政治家緒斯米爾契，自然不能顯露」云云。其他方面，則有俄丁良之議論，與緒斯米爾契同意，承認有神道或道德秩序之存在，謂「緒斯米爾契爲今日所謂道德統計學之發起人，因爲緒斯米爾契首先承認，人類之變象及行爲，似乎皆出於偶然，而不知其中有整齊之存在，緒斯米爾契試以歸納術發明此理」云云。（見俄丁良所撰之「道德統計學」，一八八二年第三版第二十一頁）。赫得頗知緒斯米爾契，且重視之，參觀上文第五三六頁原註。其在英國配第爵士之研究則無繼起者（有一除外，作者將討論之）第十九世紀之初年，馬卡羅和（MacCulloch）刊行其大英帝國統計時，則無第十八世紀中英文著作之與緒斯米爾契相等者可以引用。

二、格郎特及嚇列

作者所謂除外者，即指『死亡統計』此則發現於第十六世紀中葉至一六〇三年，則有較爲整齊之著作。一六六一年則有格郎特（Graunt）研究此項著作，書名爲死亡數目表之自然及政治觀察。【原註】此作以一六六二年送於皇家學會，學會於一六六五年爲之刊行。以國王之請，格郎特遂入學會爲會員。約翰發明此作，並盡力蒐輯格郎特事蹟（見約翰著作第一六一至第一七八頁）。格郎特生於一六二〇年，原是生意人。隨後與格勒善學校（Gresham College）有關係，又辦理倫敦市府政務，死於一六七四年。至一六七六年，配第爵士重新刊行格郎特之作，是爲第二版。嚇列及厄味林，皆誤以爲是配第爵士所作。布羅克謂，以當時情形而論，搜輯材料極其爲難，非格郎特有過人之才，不能有此著作。惟既有創製於先，則隨後之改良，自然容易；所難者在創始。第二大人物之與問題有關者，則爲天文家兼算學家嚇列。【原註】嚇列當時如何得訥伊曼之死亡數目表，歷久無人能知。近日有人在北勒斯勞（Breslau）本地查考（見格拉則耳（Grätzer）之『嚇列與訥伊曼合論』，一八八三年北勒斯勞版），始知訥伊曼之紀載，曾由來布尼茲送達皇家學會，因來布尼茲一方面與訥伊曼有函牘往來，一方面又與皇家學會通信也。亦曾有人在此會檔案中，搜討得多數新創著作。來布尼茲之注重於各種實確統計知識，則爲學界所知，以爲其所計畫或其所發起之各學校學會，均應有搜輯之責。

嚇列於格郎特之著作外，尙有訥伊曼所採輯北勒斯勞本城自一六八六年至一六九一年、此五年間之居民生死數目表。荷蘭大首領得維特(De Witt)曾令人根據數千長期保生命險之死亡數目，製死亡表，於一六七一年，作爲根據，以爲年金借款。【原註】『昔荷蘭得維特氏曾採用海瓦史所教授之或然算法，以作統計，而數千戶巨富產業之得以調查清晰，乃有成績也。得維特，於一六七一年二月二十五日，將其所造計算表，提交國會，以作辦理逐年付利歸本國債之基礎。該計算表由包姆豪厄(Baumhauer)證示，載在一六七一年荷蘭國事記錄中』（見布羅克「統計學理論及實用論」第一九六頁）。此件文牘，曾由亨特立克(Hendricks)譯載於其『保險史料』，載一八五二年「學會雜誌」第二册。」近來生命保險盛行，尤爲注重於此項死亡表，在一百五十年間，漸漸完密；近今大著作家，始將此完全問題，置於透徹之科學基礎。【原註】學者承認那普教授(Prof. G. F. Knapp)以謹嚴眞學法研究此問題，刊行多種著作，爲此問題立一新紀元。其著作起於一八六八年，書名「從移民統計推測死亡數目論」。布羅克「統計學」第二三二頁有言曰：『此書在專門學者視之，皆覺其立論之正確。彼著者雖未嘗採集多數新奇資料，但對於此種資料，確曾明定方法，加以整理，故能具如此偉大效用耳」。一八七四年刊行。其「戶口變更學說」。有多數之著作，追隨其新闢之路徑，如嚥涅等是也。此多數著作家，大抵皆用圖解法，嚥涅則用三元法，頗得良好效果。參觀其所著之「莫理統計學」（一八六九年來比錫版）。那普之作，則有對於嚥涅統計學及前人著作有評論。參看那普「戶口變更學說」第五十三等頁。又參看勒克息斯「戶口統計學總論」（斯特拉斯堡一八七五年版）。然而吾人所注意者，不專在此各項之專門細密研究討論；吾人應注意於政治所需，及因生命之長短無定及生命之危險，如何自動發生有三種不同之統計意想之界說及其研究。此項意想實節制吾人數種營業之大部分。

二三、決分合作公配

所謂三種意想者：第一、即是對於將來之事之決分，以多數已往之閱歷為基礎；第二、即是以所謂友誼之合作，以約化、或減輕、或平攤危險；第三、即是按合作之單位，為公平分配如是合作之責任。【原註】合作問題之社會方面及道德方面，不必在此討論。後之歷史家，儘能以合作問題，為第十九世紀所發生之幾種政治新意想之一，不然亦當作為可以實行之一。從前所試辦之合作，例如法國之傅立葉，聖西門(St. Simon)，巴倍夫(Babeuf)，受大革命意想之潛力，所發起之合作，及英國之奧文．羅伯，所發起者，皆無持久之成效元素。此項元素，似是專屬於洛芝得爾(Rochdale)創興之發展之一路。讀者可以一見而知，根據於決分、合作、公配三項意想之部署，則脫離個人個事之研究，而研究全體及中數；如

第十二章　以統計觀研究自然

何將個人之利益，個事之特色，混入於多數之總體，入於折中之事，或折中之人。其價值與成效，則倚賴多數之關切，及多數之擔認——此則發生於近來之戶口日見增加，及實業之繁複。在吾人時期內，同時發生之社會方面及道德方面，此時吾人暫且不必討論。吾人此時所注意者，只在研究多數及中數之科學之統計術之用，日見其加增。吾人直可以稱第十九世紀為統計世紀，以別於其前之世紀。

因近代必要有生死、嫁娶、出口、進口、食料之供給及消耗、及其他之數目紀載，凡經手採輯此項數目者，深知所有此項知識之不完全，亦不準確。因事體之循環復現，其中原有變化，而計數紀載亦然，吾人既知其無定準，則不得不以近是為滿意。凡是統計皆有錯誤，往往因有錯誤，而統計變為無用；至於論及將來事體，吾人只能存希望，而不能保其必定實現。然而事體之發現，有成分高低之不同；至於錯誤，亦有大小之別，或積聚錯誤，則愈積愈誤，或對銷錯誤，互相抵銷，則愈抵愈少；由

（三）決機科學　是吾人之希望，則有根據充足與不充足之別：由是而發生決成分、（譯者註：簡稱決分。）決

機會、【譯者註】簡稱決機。】科學，及錯誤學說，此兩問題有密切之交互，決分及決機科學因賭博而發起於第十七世紀，一【原註】參觀上文卷第一二〇等頁。錯誤學說則發起於多數之天文瞻察之堆積，於是發生問題，應如何組合多數瞻察，以求得最可靠之結果。大名最著之天算家及哲學家，如巴斯噶、海亘史、來伯尼茲、柏努利、得抹甫耳（De Moivre）、拉普拉斯、高斯、怕松、諸君，皆勞心研究此問題。【原註】除在第一册所引之著作外，下列之著作，亦屬重要。如上述之決分學說，其歷史則有托德罕武之大作。此作討論此問題，至拉普拉斯之著作爲止。正文所提及之拉普拉斯兩大著作，仍是此項科學之標準之作。新近有楚伯(Czuber)教授，重新撰一歷史，至本時期爲止，名「決分學說及其應用之發展」載「德國算學年報」第七册，（一八九九），年來比錫版）。此作之宗旨，與托德罕武之作不同。托德罕武分章討論諸大算學家之決分學著作，楚伯則有獨立之歷史的及評論的分析，以討論此科學，及其實用之諸不同之發展。最新近時期，楚伯又刊行一獨立之決分學，（一九〇二年來比錫版）。然而諸科學家之評定以上諸子之作，意見各有不同——譽之者則有過情之譽，毀之者且加以嘲笑。亦有人謂此種科學不過是以數目代達常識，而外罩以令人可怖之祕奧。【原註】雖有本書卷一第一二三頁所引之褒揚之詞，赫瑟爾爵士．約翰對於決分學之主要實用，則不甚深信。（見「英國科學提倡會報告」第一册第一六五頁）。其反對此學說之最力者，法國則有孔德，英國則有穆勒•約翰。孔德在其所著之「實驗哲學」第二冊中（一八三五年第一版第三七頁），曾譬明其所以在莫理哲學中，不提及此項學說之理由。其言曰：「余以為決分算學，祇能作為發明者易於解決奇奧數字問題之原本，而其難解問題，當完全保存，如解析學理之可以作為緣由或根本者然。至於此種深奧學理所根據之哲理觀念，余以為乃根本謬誤，不特如此，甚將引至今人發噱之結果也。余所言者，不僅藉名完成社會科學，而欲施行之無謂實施。此種理想的試驗，當在此書末篇中，詳細解釋證明之。』又在第四冊第五一二頁中（一八三九年版）有言曰：「此種唯一謬誤，即多數幾何學家之無用意義，每欲循照不定數學之無謂的學理思想，而使社會上之研究所得，成為事實者是也。……惟此種幻想，無論如何妄誕，尚可原諒，緣具有卓絕哲理思想，如柏努利者，首先創建此種通義，蓋在當世科學未臻完善，思想不甚發達之際，每以此義為重要條件，而不能不承認其為標準也。然非絕大聰敏者，亦無從了解其意義為。』穆勒•約翰在其所著之「邏輯」第二冊中，則有一章專討論此決分學說，而更正其第一版之議論，謂拉普拉斯及其他算學家有根本之紕謬，然而仍謂此項學說，並無甚用處。新近則有聞氏(Venn)從邏輯觀點，詳盡討論此問題，著為一書，名曰「決機之邏輯」（一八八八年倫敦刊行第三版）。澤豐茲在所著「科學原理」中（第一冊第十章），亦有同等之討論。穆勒•約翰及孔德之疑團，似已為邏輯著作所驅除。有多數科學，採用改正錯誤方法，則日見其多，足使算學家相信其可用。「大英百科全書」第九版，有克洛夫吞(Crofton)所撰之良好「決分學說』一條。此是極繁複問題，讀者欲求明晰，而又穩妥之導師，則莫如讀摩爾根教授之作（見「首都百科全書」第二冊），及其所著「決分學說論」（一八三八年倫敦版），此兩者仍為最好之作。澤豐茲對於此問題之結論曰：「予以為此學說為人類智識之最名貴之創造，然而孔德及穆勒・約翰皆是極聰明之人，而輕視此學說，且嘗白費心力，以詰責其無穩固根基，此則予所深思而不能求得其故者。此項學說，即是道理，原無所用其頌揚，』云云。（見「科學原理」第一册，第二二七頁）。雖然，決分學說之日見其浸灌於今代之科學及統計著作中，則無可疑者。且在此百年之間，有多數之著作，使學者易於明白此問題。

柏努利・詹姆士在其著名之臆度術中，曾許學者以推用決分學說之算理於政治、道德、經濟、諸問題，惟此作之最後一部分，即第四部分，專為討論此項施於實用者，則終未竣工，留待柏努利・達尼爾研究。「原註」柏努利・詹姆士（一六五四年至一七〇五年間人）是最有名之算學大家柏努利氏之年紀最長者，其姪達尼爾，是後五十年間人（一七〇〇年至一七八二年間人）。詹姆士死後，其姪尼古拉(Nicholas)於一七一三年刊行詹姆士所著之「臆度術」。本歷史卷一第五章第四三四頁，曾言及達尼爾是氣體衡動學說之始祖，今將於下文更詳論此事。達尼爾首先區別所謂算理之期望，及道德之期望。因其有此區別，拉普拉斯於是有運氣物理，及運氣道德之分別。上文討論費希奈爾之身心學，量度時已曾提，及。物理科學既已得計算科學之益，則道德學及政治學亦可以同享其益。據

一四、康多塞

康多塞之言，則謂政治實行家之首先存有此種意想者，則為堵哥(Turgot)「原註」

康多塞所著「以解析法應用於取決多數問題論」（一七八五年巴黎版）有言曰：『哲學名家堵哥者，余之師友也，頗以爲道德及政治科學之眞實，應與組成物理學制度之科學，及近似眞確數理之天文學等，具有同樣之正確。而堵哥對此原則，非常重視，以其能滿足人類之希望心，而達到進步及完善之目的也。』

康多塞欲發明此種意想之重要，則著一論說，推用算理於取決多數問題。此作往往爲學者所引，惜乎讀之者少。此作之序文中，曾歎惜其友人之提議其著作此書者，不及觀其成。「原註」康多塞著作第一頁云：『設使人類而有幸福，則堵哥當永其年壽，不早逝世，如是則此書之意旨，定可完善多多。蓋仰仗貢氏之指導，余之見界，得以較爲遠大，而對其原則之進步，亦多可深信而無所疑慮矣。詎天不作美，堵哥竟先我而逝，南針既失，放乎中流，有茫茫無所適從之慨。余雖鞠躬盡瘁，勉竟其志，聊慰堵氏在天之靈，然余之工作，以視堵氏，不特瞠乎其後，且亦大費周章矣。』

其友堵哥原是實行哲學家，假使其能觀此書之成，究竟是否爲其友之此項政治代數所鼓勵，以實行其意想，抑或如穆勒・約翰，視此種著作、此種計算成分之推於實用，謂是汙辱算學：此是極有意味之問題。「原註」康多塞之作，因彙輯各項無用之公式，而其中極少事實，是以令人輕視此項學說。同時又有一著名之算學家達闌貝爾，多年研究決分問題之後，則頗以此種算學爲無用。谷勞德(Gouraud)曰（見托德罕忒「決分學說史」第二九三頁引證谷氏語）：『至於其餘少數算學家，對於達闌貝耳披露之疑點，則僅答以緘默或藐視而已。達氏此種行爲，殊欠公允，適足以示其拙耳。況未能洞曉前人用意之後人，當然不容置喙，其間爲」。穆勒約翰之言曰（見「邏輯」第二册第六十六頁）：「即使成分皆從瞻察及試驗得來，若有較詳盡之瞻察，或較爲悉心研究一切情形，則能改良底數，比於極費事之計算，不精密之成分，有益多矣。科學家忽略此項追思，於是妄用決分計算，實爲汙辱算學。至推用於法庭上之證據，其可靠與否，及陪審員之判斷，是否正確，則更不必論矣」。孔德所自居之地位，前已言及。得摩爾根者，明智過人，主張縮小推用決分術範圍。在其所著之決分論末章（見「首都百科全書」第二册第四七頁）有言曰：「獨立證據之算理，有關係諸情事，允宜考察。關於此事，與上文其他研究，與吾人之意，不專在引伸及勉強推用效果，而在乎研究此各項效果，是否與吾人不用確切比較而已經深用闡理裁判方法相合。此項手續，有其用處。吾人之學說，及吾人之預存意想，或相輔助，或相抵銷。若是兩相輔助，吾人則覺得可以相信此科學，以求再進步之指導。倘若互相抵銷，則是開闢一有用之研究。吾人論及決分科學之原理之莊嚴特性，及此各項單簡原理，與所得之結果之算理之必需，吾人則不能不信，即使本著作所得之結果，完全是紕謬無理，則必生出研究其故之必要，以查考以有方法之研究某項意想，爲何所得之效果，與吾人所習慣空泛施用此項效果，不能相合。因爲吾人切不可想像，凡是反對本著作所發明之原理者，常根據其他原理。徵諸事實，則大相反對者，往往因不用計算而得此效果，即以此效果反對數學之演繹法，」云云。

一五、拉普拉斯

至以此問題之形式部分而論，則拉普拉斯已置於穩固基礎，至今不能動搖。

拉普拉斯採輯前人如得抹甫耳、兩位柏努利、貝伊斯(Bayes)、蘭格倫日之意想，及自己本人之廣博研究，載於其所著之大作決分學說中。此作以一八一二年出版，再版者數次；當其在生時，加以極長之介紹文，又再版二次。此作可以稱爲人類才識之華表，與其所著之天算，並傳不朽。自從拉普拉斯以來，算學家之致力於決分學者，大抵皆不過爲此作加以箋疏，或簡約其證理之法而已；至於形式上之方法，則大加改良，其致力於此數事者，以英國算學家爲多。〔原註〕決分術在拉普拉斯手中，則啓發之問題頗多，如組合之分析，有盡微分術，及發生函數學說，與循環級數學說是也。拉普拉斯大作，大半部皆是研究，純粹算學巧法，新近則有新法以爲之替代。英國算學家，代以運算術。據拉普拉斯之言，則謂此術已見胚胎於來布尼茲之提議中（參觀拉氏「決分學哲學論」，第六五頁）。此時吾人所注意者，不在乎此問題之純粹算學方面（酷嗜算學者則往往沉迷於此），而在乎另一問題：試問康多塞、堵哥及拉普拉斯本人所預言此項研究之實施於用之價值，究有幾分能以實行？『有人類之心靈所不能知，及其力所不能達者，得此利器以爲之助，』究竟已有若何程度之證明耶？〔原註〕拉普拉斯有言曰：決分學說者，實即良知之變相爲算法也。蓋合理之思想，往往有可以意會，而不能自覺其所以然者，駭學說證明之，而使之準確。即對於意見之選擇，及主義之決定，恆以方便簡捷爲前提，毫無偏向執一之意見存於其間是已。而於無識階級及思想薄弱者，亦可資爲至幸之臂助也。若謂該學說在解析方法中，曾發生各種效用，則可列之如下：一，用作基礎之眞實原則；二，用於解決問題中之精詳理論；三，設立研究該學說之公益機關；四，對於實行自然哲理與道德科學重要問題。若再審察於事物之須經計算手續者，則該學說能指示正確要領，得以爲他山之石，而於吾人之迷離幻想，亦有制止之可能性。由此足以逆知其將來雖不能謂爲最高科學，然若以之加入國家教育制度，則獲益當非淺鮮也』（拉氏「決分學哲學論」第二七三等頁）。此項意想，雖有人嘲笑，然而在本世紀中往往發現，今日仍爲大思想家所深念。作者今討論決分術之實用。

一六、四項實用

實用之處亦多，而最能令吾人注意者，則有四項：第一即是差誤學說，高斯則以此顯名；第二則有刻特雷之著作，以決分術研究統計；第三從原子學說發展之氣體衝動學說，由是又發生馬克斯維耳所謂科學方法研究之統計，以示與歷史的及實寫的研究有區別；第四是達爾文意想，此是研究極多數而日見增加之生物，及其本有之生長化育之變象。由是不得不有統計之舉數，及統計之記載。最先則有哥爾通(Galton)之遺傳研究，今日則有披爾遜教授之專門途徑之研究。

一七、錯誤學說 凡是思想家之致力於決機學說，及採輯大多數事體之統計紀載者，無不想及錯誤受律例所節制——若用算學名詞，則謂錯誤有整序，或有常規。即使已知之特別錯誤來源已經掃除，或已爲改正，然而此外仍有無窮盡之錯誤，其來源則非吾人所能知。若只論此項錯誤之數量，則有相助或相銷；相助者愈變愈錯，相銷者則錯誤愈變愈小。例如屢次量度某項物理學之數量，及測算恆星之遠近；放槍打靶，所中靶上之點之不同；又如在頗高處之一定點，使石下墜於沙堆，石子所墜之處絕不能次次皆同；又如多數之專門名家計算相同之遠近，或相同之高低，或同是一物之重量，亦人人不同：由此種種，可知在此大多數之中，有一中數，而各人所得之數，與此數有整序之相近，吾人卽以此中數爲成分最高之數，或卽指爲眞確之數。大錯誤少而小錯誤多；極大之錯誤，可以謂之絕無，而僅有所謂中數者，卽是衆多小錯誤之方向不同，而互相助長或互相抵銷之結果。自從柏努利及蘭倫日以來，算學家嘗試以此項分配錯誤之整序，包括於算學公式中；拉普拉斯及高斯皆同研究此問題，而觀點各別，皆得有一定之分析公式（卽錯誤曲綫）其法先假設一成分最高之中數，以求錯誤之漸增者之分配。柏寒爾、恩刻、刻特雷、非厄、等皆有實行之試驗，其如是所得之數，與用理想公式所得者，有滿意之相近；今日科學家之推用此法於天算、地算、地學、各項物理學，及統計學之研究者，皆以其爲有用，無甚懷疑。

一八、高斯之最小方術

與錯誤學說相連者，則有著名之最小方術。一七九五年，高斯首先用之；一八○五年，勒戎德耳刊布於其所著之求彗星軌道新法說帖中；拉普拉斯、高斯、及其後來與現代之著作家，皆研究此術。二○

〔原註〕關於最小方術，除本書卷一第一二○及第一八三頁所引之，著作外，作者今又再引數種佳作，皆有詳盡之歷史及討論。其最佳者，其一則爲楚伯一教授之「報告」，其一，卽是厄治衛司（Edgeworth）教授之『錯誤例』（見一九○二年「大英百科全書」附刊之第三十八冊，第二八等頁）。阿柏教授所著之『最小方術歷史』說帖（登於一八七一年，「美國算學報』），曾請學者注意於一宗事實：謂遠在一八○八年，美國之亞得林（Adrain）教授，曾求得一差誤例之公式，與今日所通用者相同，而其時亞得林教授並不知有高斯及勒戎德耳之研究。參觀格雷瑟之說帖，登於「皇家天文學會報告」第三十九冊第七十五頁。最小方術所根據者，是邏輯及算學假設，曾經多次

極謹嚴之審評，亦屢次有人試以極謹嚴之證實。後來著作家，皆似乎能揭露前人之邏輯之瑕疵。作者於討論與此相關之問題時，或者有機會可以指出之。大抵所有極繁複之邏輯理據，皆發現相似之瑕疵，往往對於此項假設之爲眞確，或可實用之信心，折回於吾人常識假設之不證自明之證據，此則絕不能證實，而人人皆承認者。有多數算學家，欲證明吾人常用之數學的折中法爲眞確，而竟不能。楚伯教授之言曰（全前，第一五九頁）：『當高斯證明其最小方術之時，即承認數學式中數，有一定之理想價值。於是發生頗費時之研究，往往發表諸研究家之心思之敏銳。其目的在乎證明算學式中數，是理應選擇有使人必信之惟一結果，如是則可以力助所願得之證明，然而究未達到目的，因無達到目的之可能也。然而此各項研究有其價值，因其能使學者窺見所有一切中數之特性，且能窺見數學式中數，在一切中數間所處之地位也，』云云。

在多數演算而得之結果數目，往往相差無幾，無所適從，則用常法求得數學式之中數。此是常識辦法，所謂最小方術者，可當作是推廣此常識法。若所求者不止一數——例如將多數瞻察所得之結果數，以點注於圖上，成爲一連接不斷之曲綫，以記行星或彗星所行之路——則不能用折中法。高斯曾發明，每三副完全之瞻察，即足以規定橢圓軌道之元素或定數。然而天學家則試爲多數之瞻測，而無有相同，與其他計數不同——例如研究化學者之多次稱衡化學物，及測量家之屢量道里之遠近，又如統計家之屢屢計數:其各家所量度者,皆同是此物;而天文學家則不然,因天象無時不動,所在之地位無時相同也。由是觀之,折中法比於常識之數學中數,較爲普通,惟是可用常識法者,則此數學式中數,當與折中法所得者相合。科學家證明下列之法,可以合用先定折中定數或元素,使瞻察所得之地位與演算解得之地位之較之冪之和爲最小數。以算學語達之,卽是以代數法求方程式之定數也。

一九、拉普拉斯

當高斯及其在德國所領袖之天學家,致力於以算學證明此法、及推用於天學及地學之演算之時,因有拉普拉斯之勢力,決分學說,則得有廣義,頗引動法國比國學者之注意。拉普拉斯不獨彙輯其本人及他人研究所得之結果,載於其所著之抽象而又極難通曉之決分學說中,且試將其學說之原理,著爲一書,名曰決分學哲學論,使不識算學之讀者易於通曉,其用意正與其著天算相同。

拉普拉斯之言曰:『決分學之算理公式,可以當作以多數瞻察而又易有錯誤爲基礎之各項科學、所必要之補助科學。凡欲解決多數之自然科學及道德科學問題者，非有此決分學術不可。事體之原因，有大多數皆爲吾人所不知者，否則過於繁複，非計算所能駕馭者：其效果又往往爲偶然原因、或無整序之原因所擾亂，而留其效果於諸事之內，由是而生改變，只有長久多數之瞻察始能求得。決分算學則發展此項改變，指出此諸項原因之成分，且愈能指明此項成分之加高』云云。（原註）見「決分學哲學論」第二七一頁。拉普拉斯於是論及氣候之變，其言曰：『歷史事體之相繼而起，則表示四面八方擾攘社會之人慾及私利。其中有偉大之道德原理之作用存在。此決分術發生於賭博場中，而推用於人類知識之最重要目的。是則所宜注意者』云云。自從拉普拉斯大作、及其他法國學者之著作發現之後，刻特雷於一八二三年研究決分術之實用，彙輯其研究之所得，撰一有名著作，名曰「人類能力之發展或社會物理論」。（原註）刻特雷（一七九六年至一八七四年間人）此作，以一八三六年刊行於比國都城，計共兩册。刻特雷謂此書對於統計之種種工作，有扼要之敘述。此外所著之說帖尚多，又有接連發刊之「討論決分學說之函牘」（起於一八三七年刊行於一八四五年，丹兹(Downes)之英文譯本，則刊行於一八四九年），以接續其一八四八年之「社會組織」之作。其時，又有革利(Guerry)與巴爾俾(Balbi)

二〇、刻特雷

於一八二九年合著「比較統計學」，嗣又合製「法國道德統計論」，刊行於一八三三年。此為『道德統計』名詞之初次發現。刻特雷則創造「社會物理學」名詞。革利所用者為圖解法，又於一八六四年，刊行「英法兩國道德統計比較論」，布羅克謂（見其所撰之「統計學」第四十三頁）。革利及杜鵬(Dupin)兩君，為介紹圖解法於統計學之人。至於幾何法，則在第十八世紀之末季，已有普雷非耳用於英國。在此之前，又有克倫(Crome)教授用於德國（一七八二年）。至於撮要表，則更在其前，始用者為丹麥安契生(Anchersen)（見其所著「撮要表說明書」一七一四年哥本哈根及來比錫版）。參看約翰教授「統計學史」第八十八頁。約翰論革利之言曰：「刻特雷為新科學（即道德統計學）之始祖，則非他人所能與之爭席者。法國律師革利與之爭勝之作，不過有小部分發現於刻特雷著作之前，而刻特雷之作，取材較優於革利之作。除兩家形式上之不同外，此兩著作家之意想，過不相同。革利之目的，大意在乎採輯底數，以知一國之道德程度，是以視道德統計為進化史之附屬物。刻特雷則更進一步，以其為首先研究一處人民之道德程度之原因，其一八三三年所撰之比國之犯刑事案之統計，曾先發表其根本意想，謂社會本身，懷有刑罪之胚胎，』云云（見約翰之「統計學史」第三六七頁）。

刻特雷是比國之欽天監，建設比都之觀象臺者。初時著有幾何問題之說帖，隨後則注意於天氣學及統計學。此君不獨首先推用統計學於人類物理問題，且首先推用於人類道德問題，其所研究者為法國荷蘭及他國法庭所發露之刑事、自戕、及毒病之變象。

其後大抵因刻特雷之潛力，於是有歐洲大都會之國際統計學會議，於是而各國所用之研究及紀載方法，有大部分皆歸於一律。

二、中人

刻特雷之統計研究集中於中人或折中人之意想。【譯者註】即謂從多數之中，可以得一中數或折中數，是以試從多數人之中，求得一中人或折中人。此是一項幾何式意想，視同物之重心，以此人爲中數，社會元素或與此中數相遠，或與之相近，往復擺動。【原註】刻特雷對於其著作之目的，釋義如下（見「人類能力發展論」第一册第十二頁）：『此書之目的，在研究人類發展之自然，或擾動之原由，並設法度知該原由之潛力之大小，及其互相變更之狀況。蓋余雖非欲制定人類學理，祇欲證明有關人類之事實及現象，並由審察研究，以冀獲得連絡該現象之定例而已。余以爲人在社會中，猶重心點之在物體中，爲社會原質所圍繞擺動之中心，亦即一假設之生物，而所有事物，均當遵循社會上之均平結果而不能逾越也。若欲建設一種社會物理學之基礎，厥維人類爲最當注意者。豈能因有特別情況或逾越軌道，而遲疑不前。且對於過高過低，越乎常情之各種個性之發展程度，亦不必過於詳考其究竟如何也。』刻特雷之言曰：『學者若欲建立社會物理學之基礎，則必要設想及此中人，不必流連於特殊及反常之別案，亦不必研究有若干人是否關於其能力有或多或少之發展。【原註】見其所著「人類能力發展論」第一册第二十二頁。……既已有各民族在各時期之討論，既能求得人之物理及道德情形之各項元素，……吾人則能規定各民族草昧時代以來所受之律，卽謂吾人則能追尋全局各部分之重心所行之軌道。』【原註】見前書第一冊第二十三頁。刻特雷以天學爲比喻，說及擾動之力及變異，及『社會組織之穩勢，』【原註】同前第二十六頁。以新發起之社會科學比宇宙力學。【原註】同前第二冊第三三八頁。刻特雷論周年及周日之社會變異狀況之統計曰：『凡常期及定期之原由，或有屬，於周年時期者，或有屬於周日時期者，於社會所施行之效用，而得之結果，較諸逐年由其他原由所釀成之無定期之效果，則當更爲顯著，而其範圍，亦必較爲廣大。更易言之，卽社會制度之對於人民之增加，在一年或一日中，較諸兩年之期，其自身狀況，似乎更覺不同。若論人民之生養，則一周日時期所施行於社會之勢力，當較周年時期更爲明顯。至於周年時期中所不生之效果，則鄉間較諸城市尤爲顯著。凡此似可爲變更人體事實之種種原由也』。刻特雷之著作，顯然處處皆受拉普拉斯及其學派之潛力所影響。刻特雷一面說及各民族在各世紀之人型及中人之改變，一面則預言此後五十年後之各種討論。【原註】同前第二冊第二七〇頁。其言曰：『觀古時之人類學各書，卽知古人均以藝術表現人之物理及道德。如近世人，亦大都深信古人著作之精密完善，以爲除效法古人外別無更善之法，抑未知今之人型之已變更矣。蓋效法前人，以資藝術臻於完善起見，應由另一性質上研究之。是以世人皆曰：『誰能使吾脫離希臘與羅馬兩民族範圖」。於是古典派與浪漫派，始有分裂之朕兆。乃知表現社會之眞正文學，洵屬刻不容緩矣。自此等偉大改革實現後，對於各世紀各民族人型之變化不同，乃能盡量證明焉。」由上所引刻氏之語觀之，可見當時反對片面的古典派教育者，實為浪漫派，在今日則反對之者為科學教育，此點很可注意也。

從前美術家及詞章家所大略討論者，乃空泛之知識，刻特雷之目的，則在乎求得精密之知識。然而其眼光所及，又在於研究中人之外，而達於個人之如何與此中人遠離，此則醫家所特別注意者，〔原註〕同前第二冊第二八一頁云：「在大多數情況中，如病人對於自身之病狀，當然不能為滿意之審察，而醫士之初為診治者，大率以普通人之常理治療之，蓋無非欲使之易治而寡害耳。惟如此行動，在少數狀況中，適足發生重大謬誤，究以普通人之常理，治療各個人之特殊疾病，其不能作為定而不易之公例也明矣。然亦不能謂為毫無效果，但其差誤則確為巨大也」。例如疾病之類是也。於是又提倡其所謂「最高度之研究。」〔原註〕同前第二冊第二八四頁云：「普通人定期發展之定例，與人類發展之定例，切不可混合為一，以二者之關係極小也。是以余敢斷言，普通人之發展定例，各世紀大都相同，而其相差之處，僅在最高度之大小而已。故此種人發展之最高度在每世紀中確能左右人類發展程度之大小也」。其視中人，則以為是「盡善盡美之模範。」〔原註〕仝前第二冊第二八七頁云：「每時期之普通人，即為代表該時期人類發展之模型，前已詳言之矣。余又曾言普通人為時代與地方之須要品，其能力之發展，至為平均正確，毫無過與不及之弊。由此觀之，人在此種狀況中，實可為盡美盡善之模範也。」又第二八九頁中云：「凡各個人在一規定時期，能賦有普通人之全部能力，則可視為偉大美麗而完善無瑕也。」刻特雷

又言曰：『進化所辨成之最重要諸事中之一，即是漸漸縮小個人與中人相遠之範圍云。』〔原註〕仝前第二冊第三四二頁云：『文化中之最要事實，即係關於人類各種原質所震蕩（即太過與不及）之限度，令其逐漸湊近是也。人類學理、愈放光明，則適中之差點愈形減少，而吾人愈趨近於美善之境。蓋人類之能止於至善，實為吾人研究之最要結果也。形體之缺憾與怪特，將見逐漸消滅。屢見不鮮而嚴重之疾病，將因醫道之進步而日益退敗。人類道德性能之改良完善，亦甚顯著。吾人愈向前進，則巨大之政變，及可懼之戰爭，亦可因之而制止。即或有之，而人類所感受其影響之痛苦，自必減殺多多矣』。

三、社會之靜力學及自由意志

惟是以天學或算學研究社會統計學與中人意想並行發生者，則尚有一項意想——即似若無自由意志及道德責任，此則與統計紀載之整序不合。刻特雷在其大作人類能力發展論中，曾令讀者注意於刑罪之整序循環復現，及犯刑律之趨勢，謂是社會中最令人注意之事；且謂由社會之物理的及道德的結構，而『發生因罪惡而造成之刑罪。』〔原註〕仝前第二冊第二四一頁。社會似乎必要有一定比例之刑罪，及自戕、貧窮、體病、心病，以維持社會之平衡。作為一種保存穩勢之『警告』。

〔原註〕參看前書第二册第二六二頁。又參看刻氏「社會組織論」一八四八年）第九十五頁，及其「道德統計錄」（一八四八年）。〔從此學說，原能引伸極端之後效，刻特雷則並未引伸，以其相信人類社會能寬緩漸漸發展，又相信道德的及物理的原因及潛力。其引伸極端後效者，則爲社會哲學之算學派，依賴刻特雷所彙輯而爲他人所證實之統計研究。英國之知有刻特雷之統計事功，則由於赫瑟爾·約翰爵士登於愛丁堡評論之佳作，題目爲『翻譯刻特雷致亞爾伯特(Allert)王爵論決分學說書。』〔原註〕全前見第九十二册第十八頁。當時並不以此項極端後效，爲有害於人類歷史之道德方面，

二三、巴克爾

及巴克爾在其著名之文化史中，〔原註〕「文化史」第一册，刊行於一八五七年，不久即譯成德文，無何而再版五次。其中刻特雷之統計學說，所留於德國之印象，不若其留於他國者之深。此蓋由於遠在刻特雷之前，康德之哲學（巴克爾在介紹文中，曾引一段康德議論），已令思想家拋棄俗人所存之自由意志意想。俗人意想不見，其中有原因之規定，故偏向於意志，只以其所謂自由行動，與偶然之情感，及道德特性有關係。郎格之「惟物史」（見托馬斯之英文譯本，第三册，第一九六等頁），對於此問題，有詳盡之討論。郎格又引著名經濟學家瓦格涅之言（見瓦氏「外表的自由意志的人類行爲中之規律」第十三等頁），謂時人不知看重刻特雷諸作，郎格駁之曰：「瓦格涅或爲巴克爾所潛移，：：以爲德國哲學之自由意志學說，有一利益。可以使其

對於此項新科學，處以寧靜態度。因為巴克爾以康德為已助，引人類行動為實有使之不得不然者，而撤開自由之超越學說。當代之惟物派趨向，雖能引用道德統計以為已助，此節雖為康德所承認，然而道德統計，或全局統計，是否應於人類學研究之前列，則不能淡漠視之。因為道德統計，引學者之觀念外向於人類生活之實在可以量度之事實，而德國哲學，雖顯然消滅舊時之意志自由學說，仍偏好引學者觀念內向於意識事實。』則用刻特雷之統計，以助己之論說。此論說則謂歷史的進化，倚賴外界之物理環境、及人類之智識方面、兩相組合之動作。除智識之改變外，道德方面則是有定不變。自巴克爾之歷史刊行後，發生多數討論，其結果則為表明統計數目既不能證明此一學說，又不能證明彼一學說：此種結論，尤以德國為最著最完全詳盡之道德統計著作，則出於正宗派之神道教授俄丁艮之手，亦如一百年前最早之政治數學大著作，出於緒斯米爾契之手。哲學著作家如陸宰，【原註】陸宰討論此問題見於其所著之「小世界」第七卷第三章。（哈密爾敦及準茲同譯英文本，第二冊第二百等頁），又見於一八七四年之「論理學原理」第二卷第八章。「小世界」有言曰：「吾人對於身體之生命，並不疑其受自體之律例所節制，而對於心靈之生命則不欲聞之。其所以然之故，有一部分則因吾人所責備於意志自由過多，亦有一部分則由於放任自己，過於為此等律例所壓服。倘若吾人並不為自由與必需兩相競爭所糾纏，則吾人並不反對以動作為環境所規定。據事實而論，人之期望得有好處於教育及歷史事業者，皆根據於相信意志可以爲內觀增長，及爲增高情感與改良身外情形所潛移。在彼一方面觀之，自由之說，是告吾人以雖有好情感，亦不爲所動，且意志自由之說，亦並非指明吾人果能有實力，能使吾人之意志實行，凡此皆非吾人常識所樂聞者也」。陸宰隨後又言曰：「從不可靠之引伸事實爲基礎，而建築其滲茫之統計，未免過於草率。吾人應仍等候以較爲確切研究所得之材料，以求得可靠之結論，以此項眞實材料，替代滲茫之統計」。

及德洛比歇(Drobisch)，〔原註〕在陸宰之先，有德洛比歇者〔是赫爾巴特學派〕於一八四九年，曾評論刻特雷之「道德統計錄」。又於瓦格涅刊行其著作之後，於一八六七年，又討論此問題，著一小書，名曰「道德統計及意志自由論」。學者凡欲對於此問題，求得持平見解者，不可不讀。德洛比歇之言曰：「在如是一切事實中，並無吾人如同信天命所必受之純粹單簡之自然律。然而家庭生活，及學校，教堂，法政，各種生活之強有力之潛力所規定之。社會之道德情形，則能以人之意志而改良。〔見「確切哲學雜誌」第四冊第三二九頁〕。早已將統計學之過於誇張之處，縮小其範圍。今日則爲世人所普通承認，謂研究人性及社會之科學，亦如研究純粹物理變象之科學，只賴瞻察數目及量度，不足以建立確實可靠之融通。惟是若爲其他思想手續所啓發（其最要者，則爲從獨一及可以接近之事實加以深思及分析而得之啓發），能如是者，則統計可以供給不可缺少之材料，以測驗融通學說，則超升於思想及

二四、評論統計學之過於誇張

研究例之列，有時且可以發明自然例。計至現時而論，是以凡有天氣、種植、及經濟所發現之繁複變象所啓發所謂律例者，皆從天學、化學、心理學、及歷史等學得來；其後之科學事業，則大抵皆在乎搜輯必需之統計材料，以證明推廣、縮小、或反駁此項律例。有時卽使有極勞心力之瞻察，亦不能令人從其中得有必要之推得結論。

【原註】此不獨指統計數目而然，卽自然科學所積得之知識，亦無不然。對於刻特雷根據其所輯之統計材料，所發起之驚人新紀元之議論亦然。約翰教授嘗謂（見其所撰之「統計學史」第三六四頁）早年之評論家，曾研究刻特雷所引伸之結論，並未論及其實驗所得之材料。隨後之倫尼喜(Rehnisch)教授始首先研究此項數目。以一八七五年至一八七六年，於德國「哲學及哲學評論雜誌」，刊布其著作，由是而發明所有推論，皆未免過早，此與陸宰所啓發者相合。『刻特雷所著之「刑罪趨勢論」（一八三一年）不過統計四年之數目，其大作「人類能力之發展論」，亦不過統計六年（一八二六至一八三一年）之數目，則發爲論斷，主持刑罪循環發現之可驚堅序』（見約翰之作第三六五頁）。倫尼喜又加，其他之極不完全之紀載，爲刻特雷所根據以建立其學說者。是以後來之事業，多數在乎採輯較爲完全之統計底數，且改良算學法，此則不獨道德統計卽戶口統計，及死亡統計，所倚賴以求得折中數者。

在生物學界亦然，在達爾文之後之生物學家，亦不得不重新部署在其前所採輯之材料。

二五、歷史的評論

以科學法研究人類社會變象而論，自不能埋沒刻特雷之名；然而在第十九世之前半期中，不止算學家或確切學派研究此問題，此外尚有人研究，其最著者則在德國學界受當時哲學、歷史學及其他評論學之潛力，而發生一派，所謂歷史派。若謂算學觀之重心，在於社會變象爲有一定及有穩勢之意想中，歷史派則注意於歷史的改變及發展，以社會變動學說、或動力學說，反對社會靜力學說。此項意想得自另一方面，作者將於下文討論之。此時不過聲明，在研究經濟及社會問題諸學說中亦有發展觀或化育觀，漸漸驅除形構循環復現及整序諸說（可稱爲形構觀）於是社會生理學，乃承繼社會解剖學。

惟是統計法及與其相輔之決分中數、及差誤諸學說、不獨用於多數之相似之事實、及多數之瞻察，如天學、天氣學、經濟學、及政治數學；亦可用於吾人所謂反對法。刻特雷於研究排列長行之人事統計時，一至研究中人，則覺得如釋重負。自然及閱歷所指示吾人者，往往不過是折中數——吾人之官覺及智識過粗，不能深入窺見無限數之個體之各各特別。然則自然界之極單簡之變象，或極單簡之物，難保其實在不是一全體，難保其所發現之舉動及特性不過是積聚之效果耶？

二六、用於物理學

衝動學說及原子學說，皆有如是之趨勢：衝動學說表明吾人所乍見以爲是停止不動者，其實皆是並非停止，而有運動；原子學說則推翻接連及純一結構之說，而表明多數微點集合之說。

例如學者今日已知氣體壓力似若寧靜不動者，其實是氣體之分子有極暴烈之衝動，以衝擊盛氣之器。最純淨最透光之晶顆，由其光學特性，則發現極小微點之集合，有力以固結之，然而此力，則可以力學或化學之力以推倒之。由是觀之，吾人之自然物之知識，不過是統計知識，是集合知識。若再進而計及所有無數之微點，吾人並未能證實其點之皆相同，則吾人所得之集合知識，不過得其折中而已：亦是統計知識，並不是個體知識；此與經濟學家所得之社會統計知識，或是中人知識同。誠如是，則多數學說及決分法，必能用以研究吾人所不能詳細考驗之極微細而又極多數之變象。

其首先採用柏努利・達尼爾之意想，以介紹上文所云統計意想於多數之動體中，用折中法以爲研究者，是爲朱爾；彼求一顆輕氣原子之折中速率，使能解說在一定熱度時之一定氣壓之全效。其所求得之結果，爲此項折中速率，必是每秒鐘行六千零五十五呎，然後可以等於在百度表零度之熱度一大氣壓力。然而因氣點之互相衝突，微點之速率，則不能設爲皆相等；吾人之有較爲細密之決分學之統計法，則有賴於克勞修司及馬克斯維耳兩君。此兩君者，計算折中自由路，證明從前計算所得之折中速率大致不差。氣體衝動學說則發生好機會，使實行施用折中數或中數意想，及發現周率之較，以量決分。從朱爾之計算數目中，則知吾人所研究者爲極大數（萬億及百萬兆）之微點，〔譯者註〕以萬萬爲億，萬億爲兆。其速率則有小有大，小者至於無速率，大者至於每秒數千英里：是吾人所研究者爲無窮無數——即謂所研究之事，以決分學之例駕馭之最爲正確。〔原註〕退特教授之言曰：（見其所著

二七、克勞修司及馬克斯維耳

之「熱學」第三五五頁，一八八四年版）：『其首先有適當方法以研究此問題者，爲克勞修司。此君首先論及微點之互相衝突，且證明此項衝突，並未改變從前所得之結果。又首先施用決分學說之統計法，此則能得近是之折中自由路——即謂一微點未與其他微點相衝突時所行之路之折中數，因未相衝突，則不改其動向也。克勞修司又解兩氣體交相彌散之慢，及傳熱性之低。隨後馬克斯維耳亦從統計方面着想，計及微點之速率各有不同，以改良此學說。克勞修司則設爲速率相等，以範圍其所研究。馬克斯維耳解明氣體阻力，得有較爲切實之折中自由路。』

凡關於氣體之壓力、容量、脹大、原子結構、及熱氣（假定熱氣是極多數之極小微點，射在吾人神經之效果）等。吾人所習知之各例，必需計及多數之微點之各有其速率、各有其方向之折中情形，或其總共之行爲。如此多數微點之衝動之折中行爲，及其總共之性，居然與波義耳、查理、給呂薩克、道爾頓、亞佛加德羅等、直接試驗氣體所得之諸例相吻合：此是算學之實用最難問題所得之最大勝利。馬

二八、以算學表明試驗例

克斯維耳首先承認統計術之重要，於是不遺餘力，推用此術。〔原註〕朱爾於一一八五年所研究多數微點行動問題，其所用之法，並非全是統計法。因其所用者，爲微點之折中速率，又設爲氣體之微點有相同之速率。克勞修司一八五七年之說帖，其所假設之條件，則與自然較爲相近，故必用決分術。馬克斯維耳之研究此問題，則自一八五九年始，其時宜讀其第一部分之『動力氣體學說之發

明』（刊登於「哲學雜志」第四部第十九冊，第十九頁，翻印於「科學文集』第一冊）。馬克斯維耳之言曰：「速率之分配於各微點，與最小方術之分配差誤於各瞻察之例相同。此項速率則大小不同，從無速率以至於無限大速率，皆有之。惟是其中有大速率者，則居比較上之小數。』若除朱爾之不完全方法不計外，其首先用折中法於物理問題者，則有斯托克斯爵士所著之「從各來源而流出之極性光之組合論』（見「劍橋哲學報告」一八五三年）。此著作中言曰：「今有大多數之來源，其折中效果爲何，此是表明在物理學最先引用決分學之統計法。……由此觀之，光學變象之一律，與統計類之一律相似。今日已能以此解說一立方內之氣體所容之無限數之微點之行爲，』云云。（見退特教授所著之「光學」一八八九年第二版第二三七頁）。

吾人在此所見之光景，與所見之決分學說歷史之光景相同。凡只能以常識，及運用平常邏輯、所能解決諸問題，在其繁複情形中，發現多數之陷阱網羅，必要常常運用最高程度之智識，然後能不深陷於網羅陷阱之內，脫離吾人之闡理於不知不覺無影無形侵入之錯誤，置所得結果於無人辨駁及不能駁辨之基礎。

〔原註〕讀者若注意於將決分學說之常識理據，連合於不相矛盾無可辨駁之邏輯內之爲難，則宜讀科學家嘗試證實馬克斯維耳例（已見上文原註）之報告。此報告見於邁爾(O. E. Meyer)所著之「氣體衡動學說」（第二版，一八九九年），其最要者，爲第四十六等頁，及「算學附篇』第十七頁。該作第六十頁，且有引用諸家說帖之列表。然而退特教授尚言及氣體衛動學說，仍有爲難存在，謂因用無保證之統計等法所根據之決分學，而爲

難大增』。(見其所著之「物性論」一八九〇年第二版，第二九一頁)。若愈用最高級之智識以研究此問題，則所得之效亦愈近於瞻察之事實。作者今只舉其一端。假設(原子學說，及衝動學說，皆是如此假設)所有物體之外界變象，皆可以化爲極多數微點之總共效果、或折中效果，則必能爲最特別之自然變象之性質立一力學界說，即克爾文爵士首先注意之(大概而論)不能反向還原性是也——即或能還原，亦在極小數之列，

二九、自然變象之不能反向還原

此則由於有平線、熱度及電壓、與其他各種之不平之不同存在，故還原發現於一定之方向。物理學家因規定此項一切自然變象所同有之特性，則不得不於工能及質量兩者之外(工能質量皆設爲有不生不滅之性)介紹一第三件事物，即能用以作工之程度是也——此是計及現在分布之質量工能，可以有外界能見一定之作用之程度而言。【原註】參觀上文第七章第一二八頁。無限數之微點之無限小之小動，可以發生兩種總結果：其一、即是組合而成爲一種吾人器官所能覺、及能受吾人所處置之一定行動；第二、即是此無限多數之小動，互相抵銷，其總果之發現，則爲寧靜

無動，——毋論瞻察者之器官能力百萬倍於吾人者，能窺見其中有種種暴烈行動，而其總效，則仍等乎無。

三〇、克爾文爵士

克爾文爵士介紹有用之工能名詞，「原註」又稱"motivity"，此（即動之工能）即所有或所得之能，其浪廢者，則是散射或虛耗之能。「參觀上文第七章第一六八頁，及湯姆孫（即克爾文爵士）之「通俗演講集」第一册，第一四一頁。克勞修司則介紹『熵』字（即隱藏之工能），以量度毋論何種自然系之此種情形。試問統計觀有無意想可以作為此自然變象特性之基礎者乎？答曰，有之。其首先指出者為馬克斯維耳；「原註」馬克斯維耳研究此問題之著作有二（除關於擴充統計知識之著作不計外，此則在下文討論之）：第一見於其所著之「熱學」之結論（題目為「熱氣動力學第二例之界限』）。馬克斯維耳在此論中，介紹其最著名之「分配魔鬼』之意想。此不過對於學者發明其所注重之意想。其一，為分子行動之工能，失去其有用者，由於吾人器官之過粗。其二，則為熱度不平等之恢復或有用之工能之恢復，不過是部署或秩序問題，並非是增加本系原有工能問題。此項議論，往往有科學家論及，而以克爾文爵士為最著。其言曰（見於一八七九年在皇家學社演講，題目為「馬克斯維耳之魔鬼論』，翻印於「通俗演講集」第一册，第一三七頁）：「工能之散射（虛耗），由於原子偶然相聚。其所損失之有用工能，非有機關以對付逐個原子，則不能恢復。如是則非有逐個為之分布，則不能遣送此類原子於此方，遣送彼類原子於彼方，』云云。（見第一三九頁）又言曰：「設為魔鬼之意想，不過是一種力學意想，在純粹物科學原有大價值。並非造為此說，以對付生命及心靈之轉移物質運動諸問題，此項問題超出動力學範圍之外，云云。（見第一四一頁）。馬克斯維耳之第二種著名之作，則與規定一羣」行動微點中動能分配之波爾茲曼—馬克斯維耳例相關。即在最初研究此問題，見於上文所引之馬克斯維耳第一著作。一八六八年，波爾茲曼教授亦研究此問題。一八七六年，又有瓦特孫之研究。此後馬克斯維耳再事研究，著為論說，名曰：「一組質點中之工能」（見「劍橋哲學會報告」第十二冊）。一八九四年布賴安(Bryan)教授送交其所著「吾人之熱氣動力學知識」第二部分布告（見一八九四年「英國科學提倡會報告」第六十四頁），登載一切關於此問題之議論。此後則有長期之討論，登於「自然報」中。（見第五十一冊）。科學名家如布賴安，波爾茲曼，拉摩爾，瓦特孫等諸君，皆有著作，卽與波爾茲曼教授以機會，發表其最後之意見。（見「通俗演講集」第四一五頁）。

隨後則有波爾茲曼教授，輔以諸有名自然科學家之助，定立此項最能啓發之解說或發明。

（原註）最近之三十五年間，是波爾茲曼教授研究熱氣動力學第二例，及氣體衝動例，時期。波氏已能將此全體問題，置於漸臻謹嚴正確之列，又發為通俗議論，使俗人易曉。不幸其諸項著作，散登各報，至今未能彙輯刊行。大多數著作，則登於「維也納學會報告」，其中以一八八六年五月二十九日之演說，尤為重要。在此次演講，及登其議論於上文所引之「自然報」之後，曾有「氣體衝動學說」之刊行，（一八九六年至一八九八年，來比錫版，共二冊）。其中（前書第二冊第二六〇頁註）載有關於此問題之諸家著作目錄，又有大概結論，關於施用決分學說於動能分布。同時又討論原子學說之後效，及一切自然手續不能還原，及施用第二例於宇宙歷史。其言曰（見前書第二五三頁）：誠以一組密閉之有定數分子而論，假使其先本有秩序，其後

則，無復秩序，再過不可思議之長久時期之後，則必復歸於有秩序，如此事實，並非推倒吾人學說，且加之以證實。但學者切勿因此誤會，以爲例如有兩氣體：：其先本不混合，其後則相混合，再過數日，又不相混合，再後又相混合。此則大謬不然。吾人之意：：謂遠過$10^{10^{10}}$（十之十次方之十次方）時期，始有可覺之不相混合發現，此則與永無混合時期相等。可以假設一事爲比，吾人若計及此長久時期間，按照決分例計算，經歷多年，則偶然發生一大市鎮之居民同日自戕，或同日所有住宅皆遭火刼。以上文所云之遠久時期而言，卽是等於永無此日。至以自戕及火刼而論，保險公司求諸事實，則知亦是永無其事，不在其意計之中。成分較爲尤小者，吾人且等於永無其事。不然，則吾人將不相信今日白晝，必繼之以今夜，今夜之後，必繼之以明矣。」其後又言曰（見第二五五頁）：「吾人若表示宇宙爲一極大之機力系，爲極多數之原子所組成，初起時原有完整秩序，此秩序在現時仍大概存在，則吾人所能達到之後效，與瞻察之事實，蓋相和諧』。第二百五十八頁又有言曰：「在自然界中，從成分較高情形，入於成分較低情形，發現之次數，比較相反手續（「譯者註」卽謂從成分較低情形，入於成分較高情形也），爲少。此則有說，惟要設爲宇宙其始所處者，爲成分極低之情狀，因此則任意之一互相交作之系，大概而論，亦是原始成分極低之事。然而仍可以說，從有成分情形過渡至於無成分情形，不無可以瞻察者。：：在可以瞻察時期內，發現於可以瞻察之尺度中之從有成分情形過渡於幾乎無成分情形者，其不能發現之成分之數極大，卽可以解說在吾人世界中。（不過是宇宙中之一世界，）是極難發現之事，眞可謂吾人永無此種之閱歷也』。

研究變象之統計所借徑之決機學說，分事體發現之成分爲兩種——卽謂有成分與幾乎無成分，卽謂分別事體之發現，有折中，有特別（或例外。）毋論何項絕少發現成分之部署（雖是絕少而仍可以發現，）漸漸變作有可以發現成分，或折中之部署。吾人於自然界中既不得不介紹有用之意想，是以計算發現機會，吾人可以介紹一數量，以量度其可以發現之成分。吾人若選擇愈少成分發現之起點（卽是極特別、極例外而又例外之謂，）則與折中地位愈遠，卽謂離年久日深，漸漸趨於平淡發現成分最高之地位愈遠，則愈有整平及劃一將來事體之地。吾人所能瞻測之宇宙之一部分（卽是吾人所能用武之地，）發現有極多之可用工能，若以純粹統計學語達之，卽謂從幾乎絕無成分情形起，而日趨于下，入於較爲有成分或折中情形。是

三一、有用之工能是決分學中之一問題

以有用工能（或其反面卽有用工能之虛耗或散射）變爲決分學一問題；波爾茲曼及其他科學家之精密算學研究發明此兩意想可以互相包括。吾人且能以有秩序及無秩序爲比喻，使俗人明白例外（或特別）情形與折中情形之分別：所謂例外，則有極多之有用工能；所謂折中，則有極多之銷毀或廢棄之工能。今有

多數事物，試部署之使成秩序，其能擾亂此秩序者，則有無限數之多；凡是有秩序之部署，最易於失其秩序，此則吾人所習見者，亦絕不能期望以偶然隨意之舉動，卽能從無秩序變爲有秩序。又如從山頂滾下一石塊，其能滾下之路何止千萬，然而只有一方向可以返置此石於山頂。有人發議以樹比自然動作所走之路；因爲樹身既處定一方向，樹枝及樹根皆同會於樹身，而樹枝及樹根之分布之方向，則其數極多。統計觀則比較有秩序與無秩序之成分數，以顯著惟一之地位，比較折中或中數地位，謂是無限機會之中，則在有一機會。其有秩序例外之地位及部署之一羣，並非有較多之工能，惟是此項工能能受指揮，能受部署，變作有用，變作可以取而用之。

三二、馬克斯維耳之意想所謂選擇

然則變無秩序爲有秩序者果何物耶？曰、是選擇手續。馬克斯維耳想出一分配小鬼，具有能力，能覺能分氣體物之不能量度之小行動（謂一羣微點之暴烈，往復之行動）此小鬼只要能選擇、能分開某微點是慢動，某微點是速動，則能使無秩序變爲有秩序，化無用之工能爲有用之工能。此不過是甄別部署手續，此則發現於生物界中，以機體排造爲選擇，【原註】參觀上文第十章第四三七頁原註，論及查伯教授一八九八年在英國科學提倡會關於某種機體之選擇作用之演說。克爾文爵士有言曰（見一八九二年「工能散射論」，翻印於「通俗演講集」第二冊第四六三等頁）：「動物生命，或有能力取包圍之物質之熱（在自然熱度），以爲力學效果之工能來源。：動物或生物所及於物質之潛力，則遠在今日之科學研究之範圍外。其指擇有動之微點之行動之能力（吾人日日發現之自由意志可以爲證），及由一種子而發生一代至一代之樹木，此與原子偶然聚合之效果，有無限分別，』云云。馬克斯維耳又進一步存一意想，謂吾人所有自然變象，自然物之知識，到底不過是統計知識，並非歷史式的個體知識。馬克斯維耳有言曰：【原註】見所著之「熱學」第八版第三二九頁。『吾人研究一塊物質，既不能覺微點之個體，則不得不用統計法之計算，拋棄謹嚴之力學法，用計算以追逐每項行動。既因無人揭露可用之方法，以追踪一枚分子所走之路，或毋論何時能指此爲某分子，吾人之物質之知識不過是統計性質知識，試問吾人關於研究科學所用之動力學之方法及其性質，究有幾何能施用於有質物之實在知識耶？馬克斯維耳又在其他著作發爲議論曰：【原註】參觀坎柏爾及加涅特(Garnett)所著之「馬克斯維耳傳」。其第十四章載有著作，其題目爲『物理科學之進步，是否有趨勢與規定學說以利益，而反對自由意志學說。』其第四三五頁有言曰：『若推用於生物，則工能，常住之說，引伸一結論，謂動物之靈魂，與鐘表之有彈簧發動機不同，並非動物體之發動力。靈魂之功用，如船之有舵師，並不發生動物之能力，只能指揮其能力。』隨後又謂：『微點科學發展，有轉移思想界之極大能力，因其『強追吾人想及兩種知識之分別，其一是力學知識，其一卽是統計學知識。』正文所引之議論，是著於一八七三年，其時馬克斯維耳正是四十一歲。『用統計法研究社會問題，拉普拉斯之著作則科學意味最深，巴克爾之著作則最能通俗。以某某特色分人爲數羣，以羣中之人數置於此特色之下。此卽是統計引伸社會學之普通學說所取資之材料。其他研究人類性質之學者則用他法以爲進行。此派則瞻察個人，搜輯其歷史，分析其用意，以所期望其將有之行爲與其人之實在行爲相比較。……此種實施於研究人性之法，雖是不美備，然而以原理而論，只有此法爲最美備之法。……吾人若用統計法，則是已先承認不能人人皆施以此項詳細研究；雖知人人不同，然而希望遠播之原因之結果，將能對於一民族發生一種折中效果，從此可以算得一意想之人（卽所謂中人）

之品性、及其傾向、或嗜好。若是物質結構之分子學說是真確，則吾人所有之物質知識，全是統計知識。物質之原料分子之性質大不相同。吾人目力所能及之物質中之最小之一部分容有極多數之分子，所有吾人所能知之一羣分子，不過是統計知識。……吾人在試驗所瞻察之內容，有億萬分子之物質之純粹一律之性質，與拉普拉斯所解說及巴克爾所驚歎之純粹一律性質同類，發生於堆積極多數之事案，其實案與案各有不同。……若計及穩勢與不穩勢，則或者關於此各項問題能得多少曙光。今有某種事物，處在某種情狀，若現狀有無限小之小變，將來所受者亦不過是無限小之小變，其處於如此情狀者，毋論其爲動爲靜，則謂之穩勢；若是現狀有無限小之小變在一有定限時間內發生有定限之不同，此項情狀則謂之不穩勢。若是吾人關於現狀只有近是而不確切之知識，則因有不穩勢之存在，絕不能預料其將來之事變，此則顯而易知者。

三三、吾人之自然統計知識

斯條亞教授曾經指明，物理的穩勢是規定派所引以爲理據之組織之特色，物理的不穩勢是生物之特色，道德的不穩勢是能發展之靈魂之特色，此則使意識相信意志自由。』【原註】馬克斯維耳之議論，往徑折回此問題，在所著之『分子論』，載於第九版「大英百科全書」（翻印於其所著之「科學文集」第二冊），以歷史知識與統計知識相比。其言曰：『新原子學說派所用之方法，雖早已用於統計學，其在算理物理學中，則為新法。英國科學提倡會之第六股，一得有戶口報告，或其他文牘之有經濟學及社會學之底數者，則首先將戶口分類，分隸於年歲，所得稅，教育，宗教信仰，或犯過刑律，各羣之下。因為人類是實在太多，不能對於個人分別追究其歷史，於是因為省力起見，則專注意於小數之人為的分羣。不以個人之變狀為底數，而以每羣之人數之多寡為底數以資研究。研究人性，原不止此一法。吾人亦可以瞻察個人之行為，又研究其已往之行為，及其所處之現狀，即以現有之最好學說，由是而得吾人期望此人將有之行為，然後比較此項行為。其用此法者，欲改良其關於人性元素之知識，亦如天算家之欲改正其行星之元素（【譯者註】即各種度數），則比較行星之實在部位與推步所得之部位。父母塾師之研究人性，及歷史家政治家之研究人性，與紀數者列表者各政治之偏信數目者之研究人性，絕不相同。前一宗研究，可以稱為歷史法，後一宗可以稱為統計法。動力學之方程式，則完全發明歷史法之例，惟是專指物質而言，然而施用此各項方程式，即含有對於底數有完全知識。但是吾人所能試驗之最小部分之物質內容千百億萬之微點，吾人對於其中毋論某一微點，皆無知覺。是以不能求得毋論何點之實在行動。是以不能不拋棄研究之羣分子之謹嚴歷史法。統計法之底數，施用於微點。科學，是多數分子數量之總數。於研究此項數量之關係之問題，則遇有一種新整序，即是折中數之整序，為實用起見，此項整序，則有充分之可靠，而不能與抽象動力學之例之謹嚴相比肩』，云云。

三四、與歷史知識及機力知識相反

與原子觀及衝動觀有關係之意想，及以統計法研究此有行動之微點羣之情狀，灌輸於自然哲學界中兩項不同及新出之考慮，皆爲前代所不知者：第一、考慮吾人之自然界內事物及變象之知識，並非歷史的，只是折中知識，卽是吾人器官所不能覺之個體行爲之極多數之總共效果；第二、考慮吾人知識不止是純粹力學知識，因爲在純粹機力學之行動及其總結之外，必容有與吾人能力相關者，卽謂此項元素的行動，有若干可以受吾人制節，有若干非吾人所能節制者。其間必有一原理，以量度自然手續之爲吾人所能用者（在吾人能力限度內）區別何者爲吾人器官所謂有秩序、而能爲吾人之力量所能及者。此項原理則有發起熱氣動力學之始祖卽肯、克勞修司、湯姆孫之實驗發明；湯姆孫則先見及此原理之於自然經濟及施用於實業之重要。原子學說及衝動力學之强迫吾人注意之自然現象之統計觀，則表明其不是純粹機力學原理。

〔原註〕馬克斯維耳評論特退教授所著之『熱氣動力學』有言曰（見馬克斯維耳「科學文集」第二冊第六七〇頁）：『第二例是統計眞理，並非算學眞理，因爲吾人所研究者，爲物質之容有千百微

點而吾人並不能捉摸其中之一，』云云。此是屬於折中學說及決分學說者。馬克斯維耳謂自然之科學觀，既非歷史的，亦非機械的——乃是統計的。除此之外，馬克斯維耳再進而又加一層考慮；此一層亦饒有趣味，因其發明作者所謂統計反面法，其所含之意想，不與直接法（指施用於一平常經濟及社會統計者）所含之意想相同。在統計法之直接手續中吾人先從多數各各不同之個體事實及底數入手，以至於求得某項之一律折中數求得循環復現或接連緩變之總共數，如用於天氣學、道德統計、及經濟實業統計者。此折中數並不代表個人個體，總共數之整序並不發現於獨一事案之研究，亦不發現於吾人能力所及之有限制之數目內；是以對付獨一事案，或預料某種特殊事體之發生，則統計並無用處。惟是實用於特質之原子結構，統計觀引起吾人一項意想，以原子發現一項整序及循環一律之結構；赫瑟爾·約翰爵士因是而想及人造之器物。科學家曾試約化此多數之元素，使成爲一物質之純淨元素構成之幾何模型；此事雖不能成功，而嘗試者尚大有人在。即使有六七十種各自不同之物形或原子結構存在，然而毋論在何處吾人所遇之此多種物質之結構，皆相似而有穩勢；吾人之瞻察所及，皆是極廣遠之處間時間，近者則是眼前之火光中之微點，遠者則是遠處恆星之原子之浪動——此項浪動，需時數百萬年，方能從遠星走到地球。馬克斯維耳曰：「原註」見其所撰之「熱學」第三二九等頁，又見其「原子」「分子」及「物質結構」諸論之載於「科學文集」第二冊第四八三等頁。馬克斯維耳又言曰：「惟是分子之定數之等級不同。發生於物質之特別分布部署不同。有多數之平常分布，是定數，是調停之安排，不獨是任意之位置，且常有變異。有人指出，謂此項調停安排，爲有益於生物，表示有利濟衆生之規劃。駁之者，則謂變異之不能輔助生長及蕃殖者，則有破壞之趨勢，及有消除無利調停安排證據之趨勢。雖然以吾人之所能裁判者觀之，原子之結構，並不受競勝爭存之危險。假使定數之變異，是從此原子至彼原子，而在吾人能知覺之限內，則此項原子所集合之物質，不能如現存者之適合於構造此世界。此說亦未嘗不言之成理，然而吾人並無以此項變異原子構成之物質之閱歷，此說亦只能成其爲臆度而已」。『或謂同是一種物質，由吾人之瞻察而知其爲絕對相同，可以用統計原理爲之解說，謂是大多數量之折中數有穩勢，而每數量則不與中數相同。予則不以爲然。……因爲假使物質之分子，例如輕氣，其質量比其他分子較大吾人有法可以分開不同質量之分子，如是則能生出兩種輕氣，其一則有較大之密度。因此事既不能辨到，吾人只可承認謂輕氣分子之相同，是個體與個體相同，不獨是一數百萬子成羣之折中數相同。』馬克斯維耳又言曰：」「原註」見「熱學」第三三〇頁。『分子皆成爲有限數之種類分別，其中並無居間之連環……以一律階級，使此類與彼類銜接；因有此事實而發生吾人所習聞之發展（或天演）學說，而此學說則並不適用於分子。每一種分子之個體，「原註」前書第三三一頁。有如調音叉，皆調至使與同奏之高低相合，或如一切時錶，皆較準使合於太陽時。「原註」上文所引之馬克斯維耳之言及其推論，有克利佛德教授一八七四之演講以評論之，題目爲「最初及最後之災刼，」評論近日關於宇宙能存在時間之推想」（翻印於「演講集」第一册第一九九等頁）。新近則有窩德教授之演講，評論馬克斯維耳及克利佛德之理據（見窩氏「自然學說及不可知學說」第一册第九十九等頁）。窩德教授謂「赫瑟爾及馬克斯維耳之意想，由於神學意想過盛，而未顧及事實之邏輯，」云云。物質之終極元素之以漸發展，或並無變異，兩種意想之哲學後效，則不必在此處討論。作者曾於上文（見本卷前章第三六〇等頁又三六九頁原註）提及，諸科學家所發起之化學元素天演之學說。作者所以引馬克斯維耳之議論者，以其爲初次用統計法於抽象科學也。讀者若讀上文所引諸作，及本歷史本章及前數章，則知邏輯方法，及科學推闡之最高目的，其中有原有相矛盾之存在。所有一切方法之趨勢，皆是以間化或約化自然物及自然變象現有之多數不同，爲小數之定數，使易於對付，易於計算。至於自然物之體察則不然，日見其強逼吾人見多數之不同，及多數之變化之異。由是發生一問題，試問劃一及簡約之手續，能否使吾人通曉日見發現之無限繁複無限變象之事耶。拉摩爾博士對於此問題，曾發爲議論。其言曰（見其所著之「以太及物質論」第二八八頁）：『吾人得有自然劃一之意想之手續，含有折中數果之意。此項效果，未到分子時，早已喪失。是以機械之規定，不必與分子之規定相牽連。然則此兩者又如何能規定另一區域之生命作用耶。……每一生命手續，原可以當作與一機力學手續相關，（此是指進展而言。）……，以試驗所能追究者爲限，不必借重於一種學說，以其始受機力節制。換而言之，即謂當作物質組織而論，原可以容納機體功用，有完全機力之同等合作，不必承認在結搆之生長及凋殘之無限繁複遺不相及之變象中，亦有相似之原理以節制之也。』

三五、同異

雖然，新科學之進步，則鼓勵統計學之發展，而以圖記統計結果爲尤甚，此則由於各種發展學說中變異現象之重要，而以根據於自然淘汰學說者中之變異爲尤重。刻特雷前已指明與折中數有相離可能之最大數，爲有特別意味及價值。然而刻特雷及宗其學說者之著作所發現者，則以劃一及折中數相同爲重心。至於變化及發展之意想，則與刻特雷等之規劃，無自然的、無論理的相同。「原註」刻特雷及巴克爾之著作及學說，不幸而遭逢不偶，與洪保德之大作相同。因有拉馬克，貝爾，斯賓塞，及其他學者，預備天演學說於先，而集中於達爾文，於是形構學說或統計學說，不能不退後而讓動力學說或化育學說出頭。是以名噪一時之刻特雷及巴克爾，驟遭湮沒。阿倫(Allen)所製達爾文專傳（見一八八八年版「英國名人傳」）措語稍嫌過偏，而極有精神，曾請讀者注意及此。今先引其最可注意之一段，留待後來再辨正其措語之過火者。其言曰：「自天演學說一行，其餘之學說或舉動，皆驟然停頓，無有進步，與達爾文未發表其學說之前同。其最顯著者，則爲在達爾文之前之哲學之不承認統計者，自新發明有進步驚世駭俗之天演學說出，則立刻變成陳腐。如武斷之孔德，只好埋頭與其二三從者爲伍。模糊影響之黑智爾，則學者惟有敬而遠之，使之息影於牛津。巴克爾則爲人所攻，如風袋之自炸裂。大名鼎鼎之穆勒・約翰，雖有如汽機鐵椎之邏輯大力，學者則以爲其對於自然之動與力兩項元素，頗欠充分之注重。其據地稱雄，以發明其天演學說者，則有斯賓塞，哈特曼，赫克爾，克利佛德。上代之大思想家，如培因，如來伊爾，不得不依附新發起之達爾文學說，以修改其從前之意想。其有不宗天演學說，如喀萊爾，如卡盃特者，則遠落在後，完全銷滅。其只有一半相信此學說，如留埃斯及米勒・馬克斯者，則爲後起之俊所攻退，』（全前第一九七頁）。

三六．達爾文

候至物種由來之論出，於是變異之變象，乃強逼博物學家及統計學家，使爲特別之瞻察，及特別實寫與解說。自此時起，則發生一宗新科學，從前不獨無此科學，且並無此名稱，卽自然變異之研究是也。作者於前章中已論及，此是自然之最重要一方面，有達爾文及高雷斯之新揭露，以使有思想之博物學家注意，又有斯賓塞之獨闢途行之發明，以爲之助。此問題最重要之兩點，卽是承繼（或繼傳）及境化。試問變異是何原因，自然淘汰及天演之活動原理，有何事實？其一是生理學問題，其一是統計問題。

三七、哥爾通

其從此觀念首先通曉達爾文問題者，是哥爾通，【原註】哥爾通生於一八二二年，是達爾文・伊拉斯莫斯之外孫，與達爾文爲表兄弟，其初學醫，隨後則爲著名旅行家及探奇家。此後又研究天氣學，爲發明反旋風之存在，並其學說。其第一次刊行之著作，不是物理統計，是人類統計，登於一八六五年之「麥美倫雜誌」，題目爲「遺傳才能及品性論」，共計兩篇。在此著作中，介紹「奇才遺傳學說」，頗爲學者所嘲笑。嘗自稱爲「首先以統計法研究此問題者」，且得有數目的結果，又發明「與中數相離之例」（見其「奇才遺傳論」一書之自序，刊行於達爾文刊布其發表全體化育，學說之大作之後）。頗多著作，其著名者是奇才遺傳論（一八六九年）及繼承論（一八八九年），始以統計法研究變異。此是從新觀點研究自然科學，因其立刻推用於最爲難之惟一問題，是以此新觀點頗爲所掩。所謂最爲難問題者，卽是奇才遺傳。達爾文對於心靈變象，則幾乎全不討論。【原註】此是達爾文自說，參觀其「培養之動植物」（一八六八年版，第二冊，第三五三頁）。關於奇才問題，哥爾通所得之結果，比於

三八、全體化育

其用以研究遺傳統計之方法，則殊無足重輕。其研究遺傳，則以刻特雷之意想組合於達爾文之全體學說。此學說見於達爾文之培養之動植物（一八六八年）末章。『此學說以爲全部組織（指全體中之每個原子或單位而言），皆自生殖。是以胚珠及粉粒受過精之種子、或卵、及芽，皆包藏多數之每原子所發出之芽胞。』【原註】全前第二册第三五八頁。達爾文稱此項芽胞爲幼芽，承認與蒲豐之生物分子，有多少相同，不過此項幼芽，及斯賓基之生理單位，是否由每個『獨立或自動』之生物單位（如細胞）發出之自由幼芽，能生殖一相似之細胞，則殊難令人明白。【原註】

達爾文曰：『生理學家皆一致同以全機體是成於多數之元素部分，此元素部分大抵皆是『獨立者』（全前第二册，第三六八頁）。關於細胞『自動』，引伯爾拿（一八六六年）及微耳和（一八六〇年）學說，又言曰：『予假設動芽在未發育時，彼此有類緣組合，而發育爲芽，或屬於性之元素』（見第三七四頁）。又言曰：『生理學又主持一說，謂細胞雖有大部分是依賴其他，然亦有若干部分獨立或自動。予則稍進一步，假設每細胞發出一自由幼芽，有生殖相似細胞之能力』（見第三七七頁）。又言曰：『因每單位或全體中之每羣相似之單位，發出幼芽，又因其皆藏於最小之卵種子內，又皆藏於精蟲或粉粒之內，其數目必極大，而又極細微，有非吾人所能想像者』【全前第三七八頁】。

全體化育說不甚爲生物學家所歡迎。〔原註〕阿倫對於此項理想，發爲結論曰：「達爾文所著之動植物變異論內，有其惟一之純粹生命哲學之著作，即所謂「暫定之全體化育理想」。在此作中，以哲學原理，試爲解說物質及心靈遺傳事實。其一生著作，只有此失敗，是不必爲之隱諱者，今已爲科學家所共認爲失敗。予爲達爾文作傳，原是愛其爲人，亦不能爲之諱。達爾文之研究此問題，原非其力之所能及。達爾文之眼界心胸，試爲廣大，而偏近於具體方面，抽象方面則非其所長，缺乏玄學的及理想的特長。最可異者，則爲此不能成立之學說，發現於斯賓塞之光芒四射之生理單位理想之後，此項理想，亦因爲解說同此困難而發表。達爾文之理想，是物學說之粗者，斯賓塞之學說，則對於自然界所有相似之事實，有極靈妙之分析知覺以造成。此是試以粗淺非哲學之意想，替代細密哲學意想」〔「英國名人傳」第一二六頁〕。參觀「達爾文傳」第三冊，所提及之多數反對全體化育學說之評論。若要合於生物學家之用，則必要有較爲清楚之單位或幼芽界說。同時或在其稍後，果有科學家發表其理想；各人有各人之想像，而大要皆不能離斯賓塞之生理單位。德國則有內革利之結晶細胞學說，赫克爾之動力學說，魏司曼教授之細胞原質學說，及普夫勒革之繁複機體分子說。舉凡此各項學說，皆欲將生物變象使與物理學化學之已穩固成立之理想相緊接；物理學化學則用原子學說及動力學說，以分析組合繁複之自然手續，頗有成

第十二章　以統計觀研究自然

效。作者已於上數章討論及之，然而達爾文學說原可以用他法研究之。大凡吾人所研究者，爲無量數之單元素或單位集合以生某某種變種變象者，無不可以用統計術研究之。此項研究並不過問單位之一定特性，只研究大多數之集合之特性，研究其折中或中數結果，及離異或變異之機會。倘若假設生物爲遺傳之無限數之單位所造成，而又能自生殖，則必受某種整序、某種有整序之離異或循環改變之節制；又既在選擇或淘汰（毋論其是人爲，抑是自動）潛力之下，必受一定之發展，凡此皆可以研究，而無需有此項單位之生物的、化學的、或物理學的特性之謹嚴知識，亦不必有其如何運動之機構知識。經濟學、天氣學、氣體衝動學說，亦皆用此術以研究其繁複變象，至於其中之個體個物歷史，則殊未能詳言之也。在氣體衝動學說中，要將壓力、熱度、容量諸變象，及有用工能、無用工能等等，譯作統計學專門句語；其以統計學研究生物學變象者亦然，例如遺傳之類，以全體化育學說爲基礎，科學家亦要將生物學名詞如『模型、奇怪變異、穩勢、變異、個體』等

三九、達爾文學說能受統計學之研究

等變象，譯作統計學文學。哥爾通有言曰：〔原註〕見「奇才遺傳論」一八九二年版，第三四九，三五〇頁。『吾人若知人字之正確意義，則人字是多數名，因爲人身有百萬或億萬細胞，每個細胞各有其獨立之生命，而爲其他細胞之父母。人是有一有意識之全體，而成於多數之無意識或僅有意識之元素組合之作用。……全體化育學說，有供給算學公式之最好資料，其定數則可從事實之折中數以供給之。』〔原註〕全前第三五六頁。哥爾通『並不見得算學家根據全體化育學說，以求得謹嚴算學公式，有何爲難；此項公式以繼承之特別及個體之特別，發明生物之結構，又於求得某某定數之後，要使吾人有法可以預告已知之父母所生之多數苗裔之各種特性之折中分配。〔原註〕全前第三五八頁。……簡單言之，全體化育學說將一切轉移遺傳之潛力，造成形式，使適合於算學分析之處置。』

四〇、遺傳問題

哥爾通顯然以爲遺傳問題，可分作兩個界限分明問題，乃頗費心力以解決之。其一可以稱爲『歷史的』或『機力的』問題，其一是『統計的』問題，仿照馬克斯維耳研究氣體衝動之分別辦法。歷史的問題則有較爲詳細之機體單位特性之發明，此是全體化育學說所假設者，與蒲豐及內革利學說所假設者相似；此外又要詳細解明單位組合及傳遞之機械之特性。若不能辦到，或不能實行，則要瞻察試驗，研究特別事案之變異變象，如是至少亦能令學者採輯多數門類生物之生命歷史，將來或終有一日可以求得融通一貫之道。哥爾通本人曾試爲費力修改全體化育理想；「原註」哥爾通於八七一年，發表其反對全體化育之說，以試驗灌注血液爲根據，頗得可以證明血液不能傳遞芽胞或幼芽之趨勢。參觀一八七一年三月三十日，其所宣讀於皇家學會之作。達爾文自謂「全體化育學說，尚不能死，此學說雖八面受敵，易於受傷，尚能存其生命」（見「達爾文傳」第三册第一九五頁）。一八七五年，哥爾通有一著作，名爲「遺傳學說」，登於「現代評論報」第二十七册第八十頁。此作則發起生命原子學說，發表一形式，可以爲統計研之公式。此學說不應視爲生物的，機力的，或歷史的解說。既可作爲統計之用，則所需於生物學之定數，實屬有限。然而在此學說中，哥爾通曾介紹一極重要意想，此則並不在達爾文「暫時理想」之內，其後因有魏司曼之著作，哥爾通此項理想得以著名。哥爾通所介紹者，卽芽胞原形質及身體原形質之分別，芽胞原形質者，保存生命及遺傳之連接不斷，身體原形質則造成個體之特性，大約是不能生殖。哥爾通從純粹統計觀，預言（有幾位傳物學家，從其他觀點，亦有如是之預言）一新學說，謂從機體單位總數中，區析開兩分，一分是芽胞部分，一分是身體部分，皆見於新受精之卵中。湯姆孫教授解明所謂機體單位總數(stirps)（見其所著之『生命科學』第一四七頁）。其言曰：『第一在多數機體單位總數中，只有若干芽胞在身體細胞內有發展如是發展者是有特力之細胞。第二，餘下之芽胞及其苗裔，則成為兩性之元素或萌芽。單位總數之有體發展之部分，幾乎完全無生殖力。：：其不發展之部分，則保存其接連不斷。第三，直接下傳，並不是由體傳於體，乃是由機關單位總數傳於機關單位總數。嬰孩之機體單位總數，可以當作是父母每人若干之單位總數所直接下傳。惟是此嬰孩之身體結構，不過是其自己單位總數之不完備之代表，其父母每人之身體結構，亦不過是各人自己單位總數之不完備代表。此是解明兒子之芽胞細胞，是直接連接父母芽胞細胞之意想。如是則身體(soma)與兩性細胞鏈之反向分別，更顯而易見矣』。

貝蒂孫在其所著之

四一、貝蒂孫之歷史的處置

研究變異之材料，曾示吾人以歷史的處置此問題之極可注意之標本。惟是吾人此時所特別注意者，則在其他問題，即哥爾通所發表之折中例及統計例、與繼承事實之關係。自哥爾通發刊其早年著作之後二十年，則有第二大著作（刊行於一八八九年，）統計問題得有更為顯著明晰之發現，與機力的問題或歷史的問題完全分離。

四二、點傳學說

哥爾通在此大著作中，仍保留全體化育學說，不過以其啟發『點傳之意而無其句語』以為『除點傳之事實或假設其為有此事實之外，不必再用遺傳學說之詳細事實，以爲研究家之累。』【原註】參看「繼承論」第一九三頁。哥爾通所謂『點傳』者，則有此下所引之議論以解說之。哥爾通曰：【原註】仝前第八頁。『意大利近代之建築，讀者多知是取材於從前舊建築之材料。今代之建築，此處有一石柱，彼處有一石楣，原是舊時建築之石柱石楣，有時或尙留有雕刻以證明其爲舊代之物；至於其他石作，則已爲石匠所雕琢，略改其原形，然而大多數則仍是舊料，其直接新從石礦取來者無幾也。』『此項比喻雖屬粗淺，而能解明予之所謂點傳之意義；所謂點傳者，卽謂每一新建築，皆取自同等之舊材，如近代之石柱，取材於前代之石柱，近代之石楣，取材於前代之石楣，近代一幅牆，取材於前代一幅牆。……人類現出是極多數之微點所造成，所有此項微點之特性，吾人則不得而知，其中毋論何點，俱從毋論何一祖先所得來，惟是組合成羣傳遞者居多，有時有多數之羣，傳自同一祖先。當胚胎發展時，其中有多數微點之有多少合格者，一若人類之謀席位然，等候機會，爭得某項要差。其得有要差者，必是由於其偶然所處之地位，亦由於其有較好之才調資格，故能排擠其地位較爲優勝者，而獨得要差。是以胚胎之一步一步發展，不能不爲不可勝計之甚小而吾人所不知之環境潛力所轉移也。』【原註】見「繼承論」第九頁。

吾人一到研究極多數不知之元素所組合而生之結果，則適用折中學說及決分學說。拉普拉斯及高斯所揭露之錯誤曲綫，當日用以畫出多數瞻測之圍繞折中數或中數（此折中數或中數，作爲成分最高之數或真確數）之分布者，正適用於此問題，並非用以研究自然生長，只用其圖以解明圍繞標準數、或刻特雷所稱中數之離異或變異。不過此時吾人所注意者，不在乎表出中人而在乎研究與此意想標準之離異。哥爾通有言曰：【原註】全前第三十五頁。『今有人告我以英國每家之折中進款數目爲每年一百金鎊，此語則索然無味，遠不如告我以英國人之進款，是何如分布之較饒意味也。』天學家積聚一堆定數，則能從其中選擇成分最高者，以此爲真確數目；博物學家積聚一堆瞻察，則能由此而知自然之如何與模型離異，及發現變異，此皆變化及發展之因子也。是以一到哥爾通手中，錯誤例變作一分布例，決分學說全部機器，『原是天算家及其他科學家有極精準確量度之用者，直至刻特雷時方知其可以推用於人事，此則天算家等所不預料者。〔原註〕仝前第五十五，第六十二等頁。凡研究『人學』者，有種種爲難阻其進步，及有此決分學說全部機器，則能用以推倒此項爲難。』

是以有多數人以統計學爲索然無味，一到博物學家及研究人性者之手，則『極有意味。』〔原註〕仝前第六十二頁。世間幾乎並無他物能比錯誤例之能深印於意象者，因其能表示宇宙秩序之奇形也。『假使古時希臘學者知之，則必崇祀此例，奉之爲神矣。』〔原註〕仝前第六十六頁。

四三、錯誤學說之推用

凡一算學利器，其始特用於一種研究，及用於另一種新研究時，所得於其發展之利益，亦如推用所得之利益相等。是以哥爾通推用錯誤學說於分布及變異諸事實，不獨能介紹法則及秩序於達爾文學說所發起之各問題，〔原註〕此時著討論此新支派科學研究之實在效果，或討論將來關於社會大問題之實用效果，則尚非其時。然而在此思想史中，必要注意於因有哥爾通之著作，繼承問題如何得有新方面。此即其所謂之著名「子女退步例」，此與「流俗所得信子女有似其父母之趨向」之說適相反（見第一〇四頁）。所有一切學說及一切見解之發表，在哥通之前者，毋論其爲流俗之見解，抑或是科學家之意想，皆偏向於一方面，其所偏向者，皆在眼所能見之一方面，即父母一方面是也。若根據近時普通學說，以爲討論，例如根據全體化育學說，或機體單位總數學說。或芽胞原形質與身體原形質之分化學說，則應計及其人之自遠祖以來之世系，以其皆有所供給特性於此人也。據事實而論，學者所應計及者，不只其人之雙親兩人，倘有無窮盡一綫之兩人，均應計及，如是則以雙親之雙親，及其雙親之雙親，以至於無窮盡，爲一種算學級數，與二之諸寡有關連。如是則不必計及細微（然而若爲再進步之研究，則此項不計及之細微，，變爲重要）而知此級數之第一級，或第一項，是代表父母，只共給一半，是每人只供給四分之一。若折中而論，父母每人只供給一半，若偶然有例外之過分供給，則歷時旣久，亦必爲其歷代祖先所供給者，有反向之作用以勻稱之，或平衡之。是以其效果適與流俗之見相反，繼承作用之趨向，是引個人折回於全世系之折中數。哥爾通之首先見及此退步至於折中數之例，是用計數草木種子法，及「較爲小數之瞻察人數身材長短」。哥爾通又謂，此例若只依賴此項試驗及瞻察而建立，則殊不能希望學者相信或承認與流俗見解相反之退步例。然而此例一經發表，則「容易發明學者應期望子女退步之說，因其中有兩層道理存在」「第一，與吾人之型模穩勢之意想有關係，其二，即是下列之理由，子女繼承之特性，有一部分是受之於父母，有一部分是受之於祖先。凡在自由婚娶之戶籍中，吾人於追溯其中個人之世系時，則求得祖先所有之元素，有不同之種種元素，與任意在戶籍所指去一某人之所有者，並無分別』。至於所提及之算學問題，哥爾通則規定其形式，以請教於狄克孫(J.D.H.Dickson)。此問題之解，則見於哥爾通所著之「自然繼承論」之附篇。關於狄克孫之算學解決，哥爾通發爲議論曰：『自深於算學者觀之，此問題或不爲難。予接到其答問時，見其以純粹算學闡理，證實予各項極費心力所得之統計結論，且兼有予所不敢期望之詳細情形（因底數亂雜無章，予不得不謹慎理順）。予於是肅然始起敬，信仰算學分析之大能力所及之遠。：：推算所得之結果，與瞻察所得者，既能如是之吻合，可見錯誤例有充分之謹嚴確切可以實用，又可見予之統計所得之各種結果，並非出於偶然，亦非無相連屬之定數，實是有互相關係者』（見「繼承論」第二〇二頁）。又有一段議論，是表示從退步例而出之推論，與俗見之關於繼承意想相矛盾。其言曰：『退步例極反對毋論何項才能完全遺傳之說。在多數孩子之中，不過只有幾個有多數成分，與中材相差甚遠，如與其折中人材之父母相差之遠，其如父母中之一之有例外特別，與中材相差甚遠者，則尤其少。父母之愈富有異稟者，則愈難得佳運，生得一子，其異稟與父母相同者。若其子之異稟過於其父母者，則尤爲難得。但此是退步例極其公道，遺傳好處與遺傳惡處相同。此例既不能副有奇才異能之父母之期望，產生有奇才異能之子，亦能安慰庸劣有惡疾之父母，不必畏懼其所生之子女將來完全繼承其父母之庸劣及惡疾』（見前書第一〇六頁）。披爾遜教授關於繼承祖先遺傳例有言曰（見其所著之「科學文法」第四七九頁）：『倘若達爾文學說是發展（天演）眞學說，即謂吾入以自然淘汰及遺傳，以實寫發展，則其以祖先各種特性規定其後裔之模範之例，即是生物學之基礎，遺傳學說可以作爲根據，以成爲其確切科學』。

如自然淘汰，及折回祖先模範，及一家之絕嗣，及嫁娶之偏重，繼承之混雜，隱藏之元素等等，不獨預爲之所，使博物學家及統計學家有合力用武之地，且能以新問題使算學家解決。

四四、施用於有生命單位與施用於無生命單位之分別

若欲明白此第二要點，讀者須知處置有生命單位，與處置無生命單位有大分別。讀者若計及無生命單位之數目是不能改變，其單位亦不能毀滅；有生命單位則不然，能非常之蕃殖，亦有相當之毀滅，而蕃殖則多於毀滅。在氣體衝動學說中，吾人所計及者是物質及運動之常住，吾人所對付者，卽是此兩單位。學者則從無限大堆中，將其壓力、溫度、容積、有用工能、無用工能、各種變象，簡化以歸納於此兩大特性。若在建造一新機體、或再生一新機體之一大羣芽胞中，吾人要研究接連產生之新單位，及接連滅絕及排除舊單位或死單位。今姑且建立爲何有此生滅之學說，吾人卽能見及，對付此種大羣之算學及統計學，一定與對付有穩勢而又無生命之大堆單位，一定有分別。對於有生命者，則發生兩種爲難，其一是命題之難，其一是解決問題之難。在吾人有可能之範圍內，則能以算學處置變異大問

題；爲實行推用算學公式起見，則必要採輯長串事實及量度底數，又要將此種材料，按統計法以部署之格別之，且將以此材料證實吾人所得之結論，及實驗計算所得之效果。哥爾通得有現成之多種數目，亦有其本人所自研究而得之數目，遂成爲其算學計畫之有價值材料，且證實其效果。衛爾登（Weldon）教授嘗刊布其極費心力之大羣動物中之個物之體部變異之量度，其永遠不朽之作，爲其所著之蟹類專論。【原註】參觀一八九〇年後之「皇家學會報告」，尤要者爲一八九五年之第五十七册，第三百六十頁。大約在此時期，科學家見得若試將所量度與折中離異之數，爲勻稱之部署，或在較多之一邊，或在較少之一邊，而有所不能，於是不得不承認此事，而以算式表示之謂混合不同之變種，其特別潛力趨向於變化之趨勢，發生不勻稱之分布或不勻稱之次數。【原註】按爾遜教授之言曰：「不勻稱次數曲線，許是兩種不同之原因：第一，所量度者許是不純淨之材料，許是兩種，或多種純淨材料之混合；第二種次數曲線，則發生於純淨材料，其向一邊離異之趨勢，與向對邊離異之趨勢不相等」（見其所撰之「天演算理學說論」，登於「皇家學會報告」一八九五年第三四一頁）。據事實而論，自然作用，有如賭棍之用灌鉛骰子，有所偏向。按照達爾文窩雷斯及拉馬克之意想，則謂此種特惠，必與稟賦較優之個人或個體相遇，而責其獻納一小小貢品，卽是不能幸免之毀滅及排除之手續。

四五 披爾遜教授算學問題

此事與算學問題大有相干，學者頗有披爾遜教授，首先對于此算學問題，有明晰包括之處置，其解決且能爲研究生物學者所實用。【原註】近日研究此新科學之著作頗多。洞刻(G. Duncker)所著之「變異統計法」（來比錫版，一八九九年刊行），附有完全目錄，載在第六十頁。最早研究生物統計學者，是植物學家路易，其著作，自從一八八三年，已見於外國雜志。其以算學爲基礎，研究此問題之全部，則是大哲學家披爾遜教授，其所著之『天演算理』，自從一八九三年以來，則見於「皇家學會報告」。著作中有極有用之算理節略，及討論新近所用之生物學名詞，如退步，及復古(reversion)，繼承，無擇之混雜交種(panmixia)，及淘汰之類，皆見於一八三年及以後之「皇家學會報告」中，又見於其所著之論説集，題目爲「死亡之時機，及其他天演研究」（一八九七年版，共二册），其後又見於「科學文法」之後數章（一八九〇年第二版）。學者讀其此作，則知以算學研究生物學之定數，及以數目處置諸問題，則能得有所及極廣遠之推論，『使學者考慮變異爲生物永久之性，自有生物以來，幾乎毫無改變。又見得遺傳與個人或個體之變異，有密切關係，從此一物性至彼一物性，或從此生物至彼生物，並無大分別。是以吾人之結論，謂變異及遺傳，在天演之先，並非在其後。計至現在時代，而論，變異及遺傳，是生物單位之一根本秘蘊』（「科學文法」第五〇二頁）。披爾遜教授，原是大算學家，兼法律家；從確切觀點，研究生物學。吾人所宜注意者，則為其研究所得之結果，往往與貝蒂孫所得者相同。
貝蒂孫者，是近代生物物學大家。參觀其著作，，名曰「研究變異之材料」
，特別討論關於物種由來之截斷不相連接之性質。作者若不誤會其意想，
則見得其研究所得之結果，引貝蒂孫至於一宗結論，謂變異不是自然淘汰
︵選擇︶之事，因為有「某種已經選擇之變異，，曾經有證據」可以使其「
假設物種之截斷不相連接，其原始不由於環境，亦不由於境化之變象，實
由於生物本有之性，發現於原來之問斷不相接之變異」︵「科學史法」第
五六七頁︶。「學者，往往試以自然淘汰功用，解說物形之完備及其有定」，
至是則不成立。：簡言之，物種之問斷不相連接，是變異問斷不相連接
之結果」︵第五六八頁︶。貝蒂孫期望得助力於統計學方法。其言曰：「
毋論如何乎常之蝴蝶，或貝介之殼，其中變異，皆有供學者研究之資料，
只要從數處地方，採輯數百同種之標本，關於某項變異之特色，以統計法
研究之。此則人人皆能作之事，可惜作之者甚少」︵見第五七四頁︶。披
爾遜與貝蒂孫雖有其大體相同之處，亦有兩極不同之處，此則指詳細節目
而言，吾人只可談為此兩君不能領會彼此之意。參觀貝蒂孫之「遺傳，分
化，及其他生物學意想論」︵「皇家學會報告」第六十九冊，第一九三至
第二〇五頁，又參看披爾遜之「生物學根本意想論」，載披氏「變異統計
學」第一冊，第三二〇至第三四四頁。披爾遜之見解，以為解決發展學說
，則「生物學意想，能有真確之規定，既有如是之規定，則有確切數目以
量度之」︵「變異統計學」第三二四頁︶。貝蒂孫則不然，以為生物學意
想，頗有出乎算學規定及算學量度範圍之外者。貝蒂孫之於所謂「間斷不
相連接之變異」。自有特解︵吾人容或可以作為大變異，以別於雖小而數
多之變異︶。披爾遜教授，則以為，「用於生命統計，則間斷不相連接者
，可以撤開不論」︵見第三三三及三三四頁︶。據事實而言，披爾遜與達

爾文意中之達爾文學說，較為接近。達爾文原不甚以赫胥黎之見為然，例如赫胥黎謂畸形之生物（與個物之小變異總數有別），容或能供給足用材料，以助自然淘汰。貝蒂孫之見解，則赫胥黎頗以為然（見「赫胥黎傳」）。關於披爾遜教授之新法，及其價值，宜參觀衛爾登教授一八九八年，在英國科學提倡會動物學股之演說。於是披爾遜乃授博物學家以利器，得之則可以用圖解實寫變異之事實，及其他變象，例如相互關係、遺傳、退步、及無擇之混雜交種之類。披爾遜教授又曾發明如何分析各項圖解，以指明其中容有之元素，代表各自然機關之有作用者。從前傳立葉有算學之創造，使物理學家將繁複週期曲線，分析為元素，其後一入赫爾母霍斯及歐姆手中，則分析為副音。披爾遜之創造，與此相似。

作者至是，已到統計觀發展之末站。生物學家之研究生物問題，各有其特別之觀念，其對於統計觀之見解，各有不同，且亦因各家之算學造詣不同，及領會之深淺而異。此大問題仍在討論中，則屬於後代之思想史。本書已指出第十九世紀所畫之最後闡理界線，亦曾論及此是確切或算學精神生長及散布，無所不達；以生物學而論，雖有一才識過人者以預備材料，而不以算學知識聞于時，又向來並無人以算學研究此問題者，今日則有之矣。作者在前數章，曾有機會發表達爾文以兩新觀念介紹於自然科學，即化育觀及謹嚴詳慎選擇證據之手續。吾人至是，可以再加一觀念，雖非其直接所加，而實爲間接介紹統計觀於研究自然變象，由是吾人得以在變象及事實之大區域中，向來以爲皆出於偶然無可究詰者，追尋其律例及其秩序。吾人對於此項偶然，竟能有實在及理想之研究，此則第十九世紀科學最大之功也。

四六、統計知識偏於一方面

吾人雖承認今代以統計法研究變象，得有重要之地位，至於研究其他部分之自然手續，幾乎無從插手者，惟有用統計法以對付之，吾人又認其極有價值，然而讀者切勿忘記，統計研究未免偏向一方。

馬克斯霍耳曾有啓發之提議，以統計觀與力學觀及一歷史觀相反襯；力學觀則嘗試實寫特別事體或變象之進行及分異所由發生之機構，歷史觀則嘗試實寫其進行及分異所經之步驟及發生之事。本書最初數章，即討論力學觀；歷史觀之討論，則屬於本書之另一部分。歷史名詞，通常皆留作與人之意識功用有極大關係之事體之紀載，有此意識，則歷史爲瞻察者之助。若無紀載，學者何從而知人生與人事？試以與吾人日常相處之不能言語之牲畜而論，吾人雖有極縝密之瞻察，尚不能知牲畜之生活。有語言及有留傳之紀載以助吾人，對於事體，及事體之意義，能有真確知識，然後有歷史，然而吾人必要加以審詳選擇價值，乃能成爲信史。在積儲多數史料堆中，有算學，邏輯，統計，原可以助學者剔除其實在不能成立者，及確乎絕無而僅有者，然而仍要較爲縝密審查挑剔，以研究古代所儲積之憑據。除算學量度之外，仍要加有無錯誤之本能，以審查選擇。第十九世紀不獨養成科學精神，及培植科學方法，且養成新近之一切哲學思想之根基之其地方法，

四七、審評方法

卽審評方法是也。

惟是於未離開科學而入於詳盡討論審評精神之前，尚欠讀者一問之答覆。

在以上各卷作者曾屢屢注重於算學之量度及計算之用處日見推廣，由是而吾

人之思想，變爲有真確之科學價值，變爲真實知識，以助學者實寫及預料變象，又能施於實用。讀者好奇，容或發問者，卽是在第十九世紀中，算學思想有何發展耶？

四八、確切研究之利器

本册之末章，卽答覆讀者此發問。

第十三章　十九世紀算學思想之發展

一、思想歷史

作者至此，已到討論第十九世紀科學思想之最後最爲抽象部分，久宜聲明此作是思想歷史，不是科學歷史。在以前之十餘章所討論者，是各種繁疊之新揭露，皆拉雜從各宗自然科學取材，不過是表明在此時期，科學家如何從各觀點研究自然事物，其運思闡理如何各有不同。此各項變態，大抵皆由於有新事實之揭露，然而只賴有新事實，亦不能充分改變科學家之運思闡理也。自然物種之增加，化學元素及小行星之增加，並不能一定使學者改變其對於所增加之事物之運思觀點及學說或理想之改變，並不一定發生於其所思維之事物之改變，而由於觀者之狀態不同。試以山水風景而言，登臨者忽然見有山水之新方面，誠有驟然改觀，使人頓忘向來習慣觀念，而發生從前所無之種種意想；如是則新揭露者，雖屬細微，而有歷史的意味，雖或此項意味發生於觀者之思想之改變，故覺得其爲重要，不盡由於細微之揭露也。

二、思想與知識之別

可見科學知識與科學思想之分別，生於兩種因子——一方面是科學或自然事實，一方面是科學家之心境。讀者乍觀之，以爲一到抽象之算理科學，而此分別卽銷滅；因爲命數及計數，只與思想手續有關係，一若算學卽是思想科學，不然亦是其中之一部分。讀者不免發爲一問，試問算學科學與算學思想，有何分別？試一考慮，或以爲並無分別。作者將於此章發明其有分別，將以第十九世紀算學之發展發明之。

三、流俗對於算學之成見

世人有能計算、能量度，而不致力於算學者，往往謂算學並無何種新事理，因爲以二加二，永遠是四，三角形內之三角之和，等於兩直角，所有算學手續，不過是繁複問題，有永無止境之繁複，雖有善算家，亦爲所窘。此類人以算學歷史比象棋或紙牌之歷史，有無窮盡之繁複變化，以爲淺近算學及高等算學之繁複細密，

【原註一】西薇士德教授之言曰：『有多數人讀歐幾里得幾何原本，第一卷第四十七題之後，以爲一切算學，不過是一種有病泌液，如蚌病生珠。亦

有以為是一種秉燭照路之人，或侍女之為貴婦人捧拖地之長裾與者。然近有人登一極聰明之著作於雜誌，以為習算學，不過如研究象棋，或中國之七巧圖。且發為問難，問算學之發明三角形之三角之和，等於兩直角，或每偶數是（或許是）兩個素數之和，或奇次方程式必有一實根，與吾人有何關係。謂如此諸宗發明，實在是陳腐，平淡，陰沉，無用，反不如讀報章登載某貴人與某貴人結婚，或某國與某國賽船之較有趣味。此種議論，直與賞鑒美術建築者之只觀其磚瓦木石，或賞鑒名畫者之只觀其顏色碟中之顏料，聽音樂者之只聽奏樂者偶然吹彈之聲。算學所發露之意想世界及在其中深思所引伸之種種美觀與秩序，各部分相連接之和翕，其管轄之廣及，眞確之絕對證據等等，皆能令人起敬。假使展開一幅宇宙圖，假使吾人得有一覽宇宙創造之規模，亦不能駁倒或損害算學之眞理」（見西薇士德教授一八六九年在英國科學提倡會之演說，登於報告第七頁）。

有無窮盡之材料，以操練學生之心能，或供考員考生考試之用；此類人向不考慮算學思想（與算學問題有分別）是否亦能慮及已有根本上之變化，或根本上之發展。

四、算學之用

與此有密切關係者，尚有算學有何用處之問題。對於此問題，世人有兩種極端見解「原註」近代之兩位最大之算學家，有牛頓與高斯。牛頓屬於第一種，高斯屬於第二種，而不能絕對劃清界限。牛頓在純粹算學中之新創造，與高斯之在實用算學之新創造，大約相等。牛頓曾創造流算術（（「譯者註」即微分術），亦曾施於實用，而遲疑不欲刊布，大約因為本人

十九世紀歐洲思想史　第一編　下冊　四百五十二

以爲關於此術之邏輯根據，尚未能滿意。高斯亦因未得有物理根據，而拋棄其電動力理想（參觀上文第六十七頁）。他人則不然，不爲如是之邏輯及應用之爲難所阻，悍然不顧，毅然爲之，而得成效，大有利益於科學進步。牛頓之最大著作「算理」，爲算學物理學建立基礎。高斯則有「數學論」，爲高等數學（與代數有區別）立基礎。此兩大著作，皆追隨古代算學派之組合法（「譯者註」與近代之分析或解析法不同），頗爲難知，往往令學者望而生畏。此兩大著作，皆無捷徑，能使學者易得效果，皆不爲巴黎學會所喜。刊行之後，閱二十餘年，始受學界承認。牛頓之所以能較早得名者，由於有各項研究及創造，而其所著之光學尤著。高斯之所以享大名者，由於其理想之重新發露。小行星Ceres（可稱五穀星或嘉禾星）（參觀上文卷一第一八二頁）。產生牛頓之英國，至今仍以研究算學物理學聞於世。產生高斯之德國，至今仍以極抽象之算學研究顯名。作者不必舉生存之大算學之名，只舉其已故者，如英國之斯托克斯，馬克斯維耳，德國之格拉斯曼，外耳斯特拉斯(Weierstrass)，坎托耳(Cantor)是也。有以算學不過是計量之工具者，「原註」赫胥黎之言曰：「算學可比極精巧之磨碧機器，能磨物至極細微，然而所出全賴所入，世界上無論如何最好最大之磨機，絕不能以豆子入而麥麵出，亦如算學之以散漫定數，入於長篇累牘之公式中，而有一定之效果磨出」。只有一次赫胥黎又發議論，曰：「算學全不知有瞻察，有歸納，有試驗，有原因」●其第一次議論，爲克爾文所承認（見「通俗演講」第二冊第一〇二頁）。其第二次議論，則爲西薇士德教授所力駁，見於其著名之演說（一八六九年「英國科學提倡會報告」第一等頁）。追一見算學討論之不能有利益於力學、天學、物理學、統計學、及其他科學者，則與致索然，不復注意。亦有走其他極端者，則是酷嗜純粹科學之人。如是者則以算學（而以數目學說居首列）爲惟一眞確科學，「原註」高斯以算學爲『科學之王后，以數學爲算學之王后。算學王后，往往屈尊降格，爲天學及其他科學出力，然而無論處何環境，王后皆應坐首位』（見窩爾忒茲豪婿（Waltershausen）所撰「高斯紀念錄」，一八五六年來比錫版，第七九頁）。一八八三年，揆力（Cayley）在科學提倡會之會長演說，常爲一著作家所引。其言曰：『算學，在一方面則接連平常日用物理科學，在其他一面則接連於哲學，此則與吾人時間處間之意想有關係，及算學之普遍及必然之眞理所發生諸問題，及吾人關於此項知識之基礎。予且謂數學及代數，與時間意想之相連（倘若有之），則不若幾何與處間相連之顯著』（參觀其「算學論文集」第九册，第一三○頁）。高斯除建立高等數學之外，又致力於幾何之基礎，又因其對於數目學說，有極多之期望，因是亦有「大希望於幾何，因見其中有未開闢之區域，有非其時之算術所能征服者」（「高斯紀念錄」第八十八頁）。其所謂實用，只在其本有或能啓發純粹算學問題。此類學者大抵只致力於考查及鞏固算學闡理之基礎，及澄淸其方法，創造謹嚴有力之證明，驗明通行意想之施用爲堅實可靠與否，及其範圍。吾人可以謂前者重實用，後者注重哲學，其注重於哲學方面者，則注意於邏輯及玄學之抽象存在，「原註」在此兩者外，可加心理學。雷文·保羅教授，頗致力於此問題。（參看以下諸書：「函數通論」一八八二年版第一部；「科學智識論」一八九○年版，及其論文「徵積分學之逆理論」（載「算學年報」第九册第一四九頁）。除所謂實用及哲學之外，近代則發生所謂純粹邏輯一方面。此一方面提議關於毋論何項算學研究之發展，以有定與邏輯相接之繁複意想而處置之，對於用毋論如何偶然而得之巧妙方法以解決一定問題，不甘滿意。著名之大幾何學家斯泰涅(Steiner)，即是如此，絕不肯求助於分析法以解決幾何問題，以為幾何是一完全機體，應以其本有之法，解決此項問題。此項學說，有近日發展之羣算學說，以鞏固之。一羣運算，解作如是運算之結局之引歸同類之運算。篤守謹嚴家法之算學家，視用混雜方法，及運算不同羣者，則極不以為然，即如吾人之批評英國文章家，不能以清淨英文達意，而借用外國文句者。其最好輸入外國文句者，莫如德國，惟對於算學，則篤守清淨主義。

五、對於算學有兩層注重

其視數目及形，以為是人類思想之最高等者，或以為是真實元素。在上古時代，已有兩層注重，〔原註〕關於此問題之著作甚多，作者今舉其二。著名算學家韓克爾(Hankel)（本章後文將詳論之），不獨在高級算學中，發明多數創解，且極注意於算學之哲學根據，及其歷史的流源。一八七〇年，曾著有極有意味之小著作，名曰「古代中代算學史」。此外則有坎托耳教授之「算學史講義」，共三册。此作起自上古，至一七五八年為止。關於兩層注意，韓克爾有言，曰（見前第八十八頁）：『從希臘哲學家之算學研究，惹吾人留意時起，則見算學之方面，有根本之改變。在進化較早之民族中，吾人只見算學之歌訣，及實驗所得之規則，以應實用之需而已。其所用之方法，皆孤立而無聯貫。希臘哲學家之意想則不然，自其知有算學之時起，則知其中有超越於實用界之外之物存在，有應注意者，並知其有以普通公式代表之可能，即謂算學是一科學。希臘算學家之所以過人者在此。雖吾人明知其取材於古代埃及，然而並不能滅希臘算學家之功也」

。觀於畢達哥拉斯及柏拉圖兩算學派所用『幾何』名詞及算學討論，可知矣。有一古代殘編，數及希臘算學家者，【原注】此殘編即指蒲羅克魯(Proclus)所保存者，全載於坎托耳之「算學史」（第一冊第一二四等頁）。甘托稱爲算學之古代目錄，以爲是歐德謨(Eudemus)之作。此君是逍遙派哲學家，曾著有數種幾何學史及天文學史（見坎托耳大作第一冊第一〇八頁）。其論畢達哥拉斯有言曰『此君將算數變作一種實在科學，因爲其研究算學基礎，從較高之觀點起首，且研究其中諸問題，從物質方面少，從智識方面多。』【原注】見坎托耳書第一冊第一三七頁。其論柏拉圖曰『此君之著作，極多算學討論，可見其毋論在何處，常以幾何學附於哲學。』【原注】坎托耳書第一冊第二一三頁。

算學與其他科學相接之兩層意想，經千百年後，又顯現於第十九世紀。在以前十數章中，作者曾經記載，因有多數受算學圍範之富於效果之意想，由是算學思想大爲發展，今將使讀者注意於科學根基所受之哲學研究及算學思想之侵入哲學思想。【原注】例如新近研究之『複摺處間』學之爲坎托耳教授所發起者，此又是算學科學中別開生面，前此不過是哲學問題。所參觀刻立(Kerry)所著之坎托耳學說論之末段，載阿汾那留斯(Avenarius)之「科學哲學雜誌」（一八八五年）第二三一頁。因是之故，此冊之末後一章討論算學思想者，恰好爲本歷史第二部討論哲學思想之過渡。

六、算學之源頭

有人謂希臘之算學，發源於古代埃及之幾何，其時幾何專爲測量而用，因測量而發生最早之算學問題。近代算學思想，則有刻卜勒（或作克普洛）、牛頓、拉普拉斯之量天學：因量天及推算天象力學，於是有第十七第十八世紀所創新法，以解決天學各問題；第十九世紀算學家之事功之對於各項新說新法，亦如紀元前三百年歐幾里得之對待當時之算學。蒲羅克魯有言曰：『部署各項元素，有多數得自攸多克薩斯(Eudoxus)者，亦有得自提厄特塔斯(Theaetetus)者，又將前人所忽略未經證明者，則以謹嚴方法證實之。』【原註】此是坎托耳所引者，見「算學史」第一册第二四七頁，又見韓克爾「古代中代算學史」第三八一等頁。歐幾里得一人爲希臘科學所建之功，在第十九世紀則有多數大思想家，以之部署整齊第十七第十八兩世紀之新法新說，其功業尤爲顯著者，其有高斯、科犀、外耳斯特拉斯。克來因教授謂：『吾人所處之世代，爲一最要關鍵時代，與歐幾里得所處時代相似。』【原註】參觀一八九三年八月九日克來因教授之「算學演講」，最要者爲第六次演講。在此演講中，克來因教授發表其純粹算學與實用科學之關係之見解（此在芝加哥算學會所演說者，刊於「美國算學會報告」第一冊第一三三頁，一八九六年紐約版）。克來因之見解，則根據於「直接知覺文貫」之分。……「所謂文者，歐幾里得是也。以根柢牢固之公論（亦公理）爲基礎，而謹愼將事，以發展其組織，對於有公量與無公量，有作清楚之分別。……所謂質者，則最活動於產生微分積分時代，例如牛頓毫無疑義假設爲無動不有動點之速率，並不費事研究是否有接連函數之並無導來者存在」。○克來因教授之意，以爲「此事之根本，在於從質之直接知覺，並非確切，從文之直接知覺，則並非直接知覺，實生於公理之邏輯發展，而以公理爲完全確切也」。○其後克來因教授又發明，從質直接知覺所灌輸於元素意想之元素，在以邏輯發展之中，則忽略不計，於引出結論之不能以直接知覺實驗者，因無心像發生之可能也。例如洛巴赤夫斯基(Lobatchevsky)及里曼之抽象幾何，引生柏爾特拉米(Beltrami)之假球體之邏輯意想，此又是吾人心境所不能造之意像。傍卡累所著之「科學與假設」（一八九三年巴黎版），亦發表相似之見解。其言曰（第九十頁）：「……在幾何創世紀中，以實驗爲至要之品，至若以之爲實驗科學，則大謬不然。……幾何學僅爲研究固體運行之用，但其究竟，並非注重自然固體，其在意想固體永不變化，而爲一種簡明深遠之意像歟。……幾何學之唯一目的，即在研究一種特別類集，而該類集之普通觀念，當預爲印入吾人思想中。……惟在此類集間，應選擇吾人所能產生之一種自然現象，以作模型也」。直接知覺之算學，與邏輯算學之分別，又可見於其他方面。因近代算學之繁雜，及近代學說之文縟，而「發生簡略之算學組織，以便於實用科學之用，使學者不必走遍抽象算學之全境」（見克來因「算學演講」第四十八頁）。英國則有培理(Perry)，首先發起刊行其著名之工程家之微積分學。克來因教授頗歡迎此作，於是而有多數往來之函牘，刊於「自然報」中。有多數人皆同認從初級算學以至高級算學，必特開捷徑，以達於自然科學，不能如今日學校規定之繁雜，先從歐幾里得入手。惟是對於無論何種科學，若分開爲邏輯研究，與實用研究，猶如在德國之分開大學與藝術學校，亦有其危險，此亦爲克來因教授所承認者（見「芝加哥算學雜著」第一三六頁）。

七、高斯

因高斯在第十八世紀之末年，卽起首有數學幾何之根本問題及審評問題之研究，遠在科犀發生潛力之前，是以高斯之名宜居首列。今日因有高斯著作之刊行，及其與同志往來之函牘之出現，其與天學家柏塞爾之來往函牘爲尤要，更有以證明其地位。吾人今日始知毋怪當時視高斯爲一種算學神使『凡有學說無不經過高斯之從各方面研究者。』〔原註〕見柏塞爾一八一〇年十二月二十七日致高斯書，刊於「高斯與柏塞爾往來函牘」，一八八〇年來比錫版，第一三二頁。高斯心中早已預料將來算學思想發展之方向，然而第十九世紀前半期之算學闡理之大變更，則並非由於高斯。高斯不善教人。第十九世紀之第一季，只有巴黎一處教人以高等算學。科犀在巴黎，其先當講師，隨後當教授，施展其潛力於著名之藝術大學，及索爾奔(Sorbonne)大學，及法國學校。

八、科犀

〔原註〕參看法爾孫「科犀學案」一八六八年巴黎版，第一册第六十等頁。

科犀性情與高斯不同：高斯爲人，驕傲自滿，令人不能親近，其最精美最完備之算學著作，卽崇拜之者讀之，亦以爲可厭，〔原註〕『從前有人述其解說之論調，卑卑不足道，蓋其立意無常，出爾反爾，而終無以成功也。克禮爾謂，阿柏爾稱高斯所著書，都屬卑劣無用，以其解說不明，令人無從知其意義也』（見標克尼撰「阿柏爾傳」，法文譯本，一八八五年巴黎版，第九十二頁）。因其命題措語之新奇難曉也，高斯又最厭演講；科犀則饒興致，有耐煩，善于教人，〔原註〕「科犀綜合歐拉，蘭格倫日，拉普拉斯，高斯，雅各俾諸家之說，以熱心教授爲其職志。其爲人也，大度淳厚，熱烈提攜，始終不易，誠長者也』（孔白士Combes語，見法爾孫「科犀學案」第一册，第六十三頁）。好與學生長時之研究，刊布其根據於微積分學之演講，以利後起之算學家，是以有創造新算學思想派之功——不獨在法國如是，且及於外國，外國之大思想家，例如阿柏爾（Abel）無不感激科犀者，以科犀指示惟一進步之正路也。〔原註〕參觀標克尼所撰之「阿柏爾傳」第四十八等頁，及第三百頁。科犀之「分析學」發現於一八二一年，其所著之「微分學綱要」，則發現於一八二三年，此作則阿柏爾於致友人書中所引者。作者今將試爲規定此新學派，與在前大名鼎鼎之歐拉、蘭格倫日、拉普拉斯學派，有何分別。

九、融通手續

古代算學與今代算學之分別，即在乎介紹代數，而用於幾何及力學，又在乎創造微分學積分學由是古時幾何學家之直線、平圓、渾圓（球體）圓錐等之定理，得以推廣而用於無窮盡之各種曲線及面——凡此皆自然物及自然變象之現於吾人之瞻察者。由論理方面觀之，此是極偉大之融通手續根據於推論及歸納，有時只根據於直接知覺。〔原註〕『吾人每憶力學函數所具之程式，往往有出於自然之現象，且將與該程式歧異者，悉數擯棄不用，並非由明瞭嚴正之說明以引導之，實由一種直接知覺及無形之天性所使然也』（見傍卡累所撰之『外耳斯特拉斯算學著作』，載『算學報告』第二十二冊第四頁）。如是之融通手續，關於科學進步有兩宗效果。

第一宗較爲顯著之效果，即是因有融通方法，則對付特別問題之能力增加，研究之域區由是而推廣。自有笛卡兒、牛頓、來伯尼茲之創造以來，一百年間算學家所致力者，即在探視新開闢之區域，發起各方面所現露之無限若干問題，而試爲解決之；遇有不能得完全恰切之解決者，則創法以求得其近是，以便於實用。既有如是方針，算學家所應作之事，及所欲解決之問題，已極其多，是以第二宗較爲不甚能施於實用之效果，爲第一宗所遮掩。第二宗較爲不顯露之研究，可以謂之從邏輯方面之發展。此項事功，與當時歐幾里得之施於古代幾何者同等，即是定爲明晰界說，及無疑義不騎牆之公理；由界說及公理，由謹嚴闡理以達於新科學之各項理題。〔原註〕對於定界說之事，傍卡累曾爲議論，其尤爲注意者，則是『函數』名詞，此意想，最先是歐拉所介紹，而並未定有謹嚴界說。傍卡累前書有言曰：『在十九世紀初，函數之意義，係一種範太狹而過於空泛之意想也……此種界說，有規定之必要，緣解析法之得以圖完善正確者，非此界說不爲功』。至一八六〇餘年間，外耳斯特拉斯乃有謹嚴之處置，惟是近代算學家所創造之各項公式之必要，有謹嚴之審查，則科犀一八一四年刊行之『有定積分術學說論』，已經先事聲明。勒戎德耳即據此意，以製報告，但是遲至一八二五年始刊行。惟是遷移或繙譯幾何的及力學的意想於代數，則發生新式邏輯問題，予新算學以新方面。此新問題即是重新遷移代數公式幾何意想，譬如以代數文字譯作幾何文字，即是由代數公式製成幾何形式。〔譯者註〕即還原法。

一〇、反向運算

此是還原術，毋論其爲理想，抑爲實行，所有算學進步之靈魂及原理，即在還原中。〔原註〕大概而論，運算有兩種。其一，即是以幾何關係（由直接知覺所得者），譯作代數關係。其二，即是推廣代數關係運算，依數目次序，或向前行，或向後退，所謂數目，通常是指數。此兩種運算，所得之新關係，必要解釋，此項解釋，幾乎無不推廣吾人知識，或引吾人發生新意想，第一種運算之淺近榜樣，即是製造高冪之數之幾何形。算學家公同認可，以a代一線之長，a^2為面積，其餘之a^3，a^4⋯⋯a^n究是何物。能否得有幾何意義，附於此諸項記號耶。第二種榜樣，即是$\frac{dy}{dx}$，$\frac{d^2y}{dx^2}$⋯⋯$\frac{d^ny}{dx^n}$，如是運算，已自行發現其反向之序，因為其倒數之指數，皆是負號。有何意義，能附於此項記號耶。更進而論之，若從一記號，至其最近之記號所指之運算為已知或能作，又如何能作反向運算（還原）耶。在第一類問題中，吾人是從直接知覺所得之次序進行至於純粹之邏輯次序，其後要從純粹邏輯次序，折回於直接知覺次序之意想。在第二類諸問題中，吾人既以追隨一定之邏輯次序，欲知反向運算，有何發生，及如何能作到。算學家原知思想之直接及間接手續，是一切算學闡理之根據，輪流施直接及間接手續，是算學進步之原理。其首先發明者，則是大算學家韓克爾，見於其所著之「繁複數系學說」，八六七年來比錫版。其先則已有裴各克力持此說，見於其所著之「報告」，登於一八三三年「英國科學提倡會報告」第三冊。在第二百〇二十三頁，裴各克發為議論曰：「代數有兩宗，界限極分明之手續。其一是直向，其一是反向，大概而論，為難之程度，極不相同。在第一宗內，吾人從一定之運算前進，用各種指明闡理手續，得有效果，此效果有普通形式，而有特別價值，隨後又作為普通價值。在第二宗內，吾人則從普通效果前進，要從其形式及結構中，揭露當值效果，若或有一定運算生此效果，則要揭露其最簡單數量，為彼諸運算所從起者。關於此各項手續，吾人已引示榜樣，所有一切分析事功，幾乎全在於發現之無窮盡之種種不同形式中，討論發展此各項手續。裴各克此極有意味之作，計及盡近時代及包括一切之關於大陸算學家，如高斯，科犀，阿柏爾諸子著作之報告，竟無甚潛力，及於英國算學之發展，殊為可異。惟是英國算學，由於一獨立之舉動，而改變近代算學思想，此新舉動即創造運算術是也。此項改變，能有如下之解說，即謂量學(science of magnitude)必先從形式學說，或形理(doctrine of forms)，或關係學說入手，又謂量學不過是形學(science of forms)之引伸其意。此運學術，原有格拉斯曼獨立之預備。韓克爾論格拉斯曼之言曰（「繁複數系學說」第十六頁）：「形式學說之意想，及此學說應在量學之先之意想，及從形學觀點以研究量學之意想，若只用於證明已知，而又曾經有充分之實驗證明之諸項理題，則關於算學之發展，無甚大用。格拉斯曼則首先以眞正哲學精神，考慮此項意想，從包括最廣之觀點，以研究之』。韓克爾亦論及裴各克及得摩爾根，可惜韓克爾之於此兩君之著作，未見其全豹（見第十五頁）。在最新近時期，愧特赫德(Whitehead)則存一宗意想，謂『最廣義之算學，即是各種形式不得不然之演繹闡理之發展』。此宗意想之最初發展，已見於其所著之「普括代數」（一八九八年劍橋版，第一冊）。參觀此作之序（第六第七兩頁）。

第十七世紀之造創，予進步以兩大機會，及創生算學新意想。譯幾何意想爲代數文字，則啓發反向運算，以幾何意想解釋代數名詞，由是有幾何知識之異常增加。〔原註〕輪用直接知覺（即歸納）及邏輯（即演繹）方法之最好榜樣，則見於近代之曲線學理。笛卡兒所創造之以一方程式代表一曲線，則發生曲線之次，及曲線之級及其幾何之當值。而曲線之切線幾何意想，則發生曲線之類，此則不能從曲線之方程而顯現，因曲線各有其類，則發生其他分析法之圖示，其間則曲線之切線特性，現變作較爲顯現。其一八三二年，普勒刻發起第三法，以研究直線，先從曲線所現之『特品』入手，定其界限，而建立其方程式。關於此項『特品』，再爲進步之研究，則發生所謂曲線之屬，或曲線之缺（撰力名詞）。凡此諸項，及其他關於曲線之意想之漸漸發展，皆見於撰力所著之『曲線』條下（在『大英百科全書』第六册）。又見於其全作之第十一册。此專條研究純粹算學問題，其中所發明，不專在發明關於某某特別事物之算學知識進步，而尤在乎發明算學思想之發展。再進而言之，微分術既以曲線面爲無盡數之極微極小直線（卽謂能量度之線）所造成，則發生反向之問題。今有無論何種代數運算只能用於無窮小之數者（卽謂至於極限，）則應如何積成有界限之數量及形式？從無窮小之小部分之特性，如何推論其有界限之形式之物性耶？微分術顯然與自然物之原子觀相合；科學家從原子學說，則大多數之能瞻察之變象，及無窮盡之自然物之繁複特性，皆能約化爲小數之可以想象之極小部分之特性，及其關係，如是則能量度，則能使吾人明白。

普通讀者不知高等算學之無數問題，及其繁複運算，則不甚能領會此數字中，實是隱藏近代之數目及量度之新科學之各大問題；其受過算學教練之學者，則能知反向手續，不獨是積分學、變分學、級數學、近是法、綴數法之邏輯根據，且是推用分析於幾何、高級曲線學、解決方程式、等等之邏輯根據。所有以上各派算學，皆曾經第十八世紀之大算學家苦心研究，惟是其目的則在乎實用科學所啓發之一定問題。，〔原註〕大概而論，實用科學之鼓勵，使學者研究算學之問題，比較抽象計論純粹算學問題之鼓勵爲多。卽以第十九世紀之初年而論，拉普拉斯之兩大著作，「天算學」（亦稱「宇宙力學」）及「決分學說」，其中卽有天學，物理學，統計學，所啓發之多數算學問題之起點，及其發展。其他方面，則有在德國所謂組合派，雖其著作中有形學之普通學說及替代學說之起首，有有系統之發展，五十年後，又要重新揭露其多數公式，且證明研究高等算學問題，非有此利器不可，然而此「組合派」之事功，幾乎盡爲世人所忘記。參觀麥馬韓所著之『組合分析』（倫敦算學會報告」第二十八冊第五等頁），又「算學叢書」第一冊『行列式』條下（一八九八年來比錫版）。又繆耳(J. Muir)論說，登於一九〇三年『自然報」第六十七冊，第五一二頁。其最著者爲天學——有時亦發生於好奇，並無施於實用之意。

第十八世紀之後半期，算學家覺得有將新科學安排，使成爲有包括之系統。德國之歐拉、法國之拉克啦之大著作，卽有如是之嘗試，於是始發現在創造大家及大算學家之手，闡理所得之結論，曾發生奇效者之基礎之無定及背理。

二、兩個新名詞指示所思想

在前數章已經提及，今在此章亦應提及，從所用之名詞中或可以尋出嚮導，以走出迷途。近代有兩個新名詞，爲舊時著作之所無者：其一、卽是複數，其一、卽是連接。此外又可以加一名詞，此則見於牛頓及來布尼茲以來之算學家著作，新近始有詳愼之分析及謹嚴界說，卽『無盡』名詞是也。是以吾人又謂近百年來算學思想之區域，倚賴複數、連接、及無盡三項意想之有方法研究及定其界說而生長。此三項意想指明近代算學闡理之邏輯的發展。

一二、複數　複數或複單位之概念、介紹吾人以推廣計數量度之組織之可能，保留或修改其所根據之根本法。

一三、連接　連接意想、及其反面不連接意想，介紹吾人於數目及數量之分別，數目成爲不連接之系，而吾人意想中之自然變易，作爲是不能知覺之極小變易所造成，此極小之變易，卽牛頓所稱之流數。是以此項連接討論，最後則引吾人發生一大問題，如何能使吾人之計算法，適用於接連變異之數量——卽謂自然手續是也。

一四、無盡　無盡之意想，不獨是微分術之根柢，亦是所有近是術之根柢；因未能求得謹嚴確切之法，只好用此近是法，天學演算則用此法，其他算學演算亦用之。

第十八世紀之算學家。卽遇有與此新意想相關之多數問題：此三項意想，常見於兩大學說之中——其一卽是普通解決方程式學說，「原註」因爲普通解決方程式，並不直接發現接連意想，作者只好提出一七九九年高斯第一著作，其中卽有證明此代數根本理題之作，五十年後翻印（見高斯「全作」第八册，第一頁及七十一頁）。韓克爾有此證明之節略（見「繁複數系論」，第八十七頁），有同此理題之證明。純用代數法，並不涉及連接及近是者，又有一八一六第年高斯之發明，復現於他人之著作，裴各克亦在其內，見上文所引「報告」第二九七頁。韓克爾（同前第九十七頁）發明高斯之證明，其補助前人及後人相似之證明，至於若何程度。又一是無窮級數（亦作系）學說。解決方程式，稱爲求方程式之根，算學家久已假設，謂每一方程式所有之根數，與其次數相等。此是代數之根本理題，算學家屢屢試爲證明，其後高斯在三說帖中，始有完全之證明，表明高斯極重視謹嚴證明，及科學之穩固基礎。

一五 級數學說與高斯

第二大學說之含有接連及無盡兩項新意想者，卽是開展算學式爲系（亦作級數）在平常數學中小數命分「原註」小數命分，似是初見於第十六世紀。其他不用十進法之數目級數，如二進法，十二進法，及他項組織，古代已經有之，且行用於中古時代。來布尼茲頗看重二進法，凡有理之命分，皆可以開展作有週期之小數命分，前人亦知之。其最主持，行用十進法者，是著名之斯蒂焚(Stevin)，其提倡議論，前見於其所著「數學」之附篇（作於一五九〇年，一六〇八年譯成英文），稱小數制爲『易於教授，而由連續之整數，可以迅速解決人類事業之簿記』。●坎托爾教授（「算學史」第二冊，第六一六頁）謂『吾人今日，則知十進法之通行，不出斯蒂焚當日所料』。斯蒂焚在其著作之末段，頗疑十進法之通行。以漸推行十進法之歷史，則見於裴各克之『數學歷史』（「首都百科全書」第一冊，第四三九等頁）。算至若干位爲止則人所習知之事；無盡級數即是此法之融通。泰羅(Brook Taylor)曾發明一極普通之級數公式，有馬克羅麟之略爲更改。此則包括當時所知之級數，及多數之新數，歐拉及其他大算學家，皆用之毫無疑義。及第十九世紀之初年，怕松、高斯、阿柏爾始提醒學者，注意於必要研究級數之輻湊。

【原註】理甫博士(Dr. R. Reiff)所著之「無窮級數歷史」（一八九九年版，第一一八等頁），頗詳論輻湊意想之如何以漸發生。柏特龍之「微分學」（一八六四年巴黎版，第二十九等頁）之序文，亦有如是之紀載。柏特龍謂來布尼茲似是首先要求無窮級數輻湊之一定法，見於其一七〇五年致友人赫爾曼書中。其書中有言曰：『余並非欲於有限程式以內，以求任何級數之價值。此種問題勢必超出幾何學家能力之外。余所欲求者，乃對於級數所表現之價值，是否可設法決定而已。蓋雖明知其爲輻湊（亦稱收斂，而仍不識其級數之本原也。若欲以一無窮級數，代表一有限數量，則須能證明輻湊之理，幷確知其展長至一定限度時，其錯誤以愈小爲愈妙』。然而來布尼茲因處置格蘭第(Grandi)級數，$1-1+1-1\ldots\ldots$，謂此級數之和，爲等於$\frac{1}{2}$，則令後人受其影響，歐拉即在其列，（見理甫所著之歷史，

第一八頁，及第一五八頁。高斯於一八一二年，曾刊布其研究一極普通極重要之級數，以作爲研究輻湊之標本。【原註】指高斯所著之超越幾何級數帖。自有高斯一七九九年所刊行研究方程式三說帖中之第一件，及一八一二年所刊行之研究級數說帖以後，學者對於無窮及接連兩項算學意想，始有新研究，及較爲謹嚴之討究。高斯在此兩說帖中，又發明必要以複數推廣計數法及量度法。然而高斯則未能以新思想深印於算理科學中。其發起新思想者，則在高斯起初刊布其孤立說帖十五或二十年後，

一六、科犀之分析

於是有科犀出，然後詳盡研究此問題。科犀於一八二〇年之前在藝術學校及其他學校，演講分析術，以一八二一年初刊行其此項著作。在此多數演講中，則極注重無窮、接連、級數輻湊諸意想，及推廣吾人數量之意想，超過代數平常數量或實在數量之範圍之外，又對於學者濫用代數之融通，而並不先規定其是否適用之情形，有嚴重之批評。【原註】科犀最先則致力於幾何，因是而窺見古時幾何法，何等謹嚴，今代幾何法，如何鬆懈之分別。關於此點有言曰：『余曾設法輔助彼等以幾何中所須之準確方法，庶不至事事仰求於代數通例所指示之理由。此種理由，雖屬通常可行，而余以爲自輻湊

級數至分散級數，及自實在數量至理想程式，祇能作爲預料中偶而眞實之推論而已。然較之數理科學，則其所誇美之如何準確，乃不甚相符矣。因此種理由，有使代數算式變爲無定範圍之傾向，亦須注意及之。至於此種算式，其指定要義，大都專事替代其所含數量之價値也。在規定此種要義及値價，幷精確指定余所習用符號之意義時，余嘗將所有不準確者，概行消滅之』（參觀其所著之「分析學」，一八二一年版，介紹文第二頁）。

科犀在其一八二一年所著之分析學，加以極多附註，可知其覺得對於代數之根本意想，有重新改造之必要。自有一八二一年之刋布後，又繼以微積分學諸作，因有此多數著作，於是有新精神布滿於普通算學著作，其始則傳布於法國，其後則傳至英國德國。其在德國，則有阿柏爾之極創新著作，及雅各俾之獨立著作，發起一全新之高等算學支派，以揭露某種函數有雙週期特性爲起點。

〔原註〕未揭露雙週期函數之前，已知有單週期函數，如指數函數及平圓函數是。平圓函數有實週期，指數函數只有虛週期。橢圓函數同時兼有上兩函數之特性。平圓函數惟遇獨立變數爲實數，則有週期。指數函數惟遇獨立變數爲虛數，則有週期。橢圓函數，則毋論虛實，皆有週期。阿柏爾及雅各俾各爲獨立研究，反勒戎德耳之第一種橢圓積分，以爲函數，則見及此一步。此新進步之中，有兩項原理，卽是反向手續，及用虛數手續，爲補足實在數目系（亦稱紀法）之必要。此項新發明，阿柏爾及雅各俾分享其功，參觀雅各俾與勒戎德耳往來簡牘（一八二七年一八三二年），轉載於雅各俾「全作」，一

八八一年版，第一冊。又見於論及阿柏爾之紀念集（刊行於一九〇二年）。尙有一極詳細之紀載，見哥尼斯堡之小書，名「橢圓超越函數學說史」（一八七九年來比錫版）。

因有如是廣大及極多效果之分析，由是科犀所發起，及高斯所欲因以推廣高等算學之重新審評修改及推廣算學闡理根據之事業，爲新發明所遮掩而無進步。

【原註】其在六十年間最用力於橢圓函數之四大算學家，勒戎德耳（一七五二年至一八三三年間人），高斯（一七七七年至一八五五年間人），阿柏爾（一八〇二年至一八二九年間人），雅各倖（一八〇四年至一八五一年間人），關於此問題，各處其獨立之地位。最先發起，則由於歐拉，因其有重要實用之可能也。勒戎德耳自一七八六年起，以一人之力，研究此問題者垂四十年。其初因求橢圓之弧，將橢圓積分成爲系統，其所至之點，以當時所有之方法而論，已是登峯造極，無可復加矣。及雅各倖出，介紹上文原註所提及之新法，而後又有進步。在雅各倖未陸續刊布其著作之前二年，阿柏爾則從另一極其不同而較爲普通之觀點，以研究此問題。賽羅(Sylow)曰：見「阿柏學案」第十四頁），『阿柏爾者，代數學名家也。渠曾云，方程式學理，爲其最實貴之主題，此層意義，在其著作中，已詳明言之矣。而對於橢圓函數，純用各種代數方程式以實行之，在其著作之初篇，亦曾說明解決此種方程式爲其重要主題矣。蓋此方程式學理，爲其最有效果之利器，是以橢圓函數之因數解決法，實爲首先導彼於轉換方程式之學理者。在證明阿柏爾論題，及其末次記錄「橢圓函數學理撮要」中，代數與微分積分之普通審察等，其解決法亦頗屬重要也」。阿柏爾之觀點，雖比勒戎德耳或雅各倖較爲普通，然而二子走其所擇之途徑而行不通（雅各倖嘗試推廣其函數週期學說時，亦然）。

令日吾人始知高斯從更爲普通之觀點，以研究此問題，則在阿柏爾及雅各俾三十年之間。一七九八年，高斯是時不過二十一歲，必已認定關於代數及函數之根本意想，有規定及推廣之必要，大抵因其忙碌於天學，是以無暇顧及，阻滯發刊其從前所得之重要效果。此項效果，已包括此時阿柏爾及雅各俾之所研究，只餘兩項效果，爲二子所新揭露，其一是高級非代數函數之代數比較，其一即是雅各俾所揭露之新函數稱爲特達函數(Theta function)（參觀哥尼斯堡之「橢圓超越函數學說史」第一〇四頁）。至於算學之要求，必要有此根本之變易，及其與上文所提及之特別問題之關係，當詩必是只有高斯一人能見及此。因爲其勁敵科犀，遲至多年之後，始引此根本新意想於橢圓函數。至一八四四年，赫質特初入手研究時，只有德國，及挪威，瑞典，丹麥，諸國算學家，研究此問題（參觀厄爾力斯一八四六年登於英國科學提會之『新近分析法進步報告』，翻印於其所刊行之「算學及其他雜著」中，第三一一頁）。不然則不能解說科犀何以收藏阿柏爾此著名說帖之稿本，而不研究，因是而延擱刊行阿柏爾十五年前所送達於學會之要件耶。（參觀上文原註所提及之雅各俾與勒戎德耳往來函牘，一八二九年，又參觀賽羅著作第三十一頁）。

一七、重新修改根本意想

由是觀之，雖或未免遲後，而見及有修改之必要者，則尙無其人遲至本世紀中葉以後，始爲大衆算學家所公認其必要。其時則有大思想家之專研究高等算學者，不嫌卑躬屈節，毅然折回於初級淺近算學（兼指純粹算學及實用算學而言）不久卽有重新規定。英國則早已有著名算學家早已有如是之趨向，然遲至今日，而後有人知其價值。予所指者，卽得摩爾根是也。

一八、推廣數目意想

上文曾言及用複數或複數量以推廣吾人之數目及數量之意想矣，作者今爲讀者解釋此事，初因解決方程式之演算而使算學家不得不留意，隨後則因以代數演三角數量，卽是量角度，今日則稱爲研究幾何方向。第一步推廣數目意想，卽是用負號數目。此則易於發明，不過從一底數起，作向前計算而已。此是指數學而言，若以平常日用之事爲之發明，則負號數卽是負債之數；若用幾何發明，則任意取一線爲標準，此線之兩方向，其一爲正向，反此者爲負向。以代數而論，其施於數量之單簡運算，則仍保存於所得結果之內，非若數學所得之結果爲數目，則不保存代數之組合數量，視爲加法所發生，其效果忽爲兩項式（推廣則得多項式），再進而以不同之兩項式或多項式相乘，則所得者爲較高級或較高次之項。此項向前或直接手續則極其容易，然而此中已包含武斷或任意之法則，歷久不爲學者所覺察；惟是演算之爲難，則發起反向問題——例如今有一多項式，與乘兩項

十九世紀歐洲思想史 第一編 下册 四百七十四

式直接發生之式，有相似之結構，今求兩項式或因子之相乘，而發生已知之多項式。在平常數學手續因分法而創造命分；因開方而介紹無理數：在代數亦然，因劈多項式爲兩項式因子，則有一新數量或代數的意想發現。既欲劈爲兩項式因子，則必要引用一新單位，卽負一之方根是也。以代數法表示此新單位，亦猶之表示命分或無理數，原屬極易之事；其爲難則在解釋此怪數目。自從笛卡兒以來，已習慣以幾何代表代數公式，現在既已正式當此新單位（又稱虛單位）爲數目，則自應附以幾何式解釋。

一九、幾何問題及邏輯問題

在散漫起首研究此問題時，則有兩一定之問題，漸漸成立：其一爲純粹形式的或機構的問題——卽是以幾何解說此虛數量；其一爲邏輯或哲學問題——卽是數學及代數闡理所根據之假設或原理之較爲明晰之界說。既要有代數闡理，自然亦要推及幾何闡理，此兩問題已早年爲高斯考慮所及，觀其與柏塞爾及叔馬瑟之往來函牘可知，【原註】尤以一八一一年十一月十二月，及一八一二年五月，高斯致柏塞爾函，爲最宜留意（見一八一八八〇年來比錫版「高斯與柏塞爾往來函牘」第一五一等頁）。

又觀於直接潛力之及於波里亞（Bolyai）

「原註」老波里亞（一七七五年至一八五六年間人）在一七九七年，至一七九九年間，與高斯為同學，兩人函牘往來不絕者，有五十年。此項往來函牘，已於一八九九年刊於來比錫，附以此異人之事蹟。老波里亞之子名波里亞．約翰（一八〇二年至一八六〇年間人），著有『絕對處間論』，，附其父一種著作之後（一八九六年，美國有此論譯本）。當一八三一年至一八三二年間，老波里亞以其所撰之關於幾何之作，及其子所製之論，寄與高斯。高斯見波里亞．約翰之論，大為驚異（參觀高斯一八三二年三月函件）。高斯謂小波里亞已預言本人（高斯）關於此問題之意想，由是而令人憶及一八二八年五月三十日，關於阿柏爾之橢圓函數說，高斯對舒馬克所言（見高斯「全集」第三册，第四九五頁）。高斯對於此兩事，覺得自己可以不必刊布其所得之結果，惟是以關於幾何基礎問題，則當時高斯之意想，尚未十分成熟，不若其身後刊行之遺集，何對於高等函數之意想之成熟。在高斯之著作中，並無有何闕於幾何原理之重要著作。高斯曾對於波里亞言，謂雖有將己意，寫明於紙上，以免遺亡之意，而不欲在生時刊布。

麥俾烏、及封斯陶特，亦或有間接潛力之及於洛巴赤夫斯基亦可知也。

「原註」高斯之理想，是否有潛力及於小波里亞之學說，原是一疑問，至於曾否及於洛巴赤夫斯基，則更屬疑問。洛巴赤夫斯基最早之作，見於一八二九年至一八三〇年之「喀山報」，而著作則或是成於一八二六年。惟是小波里亞必是從其父口中，而知高斯，少年時之理想。洛巴赤夫斯基則原是高斯學之弟子；或者此兩人因是而注意於此問題，其源頭則同（參觀哈斯忒德(Halsted)之「洛巴赤夫斯基演說」，見「新學叢刊」一八九四年第一册）。

關於所謂『非歐幾里得幾何』早年之著作，有一完全目錄（截至一八七八年止）。哈斯武德博士登於「美國算學報」，第一第二兩冊。最新近刊行之著作，則有羅素(B. A. W. Russell)之幾何基礎（一八九七年）及其著名之著作，『非歐幾里得幾何』，則載於「大英百科全書」第二十八冊。參觀克來因之「非歐幾里得幾何」演講（一八九三年格丁根版）。

然而高斯似並未達到其理想之最後一步，其偶然所發表之言外之意則容或有之（此則後來始能令人明白）高斯向來於其著作，好事雕琢，務求盡美盡善，故無暇發表其畢生算學事功基礎之能啓發人之意想以餉世人。高斯之預知直至第十九世紀之末，算學思想範圍內將如何發展，則毫無疑義——此與歌德之對於其他範圍之預料相似。複數之解釋，在第十九世紀初年，已有味塞爾(Wessel)、布愛(Buée)、及阿共(Argand)等之發明；【原註韓克爾在其著作中（見上文第六四五頁原註），第八十二頁，有以幾何代表虛數之紀載。於討論高斯等之後，對於阿共一八〇六年之論文有言曰：『其對於學說之全體，已有詳盡之研究，後來並無加增何種新義，除求得一較早之刊布之件外，阿共可以爲是在平面中圖示虛數之始祖』。較爲在早之刊布之件，則是味塞爾之著作之送達於丹麥學會者，送達在一七九七年，刊行在一七九九年。此作與阿共之作相似，皆不爲時人所理會。味塞爾之作，今於一八九七年重刊於丹國都城，名「方向表圖論」（參觀「算學叢書」。第一冊第一五五頁）。惟是當時並無人注意，直至高斯在其著名數目學說中，始得高斯之承認，及此後英國之著名算學家得摩爾根及哈密爾敦爵士，對於此事有極重要之推廣。「原註」上文原註所提及之啓發及巧法（自阿共及高斯以來，則已有修改），並不要緊，其最要緊之點，則爲一宗意想，此意想謂「吾人平常所用之數目，非加入一個虛單位，不能成爲一完全系統（此或組織），只要一加此數目，則自成其爲一種完全世界，如是者則能在此世界發起，而永遠不能離開。此外仍許有較爲普通之數目，吾人若要討論此種數目（倘若有之），則應從此項數目入手』（參觀「大英百科全書」撰力所著之「方程式』條，又見於其「全作」第十一册，第五〇三頁）。此項意想，先發起於高斯心中，則無甚疑義，且亦能證明並世之算學家，並無相似之遠見。此層既已爲算學界所公認（因格拉斯曼及里曼之獨立事功，而後有此公認），於是此問題之討論，則齊升較高階級。比較上文所引裴各克之報告，及韓克爾之討論，可見斯搭第（E. Study）教授之詳論，則更爲顯著（見「算學叢書」第一册第一四七，至第一八四頁）。第二問題，卽審評代數合法融通手續之原理之根基，亦在英國有特別之注意。至於研究課本所同認之記號闡理，卽締合例、配分例、對易理之原理，則自裴各克與宗其學說者之功。惟此項原理，大抵皆由實驗或因襲而採用於平常數學者，原非不相矛盾之記號闡理之所必需，則自有哈密爾敦爵士新創造以來，亦爲學界所共認。哈密爾敦竭十年之力建立四元新法，

二〇、四元數學

則廢除乘數之對易例。此新法施於弧三角，最爲有用。從此研究而發生兩個新名詞，以達幾何之特別意想，能約化施於實用之繁難爲單簡。其一卽是『矢數』或『向量』名詞，以同時代表數量與方向，與平常之單獨代表數量與方位者不同；其一卽是『算子』，同時變數量與方向，與平常之法數只變數量者不同。」（原註此兩意想，其一則發生於哈密爾敦之著作，其一則發起於運算術，皆出自英國。其時，正當對於算學爲破碎不成體段時代，與並世之大陸算學，不相聞問。密爾敦之四元術，及運算術，世人視爲好奇之作者，甚久（參俾烏之重心說亦然）。其後漸漸有算學家領會此兩項新術，毋論從理想方面，或從實用方面觀之，皆有重要價值。科學家因覺得有物理數量代數之必要，是以從實用方面，知向量術，或有方向數量之代數之有價值，此則發現於馬克斯維耳之著作（參觀馬克斯維耳之「電磁學」第二版，第一冊，第八頁，又參觀其所著之「物理數量之算理分類」，一八七一年，又見於其「全集」第二冊第二一七頁）。凡是推行電學理想於實用者，非用此不可。於是注意於此問題者，日見其多，而以美國爲尤注意。因美國之電學科學發展，及電學之實用進步最猛也。第一等算學家，如季布茲教授，著有向量術之課本。此外著名電學家如赫味賽，則製爲特別之方向術，以合於電學家之用。都伯林學派，自哈密爾敦死後，則有波爾爵士繼起，以爲之代表，在力學中（指波爾爵士一八七六年刊行之「螺旋學說」）則有大潛力，以介紹新法，及較爲合用之法，其後漸漸及於此問題之各項著作。當時只有四維術，以發表此項新而有用之意想，不知同時則有格拉斯曼之獨立研究

（參觀本書第一冊第二四三頁），創製一包括較大探源較深之作，所有四維術，及各式向量術，在其間不過是作爲別案。此事已有各國之算學家，有多數之證明，如德國之希勒革博士，及韓克爾，英國之痕利奇(Henrici)，槐特赫德，意大利之皮阿諾(Peano)，法國之福爾提是也。讀者欲知此問題之全體，如格拉曼斯之遭遇，與其著作，則宜讀希勒革博士所撰之「格拉斯曼傳」（一八七八年來比錫版），及「格拉斯曼膨脹學說論」（一八九六年來比錫版）。格拉斯曼之全作，現在印行中。讀者若注意於方向術之意想，如何由暗昧，而至於明晰，所用名詞如何規定，則宜讀「自然報」所登之辨駁（見第四十七，四十八冊）。其互相辨駁者，皆當時科學大家，季布茲，赫味賽等。拉摩爾博士，有評論亥華德者「同面向量代數」之作（見第四十七冊，第二六六頁），又波爾爵士有討論所格拉斯曼之作（見第四十八冊，第三九一頁，一八九三年），學者亦宜參觀。

阿共，及其他算學家，曾經發明數學之不以一單位而以二單位爲根據者，即是雙數或複數之數學，可以選擇如笛卡兒幾何之二垂直軸爲軸，以爲完全及適合之圖示。哈密爾敦因欲推廣此項幾何圖示於處間，是以創造四元術，高斯則早已謂在平常代數範圍中，不必再事推廣，亦不能推廣。

二一、幾何之基礎

高斯心中不自域於審評代數之根本原理，同時亦用心於幾何及力學。法國大算學家，如勒戎德耳、蘭格倫日，亦有相同之研究，如是者已有百年。及第十九世紀之末期，始有聯合，始證明其於算學之普通進步，有極重要關係。因是而閉戶潛修之極有創解之大思想家之事功，遲遲不爲學界所承認，作者亦因是久而不能聞名。此項理想研究，或用以操練巧思，或以之改良演算之利器，或期達到人類思想及直接知覺之根本手續。「原註」歐拉早已說過，研究算學者，其注意各有不同。其論橢圓積分之言曰：見「德國算學會報告」第三册第二〇六頁），「若從實用觀點而論，則可以分作兩類：第一是利用於平常日用及其他科學者，其價值自然以利益量度之。第二則包括無直接利益之理想，而能擴充分析範圍，又能操練心力。是以有多數之研究，因爲分析不足以濟其窮，而拋棄之，其擴充分析區域之理想者，則不無價值。凡瞻察之根據於後設者，則似歸此類，此項瞻察，絕無而僅有先設之揭露。既已有正確之建立，則方法易於發現，因搜求此項方法，而分析區域亦因是而推廣，則無可疑者」。算學派之以阿柏爾及雅各俾爲領紬者，其研究算學，則純粹爲科學利益起見，因是頗爲法國之算學家所卌評。參觀一八三〇年七月二日雅各俾致勒戎德耳書，其論怕松之報告書有言曰：「怕松將已擬傅立葉之率直論調，載入報告中，似欠斟酌。因傳氏曾責吾二人（阿柏爾與余）未尙專意於熱氣之運行也。傅氏以爲算學之主要目的，乃謀公衆利益及自然現象之解釋。惟哲學大家如傅立葉者，極應知曉科學之惟一目的，乃人類思想之光榮，而數目問題，當與世界制度問題，爲同等價值也明矣」。又續言曰：「我可逆料此種深奧之理（橢圓及阿柏爾函數），能應用各種奇妙與意想不到之性能，蓋阿柏爾論題能引導以證明該性能也。：：余常詳細研究天時錯亂之新方法，必須加以橢圓函數之新學理，始得事半功倍耳』。有多數人以為於此三者之中，只有第二可以增長科學進步；以第一為無事之消遣，以第三為空虛無有，又不無危險。作者承認此種見解，有部分之真確，今將從第二觀點討論。

三　投影幾何

第十八世紀之末期，有蒙日之演講，遂創製投影幾何，〔譯者註〕似宜作實寫形幾何。此是最先以純粹圖示法，解決算學問題。科犀是新分析術之始祖，蒙日與噶爾諾則是新幾何之始祖；杜鵬、沙爾、逢退利等，蒙日入室弟子也。此學派之目的，在乎使從古以來所用之幾何方法，有笛卡兒所發起之分析方法之普通及系統。〔原註〕古法在英國，則有牛頓，辛姆孫，斯條亞等，用之最廣。法國之噶爾諾，則部署之使成系統。沙爾嘗曰（見『高等幾何學』卷首第七十七頁）：『在前世紀中，辛姆孫，斯條亞等，對於各問題，一如古人，曾供給同數之證明法，及各種圖形，蓋視其各部分之大概位置，而一定也。噶爾諾以為凡一證明法，可實施於普通狀況之圖形，以及於其他狀況，均可適用之。並說明在圖形之算式中，如何變換符號。若以此種算式，實施於另一圖形，則與第一圖形之相差，僅在某部分大概位置耳。此即其所謂「圖形相合之原則」是也』。

自從笛卡兒發起分析術不久之後，來布尼茲則預知此純粹幾何有發起之

〔一原註〕參觀本書第一册第一〇三頁原註所引來布尼茲致海亘史書。

可能，又有發展之必要。以舊法討論者爲量度或數量，新法則討論在處間部位之關係也。製地圖所用之投影法，及繪山水所用之繪法，已發現在平面及處間（亦稱空間）之圖形多數之特性，若接連移動線或點，如投影然，及以線或面劃立體，則能解決多數問題，及孤立之理題。投影幾何是製造形體，分析幾何則在乎計算及其後之解釋。所有一切純粹製造問題，皆要彙集組合，以有系統法使成爲體段。此則顯然是另外一種研究，以智識手續爲根據，與分析法不同。其宗蒙日學說者，以爲此種研究，學者未免過於忽略。蒙日雖然是純粹製造派或實寫派之始祖，亦是分析術名家；因其能融會兩派學術，是以其算學著作，富有創解。其入室弟子逢退利，因欲對於製造或實寫幾何，爲澈底獨立之發展；當其被禁於俄國監獄時，無書籍可以援引，則深思代數分析有如是大力之理由，何以幾何則無之，應如何能使幾何亦得有與代數分析相似之普遍大力。由是而窺見其理由，在乎幾何爲其闡理之過於受謹嚴而限制，一至其所研究

二三、逢退利

之物無存在，則不復進行也。【原註】參觀其所著之「投影幾何」第一冊「介紹文」，第十一第十二頁。予所引者，是一八六五年再版。第一版刊於一八二二年。其研究則始於一八一三年，在其被禁時。見第一版序文。分析術則無與束縛，正與此相反，其所用之記號爲無定者，得以任其漸漸變易，不獨包括所明知者，且包括其中所包含者；不獨包括其有定者，且包括其無定者；不獨包括其實者，且包括其虛者。【譯者註】即所謂無存在也。若欲使純粹幾何或實寫幾何，以同等之普遍融通，則必要使其有同等之活動，不受限制。逢退利由是發起其著名而爲多數人所批評之『接連例。』

【原註】參觀前書『介紹文』第十四頁。欲研究接連例之原理，宜觀「大英百科全書」第二十八冊，泰羅所著之作，及刻忒(E. Kötter)教授所著之「組合幾何學發展」之報告，載「德國算學年報」第五冊第一二二等頁。其中有言曰：「初時發明接連學說原理之作，篇幅頗長，自與其友人等有多數函牘往來之後，逢退利乃並不刊行。惟逢退利之研究此原理，極爲審慎，且有進步」——見其所著「割錐投影論」，以一八二〇年送逢學會—「其發明原理，雖極其謹慎，而仍不免動科犀之疑。其審查逢退利著作之報告中，警告學者，不宜急於實用此例。革共則在此翻印之報告中，加以附註，謂逢退利之原理，是揭露新理之利器，惟仍要有謹嚴之證明」。逢退利見科犀之報告，則頗不平。韓克爾之言曰，（見其所著之「投影幾何原理」一八七五年版，第九頁）：「逢退利所發起之接連原理，因其連合各種不同之具體問題，不能以幾何法證明之，因爲虛數不能圖示，也

。此原是純粹幾何所受分析術之一件禮物，在分析術中，虛數之舉動，與實數相同。只因習慣看待實數與虛數有相等之合法，是以發生此原理，若無分析幾何，則此例永不能揭露。分析術久已爲算學家所專心研究，純粹幾何得此，則是受調劑矣。幾何學暫時投閒，亦自有其益處」。刻武，又有言曰：『封斯陶特首先加虛數於投影幾何之根本理題之內，是還敬分析幾何以一禮物，在幾何學家手中，發生極好之效果』。

分析幾何，以代數算式替代數幾何之形（例如一曲線，）則可引用抽象分析術之種種巧妙。學者若變動其坐標軸，則能在全曲線進步以研究曲線漸趨於無窮之舉動，或揭露其不接連處之奇點：學者又能變換代數算式中之定數，以漸而從此一曲線，以至同族之彼一曲線，例如集合所有第二級曲線使成一羣是也：學者又可以照變數術（如歐拉蘭格倫日所創造者，）改變方程式之形，從此一種曲線以至彼一種曲線。凡此各項之方程式及記號算式之運算，其始皆從幾何抽取而來，力學之運動意想，亦包在內；最要者則爲點在處間（亦作空間）運動之意想，此是流教學（卽微分學）之根據。在處間之接連運動——卽指點、線、面之運動——意想，與分析學之變易意想相合。若介紹運動（有步驟而接連之運動，）則純粹幾何或實寫闡理亦能活動與流數術及變數術所得之活動相同。由是幾何之圖形，則失其限制或束縛，失其孤立，及有限之性，亦能活動，亦能相與互生關係，而不孤立，亦能瀰漫處間，不至於枯守一隅矣。

二四、新幾何之特性

新幾何與舊幾何之特別不同，則在新幾何之有活動性，永不任其圖形不運動，或變爲堅實，〔原註〕參看基塞(Geiser)所著「斯泰涅紀念册」第二十七頁論斯泰涅方法一段。永不討論其孤立，而討論其與圖形之關係；絕不討論一線或一面之一部分，必討論此線此面之發展至於無窮。由分析與幾何之互相反應，由是而漸得自由及融通。

惟是任圖形游行處間，以求得其特性，及其與他圖形之關係，應有其道；不然，則不能得科學及確切知識。逢退利因考慮幾何之笛卡兒學派及實寫學派所用之兩法，如何而至於如是盡善美程度，則揭露一融通原理，爲此兩法之根據，又能有大推廣，卽投影原理是也。〔原註〕逢退利「投影幾何」第一册第十八頁有言曰：『余曾一再思維，解析幾何及直角坐標法之效用，甚爲重要，而裨益非淺。此種算學支流，竟能大有造於一種眞實學問，其原則雖不甚多，而其連絡結合，則頗具價值，令人不能不重視之。諒日後不久，世人當能認此爲應用於投影之需要品焉』。

二五、投影術

逢退利研究投影術，立刻介紹較爲普通之中心或圓錐投影術，其中卽有兩條引伸，則已載於古時留傳之割錐著作中，亦有大美術家芬奇（Lionardo da Vinci）所創而爲其他幾何學家所發展之實用繪體法（又稱配量法）。以上諸效果，散見於諸書中，逢退利則彙集之，歸入於接連例之內。逢退利又用投影法，『變極普通之形爲特別形，及變特別形爲極普通形。』又發明圖形之『相似』理，證明似若極不相同之圖形，可以用投影法實寫其皆發源於相同圖形，發明諸形圖中有一特別關係——卽『交互關係』是也。〔原註〕逢退利所謂圖形之相似及圖形之交互，是關於此一形與彼一形之元素有同等（亦作相當）之關係。所謂『相似關係』者，是說兩形之同（相當）點，或同等線，卽是同元素之同等（相當）。所謂『交互關係』者，卽謂此一形之點或線，與彼一形之線或點同等，卽謂元素之不同者之同等（卽相當）。欲將兩形置於有相似之關係，則用兩平面之載此兩形之繪體圖者，使湊合在一平面，如是則兩原來平面相交之割線，則變作軸，同點則變作相似之中心點，皆同在一平面。在蒙日之『實寫幾何』中，所用者爲兩平面，其一爲橫平面，其一爲縱平面，同在一平面上，其在此平面，則以今日所謂其周圍線，表示縱高。逢退利已存想，有簡化此兩面之可能。海耳(Hire)所著之「割錐學」（一六八五年），已知有一特性，即謂在圓錐截面上，每點配合於一直線、稱爲『對極線』，而每一對極線，必有一配合之點，稱爲『極點』，所有配合於一直線上之各點之對極線，同遇於一點，調換言之，凡極點之配合於所有同遇於一點之各直線者，皆在一直線上，對極線與極點互變其關係。逢退利所謂交互關係，即發源於此。彼乃用『變一圖形爲對極線之法，以爲求得新理題之助，是以幾何有一理題，即有一配合之理題，即是原題之對極線，因是而劈開幾何學爲一系眞理，相與並行，又往往相掩』（參觀前所引韓克爾之作第二十頁）。

二六、接連例

逢退利以接連例，發明在純粹幾何中，如何必要介紹點及線之趨於無窮，及變爲虛數者之研究，由其不能見之元素，以發明此一幾何形如何接連變化，變作彼一幾何形；亦如在代數中，此種意想不能不令分析家注意。採用此項意想元素，然後能揭露實在之特性。

二七、意想元素

考慮至於線與點之漸趨無窮，或線點之在無窮處者，研究繪體法者，則從所謂消盡線之意想而習知之；至於包括意想之點及意想之線，則誠如韓克爾云，是純粹幾何學從分析學得來之原理，因在分析學中虛數量（指意想數或複數）

之舉動，與實數量相同。若不包括此項意想或不能見之元素，則純粹幾何闡理之融通或接連，則絕不能成立。

由是觀之，蒙日、葛爾諾、及逢退利諸子之幾何闡理，有多數之代數或分析元素混合其中。蒙日之實寫幾何，原是純粹圖示法，逢退利之中心投影，則從純粹製造觀點，以解決幾何問題。然而蒙日後來著作，及逢退利與葛爾諾之著作，皆表示目的。介紹分析法之融通及接連於幾何闡理，於是從解釋分析學之意想，而頗能達其目的。其後竟能揭露一純粹幾何特性，是為新幾何學之基礎。

二八、成雙原理

此最可注意之特性，卽是發露推廣處間（亦稱空間）之要素、或複摺處間之要素，因其將處間各元素發生互相關係也：此特性可稱為『成雙』原理，或『交互』原理。成雙之界說曰，平面幾何或空間幾何，『有成雙或成對之形存在，如是同時存在之兩形，發生於一源，其不同之處，只在發生元素之特性。』〔原註〕見格里摩拿（Cremona）所作之「投影幾何」，琉得斯多夫（Leudes-dorf）譯英文本，一八八五年牛津版，第二十六頁。平面幾何之元素，是點與線；

立體幾何之元素，是點與面。只要互換相關名詞，則相關之平面幾何及處間幾何之各題，皆可以寫出。在投影幾何中，有兩種手續，彼此有關，或彼此補助，卽投影手續及割剖手續是也。學者可以從一點投影在平面，或處間畫線，又能用平面上之線，或在處間之線，割以上諸線。投影幾何又證明，若是有一幾何形甲，是由此項手續中之一，從幾何形乙導來者，則可以用相補手續，從幾何形甲導來幾何形乙。』〔原註〕參觀格里摩拿之作第三十三頁。

二九、交互

逢退利之投影幾何，有投影割法之成雙原理之來原，及割錐之定點定線之交互學說來源。惟是算學家之首先發明普通成雙（雖非最普通者）原理者，則是革共；此君並認定其不獨爲幾何之巧法，且是普通哲學原理，能約化幾何闡理，使歸單簡，並能見及此是幾何新紀元之揭曉。〔原註〕成雙原理，似是革共首先發明，其充分之融通，大約是從逢退利之交互極淺說得來（見上文第六六三頁原註）。逢退利其後有極多之辨論，爭得首先發明之功。韓克爾之言曰：『革共見得此項並行情狀，並非割錐特性之偶然效果，實能成爲一項根本原理，於是稱爲『成雙原理』。其平常教授之學生之幾何，以線是一點之運動所發生，則有另一種合法可行之幾何，以反對之，以一點是一線之旋動所發生。在第一案，線是動點所經之路線，在第二案，以點是旋動線之幾何的相割。由是成雙之融通原理，歸納於新幾何之內』（見韓克爾所著書第二十一頁）。革共有言曰：（見逢退利一投影幾何」第二版第二冊附錄第三九〇頁），『溯自二千年來，幾何一學，研究者雖稱眾多，而深明其學理及效用者，實屬寥寥無幾。是以吾人急須加以激底之研究，而闡發其新理，以冀在幾何學上開一新紀元。其首先要務，即將以前一切專書，悉行束之高閣，而替代以純粹哲理之專書，俾吾人得能知其範圍，探其深奧，識其真相，明其效用也。蓋往昔所受之教育，均屬疏腐不良，未能興起世人注意及此。總而言之，於科學之改良，從前，雖未曾預計及之，而自今以往，吾人當雷厲風行，勇往直前，努力猛進，精益求精，以冀達到目的也』。

三〇、斯泰湼

惟是作者必要持平，應聲明在一八〇二年及一八三〇年之間，幾何學此種大簡化及組合，原已布滿於算學界空氣中——諸大算學家，因得各觀點之啓發，大抵皆有見及此。吾人得追溯其最初起點於從前算學家之絕妙理題，如巴斯噶及海耳所發起者是，又起於較爲普通之蒙日及逢退利之能啓發之方法；其最初之正式說題，則見於革共之說帖：惟是最普遍之施用——即謂從此觀點，重新作幾何學——則是斯泰湼之意，其所著有幾何形之相倚賴之有系統發展（一八三〇年）可惜並未告成，在此大作中，作者之意要『揭露一機體，舉凡處問世界不相同之形，皆有此機體以相聯屬。』斯泰涅：『又謂其中有小數之極單簡之根本關係，發現一規畫，用此計畫，則全體理題皆得以邏輯法而發展之。』又謂：『吾人由此而得自然之諸項元素，此諸項元素，即是自然以最經濟及最單簡之法，以無窮數之特性，授與諸形者。』〔二〕

〔一〕【原註】見斯泰涅〔全作〕第一冊，第二二九頁。

〔二〕韓克爾有言曰：『凡一割錐，可以發生兩投影之筆形光（【譯者註】亦可稱錐形光線）之相割（及關於投影域之成雙交關之理題），斯泰涅即從此絕妙之理題中，認定一根本原理，所有此各項曲線之數之不盡之特性，皆自然而生，其容易如同兒戲。欲見及此，只要以組合一活潑想像於極單簡之理題。惟是此想像必要能從極不同之多數方面，觀形，以便有無窮盡之特性發生』（見韓克爾之作第二十六頁，又見格里摩拿之〔投影幾何〕第一一九頁）。

逢退利及斯泰涅研究幾何之事功，在第十九世紀中葉，介紹兩新方面於幾何，吾人於是習聞兩種幾何，似各有獨立之發展者多年。此兩種幾何之分別，則有名詞以區別之，如『分析或組合』，如『計算或製造』，又如『量度或投影』是也。其甲種則以算式運算，乙種則研究圖形；甲種則研究數量（指大小）及長短遠近及角度，乙種則研究部位。

投影法似將線與角之大小改變，只保留其地位，及彼此之關係，例如相切，相割是也。計算法或代數法，似使圖形處於孤立之地，而隱藏其互相倚賴、及互相關係之特性。

三、量度幾何及投影幾何之交互滲力

因有如是發現之缺點，是以激勵此兩派之代表，爲細察之研究，以求得其深藏之理由，使此兩宗幾何學同到於盡善盡美地位。代數公式則有改變爲較爲活動之必要，使能較爲容易較爲自然，以發表幾何的關係；其用幾何法者，則必要表示亦能處置數量問題，亦能以幾何法理解釋分析法之所謂無窮、及所謂繁複新意想。此一層則有封斯陶特之奇才所辦到，其代數所介紹之虛數，或不能見之元素，則得有純粹幾何的解釋。

〔原註〕虛數之幾何解釋，見於封斯陶特所著之「方位幾何」（一八四七年）之後篇，刊行於一八五六年及一八六〇之間，久爲學者視同古董，或視同分析毫髮之無謂議論。其後因有累伊(Reye)教授，及呂洛司(Lüroth)教授之苦心發明之事功，然後使學界與其學說接近，已介紹於外國刊行之好課本。以作者之所知而論，則以斐德勒博士後來監刊之散夢所撰之「割錐」譯本，爲有最單簡之發明（見第六版，第一冊，第二十三等頁，又見於第一七六等頁）。在主持多數之孤立及散碎著作薈萃爲一，使成體段之前，韓克爾於一八七五年，持

有論及封斯陶特、及與沙爾相比較。其言曰：「封斯陶特之作，誠有創解，是欲強還自然之千頭萬緒縱橫旁午之線索，使成爲一種抽象的計劃，及一種人爲之組織，只有在德國可以作到，德國原是謹嚴篤守家法者，有科學的拘迂。法國之確切科學事功，與德國相等，然而隨處採用利器，並不犧牲直接知覺之證據，而偏嗜系統，亦不墨守清純主義，而犧牲方法之簡捷者。封斯陶特隱於窮鄉僻壤，閉戶潛修，原可以從容發展其學說，不過偶然爲一二弟子解釋。在巴黎大都會，則有多數同事及弟子之交際，則絕不能辦到』：（見韓克爾「投影幾何原理」第三十頁）。

當時則有斯泰涅以新法驚駭算學世界，此新法富有效果，以解決所謂同周問題——卽是解決同周形體之容量之最大數或最小數，或解決調換問題，從前因此項問題，歐拉及蘭格倫日曾創造一特別算術。

「原註」參觀斯泰涅一八三六年十二月一日，在柏林演講，及一八四一年所撰之「最大數及最小數」之說帖，翻印於其「全作」（見第二冊第七十五等頁，又第一七七等頁），最宜注意者，是此兩說帖之極有意味之介紹文，其中有引及從前已曾研究此問題之呂里厄(Lhuilier)君（一七八二年），頗歎惜其他算學家之拋棄呂里厄君所用之組合法。斯泰涅所發明之新法，其中有極其容易者，聽其演講者，座中有不深諳算學，如米勒（約翰）者，則極爲詫異，怪其爲何在學會演講如此容易問題。算學大家如特理力者，則極口稱讚新法之巧妙。多年之後，算學大家則以變數術解決此項問題，然而仍不能出組合法之範圍（參看基塞「斯泰涅紀念冊」第二十八頁）。惟是讀者切勿以爲對於施用幾何法，斯泰涅是墨守清純派者。斯泰涅有言曰：「兩法皆宜用，不能取此去彼。欲解決此項問題，兩法倘有極多研究，倘有多年可用，久後始能決定某法爲最善』（見其「全作」第二册第一八〇頁）。以分析法及組合法，同解決一問題者，以擶圓吸力問題爲最著名。馬克羅麟之著名理題，，前已驚駭算學世界，雖有衆人稱讚其妙，然而算學大家勒戎得耳及怕松，，皆發表意見，謂組合法則有時而窮。怕松以爲「組合似應在分析之前』，然又斷言「各問題之完全解決者，僅由分析轉換法而告厥成功，蓋組合法勢不能補充分析轉換法爲』。一八三七年，沙爾送一說帖於巴黎學會，反對此說。沙爾因研究同焦點之曲面，以組合法證明馬克羅麟斯法之融通。傍索（Poinsot）報告沙爾之說帖，並附以意見曰：「此項說帖，奇妙異常，可資吾人以美善明晰之新例，而幾何學能將該例傳接於各種艱澀難解之問題。：以上兩種學理，當須格外注意，不應稍事忽略，以其在吾人著作中，皆有密切關係，而造成人類思想高尚完善之工具。因吾人思想之運行，全賴符號與圖形之輔助，蓋以思想開始施用於難解問題時，莫不援用該兩種方法，以達到圓滿解決之目的，此乃人人成知，而不能不承認之也』（參觀沙爾所撰之「幾何學進步報告」。一八七〇年版，第一〇五等頁）。以上所云奇才異能所創之新法，誠爲巧妙，然而其最有功於科學者，則仍爲德國之普勒刻，法國之沙爾，英國之揆力，善於輪用分析法及組合法。

作者不能（亦非本意）討論此每位大思想家所介紹於新科學之特別意想，不過爲將此數大算學所發明之紛糾如亂絲之算學理想，稍爲部署，以區別三家之事功。

三二、普勒刻沙爾揆力

普勒刻關於處間製造之元素，及坐標之融通，大改變吾人之意想，幾何學因是而有大進步。沙爾之研究幾何，則以在有限處間之形，組合於無窮遠之元素。揆力則以新創及包括最廣之新代數法，推用於幾何。今試爲分別論之。

三、歷史基礎及邏輯基礎

凡一科學之元素，與此科學所研究之特別問題之元素，絕不相同。例如化學之元素，並非是化學物元素所謂化學物元素，吾人以爲是存在於自然界，有其一定，而不能改變，科學之目的，卽在乎求得此元素至所謂化學元素，則是某某種意想，以爲便於教授便於發明，及建築此化學科學意想是人爲化學物元素是自然。此論施於幾何科學亦然。幾何學元素有其歷史起點，有其實用起點；至於處間（亦作空間）諸元素，原是吾人心中所造成之意想，因幾何學之進步而漸漸發生。毋論在何種科學，皆有以自然元素，或實在元素，替代偶然及人爲元素之趨勢，將歷史留傳之諸學說，重新建造，所用之材料，卽是自然所用以發生實在形體或實在物之元素。從上文所引之言觀之，可見斯泰湼當日著作系統發展論時必已存此項意想。幾何學家從歐幾里得之幾何原本而知從有界限（卽有窮盡）長度之直線及三角、平圓入手，以達於較爲繁複之形式，因所施於實用，於是幾何學變爲量度科學，其所求者是數；其在天學、地學及地理學，因爲便於實用起見，則介紹人爲方法，任便擇點及線，以規定在處間之某點某形之部位。因天學、地學之名詞，如『經度』『緯度、』『高度、』『方位度，』『赤經、』『赤緯、』而發生笛卡兒之兩坐標，及解析幾何。此舊幾何及新幾何，皆是從人爲起點，介紹多數新意想，與研究之目的毫不相干，如是者多年。及至第十九世紀，算學家漸漸見得此新舊兩幾何學之方法，過尊人爲，因知前人所介紹之異類元素，未免太多，阻礙其研究之目的。於是以自然意想替代人爲意想，擴充幾何學家眼界，使能明見不株守於點（點動及點之遠近）以爲處間建築之元素之利益。此則普勒刻之功，有非他人所能及者。是以今日學者，不獨有點幾何，且有線幾何——卽謂以線爲基本元素，以點爲附屬元素，定爲兩線之相交。此項新理想（亦能用於處間幾何，以點之動而生面，或三面相割而定一點，）引吾人於成雙之同等（相當，）或交互，此則

三四 普通坐標

逢退利及革共以絕不同之造想，而達到相同目的者。普勒刻天性與分析術相近，在其手中成雙原理立刻得有分析。彼即能見到同是一方程式，而有兩層解說，視所用者或是點坐標，抑是線坐標，而生分別——即謂或以點、或以線爲運動及發生之處間元素。由是而再進一步，則發生普通坐標之意想，處間形式之成雙意想，於是而得分析算式。此是在較高級平線之分析術及實寫術之組合，由是而有完全新鮮及富於效果之幾何學發展之可能。

普勒刻之方針，在乎改分析公式爲自然，使易於表示幾何形及幾何關係，從修改之公式中，得有新鮮之幾何特性。其時以沙爾爲領袖之法國算學派，〔原註 沙爾之刊行著作甚多，其尤爲重要者，則有兩大作，籠罩德法英三國之純粹幾何研究者多年。其一是「幾何法之原來及發展史」（一八三七年），其一是「高等幾何學」（一八五二年）。沙爾不獨深於算學，且善屬文，此兩大著作一出，不獨一時蓋過德國大算學家麥倬烏，斯泰涅，且普勒刻，封斯陶特諸作，且掩蓋沙爾本人之孤行各項新揭露。其歷史早已譯成德文，其在英國，則有都伯林算學派散麥博士諸君，播傳沙爾諸作。〕則致力於介紹分析學之特別意想於幾何；分析學之此項特別意想，能使分析學得其融通、普遍、及一體之性。有兩項意想，必要以幾何研究者爲無窮及假數——即指形之元素之在無窮，及只有意想（或不可見）而不能解釋者有多數算學家以爲在幾何學中與實在形之在處間或在面上者，相關連之虛幻或不能見之元素之意想，是從代數輸入；惟是建築幾何，一旦不限於研究孤立不動之形，則虛幻數自然而發生，因既不限於孤立，則必要用同時並論多形之互相關係之法，以投影及繪體手續對付線團及面團，及移動各形，或改變各形。施於方程式之分析手續（或用此一法，或用彼一法，方程式皆是表示一種幾何形，）在投影幾何中，則有反面手續，以繪體法（如變動其中心點，或改變投影面）則有某某種元素，移至無窮處，或割圓之線，移開至於圓外，似若與之無相干者。逢退利即是用如是方法，含有在處間之接連移動爲點、線、及其他處間元素之在無窮處者立界說，而介紹意想的及虛幻的元素之幾何意想。逢退利之言曰：『如是界說，則有立刻可以用於一切點線面之利益；此項界說，既非無相干，亦非無用，誠能化繁複爲簡便，且能

三五、意想元素

推廣幾何意想之目的；又有一層，且能得其切點，此切點雖不能常有實數，至少亦必有虛數，此相切之兩形，初視之，以爲絕無相干，有此則證明其有切點，由是能使學者殊不費事，以揭露此兩形所公有之關係及特性。』「原註」見其所製之「投影幾何」第一册第二十八頁。逢退利是從幾何接連原理，以達於考慮無窮及虛幻元素者。

作者在前文已經說過，逢退利之投影術，介紹兩種極不相同極宜注重之形圖之特性於幾何闡理內。算學家皆共同承認有中心或平行投影，或繪體形圖之部分之某某種特性，或某某種關係，則保留不變，其餘則變，或失其原形。逢退利稱此項不變者爲投影或實寫特性，其變者爲量度特性。自從逢退利有此重要分別之後，幾何學則介紹數種重要之根本觀點；分幾何研究爲兩支派，即是部位幾何及量度幾何是也。古代幾何學發起於量度問題：今代幾何學，自蒙日發明，則發起於圖示。今日則習慣稱古代幾何爲量度幾何，今代幾何爲投影幾何，此種習慣發生無謂之觀點分別，及再進而發展，則此兩觀點同會於較高之平線，復合爲一。惟

三六、不變數

是此項分別，又發生另一極要注意之思想及研究，且有漸漸節制算學原理之趨勢。投影術以形圖之移動或變形爲基礎。此項手續之結果，則爲有若干種之關係不改變，其餘則變。分析術在晋勒刻及其他算學家手中，則起首漸漸以求湊合於幾何形圖，因公式與形圖有密切之同等，自然要在公式中之不變元素，以研究形圖之不能變之特性。此即是不變數原理之解釋，及其由來。【原註】麥馬韓之言曰：「毋論在何項問題中，皆有某項事物，其處境改變所生之關係，則亟應研究者。此種事物之某種組合，經過某種手續後，則有其不變之價值在。以最廣之科學意義而言，不變學說即是推求此項組合，以發明其特性，表示其效果。有多數之政治科學及經濟學之普通原理，能以不變之關係發表之，以特別問題中之事物爲關係中之因子。例如化學之大原理，謂元素或化合物之相合，其相化合之原子之共重不變，亦其一也。又如在物理學，若有一已知之氣體之質量，受種種不同之壓力及熱度，而以壓力乘容積，復以絕對溫度除之，其值不變，又其一也。此外尙有不勝其多之榜樣可引。若在算學，則所謂事物者，則包括數學，代數，幾何，而言。所謂手續者，則包括算學諸手續而言。其最有價值者，只在其原理。今日之充塞於各支派之算學者，皆是此不變意想」（見一九〇一年「英國科學提倡會報告」第五一二六頁）。英國派之算學大家，如布爾、揆力、西薇士德等，大有造於算學界，以其首先孕育不變數之學說之意想，又能預先見到其能用於多數之科學問題，最著者則爲施用於幾何之投影手續。此則從逢退利及沙爾之大著作而知之。此兩大算學之大著作之大意，則有都伯林學派之著作，以介紹於英國算學界。〔原註〕不變數學說之歷史，已有邁爾•夫藍次博士重新撰著，見於「德國算學會年報」之第一冊第七十九等頁。此歷史是該會所擔任刊行之幾種報告之第一冊，可其重視此學說矣。有一簡明節略，附有此項著作詳細目錄，亦是邁爾博士所著，則見於「算學叢書」之第三百二十頁。諸家著作（例如普勒刻之作）中所載之幾何意想，欲要發展，則必要先有代數運算之式，及研究至於盡善盡美。此節則有黑森（Hesse）之著作發明。此君介紹多種簡要巧妙方法於多數之證明中，此則普勒刻著作之所無者，是以令學者嫌其累贅。克利布舒之言曰：「在普勒刻之研究著作，其中則乏巧妙算式，黑森之作則反是。普勒刻之計算，往往只是幫助表示幾何關係而已。代數之關連，自有其可注意之處，要有適合方法以表示之。此則有後來之學者實行之，然而所用之法，仍是普勒刻所創造之法也』（參看克利布舒之「普勒刻紀念冊」，一八六二年版第八頁。又參看寶厄（Gustav Bauer）之「黑森紀念演說」一八八二年閱行版）。

以上所論之研究，卽是兩路重要之算學研究之會合點之記號，從前原是不相爲謀，各自分途研究，卽或有組合，亦不過爲解決特別問題之故。第十九世紀幾何進步之歷史已發明同一問題之兩不同方面之用處：其一方面，則大端皆依賴量度手續（包括數目在內）其一方面，則大端依賴於實寫手續，包括部署或位置在內。其他科學之多數問題，亦有其可以分設此項兩不同之觀點。惟在幾何，則此項分別，自然顯露於外。是以在所有自然科學中及社會科學中，學者已習慣於首先注意於事物之分部或其原料之計數與量度，其後則注意其部署之可能，或在實在自然世界或社會中之共同存在。在最後之百年或一百五十年間，天學、結晶學、化學、地質學、博物學、經濟學及統計學、決機學等等之有系統之發展，無不有表明此兩方面之榜標。以上所云之各種科學之發展，無不仰賴於推用算學方法也。近代各國所研究者，皆是分析繁複建築爲元素或分部，及可能之組合，則在算學之抽象科學中（卽謂在吾人科學闡理之間架中），不獨有量度學說及數目學說，亦必有組合、形式或部署、及秩序之學說。

三七、形式學說

形式學說（卽學者習知之代數中之排列問題及配合問題者是），在新算學中，則起自第十七世紀，其爲科學家所承認者，則大抵因其與決機學說尤有關

第十三章 十九世紀算學思想之發展

係。其發起決機問題者，在外國則有柏努利·雅各，在英國則有得抹甫耳。始因兩項式及多項式相乘而有配合，若相乘之因子皆相同，如牛頓之兩項式理題者，則有配合及排列；是以決機原理，及部署三角、塔尖或其他形式者，與級數及代數式有密切關係。其在英國，則有舊時之男子雜誌及婦女日錄所登之算學問題，或算學謎，以鼓舞學者注意於此事；其在德國，則有一派算學家起而為有系統之研究此事之全體問題，隨後因以其並無何項實用之結果，則無人研究。吾人所欲得者，是一實在有科學意味、或有用於科學之問題，及減寫與約寫之方法。此兩節皆以無意得之〔原註〕部署學說或秩序學說，又稱「配合術」，曾令大思想家沉迷於其中，亦曾與才能較次者，以多數機會，以實施其智巧。所謂大思想家，當首舉來布尼茲，及新近之西微士德。西微士德之議論曰：「算學正當事業，在乎發展二項已有萌芽之意想，接連即其一，其餘二者則為數目與秩序」〔見「哲學會報」第九十九冊，第六一三頁〕。此意亦經麥馬韓在英國科學提倡會發明〔見一九〇一年「報告」第五二六頁〕。其言曰：「配合術之推演，在不接連數量之代數，及接連數量之代數。兩者之間，據有極廣大之地位。有大多部分是用整數計算及度量之科學，此與用微分之累積，以度量數量者正相反。此項配合推演，又研究及於以一元二元或三元為因子之性質不同部位不同之部署，其主要問題，即是在不

五百三

接連數量科學，與接連數量科學之間，求得一種連環。一方面使學者以接連之數量變，及部位變，約化科學之方法，以對付數量之成堆變化者。一方面又使學者能約化接連問題，使以可用之方法，以處置不接連者。此兩路皆深入於兩區域內」。

——其一是得自純粹理想方面，其一則得自實用方面。是以在第十九世紀中，形式及部署學說，有算學家各趨向其用意不同之路徑，以發展之。至最近時代，此兩者始相接近，彼此相助。

三八、數目學說

其純粹抽象或理想方面則從數目學說而來。此一支派之研究，有法國之勒戎德耳、及德國多才少年之高斯以恢復之。其較爲有實用一方面，則從方程式學說而來，而以其施用於幾何問題之部分爲最要。其對付此兩學說之方法，在第十九世紀之初期，曾經大改革。從前所用以解決方程式，及研究數目特性之方法，全是歸納法，全賴有巧妙伎倆，惟是此項方法大多數只有特別價值，而無普通價值。從前以歸納法而設立理題，隨後則用謹嚴邏輯演繹法以證明之。至於能得效果與否，則全靠細心運算記號，往往得於直接本能，有時則似得自天授。算學界有兩位大思想家——法國有斐馬(Fermat)，【原註】斐馬（一六〇一年至一六六五年間人）曾預備校刊帶奧蕃塔斯(Diophantus)亦稱丟番都）著作，附以註解，其中有多數之關於數目特性之理題，至今仍為大算學家所討論，研究。其致友人書中，常說及其所新發明，及其證明，惟未將證明以示其友。其中亦有自以為理據不十分謹嚴充足，尚未能滿意者。雖曾經算學大家，如歐拉，闢格倫日，科犀，特理力等，苦心研究，其中尚有一理題，至今未能證明。所有斐馬之理題，皆見於次托耳之「算學史」中，見第二版，第二冊，第七七三等頁。又見於波附之「算學史」第二六〇等頁。英國有牛頓【原註】牛頓著有「算術大全」其中有一理題，可以求得方程式虛根之數目，而並無證明。此理題曾經歐拉，及其他算學大家研究，直至一八六六年，西薇士德在一較為普通之理題中，求得證明。新近則有斯泰涅和布多數關於代數曲線之理題（見克禮爾之「算學雜誌」第四十七頁），黑森以為好比『斐馬之謎』。最後格里摩拿用一普通組合法，一一證明之。——皆善於構思，設為多數理題，其證明之難，與設題之曲折深奧相等。歐拉有善於分析之異能，其解決各種孤立問題之妙訣之多，非餘子所能比，亦曾費盡心力，以解決斐馬所設之謎。在方程式學說中，高過四次之方程式之普通解決，即最享大名之算學家，亦無從下手。其後時期已至，必要對於此兩支派為有系統之研究，以求得其特性。於是研究數目學說者，則有高斯，研究方程式學說者，則有阿柏爾。凡此類算學研究之所以有大進步者，無不輔以有減寫之妙法，及容易之算演，或算學詞句。

三九、勻稱

以加法及乘法符號，串連多數元素，若有妙法以整齊部署之則易於對付；於是創設新法，將代數算式或形式，使成為勻稱齊次。【原註】自用齊次算式，於是代數及分析幾何，則有算式上之大進步。最早用齊次坐標者，則見於麥俾烏之重心術（一八二六年），以三個根本點，定一平面上一點之位，以每點為諸點加以重物時之重心。韓克爾之言曰：『此是坐標意想之別開生面者，由是而發生較為普通之意想。重心坐標，即是齊次坐標之第一榜樣。……一有麥俾烏之發明，立刻見其所得公式之勻稱齊次為簡便』（見韓克爾之「投影幾何」第二十二頁）。所謂齊次者，是指每項有相等數之因子。如是者，則以其中之一項為模範，用交易法或排列法，以寫其餘形式。又不必將所有之項全數寫出，只要用其元素以指出，而元素又用指數以減寫之。於是橫排直排，【譯者註】所謂雁行魚貫是也。使成方陣，統計數目，即用同法以部勒、於是從此簡便巧法中，發生所謂代數之代數，以一記號普通替代勻稱齊次之代數算式。【原註】定列式始創於來布尼茲，用以化消，曾見於其致友人勞批他 (Marquis de l' Hospital) 書（一六九三年）。世人不知其重要，遂忘記此事，其後為克刺麥 (Cramer) 重新揭露（見克刺麥所著之「代數曲線分析」，一七五〇年版，第六五七頁）。普勒刻亦因化消之煩難。於是設法以幾何解說分析算式。當時普勒刻以幾何解說可以免得代數化消之難，只見得其法之簡便。而黑森則以其時發明，採用，定列式，則代數運算，易受範圍。此則普勒刻所不知者，是以棄代數法

四〇、定列式

而用幾何法（見克利布舒之著作，載「算學年報」第二冊，第十三頁）因有此創造組合演算，當時在德國算學派中，毫無發展，此時則又躋升於要緊之列。及近代發起分析法，形式學說，及羣算學說，定列式更爲重要。

高斯稱此項算式爲定列式（又作行列式）見於其所著之數學論，五十年前則已見於克刺麥所著之代數曲線分析。如平常命分學者，既能當作是特別事物之有特別性質者以對付之，此項特性，原依賴造成命分之各數之特性，及其連情形；又如指數及不盡根數，亦能分別考究；然則所謂定列式，亦能受特別處置，求得其特性，使其受數學之平常運算所駕馭。此項學理，卽是代數形式學說之起點，及其中心點，亦是代數運算，卽『算陣』學說之起點及中心點。此項學理，在法國則有科犀發展之，首先以教授其弟子；隨後德國黑森因爲普勒刻意想所浸灌，首先發明其施用於幾何之妙用，雅各俾則極多用之。法國則更有赫買特爲之發展，於是與英國之揆力及西薇士德宣揚定列式學說之重要，爲算學思想之一坦途一利器。〔原註〕『何爲定列式學說。定列式學說者，卽是代數之代數。有此術，則能使學者組合及預言代數運算之效果，亦如代數之能使學者不用經過一番數學之特別運算。一切分析及其終極，必現此種形式』。西薇士德之議論曰（見一八五一年「哲學雜誌」第三〇一頁）：『黑森有一問題，約化三字之立體函數，以線類替代法，使變爲四項式。此問題無論用平常代數何種手續，何種巧法，似皆不能駕馭。此是以定列式解，決間接問題，之最可注意者』。

四一、運算術

英國有代數運算之減寫及總括捷法，頗不爲外國所好，卽運算術是也。此法以代數運算及其記號，當作數量，施以數學之處置，與受運算之物分開。撥力有異能，最善此術，西薇士德則善爲形式學說，定專門名詞。【原註】不變數學說，以漸發展，而生於多數獨立之起點。一八六四年，西薇士德有言曰（見「哲學會報」第五七九頁），『古人謂殊途同歸，予以此自證，則見得所有一切化數研究，無論遲早，將歸於不變數學說』。約同時（一八六三年）阿隆霍德（Aronhold）發展此學說之組織關係，及完全融通之基礎之意想。由是英國法國及意國算學家，所發展其大部分之學說，遂留駐於德國（見邁爾之「德國算學年報」第九十五頁）。西薇士德所稱之殊途，其蹤跡則得而追尋之。第一，發起於布爾之酷嗜記號。西蘭理。德澤豐茲論布爾，曰：『算學家之見及以運算記號之能與數量分開，而獨受運算者，頗有其人，而以布爾爲最顯著。其所以特異於人者，則以其深信以根本例，及相當情形，處置記號，必能得效果，又有無與相比之才及能力，以求得效果」（見「大英百科全書」其所著布爾條下）。第二，則有德國之黑森之獨闢途徑之幾何研究（此君雖受有普勒刻及雅各俾兩派之算學教練），又有都伯林派，散夢博士之研究（此君既移植逢退利及阿爾於英國田地內，認得撥力及西薇士德之著作之重要，於是在其後來刊行之課本中，介紹代數新法）。第三，則有法國赫買特，及德國愛因斯坦（Einstein）之各種獨立之數目學說之研究。至於完全普通之研究，則有西薇士德之諸作。見於「劍橋及都伯林之算學報」（一八五一年至一八五四年），又有撰力之第一批七件說帖之研究形式學者（一八五四年至一八六一年）。邁爾有言曰：「撰力著作，既有多數方面之研究，單行之題，又有極詳盡之處置，至今仍爲代數學家及幾何學家所揭露之富源』（見上文所引邁爾之作，第九十頁）。雖然，散夢博士（都伯林派）之功，則尤爲顯著，以其能將法國逢退利派及阿爾派之新意想，及英國撰力及西薇士德之新意想組合爲一學理，又能鼓舞英國及德國對於代數及幾何課本，有根本之修造改良也。」「原註散夢博士所著之「高等代數新法初階」，刊於一八五九年（一八五五年第四版，一八六三年德國第一版）。邁爾論曰：「在此區域中所積儲之結果，已爲數甚多，散夢博士（其於代數及幾何。已有極有價值之著作）則任採輯之勞，使成專書。至刊行散夢著作於德國，則是斐德勒之功。此君關於此問題，曾著有獨立之介紹文，使學者知有撰力之推用於投影幾何。一八六二年，布里奧斯歧(Brioschi)又刊行此作，由是意大利學者頗有致力於不變數學說者」。既有形式之意想——無論其爲幾何形式，抑爲代數形式——則啓發變形，及形之復現之研究。試問形式既經幾何或代數之手續，如何變更或如何保存其各種特性耶？法國蒙日、逢退利、沙爾所用之投影手續，已發生幾何形之實寫特性及量度特性之分別。對於代數形作同等之考驗（代數形皆能以幾何表示或解釋，）則發生諸形之不變之廣大及根本上之學理——即謂當改變及組合手續時，諸元素部署之完存不變或有比例上之不變者所宜注意者，是在幾何則用中心繪體之投影手續，若在代數公式，則可以用同等手續，卽稱爲線式替代法是也。【譯者注】所謂線式卽是一次。既已認定幾何變形，有以替代手續之代數式之變形爲背面矣，此項替代之法，則在方程式學說中早已有人研究；當十九世紀之第一季期內，有兩位算學大名家，阿柏爾及加洛阿(Galoi)爲之發展，惜乎此兩君皆不幸早死。

四二、替代原理

【原註】加洛阿是近代之最聰明算學家，假使其不早死，當能與阿柏爾作勁敵。加洛阿生於一八一一年，因與人決鬪，未及二十一歲而死。其著作歷久不爲人所知，一不刊烏布。至一八四六年，始有里烏維爾(Liouville)登於其記載之第十，一亦理。維爾亦首先承認加洛阿方法之絕對正確，及其重要。當一八三一年，學會審查此項著作時，歸拉克啦及怕松報告，則尚無人通曉。加洛阿瀕死時，致書於其友人瑟發雷(Chevalier)。此書在算學著作中，是一唯一特別文件，以其爲一種算學遺囑也。書中請其登此書於「百科評論報」中，請將其所揭露之重要（不是其眞確），交雅各俾及高斯裁判，又希望有人不辭勞苦，解釋其所製之象形著作。其首先試爲發表，加洛阿之意想者，則爲塞勒特(Serret)之「高等代數」（一八六六年第三版），惟是遲至一八七〇年，約但(Jordan)刊布其「替代學說」時，始承認加洛阿之短著作，爲藏有一種完全新鮮賅括之算學學說之萌芽，卽羣算學說是也。阿

柏爾及加洛阿兩人著作之關係，則有賽羅教授所撰「阿柏爾之著作論」以發明之（載一八九二年「阿柏爾學案」）賽羅之言曰：「加洛阿之豐功偉績，並非專在其理論，而在其實行方法之概論也。蓋由其奇妙之基本論題，始能使方程式學理完全規定。即如普及羣算之學理，於數學各支部中，原屬極重要，業經約但，克來因，來氏（Lie），傍卡累，及其他數學家之利用，而於科學上，獲得連續不絕之種種重要發現，亦惟該學理是賴。有造於後人，豈淺鮮哉」。阿柏爾及加洛阿所撰關於方程式學說之說帖，有德文譯本（一八八九年）。參觀「大英百科全書」撰力所著之「方程式」條下。

所有代數算式，原皆爲解決特別問題而設，所謂方程式者其始亦然，因解決數學幾何及力學而設，視爲解決各種問題之利器妙法。方程式（即以已知之量表達未知之量之算式）之解決，則意在實用。隨後因公式之過於繁複，解決漸見爲難，此學說則分兩派，各有用意。第一派則較爲重要（指實用而言），設爲方法以解決每個方程式，以求得近是、或求得有充分足用之準確爲止；此是求數派。第二派則較爲有科學價值，以方程式爲代數的數量及運算之部署，有其一定之性質，於是研究此性質，並不帶有實用之意。第一首先發生之問題，即是一個方程式能有多少解決，即謂能有多少根？又問是否只用平常數學之平常數目及平常運算

四三、方程式之普通解決——卽是否有以已知數發表所求未知數之可能？方程式之普通性質學說，漸漸爲多數算學家所注意，因已有實驗之發明，高過四次之方程式之最普通者，不能解決。【原註】因有加洛阿及法國分析家之研究。方程式之能否解決問題，與他項研究相同，皆歸納於羣算學說之發展。是以此全體問題之歷史，頗令學者注意。所有從前之發起，及已爲科學界所忘記之分析家之著作，皆蒐輯淨盡，以年代先後部列之。格丁根大學教授部克哈特(Burkhardt)於一八九二年，有一極有歷史意味之著作，載於一八九二年「算學叢書」第一冊。其中亦追溯及從前較早之分析家，其中卽有劍橋大學教授窩林(Waring)。此君在世時，嘗嗟嘆無人讀其著作。自部克哈特之著作觀之，在第十八世紀之最後三十年間，於普通解決方程式學說中，並無何等新加之材料。至一七九九年。魯飛泥(Ruffini)則創一新紀元，首先擘明對於高過四次之方程式，欲用根數以求普通解決，則是絕不可能之事，又發表其試爲證實之作。此君之研究，與高斯同時，亦於是年刊行其論說，以一八〇一年刊行其數學大作。雖高斯似亦有相同之結論，或者且預見後來，以其他運算（非代數運算）解五次之普通方程式（參觀賽羅著作第十六頁）。然而其刊行之著作，則其研究之取徑，在乎某種能解決之方程式與著名之分圓問題有關係者，並未發表。滿意證明魯飛泥學說之著作，直至一八二五年，阿柏爾登載其著名之說帖於「克禮爾報」。自有此說帖，方程式學說則入一新方面，魯飛泥之研究，不過爲此事之預備。此與其他問題相似，此問題之解決，依賴界說何爲方程式之解決，何爲用代數函數及其他（超越）函數及運算。吾人所已知者，則爲阿柏爾及加洛阿之起始研究，由於求普通五次方程式之解決無成。何以不能解決方程式，及應有何種特性，然後有解決之可能？此皆在第十九世紀初年，大算學家如高斯、阿柏爾、加洛阿、所設之問題也。第十九世紀所繼承於第十八世紀者，尙有其他種種問題，亦用相當之闡理——卽倒轉問題是也。算學家先不求解決，而發起先證明其有普通之不能解決，並發明其理由；又規定其能使其有解決可能之情形或條件。因追隨此種倒行研究，則加增非常多之算學知識，從前以爲絕不能解決之問題，由是而得解決。由於方程式學說而創造代數形之抽象學說，此抽象學說亦由是而大有進步，惟是久後始爲科學界所公認。

四四、羣算學說

因代數算式與幾何形式有等合或並行之處，則有其特別重要，從此較早之代數研究，及其後之代數幾何合並之研究，則漸漸得一新鮮而極有用之觀念，發表算陣之最普通意想。此則集中於一羣元素之意想。所謂元素，包括數量及運算而言，是以羣算學說，不獨包括處置數量之諸項學說，且包括處置部署及其可能之變化之各種學說。從前之組合法（或綜合法，）大抵皆是處置多少分開之元素、及其數目、與種別之聚合新發起之羣算學說，則處置如何變化各項不同之部署，由此式變作彼式。此是運算代數。最早發現之變化方法，卽是代數之替代法。是以最先刊行之包羅甚廣之作，卽是一八七四年約但之替代學說。此作是新算學之陸標；將蘭格倫日、阿柏爾、科犀、加洛阿、諸家之初發起此學說著作，蒐輯排列，使成系統，又定專門名詞及演算方法。所謂一羣替代，則解作有一種特性，每兩運算或多數運算相繼運用，能以同羣中之一單獨運算替代之。繼續之運算則以兩字或多字之積之記號代之。此積則有某定種之代數性質，與平常之積相似，亦有因子，有次，有指數；有連環替代，有勻稱替代，此外亦可以有多種之奇異性質，此則羣算學說所研究者。

【原註】羣算學說，今已變成一種極廣大之學說，來教授（一八四二年至一八九九年間人），謂其將居於將來算理科學之中央地位。那武（Nöther）有言曰：『予不獨用羣算及不變數之意想，以重新審查從前算學之全區，予且以之為充塞算理科學全境之元素』（見「算學年報」第五十三冊，第三十九頁）。挪威國大算學家，關於此問題，雖有大著作，其意想雖漸漸為法國大算學家皮伽耳（見其所著之分析學一八九六年版，第三冊）及傍卡累所承認，然而仍以克來因教授之作，為能將此項新意想，推置前列，為算學歷史創立一新紀元。凡是讀過此作數次

者，無不以爲是新啓示，一旦恍然，見闢有多數新思想之路徑。近三十年間之算學研究，大抵皆從此多數之新路徑入手。此作今日曾經多國翻譯，然而前此則無人注意。自初次刊行之後二十年，原作者復登刊於「算學年報」，第四十二册，加有介紹文，聲明此二十年間，關於此作中之意想之範圍之更變。此短著作之大意如下。所有一切幾何研究，複摺（或部署）之各種特性，並非其元素或原料，而以羣爲元素，羣變然後發現其不變之特性。是以無論何種複摺（或部署），皆有多數不同之研究方法（例如投影幾何，線幾何，交互半徑幾何，來氏之球體幾何，部位分析等類），其方法之數目，與能成立之變化接連羣之數目相等，亦與不變數學說之數目相等（見「算學叢書」第二册，第四○二頁，又那忒「算學年報」第二十二頁）。自此以後，對於各種不同之羣，皆定爲界說，爲有系統之研究，其尤爲致力於此事者，則是克來因，及來氏與其弟子。其在英國，此新算學之意想，雖有多數已見於撰力及西薇士德之著作中，然而並無多人，爲有系統之研究。及一八九七年，然後有本賽德教授(Prof. Burnside)刊布其所著之「定級羣算學說」，其後又著有羣算全體論，載於「大英百科全書」第二十九册。其曾經著心研究此兩大支派算陣（即指不變數學說及羣算學說）之發展者，謂假使英國算學派，當時多注意於來氏之普通包括研究，假使來氏本人對於該派之特別學說，加以較爲充分之研究，則此新科學，當有較速之進步（見邁爾之「德國算學年報」第二三一頁）。

此學說之直接用處，即在方程式學說。每一方程式是一種部署，其中則有其有定數之獨立元素（稱爲定數或係數），此種元素發現一某定種之代數形。所謂解決方程式者，即是求得一種部署，若以此新求得之部署替代此方程式之未知數，則能解決此方程式。

四五、接連羣及不接連羣

凡一羣運算有規定之關係者，亦可以推廣其用於算學界內之無定數而有變數或流數者，其中之元素是接連而並非不接連者。欲知算學新思想之發展，則宜略爲折回，再研究近一百年來所謂變數之意想所經歷之進步。〔原註〕在代數有方程式學說，在微積學則有微分方程式學說。代數之方程學說，先從研究特別方程式入手，漸漸求得完全學說。微分方程式亦然，其先亦從特別微分方程式入手（此項微分方程式，壓見於天學及物理學各種問題），而求得融通學說。其曾經總攬來教授之，抽象意想者，則謂來氏之於微分方程式之融通學說，則有大殊功，並謂其所以有如是大進步者，則以其借用代數形之普通學說，及此學說與幾何之關係也。是以可稱來氏學說，爲微分方程式之代數學說，專賴有與形式學說相似之變化也。恩革爾(Engel)教授在其所著之來氏訃啓說中（見「德國算學年報」第八册，第三十五頁），謂在一八六九及一八七〇年間，來氏與克來因會於柏林，其時來氏正在研究偏微分方程式、經過某種變化之後，發現不變特性。於是克來因指明，謂「此種進行方法與阿柏爾方法相似。克來因立卽見得此相似之重要，因其素願，卽在密切。追求以與代數方程式學說相似也』。培克爾(Baker)教授在其所著之微分方程式論（載於「大英百科全書」第二十七册，第四四八頁）中，粗分研究微分方程式之方法爲二，其一稱爲「變化法』，其一稱爲「函數法」。「第一法在乎簡化代數關係，至於極少及極簡單形式，希望能得有以無待不變數，發表有待不變數之算式。第二法則在乎以少用代數演算，以求得方程式中之數量之普通實寫關係』。若從思想史及意想之相接方面觀之，則恩革爾教授之言，有宜注意者。恩革爾謂來氏之創新思想，並非從研究純粹代數著作中得來（例如加洛阿及約但之作，此則在早年，由賽羅教授介紹於來氏者），實是從研究達退利及普勒刻之著作中得來。來氏與普勒刻向未謀面，而來氏常自稱爲普勒刻弟子（見恩革爾之作第三十四頁）。在此則遇見一名詞，是歐拉所介紹於算學者，即函數是也。此名詞用以指明兩個或多個能變數量之互相有待。於是發生一問題，此名詞作何解說？何謂算學函數或有待？〔譯者註〕有待者即依賴之意。此則有第十八世紀後半期之大小分析家之研究。在第十九世紀之初年，傅立葉曾有一初級之答問，足以合於廣大實行之用。自此以後，則有大陸之兩大派算學家，分途研究：第一派是法國之科犀發起，有德國之里曼及其多數之弟子爲代表；第二派則集中於柏林，以外耳斯特拉斯爲領袖，而發源於蘭格偏日。

四六、函數學說

此項新算學研究，來源不同，〔原註〕合於介紹算學學者於此重要之問題之著作極多。各算學大家入手研究此問題之方法，各有不同，今姑舉兩種之不需先有廣博之算學研究，而讀之亦能受益者。第一種是撲力所著之『函數論』，載於「大英百科全書」第九冊。第二即是一章專論「函數學說基礎」，載於德國之「算學叢書」第二冊，此論是普麟犀姆教授所著。撲力之作，首先概論較爲重要已知之函數，其發現於第十九世紀上半期者，包括在內，作者在上文（見第六四八頁註）討論阿柏爾及高斯時，已曾說及。此後撰力則介紹學者於普通學說，因討論此項較後發現之函數（已爲雅各俾所研究，幾至完全程度），而發現有擴大其基礎，及求得較爲普通之方面之必要。惟是自第十八世紀中葉以來，因解決一個算理物理學問題，而有另種算學意想之發展。此問題即是絃線之波動，其後則得有一種結束，因其時傅立葉介紹其所著之級數及積分，自是之後，無論何種函數，或算學之互相有待，例如物理學手續所現出者，皆能發表。有傅立葉之級數，則有多數之算理物理學問題，皆能解決，加以有特理力之較爲謹嚴之界說，則歐拉，柏努利，達蘭貝耳，蘭格倫日之長篇討論，可以暫時結束，亦可以施於實行，上文所云普麟犀姆教授之著作，有關於此事之介紹言，發明函數意想之歷史沿革，隨後則定界說，及發明學說，而大概皆取材於外耳斯特拉斯之演講，撰力之作，則介紹讀者於普通函數學說之元素，此則里曼所發起者。

但吾人可以指出兩種最顯著者，即有上文所說之兩派爲代表。第一層，函數可以正式解作是多數算學記號之集合，每個記號指明施於一個或多個數量之運算。此項運算有一部分是直接運算，如加、如乘等類是也；亦有一部分是間接者，或反向者，如減、如除等類是也。以後一部分論，大概不能實行，有時亦不必實行。於是發生問題，可以實行時，及倘若不可實行時，吾人對於此項記號，應附以何種意義？由是吾人則達到算學函數之不能直接約化，使能受數學初級諸法所控制者，則不能不爲此項函數定界說，惟是此項函數成爲算學家所必要研究之問題，以求其特性，及其與初級運算之關係。各種反向運算，例如負數、無理數、及虛數之類；及積分運算之解作是微分之反向，——早已要算學家致力研究不能直接約化之函數。學者既有平常命分可以用十進命分發表之閱歷（指以有盡級數或無盡級數代表命分，）則發生反向問題，即是求此各種級數之和，及求有答問之可能，或似乎無答問之可能之問題。舊法則分別研究枝枝節節而爲之，遇有某問題發生，則研究某問題：是以當日算學課本，皆附有補篇，處置某種特別函數，或特別算式。至第十八世紀之末期，及第十九世紀之初年，始有蘭格倫日、高斯、及科犀諸大算學家，覺得有普通解決及系統解決此問題之必要；歐拉則已儲積極多之分析知識，及多數之有用公式，其中亦有似乎背理者，凡此皆不能不特別注意者。作者上文已經提過阿柏爾對於方程式解決問題，以普通研究代前人之枝枝節節研究。此外又因橢圓求弧問題（發現較高之超越區域，）則與阿柏爾又一新機會，爲方程式學說立新基礎，及創造新學說。

四七、物理學之類推

此外尚有一事，鼓舞此項似若抽象研究者。自然本體所發現於吾人者之能量度及能瞻察之數量，是有一定之算學有待情形；〔原註〕幾何所有之已知函數，皆發現於科學家之嘗試解決各項幾何，力學，或物理學問題，例如求橢圓弧（橢圓函數）之類，或解決吸力學說問題（如位能函數，及其他如勒戎德耳，柏普拉斯，柏塞爾諧函數，及包括於和諧函數）。此類函數，因其與算理物理學有特別關係，是以先有特別研究，其時並未想及函數之普通學說也。因是而得有多種之重要特性，而求實數之巧法，由是而生。當研究此類函數時，又有其他函數發生，例如歐拉之格瑪(gamma)函數，雅各俾之提塔(theta)函數是也。此皆有極有意味之分析特性者。此類函數初發現時，並無直接或間接發露。其一定之分析手續，如積分或求積數之和之手續。當其發現時，往往是暗式，並非是明式，要適合於某項一定情形條件，然後發現其特性。是否能用一一定之記號，以代表一系之分析手續，變爲當時之問題。此問題發起於解決不多數之力學及物理學問題，對於此項問題，首先假設爲凡一定能量度之自然變象，雖是極其繁複，然而皆由較爲單簡之手續組合而成，此項手續則發生於單簡而接連之物質之部分。若以算學文字達之，則謂此種關係之發表，有微分方程式之形，若求得有定（即能瞻察）之數量之函數，適合於此各項特別條件者，則能解決此諸種方程式。於是以實驗求得較少數之微分方程式，以包括大多數及似若大有分別之各種物理變象，因是而啓發此各項變象之物理學關係，否則不爲科學家所注意。於是物理學家或天文學家，將此項問題交與算學家研究，算學家於是或爲之解決此項微分方程式（即是求其積分），如辦不到，則推論函數之能解決各式者之特性。總而言之，微分方程式變爲函數之界說，是以微分方程式學說，變爲算學之極重要之一支派。函數之意想，則啓發於自然手續，因吾人見得自然變象之變異，視距離之遠近及時間之久暫而變。天象之相吸，則視距離而變，墜石之速率，及熱物之變冷，則視閱時之久暫而異。今日學者已習慣於在紙上畫曲線，以表示此種關係，而不甚能領會以此法施於自然科學及各種實用之有定準及使人易明白之極大進步。惟是以曲線表示變異數量之自然關係，成爲上文所曾說及之各他項研究之連環。笛卡兒早已發明，如何在平面上及在處間畫曲線，以表示代數公式；及第十九世紀之初年，高斯及科犀略爲修改，以處置推廣之數目意想，以包括虛單位。於是有兩問題發生，是否能以算學公式表示任意之有待，如曲線之表示自然變象——即謂用公式表示幾個特別算學運算之有顯明關係者？此是第一問題。第二問題，卽是反向或還原問題，是否能以平面或處間之曲線表示顯明指出特別算學運算之記號部署？第一問題與天學、物理學、化學、及其他多數科學之進步，有極重要之關係；自從傅立葉首先發明其著名之級數，以求得近是之答覆之後，則有多數分析學大家研究此重要問題：第二問題，則要有較爲謹嚴之高等運算及淺近運算之界說，方能答覆該項運算；分析家已習慣於施用，並未先研究其施用之範圍。凡推用算學，皆在乎推廣吾人在有限數內或有限區域內之實驗知識，以入於不知或不能到之區域內；純粹分析之進步，則在乎創立界說分明之繁複運算意想，以記號表示之；在乎確定運算之性質，以爲研究之獨立目的；又在乎推廣其意義於始行初用之界限之外，——由是開闢新鮮廣大之思想境界。

四八、位能

此類運思之最能有啓發之榜樣，則是介紹一特別算學函數，以新法處置多種物理學問題，格林最早稱此函數爲『位能』或『位能函數』，其後高斯亦沿用此名詞。所有牛頓式吸力問題，皆薈萃於此公式之研究中：〔原註〕參觀本歷史第一冊第二三一頁。托德罕武曾著有此問題之歷史（名爲「吸力學說及地球形狀學說史」，一八七三年版，共二冊），從最早時代，以至一八三二年爲止。關於此後時代，則有巴哈拉(Bacharach)之「位能學說史略」，一八八三年格丁根版。至於此學說與里曼之算學方法之關係，則有克來因之小著作，名「里曼，代數函數論」（一八八二年來比錫版，有哈德卡斯爾Hardcastle英文譯文之一八九三年劍橋版），又有訥伊曼教授之「對數及牛頓位能論」（一八八七年來比錫版），部克哈特博士之「里曼紀念演講」（一八九二年格丁根版）又有部克哈特，與邁爾博士同撰之『位能學說』篇，見於一九〇〇年之「算學叢書」第二冊，第四六四頁。

及有庫隆與安培之試驗發明一方面電力磁力有其相類，一方面發明其與牛頓式之力相類時，及傅立葉克爾文等指出熱之靜流之熱度分配，與靜電之在導電物之分配，亦有此項相類，並以此種類似推之於水靜力學及水動力學時，——於是顯然見得自然本體，指明其極有價值之算學有待。於是多數著名思想家專致力於此問題，然而皆有待於里曼之融通闡理，關於此項研究，要用一種特別闡理，有里曼以融通之，使成爲一種根本上之新鮮方法，以解說算學函數，或算學有待，而爲之立界說。「原註」作者雖介紹里曼起初研究代數函數之普通方法於此，以爲算理物理學所啓發之各項意想之融通，惟是其介紹於算學世界中，則並不如此。其發表此項融通，則在其所著最抽象最難明之「阿柏爾式函數學說」（一八五七年，登於「克禮爾雜誌」第五十四冊）。在此說帖，其與算理物理學之關係，並不顯露，其法似是發展科犀之早年。研究歷久，始爲算學家所明白，而有充分之重視。經里曼屢次演講，又教授多數少年算學家（此輩現在有多數居德國諸大學教席），然後里曼之新揭露及新創造，始得有學界之充分之重視。卽在其算理物理學演講中，最著者爲偏微分方程式（包括和譜），及位能學說，亦未嘗引入其發展阿柏爾函數之根本意想。里曼此項意想之發育，則略見於一八五一年所著之論說，一八七六年刊行之初版里曼著作，附載其生平事蹟節略，亦未提及此學說之源頭。是以里曼之著作之爲多數學家所充分公認，當以一八八二年爲始，因其時克來因教授刊行上文所引之小著作也。此作，必定能射新曙光於里曼之作，有多數思想學者，以爲皆是孤立者，克來因此作，又能使之貫串。巴哈拉之言曰：「自有克來因之處置函數學說，得有極高等之明晰及連貫，此則由物理學之位能學說導來，因是而發露各項學說之關係」（見巴哈拉之「位能學說史」，格丁根版，一八八三年第七十一頁）。

四九、里曼

熱氣之從容流行，或電氣之分布之特別有待（依賴）在乎於流行之路中，任擇一點，或在分布之域中任擇其一處，以實在瞻察求得其熱氣或電氣情形，則能知全路或全域之情形。是以由瞻察而得之情形，可以作爲全路或全域各點各處之分布情形。若譯若算學文字，即謂其中有函數，以單點之價値，立完全全體之界限。自然本體卽指示如何規定計算各種關係之法，其關係之繁複，有非平常代數所能控制者，有此則可以免。〔原註〕參觀部克哈特之「里曼紀念演講」（一八九二年格丁根版）第五等頁，又巴哈拉之作，第三十等頁。此書曾論及馬克斯維耳所稱之湯姆孫理題（見「劍橋及都伯林算學雜誌」，一八四八年，又翻印於其所撰之「靜電學雜著」第一三九頁）。其在外國者，則有「特理力原理」，在里曼後（一八五七年）。其啓發最多者，則爲克來因教授在德國學會之演說（一八〇四年「維也納德國學會報告」第六十一頁），題目爲「新算學所受里曼之潛力論」。普勒刻當研究解決無窮數之高等曲線時，曾在幾何中（追踪牛頓前軌）提議以曲線之特別性質或特異之點，以分曲線之門類。從前幾何學家及物理學者，用巧妙方法以解決別案者，里曼及其學派則躋升爲融通法，及一貫之學說。此是融通簡化手續。且里曼進行之方法，又有一種利益，卽是立刻能將位能學說之各種理題，用爲純粹算學問題之用；物理學之規定位能之方程式，變作算學之函數之界說。（原註）克來因教授曰：『單簡言之，里曼之發明如下。先從複變函數所能解決之某種微分程式入手，則能用位能學說之原理。是以其發起之點，在於算理物理學區域內』（見「維也納報告」第六十頁）。克來因教授從物理學之類推入手，免去純粹算學之若干煩難。上文引過其一八八二年之著作，當介紹其解說里曼學說時，有言曰：『予毅然以此各種物理學之意想，爲予之證明之起點。此則科學家所習知者。然而里曼則不然，在其著作中其所用者，爲特理力之原理，此則科學家所習知者。然而里曼必是先從物理學問題入手，隨後始用特理力之原理以代之，以算學闡理輔助物理學證據。凡是明白當日里曼在格丁根研究時之環境者，凡是追究過里曼之理想者（留傳至今日者，皆散碎不成體段），當能與予同意』。克來因在其他著作又有言曰：『里曼之位能學說，在算學全體中，有爲其根本重要之處之趨向，又能發生一系之幾何新創造，此是里曼特殊之功」（見「維也納報告」第六十一頁），。從前高斯首先研究解決一重要繪圖問題，即是畫甲種面於乙種面之上，要使甲種之最小面，與乙種之最小面相似。然此是畫圖術之重要問題，如托勒密(Ptolemy)之立體投影法，及麥揆忒(Mercator)之投影法是也。克來因又論及與此相關之所謂畫「里曼面」之法，此法稱爲「同形畫法」。高斯此項研究，則發起於是地，自一八一八年至一八三〇年，高斯曾測量漢諾威(Hanover)全境（參觀「高斯全集」第四頁，及與友人往來尺牘）。霍爾茲米勒博士(Dr. J. Holtzmüller)有討論里曼多數創造之作（一八八二年來比錫版），關於里曼此項理想之有爲前人所發起者，則見於「德國算學會報告」第三冊，第二五六等頁）。

五〇、外耳斯特拉斯

阿柏爾及其學派所用以研究高等函數之純粹分析法，有不能不令算學家注意者；里曼之方法，則更爲有用，啓發更多。惟是此項方法，是從物理學輸入於純粹學科者。然而另有一班大思想家，對於此項意想之價値，常生疑問；此類思想家之目的，專在乎以謹嚴邏輯建築科學，而不屑便用巧法，以爲必將此法之應用與否，先行證明，及規定其施用之界限，然後可用。自從笛卡兒、牛頓、來伯尼茲、以來，此項自外域輸入分析之意想，爲其全體之證明及規定者，則是外耳斯特拉斯領袖之德國算學派之功。

里曼長養於格丁根之高斯及韋伯算學派之思想及風氣之中此派之科學揭露及創造之進行，大部分以幾何圖示及引用物理學及器官直接所得之憑證，爲其理解之最大因子；高斯本人對於自己多數著作，則先用謹嚴邏輯，以試驗其成熟與否，不輕易刊行其著作，本人心中若以爲仍未滿意者，則不刊布。因爲其自待如是之謹嚴，是以有多數之新發明，可以加增多數算學知識者，則隱忍而不宣布，致爲他人得佔先著。如科犀、阿柏爾、雅各俾、是也。因有以上數子之功業，而開闢新地，得有部分上之墾殖。新學說之大領袖外耳斯特拉斯，則注意於此新闢之地。其最要目的，則在乎使此各項新意想，有淸晰界說，有邏輯的貫串。高斯毫無依傍以一人而研究相似之各項問題，發起之點極多，雖有過人之聰明，亦不能皆爲之發展。外耳斯特拉斯之進行，則與此不同，首先招集若干熱心而能領會之學生，及佩服其學說者於左右，【原註】外耳斯特拉斯（一八一五年至一八九七年間八）之研究，較里曼爲早，其知名於世，則由於其弟子所擔傳，其潛力之及於學界，則自一八六一年始。外耳斯特拉斯之事功，略見於閩普(Lampe)之著作，登於「算學會報告」第六冊（一八九九年）

，第二十七等頁。外耳斯特拉斯意想之發育，則見於上文所引之報告，及見於傍卡累之「算學報告」第二十二冊。第一種報告，則略分外耳斯特拉斯之研究爲兩時期。在第一時期（一八四八年至一八五六年），則研究探力所謂已知函數，此期之進步，不在根本新鮮意想，而在研究特別問題，發現分析之才。第二時期，則以一八六九年爲始，專致力於從改正之界說起首，重與建築算學思想之全部，免去所有自第十八世紀中葉以來，所發現之各種不能並立及紕謬之處，是皆發生於當時果於自信引用及推廣，因實用問題而起之習慣，成自然之意想。此大建築之元素，不獨有大多數爲德國所承認，且爲法國意國英國所承認。其在德國，則有斯托爾茲(Stalz)所著之「普通數學」二冊（一八八五年至一八八六年版），及「微積分術」三冊（一八九三年至一八九九年版）。此兩作之用意，專以新算學思想爲教初學之用。此外尚有一要事，亦應討論者，在外耳斯特拉斯滑力範圍之外，在里曼之區域內，卽覺得必要先從數學之根本原理入手，以鞏固高等算學，研究之根本。此項研究之主要代表，卽是韓克爾（一八三九年至一八七三年間人），此君原是里曼之入室弟子，在一八六○餘年間，在來比錫大學演講「複數及其函數」，先從科犀及里曼所常用而得有效果之推廣代數入手。第一部分之演講，刊行於一八六七年。此作之序中有言曰：「在自然科學中，吾人新近則見有一種極顯明之趨勢，從實驗所得之詳細，跡升於管轄一切別案之大原理，而組合使成爲全體，卽是趨向於組織自然之一種哲學，此則並非從外界強逼吾人使然，實由是本題自已發生。其在算學界亦然，吾人亦覺得有同等之必要，其在英國，則時時皆有此趨勢也」。假使韓爾得享大年，則必能大有助於今日仍在進行中之算學大革命。此君雖早死，而尙有一重要之著作，以助算學之發展，此則在後文詳爲討論。其在意大利，則有第尼(Dini)在一八七一年及一八七二年間，演講函數學說，一八七八年刊行其演講。一八九二年，德人譯行於國中。第尼此作，頗採用新發展之學說。其在法國，則有坦涅里(Tannery)所著之一個變數函數之學說，以其一八八三年在師範學校之演講為基礎，曾聲明（見序文第七頁）彙輯科犀，阿伯爾，特理力，里曼，外耳斯特拉斯等之著作，此後則不必加添何項資料，以發明此學說之根本。一八九八年，波勒爾(Borel)則刊行其所撰之「函數學說」此是一系中研究函數學說諸多方面之第一種著作，其所引者，大概皆是外耳斯特拉斯之著作。在未知有外耳斯特拉斯學說之先，則有麥累(Méray)已入手研究分析學之基本，其所取之途徑，頗與外耳斯特拉斯所取者相似。其在英國，則有克利佛德教授，著有研究里曼各種學說之說帖。其包括里曼及外耳斯特拉斯兩君之研究者，則有福賽司(Forsyth)教授之「一個複變數函數之學說」，刊於一八九三年。與此相先後，則有哈克內斯(Harkness)教授及摩黎(Morley)教授之「函數學說論」，及一八九八年之「分析函數學說之介紹」，此兩著作，大抵皆採用外耳斯特拉斯之觀點。其最富於創解，及自從一八七二年以來，卽有多數之獨立研究，又關於解決多數暗昧難明之點，有特殊之功者，則為雷文·保羅教授，於一八八二年，刊行其所著之「函數通論」之第一部分，其中有算學根本意想之玄學及學說，卽是數量界限理解，及函數。此作則涉及算學與哲學之甌脫地，與其死後刊行（一八九〇年）之遺作「科學智識論」相似，作者將於另章內討論之。以多數之單行研究，及長篇之研究，交付於其弟子。其中卽有一件作為實驗，竟將通行之算學界說打倒；此件刊布於一八七二年。此作亦成為算學思想史之新記元。傍卡累之言曰：『當其未打倒此項界說之前，學者皆謂凡一

第十三章　十九世紀算學思想之發展

接連函數，必能以一曲線圖示之；凡是一曲線，必有一切線。如是之闡理，其實毫無算學價値；如是闡理原發起於直接知覺，否則發起於能見之圖示。惟是此項圖示，過於粗淺，最易誤人。吾人自以爲能想像一條無寬廣之曲線；其實吾人所想像者，不過實爲一條狹小之一畫。吾人以切線爲狹小之直條，亦猶是也。既然，則當吾人說切線與曲線相切，不過欲說明此兩條相吻合，不相交割而已。若果以此爲凡曲線必有一切線之根據，則每曲線必有一切線，此則顯而易見者；惟是此與函數學說，毫無相干。吾人既爲眼目所愚，而又深信不疑，是以發生此項錯誤。既經外耳斯特拉斯此驚世駭俗之新揭露，賜吾人以有用之警告且能警告學者，特爲看重其立有殊功所發明之純粹而毫無弊病之數學方法。』「原註」見傍卡累所著之『外耳斯特拉斯之算學著作論』，登於「算學報告』第二十二册，第五頁。外耳斯特拉斯所實驗之事（在一八七二年登於「柏林學會報告』，翻印於外耳斯特拉斯「算學全作』第二册第七十二頁），卽是證明有某種接連之函數，其中並無有定（有窮或無窮）之微分係數。有此證明，則將里曼所特爲發起之疑點，解說（明白。此疑點見於里曼死後（一八六七年）刊行之演說（一八五四年）（見其「全集』第二百十三頁）。既經里曼發問之後，曾經韓克爾在新著之

「擺動函數」中。有一番之討論，又在此作中，聲明有某種之函數能受積分，而有無微分係數，則在可疑之列。其實有無微分係數存在之問題，似乎向來未經有人發問，只有安培曾於一八○六年，嘗試研究，而無成功（見韓克爾演講第七頁）。韓克爾在其所創起之研究中，曾發明一接連函數，可以假設爲一點之動，是往來搖擺之動，而此項搖擺動至於界限（又作極限）時，則有無窮數之無窮小之動。如是發生之曲線，則發現韓克爾所謂在各點之「多數奇性之凝聚」，而無一定方向，是以不能有微分係數。韓克爾如是之理解，及如是之表證，頗爲人所挑剔。然而韓克爾終是「敢於嘗試者，衆人所不敢行之滑路，彼則敢於首先踏步」（第八頁）。在此小者作中（翻印於「算學年報」第二十冊），及其有價值之「極限論」（見厄士及葛魯貝爾之「科學文藝百科全書」第九十冊，第一八五頁「界限」條下），韓克爾頗能發明清楚一要點，即新算學意想所賴以改革微分學之根本者，對於導來函數之界說（比率之極限），及積分界說（多數之和之極限）二者，皆折回於從前極限（亦作界限）之意想。此項意想，原載於牛頓及來布尼茲著作中，不過爲牛頓之流數法，及來伯尼茲之微分法所遞掩而已。闡格倫日及科犀，原已發起如是之算學革命，不過未能始終徹底進行，直待後來里曼，外耳斯特拉斯，韓克爾，及其他算學家，始製爲謹嚴界說，然後爲算學界所公認，亦不能不公認。惟讀者宜注意，其在英國，則早已有得摩爾根對於此問題，曾發表極清楚意見。和士教授在其所著之絕佳之微分積分篇（「算學叢書」第二冊，第一章第五十四等頁），謂較後之時期，是純粹數學的研究微分學之意想。其言曰：（見第六十頁），「在今日算學關鍵時期，微分運算之純粹數學的界說，則已證明，從前研究所成立之多數理題（以形式上推展方法爲目的），其可行處只在極有界限之假設所限制之內，可以適用。從前著作家，皆有如是之默認之假設，惟不明白表示，而已』。

五一、里曼與外耳斯特拉斯兩人之比較

在外耳斯特拉斯之前，原有科犀及里曼嘗試爲鬆泛之函數名詞立一界說，而二子皆株守笛卡兒所創造最便於分析之用之圖示法。在抽象科學中，學者誠能任擇一界說爲起點，惟是此項界說，必要與吾人實在所遇之情形相符（例如在幾何學及物理學）否則吾人之科學變爲無用：更進一步而言之，吾人所製之界說，必要合理，從數學之根本原理，有合於邏輯之導來，不然則遲早必生錯誤，及遇紕繆之事。吾人有兩事爲目的：其一是推廣函數知識，其一是謹嚴證實吾人之理題。里曼之方法，及外耳斯特拉斯之方法，則是互相補助。傍卡累之言曰：『有里曼之利器，學者則能一覽而見全局，如旅行家之登山頂，以觀其下平原之形勢。又求各要點之方向者，有外耳斯特拉斯之利器，則按步就班，自然能窺各方各隅之幽隱，使其絕對清晰發現於外。』

【原註】見傍卡累之「算學報告」第七頁。克來因教授之言曰（見「維也納德國學會報告」第六十頁），『函數學說之發起人，是法國算學大家，科犀，惟是只在德國，此學說得有今日之模型。此是兩人，同時致力之效果，一方，則有里曼，

，一方則有外耳斯特拉斯。此兩子者，日的皆同，而取徑則極不同。在外面觀之，似乎二人之方法，幾乎相反。若從較高方面觀之，則見所謂相反者，自然而然引至彼此相補助。外耳斯特拉斯以分析法，用公式為複變數函數定一界說，謂是無窮之指數級數，隨後則極力求免於用幾何方法，事以謹嚴證實為目的。里曼則從某種微分方程式入手，是以此問題立刻得有物理學面目。：：其起點，則在算理物理學區域之內」。吾人今日從里曼全作之事蹟附篇中（第一版第五百二十頁），則知於一八五六年間，友人曾苦勸里曼，發刊其關於阿柏爾函數之研究之要略——姑勿論其如何，草具規模。因為其時外耳斯特拉斯已起首致力於此問題也。其後因里曼之刊布，外耳斯特拉斯於是從印刷中抽回其長說帖（此說帖以一八五七年送交柏林學會者）。外耳斯特拉斯聲明其抽回之理由曰（見外耳斯特拉斯算學著作，第四冊第十頁），「里曼已刊行一說帖，問題相同，其所根據，與予不同，而並不能立刻現出其結果，與予所得之結果相同。此事之證明，必要有頗為難之研究，而費時又甚久。在免除此項為難之後，予則有根本改造予之論說之必要」云云。里曼及外耳斯特拉斯兩人之作之互受彼此潛力之轉移，亦經外耳斯特拉斯說及，此則見於其一八七五年致士發次（Schwarz）教授書中，自稱為親供信條。其言曰：「予思維函數學說原理愈深，則（予無時不思及此）愈信此項原理，必要建築於代數眞理之基礎上，是以用超越理題，以證淺近及根本的代數理題，必不是眞正方法，姑無論里曼揭躡如何多數之代數函數之特性，只要研究家肯求路徑，則原無不可通之路徑。此是自然之事，惟一問題，只在乎有系統之證明」（見外耳斯特拉斯「全作」第二冊第二三五頁）。

此兩大分析家之事功，有互相補助之處，則有一事以證明之，即外耳斯特拉斯竟能鞏固里曼著作之基

十九世紀歐洲思想史 第一編 下册 五百三十四

礎是也。〔原註〕此大抵指外耳斯特拉斯研究里曼所謂「特理力原理」，惟是於一八四七年，已經克爾文爵士（即湯姆孫）有極普通之說明。此法之能用與否，全賴一某種最小數問題。外耳斯特拉斯已證明，並不見拉有此最小數之存在，所用之理據，不能有。結束。一八七〇年，外耳斯特得斯送一通告於柏林學會，載有實驗案，證明特理力之法，並非有普通之可用（見其「全作」第二冊，第四十九頁）。克來因教授議論此事之言曰（見上文所引之作，第六十七頁），「有多數里曼之發展，變作不可用，雖然里曼所根據而得之施及廣遠之各種結果，則皆貢確，此則有後來訥伊曼及士發次之謹嚴詳盡之證明。據事實而言，吾人不能不歸結於里曼之先從物理學之直接知覺，而得此各項理題。其後，始用上文所云之原理，使有合理之算學闡理」。參觀傍卡累之作（見第十頁及第十五頁），曾引他事以發明外耳斯特拉斯補助里曼之處。

五二、考查原理

大算學家如高斯、科犀、里曼、外耳斯特拉斯，皆趨向於加增吾人之高等算學知識，且發露數學及幾何之缺乏謹嚴界說，及界說之無定準。是以各大算學家，當其進行爲深奧之研究時，往往停止折回，考查原理，自從第十八世紀末季以來，英國及外國之學者，因有此項無定準之知覺，往往有孤立之攻擊，及半哲學之討論。此項討論又久不爲世人所承認；例如英國之哈密爾敦、狄摩剛、裴各克，波希米亞(Bohemia)國之波爾查諾(Bolzano)，〔原註〕波爾查諾（一七八一至一八四八年間人）是審查算學時代之第一代表，久為世人所忽略，及韓克爾撰『限極論』，然後提及。此位哲學派算學家，在科犀多年之先，刊行一短作（一八一六年），論兩項理題，韓克爾稱為各種代數級數之第一謹嚴引伸（演繹）。其言曰：『波爾查諾對於級數之輻湊之意想，極其明晰，極其正確，其以實在註解發展該項級數，是無懈可擊，（皆先假設其為有實在理解）。在序文中，對於在其前之兩項理題之發展，皆以合理之審評，又審及當時之濫用無窮級數。總而言之，其著作儘有應有，可與科犀比肩，不過其行文措辭，不若法國人之巧妙而已。是以波爾查諾之作，不幸而久不見知於世，無何而為學者所忘記。科犀則幸而為世人所讚美，稱為科學之改良家，其佳作則流傳甚廣』（見上文所引韓克爾之作，第二百十頁）。士發次則以為波爾查諾為首先開闢此項闡理之路徑，外耳斯特拉斯則加以發展（見『算學年報』第七十四冊，一八七二年）。斯托爾茲教授於一八八一年（見『算學年報』第十八冊，第二五五頁），撰一節略，發表波爾查諾之著作，自一八一〇年起（專指闢於微積分術而言）其言曰：『所有此各項著作，皆有極可使人注意之處，因其對於諸家在前之算學著作，加以不存成見而極其尖透深入之審評也』（見第二百五十七頁）。一八八九年，刊行波爾查諾遺著，其名曰『無窮數與俗見之相及論』，重刊於『科學名著』第二冊，柏林版（由邁爾及米勒刊行）。韓克爾首先令學者，注意於格拉斯曼著作之富於創解及其重要之處。

匈牙利國之波里亞，喀山之洛巴赤夫斯岐，及斯德丁之格拉斯曼等之有創解之著作是也。凡此諸大家，有多數皆彼此不相識。一八六〇餘年間，有不相同之三大著作出，頗擾動算學世界，組合多數之散漫闡理，使其互相啓發，互相發展。第一種是一八六○年刊行之高斯與叔馬瑟之往來尺牘，其中有兩信是一八二一年五月及七月所寫者。（原註）見一八六○年版，「高斯與叔馬瑟往來尺牘」，第二册第六○頁，及第二六八頁。此兩信中論及其關於幾何學基礎及三角形內之三角之和之廣大理想而未寫出之第二種，是一八六七年刊行，韓克爾所著之複數及其函數演講（此是第一部分，亦只是此一部分。）（原註）此小著作，藏有極多創解，及歷史資料，作者已經屢屢援引矣。德文原名「繁複數系學說」（一八六七年來比錫版），已見本章第六四○，六四五，六五三等頁所引。第三種是亦在一八六七年所刊行之里曼遺著，撰於一八五四年，名爲幾何之根本理想。（原註）見里曼「算學全集」第一版，第二五四等頁。大約與此先後同時，則有赫爾姆霍斯兩大重要著作之一之發現。（原註）最先刊行者，是赫爾姆霍斯之「幾何實在基礎」演講，此是一八六八年五月二十二日，在海得爾堡（Heidelberg）醫學會所演講。此作（提及其多年之研究，其最尤者，則爲關於顏色複摺學說之研究）則因刊行里曼一著作於格丁根學會報告而起。因從友人而知有此著作之刊行，於是一八六八年四月二十一日，在未見里曼此作之先，致書於其友人瑟林曰：「予已研究同此一問題，已二年於茲矣，因其與余研究生理學之光學有相關也。……今從吾子關於里曼研究之效果所示意觀之，是里曼所得之效果，與予研究所得者相同。予之入手問題，是多數度次之量，是如何造成，以使立體在其中無論何處，能接連運動，能有均動，與該體在實在處間之自由相同。」隨後其友寄以里曼之作，赫爾姆霍斯於五月十八日，答其友人瑟林曰：「予今寄上關於同一問題之研究之一部分，此卽里曼所無者」。於是有較爲詳盡之作，名爲「幾何基礎之事實」，見於一八六八年六月三日之「格丁根新報」中。參觀赫爾姆霍斯之「科學論文集」第一冊，第六百十頁，第六百十八等頁，又哥尼斯堡(Koenigsberger)所撰之「赫爾姆霍斯傳」，一九〇三年版，第二冊第一三八等頁，赫爾姆霍斯又有一演講，題目爲「幾何公論之原起及其意義」（「譯者註，」公論亦作公理）（翻印於「學會」第一冊），又見於「心報」（第三〇一頁）第一冊之一論說。中有言曰：「近年學界，頗有研究幾何之公理者，予則討論此問題之哲學方面，又討論若不用歐幾里得之公理，而用他項公理，是否有以分析術創造他種幾何學之可能」（翻印於「演講集」第二冊）。

此兩大作皆研究此問題，由是而遠近皆知，不獨惹算學家注意，且能引其他著作家注意。韓克爾之作，雖篇幅不廣，而啓發之論則正多，嘗發明普通數學及代數學之根本原理及界說，有修改及推廣之必要。「原註」韓克爾在此小著作中，介紹「配分」，「締合」，「對易」，三名詞於德國著作，以規定數學所受節制之運算之三項原理，又介紹其所謂此三法之永久不變之原理。其言曰：「若有以周徧數學之普通項發表之兩式相等，若記號並不指單簡數量，則兩式仍然相等，由是觀之，若運算得有不同之意義，此兩式亦仍然相等」。韓克爾之所以定其界說者，似是因研究法國及英國之著作而定，因爲其曾舉塞服阿(Servois)之名（見革共一八一四年之「年報」第五冊第九十三頁），謂塞服阿介紹「配分」及「對易」兩名詞，又舉哈密爾敦爵士之名，謂其介紹「締合」

名詞。韓克爾又言曰（第十五頁），「英國向來不好研究算學之根本原理，英國之最享大名之算學家，在討論學問中，亦向不規避討論及此項問題，吾人必要舉裴各克之名，稱其為算學家中之首先承認有形式算學之必要者。在其報告分析術某支派之著作中，曾發明永久不變之原理，不過範圍太窄，亦欠必需之基礎」。至於其所謂之裴各克之劍橋派算學，如得摩爾根等之著作，韓克爾則謂並未審察過，只稱及格列高里博士之登，於愛丁堡「報告之關於記號代數之短作。當韓克爾演講此項根本問題時，有外耳斯特拉斯」在柏林，正在討論複數學說時，克常介紹其分析函數學說之演講。此項介紹文，科薩克(Kossak)博士曾得有外耳斯特拉斯之允許，於一八七二年刊布，此在外耳斯特拉斯在一八六五年至一八六六年演講之後。韓克爾自離開格丁根之後，似曾聽過外耳斯特拉斯之演講，受其濬力之轉移，至於若何程度，則不得而知，因為韓克爾雖繁徵博引，而不提及外耳斯特拉斯之名。在科薩克所著之「數學」中，所謂「形式法則之永久不變」之名詞，則並未採用，惟是其處置推廣之數學，則走相同之路徑，即謂並不嘗試表示複數，似以保存節制平常數目之數學方法。則對於還原或反向之原理，則極其注重，以為其表明在橢圓函數分析學說中，頗有價值也，又以其在數學中，亦有不見輕減之價值也。上文曾經說過，裴各克亦竭力主持此原理。

以為研究高斯及里曼之高等學說之介紹；因是之故，韓克爾折回追究諸算學大家不為人所注意之著作，如德國之格拉斯曼，英國之裴各克及狄摩剛之著作，因是介紹四元術代數於德國，此代數是哈密爾敦二十年前所創造，所實用者。里曼及赫爾姆霍斯之著作，亦有相似之

五三、非歐幾里得派之幾何

發明，謂歐幾里得幾何之原理及其基礎，有澈底研究之必要，又發明不用歐幾里得之公理，亦能創造合理可行之另種幾何。據事實而論，只是在此時期間，算學界始大概承認三十餘年前已有兩種獨立之初級幾何刊行。此兩著作中，皆拋棄歐幾里得之平行線公理，而發展合理之他種幾何。前已提過此兩著作，一載於喀山報，日期爲一八二九年及一八三〇年，作者是洛巴赤夫斯基；一見於幾何學入門附篇，是波里亞刊於德蘭斯斐尼亞(Transylvania)之某市鎮，附篇則是作者之子所著。老波理亞嘗與高斯爲友，亦常通書問；老波理亞與高斯有同等之研究，於是後人發起猜度，此兩人中，不知究是何人先發起此項全系思想。【原註】參觀上文第六五二頁

原註。以吾人之觀點而論，關於討論里曼及赫爾姆霍斯兩家之著作，則有重要數點。第一，里曼及赫爾姆霍斯，皆向不提及洛巴赤夫斯基或波里亞之非歐幾里得派幾何，此在赫爾姆霍斯，則並不詫異，因其原始並不純粹注意於算學也。吾人並可以順便提及，赫爾姆霍斯雖有算學大才，然而曾有數次與極有創解，極重要之算學研究相接觸而不知，例如格拉斯曼及普勒刻之算學研究是也。至於里曼，其著作則曾經宣讀於高斯之前，高斯則深知波里亞者，其後亦知洛巴赤夫斯基，且深佩服之，曾提議請其爲格丁根學會之外國會員。是以高斯則易於以自已之理想，及里曼之理想，與上文

所云之算學家之理想之有相關、指示里曼。自從刊行高斯最後之著作以來，吾人即見得高斯頗勤於函牘，凡讀過薩托里阿(Sartorius)所作之訃告文者，則知高斯相與往還討論非歐幾里得幾何者，當不止一人，其最著者，為革林(Gerling)。且知同時之算學家，亦有數人，幾乎追及高斯之地位。第二，其用『複摺』名詞者，其先雖有里曼，其後雖有赫爾姆霍斯，而在其討論中，此兩君者之對於處間複摺，只從量度之觀點，而無其他意想。據事實而言，在此兩君之處置中，皆以複摺為數量。里曼確曾提及某種之幾何關係之與數量無干，只與部位相干者，並謂此項關係，為極其重要。里曼及赫爾姆霍斯之研究，有此兩點，與其他當時之孤立研究之關係最早，則有柏爾特拉米，首先討論，隨後則有撥力及克來因教授之討論。

里曼及赫爾姆霍斯之獨立研究，其發源不同：此兩君者，皆用較為普遍之量之意想，介紹處間曲率之意想，與高斯之量度形面之曲率相似，以代數公式表示一量之普通及必要之特性，以為幾何之基礎。此項代數結果，與洛巴赤夫斯岐及波里亞以純粹幾何法所得之結果之互相關係，則有柏爾特拉米研究，並有明晰之發明，謂有三種兩度次之幾何可能——第一種，即是歐幾里得幾何，第二種，即是洛巴赤夫斯岐幾何；在第二種幾何中，三角形之三角之和，小於兩直角，在第三種幾何，則三角形之三角之和，大於兩直角。又發明第三種幾何，與球面幾何相似，曾提議一種假圓球，作一種球面，可以在其上表示第二種幾何。同時又指出用代數公式，將一融通元次意想介紹記號名詞，如四元之幾何，或多元之幾何，如格拉斯曼及撄力從前之所爲。〔原註〕非歐幾里得處間之幾何，及四元或多元之幾何（此兩種幾何，亦包括在非歐幾里得幾何名詞之內），今日則有極多數之著作，只是此項著作之目錄，已佔多數篇幅。計至一八七八年爲止，其完全目錄，則已爲哈斯武德教授，登於「美國算學報」之第一第二冊。此君有特大發起家之原始著作，介紹於英文讀者之功。此後之此項著作，則見於希勒革博士之著作，名爲「多元幾何之發展論」。其在法國，則有豪愛爾（Houël）所刊行之（自一八六六年起）之此項說帖之譯文，其實此君是首先使學者注意於此項重要新發明之著作者。惟克來因教授，則有多數著作，將此項最新之算學理想之各不同之來源（見於各國之算學著作者），加以發明，並組合之。此君之多數著作，及其石印之非歐幾里得幾何演講（是在一八九三年至一八九四年間，在格丁根演講者），成爲最好之嚮導，使學者得知此問題中之種種迷路曲折，及各項辨駁。參觀其所著之「非歐幾里得幾何論」，登於一八七一年「算學年報」第四冊。克來因在此著作中，將撄力之獨立研究，組合於巴洛赤夫斯基，波里亞，里曼，及柏爾特拉米諸家之獨立研究。撄力曾在其代數形式學之第六說帖中，發明如何可以將量度幾何，包括於投影幾何中，以比附法，將各形比附於處間一根本定形，撄力所稱爲「絕對」者也。，在此項研究中，則有一習慣，介紹於算學著作中，頗能令局外人疑惑，往往揭出算學家之謹嚴邏輯所得之引伸（演繹），變成笑話，其爲哲學名家所輕視，則更無庸論矣。幾何意想及代數意想有完全並行，或完全同等之處（相當）——卽謂以代數完全正確表示幾何，及再由代數譯轉幾何，此則不止用一方法，視所選擇之處間單位而定（指點、線、球面）——由是而發生一種習慣，以純粹幾何所能表示之意想作爲代數關係之名稱，此則由於多加有限定數目之變數而化爲融通者。

五四、處間之曲率

例如曲率意想，在平面上之曲線，則容易規定；高斯則推廣此意於各種面，若加一變數於代數公式內，則推廣此曲率意想於處間，是爲處間曲率。殊不知此是純粹代數關係，實在是不能表示，不過是從面上之以幾何法表示幾何關係，類推而得，而著作家則告學者以必要知此項處間曲率是何意義。處間之度次之意想，亦有與此相似之推廣，常常說及四元或多元，其實只有有限數之度次，能以幾何表示者。此種名詞，在算學家手中原屬極其有用，吾人只好不理會哲學家及局外人之批評，作爲誤會可也。【原註】對於非歐幾里得幾何之哲學評論，最要者是陸宰之作，見於其所著之「玄學」第二冊，第二卷（一八七九年版，第二四九等頁）。讀者須勿忘記，當陸宰著論時，通俗著作家借用此新奇驚世駭俗之意想，以爲其神道哲學之資料，即陸宰之友朋中，竟有多數爲其所愚。此則能解說陸宰何以有如是之嚴重評論，與其初年評論蠱惑人心之著作相似（見陸宰「小品」第三冊，第三二九頁）。讀者若欲研究此問題，則宜參觀策爾涅「科學文集」（一八七八年至一八八一年，來比錫版）共四冊）。此是當代之哲學著作及科學著作之奇聞錄，不在思想史之列。

雖然，新介紹之無窮虛數，及超越處間之關係等等新意想，皆不能直接想像者，則與心理學有關係，頗有考究之價值。「原註」參觀撰力之會長演說詞（在「全集」中第十一冊，第四三四頁）。其言曰：「充塞新分析學及新幾何之意想（此是根本意想，予不能不鄭重聲明）即是分析學之虛數，及幾何學之虛處間。予所用之虛數及虛處間，則包括，實在者在內。據予所知，則此並未結成爲哲學討論，或哲學研究之問題至於舊時之玄學著作家，吾人直可以謂此輩對於此項問題，並無所知，亦。不必有所知。至以現在時代而論，因此項新意想，頗居於極顯著地位，即使謂此項意想，只屬於專門算學範圍，或謂其與無存在之物有關係，則不能有科學處置之，可能。予則以爲此項意想（作爲哲學討論問題看待），不應置之不論不議之列，至少亦要表示有應該不論不議之理由在」。由此可以見人心之動作多端，無奇不有。至是又至於算學及哲學甌脫之境矣。

五五．融通意想

此項新鮮及擴充之意想，與當日哈密爾敦爵士由闡理而創造四維代數，有其相似之處。讀者若研究韓克爾之短作（出版時與里曼及柏爾特拉米根本幾

十九世紀歐洲思想史　第一編　下册　五百四十四

何討論時相近，）則此項相似更爲顯露。

哈密爾敦之擴充，由於拋棄普通數學根本法之一，然後能成立；其所拋棄者，卽是乘法之對易原理，卽謂 $a \times b = b \times a$ 哈密爾敦則拋棄此原理，設爲 $a \times b = -b \times a$ 由是而創造一種新式數學，以似若紕繆原理爲根據。洛巴赤夫斯岐及波里亞之創造新幾何，則拋棄歐幾里得之平行線公理。韓克爾發明此新代數之要義，里曼及柏爾特拉米則發明此新幾何之要義。施用此兩新法時，則預爲引出新法內幕新藏之理想或哲學原理。此外尙有第三事，亦拋棄流俗習慣之見解，而創立新科學者。此是拋棄量度之性質，而專研究部位或投影之性質（此是追踵蒙日及逢退利，）亦能成立一宗言之成理之新幾何。此項脫離數目或量度意想，而規定距離及數目之幾何界說，造成一種新幾何者，則創造於英國之揆力及德國之封斯陶特。

五六、克來因之證明

及格丁根大學之克來因教授出，則證明揆力及封斯陶特所發起之遠近（卽距離）融通之意想，介紹於幾何，則闢一路徑，使學者通曉歐幾里得洛巴赤夫斯基及里曼之三種幾何。〔原註〕參觀上文第七一四頁原註，及「算學年報」第四冊，第五七三頁，又第六冊第一一二頁。克來因教授以算學名詞，區分此三種幾何，爲變曲線幾何，橢圓幾何，及拋物線幾何，等合於直線之至於無窮時，有兩實點，或兩虛點〔即是無點〕，或兩相吻合之點。大概而論，用投影法則形之量度性質變，惟其中有一不變者，即幾何名詞之「無諧和比率」，無論如何投影，皆不變。以上之各種新幾何，皆以此事實爲樞紐，點或線之此項比率，可以用幾何法建造，不必顧及量度〔見封斯陶特之「方位幾何」，一八四七年至一八五七年〕。由是而得一法，從純粹之投影幾何之性質或關係入手，則能規定遠近及角度，即所謂量度性質是也。有人詰問，既是從處問之純粹投影性質入手，建告幾何〔以封斯陶特所發之方法，求得其量度性質〕，是否於入手時，已將遠近及數目之原意，默然輸入。此一問題，或頗有哲學的重要關係，而無算學的關係，因此項算學之處置，其立意目的，是要得一入手之點，由是而引伸〔演繹〕數種可能之幾何，而爲組合之討論。關於此問題，參觀摻力「全集」第二冊之附篇〔第六〇四等頁〕之議論，又此中所引波爾爵士之作，較爲新近之著作，則有羅素所著之「幾何基礎論」〔一八九七年版，第三十一等頁，又第一一七等頁〕。又羅素所著載於「大英百科全書」補篇第二十八冊，「非歐幾里得幾何」條下。學者宜折回研究處間之純粹投影特性，然後能通曉此數種新幾何之可能。洛巴赤夫斯基研究此問題，是用實行法，里曼則用分析法，克來因則用幾何法。因有克來因之事功，此問題已告一種結束。自克來因撰刊其著名說帖（揆力曾爲之評註）

五七、來氏

之後，其所缺者則已有人根據其提議而補足之。里曼及赫爾姆霍斯之研究，不獨有算學意義，且有邏輯及心理學意義。吾人之意想以處間（亦作空間）爲三元之複摺處間之外，尙有其他複摺——例如三元複摺之顏色是也。赫爾姆霍斯則從研究顏色複摺，而入於處間。於是有問題發生，試問以何種必要及足用之底數或條件，然後能建立幾何學之基礎？讀者觀上文，則知平行線之公理，是可以拋棄者；又知遠近及數目之意想，則得而融通之。然則所餘者，尙有若干底數或條件爲必不可少者耶？赫爾姆霍斯曾試爲答覆此問；惟是赫爾姆霍斯及里曼並未計及純粹投影幾何之可能。克來因則見及有一純粹代數法，可以解決此問題，此卽上文所說過之羣算是也。來氏以此研究接連變數之集合。克來因則首先見到此利器之大能力，能見及處間問題，是一變化問題。凡在處間之多種可能之動，成爲有定元素之一羣（不同之自由動，）有接連之變（卽是微分變，）經過某某種有定情形，則回轉至於保存其遠近，則有不變之代數性質。克來因對於赫爾姆霍斯之假設，頗疑其不合邏輯。來氏則擔任研究此問題，於是里曼及赫爾姆霍斯之邏輯方面之事功，作一結束。〔原註〕『來氏之早知處間問題，是歷於羣算學說，則由於克來因。⋮⋮自一八八〇年以來，即有著心研究。一八八六年，柏林有自然哲學家之聚會，來氏即於此時，刊行其所見。赫爾姆霍斯之意想之本身，不自知其屬於羣算學說也（此意想起自一八六八年，而竟不知，此則是最合人詫異之事），因為此意想，原欲區別在處間之六摺無定之動之諸羣於其餘諸羣之外也。赫爾姆霍斯之處置此事，則規定堅實體之自由動，卽謂規定兩點間之不變數存在，為獨一主要不變數。及來氏研究其問題之原理時，則認定在人世之處間，，關於繞一軸還原性之公理一部分，為可以不必要（指加週期於繞定軸之自由動之部分）⋮⋮此諸項研究之價值，在乎能使吾人在每種幾何中，規定最合宜之公理。⋮⋮此項研究，於一八九七年，得喀山學會之第一次洛巴亦夫斯基獎賞」（見那式之「算學年報」第五十三冊，第三十八頁）。羅素所著之論（見第四十七等頁），關於來氏著作，有明晰之發明。以謹嚴代數方法，往往能剔出較為依賴直接知覺、或純粹幾何方法之弊病，而推廣吾人關於深藏可能之知識——此即其一例也。

此外又有一大支派之數目、形式、及交互有待之科學，此學之原理及其基礎，則傳自古代，及有第十九世紀之審查抉擇，其根本意想由是而發展，亦由是而革

五八、數目學說

命。此亦發起於高斯作者以上所討論者，大抵是代數或普通數學幾何，及組合此兩科學之形式學說及函數學說：此外尙餘數目之學——指抽象數目，及平常數學之有名數目。高斯最早之研究，即是數目學說。曾著有加上七條封皮之數學論，皆駕乎斐馬、歐拉、及勒戎德耳諸君之著作。此七條封皮，漸漸有人揭封。特理力有多數發明：餘人繼之，最著者爲得得肯德(Dedekind)，曾刊行特理力之演講，且加以自己之多數著作。讀者原可發問吾人對於數目，得有新意識否？

此項研究亦有爲實用與理想之鼓勵，有如是分別，則吾人較易於討論此項抽象研究。高斯不獨發明多數之數目特性，且製造利器或法術，以資研究作者今從此兩觀點，試討論高斯及宗其學說者對於此問題之事功。

第一、原有若干問題，與數目特性相關，則自古時留傳至今。例如以幾何法等分平圓，求倍積之立體，及製四方使等於圓，或以幾何法求周徑率之數是也。【原註】

參觀第一册第一八一頁原註。克來因教授曾著有一小册，名曰「幾何之著名問題」（一八七九年，有英文譯本，刊於英美兩國），其中頗饒有趣味之記載。此中又有製成機械，以解決超越問題者，亦有補助畫規及直尺之不足，以解決問題者。以規及尺能得變數問題之眞確解決或製造，古人知之者雖不多，然而求得極相近之數，則頗有知之者。如洛貝耳(Rober)之作七等邊形，則極有意味，此則見於哈密爾敦與得摩爾根之往來函牘（見格畢甫茲「哈密爾敦傳」第三冊，第一四一頁，及五三四頁）。哈密爾敦曾寶寫其法，登於一八六四年二月之「哲學雜誌」。以近是法均平分圓爲七之數，與正法所得之數相合，至第七位小數，亦不能指出其爲過大，抑或過小。若以地球之赤道爲平圓，而用近是法作七等邊形以圖之，則起點與終點相差不過五十尺，此近是之法，亦可云密矣。此揭露或創製之法之洛貝耳，是一位營造師，以爲古埃及人知有此法，謂其地之厄德佛(Edfu)大廟之規劃，即與此近是，似乎有關係。關於此點，予則無從考究。此問題則坎托耳之「算學史」，並未提及。

此外尚有自然對數之基數或根數e，歐拉曾證明此基數或根數e與周徑率之π有極可注意之數學關係，學者只要敢於運用虛數，則此關係不難立現。作者上文已論及解決高等方程式問題諸事，現在所論之著名三問題之事，有與相類者，即謂第十九世紀之算學家之闡理，在乎證明此三問題，何爲不能解決，或規定其能解決之特別問題所要有之條件。高斯之研究，及後起之算學家之宗其說，或讀其著作者，則受其指示，趨向於規定普通意想，包括研究孤立之特別問題。數目中之質數（亦作素數或無因數）是向來爲學者所特別注意者。數目之分除及分剖，亦有研究，亦有曾用歸納法求得多數有意味公式，隨後有以各種巧法證實者，或未經證實者。天授之高斯，則爲此項研究創造新術及新式演算。此項新法，原爲解決所謂無定方程式而設，即是求兩個或多個整數，以適合於某項代數關係是也。此中卽有多數之問題（古時幾何學家卽已研究此事，）即謂以甲數（稱爲模子）除乙數之有無餘剩；

五九、高斯之合同學說

高斯爲此發生新意想，又創製合同之記號。若以甲數除乙丙兩數，其餘剩相等者，則稱乙丙爲合同數。斯密·亨利有言曰：『合同界說雖不過包含極其淺近之數學意想，不過是以某數除某數而已，然而能表示此項意想之形式，有多數之分析啟發，既易於計算，又富有效果。其介紹此意想入於數學，數學由是而大有進步。』〔原註〕見斯密所撰之「數目學說報告」，登於「英國科學提倡會報告」（一八五九年至一八六五年），共六部，翻印於其「算學雜著」第一册，第三十八至第三六四頁。其中有此算學一支派之歷史，截至一八六三年爲止。一見而知，此與平常代數方程式相似，且有遷移方程式之特性及處置法於此項新問題之可能。於是多人注意於研究數冪之餘剩。若能求得一平方數（二冪），立方數（三冪），或四乘數（四冪）與甲數爲合同，則甲數稱爲另一數（質數）（卽模子）之二冪、或三冪、四冪餘剩。合同學說是一新算術，與行列學說、及不變數學說、或形式普通學說、相似，皆是用布陣巧法，部署極多數之繁複關係，化繁爲簡，使有秩序。高斯晚年，常致書於其友人叔馬瑟，論及此問題。【原註】參觀「高斯與叔馬瑟往來函牘」第四冊第一四七頁，又高斯「全集」第八冊第二九八頁。其言曰『大概而論，凡是此項新算法，皆處有一種地位—新法所不能辦到之事，仍非新法不能辦到；然而有一利益，若是適合於常要之施用，無論何人習熟其法者，則不必待神感之巧思，以解決各問題，且能以呆法解決多種繁複問題，凡此項繁複問題，卽有天授之才，亦無從施其技。代數之創設亦如是，微分術之創設亦無不如是，不過其範圍則較小而已。蘭格倫日之變數術，予所製之合同術，及麥俾烏之算術，亦無不如是。既有此意想，則無限若干之每次皆要特別創爲巧妙方法以解決之孤立問題，皆能結合成爲有組織之全體。』惟是凡一新法所能處置

六〇、數目之融通意想

之事，往往不止於此。當引用新法時，往往能擴充意想，擴大眼界，除去種種思想之人爲及習俗之阻礙物。作者於本卷上文，曾經說過高斯因爲要證明每一方程式必有一根，而想及有介紹複數之必要；其合同及餘剩學說（高級餘剩爲尤要）之發展，則證明此項之必要。一八三一年，在其所撰之四冪（或四乘）餘剩說帖中，聲明此事有根本上之重要。在其較早之說帖中，謂此項高等數學之區域，有推廣之可能，而未發表其充分之證明。在其未發表之前，則已有阿柏爾及雅各俾之證明其必要。此兩君者，創造橢圓函數學說，發明一意想，謂能推廣週期函數（例如圓函數，或和諧函數）於此學說，惟要介紹雙週期者（一虛一實）。高斯則揭露有同等之簡化，在四乘餘剩之記號表示之學說中，惟有同時並用虛單位及實單位，然後能『發現其單簡佳妙之處。』在此學說中，不獨要介紹正負之計算，且要用旁推之計算——卽謂在一線中，不獨要計向前或向後，且要計及此線之兩旁，學者今日已熟習高斯此法矣。同時則有一玄學問題發生——卽是試問能否合理推廣此術於多過兩元，如是之推廣，有無同處？高斯則滿意謂不能；〔原註〕科薩克曾撰有此問題之簡括歷史。高斯曾設爲一問，『事物之有過於二元者之關係，只能書其所介紹之平常複數，爲何不能兼容其他根本數量之介紹於普通數學者』。高斯雖曾經擘明，將爲此問題作一解決，而終未答覆。是以有多數算學家，如韓克爾，外耳斯特拉斯，及得得肯德教授等，嘗試解決此問題，並證實較爲高級之複數，無所用於此問題。斯托爾茲教授，在其所著之「普通數學」第二冊第一章，內載有諸家之見解，大抵皆不能十分相合。大概言之，外耳斯特拉斯之證明〔科薩克首先爲之刊行〕則爲算學家所採用。此項證明，根據於多數因子之相乘，非其中有因子等於零者，則此相乘之積，不能消滅。科薩克之言曰：「是以在普通數學中，吾人不能排除複數之有三個根本元素者，惟是若此項複數，有特別條件或情形所範圍，則不必排除」〔見上文所引科薩克之作，第二十七頁〕。因再進步研究此問題，則發明其根本理論，謂「在數學之運算區域內，只能容加法及乘法，包括還原〔或反向〕之減法及除法」〔外耳斯特拉斯之言曰：「其中並無其他運算之法，總而言之，在分析術中〔若有此項分析之相關之存在〕確並未見有不能化作此項根本運算法者」〔見第二十九頁〕。惟是直至近年，始有外耳斯特拉斯爲之證明，根據邏輯原理，謂『凡介紹一數於數學內，是否合理，全視此數之界說，』以討論此全體問題。由是而引起作者討論數目界之另一種推展，此作由高斯之研究所啓發，亦變爲根本問題；一入特理力、庫麥(Kummer)、里烏維爾、得得肯德、諸子手中，則完全改變高等數學全局爲之一新。此則以最普通之反向運算之邏輯手續爲根據。在直接手續中，學者以相加及相乘之組合，而造成代數公式，稱爲方程式或形式。學者不必提及減及除，因爲用負號數量及命分，則能化爲加及乘也。今有一最普通之代數方程式或形式，學者則能搜出其中所能劈分之單簡因子或形式，而爲之定界說，則能以此種因子及其積，爲數之界說。於是發生一問題，第一、是

六一、反向手續

此種受反向之數，有何特性？第二、是此種數，是否能包括吾人日用所用之數？第一問之答覆，則介紹複數，隨後則介紹意數；里烏維爾則發明其並未包括意數，由是發生超越數，卽非代數的數之意想。從平常數目相加相乘所得之最普通形式，爲反向之手續，以融通數目意想，則發生數目之融通學說。在此學說中，其主要目的，仍是如是之已受融通之代數的數，及此類數所能劈分之質因子之能否除盡問題。得得肯德、克洛尼刻（Kronecker）、及其他算學家，未試定學說之先，則有從此

六二、庫麥之意數

方向以爲推展之必要。柏林之庫麥教授，因研究特別問題，則先及此。其所研究者，

即著名之均分平圓爲若干相等分問題，在高斯手中，則化爲數學問題。高斯曾經證明此問題之眞正幾何解決全賴解決一單簡兩項形式或方程式。是以算學家多注意於此種方程式：由是而有推廣數目意想之必要，採用高斯所謂複數。在平常數目之學說中，有一根本例，謂每一整數，只能有一劈分爲質數之法。若兼容複數，則此例有時不能通行。惟是庫麥則提倡一說，謂於其所研究之數中若介紹其他數，即稱爲意數者，則此種反常不能通行之事，即見消滅——即謂若學者當此類複因子爲能劈分爲其他質因子。於是能除盡之例，恢復其原來地位。此種抽象研究，則發生一極有用之意想——不獨有融通數之意想，且有此種數之自成一局或一區之意想。「原註」此種融通數，自有其禁地之意想發展，即革數目學說之命。當數目學說之初發起時，不過是平常整數學說之，複數並不包括在內。高斯在其「數學論」之介紹文中，原以此爲其學說範圍。所謂均分平圓爲若干相等分之數學學說，亦在排除之列，同時又擘明，均分平圓之原理，依賴高等數學學說。以代數問題，組合於數目學說中，則較顯於繼高斯而起之雅各倖及特理力之著作。兩人自視，亦覺得詫異。喜爾柏特(Hilbert)有言曰：「此項組合，今已有明晰之說明。代數的算學說，及加洛阿之「方程式學說」，其公共根底，皆在於代數系之普通學說中。同時代數的數系學說，變為數目學說之最要部分。其首先創立基礎者，亦是高斯之功。高斯介紹複數，又將平常數目學說諸問題，及除靈之特性，與合同之關係，歸納於複數中，為之定其形式，又為之解決。得得肯德及克洛尼刻，由曾通發展庫麥之廣大意想，竟能建立代數的數系之新學說」（見「算學報告」第四冊第三頁）。喜爾柏特教授又提及此種數目之分析學說，與新算學之其他部分有密切關係，最與有關係者，則為函數學說。其言曰：「學者由是見得數學原是算學科學之王，如何征服遠大區域，如何恢復其原有之惟我獨尊之地位。其所以不能較早恢復之故，以予觀之，則因數目學說直至近年始能成熟也」。喜爾柏特教授又謂，諸算學家研究此問題，時作時止，無一氣研究到底之功，即在高斯手中，亦復不免，此是此學說幼稚時代所現之特性。及至近年，因有關於此問題之有系統之建築，然後有接連無間斷之發展。此項有系統之研究，則首先發現於得得肯德所刊之「特理力講演集」（一八九四年第四版，第一四三頁）之最後補篇中。章柏教授之「代數」（一八九六年版，第二冊第四八七等頁），關於此事有詳明之記載，提及（見第四九四頁）得得肯德（一八七一年以來）及克洛尼刻（一八八二年）對於此問題之研究，且試為證明兩研究法之相關。

特入手所用之單位及元素，以平常數學運算所能造成之一切諸數，皆包括在內。是以一切有理整數成為一系；學者能組合之，亦能劈分之為元素。吾人介紹新元素或新單位，必要留心包括全界或全系之以數學根本運算量度者，則能達到真例。在一切抽象闡理中，仍是根本運算，永久不變。此項法規，早經裴各克空泛發表，韓克爾則特爲位置在一切算學闡理之前列。作者在此聲明，由一定方法發生之代數數系之意想，卽預備介紹羣算之普通學說，有此學說則能將大多部分之散漫算學闡理，使成秩序，組合爲一。

六三、新代數

此極要之方面則有韋伯教授之代數發明。讀者試將三四十年前之代數，與韋伯教授之代數相比較，則知第十九世紀之後半期之算學思想之大變遷矣。

作者已經說明，代數數之界說，如何發生數目意想之推展及其融通。同時又發生一問題，如是之推展是否能包括吾人平日所實用之數目之全域？答曰，不能。

六四、代數數及超越數

實用多於理想。此理並不難明。吾人平日實用之計數，是有兩種施用之手續，有計數名詞及量度名詞之區別。計數應附屬於量度之下。因量度而生出之爲難，早已發現於幾何之發展，卽算學所謂無公量之數是也；譬如以平方形之一邊爲十，試問斜徑當有何數以量之耶？假如將平方形之邊，引長至於無一定之程度，則十五、二十、三十等數目之地位，學者則有極明晰之意想；至於斜徑究有何確切之數，以指示其相當之長耶？因此之故，創造無理數：於是介紹二之方根，吾人則能以代數運算，以確切表示此欲得之數。惟是在實用幾何中，尙有其他一定之量度，而並非作直線形者，例如圓周是也。此各種數，是否亦能如無理數之用代數運算以表示之耶？因實用之故，學者早已創爲漸漸縮小其界限，以求如是之數；於是創造一種數學算法，十進命分，以易使人明白而又單簡之形式，以表示手續。在十進命分之中，有所謂無窮者——此是最初發起之無窮級數——按一定法則，步步進行以至於無窮；亦有並不現出容易明白之進行之法則者。例如計算及寫出π（周徑率）及e（自然代數根）之十進命分，則曾費多時以創造巧法。〔原註〕e及π兩數之超越性質，最早則有赫買特及林特曼教授以證明之。此項證明，已漸漸化作單簡。究來因之「幾何之著名問題」，有明晰之記載（見第四十九等頁）。

由此可見算學闡理所討論及組合之意想，如何從種種不同源頭導來。吾人

六五、計數及量度

最初起首是計數，隨後則有量度；在此兩件事中，吾人皆有一定之元素或單位，以表示次序或數量，或表示秩序及數量，又有通用之運算；其後又有記號以指次序、

或數量、或運算。既有此各種方法，吾人則能在紙上作某某種之變化，習慣於無分別之混用不純一之意想，例如數學、幾何、代數意想，及牛頓介紹流數意想——有時且混用動力學意想。因爲算學原是解決實用問題之利器，其能善於輪用及混用此項駁雜不純之各方法，自能解決多種問題。往往遇有純粹邏輯不能進行時，則有幾何機力學之證據以相助；其遇有外現之證據，或能使吾人受欺之時，則必用純粹邏輯相助及糾正之。算學與科學輪用混雜方法而有進步，此後亦永遠如此。純粹邏輯是一條直線，頗乏多數之啓發來源，而進步之靈魂，則全在啓發來源之豐富。施於實用雖是如此，然而節制闡理，則尙有兩要點在。其一卽是好真確合理，其一卽是好清楚明晰，否則紛亂潦草，由是而往往發生嚴重之錯誤及荒謬。此則在第十九世紀之初年，已有大算學家高斯、科犀、阿柏爾，指明當時之算學家，往往發現懈怠鬆泛之性。猶如一人同時用多數外國語言說話，實由於其不能將意思布置清楚也。至於教人子弟，則尤宜謹愼，因爲往往要以清楚、不相矛盾、及單簡語言發表抽象及難達之意，絕不可使學生預種將來錯誤之根。因是之故，古代希臘則有歐幾里得幾何原本之作，在第十九世紀初時，則有法國藝術學校之舉動，後來則有外耳斯特拉斯在柏林之著名演講，皆另起爐竈，重新鑄造算學之根本間架。同時則實用算學思想之用處之廣，自從牛頓以來，則有多數科學家之個人研究，由是而有多數之材料，必要經一番詳愼審查，及爲之定謹嚴界說。高斯對於此兩事，皆優爲之，可惜其不好教育，又不好持以告人耳。其所撰之大著作，與牛頓所撰之算理同，皆是思想之寶藏庫也；其遺著之未經刋行者，則可比於牛頓光學之附載之設問，及朴次茅斯雜著。

法國德國意國有數位著名之算學家，已費多年之心力。〔原註〕自一八七二年以來，從此項著作，日見其多。以下所引之著作，皆創立新紀元之作也。得得肯德所著者，有「接連及無理數論」（一八七二年），海涅所著者有「函數學說」（登於一八七二年「算學報」第七十四冊，第一七二頁），此作討論及外耳斯特拉斯及坎托耳學說，又有科薩克之短作（見上文七一二頁原註）。其中亦有外耳斯特拉斯學說原理，其時又有麥累(Méray)之「新微分學」（一八七二年巴黎版）。坎托耳最早之賅括之著作，則刊於一八八三年，名

「學說概論」。其先固已有多數論說，登於「算學報」及「算學年報」中。在此等著作中，曾介紹幾項名詞及意想，又為之定界說，大概皆為他人此項著作所採用。如上諸作，皆可稱為此項算學思想新闢地之先導，其後尚有坎托耳，得得肯德，外耳斯特拉斯之各項進步發明之繼起。坎托耳之主要著作，已刊於「算學報告」第二冊。得得肯德教授於一八八八年，刊行一重要小著作，名為「數論」，又將其研究所得之效果，加入於其後來監刊之特理力演講集中。外耳斯特拉斯之特殊闡理，則近日知之者較多，以有其弟子之著作，及有外耳斯特拉斯全作之尚在刊行中也。完全目錄，則見於德國之「算學叢書」。今日法國，德國，意國，英國之算學及哲學著作，皆載有此項研究之節略，及其分析。此問題與非歐幾里得幾何相似，頗惹起純粹算學界外之注意。其最著者，則為坎托耳諸作，則有科學家從哲學方面，為詳盡之討論。在德國則有布立克斯(Brix)（馮特「哲學研究」第五冊，第六十三頁，第六冊第一〇四頁，第二六一頁），刻立之「界限學說」（一八九〇年）。其在法國，則有庫屠拉特(Couturat)之「無窮算學」。其在英國，則有羅素之「算學原理」（一九〇三年劍橋版第一冊）。意國算學家，亦多有研究此問題者，其尤要之著作，則是皮阿諾刊有「新法數學」一八八九年）。以從事於清晰說明此科學之根本意想，雖各家之取徑各有不同，惟至於根本界說，則似乎可望一致。其最為難者，則在乎以吾人對於幾何及物理學所必要而用之計算手續所發起之意想，介紹於純粹數學中。因此而發生之意想，卽無窮及接連，必要之數學之界說。此項意想，在第十九世紀之初年，已令大算

六六、坎托耳之越度學說

學家科犀注意。因有坎托耳教授之發明，今日學者已明白以算學而言，必要有無窮大與實在之無窮之區別，作爲越限解。欲處置實在無窮（與不能量之大或無窮大有別，）吾人必要介紹新意想及新名詞。例如處置無窮聚合，則部分常小於其全之理題，不能成立。無窮之種類亦多矣，其中原有分別，而並非指大小多寡之分別而言，是按照其等級及冪而言。吾人若能將兩個無窮分作有一一同等（相當）者，此兩個無窮則相等，或有同冪。坎托耳教授曾證明推廣區域之代數數，與平常之整數系一二三四等同冪，因爲此兩系有一一同等（相當）之成立——卽謂可以逐一個一個計算也。坎托耳又發明，設使吾人將所有數目位置於一直線上，則無論在此直線任何部分，又無論其如何短小，其中有無窮數之點，皆不屬於可計算之隊內也。是以數値之接連域內，是不能逐個計者，以其屬於另一等級之無窮也；此羣有較高之冪，或是第二冪。

〔原註〕坎托耳著作之要旨，見於「算學叢書」第一冊第一八四等頁。霍蒲孫(Hobson)曾在倫敦算學會演講，頗論及無窮及接連之正確界說，及其分別之重要，亦發問對於此問題之諸項學說，此演說在一九〇二年十一月

題目爲「算學分析之，無窮及微分論」●

六七、等合

在此各項研究及與此相類之研究中，有一意想漸漸發生，此則非舊算學之所有者，而在新算學中有極重要之作用。舊算學自從介紹普通數學或代數以來，皆注意於相等及方程式之解決。無論是何事物，皆化作數量。惟是在數量（卽多寡）之外，尚有其他關係存在。吾人在實用時，雖不能求得確切之方程式，往往從等合上，亦求得知識。此項等合（相當）意想在算學中有大作用。此是秩序科學之根本意想，與數量（卽大小多寡）之科學意想不同。舊時算學是注重於量度，新算學則注重於秩序及部署。近來意想趨勢，與物理學之新揭露攜手，因爲近日新發明者，是自然之變，不獨視物質及工能之數量而轉移，且視其分布及部署而轉移也。

吾人思念至此，已到算學思想之邊界，而入於哲學區域。從數學及幾何之確切謹嚴界說及引伸，則入於此問題之其他部分，卽哲學部分；此則與前數卷所討論之闡理路徑相似。有多數之著名算學家，近日皆知有此趨勢，力持兩方面互相輔助之議，一方面即是數學及幾何，一方面即是邏輯及心理學。其主持此議者，在德國則有赫爾姆霍斯、坎托耳、得得肯德；法國則有坦涅里、傍卡累；意大利則有皮阿諾、味洛內則(Veronese)；英國之算學家研究此問題則較早，此問題在得摩爾根及布爾手中，已有多少侵入於哲學界之研究，近年又有獨闢門徑之創新研究。

〔原註〕作者指桃特赫德之未告成功之「普括代數」（一八九八年刊行第一冊），及羅素之「算學原理」（一九○三年刊行第一冊）。作者對於此兩大作，及其他算學家，如士勒德(Schröder)之作（「邏輯的代數」一八九○至九五年共三冊），及夫累治(Frege)之作，此時暫不詳細討論（參觀羅素「算學原理」之附篇）。此項著作，大抵皆屬於哲學部分，可以稱爲「確切科學之哲學」。其中所研究有兩大問題，其一即是科學闡理之邏輯根據，其一即是科學思想所發生之效果，及其重要之處。此並非指施於實用而言，是指哲學而言。其所研究者，即所謂「科學信條」，及其價值。英國之澤豐茲及披爾遜教授，德國之馬赫，法國之傍卡累，研究科學哲學之一方面或兩方面。

一八八三年，揆力在英國科學提倡會有言曰：『在此方面，算學與吾人平日生活及物理學有關係；在彼方面，則與哲學有關係，此後一項關係，則關於吾人之時間處間（又作空間）之意想，及近年發起之問題，卽算學之眞理，是否能融通一切，是否不得不如此，及吾人之算學知識，有何根據。』隨後又特別注重於『充塞新分析及新幾何之根本意想』（卽指複數而言）以爲此問題是哲學家所應研究者。對於此問題及其他問題，已起首有學者研究此時仍在研究中。歷史家只能指明此問題之重要及有人研究而已。

六八、算學之數學趨勢

惟是從此項理想，及其他相似之理想，又因要將深淺算學根本意想，打成一片，使能兼容發生科學家多數辯駁；作者則不得提及，因爲外國此項辯駁著作頗多，又發生一新名詞，令人注意。格丁根克來因教授者，善說算學，一經其手，多數之抽象及奧晦難明之問題，皆變淸楚明亮，在其新近演說中，特爲科學界提議此問題。【原註】指「算學之數學趨勢」（一八九五年格丁根）。予所指者，卽是克洛尼刻教授之極端趨勢，將一切算學意想簡化歸納於數學之用整數之根本運算，不獨排除一切幾何及動力學之意想，如接連及流動之意想，且排除代數意想，如無理數及複數。此項嘗試，是外耳斯特拉斯派之效果，掃除新課本之空鬆議論，而代以謹嚴，則此派之功也。

極力反對此項數學趨勢者，「原註」數學趨勢，是克洛尼刻教授所用之名詞。見「算學叢書」第一冊，第五十八頁。附註第四十。克洛尼刻所處地位，則載於一八八七年「算學報」第一百〇一冊，第三三七，至三五五頁。則有雷文・保羅教授，在其所著之函數通論中，謂分開計數及量度運算，及絕不可能之事；假使其有可能（自此論發表之後，克洛尼刻及其學派，則有較為詳盡之發明，嘗試證明其可能，）亦不過屈辱算學使其變為以記號為遊戲而已。「原註」雷文之書曰：若將數目及分析記號意想，與數量意想分開，不過化分析為形式與字義之骷髏而已。如是，則屈辱此科學。數學者將其官覺所得之最普通特性，取來研究，及其究竟，亦不過以記號為遊戲，任便以意義附於記號上，酷似象棋。雖然，算學則仍是一自然科學也，何為而屈辱之。此項游戲；雖然有用於分析，雖然可以消遣，及至解決問題，則從數量意想發生之記號法則，而入於其最後之形式效果。如是之字義算學，不久即智窮力竭而無成功。至於高斯所謂數量科學，在日見擴充之實在感覺區域中，則有來源不竭之新原料」云云（見「函數通論」，一八八二年版，第五十四頁）。雷文嘗試證明其法，有哲學上之不可能，引歐幾里得幾何及古代幾何之無公量數之無理之意想，以爲證佐。克來因教授在其演說中，則袒數學趨勢，以爲其能引邏輯之謹嚴及其不相矛盾之處於算學基礎，且隨時隨處促進其審查挑剔之必不可少之手續。雖然，克來因則不承認純粹邏輯能駕馭一切，指明仍要取助於幾何製造及圖示之啟發之力。【原註】關於今日算學科學，克來因教授發爲賅括之議論。其言曰：『無論處置何種問題，予必要求有充分之邏輯闡理，然而同時亦必要求多方促進以直接知覺圖示問題之法。算學之發源於直接知覺而得發展者，若不化爲謹嚴邏輯形式，則立足不穩。然而以抽象文字，發表邏輯關係，則不能使吾人滿意，吾人必俟圖示證明其關係之重要，使吾人能認明邏輯規劃，與其他知識部分，有多數之關連，然後能滿意也。予以算學比樹木，樹木之根，則深入於地，其枝葉則在空際自又發展。吾人究竟以爲根本重要耶，抑或枝葉重要耶。植物學家聞之，必以爲此設問並不得當。必答曰，生物之生命，全靠其各部分之，互相維持』。（見上文，所引之作第九，十一頁）。多數讀者必能與此見解表同意。既讀過前數卷，則必能相信以科學及算學之進步而論，大抵皆依賴介紹多數不同之觀念，以發生各種闡理。若將一切打成一片，使能兼容不相矛盾，此是可望而不可及之事，而在第十九世紀期內，則不見有若何顯著之功。即或有嘗試爲之者，其所得者亦不過收縮之效果。科學思想之方法，原已日見其推展，日見其加增，此項嘗試，惟有縮小其範圍而已。

十九世紀歐洲思想史第一編跋

瞻前顧後

作者在前各章中，嘗試發明第十九世紀科學著作之主要意想。此時期內之科學著作，卽以此項意想爲根據，或是此時期之科學闡理所發生之效果。此時期內之科學事功，所發生之重要效果，並不在思想界內，而在於實用界內；對於此節，作者不過偶然提及。因爲實用與科學意想有反應，或能啓發或修改科學意想之處，然後有提及之必要。

讀者若已讀完此作，難免不注意於科學思想之一種特性。讀者一覽全局，則見得科學思想，皆破碎爲各不同之方面；雖然有時有人指明此各不同之破碎方面，有其聯貫之處，然而並無有嘗試組合爲一，以包括各方面，以成其爲一貫者。其理由則見於科學思想之特性。原夫科學之初起，先從包圍吾人之時間處間所發

一

一、秩序及合一

現之極多數不同之變象入手，以一定之方法進行研究。只有一事，科學則假設為已知者，以人心之知識，對於自然而論，惟此一條，則有不得不假設者，卽為吾人必假設有一種秩序之存在。

人心又有一要求（假設，）吾人旣以假設為自然有秩序矣，然而吾人之意想，並不只指形式上之循環週轉而已，其中必有最高無上之一貫存焉，要有一名詞，以表明在空洞形式秩序之外，有物存焉。因有此項要求，是以往往有科學家，嘗試發明吾人所稱為自然之全盤規劃之此項一貫意想。此項單簡意想，此種嘗試，不屬於純粹科學思想部內。此項理想，則非確切科學原理所能辦到。然而第十九世紀著作中，往往有如是之理想發現。第一等科學家，偶然放縱，雖有為之者，然而大抵皆不願超出科學思想界外，而研究此項根本問題。第十九世紀並未產生來伯尼茲或牛頓之奇才異能。前代之如是之大思想家，雖各有不同，而未嘗無共同之點存在，因此兩大人物不獨皆以宗教方面與科學方面有相等之重要，且此兩方面並爲其所注意也。其特殊之處，則在來伯尼茲致力於聯合宗教闡理與科學闡理爲一，往往皆不利於兩方面；牛頓則不然，劃分此兩方面爲兩事，可以使後人讀其不朽之大著作，無庸參考其宗教著作。

此兩位大人物所自處之地位不同——即謂其一試聯合宗教及科學兩方面爲一，其一則劃分爲兩事，以反襯其不同——在第十九世紀有多數思想家，亦有嘗試自處於此不同地位者；惟是學界大抵公認研究此項問題，只有哲學家優爲之，使有充分之發明。然而亦偶有絕有僅見之事，即是大科學家嘗試解決此重要問題，及其爲此研究，則出乎科學闡理界外以爲之；似乎是高自位置，處於居高臨下裁判官之地位，以人事及人類思想爲全局而派定科學闡理所應居之地位，指定其價值。【原註】例如安培，雷文·愛彌爾，費希奈爾諸家之著作是也。

作者曾於介紹文中第三章已聲明此歷史以如是思想分界爲根據，只好按照前言將此項學說討論歸入於第二部分之專論哲學思想者。惟是在第十九世

三

紀中科學思想家仍有不獨研究科學問題，且兼研究極大之普通世界問題者，則不能不作爲是此兩大系思想之連環。因爲便利起見，是以作者留作此時討論。

吾人因知在此時間之內，有科學思想之其他方面發生，與研究科學之特別方法不同之處置。作者於討論科學思想之各種方面，幾乎無一事不引入於科學或確切科學方法所不能解決之問題；亦發明最著名之科學家，往往因是而入於所謂哲學、玄學、邏輯、或心理學各界之問題。例如原子學說，工能學說，其尤著者，則爲生命及意識變象。科學家先從單簡之運動，及頑固性或物質之力學意想，漸漸進步而入自然世界之物之發現秩序、發展、用意、及意識者，則不能不更用各項名詞之不能用單簡確切或算學思想以爲之定界說者；無論科學大思想家如何、熱心，欲以機力名詞定此項無定準之意想爲界說，亦不過有部分上之成功，終不能驅逐此項無定準之名詞於科學文字之外，如是意想，常常發生，證明以純粹科學總括自然爲一全部，或實寫自然物，皆不能不用此項名詞。

二、哲學問題

是以獨立研究科學之根本意想，必要有絕頂聰明之科學家以爲之，原不足、爲奇；其因此而發生之問題，則成爲純粹科學思想界與哲學思想界之過渡，亦不足爲奇。

科學思想規定公式之各大問題，請哲學家爲之研究解決者，若以最單簡語言發表之，則只有兩名詞。此兩名詞，〔譯者註〕指秩序及個體。即是一切科學研究，或其研究所得之效果之內幕之兩大根本意想，亦是互相補助之意想。其一已經提及吾人已見得確切思想，或科學思想所假設者，卽爲自然有意識之『秩序』存在。在所謂宇宙例中，此秩序之較爲密切之界說，是要從閱歷求得；前若干章書，卽是研究此問題。現時待決於哲學家之問題，並不是某種某種特別秩序，所要解決者，首先卽是爲何而有秩序，爲何而人類之知識，知有此秩序。此一問題與客觀（卽自然）有關係，與主觀（卽人類之知識）有關係，此則顯而易見者。

惟是若一切科學思想，皆有所謂秩序意想深藏於內，似若立於科學闡理之門之閾，既入之後，又另有一意想，立於科學思想之止步之地。此即是『一律』發現之最有深印力之形式之個體是也。此是科學闡理進行達到之一根本實驗事實，與秩序同一重要。

三　個體

此『秩序』及『個體』兩大意想同時亦節制科學思想所分之兩大部——即物理學及生物學是也。作者於初三章中，追溯德、法、英三國之對於科學思想所發起之特別態度，已言及四種抽象意想——即是吸力、原子、動力、及工能是也。此四項抽象，即是間架或格局；天學、力學、物理學、化學之各種學說，即建立於其中。由是而使所謂宇宙之意想，即事物之大概秩序之意想，較有明切之界說。繼起之四章所研究各項意想，則並不欲求得大概秩序之包括意想，只在求得吾人世界上特別事物之意想。此項意想之關於自然物之實現形式、歷史、生命、靈魂者，上有四章以討論之。宇宙物理，及吾人所居之地球之物理（研究有機體及動物之科學），即建築於其上。先從一種特別秩序入手——即是有表面形式發現者——此各項科學，經過種種變形之研究，而進步深入於漸漸見有深藏於內之合一體或一貫之境。在多數生物之器官中，其合一似在器官之外，如機器之合一之在於規劃機器者之心中，因爲施於某事之用，而有某項之規劃；在動物世界內則不然，此項合一則似在自然物之內。是以生命科學漸漸强迫吾人不能不發生不獨不止秩序部署之意想，且有結合爲一之原理——此之謂個體。

『秩序』及『個體』兩項意想，與其他純粹科學意想相似，並非至此時期所創新發生者，古人已有之，留傳於後人。於是從古以來，即有哲學家定其界說而研究之。惟在第十九世紀中，哲學家處置之方法不同，頗有科學所發現之『秩序』及『一體』之意想所轉移。讀者最要注意之點，則在乎此項秩序或部署之意想，延至第十九世紀，然後有包括之算學處置；至於合一意想，則亦在第十九世紀中，始以算學研究同類之接連意想。此項意想，在多數科學學說，日見其重要之作用。並可謂科學思想是先從秩序或部署入手，經過接連意想，然後達於一體或合一意想。

雖然，若是此項最高之意想之介紹於科學思想中，得有不過是界限意想，或最高抽象，則並不能見得令如是多數思想家如是之特別注意討論。在多數事實中，只要武斷的聲明根本原理，則足以爲科學之用，只以其有用處，卽是此項根本原理之證實。假使並無其他用意，附屬於秩序及合一意想，如科學家之附屬於力學原子學說、或幾何公理之根本原理之上，則研究此項極細微曲折問題之科學家，必居甚小之數。秩序、合一、個體、諸項意想之所以能令多數科學家注意者，其所以然之故，則因此項意想，不獨有邏輯意想以爲思想之利器，且有實用之意義。若只從秩序及合一兩名詞之意義觀之，則知其與最高等之倫理、美術、社會、宗教、諸事相連。秩序名詞，若用於社會及倫理，不獨只指部署而已；合一名詞，不獨只有數學意想，如吾人說及動作一致，或用意一致，或美術之規劃一致而已；至於個體名詞，則有較高之人，各有其特性之意義。從前及第十九世紀之思想家之充分研究

四、秩序及合一意想有實用

此項人類思想所能跂及之最抽象最高之意想者，並非從純粹科學事業而致力於此項意想卽或有之，亦屬絕無而僅有其所以有如是之研究者，皆有充分之領會；深知此項名詞之內幕深藏道德及宗教問題也。是以入手研究哲學思想，則不宜以科學意想爲進門之初階。此後之哲學，則不可得而知，若論及第十九世紀哲學，則並不確切，並無科學之確切。若是哲學已自居於科學之列，則所用者爲德國之含有廣義之科學名詞。若照廣義而言，則所謂科學者，不過是有按步就班之研究而已。惟是在今日之各學界中，則漸有以科學當作確切算學研究之日見增加之趨勢。確切研究哲學問題，例如法國之孔德積極（又稱實學）派，英國之斯賓塞派（仍是部分之嘗試，）則幾乎全屬於第十九世紀後半期之事，亦不過是當時多數哲學著作之一方面。在未十分想到積極或實學意想、或天演（發展）意想之先，第十九世紀之初年哲學思想，則有發異采之歷史。是以欲研究哲學思想，必要明晰規定當時大思想家之地位，因此多數思想家，在科學尚未融通之前，已

九

節制前代思想，且革前代思想之命，其時科學之大融通，如工能及下傳學說，並不能得有何等潛力也。此兩項科學融通，雖在近年得有重要地位（或不免於過分之重要，）然而必俟熟知發生較早及方面不同之哲學思想，然後吾人再折回於在作者及讀者心境最上級之意想及闡理之聯綴。

惟是起首討論思想界極不同之區域，作者不獨要求讀者走入新區域之意想內（此在第十九世紀中，完全處於科學界外；）此項意想發起之地點，則別有所在。作者曾經屢次指明，吾人曾經研究之大部之科學思想，是在第十八世紀之末季，發起於法國首都；是以作者於敘述中，往往折回法國科學著作中所建立之基礎。今則請讀者注意於第十八世紀及第十九世紀之初之德國著作。

五、哲學思想之中心地點

第十九世紀之上半期，哲學思想之中心點在德國，亦如較早時期，科學中心點之在法國。吾人若再向後追溯淵源，則以英國思想之勢力爲大。牛頓是新科學之起點；陸克則以新精神散布於哲學思想。雖然，第十九世紀之科學思想，則由法國算學家、博物學家而得有特色，拉普拉斯及屈費爾卽是此兩界之大代表；哲學則沾得惟心派之特色者多年，此派則發起於康德而盛於黑智爾。至第十九世紀之後半期，雖有英國思想之特別潛力，轉移風氣，拔出科學及哲學思想於第十九世紀上半期之故轍中，然而康德之惟心派之哲學意想，其浸灌於德、法、英三國者極深，英國至今尚未能完全脫離其潛力之範圍也。本世紀上半期之特色，仍發現於今代之哲學思想，仍未能擺脫一百年前德國諸大哲學家之潛力也。

此思想史之第二編，卽詳細研究此大潛力，關於此潛力之所在，較爲詳細討論，且揭露其此時仍存在，或混合於他潛力中者，至若何程度，而以混合於科學中者爲最重要。

歷史叢書

十九世紀歐洲思想史

第一編二冊

中華民國二十年十一月初版

每部定價大洋玖元

外埠酌加運費匯費

原著者　木爾茲

譯述者　伍光建

發行人　王雲五　上海寶山路五〇一號

印刷所　商務印書館　上海寶山路

發行所　商務印書館　上海及各埠

Historical Series

HISTORY OF EUROPEAN THOUGHT IN THE NINETEENTH CENTURY

Part I

BY MERZ

TRANSLATED BY WOO KWANG KIEN

PUBLISHED BY Y. W. WONG

1st ed., Nov., 1931

Price: $9.00, postage extra

THE COMMERCIAL PRESS, LTD., SHANGHAI

图书在版编目(CIP)数据

十九世纪欧洲思想史.第一编/(英)木尔兹著;伍光建译. —北京:中央编译出版社,2021.10

ISBN 978-7-5117-3956-8

Ⅰ.①十… Ⅱ.①木… ②伍… Ⅲ.①思想史-欧洲-19世纪 Ⅳ.①B505

中国版本图书馆CIP数据核字(2021)第002176号

十九世纪欧洲思想史·第一编(上下册)

责任编辑	纪宛伯　李媛媛
责任印制	刘　慧
出版发行	中央编译出版社
地　　址	北京西城区车公庄大街乙5号鸿儒大厦B座(100044)
电　　话	(010)52612345(总编室)　(010)52612335(编辑室) (010)52612316(发行)　(010)52612369(网站)
传　　真	(010)66515838
经　　销	全国新华书店
印　　刷	北京文昌阁彩色印刷有限责任公司
开　　本	710毫米×1000毫米　1/16
字　　数	985千字
印　　张	80.5
版　　次	2021年10月第1版
印　　次	2021年10月第1次印刷
定　　价	198.00元

新浪微博:@中央编译出版社　　**微　　信**:中央编译出版社(ID:cctphome)

淘宝店铺:中央编译出版社直销店(http://shop108367160.taobao.com)　(010)52612322

本社常年法律顾问:北京市吴栾赵阎律师事务所律师　闫军　梁勤

凡有印装质量问题,本社负责调换。电话:(010)52612322